2021년도 대한민국학술원 선정
교육부 우수학술도서

본 저서는 각종 외래학문에 종속되어 온 사이비교육학에서 벗어나 그 자체의 학문적 자율성을 확립하려는 최초의 시도이며 선언이다.

This book is the first move and a proclamation to establish academic autonomy from pseudo-educational research, which has been subordinated to various outside disciplines.

교육학의 재건

RECONSTRUCTION OF RESEARCH ON EDUCATION

서울대학교 명예교수
장 상 호

교육과학사

| 머리말 |

인간과 교육은 서로 긴밀하게 연관되어 있다. 역사는 올바른 인간성을 구하고자 할 때 교육에서 그 해답을 찾아 왔다. 그럼에도 오늘날 교육이 인간성을 억압하거나 소외시킨다는 인식이 팽배하고 있다. 어디에 잘못이 있는가? 그 원인의 하나는 바로 교육현상에 대한 올바른 인식의 부재다. 이를 타개해야 할 위치에 있는 "교육학"은 그 정체성을 제대로 확립하는 과제를 수행해 본 적이 없다. 좀 더 솔직하게 말하면, 지금의 "교육학"은 그 출발에서부터 교육현상을 왜곡하거나 은폐시키는 전통에 매몰되어 있다. 그런 비정상적인 전통의 울안에 갇힌 학자들이 교육의 비정상성을 문제시하고 있는 아이러니컬한 현실은 더 이상 좌시할 수 없는 지경에 이르렀다.

논자가 교육학과 인연을 맺은 것은 대단한 신념에 터한 것이 아니었다. 당시 사범대학의 대학등록금이 가장 저렴하다는 사실을 알게 되었고, 그 입학지원서의 맨 위쪽에 교육학과가 적혀 있었다. 그런 곡절로 발을 들여놓은 이후 반세기가 훨씬 흘러가 어느덧 교육학은 물론 인생 자체를 졸업할 때가 되었다. 회고하면, 그 반쯤은 교육에 대한 아무 고민이나 생각도 없이 교육학자의 행세를 하였으며, 다른 반쯤은 지금의 "교육학"이 교육현상의 연구와는 사실상 무관한 것임을 깨닫고 그 대안을 모색하는 일에 매진했다. 이제 그 삶의 흔적을 다음 세대에게 진솔하게 남겨야 하는 황혼기에 접어든 것이다.

논자의 본격적인 작업은 교육현상에 대한 문외한이 어떻게 교육학자로 행세하고 있는가 하는 반성과 자괴감에서 출발했다. 반세기 이상 교육학과 인연을 맺으면서 논자는 순탄하지 않은 우여곡절을 겪었다. 그 중간쯤에서 결코 침묵할 수 없는 교육학 내부의 엄청난 비리를 깨닫게 된 것이다. 몸담았던 "교육심리학"이 교육현상의 탐구와는 무관하다는 사실이 분명하게 되었다. 잘못 끼워진 단추는 풀어서 다시 끼워야 한다. 몸담은 교육학의 방향이 잘못된 것이라면 그 엄청난 내부사정을 가차 없이 있는 그대로 드러낼 뿐만 아니라 더 나아가 제대로 된 교육학의 길이 무엇인지를 찾아 나서야 한다. 이는 논자에게는 큰 역경과 행운의 기회가 되었다.

무지는 글을 쓸 수 있는 백지지만 오류는 글을 쓰기 전에 먼저 지워야만 하는 낙서다. 지금의 교육학이 해체되어야 할 이유는 무엇인가? 여기에 더 이상 반론의 여지가 없는 확실한 논증이 필요하다. 그것이 전반부의 과제였다. 나머지 후반부는 고유한 의미의 교육학이 무엇일지를 찾는 일에 몰두하였다. 교육학의 재건이라는 말은 바로 그 과업을 지칭한 것이다. 재건된 교육학은 여타의 분과학문에서 아직까지 그들의 연구영역으로 포섭하지 않은 은폐된 사실들을 드러낼 수 있어야만 한다.

없던 길을 닦아 가는 일은 악전고투의 연속이었다. 지금 생각하면 너무도 평범해 보이는 것들이 그렇게도 어렵게 생각되었다. 수많은 시행착오를 거쳐 겨우 제 길을 찾고 그동안 머릿속에서 부단하게 사유실험을 해 왔던 단편들을 한꺼번에 모아 최종적으로 정리하는 작업은 〈학문과 교육〉이라는 시리즈 저서들[1]을 통해서 이미 발표되었다. 그 관점 자체가 너무도 생소하고 통상적인 범위를 넘는 것이기 때문에 이를 설명하는 데 거의 4천 페이지가 필요했다. 모르긴 해도 인문사회과학 분야에서 전례가 없는 장편의 논문이라고 해도 과언이 아닐 것이다. 그 분량의

1) 서울대학교 출판부에서 낸 시리즈는 다음과 같다. 학문과 교육: 상권(1997): 학문이란 무엇인가, 학문과 교육: 중권I(2005): 교육이란 무엇인가, 학문과 교육: 중권II(2009): 교육본위의 삶, 학문과 교육: 중권III(2009): 교육연구의 새 지평, 학문과 교육: 하권(2000): 교육적 인식론이란 무엇인가

면에서 그 전체를 읽기가 독자에게 적지 않은 부담으로 작용한 듯하다.

그 복잡하고 긴 논의를 정연한 틀로 종합하고 보완해야겠다는 생각에서 본서가 기획되었다. 첫 번째 의도는 그 관점을 가능한 한 축약하는 것이고, 다른 하나의 의도는 여러 학자나 학설들의 주장을 첨가하는 대신 논자의 관점을 더욱 진솔하게 드러내는 방식으로 독자에게 직접 다가서는 것이다. 본서에서는 어느 학자의 학설도 인용되지 않았다.[2] 본서의 내용은 기존의 "교육학"에서는 물론 여타의 분과학문에서 다루지 않은 전혀 새로운 영역에 대한 논의이다. 이를 피력함에 있어서 논자는 기존의 개념을 도입하면 공연히 논점이탈의 혼선만을 초래하게 될 것을 우려했다. 인용을 한다면 수백 개도 모자랄 것이며, 각각의 개념은 그 나름의 맥락을 가지고 있기 때문에 그 전말을 추궁하지 않으면, 오히려 혼란의 원인을 자초할 것이다. 이런 방식이 글의 분량을 특별히 줄여주지는 않았지만 논지를 보다 직접적이고 간결하게 드러내는 데에는 어느 정도 성공한 것으로 자평하고 싶다.

물론 이전의 시리즈에서 다루지 못한 새로운 착상이 본서에 추가되었다. 그 모든 부분이 사실상 교육관의 혁명을 꾀하고 있기 때문에 새로운 개념과 용어를 많이 도입하였다. 이전의 개념과 용어를 설사 사용한다고 하더라도 이전과 이후의 것 사이에는 균열이 불가피하다. 많은 학설들이 논자의 이론에 용해되어 있지만 그것을 원형으로 되돌리기 어려울 뿐만 아니라 그럴 필요조차 없다. 여기서 제시되는 개념과 용어의 의미는 본서의 맥락 안에서 해석되어야 한다. 그런 사정은 본서의 내용을 이해함에 있어서뿐만 아니라 그 관점을 비판함에 있어서도 절제를 요구하는 부분이다. 이미 용해된 부분을 놓고 기존 학자의 전체 이론의 한 부분인 양 읽는다면 그 이후의 진전된 부분을 놓친다.

어떤 주제에 관해서 깊이 천착해 나가면 나갈수록 그 논지의 이해는 난해해지고 독자와의 거리가 멀어지는 역설이 작용한다. 본서는 그 점

2) 논자가 교육에 관한 논의에 인용한 수많은 문헌들에 관심 있는 독자는 〈학문과 교육〉의 시리즈를 참고하기 바란다.

에서 당분간 광야의 주장이 될 공산이 크다. 여기서 제안하는 교육관은 통념과 어긋날 뿐만 아니라 현존하는 "교육학"과 배치된다. 그 현상유지의 강력한 항체는 어떻든 넘어서야 할 장벽임에 틀림없다. 사이비교육학이 지배하는 동네에서 논자는 고독했다. 오로지 진리라는 반려자가 그림자처럼 동행했다. 시간은 조만간에 모든 것을 드러낸다. 따라서 진리를 추구하는 교육학도는 물론 대중도 어느 시점에서든 그 허위의 장벽에 부딪칠 것이며, 그 시점에 이르러서야 비로소 본서의 가치를 공감할 수 있을 것이다.

논자는 두 부류의 독자를 기대한다. 그 하나는 교육학의 진로에 회의를 느끼고 갈팡질팡하는 후진들이다. 지금의 "교육학"은 교육현상을 왜곡하고 은폐시킨다. 진리를 은폐할 수 있는 기간은 예상외로 짧다. 문제가 악화되어 더 이상 견디기 어려운 시점이 올 것이다. 위기가 파멸로 이어지는 경로와 그 위기에 대한 대비책을 강구하는 것에는 차이가 있다. 전자는 단지 파멸을 기다리는 것이고 후자는 그것을 역이용하는 것이다. 본서는 미래에 참여하는 기분으로 쓰였다. 논자처럼 교육학에서 절망과 희망, 그리고 시행착오를 경험하는 교육학도들에게 하나의 길잡이나 교두보가 될 것이다. 교육학의 끝없는 깊이와 마르지 않는 지식의 샘물을 맛보는 후학들의 출현을 기대한다.

기대되는 다른 하나의 독자층은 "교육"이라는 개념과 용어의 사용에서 혼란과 고통과 염증을 느끼는 사람들이다. "학교교육"이라는 말에서 "교육"은 무엇을 의미하는가? 학교가 무엇을 하든 교육으로 정당화할 수 있는가? 교육은 학교에서만 가능한가? "입시 위주의 교육"을 말하는가 하면 "창의력교육"도 있어야 한다고 주장한다. 그렇게 교육은 이렇게도 되고 저렇게도 되는 만병통치의 비결인가? 이런 개념상의 혼란을 진단하고 치유하는 첫 출발은 그 교육이 어떤 것인지를 이론적으로 밝힐 교육학의 정상화다. 본서는 그런 일반 독자의 기대를 어느 정도 충족시킬 것이다.

"교육학"이 지닌 문제는 단지 내부의 문제가 아니라 사회 전반의 문제다. 교육 하면 오로지 학교의 소관사처럼 그 논의가 단번에 왜곡된다. 그런 교육논의가 마뜩하지 않고 좀 더 건설적인 논의에 참여하고 싶은 사람들이 있을 것이다. 정치는 민도(民度)를 반영한다. "교육개혁"은 정부의 정책담당자나 일반국민들의 교육에 대한 관점의 전환으로부터 출발해야 한다. 교육은 개혁의 대상이 아니라 이해의 대상이다. 올바른 이해를 토대로 그 내재율에 충실한 생활을 확장해 나가는 정책을 수행해 나가는 것이 바로 교육을 살려내는 최선의 방법이다.

본서에서 드러내고자 하는 교육현상은 학교의 울타리를 넘어선다. 교육은 우리 주변에서 항상 일어나고 있으나 그것을 포착하는 개념의 부재로 우리가 그것을 무시하고 있거나 관심에서 제외하고 있을 뿐이다. 학문의 역사는 매우 공상적인 일들이 우리 주변에서 일어나고 있었다는 사실을 드러냈다. 여기서 제안하는 재건된 교육학의 안경을 끼자마자 교육이 우리의 삶의 곳곳에서 실제로 진행되고 있음을 보고 느낄 수 있을 것이다.

삶의 많은 실재는 소리 없이 우리에게 그들 자체에 대해서 말해주고 들려준다. 교육현상은 논자에게 세상에 대한 많은 생각을 확장하게 하였을 뿐만 아니라 헛된 생각을 교정하게 하는 기회를 제공하였다. 인식의 한계에 좌절하기도 하고 그것을 극복하는 과정에서 개안의 기쁨을 자주 맛보았다. 물어라, 물어라, 그러면 해답이 꾸역꾸역 나올 것이다. 교육현상은 그것에 대해서 골똘히 의문을 품고 접근할 때마다 그 비밀을 조금씩 개방하였다. 그야말로 조금씩이다. 그 이야기를 듣고 되새기는 재미로 한 세월을 보낼 수 있었던 것에 감사한다.

논자는 결국 교육학의 재건작업을 통해서 학자로서 진리탐구의 소중한 경험을 실감할 수 있었다. 그렇다고 하더라도 그것이 개인의 경험으로 한정되었다면 그 작업은 불안정하고 외로울 수밖에 없다. 그동안 논자의 지도를 받아왔던 다수의 제자들과 그들이 주축이 된 한국교육원리학회 회원들이 논자의 이례적인 입장을 받아들이는 사회적 기반이 되었다. 이 단계에서 그들이 논자의 관점을 대표한다고 말하기는 솔직히 어렵다. 하지만 논자가 그들을 사랑하고 감사하는 이유는 교육관의 개선이라는 교육학도의 책무에 공감대를 형성하고 있기 때문이다.

이 저서의 집필은 오로지 관악산의 전경이 한눈에 보이는 삶과교육연구소에서 이루어졌다. 이런 최적의 공간을 마련하고 지원해준 대원강업주식회사 허승호 대표이사님과 서울대학교의 김지현 교수에게 감사한다. 아울러 집필하는 내내 동반하면서 불편하거나 번거로운 일을 자상하게 처리해 주었을 뿐만 아니라 초고의 어색한 문법과 문장의 교정까지 감당해 준 한국교원대학교의 최성욱 교수와 김지현 교수에게 감사한다.

2020년
장상호

| 차례 |

제1부
성 찰

제1장
학문의 길

교육학의 진로에 대한 시비를 따지려면 그 판단을 내릴 최소한의 근거와 준거를 마련해야 할 것이다. 그 명백한 준거의 하나는 교육학이 그 하위영역으로 포섭되어야 하는 상위의 개념인 학문의 본령이다. 학문은 특수한 세계로서 이에 진입하려면 그에 대한 올바른 이해와 태도변화가 필요하다. 학문의 세계는 무엇을 추구하는가? 학자란 도대체 무엇이며, 그 공동체의 특징은 무엇인가? 학자가 만드는 지식은 어떤 특징이 있는가? 그리고 무엇보다도 분과학문이란 무엇인가? 교육학이란 무엇인가? 이 가운데 마지막 질문에 대한 한 가지 명백한 해답은 교육학이 분명 학문의 특수한 종류에 속한다는 점이다. 이는 처음부터 학문 밖의 관심에서 비롯한 "교육학"의 전통을 학문 안으로 정치시키는 최소한의 준거다.

1.1 고유한 세계

삶을 영위함에 있어서 사람이 마땅히 가야 할 여러 갈래의 길이 있다. 인간이 처한 내면의 한계조건 혹은 상황적 구속으로부터 벗어나 나와 너의 탁월성과 존귀함을 찾아가는 이 길들은 그 자체로서 가치를 지니고 있을 뿐만 아니라 인간성의 영역을 날로 확장하고 있다. 그것들이 지향하는 갈래도 다양할 뿐만 아니라 그 길을 걷는 개인의 수준도 천차만별이다. 본서에서는 이를 수도계라고 규정한다. 학문은 그 수도계의 전형적인 세계 가운데 하나로 볼 수 있겠다.

그 학문의 고유성을 드러내는 데 혼동하기 쉬운 용어상의 애매성을 지적해야겠다. 서로 다른 지역의 용어를 한쪽의 것으로 번역하여야 하는 사정 때문에 흔히 동양학문과 서양학문(philosophy, science, academic disciplines, Wissenschaft)을 혼동한다. 이 두 길은 같은 용어로 지칭되고 있지만 그 목적과 방법에서 이질적이다. 동양과 서양이라는 수식어는 그 연원에 기인하는 것으로서 지금에 와서는 그 지역적 구분이 무의미하다. 더러는 전자를 구학문, 그리고 후자를 신학문이라고 구분하기도 하는데, 이는 동양인의 입장에서 서양학문을 도입한 시기를 기준 삼아 구분하는 것이어서 그 구분조차도 이 시대에 거의 무의미하다. 동양의 학문은 지나간 것이 아니라 지금도 유효하기 때문이다. 다만 지적해야 할 것은 이들은 그 목적과 방법에서 서로 다른 종류의 수도계라는 점이다.

구학문과 신학문의 역사적 전통이나 본질의 차이를 간단하게 지적할 수는 없지만 구학문은 성인을 본받아 사람의 살 도리를 찾으려고 했다는 점이다. 동양에서 높은 덕목의 소유자를 지칭하는 용어로 지인(至人), 신인(神人), 진인(眞人), 성인(聖人), 혹은 군자(君子)라는 표현을 쓴다. 구학문은 그들의 경지와 완성된 이념을 목표로 삼아 그들이 남긴 혹은 그런 사람들에 관한 경전을 열심히 읽고 본받는 것이다. 이에 비해서 신학문은 그 훌륭한 인간됨의 국면을 더 나은 인식이라는 범위로 좀 더 한정시킨다.[1] 그 가운데 본서에서 다루고자 하는 것은 신학문이다. 이하의 논의에서는 신학문이라는 수사를 생략하고 단지 "학문"이라는 용어로 약칭하려고 한다.

"학문이란 무엇인가?"라는 질문에 대한 해답에 정설을 기대하기는 어렵다. 그 전통은 역사적 산물이며, 그것에 참여하는 학자들에 의해서 계승되며 형성되는 세계다. 학문의 특징이 어떻게 변할지는 지금으로서 예상할 수 없다. 학문에 대한 논자들의 체험의 범위와 수준도 천차만별이다. 앞선 사람과 뒤선 사람의 학문에 대한 인식이나 평가에 큰 차이가 있을 것이기 때문에 이 질문에 대해서 어떤 정석적이고 일반적인 답을 내리기도 어렵다. 따라서 본 장은 논자의 수준에서 지금의 "교육학"이 학문의 궤도에서 얼마나 이탈하고 있는지 그 기점을 규정하는 정도에서 최소한의 특징만을 부각시키도록 하겠다.

모든 학문은 일정한 존재영역에 대한 인식을 목표로 하는 지적 행위다. 먼저 학문이 추구하는 인식이 여타의 인식과 어떻게 다른지를 검토하기로 한다. 다른 생물보다 두뇌의 용량이 유별나게 큰 인간은 스스로 이야기를 만들고 그것에 근거하여 삶을 영위한다. 그 추상에 개입하는 서로 다른 범주들 가운데 상식, 이데올로기, 그리고 교조가 있다. 세상을 살아갈 때 누구나 머릿속에 지니고 사는 이 선입견들의 목적과 기능은 서로 다르며, 여러 특징에서 학문적 지식과 대비된다. 이런 구분은 현존하는 "교육학"이 터한 지식을 비판하는 중요한 논거가 될 것이다.

상식은 오랜 시행착오 끝에 특정한 시대와 장소에서 사는 대부분의 사람들이 당연한 것으로 여기는 인식내용이다. 그 근거는 여러 사람이 공유하고 호응하고 합의한다는 데 있다. 예컨대, 지구가 납작하다고 대다수의 사람이 생각하면 그것이 타당한 것이다. 이런 일상적 인식은 타인과 공유하는 인식체제이기 때문에 그 인식내용의 타당성과 별개로

1) 서양에서는 학문을 예술이나 도덕과 대비하는 방식으로 규정하여 왔다. 예술은 미(美)를 추구하고, 도덕은 선(善)을 추구하는 데 비해서 학문은 진(眞)을 추구한다는 것이다.

일상의 삶을 영위함에 있어서 효과적인 수단이다. 상식으로부터 파생한 제도적 개념도 이 범주에 든다.

이데올로기는 그 소유자 혹은 그가 소속한 특정한 집단, 정파, 혹은 계급의 이해관계와 연결되어 유지되는 인식내용이다. 그 인식이 어느 편에 유리하냐를 따진다. 예컨대, 지배계층은 지배이데올로기를 통해서 어떻게 해서든지 사회질서를 고정불변하고 절대적인 것으로 만들려고 한다. 반면, 피지배계층인 민중은 이와는 달리 어떻게 해서든지 역동성과 변화와 생성을 강조함으로써 기존의 사회질서를 붕괴시키고자 한다. 서로 이해관계가 다른 집단은 그런 관념을 생산하고 상대편을 설득시키려 하고 경우에 따라 투쟁한다. 만약 교육학도가 자신의 이익을 추구하는 방식으로 교육현상을 규정한다면, 이 범주에 든다고 말할 수 있을 것이다.

교조는 삶의 불확실성을 제거하는 확실한 인식내용이다. 불완전하고 열등한 존재로서 인간이 요지부동의 절대적 존재를 상정하고 거기에 인식내용을 고정시키는 것이다. 매사를 복잡하게 생각하지 않거나 검증을 거치지 않고 궁극적 진리라는 절대의 신념을 믿어버리는 것이다. 즉, 교조는 그 믿음 자체가 근거가 된다. 각종 종교는 믿음을 추구하고 의심을 보류하라고 충고한다. 서로 다른 종교 중에 어느 것이 더 옳은가 하는 질문은 무의미하며, 다른 믿음으로 인정하는 것이 중요하다. 나중에 검토할 사항이지만 이제까지 "교육학"은 그들만의 신화를 재생산하고 그 신화를 학교체제에 만연하게 하는 역할을 하여 왔다.

학문적 지식은 세상에 대한 인식이라는 점에서 위의 것과 같은 범주에 들지만 한 가지 점에서 차이가 있다. 오류가 없는 절대적인 지식을 가정하는 것은 비현실적이다. 학문은 이런 제반 인식내용들이 참된 것이 아닐 수 있다는 전제에서 출발하였다. 그 인식의 또 다른 특징은 그 인식방식을 스스로 수정하고 개선하려고 노력한다는 점이다. 끊임없는 부정과 자기교정이 이루어지기 때문에 그 절대적인 정답의 부재를 선언하며, 단지 그 상대적인 우열만을 따진다.

모든 인식은 더 깊이 나아가는 도상에 있다. 인식이 대상세계에 얼마나 적합한 것인지를 판단하는 기준으로 진리라는 말이 쓰인다. 이것은 다른 가치로 환원할 수 없는 학문의 고유한 가치다. 그 가치로서 학문은 예술과 도덕과 대비하면서 그 정체성을 구축해 왔다. 흔히 학문과 관련하여 "가치중립(value neutrality)"의 개념을 거론하지만, 그것이 도입된 역사적 배경은 학문적 가치를 풍속적 가치와 분리시키기 위한 것이었다. 풍속적 가치 혹은 도덕적 기준이 사실을 사실로서 드러내려는 탐구활동에 제약을 주어서는 안 된다고 본 원칙은 교육현상을 연구하는 경우에도 적용된다.

진리탐구라는 가치를 추구함에 있어서 인류의 역사에서 허다한 갈등과 충돌이 있었다. 사회적 법칙에 따르면 대부분의 사람이 지닌 생각이 옳다. 그러나 진리의 옹호자는 대중에게 듣기 좋은 해답을 주기보다는 곤혹스러운 질문을 던진다. 서로 다른 집단들이 서로의 이해관계를 두고 서로의 유리한 관점을 위해 투쟁하는 장면에서 초연하게 대처한다. 신도가 종교적 교리에 관하여 의문을 가지고 논박하려고 한다면 이미 신도의 자격을 잃은 것이다. 그런데 진리의 옹호자는 조금이라도 타당성과 근거에서 의문이 생기는 것을 문제시하여 더 나은 답으로 그 의문을 해소하려고 노력한다.

학자는 진리에 대한 영원한 구애자이다. 사실이 사실대로 판명될 수 있는 방식으로 처신하고, 또 아는 사실을 거리낌 없이 공개하고, 모르는 사실은 주저함이 없이 알려고 해야 한다. 많은 사람들이 그 길을 걷고 있다는 역사적 사실이 바로 학문의 내재적 가치를 증명한다. 역사에서 이런 진리의 옹호자는 박해, 추방, 거부, 금지를 당하는 일이 다반사로 일어났다. 그들은 때때로 빈곤과 병마와도 싸워야 했다. 그런 어려운 곡절에도 불구하고 오늘날 학문은 대상세계에 관해서 묻고, 규정하고, 증명함으로써 상식, 이데올로기, 교조의 한계를 넘어서서 우리의 인식이 타당하게 드러날 수 있도록 끊임없이 발전하는 세계로 사회적으로 인정받게 되었다.

학문의 세계가 지닌 특성을 이해함에 있어서 언급되어야 할 것은 그 인식대상과의 차별이다. 자연과 자연과학은 다른 세계다. 물리적 사실은 주어진 것이지만 물리학적 개념들은 인간정신의 자유로운 창작물이다. 그 창작물은 외부세계가 일방적으로 결정하는 것은 아니다. 자연은 실수가 없다. 자연과학자들은 자신의 예상대로 사건이 진전되지 않을 때 자신들의 자연에 대한 예상의 실수임을 차츰 알게 되었다. 사회와 사회과학도 마찬가지다. 이 두 세계는 자연과는 달리 모두 인간에 의해서 창조된 것이지만 그 삶의 방식에서 큰 차이가 있다. 예술과 예술학도 별개다. 예술은 미(美)라는 목적을 추구하고, 예술학은 진리라는 목적을 추구한다. 예술의 본성, 가치, 의미에 대한 어떤 추상적인 이론도 예술을 대치할 수는 없다. 그 각각의 적응방식도 판이하다. 교육과 교육학도 서로 다른 영역이다.

학자들은 세상에 대한 관점을 변화시킨다. 그로 인해서 세상을 변화시킨다는 것은 전혀 다른 과제이다. 학자는 길을 알지만 운전은 못하는 사람에 비유할 수 있다. 그럼에도 불구하고 학문적 지식과 학문의 대상세계에 대한 적응능력이 우연히 한 몸에 공존하는 경우가 있기 때문에 사람들은 이 두 가지를 혼동하는 경우가 많다. 우리는 대상세계를 학문의 세계로 편입시켜 놓고 학문의 세계와 대상세계를 동일시하거나 대행할 수 있다고 생각하거나 그 대상세계의 실질적인 부분을 생략하고 단지 그것을 앎으로 대체하는 경향이 있다. 교육학도가 교육관을 개선해야 할 고유한 임무를 저버리고 곧바로 교육의 문제해결에 나선다면 이 오류를 범하는 셈이다.

학문과 그 대상세계 사이의 관계를 논함에 있어서 우리가 흔히 범하는 오류의 하나는 우리가 대상세계를 직접 인식할 수 있다고 생각하는 것이다. 어떤 대상에 대한 이야기를 할 때 흔히 두 가지 가정을 한다. 첫째, 그 말한 내용은 있는 그대로의 대상 그 자체다. 둘째, 그 말의 의미는 누구나 동의할 수 있다. 그 가정은 거의 백 퍼센트 착각이다. 놀랍게도 이 자명하고 당연한 사실은 최근에 현전의 형이상학(metaphysics of presence)의 붕괴와 급진적 구성주의(radical structuralism)의 등장과 더불어 뒤늦게 조명을 받고 있다.

우리들 각자에게는 안과 밖을 구분하는 피부가 있고, 이미 지니고 있는 생각이 개입하기 때문에 있는 것 자체를 직접 설명하거나 이해하거나 논의할 수 없다. 인간이 존재하기 때문에 만물이 존재한다는 말은 지나치지만 만물의 존재는 그 규정하는 사람의 개념과 언어의 틀을 통해서 이해된다. 그 부분이 그 사람이 말하는 "사실" 혹은 "현상"인 것이다. 있는 그대로의 사실을 직접 드러내는 일은 불가능하지만 그것을 포착할 수 있는 인식체제의 창안은 가능하다. 학자의 과제는 가능한 한 그것들끼리 서로 접근시키는 데 있다.

이 말을 교육과 교육현상에 적용해 보자. 교육현상은 그것을 이해하려는 창조적인 상상력을 동원하기 이전에는 은폐되어 있다. 교육 자체를 말할 방도는 없다. 교육학자는 교육을 투시할 수 있는 상식 이상의 관념이나 개념을 새롭게 창조하고, 전자를 후자로 환원시키고, 더 나아가 그 이해내용을 언어의 형식으로 전달할 수 있어야 한다. 그 개념이 다른 것만큼 말에 의한 그 전달내용도 달라질 것이다. 이 경우 같은 말을 쓰면서도 서로 다른 것을 말하는 것이다. 여기에 그 개념체제의 경합이 불가피하고 그 우열에 대한 최종적인 심판대 위에 교육현상이 자리하게 된다.

1.2 학문공동체

오랜 세월을 거치는 동안 학문은 그 나름의 가치를 지닌 삶의 한 요소라는 것이 증명되어 왔다. 흔히 학자라는 말을 쓰고 있지만 이는 자연인, 갑(甲) 혹은 을(乙)을 지칭하는 것이 아니다. 정확하게 말한다면, 그 자연인의 어떤 특정한 측면, 즉 그가 진리탐구의 길에 진입하고 있는 부분에 해당한다. 자연인에게는 학문하는 삶과 학문하지 않는 삶이 있고, 그 가운데 전자의 것을 선택하여 참여할 수 있다. 그 가입과 탈퇴는 자유다. 일상에서 자연인은 때와 장소에 따라 학문과 그 이외의 세계에 들락거린다. 학문이 요구하는 삶의 내규에 어긋난 삶을 영위하는 시간 혹은 장소에서는 학자의 범주를 벗어난다.

학자라는 명분으로 대부분 학문 이외의 활동을 하는 사람은 겉으로 보기에는 비슷한 것 같지만 실지로는 완전히 가짜다. 흔히 학문은 머리가 좋은 사람이 하는 것이라는 생각이 있다. 그러나 그것만으로 아직 학자의 요건을 갖췄다고 할 수 없다. 머리가 좋은 사기꾼도 있다. 학문하는 사람은 거짓과 싸우는 사람이기 때문에 무엇보다도 중요한 자격조건은 참된 지식을 위해 끊임없이 힘쓰는 성실한 노력과 그 일 자체를 즐기는 태도다.

지식은 집단의 지원을 받아 발전한다. 집단은 집단이되 학문을 위한 집단이라는 특징을 갖는다. 오직 학문만을 위한 이 특수한 사회에 소속된 학자들은 공동의 목표, 그 나름의 조직, 내재율, 구성원의 자격심사, 수련의 방법적 기준이나 평가의 기준, 더 나아가서는 행동의 규범과 일정한 태도의 전환을 요구한다. 거기에는 구성원의 자유와 창의가 보장되며, 서로 경합하는 관념체제가 병존하면서 서로 간에 우열을 가르는 지적인 발전이 이루어진다. 그 인식체제는 거의 예외 없이 대중의 신념과 충돌하였다.

학문공동체는 일반 대중사회와 일정한 거리를 유지하는 고독한 상태에서 지식을 생산하지만 역시 자신의 관점을 발전시키기 위해서 동료들과 격의 없이 접촉하고 토론하고 논쟁을 벌일 필요가 있다. 이로부터 동의를 얻음으로써 자신들의 연구에 좀 더 큰 만족과 확신을 가질 수 있다. 이로써 앞 절에서 지적한 대중의 공론과 속견, 이데올로기, 그리고 교조에 좌우되지 않고 그것을 뛰어넘는 지식을 생산하는 사회적 연대와 결속을 유지한다. 이것이 일반 대중이나 이질집단이 학문공동체를 따로 용인하는 이유가 되었다.

여기에 학자는 반드시 학문공동체에 가입해야만 학문생활을 하는 것이라는 한 가지 오해의 소지가 있다. 학문은 일상의 삶 가운데 우리가 그것을 선택해서 참여하는 세계의 하나다. 학문은 진리를 추구하며, 우리 각자가 학문의 세계 안에서 산다는 것은 그 위계와는 상관이 없다. 학문의 세계에 진입하려는 사람은 얼마나 멀리 가느냐가 아니라 어느 방향으로 가느냐 하는 문제를 먼저 결정해야 한다. 학문하는 사람은 그 위계상 초보자에서부터 시작해서 그 정상에 가까이 접근한 사람에 이르기까지 그 수준의 차이가 존재한다.

앞으로 논의하게 될 교육은 그 수준의 차이 안에서 진행된다. 그 점에서 학문하는 사람을 그 전단에 위치한 학자에 국한시키는 것은 교육의 관점에서는 부당하다. 모든 수도계의 경우가 그러하듯이 학문의 길은 그 초입에 있는 사람의 경우조차도 일단 학문에 참여하고 있다고 보아야 한다. 이들은 같은 세계 안에 있다는 점에서 동문(同門)이다. 그렇다면 그 동문의 자격은 무엇인가? 여러 가지를 지적할 수 있겠지만 적어도 다음의 몇 가지 태도를 견지할 수 있어야 한다.

첫째, 학문의 동문은 세속에서 일단 물러서야 한다. 세속은 정치에서의 권력, 경제에서의 물질의 소유, 사회적 계층에서의 지위라는 기준이 중요한 위치를 차지한다. 삶의 일부로서 세속에 적응하는 것이 불가피하지만 학문의 입장에서 세속은 수단으로서만 의미를 갖는다. 적어도 학문에 참여하는 공간과 시간에서 그 세속의 이해관계를 초월할 수 있어야 한다. 학자가 세속적 이익에 묶여 있다면 품고 있는 생각을 거리낌없이 말하기 어렵다.

둘째, 학문의 동문은 인식대상을 얼마만큼의 불가사의, 불확실성, 가능성으로 인식해야 한다. 지식은 유한하며, 무지의 영역은 무한하다. 무지를 자각한 이의 가장 큰 기쁨은 질문하는 즐거움이다. 학문은 대상에 대한 경이로움에서 시작한다. 의문부호가 붙여지지 않은 대상은 학문적 인식의 대상이 될 수 없다. 우리 주변의 모든 것들은 우리의 인식범위를 벗어난 미궁의 여지를 갖는다. 무지를 의식하고 그것을 무시하는 것이 아니라 유식으로 채우려고 해야 한다.

셋째, 학문의 동문은 사적이든 공적이든 기존의 인식에 끊임없이 의문을 제기할 수 있어야 한다. 어떤 대상도 완전한 무지상태에서 만나는 것은 아니다. 어떤 방식으로든 알고 있다. 대상에 대한 앎의 배후에는 항상 매우 연대적이고 집요하고 그 확증성을 고집하는 오류의 조직이 존재한다. 일상의 삶은 기존의 지식체제에 맹목적으로 기울어지거나 동의할 것을 요구한다. 학문의 동문은 그런 일상적 인식에 대한 믿음을 괄호 속에 묶어 두고 근거 없는 생각이나 허망한 말은 결코 받아들이지 않는다.

넷째, 학문의 동문은 진리에 접근하려고 노력하고 행동한다. 학문의 진리는 종교의 진리처럼 안주할 장소가 아니다. 끊임없이 개념들을 만들고 교정하는 방식으로 진행하는 여로이기 때문에 어떤 절대적인 확신도 허용되지 않는다. 일순간의 어떤 확신도 시간이 지나면 잠정적인 것으로서 항상 더 나은 것을 찾아가는 계단에 불과하다는 것이 입증되어 왔다. 학문정신의 구조는 그 역사적 실수에 대한 정직한 의식이다. 그 정처 없는 유랑생활에 익숙해야 한다.

위에서 학문의 동문으로서 갖추어야 할 자격으로 네 가지를 지적할 때, 학문생활도 엄격한 위계가 있다는 사실을 부인하는 것은 아니다. 그 지배구조의 중심적 권위는 선진에 있다. 오류로 판명된 지식은 더 이상 효력을 발휘할 수 없다. 이 때문에 백 명의 평범한 지식이 한 명의 출중한 지식을 감당하지 못한다. 학문은 이처럼 상하의 위계질서가 엄격하고 가파른 길이며, 중도탈락자에게 영광이 주어지는 경우는 드물다. 학문의 세계에서는 언제나 선진의 권위를 인정하며, 맨 위에 오른 자가 황제로 군림한다.

학문이 추구하는 독창성은 어느 정도까지는 기성의 학설과 다를 수밖에 없기 때문에 학문공동체 안에서 내부적 긴장관계와 그 위협은 피할 수 없다. 대립과 갈등을 해소하기 위해 학문공동체 안에서 협동, 설득, 인정, 공유, 전수, 입증이 부단히 시도된다. 일단 더 나은 지식으로 판정되면 오류로 판정된 과거의 지식으로 되돌아갈 수 없다. 이렇게 형성된 수직적 위계에서 초보자는 선단의 학자가 오류로 판정한 것을 지니고 있다. 그렇다면 전자는 후자의 권위를 무조건 믿음으로 받아들여야 하는가? 그렇지 않다. 맹목적 믿음은 학문의 내규를 벗어난다.

학문의 세계에서 선진과 후진은 어떻게 구분할 수 있는가? 후진이 선진의 지식을 공유할 수 있는 비결은 무엇인가? 여기에 매우 복잡한 방법론적 혹은 인식론적 문제가 개입하지만 한 가지 분명한 것은 후진이 선진의 지식을 감별하여 평가하는 것은 불가능하거나 부당하다는 사실이다. 후진이 후진의 지식에 접근하는 모종의 과정이 요구되는데 단번의 비약으로 해결하려는 것은 가능하지도 않지만 올바른 방법이 아니다. 이는 교육적 교섭과 밀접한 관계를 가지고 있기 때문에 많은 논의를 거쳐 본 저서의 마지막 장에서 다루게 될 것이다.

1.3 학문적 지식

이야기를 만들고 그것에 근거하여 영위하는 것이 인간의 삶이다. 앞절에서 특정한 공동체가 공유하는 상식, 이해타산에 따라 형성되는 이데올로기, 그리고 믿음 자체에 의미를 두는 교조의 예를 들었다. 이들의 공통점은 인식대상을 은폐하는 것이다. 학문적 지식은 이야기라는 점에서 이들과 공통성을 가지고 있지만 한 가지 점에서 차이가 있다. 그것은 그 오류가능성을 인정하고 끊임없이 그 은폐된 인식대상에 접근한다는 점이다. 본 절은 그 기본적인 특징을 전제로 그 세부적인 점을 살피기로 한다.

맨 먼저 주목해야 할 특징은 학문적 지식이 공상적이고 창의적인 모험의 결과라는 점이다. 경이로움과 의문에서 시작된 대상에 대한 잠정적 해답이다. 이 부분을 지적하는 것은 흔히 학문적 지식이 주어진 것으로 치부하는 경향을 경계하기 위함이다. 과학에서 모든 위대한 발전은 새로운 상상력의 무모함에서 나온다. 어느 분야에서든 이론은 소설처럼 상상력의 산물이지만 그것이 소설과 다른 것은 그 이야기의 대상이 그것을 수락할 수 있어야 한다는 제약이다. 그 점에서 이제까지 각 분야에서 얻어낸 "사실의 발견"은 엄격한 의미에서 없던 것을 발견한 것이 아니고, 그에 해당하는 개념의 창조와 깊이 관련되어 있다.

지식을 창조하는 것은 아이를 낳는 것과 같다. 우리 몸 안에 있는 지식은 대상세계에 대한 학문적 체험이 동반되어야 하며, 학자는 중론의 미혹에서 벗어나 자신의 관점을 독자적으로 구축할 수 있어야 한다. 그 체험 안에는 인간의 희망, 공포, 좌절, 용기, 에너지, 흥분상태들을 포함한다. 모든 지식 그리고 지식의 씨앗인 경이로움은 그 자체 안에 즐거움이 가득 들어 있다. 그 소유자는 지식으로 인해 외부로부터 보상을 받는 것이 아니라 지식 자체를 지니고 있는 것만으로도 충분한 보상을 얻는다.

학문적 지식은 가급적 적은 개념으로 많은 것을 설명할 수 있어야 한다. 이전보다 더 그 설명이 복잡해지는 개념의 도입은 이런 경제의 원칙에 위배된다. 이론은 마치 그물코처럼 그 인식대상을 포획하는 핵심적인 개념을 포함한다. 우리가 흔히 인용하는 중력, 질량, 에너지, 진화, 유전자, 무의식, 권력, 화폐, 공급과 수요, 소외, 역할, 계층이동 등은 그 사례가 된다. 이 개념들은 처음부터 있었던 것이 아니라 학자들이 없었던 것을 만들어낸 무모하고 대담한 창조물들이다.

그물눈이 하나인 그물은 고기를 잡을 수 없는 것과 마찬가지로 하나의 개념 혹은 개별적인 개념만으로 대상세계를 포착할 방도는 없다. 사과가 떨어진다. 이것은 하나의 명제이다. 왜 그런가? 후자에 대한 해답이 바로 이론이다. 이처럼 개념과 명제들이 한 가지 맥락에 수렴하여 동일한 의미를 가질 때 그 지식의 타당성이 높아진다. 이와 같은 방식으로 대상을 가장 간결하고 포괄적으로 포착하는 것이다. 앞에서 예거한 개념들은 그 그물코의 한 부분에 해당한다. 그들은 각각 물리학, 생물학, 심리학, 정치학, 경제학, 사회학의 체제 안에서 그 자체의 맥락적인 의미를 갖는다.

"체계화된 지식"이라거나 "단편적인 지식"이라는 말을 사용하는 것은 부적절하다. 지식이란 특정한 사실을 묘사하는 그림이 아니라 그것을 포착하는 그물이다. 이 비유의 핵심은 지식 자체와 대상이 되는 현상 사이에 그림과 달리 하등의 유사성이나 공통점이 없다는 점과, 지식이 그물코의 경우처럼 요소와 요소들 사이의 연결을 가진 구조의 성질을 띠고 있다는 점에 있다. 구조로서의 지식은 그것을 구성하는 요소들이 여타의 요소 혹은 전체와 관련하여 구체적인 의미를 갖게 되기 때문에 은연중에 다른 의미가 부대될 여지를 봉쇄한다. 그 점에서 지식은 정보보다 구체성을 띤다고 말할 수 있다.

벽돌 무더기가 집이 아닌 것처럼 정보를 모아놓은 것들은 지식이 아니다. 사전이 문학이 아닌 것과 마찬가지로 사실에 대한 정보가 학문적 지식이 될 수 없다. "구슬이 서 말이라도 꿰어야 보배다."라는 격언은 "정보사회"를 지향하는 오늘날의 세태에서 새겨들어야 할 요체를 담고 있다. 산더미 같은 정보를 쌓아놓더라도 그 자체로서 지식이 될 수 없다. 정보는 기하학에서 말하는 하나의 점에 비유할 수 있으며, 어느 쪽의 선상에 있느냐에 따라 그 의미가 결정된다. 그 맥락에 대한 이해가 결여된 정보는 어쩔 수 없이 모호하고 추상적이다.

이 부분에서 오늘날 이미 만들어진 각종 학문적인 지식의 단편만을 백과사전처럼 머리에 지니고 다니면서 그것을 마치 자신의 지식으로 치부하는 사람들을 지식인으로 인정하는 세태를 우려해야 한다. 엄밀하게 말하면, 타인의 이론이나 지식은 그것을 접하는 사람에게 오로지 반추해서 되새겨야 할 정보에 불과하다. 마찬가지로 특정한 사실에 대한 정보나 증거만 제시하고 그것을 설명할 수 없는 사람은 그 사실에 대한 지식을 가지고 있다고 말할 수 없다. 그 정보의 세부적인 내용들이 한 개인 안에서 서로 유기적으로 통합되었을 때에 한해서 비로소 그의 지식으로 인정될 수 있다.

학문적 지식은 그 보편적 타당성을 인정받고자 하는 인식이다. 개개인이 가진 지식은 어디까지나 사적인 것이며, 각자는 자신의 지식을 향상시켜야 할 뿐만 아니라 그것에 대한 공중의 책임을 진다. 그것은 항상 비판에 열려있다. 각자는 그가 최종적으로 얻은 지식을 토대로 대상세계에 대한 판단을 내릴 뿐만 아니라 타인이 가진 지식을 평가할 것이다. 그 경우, 뒤진 지식을 가진 사람이 앞선 지식을 평가하는 것은 부당하다. 이 절은 지식이 창조물이라는 말로 시작하였다. 선진의 지식이 후진에게 입증되는 과정은 그것의 재창조라는 의미를 갖는다.

1.4 학문의 발전

긴 세월에 걸쳐 현상 자체는 크게 변하지 않더라도 그들에 대한 인식내용은 급격하게 확장되고 발전하고 있다. 전적으로 완벽하고 절대적인 지식에 대한 요청은 신의 계시를 흉내 내기 위해 무리하게 시도된 철학적 가설이다. 불변의 절대적인 신념으로서의 "진리"는 학문보다는 종교의 영역이다. 신의 이름으로 알려진 절대적인 지식이 존재한다고 하더라도 그것은 오류로 가득 찬 인간에 의해서 해석되어야 한다. 설사 그 절대적 진리가 어떤 절대자에 의해서 전해진다고 하더라도 그 진리가 담기는 말(언어)과 그것을 해석하는 사람의 불완전성에 의해서 결국 불완전한 양태로 나타난다.

학문적 지식이 고정관념과 다른 것은 그것이 개선을 전제한다는 점이다. 결점이 없는 지식은 없다. 오류가 없는 절대적인 지식을 가정하는 것은 비현실적이다. 그런 것이 존재하는지 알 수 없을 뿐더러 설사 존재한다고 하더라도 인식주체로서 우리는 그것을 인식하는 데 많은 장애를 안고 있기 때문에 어떤 것인지를 끝내 알 수 없다. 그 절대성을 하등의 오류도 없이 확실하게 검증할 절대적인 방법도 우리는 아직 갖추지 못하고 있다.

이 세상에는 옳거나 그른 해답이 있을 수 없고, 다만 더 낫거나 그렇지 못한 지식이 있을 뿐이다. 어떤 지식이든 간에 끊임없이 개선될 여지를 갖는다. 그런 이유에서 당대의 학문적 지식은 진리라기보다는 아직 허위가 입증되지 않은 지식이라거나 혹은 결점이 가장 적은 지식이 가장 훌륭한 것이라는 평가가 좀 더 온당하다. 이런 인간적인 평가방식은 학문적 지식을 놓고 "정답"과 "오답"의 어느 한쪽에 위치시키려고 하는 세간의 평가방식이나 시도가 오답 쪽에 가깝다는 것을 의미한다.

지식은 구조다. 그 구조의 빈 공간이 있다면 그것을 채우는 작업이 한동안 필요하다. 그 이행은 전체적이다. 지식은 하나의 체제이기 때문에 그 일부의 것이 전체에 큰 영향을 미친다. 지식의 일부가 오류라면 그 전체에 심각한 타격을 준다. 지식이 그물이라는 비유는 그것을 수정하고 개선하는 작업의 어려움을 말해주기도 한다. 그 오류는 그물처럼 여러 가닥의 실로 만들어지는 경우가 많다. 그것을 풀고 다시 짜야 하는 것이다. 그 진행과정에서 같은 개념이라도 그 전체의 맥락에 따라 그 의미가 달라진다.

학문의 진보는 하나의 이론구조의 포기와 그 자리를 양립이 불가능한 다른 하나의 이론으로 대치함으로써 이루어진다. 이전과 이후 사이에 논리적인 연결이 불가능하다. 이 특성 때문에 학문의 발전은 다시 지어야 하는 건물이라고 보아야 한다. 그럼에도 불구하고 발전된 이후의 지식은 이전의 낮은 지식을 토대로 한다는 점에서 그들은 경험적으로 씨앗과 열매의 관계처럼 불가분의 인척관계를 가지고 있다. 평면적으로 보면 모순되는 인식내용이 수준의 면에서 깊이와 높이라는 발생적 계열로 정리된다.

아는 것은 유한하고 무지는 무한하다. 우리가 세계에 대해서 알고 있는 것과 모르고 있는 것의 비율은 1 대 무한대이다. 이 넓은 우주를 우리가 알면 얼마나 알겠는가! 이 때문에 앎과 무지는 학문의 세계에서는 반비례하지 않는다. 알면 알수록 겸손해질 수밖에 없다. 알아갈수록 자신의 무지를 더욱 발견한다. 우리가 지닌 무지의 영역에 비추어볼 때 얼마나 높은 수준의 지식을 지니고 있느냐 하는 문제는 도토리 키 재기 식의 줄다리기에 불과하다.

학문의 발전사는 예외 없이 어제의 진리가 오늘의 오류로 판명되어 왔다는 분명한 사실을 보여준다. 고대 아테네에서 발원한 학문은 중세의 정체기를 제외하고 끊임없이 발전을 거듭하여 왔다. 한 가지 문제를 해결하면 반드시 열 가지 문제를 만들어낸다. 그럼으로써 세상이 한동안 밝아지는 순간이 있지만 다시 주위의 암흑은 더욱 깊어진다. 그 명암이 교차하여 더욱 많은 지식을 생산할수록 과학자들 사이에도 서로 믿을 수 없는 환상적인 이론들이 새롭게 출현한다.

1.5 학문적 언어

지식과 언어는 서로 다른 체제이다. 사유나 사고는 그것을 전달하는 언어와는 무관하게 존재하며, 언어작용에 좌우되지 않는다는 점에서 "지식이 없는 언어"나 "언어가 없는 지식"이 가능하다. 그럼에도 언어는 체화된 지식을 드러내는 중요한 기호이기도 하다. 학자는 학문적 체험을 언어로 구성하여 표현한다. 여기서 표현한다는 말은 후자가 전자를 대신한다는 뜻이 아니다.

언어가 체험을 못 따라간다는 이유 때문에 동양의 학문에서는 언어의 사용을 자제하거나 꺼려하는 편이지만, 서양의 학문적 전통은 달랐다. 철학의 전통을 이어받은 서양의 학문은 언어의 가치를 인정한다. 의미와 논리를 이용하여 소통하고 해석하고 토론하고 논쟁한다. 여기서 논의하고자 하는 학문의 용어는 후자에 해당하며, 본 절은 그 전통에서 사용하는 언어의 문제를 간략히 검토하고자 한다.

학문은 모든 세계를 인식의 대상으로 환원시키고, 그 순수하고 이론적인 체험의 세계를 언설의 수준에까지 끌어올리려는 노력을 하였다. 인식대상에 해당하는 개념들을 언어체제 안에 정착시켜 놓고 전자를 후자로 표현하여 전달하는 방식을 취했다. 이처럼 언어는 학자에게 자신의 지식을 표명하고 소통하는 데 불가결한 도구가 되고 있지만 그것이 여러 가지로 불완전한 도구라는 점은 피할 수 없다.

모든 체험내용이 그러하듯이 학문적 지식에도 언어로 표현될 수 있는 명시적인 부분과 그렇지 않은 암묵적인 부분이 있다. 그 비율을 따질 때 전자는 후자의 극히 일부에 불과하다. 여기에 명시적인 부분의 해석에서 다소의 난점과 제약이 개재한다. 그 하나는 그 언어의 의미와 해석은 그 암묵적인 체험의 기초 위에 이루어져야 한다는 난점이다. 다른 하나는 언어의 의미는 그것을 이용하는 개인으로부터 나오는 것이 아니라 공유된 언어체제 안에서 나온다는 제약이다.

학문적 지식은 상식과 다르기 때문에 새로운 지식을 획득하는 경우 일상적 언어를 사용하는 데 한계가 있다. 일상적으로 쓰는 상투어의 의미는 상식과 관례의 사고구조를 반영하고 있기 때문에 학문을 통해서 어렵게 밝혀진 새로운 인식을 드러낼 수 없다. 예컨대, "일몰"과 "일출"이라는 일상어는 그 사용자를 천동설의 상투적인 세계에 감금시킨다. 지동설의 사리를 따지면, "땅이 치솟고 있고, 땅이 꺼지고 있다."라는 말이 옳다. 마찬가지로 "사과가 떨어진다."라는 일상의 말은 "지구가 사과를 끌어당긴다."라는 말로 바꾸어야 하는 것이다. 그러나 그 진술들은 각각의 체제 안에서 그 의미가 성립하기 때문에 새로운 사실을 매번 바꾸어 진술한다고 해서 그 문제가 해결되는 것은 아니다.

높은 수준의 체험을 낮은 수준의 언어로 기술할 수는 없다. 이런 이유로 일상어와 다른 새로운 언어체제, 즉 본 절의 주제인 학문적 언어가 출현하게 된다. 심오하고 혁신적인 지식을 마음속에 깊이 간직하고 있는 학자는 일상적 언어의 한계를 벗어나기 위해서 새로운 언어를 만들어 낸다. 학문이 추구하는 것은 어떤 특정한 시대와 장소에 구애되지 않는 보편적 신념이다. 따라서 그것을 표현하는 학문적 언어는 보편적인 개념의 틀 안에서 적은 것으로 많은 것을 정확하게 요령껏 설명할 수 있는 요건을 충족시킬 수 있어야 한다.

학문적 언어체제는 이를 처음 제안한 학자의 고유한 목소리이며 언어이지만 지역과 시대에 따라 일상에서 일어나는 구체적인 사태의 진술이 아니다. 그것이 지닌 보편성의 의사소통에 참여하기 위해서는 마치 외래어를 배우듯이 학문적 체험과 더불어 배워야 한다. 그런 절차를 거침으로써 그 새로운 언어는 비로소 학문공동체 안에서 편리한 의사소통의 도구가 된다. 설사 그것이 어떤 공동체, 가령, 미국, 독일, 한국의 언어로 표현된다고 하더라도 그런 보편성의 원칙에 따라 그 원래의 제안자의 의미가 변하지 않도록 번역해야 한다.

앞 절에서 학문적 지식의 특징으로 그 의미가 그 체제 안에서 서로 연관하여 규정된다는 점을 살폈다. 그 맥락상의 구체성은 그 의미가 모호하지 않고 다소간 한정된 의미를 갖는다는 것을 뜻한다. 이에 대응하는 학문적 언어의 경우도 마찬가지다. 일상적 언어의 경우 한 용어의 의미는 다른 용어의 의미와 관계에 의해서 결정되며, 따라서 그 의미는 걷잡을 수 없게 지연되고 미끄러진다. 이 과정은 언어체제 전체를 파악할 수 있을 때까지 진행될 것이다. 그것을 어느 정도 방지하는 것이 바로 이론적 언어다.

이론은 개념들을 특정한 맥락 안으로 국한시키고 그 의미가 연대적으로 규정될 수 있도록 한다. 그 안에서 사용하는 용어의 의미들은 논리적으로 모순되지 않은 가운데 서로를 한정하고 규정하면서 그 의미의 구체성을 보장한다. 이 사실은 일상적 언어의 의미가 구체적이고, 이론적 언어의 의미는 추상적이라는 상식이 잘못된 편견임을 말해 준다.

학문적 언어의 구체성과 그것이 고정된 의미를 갖는다는 것은 별개 사항이다. 학문적 지식은 부단히 발전한다. 동일한 주제에 속하더라도 발전단계에서 서로 다른 수준의 지식을 차지한다는 사실이 밝혀지고 있다. 학문공동체에서 설사 같은 학문적 언어를 사용한다고 하더라도 그 의미는 발전의 수준에 따라 현저하게 달라진다. 학문적 지식의 발전은 하나의 지적 체제의 포기와 대체의 경로로 진행되기 때문에 그에 따른 용어의 통약 불가능성이 문제가 되는 것이다.

그 사례를 들어보자. 원래 "원자"라는 말은 더 이상 나눌 수 없는 최소의 물질이라는 뜻이 있었지만, 후에 그것이 양자와 전자 등의 물질로 구성되어 있음이 밝혀졌다. 파동역학에 있어서 "파동"과 "미립자"라는 말은 그 의미가 바뀌기 때문에 더 이상 고전역학에서와 같은 존재를 지칭하지 않는다. "질량"의 개념은 뉴턴역학에서는 단순하게 정의했지만 상대론적 물리학에서의 질량의 개념은 에너지와 매우 밀접한 관계가 있으므로 또 다른 개념적 복잡성을 띠게 된다. "공간"에 대한 유클리드적인 관념은 비유클리드 기하학에서는 와해된다.

이 점을 인정한다면, 같은 학문적 지식의 용어에 대해서 선진과 후진 사이에 오해가 불가피하다는 결론이 나온다. 그렇다면 후진의 지식과 선진의 지식을 나타내는 데 있어서 그때마다 다른 용어를 쓰는 것이 옳을 듯해 보이는데 실제로는 그렇게 하지 않는다. 그 이유의 하나는 새로운 용어의 범람을 막는다는 것이고, 다른 하나의 이유는 주어진 용어의 발생적 변화를 주시할 수 있다는 것이다. 그 의미는 비연속적이지만 발생의 면에서는 연속적인 것이다. 따라서 학문적 언어를 해석할 때에는 매번 이전의 개념에 대해서 전반적인 재평가가 요구된다.

마지막으로, 학문적 지식의 의미화와 관련하여 두 가지 점을 특별히 유념해야 할 것 같다. 그 하나는 학문적 언어 역시 언어인 이상 주체의 주관과는 별개의 곳에서 성립되고 반복된다는 착각이다. 학문의 용어는 그 기원에서 분리되어 점차 새로운 의미로 변모한다. 그 의미는 그것을 접하는 사람의 수준에 따라 서로 다른 해석에 노출된다. 다른 하나의 유의점은 언어가 체험을 대신할 수 있으리라는 안이한 생각이다. 학문적 언어에 접하기 위해서는 일정 기간의 학문적 수련이 필요하다. 체험의 근거를 지닌 지식과 그렇지 못한 지식의 차이는 화분에 뿌리를 내린 화초와 그것을 절단한 화환의 차이에 비유될 수 있다. 후자의 맹점은 "학교교육"의 문제와 결부하여 따로 논의될 것이다.

1.6 분과학문

다양성이 삶의 양태라면 보편적인 지식이란 존재하기 어렵다. 그 총체를 한꺼번에 볼 수는 없고 누구나 부분을 본다. 그 일부의 특정한 존재영역을 선택적으로 인식하는 것이 분과학문이다. 일상에서 접하는 실제는 어느 것이든 다른 영역과 혼합되어 있다. 그 융합된 것들의 한 고리로서 삶을 구성하는 개별적인 현상을 분할하는 작업이 관념의 수준에서 가능하다. 그런 선택된 시각에서 삶의 현장이 다양하게 드러난다.

분과학문과 그 대상은 마치 닭과 달걀의 관계처럼 서로에 의존한다. 삶 안에 다양한 세계가 있음으로써 분과학문이 성립했다고 말할 수 있고, 분과학문이 생김으로써 그 다양성이 인정되었다고 할 수 있다. 학문공동체는 수많은 하위 분과학문으로 구성되어 있다. 그 가운데 그 자율성의 확보에 성공한 제반 분과학문은 서로 다른 학문의 세계로 환원시켜 인식할 수 있는 창문의 역할을 한다. 자연은 자연과학에 의해서 사실로 드러났다. 마찬가지로 사회의 실상은 사회학에 의해서, 경제의 실상은 경제학에 의해서, 그리고 역사의 실상은 역사학에서 밝혀지고 있다.

학문의 역사에서 오늘날의 분과학문이 성립한 것은 그렇게 오래되지 않았다. 철학으로부터 시작한 학문은 세상을 두루뭉술하게 다루었지만 삶이 점차 복잡하게 전개됨에 따라 그 시각이 다양화되기에 이른 것이다. 그 정확한 시점을 말할 수는 없지만, 예컨대 자연과학 분야에서 천문학은 16세기, 물리학은 17세기, 화학은 18세기, 생물학은 19세기에 이르러서야 비로소 태동하였다. 그 이외에 심리학, 사회학, 경제학 등 대부분의 사회과학은 19세기에서 20세기 전후의 산물들이다. "교육학"의 경우도 사회과학의 형성과 궤를 같이하지만, 불행히도 자율적인 분과학문으로 성립하지 못하는 역사적 변고를 겪었다. 그 부분은 다음 장의 주제가 될 것이다.

그렇다면 자율적인 분과학문이란 무엇인가? 이를 한마디로 말하면,

대상현상에 대한 모든 가능한 설명을 그 자체 내에 포함하고 있는 것을 말한다. 지식 혹은 언어는 세계를 단순히 기술하는 것이 아니라 그것을 설명하는 체제다. 지식을 구성하는 개념과 명제는 서로가 상대의 맥락을 구성하면서 함께 그 의미를 구성한다. 분과학문의 대상은 세상의 일부이지만 그 자체는 하나의 전체이다.[2] 따라서 분과학문의 지식은 그 일부를 전체로 드러내는 일련의 진술로 조직화하고 표명하는 절차를 거친다.

각 분과학문의 학자들은 그 대상세계만을 포착하는 핵심적인 개념을 창조하여 그 대상의 진실에 접근한다. 물리학에서의 "중력", 생물학에서의 "유전", 기하학에서의 "공간", 심리학에서의 "무의식", 정치학에서의 "권력", 경제학에서의 "화폐", 사회학에서의 "계층" 등을 예로 들 수 있겠다. 이 여러 가지 핵심적 개념들의 의미는 해당하는 분과학문의 개념체제의 일부로서 설명되어야 하는 사정 때문에 다른 분과학문을 침범하지도 않을 뿐만 아니라 다른 영역을 침범하지도 않는다. 이에 따라 특정한 분과학문의 내재적 개념과 외재적 개념이 구분되는 것이다.

전지전능한 신이 아닌 이상 우리 각자는 인식에 있어서 한계를 지니고 산다. 설사 절대적인 진리가 존재한다고 하더라도 그 확실성을 보장하는 절대적인 방법도 없다. 모든 주장이 불완전하다는 이유로 그 상대적인 타당성까지 부인할 수는 없다. 우리는 현실적으로 한층 더 타당한 방법을 택할 수밖에 없다. 그 방법은 무엇인가? 그것은 어떤 주장을 타당한 것으로 성립시키고자 할 때, 그 반론에 굴복할 수 없는 근거를 제시하는 것이다. 만약 반론에 대처하지 못한다면 아직 참된 것으로 받아들일 수 없기 때문에 불확실한 것으로 보류되어야 한다.

분과학문들 간에는 그 대상의 이질성 때문에 탐구방법에 있어서도 다소의 차이가 있다. 예컨대, 자연과학은 대상을 설명하고 인문과학은 대상을 이해한다는 식의 구분이 있으며, 그 각각의 방법에 대한 정밀한 논

---

2) 얼굴은 신체의 일부이지만 그 부분도 나름의 전체를 가지고 있으며, 그 전체가 드러날 때 비로소 그 정체가 드러난다.

의가 있다. 자연을 설명함에 있어서도 크게 자연적 사태를 관찰하는 방법과 사태를 실험에 의해서 조작하는 방법이 있다. 전자는 예언을 가능하게 하며, 후자는 더 나아가 통제를 가능하게 한다. 경우에 따라 생물학자는 효과적인 곤충채집방법을 고안해야 한다. 문화인류학자는 문화를 이해함에 있어서 양적인 것뿐만 아니라 질적인 기술도 필요하다는 것을 알게 되었다. 이처럼 대상에 따른 다양한 방법의 정당성은 결국 연구하려는 문제를 얼마나 잘 해결하느냐에 달려있다. 다시 말하면, 방법에 요구되는 조건은 개념적 문제해결이라는 조건에 후속한다.

앞 절에서 학자들은 대중적인 사회와 다른 학문공동체에 속한다는 점을 지적했다. 학문공동체 안에서도 하위공동체가 존재한다. 실제로 존재하는 것은 하위공동체이기 때문에 학문공동체는 그 집합이라고 말하는 것이 옳을 것이다. 그런데 우리의 삶의 현장은 모든 것이 융합된 결과이다. 그런 이유와 한계 때문에 분과학문과 일상적 삶의 사태 사이의 관계가 어떻게 진행되어야 하는지에 대한 논의를 필요로 한다. 어떤 생활사태의 문제를 분석하고 해결함에 있어서 여러 가지 종류의 분과학문끼리 그 경계를 넘지 않으면서 서로 협력하고 대화해 나갈 필요가 생긴다. 그 해법의 하나가 이른바 "학제연구(interdisciplinary studies)"다. 예컨대, 전 지구적 생태위기나 지구 온난화 문제를 다각적으로 접근하여 그 총체적 복합성을 드러내는 방식을 취한다.

여기에서 분명하게 알아두어야 할 것은 학제연구는 각 분과학문의 독자성을 인정하되 그들의 협력을 이용한다는 점이다. 그것들이 서로 관계를 맺는 것도 그 이후의 경험적 사실을 통해서 밝혀져야 할 사항이다. 그런데 요즘 이른바 "통섭(consilience)"이라는 용어가 등장하면서 생활사태와 학문적 이론 사이의 근원적인 차이를 혼동하는 경우가 있는 것 같다. 삶의 현장에서 접하는 것은 모든 것들이 융합된 것이다. 그러니까 학문 역시 하나로 융합되어야 한다는 주장은 엉뚱하고 사리에 맞지 않다.

통섭이 구체적인 생활 사태를 지칭하는 것이 아니라 이론을 지칭하는 것이라면 그 나름의 내적 통합성이 보장될 때만 성립될 수 있다. 그런데 아직까지 삶의 총체성을 설명할 수 있는 거대이론은 출현되지 않았다. 그 가능성을 무시하고 외면해서가 아니라 그 비현실성 때문일 것이다. 보다 현실적인 접근은 지금까지 불필요하게 분리된 소규모의 이론 X와 Y를 하나로 통합하는 정도가 될 것이다. 이 경우 그것을 포괄하는 Z라는 새로운 학문체제를 제시할 수 있어야 한다. 그런 소규모의 학문 간 융합의 문제 또한 단순히 주장에 그칠 것이 아니라 입증되어야 할 과제이다.

1.7 학문의 응용

앞의 논의는 주로 학문의 순수성에 주목했다. 역사적으로 학문의 발전은 인간생활의 유용성에 의해서가 아니라 정신적인 흥미에 의해서 이루어졌다. 학자는 대상세계에 대해서 가지고 있었던 잘못된 생각에서 탈피했다는 것 자체에 인간된 자긍심을 갖는다. 참된 지식은 세상의 영리나 이해관계와 편견에서 해방된 조건에서 생산될 수 있기 때문에 거짓된 번영보다 고난과 역경을 택하는 경우가 많았다. 그 생산물인 지식이 삶에서 어떤 결과를 가져오며 어떤 기능을 하느냐 하는 문제가 남는다.

흔히 학문의 영역을 “순수학문(pure science)”과 “응용학문(applied science)”으로 분류한다. 여기서 후자에게만 “응용”이라는 용어를 씀으로 인해서 일반 사람들은 마치 순수학문이 응용력이 없다는 뜻으로 받아들이는 경향이 있는 듯하다. “무용지용(無用之用)”, 즉 세상에 쓰이지 않는 것이 도리어 크게 쓰인다는 옛말이 있다. 순수학문은 아는 것 자체를 추구하지만 그 응용의 범위는 무궁무진하다. 응용학문은 그 응용의 가능성을 특수한 목적에 한정하여 실현해 나가는 분야라고 볼 수 있다.

응용학문은 순수학문에 후속한다. 후자의 부재상태에서 전자가 존재할 수 없다. 응용학문이 번창하려면 그 이전에 순수학문이 확보되어야 한다는 사실을 잊어서는 안 된다. 연못의 물을 빼면 물고기를 잡을 수 있지만 다음 해에는 물고기가 하나도 없을 것이다. 순수학문을 외면하고 소득을 얻는 응용학문에만 관심을 갖는다면 그런 불행한 사태를 자초할 것이다. 지식을 사용하거나 적용하기 위해서 그것을 발견한 사람이 가졌던 상상적 통찰력을 되살릴 필요는 없겠지만 그것을 이해하고 응용하기 위해서는 발견한 사람의 상상적 통찰력을 존중해야 할 것이다.

진리와 허위라는 범주와 용도와 비용도라는 범주는 다르다. 진리의 기준에 비추어 지구가 둥글다고 생각하는 것과 납작하다고 생각하는 것은 큰 차이가 있겠으나 실용성의 면에서 보면 그 차이는 별로 크지 않다. 일상에서 허위가 진리보다 더 쓰임새가 있는 경우도 많다. 거짓과 허위를 변별하는 것이 목적인 학문은 실용성과는 별개의 근거에서 추진되어야 한다. 학문의 가치를 외재적 가치로 환원시켜 평가한다면 학문의 정체성을 잃기 쉬우며 그 기능조차 논의할 수 없다.

학문의 외재적 가치는 그 내재적 가치의 인정을 전제한다. 지식은 진리이기 때문에 사용될 수는 있지만, 사용될 수 있기 때문에 진리인 것은 아니다. 실용주의적 관점은 진리와 허위의 범주를 혼동한다. 학문의 주된 가치를 그 용도에 두면 가치의 전도가 일어나 그 용도를 떠난 학문 자체의 가치를 간과한다.

이 부분에서 학자의 목표와 일반 사람들의 목표 사이에 불가피하게 다소의 균열이 일어나는 것은 불가피하다. 일반 사람은 생활수단이 될 때에만 학문에 관심을 두고, 학문이 돈벌이가 되면 그 오류마저도 숭배한다. 돈벌이를 위한 학문은 학문의 가치를 경제의 가치로 환원시킨 불행한 사태다. 심지어 과학자들조차도 그들의 활동을 지원받기 위해서 흔히 그 실용성을 내세운다. 이런 가치전도의 상황에서 학문의 고유한 정체성을 드러내기가 쉽지 않다. 이것이 바로 응용학문의 기치 아래 진행되는 제반 실천이 경계해야 할 맹점이다. 응용학문은 그 응용의 범위를 특수하게 축소시키고 그 응용 자체를 우선시하는 함정에 빠지기 쉽다.

우리의 삶에는 택해야 할 수많은 가치가 있다. 그 다양성 가운데 학문의 대상세계가 포함된다. 그 가치의 다양성이라는 점에서 학문적 지식은 "가치중립"이라는 말이 적용될 수 있다. 이제 그 중립이 아닌 어떤 가치기준을 택하느냐에 따라 학문적 지식의 평가가 달라질 것이다. 학문은 미신과 어리석음의 해독에 대한 가장 좋은 대처방식이다. 대상세계에 대한 올바른 인식과 세부적인 것을 알아야 그에 대한 올바른 판단과 실천이 가능하다.

응용이라면 반드시 학문적인 지식을 필요로 하는 것은 아니다. 학문적으로 불확실한 문제는 학문 외적인 것과의 타협에 의해서 해결되어야 한다. 대상에 대한 학문적 지식을 지니고 있다고 해서 항상 그 대상을 조작할 수 있는 것은 아니다. 학문적 지식은 다만 그 필요조건의 하나에 불과하다. 정치학자가 정치에 성공한 사례는 생각보다 많지 않다. 통치는 권력을 선용하는 것이고, 정치학은 정치에 대한 경고 정도는 가능하다. 그런 한계 안에서 정치를 위한 정치학, 경제를 위한 경제학, 교육을 위한 교육학을 생각해 볼 수도 있겠다.

마지막으로, 학문과 도덕의 세계는 별개라는 점을 지적하고 싶다. 학문적 지식은 그 자체가 유익하거나 해로운 것은 아니다. 기술과 마찬가지로 학문적 지식은 악용되거나 선용될 수 있다. 칼은 잘 쓰는 사람에게는 유익하고 잘못 쓰는 사람에게는 해롭다. 강도도 나그네도 칼을 가지고 있지만 강도는 약탈을 위해, 나그네는 자기 방어를 위해 지니고 있다. 따라서 그 한쪽으로만 평가하는 것은 부당하다. 과학적 기술로 인해 빚어진 문제가 이를 예증한다. 그렇다고 해서 그 악용을 문제 삼아 학문의 존립문제를 따지는 것은 심각한 범주착오다.

제2장
엇나간 "교육학"

앞 장의 학문에 대한 일반적인 관점을 택한다면 교육학의 정체성은 그 고유한 대상을 밝히는 데서 보장될 수 있으며, 그 정체성을 토대로 학문공동체 안에서 기존의 다른 학문과 협력할 수 있는 근거를 확보할 수 있을 것이다. 불행히도 지금의 "교육학"은 우리의 역사와 삶에서 진행되고 있는 교육현상을 포착하는 고유한 개념체제를 구축하는 과제로부터 어긋나는 방향으로 진행되어 왔다. 그것은 오히려 고유한 의미의 교육현상을 개념적으로 왜곡하거나 은폐하는 세력의 일부로 작용하고 있다. 그 문제는 밧줄처럼 여러 가닥의 실로 꼬여있기 때문에 여러 단계의 해체 과정을 거쳐야 한다. 진실의 발견보다는 오류의 확인이 더 쉽다. 본 장은 이제부터 그런 의미의 교육학에 특별히 인용부호(" ")를 붙여 그 근거를 부정하는 논의를 전개할 것이다.

2.1 유령학문

교육학은 교육현상이 고유하게 존재한다는 것을 전제한다. 교육현상은 그 자체로서 인간의 고유한 삶이다. 그것이 여타의 삶으로 대신하거나 환원될 수 없는 어떤 것이라는 전제를 충족시키지 못한다면 교육학은 공허한 것이 될 것이다. 사실상 교육은 인류의 오랜 역사를 관통하여 진행되어 왔으며, 지금도 삶의 현장에서 늘 경험을 하고 있다.

우리가 교육적인 삶을 영위하는 것과 그것에 대한 개념체제를 갖는다는 것은 별개이다. 마치 호흡현상에 대해서 알지 못하면서 우리가 호흡을 하면서 살고 있는 것과 마찬가지로 교육학이 없는 상태에서 교육적인 삶이 진행될 수 있다. 그럼에도 불구하고 그 체험 자체에 대한 사유를 결여하고 있거나 혹은 부적절하거나 그릇된 관념을 지닐 수 있다. 교육현상은 자명한 것이라는 사고방식이 있는데, 그 근거는 상식과 제도다.

관습의 지배를 받는 상식은 삶에 불가결한 요소이지만 학문과는 먼 거리에 있다. 일상적 인식 혹은 선입견의 범위를 벗어나 교육현상의 정체성이 무엇일지 궁구하는 것이 교육학의 영원한 과제일 것이다. 교육은 교육학자에게 있어서 헤아릴 수 없이 끝없는 신비의 대상이 되어야 한다. "교육이란 무엇인가?"라는 물음 뒤에는 어떻든 해답이 따라 나와야 한다. 기존의 교육관에 대해서 언제나 일정 부분 불만을 느끼고 교육현상을 포착하는 정련된 개념체제를 제시할 수 있어야 한다. 그 물음과 답을 반복하면서 여타의 분과학문이 포착하지 않은 인식의 대상을 학문적으로 분할해서 포착하는 과제를 수행해야 한다.

그런데 놀랍게도 삶에 편재된 교육현상의 정체성을 밝히려는 시도는 아직까지 동서고금의 역사에서 거의 찾기 어렵다. 현존하는 "교육학"은 겉모양만 그럴듯할 뿐 그 내용이 텅텅 비어 있다. "교육학과", "교육학회", "교육전문지", "교육학자", "교육연구소"가 즐비하지만 그 안에서 교육현상을 체계적으로 밝히려는 관심이나 시도를 찾아보기 어렵다. 주변의 "교육학자"라고 자칭하는 사람에게 교육현상이 진정 무엇인가를 진지하게 연구해 본 적이 있는지를 물어보라. 자신이 가진 교육관을 정리하여 검토하고 더 개선해 나가는 사람은 보기 드물다. 집단으로 볼 때, "교육학과", "교육학회", "교육연구소"의 경우도 마찬가지이다.

그 개인이나 집단이 무수한 연구물을 쏟아낸다는 것은 사실이다. 그러나 "교육학자들"은 다른 분과학문들의 사실과 구분되는 교육현상을 이론적으로 밝혀내는 데 관심을 두지 않는다. 자신들의 기본적인 책무가 무엇인지를 망각하고 있는 셈이다. "교육연구소"에서 교육현상 자체를 탐구한 교육학의 연구는 거의 부재하다.[1] 그 공백상태와 목표상실의 사태에서 수많은 사람들이 "교육학 학위"를 취득한다. "교육연구"라는 명칭의 저널에 수많은 연구물이 발표되지만 그것이 어떤 이유에서 교육에 대한 연구인지를 따지지 않는다.

서점을 방문해 본 사람이라면 "교육학" 분야의 서가를 보고 두 번 놀랄 것이다. 첫 번째는 어느 분야의 서가보다 많은 공간을 차지하고 있는 그 분량이다. 두 번째는 그 많은 서적들 중에 하나라도 교육현상이 무엇이며 그것이 우리의 역사와 현재의 삶에서 어떤 양상으로 전개되고 있는지를 설명하는 저서를 발견하기 어렵다는 사실이다. 그나마 기대되는 "교육학개론"은 이미 상식과 제도에 의해서 규정된 "교육"과, 또 교육과 도무지 상응할 수 없는 철학, 심리학, 사회학, 행정학 등 각종 외래학문의 이론을 병렬적으로 나열하거나 덧붙이는 방식으로 구성되어 있다. 그야말로 풍요 속의 빈궁을 실감할 것이다.

대학의 강의는 어떤가? "교육학 개론" 강의는 교육학과 교수들에게 되도록 회피하고 싶은 대상이다. "교육학과 교수들"은 앞에서 든 여러 분과학문의 어느 하나를 자신의 전공영역으로 삼고 있기 때문에 그 개별적인 분과학문의 지식들을 모두 절충해서 총체적으로 다루는 것이 벅차다. 거기에 막상 교육학이 빠진 것을 그들은 알고 있다. 뿐만 아니라

1) 그 이상한 사실을 확인하려면 오랫동안 "교육학 분야"에서 근무한 사람에게 그런 주제의 연구를 한 번이라도 수행한 적이 있는가를 물어보라.

교육현상 자체를 밝히려는 교육학이나 이론이 존재할 수 있다고 내심으로 믿는 사람조차 드물다. 설사 그런 것이 존재한다고 하더라도 자신의 전공영역의 범위를 벗어난다고 보기 때문에 "교육학자"가 "교육학개론"이라는 강의를 떠맡는 것을 꺼려하는 아이러니가 전개된다.

"붕어빵 안에 붕어가 없다."라는 세간의 농담이 있다. "교육학"이라는 명칭은 그럴듯한데 그 내실이 텅 비어있다면 유령학문이라고 할 수밖에 없다. 이런 사태에서 교육의 정체성이 소실된 채 "교육"이라는 허울 좋은 용어가 단지 형식과 예우의 차원에서 무분별하게 쓰인다. 입으로는 "교육"이라는 용어를 숱하게 사용하면서도 마음속으로는 그것이 무엇을 의미하는지 모르는 기이한 현상이 일상에서 정상적인 일로 치부되고 있다. 그 의미가 밝혀지지 않은 용어를 사용하는 수많은 이야기들은 헛소리거나 거짓이다.

교육현상이 무엇인지 밝혀지지 않는다면 교육과 여타의 세계와의 관계에 대한 논의도 불가능하다. 교육이 우리의 삶에서 어떤 여건의 지배를 받고 있으며, 그 여타의 삶에 어떤 기능을 하는지도 알 수 없다. 그런 어려움에도 불구하고 일반인이 널리 사용하고 있는 "교육"이라는 용어의 실질적인 의미를 "교육학자들"이 학문적으로 엄격하게 검열한 경우는 거의 없다. 그들 스스로가 일반인과 한통속이다.

2.2 태생적 변고

어떤 사태가 잘못된 방향으로 진행되었을 때 그 역사적 근원으로 되돌아가 분석하는 것을 계보학적 검토라고 한다. 처음에 조금 틀리면 나중에 크게 그르친다. 첫 단춧구멍을 놓치면 모든 단추를 잘못 끼우게 된다. 출발의 방향을 잘못 잡은 배를 열심히 추진할수록 그 배는 목표에서 멀어진다. 불행히도 "교육학"의 경우가 그런 오류의 산물이다. "교육"의 문제해결자로 자임하고 열심히 연구를 하고 있다고는 하지만 교육학은 아직까지 유령학문으로 남아 있다. 지금의 "교육학"이 인간의 역사나 삶에서 교육이라는 자율영역을 개념적으로 드러내지 못하고 오히려 그 과제수행을 외면하는 지금의 기이한 상황은 어디에서부터 유래했는가? 그 질문에 대한 해답은 그것이 탄생한 비정상적인 역사에서 찾아야 한다.

서양에서 다양한 분과학문들이 생겨날 때 교육학은 불행한 경로를 거쳤다. 그것은 바로 국가중심의 학교의 출현과 관련되어 있다. 서양에서 18, 19세기에 근대국가가 형성되는 과정에서 대단위집단인 국가를 어떻게 유지하느냐 하는 문제를 해결하는 수단의 하나로 대규모의 "공립학교"라는 제도가 일시에 도입되었다. 공립학교를 도입한 세력이 가졌던 실질적인 의도는 무엇이었는가? 그 명분을 "교육의 전문기관"이라고 할 때 그 "교육"의 의미는 무엇이었을까? 이런 정치사회학적인 질문은 연구와 검증에 의해서 밝혀질 과제이지만, 당시나 지금이나 학교는 그 명분 자체의 타당성을 검증한 경우가 별로 없이 단지 그런 사회적 통념이나 믿음 자체로만 유지되고 있다. 우리나라에 "신학교"라는 이름으로 도입된 것도 서양에서 발원한 제도의 한 사례로 보아야 할 것이다.

학문의 역사는 상식에 대한 도전의 역사라고 해도 과언이 아니다. 교육학은 상식과 제도적 개념의 개입을 봉쇄하고 그 자체의 자율적인 개념체제를 구성할 수 있어야만 하였다. 그런데 오히려 봉쇄해야 할 상식과 제도를 당연시하고 그 토대위에 교사라는 직업에 관심이 있는 사람들의 효율적인 직업수행을 위한 교직과목의 길을 택하게 되었다. 교직과목은 전통적으로 기존의 분과학문의 지식을 임시방편적으로 차용하는 안이한 방식을 취한다. 이처럼 교육을 대변할 "교육학"이 상식과 제도를 토대로 성립했다.

학교가 전문기관이라면 그것을 운영할 전문가가 필요하다. 그 부분을 교사가 담당하여야 하는데, 그 막대한 수의 교사를 확보할 필요성에서 교사양성기관이 설립되었다. 처음에는 대학과는 별도로 중등수준의 사범학교(normal school)의 형태로 등장하였으나, 점차 종합대학에서 직업

학교로 수용하기에 이르렀다. 이것이 오늘날 우리가 알고 있는 사범대학이다. 사범대학은 그 질은 낮지만 당대의 각종 분과학문을 교직과목으로 수용하면서 종합대학의 일부로 편입됨으로써 종합대학의 축소판이라는 특징을 갖는다. 백화점 속의 잡화상이라는 표현이 적절할 것이다.

사범대학의 커리큘럼은 크게 교과영역과 교직과목영역으로 나뉜다. 그 어느 영역이나 종합대학에서 이미 형태를 갖춘 분과학문들이다. 교과영역은 학교에서 교과목으로 취급할 각종 학문영역들로 구성되어 있고, 교직과목영역은 그 이외에 예비교사들이 교직수행에 동반되는 다양한 과제를 수행하는 데 필요한 학문으로 주로 철학, 심리학, 사회학, 행정학, 문화인류학 등을 끌어들였다. 이것이 오늘날의 "교육학"을 규정하는 계기가 되었다. 분과학문으로서 일종의 "역사적 변고(a historical accident)"라고 할 만하다. 그도 그럴 것이 교육학은 그 정체성을 모색하기 이전에 이미 각종 외래학문의 침탈을 받게 되었기 때문이다. 실상은 이들이 자발적으로 초청되었다는 점에서 이하에서 용병학문이라고 통칭하기로 한다.

각종의 용병학문들은 애초에는 "교육의 학문적 기초(academic foundations of education)"라는 명분으로 도입되었다. 그러나 어느 단계에서 슬며시 "교육철학", "교육심리학", "교육사회학", "교육행정학", "교육인류학" 등의 이름으로 바꾸어 칭하게 되었다. 이로써 "교육"이라는 용어가 단지 형식이 아니라 마치 실질적인 의미를 지니는 것으로 위장하기에 이른다. 이는 일종의 참칭(僭稱)에 해당한다. 여기에 학교관례구조에 맞는 과목들, 가령 교과의 조직과 운영의 문제를 다루는 "교육과정", 교과의 이해와 암기를 측정하는 "교육평가"가 추가되었다. 그 학교중심의 교직과목은 결국 교육학이 하나의 자율적인 분과학문 체제로 성립하는 데 있어서 걸림돌이 되었다.

"교육학"은 이처럼 사범대학의 교직과목을 총칭한다. 그 과목을 담당한 교수는 무조건 "교육학자"라는 외피를 쓴다. 그들의 연구주제가 어떤 것이든 "교육연구"라는 공식을 만들어 냈다. 이들의 학문적 자긍심은 교직과목이 상식수준을 넘어섰다는 것이다. 그런데 참으로 아이러니컬한 사실은 그 외피로 내세운 "교육"이 진정 무엇인지에 대한 이론적 고민을 생략하고 있다는 것이다. 그럼에도 이렇게 잡다한 분과학문들에 의존하고 있는 "교육학과"가 분야의 이권 문제가 제기될 때마다 사범대학의 교과영역에 대해서 마치 교육을 대변하는 듯한 행세를 부린다.

단적으로 말하면, 이제까지 "교육학"에서 교육현상 자체의 내용을 구명하려는 어떤 노력도 하지 않은 채 기존의 제반학문들이 이미 선취한 개념체제에 의존하는 방식을 택해왔다. 아직까지 그 고유의 자율성과 정체성을 확립하려는 시도는 부재하다. 분과학문의 일원으로서의 편입은 엄격한 기준을 만족시킬 때 가능한데, 지금의 "교육학"은 적어도 두 가지에서 올바른 의미의 교육학으로 인정할 수 없다. 하나는 탐구해야 할 교육현상이 학교라는 임의의 제도로 미리 규정된 것이고, 다른 하나는 "교육학"이 교직과목을 담당한 임의의 집단에 의해서 규정되었다는 것이다.

이 심각한 주장에 담긴 분쟁의 소지를 제거하기 위해서 그 이유의 각각을 좀 더 깊이 검토할 필요가 있다.

첫째로, "교육학"은 교육을 이미 제도나 상식에 의해 규정한 특수한 역사적 사건에서부터 비롯하였다. 명문상 교육을 위한 제도로 학교가 도입되었는데, 그 "교육제도"란 실상은 교육과 사회적 제도가 중첩된 영역이다. 그런데 교육이라는 현상에 대한 학문적 탐구가 이루어지지 않았기 때문에 학교라는 제도와 교육이 동일시되는 상황에 이른 것이다. 이로써 제도가 교육에 적응하기보다는 교육이 제도에 적응하는 본위의 전도와 역리현상이 두드러지게 되었다. "교육학자들"은 그 개념적인 고착에 의문을 제기하기보다는 오히려 그런 흐름에 동조하였다.

역사적으로 교육은 학교보다는 연륜이 높다. 또한 교육은 학교 안과 밖에서 진행되는 동서고금의 보편적 삶의 양상이다. 이렇게 그 시기를 확장하는 것은 현재에 사는 우리 자신의 관점을 확장하는 방편이기도 하다. 현재는 진행되는 역사의 한 시점에 불과하다. 그 관점으로 과거와 미래에 접근하는 것은 큰 오류다. 그리고 학교중심의 규정은 생활세계의 측면에서도 학교 밖에서 진행되는 생생한 교육현상을 개념적으로 거의 무시하고 외면한다. 학교중심의 교육에 대한 규정은 교육의 외연을 이루 말할 수 없을 정도로 축소하는 결과를 초래하였다.

"교육학"의 정체성에 의문을 제기할 두 번째 이유는 그것이 개념의 공유 문제를 떠나서 단지 사범대학이나 학과에 속한 사람의 행태로 규정되었다는 사실이다. 이는 앞에서 분과학문을 논하는 자리에서 살핀 요건과 기준, 즉 대상을 포착하는 독특한 개념의 확보, 그 작업을 수행하는 데 따르는 제반 방법, 그리고 그 과제를 해결하기 위해 형성된 학문공동체와는 거리가 멀다. "교육학"의 경우는 그 어느 것도 갖추지 못한 채 지금에 이르기까지 기존의 잡다한 분과학문들을 무차별적으로 끌어들이는 관례에 안주하고 있다.

2.3 이류잡학의 실태

한 가지 잘못을 용인하면 더 많은 잘못을 자초하거나 부추기게 된다. 그런 점에서 지금의 "교육학"을 교육현상에 대한 연구가 없었던 당시의 상황에서 임시처방 혹은 미봉책의 용병학문으로 치부하면 그만이다. 사실 용병학문들은 자체의 고유한 영역을 벗어나 스스로 다른 영역에 부당하게 침범하여 월권을 행사한 것이 아니다. 말하자면, 자청한 식민화가 일어난 것이다. 그렇기 때문에 이제라도 그들을 "모학문들(mother disciplines)"로 제각기 되돌리거나 더 정확한 명칭, 즉 교직과목으로 치부하고 고유한 의미의 교육현상에 대한 진지한 학문적 탐구를 시작해야 할 것이다. 그런데 그 의존의 습속이 지금까지도 하나의 전통으로 정착되거나 더욱 심화·고착되고 있다는 데에 문제의 심각성이 있다.

주인 없는 밭에 잡초가 무성하기 마련이다. 이미 지적했듯이, 기존의 용병학문들이 각각 "교육학" 내의 하위전공영역으로 자리를 차지하고 있다. 그들은 자연스럽게 모학문에 소속감을 갖는다. "우리 철학," "우리 심리학," "우리 사회학," "우리 행정학," "우리 문화인류학," 하는 식으로 서로를 구분하는 칸막이를 한다. 교육에 대한 통념과 제도를 전제로 기존의 제반 학문들을 수용하는 위장된 이류잡학(二流雜學)이라고 하면 현재의 사태를 기술하는 가장 적합한 말이 되겠다. 그 잡학의 한계조차 없다. 용병학문의 범위는 분과학문의 수만큼 많다. 만약 지금의 "교육학과"나 "교육학자들"의 논문들을 그들이 소속한 학문공동체와 무관하게 정리하는 도서관 직원이 있다면 그것들은 모두 모학문의 것으로 재분류되고 말 것이다.

종합대학의 여러 분과학문은 늘 그러하듯이 서로 조화하고 협동할 수 있다. 그런데 용병학문들은 "교육학"이라는 동일한 외피를 가진 학문공동체 안에 위치하고 있다는 데에서 문제가 야기된다. 엄연히 서로 다른 현상을 말하면서 동일하다고 하면 어쩔 수 없이 개념적인 혼동이 일어날 수밖에 없다. 그들은 서로 다른 맥락에서 "교육"이라고 말하기 때문에 의미 있는 소통이 원천적으로 불가능하다. 뿐만 아니라 "교육학"에 얽힌 각종의 이해관계를 둘러싼 용병학문 서로 간에 헤게모니의 다툼과 갈등을 피할 수 없다.

하나의 학과에서 모든 용병학문들의 구색을 갖추고자 하면 영세화가 불가피해진다. 몇 안 되는 교수가 각각의 용병학문을 대표하고, 수많은 제자의 학위논문을 지도하며, 그 제자가 다시 "교육학과"의 교수가 되는 악순환이 일어난다. 그로 인해 모학문의 학과에 비해서 논문의 질이 그만큼 점차 낙후하게 될 것은 자명하다. 이는 용병학문에 속한 특정 인물에 대한 평가라기보다는 "교육학과"가 처한 학문적 여건에서 도출되는 필연적인 결론이다. "교육학과"를 "학문의 빈민굴(academic slum area)"이라고 부르는 악평도 나온다.

지금의 "교육학"의 정확한 실상은 이류잡학이다. 잡학이란 기존의 제반학문을 모아놓은 것이라는 뜻이다. 잡학의 위안은 일생생활을 함에 있어서 한 가지에 관해서 모조리 알기보다 모든 것에 관해서 약간씩 아는 것이 낫다는 데 있다. 이류란 그 질적 등급이 제반학문보다 낮다는 뜻이다. 사범대학의 예비교사가 비록 높은 수준이라고는 할 수 없지만 그 정도의 학문적 소양을 갖추게 하는 것은 정당화될 수 있을지 모른다. 그러나 그 이류잡학을 교육학이라고 주장하는 것은 어불성설이다. 현 사태는 뻐꾸기의 알을 품고 있으면서도 자기의 알로 알고 부화시키고 있는 때까치의 형국을 하고 있다. 지금의 이류잡학을 열심히 하면 할수록 교육현상의 연구와 더욱 멀어진다. 서울 간다는 사람이 부산 가는 열차를 타는 격이다.

그렇다면 "교육학" 혹은 "교육학과"의 전면적인 변혁이 필요한데, 현재의 사태를 두고 보면, 그 장애가 한두 가지가 아니다. 지금의 "교육학과"에 자율적인 교육학을 추구하려 한다면 기존에 자리 잡은 제반 용병학문의 명분을 부정하는 데에서 출발하여야 한다. 그런데 그것은 용병학문의 생존과 직결되기 때문에 그 해결방식 자체를 적대시할 것이다. 그 내부의 저항은 이들의 입장에서는 반교육학의 세력이라고 할 만하다. 다른 이유가 또 있다. 그것은 여타의 학문에 기생해 왔던 오래된 역사와 타성이다. "교육학자들"은 남이 파종한 곳에서 추수하기를 좋아한다. 합당한 노동을 하지 않고도 배불릴 수 있는 특혜를 향유할 수 있기 때문에 고유한 개념체제를 만들어 내는 난제를 굳이 감당할 필요를 느끼지 않는다.

2.4 학교체제의 정당화

"합당한 노동을 하지 않는다."라는 앞서의 언급은 노동 자체를 전혀 하지 않는다는 뜻이 아니다. 단지 그것이 추구하는 고유한 목적의식을 결여한 노동을 한다는 것이다. "교육학자들"은 항상 동분서주한다. 교육학자로서 마땅히 교육현상을 해명해야 할 고유의 임무를 제쳐놓고 그들은 통상 다른 문제에 매달려 있다. 잡사에 매달려서 연구할 여가가 없다는 불평을 늘어놓는다. 그 저변에는 학문은 여가가 있을 때나 하는 부차적인 과업이라는 뜻이 함축되어 있다. 학자의 소임에서 그 우선순위가 거꾸로 되어 있는 셈이다.

용병학자들은 어차피 모학문의 첨단과 어깨를 같이 할 수 없다. 그렇다고 교육현상을 이론적으로 해명하려는 의욕이나 능력이 있는 것도 아니다. 그렇다면 다음의 선택은 결국 생존의 논리다. 그것은 학교의 설립자나 혹은 학교관리자들이 임의적으로 붙인 "교육"이라는 용어에 부화뇌동하는 제3의 길을 말한다. "교육학"은 "교육"이라는 용어를 써서 학교체제의 사고방식을 정당화시키고 거기에 기생(寄生)하는 방식을 취해 왔다. 기생이라고 말하는 것은 "교육"이라는 말로 자신들의 생명력을 부지하지만, 그로 인해서 사실상 교육현상에 타격을 준다는 점을 지적하려는 것이다.

학교제도와 교육현상이 구분되지 않은 상황에서 "교육학"은 학교라는 제도를 옹호하는 강력한 세력의 하나로 작용한다. "교육학"이라는 분에 넘치는 명분 자체가 그 체제 안에서만 성립하기 때문이다. 정부의 "교육부"나 "교육학"은 공히 제도와 관행에 근거하여 존재한다. 따라서 이들 사이에는 상호용납뿐만 아니라 호혜적 협동이 이루어진다. "교육부"에서 "교육정책"을 발표하면, "교육학자들"은 그 앞잡이로서 연구비를 지원받고 그 정책을 합리화하는 온갖 연구를 쏟아낸다. "교육학자들"이 관변의 개념이나 정책에 저항한 사례가 없다. 학교에 관한 연구면 무조건 "교육연구"로 간주될 수 있는 것과 마찬가지로, "교육부"에서 "교육정책"이라고 주장하면 그것을 바로 교육을 위한 정책으로 치장해 준다.[2)]

교육에 관한 제도적 개념을 채택하면 교육이 제도의 논리에 종속된다. 제도가 교육을 지배하는 역행현상은 교육의 문제를 개선해야 할 상황에서 엉뚱한 처방을 내리는 정부의 정책결정에서 잘 드러난다. 교육에 "공"과 "사"의 경계를 만들고 정부정책에서 전자만을 권장하고 후

2) 옛이야기가 될지 모르지만 한때 정부는 그 대가로 보직, 진급, 연구비, 해외연수, 권력에의 편입 등의 혜택을 주었다.

자를 억압하려는 경향이 있다. 이는 교육의 이념보다는 정치적 이데올로기가 앞서 있다는 반증이다. 또한 "교육학자들"은 유독 공립학교체제에 기생하기 때문에 학교의 특권을 터무니없게 강화하는 수많은 신화를 창조해 왔다.

학교는 각종 이해관계가 충돌하는 현장이다. "교육학자들"은 학문의 이름으로 그 이해관계의 한 축을 차지한다. "교육"이라는 용어로 다양하고 이질적인 학교사태의 모든 것을 위장하고, "교육학자"의 전문적인 개입을 필요로 하는 것처럼 꾸미며, 그 체제의 다양한 이권에 개입한다. 예컨대, "교육정상화", "교육자치의 정착", "교육평준화", "과다한 사교육비 절감" 등의 문제를 해결하는 데 전문성을 지닌 것으로 자임한다. 개념상 서로 다른 종류의 문제로 취급되어야 할 사태들을 오로지 교육의 문제인 양 개념상 오도하고 있는 것이다. "교육"이라는 실없는 말을 써서 일류학자들이 할 일을 가로채고 일류학자를 흉내 내서 서툴게 처리하는 것뿐이다. 그 가장 큰 피해대상은 바로 학교체제다.

"쇠파리가 말 꽁지에 붙어 천리 길을 간다."라는 속담이 있다. 이류잡학자들이 "고등교육"이라는 명분을 내세워 일류학문이 즐비한 종합대학의 정책이나 평가에 가담하는 과분한 특혜도 누린다. 이런 통로에 적응하기 위해서 대학에서는 "교육학과 교수"를 활용하여 "교육부"의 요구에 대응하는 방책을 쓰기도 한다. 그 방책은 학문의 권위에서 비롯한 것이 아니라 현실적인 필요와 이권에 타협한 것이다. 이류학문이 이처럼 자격 없는 명예를 구가하며 일류학문이나 대학에 매우 강력하고도 지속적인 영향을 주고 있다는 것은 특히 경계해야 할 대목이다.

원칙으로 말하면, 제도가 교육에 앞서지 않도록 교육제도는 주기적인 검토와 쇄신의 대상이 되어야 한다. 교육학의 대상인 교육은 국가권력으로부터 해방될 수 있어야 한다. 그런 속성에 대한 이론적 지식과 체제를 갖추지도 못한 "교육학자들"이 함부로 교육의 전문가인 양 처신하는 것은 사실상 교육을 왜곡시키거나 은폐하는 결과를 가져온다. 바로 학교체제의 경우 그것은 교육의 소외를 의미한다. 교육을 외면하면서 그것을 치유할 수 있다고 호언하는 엉터리 의사가 있다면 누가 그 행태를 용인할 수 있겠는가!

2.5 맹신의 재생산

사람들은 아무것도 모르는 무지상태보다는 차라리 허위나 미신을 택한다. 미신은 허위의 견고한 재생체제다. 마땅히 가야 할 길을 망각하고 이미 그 궤도를 이탈한 "교육학과"의 울타리 안 혹은 주변에는 그 오도된 전통을 합리화하려는 온갖 맹신들(blind beliefs)이 있다. 그 제멋대로의 맹신은 다분히 이류잡학자의 생존을 위한 자기방어의 성격을 갖고 있다.

거짓말도 여럿이 자주 반복하면 곧이들린다. 무엇보다도 교사를 위한 교직과정에서 그것들이 재생산된다. 교직과정을 담당한 교수가 그 신화를 만들고, 그 내용을 전수받은 교사가 학생들에게 전달하고, 그들이 성인이 되면 그들의 자녀들이 그 거짓을 믿게 만든다. 그래서 오늘날 전 국민이 그 신화를 참말로 믿는다. 그 맹신의 터전 위에 "교육학"의 건물이 서 있다.

교육학의 재건작업은 그 토대를 허무는 데서 시작해야 한다. 본 절은 그 각종의 맹신들 가운데 대표적인 다섯 가지를 유형화하고 이를 간단하게나마 해제(解除)하고자 한다. 그 뿌리가 너무도 강고하기 때문에 논자의 해제를 다소 의아하게 대하는 독자도 분명 많을 것이다. 자세한 해명은 이후의 논의를 전개하는 가운데 점차 뚜렷이 드러날 것이다. 당분간 인내를 당부한다.

〈맹신 1〉 교육의 주체는 국가다. 국가가 교육을 통제하고 관할하며, 국민은 그 지침과 지시에 응해야 한다. 교육의 잘됨과 못됨에 대한 궁극적인 책임은 국가에 있다.

해제

근대국가가 공립학교를 도입할 때 표방했던 주장이 바로 이것이다. 그런데 학교라는 생활공간과 교육은 개념상 서로 다른 범주이다. 국가가 학교를 독점할 수는 있지만 교육을 독점할 수는 없다. 교육은 초국가적(transnational)이며 국경을 넘나든다. 그것은 오직 자체의 내재율에 따라 진행한다. 교육의 주체는 그 내재율을 알고 따를 용의가 있는 구체적인 개인이다. 국가는 단지 교육에 유익하거나 혹은 유해한 영향을 줄 수 있는 여건의 하나다. 그 주와 종의 관계가 역전될 때 교육은 왜곡된다.

〈맹신 2〉 교육의 현장은 학교다. 학교의 목표와 교육의 목표는 일치한다. 교사는 교육자이고, 학생은 피교육자다. 교육의 내용은 교과다. 교육은 교과(서)를 가르치고 배우는 것이다. 교과서의 내용이 정답이다. 학생들이 교과서의 지식을 습득한 정도를 평가하는 것이 교육평가다. 학생이 상급학교에 진학하는 문제, 교사의 체벌문제, 학생의 폭력문제, 교사의 급여문제, 학부모의 학비문제 등등이 해결되어야 할 교육의 중요한 과제다.

해제

학교는 젊은이들이 삶을 영위하는 주된 공간이고, 교육은 모든 이들의 삶의 양상이다. 그 범주 자체가 다르다. 교육의 역사는 학교의 역사보다 훨씬 길다. 교육은 학교의 울타리 안과 밖에서 늘 진행된다. 그 목표와 과제는 교육을 제대로 하는 것이다. 학교 안에서 교사와 학생, 교과와 교과서, 그리고 여러 학교활동이 얼마나 교육적인 것인지는 별도의 평가를 받아야 한다.

〈맹신 3〉 교육학은 종합학문이다. 교육을 이해하기 위해서는 다양한 분과학문들을 수용하는 학제연구와 통섭의 안목이 요구된다. 교육학도는 여러 가지 학문을 두루 섭렵해야 한다. 교육학의 각 세부전공영역은 교육을 바라보는 관점에서 차이가 있기 때문에 각각 존중되어야 한다. 교육목표는 교육철학자가 규정할 과제이고, 교육방법은 교육심리학자가 해명해야 할 과제이다.

해제

삶의 현장으로서 학교를 이해하는 데 다양한 분과학문들(예컨대, 철학, 심리학, 사회학, 행정학, 인류학 등)의 제휴가 필요하지만 그 개별적인 학문들의 전체 혹은 그들 사이의 학제연구를 교육학이라고 주장하는 것은 황당한 억지다. 교육학은 학교 안팎에서 진행되는 교육현상을 이해하는 고유한 관점을 확보함으로써 분과학문의 위치를 차지할 수 있어야 한다. 그것을 토대로 학교사태를 조명하는 학제연구의 한 축을 차지해야 한다.

〈맹신 4〉 교육학은 응용학문이다. 교육학의 목적은 교육을 개선하는 데 있다. 교육학자들은 교육을 원활하게 운용할 수 있는 지침과 처방을 제시하는 데 앞장서야 하고, 그 지침과 처방을 따르면 올바른 교육이 이루어진다.

해제

교육을 제대로 하는 일과 교육학을 제대로 하는 일은 별개다. 후자는 전자의 필요조건이 될 수 있으나 충분조건은 되지 못한다. 교육학자의 고유임무는 교육을 잘한다거나 혹은 잘해야 한다고 주장할 때, 그 교육이 무엇인지를 밝히는 것이다. 교육을 위해 헌신하겠다고 자임하면서도 그 대상이 무엇인지 모른다면 조준하지 않고 사격하는 것과 같다. 이와 관련하여 "교육학자들"은 학제연구를 학교에 응용한다는 명분을 내세우면서 실제로는 교육을 왜곡하고 배제한다. 그들의 허장성세에도 불구하고 대학의 다른 학과에 비해 "교육학과"가 더 교육적이라는 증거는 아직 없다.

〈맹신 5〉 실제 혹은 실천은 학문적인 이론과는 거리가 있다. 교육의 문제가 생길 때 혹은 그 문제를 풀어야 할 때 흔히 추상적인 논의를 하는 것은 시간낭비다. 아무 소용도 없는 공리공론을 일삼기보다는 당장 직면한 주변의 실제적인 문제의 해결에 눈을 돌려야 한다.

해제

인간은 실제적인 상황에서 모종의 사유를 하면서 생활한다. 앞서 살핀 제반 맹신도 추상의 한 형태이다. 이에 의존하고 휘둘리는 경우, 그 실제가 과연 어떻게 될까? 이론보다 주변의 실제가 더 우선한다는 주장 역시 추상의 한 가지이지만, 이는 결코 학자로서 택할 입장이 아니다. 교육학자가 담당해서 직면할 실제는 일상의 인식 안에 도사리고 있는 오류를 지적하고, 그 의미가 구체적이고 타당한 이론을 구상하는 것이다. 눈을 돌려 수행해야 할 그 고유의 실제적 작업을 추상적이라거나 무용한 것으로 거부할 것이 아니라 애써 감당하려고 노력해야 할 것이다.

2.6 사이비교육학

학문은 모름지기 대상세계를 개념으로 포착하고 거기에 걸맞은 명칭을 부여하여야 한다. 이는 소통을 보장하는 최소한의 조건이다. 그런데 현존하는 "교육학"은 이름(正名)의 원칙에서 턱없이 벗어난다. 그 자체가 학문이로되 딱히 교육현상을 탐구하는 학문은 아니다. 그 속내는 예비교사들에게 교직생활과 유관한 제반학문들을 소개하는 교직과목일 뿐이다. 이류잡학이라는 명칭이 다소 거북스러운 점은 있지만, 일반인들이나 "교육부"가 알고 있는 "교육"의 문제 혹은 더 나아가 학교 안에서 일어나는 잡다한 사태를 제반학문의 관점들을 응용하여 처리하는 해결사의 역할을 하기 때문에 그것이 지닌 가치와 기능은 충분히 인정해줄 필요가 있다.

그럼에도 불구하고, 그런 실제적 역할에 불과한 학문을 "교육학"이라는 명칭으로 위장한 것은 명백한 잘못이다. 겉으로 보기에는 비슷한 것

같지만 실지로는 아주 다른 가짜의 경우 "사이비(似而非)"라는 수식어를 쓴다. 가혹하지만 지금의 "교육학"의 실상은 사이비라는 것 이외에 더 이상 말할 것이 없다. "교육학자" 자신이 사이비학자라는 주장을 믿고 싶지 않겠지만 교육학자가 아닌 것은 논박할 여지가 없는 사실이다. 모른다면 어리석고, 알고 있다면 기만이다. 교육현상 자체가 무엇인지를 두고 이론적으로 고민하고 그것을 깊게 연구해 본 적이 없는 사람이 교육학자로 행세하는 것은 파렴치한 짓이다.

사이비 교육학자들은 교육의 문제를 두고 상대적으로 우월적 권위를 행사해 왔다. 일반 사람들과 정책결정자들의 교육에 대한 몰이해를 문제시하면서 그들을 교도하려는 소명감을 피력해 왔음을 부인할 수 없을 것이다. 그러나 그들이 교육에 관해서 말하는 것은 학문을 빙자한 지독한 거짓말이다. 이렇게 말할 때 그들의 정직성을 의심하는 것은 아니다. 왜냐하면, 그들 스스로조차 자신의 관점이 틀렸다는 사실을 모르는 경우가 많기 때문이다. 그런 의미에서 "정직한 거짓말쟁이들"이라는 표현을 써도 좋을 것이다. 그들은 적어도 교육에 관한 한 개념상 명백히 거짓된 삶을 살고 있다. 그것은 참됨을 추구해야 하는 학자로서 치명적인 결함이다.

그 오래된 거짓말은 지금도 여전하다. "교육학", "교육학회", "교육학과"라는 학문 혹은 전문집단의 이름으로 교육에 대한 그릇된 관념을 제시하고 확산시키는 나팔수의 역할을 하고 있다. 그러나 학문의 세계는 그 명칭을 어떤 좋은 말로 수식하든 간에 그릇됨만큼은 용서하지 않는다. 거짓말은 그 자체 안에 이미 처벌이 포함되어 있다. 물론 그 폐해는 이루 말할 수 없이 크다. 우선 교육에 대해서 거짓말을 하는 행위는 자신과 타인들에게 헛된 삶을 요구하고, 그 헛됨으로 인해 교육의 정상화에 공헌할 수 없음은 말할 필요도 없다. 그들 스스로의 잘못된 교육관으로 인하여 그들이 표방하는 소명에 역행하는 결과를 자초한다. 이런 아이러니컬한 사태를 더 이상 용인해서는 안 될 것이다.

타당성이 결여된 인식은 그 인식대상에 대한 폭력이다. 그릇된 교육관이 횡행할 때 가장 고통을 당하는 것은 바로 교육이다. A를 A 그대로 파악하지 않고 그것과 다른 B라고 주장할 때, A를 B로 왜곡시켰다고 말한다. 그런 식으로 기존의 제반 모학문들 앞에 붙인 "교육"은 단지 허명에 불과하며, 교육현상을 사방팔방의 외래적 사실로 왜곡시킴으로써 교육현상에 심각한 타격을 준다. "교육철학자들"은 주로 인간의 이성적인 측면을 치켜세우고, "교육심리학자들"은 오직 과학적으로 검증할 수 있는 인간의 측면에 관심을 보이며, "교육사회학자들"은 주로 일상인의 평균적인 삶에 주목한다. 이들은 교육의 길을 묻는 사람에게 이렇게 저마다 다른 길을 안내한다.

옥이 돌이라고 하는 자는 돌도 옥이라고 할 것이다. 이제 "A가 B임과 동시에 C이다."라고 주장한다면 B와 C를 A로 동질화시키는 셈이다. 교육현상을 이류잡학의 다양한 현상이라고 주장하는 사람은 그 다양한 현상들도 교육현상이라고 분별없이 주장할 것이다. 각각의 다양한 현상은 서로 구분될 때 그 차이와 특징이 드러나며, 제반 분과학문들은 그 사실을 드러내려는 어려운 과정을 거쳤다. 그처럼 서로 이질적인 외래적 사실들을 "교육"으로 총칭한다면 그 각각을 모두 교육으로 왜곡시키는 셈이 된다. 서로 구분되어야 할 사실들을 "교육"이라는 용어로 동질화시킴으로써 서로를 혼동하게 만드는 것이다.

밝은 스포트라이트는 어두운 곳을 은폐한다. 일상생활에서 마땅한 개념이나 용어로 지칭될 수 없는 현상은 대낮의 별처럼 있어도 보이지 않으며 우리의 관심 밖으로 밀려난다. 사이비교육학의 가장 큰 폐해는 사람들로 하여금 진짜교육을 외면하거나 회피하려는 선입견을 주입하는데 있다. 각종 분과학문은 제각기 자기의 탐구대상을 드러내며 여타의 현상을 무시해버린다. 그 점에서 용병학문의 모학문들은 너나없이 교육현상을 무시하거나 은폐시켰다고 말할 수 있다. 그 사실조차 가리고 있는 용병학문적 사실들에 대한 특별한 관심은 그 자체가 교육현상에 대한 무관심을 의미한다. 관심이 없으면 흥미롭지도 않다. 사람들은 실제로는 교육적인 삶을 영위하면서도 개념체제가 부재하기 때문에 그 삶에 특별한 의미를 부여하지 않는다. 설사 소망한다고 하더라도 그것을 표현할 길이 없다.

사이비교육학은 우리의 삶에서 이룩해야 할 교육발전의 최대의 장애물이다. 그들은 보편적, 의무적, 제도적으로 규정하는 학교라는 특정한 공간에 교육을 고착시켰다. 교육을 어느 특정한 장소와 시간에만 일어나는 사건으로 보는 것은 한쪽 눈을 감고 다른 쪽만을 바라보는 것과 같다. 교육의 문제를 오로지 학교에 국한시켜 해결하려는 것은 세상을 좁은 망원경으로 보는 것일 뿐이다. 이들은 시공을 초월해서 존재해 왔던 학교 밖의 교육을 무의식적으로 무시하고 있다. 또한 학교 이외의 교육을 백안시하거나 적대시하는 정부정책은 만 평의 땅을 관리해야 할 사람이 단지 그중 몇 평에 매달리는 것과 같다. 더 나아가 용병학문들은 "교육"이라는 용어를 사용하여 학교 안의 교육 외적인 사실들만 주목하도록 오도함으로써 학교 안에서 일어나는 교육을 황폐화하는 데 가담한다.

마지막으로, 사이비 교육학은 명실상부한 새 교육학의 출현을 방해하는 최대의 적이다. 교육현상은 개념의 수준에서 보면, 아직도 우리의 삶에서 은닉, 은폐되어 있다. 이를 밝히기 위해서는 여타의 분과학문과 구별되는 개념체제를 갖춘 자율적인 교육학이 출현되어야 한다. 그럼에도 불구하고 사이비교육학은 아직 밝혀지지도 않은 교육현상을 마치 이미 밝혀진 것처럼 오인하게 할 뿐만 아니라 그것을 밝히려는 자율적인 교육학의 출현을 완강하게 방해한다. "교육학" 혹은 "교육학과"에서 용병학문들의 존립근거를 일거에 와해시킬 위험성이 있기 때문이다. 올바르고 새로운 교육학자의 길을 택한 사람은 그 방해와 역경을 극복해야만 한다.

2.7 퇴출(退出)의 위기

원칙으로 말하면, 교육학은 우선 그 교육현상이 무엇인지를 밝히는 일차적 책임을 수행해야 하며, 그로 인해서 어떻게 교육에 도움을 주는지를 추가로 입증해야 할 것이다. 그중 어느 것도 제대로 수행하거나 밝히지 않으면서 교육에 관해서 가장 잘 아는 척 단지 헛소리만 늘어놓는다면 비난받아 마땅하다. 사이비 교육학자들은 실제로는 교육을 체계적으로 왜곡하거나 은폐하고 있다. 그런 모순에도 불구하고 그들은 "교육전문가"라는 지위를 내세우며 매사 "교육문제"에 개입하려고 한다.

오류 속에 있을 때는 오류를 모른다. 안일에 빠진 어리석은 사람들에게 진실은 쓰고 불쾌하지만 허위는 달고 유쾌한 것이다. 올바른 교육학자라면 교육을 탓하기 전에 먼저 교육학을 탓해야 할 것이다. 그런데 사이비교육학자들로부터 그런 자기반성의 발언은 듣기 어렵다. 일찍이 교육과 교육학의 차이를 주장한 사람조차 교육을 질타할 뿐 교육학 자체는 그의 비판에서 제외시켰다. 그의 "교육학"은 항상 옳은데 교육이 잘못되었다는 식이다.

"잘못된 교육"이란 개념상 교육일 수 없다. 사이비교육학자들이 교육을 위해 봉사한다고 할 때 그 "교육"은 십중팔구 학교의 문제이거나 혹은 학교 안의 모학문적 사실로서 그 실체를 빗나가고 있는 것이다. 교육이 아닌 현상에 대해서 "교육"이라는 용어를 쓰며 자신의 전문성을 주장하는 것은 일종의 기만이다. 좋게 말한다면, 사이비교육학자들이 사이비교육을 교정하겠다는 의미도 될 수 있겠다. 어떻게 보든, 그런 "교육학자들"은 교육의 입장에서는 맥도 모르고 침통 흔드는 귀찮은 존재다. 환자가 의사의 행세를 하는 것과 마찬가지다. 엉터리 치료는 질병보다 더 나쁘다.

알고 보면, "교육의 문제"로 지목된 것은 한결같이 "교육학"의 비정상에서 기인한다. 교육에 관한 상식과 관습의 용어를 자기주장의 근거로 삼으면서 교육을 연구하는 학자는 그 자신의 그릇된 개념으로 문제를 일으키고, 그 문제를 기화로 생존하는 처신방식을 취한다. 한번 거짓말을 하면 결국 습관이 된다. 거짓말을 주입하는 데 성공하게 되면 그것을 통해서 좋은 평판을 얻는 일도 가능하다. 그러나 이류잡학자가 교육을 위한다고 할 때, 그 목적과 행동이 일치하지 않을 것은 당연하다. 그들에 대한 대중의 과대한 기대와 행태는 결국 실망으로 이어진다.

사이비교육학은 결과적으로 교육을 가장 나쁘게 선전하는 강력한 매개체이다. 교육학의 출발점에서 유래한 잘못된 역사를 망각하는 것은 "은폐의 은폐"에 공조하는 것과 같다. 침묵의 음모는 그런 교묘한 책략의 하나다. 교육학도들은 직면해야 할 불쾌한 진실과 거짓에 연루된 자신들의 비리를 들추려는 노력을 하지 않거나 혹은 들추어진 사실조차도 무시하거나 외면한다. 그릇된 것을 알면서도 우리들끼리만 알고 있자는 식의 자기방어도 있다. 그 침묵과 방어의 수단이 성공할수록 "교육학"은 학문의 목적과 멀어진다. 이런 학문이 지금까지 존속하고 있다는 사실 자체가 흥미 있는 연구주제이다.

거짓에 따른 두 가지 부정적 결과가 있다. 하나는 그 자체가 내포한 손실이고, 다른 하나는 그것을 알고 있는 사람들로부터의 경멸이다. 뇌가 없는 공룡은 자체의 무게 때문에 무너진다. 대부분의 사람은 문제해결보다는 그것을 피하는 데 더 많은 시간과 정력을 소비한다. 다른 모든 학문들이 발전하는 동안 유독 교육학만 그 역사적 변고에서 헤어나지 못한 채 그 오류의 깊이가 더욱 심화되고 있다. 그것은 명백한 낭비다. 사람들은 거짓말을 꾸며서 뭇사람을 유혹하여 자기의 명리를 꾀하는 자들을 싫어한다. 어느덧 일반 사람들조차 막연하나마 사이비교육학에 의혹의 눈길을 보내고 있다.

시간은 진리의 편이다. 교육학이 분과학문으로서 그 고유한 정체성을 확보하지 못한다면 진리의 전당인 학문공동체의 일원으로 인정받기 어렵다. 이류잡학이 대학이라는 학문공동체에 별도로 존재할 이유가 없다. 바로 그런 이유에서 학문지향적인 일류대학에서는 구조조정에서

"교육학"을 퇴출시키는 사례가 점차 늘고 있다. 학문은 허위와 벌이는 전쟁이다. 참된 지식을 추구하는 것을 외면하거나 포기한 학문은 언젠가 해체될 운명에 처한다는 것은 역사가 증명해 준다. 여기에 단지 침묵으로 감추고 있는 사실, 즉 이류잡학이 사이비교육학이라는 사실이 드러난다면 그 퇴출은 더 가속화될 것이다. 그 퇴출은 조만간에 본래의 교육학마저 대학에 들어설 기회조차 놓치게 하는 불행한 결과로 이어질 수 있다.

진리를 등진 학문은 존속하기 어렵다. 혹자는 본 장의 내용이 교육학의 내부문제를 공개한다는 불평을 할 수도 있고, 자신의 생계를 위협한다는 위기감을 느낄지도 모른다. 그러나 문제는 상존하고, 그 해결의 첫걸음은 그 문제를 인정하고 공개하는 것이다. 공개를 미루는 것은 손해를 초래하고 위험을 연장할 뿐이다. 공개하면 그 위험성이 줄어든다. 학문은 문제가 전혀 없는 상태에서는 정지한다. 오히려 학문은 문제가 있는 곳에서 번창한다. 그 시대의 투쟁에 영감을 불어넣어 새로운 투쟁을 유발시킬 수 있을 때 학문의 역사가 지속된다. 처음에 잘못된 길을 나중에 바로잡지 않으면 일이 더욱 빗나간다. 바야흐로 미래지향적인 새로운 교육학도의 등장과 더불어 단추를 풀어서 다시 끼우는 작업이 절실한 시점이다.

제3장
교육관의 난맥상

학문은 그 대상세계에 대한 관점을 날로 새롭게 쇄신하여 상식이나 관습에 의해서 은폐된 사실들이 드러내는 기적을 보여주고 있다. 그런데 "교육학"의 역사에서 교육의 정체성이 무엇이냐 하는 문제를 두고 철저하게 학문적으로 고민하고 탐구한 흔적을 도무지 찾아보기 어렵다. 이론적 개념의 부재상태에서 각종의 임시방편적인 교육관들이 지금까지도 난무하고 있다. 더러는 상식과 제도에 의탁하거나, 더러는 여타의 분과학문들이 제각기 발견한 여러 이질적인 사실들에 엉뚱하게 교육의 의미를 부여하거나, 더러는 그 실체적 의미를 확정하지 않은 교육관을 제멋대로 이용하는 기회주의적인 적응을 하여 왔다. 이처럼 제각기 서로 다른 것들을 지적하는 말을 듣고 사는 대중은 그들의 일상적 삶에서 진행되고 있는 교육을 외면한다. 본 장은 그들을 몇 가지 유형별로 나누어 각각의 문제점이 무엇인가를 검토할 것이다.

3.1 교육과 교육관

세상에 대한 우리의 인식과 그 인식대상인 세상은 서로 다른 영역이다. 인식대상은 우리의 인식과 무관하게 존재한다. 흔히 우리는 그 실재 자체를 인식하거나 논의할 수 있다는 착각을 한다. 그러나 세상에 대한 모든 인식이나 논의는 논자가 지닌 개념체제의 여과를 거친다. 그 착각을 피하기 위해 유념해야 할 점은 실재와 그 인식을 구분하는 것과 실재에 대한 논의는 우리가 가진 모종의 인식의 망을 거쳐 해석될 수밖에 없다는 제약과 불가피성을 수긍하는 것이다. 세상 자체보다는 그 인식의 틀이 어떻게 다른 것인지를 살펴볼 이유가 여기에 있다.

너무도 자명한 이 사실을 굳이 여기서 지적하는 것은 우리가 교육에 관한 이야기를 할 때 그 교육은 누구나 동의할 수 있는 순수한 의미의 객관적인 것에 관한 논의로 착각하는 것이 비일비재하기 때문이다. 이 오류가 바로 교육에 대한 저간의 논의를 혼란스럽게 하는 주된 원인이다. 아무런 인식의 여과장치가 없이 교육을 있는 그대로 파악하는 경로는 없다는 사실부터 받아들여야 한다. 교육은 그것에 관해서 논의를 시작하는 순간에 특정한 개념의 여과를 거친다.

이 사실을 수긍한다면, 교육에 관한 수많은 말을 하는 그 수많은 사람은 교육 자체에 관해서 말하는 것이 아니라 그들이 가진 모종의 교육관을 토대로 말하고 있다는 것이 명백해진다. 교육을 말하고 있지만 그 관점이 다르다면 그들은 서로 다른 것에 관해서 말하고 있는 것이다. 대중의 생각은 제각각이다. 따라서 갑과 을이 교육에 관해서 말할 때, 그 각각의 교육관을 검토하지 않는다면 원만한 소통이 불가능하다. 일반인은 물론 "교육학자들"조차도 그런 불가능한 소통을 지금까지 일삼아 왔다고 해도 과언이 아닐 것이다.

여기서 말하는 교육관이란 무엇인가? 이는 흔히 말하는 교육에 대한 한마디 정의를 의미하는 것이 아니다. 모든 관점은 그 나름의 체제와 맥락을 지니고 있다. 서로 묶이지 않은 것은 관념이라고 할 수 없다. 따라서 전체로서 묶이지 않는 교육에 대한 관념은 교육관이라고 할 수 없다. 어떤 사람이 교육이라는 말을 할 때 단편적인 생각들의 묶음이 아니라 그 말의 의미를 창출하는 전체의 맥락을 이해하는 것이 선결되어야 한다. 그것들이 서로 다른 맥락에 있거나 혹은 그 맥락을 추정할 수 없을 때 그가 교육관을 지녔다고 말하는 것은 오판이다.

많은 사람들이 이른바 "교육의 정상화"라는 주제를 두고 논의에 참가한다. 그런데 그 논의에서 작용하는 교육관들은 무엇일까? 이런 질문이 당연히 나와야 하고, 그에 대한 반성과 개선이 선행되어야 한다. 교육이 올바른 교육관을 통해서 이해되면 그 빛에 의해서 우리의 삶이 올바로 이해되고 해석될 것이다. 반대로, 그릇된 교육관은 우리의 삶을 은폐하고 왜곡시킬 것이다. 그만큼 교육관의 문제는 우리에게 심각하고 중요한 문제다.

교육은 교육이다. 교육에 옳고 그름이 있을 수 없다. 다만 교육관의 옳고 그름일 뿐이다. 따라서 교육관의 선별과 개선은 중요한 과제다. 우리는 누구나 교육에 대한 모종의 선입견을 지니고 있다. 그 다양한 맥락을 추적하는 일이 시급하다. 교육학의 주된 과제는 그 개념에 포함된 잘못된 맥락과 오류를 정밀하게 분석하여 밝히고 개선해 나가는 것이다. 그런데 그 부분에서 이류잡학자들, 환언하면 사이비교육학자들 자신이 오류 안에 안주하여 왔다는 사실을 이미 지적하였다. 이 때문에 교육학의 재건작업은 그들이 지니고 있는 기존의 교육관에 대한 의문과 비판에서 출발해야 한다.

3.2 관습적 교육관

학문적 지식과 상식은 다르다. 그런데 이 교육관은 이론적 검토를 거치지 않고 다만 상식과 제도에 근거해서 무의식적으로 받아들인 것이 특징이다. 상식은 이론 이전의 소박한 인식으로서 특정한 역사와 공간 안에서 여러 사람들에 의해서 공유된다. 흔히 반성적 사고를 거치지 않고 아무 생각 없이 덮어놓고 남의 말을 따라 함께 어울리는 것을 부화뇌동한다고 한다. 일상의 사람들에게 교육은 이처럼 너무도 당연한 것으로 비쳐진다.

사회의 목적은 조직이 원활하게 기능하도록 하는 데 있다. 상식과 제도는 그 목적을 위해서 공통된 인식체제를 생산한다. 적응과 소통의 공감대가 그 인식체제를 토대로 이루어진다. 자신들의 인식체제에 불만을 품어도 전통 없이는 생존할 수 없다. 관습적 교육관 역시 마치 건물처럼 우리가 그것에 적응하면서 살아야 하는 구속력을 가지고 있다. 사실 그런 교육관을 벗어나는 것은 일상의 사회생활에서 이탈하는 것을 의미한다. 상식을 어기고 살기는 고단하다. 그 교육관을 경멸하면서도 그것을 어길 수 없다.

상식과 관습은 의문의 여지를 봉쇄한다. 관습적 교육관은 사회화과정의 하나인 학교경험을 통해서 강화된다. 학교는 역사적으로 교육이라는 명분을 내세워 설립되었는데, 그로 인해서 학교에서 하는 일이 바로 교육이라는 식의 혼동이 오늘날에도 지속되고 있다. 학교체제는 교육이라는 개념과 용어를 거의 독점하고 있고, 그 개념과 용어를 상용하는 학교생활을 거치는 동안 일반 사람들이 그 제도적 교육관을 갖는 것은 자연스럽다. 관습적 교육관을 포함하는 개념의 사례들은 다음과 같다.

/교육학/교육학회/교육학과/교육학자/교육연구/교육학적 지식/교육현장/교육제도/교육부/초등교육/고등교육/평생교육/교육경력/교육열/교육행정/교육정책/교육격차/교육평준화/교육개혁/공교육강화/교육법/교육자치/교육비/교육의 정상화/교육의 전문화/교육자/피교육자/교육목표/교육과정/교육내용/교육활동/교육평가/교육실습/교육환경/교육여건/가르침/배움/공부/…

엄밀하게 말하면, 상식과 제도는 교육학의 대상이 아니라 사회학, 문화인류학, 행정학 등의 대상이다. 이들 학문은 제도나 상식을 그 대상영역으로 삼지만 그 내용 자체를 그 학문의 내용으로 받아들이지 않고 학문의 관점에서 해명되어야 할 사실로 취급한다. 이를 구분하기 위해서 일차적 인식에 대한 이차적 인식이라는 용어를 사용하였다. 이 구분에 따르면, 관습적 교육관은 일차적 인식이 될 것이며, 이차적 인식은 이 제반 학문들의 개념적 검토를 거쳐 얻은 인식이 될 것이다.

학문의 출발은 경이와 회의이다. 대중이 일반적으로 가진 범속한 인식을 그대로 따른다면 학문이 별도로 존재할 이유가 없다. 사회학, 문화인류학, 행정학의 입장에서 관습적 교육관은 제각기 그 나름의 경이롭고 흥미 있는 연구문제를 함축하고 있다. 그 내용은 무엇인가? 그것은 어디에서 연유한 것인가? 그것은 일상의 삶에서 어떤 기능을 하는가? 등등. 관습적 교육관을 따르는 사람들은 사회적 적응의 논리에 얽매여 있기 때문에 교육현상 자체를 탐구하는 것을 외면한다. 일반인이 그 모호하고 잘못된 교육관으로부터 어떤 고통을 받고 있는가를 해명할 수도 있겠다.

교육학의 입장은 다르다. 학자의 임무는 상식으로 포착되지 않는 어떤 사실을 드러내는 개념체제를 제공하여 일반인들이 알지 못했던 것을 알 수 있도록 돕는 것이다. 대중의 동의는 진리의 요건이 될 수 없다. 높은 수준의 지식일수록 대중의 지지와 멀어진다. 교육학자들 또한 대중의 그릇된 교육관을 올바른 것으로 인도할 책무가 크다. 관습적 교육관의 타당성을 따지고, 그 오류에 의해서 가려진 참된 교육현상은 진정 무엇인가를 탐구해야 마땅하다.

그런데 교육학자들은 그런 자신들의 책무를 저버리고 있다. 사이비 교육학자들은 관습적 교육관에 대한 검토와 비판을 외면하고 보류한다. 오히려 관습적 교육관을 그들의 존립근거로 삼는다. 이 때문에 만약 관습적 교육관을 부정하면 자신들의 존재 자체를 부인하게 되는 엄청난 결과를 초래한다. 곡학아세(曲學阿世)라는 말이 있다. 상식은 언제나 학문적 지식보다 더 인기가 있다. 대중이 더 쉽게 이해하고 공감하기 때문이다. 그런데 일반 대중을 섬기는 자는 변덕스러운 주인을 섬기는 것이다. 그들은 학자로서 이론적으로 따지고 문제시해야 할 상식적, 제도적 개념과 용어를 학문으로 위장하여 설교한다. 이로써 일반인들이 가진 잘못된 인식의 문제를 해결하는 것이 아니라 오히려 문제를 더욱 야기하는 안타까운 현실이 진행된다.

그릇된 사실판단이 초래하는 국가적 손실은 참으로 크다. 이른바 "교육정책결정자들"이 "교육"이라고 지칭하는 것이 진정 교육현상인가 하는 점에 대해서 의문을 제기하는 교육학자들을 찾아보기 어렵다. 단지 교육을 사회적 상식이나 학교제도로 규정함으로써 교육을 관례나 학교를 장악하고 있는 국가체제로 환원시키거나 예속시킨다. 어용학문(御用學問)이라는 말도 있다. 사이비 교육학자들은 정부의 정책적 개념을 고분고분 공유하고 "교육정책결정자들"이 던져준 과제를 치장하고 심부름하는 데 종사하면서 자신들의 이해관계나 입신출세를 꾀한다.

이런 관학유착의 오래된 비리는 비단 교육학 내부의 문제에 그치는 것이 아니라 사회 전반에서 문제를 야기한다. 관습적 교육관은 학교에서 무슨 일을 하든 교육으로 정당화하거나 치장한다. 일반 사람들로 하여금 학교 안의 비교육적 사실을 교육으로 오인하도록 만든다. 급기야 그들은 학교 안에서 이루어지는 교육 외적 경험에 근거하여 교육에 대해서 부정적이거나 거부하는 태도를 보이기까지 한다. 반면에, 막상 교사와 학생들이 향유해야 할 학교 내의 교육에 대해서는 외면하게 된다.

학교는 온갖 이질적인 삶이 교차하는 지점에 위치하고 있다. 그 모두를 "교육"이라는 말로 정당화하는 것은 부당하다. 그러나 관습적 교육관은 학교 안에서 교육과 교육 아닌 것을 구분하지 못한다. 이에 의한 학교체제의 고착화는 학교 안에서 이루어져야 할 교육의 정상화에 역행한다. 흔히 학교교육이 결여된 사태를 지적하면서 그 대안으로 예컨대, "지식교육"에 치우치지 않은 "전인교육", 그리고 교과서의 내용을 달달 외우는 "암기교육"을 넘어서서 불확실 시대에 대처하는 "창의력교육" 등을 열망하지만, 이들 역시 뒤에 논의할 결과위주의 교육관의 문제와 맞물려 있다. 이 구호에서 쓰이는 "교육"은 결코 동일한 것이 아니다. 그런 개념적 결여상태에서 학교 안의 교육의 정체성을 가려서 진흥하는 일을 추진할 방도가 없다.

관습적 교육관의 치명적인 문제는 학교 밖에서 이루어지는 교육을 무시하거나 외면한다는 점이다. 교육은 국가중심의 학교체제가 도입되기 이전부터 존재했으며, 지금도 생활 주변에서 생생하게 진행되고 있지만 그것을 기술하고 설명할 개념과 용어가 없다. 관습적 교육관은 이렇게 교육적인 삶을 영위하는 일반 사람들의 맹목을 조장한다. 앞서 예거한 관습적 교육관의 개념 사례들은 모두 이를 외면하고 빗겨간다. 그 개념과 용어사용 자체가 오로지 학교 안의 것만 바라보고 그 울타리 밖의 교육현상을 보지 못하도록 차단한다.

3.3 용병학문적 교육관

학문은 상식이 도달할 수 없는 인식의 영역으로 침투하는 기능을 한다. 학자가 상식에 의존하는 것은 자기의 본분에서 벗어나는 일이다. 학자는 학문공동체의 내규를 따라 상식과 제도 안에 포함된 그릇된 인식을 꿰뚫어 보고 좀 더 나은 인식에 도달하려는 노력을 함으로써 그들 고유의 임무를 수행할 수 있어야 한다. 그렇게 함으로써 그들은 우리의 삶에서 참된 진리를 구현하는 보루가 되어 왔다. 그런데 앞선 관습적 교육관은 그 부분에서 문제가 되었다.

교직과목으로 "교육학과"에 침투한 용병학문은 비록 이류잡학이기는 하지만, 그 자체가 학문이 아닌 것은 아니기 때문에 상식과 제도의 개념을 넘어선다. 이런 식으로 이류잡학자들은 일반인과 구분되는 학자로서 명분을 내세울 수 있는 입장을 취하는데 그 방향이 문제다. 앞 장에서 지적했듯이 모든 학문들을 총칭하여 교육학이라고 할 수 없는 것과 마찬가지로 교육현상이 세상의 모든 현상이라고 하는 것은 무리다.

대학의 "교육학과"에 일종의 용병학문으로 침투한 이류잡학자들은 그 소속 자체만으로 교육학자의 처세를 하는 방식을 찾았다. 무언가 교육의 전문가로 행세를 해야 하는데 머리에 있는 개념은 오로지 모학문의 개념뿐이기 때문에 이들은 교육현상을 그 개별적인 모학문의 현상들로 환치 혹은 환원시키는 방식을 확보한다. 이를 정당화하는 근거는 학교생활과 교육을 동일시하는 앞선 관습적 교육관이다. 왜냐하면 학교 밖의 모학문의 사실을 교육이라고 한다면 그 억측이 너무도 쉽게 탄로 나기 때문이다.

두 가지 형태의 용병학문적 교육관이 있다. 하나는 관습적 교육관이 지칭하는 사태를 모학문의 개념을 써서 연구하는 것이고, 다른 하나는 처음부터 모학문의 현상을 교육현상인 것처럼 의미를 변경시키는 것이다. 어느 경로든 그들의 공통점은 교육현상을 연구하는 것이 아니라 모학문의 현상을 연구하고 있다는 것이다. 이들을 토대로 삼는 모든 연구물이나 연구활동이 그 방향에서부터 교육현상과는 어긋난다. 다음은 그 전형적인 몇 가지 사례다.

/교육철학/교육철학연구/교육철학자/학문으로서 교육/성장으로서 교육/교육사/사회적 재건으로서 교육/교육심리학/교육심리학연구/교육심리학자/학습으로서 교육/행동수정으로서 교육/자아실현으로서 교육/교육사회학/교육사회학연구/교육사회학자/사회적 사실로서 교육/사회화로서 교육/사회적 저항으로서 교육/교육문화인류학/교육문화인류연구/교육문화인류학자/문화적 제도로서 교육/문화적 사실로서 교육/문화화로서 교육/교육행정/교육행정연구/교육행정학자/법률에 의해서 규정된 것으로서 교육/행정적 대상으로서 교육/교육재정연구/인력양성으로서 교육/…

용병학문의 모학문들은 서로 다른 사실들을 입증하면서 출현했으며, 특정한 주제와 관련하여 서로 다른 관점을 제시함으로써 보완관계를 유지할 수 있다. 그런데 용병학문의 교육관은 관습적 교육관이 지칭하는 그 특정한 주제들을 제각기 다른 외래적 사실들로 환원시킨다. 그에 따르면, 교육은 철학적 관점의 대상이며, 심리적 사실이며, 사회적 사실이며, 행정적 사실이다. 그 외래적 사실들이 모두 교육이며, 따라서 그들은 동일하다. 이렇게 정작 교육현상은 은폐시키고 대신 구분되어야 할 여타의 것들을 동질화시키는 오류를 범한다. 뒤집으면, 이는 온갖 외래적 사실들을 교육현상으로 왜곡시킨다고 말할 수도 있을 것이다.

국민들의 교육관을 고양시킬 임무를 지닌 교육학이 오히려 혼란을 야기하는 원천이 되고 있는 이 아이러니컬한 상황을 이해하는 데에는 고사성어의 비유가 적절해 보인다. 겉은 그럴듯하지만 속은 그렇지 않다는 뜻으로 양두구육(羊頭狗肉)이라는 말이 있다. 그 실제의 상황을 살피면, 교육관의 머리를 밖에 걸어놓고 이류잡학의 관점들을 판다고 할 수 있다. 불가능한 일을 무리하게 하려고 할 때 연목구어(緣木求魚)라는 말을 쓴다. 이류잡학의 지리멸렬한 연구물들로 교육현상이 온전히 드러날 수 있다고 생각하는 것은 나무 위에서 물고기를 구하는 것처럼 보인다. 그 기능을 따져서 비유하자면, 머리가 가려운데 발뒤꿈치를 긁는 격이다.

용병학문에 가담한 제반 분과학문들의 사실규정이 다르다. 그중 어느 것을 교육현상으로 택하면 다른 것을 배제해야 하기 때문에 교육관의 대표성을 두고 서로 헤게모니 쟁탈을 벌인다. "교육철학", "교육심리학", "교육사회학", "교육문화인류학", "교육행정학" 가운데 어느 것이 과연 교육을 대표하는가? 주인 없는 집에 객들의 행세가 가관이다. 하나의 용병학문 안에 각종의 이설이 경합한다. "교육철학"에서 현전의 형이상학과 포스트모던, "교육심리학"에서 자아실현과 행동통제, "교육사회학"에서 사회재생산과 사회저항을 두고 서로 대립각을 세운다. 이는 주인 없는 물건을 놓고 서로 내 것이라고 우기는 격이다.

용병학문의 교육관은 개념적으로 모든 것들이 뒤죽박죽되게 만든다. 원칙으로 말하면, 교육현상은 용병학문들이 각각 탐구하거나 관심을 가졌던 것을 제외한 어떤 것으로서 우리가 관습적으로 생각하는 것보다 훨씬 오묘하고 복잡하다. 그처럼 어둠 속에 묻힌 삶의 한 양상을 새롭게 기술하고, 설명하고, 해석하고, 밝히는 작업이 기다리고 있다. 그 작업이 제대로 이루어진다면 용병학문들이 이해하고 있는 각종 외래적 사실들은 교육의 환경으로 이해될 것이다.

용병학문들의 모학문적 사실들은 교육이 아니라 교육의 환경으로 구분될 성질의 것이다. 이 부분은 교육을 이해함에 있어서 매우 중요한 부분을 차지한다. 삶의 현장에서 교육은 자체만으로 존재할 수 없다. 여타의 용병학문이 이해하는 세계와의 모종의 경험적 관계를 가질 것이다. 여기서 서로 관계되어 있다는 것은 같은 것이 아니라 서로 이질적인 것임을 전제한다. 교육은 그 환경적 여건의 영향을 받으며, 동시에 그 환경에 모종의 영향을 줄 것이다. 그런데 그 환경을 교육현상과 동일시하는 용병학문의 교육관은 그 미지의 영역을 연구할 여지를 개념적으로 봉쇄한다.

3.4 결과위주의 교육관

이 관점은 교육이 무엇인지 깊이 생각하기를 싫어하는 일반 사람들의 뇌리에 널리 뿌리박고 있으며, 사이비교육학자들이 이에 동조하여 그들의 전문가적 위치를 확보하는 데 가장 유효하게 활용하는 교육관이다. 간명하다는 것이 이 교육관의 큰 매력이다. 이는 무언가 가치 있는 결과를 목표로 내세우고 그것을 실현하는 과정이 교육이라는 논리적 순환론을 택한다. 교육현상 자체가 무엇인지에 대한 학구적인 고민을 하거나 그 정체성에 대해서 이론적으로 심각하게 궁리할 부담이 전혀 없다.

무엇이든 그 결과만 주문하면 교육이 일거에 이를 달성해 준다. 일반 사람들은 사실과는 무관하게 단지 머릿속에서 모든 문제가 해결되는 것 같은 착각과 마법에 걸려든다. 사이비교육학자들은 이에 동조하면서 그

만병통치의 비법을 알고 있는 전문가로 자처하면서 그들 나름의 잇속을 챙긴다. 그 마법이나 요술방망이에 대한 주문은 참으로 다양하다. 그 사례는 다음과 같다.

/국어교육/과학교육/수학교육/정치교육/반공교육/평화교육/사회교육/경제교육/문화교육/역사교육/윤리교육/미술교육/실과교육/기술교육/체육교육/태권도교육/인성교육/전인교육/다문화교육/입시위주교육/암기교육/창의력교육/시민교육/진로교육/종교교육/21세기 인재교육/교통안전교육/운전면허교육/학교폭력예방교육/성교육/범죄예방 및 신고의무교육/…

위에 열거한 다양한 "교육"이 소망한 것만큼의 결과를 가져온 것인지는 알 수 없는 노릇이다. 아마도 성공한 경우도 있고 그렇지 못한 경우도 있을 것이다. 그 결과가 어떻게 나오든 간에 이 교육관의 문제는 막상 우리가 알고자 하는 교육의 알맹이를 의문이나 과제로 남겨두고 있다는 점에서 교육현상의 이해와는 무관하다. 그 정체성의 해명을 보류한 채 교육의 기능과 공헌만을 내세운다. 한마디로, 이는 치유해야 할 질병만 강조하고 그 성분이 분명하지 않은 약을 처방하는 엉터리 약장사의 선전논리와 유사하다.

만사의 인과관계는 복합적이다. 하나의 원인이 다양한 결과를 가져올 수 있고, 다양한 원인이 하나의 결과를 가져올 수 있다. 원인과 결과 사이의 다양한 요소들을 망라하기도 불가능할 뿐만 아니라 그들 사이에 이루어진 우연적인 관계는 구명 이전의 미지항이다. 처음부터 탐구해야 할 우연적인 사실로 개방해 놓기 때문에 그 내포의 경계가 불분명하고 외연이 무한대로 확장된다. 개념이 갖추어야 할 최소한의 동일성이 결여되어 있다. 그만큼 괴이하고 무책임한 개념이라고 할 수 있다.

이처럼 경험적 사실에서 교육의 정체성을 찾으려는 교육관은 끊임없이 복잡한 인과관계를 해명해야만 하는 과제를 요구한다. 결과위주의 교육관을 지닌 사람들이 이런 우연적 사실들을 밝힌 경우는 드물다. 그것이 구체적으로 무엇일지를 해명하는 책임은 회피하고, 무지의 것을 기지의 것인 양 위장하고, 그 실체가 불분명한 것을 분명한 것처럼 포장하는 허장성세가 이 관점의 마력이다. 그들이 말하는 "교육"은 결과적으로 일종의 과제를 공수표나 구호로 내세우고 있을 뿐 뚜렷한 실체를 알 도리가 없다.

주목할 점은 인과전도(因果轉倒)의 오류다. 어떤 것의 용도를 밝히려고 하면, 그 어떤 것을 먼저 밝히는 것이 올바른 순서이다. 결과위주의 교육관은 특정한 결과 하나를 두고 그 원인을 규정하는 방식을 취한다. 원인이 있은 연후에 결과가 생기는 것인데, 결과를 원인으로 환치한 거꾸로 된 사고방식을 취한다. 비유컨대, 황소 앞에 쟁기를 놓는 괴이한 꼴이다. 결과의 원인은 하나로 규정할 수 없기 때문에 어떤 원인을 선택하든 그 영향은 확률적이다.

논리적 순환론은 실제를 설명하지 못한다. 결과는 원인의 개념 속에 내재되어 있지 않고, 그 개념을 분석해도 도출되지 않는다. 인과의 연결은 분석적인 것이 아니라 종합적이다. 만약 그 결과를 가져오게 하는 원인을 구명하려한다면 한두 가지가 아닐 것이다. 예컨대, 인간성의 형성에 관여하는 과정으로 성숙, 뇌의 작용, 유전, 발달, 학습, 조건화, 모방, 적응, 심리치료, 설득, 기만, 선전, 광고, 전기충격, 고문, 세뇌, 훈련, 사회화, 문화화, 교조화 등이 이에 포함될 수 있다. 그 이외에도 인간성을 마음대로 통제할 수 있는 임의적인 통로가 무수히 많다. 이처럼 무엇이든 교육이라면 그 고유한 특성이 없다는 것을 의미한다.

결과로서 이른바 "교육받은 인간" 혹은 더욱 넓게는 "바람직한 인간"에 대한 주문도 하나로 통일된 것이 아니라 앞의 예거에서처럼 천차만별이다. 이른바 "교육이론"마다 어떤 결과에 방점을 찍느냐에 따라 이견을 드러낸다. 이와 관련하여 갈등이 생길 때 그럴듯한 선별도 나온다. 예컨대, "과학교육"은 "좋은 교육"이고, "입시위주교육"이나 "암기교육"은 "나쁜 교육"이라는 주장도 나온다. 교육의 목표를 결정하는 데 있어서 용병학문인 “교육사회학”에서는 사회의 유지냐 혹은 개혁이냐 하는 차원에서 대립한다. 그 가치판단의 근거는 무엇인가? 또한 이때 그 결과를 가져오게 하는 원인으로서 “교육”은 서로 다를 것이다. 서로 다른 것을 같다고 주장할 방도는 없다.

결과위주의 교육관은 결과를 특정해서 예상한다. 가령, 특정한 결과에 따라 X를 “교육”이라고 경험적으로 한정시켰다고 가정하자. 그 “교육”은 예정된 Y라는 결과만을 초래하는가? 이 세상에는 하나의 결과만을 가져오는 원인은 존재할 수 없다. 이로부터 오는 특정한 결과는 그것이 가져올 수 있는 전체 결과에 비해서 빙산의 일각에 불과하다. 가령 “입시위주교육”에 의해서 많은 젊은이들이 경쟁을 뚫고 일류대학에 진학할 수 있었다고 하자. 그 “교육”은 청소년들의 비정상적인 생활, 경쟁에 따른 스트레스와 좌절, “공교육”의 무력화, “사교육비”의 과다지출 등 수많은 부수적인 결과들을 야기한다. 그 손실은 입시의 능률에 비해 너무도 크다.

여타의 결과에서 부정적인 효과가 나타난다면 그것은 “교육”으로 인해서 지불해야 하는 사회적 비용이 되는 것이다. 흔히 “전인교육”의 문제가 제기되는 것도 이 때문이다. 이런 부작용에 대한 문제는 특히 제약 분야에서 심각하게 다루어온 주제이기도 하다. 어떤 약이든 그것의 총체적인 작용은 알 수 없다. 의도하지 않은 결과가 반드시 있기 마련이다. 그것이 특정한 결과보다 더 큰 손실을 가져올 우려도 있다.

위에서 살폈듯이 결과위주의 교육관은 교육의 실체를 파악하는 과제를 회피하면서 교육을 내세우기에 딱 좋은 허장성세다. 그 방편에 따른 심각한 문제는 교육에 대한 가치규정이다. 뒤에 올 제12장에서 교육본위의 가치에 대한 별도의 논의를 하겠지만, 결과위주의 교육관은 교육의 안과 밖의 경계를 구획하지 않기 때문에 교육의 고유한 내재와 그 가치가 논외로 밀린다. 그 실체가 불분명한 가운데 세상살이에 작용하는 외부의 온갖 가치를 실현시키는 수단으로만 규정한다. 이는 실로 교육에 대한 심대한 모독이다.

3.5 과학주의적 교육관

결과위주의 교육관은 논리적으로는 성립하지만 사실적 근거를 결여하고 있기 때문에 엉터리 약장사의 허풍이라는 비난을 면하기 어렵다. 그 특수한 사례인 과학주의적 교육관의 특징은 그 논리적 순환의 오류를 벗어나고 있다는 점이다. 과학의 실증논리에 따라 그 인과관계에 대한 경험적 증거의 조건을 첨가함으로써 허풍이라는 약점을 극복하려고 한다.

지금은 기술적 합리주의(technical rationality)의 시대다. 과학기술은 만능의 표상이 되고 있다. 그 논리는 단순하다. 어떤 특정한 목표가 주어지면, 그 결과를 가져오는 원인을 찾아서 그 수단을 처방한다는 것이다. 그 풍조가 "교육의 과학화"라는 명분으로 출현하였다. 그 근거는 주로 심리학과 행동과학이다. 심리학은 철학에서 규정하는 인간이 경험적으로 검증된 것이 아니라는 점을 문제시하면서 출발하였다. 이 학문들은 인간성 가운데 관찰 가능하고 수량화될 수 있는 "행동(behavior)"에 주목하고, 그것이 어떻게 환경에 의해서 결정되는지에 대한 가설을 세우고, 그 가설을 관찰이나 실험을 통해서 입증하면서 그동안 막연하게 규정해 왔던 인간성의 과학적 이해에 일정 부분 큰 성과를 거두어 왔다.

인간의 행동은 환경의 영향을 받으며, 그 법칙에 의해서 행동도 변화시킬 수 있다는 것이 행동과학의 기본전제다. 과학적 교육관을 따르는 사람은 그 전제에 따라 교육을 규정하고 운영하고자 한다. 교육을 통해서 얻고자 하는 인간성을 측정의 편의에 따라 조작적인 정의가 가능한 행동으로 세분화하여 미리 설정하고, 그 결과를 얻을 수 있는 학교프로그램을 구안하고, 그 프로그램이 소기의 결과를 가져온 것인지를 확인한다. 이런 일련의 과정을 각각 "교육목표설정", "교육과정", 그리고 "교육평가"로 지칭한다.

일견 그럴듯한 이 교육관의 문제도 심각하다. 먼저 이는 교육을 그 효용을 담보하는 세계로 환원시킨다는 점에서 앞 절에서 살펴본 결과위주의 오류에서 벗어난 것은 아니다. 어떤 인간성이라도 주문만 하면 과학적으로 생산해 낼 수 있는 전대미문의 시대다.[1] 인간성을 마음대로 통제할 수 있는 임의적인 통로가 무수히 많다. 각종 세뇌와 상품선전의 기술은 그중의 하나다. 이로써 특정한 이데올로기에 목숨을 거는 대중, 그리고 특정한 상품을 맹목적으로 구매하는 대중이 양산되는 것이다. 교육학의 과학화를 주장하는 사람들도 그런 유혹에 빠진다. 이들을 교육이라고 말한다면 오히려 교육이 그 본연의 속성을 유지하기 어려우며, 그 기능조차 기대할 수 없다.

앞 절에서 이미 다룬 문제를 여기서 반복할 필요는 없겠고, 다만 과학과 실증주의의 논리를 적용하여 막연한 결과위주의 교육관을 극복한다는 취지가 얼마나 무모하게 교육의 범위를 제한하는가를 덧붙여 검토하기로 한다. 이 접근방법은 개념과 방법의 양면에서 교육의 범위를 제한한다. 심리학이나 행동과학에서 인간에 관한 사실을 과학적으로 해명해 나가는 실험과정과 인간성을 탐색하고 실현해 나가는 교육은 엄연히 다른 종류의 활동이다. 앞으로 점차 밝혀지겠지만, 교육적 실천은 과학의 내규에서 벗어나는 잠정적인 것, 애매모호한 것, 예측 불가능한 것, 그리고 무한한 변화 등의 독특한 요소를 지니고 있다. 그 고유한 특성들을 무시하고 방법적으로 단순히 엄밀성과 인과관계만을 개입시키려는 것은 위험하다. 과학적으로 엄격하고 정확한 오류라고 할 만한 아이러니 몇 가지를 검토해 보기로 한다.

첫째, 인간성은 과학적으로 탐구할 수 있는 측면과 객관적인 탐구가

---

1) 그 이해를 토대로 어떤 행동도 변화시키거나 수정할 수 있다는 자신감을 표명하기도 한다. 초기 행동주의심리학자 왓슨(Watson, J. B.)은 그의 저서(*Behaviorism*. New York: Horton, 1925)에서 이런 주장까지 한 바 있다. "건강하고 잘난 갓난아이 12명을 내게 맡겨보라. 그리고 내 자신이 특별히 구상한 세계에서 그들을 기르게 해보라. 그러면 나는 그들 중 아무나 하나를 택해서, 그 아이의 재능, 취미, 능력, 적성, 또 그 조상들의 종족 등에 관계없이, 내가 택하고 싶은 여하한 종류의 전문가(의사, 법률가, 예술가, 기업가, 그뿐만 아니라 거지나 도둑까지)로 양성할 수 있다고 장담하겠다(p. 104)."

불가능한 측면을 포함한다. 행동과학은 이 가운데 전자를 그 탐구영역 안에 가두고 한정시킨다. 참으로 빙산의 일각이라고 할 만하다. 다른 한편, 교육은 이미 알려진 인간성에 한정하지 않고, 그 가능성까지를 실현해서 검증하는 과정이다. 그런 탐색은 과학의 논리로 기술하거나 설명하거나 예측할 수 있는 것을 초월한다. 그 광범한 잠재가능성을 단지 과학의 내규에 부합하지 않는다는 이유로 교육에서 제외하는 것은 어두운 숲에서 잃어버린 물건을 밝은 가로등 불 아래서 찾으려는 술주정뱅이의 어리석음에 비유할 수 있을 것이다.

둘째, 행동과학의 연구에서 시행하는 실험은 원인과 결과를 각각 제한하는 방식으로 이루어진다. 그 탐구에서 선정하여 구명하려는 변인 이외의 것들은 그 결과의 처리에서 오류나 우연으로 치부해 버린다. 과학주의적 교육관이 규정하는 "교육프로그램"은 그 오류나 우연 내부에 포함되어 있다. 원인과 결과는 언제나 다원적이다. "교육의 결과"를 단일한 것으로 규정한다고 할지라도 그 원인으로서의 "교육프로그램"은 다원적인 것이 될 것이며, 거꾸로 그것을 단일한 것으로 규정한다고 하더라도 그 결과는 다원적일 수밖에 없다. 이 때문에 그 "교육"은 끊임없이 입증해야 하는 미지항으로 남는다. 그 정체불명의 것들을 무시하고 그 예정된 원인과 결과에만 의미를 부여한다면 숲을 한 그루의 나무로 착각하는 오류를 범하게 된다.

셋째, 과학적 가설에 대한 검증은 확률적이다. 그 결과가 우연 이상으로 나오면 가설이 긍정되며, 그렇지 못할 때 그 가설은 부정된다. 과학주의적 교육관에서 말하는 "교육평가"도 기본적으로 그 "교육"을 예정한 결과에 의해서 평가하는 방식을 택한다. 과학의 실험정신을 따른다면 증거는 우연적인 확률 이상을 기대하기 어렵다. 이때 확률적으로 예상과 빗나가면 그 결과를 어떻게 해석할 것인가? 대개 "교육평가자"들은 그 사태를 교육의 잘못으로 전가하고, 일반 사람들은 그 논법에 순응한다. 그러나 따지고 보면 그 잘못은 교육이 아니라 결과위주의 교육관에 있다. 예상된 결과가 나오지 않은 것을 순환논법으로 해석하면, 그것은 이미 교육이라고 할 수 없다. 이처럼 교육에 대한 개념의 잘못을 교육의 잘못으로 탓하는 것은 참으로 터무니없는 귀인(歸因)이다.

결론적으로, 행동과학이 곧바로 교육학이 될 방도는 없다. 교육현상은 경험주의적 인식론만으로 포착할 수 없는 대상이다. 오직 원인과 결과에 의한 경험적 증거만을 토대로 교육의 정체성을 규명하려는 것은 잘못된 시도다. 행동과학은 행동과 환경과의 다양한 인과관계를 구명하는 것으로 제 몫을 다하지만, 교육학은 교육의 정체성을 찾는 몫을 수행해야 하며 그 인과관계의 해명만으로 제 임무를 완수할 수 없다. 이 점에서 한때 "교육의 과학화"라는 기치 아래 추진된 이전의 추세는 교육의 정체성을 외면한 과오를 범했다고 볼 수 있다. 어떻게 보면, 과학주의적 교육관은 결과위주의 교육관의 오류에 과학만능이라는 또 하나의 오류를 첨가한 것이다.

3.6 잡다한 교육관

마지막으로, 본 절은 여타의 잡다한 교육관들을 점검하고자 한다. 여기서 잡다함이란 앞에서 논의된 것 이외의 것이라는 뜻도 있지만, 더 나아가 그 어느 것이든 그것에 의해서 규정되는 교육은 하나가 아니라는 뜻이다. 따라서 그 어느 것도 교육의 정체성을 포착하는 노력과는 거리가 멀다. 그 각각을 살펴보자.

3.6.1 이현령비현령(耳懸鈴鼻懸鈴)의 교육관

이 안에는 편의에 따라 "교육"이라는 용어를 이런저런 의미로 적당하게 이용해서 팔아먹을 수 있는 장사치의 근성이 도사리고 있다. 대중은 상식과 제도를 당연한 것으로 받아들인다. 사이비교육학자들은 그들을 관습적 교육관으로 대한다. 대중과 너무 밀착해서 그들의 권위를 인정받기 어렵다 싶으면 기존의 분과학문의 지식을 사용하여 교육현상을 외래적 사실로 왜곡시키면서 학자의 행세를 한다. 그것도 부족하다고 느끼면 교육현상의 정체성을 밝히지 않은 채 그 교육이 갖는 용도만을 내세운다. 이렇게 서로 그 맥락이 전혀 다른 의미를 편리하게 병행하거나 혼용한다.

그 사례는 서가의 한 부분을 채운 "교육학개론"에서 쉽게 접할 수 있다. 보통 여러 명의 저자가 각 장을 나누어 집필한다. "교육학과"를 점유하고 있는 용병학문의 다양한 교육관이 반영된다. 서로 다른 각각의 개별적인 용병학문의 사실들이 교육과 동일시된다. "교육철학", "교육심리학", "교육사회학", "교육행정학" 분야의 사람들이 제각기 철학의 주제, 심리적 사실, 사회적 사실, 행정적 사실을 논의하고 그 개별적인 사실들을 관습적 교육관이나 결과위주의 교육관과 결부시킨다. 전혀 다른 교육관 혹은 양립할 수 없는 교육관을 편리한 대로 적당히 견강부회하는 것이다.

한 이론 안에 여러 가지 다른 맥락의 교육관을 혼합시킨 경우도 있다. 이른바 "교육의 사회재생산이론"이 그것이다. "교육"이 사회체제를 재생산한다고 할 때, 그 "교육"은 학교 안의 사태를 의미하고 사회는 학교 밖의 상황을 의미한다. 관례적 교육관을 따른 것이다. 사회적 관심은 사회학이라는 용병학문과 관련된다. 논제는 결국 사회화다. 그 점에서 결과위주의 교육관을 적용한다. 이 이론은 이처럼 세 가지 교육관을 교묘하게 반영하고 있기 때문에 그에 따른 오류를 모르는 사람들은 대단한 "교육이론"으로 오해한다. 그러나 알고 보면 이 "이론"은 학교 안과 밖에서 일어나는 사회적 사실 사이의 단순한 관계를 말한 것에 불과하다. 실내외의 온도를 측정하고 그 결과가 일치한다는 식의 싱거운 웃음거리를 "교육"이란 용어가 대단한 것으로 치장하는 것이다.

"교육학연구"라는 전문지에 발표되는 논문은 이현령비현령의 교육관의 전시장이다. 앞선 세 가지 교육관이 혼재한다. 논자 자신의 논의에서 어느 것을 일관성 있게 사용하는 논문은 찾아보기 어렵다. 논문의 다른 부분에서 앞뒤가 맞지 않는 교육관을 사용하면서 자가당착에 빠지는 경우가 비일비재하다. 이렇게 서로 상응할 수 없는 다른 주장들이 섞여 문제를 해결하기보다는 혼란을 부추기는 논문이 독자에게 설득력을 가질 수 없는 것은 당연하다. 자인하기는 어려울지 모르지만 논자는 "교육"이라는 용어로 스스로는 물론 독자를 기만하는 셈이다.

3.6.2 유행사조의 교육관

유행심리는 통상 자기의 주관이 없을 때 그 공허감을 회피하는 방식의 하나다. 교육에 관한 자신의 관점을 정립하지 못한 상태에 있는 사이비교육학자들은 "최신의 것이 옳다."라는 나름의 원칙하에 "전통적인 교육(conventional education)"을 낡았다는 이유로 폐기하고 "새 교육(new education)"을 새롭다는 이유로 받아들인다.

역사가 일천한 한국의 학문은 거의 수입에 의존한다. 한국의 풍토에서 나올 수 있는 문제와 현실을 토대로 하는 자생적 사고가 결여된 채 외래사조가 단지 문헌학적, 서지학적 수준에서 취급되고 있다. 국제동향과 선진국의 사례라는 피상적인 관찰이 거기서 내세우는 명분이다. "교육학"의 경우도 예외가 아니다. 서구의 교육학을 맹신하는 이식교육학이 주조를 이루고 있다.

유행사조는 이론들 사이의 긴장과 갈등을 무시한다. 주기적으로 무분별하게 교체되는 각종 이론들(theories)이 그 이론 자체로 온전하게 전달되는 경우가 드물다. 갑의 이론은 그것이 의도된 바를 체계적으로 이해하지 않은 을에게는 단순한 정보(informations)로 받아들여진다. 그 모든 정보가 그러하듯이 수많은 이론들이 단지 새롭다는 이유로 유행처럼 나타났다가 사라진다. 영양가 있는 음식을 소화하지 못한 채 화장실만 들락거리는 안타까운 사태가 반복된다.

혹평한다면, 한국의 "교육학"은 거의 선진 유행사조의 하수구라고 해도 과언이 아닐 것이다. 원로와 신진의 구분은 단지 나이의 차이에 불과하다. 선진국에서 학위를 받은 후진이 당대의 지식을 소개하면서 이전 학위취득자보다 우월한 위치에서 대접을 받는다. 하수구의 특징은 버리는 것, 새로운 것의 반복, 남는 것이 없는 것이다. 그 지위도 시간이 지나면서 추락한다.

유행은 낡은 것이 되게 마련이다. 유행사조는 대개 그 근거가 부족하기 때문에 늘 바꾸지 않으면 안 된다. 모방으로 큰 성취에 이른 학자는 찾아볼 수 없다. 그만큼 유행하는 학설은 진리가치가 낮다는 확실한 증거다. 지식은 시대나 장소가 아니라 그것이 지닌 장점에 의해서 판단되어야 한다. 높은 지식의 근거는 새로움이 아니라 진실성이다. 하나의 이론의 타당성이 입증되려면 적어도 10년이나 20년 동안 유효하게 지속될 수 있어야 한다는 역사적 사실을 명심해야 할 것이다.

3.6.3 교육현상과 교육양태의 혼동

교육현상과 그 양태는 서로 다르다. 교육현상이란 마치 진공상태에서 낙하의 법칙을 가정하듯이 교육의 고유한 여러 가능성을 이론으로 포착한 것이다. 이는 교육 아닌 것과의 차별화를 기하기 위해서 그 자체만을 배타적으로 드러낸 것이기 때문에 오로지 추리에 의해서 알 수 있을 뿐이다. 교육현상은 이론에 대한 개념이 없는 사람에게는 이해하기 힘든 부분이다. 이에 비해, 교육양태는 그 자체가 삶의 현장에서 여타의 조건과 상호작용을 하면서 다양한 실태로 나타난 것이다.

교육의 여건이 다른 만큼 그 양태는 다양할 수밖에 없다. 현상과 양태의 괴리는 상황에 따라 크거나 작을 수 있다. 예컨대, 시대에 따라 고대의 교육양태와 현대의 교육양태가 다르며, 공간적으로 동양의 교육양태와 서양의 교육양태가 다르다. 이외에도 청소년교육의 양태와 성인교육의 양태, 국어교육의 양태와 미술교육의 양태, 가정교육의 양태와 학교교육의 양태 등 수백 가지의 변이가 있을 것이다.

이렇게 교육현상과 그 양태를 구분하는 것은 이론적 인식과 눈에 보이는 일상적 인식의 차이를 구분하기 위한 방편이다. 이처럼 교육현상은 추상의 과정을 거치지만 우리가 실제로 접하는 것은 그 양태다. 그런데 일상의 삶에서 교육현상과 그 여건들이 우연히 공존하기 때문에 이 두 가지를 개념적으로 혼동하는 경우가 많다.

교육현상을 이론적으로 이해하려는 독자적인 작업이 없는 상태에서는 각각 다른 교육양태만 드러날 뿐이다. 그런 이유로 사이비교육학자들은 교육현상이 제반 이질적인 것들과 긴밀한 관계가 있다고 법석을 떨면서도 정작 교육현상에는 고개를 돌리는 경향이 있었다. 이제 그 관련이 있다는 교육현상이 무엇인지를 별도로 따로 구명하는 작업이 진행되어야 한다. 그 작업이 제대로 이루어진 이후에야 비로소 일상에서 접하는 교육양태의 만화경에 현혹되지 않을 것이다.

교육양태는 수백 가지나 되지만 교육현상은 단일하다. 본서가 꾀하는 교육학의 재건도 여타의 상황변화에 의해서 변하거나 동요하거나 예측할 수 없는 하나의 정체성을 찾는 작업이다. 그 개념체제의 구축은 그 여건의 고려에서 제외되기 때문에 언뜻 현실과 동떨어진 가공의 논의처럼 보일 것이다. 그러나 앞으로 교육현상에 대한 이론적 논의를 거친 다음에 교육이 그 소재를 달리할 때, 혹은 교육이 이루어지는 공간을 달리할 때, 어떻게 달리 나타날 수 있는지를 논의하게 될 것이다.

3.7 의미의 공백과 산포

본 장은 교육을 있는 그대로 인식할 방도가 없다는 주제로부터 시작하였다. 어느 경우에나 모종의 개념의 여과를 거친다. 지금의 "교육학"은 교사양성을 위한 제반 이질적인 교직과목들을 교육학으로 참칭한 데서 연유하였다. 그로부터 올바른 교육관을 기대한다는 것은 무리다. 그럼에도 불구하고 사이비교육학자들은 "교육"이라는 용어를 즐겨 쓴다. 이와 관련하여 여러 가지 교육관을 들고, 그 각각에 어떤 문제점이 있는

지도 샅샅이 살폈다.

아직까지 교육현상에 대한 고유의 개념체제는 부재하다. 그 공백 상태에서 그 의미는 관습적 교육관, 용병학문의 교육관, 결과위주의 교육관 등 끊임없이 다른 것으로 대체된다. 관습적 교육관은 일반 사람의 상식과 친근감을 주며, 용병학문적 교육관은 적어도 상식을 벗어난다는 권위가 부여된다. 결과위주의 교육관은 만병통치의 것으로 착각하여 인기를 얻는다. 누군가 교육에 대한 발언을 한다면, 그중 어느 것의 여과를 거친 것이라고 보면 될 것이다. 환언하면, 교육에 대한 온갖 발언은 그 발언자가 선택한 교육관을 말하고 있는 것이다.

구약성서에 바벨탑이라는 거대한 탑에 얽힌 이야기가 나온다. 그 신화의 내용인즉, 방자하고 교만했던 사람들이 하늘에 이르는 높은 탑을 세우려고 하였으나 하느님이 이를 저주한 나머지 서로 다른 방언을 쓰게 하고 말의 혼란을 일으켜 결국 그 공사를 끝맺지 못하였다는 것이다. 교육에 대한 이제까지의 담론이 이런 사태와 너무 유사하다. "교육"이라는 용어를 사용할수록 그 의미의 혼란이 증폭되거나 그 고유한 의미를 상실한다. 어떤 소통의 장애가 야기될까? 그 몇 가지를 나누어 점검해 보자.

첫째, 교육의 의미가 애매해진다. 애매성(ambiguity)은 의미 사이의 비결정성에서 비롯한다. 교육이라는 용어는 여러 가지 의미를 한꺼번에 가지고 있기 때문에 그것이 쓰일 때 구체적으로 그중 어느 것을 지칭하는지를 가려낼 수 없다. 일반인들이 가지고 있는 관습적 교육관은 시대와 장소에 한정되어 있으며, 용병학문의 교육관은 그 근원이 다른 여러 관념과 그들이 지칭하는 온갖 이질적인 사실들을 무분별하게 "교육"으로 지칭하면서 그 의미를 사방팔방으로 분산시킨다. 서로 다른 교육관을 소지하고 있는 사람들끼리는 서로 다른 것을 말하는 셈이다. 한 사람의 논의에서 서로 다른 교육관을 병용하면 그 논의 자체가 갈팡질팡 꼬인다.

둘째, 교육의 의미가 모호해진다. 모호성(vagueness)은 그 의미의 한계가 불확실한 것에서 비롯한다. 예컨대, 결과위주의 교육관은 특정한 인간의 형성에 봉사하는 것은 모두 교육으로 간주하기 때문에 교육은 그 한계를 확증할 수 없는 가공의 실체로 남겨진다. 그것은 교육의 경계를 따로 규정하지 않는다. 과학주의적 교육관은 이에 따른 허장성세를 과학의 논리에 의해서 경험적으로 한정하려고 했지만, 오히려 그 의미를 과학주의의 좁은 한계 속에 가두는 결과를 가져왔다. 이 관점은 무엇이든 특정한 결과의 수단을 교육으로 규정하기 때문에 그 여건이나 기능에 대해 애초부터 개념적으로 논의할 수 없다.

셋째, 교육의 의미가 서로 모순된다. 모순(contradiction)은 서로 배타적이거나 양립할 수 없는 개념을 교육이라는 말로 지칭함으로써 발생한다. 개념이 발전하면서 모순이 생길 수 있으나, 여기서 지적하려는 것은 그런 지양의 양태를 갖는 것도 아니다. 예컨대, 모방과 창의력은 공립할 수 없음에도 불구하고 거기에 "교육"이라는 용어를 덧붙여 "암기교육"과 "창의력교육"을 성립시킨다. 정부가 "창의력교육"을 강조하면서 국민에게 통일된 역사교육을 시켜야 한다고 역설한다. "교육심리학자들"의 일부는 자아실현을, 다른 일부는 조건화와 행동수정이 교육이라고 주장한다. "교육사회학자들"의 일부는 교육이 사회를 재생산한다고 주장하고, 다른 일부는 기존 사회나 문화를 변화시키는 저항의 세력이 된다고 주장한다. 어느 장단에 맞출까?

올바른 언어적 소통과 건설적인 담론의 조건은 일관성이다. 그 의미가 애매하고, 모호하며, 모순을 내포하는 용어를 사용하는 것은 밑창이 없는 그릇으로 물을 떠올리려는 것과 같다. 올바른 교육학이 부재한 상황에서 다만 수사학적인 복잡성, 의미의 과잉, 그리고 왜곡만을 야기한다. 이런 "교육"에 관한 온갖 풍문이 산더미처럼 쌓인다 해도 교육을 이해하는 데 별로 도움이 되지 못한다. 오히려 소통에 장애가 일어나 논의되는 문제의 핵심을 비껴감으로써 논의에 참여하는 사람들을 미로 속에서 헤매게 한다.

잘못된 교육관을 가진 사람이 그들의 기준에서 잘못된 교육을 규정하고 잘못된 처방을 내놓고 법석을 떤다. 그 효과의 면에서 애매모호하고 모순된 말은 거짓말을 하는 것과 같다. 세상에 거짓 교육이란 존재하지 않는다. 심각한 문제는 오히려 교육에 대한 잘못된 관념이다. 교육의 문제는 대부분 그 안에 내포된 잘못된 개념에서 비롯한다. 그럼에도 불구하고 사이비교육학자들은 교육의 비정상성을 탓하면서 자신들이 가진 교육학의 비정상성을 탓하지 않는다. 자신들의 문제를 교육으로 전가시키는 것이다. 그들은 이제까지 그 어리석은 사태를 해결하기보다는 오히려 이용하고 의지하면서 과분한 대우를 받아왔다. 그 오래된 타성과의 단절이 절실하다.

제4장
교육용어의 해체

사고와 소통의 수단으로서 언어의 올바른 사용이 일상의 큰 과제다. 그 의미가 무엇인가라는 질문에 대한 성실한 답을 구하지 않고 남발되는 "교육"이란 용어는 이제 올바른 소통을 가로막는 애물단지가 되었다. "교육"이라는 용어의 의미는 모순덩어리다. 이 소리, 저 소리 언어혼란의 주범이다. 비옥한 땅도 갈지 않으면 잡초만 무성해진다. 지금의 "교육학"은 적어도 개념의 측면을 두고 보면, 벌초하지 않은 황폐한 밭, 사들인 물건을 정리하지 않고 무조건 쌓아둔 쓰레기통 같은 집안 꼴이다. 교육에 대한 고유한 의미는 아직도 공백으로 남아 있다. 이 문제를 해결하는 절차는 먼저 잡초를 제거하거나 정리하고 그 빈터에 올바른 곡물을 파종하는 것이다. 그 긴 담론의 첫 순서는 "교육"이라는 용어사용으로 헝클어진 실타래의 매듭을 풀어내고, 그 용어를 더욱 구체적이고 정확한 용어로 개칭(改稱)할 방식을 찾는 것이다.

4.1 기호로서 언어

인식대상 자체를 그대로 이해할 수 없고 인식주체가 가진 개념의 여과를 거친다. 심지어 개념이 사실을 결정한다고 말할 수 있는 이유다. 언어의 경우에도 이 사정이 그대로 적용된다. 언어와 그것이 표상하는 경험세계 사이는 아무런 본질적 연관이 없다. 언어가 세계에 대한 그림이 아니라는 사실에 봉착하여 이른바 "언어학적 전회"가 일어난 것은 오래되지 않았다. 그로 인해서 경험세계와 언어 사이의 정확한 대응을 추구하려 했던 이전의 철학적 시도들이 와해되기에 이르렀다.

흔히 언어는 사상의 그릇이라고 말하지만 그 그릇으로서는 제약이 따른다. 체화된 지식이 언어의 형식을 빌려 표현되고 소통된다면, 개념과 언어의 관계는 어떤 것인가? 흔히 그 사이의 일대일의 상응을 가정하는데, 사실은 그렇지 않다. 언어는 내용을 갖춘 항목의 집합이 아니라 오히려 양식을 갖춘 구조이기 때문에 그 각각의 개념들의 의미 역시 실제의 내용에 의해서라기보다는 특정한 언어체제 안에서 다른 개념들과의 차이와 대립과 연관관계에 의해서 성립한다.

이처럼 개별적인 언어의 의미는 그것이 속한 전체 언어체제와의 관련 속에서 성립하기 때문에 그 전체에 대한 해명이 없는 언어의 의미는 아직 결정된 것이 아니다. 예컨대, "나무"라는 개념의 의미는 "토양", "공기", "풀", "식물", "동물" 등등의 개념과의 관계를 통해서만 결정될 수 있다. 그 각각의 개념의 의미를 공들여 추궁해 본 사람이라면 그 의미가 불가피하게 그와 연관된 모든 개념체제의 지원을 받고 있다는 것을 알게 된다.

언어사용은 마치 자의적인 규칙을 따르는 장기놀이에 비유할 수 있다. 장기판 안에서 각 장기 알의 가치가 다른 장기 알의 가치와의 관계에 의해서 주어지는 것처럼 언어의 가치는 개개의 정확성이나 논리에 좌우되는 것이 아니라 그 사용에 의해 존폐 여부가 결정된다. 용어는 그 언어체제의 개별적인 사례에 해당한다. 하나의 용어의 의미를 파악하기 위해서는 그 용어가 소속한 언어체제 자체를 조회해야 한다는 과제를 안겨준다.

사태를 더욱 복잡하게 만드는 것은 그 의미가 끊임없이 움직인다는 점이다. 어떤 용어든 그것이 처음 도입되었을 때는 어떤 새로운 것을 지칭하는 것이었을 것이다. 그 용어가 자주 사용됨에 따라 그 처음의 새로움이 사라지고 다른 새로운 의미가 추가된다. 혹은 그 안에 모순이 생길 때 그것들을 포용하는 의미가 새롭게 부여된다. 다시 말하면, 우리가 사용하는 용어의 의미는 시간과 더불어 변하고 부단하게 변용, 보충, 대체, 발전한다.

용어의 의미는 이처럼 불확정성, 비결정성, 개방성, 확장가능성을 지니면서 끊임없이 움직인다. 하나의 용어가 때로는 맥락에 따라, 혹은 어떤 용어와 연결되느냐에 따라 의미가 전혀 다른 것으로 끊임없이 변한다. 언어의 의미를 평면적으로나 연역적으로 일관성을 가지고 분석하는 일이 불가능하기 때문에 고정된 근원을 찾는다는 것은 환상이다. 그 맥락과 그것을 받아들이는 사람에 따라 그 의미가 달라진다. 그 맥락이 서로 다른 것이라면 서로의 의미교환은 불가능하다.

언어란 나만의 소유물이 아니라 그것을 사용하는 모든 사람의 공적 소유물이다. 언술은 그 자체의 연관관계에서 의미가 도출되기 때문에 발언자의 내부를 반영하는 것도 아니다. 특정한 사상을 이해하려면 그것이 담긴 언어를 먼저 알아야 한다. 예컨대, 동양에서 발원한 사상은 동양의 언어에 담겨 있으며, 따라서 동양의 언어로 전수되어야 할 성질의 것이다. 만약 동양사상을 영어로 전달한다면 서양을 통한 동양의 이해라는 어처구니없는 일이 일어난다. 더욱 심각한 사태는 동양에 대한 이해가 없이 다짜고짜로 서구의 보편주의에 함몰되는 것이다.

일상의 삶에서 사용하는 언어의 의미는 그 언어공동체의 사회적 관습에 근거하기 때문에 자의적인 것에 불과하다. 그 공적인 소유물이 누구에게나 주어지는 것이 아니라 후천적으로 습득된다. 언어의 용도는 체험과 결부된다. 언술된 것은 인식된 것의 표층에 불과하다. 체험구조로서 지식 전체를 구성하는 특수한 것들은 개별적으로 분명하게 명시할 수 있음에도 불구하고 그들 사이의 관계를 말로 표현하기는 곤란할 때가 많다. 그처럼 언술되지 않는 부분의 지원이 없이는 언술된 것이 확실한 의미를 가질 수 없다. 더구나 개념 자체가 모순을 극복하면서 발전되고 있기 때문에 그 이해와 상응하는 체험구조를 갖추지 않고는 서로의 소통이 불가능하다.

이런 제반 제약에도 불구하고, 인간이 언어 덕분에 짐승보다 높은 존재의 위치를 차지할 수 있었다고 해도 과언이 아닐 것이다. 그럼에도 언어를 사용할 수 있다는 장점만을 내세울 수 없다. 언어란 인간에게 주어진 엄청난 도구이지만, 잘 쓰면 약이고 잘못 쓰면 독이다. 언어를 잘못 사용함으로써 악마의 수준으로 떨어지는 사례도 허다하다. 이는 사고와 소통의 수단이기도 하지만, 다른 한편으로 혼란과 소통의 장애가 되기도 한다. "교육"이란 용어도 그 한 부분을 차지한다. 그에 대한 경각심을 먼저 환기시키려는 것이 본 장의 의도다.

4.2 통상적 담론과 비통상적 담론

우리가 어떤 것에 대해서 알고 있다고 할 때 그것을 말이나 글로 표현하는 것은 매우 중요하다. 말하거나 글을 쓰는 것은 우리 내면에 은폐되어 있거나 또는 숨겨져 있는 바를 분명하게 드러내는 것이며, 선언하는 것이며, 명료화시키는 것이며, 비밀을 드러내는 것이며, 공적인 책임을 지는 것이다. 그 표현이 생략되면 알고 있는 것이 개인적인 것으로 사장되어 버리거나 자신의 것으로 인정을 받을 수 없다.

사회생활을 영위하면서 사용하는 일상적 언어는 사회적 통념과 제도에 근거하고 아울러 반영한다. 상식은 누구나 평등하게 가지고 있는 것이기 때문에 상식적 용어는 일반 사람 사이에 서로 소통하기에 편하지만 그 인식내용의 수준에 있어서 높고 낮음을 따질 수 없다. 이처럼 일상적 언어는 그것을 사용하는 사람들을 그 상식과 제도 안에 감금시킨다. 설사 대다수의 사람이 믿는 것이 틀렸다고 하더라도 그 생각을 진실로 받아들인다. 받아들이지 않는 사람은 "비정상적인 존재"로 취급되어 분리되고 추방당하는 경우가 있다.

통상적 담론은 바로 이 범주에 속한다. 세론에 의한 부화뇌동이 그 특징이다. 보통사람들은 말이 지시하는 대상에 대한 깊은 반성이 없이 다만 표현된 말의 권위에 따라 피상적인 의미로 받아들이고, 또 다른 사람들에게 전달한다. 이처럼 근본적인 문제를 제쳐놓고 지엽에 관한 논의만을 할 때 우리는 그것을 공담(空談)이라고 한다. 여론처럼 부당하고 변덕스러운 것은 없다. 아무리 좋은 뜻도 여론에 흔들리면 여론의 지배를 받는다.

일상적 언어와 공담으로 높은 수준의 인격자를 움직이게 하지는 못한다. 역사와 현실적 삶에서 입증되듯이 일상적 언어는 많은 경우 오류를 내포하거나 혹은 애매모호하다. 더러는 사실과 다르며, 더러는 모순되며, 더러는 서로 구분되어야 할 것을 혼동시키며, 더러는 단순한 순환논법의 덫에 빠지게 한다. 우리가 사용하는 언어의 근거인 인식의 틀이 타당한 것인가? 그것이 허위로 판명된다면 그것을 다시 해체하고 재건하지 않고는 높은 수준의 담론에 가담할 수 없다.

일상의 인식을 벗어나는 사람들도 있다. 자아실현이라는 개념도 이에 동조한다. 세상에 대한 인식을 개선하고 더 높은 수준의 경험을 하게 되었을 때 세 가지를 생각해 볼 수 있을 것이다. 기왕에 알고 있었던 것을 잊어버리거나, 혹은 그것에 새로운 의미를 부여하거나, 혹은 새로운 언어를 배우는 것이다. 그 방법 가운데 가장 확실하고 쉬운 방법은 마지막의 것이다. 그것을 표현하는 새로운 언어의 창조와 배움을 통해서 일상적 언어의 감옥과 굴레에서 해방되는 것이다.

지성인에게는 그런 수준의 담론의 장이 마련되어야 한다. 뿐만 아니라 발전하는 사회라면 그 담론을 평가할 수 있는 수준 높은 공중이 탄생할 수 있어야 한다. 그처럼 좀 더 격조 높고 세련된 언어를 사용하는 담론을 비통상적 담론이라고 한다. 이른바 고담준론(高談峻論)이나 생산적인 논의의 진전은 언어의 세련성을 전제하기 때문에 상식에 구속된 일반인들이 쉽게 이해할 수 없고 일반인이 거기에 참여하려면 보다 나은 경험을 토대로 그 언어를 습득해야만 한다.

적어도 올바른 인식의 문제에서는 학문적 언어의 사용이 비통상적 담론에 속한다고 말할 수 있다. 학문의 세계는 상식과 관례적 사고의 독단으로부터 우리를 해방시켜 그것들로 인해서 은폐되어 드러나지 않은 현상들을 밝혀 왔다. 새로운 사실을 발견하거나 새로운 지식을 창조했다고 하더라도 그것을 일상적 언어로 표현할 수가 없기 때문에 일상적 용어를 벗어나는 새로운 언어체제를 만든다. 이를 이해하기 위해서는 일반인들이 다시 그 언어에 적응하는 것이 당연시되고 있다.

일반인들이 쓰는 일상적 언어와 학자들이 구사하는 학문적 언어의 경계는 전자가 상식에 근거하고 있음에 비해서 후자는 이론에 근거하고 있다. 이 두 가지 언어는 서로 번역될 수 없다. 언어는 확장가능성을 가지고 끊임없이 움직인다. 학자들이 제안하는 이론들은 항상 발전해야 한다는 학문의 내규를 따르고, 이런 확장성의 특징이 두드러지게 나타난다. 그런 용어상의 의미의 진전에 적응하지 못한다면 학자의 길을 걷기가 어렵다.

우리의 논의에서 이렇게 통상적 담론과 비통상적 담론을 구분하는 것은 이제까지 써 오고 있는 "교육"이라는 용어의 남용과 그에 따른 교육학의 과제를 밝히기 위함이다. 이미 여러 차례 지적했듯이 교육현상을 본격적으로 밝힌 교육학은 존재하지 않는다. 그 참다운 인식이나 이론적 맥락이 확정되지 않은 와중에 교육에 대한 발언이 난무하고 있는 실정이다. 그 실태부터 먼저 살펴보기로 한다.

4.3 중구난방의 교육담론

많은 사람의 입을 막기 어렵다는 뜻의 중구난방(衆口難防)이라는 말이 있다. 교육은 뭇사람들의 화제에 오르는 단골손님이다. 일반 시민, 언론, 정부기관, 학계 등 너나없이 교육에 관해서 떠들어댄다. 교육을 한없이 찬양하는 사람이 있는가 하면, 시도 때도 없이 험담만 하는 사람도 있다. 다른 한편으로, 교육을 위해서 헌신하겠다는 사람도 있다. 교육이 이렇게 되어야 한다거나 저렇게 되어야 한다는 구호와 처방도 있다.

오늘날 우리나라가 이 정도의 발전을 이룩한 것은 교육의 덕분이다.
오늘날 교육이 나라를 망치고 있다.
학부모들은 교육비 때문에 허리가 휜다.
교육학자들이 올바른 처방을 내 놓아야 한다.
교육학자들의 철학이 빈곤하다.
학교교육이 혁신되어야 한다.
사회적 불평등을 시정하기 위해서 교육평준화가 불가피하다.
입시위주의 교육이 인성교육으로 전환되어야 한다.
교육부에서 이번에 교육을 개혁하는 새로운 정책을 내놓았다.
…

이런 수많은 발언을 할 때 그 "교육"이 의미하는 바가 무엇인지를 별도로 따지지 않는다. 그 절차를 놓치거나 생략하고 "교육"이라는 용어를 입에 붙이고 사는 사람들이 많다. 그 이유는 무엇일까? 여기에는 누구나 알고 있는 불변의 교육이 저기 존재하고 있고 우리는 그것에 관해서 서로 말을 주고받는다는 순진무구한 생각이 깔려있다. 그 발언에는 모종의 개념이 개입한다는 더 진전된 주장도 있다. 그조차도 그들은 "교육"이라는 같은 용어의 의미를 서로 공유한 것으로 가정한다. 이런 식으로 해결되어야 할 문제가 겉으로 드러나지 않고 어물쩍 넘어간다.

그러나 이는 분명한 착각이다. 앞 장에서 우리는 어떤 다양한 교육관들이 있음을 살폈다. 교육에 관한 어떤 논의에도 모종의 교육관이 전제되어 있으며, 그것은 엄밀한 의미에서 교육에 대한 발언이 아니고 교육에 관한 각자의 관점과 견해를 발언하고 있음을 보았다. 그 발언의 대상이 동일하다는 보장은 없다. 거기에는 학부모의 학교에 대한 불만, 용병학자들의 체계적인 곡해, 결과위주의 허장성세가 모두 포함되어 있다.

무조건 "교육"이라는 용어를 입에 붙이고 다니면서 교육을 서술한다는 구실을 내세우지만 그 교육관이 서로 다른 것만큼 뭇사람들마다 전혀 다른 것에 관해서 말하고 있는 것이다. 발언자는 자신의 교육관이 어떤 것인지를 숙고하거나 자성하지 않는다. 그 발언을 듣고 있는 사람 역시 그 발언자의 교육관이 무엇인지를 잘 따져서 새기는 사람은 드물다. 이처럼 우리의 일상적 담론에서 떠도는 "교육"이라는 용어가 가진 의미에 대한 숙고는 너무도 부실하다.

아는 것이 별로 없는 자가 대개 말이 많고, 많이 아는 사람은 말이 별로 없는 법이다. 그 이유의 하나로 우선 사유의 빈곤을 들을 수 있을 것이다. 깊은 사고를 하지 않고 말을 너무 많이 하는 사람들은 늘 있기 마련이다. 그러나 막상 일반인들에게 그런 사유를 요구하기도 어렵다. 이로써 교육은 말만 많고 생각을 하지 않는 심심풀이의 주제가 되어버렸다. 떠도는 풍문을 듣고 모두 떠들어대는 것이다.

사람들은 "교육"이라는 용어를 자주 쓰면서도 그 의미를 분명하게 따지지 않는다. 이렇게 "교육"이라는 용어가 분별없이 사용될 때 문제의 본질을 떠난 말장난이 탄생한다. 말만 많고 얻어지는 실속이 없다. 이를 단순한 헛소리나 공담으로 치부하면 그만이다. 그러나 교육의 의미를 묻지 않는 습성은 그 용어를 쓰는 사람들을 불성실하게 만들고, 그 용어를 듣는 사람들을 그 불성실의 희생물로 만든다. 이 부분에 대한 더 강력한 논의가 필요한 이유이다.

사람들이 교육에 대해서 함부로 언급하고 평가하는 것을 곧이곧대로 믿어서는 안 된다. 교육을 위해 가장 큰 소리로 불평하는 자가 교육을 가장 많이 걱정한다고 여기는 것은 착각이다. 어떤 학부모가 "교육비"의 부담을 불평할 때, 그 해법을 "교육학자"가 제시할 때, "교육부"의 어떤 직원이 "교육문제"를 해결하는 기막힌 정책을 내놓을 때, 정권이 바뀔 때마다 "교육개혁"이라는 표어가 재등장할 때, 그 "교육"이 무엇을 의미하는 것인지에 대한 확인절차가 새삼 요망된다.

교육관이 틀린 것이라면 교육에 대한 천 마디 말도 소용이 없다. 그릇된 교육관을 토대로 올바른 교육을 논할 수 없다. 따라서 소통할 정도의 의미의 공유가 과연 이루어질 수 있으려면 "교육"에 대한 선입견과 가치기준에 대한 철저한 사전 검열을 거쳐야 한다. 그 검열도 소통을 위한 최소한의 조건을 추궁하는 데 불과하다. 우리는 이전의 논의에서 그 어떤 해답도 교육의 정체성과 먼 거리에 있다는 점을 이미 검토한 바 있다. 그렇다면 그 대안은 무엇인가?

4.4 소통의 역설

언어는 그 규칙을 지키는 범위에서 비로소 사고를 관리할 수 있다. 두 사람 사이의 원만한 소통은 그들이 사용하는 용어의 의미가 일치할 때에만 가능하다. 개념의 고유성, 한정성, 일관성은 언어적 소통을 위한 최소한의 조건이다. 삶의 일부로서 교육은 제한되고 갇힌 인간성을 부단히 해방시키는 과정이고, 당연히 그 해방을 해방시키는 비통상적 담론의 대상의 위치를 차지했어야 했다. 그럼에도 불구하고 아직까지 "교육학"은 고유한 의미의 교육현상에 대한 이론을 외면하고 있다. 임시처방적인 잡다한 교육관들이 그 빈자리를 차지하고 있는 것이다.

그 맹점을 그대로 남겨두고 우리의 생활에서 "교육"이라는 용어의 사용이 마치 공유된 의미를 지니고 있다는 착각을 한다. 그러나 그 의미는 제각각이다. 그 의미를 구분하지 않고 무차별하게 "교육"이라는 개념과 용어를 제멋대로 사용하는 것은 마치 조준하지 않고 사격하는 것과 같다. 의미의 과잉은 바로 무의미성을 부과한다. 여러 가지 의미를 가진 용어를 무분별하게 사용한다면 그 고유한 의미가 소멸된다.

이 때문에 "교육"이라는 용어를 사용하자마자 우리의 사고는 지리멸렬한 혼란에 봉착한다. 수많은 의미가 혼재된 "교육"이라는 용어를 남용하는 담론은 이제 실없는 말, 헛소리, 공염불이 되었다. 마치 헝클어진 실타래처럼 뒤죽박죽이다. 이질적인 사실들을 혼동시키고, 사고를 모호하게 만들며, 서로 상응할 수 없거나 모순된 논리를 정당화시킨다. 모순당착과 맥락의 혼동은 합리적인 사고를 방해한다.

갑은 A라는 교육관을 전제하고 "교육"이라는 용어를 사용하여 무언가 주장하려 하고, 을은 B라는 교육관을 가지고 소통하려 한다면, 그 의미는 적어도 두 방향으로 흩어진다. 서로 다른 것을 의미하기 때문에 아무리 성실하게 긴 시간을 이야기한다고 하더라도 의미가 헷갈린다. 어쩔 수 없이 서로를 오해하게 된다. 합의되지 않은 의미를 가진 용어로 주고받는 말은 효과의 면에서 볼 때 거짓말하는 것과 거의 같다.

이처럼 많은 의미를 가진 용어를 사용하는 소통은 많을수록 실상에서 벗어나는 역설이 성립한다. 지금 사용하는 "교육"이라는 용어가 이런 결함을 지닌 상황에서 고담준론이나 건설적인 결론에 도달할 수 없다는 것은 말할 필요도 없다. 담론의 참여자는 그들이 무엇을 말하고 무엇을 전달하는지 모른 채 끝없이 표류하다가 횡설수설(橫說竪說)의 늪에 빠진다. 논점이 혼미해지고 시간이 흐를수록 뭐가 뭔지 모르는 혼란에 빠진다. "교육"이라는 용어사용이 약이 아니라 독이 되고 있는 것이다.

"교육"이라는 용어의 남발은 야훼가 인간에게 내린 징벌의 상징이 되었다. 더 이상 소통의 도구로 사용할 수 없는 상황에까지 이르렀다. "교육"의 문제로 등장하는 무책임한 중구난방, 실없는 잡담, 그에 따른 공론장의 혼탁함, 핵심이 빠진 공허한 슬로건, 해결점이 없는 엄청난 낭비의 덫, 실속없는 말싸움, 여론의 분열, 소모전은 뭇 사람들을 옥죄고 있다. 이런 절박한 사태를 더 이상 관용하거나 방관할 수 없다. 모종의 해법을 찾아야 한다.

4.5 "교육학"의 숙정(肅正)

교육과 관련하여 우리가 처한 병통의 뿌리는 교육 자체에 대한 몰이해에 있다. 그것을 시정할 책임은 물론 교육학자에게 있다. 그들은 제반 교육관의 인식론적 타당성을 세밀하게 점검하고, 개선하고, 확장하는 고유한 역할을 수행할 것으로 기대된다. 그러나 불행히도 지금의 "교육학"은 그 역할을 수행하지 못할 결정적인 약점을 지니고 있다. "교육학"이나 "교육학자"라는 용어 자체가 잘못 붙여진 이름으로서 그 용어를 오용하는 문제의 복판에 있다.

제2장은 "교육학"이라는 용어가 사회적 상식과 제도에서 유래한 것임을 상세하게 검토하였다. 여타의 분과학문들이 각각 고유의 개념체제를 구축해나가는 그 시점에서 서양의 공립학교가 출현하였고, 교육현상을 포착하는 탄탄한 인식론적 토대를 갖추지 못한 상태에서 "교육학"이 성립하였다. 원래는 교사양성기관에서 교사를 위한 기초학문, 즉 교직과목으로 철학, 심리학, 사회학, 행정학, 문화인류학 등이나 학교의 일상적 과제로서 교과영역의 운영과 그 평가의 방법 등에 관한 실무적인 문제를 다룰 수 있는 학문들이었는데, 그들을 총괄하여 "교육학"이라고 참칭한 것이다. "교육"이라는 명칭 자체가 고상하거나 혹은 이용가치가 있어 보였는지 모른다. 사범대학의 "교육학과", 학회로서 "교육학회", 학자로서 "교육학자", "교육연구소"가 모두 그런 잘못된 명칭의 예이다.

그것이 일종의 관행과 전통으로 굳어지면서 그들이 고상한 외투를 쓰고 자체의 신분을 감추고 있다는 사실조차 잊어버렸다. 교육학의 입장에서 보면, 역사적인 변고 혹은 불운이라고 말할 수 있다. 지금에 이르기까지도 교육현상에 고유한 이론적 의미를 부여하려는 시도나 노력을 한 사례를 거의 찾아보기 어렵다. 사실상 교육현상을 은폐하고 왜곡하는 사람이 "교육학자"나 "교육전문가"로 통한다면 그것이야말로 교육에 가장 큰 해를 끼치는 것이다.

이런 이유에서 앞서 논자는 현존하는 "교육학"에 사이비교육학이라는 오명(汚名)을 부여하였다. 그 오명을 벗어나는 길은 그들을 "교육학"이라고 참칭한 간판을 내려놓고 그 본래의 명칭으로 개칭하는 것이다. 그 본명은 교직학문 혹은 잡학이다. 잡학이라는 용어가 사실을 드러내는 데 부족하다면 다시 세분하여 교사를 위한 학문적 토대로서 철학, 심리학, 사회학, 행정학, 인류학이라고 지칭하면 된다. 이런 개칭만으로 그 분과 학문들의 개별적인 특징이 더욱 선명하게 드러날 뿐만 아니라 제2장에서 제기된 온갖 문제가 깔끔하게 해소된다. 그만큼 허위의 가면을 벗어던지고 진리에 가깝게 다가가는 것이다.

이처럼 사이비교육학의 실상이 원래의 것으로 되돌아가 드러날 때 얻어지는 매우 중요한 소득이 있는데, 그것은 바로 원래 있어야 할 자율적인 교육학은 아직도 이루어지지 않았다는 엄중한 사실이다. 교육학은 새롭게 탄생해야 하는 학문이다. 이는 후속하는 제5장의 주제이다. 교육학 재건에 관한 논의는 바로 그런 교육학과의 장래를 염두에 두고 진행될 것이다. 그 새로운 출발을 할 수 있는 제도적 기반을 만들어주어야 할 것이다. 그 제도적 기반의 조건은 그 산실이 교직과목을 담당한 사범대학의 "교육학과"가 아니라 인문대학이나 사회대학의 일부가 되어야 한다는 것이다.

사이비교육학자들이 일반인들에게까지 감염시킨 "교육"이라는 용어는 거짓말이다. "교육"이라는 용어가 붙은 선전물이나 위조지폐라고 생각하면 된다. 거짓말 바로잡기가 필요하다. 의미가 다양할수록 이해관계의 폭이 넓어진다. 그들은 "교육"이라는 용어의 고유한 의미를 탈취하고 마치 카드놀이의 조커(joker)처럼 자기 정체성이 없이 어디에나 써먹을 수 있는 미묘한 도구처럼 사용하여 왔다. 그 용어의 사칭에 더 이상 속아서는 안 된다. 본서가 의도하는 교육학의 재건작업은 사실상 교육현상을 왜곡하거나 은폐시키는 독소를 지닌 "교육"이라는 용어의 사용을 중단하고 교정하는 작업을 병행해야 한다.

4.6 용어해체의 방법

이제 구체적으로 "교육"이라는 용어 자체의 오명을 벗기는 길이 무엇인지를 살펴보기로 하자. 그 방법은 "교육"이라는 공허한 용어로 일괄하여 덮어 버린 것을 걷어내는 것이다. 앞 절에서 사이비교육학을 교직과목이라는 원래의 의미로 되돌리는 방식처럼 진행하면 된다. "교육"이라는 용어의 의미를 그 고유한 맥락으로 되돌려 개칭함으로써 그 개별적인 특성을 적나라하게 드러내고, 비판하고, 정당화하고, 재조정할 수 있다.

본 절의 주제인 해체(deconstruction)란 상대방의 담론 안에 들어가 논의의 허점을 추적하는 작업이다. 원래 일군의 철학자들이 이른바 "현전의 형이상학(metaphysics of presence)"과 "로고스중심주의(logocentrism)"의 문제를 드러내고 그것을 극복하려는 취지에서 사용한 것이다. 여기서 논자가 그 방법을 통해서 달성하고자 하는 것은 그 대상과 목적에서 더욱 광범하고 특수하다. 사이비교육학은 교육현상을 왜곡하거나 외면하는 역사적 전통 안에서 존속한다. 아직 그 고유한 이론적 의미가 없이 "교육"이라는 용어를 멋대로 사용한 것에서 비롯하는 해독을 정화하거나 제거하는 작업에 해당한다.

이하의 논의에서는 교육과 교육학의 탈고유화의 역사와 현재의 상황을 분석해서 드러내고 그 부분을 단지 용어사용의 측면에서 교정하려고 한다. 이는 교육학의 진로를 바로잡으려는 입장에서는 잘못된 과거의 청산을 의미하며, 교직학자나 용병학자들에게는 더 정확한 소통을 위한 자기정화를 의미한다. 그 어느 취지를 살리든 간에 앞으로 하나의 연구분야로서 유지되려면 반드시 거쳐야 할 작업이다. 간략하게 그 해체작업의 절차와 방법을 소개하고자 한다.

첫째, 용어의 오용과 악용에 따른 문제를 제기한다. 교육의 정체성이 밝혀지지 않은 채 "교육"이라는 용어를 남발하는 데 따르는 재앙이 구체적으로 무엇인지를 밝혀야 한다. 그 언어습관 안에 잠재해 있는 교육에 관한 해석 자체가 가진 의미의 균열, 오류, 허점, 허구를 발견할 필요가 있다. 적당하게 넘어가는 교육관의 충돌, 애매성, 모호성, 불필요한 수사와 잉여적 반복과 사족, 비일관성, 비유, 모순, 패러독스, 그 체제 안에 담긴 잘못된 가정과 맥락, 범주착오 등 우리의 사고와 담론에 장애가 되는 것을 발견하여 드러내는 것이다.

둘째, 기존의 문헌에서 구체적인 사례를 찾는다. "교육학연구"에서 이제까지 사용된 모든 것이 그 사례에 해당할 것이기 때문에 선택은 결코 어렵지 않을 것이다. 그 가운데 기왕이면 가장 대표적이며, 영향력이 있는 것을 선택한다. 이를테면 가장 널리 사용하는 교육학 개론, 혹은 가장 저명한 "교육학자"의 논문이나 저서, 여러 명이 합작한 공동논문과 저서, 연계된 상호텍스트 등이 될 수 있다. 또는 한 가지 주제에 대한 여러 사람의 담론과 토론에서 개인 내와 개인 간에 사용하는 "교육"이라는 용어 혹은 그것을 포함한 복합어(예컨대, "교육학", "교육학자", "교육철학", "교육부", "교육정책", "참교육", "학교교육", "초등교육", "창의력교육", "교육열", "교육비", "교육평준화", "교육실습", "교육자치" 등)를 선정할 수 있다.

셋째, 앞의 논의에서 그래왔듯이 해체할 용어에 인용부호(대화의 경우는 손가락 흔들기)를 붙인다. 논자의 입장에서 아무리 문제가 있다고 하더라도 확립된 일상어와 관습을 완전히 무시하기는 어렵다. 인용은 그 안의 용어가 특정한 집단이나 개인에 의해서 널리 쓰이지만 그것을 사용하는 사람의 책임을 면제시킨다. 그 의미에 논자가 동의할 수는 없겠지만 판단을 보류하고 당분간 소통을 위한 기점으로 삼을 수는 있다. 이로써 해체될 용어와 논자가 사용하는 용어 사이의 논리적인 모순과 균열이 방지된다. 예컨대, 〈"교육학"은 교육학이 아니다.〉라는 선언에서 만약 따옴표를 생략한다면 이 선언은 처음부터 논리적으로 성립할 수 없는 헛소리가 된다. 따옴표를 씀으로 인해서 "교육학"이 심각하게 재검토되어야 할 혹은 개칭되어야 할 허울임을 밝힐 수 있다.

넷째, 해체될 용어가 도입되는 배경과 경로를 계보학적으로 스케치

한다. 아무 생각 없이 그 용어가 도입된 경우는 없을 것이다. 누가, 어느 때, 무엇 때문에, 어떻게 그 용어가 도입되었으며, 그 후에 확장, 축소, 소멸, 재등장되었는가? 그 다양한 양태, 발생의 연원, 그리고 인식론적 타당성을 추적한다. "교육"이라는 용어는 많은 경우 교육을 이해하기 위한 것이 아니라 그 사용자의 이익을 얻는 하나의 장신구의 기능을 했다. 인식의 성실성에 앞서 온갖 개인적 혹은 공적인 이해관계를 숨기고 단지 예우적인 겉치장, 외투, 뚜껑 덮기일 가능성이 많다. 사실상 대부분 사람들은 이미 개별적인 의미를 가진 여타의 서로 이질적인 용어에 "교육"이라는 용어를 덧씌우고 그 덧씌워진 것들의 의미가 대변하는 이익을 갈취할 수 있었다. 이제까지 "교육학자들"도 단지 "교육"이라는 용어를 앞세워 기존의 관행과 이익집단을 정당화시키는 근거 없는 수사학, 허세, 편집증적 망상을 생산해왔다는 비판을 면하기 어렵다.

다섯째, 인용으로 묶인 용어의 의미맥락을 추적하여 분석한다. 하나의 단어가 지닌 의미를 그 개념만을 따로 떼어내서 이해할 수 있다고 생각하는 사람들이 많다. 놀랍게도, 아직도 그런 생각을 정리하지 못한 상태에서 학문생활을 하는 사람들이 의외로 많다. 하나의 문장으로 표현된 정의로 충족된다고 보는 것이 그 전형적인 착각이다. "교육"이라는 용어도 그 특수성을 드러내는 것은 단순히 단어의 문제가 아니라 그 단어가 확보해야 하는 의미맥락의 전체체제다. 그 생성과정과 전체의 맥락에서 절단되어 멋대로 사용되는 "교육"이라는 용어는 사태를 의미의 혼란에 빠뜨린다. 사실상 그 의미는 일단의 연관된 명제와 개념들의 얼기설기한 망으로부터 나온다. 따라서 "교육"의 의미가 어떤 언어의 폐쇄체제 안에서 다른 용어와 관계를 가지며 형성되었는지를 따지는 꼼꼼한 읽기를 진행한다.

마지막으로, "교육"이라는 용어에서 생략된, 그 고유한 실질적인 맥락에 적합한 용어로 그것을 개칭하여 대치한다. 다양한 색깔의 물건들을 색깔이 하나인 덮개로 위장하는 것처럼 "교육"이라는 용어는 서로 다르게 취급되어야 할 것들을 마치 같은 것으로 위장한다. 이런 오용에 따른 해독하는 과정은 비유컨대, 마치 헝클어뜨린 실타래를 그 이전의 상태로 분류하여 재정리해 놓는 작업과 같다. 이렇게 "교육"이라는 용어로 위장된 것을 다른 용어로 개칭하면 그 자체만으로도 위장된 다양하고, 이질적인 현상들이 각각의 본래 사실로 드러날 것이다. 다시 말하면, "교육"이라는 용어의 해체는 그 용어의 무효화나 파괴가 아니라 단지 자리이동을 의미한다.

4.7 상이한 교육관의 용어해체

앞의 제3장에서 다양한 종류의 교육관이 검토되었다. 사실인즉, 당시 관습적 교육관, 용병학문적 교육관, 결과위주의 교육관의 변이와 이동에 대한 계보학적 추적이 이루어진 셈이다. 그 각각이 교육현상에 대한 이론적 탐구의 결과가 아니라는 점과 그것들이 서로 다른 맥락에 있다는 점을 분명하게 밝혔다. 이들은 여러 갈래의 맥락으로 갈라져 그 의미의 통합과 봉합이 불가능하다. 그럼에도 그처럼 통약이 불가능한 것들을 동일한 의미를 가진 것처럼 무차별하게 사용할 때 맥락의 혼동이 일어나는 것은 당연하다.

지금의 논의에서 문제로 삼아야 할 부분은 그 각각의 교육관을 토대로 사용하는 "교육"이라는 용어가 이미 서로 다르게 존재하는 이질적인 사실들의 경계를 허물어 놓았다는 것을 입증하는 것이다. 그 경계는 분명하게 존재하며, 그 사실은 우리의 삶에서 결코 하찮은 것이 아니다. 그 각각의 삶을 드러내기 위해서는 "교육"이라는 용어로 덮개가 씌워져 있던 것들을 걷어내고 그 이면의 실상을 드러낼 수 있는 용어로 복귀시키는 것이 중요하다. 다음에 각각의 교육관에서 사용하는 "교육"이라는 용어의 고유한 개념적 맥락을 분석해서 해체한 실례와 그 장점을 살펴보기로 한다.

4.7.1 관습적 교육관의 용어의 해체

"교육"이라는 용어는 한국어이며, 국어를 배우는 것과 더불어 누구나 그 의미를 습득한다. 그처럼 한국사회의 구성원의 교육관을 반영한 "교육"이라는 용어의 의미는 상식을 벗어날 수 없다. 그 의미에 대한 책임을 단지 관습으로 돌리기 때문에 언어학적, 사회학적, 인류학적인 관심 이외의 별다른 의미를 부여하기 어렵다. 이런 방식으로 오늘날 학교가 "교육"에 대한 개념과 용어를 독점하고 있다.

학교의 온갖 관행에 "교육"이라는 용어를 무분별하게 적용하고 있으며, 그 때문에 적어도 언어적 측면에서 볼 때 그 관행만 유지하면 교육이 이루어지는 것으로 되어 있다. 사이비교육학도 통상 그 일상어에 안주한다. 학교라는 생활세계 안에서 진행되고 있는 온갖 이질적인 것들을 서로 혼동하거나 은폐시킨다. 그런 일상어의 사용을 부인하거나 제거할 방도는 없다. 다만 해체작업은 다음과 같이 "교육"이라는 용어들을 괄호 안에 넣어 그 잘못된 사정을 밝히고, 이를 학교사태의 구체적인 용어로 개칭하면 된다.

/"교육제도" → 학교제도/"교육현장" → 학교현장, 교실사태/"초등교육" → 초등학교/"고등교육" → 대학/"의무교육" → 학교출석의 의무/"교육법" → 학교체제에 관한 법/"교육재정" → 학교재정/"교육비" → 학교체제유지비, 학원등록금/"교육시설" → 학교시설/"교육기회" → 학교재학기회/"교육수준 혹은 교육경력" → 학교재학수준, 학교재학경력/"교육부" → 학교전담행정부/"교육행정" → 학교행정/"교육자치" → 학교자치/"교육정책" → 학교에 관한 정책"/"교육민주화" → 학교민주화/"교육비리" → 학교비리/"교육개혁" → 학교개혁/"교육의 기능" → 학교의 기능/"교육의 질" → 학교의 우열/"교육목표" → 학교가 표방하는 목표/"바람직한 교육" → 발언자의 가치관에 부합한 학교/"교육받은 사람" → 학교에서 양성할 특수한 인간상/"교육과정" → 커리큘럼, 학교의 교과운영과

> 정/"교육내용" → 교과내용/"교육활동" → 수업 혹은 학습/"교육평가" → 교과성적평가/"교육인력" → 학교인력/"교육 지도자" → 교장, 교사/"피교육자" → 학생/"교육실습" → 예비교사의 학교현장적응/"교육열" → 학력을 통한 사회적 지위상승의 열망/"교육여건" → 학교여건/"교육평준화" → 구역별 무선진학제도/"교육의 책무성" → 학업성취에 대한 학교의 책임/"교육청" → 학교감독청/…

이런 용어해체의 효과는 크다. 학교라는 생활공간 안의 개별적인 특성을 정확하게 변별할 수 있게 된다. 그 개별적인 것의 어떤 것을 이해함에 있어서도 다양한 종류의 관점이 필요함을 인식할 수 있다. 예컨대, "교육과정"을 커리큘럼(curriculum)이라거나 혹은 학교의 교과운영과정이라고 용어를 대체하는 경우 다양한 분과학문의 대상이 될 수 있다. 철학적 논점, 심리학적 측면, 사회학적 측면 등 다양한 측면을 드러낼 수 있다. 이로써 그 모두를 교육학적인 측면이라고 하는 것이 무리하다는 것이 증명된 셈이다. 교육적 측면을 말하려면 오히려 그런 교육 외적인 것들을 제외한 어떤 관점을 추가할 수 있어야 한다.

관습적 교육관의 용어해체는 학교의 문제를 정확하게 파악하고 그 올바른 해법을 찾는 데에도 퍽 유용하다. 외국 사람들은 우리나라 사람들의 "교육열"이 세계적이라고 지적한다. 그것이 사실이라면 큰 자랑이 아닐 수 없다. 그러나 열정은 그 자체에 목적을 두어야 그 의미가 살아난다. 한국 사람들은 진정 교육 자체에 목적을 두고 있는가? 쉽게 동의하기 어려울 것이다. 그 사태를 문제시하는 사람들도 많다. 그 "교육열"의 의미를 학력을 통한 사회적 지위상승의 열망이라고 개칭하면, 그 해법은 교육이 아니라 사회적 풍조의 범주 안에서 찾아야 한다.

4.7.2 용병학문적 교육관의 용어해체

교사양성을 위해 사범대학의 교직과목으로 도입된 용병학문의 학자들이 교육에 관한 이론적 개념을 만든 경우는 찾아보기 어렵다. 말 그대로 용병학문이며, 그들이 사용하는 모든 이론적 논의는 모학문의 개념에 의존하여 왔다. 용병학문은 서로 다른 사실들에 대응하는 개념을 응용하고 그에 따른 서로 다른 용어를 사용하기 때문에 개념상 겹치지 않는다.

용병학자들이 공유하는 것은 오로지 "교육"이라는 용어의 무차별한 사용이다. 용어상의 공통점이 있지만 이들이 서로 다른 현상에 주목했음을 의미한다. 이로써 그들 사이의 소통은 상호 간의 오해로 귀결된다. 또 다른 공통점은 교육현상을 전적으로 외면한다는 사실이다. 외래학문의 개념과 용어는 그 자체가 참된 교육을 왜곡하거나 은폐시킬 뿐만 아니라 그 공허함, 모호함, 논리적인 연관성의 결여, 모순, 혼란을 일으키기 때문에 제외되어야 한다. 이 문제의 해결방법은 다음과 같이 "교육"이라는 용어를 단순히 그 개별적인 용병학문의 용어로 되돌리는 것이다.

> /"교육학" → 교사를 위한 교직과목, 이류잡학/"교육철학" → 교사를 위한 철학적 기초/학문으로서 교육 → 학문/성장으로서 교육 → 성장/사회적 재건으로서 교육 → 사회적 재건/"교육심리학" → 교사를 위한 심리학적 기초/학습으로서 교육 → 학습/행동수정으로서 교육 → 행동수정/자아실현으로서 교육 → 자아실현/"교육사회학" → 교사를 위한 사회학적 기초/"제도로서 교육" → 학교제도/"교육의 사회재생산이론" → 학교의 사회재생산이론/"사회화로서 교육" → 사회화/"사회적 저항으로서 교육" → 학교 안의 사회적 저항/"교육문화인류학" → 교사를 위한 문화인류학적 기초/"문화적 제도로서 교육" → 문화적 제도/"문화화로서 교육" → 문화화/"교육행정" → 교사를 위한 행정학적 기초/"법률규정으로서 교육" → 학교체제에 대한 법률/…

이렇게 용어해체를 함으로써 달라진 효과는 크다. 용병학문적 교육관의 "교육"이라는 용어를 해체함으로써 서로 교육으로 오인되거나 왜곡된 개별적인 사실들이 실상 그대로 드러난다. 그들 각각에 의해서 학교의 내외에서 일어나는 우리 삶의 다양한 이질적 사실들이 구분될 수 있다. 아울러 그들이 교육과 별개의 것이라는 것도 역설적으로 입증된다.

이는 무엇보다도 교육현상에 대한 무지를 각성시킨다. 교육현상은 이런 이질적인 사실들을 제외한 어떤 것일 것이다. 이는 아직 미지의 영역으로 남아 있다. 어떻게 이를 이해할까? 교육과 용병학문적 제반 사실 사이에는 모종의 관련이 있을 것이다. 관련이 있음은 차이를 전제한다. 그 차이는 무엇일까? 삶의 현장에서 어떻게 상호작용하는가? 이런 의미 있는 의문들을 남긴다.

4.7.3 결과위주의 교육관의 용어해체

이 교육관은 이른바 "교육받은 사람"이라는 특정한 결과만 규정하고 "교육"이라는 의미의 규정을 그 결과를 가져오게 하는 모든 것을 지칭하는 것으로 치환한다. 전자가 교육의 목표이며, 후자는 그것을 실현하는 수단이 된다. 그러나 그 수단의 내실이 무엇인가 하는 것은 확정되어 있지 않기 때문에 "교육"이라는 용어의 외연을 확정하는 것이 불가능하다.

그 결과에 대한 규정이 다양하며, 이에 따라 그것을 가져오게 하는 원인으로서의 "교육"은 천차만별일 것이다. 그것들을 총칭하여 "교육"으로 지칭하는 것은 근거 없는 약속과 같다. 해명되어야 할 의문을 해답인 양 언급하는 것은 기만이다. 그것들을 해체하는 방식은 "교육"이라는 용어를 걷어내고 다음과 같이 특정한 인간상과 그것을 양성하는 가장 효과적인 방법이나 과제로 개칭하는 것이다.

/"교육받은 인간" → 바람직한 인간/"교육적 환경" → 바람직한 인간의 형성에 효과적인 환경/"교육방법" → 학습과 수업방식/"교육성과" → 수업

성과/"교육격차" → 성적격차/"과학교육" → 과학수업/"수학교육" → 수학수업/"역사교육" → 역사수업/"미술교육" → 미술수업/"실과교육" → 실과수업/"체육교육" → 체육수업/"태권도교육" → 태권도기술의 연마/"인성교육" → 인성고양의 과제/"전인교육" → 전인적 성장의 과제/"다문화교육" → 다문화에 대한 이해증진의 과제/"반공교육" → 반공정신을 고취해야 할 과제/"입시위주의 교육" → 진학을 위한 비결습득의 과제/"암기교육" → 암기훈련/"창의력교육" → 창의력을 양성시킬 과제/"진로교육" → 진로지도의 과제/"21세기 인재교육" → 미래인재의 육성과제/"교통안전교육" → 교통안전을 주지시킬 과제/"운전면허교육" → 운전면허의 습득과제/"학교폭력예방교육" → 학교폭력을 예방하는 과제/"성교육" → 성에 대한 이해증진의 과제/"범죄예방 및 신고의무교육" → 범죄를 예방하고 신고할 자세를 갖추게 할 과제/…

이런 결과위주의 교육관의 해체는 사람들이 마술 상자에 주문하는 것이 무엇인지를 구체적으로 확정한다. 그것은 규정하기 나름이고, 사람마다 혹은 집단마다 다르게 규정한다. 그런데 정작 마술에 해당하는 "교육"의 정체는 추후에 경험적으로 검증되어야 할 미지수다. 그 개별적인 것들이 지금 알 수 없는 의문부호로 남는다.

이처럼 "교육"은 고유한 현상이나 사실이 아니라 사실관계를 따져서 서로 다른 목표와 그것들을 개별적으로 달성할 서로 다른 환경을 구성하는 작업을 수행할 과제로 남는다. 예컨대, "입시능력"과 "창의력"이 확연하게 구분되고, 그 방법 역시 서로 달리 강구되어야 한다. 서로 다른 과제를 같은 용어로 지칭하면 문제해결이 어렵다. 해체되기 이전의 용어처럼 마치 교육이 그 해결책인 것처럼 미연에 생각한다면 애써 풀어야 할 숙제를 마냥 지연시킬 뿐이다.

앞의 논의에서 이루어진 용어의 해체들을 다음과 같은 익숙한 문단에 그대로 적용해 보기로 하자.

> 교육현장에서 이루어지고 있는 학교폭력이 교육문제로 등장하고 있다. 그 원인에 대한 진단은 다양하다. 어떤 교육심리학자는 그 원인이 피교육자들이 교실 상황에 대해서 느끼는 불안감, 우울, 스트레스와 연관된다는 연구결과를 발표하였다. 다른 한편, 어떤 교육사회학자에 따르면 그것은 집단 안의 서열경쟁의 증세다. 그런 가운데 학부모는 이 현상을 교육붕괴의 일환으로 규탄한다. 그 문제를 중시하고 교육부는 그 근본대책으로 인성교육에 관한 법률을 제정하고, 그 시행을 교육일선에 지시하였다. 교육부의 한 관계자는 일선 학교나 교사들의 교육 자율권을 더욱 강화하여 필요로 하는 새로운 최적의 교육과정과 교육평가방법이 현장에서 고안되기를 희망한다고 밝혔다. 그러나 그 교육적 효과는 지켜보아야 한다.

이 문단에서 "교육"이라는 용어가 빈번하게 사용되고 있지만 그 고유한 의미를 찾아보기 어렵다. 오히려 반복과 사족으로 혼란을 초래하는 원인이 되고 있다. 마치 모조지폐를 천공하여 더 이상 쓸모없게 하는 것과 같이 그 문단에서 "교육"이라는 용어를 제외하기로 하자.

> ~~교육현장~~에서 이루어지고 있는 학교폭력이 ~~교육문제~~로 등장하고 있다. 그 원인에 대한 진단은 다양하다. 어떤 ~~교육심리학자~~는 그 원인이 ~~피교육자~~들이 교실 상황에 대해서 느끼는 불안감, 우울, 스트레스와 연관된다는 연구결과를 발표하였다. 다른 한편, 어떤 ~~교육사회학자~~에 따르면 그것은 집단 안의 서열경쟁의 증세다. 그런 가운데 학부모는 이 현상을 ~~교육붕괴~~의 일환으로 규탄한다. 그 문제를 중시하고 ~~교육부~~는 근본적인 대책으로 ~~인성교육~~에 관한 법률을 제정하고, 그 시행을 ~~교육일선~~에 지시하였다. ~~교육부~~의 한 관계자는 일선 학교나 교사들의 ~~교육 자율권~~을 더욱 강화하여 필요로 하는 새로운 최적의 ~~교육과정~~과 ~~교육평가~~방법이 ~~교육현장~~에서 고안되기를 희망한다고 밝혔다. 그러나 그 ~~교육~~적 효과는 지켜보아야 한다.

그 다음에 그 제거된 용어를 다음과 같이 개칭된 다른 용어로 대체하여 문단을 정리해 보기로 한다.

> 학교현장에서 이루어지고 있는 학교폭력이 사회문제로 등장하고 있다. 그 원인에 대한 진단은 다양하다. 사범대학의 교직과목을 담당하는 어떤 심리학자는 그 원인이 학생들이 교실 상황에 대해서 느끼는 불안감, 우울, 스트레스와 연관된다는 연구결과를 발표하였다. 다른 한편, 교직과목을 담당하는 어떤 사회학자에 따르면 그것은 집단 안의 서열경쟁의 증세다. 그런 가운데 학부모는 이 현상을 교실붕괴의 일환으로 규탄한다. 그 문제를 중시하고 학교전담 행정부서는 이에 대한 근본대책으로 학생들의 인성을 개선할 수 있는 방안에 관한 법률을 제정하고, 그 시행을 학교일선에 지시하였다. 학교담당 행정부서의 한 관계자는 일선 학교나 교사들이 그들의 재량에 따라 새로운 교과과정을 고안하고 그것을 성적에 반영하기를 희망한다고 밝혔다. 그러나 그 효과는 지켜보아야 한다.

"교육"이라는 용어를 제거하고 대신 개칭된 용어로 되돌린 문단의 장점은 그 의미가 더 간결하고 구체적이고 정확하다는 점이다. 이 문단에서 분명해지는 것은 진술된 사태가 교육의 문제가 아니라 단지 학교에서 일어나는 학생들 사이의 폭력의 문제라는 사실이다. 교육이 비난받을 일이 아니다. 그 해법 역시 교육에 있지 않고 여러 가지로 다른 해결을 모색해야 할 과제로 제시되고 있다.

앞의 사례는 이제까지 사이비교육학자들이 발표한 "교육학"의 논문이나 문헌의 올바른 의미를 찾고자 하는 데 적용되어야 할 필수적인 독법이다. 현명한 독자는 암묵적으로나마 대략 그런 해체적인 독법을 적용해 왔을 것으로 짐작한다. 그럼에도 불구하고 이해하기가 어렵다면 앞에서 제시한 해체의 방법과 절차에 따라 그들에 내재된 징후들, 즉 모순, 비일관성, 균열, 모호성, 애매성 등을 더욱 예리하게 드러내는 논문을 발표하여 별도의 연구업적을 쌓을 수도 있을 것이다.

그러나 본 장의 취지는 이런 소극적인 적응을 권장하려는 데 있지 않다. 만약 이처럼 "교육"이라는 용어가 무책임하게 쓰이고 있다는 점을 시인한다면 그 독법에 그칠 것이 아니라 자신의 언행이나 글쓰기에도 적용해야 할 것이다. 자신의 교육관을 갖추지 못했거나 확신이 없다면, "교육"이라는 용어사용을 자제하고 앞에서 예시한 개칭된 용어를 쓰는 것이 옳다. 이는 골초가 금연을 시도하는 것만큼 어려운 일이지만 사이비교육학자의 오명을 벗어날 길이다.

스스로 교육학자임을 자처하는 경우라면 책임질 수 있는 교육관을 일관성 있게 견지하고 있어야 한다. 그런 의거점이 없이 교육에 대해서 주장하고 타인들이 자신의 언명을 믿기를 바란다면 불성실 또는 기만이라는 비난을 면하기 어려울 것이다. 자신의 교육관이 있는 경우라면, 그 의미하는 바를 분명히 밝히고 일관성을 유지하는 것이 원칙이다. 타인의 교육관을 차용할 수 있는데, 이 경우도 일관성의 원칙이 지켜져야 한다. 교육관의 개선을 도모하는 과제도 그 문제로부터 출발할 수 있다.

4.8 교육용어의 재건과제

그릇된 교육관을 가진 사람이 "교육"이라는 헛소리를 떠들면서 막상 교육현상을 무시하는 경우 그 용어는 약이 아니라 독이다. 교육학자에게는 무책임하게 쓰인 "교육"이라는 용어에 의해서 마비된 우리의 인식을 깨우치고 구제하여 원래의 의미로 되돌리는 과제를 수행해야 할 의무가 있다. 그런 이유에서 앞서 "교육"이란 용어를 해독해야 하는 이유와 방법을 논의하였지만, 교육이라는 용어의 의미를 지우거나 무의미한 공간으로 비워두어서는 안 될 것이다.

언어의 올바른 사용방식은 그 사용자 자신이 말하고 쓰는 용어의 의미를 먼저 알고 나서 말하는 것이다. 학자의 신분을 얻었음에도 불구하고 바른 생각과 말을 할 생각이 없다면 그는 시정잡배와 다름없다. 교육학자로서 자신의 위치를 유지하기 위해서는 해체된 그 고유한 맥락과 체제 안에서 교육이라는 용어의 의미를 이론적으로 재건하여 채워 넣는 본격적인 작업과 연결될 수 있어야 한다.

스스로 교육학자라고 자임하려면 교육이라는 용어에 이론적인 의미를 부여하여 정확하고 책임지는 방식으로 사용할 수 있어야 한다. 이는 불가피하게 "교육이란 도대체 무엇인가?"에 대한 나름의 관점을 요청한다. 새로운 사실은 그것을 포착하는 새로운 개념을 요청한다. 그 관점이 부족한 교육학자들에게 꼭 필요한 것은 앞에서 지적했듯이 "나는 교육을 잘 모른다."라는 말을 배워 교육의 고유한 의미를 욕되게 하거나 손상을 주는 용어의 사용을 자제하거나 보류하는 것이다.

무시한다고 해서 교육현상이 없어지는 것은 아니다. 문제는 올바른 교육관의 부재다. 올바른 교육관은 교육의 전제는 아니지만 정상적인 교육을 위해서 매우 필요한 요소임에 틀림없다. 일상의 언어체제 안에 포함된 허구의 사슬을 이론적 언어체제를 통해서 벗어나는 것이 학자의 본분이며, 교육학자는 그 자리를 지킬 수 있어야 한다. 이렇게 교육현상을 직시하고 보호하려고 할 때 이제까지 우리의 논의에서 교육이라는 용어에 부여해야만 했던 인용부호가 자연스럽게 떨어져 나갈 것이다.

학문의 주된 목적은 인식론적 근거와 타당성을 추궁하면서 그 용어의 의미를 점차 차별화하고 고급화시켜 선명하게 드러내는 것이다. 특정한 문맥 속에서 일관되게 그 교육의 의미를 부여하는 배경이 바로 교육에 관한 보편타당한 지식체제다. 그처럼 보편성을 확보하는 작업은 혁명을 요구하며, 어렵고 막중한 과제다. 그 완수는 교육의 문제에 임하는 사람들의 논증을 강화하고, 통찰력을 날카롭게 하고, 합리적인 선택과 행동노선의 결정을 도울 것이다. 아울러 이제까지 아쉬웠던 담론의 고급화와 원만한 소통이 이루어질 것이다.

제5장
교육학의 정상화

교육학은 다른 것과 차별화될 수 있는 교육현상의 고유한 정체성을 이론적으로 포착할 수 있어야 한다. 그럼에도 불구하고 지금의 상황은 그것이 사이비라는 것 이외에 더 이상 말할 것이 없다. 출발부터 방향의 착오로 그것이 목적하는 바와 더욱 멀어지면서 교육현상을 오히려 왜곡하고 은폐시키고 있다. 교육현상은 그 막대한 삶의 비중에도 불구하고 아직도 사각지대에 놓여 마치 존재하지도 않는 것처럼 취급되고 있다. 잘못된 역사와 전통과 결별하는 것이 해체이고, 환골탈태가 재건이다. 해체와 재건은 별개다. 진리의 발견보다는 허위의 확인이 더 쉽다. 오류는 피상적이고 수정될 수 있는 것이지만 진리는 깊이 숨어있다. 재건은 기본으로 돌아가 무주공처로 남겨진 영토의 지도를 작성하는 난제를 해결해 나가야 한다.

5.1 명실상부의 원칙

학문 안에는 얼마만큼의 오류가 있기 마련이며, 그 발전은 오류의 교정에 의해서 진전된다. 그 평가는 절대적인 수준이 아니라 그 올바른 방향과 진전에 의해서 이루어진다. 그런데 교육학의 경우 그 오류의 형태가 여타 학문과는 전혀 다르다. 보다 근원적인 문제가 있다. 현존하는 "교육학"은 애초부터 오류의 수준이 아니라 진로 자체의 착오가 문제가 된다. 착오라면 서로 구분되는 진로가 무엇이며, 어떻게 그 진로가 뒤바뀌게 되었는가를 해명해야 한다. 이에 대해 앞에서 이미 많은 설명이 이루어졌지만 재론할 가치가 있어 보인다.

그 진로의 하나는 학교현장에서 근무할 예비교사나 교사들에게 교직의 수행에 도움이 될 만한 기본적인 학문적 기초, 즉 철학, 심리학, 사회학, 행정학, 문화인류학 등을 소개하는 교직과목들이다. 이들은 서로 다른 분과학문들의 집합이기 때문에 학교에 대한 학제연구로도 활용될 여지가 있다. 다른 하나의 진로는 여타의 학문과는 구분되는 고유한 의미의 진로이다. 그것은 말할 필요조차 없이 교육현상을 여타의 현상과 구분하여 고유한 영역으로 부각시키는 것이다.

그렇다면 오늘날 널리 알려진 "교육학"은 어찌 된 것인가? 그것은 사실상 앞에서 말한 첫 번째의 진로, 즉 교직과목에 해당하는 것을 교육학의 명칭으로 참칭한 것이다. 그 방향착오를 두고 사이비라는 오명이 주어진 것이다. 그런데 이는 비단 교육학의 문제에 국한되지 않고 자연스럽게 교육의 문제에까지 악영향을 준다. 사이비 교육학자들은 "교육의 위기"라는 문제가 대두될 때마다 그에 대한 해법을 가진 전문가로 행세하여 왔기 때문이다.

교육에 대한 일반 사람들의 불만은 크다. 때마다 등장하는 것이 이른바 "교육의 정상화"라는 구호다. 그러나 이는 개념상 성립할 수 없는 구호다. 비정상적인 것이라면 그것은 이미 교육이 아니기 때문이다. 핵심은 바로 정상화되어야 할 교육이 무엇이냐 하는 것이다. 그 부분에서 서로 의견이 다르거나 혹은 피상적이라면 이후의 논의가 어떤 것이 될 지는 뻔하다. 세상 사람들은 그 개념적인 문제를 교육학에서 해결해 줄 것으로 기대하지만 사정은 그 반대이다. 비정상적인 교육학이 정상적인 교육을 밝힌다는 것이 불가능하다.

그런 진리의 역행으로 인한 중병은 심각하다. 사이비교육학자들의 개입은 사태를 더욱 악화시키는 결과를 가져온다. 그들이 "교육"이라고 할 때마다 교육현상은 외래적 사실로 왜곡되거나 그 자체를 드러내지 못하고 은폐된다. 그럼에도 불구하고 사이비교육학자들은 교육의 잘못을 신랄하게 지적할 뿐 스스로의 교육관에 비판의 화살을 돌린 적은 거의 없다. 한술 더 떠 교육을 만병통치의 수단인 것으로 속인다. 그 때문에 잘못된 위기의식과 사이비교육학자들의 개입이라는 악순환이 반복된다.

처음에 진실의 방향에서 조금이라도 멀어지면 나중에는 몇천 배나 더 멀어진다. 더 열심히 할수록 이탈의 폭이 넓어진다. 거짓에 의존하면서 그 거짓을 감춘 학문은 오래 지속될 수 없다. 일반 사람들조차 사이비교육학에 막연하나마 의혹의 눈길을 보내고 있다. 지금의 현상유지에 급급하면 학문공동체로부터 퇴출되는 상황에 부닥칠 것이다. 이는 더 나아가 교육적인 삶을 영위하는 일반 사람들의 맹목을 초래한다는 점에서 사회적인 불행이기도 하다. 음으로나 양으로 사이비교육학에 동조하거나 묵인하는 사람들은 적어도 교육에 관한 한 개념상 거짓된 삶을 살고 있다.

이를 아무도 반박하기 어려울 것이다.[1] 비유로 한다면, 사이비교육학은 방향을 다시 잡아야 하는 배이고, 옷을 여미기로 치면 풀어서 다시 채워야 하는 단추이며, 건축물로 치면 허물고 다시 지어야만 하는 건물이다. 지금의 "교육학자들"에게 지금부터 그런 개과천선과 환골탈태를

---

1) 논자는 오래전부터 이를 반박할 교육학자를 초청했고, 지금도 환영한다. 언제든지 대응할 것이다.

요구하는 것은 마치 까마귀더러 까치가 되라는 것 이상의 난제이다. 그렇지만 다른 쉬운 해결이 있다. 그것은 까마귀와 까치를 별개의 생물체로 인정하는 것이다. 그 명칭과 그에 호응하는 내실의 전환, 즉 바로 명실상부의 원칙이다.

사이비교육학은 교육학의 입장에서 사이비이지만, 그렇다고 해서 사이비 학문인 것은 결코 아니다. 이를 교육학으로 부른다면 사이비이지만, 그 허울을 벗긴다면 사이비학문이라고 할 수는 없다. 그 현실적인 특징을 "이류잡학"으로 규정하였지만, 이류학문도 혹은 잡학도 학문의 반열로 존재함은 틀림없는 사실이다. 그런 특성으로서 교사의 교직생활이나 학교의 연구나 경영에 공헌할 여지가 남아 있기 때문에 그 존재 자체를 전적으로 부정하기는 어렵다.

그런데 그 실상에 맞게 교육학이라는 간판을 내리고 그 자리에 교직학문이라는 간판을 세우는 개칭만으로 문제가 해결된다고 보기는 어렵다. 그 학문의 종사자는 자신들이 교육학자로 행세해 왔던 오래된 악습과 전통을 버려야 한다. 이 문제를 해결하는 방식으로 앞에서 용어의 해체라는 주제를 이미 검토한 바 있다. 그것만으로 개념의 혼란과 왜곡이라는 중병이 치유될 수 있을 것이다. 그러나 이는 교직과목의 치유이지 교육학의 치유라고는 볼 수 없다.

교육은 삶의 어느 곳 어느 때나 보편적으로 존재하는 생활양식이다. 이에 비해 없는 것은 그것을 포착하는 올바른 인식체제다. 교육현상을 온전하게 바라볼 수 있는 이론적 창문이 아직 없다. 망각되고 은폐된 전인미답의 지대로서 탐색의 가능성으로만 남아 있다. 이는 망각된 임무의 재생, 즉 교육학을 그 원래 있어야 할 위치로 복귀시켜 원점에서 다시 시작해야 함을 요청한다. 생활세계 안에서 각각의 분과학문이 그 인식의 배타적 선택과 집중에 참여한다면, 교육학도 마땅히 즐비한 대열의 하나로 참가하여 그 영토적 독자성을 살려나가야 한다.

분과학문의 자율성은 여타의 분과학문이 결여한 고유한 내용을 지닐 수 있을 때 보장된다. 그 위치에 서는 것을 본 장의 주제인 교육학의 정상화라는 말로 표현할 수 있다. 이는 교육의 정상화와는 개념적으로 구분된다. 교육학의 발전과 교육의 발전은 서로 다른 과제다. 그 목표에서 전자는 진리가치를 추구하고, 후자는 교육의 가치를 추구한다. 지도와 영토처럼 이들이 서로 긴밀한 관계가 있다는 것은 부인하기 어렵다. 무엇이 정상적인 교육인지는 그것에 대한 관점의 정상화가 이루어지지 않고는 논의조차 할 수 없다. 그 점에서 교육학의 정상화가 교육의 정상화에 선행되어야 한다.

교육학의 정상화라는 과제의 수행은 더 이상 연기할 수 없는 시점에 와 있다. 사이비교육학이 지금의 문제점을 기화로 대학에서 퇴출당한다면 본래 있어야 할 올바른 의미의 교육학이 재탄생될 기회조차 잃게 될 위험성이 있다. 말 잃고 마구간 고치는 것은 너무 늦다. 그런 불행한 사태가 일어나기 전에 올바른 의미의 교육학이 출현해야 한다. 이 시점에서 얼마나 멀리 갔는지는 따질 필요가 없다. 그 첫걸음만이 중요하다. 시작하지 않는 일은 성취될 수 없다. 이 점에서 시작은 전체의 절반이라고 할 수 있다.

인류의 역사에서 학문의 세계가 출현한 것은 극히 짧다. 더구나 지금의 사회과학이 19세기에서 20세기를 전후해서 성립했다는 점을 앞에서 지적한 바 있다. 그 시점에 비추어 본다면 교육학의 재출발이 너무 늦다고 말할 수 있을지도 모른다. 그렇지만 늦었다고 느낄 때가 가장 빠르다는 말도 있다. 지금 이 순간에도 수많은 신생학문이 출현하고 있으며, 교육학은 그 대열의 일원으로서 새롭게 탄생해야 한다. 이로부터 장차 교육학은 불명예의 학문에서 명예로운 학문, 이류학문에서 일류학문, 적자학문에서 흑자학문, 추적학문에서 선도학문으로 전환될 수 있을 것이다. 논자는 교육학이 장차 모든 학문을 선도하는 추진체로서의 역할을 담당할 수 있을 것으로 감히 전망한다.

그런 위치를 확보할 수 있으려면 교육학은 기존의 분과학문으로부터 독립을 선언해야 한다. 그러나 이 말은 후자가 전자의 형성에 전혀 도움이 되지 않는다는 것을 의미하지 않는다. 여타 분과학문으로부터 배울 수 있는 것은 바로 그들이 거둔 성과가 아니라 그 각각이 자율화의 성과를 얻게 된 치열한 과정이다. 오늘날 그들의 주요개념들이 마치 이미 주어진 것처럼 인식되고 있지만 그 초기에는 수많은 시행착오와 반성적 통찰의 과정을 거쳤다. 그들은 온갖 상상력을 동원해서 고유한 대상세계를 포착할 개념체제를 창조하였고, 그에 합당한 것을 얻고 검증하는 방법을 모색했으며, 그 부분을 공유하며 결속하는 하위 학문공동체를 유지하고 있다. 앞으로 이루어질 교육학의 재건도 마땅히 그런 조건들을 갖추어야 한다.

5.2 자율적인 개념체제의 구성

개념이 사실을 만든다는 말은 사실에 합당하는 것은 아니지만 새겨볼 가치가 있다. 존재하지도 않은 사실을 개념이 만들어 낼 수는 없다. 그럼에도 불구하고 사실을 사실로서 알게 하는 것은 결국 그것을 바라보는 관점이다. 개념은 사실들을 우리의 인식의 수준으로 끌어올리고 그것에 대해서 언어로 소통할 수 있게 한다. 아무리 우리의 삶에 중요한 위치로 작용하고 있다고 하더라도 그것을 인식하는 개념의 틀이 없다면 그 사실들은 마치 부재한 것처럼 은폐될 것이다. 서술하고 설명할 개념이 없는 경우 우리의 주목과 논의에서 제외된다.

개념의 창조가 발견의 전제다. 흔히 새로운 사실을 발견했다는 주장도 엄밀하게 말하면 사실은 부재했던 것을 창조한 것이 아니라 이미 존재하고 있었던 것을 포착하는 개념을 창조한 것이라고 할 수 있다. 눈은 생각과 밀접한 관련이 있다. 생각을 바꾸면 못보던 것에 눈을 돌리게 된다. 특이한 현상 혹은 발견은 없는 것이 새롭게 생기는 것이 아니고 우리 자신의 변화, 더욱 구체적으로는 개념의 창출에서 온다. 달라진 것은 대상이 아니라 우리 자신이다. 삶에서 흔히 말하는 중요한 발견은 그렇게 이루어진다. 육지만 보인다고 해서 바다가 없다고 생각하는 사람들은 서투른 발견자이다. 생각을 바꾸는 사람은 누구나 발견의 항해를 하고 있는 발명가다. 이 부분에서 이제까지 학자들은 세계를 확장하는 데 큰 역할을 하였다.

다양하고 이질적인 세계들이 한데 섞여 있는 것이 우리네 삶이다. 고유한 현상은 고유한 개념체제에 의해서만 포착될 수 있다. 그것이 제대로 이루어지지 않고 모호한 상태에 있다면, 우리가 아무리 주변의 감각적 증거와 정보를 가지고 있다고 하더라도 해석이 불가능한 미궁이나 혼란에 빠지고 만다. 서로 구분되는 세계에 대한 체험은 구조와 형태를 띠고 있으며, 그것에 대한 지식을 얻는다는 것은 항상 관념의 전체를 변형하고 재창조하는 작업이다. 그 부분에서 각 분과학문들이 큰 몫을 하여 왔다. 삶에 서로 섞여 작용하고 있기 때문에 지나치거나 혹은 혼동하기 쉬운 제반 이질적인 사실들을 서로 구분하여 발견하고 주목할 수 있게 하였다.

교육은 인류의 역사와 함께 존재해 왔던 보편적인 생활양식이다. 시대와 장소를 떠나 그 조건에 맞게 제대로 진행되어 왔다. 고유한 현상, 그 모습 그대로의 교육은 이처럼 선언이 아니라 현실이며, 이를 이해하고자 하는 올바른 개념을 창조함에 의해서 포착되는 현상이다. 그 이해의 태도를 벗어나서 이를 제멋대로 처방하거나 혹은 어떻게 되어야 한다는 방식으로 통제의 대상으로 삼는 것은 교육의 이해를 방해한다.

사이비교육학은 교육을 제멋대로 규정할 수 있는 대상으로 삼아왔다. 관습적 교육관과 결과위주의 교육관이 특히 그러하다. 학교와 교육을 동일시하는 관습적 교육관은 전자의 통제가능성을 후자에 적용할 수 있을 것으로 착각한다. 결과를 중시하는 교육관의 입장에서는 교육이 곧바로 처방의 대상이 된다. 사실의 규명에 익숙한 용병학문의 경우는 비교적 예외에 속한다고 할 수 있겠으나 그 또한 서로 다른 분과학문의 잡다한 사실이나 현상을 교육으로 왜곡한다. 그 나머지의 현상으로 남아있는 교육을 설명하고 이해하려는 교육학의 인식체제는 아직도 부재상태다.

교육학의 역사적 변고는 교육현상을 우리의 삶에서 가장 가까우면서 가장 멀게 하였다. 가까운 것은 그 삶 자체이며, 먼 것은 그것에 대한 우리의 개념이다. 교육현상은 그 모습 그대로 밝게 드러나 있지만 다만 그것을 포착하는 개념의 부재로 인하여 지금까지 사각지대로 은폐되어 있다. 설상가상으로 사이비교육학은 이를 체계적으로 외래학문의 사실로 왜곡하는 데 한몫을 하였다. 그로 인해서 누구나 교육적인 삶을 살면서도 그 삶을 간과하는 맹인의 처지에 놓여 있다.

학문적으로 볼 때, 교육현상의 고유성은 그것을 배타적으로 이해할 수 있게 하는 개념체제의 창조를 요구한다. 지식이란 대상세계를 지적으로 포획하는 그물이다. 이제부터 수행할 교육학의 과제는 거미가 거미줄을 뽑아내 먹이를 잡는 방식에 비유할 수 있겠다. 미처 생각하지 못한 그 나름의 세계의 창조를 의미한다. 이런 창조적인 작업을 교육학적 상상력이라고 해도 좋을 것이다. 아직은 미지수인 그 고유한 세계의 지평을 조망할 수 있는 개념체제에 대한 해답을 찾는 일은 전인미답의 길을 개척하는 지적 모험이다. 그 모험은 착수하기가 어렵고, 실행하기가 위험하며, 성공하기가 불확실하다.

자율적인 교육학은 교육현상 자체의 자율성을 전제한다. 그것을 사실로 규정하는 과제는 현상 안에서의 직접적인 체험과 그것의 필연성에 부합하는 개념체제와 관련되어 있다. 그 나름의 고유한 개념을 만들고, 그들 사이의 관계를 조직하는 원리를 찾고, 그 원리에 따라 교육의 고유한 맥락을 형성하여 독특한 의미의 세계를 창출할 수 있어야 한다. 그 배타성과 포함의 절차를 거침으로써 교육에 대한 일관되고 안정된 사고를 보장받는다.

학문이 언어의 정신에서 생겨난 것은 아니라고 하더라도 언어는 학문에 있어서 불가결한 도구다. 언어는 단순히 학문의 전달매체에 불과한 것이 아니라 학문의 기저이기도 하다. 언어는 지식을 수용하기 위한 전제조건일 뿐만 아니라 그것을 생산하기 위한 전제조건이다. 그러나 언어는 실재를 결코 그대로 반영하는 거울이 되지는 못하고, 그 의미는 문장들의 유기적인 상호연관성에 관련됨으로써 발생한다. 동일한 용어도 그 맥락에 따라 다른 의미를 갖는 것은 이 때문이다.

지식은 언어라는 매체를 거쳐서 소통되고 논의된다. 교육현상을 포착하는 개념체제도 중요하지만 그것을 담는 언어의 선택도 이에 못지않은 중요한 과제다. 일상어는 친숙하지만 그것을 사용하면 그 개념 자체가 이미 친숙한 상식으로 환원되고 만다. 이제까지 사이비교육학은 그것을 상식에 토대를 둔 일상어나 외래 학문의 언어의 맥락에서 오용하여 왔고, 그 때문에 그런 오용된 "교육"이라는 용어의 의미를 그 맥락에 적합한 용어로 개칭하는 방식을 앞에서 애써 논의한 바 있다. 이제 교육학의 재건은 그에 부응하는 새로운 언어체제를 만들어나가야 한다.

"새 술은 새 부대에!"라는 말이 있듯이 교육현상에 대한 새로운 사유경험은 그것을 표현하는 언어의 변형을 요구한다. 사유가 이전의 것과 다른 만큼 그것을 표현하는 언어도 달라져야 한다. 오직 교육이라는 용어만을 살려두고, 잃어버린 고유한 내실적인 의미를 복권시켜야 한다. 그 방식은 가급적 어원학적인 배경을 고려하거나, 그 맥락상 은유적인 것을 선택하여 이론적 의미를 부여하거나, 그조차 여의치 못할 때 새로운 용어를 만드는 것이다. 낡은 언어를 이처럼 새로운 언어로 교체하는 노력이 제대로 이루어지지 않는다면, 모처럼 얻은 새로운 인식조차 이전의 인식으로 되돌아갈 것이다.

사유체제와 언어체제를 갖춘 것이 바로 이론이다. 여기서 이론이 무엇인지에 대한 반성이 필요해 보인다. 우선 개념과 이론은 전혀 다른 차원의 지위를 차지한다는 점을 이해할 필요가 있다. 개념은 사태를 단지 기술할 수 있을 뿐 설명하지는 못한다. 이론에서는 개념, 명제, 그리고 법칙의 하위요소들이 하나의 일반적인 사상이나 주제에 의해서 통일된 의미를 형성하는 방법으로 결합된다. 그 기준에 비추어 본다면, 교육을 단일한 의미를 지닌 하나의 개념으로 보고 그것을 사전적으로 규정하는 정도에 그친 이제까지의 "교육학이론들"은 이론으로서 자격조건을 갖춘 것이 아니다.

어떤 의미 있는 개념도 고립하여 존재할 수 없다. 각각의 개념들의 의미는 유관개념들의 전체적인 연결망에 의해서 성립하고 지지된다. 개념은 다른 개념과의 관계에 의해서 모종의 의미를 갖는다. 명제란 개념과 개념의 관계를 해명한 것이다. 그런데 그 명제도 그것이 그 일부를 이루는 이론의 맥락 안에서 그 의미가 성립한다. 이처럼 이론은 그 안의 어떤 개념이나 그것을 표현하는 용어에 대하여 자기 나름의 일관성 있고 통일성 있는 체제와 논리를 부여한다. 이론은 이처럼 그 구체적인 의미의 맥락을 밝혀 그 추상내용이 얼마나 옳고 신뢰할 만한 것인가를 따진다.

이론은 추상적이며, 개념은 구체적이라는 통념의 전환이 필요하다. 이론의 배경이 부재한 개념, 예컨대, 사전적인 개념들은 언뜻 그 의미가 구체적인 것처럼 보이지만 그 구체적인 의미맥락이 없거나 혹은 어느 맥락에서 해석하느냐에 따라 그 의미가 달라지기 때문에 모호하기 짝이 없다. 뿐만 아니라 이론의 부재는 증거를 중립적으로 보도록 우리를 해방시키기는커녕 무엇이 증거로 인정되는지, 또는 왜 그것이 증거로 인정되어야 하는지조차 이해할 수 없게 만든다. 이에 비해서 이론은 그 안에 포함되는 개념의 의미를 한정한다. 뿐만 아니라 이론은 어떤 질문을 할지, 어떤 식의 대답을 찾아야 할지 그리고 그 대답을 어디에서 찾을 것인지를 말해준다.

이 조건은 교육이론을 판별하는 중요한 준거의 하나이다. 하나의 일관된 개념체제로 교육현상을 꿰뚫어 묶어낼 수 있는 이론다운 이론이 그동안 존재했던가? 주장은 수없이 많았다. 주변에는 교육이론가로 자처하는 사람들도 많다. 그들을 이런 기준에 비추어 재평가하는 과정을 거쳐야 할 것이다. 학자는 용어사용을 가장 까다롭게 따져야 한다. 교육학자로 자처하는 누군가가 교육의 일부에 대해서 어떤 언급을 할 경우 그가 말하는 부분이 속하는 교육의 전체가 무엇인지에 대한 해명을 요구해 보라. 그 해명이 부족하다면 엄밀한 의미에서 교육이론이라고 할 수 없다. 교육학 재건의 작업은 이런 저급하고 부실한 관점의 모호함과 오류를 털어내는 좀 더 높은 수준의 이론적 진전을 꾀할 수 있어야 한다.

5.3 합당한 방법의 선택

진리는 진실에 인접한 범주의 하나이다. 학문에서 탐구하는 대상인 진실은 진리라고 해도 좋다. 진리라고 할 때 이는 사실에 근거를 두어 검증이 가능한 것이어야 한다. 진실에 대항하는 허위를 무찌르는 힘은 그 차이를 판명하는 증명방식에서 나온다. 방법이란 진리에 도달하는 수단이며, 수단이란 철저하게 도구의 의미가 있다. 진리발견에 도움이 된다면 그 어떤 것이든 방법의 범위에 포함시킬 수 있다. 그것이 무엇일지에 대한 해답은 그야말로 다양할 것이다.

연구문제가 있다면 그것을 해명하는 여러 가지 방법이 있을 것이다. 그중에 어떤 것을 선택해야 하는데, 그 선택은 문제에 합당한 것이어야 한다는 것이 원칙이다. 방법은 문제를 푸는 능력에 의해서 평가되어야 하며, 결코 문제 자체를 규정하는 조건으로 과용해서는 안 된다. 이렇게 말하는 것은 흔히 어떤 유행하는 방법이 있고 그 방법을 쓰기 위해서 특정한 연구주제를 선택하는 경향이 있기 때문이다. 이는 방법에 대한 일종의 맹신으로서 마치 말 앞에 수레를 내세우는 격이다.

학문은 사실상 분과학문들의 연합이다. 대상의 이질성이 있기 때문에 탐구방법에 있어서도 다소의 차이가 있다. 가령, 자연과학들이 자연현상을 연구하기 위해서 특수하게 고안된 방법을 정신현상을 연구하는데 무분별하게 사용한다면 정신현상을 자연현상으로 환원시키는 오류를 범하게 된다. 그러나 분과학문마다 고유한 방법이 반드시 있어야 할 이유는 없다. 교육학의 재건에 필요한 방법 역시 하나의 방법을 고집하는 것은 현명한 일이 아닐 것이다. 무엇이든 그 과제를 해결하는 비법이 있다면 그것이 바로 교육학의 방법이 될 것이다.

다음에, 교육현상을 밝히는 제반 방법론으로서 현상학적 방법, 해석학적 방법, 구조주의적 방법, 개념분석의 방법, 경험적 방법, 교육적 방법 여섯 가지를 약술하려고 한다. 그 전에 방법과 방법론의 차이를 먼저 이해할 필요가 있어 보인다. 방법은 좋은 결과를 얻기 위해서 사용하는 특수한 활동이다. 학문적 성과를 올린 학자들은 마치 일류 요리사처럼 그 절차와 방법적 비결을 써왔다. 성공적인 업적을 낸 것이라면, 그 안에 모종의 비결이 잠재되어 있다고 보면 된다. 방법론이란 그 방법에 대한 이론적 연구에 해당한다.

5.3.1 현상학적 방법

이는 원래 철학적 방법의 하나로 사물을 바라볼 때 각각의 사태에 충실해서 그 자체의 본질이 직접 드러나게 하는 처방을 담고 있다. 현상의 고유성은 다른 어떤 것의 매개를 거치지 않고 직접 나타난다. 이런 이유로 상식적 태도나 생활공간 안의 개별적이며 우연적인 요소들과의 관계에 대한 판단작용을 유보시킨다. 이는 교육 자체에 대한 반성을 거치지 않고 상식을 자명한 것으로 받아들이는 관습적 교육관이나 본질에서 벗어난 외래학문들의 개념으로 교육을 포착하려는 용병학문적 교육관을 정지시키는 태도에 부응한다.

현상학적 환원의 절차는 이런 비본질적인 것들을 제거한 잔여로 남은 순수한 의식현상을 구성하는 절차를 거친다. 그 구성요소와 필연적인 구조의 통일성을 상상력을 동원하여 전체적으로 직관하고 기술한다. 교육의 개별적인 요소로 상정된 미결정의 상황을 통일된 전체로 전환시켜 하나의 현상으로 드러나게 하는 것이다. 이런 작업적 지침은 교육학을 재건함에 있어서 불가결하기 때문에 후속하는 제6장에서 별도로 논의할 것이다.

5.3.2 해석학적 방법

이는 인문과학 혹은 문화과학의 방법으로 도입되었다. 어떤 것을 해석하는 작업은 자연과학에서의 설명과는 다른 차원에 속한다. 사실의 보고는 현재에 있다기보다는 장구한 역사 속에 있다. 역사는 수많은 자취가 담긴 유물과 기록물을 남긴다. 해석학의 과제는 고정된 진술들을 대화로 변형하고 지나간 정태적인 과거를 다시 역사의 과정 속에 데려오는 것이다.

교육적인 삶의 역사는 인류의 역사만큼 길다. 교육적인 삶은 전설, 신화, 행적, 경전, 문서, 문학작품 등 다양한 형식으로 방대하게 표현되어 있다. 해석학적 기법은 이런 역사적 전통과의 현대적 대화를 가능하게 한다. 텍스트의 요소는 각각 독립된 단일한 의미를 지닌 것이 아니라 맥락에 따라 다른 의미를 갖기 때문에 그 개별적인 부분들과 전체의 부단한 의미순환을 거쳐야 한다. 이를 통해 텍스트에 숨겨져 있는 교육적인 의미를 밝히고 교육의 원형을 복원시켜야 한다.

5.3.3 구조주의적 방법

세계 안에서 사물은 언제나 다른 사물들과 유기적인 관계를 맺으며 존재한다. 그 관계망 안에서 사물이 지니는 위치에 따라 사물의 의미는 규정되며 변화한다. 개별적으로 인식될 수 있거나 고정되어 있는 것이 아니다. 그것을 부분으로 삼고 있는 전체 체계와 구조 안에서 사물의 의미는 비로소 인식될 수 있으며, 체계의 변화에 따라 사물의 의미도 변화한다. 따라서 구조주의는 전체 체계 안에서 사물들의 관계를 기술하고, 그 의미를 이해하려 시도한다.

사물의 참된 의미가 그 기능에서가 아니라 내부요소들 사이의 관계에 따라 결정된다는 관점은 하나의 자율적인 영역으로 교육을 포착하는 데 중요한 지침이 된다. 교육이론은 교육이라는 실재를 표상하는 그림이 아니라 그것을 포착하는 그물망이다. 교육은 그 내적 정합성에 의해서 규정되는 독자적인 세계이며, 그에 대한 지식은 그 전체가 옳을 때에만 옳다. 교육이론의 구성이란 교육의 내재적인 속성으로 선택된 것들의 무질서한 다양성을 논리적으로 통일된 사고체제에 적응시키는 작업이다. 구조주의적 관점과 방법이 이를 위해서 유용하다.

5.3.4 개념분석방법

이는 철학의 주요 임무를 어떤 세계관을 말하는 것이 아니라 언어와 기호에 대해 논리적으로 분석하는 것만으로 규정한 분석철학에 뿌리를 두고 있다. 분석철학은 우리의 일상적인 언어가 참된 논리적 구조를 감추고 있으며, 언어의 외형만 가지고는 그 참된 의미를 알아낼 수 없으므로, 언어현상을 올바로 이해하기 위해서는 언어의 참된 논리적 구조를 드러내는 인위적 언어가 필요하다고 주장한다. 이런 논지는 우리가 종전의 교육관과 그 언어의 한계를 벗어나야 한다는 취지와 맥락을 같이 한다.

교육은 이론에 의해서 포착되고 설명되어야 한다는 점을 앞에서 살폈다. 이론에 포함된 개념은 애매함, 모호함, 논리적 모순을 포함하지 않아야 한다. 그런 개념과 개념을 연결시키는 명제는 논리적인 명증성이나 혹은 경험적인 증거를 갖추어야 한다. 개념과 명제의 의미는 그것들을 포함하는 이론 안의 여타 개념과의 맥락과 연관성에 의해서 구체화되어야 한다. 그럼에도 불구하고 우리의 삶과 경험은 오로지 논리적으로만 설명하기 어렵다는 것도 사실이다.[2] 개념화가 어떻게 이루어지든 간에 그 개념 사이의 사실적인 관계를 따질 수 있어야 한다.

5.3.5 경험적 방법

이는 연구대상 또는 현상에 대한 경험적 자료를 수집하고 분석한 결과를 토대로 연구문제에 대한 해답을 찾는 방법이다. 감각적 경험이 포함된 기술과 절차를 사용하여 구체적인 자료를 수집하여 분석하고 그 결

---

2) 가령 사랑의 반대는 논리적으로 볼 때 미움이지만 경험적인 효과로 따지면 무관심이다.

과에 기초하여 가설에 대한 검증과 반증을 한다. 경험적 연구는 반복수행이 가능하며 내적, 외적 타당도에 의해 결과의 유용성이 결정된다. 여기서 강조해야 할 것은 이론은 관찰이나 실험으로 증명될 수 있지만 실험에서 이론이 나오는 것은 아니라는 사실이다. 이론은 상상력의 소산이며, 사실의 발견은 물론 관찰과 실험의 해석을 가능하게 하는 토대이다.

교육은 다른 세계가 병립된 생활세계 안에 존재하며, 여타의 세계와의 실질적인 관계는 경험적인 증거에 의해서 입증되어야 한다. 교육이론 안에 포함된 내재적 변인과 여타의 현상의 외재적 변인과의 우연적 관계나 인과적 관계에 대한 가설을 세운다. 다음에 각 변인에 대해 조작적 정의를 하거나 실험적 조건을 조성하여 가설을 입증하는 증거를 수집한다. 그 결과는 우연 이상이라는 확률에 근거로 판단되며, 이를 토대로 적용되는 사태를 예언하거나 설명한다.

5.3.6 교육적 방법

이는 위에서 소개한 모든 방법의 기저에서 작용하면서 그 한계를 포괄하여 초월할 수 있는 방법이다. 그 교육이 무엇이냐 하는 질문에 대한 해답은 본서의 나머지에서 모색할 것이기 때문에 여기서 미리 내릴 방법은 없다. 그 세부적인 논의를 유보하고라도 먼저 어떤 지식이든 수준의 차이가 있으며, 그 차이를 입증하기 위해서는 입증 당사자 사이의 교육의 과정이 필요하다는 것이 이 방법론의 요체이다.

앞에서 소개한 모든 방법론이 낮은 수준의 지식으로 높은 수준의 지식을 알 수 없으며, 그 평가 역시 부당하다는 난제를 포함하고 있다. 지식의 발전은 단순한 정보의 누적이 아니라 지식의 총체적인 변화이며, 그 변화의 평가는 인식주체가 가진 의미의 전환을 통해서만 가능하다. 그 의미전환이 그 이전의 것보다는 더 발전된 것이라고 판단할 증거가 된다. 교육은 인식주체의 하나의 앎에서 다른 하나의 앎으로의 진전을 꾀함을 통해서 이 난제를 해결한다.

교육관의 개선에 이상의 어떤 방법을 쓰든 간에 그 우열이 있을 것이다. 어느 교육관이 더 진전된 것이냐를 두고 증거를 제시하고자 할 때, 적어도 제시하는 사람과 그 증거를 감식할 사람의 자격이 문제가 된다. 들어줄 사람이 제시하는 사람보다 아직 낮은 수준에 머문다면, 그 증거는 제대로 평가를 받기 어렵다. 그로부터 올바른 평가를 받는 방법은 그의 수준을 나의 높은 수준으로까지 높여주는 노력을 수반하는 것이다. 교육은 이런 양면의 과정을 포함한다.

재건된 교육학을 그 이전의 단계에 속한 일반 대중들에게 설득시킴에 있어서도 이 방법이 적용될 수 있다. 고독 속에서 일하는 학자에게만 가능한 재건의 획기적인 발견과 문제해결을 곧바로 이해하거나 평가할 수 있을 것으로 기대하기 어렵다. 그 타당성을 증명하기 위해서 교육학자의 내려옴과 대중의 오름이 호응해야 한다. 지식에 대한 판단이 교육을 통해서 정당화되는 과정은 긴 논의를 거쳐서 본서의 마지막인 제18장에서 상술될 것이다.

5.4 신생학문공동체의 형성

모든 사상이나 학문의 발전사가 보여주듯이 혁신적인 이론이 당대에 환영받는 일은 매우 드물다. 높은 수준의 학자들은 대중에게 듣기 좋은 해답을 주기보다는 곤혹스러운 질문을 던진다. 현실을 있는 그대로 투시하는 비정상직이고 창조적인 상상력도 황당하기 때문에 새로운 견해들은 통설로 자리 잡지 못했다는 이유로 의심을 받고 대개 반대에 부딪힌다. 환영은커녕, 박해, 추방, 거부, 금지가 역사에서 다반사로 일어났다. 이것이 일반사회와 학문공동체가 분리되는 큰 이유다.

본서는 이제까지 대중이 가진 관습적 교육관을 문제시해 왔다. 그 관점으로 가장 불행한 생활을 하고 있음에도 불구하고 대중이 거기에서 떠나지 못하는 상황은 비유한다면 마치 자신들이 만든 감옥에 갇혀 있는 것과 같다. 그 안에서 살고 있음에도 불구하고 교육현상은 대중의 인식의 수준에서는 도외시되고 있다. 교육학자는 은폐된 오리무중의 교육현상이 마치 안개가 개이듯이 드러나게 함으로써 대중에 봉사할 수 있어야 한다.

그러나 실제는 그렇지 못하다. 오히려 사이비교육학의 거부와 저항이 예상된다. 삶의 일부로서 허위도 일정 부분 자기기능을 한다. 현재로서는 참된 교육학보다는 헛된 "교육학"의 용도가 더 크다. 사이비교육학의 공동체는 사실상 교육현상의 연구와는 무관한 생활을 하면서 단지 "교육"이라는 용어만을 내세워 허장성세를 구가하고 있다. 교육학의 재건은 자체의 부정과 기득권 포기라는 큰 위협이 되기 때문에 그들은 진실에 침묵하면서 현 체제를 유지하려고 할 것이다.

그 막강한 대세의 흐름으로부터 빠져나오는 해방운동이 바로 교육학의 정상화다. 그것은 사범대학의 전통, 교직과목, 이류잡학, 용병학문과의 결별을 의미한다. 교육학자란 무엇인가 하는 물음에 대한 잘못된 인식부터 바로잡아야 한다. 사회적 제도를 근거로 교육학자들이 규정하는 방식이 문제다. 대학에서 교육학과 출신이라거나 교육학회에 속해 있는 자연인을 무턱대고 교육학자로 부르는데 그것은 잘못된 구분이다. 설사 "교육학과" 출신이며 "교육학회"에 속해 있다고 하더라도 실제로 교육현상을 연구하지 않는다면 교육학자라고 할 수 없다.

교육학자는 단지 열심히 연구하는 사람이 아니라 교육을 남다르게 열심히 연구하는 사람이다. "교육이란 도대체 무엇인가?"라는 질문을 늘 불치의 질병처럼 몸에 지니고 그것에 잠정적인 대답을 구상하고 그 해결의 미비함을 개선해 나가는 데 몰두하는 것만큼 자연인은 누구나 교육학자의 자격을 갖는다. 이처럼 교육학자의 구분은 그가 속한 사회적 집단이 아니라 실제로 그가 무엇을 하느냐로 인식을 전환해야 한다.

이것이 바로 새로운 교육학공동체가 필요한 이유다. 그런 사람들이 모인 새로운 공동체가 진정한 의미의 교육학과 혹은 교육학회로 인정받아야 한다. 학회는 개인의 산발적인 연구 활동을 집단의 힘으로 조직할 수 있도록 한다. 교육학의 재건은 일반 대중이나 사이비교육학의 저항이라는 이중고를 극복해야 하기 때문에 서로의 결속이 무엇보다도 중요하다. 교육학자들 사이에 서로 연구를 진행하면서 더 나은 교육관을 두고 협동하고 경합하는 과정이 활성화되어야 한다.

그런 집단의 요원을 어떻게 확보할 것인가? 교육학의 역사적 변고라는 전후사정을 모르고 교육학을 택한 학도들 앞에는 세 갈래 길이 놓여 있다. 첫째의 길은 지금처럼 "교육"이라는 용어를 사용하여 거짓된 삶을 유지하는 길이다.[3] 둘째는 처음에는 교육학의 길인 줄로 알았지만 차후에 그것이 교직과목임을 인정하고 그 범위 안에서 정직하게 생활하는 길이다. 셋째는 교육학자라면 당연하게 수행할 망각된 임무를 깨달은 집단이다. 첫째는 부정직한 길이고, 둘째와 셋째는 정직한 길이지만 서로가 다른 길이다. 신생 교육학공동체는 이 가운데 셋째의 길을 택한 학도들로 구성되어야 한다.

교육학의 위기는 야심적인 교육학도들의 먹잇감이다. 자신의 학문에 오류가 있다면, 그것은 기피할 것이 아니라 교정의 길을 모색하는 절호의 도전과 희소식이 될 것이다. 부실하고 못난 선배들이 해결하지 못한 여업을 완수한다는 것은 새로운 교육학도들의 큰 영광이다. 이 점에서 잘못된 교육학은 교육의 입장에서는 불행이지만 교육현상을 연구하는 학도들에게는 행운이다. 교육에 관한 관점에서 고쳐야 할 부분이 너무도 명백하고 풍부하기 때문에 역설적으로 사이비교육학자들이 남겨놓은 선물이라고 볼 수도 있겠다.[4] 이제까지 은폐되어 왔던 교육현상은 그 자체를 진지하게 이해하려는 학도의 출현을 오랫동안 애타게 기다려 왔다.

기존의 학문들 속에서 이렇게 자율적인 학문적 지위를 확보하는 일은

3) 학자로 자처하는 사람이 연구할 틈이 없이 분주하게 돌아다닌다는 것은 학문보다는 딴 마음이 앞선다는 뜻도 된다. 생계형 학자라고 부를 수도 있겠다.

4) 비유컨대, 지금의 "교육학자"는 집 뜰아래의 금광맥을 외면하고 걸인 행각을 하고 있다. 그 광맥의 가능성을 믿고 개발할 의욕을 가진 학도가 바로 셋째의 길을 택한 학도들이다.

마치 하나의 고유한 종의 씨앗이 거목의 그늘에서 벗어나서 성장해야 하는 것처럼 어려운 일이다. 이 길을 택한 학도는 분명 이전과는 다른 예외적인 부류로 생각해야 할 것이다. 그들을 판별하는 다양한 성격적 특징을 열거할 수도 있겠다. 학문은 자기체험에 기초하여야 하며 그 어떤 목적을 위하여 도구로 기능하는 것이 아니라 순수하게 자기 내부에 쌓인 것을 바깥으로 표현해 보이는 것이어야 한다. 이는 학자의 기본에 해당한다. 교육학의 해체와 재건이라는 과제를 수행할 새로운 공동체에서는 그 이상의 어떤 것들이 필요하다. 그 가운데에서도 지금으로서 가장 절실히 요망되는 세 가지 자질을 다음과 같이 주문해 본다.

첫째, 거짓이 없이 진리에 충실하겠다는 초심이다. 교육학의 비정상성을 생선 가시가 목구멍에 걸려 있는 것같이 느끼는 학도를 생각해 볼 수 있다. 진리는 방법에 있는 것이 아니라 자신의 태도와 변화에 있다. 사실이 사실대로 판명될 수 있는 방식으로 처신하고, 또 아는 사실을 거리낌 없이 공개하고 모르는 사실은 주저함이 없이 알려고 해야 한다. 개념체제에 대한 호응이 단지 그 옳고 그름에 의한 것이 아니라 이해관계와 관련이 있다는 사실은 서글픈 일이지만 그 옳고 그름의 최종적인 승패는 관습과 이해관계가 아니라 결국 밝힘의 체험이다.

둘째, 개념의 창조력이다. 교육현상을 밝힌다는 것은 아직 다른 학문에서 밝히지 않은 지식을 제조한다는 것을 의미한다. 관념의 확장, 획기적인 발견, 지난한 문제의 해결은 오로지 고독 속에서 일하는 개인에게만 가능하다. 선입견과 고정관념을 배제하고 그 자리에 새로운 지식체제를 세우는 작업에는 합의보다는 이견, 그리고 집단보다는 개인의 창의성이 존중되어야 한다. 어느 것이든 좋다는 의미가 아니다. 서로 경합하는 가운데 문제가 해결책으로 이어지고 다시 문제로 이어지는 점진적인 단계로 진입하면서 각자가 스스로의 발전을 확인하고 그것을 동료에게 설득시켜 합의에 도달하려고 노력해야 할 것이다.

셋째, "하면 된다."라는 자신감과 개척정신이다. 학문은 진리를 새롭게 밝히는 행위이므로 언제나 앞으로 나아가는 모험을 한다. 교육학의 길은 잘못된 길을 거부하고 이제부터 새롭게 만들어 나아가야 한다. 새롭게 창시하는 출발점에 있을 뿐 그 끝은 알 수 없다. 필요한 것은 시작하는 용기다. 시작 단계의 창조는 올바르기보다는 틀리고, 장점보다는 결함이 많고, 문제투성이에 해결책은 없다. 출발의 전단에 선 그 예외자들의 앞에 신생학문이 겪는 무수한 불확실성, 시행착오, 불충분한 증거 등의 애로가 도사리고 있다. 그 과정과 대열에서 모험을 두려워하고 과오를 피하려 기존지식에 안주하는 것은 용납할 수 없는 배신행위이다. 성공하기 위해서는 자유롭고 빈번하게 실패하는 탐험자의 견고한 자세를 갖추어야 할 것이다.

교육학의 정상화에 가담할 신생 교육학회에 가입하여 활동하려면 최소한 앞의 특성을 스스로 체득하고 체인할 수 있어야 한다. 이렇게 주장할 때 그런 어려운 역경을 왜 밟아야 하느냐 하는 질문이 나올 만도 하다. 사실은 그런 질문을 제기하는 것 자체로 이미 그 구성원으로서의 자격을 의심해야 하지만 이렇게 답할 수 있다. 학문의 세계에서 일류와 이류의 차이는 얼마의 높이에 있느냐가 아니라 그 위치가 전단이냐 혹은 후단이냐에 의해서 결정된다. 새로운 교육학도는 설사 그 출발점에 있다고 하더라도 당대의 일류 혹은 최고라는 자부심을 가질 수 있다. 지금의 이류잡학이라는 신분에 비해 얼마나 떳떳하고 당당한가. 이들은 역사에 새로운 족적을 남길 것이며, 후대의 사람은 그 인물과 노고를 기억할 것이다.

요즘은 대학의 이념이나 기능이 다원화되고 있는 실정이지만 학문의 전당이라는 생각에는 지금도 변함이 없다. 진리를 추구하는 대학이 사이비학문을 인정하거나 허용할 수는 없다. 가장 우려할 것은 사범대학의 "교육학과"가 사이비라는 이유 때문에 교육학 자체의 존재이유를 부인하는 사태다. 그것이 사이비인 것은 그 명칭 자체의 위장에서 기인한 것이다. 따라서 대학에서는 사범대학의 "교육학과"를 교직학과 혹은 학교연구소 정도로 개칭하여 존속하게 하는 방도를 취하는 것이 좋을 것이다. 명실상부의 원칙에 따라 그것이 교육학의 영역이 아니라 단지 교사를 위한 학문이라는 한계를 인식하도록 요구할 필요가 있다.

교육학은 사이비교육관의 근원지인 사범대학의 굴레에서 벗어나는 사고의 틀 안에서만 성립될 수 있다. 대학은 아직 제대로 출범조차 하지 못한 상태로 남아 있는 참된 교육학이 출범할 수 있도록 특별한 제도적 장치를 고려해야 할 것이다. 종합대학에서는 분과학문들이 각기 삶의 다양한 양상을 드러내고 있다. 대학의 입장에서 기존의 학문에서 밝히지 못한 현상을 드러내는 작업은 학문의 다원화에 공헌하는 것이다. 이미 살폈듯이 참된 교육학은 그 즐비한 다원화의 대열에서 빠져 있는 부분이다. 대학은 그 빠진 부분을 보충하는 방안의 일환으로 교육학과를 신설하여 새로운 교육학의 출현을 지원하기 위한 제도적 기반을 제공하여야 할 것이다.

신설되는 교육학과는 사이비교육학의 이른바 “모학문들(mother disciplines)”이 포진하고 있는 인문사회과학의 영역에 위치하는 것이 옳을 것이다. 인문과학이나 사회과학의 일원으로 신설되는 교육학은 대학 자체의 존립을 위해서도 필요하다. 대학은 학문의 전당임과 동시에 교육기관이라는 별도의 기능이 있다. 대학은 학문과 교육이라는 그 나름의 전통을 지켜나가야 한다. 헌신과 소명의식을 가진 훌륭한 학자를 양성하는 것은 교육이다. 그런데 학문과 교육의 교차영역이 진정 무엇인지에 대한 반성이 부족하기 때문에 그 정체성에서 갈팡질팡한다. 새로운 교육학은 이 부분에 대한 해답을 제공할 것이다. 그 부분에 대한 이론적 논의는 역시 이 저서의 마지막 장에서 다루어질 것이다.

신설될 교육학과의 생존방식은 기존학문에의 동화가 아니라 나름의 고유한 정체성을 확립하는 것이다. 그 정체성은 철학, 심리학, 사회학, 문화인류학, 정치학, 경제학, 종교학 등과의 차별화에 의해서 입증되어야 한다. 교육현상은 이들이 밝히지 못한 미지의 영역이다. 교육학은 삶의 중요한 부분으로 존재하지만 은폐되어 있었던 교육현상을 드러냄과 동시에 그것에 대한 담론에서 전문성과 그 권위를 인정받는 거점이 될 것이다. 이와 아울러 그곳에서는 교육과 관련된 삶의 영역을 확장하는 특수한 전문가를 양성하는 역할을 할 수 있다. 장기적으로 볼 때, 새롭게 개척한 길이 자연과학 분야에 비해서 침체된 인문사회과학을 활성화하는 데 일익을 담당할 수 있다. 논자는 본서가 그 원대한 목표와 자격을 검증받는 하나의 심사본이라고 여긴다.

교육에 대한 자율적인 개념체제의 구성작업에는 당대의 소수라는 불리함이 존재한다. 대중의 특징은 일상성의 반복이다. 매번의 익숙함을 따르고 변화를 두려워한다. 그들에게는 진실이 허구보다 낯설게 느껴진다. 여기서 하나의 역설이 작용한다. 학문적 연구를 더욱 심도 있게 진행하여 교육학적 상상력의 수준이 높아질수록 대중의 교육관과 거리가 생기고 그것이 공감을 얻기 어렵게 된다는 점이다. 논자는 본서의 내용도 독자에게 당장 수긍하기 어려울 것으로 예견한다. 일반 사람들은 이론이 추상적이며, 모호하다는 통념을 지니고 있다. 추상은 가장 보편적이고 불가피한 인간생활의 국면이다. 인간이라면 누구나 무언가 이야기를 지어내는 데 아주 능수능란하다.[5] 남은 과제는 그 추상한 이야기의 깊이와 구체성이다.

이론이 추상적인 것은 맞지만 그 추상이 모호하다는 것은 큰 오해이다. 앞서 살폈듯이 이론이 여타의 인식과 다른 점은 그 안에 포함된 개념과 명제의 의미들을 구체화시킨다는 점이다. 그런데 사태를 기만하고자 하는 사람에게는 그 반대편, 즉 모호성과 애매성 자체의 유용성이 있기 때문에 고의적으로 후자를 더 선호한다. 사이비교육학이 바로 그들의 편을 든다. 이들의 입장에서는 상식을 따르는 것이 더 유리하다. 그런 처신은 그들의 지적 나태함을 정당화시킨다. 노력하지 않고 소득을 얻는 길을 두고 굳이 어려운 길을 택할 이유가 없다. 그 사이비교육학은 대중의 힘을 등에 업고 교육학의 재건을 무시하거나 방해할 것이다.

거대한 강물도 작은 샘에서 시작한다. 혁신은 많은 사람을 요구하지 않는다. 처음에는 그 취지에 공감하고 천착하는 소수의 학자의 역할이

5) 예컨대, 유아들은 세계 자체와 이야기를 구분하지 못할 정도의 추상에 사로잡혀 있다.

중요하다. 앞서 지적한 두 가지 큰 장애를 극복하고 대중으로부터 진정한 공감을 얻기 위해서는 먼저 교육학 자체의 정상화에 매진해야 한다. 진리는 시련을 두려워하지 않는다. 미지의 세계로 떠나는 사람은 단독 모험을 각오해야만 한다. 학문에서 획기적인 발견과 문제해결은 오로지 고독 속에서 일하는 학자에게만 가능하다. 소수라도 힘을 합하면 무시할 수 없는 세력이 된다. 그런 위기의식과 사명감에 동조하는 동지의식에 터한 새로운 연대와 결속으로 그 소수의 불리함을 극복해야만 한다.

제6장
교육현상의 교육학적 환원

교육의 세계 안에서 생활하는 것과 교육학의 세계 안에서 생활하는 것은 별개이다. 후자는 교육이 아니라 그것에 관한 학문의 세계에 진입하는 것이다. 은폐되어 있는 교육 자체는 직접 알 수 있는 통로가 없지만 특정한 사고체제의 여과를 거쳐 점차 알아가는 방법은 비교적 명백하다. 교육현상이 말을 걸어올 때 귀 기울여 그에 응답할 수 있어야 한다. 자율적인 교육학이 교육현상의 자율성을 규정하는 것은 그 안에서의 직접적인 체험과 그것의 필연성에 부합하는 개념체제와 관련되어 있다. 그 독특한 의미의 세계를 창출하는 작업은 본질적인 것에 주목하고, 그것을 포착하는 고유한 개념을 만들고, 그들 사이의 관계를 다룬 명제들을 조직하는 원리에 의해서 교육의 고유한 맥락을 구성하는 복잡한 사유과정을 거쳐야 한다. 본 장은 아직까지 시도된 바 없는 그런 사유의 탐사작업을 진행하는 데 필요한 기초적 조건을 살필 것이다.

6.1 무지의 자각

학문의 전단에는 항상 광대하고 신비로운 불확실이 존재한다. 지식을 확장하는 첫 단계는 그 한계를 인식하는 것이다. 신비로운 것은 알면 알수록 무지의 양과 경계가 줄어들기보다는 더욱 확장된다. 소크라테스가 "무지(無知)의 지(知)"를 내세운 것은 그 역설을 잘 반영한다. 인식대상이 제시하는 무궁무진한 불확실성을 깨닫고 정면에서 받아들여 해명하려는 의욕을 가지고 있느냐의 여부에 따라 살아있는 학문과 죽은 학문의 차이가 난다고 해도 과언이 아닐 것이다.

무지를 단순히 인식의 부재로만 규정하는 것은 사태를 정확하게 파악한 것이 아니다. 일상의 삶에서 순수한 의미의 지적 공백은 드물다. 문제를 야기하는 것은 백지상태가 아니라 매우 연대적이고 집요하게 그 확증성을 고집하는 잘못된 인식이나 선입견이다. 모르는 것을 안다고 붙들고 있다. 이 경우는 무식이 오히려 오류보다 더 진실에 가깝다. 더 나은 삶을 위한 학문적인 탐구의 여행에서는 기지의 것을 쉽사리 믿지 않아야 한다. 이를 방법적 회의라고 한다.

교육현상에 대한 가장 기본적인 인식의 오류는 그것에 대해서 알고 있다는 자만이다. 그 오류를 벗어나기 위해서는 그것에 대해서 계속해서 알아가고 있는 대상으로 보아야 한다. 교육학은 기존의 모든 신념과 가정을 일단 정지시키고, 은폐된 대상의 본질적 특성을 드러내는 본연의 역할을 할 수 있어야 한다. 사이비 교육학은 그에 역행하는 경로를 거쳤다. 교육현상에 대한 그들의 연구 부재는 바로 그 현상에 대한 인식의 확실성에 있다. 교육현상에 대한 의문이 없다. 예측하지 못한 교육현상이 낯선 사실로 나타날 때 그것을 이미 알려진 지식의 틀에 짜 맞추어 버렸다.

지금의 제반 교육관이 그 알려진 틀이다. 관습적 교육관은 대부분 일상인이 생각하는 통상적 교육관을 그대로 수용한다. 사회나 문화가 제공하는 인식내용으로 머릿속을 꽉 채운다면 더 이상의 의문을 품고 재검토할 공간이 없다. 의문이 있다고 하더라도 그 해답을 기존의 외래학문에서 구하면서 교육현상을 용병학문의 제반 이질적인 사실들로 환치시킨 것이다. 다른 한편으로, 흔히 내세우는 결과위주의 교육관은 단순한 순환논법으로 교육을 하나의 문장으로 간결하게 정의하는 방식을 택한다. 특정한 결과를 가져오는 것을 교육으로 보는 것은 논리적으로 자명하다. 하등의 의문의 여지가 없기 때문에 그 과정에 대한 해명을 마친 것으로 여긴다.

교육현상을 기지의 것으로 규정함으로써 적어도 두 가지 문제가 파생되었다. 첫째, 규정하는 교육관에 아무런 하자가 없다는 확신을 가진다면 굳이 그것에 대한 탐구를 할 필요가 없다. 세계에 대한 의문이 없는 학문은 죽은 학문이다. 이로써 이류잡학이라는 불명예를 얻었다. 둘째, 그 모든 규정들이 교육현상의 해명과는 무관하다는 점이다. 놀라운 역설은 교육현상으로 포함되어야 할 것이 배제되고, 포함시켜서는 안 될 것이 그 자리를 차지한다는 점이다. 이렇게 전혀 무관한 기지의 장막에 가려 교육현상은 우리의 이해와 멀어지는 것이 되고 말았다. 이로써 사이비교육학이라는 오명을 얻었다.

불확실한 것을 확실한 것으로 믿거나 틀린 것을 옳은 것으로 착각하는 것보다 더 어리석은 것은 없다. 교육현상에 대해서 아직까지 똑바로 알려진 것이 없고, 이를 안다는 주장도 그 내용은 체계적인 오류를 범하고 있다. 이를 직면하는 곳이 교육학의 출발점이다. 무지와 오류를 자각하고 고백할 때가 되었다. 교육현상과 어울리기 위해서는 그것에 대한 확신을 멀리하고 그 이면에 놀라운 비밀들이 숨어 있다는 가정을 수락해야 한다.

교육학자에게 있어서 교육현상은 우선 무지와 호기심의 대상이 되어야 한다. 인식의 측면에서 교육은 아직 은폐된 미궁이다. 이제 무지의 자각과 열린 마음으로 다시 교육현상에 접근하여야 한다. 방법적 회의가 그 첫걸음의 태도다. 기존의 교육관에 대해서 일단 판단중지하고 그 모든 선입견들을 걷어낸다면 교육현상에 대한 흥미와 질문이 되살아날 것이다.

교육학자에게 있어서 교육현상이란 영원한 수수께끼다. 무지의 가장 큰 기쁨은 호기심과 질문하는 즐거움이다. "교육이란 무엇인가?" 교육학도들이 이 질문을 코앞에 걸어놓고 생활해야 한다. 현재로서 교육에 대해서 알고 있는 것은 아무것도 확실하지 않다는 것이다. 삶의 한 부분인 교육현상에 대한 이해는 그것 전체에 대한 이해를 요구한다. 그것이 실현되는 지점들 바깥에는 존재하지 않는다는 점에서 경험적 실재성에 있어서 전적으로 내재적이다. 그 요소와 그것들이 구성하는 전체에 대한 잠정적인 해답의 영역을 확장시켜 나가야 한다.

교육현상은 교육학자에게 있어서 알아 가면 갈수록 더욱더 불투명해지는 심연과 같다. 교육현상의 이면에는 늘 무지의 영역이 있다. 그 현상이 점차 드러난다는 원칙은 남아있다. 지식이란 의심나는 것을 확실히 알아낼 때까지 뒤로 미루고 억단하지 않는 것이 중요하다.

6.2 교육의 양태

생활세계는 다원적이다. 서로 이질적인 세계가 우리의 생활세계 안에 교차하여 존재한다. 개인적인 삶은 그 이질성을 인정하고 그중 한 세계에서 다른 세계로 전환할 때마다 다른 삶의 양식을 취한다. 경우에 따라 그들 간에 견제와 균형을 유지하는 삶의 태도가 필요하다. 시시각각 우리의 눈앞에서 전개되는 삶의 양상으로서 교육현상 역시 마찬가지다.

교육현상은 시대와 장소를 관통하여 존재하는 보편적인 삶의 형식이다. 자체로서 자율성을 지니고 있지만 일상의 삶과 분리되어 존재함을 함축하는 것은 아니다. 교육현상은 여타의 세계와 불가분의 관계를 가지며, 오직 그 관계 속에서 구현된다. 삶의 현장에서 접할 수 있는 것은 교육현상과 여타의 것들이 상호작용을 하면서 섞여 있는 상태다. 이를 논자는 교육의 양태로 규정했다. 그 양태와 대비되는 교육현상을 다른 말로 논자는 교육양상이라고 칭하기로 한다.

교육은 그것 이외의 제반 조건들을 여건으로 삼는다. 그것이 처한 시대와 장소, 그리고 그 시간과 장소에서의 특수한 생태적 여건, 예컨대 물리적인 조건과 시설, 참여하는 사람의 심리상태, 사회적 조건, 문화적 조건, 역사적 조건, 생활공간 등등의 상황에 따라 다양한 양태를 보인다. 그 복합적인 양태를 순수한 현상으로 속단한다면 큰 오산이다.

교육학이 일차적으로 수행해야 할 과제는 바로 교육현상과 그 변용인 교육양태를 구분하는 것이다. 양태는 우리의 삶에서 주어진 것으로서 후자를 추정하는 질문에 대한 해답을 주는 원천이 될 수 있다. 그 양태에서 어떻게 그 순수한 현상을 추정해 낼 수 있는가? 이와 관련하여 앞 장에서 살핀 여러 가지 방법을 생각해 보아야 할 것이다. 그 가운데 어떤 것을 택할 것인가를 두고 적어도 다음의 두 가지를 대비할 수 있다.

그 하나는 경험적 방법이다. 우리는 교육현상을 보거나 느낄 수 있는 사태로 생각하고 관찰을 중시한다. 경험적 방법의 특징은 다양한 양태의 공통성을 추정하는 데 있다. 육안으로 볼 수 있는 교육의 양태에서 공통성을 찾으면 교육현상이 밝혀질까? 그에 대한 해답은 부정적이다. 그 공통성 안에는 교육현상 이외의 우연적인 요소들이 이미 내포되어 있기 때문에 이 방법은 부적절하다. 상수가 있고 변수가 있는 것인데, 변수에만 관심을 가지고 상수를 놓친다.

그 대안은 관찰할 수 있는 양태를 어떤 하나의 세계의 관점에서 그 개념을 통일하여 환원시키는 것이다. 여기서 사실이 이론을 만드는 것이 아니라 이론이 사실을 만든다는 명제를 다시 한번 상기할 필요가 있다. 지금-여기라는 구체적이고 특수한 사태에서 보편성을 확보하려면 추리가 필요하다. 교육현상은 일상적 눈으로 볼 수 있는 자질구레한 교육의 양태에 구애되지 않는 대담한 상상력, 복잡한 추리, 그리고 개념체제의 여과를 거쳐야만 포착될 수 있는 심층의 실재이다.

잡다한 교육양태 안에 잠복되어 있는 교육현상은 총체적인 것이다.

그 총체적인 것은 양태가 아니라 양상이라는 것을 유념해야 한다. 교육의 양태가 총체적인 것이라면, 교육현상은 그 총체적인 것의 한 부분에 해당하며, 그 부분인 양상은 다시 여타의 것들과 구분되는 전체를 구성한다. 양태의 전체에서 양상의 순수성을 이론적으로 추출하는 방법을 다른 말로 한다면 그 양상을 다른 현상과 구별할 수 있는 밖과 안을 가르는 윤곽, 울타리, 경계를 찾는 방법을 찾는 것이 된다.

현상학에서 대상의 본질을 구성할 때 그 경계 밖에 있는 어떤 것도 끌어들이지 않는다는 방법적 원칙이 준수된다. 이것은 어떤 현상은 그것이 아닌 것이 아니라는 논리적 동일성의 원칙을 말한다. 현상과 관계가 있는 것도 그 배제의 대상이다. 어떤 것이 다른 것과 관계가 있다는 것은 그것들이 적어도 개념적으로 다른 것이라는 전제 위에서 성립하기 때문이다. 이 원칙은 교육을 잡다한 현상과 구분하지 않고 교육으로 포함시켜 사이비교육학의 관례를 벗어나는 데 요긴하다.

그 방법이 본 장의 주제인 교육현상의 교육학적 환원의 방법이다. 이는 단지 배제뿐만 아니라 포함과 구성이라는 특수한 절차를 요구한다. 교육현상은 안과 밖의 경계가 있다. 안의 것이 현상의 내용이며, 여타의 것은 외재적인 것, 혹은 비본질적이고 불순한 요소이다. 그 모든 것이 섞인 교육의 양태에서 비본질적인 것을 배제하고 나머지의 본질적이고 순수한 요소를 찾아내는 과정을 거쳐야 한다. 그러나 요소들만을 쌓아두는 것만으로 그쳐서는 안 되고 그 요소들 사이의 관계까지를 고려하면서 전체로 구성하는 과정을 거쳐야 한다.

이런 본질직관의 방법은 교육학의 역사에서 비교적 낯선 것이기 때문에 몇 가지 비유를 들어 첨언하는 것이 좋을 듯하다. 그 비법은 조야한 대리석에서 하나의 조각품을 만들어 나가는 작업과 유사하다. 우리가 탐구하기 전의 교육현상은 대리석 안에 갇혀 있는 조각물이라고 생각하자. 조각품은 그것 이외의 것을 깎아내면서 드러난다. 이때 그 조각품에만 해당하는 것이 무엇이며, 그들을 어떻게 구성할지에 대한 사전의 계획이 있어야 한다. 그렇게 함으로써 대리석 석상의 전모가 뚜렷해진다.

이제 다시 진흙 속에 묻혀 있는 깨진 항아리를 생각해 보자. 그것을 찾기 위한 첫 단계는 항아리 조각이 아닌 것을 먼저 제거하는 것이 될 것이다. 그것만으로 항아리를 찾는 작업을 진행하는 데 크게 도움을 준다. 그 다음은 항아리의 조각에 해당할 만한 것을 수집해야 한다. 그러나 그 조각이 오로지 항아리에 해당한다는 보장은 없다. 그 조각을 아무리 수집한다고 하더라도 그것만으로 항아리가 되는 것은 아니다. 그것을 하나의 형태로 조립할 수 있어야 한다. 이 과정에서 조립되지 않는 것은 항아리의 조각이 아니라는 확신도 갖게 된다.

마지막으로, 숨은그림찾기와 퍼즐 맞추기를 생각해 보자. 우리는 이제까지 교육현상이 은폐되어 왔다는 점을 누차 강조하여 왔다. 숨은 그림의 제작자는 그림을 숨기고 혼동을 조성하고, 찾는 사람은 그 섞인 그림들 가운데 해당하는 대상을 찾아야 한다. 그 비법은 혼동을 일으키는 것들을 배제하고 그 대상의 특수한 것만을 주시하는 것이다. 퍼즐 맞추는 작업은 그 숨은 그림의 요소들이 있다고 하더라도 그것들을 하나의 형태로 조립하는 일이 결코 쉬운 일이 아님을 느끼게 한다.

이 정도의 비유를 든다면, 아무리 경험주의적 방법론에 치우친 독자라고 하더라도 관찰된 교육의 복합된 양태에서 개념적으로 교육의 현상을 이론적으로 분리해 내는 교육학적 환원의 방법이 어떤 것이며, 어떻게 진행하는 것인지를 대충이나마 짐작했을 것이다. 교육학의 자율화가 목적이라면 그 어떤 시도든 간에 이 절차를 벗어나서 성립되기 어렵다. 본서가 개진하는 교육학의 재건도 철저히 이런 방법적 내규에 따른다. 이제부터 그 세부적인 절차를 검토하기로 한다.

6.3 교육외재의 배제

혼질의 교육양태를 순수한 교육현상으로 환원시키는 분명한 원칙의 하나는 교육은 교육 아닌 것이 아니라는 것에서 비롯한다. 논리적 동일성의 원칙에 따라 교육현상 아닌 것을 찾아서 배제하는 것이 소극적 의미의 교육학적 환원에 해당한다. 이 과정은 비록 부정적이며 배타적인 것이지만, 불필요하게 많은 시간과 공력을 소모하지 않고 대상을 축소시켜 곧바로 그 영역 안에 접근하는 데 매우 효과적인 지침이다.

사이비교육학은 이제까지 이 원칙을 위배하여 왔다. 그 오류의 논법은 특정한 사실들이 교육과 매우 긴밀한 관계를 갖기 때문에 그 특정한 사실이 바로 교육에 해당한다는 것이다. 이는 교육현상을 규명하기보다는 그 관계를 강조하면서 그 규정을 회피하는 교묘한 방법이다. 그런 통용이 용납되기 어렵다는 것은 논리적으로 명백하다. 어떤 것이 교육과 서로 관련이 있다는 말은 그 각각이 서로 다른 것이라는 전제에서 성립하기 때문이다. 그럼에도 불구하고 관계를 강조하면서 그 개념적 경계를 허물어 버린다.

교육학적 환원은 일단 교육현상이 무지의 상태에 있다는 것을 전제하고, 그것과 관계를 가질 수 있는 것을 우선 제거하는 작업부터 수행한다. 여기서 배제의 의미는 그 배제되는 것의 존재와 가치가 아니다. 다만 다른 인식을 선택하기 위한 방편일 뿐이다. 배제의 원칙에 적용될 구체적인 내용은 당연히 사이비교육학이 "교육"으로 규정해 왔던 대상이다. 사이비교육학은 교육 자체가 아니라 기존의 관점을 차용하는 방식을 취해왔다. 이런 교육관들이 배제될 이유는 자명한 것이지만 교육학적 환원의 맥락에서 재론해보기로 한다.

가장 전형적인 것이 관습적 교육관이다. 사회적 통념이나 상식의 위력은 강력하다. 관습석 교육관은 통념의 규정을 따른다. 사회적으로 누구나 이해하고 있는 상식은 현상을 은폐한다는 것이 학문의 전제이다. 그 다수의 통념이 결국 새로운 견해에 굴복할 때 진리의 승리가 성립한다. 일반 사람들이 상식을 버리고 새로운 학설을 받아들이기까지는 한 세기 이상 걸린 경우도 있다. 교육학이 학문의 반열에 끼려면 관습적 교육관을 철저히 배제해야 한다. 이 말은 상식의 존재 자체를 부정하는 것이 아니다.[1] 현상학은 이런 전통을 판단유보와 괄호 묶기라는 개념으로 받아들였고, 논자는 그 대신 따옴표 속에 묶어 그 인식론적 타당성을 문제시하는 방식을 제안하였다.

관습적 교육관의 특징은 교육과 학교사태(schooling)를 혼동한다. 근대 학교는 교육이라는 명분으로 설립된 역사적 전통을 지니고 있다. 학교는 근대 이후 교육제도를 표방하면서 출현했다. 사이비교육학은 그 전통에 근거하여 성립하였다. 그 역사적 기연으로 인해서 학교라는 삶의 공간이 교육과 동일하다는 생각은 특정한 시대의 기이한 선입견이 태동하였다. 그것이 오류인 것은 학교라는 생활공간과 교육이라는 삶의 양상은 개념상 서로 다른 범주에 속하기 때문이다. 그 범주상의 차이를 〈그림 6-1〉이 보여준다.

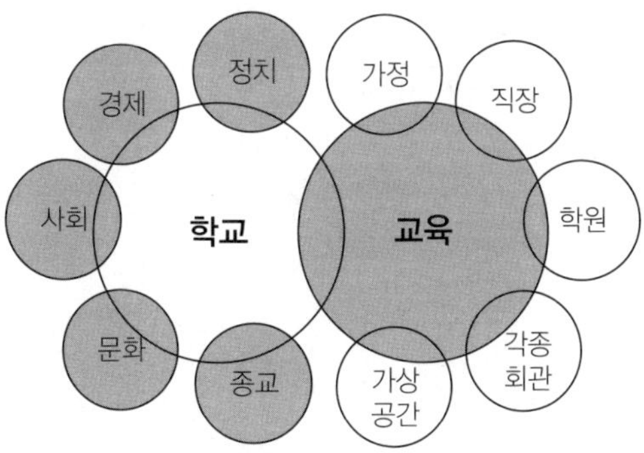

〈그림 6-1〉 학교사태와 교육의 범주구분

〈그림 6-1〉에서 생활공간은 흰색으로 표시되어 있고, 삶의 양상은 어둡게 표시되어 있다. 여기서 볼 수 있듯이 학교는 가정, 직장, 학원, 각종

1) 사람들은 대부분 사회적으로 규정된 것을 당연한 것으로 여긴다. 관습적 사고와 상식은 주어진 삶을 영위하는 효과적인 수단이기 때문에 그 존재 자체를 부인할 수는 없다. 일반 대중이 "교육"이라고 규정하는 관습적 교육관에 대한 적응은 삶의 중요한 부분이다. 그것 자체로서 사회학적 연구의 대상이다. 이는 참된 의미의 교육현상을 은폐하고 있기 때문에 교육학의 재건에서 배제되어야 한다.

회관, 가상공간 등과 더불어 서로 다른 삶의 공간이라는 범주에 속한다. 그와 달리 교육은 정치, 경제, 사회, 문화, 종교 등과 같이 서로 다른 삶의 양상이라는 범주에 속한다. 그 범주가 다른 만큼 학교와 교육은 서로 교차할 수는 있으나 동일시해서는 안 될 영역이다. 개념상 이들이 서로 겹친 부분이 학교교육에 해당한다. 이에 관한 논의는 교육에 대한 이론적 논의가 충분히 이루어진 이후 제16장에서 다루어질 것이다.

학교와 교육은 서로 다름에 의해서 긴밀한 관계를 갖는다. 그 다름은 서로 배타적인 관계가 아니라 앞에서 지적했듯이 범주의 차이에서 비롯한다. 그 하나가 다른 것의 원인이 아니다. 서로 의존하고 있지만 하나가 다른 것을 필요로 하는 것은 아니다. 서로 수단을 공유할 수 있지만 하나가 다른 것의 목적인 것도 아니다. 하나가 다른 것의 결과인 것도 아니다. 따라서 학교의 개념과 용어로 교육현상을 파악하려고 하면 그만큼 서로가 멀어진다. 이 때문에 교육을 이해하기 위해서는 학교 안에서 무분별하게 사용되는 "교육"의 관습적 개념과 용어를 괄호(혹은 따옴표) 속에 넣어 그 작용을 유보하거나 중단시켜야 한다.

교육현상의 교육학적 환원에서 둘째로 배제되어야 할 것은 서로 다른 분과학문에서 자신의 고유한 탐구대상으로 판명한 제반 외재적 현상들이다. 〈그림 6-1〉에서 표기된 것으로 보면, 정치학, 경제학, 사회학, 문화인류학, 종교학이 밝힌 제반 사실들이 여기에 해당할 것이다. 용병학문적 교육관은 이처럼 이미 다른 분과학문에서 규명하는 사실들을 "교육"이라는 용어로 참칭함으로써 참된 교육을 왜곡하거나 은폐시킬 뿐만 아니라 그 제반 이실적인 현상들을 교육현상으로 왜곡시켜 왔다. 그로 인한 논리적인 일관성의 결여, 모순, 혼란을 제거하기 위해서는 그 외재적인 것들을 철두철미하게 배제해야 한다.

자율적인 교육학은 새로운 개념체제를 구성해야 한다. 그런데 기존의 분과학문들 속에서 자율적인 학문적 지위를 확보하는 일은 마치 하나의 고유한 종의 씨앗이 거목의 그늘에서 벗어나서 성장해야 하는 것처럼 어려운 과제이다. 그 주된 이유는 개념의 강도에 따른 약육강식의 현상 때문이다. 새롭게 제안하는 개념과 기존의 개념은 강도에서 큰 차이가 있다. 완성도와 인지도에 있어서 전자는 약한 것에 비해서 후자는 강하다. 뿐만 아니라 전자가 채택되려면 후자의 것에 비해 더 확실한 증거가 필요한데 그 부분에서 기존의 이론보다 불리하다. 따라서 새로운 개념이 이전의 개념으로 다시 대치되거나 흡수되는 약육강식의 현상이 일어난다.

이 점을 고려할 때, 자율적인 교육학의 가장 큰 장애물은 바로 용병학문의 전통이라고 할 수 있다. 용병학문의 제반 개념들은 그 나름의 체제를 갖춘 강력한 연대성을 확보하고 있고 모든 사태를 그들의 학문적 맥락 안으로 포섭할 수 있는 강력한 자장을 이미 형성하고 있다. 신생학문으로서 자율적인 교육학은 모든 것이 불명료할 뿐만 아니라 일반인들이 납득할 만한 충분한 자료를 확보하고 있지 못하다. 그 불균형상태에서는 외래학문으로부터 단지 하나의 개념만을 차용한다고 하더라도 그것이 소속한 모든 체제를 끌어들여 그 외재적 체제 안으로 흡수해 버린다. 이 때문에 교육학 재건의 초창기에는 그 어느 학문의 개념이나 용어든 교육학 안에 침투하지 못하도록 견고한 울타리를 쳐서 철저하게 봉쇄하여야 한다.

교육현상의 교육학적 환원에서 배제되어야 할 마지막의 것은 바로 결과위주의 교육관이 지칭하는 대상이다. 교육현상의 뒤틀림은 결과에 집착하고 그 과정을 무시하는 사조에서 일어난다. 결과위주의 교육관은 서로 상이한 결과들을 주문하고 그 모든 것들을 해결하는 비법이 곧 교육인 것처럼 규정한다. 그러나 그 방식이 교육현상의 고유한 정체성을 규정할 수 없다는 것은 명백하다. 특정한 결과를 초래하는 과정을 포괄적으로 규정한다는 것은 불가능할 뿐만 아니라 그 결과를 어떻게 설정하느냐에 따라 그 과정이 다를 수밖에 없기 때문이다.

인간의 본성에 관해 우리가 아는 유일한 것은 그것이 변한다는 사실이다. 그 변화를 가능하게 하는 기제는 무수하며, 분과학문들마다 그 기제들의 다양성을 이미 여러 각도에서 밝혀 왔다. 사이비교육학은 그렇게 알려진 제반 인간성의 형성을 교육이라고 포괄함으로써 자체는 물론 그 개별적인 과정들의 특성조차도 모호하게 만들었다. 이런 이질적인 사태나 사실들을 "교육"이라는 용어로 통칭한다면 소통의 혼동만 야기하게 된다. 교육은 무엇이든 주문만 하면 소망하는 결과를 생산하는 마법이 아니다. 교육현상의 정체성을 밝힘에 있어서 여타의 분과학문이 설명하고 참여하는 인간형성의 과정에서 빠진 고유한 부분을 보충할 수 있어야 한다.

교육현상의 교육학적 환원에서 배제되어야 할 여타의 인간형성의 과정들을 포괄적으로 열거하는 것은 거의 불가능하다. 각각에 대한 이설도 허다하다. 여기서는 특히 결과위주의 교육관에서 무차별하게 "교육"으로 지칭했던 몇 가지의 기제의 특징, 인간성 변화의 양상과 그 한계, 그리고 교육으로 보충할 수 있는 부분을 간략히 점검해 보겠다. 교육현상의 고유한 정체성을 이것들과 차별화하는 개념적 구분과 배제의 과정을 거쳐야만 여타의 것들과는 다른 교육의 다양한 결과, 즉 그 고유한 기능 또한 논의할 수 있는 명분을 확보할 수 있다.[2)]

6.3.1 철학화(philosophying)

철학은 모든 세계를 인식의 대상으로 환원시키고, 그 인식은 언어로 표현되어 전달할 수 있다는 전통에 매달려 왔다. 언어로 덮어놓은 인식을 바로 실재라고 주장하고 싶어 한다. 그로부터 연원된 제반 학문들은 세상사를 지적 앎으로 환원시키는 작업을 해 왔다. 분과학문은 일정한 존재영역을 특정한 개념과 용어의 틀 안에 가둔다. 그들이 내세우는 진리탐구의 명분은 그 자체로서 삶에서 큰 위치를 차지하지만 학문 외적인 세계를 단지 인식의 문제로 대체하거나 환원시키는 주지주의(主知主義)에는 분명 한계가 있다. 철학자가 예술이나 도덕의 문제를 다룰 때,

---

2) 이 부분이 제14장의 주제이다.

혹은 분과학문의 학자가 그 대상세계를 접할 때 절실하게 고백할 수밖에 없는 한계일 것이다. 일반적으로, 학자는 벽면에 맛있는 음식 그림을 걸어놓고 허기를 달래고, 달리기를 해명하지만 다리가 없고, 길은 알고 있지만 차는 운전할 수 없는 사람에 비유할 만하다. 교육은 그 한계 밖에 존재한다.

6.3.2 조건화(conditioning)

심리학은 인간의 탐구에서 과학의 길을 택했다. 과학의 요구사항에 따라 증명할 수 있는 것 밖의 다른 것을 문제 삼지 않는다. 이는 행동(behavior)[3]이 그 전후에 작용하는 자극과 반응의 연합과 인과법칙에 따라 점차적으로 형성되는 사실을 밝혔다. 친절한 행동을 한 사람이 반드시 친절한 내면을 반영하는 것은 아니다. 학습(learning)의 일부로 밝혀지는 조건화를 유지하는 조건은 보상과 벌이다. 외재적 자극이 제거되면 행동은 원상으로 복귀한다. 이처럼 조건화된 사람은 당근과 채찍 때문에 수레를 끄는 말처럼 단지 그것을 조작하는 사람에게 속박된다. 외재적 동기는 내적 만족이나 승인과 같은 내재적 동기를 감쇄시킨다. 이런 객관적으로 입증할 수 있는 인간성은 그 전체 가능성에 비추어 빙산의 일각에 불과하다. 과학주의는 그 자체로서 의미가 있지만 삶에서 과학의 내규 밖에 있는 다른 영역을 무시한다. 교육은 그 한계 밖의 영역이다.

6.3.3 사회화(socialization)

사회의 목적은 조직이 원활하게 기능하도록 하는 데 있다. 사회의 입장에서 그 구성원은 사회의 부속물에 불과하다. 사회는 평균을 정상으

3) 이는 과학의 내규에 의해서 탐구될 수 있는 제한된 인간성을 지칭하는 개념이다.

로 규정한다. 사회적 과정의 하나로서 사회화는 구성원을 그 일반의 법칙과 기준에 맞게 동질화한다. 로마에서는 로마인처럼 살라. 사회구성원이 그가 속한 특정한 사회적 터부나 제한을 마치 자연현상처럼 기정의 사실로 받아들이고 그것에 적응한다. 사회화된 인간은 미리 만들어진 대본에 따라 기계적으로 연기하는 배우와 같다. 누구나 대치할 수 있는 평균적, 익명적, 비자립적, 의존적, 비본래적 존재가 건전하다는 보장이 없다. 병든 사회는 병든 사람들을 양산한다. 교육은 이와 다른 영역이다.

6.3.4 문화화(enculturation)

문화는 집단지성의 산물이다. 문화내용은 역사적으로 시험을 거치고, 당대에 형성된 최첨단의 것을 선택한 것이다. 문화화는 선대가 만들어 놓은 높은 수준의 전통과 인위적인 환경을 일일이 검증하지 않고 단지 정제된 문화적 복합체에 순응하는 과정이다. 이는 마치 우리가 건물을 짓고 거기에 적응하는 것과 같다. 문화화된 인간은 선대로부터 특정한 관습, 법률, 언어, 종교, 도덕적 기준을 단순히 물려받는다. 개인은 오랜 시련을 통해서 정제된 정상의 문화내용을 향유할 수 있지만 자기가 소속하는 공동체문화규준을 단지 따르기 마련이다. 이를 두고 문화인류학자들은 "문화의 수인(prisoner of culture)"이라고 한다. 문화화된 사람은 마치 거인의 어깨 위에 앉은 난쟁이에 비유할 수 있다. 난쟁이는 당대의 거인의 수준을 이미 확보하고 있다는 착각을 하지만 난쟁이는 산꼭대기에 서 있어도 키가 작고, 거인은 우물 속에 있어도 키가 크다. 자기 힘으로 스스로 이룩하지 않은 것은 결코 자기 것이라고 할 수 없다.[4] 교육은 이와 구분된다.

---

4) 계산기의 키보드를 누를 수는 있지만 산수능력이 없는 경우가 그 좋은 예이다.

6.3.5 교조화(indoctrination)

종교의 장점은 증거를 따질 필요가 없이 확신에 이를 수 있다는 것이다. 믿을 수 없는 것을 믿는 것은 자기모순이다. 이에 호응하여 교리는 불확실한 삶에 총체적인 해답을 제공한다. 초인간적인 존재에 대한 절대적인 권위를 부여하고 그에게 복종과 신뢰를 두고 그가 부여하는 기적, 계시, 암시, 신비화에 동조하는 과정에 부응하는 것이 교조화이다. 교조는 믿음의 수정, 비판, 의심, 혹은 논쟁의 여지가 배제된 절대적인 신념체제이며, 그 체제를 무조건 받아들여 인간생활에 존재하는 온갖 불확실성과 그에 따른 불안을 제거하는 믿음이라는 심리적 기제를 만족시킨다. 교조화된 사람은 자신들이 지닌 신념은 그 자체가 하나의 진리조건을 충족하는 불가침의 영역이라 보고 그 오류가능성을 성찰하거나 검증하거나 바꾸려고 하는 일체의 시도를 이단시한다. 이 때문에 종파 간에 끊임없이 불화와 투쟁이 일어난다. 교육은 이와는 다른 영역이다.

인간성의 형성에 작용하는 제반 과정은 비단 여기에 그치지 않는다. 예컨대, 유전, 성숙, 발달, 훈련, 모방, 적응, 약물투여, 유전자조작, 전기충격, 수면박탈, 선전, 선동, 세뇌, 광고, 심리치료 등등 이질적인 것들이 여기에 포함된다. 이런 인간성형성의 기제들은 그 자체가 서로 판이한 것이기 때문에 삶에서 작용하는 각각의 고유한 기능을 인정해야 한다. 그 모든 것을 포괄하는 것이 교육이라고 주장하는 것은 그 차이를 무시할 뿐만 아니라 교육 자체가 위치할 고유한 영역을 망각하는 것이 된다. 이것이 바로 교육학적 환원에서 이들을 배제해야 할 이유다.

교육현상은 이들을 모두 대체하는 것이 아니라 각각의 한계를 보완하는 모종의 독특한 과정으로 보아야 할 것이다. 그 각각의 과정이 교육현상과 어떻게 구분되는지는 본서의 논의가 진행되는 가운데 적절한 맥락에서 밝혀질 것이다. 새로운 맥락으로부터 비롯하는 교육의 제반 결과와 기능은 이상에서 열거한 제반 인간형성의 과정과는 사뭇 다르다. 많은 부분 여타가 결여한 부분을 보완하는 기능을 담당하며, 이에 관한 것은 교육의 정체성이 드러난 후 제14장에서 자세하게 논의될 것이다. 이런 경로는 교육의 정체성을 훼손하면서 교육의 기능을 주장하는 이전의 결과위주의 관행과 대조된다.

6.4 교육내재의 탐색

사이비교육학이 교육현상을 왜곡하고 은폐시켜 왔다는 의미는 어두운 공연장에서 비추는 스포트라이트에 비유하면 더욱 분명해진다. A에 비추어져야 할 빛이 B에 비추어진다면 B는 그 스포트라이트에 의해서 왜곡되었다고 말할 수 있다. 뿐만 아니다. 그로 인해서 A는 아직도 어둠 속에 은폐된 채 남게 된다. A를 밝힌다는 것은 바로 그 은폐된 것을 밝히는 스포트라이트를 별도로 장치하는 것이다. 이 비유에서 A가 바로 교육현상이며, 그것을 조명할 스포트라이트는 바로 개념이다. 용병학문의 외재적 개념에 "교육"이라는 용어를 사용함으로써 교육현상이 다른 것으로 왜곡되고, 그 다른 개념만을 사용함으로써 교육현상은 아직까지 망각되고 감춰진 대상으로 남게 된 것이다.

교육학의 존재이유는 증보(增補), 즉 기존의 분과학문들이 밝히지 못한 새로운 인식대상을 추가하고 그 미비한 점을 보충하는 데 있다. 교육현상의 교육학적 환원은 여타의 학문이 주목하지 못한 부분을 채워야 하는 과제를 수행한다. 이 말은 새로운 요소들을 수집하고 탐색하는 과정이 첨가되어야 한다는 것을 의미한다. 우선 외래학문의 부족한 부분들을 채우기 위한 방법적 절차가 그 요소개념을 보충하는 지침이 될 수 있다.

하나의 형태를 이론적으로 구성하는 것에 앞서는 것이 바로 개념적 요소들이다. 타 학문들이 미처 발견하지 못한 단편들을 찾아내야 한다. 기존의 다른 것들과 차이가 나게 하는 고유한 요소는 무엇일까? 오로지 교육에만 해당할 것으로 추정되는 것들을 떠올려 그 해답을 찾아야 한다. 그 부분은 그것 나름의 경계를 지니고 있어야 하며, 그 경계 내의 부분에 해당하는 내용들이 무엇인지를 찾아야 한다. 이것이 부분인 이상 그 전체를 예상해야 하는데, 그것은 결코 쉬운 일이 아니다.

교육은 동서고금을 막론하고 우리의 삶에 편재되어 있다. 이는 삶의 현장에서 그 양태로 드러난다는 점을 앞에서 지적하였다. 그것은 다양한 양태의 조각난 형태로 존재한다. 그런 단편들은 역사적으로 수많은 사건, 기록, 자취, 흔적으로 남아 있다. 이 저서의 각주(脚註)에 자주 인용되는 고사성어(故事成語)도 그 사례이다. 뿐만 아니라 우리가 접하는 실생활 속에 교육적인 삶을 영위하고 있다. 그 무궁무진함에도 불구하고 그것을 포착할 개념의 부재로 우리에게 낯설다. 개념적으로 낯선 것은 그것을 가리고 있는 기존의 잘못된 교육관들을 벗겨냄으로써만 드러날 수 있는 예외적인 것에 속하기 때문이다. 상식은 너무도 익숙하다. 기존 학문 역시 마찬가지다. 이런 선입견이 교육의 양태를 낯설게 할 것은 당연하다.

교육현상은 그 고질적이고 오래된 선입견을 배제하고 남은 어떤 것이다. 그 남은 것을 낯설지 않게 하는 것은 결국 새로운 개념이다. 그 개념은 우리에게 주어진 것이 아니라 창조되어야 할 어떤 것이다. 여기서 교육양태에 얼마나 많이 접하고 관찰하느냐 하는 것이 문제가 아니라 그 양태 안의 교육현상을 관찰하고 이해할 수 있는 개념의 유무가 문제가 된다. 다시 말하지만, 부재한 것은 교육이 아니라 그것을 현상으로 드러낼 개념이다. 여기서 새로운 개념이나 용어를 창안해 내는 상상력이 동원되어야 한다.[5]

그 작업에서 정작 필요한 것은 교육양태들의 단편들이 아니라 그 단편들의 모든 것을 관련지어 개념적으로 축약하여 포착할 수 있는 전체의 관념체제이다. 아직 무엇인지 모르는 상태에서 그 부분에 해당하는

5) 뉴턴이 중천에 뜬 달과 지상에 떨어지는 사과를 동일한 것으로 연결시키는 중력이라는 개념적 요소를 창안했다는 이야기는 그 좋은 사례이다.

조각들과 그 부분에 해당하는 조각들을 개념적으로 분리해 수집하는 것은 마치 퍼즐을 푸는 데 도움이 될 수 있는 조각들 혹은 깨진 항아리의 흩어진 조각들을 수집하는 것에 비유될 수 있다. 하나의 개념, 하나의 명제, 혹은 하나의 문단의 형태일 수도 있다. 이들을 교육의 요소로 포함시킬 조건은 교육이 그것을 자신의 것으로 수용할 특성들이어야 한다는 것이다.

불확실한 사태에서 시행착오와 인내력의 시험이 불가피하다. 요소가 될 만한 지식의 단편을 계속 쌓아 나가야 한다. 그러나 아무리 많은 개념적 요소를 수집한다고 하더라도 그것 자체가 교육현상의 퍼즐을 풀어주고 교육의 항아리를 조립해주는 것은 아니다. 단편적인 개념들을 교육학의 부분이나 요소로 그 의미를 확정시키는 것은 바로 그 고유한 구조와 맥락이다. 지식이란 하나의 체제이기 때문에 그 일부에 의심나는 것이 있는 경우 그것을 확실히 알아낼 때까지 뒤로 미루고 억지로 속단하지 않는 것이 중요하다.

전체에 봉사하지 않는 요소는 아무리 그럴듯하다고 하더라도 무가치하다. 전체가 무엇인지 모른다면 부분의 규정도 어렵다. 이 때문에 그것들을 교육의 요소들로 편입하기 위해서는 그 전체를 드러내는 별도의 검열과정과 절차를 거쳐야 한다. 그 방법이 바로 부분과 전체를 왕복하는 해석학적 순환이다. 교육양태에 대한 관찰, 독서, 반성 등을 통해서 막연하나마 그 전체에 대한 부분으로서 추정되는 개념들을 만들고 수집해 담아놓은 바구니를 앞에 놓고 이런 질문을 던져야 한다. 수집한 선택된 요소가 그 전체의 구성에 진정 도움이 될 것인가?

6.5 교육내재의 구성

짧지 않은 교육학의 역사에서 아직까지 이론다운 이론을 만들어 내는 데 실패한 이유가 있다면 그것은 교육현상을 한 문장으로 정의

(definition)하려는 안이한 태도에 있다. 여기에는 적어도 두 가지 문제가 있다. 그 하나는 탐구의 대상을 정의하는 것은 미리 정해 놓은 답안에 질문을 던지는 격이기 때문에 모순된다는 것이다. 다른 하나의 문제는 정의는 하나의 문장인데 그것을 구성하는 개념, 그리고 그 문장 자체의 의미는 명백하지 않다는 점이다. 누차 지적했듯이 어떤 개념이나 문장도 그 의미는 그것이 속한 이론에 근거하여 규정된다. 이론과 동떨어진 정의는 그 의미를 명백하게 한다는 취지와는 달리 여전히 모호하다고 말할 수 있다. 결국 그것이 소속한 이론이 무엇인지를 추궁해야만 한다. 개념은 교육학의 자료에 불과하며, 그 자체가 교육이론이 될 수는 없다.

그런데 사이비교육학에서 말하는 "교육이론들"은 대부분 "교육이란 …이다."라는 식의 한 문장 남짓의 정의나 몇 마디 문장으로 설명을 마치고 넘어간다. 그 의미를 규정하는 데 작용하는 이론이 소속한 근원이 무엇인지에 대한 엄격한 검열을 거의 거치지 않는다. 거의 대부분 그 안에는 은연중에 대부분 기존의 용병학문의 개념이 한 자리를 차지한다. 논자는 앞에서 개념의 강도를 언급한 바 있다. 그렇게 한 자리를 차지한 외래적 개념 하나가 바로 교육현상 자체를 왜곡시키는 첨병의 역할을 한다는 사실을 깨닫는 사람이 드물다. 결국 그 정의 안의 것으로 채택한 개념에 의미를 부여하는 것은 그것이 속한 외래학문의 맥락이나 이론체제이며, 이로써 "교육"은 그 외재적 사실로 환원된다.

교육학적 환원의 절차는 이런 오래된 사고습관에서 결별한다. 앞에서 논자는 교육외재의 어떤 것도 배제하는 절차를 취해 왔다. 다음의 단계로 오직 교육내재의 것만을 포착할 수 있는 개념적 요소를 탐색하기를 요구했다. 그 탐색의 결과로 내재의 개념적 요소들이 한 무더기가 되었다고 가정하자. 그 요소들의 의미를 해석하기 위해서는 그것이 속할 모종의 고유하고 통합된 의미체제와 맥락을 보장해 주어야 한다. 이런 마지막 절차는 교육현상을 낱낱의 부분으로 나누고, 그 낱낱의 것에 대한 확실성에서 인식의 타당성을 확인하는 방식과 크게 대조된다.

교육현상과 여타 현상의 구분은 단지 일면이 아니라 그 전체와의 대비를 통해서 이루어진다. 교육은 그 내적 정합성에 의해서 규정되는 독자적인 세계라고 할 수 있다. 그리고 교육현상을 포착하는 것은 인지상의 구조이다. 교육은 그 요소들이 하나의 통일된 전체로 한꺼번에 뭉쳤을 때 출현하는 제반 사실들이다. 그 교육을 체험하거나 인식한다는 말은 그것의 의미를 하나의 전체적인 통일체로 완성한다는 것을 의미한다. 따라서 그 전체를 아우르는 형태를 밝히지 않고는 그것을 이해했다고 할 수 없다. 일부만 알고 전체를 함부로 판단하는 좁은 소견을 맹인모상(盲人摸象)이라고 한다. 그 총체가 무엇일지를 밝히지 않는 것은 불성실한 태도다.

교육현상의 교육학적 환원에서 마지막 방법적 절차는 그들이 개념적으로 더욱 풍부하게 나타날 수 있는 전체의 형태를 하나의 구조나 맥락으로 규정하고 그 전체를 개념화하는 것이다. 현상학자들이 사용하는 구성의 절차는 물론, 구조주의자들이 주장하는 요소와 전체의 관계에 대한 인식, 해석학자들이 말하는 부분과 전체의 순환이 모두 이 절차를 따른다. 교육현상의 의미는 전체에서 나오며, 그 부분의 의미는 그 전체에 의해서 제약받는다. 전체가 부분을 앞서고, 부분은 전체를 뒤따른다. 교육의 요소가 되는 조건은 그것이 어떤 방식으로든 교육현상을 하나의 전체로서 구현하는 데 공헌해야 한다는 것이다.

교육이론의 구성이란 교육의 내재적인 속성으로 선택된 개념들의 무질서한 다양성을 논리적으로 통일된 사고체제에 적응시키는 작업이다. 하나의 체제 혹은 구조란 하나의 정체가 있고, 구성요소가 있으며, 그 의미가 내부의 요소 혹은 요소와 전체의 관계에 의해서 자기 충족적으로 규정되는 어떤 것을 의미한다. 이렇게 보면, 하나의 요소 안에 연대적으로 다른 요소, 그리고 전체가 포함되는 셈이다. 이는 전체와 부분, 부분과 부분 사이의 관계를 조정하는 과정을 요구한다는 점에서 기본적으로 널리 흩어져 있는 퍼즐의 조각 맞추기, 그리고 깨진 항아리의 복원 혹은 해당되는 부품을 갖추고 난 다음에 시계나 자동차를 조립하는 방식과 다를 바 없다.

교육이론을 구성하려면 교육에 대해서 생각해 볼 수 있는 모든 것을 고려해서 그 생각 자체를 전체적으로 구성해 나가야 한다. 이는 오로지 교육관에 비추어 포착될 수 있는 삶의 세부사항을 더욱 의미 있게 드러내고 의미를 부여하는 것에 해당한다. 아직 빈 부분들이 있다면 채워 넣을 것들이 무엇일지를 찾아야 한다. 그 부분에 해당하는 어떤 것을 찾았다면 그 다른 부분 혹은 그 전체가 어떤 것인지를 동시에 모색해야 한다. 그것이 소속한 전체가 무엇이며, 그 전체 가운데 그것이 어디에 속하는지를 해명할 수 있어야 한다. 이 말은 개별적으로 좋은 것처럼 보이는 요소들이 반드시 전체적인 좋음으로 귀착되는 것은 아니라는 것을 함의한다.

교육의 총체는 오로지 부분을 통해서 실현된다. 부분들이 서로의 의미를 규정하면서 전체가 나타난다. 내재적 요소는 그 전체와 어울릴 수 있어야 한다. 교육요소의 추가는 단지 추가가 아니라 그것을 도입함으로써 기존의 것에 어떤 긍정적인 효과가 있는지를 따져서 평가되어야 한다. 그 전체의 의미에 공헌하지 못하는 개념적 요소는 배제될 수밖에 없다. 따라서 단편의 수집과 종합의 주기적인 교차가 오고 가야 한다. 이는 요소의 편입과 선택, 그 추가와 삭제가 얼마나 까다로운 것인가를 말해준다.

그런 감별, 재고, 재감별의 단계를 거치는 이론구성작업의 성공 여부는 결국 그 전체의 짜임새를 갖추고 얼마나 교육의 개별적인 요소로 상정된 미결정의 은폐된 부분을 통일된 전체로 전환시켜 하나의 현상으로 포착할 수 있느냐에 따라 평가되어야 한다. 그것만으로 부족하다. 개념은 그것에 해당하는 언어를 통해서 표명된다. 교육현상이 외래적 개념에 은폐되어 있듯이 그 부분을 표명하는 언어도 부적절하거나 부재한 상태다. 물리현상을 제대로 설명하는 일상어가 존재할 수 없듯이 교육현상을 제대로 설명할 수 있는 일상어는 존재하지 않는다. 그런 의미에서 새로운 이론적 용어의 도입과 선택이 불가피하다. 그럼에도 그 작업에서 일상의 용어를 완전히 배제하는 것은 불가능할 것이다. 그것을 도입한다고 하더라도 그 의미는 새로운 이론의 맥락에 의해서 해석될 수 있어야 한다.

우리는 이제까지 교육현상이 교육이론을 결정하는 것이 아니라 교육이론이 교육현상을 결정한다는 논지를 살리려고 하였다. 교육이론은 교육이라는 실재를 표상하는 그림이 아니라 그것을 포착하는 그물망이다. 그 의미는 그 자체의 맥락 안에서 규정된다. 하나의 일관성을 갖춘 이론이 구성되고 그 도구에 의해서 교육현상을 일관성 있게 체계적으로 정리하고 서술할 수 있을 때 비로소 고유한 정체성이 드러난다. 이와 같은 절차를 거쳐 재건된 교육학은 그것을 갖기 이전에는 무심하게 간과했던 생활의 일부를 재인식하게 하거나 혹은 일상에서 늘 체험하고 있는 것들이지만 그것을 기술하고 설명하고 관리하기 어려웠던 애로를 해결해 줄 것이다.

앞에서 교육이론으로 갖추어야 할 여러 까다로운 조건들을 살폈지만 처음부터 정교한 이론을 기대할 수 없을 것이다. 각각 고유의 맥락을 구성하는 데 공헌할 수 있는 개념들을 합성하는 일에는 시행착오가 불가피하다. 이론이라는 것에 부담을 느낀다면 교육에 대한 그럴듯한 이야기라는 가벼운 마음에서부터 시작할 수 있다. 그렇게 잠정적으로 규정한 내용을 완전한 것으로 착각하는 일은 없어야 한다. 교육학자는 교육현상이 더욱 선명하고, 더욱 구체적이고, 더욱 전체적인 통일체로 드러날 수 있도록 자신의 관점을 수정해 나가는 끝없는 길을 걸어야 한다.

교육학적 환원과 관련하여 마지막으로 유념해야 할 것은 완성과 완전의 구분이다. 완성은 어떤 형상이 이루어졌다는 것이고, 완전은 그것이 흠잡을 데가 없다는 뜻이다. 발견은 유형화를 의미한다. 모종의 이론에 의해서 새로운 발견이 이루어지는 것이다. 완성은 요소들을 하나의 통일된 전체로 전환시킴으로써 그 발견의 확실성을 어느 정도 보장해 준다. 작업과정에서 마음에 헤아려본 교육현상이 일상의 사태에서 다소나마 명료하게 드러날 수 있다면 그 상상은 어느 정도 성공한 셈이다.

제2부
숙 고

제7장
교육본위론

삶은 다양하다. 교육은 그 다양한 삶 가운데 하나이다. 다시 말하면, 선택적인 삶이다. 세계는 끊임없는 해석의 대상이다. 분과학문마다 이제까지 세계가 여럿이라는 것을 증명해 왔다. 교육도 그중의 하나로 존재하고 있지만 아직까지 그 자율성을 학문적으로 제대로 인정받지 못하고 있다. 자율적인 교육학의 부재는 현시점의 판단이고 미래에까지 연장을 허용해서는 안 될 것이다. 그 존재 가능성의 문은 활짝 열려있지만 그 안에 진입하려는 시도 자체가 없었다. 본서는 그 무관심과 외면과 나태의 역사를 타개하는 예외적인 범례를 제시하려는 의도에서 기획되었다. 그 전인미답의 새로운 길을 탐색하는 초입인 본 장은 교육을 일상적 삶의 중심으로 등장시켜 연구할 수 있는 대략적인 청사진을 제시하고자 한다. 이어지는 나머지는 그 청사진에 따른 고유하고 심층적인 발언이 될 것이다.

7.1 교육외재의 생활세계

삶 전체가 무엇이냐? 질문은 쉬우나 해답이 어렵다. 그 가장 보편적인 특징은 다양성이다. 생활세계(life-world) 속에는 어떤 단일한 논리로 환원할 수 없는 무수한 이질적인 세계들이 포함되어 있다. 다원주의자들은 그것들이 각각 그들 나름의 중요성과 관심을 가지고 존중되어야 할 것으로 본다. 교육도 그 하나로 본다는 점에서 이 저서도 다원주의적인 세계관을 전제하고 있다. 각 시대의 사람은 당대를 최고 혹은 세계의 전체로 보지만 그것은 주어진 것이 아니라 흐름의 한 상태로서 역사를 초월해서 지금도 끊임없이 만들어지고 확장하는 과정에 있다.

세계들은 삶의 전체에 비하면 부분이지만 그 부분은 또한 그 나름으로는 전체다. 이들은 나름의 구조, 고유한 목표, 질서, 양식, 의미, 구성의 원칙, 템포, 그리고 종사하는 방식을 지니고 있다는 점에서 총체적인 차이로 보아야 한다. 설사 그 한 요소를 공유한다고 하더라도 그 의미는 그것이 소속한 전체에 의해서 결정되기 때문에 전혀 다르게 된다. 제각기 나름의 정체성을 유지하면서 서로 긴장, 갈등, 부조화, 혹은 공존과 조화 등의 상호 관계를 갖는다.

일상의 삶을 어떻게 분류하느냐 하는 문제가 있다. 본서가 편의상 택한 것은 정치, 경제, 사회, 문화, 종교, 교육이다. 그들이 삶의 모든 것을 대표한다고는 볼 수 없지만 삶의 현상이라면 어느 경우나 그 정도의 차이는 있다고 하더라도 그 각각의 요소가 포함되어 있다는 사실은 분명해 보인다. 각각의 세계는 일상의 삶에서 서로 섞여 존재하지만 그 특징은 서로를 배제하고 그 차이를 비교하는 방식으로만 드러난다. 그들을 대상으로 삼은 각각의 분과학문이 그 차이에 따른 다원성을 밝힌 방대한 연구를 쌓아왔지만, 교육학은 그 기대를 충족시키는 데 실패했음을 이제까지 지적해 왔다.

교육현상의 구명에 앞서 본 절은 그 여타의 세계들에 대한 개략적인 논의를 할 것이다. 크게 두 가지 이유가 있다. 하나는 교육현상이 그 전체성의 차이에서 드러날 수 있기 때문이다. 여타의 현상은 교육학적 환원에서 배제의 대상이라는 점을 상기할 필요가 있다. 배제하려면 이해해야 한다. 다른 하나의 이유는 교육현상의 내재를 어떻게 개념적으로 포착하든 간에 그것은 우리의 삶에서 이들과 상호작용하는 양태로 실현될 것이기 때문이다. 교육과 여타의 세계들은 서로가 여건과 기능의 위치에 선다.

7.1.1 정치

이는 권력이 획득되고 배분되고 유지되는 세계로서 인간의 공동체적 삶의 곳곳에서 진행되고 있다. 사회생활에서 대립과 분쟁은 불가피하며, 따라서 권력을 통해서 행위를 제약한다거나 인간다운 삶을 영위하게 하고 상호 간의 이해를 조정하는 것이 필요하다. 그 통일적인 질서 유지는 위로부터의 통치뿐만 아니라 아래로부터의 항쟁 및 그 밖의 각종 결사조직(예컨대, 정당, 시민단체, 노동조합)의 활동도 포함한다. 정치학에서는 정치적 과정의 중요한 주제로서 국가체제, 정치형태, 정부형태, 관료체제, 정당, 압력집단, 법률제정, 정책, 인권의 보장수준 등이 자주 논의된다.

7.1.2 경제

이는 물질과 재화의 생산과 교환과 소비가 이루어지는 세계다. 인간은 생존을 위해서 많은 물자와 재화를 필요로 하는데 이를 농업, 어업, 광업 등을 통하여 획득한다. 이 물자는 공업을 통해서 가공되어 소비자에게 배급되는데 이를 담당하는 것이 상업유통과정이다. 이와 같이 물자의 생산, 유통, 분배의 과정을 밟으면서 우리 생활의 제반 욕구를 충족시켜준다. 경제학에서는 그 경제적 과정의 중요한 주제로서 산업혁명,

인력자원, 생산성, 시장, 화폐, 무역, 경제력과 복지수준, 자본, 국제교역, 산업구조 등이 자주 논의된다.

7.1.3 사회

이는 모든 종류의 인간집단의 형태와 조직이다. 조직은 더욱 효과적인 공동노력의 수단이기 때문에 인간에 의해 고안되고 창조되고 유지된다. 가족, 마을, 조합, 계급, 회사 따위가 그 주요 형태이다. 일단 형성된 집단은 그 구성원에게 마치 자연적 사실과 유사하게 작용한다. 사회는 평균을 정상으로 규정하여 구성원에게 주어진 대본에 따라 알맞은 역할을 수행하도록 요구한다.[1] 사회학에서는 그 사회적 과정의 주제로서 사회계층, 사회적 이동, 도시화, 사회제도, 인구증가, 사회적 응결력, 자율적 집단의 부상, 조직의 다원성, 기구, 연맹, 조직, 연합체 등이 자주 논의된다.

7.1.4 문화

이는 자연 상태에서 벗어나 일정한 목적 또는 생활 이상을 실현하기 위해 만들거나 조성해낸 의미복합체다. 그 문화내용에는 의식주를 비롯하여 언어, 사고체제, 신앙, 풍속, 관습, 규범, 기술, 의례, 학문[2], 예술 등 다양한 요소가 포함된다. 행동이나 생활양식의 과정 및 그 과정에서 이룩하여 낸 물질적, 정신적 소득은 그 구성원에 의하여 습득, 공유, 변형, 전달된다.[3] 문화인류학에서는 그 중요한 주제로서 다원문화와 단일문화, 문화접속, 문화의 동질성과 이질성, 문화적 제국주의, 과학기술의 증가, 가치관, 전통 등이 자주 논의된다.

---

1) 이 부분이 바로 사회화에 해당한다.

2) 철학화 혹은 학문화는 이 부분에서 일어난다.

3) 이 부분이 바로 문화화에 해당한다.

7.1.5 종교

이는 절대자의 구원을 통해 일상의 불확실성을 확실성의 장막으로 환원시키는 세계다. 종교의 근거는 많겠지만 삶에 대한 총체적인 해답을 마련하는 데 있다.[4] 종교의 기원은 오래며, 그동안 많은 질적 변천을 거쳐 왔으나 오늘날에도 인간의 내적 생활에 크게 영향을 끼치고 있다. 그 대상 · 교리 · 행사의 차이에 따라 여러 가지가 있는데, 애니미즘 · 토테미즘 · 물신 숭배 따위의 초기적 신앙 형태를 비롯하여 샤머니즘이나 다신교 · 불교 · 기독교 · 이슬람교 따위의 세계 종교에 이르기까지 비제도적인 것과 제도적인 것이 있다. 종교학에서는 그 중요한 주제로서 세속적 권위와 종교적 권위의 분리, 보편종교의 출현, 종파의 관용, 종교의 종류 등이 자주 논의된다.

정체성은 차이에 의해서 드러난다. 교육현상은 위의 여타 세계들과의 차이를 고려하면서 대비적으로 이제부터 밝혀나가야 할 대상이다. 논자는 그 예외의 항목으로 남아 있는 교육의 제 모습을 외래적 사실들과 구분되는 방식으로 구명하려고 한다. 교육의 정체성의 자리매김이 제대로 이루어지면 세계에 대한 우리의 인식이 〈그림 7-1〉의 경우로 바뀔 것이다. 교육이 삶의 중심에 있고 여타의 세계들은 그 환경의 위치에 처한다. 그 다름에 의해서 실제에서는 교육과 그 환경 사이의 교섭이라는 관련을 맺을 것이다. 제14장에서 그 호혜적인 상호작용에 대한 세부적인 추정을 하게 될 것이다.

4) 이 부분이 바로 교조화에 해당한다.

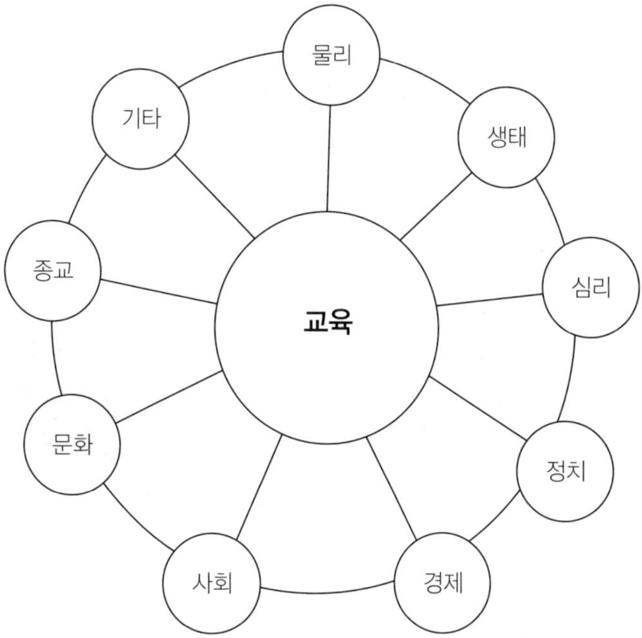

〈그림 7-1〉 교육의 환경

7.2 세 가지의 삶

교육학적 환원에서 배제의 원리는 그 배제되는 것이 어떻게 교육이 아닌 것인지를 입증하는 것으로 족하다. 그 다음 내재의 포함 단계에서는 그 여타의 세계들과 교육이 어떻게 다른 내용을 포함하는지를 밝혀야 한다. 앞서의 여타 세계들과의 개별적인 대비가 번거롭기 때문에 그 구분을 더욱 축약시키기 위해서 본 절에서는 앞의 분류에서 정치, 경제, 사회에 해당하는 부분을 세속계의 범주로 묶고, 문화와 종교 가운데 수도계라는 새로운 범주를 분리시킬 것이다. 전자는 그 공통성을 위주로 논의의 범위를 좁힌다는 의미가 있고, 후자는 교육과의 직접적인 관계를 통해서 교육의 속성을 드러내는 점에 착안한 것이다.

7.2.1 세속계(mundane realm)

정치, 경제, 사회를 총칭하는 세속은 누구나 참여해야 하는 삶의 기본적인 조건이다. 이는 개인이 탄생하기 이전의 장구한 역사적 산물이다. 세속의 영역으로부터 면제받은 삶이란 존재하지 않는다. 공동체의 통합과 연대성이 그 생존의 논리다. 공동체의 질서와 이익, 사익보다는 공익이 앞선다. 원하든 원하지 아니하든 간에 개인은 그 공동운명체에 묶여 있다. 개인의 활동은 다른 개인 혹은 집단과 영향을 주고받는다. 그 공동체의 일원이 되기 위해서는 주위 사람과 동조해야 하며, 어느 정도의 강제를 감수해야 한다.

정치에서의 권력, 경제에서의 재화, 사회에서의 지위가 획득되고 배분되고 유지된다. 그 보상들은 항상 제한되어 있기 때문에 구성원 사이에서 경쟁과 쟁탈이 일어난다. 우열의 평가가 거의 외부조건에 의해서 좌우된다는 점, 그 기준이 객관성에 기초하고 있다는 점, 그리고 개인적인 만족의 원천이 기본적으로 외재한다는 점 등 몇 가지 점에서 서로 공통성을 지니고 있다. 각 세계 안에서의 실적에 따라 개인의 위치가 결정되며, 그에 따른 책임도 따른다.

이미 규정된 상궤, 인습, 전통, 통념의 내용은 시대와 장소에 따라 특수하다. 구성원은 그 제약에서 자유롭지 않으며, 대중이 그 무게의 중심을 차지한다. 다수의 평균적인 동의가 표준이 된다. 다수결에 의해 정상과 비정상이 구분된다. 좋든 궂든 다수결이나 권력을 가진 사람들이 내리는 결정, 대중의 인정에 매달려 살아야 한다. 처세의 비결은 자기 시대의 관습을 설사 경멸하는 경우라고 하더라도 그것을 어기지 않고 사는 것이다.

이런 세속적 삶의 어두운 부분은 개개인 자신에 대한 불성실이다. 자신의 기준보다는 타인의 기준에 맞추어야 하고, 내면보다는 외면이 그 평가의 대상이 되기 때문에 표리부동과 인상관리가 생존의 수단이 된다. 이를 통해서 서로가 상대를 유리하게 이용하는 온갖 술책을 써야 하고, 그때그때의 상황전개에 따른 임기응변적 대응을 해야 한다. 이런 처세와 자신의 숨김이 그 안의 삶을 고달프고 피곤하게 만든다.

7.2.2 수도계(tao realm)

이는 앞서 살핀 문화와 종교의 범주 가운데 인간의 한계와 부족을 돌파하여 그 가능성의 범위 안에서 더 나은 인간성을 추구하고 확대하고 증명해 나가는 영역들을 독립적인 영역으로 분리한 것이다. 문화는 인간이 만든 소산이지만 그 표현매체와 물질성에 큰 비중을 둔다. 아무리 풍부한 우리 내면의 체험을 포함하고 있다고 하더라도 그것이 외부로 표현된 것이 아니라면 그것은 문화로서 결여태이다. 학술이론, 예술작품, 각종 유형의 구조물, 발명품, 도구 등이 문화의 내용이다. 이에 비해서 수도계는 그 표현보다는 그것을 창조하고 감식할 수 있는 내면적 체험을 중시한다. 종교는 아직 경험하지도 않은 마지막의 종착지를 예고하고, 거기에 이른 어떤 절대적인 타자를 세우고, 신도로서 거기에 의존한다. 수도계는 종착지를 상정하지 않으며, 절대자에 대한 의존이 아니라 주체적인 입장에 서서 자신의 오류와 무지를 쳐내는 것과 관계되어 있다.[5)]

세속과는 달리 수도계는 기본적으로 사적인 영역이다. 살아있는 생명체는 그것 자체뿐만 아니라 그것을 경험하는 사람에게 언제나 같은 모습으로 남아 있는 경우가 없다. 강제가 아닌 선택으로 이 세계에 참여한다. 자신의 한계를 극복하고 더 나은 인간성을 자유롭게 추구하는 멀고도 험한 길이다. 각자는 내적 조건의 개선에서 더 존귀한 존재, 더 위대한 것, 좀 더 높은 실재와 접촉한다. 그 여러 갈래의 길 가운데 선택이 가능하며, 수준은 발생적 연속성을 지니고 마치 나선형의 형태로 이전의 것이 이후의 것의 토대가 되면서 심화되고 확장된다.

5) 성(聖)과 속(俗)의 개념구분에서 통상 전자가 종교계를 의미하는 바로서 쓰인다. 수도계의 경우에는 그 성이 아니라 도(道)에 해당한다.

더 넓은 실재와 접촉하려면 더 높은 곳에 올라가야 한다. 그 점입가경의 실재는 각자가 자기변모와 혁신을 통해서만 개인에게 입증된다. 그것을 추구하는 과정에 몰입해 본 사람들만이 그 자체의 내재적 가치를 실감한다. 노력의 정도에 의해서 그 각각에서 앞선 사람과 뒤선 사람의 위계가 결정된다. 개인은 그 수준을 확장하는 경연에 자발적으로 참여한다. 그 경연은 타인의 것을 탈취하려는 것이 아니라 보다 나은 인간성 자체의 확장을 위한 것이라는 점에서 세속의 경쟁과 구분된다.

수도계에서의 환골탈태는 외부적 제약으로부터 자유를 보장한다. 그 내면적 풍요와 안정뿐만 아니라 인간으로서의 자존심, 자긍심의 원천이 된다. 그 경로가 세속적 삶의 성공과 보상이 남겨주는 삶의 공허감을 채운다. 권력, 재물, 사회적 지위에서 기인하는 쾌락은 그 소유자의 덕목과는 달리 자신의 통제 밖의 사태의 존망에 따른다. 그러나 내적 자산은 외부의 상황적 요인이나 강제에 의해서 박탈할 수 없다. 그 체험은 물질의 공유와는 달리 공유하면 할수록 점차 늘어나며, 그 부분이 특히 교육과 연관된다.

7.2.3 교육계(educative realm)

이는 이하의 논의에서 이론적으로 밝혀나가야 할 것으로 예정되어 있는 영역이다. 밝히도록 예정된 것을 당장 밝힐 수는 없는 노릇이다. 이제부터 밝혀 나갈 교육현상은 사이비교육학의 전통에 젖은 독자들에게는 개념적으로 극히 비통상적인 것이기 때문에 낯설 수밖에 없다. 비유가 미지의 세계로 가는 다리의 역할을 한다. 수많은 새롭고 낯선 개념들을 도입하기 전에 널리 알려진 낯익은 다음과 같은 몇 가지 비유적 문헌을 빌려 우선 교육의 맥락과 윤곽만을 안내하려고 한다. 이들은 교육을 세속과 대비시키며, 수도와 연관시킨다. 이것이 본서에서 앞으로 진전시킬 교육에 대한 논의의 직관적 토대가 되었으면 한다.

〈중용(中庸)〉[6)]

동양철학의 중요한 개념을 담은 고전으로 알려진 이 책의 전체를 아우르는 철학적 명제가 그 첫째 장 첫머리에 나온다. 그것은 天命之謂性(천명지위성), 率性之謂道(솔성지위도), 修道之謂敎(수도지위교)라는 구절이다. 놀랍게도 이 간결한 구절이 교육의 의미맥락을 분명히 가리킨다. 첫 구절은 하늘의 명령을 따르는 것을 인간의 본성으로 규정한다. 그 본성의 내용이 무엇일까? 이는 누구나 당장 쉽게 알 수 있는 것은 아니다. 이어지는 구절은 단지 그 한계를 벗어나는 방도에 대한 해답을 준다. 본성에 이르는 길이 있고, 그 길을 따라가야 한다는 것이다. 그 길은 광대무변하게 열려 있고, 우리 각자는 그 길 위에 존재한다. 그 길을 함께 가는 방도는 무엇인가? 그 해답이 이어진다. 그것은 바로 교육의 이치를 따르는 것이다. 그 이치를 이 고전이 통째로 밝혀주는 것은 아니지만 교육이 차지하는 위치가 어디쯤인지 유도한다. 두고두고 교육학자들이 수행해야 할 항구적인 과제를 제시한 것이다.

〈갈매기의 꿈〉[7)]

일종의 우화소설로서 지금까지 수많은 독자들에게 가슴 뭉클한 감동을 주고 있다. 자유의 참된 의미를 깨닫기 위해 비상을 꿈꾸는 한 마리 갈매기 조나단 리빙스턴이 주인공으로 등장한다. 조나단은 선창가에서 단지 먹고사는 삶을 살아가는 데 아귀다툼을 하는 보통 갈매기들의 삶을 거부하고 더 의미 있는 삶을 찾아 나선다. 갈매기는 날개를 지닌 존재이고, 날개의 존재의미는 나는 것이다. 얼마나 빠른 속도로 날 수 있는가? 이를 입증하기 위해서 고된 훈련을 이겨내며 여러 가지 고도의 비행기술을 하나하나 터득해 나간다. 이미 높은 수준에 있는 스승의 안내를 받기도 한다. 최고로 빠른 새로운 비행기술을 연마한 시점에서 조나단은 다시 지상으로 돌아와 이전의 자신처럼 낮은 속도의 비행에서 벗

6) 주희(김미영 역, 2005), 대학·중용. 홍익출판사.

7) 리차드 바크(공경희 역, 2018), 갈매기의 꿈. 현문미디어.

어나려고 애쓰는 어린 갈매기들을 제자 삼아 길을 안내한다. 그렇지만 보통의 갈매기들은 자신들과 다르다는 이유에서 이들을 적대시한다. 이 글이 세계적인 베스트셀러로서 수많은 독자를 확보하고 그들에게 감명을 주는 이유는 무엇인가? 그것은 우리 대부분이 세속의 삶에 묶여 살고 있지만 좀 더 자유로운 존재가 되어야 한다는 과제, 그리고 그 과정에서 이루어지는 스승과 제자 사이의 관계맺음과 교섭 자체가 참된 삶의 의미가 있다는 사실을 독자에게 절실하게 환기시키기 때문일 것이다.

〈국가론〉[8]

이 고전의 7권에 나오는 동굴의 신화는 교육을 상징하는 것으로 이미 널리 알려져 있다. 어떤 부분이 교육을 드러내고 있는가? 우화에서 발목이 쇠사슬에 묶인 채 동굴에 갇혀 생활하는 인간들이 묘사되고 있다. 죄수라고 불리는 그들은 동굴이야말로 세상의 전부라고 생각하며 살아간다. 죄수들은 결박된 상태에서 동굴 벽면에 비치는 그림자 세계를 실제 세계라고 보는 것이다. 그러던 가운데 그중 한 명이 동굴을 떠나 햇빛이 비추는 입구 쪽으로 점차 올라가 존재물의 참모습을 본다. 우화는 여기서 끝나지 않는다. 주인공은 이제 과거의 자신처럼 어리석은 상태에 놓여 있는 포로들을 해방시키기 위해 동굴 아래쪽으로 되돌아간다. 전체 이야기는 아직 빛 아래에 비추는 참모습을 보지 못한 동굴 속의 죄수들이 그를 신뢰하지 않고 마침내 죽이려는 전망과 함께 끝난다. 사람들의 어리석음을 벗어나게 하는 과업이 죽음보다 더 가치 있다는 것을 역설적으로 암시하는 것이다.

〈도산십이곡〉[9]

이는 퇴계가 그의 만년에 완성한 단가 형식의 시조로서 제10곡, 제9곡, 제12곡이 앞에서 살핀 세 가지 종류의 삶의 양상, 즉 세속계, 수도계,

---

8) 플라톤(박종현 역주, 1997), 국가 · 정체. 서광사.

9) 이장환(2017), 퇴계의 시. 한길사.

그리고 교육계를 각각 간명하게 잘 대비하고 있다. 여기서는 원문의 문학적 운치보다는 그 내용에 주목하려는 것이기 때문에 지금의 글로 바꾸어 소개하겠다.

당시에 걷던 길을 몇 해를 버려두고
어디에 다니다가 이제야 돌아왔단 말인가
이제야 돌아왔으니 다른 마음을 갖지 않겠네(제10곡)

이 곡은 세속계와 수도계의 삶을 함께할 수 없는 선생의 입장을 잘 반영하고 있다. 그는 중앙에서 벼슬을 지내는 동안 온갖 처세의 삶과 타협해야만 하였으며, 그 부분을 외도로 반성하고 있다. 이제 학문의 길로 되돌아왔으니 자신의 수양에 전심하겠다는 결의가 표명되어 있다.

옛 성인(聖人)도 나를 못 보고 나도 성인을 못 뵈어
옛 성인을 못 뵈어도 올바른 길은 앞에 있네
바른 길이 앞에 있는데 어찌 아니 갈 것인가(제9곡)

이 곡은 수도계의 특성을 간결하게 기술하고 있다. 실제로 옛 성인을 만날 수는 없지만 그들이 닦아온 올바른 길은 보인다. 그들이 그 길을 닦아온 분명한 이유가 있을 것이다. 당장 알 도리는 없지만 아마도 모종의 점입가경이 전개될지도 모른다. 그것을 체험하고 확인하기 위해서는 단지 글이나 말로 전해 듣는 것보다는 일단 그 길에 진입하는 것이 중요하다.

어리석은 사람도 알며 수행하니 쉽지 않나
성인도 못 하는 일이 있으니 그 아니 어려운가
쉽든지 어렵든지 늙은 줄을 몰라라(제12곡)

이 마지막 곡에 이르러서야 교육의 특성이 무엇인지가 극명하게 드러난다. 흔히 성인과 일반 사람을 천양지차로 여긴다. 이 곡은 놀랍게도 그 차이가 절대적인 것이 아니라 상대적인 것임을 밝힌다. 어리석어도 그보다 더 어리석은 것에 비하면 현명하다고 할 수 있으며, 현명하다고 하더라도 그보다 더 현명한 것에 비하면 어리석다고 말할 수 있다. 늙어가면서도 그 세월을 잊어버리는 것은 어느 단계에 있든 간에 상승과 하강의 삶을 누구나 향유할 수 있다는 의미다. 성인도 스스로 어려운 일에 봉착하면 자신의 능력을 닦아나갈 수 있고, 어리석은 사람들조차도 그 나름으로 쉽게 할 수 있는 일이 있다면 더 어리석은 사람을 지도할 수 있는 것이다. 교육에 대한 참으로 놀라운 통찰이다.

어렴풋이나마 이제 세속계, 수도계, 교육계의 구분이 이루어진 셈이다. 몇 가지 은유로서 교육을 모두 이해한 것으로 볼 수는 없다. 교육학 재건의 나머지 과제는 이 가운데 마지막인 교육을 여타의 것들과 대비하면서 더욱 정교하게 기술하고 설명하는 낯선 경로를 밟는 것이다. 당분간 이런 정도의 비유를 통해서 교육이 여타의 영역과 다른 모종의 정체성을 지니고 있으리라는 예측과 예견을 지니고 논의를 진전시키기로 하자.

7.3 본위의 개념

생활세계는 여러 이질적인 세계들의 교차영역이다. 그 세계들을 정치, 경제, 사회, 문화, 종교의 영역, 혹은 세속계, 수도계, 교육계의 것으로 분류할 수도 있다. 이 다양한 영역들은 각각 그들 나름의 기능이 있기 때문에 존재한다. 세계마다 그 추구하는 고유한 가치를 갖는다. 그 각각은 그들 나름의 비교의 근거이기 때문에 그 모든 가치를 양립하는 것이 바람직하다. 예컨대, 학자들은 각종 종교를 허위라고 주장하지만, 일반 시민들은 그것을 모두 진실하다고 믿을 수 있다. 정치인들은 그것을 정치적으로 이용할 수 있다. 이로써 상호 간의 용납과 관용이 이루어지는 것이다.

한 개인의 삶은 총체적이다. 그 정도의 차이가 있겠지만 누구나 세속, 수도, 교육의 영역에 관여한다. 그가 관여할 세계에 따라 서로 상이한 것으로 주목해야 할 특성들이 있다. 일상의 삶에서 개인은 이종의 영역들끼리 공립하기 어려운 상황에 봉착할 때가 많다. 다양한 종류의 영역에 종사하지만 동시에 그 모든 세계에 참여할 수 없다. 영역들 사이의 경합, 경쟁, 긴장, 갈등이 일어나며, 어느 것을 우선적으로 선택하느냐 하는 문제가 남는다. 그 선택과 전환은 일생의 진로로서 지속되거나 단 하루 사이에 혹은 단 한 시간 안에서도 경험할 수 있다.

많은 일을 가장 빨리 하는 방법은 한 번에 한 가지 일만 하는 것이다. 그 어느 경우이든 간에 그 하나에 종사하기 위해서는 다른 것을 당분간 접어두어야 한다. 이렇게 삶에서 그 공립불가의 사태를 분명하게 인식하고 그 갈등을 좀 더 큰 맥락에서 해소하는 장치로서 본위(本位, frame of priority)라는 개념을 쓰기로 한다. 이는 선택된 영역에 몰입하여 종사하기 위해서 관련항목을 전경과 중심으로 취하고 나머지를 관련이 없는 항목으로 배제하거나 무시하는 방식이다.

어떤 특정한 영역을 선택하여 그것을 위주로 종사해야 하는 경우 태도의 급격한 전환이 필요하다. 이는 부분이 아니라 총체적이라는 특징을 갖는다. 본서에서도 세속계에서 수도계로, 수도계에서 교육계로, 그리고 교육계에서 수도계의 하나인 학문계로의 전환이 앞으로 이루어질 것이다. 몇 가지 그림들이 그런 극적인 사태의 전환을 직관적으로 이해하는 데 도움이 될지 모르겠다.

먼저 〈그림 7-2〉는 본위의 선택에 따라 인식대상을 달리 볼 수 있음을 보여준다. 어떤 사람은 오리로 볼 것이며, 다른 사람은 토끼로 볼 것이다. 그 가운데 어떤 것이 맞고 다른 것이 틀린 것이라고 볼 수 없다. 다만 지각된 대상의 선택에 따라 그 요소들의 의미가 달라질 뿐이다. 예컨대, 왼편의 갈라진 두 부분은 오리의 주둥이가 되거나 토끼의 귀가 된다.

〈그림 7-2〉 오리와 토끼

이제 〈그림 7-3〉을 보자. 이 그림은 두 명의 여인을 보여준다. 하나는 고개를 오른쪽으로 돌린 젊은 여인이다. 일단 그렇게 본 사람은 이 그림이 함축한 더 이상의 것을 간과할 것이다. 다른 사람은 이 그림에서 꽤 나이가 든 여인이 전면으로 얼굴을 돌려 아래쪽을 바라보고 있는 것을 볼 수도 있다. 독자는 그중 하나를 선택해서 보거나 혹은 양쪽 모두를 보려고 애를 쓸 수도 있겠다.

〈그림 7-3〉 젊은 여자와 늙은 여자

마지막으로 숫자체제와 문자체제가 교차하는 〈그림 7-4〉를 보자. 그 교차지점을 어느 것에 편입시키느냐에 따라 그 의미가 전혀 다르게 해석된다. 그것을 숫자 12와 14 사이에 있는 것으로 보는 경우 13으로 해석되지만, 그것을 문자 A와 C의 사이에 있는 것으로 보는 경우 B로 해석되는 것이다.

12

A 13 C

14

〈그림 7-4〉 숫자와 문자

우리가 일상생활에서 접하고 있는 구체적인 사건, 사물, 인간, 활동 등은 다양한 영역들의 교차지점에 위치하고 있으며, 그 영역의 차이가 총체적이라는 점을 살폈다. 그 다원적인 세계들은 각각 자율성을 지니고 있기 때문에 한 영역에서 다른 영역으로의 본위 전환은 위의 그림을 통해서 이해할 수 있듯이 극적으로 대조된다. 그중 어느 하나를 본위로 선택하면 그것을 기준으로 목적 · 내재 · 본질 · 유관 · 전경 · 중심 · 실재의 지위가 확보되며, 나머지는 수단 · 외재 · 비본질 · 무관 · 배경 · 주변 · 비실재의 지위에 놓이게 된다.

이 본위의 개념은 삶의 중심주의를 지양하면서 시각의 선택에 의해서 그 다원성의 한 측면을 드러내는 데 필요한 장치이다. 그 점에서 교육을 이해하는 중요한 의거처가 된다. 이미 살폈듯이 교육현상은 생활세계에서 순수한 형태로 나타나지 않는다. 나타나는 것은 단지 그것이 여타의 세계와 상호작용하는 양태다. 그 교차영역은 세속본위 혹은 수도본위 혹은 교육본위의 양태를 띨 것이고, 선택에 따라 그 해석이 달라질 것이다. 이처럼 본위의 전환은 그 해석에서 충격을 느낄 만큼 차이를 가져온다. 그 각각의 양태가 어떠할지를 판별해 보자.

세속본위의 교육양태에서는 세속이 내재의 입장에서 그 목적을 설정하며, 교육은 단지 외재의 사실로서 그 세속의 목적을 달성하는 수단이 된다. 오늘날 자주 보듯이 교육이 부귀영화, 사회적 지위상승의 수단이 된다. "정치발전을 위한 교육", "경제발전을 위한 교육", "사회발전을 위한 교육" 등이 이런 본위선택에 속한다. 세속의 연장선상에 놓은 교육의 양태는 결국 사회화 과정과 비교되며, 그 경쟁에서 어느 것이 성공하고 실패할지는 자명해진다. 이처럼 교육이 세속에 부차적인 것으로 왜곡되거나 변모될 때 그 고유한 정체성을 지키면서 세속에 공헌할 수 있는 여지가 소멸한다.

수도본위의 교육양태의 경우, 수도계가 내재이며, 교육은 역시 외재적 사실로 해석된다. 수도계는 계급사회로서 한 단계 더 높은 지위가 그 이하를 제압한다. 최고의 지위에 오르는 것을 목적으로 삼는다면 중간 단계는 단지 준비라는 것 이외에 별다른 가치가 없다. 중도는 결국 실패자로 간주되기 때문에 이 교육양태에서는 극소수의 엘리트에게 큰 비중이 주어진다. "과학영재교육"이라는 구호가 이를 대표하는 좋은 사례가 되겠다. 나머지의 대중은 단지 문화화의 수혜대상으로 여겨진다. 즉, 수도본위의 교육의 양태에서 교육은 문화화 과정과 비교된다. 그 경합에서 교육의 정체성을 유지하기 어렵고, 세속계의 경우가 그러하듯이 그 본령을 상실한 교육이 그 고유성으로 수도계의 발전에 공헌할 수 있는 여지가 봉쇄된다.

마지막으로, 개념적으로 낯설지만 본 저서에서 시종 주목해서야 할 본위가 남는다. 그것은 모든 사태에서 교육을 세계의 중심으로 위치시키는, 내재교육의 양태다. 이 경우 교육이 삶의 내재로서 전경을 이루고 나머지는 외재로서 그 내재를 부각시키는 배경이나 수단이 되는 것이다. 교육본위의 선택에 알맞은 구호는 "교육발전을 위한 정치", "교육발전을 위한 경제", "교육발전을 위한 사회", "교육발전을 위한 학문", "교육발전을 위한 예술", "교육발전을 위한 도덕"이다. 이처럼 교육을 앞세우는 것이야말로, 일상 삶에서 교육적 주체로서 교육의 세계에 진입하고자 할 때 취사선택해야 할 태도이다.

그러나 교육현상은 그 관점의 부재 때문에 이제까지 생활세계에서 그 본모습을 인정받지 못했다는 사실을 앞서의 논의에서 지적해 왔다. 세상 사람들의 교육에 대한 말은 많지만 대부분 교육의 양태를 교육현상과 혼동한다. 말 그대로 중구난방이다. 서로가 다른 것을 두고 목소리를 높여 떠들어댄다. 세속본위와 수도본위의 양태가 대세를 이루며, 교육본위는 거의 뒷전으로 밀려난다. 그로 인해 치러야 할 대가는 삶의 편협함이다. 교육현상의 올바른 이해가 배제된 삶은 궁핍하고 고달프다. 그런 세간의 혼동에서 자율을 의도하는 본서는 교육본위의 방정식에 맞춰 우리의 삶을 재구성함으로써 그 정체성의 혼란을 종식시키고자 한다.

7.4 이론의 구성작업

각각의 세계의 차이는 총체적이기 때문에, 그들을 이해하는 학문 역시 총체적인 차이가 불가피하다. 앞에서 든 제반 영역들, 즉 정치, 경제, 사회, 문화, 종교, 교육 가운데 교육을 제외하고 각각에 해당하는 분과학문들이 성립하였다. 그들에 의해서 밝혀진 바에 따라 우리는 그 각각의 세계를 이해하고 있고, 이해해야 할 것이다. 이들 여타의 현상들의 차이는 수많은 연구를 통해서 드러나고 있다. 그런데 그 가운데 유독 교육학은 교육현상의 고유성을 드러내는 데 실패했음을 지적하여 왔다. 지금의 과제는 그 외래적 사실들과 구분되는 방식으로 교육현상의 제 모습을 이론적으로 드러내는 것이다.

여기에도 본위의 전환이 요구된다. 앞에서 세계 사이의 이질성을 전제했고, 그런 관점에서 교육과 학문을 구분하였다. 교육학은 후자에 속한다. 교육을 잘하는 일과 교육학을 잘하는 일은 구분되어야 한다. 일상에서 교육본위의 삶이 영위되고 있다는 점은 이론(異論)의 여지가 없다. 그럼에도 불구하고 이러한 사실을 누구나 항상 인지하면서 살아가고 있는 것은 아니다. 분명히 실재하지만 아직 개념적으로 분명한 것으로 포착하지 못한 것이 교육현상이다. 그 본연의 모습을 이론적으로 드러나게 하는 것이 교육학의 과제이다.

교육본위와 교육학본위는 다르다. 교육본위론(the theory of educative frame)은 교육본위를 학문의 본위로 전환시킨 것이다. 앞서 교육본위의 교육의 양태를 미리 상정한 것은 그런 목적을 수행하기 위해서 취한 예비단계에 불과하다. 이제부터 여타의 것들이 섞인 교육양태에서 교육현상을 이론적으로 분리해내는 경로를 밟아야 한다. 그런 인식체제의 선택은 다른 인식체제의 개입을 거부한다. 그 부분이 바로 앞 장에서 논의된 소극적 의미의 교육학적 환원에 해당한다. 이런 접근이 중요한 것은 사이비교육학이 교육을 단지 외재적 기능으로 환원시켰던 전통을 뒤집는 혁명적 시도라는 점이다.

이제까지 여타의 분과학문이 다루지 못한 대상세계의 하나인 교육현상을 우리의 인식으로 새롭게 첨가하고 보충하는 작업은 대강 이렇게 진행될 것이다. 수도계와 교육계는 공존한다. 이 말은 그들이 서로 같은 것이 아니라는 것을 전제함을 상기하기 바란다. 공존한다는 것은 서로의 정체성을 지니면서 협력한다는 뜻이다. 그 교차점에서 특수한 교육의 양태가 드러난다. 교육본위의 선택에서 수도계는 외재가 되고 교육계는 내재가 된다. 교육은 그 자체의 목적을 실현시키기 위해 수도계를 그 수단의 하나로 취급한다. 이렇게 내재와 외재, 목적과 수단의 관계설정이 이루어진 토대 위해서 교육현상을 개념적으로 분리해 낸다.

교육과 관련하여 특별히 주목해야 할 수도계의 요소는 그 체험내용이다. 역사적으로 서양에서 "arete(아레테)", 그리고 동양에서 "덕(德)"의 개념이 교육을 통해서 갖추어야 할 탁월성과 연관성을 갖는다. 〈중용〉에서 말하는 "성(性)"이라는 개념도 같은 맥락이다. 이론을 구성하는 데 그런 역사적 개념을 그대로 사용하기는 부적절하다. 이론적 개념은 이론체제의 울타리 안에서 발생하기 때문에 가급적 그 모호성이나 애매성의 여지가 없어야 한다. 그런 이유에서 본서에서는 품위(品位, poomwee)라

는 새로운 개념을 도입할 것이다.[10)]

교육은 품위를 소재로 진행되는 고유한 현상으로 상정된다. 여기서 소재라는 용어는 예술 분야에서 쓰이는 것과 같은 의미의 것이다. 빛이 없이는 미술이 성립할 수 없고, 소리가 없이는 음악이 성립할 수 없다. 빛이 미술의 소재이지만 빛 자체가 미술인 것은 아니다. 미술은 그 나름의 요소와 특징을 갖는다. 음악도 소리를 소재로 이루어지지만 소리가 바로 음악인 것은 아니다. 음악은 선율, 화성, 리듬, 음색, 형식 등의 표현요소와 독특한 구조를 갖는다. 품위는 미술에서의 빛, 그리고 음악에서의 소리처럼 교육을 성립시키는 중요한 소재다.

교육은 모든 품위의 차이 안에 보편적으로 존재한다. 그렇다면 그 구체적인 내용이 무엇인가? 이에 대한 해답을 내리는 것이 바로 우리가 수행해야 할 적극적 의미의 교육학적 환원이다. 그 고유한 내재적 요소와 구조를 밝히는 작업은 그 자체로서 막연하게 파악된 전체로부터 시작하여, 그 부분들을 찾고, 그 전체 속에서 다시 그 부분들이 추가되거나 수정되거나 명료화되는 복잡한 과정을 거친다. 이 작업을 깨진 항아리 조각들을 조립하는 것에 비유하였다. 한 조각이라도 빠진다면 미완성이다. 그 내적 정합성과 통일성이 드러나지 못한다면 그 안쪽의 부분으로 포함시킨 요소들의 정당성이 입증된 것이 아니다.

구조는 그 안과 밖의 경계를 분명히 드러낸다. 경계는 마치 울타리처럼 내부의 정체성과 결속을 강화하고 외부의 간섭이나 침입을 막는다. 교육의 내재적 변인은 교육현상의 본질적인 특성을 대표하는 변인으로서 서로의 의미규정에 참여하기 때문에 교육현상의 가족에 해당한다. 그것들을 내재율 · 인간 · 활동의 측면에서 찾아내고, 그것을 토대로 교육의 내재적 가치를 논의하게 될 것이다. 그 내재성의 폭과 행사는 그것

10) 교육본위론을 일반에게 알기 쉽게 소개한다는 취지로 새롭게 도입된 개념이나 용어를 일상의 것으로 대체하려는 경향이 있다. 이것은 기껏 그 틀로부터 벗어나려고 했던 노력을 무화시키고 다시 이전의 상태로 되돌리는 결과를 가져온다. 벗어나려고 했던 것을 뒤집는 것이다. 품위를 해석함에 있어서 원시적 의미의 모호함으로 되돌아가서는 안 된다.

이 처한 환경적 조건에 의해서 부분적으로 규정되고 제약된다. 그것이 앞에서 논의된 교육의 여러 양태에 해당하며, 그 양태의 효과나 기능은 서로 비교에서 차이가 난다. 세속본위의 교육의 양태에서 교육은 사회화 과정과 비교되며, 수도본위의 교육의 양태에서 교육은 문화화과정과 비교된다. 교육은 그 고유한 정체성을 유지함으로써 사회화나 문화화가 수행하지 못하는 기능을 수행할 수 있게 된다.

7.5 논의의 새 지평

모든 것을 확실성으로 채운다면 학문은 더 이상 지속될 수 없다. 연구는 불확실성을 전제한다. 특정한 문제에 대한 해답을 얻어가는 과정이다. 이상의 교육학적 환원의 초점은 교육현상 자체를 드러내는 일반적인 방도에 있고 그 원칙에 따라서 해명되어야 할 것들은 그대로 남아 있다. 무지가 제공하는 가장 큰 기쁨은 질문을 허용하는 데 있다. 교육현상은 언제나 밝혀질 것을 숨기고 있다. 최선의 교육학적 사색이 이루어진다고 하더라도 그것에 대한 경이로움은 남는다.

교육현상은 우리의 삶의 일부로서 생생하게 만연되어 있음에도 불구하고 학문적으로 전인미답의 영역으로 남아있다. 해답은 질문에 후속한다. 교육현상을 해명하기 위한 올바른 질문은 무엇인가? 새로운 발견이나 지식의 급진전은 이전의 것에 무언가를 첨가하는 것이 아니라 질문과 해답의 틀이 총체적으로 바뀌는 방식으로 진행된다. 이전의 "교육학"은 그 질문과 해답의 방식에서 교육현상을 체계적으로 왜곡하고 은폐하였다.

교육학의 재건작업은 그 은폐되어 온 교육현상을 재조명할 분기점이다. 지난날의 지식이 아니라 새로운 질문이 절실히 요청된다. 올바로 밝혀져야 할 의문을 현재 또는 미래에 그대로 전하는 것만으로도 교육학의 발전에 크게 기여할 수 있다. 그런데 한 가지 애로는 질문은 무지에 기반을 두지 않는다는 사실이다. 질문은 언제나 모종의 인식을 전제한다. 질문 안에는 모종의 선행된 가정이 내포되어 있고, 질문의 올바름은 올바른 전제에서 나온다.

모든 것을 의심하면서 살아갈 수는 없다. 믿음은 그것이 가진 오류를 교정하는 데에도 요구된다. 교육에 대한 의문을 제기하고자 할 때조차도 최소한의 믿음의 기반이 필요하다. 교육본위론의 주된 취지는 지금까지 교육학자들이 간과해 온 미지의 영역을 개척하는 새롭고 기초적인 설계도면을 확보하는 데 있다. 어떤 엄밀한 지식을 세우려는 것이 아니라 새로운 연구의 지평을 개척하는 데 큰 의도가 있다. 본서의 나머지에서는 그 연구영역과 문제들의 성격을 분명하게 세부적으로 구획함과 동시에 그에 대한 예비적인 고찰을 할 것이다. 그 개략은 다음과 같다.

제8장: 교육의 소재

이전의 "교육학"은 바람직한 인간상을 "교육의 목표"로 삼고, 주로 그 인간상에 대한 논의를 해 왔다. 그러나 그런 인간상을 누가 어떤 권능에 의해서 한정시킬 수 있느냐 하는 문제가 남는다. 설사 그런 규정이 가능하다고 하더라도 그것이 왜 교육에서 추구할 목표가 되는지 여전히 모호하다. 이 부분에서 대개 교육목표를 학교의 목표와 혼동하는 경우가 많다. 본 장은 그 기본도식을 전면적으로 바꾼다. 바람직한 인간상을 품위로 규정하고, 그 품위가 교육을 진행하는 수단으로 고려되어야 할 측면을 파악한다.

제9장: 교육의 수레바퀴

이전의 "교육학"은 교육 자체가 무엇인지에 대한 해답을 거의 유보하였다. 누구나 알고 있는 사실로 전제하거나 혹은 교육을 하나의 문장으로 정의하는 극단을 취하기도 했다. 학문적으로도 교육은 정의될 것이 아니라 그 전체로서 이해되어야 할 현상이라는 것이 앞에서 지적되었다. 본 장은 교육의 총체적인 구조에 관심을 갖고 그 정체성을 보장하는 내재율을 그 요소로 삼아 그 요소들 사이의 관계양상을 부각시킨다.

제10장: 교육본위의 인간

이전의 "교육학"은 "교육자"와 "피교육자"를 구분하였다. 교사와 학생이 이에 해당한다. 그들이 가진 다면적인 특성을 교육에 관계되는 중요한 변인으로 간주한다. 그 어느 것이든 자연인이 지닐 수 있는 여러 측면에 불과하며, 교육과 내적 필연성을 갖지 못한다. 본 장은 다양한 자연인의 인간상 가운데 세속계와 수도계의 인간상과 대비하여 특별히 교육에서 주목해야 할 측면이 무엇일지를 궁구한다.

제11장: 교육본위의 활동

이전의 "교육학"은 주로 학교에서 이루어지는 수업을 주된 교육활동으로 취급하여 왔다. 그러나 교육활동은 학교의 안과 밖에서 일어나며, 그 특징은 여타의 활동과의 대비를 통해서 드러난다. 본 장은 인간의 제반 활동 가운데 특별히 교육의 영역에 속하거나 혹은 교육의 측면으로 고려할 수 있는 것이 무엇인지에 관하여 논의한다.

제12장: 교육본위의 가치

이전의 "교육학"은 거의 모든 가치를 무분별하게 수용하거나 그에 대한 설명이 곤궁할 때 "가치중립"의 입장을 택해 왔다. 본 장은 이제까지 규정된 제반 가치들을 외재적 가치로 규정하고 그들과 구분되는 교육의 내재적 가치가 무엇인지를 다룬다. 나아가 그 논의를 교육의 목표와 그 평가와 연결시킨다.

제13장: 메타교육

주로 국가를 교육의 주체로 상정하는 이전의 "교육학"은 국가가 교육을 관리하고 통제하는 것으로 되어 있다. 매사를 국가의 책임으로 돌린다. 이에 비해서, 교육본위론은 교육의 주체를 그 내재율에 따르는 개인으로 본다. 어떻게 주체를 확보할 것인가를 교육발전의 중요한 과제로 삼는다. 그 한 가지 통로로서 본 장은 교육의 교육, 즉 메타교육에서 찾는다.

제14장: 교육의 환경

이전의 "교육학"은 주로 학교체제가 봉착하는 제반조건에 관심을 기울였다. 그들이 말하는 "교육목표"의 달성에 공헌하거나 저해하는 조건을 문제로 삼는 경우도 있다. 그러나 교육의 자율성을 인정받을 수 없는 상황에서 교육의 환경이란 개념상 성립할 수 없다. 본 장은 〈그림 7-1(174쪽)〉에서처럼 교육을 삶의 중앙에 두고 나머지를 교육의 환경으로 취급한다. 교육과 그 환경 사이의 관계는 쌍방적이다. 본 장은 쌍방적 영향을 상호호혜의 원칙을 적용하여 추정한다.

제15장: 교육본위의 생활공간

이전의 "교육학"은 학교를 교육현장으로 간주하고 여타의 공간에서 이루어지고 있는 교육을 거의 외면하였다. 그러나 어느 활성적 생활공간에서나 교육이 배제된 삶이란 온전하다고 볼 수 없다. 본 장은 인식의 부재로 인하여 은폐되어 왔던 교육의 현장인 가정, 직장, 가상공간을 그 양태, 메타교육, 교육의 여건, 그리고 교육의 기능의 측면에서 전반적으로 검토한다.

제16장: 학교∩교육의 내실화

교육과 관련하여 세인의 관심을 가장 많이 받고 있는 학교는 그 의미가 과장된 삶의 현장이기도 하다. 학교와 교육을 개념적으로 분리하는 데 실패한 이전의 "교육학"은 그로 인해서 사실상 학교 안에서 진전되는 교육 이외의 사실에만 관심을 보여 왔다. 본 장은 학교 안의 교육외재와 교육내재의 측면을 구분하고, 이 중 후자를 보완하는 과제가 무엇인지를 밝힌다.

제17장: 교육본위의 평가

이전의 "교육학"에서는 주로 학교에서 이루어지는 평가, 더욱 구체적으로는 학업성적을 측정하는 절차에 부심한다. 일반인의 특별한 관심사로 주목을 받는 이 부분은 그 범위가 편협할 뿐만 아니라 사실상 교육과는 무관하다. 본 장은 삶의 전반에서 진행되는 교육을 그 평가의 대상으로 삼는다. 교육 자체의 가치실현, 그것을 좌우하는 교육여건, 그리고 교육의 기능을 평가에 포함시킨다.

제18장: 교육본위의 인식론

학문과 교육은 별개의 범주이지만 바로 그런 이유에서 서로 보완관계를 갖는다. 이전의 "교육학"은 단지 그 관계의 긴밀함을 두고 양자를 동일시하는 경향조차 보여 왔다. 본 장은 양자를 구분함은 물론, 교육이 어떻게 종전의 인식론을 보완하면서 학문의 발전에 공헌할 수 있는지를 추론하면서 교육학이 학문 전반에서 차지할 수 있는 새로운 위상과 기능을 예고한다. 교육을 교육학의 발전에 응용할 수 있는 가능성도 처방한다.

체계가 없는 산발적인 연구는 큰 결실을 얻기가 어렵다. 앞의 여러 연구 분야의 제안에서 주목해야 할 부분은 모든 것들이 서로 공통된 개념체제에 뿌리박고 있다는 점이다. 그 각각의 문제영역 가운데 어떤 것은 다른 영역의 문제를 유발하거나 해답의 단서를 제공하면서 서로를 보완할 가능성이 많다. 위의 각 주제가 서로 연대하고 호응함으로써 교육학의 범위와 깊이가 점차 확장될 것으로 기대한다. 그 연대적인 연구와 결과물들은 고유한 것이기 때문에 오롯이 교육학의 자산으로 등재될 수 있을 것이다.

각 주제의 연구가 후속되기를 기대하지만 그 작업이 완성될 때까지 발언을 연기할 수는 없는 노릇이다. 본서의 나머지 내용은 수많은 사고실험의 시행착오를 거쳐서 얻은 논자의 추론이다. 당연히 어림짐작, 불완전한 관찰, 성급한 일반화, 직관, 유추, 느낌 등을 포함하기 때문에 논자가 도달한 중간지점을 최종 종착지로 보는 것은 위험하다. 본서의 진정한 의도는 그 조급함과 오류를 밝히는 연구를 초청하고 유도하려는 데 있다. 불확실한 것을 확실한 것으로 착각하는 것은 어리석다. 교육본위론에 대한 맹목적 옹호자는 그 열성 때문에 자체를 왜곡할 위험에 처할 수 있다. 이하의 논의를 논자는 열린 검증과 비판을 초청하는 최선의 추정[11)]으로 받아줄 것을 희망한다.

11) 그렇게 보면 이하의 논의에서 '아마도', '가정적으로', '지금으로서 생각해 볼 수 있는', '내기를 걸고' 등의 수식사를 매번 첨부해야 할지도 모른다. 본문에서는 편의상 그 겸손한 어법이 생략되었다.

제8장

교육의 소재

교육은 수도계의 품위를 소재로 삼아 성립한다. 품위의 종류는 인간의 적성만큼 다양하며, 그 수준의 차이도 그것들이 실현된 것만큼 깊다. 그 체험 내용이 구체적으로 무엇이냐 하는 문제는 그것을 담지한 사람을 통해서만 확인될 수 있기 때문에 그 총체를 밝히려는 것은 우물 안 개구리의 만용이다. 품위는 항상 얼마만큼은 미궁의 실재로서 그 실재성은 그것을 실현한 한계와 범위 안에서만 입증된다. 각자의 제한된 체험 안에서 제법 열거도 하고 기술하기도 하지만 그것은 언어의 경계를 벗어나기 때문에 그 언급이 품위 자체일 수는 없다. 이 부분에서 교육학자들이 관여할 여지는 없다. 본 장은 다만 품위의 일반적인 속성이 어떤 것인지를 먼저 이론적으로 논의하고, 그것이 교육의 소재로 관계하는 측면만을 한정하여 다루게 될 것이다.

8.1 품위의 일반적 속성

품위는 수도계에 접하는 우리 내면의 체험구조이다. 체험은 눈으로 관찰하거나 언어의 형식으로 표현하기 이전의 우리 내부의 암묵적인 작동상태다. 그 의미를 부여하는 것은 그 구조적 응집성과 서로 연관된 체험요소들의 어울림이다. 그 요소의 하나가 여타의 요소와 관련을 맺고 그 전체를 구성한다. 그 포치관계가 고려될 때에 한해서 수도계 자체가 요구하는 응분의 것을 절실하게 접하게 된다는 점에서 품위는 그 해당되는 수도계에 대한 소우주를 대변한다.

그 전체적인 체험의 단일성 안에는 지적인 것, 정의적인 것, 신체적인 것을 포함한다. 신체는 품위를 지닌 그릇이다. 품위가 기거하는 집이라고 해도 된다.[1] 몸이 있는 곳에 마음이 있다. 그 신체 안에서 개인은 현실을 인식하며, 감정과 충동에 의해서 가치를 결정하고, 의지에 의해서 목적을 실현한다. 각자는 자신이 가진 품위로써 해당 수도계에 대해서 지각하고-느끼고-생각하고-평가하고-행동한다.

품위의 범위는 지금까지 발견된 것과 앞으로 발견될 것까지를 생각하면 무진장하다고 말할 수밖에 없다. 그 고유한 맥락과 조합방식에 따라 다양한 종류와 다양한 수준으로 구분된다. 예컨대, 진(眞) · 선(善) · 미(美)는 서로 다른 종류의 체험구조를 대표한다. 그중 한 가지 종류의 체험은 다른 종류의 체험을 대신하지 못한다. 그 각 종류의 품위는 이전을 토대로 점차 구축되는 일종의 흐름의 과정에 있다. 더 존귀하고 유능한 인간성을 창조하는 과정에서 “높다”와 “낮다”라는 위계가 이루어진다.

품위는 고유한 내재적 가치를 지니고 있다. 그 모든 외재적 가치를 제외하고도 그것을 몸에 지니고 사는 것만으로 충분한 삶의 보람과 행복을

1) 품위는 육체 안에 내재한다. 체득(體得)이나 체인(體認)이라는 표현을 쓰는 것은 그런 이유에서다. 학자의 두뇌, 미술가의 눈, 음악가의 귀, 시인의 가슴, 장인의 손끝, 포도주 감별사의 혀끝은 그런 측면을 비유한 것이다.

느낀다. 슬기롭고, 착하고, 아름답게 사는 것은 그 자체로서 좋다. 그 위계가 바로 고귀한 작품으로서 내세울 수 있는 우리 자신에 해당하기 때문에 인간으로서의 자존심과 자긍심의 핵이며 원천이다. 그것이 존중받을 때 자아의 가치가 상승되고, 그것이 손상을 입을 때 자아의 상실감을 느낀다. 그 때문에 오로지 품위를 그 유용성으로만 판단해서는 안 된다.

품위에 대한 보상과 벌은 그 수도계 안에 붙어서 따라다닌다. 품위에 대한 보상은 그것을 지니고 있는 것 자체이기 때문에 별도의 보상을 받을 필요가 없다. 그에 따른 수많은 보상은 그 잉여에 불과하다. 반대로 품위의 결여가 바로 벌이다. 이런 당사자적 감식과 마음으로부터의 승인을 벗어나거나 혹은 쓸모 있음과 외부의 보상이 앞서는 품위는 그 정체성을 잃을 위험에 처한다. 설령 품위에 어긋나는 행동이 소기의 성과를 거두고 발각되지 않는 경우에도 당사자는 그것을 후회한다.

품위는 외부적 조건의 구애를 받지 않고 개인 안에 자재한다. 외계와 직접 접촉하는 것을 막는 보호막으로서 품위는 그 여실함의 광대한 넓이와 깊이의 변화무쌍함에도 불구하고 내적인 주체성과 자기동일성을 취할 수 있다. 외부의 상황이 혼탁해도 부화뇌동하지 않고 몸 안의 품위는 그 맑음을 유지한다.[2] 우리 각자는 자신의 처소로서 품위를 어떻게 가꾸느냐에 따라 스스로 지옥을 천국으로 만들 수 있다.[3] 나무와 꽃이 있고 그 위에 학이 날아가도 그것에 감응하는 마음이 없다면 무엇 할 것인가?

품위는 그 소지자가 확보한 자유영역이다. 품위는 환경의 지배를 초월한다. 품위의 수준에 따라 동일한 자극에 대한 반응이 다르다. 품위가 향상되면 이전에 불가능했던 것들이 후퇴한다. 역경도 그것을 이겨낼 수 있는 사람에게는 순경이다. 품위가 높을수록 더 많은 것을 보고 느낄 수 있으며, 외부의 불확실한 상황 안에서 기회가 증대한다. 반대로 기회

---

2) 부정부패의 유혹을 전혀 받지 않은 사람의 정직함은 아직 정직함의 요건을 충족한 것이 아니다.

3) 마음이 물들지 않고 집착이 없으면 세속에서도 수도의 세계에서 산다.

와 여건이 주어진다고 하더라도 그것을 잡고 활용할 능력이 없다면 실현할 수 없다.[4] 후진에게 한 가지 기회가 주어지지만 선진에게는 열 가지 기회가 주어진다. 이처럼 품위의 확장과 개선은 기회를 포착하는 예비도구다.

평소에 품위는 소유자의 몸 안에 은밀하게 숨어 있다. 당장 눈으로 볼 수 없고 귀로 들을 수 없다. 누구나 자기 경험이 허용하는 것을 안쪽에서 체험할 뿐이다. 그 세부적인 형태와 총체는 오로지 그것을 실현하고 체득한 사람에게 하나의 감(感)으로 느껴진다. 비록 사람들이 알아주지 않을지라도 당사자는 알고 있다.[5] 그런 체험이 부대되지 않은 것은 자신의 품위라고 말할 수 없다. 그 드러남이 없다고 해서 그것의 부재로 판단해서도 안 된다. 품위의 소지와 그 드러남은 구분되어야 한다.

이런 제반 품위의 진가는 세속의 범주를 초월한다. 권력, 재물, 사회적 지위, 세속적 출세 등은 사회적 인정과 타인의 검속에 의존하고 외적 조건에 의해서 결정되며 본래의 자기 자신을 억압하거나 가리고 언제든지 박탈당할 위험에 노출되어 있다. 이에 비해 홀로 즐기고 소요하는 품위는 외부의 조건과 독립해서 자유가 보장되는 평생의 재산일 뿐만 아니라 어떤 외부의 세력도 그 재산을 침해하거나 빼앗을 수 없다. 예외는 오직 생물학적 죽음뿐이다.

8.2 품위의 종류와 수준

품위는 어느 것이든 선험적으로 주어지거나 혹은 정의로 확정할 수 있는 것이 아니다. 필요한 것은 형이상학적 단언이 아니라 실천적 증명이다. 인류공동체 모두가 그것을 계속 탐색해 나가는 과정에 있으며, 그

4) 이에 어울리는 것으로서 두레박줄이 짧으면 깊은 우물의 물을 길을 수 없고, 그릇이 작으면 많은 것을 다 담지 못한다는 속담이 있다.

5) 이를 두고 하늘이 알아준다고 한다.

전반적인 범위는 계속 확장하고 있기 때문에 그 내용을 보편적인 것으로 규정하는 것은 옳지 않다. 체험범위 밖의 나머지는 항상 미궁으로 남아 있지만 그 종류와 수준이 존재한다는 사실만큼은 분명하다. 이 부분이 교육의 소재와 관련된다.

먼저 논의해야 할 대상은 품위가 발전하는 종류의 다양성이다. 서양에서는 학문, 예술, 도덕의 영역을 구분해 왔다. 동양에서도 유가, 불가, 도가, 다도, 요가, 태권도, 유도, 기도 등 이른바 "도(道)"의 명칭을 가진 여러 세계들을 지적해 왔다. 인간의 탁월성은 여기에 국한되지 않는다. 자전거 타기, 수영하기, 농구하기, 골프하기, 뜨개질하기, 요리하기, 꽃꽂이하기, 그림 그리기, 노래하기, 춤추기 등 각종 기예와 취미영역도 품위의 종류에 포함시킬 수 있다. 각각의 독자성은 서로의 환원을 불허한다.

품위가 수도계의 체험구조라는 것은 그 세계를 전체로서 체험한다는 뜻이다. 그 전체를 어떤 범위로 규정하느냐에 따라서 수도계의 종류의 숫자도 달라질 것이다. 그 체험구조의 전체단위는 규모가 큰 범위에서부터 그것을 세부로 나눈 더 작은 가지의 범위가 있으며, 그들은 서로 다른 명칭으로 지칭된다. 학문의 경우, 각종 분과학문, 더욱 세부적으로는 전공의 영역이 있다. 예술에서는 음악, 그림, 조각, 시, 소설, 오페라, 발레, 춤 등을 서로 다른 장르로 구분해 왔다. 이 외에도 이루 헤아리기 어려울 정도로 서로 구분되는 세부적인 영역들이 있다.

그 역사적 진전에 따라 수도계는 부단한 추가, 분화, 재통합의 과정을 거친다. 미구에 지금 이루 헤아리기 어려운 새로운 것들이 추가될 것이다. 그 가운데 어떤 것은 여러 갈래의 하위로 나누어지는 현상이 일어난다. 상호 간에 영향도 주고받는다. 이미 알려진 것끼리의 융합도 수시로 일어난다. 그 융합은 단순히 산술적인 가법으로 할 수 없고 그 전체에 대한 새로운 규정을 요구한다. 그 종류는 그 다원성의 측면에서 권장되어야 할 횡적 상대성이다.

이 세상에 수도계의 종류가 얼마나 있을까를 묻는 것은 어리석다. 사실상 그 해답이 불가능한 질문이기 때문이다. 그것들은 계속 출현하고 분화하고 있으며, 체험한 사람만이 그 개별적인 것을 알 수 있기 때문에 개인에게 있어서 그것은 반복해서 확인해야 할 과제다. 아무리 선대가 역사를 통해서 공동으로 입증했다고 하더라도 그것을 아직 체험하지 않은 사람에게는 그 종류를 열거할 때 제외될 수밖에 없으며, 그 부분이 바로 교육의 소재로서 다루어야 할 명분을 성립시킨다.

교육의 소재와 관련하여 논의해야 할 다음 주제는 품위의 수준이다. 수도계의 정상적인 흐름은 발전이다. 그것은 단순히 기존의 것에 새로운 것을 추가하는 것이 아니라 그 전체의 변형을 뜻한다. 이 특성에서 필연적으로 단계라는 개념이 도출된다. 품위의 발전은 한 단계가 해체되고 그것이 더 나은 것으로 대체되는 과정이다. 구조의 완성과 완전은 구분된다. 완성은 구조가 형성되었다는 것을 의미하고, 완전은 개선할 여지가 없이 완벽하다는 것을 의미한다. 전자는 가능하고 후자는 불가능하다.

품위의 발전에서 하나의 위계가 형성된다. 마치 사다리의 경우처럼 그 위계들을 따라 한 단계씩 발전한다. 인간은 누구나 무능과 유능, 비천과 존귀, 왜소함과 위대함의 사다리 중간에 위치하고 있다. 각 단계는 서로 구조상의 차이가 있기 때문에 인접한 품위 사이에는 논리적으로는 서로 모순될 수 있지만 발생적 연속성을 지닌다.[6] 연속성이란 각 단계의 품위가 다음 단계의 진입을 위한 토대가 된다는 의미이다. 논리적으로는 비연속적이지만 경험적으로는 연속적이다. 서로 논리적으로 통약할 수 없지만 아래의 품위가 위의 품위를 태동하게 하는 계기를 마련한다.

품위의 연속성을 계통발생과 개체발생으로 구분하여 논의하기도 한다. 계통발생의 연구는 품위의 위계가 전적으로 개인적인 결정이나 선호의 문제가 아니라 그 해당 수도계의 속성과 전통에서 기인하는 것으로 본다. 그 역사적 가변성을 추적함으로써 그 가치판단의 숙련도에

---

6) 이는 논리적으로 설명할 수 없는 부분이다. 굳이 헤겔의 변증법으로 설명한다면 지양(止揚)의 개념에 해당할 것이다.

대한 모종의 보편성을 추정하는 방식을 택한다. 각 시대의 최고품위를 연결시키는 방식으로 그 계열적 변화에 주목한다. 이와 달리 개체발생의 연구는 한 시대의 개체가 더 나은 품위를 형성하는 계열에 관심을 갖는다. 품위의 계통발생과 개체발생 사이의 관계에 대한 실증적 증거는 아직 불충분하다. 교육은 이 가운데 계통발생보다는 개체발생과 연관된다.

발생적 연속성에 있어서 특히 주목할 점은 그 이전과 이후의 품위에 대한 통제방식이다. 발생적으로 이전의 품위는 이후의 토대가 되지만, 이후의 품위가 형성된 다음에는 이하의 모든 품위를 제압한다. 품위가 높을수록 품위의 바람직한 특성이 점차 살아난다. 소유자는 더 높은 품위에 대한 자부심을 더 향유하고 환경과의 상호작용에서 더 높은 통제력과 자유를 향유할 수 있게 된다. 이런 통제의 역전은 선진의 품위를 갖추면 후진의 품위 안으로 되돌아갈 수 없다는 불가역의 원칙을 가능하게 한다.

품위수준의 궁극적인 종착역은 없다. 설사 그 종착역이 존재한다고 하더라도 거기에 도달한 사람은 역사적으로 존재하지 않았다.[7] 낮은 수준에서부터 아득히 높은 수준까지 수천수만의 단계는 아무리 개선해도 더 개선할 여지가 있다. 그 어느 것이든 절대적인 것은 아니기 때문에 이를 종적 상대성이라고 불러도 될 것이다. 특정한 품위는 더 높은 것에 비하면 열등하고, 더 낮은 것에 비하면 우월하다. 끊임없는 쇄신과 발전하는 과제를 놓고 서로 경합하고 대체되어야 할 상대성이다.

8.3 동체이품(同體異品)

구체적인 개인이 광대한 세상을 탐험할 수 있는 여지는 무한하다. 그

7) 이 부분이 수도계와 종교가 개념적으로 분리되는 대목이다.

가운데 각자가 경험하는 것은 극히 한정되어 있다. 수도계의 경우 그 다양한 품위의 종류와 수준의 탐색 범위는 개인마다 다를 것이다. 그 다양한 내용과 관점을 여기서 논의할 것이 아니다. 목하 이제부터 살펴야 할 부분은 교육과 관련을 맺는 그 개별성이다.

먼저 교육의 소재로서 품위의 종류를 살피기로 하자. 교육은 기본적으로 그 소재로서 품위의 종류를 결코 한정하지 않는다. 교육본위론은 그 부분에서 이른바 "전인교육"과 "인간주의교육"의 이념에 동조한다. 이른바 "전인"이 한 개인이 가질 수 있는 품위의 전체를 지칭한 것이라면 그 모두를 갖추는 것이 거의 불가능하겠지만 품위가 지-정-체의 유기적이며 통합적인 성질을 지니고 있다는 점에서 전인이라는 이념과 어울린다. 개인은 다른 어떤 타인의 것 혹은 일반적인 범주로 환원시킬 수 없는 특유한 잠재가능성을 지닌 존재다. 자아실현(self realization)의 이념을 염두에 둔다면 개인이 교육의 소재로서 선택할 품위의 종류는 개인의 숫자만큼 많을 것이다.

교육의 소재와 관련하여 이제부터 특별히 주목할 문제는 품위의 수준이다. 교육은 품위의 발생적 계열과 연속성의 사이에 존재하는 특수한 세계라는 것이 논증될 것이다. 이를 위해서는 개인이 어떻게 그 발생적 계열을 거치느냐 하는 부분에 대한 해명이 선행되어야 한다. 그럼에도 이제까지 여타의 분과학문에서 그 부분을 제대로 주목하지 못했거나 간과해 왔기 때문에 논의의 진전을 위해서 더욱 새롭고 세부적인 개념범주를 상정하려고 한다.

시간의 진행에 따라 품위도 변화한다. 여기서 물리적 시간과 체험의 시간 사이의 구분이 필요하다. 전자의 진행은 화살이 진행하는 것처럼 직선이지만, 후자는 나무의 나이테와 같은 나선형이다. 물리적 시간의 일정한 기간 동안 품위는 잠정적인 안정 안에서 하나의 구간으로 체험되며, 이를 기준으로 과거의 구간 혹은 미래의 구간이 반복적으로 확장된다. 수도계의 발전에 몸담은 개인은 과거의 품위(過品), 현재의 품위(現品), 그리고 미래의 품위(未品)의 흐름을 탄다.

삶의 무대에서 언제나 현재만 실재한다. 개인은 예외 없이 자신의 현품으로 나름의 수도계를 체험한다. 자기 경험 이외에는 아무것도 믿을 것이 없다. 개인은 현품에 비추어 세상을 보고, 느끼고, 판단하고, 결정한다. 이에 맞게 현실을 동화하고 해석한다. 예측할 수 없는 이례적인 상황에서 현품을 기준으로 명백함, 평범함, 친밀함, 당연함을 규정한다. 수도계에 대한 설명이나 해석을 요구받을 때에도 이에 의존한다. 수도계가 다분히 평면적이며 최종적인 것처럼 보이는 것도 이 때문이다.

현품의 감옥에 갇힌 개인은 그 튼튼한 벽 안에 있는 것을 세상의 전부로 착각한다. 무한한 수도계의 전체를 단지 그의 유한성으로 제한한다. 여름철 벌레는 한 계절에만 살기 때문에 겨울을 이야기할 수 없다. 우물 안 개구리는 우물이 세계의 전부인 것으로 생각하기 때문에 바다를 말할 수 없다. 그 부분에서 인간도 여름철 벌레나 개구리와 다름없다. 각자는 누구나 자신의 현품의 한계를 세상의 한계로 오판한다.

현품은 그 소유자의 입장에서 자존의 핵(核)이다. 그 극치는 유사완전성이다. 개인은 잠시나마 자신이 완전으로 향하는 영원한 중간자임을 망각하고 유사정상(類似頂上)의 경험을 만끽한다. 그의 믿음이 진리(眞理)요, 그의 느낌이 미(美)이며, 그가 행하는 바가 선(善)이다. 현품에 따라 시비를 따지며, 가장 정당한 증언이자 고발자로 행세한다. 남의 결점은 눈앞에 있고, 자신의 결점은 등 뒤에 있다는 말이 있는데, 이는 부분적으로 현품의 이런 유사완전성에서 기인한다.

삶은 언제나 불확실하고 예측할 수 없다. 현품은 그 상황에서 개인이 자신의 정체성을 유지하는 안정적인 보호막이다. 그 안에서 세계는 명백함, 평범함, 익숙함, 친밀함, 절실함, 당연함, 정상, 납득함으로 경험된다. 개인이 증언하는 "그럴 수밖에 없는 당연함", "그렇게 되어야 마땅한 바람직함", "절실한 현실", "당면해야 할 환경" 등도 모두 이 현품에 근거를 두고 있다. 그에 어긋나는 사태는 개인에게 있어서 무언가 잘못되어 가고 있는 것이다.

그런 현품에 이르게 한 디딤돌이 과품이다. 과품에는 인과응보와 지속적인 고통의 씨앗이 들어있다. 씨앗은 죽어야만 비로소 싹이 튼다. 과품은 성가시게 현재에 남아있기도 하지만 그 효력이 정지되어 있으며, 다만 현품의 우위성을 정당화하는 내부적인 비교의 준거로 작용한다. 쓴맛을 보지 않은 사람은 단맛을 볼 자격이 없다. 허위를 경험하지 않고 진리를 판정할 수 없다. 추함을 경험하지 않고 아름다움을 느끼기 어렵다. 악함을 경험하지 않고는 선함을 고마워할 수 없다.[8] 이처럼 과품과 현품을 비교함으로써 옳은 것과 옳지 않은 것의 분별이 가능하다. 과품에는 물론 아주 오래된 것에서부터 얼마 전의 것까지 서로 다른 여러 층위가 있다.

아직 실현되지 않았지만 실현될 잠재가능성의 품위가 미품이다. 불가능하다는 것도 단지 현재로서는 그렇다는 것이다. 모든 것은 불가능하다고 증명될 때까지는 가능하다. 가능태로서의 미품은 자신의 현품을 바꾸어야만 이해될 수 있는 가능성으로서 마치 자신의 손이 미칠 수 없는 선반 위의 비밀스러운 물건처럼 불확실성, 불가예측성, 이탈, 불규칙성, 불합리, 두려움 등의 공포와 불안, 그리고 신비, 희망, 기대, 호기심, 흥미, 관심 등의 매력을 동시에 지닌다. 현품이 위기에 봉착할 때 그 문제를 해결할 수 있으리라는 기대와 희망도 내부에 품고 있다. 미품도 과품의 경우처럼 가깝고 먼 여러 층위가 있다.

위에서 설명한 과품, 현품, 그리고 미품은 그 체험내용이 다르다. 발전의 과정에서 그들은 서로 대립하고 충돌한다. 그런데 현재의 삶이란 과거로의 회귀가 아니고 미래로 진입하는 토대다. 그 불일치와 비일관성을 무마하는 효과적인 수단의 하나는 과품과 미품을 바라보는 창을 현품의 평면에 진열시키는 것이다.[9] 그렇게 진열된 과품과 미품을 구분하기 위해 개념상 그 앞에 현품의 "현"을 추가하여 그 각각을 이해해 보기로 한다.

현과품은 과품을 현품의 창에 맞게 재구성한 것이다. 기억은 두뇌의

---

8) "알고 보니 그게 아니더라!"라는 표현은 그런 경험을 잘 대변한다.

9) 이는 마치 은폐된 것으로서의 존재자를 현존으로 규정하는 형이상학의 오류와 같다.

어느 부분에서 있었던 그대로 보존되지 않으며, 설사 그렇게 존재한다고 하더라도 과거의 상태 그대로 회고할 수 없다.[10] 그런 이유로 개인의 과거는 그의 기억에서 끊임없이 변한다. 회고는 서로 다른 모든 구조들에 의해서 재조합된다. 현재에 영향을 끼치는 과거란 실제로 일어난 사실이 아니라 현시점에서 그렇다고 믿는 바대로 재구성되어 있다. 개인은 품위의 향상이 이루어진 후에 자기가 과거에도 지금의 품위를 지니고 있었다고 흔하게 주장한다.

현미품은 미품을 현품의 창에 맞게 재구성한 것이다. 현품은 자체로 애매하고, 의문스럽고, 갈등하는 상태에 봉착했을 때 좀 더 분명하고 일관성 있고 해결되고 조화로운 상태를 희구한다. 이상(理想)이란 가능한 것 가운데 바람직한 것을 형상화한 가상적 이해이다. 이른바 유토피아의 동경은 그 주장자의 현품을 긍정적으로 재구성한 고향에 대한 염원이다. 개인은 심지어 신의 모습을 자신의 현품에 비추어 기린다.

개인의 삶에서 체험적 시간은 마치 나무의 나이테와 같이 그 단계별로 반복된다. 수도계의 정상적인 길을 걷는다면, 품위의 발전을 성취할 수 있어야 한다. 품위의 발전에서 이전의 품위는 이후의 품위를 형성하는 토대가 되지만, 일단 이후의 품위가 이전의 미확정적인 부분을 결정하고 나면, 그 자체가 기능적으로 독립할 뿐만 아니라 그 통제의 방향이 역전된다. 이처럼 인과의 계열과 통제의 방향이 분리되는 품위의 특성이 교육의 소재로서 요구되는 조건이다.

8.4 이체이품(異體異品)

품위는 몸 안에 있으며, 각각의 개인은 그 피부로 타인과 경계를 이룬다. 그 다름을 인정하지 않고 그 대표성을 상정하거나 평등성을 주장

10) "개구리 올챙이 적 생각을 못한다."라는 속담이 있다.

하는 것은 부당하다. 수도계의 품위를 대신하거나 대표할 사람은 없다. 품위에서 공동자산의 개념은 성립되지 않는다. 오로지 그 개인적인 체험이 부대될 때에 한해서 그의 품위로 인정된다. 개개인이 그 종류와 수준에서 너와 나의 차이가 있는 나름의 품위를 지니고 있음을 인정해야 한다.

품위의 종류와 관련하여 개인의 소질(talent)과 적성(aptitude)을 논의할 수 있다. 적성은 어떤 일에 알맞은 성질이나 적응 능력에서 유리함과 불리함의 차이를 구분하려는 데 그 초점이 있다. 갑(甲)은 학문에 소질이 있고, 을(乙)은 예능에 소질이 있다. 같은 체육의 영역이지만 병(丙)은 농구에 소질이 있고 정(丁)은 수영에 소질이 있다. 개인이 자신에게 유리한 품위의 종류를 찾는 것은 다양한 수도계의 시험을 통해서 스스로 확인해 가야 할 성질의 것이다. 독립적이고 객관적인 검사가 이를 보장하는 것은 아니다.

앞서 살폈듯이 교육에서 막상 중요한 것은 품위의 수준이다. 본 절에서 논의할 부분은 개인 내부가 아니라 개인 간의 품위의 차이다. 같은 종류의 수도계에 종사하는 사람들을 통상 동문(同門)이라고 지칭한다. 같은 길을 걷는 동반자이지만 그들이 지닌 현품의 수준은 높거나 낮은 차이가 있다. 그런 상대적 수준을 나타내는 마땅한 용어로 선진(foregoer)과 후진(behinder)이라는 개념을 적용해 보기로 한다.

선진과 후진은 계통발생의 면에서는 공시태로 존재하지만 개체발생의 면에서는 통시적이다. 그들은 사실상 서로 다른 체험의 시간대 안에서 생활하고 있다. 같은 시대에 살고 있다고 하더라도 선진과 후진은 각각 상대에게 미래와 과거를 대표하며 동일한 시간에 비동시적인 삶을 살고 있다. 일상에서 그 차이는 크거나 작을 수 있지만 갓난아이와 성인의 경우 원시인과 현대인에 비견되는 체험의 단절이 공존한다.

같은 시간대에 선진은 후진의 미품을 현품으로 확보하고 있다. 미품은 현묘한 비밀을 품고 있기 때문에 후진은 그 내용을 아직 알 수 없다. 후진에게 다만 체험되어야 할 미래의 약속으로만 부하되어 있다. 다른 한편으로, 후진은 단지 선진의 과품을 현품으로 소지하고 있을 뿐이다. 그것은 선진에게 이미 효력이 정지된 것이지만 후진은 그 사실을 모른다. 벌집 구멍에 까치 알을 넣을 수 없음과 같이 후진은 선진의 품위를 포용하지 못하고, 선진이 극복한 오류를 반복한다.

개인 사이의 품위의 차이는 우선 여러 가지 우열의 증상으로 나타난다. 선진은 같은 환경에 처해도 후진보다는 더 많은 통제력을 행사하며 그만큼 더 자유를 누린다. 후진이 어렵게 느끼는 것을 선진은 쉽게 하고, 후진이 불가능하다고 하는 것을 선진은 가능하게 한다. 선진이 보고 느낄 수 있는 것을 후진은 보고 느낄 수 없다. 기회는 같아도 그것을 활용하는 범위에서 선진과 후진의 차이는 크게 나타난다. 선진은 후진이 모르는 일을 추리하여 안팎의 재앙을 피할 수 있다. 이런 질적 속성 때문에 한 명의 선진이 그 이하의 후진을 제압하고 능가한다.[11]

겉으로 보기에 선진과 후진은 같은 환경에 처한 것처럼 보이지만 사실은 그렇지 않다. 그들이 실체로 처한 환경은 큰 것과 작은 것, 복잡한 것과 단순한 것, 생각도 할 수 없는 것과 생각할 수 있는 것, 어려운 것과 쉬운 것, 자연스럽지 못한 것과 자연스러운 것, 낯선 것과 낯익은 것, 예상하지 못한 것과 예상한 것, 문제사태와 그렇지 않은 것 등 규정상의 차이가 있다. 이 때문에 선진과 후진은 엇갈린 환경에서 생활할 뿐만 아니라 서로에게 엇갈린 환경으로 작용한다.

선진과 후진은 또한 서로 다른 가치기준을 적용한다. 앞에서 우리는 수도계를 평가하는 기준이 현품임을 지적한 바 있다. 그들은 서로 다른 수준의 품위로 세상을 평가하기도 한다. 그들의 품위에 공명하는 사태는 당연하고, 옳고, 정상적이고, 합리적이고, 마땅하다. 반면에 어긋난 사태는 "이탈(deviation)", "변칙(anomaly)", "불규칙(irregularity)"으로 비친다. 개인은 부족한 증거를 바탕으로 타인에 대해 지나치게 일반화된 결론을 내리고 그 후에 그 평가를 수정하기를 꺼린다.

---

11) 장자는 선진과 후진을 곤과 붕, 메까치와 종달새에 비유했다. 작은 새 백 마리가 한 마리의 독수리만 못함(鳥累百不如一鶚)도 사실이다.

선진과 후진은 물리적으로 같은 시간과 공간 안에 함께 지내고 생활하지만 서로가 품위의 차이를 쉽게 알아보지 못한다. 얼굴을 서로 아는 사람은 많지만 품위를 두고 서로 내통하는 경우는 드물다. 이는 마치 낫 놓고 기역 자를 모르거나 혹은 숟가락이 국 맛을 모름에 비유할 수 있을지 모르겠다. 이런 식별의 난점 때문에 자신과 타인의 품위가 동일하다는 착각과 그에 따른 압제가 등장한다.

개인은 각자의 현품에 비추어 세계와 타인을 인식할 뿐만 아니라 자기가 경험하고 있는 세계를 다른 사람들도 동일하게 경험하고 있다고 믿는 자기중심주의자가 된다. 상대를 자신들이 가진 현품의 안경을 통해서 바라본다. 현품은 그 체제 안에서는 항상 옳다. 일반적으로 옳은 것이라는 내부적 확신과 열정을 지니고 있다. 이 때문에 동등한 위치에서 선진과 후진은 각기 자기주장을 내세운다. 현품이 옳다고 믿을수록 타인들도 자기와 똑같이 같은 현품을 소지한 것으로 간주하고 자신의 사고유형, 행위, 소망, 흥미, 계획, 표준, 이상, 범주, 생활방식을 상대에게 투사하고 서로를 자기편으로 끌어당긴다.

선진이 후진에게 가하는 고압제는 후진이 소화하거나 검증할 수 없는 품위를 가장 자연스럽고, 정당하고, 보편적이고, 필연적인 것으로 부과하고 강제한다. 다른 한편으로, 후진이 선진에게 자신의 품위에 일치하도록 압력을 가하는 저압제는 선진이 노력 끝에 얻은 품위를 후진이 응분의 노력을 하지 않은 채 평가하고 폄하하고, 선진이 이미 성공적으로 극복했던 어리석은 상황으로 다시 문제를 끌어내린다.[12] 이처럼 선진과 후진이 서로의 다른 사정을 무시하고 몰라주는 그런 위아래의 압제는 삶에서 균열, 긴장, 갈등, 불신, 의심, 증오, 대립, 적대, 냉담, 무시, 격리, 충돌의 원인이 된다.

12) 후진이 선진을 비웃는 것은 후진들의 한계이자 특권이다. 선진의 품위는 후진의 시험을 받는다. 그 시험은 코웃음, 하품, 질투, 악의의 형태로 나타날 수 있다. 저압제는 미래의 가능성을 현재를 위해 희생시킨다. "낮은 사람이 도(道)를 들으면 크게 비웃는다. 만약 그가 비웃지 않으면 족히 도가 될 수 없다."라는 재치 넘치는 말도 있다.

이체이품의 이런 차이는 상대적이다. 좋은 사람과 나쁜 사람, 현명한 사람과 현명하지 못한 사람, 아름다운 사람과 추한 사람 등으로 양분하는 것은 단지 논리적인 구분으로서 교육에서 지양해야 하는 폐습이다. 아무리 높은 품위의 소유자라고 하더라도 더 높은 품위와 비교하면 후진이고, 아무리 낮은 품위의 소유자라고 하더라도 더 낮은 품위에 비교하면 선진이다. 어느 누구든 그 양극의 중간 어디쯤에 놓여 있다.

선진과 후진이라는 개념은 이와 같이 단지 비교의 준거로서 도입된 것이다. 각자는 그 비교의 준거를 어디에 두느냐에 따라 선진이나 혹은 후진의 위치에 서게 된다. 높으면 얼마나 높고, 낮으면 얼마나 낮겠는가! 이런 폭넓은 비교의 관점에서 본다면 품위는 무차별하고 평등하다고 말할 수 있다. 그럼에도 불구하고 품위는 다층적이다. 과품과 미품 안에 다층을 인정하는 것만큼 선진과 후진에도 다층성이 있다. 여기서 근선진과 원선진 혹은 근후진과 원후진의 구분이 가능하다. 이 가운데 가장 가까운 근선진은 근후진에게 가장 눈에 띄는 영웅으로 호기심의 대상이 된다.

8.5 품위의 표현과 해석

몸속에 간직한 품위는 외부에 늘 드러나는 것은 아니다. 품위는 표현의 경계를 넘어서며, 자체로서 보상을 주기 때문에 남이 알아주지 못하더라도 상관이 없다. 이 때문에 표현의 부재를 품위의 부재로 착각해서는 안 된다.[13] 품위는 필요에 따라 외부로 표현된다. 무엇이 그 매체인가? 어떤 한정된 해답이 있을 수 없다. 다만 그 형태를 분류하는 방식으로 상징(symbol), 기호(sign), 지표(index)라는 분류를 단순하게 적용하여 그 사례를 들어보는 것은 가능할 듯하다.

13) 수영을 할 수 있는 능력을 갖추었다고 항상 수영을 하는 것은 아니다.

상징은 매우 다의적인 개념인데, 극히 일반적으로는 비둘기는 평화의 상징이라거나, 왕관은 왕위의 상징인 것처럼, 눈이나 귀 등으로 직접 지각할 수 없는 무언가를 어떤 유사성에 의해서 구상화하는 것(물건이나 동물이나 형상 등)을 말한다. 가령, 어떤 성인이 설법의 단상에 서서 대중에게 연꽃 한 송이를 쳐들어 보였다고 가정하자. 여기에 언어로는 표현하기 어려운 심층의 체험이 숨어 있을 수도 있다.[14] 자신의 순결을 표현한 것일 수도 있고 대중의 순결을 촉구하는 메시지일 수도 있다. 오른손과 왼손 가운데 어느 쪽이냐 하는 문제를 따질 수도 있다.[15]

기호란 말과 글처럼 모종의 약속에 의해서 그 의미가 부여된다. 옛 성현의 말씀, 경서, 음표, 교과서, 그리고 거의 모든 학문의 지식이 여기에 근거한다. 그 안에는 통상 품위가 "슬기롭다", "아름답다", 혹은 "착하다"라는 용어로 수식되는데, 이들은 모호함과 애매함을 포함하는 경우가 많다.[16] 다른 한편으로 어떤 기호는 엄밀한 의미의 사고와 추론의 도구로 사용되는 경우도 있다. 오늘날 수학의 계산과정에 포함되는 x나 y, +나 - 등이 여기에 속한다.

지표란 불의 소재를 알려주는 연기, 기온을 가리키는 수은주의 높이, 감기환자의 기침처럼 실재적 연접에 의해 대상을 지시하는 방식이다.

---

14) 불가에서 드는 염화가섭의 사례가 있다. 석가가 왕사성 교외의 독수리봉 밑에서 설법을 하기 위해 단상에 연꽃을 보였을 때 대중은 무슨 뜻인지 망설였는데 오직 가섭이라는 늙은 노인만이 파안대소하였다고 한다.

15) 오른손과 왼손의 기능차는 단순한 생리적인 사실밖에 없다. 그런데 현재 알려져 있는 대부분의 사회에서 오른손은 선, 강함, 질서(코스모스), 삶, 빛, 남자를 상징하며, 왼손은 악, 약함, 혼돈(카오스), 죽음, 어둠 등을 상징한다.

16) 상대적으로 적용되어야 할 말을 절대적으로 사용하는 경우가 많다. 혹은 어떤 특정한 사람을 기준으로 일반적인 진술을 하는 경우도 있다. 겁 많은 사람은 무서운 것을 피하고, 용기 있는 사람은 무서운 것을 피하지 않는다는 말이 있다. 그것은 정확한 말이 아니다. 겁 많은 사람이나 용감한 사람이나 무서운 것을 피한다. 다만 용감한 사람은 겁 많은 사람이 무서워하는 것을 무서워하지 않을 뿐이다. 지능의 경우도 마찬가지다. 세상에 어려운 문제를 잘 푸는 사람은 존재하지 않는다. 지능이 높건 낮건 어려운 문제는 풀 수 없다. 다만 지능이 높은 사람은 낮은 사람이 어려워하는 문제를 쉽게 풀 수 있을 뿐이다. 수도계에서 적용되는 용어인 선진과 후진의 경우에도 마찬가지다.

품위의 지표는 무엇인가? 그것은 품위에 따르는 모든 외부의 징후이다. 품위가 충만하면 고상한 행적과 행실, 삶의 방식으로 그 조짐이 밖으로 나타난다. 과학주의를 표방하면서 출범한 심리학에서 조작적으로 정의하는 행동도 여기에 속한다.

수도계의 분야마다 표현의 매체와 형식의 차이가 있다. 학문 분야에서는 저서와 논문으로 그 품위를 드러낸다. 예술에서는 그 표현매체를 기준으로 음악, 미술, 건축, 무용이라는 장르를 구분한다. 말로써 음악을 논의하는 것은 마치 베토벤의 전원교향곡을 논리의 공식으로 나타내려는 것과 같이 무의미하다. 시인은 언어가 정보전달보다는 어떻게 예술적 가치를 실현시키는 데 도움을 줄 것인가에 부심한다. 바둑의 수담(手談)은 매우 흥미로운 의사표현의 방법이다.

품위는 적당한 조건과 필요성, 혹은 의도에 따라 외부로 표출된다. 여기서 내근(內根)과 외염(外染)이라는 전혀 다른 종류의 것을 구분할 수 있다. 내근적 표현은 내외일치의 진정성(authenticity)을 가정할 수 있는 것임에 비해서 외염적 표현이란 어떤 외부적 조건에 의해서 그 표리부동을 의심해야 하는 표현을 의미한다. 외염은 다시 기만과 방편으로 나누어진다. 기만에는 다시 과장과 숨김이 있다. 우리의 삶에서 흔하게 볼 수 있으면서도, 그 차이를 간과하기 때문에 그 각각의 것을 좀 더 살펴보기로 한다.

품위가 충만하면 꾸밈이나 거리낌 없이 그 조짐이 외면으로 나타난다. 포부와 역량이 있는 사람은 주머니 속에 있는 송곳이 그 예리한 끝으로 주머니를 뚫고 나오듯이 평소에는 분명하지 않으나 일단 나라에 변란이 일어날 때 충신으로 민첩하게 진가를 발휘한다. 진인에게는 거짓말하기가 더 어렵고, 선인에게는 악행하기가 더 어렵고, 미인에게는 추한 행동하기가 더 어렵다. 찬바람이 불고 흰 눈이 날리는 추운 겨울철에 이르러 비로소 소나무의 절조가 나타나듯이 진인은 외부의 위협에도 불구하고 옳다고 생각하는 것을 기탄없이 주장한다.

이와 대조적인 것으로 그때그때의 상황에 따라 품위의 겉을 꾸미는 예도 흔하다. 부족하거나 부재한 품위를 위장하는 경우가 그 하나이다. 내심은 다욕하면서 외면으로는 무욕을 내세우는 것, 실천하지 못할 일을 말로만 떠들어대는 것, 자신이 악함을 알면서도 남에게는 선이라 속이는 위선적 행동, 내심은 교활하면서 용모는 점잖아 보이는 것, 알지 못하면서 문자만 외워 아는 척하는 것 등이 여기에 속한다.[17] 다른 하나는 사실상 높은 품위를 지니고 있지만 그것을 감추거나 낮은 품위로 행세하는 것이다. 품위의 내면은 자유롭지만 표현에는 사회적 책임이 부대된다. 속세가 어려울 때 현자들은 그 적응수단으로 자신의 재덕과 지혜를 감추어 어리석은 척한 경우가 많다.

이런 표현방식의 차이는 오로지 외적 표현을 품위를 판단하는 경로로 보아서는 안 된다는 교훈을 준다. 연극은 가장이며 진실이 아니다. 다만 그 연극적 효과를 얻기 위해서 목소리, 표정, 몸짓, 의상을 세련되게 조종한다.[18] 차차 더 알아가겠지만 수도계에서 후진은 선진의 품위를 알아차리지 못하기 때문에 선진은 후진이 이해할 수 있는 정도로 그 표현의 수준을 낮춤으로써 그 애로를 타개한다. 이런 방편적 표현은 겉을 꾸민다는 점에서 외염적 표현의 일종이라고 할 수 있지만 그 의도가 상대를 속이기보다는 오히려 상대의 이해를 돕기 위한 경우이다.

품위가 표현되는 다양한 방식들에 대한 위의 설명은 여러 가지로 불충분하지만 그 부분을 여기서 굳이 다룬 것은 교육의 소재와 관련하여 심각하고 중대한 질문을 던지기 위함이다. 품위를 표현한 것들이 교육의 소재가 될 수 있는가? 교육본위론의 대답은 이 부분에서 단호하다. 그것들은 결코 교육의 소재가 될 수 없다. 품위는 수도계의 체험구조다. 그것은 표현을 전제하지 않으며, 설사 어떤 약정에 의해서 표현된다고 하더라도 그것이 바로 품위를 대표하는 것도 아니다.

이런 결론은 상식과는 너무 동떨어진 것이기 때문에 다소의 설명을

17) 아첨꾼은 자기 말에 귀를 기울이는 자가 치르는 대가 덕분에 산다.

18) 전쟁의 참혹한 장면을 쳐다보는 역할을 할 배우에게 감독은 엉뚱하게도 성적 절정의 순간에 그것을 억제하려는 표정을 지으라고 충고하기도 한다.

필요로 한다. 대부분의 사람들은 표현 속에 품위가 있다고 말한다. 그러나 내적 체험과 외적 표현은 원칙적으로 서로 일대일의 필연적 관계가 없다. 설사 의식적이든 무의식적이든 어떤 관습, 약정, 혹은 인과관계에 의해서 표현된다고 하더라도 그것이 바로 품위를 대체할 수 있는 것도 아니다. 더구나 처세나 여타의 조건에 의해서 오히려 표리부동의 경우도 허다하다는 점을 앞서 살폈다. 품위의 존재증명과 평가에 표리상응의 원칙을 적용하는 데 좀 더 신중을 기할 필요가 있다.

도덕의 예를 들어보자. 도덕이 있는 사람은 말도 훌륭하지만 훌륭한 말을 한다고 해서 반드시 덕을 갖춘 것은 아니다. 차후에 두고 볼 일이다. 악한 행동을 하고 사람들이 알까 두려워하는 것은 악한 가운데 그래도 선한 마음이 있기 때문이다. 도덕의 품위를 갖추고도 여타의 여건에 의해서 주저하는 경우, 그를 도덕의 품위를 갖추지 못한 사람이 아니라고 규정하기보다는 당시 그 상황적 여건이 착한 품위보다 앞섰다고 해석해야 할 것이다. 그 문제는 그가 처한 상황에 뿌리를 두고 있기 때문에 그 상황의 개선에서 해법을 찾으면 된다. 거짓말하지 않는 사람을 결백하다고 평가하지만 그가 거짓말을 할 위기에 처해본 적이 없는 경우라면 그렇게 높게 평가할 이유가 없다. 거짓말을 하지 않을 수 없는 상황에서도 정직한 사람이 더욱 결백하고, 거짓의 편법을 알면서도 그 편법을 쓰지 않는 사람이 더욱 강직하다.[19]

품위의 표현은 해석을 기다리는 암호다. 표현된 것의 물리적 특징은 눈으로나 귀로 지각할 수는 있지만 그 의미는 그것의 해석자에게 맡겨진다. 표현된 품위는 그 표현한 사람과는 별도로 그것을 받아들이는 사람에 의해서 해석된다. 그 후의 의미는 고정되거나 단일하지 않고 끊임없이 변형된다. 여기서 원본적인 의미(original meaning)는 사라진다. 상호 간의 첨가와 보충에 의한 굴절은 언제나 미완결적이다. 논문 뒤에는 학자의 품위가 있고, 시 뒤에는 시인의 혼이 있으며, 그림의 뒤에는 화가

19) 품위의 평가에 관한 것은 차후에 제17장에서 별도의 문제로 다루어질 것이다.

의 열정이 있으며, 장인의 뒤에는 숙달의 땀이 있다. 그 체화의 과정을 반복해서 그 원본적인 의미를 환생시키지 않는 사람들에게 그것은 단지 물리적 사실로 남는다.[20]

이런 문제는 문화와 그 해석의 과제로 이어진다. 이 과제는 앞서 문화의 영역에서 수도계를 개념적으로 분리할 때 후자를 전자의 표현적 요소를 제외한 논의와 결부되어 있다. 표현은 문화의 한 요소다. 표현이 부재한 문화는 결여태다. 모든 문화적 세계와 역사적 세계, 즉 문자, 몸짓, 행위, 건물, 기념비, 조경, 조각, 그림, 도구, 기계, 도덕, 종교, 학문, 법률, 풍속, 제도, 유물, 흔적 등은 인간의 내적 체험의 표출이며, 그 자체가 역사적 소산이자 생활의 객관화된 실체이다. 이 문화적 사실 혹은 역사적 사실은 유형성을 가진 물질의 형태로 존재하지만 의미로 가득한 이해적 객체라는 점에서 단순히 자연적 사실로 취급될 성질의 것이 아니다.

문화로 표현된 것은 그 표현자의 손에서 떠날 때 독자성을 갖는다. 이들은 그 객관성과는 별도로 그것을 받아들이는 사람에 의해서 해석된다. 여기서 인문과학에서 자연과학의 방법과는 구별되는 해석학을 탄생시키는 계기가 생겼다. 해석의 대상으로서 모든 표현물은 본질상 오해와 애매성을 내포한다. 앞에서 지적했듯이 해석은 그것을 접하는 사람의 체험과 자유로운 해석에 맡겨지기 때문에 상호 간의 첨가와 보충에 의한 굴절이 있을 뿐 고정된 원래의 의미는 사라진다. 이와 관련하여 해석학의 이론마다 각기 문화의 구성원이 동일한 의미를 공유한 동일한 공동체에 속하고 있다는 상호주관성을 가정하는 입장, 표현한 사람의 주관에 일치해야 한다는 입장, 해석은 언제나 미완결적이기 때문에 단순히 다양한 의미작용의 유희로 보자는 입장 등 다양하다.

입장에 따라 그 이론을 취사선택해야 할지도 모른다. 예컨대, 그 유희 자체만을 목적으로 삼는 문학의 경우 그렇게 말할 수 있을지도 모른다.

20) "눈 뜬 봉사"라는 말이 있다.

그러나 교육은 이 입장을 수긍하기 어렵다. 모든 개별적인 표현과 해석이 그 우열의 면에서 평등하다고 할 수 없다. 해석은 언어나 상징을 매개로 하여 드러나는 세계를 분명하게 이해하는 작업으로서 그 암호의 해독에서 그 해석자의 우열이 작용한다는 것은 너무도 명백한 사실이다. 그 해석에는 체험이 작용하고, 그 체험의 정도가 다를 수 있다는 것을 쉽게 가정할 수 있다. 그 차이를 인문학적 품위라고 규정할 수 있을 것이다.

교육에서는 그 차이를 특수한 종류[21)]의 소재로 인정할 수 있다. 그 일치를 가정하는 것은 위험하다. 인문학적 선진과 후진의 표현과 해석은 불가피하게 비대칭적이다. 후진은 선진이 체험한 것을 표현할 수 없다. 상호 간의 이해에서 선진은 후진을 식별할 수 있지만 그 반대는 어렵다. 후진은 선진이 어리석다고 착각하지만 선진은 후진이 어리석다는 사실을 안다. 이 불가역의 사실이 인문학적 품위에서 선진과 후진을 구별하는 중요한 단서가 될 수 있다. 그렇다면 그 선진과 후진의 우열을 어떻게 입증할 것인가? 이는 교육적 해석학이라는 별개의 영역을 요청한다.

교육적 해석학은 품위의 표현과 해석에서 교육적 과정의 매개를 개입시킨다. 선진의 품위가 어떻게 표현된다고 하더라도 그 해석은 후진의 품위로 굴절되어 끌어내려진다. 몰이해와 오해가 불가피하다. 극단의 경우, 후진으로부터 단순히 물리적 사실에 대한 반응 이상의 것을 기대하기 어렵지만 보통은 그 중간 정도의 반응을 보인다. 당장 공감할 수는 없으나 한쪽의 표현이 다른 쪽의 관심과 흥미를 유발할 수도 있다. 이 경우, 개인은 교육적 교섭으로 품위를 향상시킴으로써 표현과 해석에서 상대를 알아보고 소통할 수 있게 된다. 그 교육의 성립조건은 무엇인가?

---

21) 올바른 해석은 동일한 품위를 전제하지만 그 해석 자체가 그 해석된 품위를 대신하는 것은 아니다. 그 점에서 인문학적 품위는 특수하다고 말할 수 있다.

8.6 품위의 생성과 공유의 애로

앞에서 품위의 일반적 속성을 검토하면서 그것이 삶에서 얼마나 귀중한 것인지를 살펴봤다. 여기에 한 가지 더 놀라운 사실을 첨가해야겠다. 그것은 물질의 공유는 제로섬의 법칙에 지배되지만 품위는 한 사람이 가지면 그만큼 다른 사람의 것이 줄어드는 것이 아니라 많은 사람들이 나누어 가질수록 기하급수적으로 증가한다는 것이다. 탱크의 물을 아래에 있는 탱크에 채웠음에도 불구하고 위의 탱크에 있던 물이 줄어들지 않았다면 기적이라고 할 것이다. 선진의 품위가 후진에게 배분될 때마다 그런 기적이 일어난다. 품위에는 낭비나 남용이라는 말이 적용되지 않는다. 물질의 경우는 속성상 쓰면 쓸수록 그 가치가 감소하는 수확체감의 법칙이 적용되지만, 품위는 나누면 나눌수록 그 가치가 증대하는 수확체증의 법칙이 적용된다.

서로 얼굴을 마주하는 사람들끼리 서로의 품위를 공유할 수 있다면 그 인간다운 삶의 폭이 더욱 풍요롭고 만족스러울 것이다. 그러나 좋은 것의 공유에는 공짜가 없다. 그만큼의 까다로운 제한이 따른다. 먼저 생각해 볼 수 있는 것은 생물학적인 유전이다. 그러나 출생하면서 품위를 갖춘 사람은 하나도 없다. 물론 자손은 선대의 유전적 가능성을 전달받지만 그 가능성은 오로지 개인사적인 실천적 노력을 통해서 실현된다. 어렵게 획득된 품위는 생물학적인 죽음과 함께 소멸한다. 인류의 역사는 선대의 품위가 후내에 곧바로 이어질 수 없는 이런 이유를 입증하고 있다.

품위의 공유와 관련하여 가장 흔한 잘못의 예가 인문학적 오류이며 함정이다. 그것이 오류인 것은 그런 것이 가능하지 않다는 것이고, 함정인 것은 그럼에도 불구하고 대부분의 사람들이 그 유혹에 빠진다는 의미다. 인문학자들은 품위의 차이를 메우는 긴 시간의 실천을 간단한 말로 대체할 수 있을 것으로 가정한다. 그러나 품위의 언어적 기술은 그림의 떡과

같다. 그림은 떡을 만드는 데 도움을 줄 수 있지만 떡 자체는 아니다.[22)]

앞 절의 마지막에서 인문학적 품위가 교육의 소재가 될 수 있음을 시사했다. 이는 오로지 인문과학이라는 그 특수한 분야에 국한된다. 아무리 음악이나 미술에 대한 탁월한 학문적 논의, 분석, 해석 혹은 비평이라고 하더라도 그것이 음악이나 미술의 품위를 대신할 수 없다. 거침없이 말하는 사람은 품위를 말하는 것이 아니라 품위의 언어적 가공을 말하는 것이다.[23)] 그 차이를 입증하려면 품위를 공유하는 별도의 과정이 필요할 것이다. 그 과정 가운데 몇 가지를 검토해 보기로 하자.

일반 사람들은 그 과정으로서 여전히 언어적 소통의 버팀대에 의존하기를 좋아한다. 그러나 아무리 언어를 앵무새처럼 흉내 낸다고 하더라도 품위는 형성되지 않는다. 품위는 무게와 광채가 있다. 흔히 사람들은 그 내면적 자족감과 무게보다는 사회적 효과와 광채에 매료된다. 품위의 습득과 그것에 대한 말의 표현은 가끔 사회적으로 등가로 취급하기 때문이다. 그 광채로 무게를 판단하는 오류는 흔하다. 품위를 단지 말로 대신하고 그것을 귀로 듣는 구이지학(口耳之學)은 흔한 타락상이다. 체험이 결여된 수많은 가식적 표현과 그 모방의 반복적 거래를 품위의 공유로 볼 수 없다. 선진이 품위를 말로 전하지만 후진은 그에 상응하는 체험이 없기 때문에 아직 귀로 받아들일 수 없는 사정에 처해 있다.

품위공유의 다른 난점은 강제하거나 힘으로 굴복시키기 어렵다는 점이다. 가치는 강요되는 것이 아니라 체험되는 것이다. 품위는 그것 자체가 좋아서 추구하는 것이기 때문에 그것의 공유에서 강요나 조작이 가미된다면 자가당착에 빠진다. 주체적 동의와 자발적 승복에 의한 선택

22) 체험의 암묵적인 차원은 언어의 기술적 범위를 벗어난다. "글은 말을 다할 수 없고, 말은 뜻을 다할 수 없다(書不盡言, 言不盡意)."라는 옛말이 있다. 글은 저자가 획득한 품위의 찌꺼기이다. 그것을 아무리 수집하여 소장한다고 하더라도 저자의 품위에 도달하는 것은 아니다. 불교의 불립문자(不立文字)의 이치도 마찬가지다.

23) 말할 수 없는 것에 대해서 지껄이는 것은 오히려 그것에 대해 우리가 귀 기울이는 것을 방해한다. 그 당체(當體)에 대해서는 침묵을 지키는 것이 능숙한 변설로 그것을 왜곡시키는 것보다 그것을 체득하려는 여유를 남긴다는 점에서 오히려 더욱 소중하다.

이 아니라 강요된 품위는 그 자체로서 바람직함에 대한 증명의 조건에 부합하지 않는다. 강요는 행위자의 본연의 성장을 왜곡할 뿐만 아니라 그 주체성을 박탈한다.

정치는 힘에 의존하지만 그 힘이 품위의 공유와 연결되는 경우는 없다. 가장 흔한 정치적 형태는 "좋은 것이니까 받아들여라"라는 선의의 강요와 처벌이다. 힘으로 품위를 지배하려는 자는 폭군이고, 그에게 굴복하는 자는 노예이다. 품위를 힘에 의해서 강요받은 사람은 방향과 표준에 대한 감각의 혼선과 혼동에 빠질 위험에 처한다. 처벌은 사람을 고분고분하게 길들일 것이다. 마음으로 승복할 수 없는 강요는 품위의 가치를 증명하는 방법이 못 된다. 이런 정치적 강제에 의한 일치를 품위의 공유라고 보기는 어렵다.

앞 절에서 논의된 선진의 고압제와 후진의 저압제는 강요의 다른 형태다. 압제는 품위의 개별성을 인정하지 않고 그 보편성을 앞세우는 판단착오에 기인한다. 품위의 차이는 총체적이라는 사실을 감안하면 그들 사이의 현품에 의한 교섭은 그 총체적인 차이의 충돌이다. 자신에게 너무 동떨어진 높은 품위의 일치를 외부로부터 강요받을 때 마치 자기 체력에 맞지 않는 운동처럼 좌절과 위험을 동반하며 품위공유의 홍취, 희열, 탐닉을 방해한다. 작은 발에 큰 구두를 신도록 요구하거나 맹인에게 색깔의 실재성을 확증하도록 요구하는 것처럼 어리석다.

주로 심리학자들이 주장하는 행동의 조건화는 이런 강요가 유인책과 미끼로 바뀐 것이다. 행동은 품위의 한 가지 지표이며, 그 지표의 모방은 기책이다. 그 행동을 보상과 벌에 의해서 통제하는 것이 조건화의 기본 취지이다. 그것을 품위의 공유라고 할 수는 없다. 수도계적 가치란 자발적인 헌신과 복종의 대상이다. 보상이나 벌이 따로 주어질 필요가 없다. 높은 품위 자체를 갖는 것이 보상이며 낮은 품위 자체가 벌이고 손실이다.

여기서 흥미로운 질문을 던질 수 있다. 그 내재적 보상에 외재적 보상이 주어진다면 어떻게 될까? 발견된 사실은 상식과 다르다. 외부적 보상이 내재적 보상을 넘어서서 작용하면 품위의 발전을 약화시키고, 억제하고, 손상하고, 악화시킨다. 보상은 특히 열린 사고가 요구되는 경우에 문제가 된다. 의뢰를 받아 대가를 받고 하는 일은 주문한 것에 맞추는 데 급급하기 때문에 자진해서 하는 일보다 창의력이 떨어진다는 것은 널리 알려진 사실이다. 동물원의 공연처럼 통제하는 사람과 관람자를 기쁘게 할 수는 있을지언정 통제당하는 사람의 행복을 보장하지 않는다.

품위의 공유와 관련하여 사회학자들의 관심사인 사회화, 문화인류학자들의 관심사인 문화화, 종교학자들의 관심사인 교조화를 생각해 볼 수도 있지만 그 경로도 마땅하지 않다. 우선 사회의 중심은 언제나 그 평균에 있다. 사회화의 힘은 기본적으로 평균의 품위에 일치시키는 방식으로 작용한다. 그 평균에 얼마나 일치하느냐에 따라 정상과 비정상이 구분된다. 일치하면 정통이고 일치하지 않으면 이단이라고 주장한다.[24] 그 표준에 적응하는 것이 처세의 한 방법이지만 그 동질화의 방법을 두고 품위의 공유라고 보는 것은 온당치 않다. 문화화는 이미 이루어진 기존의 특수한 표현과 형식에 그 구성원이 적응하도록 하거나 혹은 예속시킨다. 교조화는 검증된 절대적인 인식[25]에 대한 복종과 일치로서 품위의 공유와는 별개의 과정으로 보아야 한다.

품위에는 경제적으로 예찬할 만한 별난 특징이 있다. 품위는 본질상 각자의 내부에 존재하는 사유재산이다. 공산주의 경제체제 안에서도 그 사유는 인정된다. 그 재산에는 세금이 붙지 않는다. 자본주의 체제에서도 예외가 될 수 없다. 남이 훔쳐갈 걱정을 하지 않아도 된다. 거래와 분배에 의해서 아무리 공여해도 줄어들지 않고 증대된다. 그 소비에 대해서 인색할 필요가 없다. 얼마든지 과용하거나 낭비해도 좋다. 그렇다면 품위는 상품처럼 사고팔 수 있는가? 금전으로 품위를 쌓은 사람을 고용

---

24) 이것이 차지하는 인간사의 불행은 너무도 빈번하고 심각하다. 역사를 초월하는 위대한 인물들은 당대의 사람들에게 인정을 제대로 받지 못하고 학대를 받거나 혹은 겨우 사후에 인정을 받는 경우도 비일비재했다. 그런 문제는 현대를 사는 우리 삶의 일부로서 불행의 한 요인으로 작용하고 있다.

25) 한 가지, 절대자의 규정에는 규정자의 현미품이 작용한다는 점을 상기하기 바란다.

할 수는 있지만 품위를 직접 자신의 것으로 소유할 수는 없다. 높은 수준의 표현물들[26]을 돈으로 거래할 수 있지만 그에 대한 올바른 이해나 감상을 살 수는 없다.

그렇다면 품위의 공유에 요망되는 마땅한 조건은 무엇인가? 그것은 품위의 존귀함을 자각하고 증명하는 체험의 과정이다. 가치는 남의 힘에 의존하지 않고 내심에서 우러나 그 자체를 향유하는 방식으로 습득되어야 한다.[27] 높은 산에 오르지 않으면 그 산의 높음을 실감하기 어렵듯이 높은 품위를 획득하지 않으면 그 품위가 높음을 알기 어렵다. 훌륭한 품위의 공유는 맹목적 복종을 거부하고 그만큼 체험의 폭을 스스로 실험하는 과정을 포함하여야 한다. 그런 개체발생과 자기주도의 과정에는 그때그때의 알맞은 체험과 그에 따른 순차적 흐름 타기와 가치감각이 포함되어 있다. 그 과정의 재생이 품위공유의 필수요건이다.[28]

8.7 품위의 차이와 교육

앞에서 품위의 생성과 공유라는 과제와 관련하여 다양한 인간변화의 과정이 가진 한계를 살폈다. 교육은 그 애로를 극복하는 하나의 수단이 될 수 있다. 그러나 이런 방식의 논의의 전개를 놓고 품위를 공유하게 하는 것이 교육이라는 결과위주의 교육관[29]으로 해석해서는 안 된다.

---

26) 높은 수준의 학문적 저술, 예술적 작품(톨스토이의 〈전쟁과 평화〉, 베토벤의 〈교향곡 5번〉, 괴테의 〈파우스트〉, 로댕의 〈생각하는 사람〉, 마티스의 〈정물〉)의 경우를 생각해보자.

27) 품위가 유기체로서 몸의 일부로 편입되거나 되는 측면을 두고 체득(體得)한다고 하고, 그것이 구조의 형태로 통합된 측면을 두고 회득(會得)한다고 한다. 그리고 회득한 것에 대한 자발적인 승인, 자긍심, 헌신, 그리고 개인적인 책임이 동반하는 측면을 두고 증득(證得)한다는 용어를 쓴다.

28) "품위를 전하다."라는 일상의 말은 부적절하다. 그것은 "품위를 재생시키다."라고 표현하면 보다 정확하다.

29) 그 함정은 누차 해명되었기 때문에 재론할 필요가 없을 것이다.

품위와 교육 사이에는 개념적으로나 혹은 경험적으로 필연적인 관계가 없다. 설사 그런 관계가 존재한다고 하더라도 그 관계는 서로의 차이를 전제할 때에만 성립한다. 품위는 수도계의 체험구조이며 교육은 그것을 단지 소재로 삼아 진행되는 고유한 세계이다. 품위를 결정하는 것은 교육만이 아니다. 또한 교육의 결과가 오직 품위뿐인 것은 아니다.

이 점에 유의하면서 본 절은 품위를 통해서 교육을 추론하는 방식을 취할 것이다. 품위의 차이에는 언제나 교육이 개입될 여지가 열려있다. 그 추론의 징검다리가 동체이품과 이체이품이라는 개념이다. 한 개인 안에서 품위는 과품, 현품, 미품으로 구분된다. 그 품위의 진행은 직선적인 것이 아니라 나선형적인 시간의 리듬을 따라 원환운동을 한다. 마치 모래시계와 사계절처럼 한 단계의 종결이 이후의 단계의 시작으로 연속되는 것이다. 개인과 개인 모두가 함께 가고 있는 길 위에 존재하지만 앞서 가는 선진과 뒤따르는 후진의 차이가 있다. 개인은 언제나 누군가에게는 선진이며 누군가에게는 후진이다. 여기서 그들을 구분하는 절대적인 기준점은 없다.

품위의 차이가 반복되는 이런 속성은 교육의 동일성과 정체성을 이해하는 기초가 된다. 이렇게 생각해 보자. 계단의 높이는 차이가 나지만 그 오르내림의 활동은 동일하다. 마찬가지로 품위의 사이에 이후의 것이 이전의 것보다 더 발전하는 방식의 고유한 매개과정이 반복된다. 품위에는 끝없는 깊이와 높이가 있다. 교육은 품위의 차이가 있는 틈새에 자리 잡은 잠재적이고 잠정적인 교섭영역이다. 그 교섭영역의 탐구가 바로 본서에 남겨진 나머지의 과제이다.

교육계는 품위의 차이 사이에서 재귀적인 항상성을 갖는다. 교육의 소재로서 품위는 시작과 끝이 따로 있는 것이 아니다. 현품을 기준으로 끊임없이 회귀하고 주기적으로 반복하는 교육은 모든 품위에서 동일하고 평등하다. 품위의 각 단계에서 위와 아래의 양쪽 방향으로 진입하는 두 날개의 독자적인 체제를 갖추고 있다. 하나는 상구교육(上求敎育, ascending education)이고, 다른 하나는 하화교육(下化敎育, descending education)이다.[30)]

그 한편인 상구교육은 그 주체가 가진 현품을 토대로 다음 단계로 진입하는 통로이다. 상구계의 입구에는 이렇게 쓰여 있다. "미품이 기다리고 있다. 이제부터 너의 현품을 멋있게 버리도록 노력하라." 미품을 한편으로 새롭게 창조하는가 하면, 다른 한편으로 과품을 무화시키는 과정이 진행된다. 그 완성은 완전과는 다른 의미다. 완성된 것의 문제점이 드러나며, 이때 그 다음 단계의 상구가 시작되는 것이다.

다른 한편인 하화교육은 선진이 후진의 상구교육을 촉진하는 일련의 반복된 현상이다. 좀 특별한 점은 그 품위 자체를 증여하는 것이 아니라 후진이 품위를 획득하는 과정을 반복하도록 돕는다는 것이다. 이를 위해서 이체이품의 상황을 동체이품의 상황으로 전환한다. 그 시작과 끝은 상구교육의 경우처럼 반복된다. 이 부분에서 특별히 주목해야 할 핵심은 그 모든 것이 특정한 결과가 아닌 과정의 재생이라는 점이다.

상구교육과 하화교육의 과정은 서로 보완적인 양상을 띠면서 그 개별적인 것으로 환원할 수 없는 전체적인 특징을 갖는다. 이어지는 제9장에서 그 내재율(intrinsic principles)의 자율적인 구조를 밝힐 것이다. 그 과정의 구조적 정체성은 품위를 형성시키는 모든 과정들을 교육으로 규정하는 결과위주의 교육관과의 차별화를 담보한다. 반복해서 강조하지만 교육의 역동성은 특정한 결과의 재생이 아니라 특정한 과정의 재생에서 살아난다.

소재선택의 면에서 상구교육은 위로 향하고 하화교육은 아래로 향한다. 상구의 내재율에 따르면 상구자(ascender)가 되며, 하화의 내재율을 따르면 하화자(descender)가 된다. 상구의 소재는 무한정하지만 하화의 소재는 제한되어 있다는 차이가 있다. 상구교육의 소재에는 시작과

30) 여기서 "상구"와 "하화"라는 용어는 불가의 "상구보리 하화중생(上求菩提 下化衆生)"의 일부를 차용한 것으로서 그 용어에 새로운 이론적 의미를 부여하고자 한다. 애써 이론적으로 정립된 용어를 상식의 용어로 해석하는 것은 인식을 후퇴시키는 것이다. 임의로 다른 의미를 부여하는 것도 교육본위론을 왜곡시킨다.

끝이 없다. 교육적 주체는 현품에서부터 차상품에 이르며, 거기서 상구교육을 다시 시작한다. 이에 비해서 하화의 소재는 선진과 후진의 품위의 차이에서만 허용된다. 따라서 하화를 하기 위해서는 상구를 통해서 어느 정도의 선진품위를 확보하고 있어야 한다. 주어진 소재와 관련하여 선진은 하화할 여지가 많고, 후진은 상구할 여지가 많다.

교육은 품위의 앞과 뒤를 가리지 않고 어느 품위에서나 가능하다. 개인은 자신이 가진 현품을 중심으로 각자가 '지금-여기에서' 참여할 수 있다. 자신의 현품이 후진의 위치일 경우 상구교육에 임할 수 있으며, 선진의 위치에 있으면 하화교육에 임할 수 있다. 개인은 누구나 그리고 언제나 상구자임과 동시에 하화자의 후보자라고 할 수 있다.

상구하지 않아도 좋을 만큼 높은 품위도 없고 하화하지 못할 만큼 낮은 품위도 없다. 그 어떤 품위를 점유하고 있든 간에 그것을 소재로 누구나 얼마만큼 상구가 가능한 공간이 있고, 얼마만큼 하화할 공간을 갖는다. 다만 소재와 관련하여 하나는 위로 지향하고, 다른 하나는 아래로 지향할 뿐이다. 이 부분에서 〈동굴의 신화〉나 〈갈매기의 꿈〉을 연상해도 좋을 것이다. 〈그림 8-1〉과 〈그림 8-2〉는 품위의 수준과 관계없이 어느 품위의 수준에 있거나 똑같이 참여할 수 있는 그 양면을 보여준다. 여기에서 〈도산십이곡〉의 마지막 곡을 상기하기 바란다. 이는 서로를 상보하면서 기쁨과 보람을 배가시킨다.

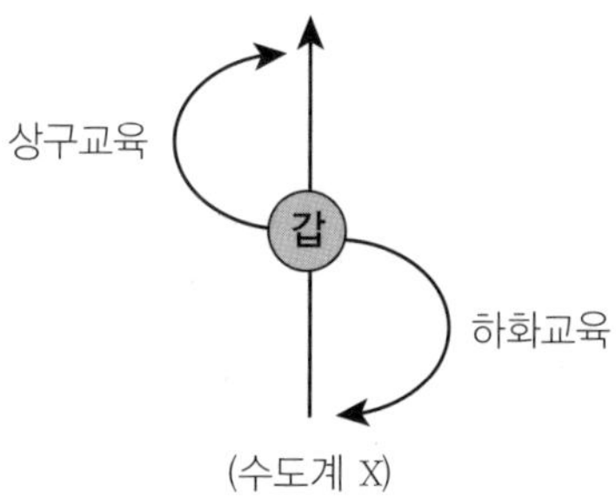

〈그림 8-1〉 개인 내 교육

〈그림 8-1〉은 개인이 언제나 상구교육과 하화교육에 참여할 수 있는 양상을 보여준다. 누구나 어떤 중간 단계의 현품을 소유하고 있다. 그것에 문제가 있다고 할 때 상구하고, 현품이 우월하다고 할 때 하화할 수 있다. 누구나 상구하다 보면 그만큼 하화하고 싶고, 상구 이전의 상태에 있는 후진의 상구를 촉구하고 싶어 한다. 하화하려고 할 때 느끼는 한계의식이 상구하려는 계기가 된다. 이 때문에 교육은 개인 내부에서 서로 이어서 돌아간다. 상구교육을 통해서 한 단계 위의 품위를 획득하고, 하화교육을 통해서 그 선진됨을 후진에게 증명할 수 있다.

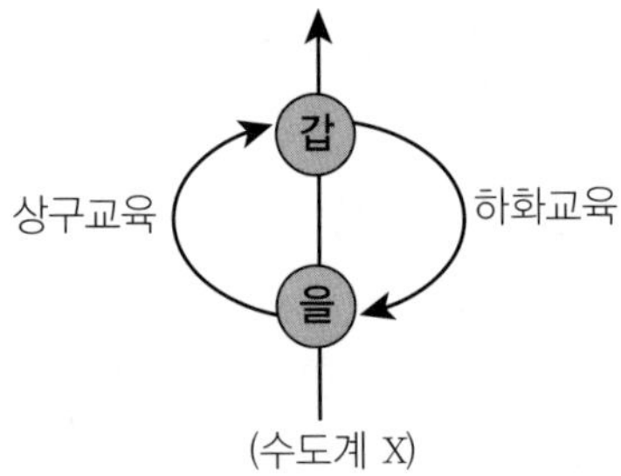

〈그림 8-2〉 개인 간 교육

우리는 교육적인 삶을 타인과 함께 영위한다. 개인 간의 품위의 차이는 후진에게는 상구할 수 있는 공간이고 선진에게는 하화할 수 있는 공간이다. 〈그림 8-2〉는 선진과 후진 간에 서로 교육적으로 협동할 가능성을 보여준다. 교육은 선진을 통해서 후진의 품위가 향상되고 후진을 통해서 선진의 품위가 재생되는 상부상조의 삶이다. 자신이 상구한 것만큼 타인에게 하화하는 것은 이웃끼리의 가장 아름다운 품앗이이다.

앞에서 교육의 소재로서 품위가 갖는 여러 가지 속성을 논하였다. 교육본위의 관점에서 품위의 일반적인 속성에 첨부할 특수한 속성을 다음의 네 가지로 요약해 본다.

첫째, 품위는 그 종류와 그 수준을 막론하고 교육의 소재가 될 수 있다. 교육은 그것이 소재로 삼는 품위의 어느 종류와 단계에서 동일한 형태로 진행된다. 무엇을 소재로 하여 교육을 하느냐 혹은 어떤 것이 교육의 소재가 되어야 하느냐는 교육의 중요한 관심사가 아니기 때문에 그런 논의로 시간을 낭비할 필요가 없다. 이와 함께 불식되어야 할 것이 수도계 중에서 어느 것을 교육에 편입시키고 어느 것을 배제할지를 정하는 잘못된 관습이다.[31]

둘째, 품위는 그 종류와 수준에 상관없이 이론상 동일한 소재의 가치를 지닌다. 교육은 단지 품위를 높이기 위한 수단이 아니라 그 자체가 인간으로서 지향해야 할 가장 높은 목표이다. 이처럼 교육 자체의 구명에 따른 내재적 가치를 인정하고 그 가치기준을 선택한다면, 어느 수도계의 품위가 다른 수도계의 품위보다 더 가치가 있다는 주장은 성립하지 않는다. 수도계의 입장에서 불평등한 품위가 교육의 소재로서는 평등하다. 그 수준이 아무리 불만스러운 것이라고 하더라도 교육의 다음 단계에 진입하는 데 거쳐야 하는 디딤돌 혹은 징검다리인 점에서 동일한 가치를 갖는다.

셋째, 교육의 소재가치는 품위의 넓이와 높이가 아니라 그것이 얼마나 개개인에게 알맞은 것이냐를 기준으로 평가된다. 상구의 내재성은 소재의 성질에 있지 않고 소재와 상구주체 간의 상호작용과 계속성에 있다. 개인의 적성에 따라 어느 종류의 품위가 다른 것보다 교육의 내재적 가치를 실현하는 데 더 적합할 것이다. 품위의 수준에도 개인차이가 있다. 교육에서 개인의 현품이 바로 그 분수를 결정한다.[32] 너무나 멀거나 가깝게 설정된 과녁에 대해서 흥미와 도전을 느낄 수 없다. 선진이 과품으로 그 효력을 정지시킨 품위도 후진에게는 매우 중요한 상구의 소

31) 학교교육에서 학문과 예술, 혹은 자연과학과 인문과학을 놓고 그 포함과 배제를 따지는 것은 교육 외적인 논쟁이다. 학교교육을 초등과 고등으로 나누어 그 소재의 비중을 따지는 것 역시 교육 외적인 주제이다. 여기에 교육학자의 전문성과 권위를 따로 내세울 이유가 없다.

32) 아무리 멋진 옷이라도 자기 체격에 맞지 않으면 좋다고 할 수 없다. "쥐가 아무리 강물을 마셔도 작은 배를 가득 이상은 채울 수 없다(偃鼠飮河不過滿腹)"라는 고사성어도 있다.

재가 된다.

넷째, 소재의 매 단계에서 진행되는 교육은 동일하게 반복되지만 그 처음과 끝은 항상 유동적으로 변한다. 개인은 한정된 범위 안에서 자신의 교육소재를 찾고 활용하면서 교육을 통해서 그 한계를 한 단계씩 점차 확장한다.[33] 이는 교육의 과정이 진행되는 동안 그 소재의 수준을 그 단계에 적합하게 재조정해야 한다는 것을 의미한다. 그 과정적 원칙이 제대로 작동할 때 개인은 수도계의 방향과 내재적 가치를 부단히 확인하고 검증하는 계기를 얻게 된다. 품위를 발전시키면서 더 많은 것을 경험하게 되고 이전과 이후의 차이에서 발전의 흐름과 그에 따른 특유의 깨달음을 느낄 수 있다면 그것이 바로 품위의 발전을 확인하는 증거로 작용한다.[34]

8.8 품위와 교육의 양태

교육의 소재에 대한 논의를 마치기 전에 노파심에서 그 논의를 곡해하고 혼란스럽게 할 수 있는 오류의 위험성을 마지막으로 지적하는 것이 좋을 것 같다. 그것은 품위와 그 양태, 그리고 교육과 그 양태를 같은 것으로 혼동하는 문제이다. 품위든 혹은 교육이든 외부요인에 의해서 다른 양태로 변장한다. 그런데 앞의 이론적 논의와 일상에서 접하는 사태를 구분하지 못하는 경우가 흔하게 일어난다.

품위와 그 양태는 다르다. 품위는 개인 안에서 하나의 유기적인 통일체의 일부로 존재한다. 같은 품위라고 하더라도 그것을 지닌 개인 내부의 기분, 기질, 성격, 그리고 다른 능력이나 품위의 소유와 그 정도에 따라 그 양태가 혼합된 상태로 나타난다. 동등한 수준의 바둑의 고수라고

33) 나팔꽃의 회선운동(回旋運動)은 평면적으로는 제자리에 있지만 입체적으로는 매 단계마다 그 높이가 달라진다.

34) 불가에서 쓰는 내증(內證) 혹은 증득(證得)이라는 표현이 있다.

하더라도 기풍에 따라 바둑의 전개가 다르다. 동등한 악공끼리라도 곡조를 달리한다.[35] 동등한 작가라도 개성에 따라 특이한 문장의 스타일을 만드는 것이다. 이처럼 두 자연인의 품위가 같다고 하더라도 그 양태로 보면 서로 다르게 나타난다. 그런데 그 다양한 양태를 서로 다른 종류, 혹은 서로 다른 수준을 대표하는 것으로 묘사하면 잘못이다.

품위의 양태는 일상의 삶에 주어진 당시 상황의 영향을 받는다. 품위는 주위의 환경에 따라 다른 양태로 변장한다. 이 때문에 품위를 추정할 때 그것이 연관된 다양한 세계와의 관계를 고려해야 한다. 세속본위, 수도계본위, 교육본위에서 나타나는 품위의 양태는 서로 다를 것이다. 이런 곡절을 이해하는 데에는 이론적 설명이 필요한데 그 조건을 따지지 않고 품위를 설명할 경우 이 오류의 함정에 빠진다. 그런 점을 분별할 품위의 평가는 제17장에서 따로 다룬다.

다음에 고려할 사항은 교육과 그 양태의 구분이다. 이미 지적했듯이 교육은 그 소재의 종류나 수준을 떠나서 보편성을 갖지만 그 여건에 따라 그 양태가 달라진다. 소재도 중요한 교육여건의 하나이기 때문에 그 종류와 수준에 따라 서로 다른 교육의 양태로 드러날 것이다. "수학교육의 양태"는 "문학교육의 양태"와 어떻게 다른가? "초급수학교육의 양태"와 "고급수학교육의 양태"는 어떻게 다를까? 이제까지 결과위주의 교육관은 이 문제를 단지 순환논법으로 해결하는 안이한 방식을 취해 왔다. 그러나 이는 논리가 아닌 경험적인 문제로서 흥미 있는 연구의 과제이다.[36]

각종의 수도계와 교육이 교차하는 양태를 연구하는 소재교육학이 가능하다. 이 분야는 소재의 종류와 그 수준의 차이에 따라 드러나는 교육의 양태를 밝힐 수 있어야 한다. 이런 연구를 수행하기 위해서는 그 각각의 양태를 표집하여 수도계적인 변인과 교육계적인 변인을 구분하는 절

---

35) 같은 악공끼리라도 곡조를 달리한다. 동공이곡(同工異曲)이라는 고사성어가 있다.

36) 본서에서도 소재의 종류의 면에서 교육을 소재로 하는 교육(제13장: 메타교육의 양태)과 학문을 소재로 하는 교육(제18장: 교육본위의 인식론)을 별개의 주제로 다룬다.

차를 요구한다. 그런데 그 특수한 교육의 양태를 구분하지 않고 각각의 양태 자체를 교육의 보편적 본질로 규정해버리면 그런 세부적인 사실에 대한 연구를 개념적으로 봉쇄하는 셈이다.

제9장
교육의 수레바퀴

아직 충분히 해명되지 않은 사실을 설명하고자 할 때 비유가 한몫을 한다. 수레바퀴는 목재, 철, 고무 등의 재료로 구성되어 있지만 그 재료의 일차적 성질은 그 전체로서 살대, 축, 타이어라는 이차적 성질로 재규정된다. 그것들은 굴러가면서 끊임없이 그 위치가 변동하지만 그 구조는 동일하다. 하나의 고유한 현상으로서 교육이 무엇이냐 하는 것은 한마디로 정의될 성질의 것이 아니다. 그 전모가 한꺼번에 밝혀져야만 한다. 본 장은 수레바퀴에 빗대어 교육 자체가 무엇인가 하는 질문에 대한 해답을 얻고자 한다. 앞 장에서 교육은 품위의 차이 사이에 존재하는 어떤 것으로 품위의 각 수준에서 반복과 순환을 거듭하는 것으로 어렴풋이 묘사하였다. 그때마다 품위의 발전이 이루어진다. 그 품위의 변동과 상승이 아니라 그것을 가능하게 하는 교육 자체의 구조가 무엇일까 하는 것이 본 장의 관심사다.

9.1 교육의 내용

일상생활에서 가장 흔하게 접하는 결과위주의 교육관은 어떤 소망하는 한정된 결과를 교육의 목표로 제한하여 규정하고 그 결과를 가져오게 하는 모든 것이 교육이라고 정의한다. 결과를 특정하게 한정시키고 그것을 가져오게 하는 과정으로서 교육은 미궁으로 열어놓은 셈이다. 교육본위론은 그 경로를 전도시킨다. 과정으로서 교육의 개념을 한정시키고 결과를 알 수 없는 것 혹은 밝혀져야 할 것으로 열어놓는다. 앞에서 교육의 소재의 문제를 다룰 때 그 품위의 종류와 수준이 거의 무한대인 것으로 보았다. 교육의 결과는 이런 품위만이 아니다. 제14장에서 그 결과들이 얼마나 다양한 것일지를 별도로 추론할 것이다. 본 절에서 다루고자 하는 교육의 내용은 그런 제반 결과들을 제외하고 남은 어떤 고유한 내용을 지칭한다.

이런 방식은 또한 사이비교육학자들이 말하는 "교육내용"과 대조된다. 그들은 이 용어를 학교에서 다루는 국어, 산수, 자연 하는 식의 제반 교과내용들을 총칭하는 것으로 간주해 왔다. 어떻게 그런 엉뚱한 용례가 성립할 수 있었는가? 아마도 자동차와 그것이 싣고 다니는 화물의 차이를 혼동한 것에서 기인한 것으로 보인다. 자동차의 내용은 무엇인가? 이 질문을 어떤 사람은 자동차가 싣고 다니는 화물의 내용을 해명하라는 식으로 받아들일 것이고, 다른 사람은 그 질문을 자동차 이외의 것, 즉 그것이 적재할 수 있는 모든 화물의 내용을 제외한 오직 자동차 자체의 내용에 대한 궁금증으로 받아들일 것이다. 질문에 대한 후자의 해석이 옳고 그 해답 역시 분명하다. 자동차의 내용은 그것을 구성하는 모든 부품들의 총체이다.[1)]

1) 참고로 자동차는 약 20,500~30,000개의 부품으로 구성되어 있다.

교육의 내용은 당연히 그것을 구성하는 요소들의 전체다. 이들은 자동차의 부품처럼 구체적일 수 없다. 그렇다면 어떤 대안이 가능한가? 그 방식의 하나가 각종의 다양한 놀이들을 구분할 때 적용하는 내재율이다. 놀이를 할 때 그 나름의 특질과 정체성을 유지하는 내재율을 따라야 한다. 그 내재율은 사회구성원의 상호주관적인 약정과 의무에 근거를 둔 사회적 규칙이나 법률처럼 임의적으로 외부에서 부과한 규율이 아니고 놀이를 놀이답게 하려는 데에서 생긴 질서의 균형이다. 그 질서는 그 놀이의 참여자에게 강제되는 것이 아니라 즐겁고, 소비적이며, 자발적인 것으로 선택된다. 거의 같은 재료를 사용하지만 바둑과 오목을 구분하는 것은 바로 내재율이다. 그 내재율에 동의하고 싶지 않으면 놀이에서 탈퇴하면 그만이다.

교육도 이와 같은 놀이의 일종이다. 교육은 품위의 차이 안에서 품위를 소재로 진행하는 특별한 놀이이며, 놀이의 내재율은 그 경내 안에서 스스로를 작용하고 조직하는 원리나 규칙이다. 교육은 그 내재율을 따를 때 가장 자연스럽고, 거기에서 벗어날 때 부자연스럽다. 이 내재율은 그것에 부합하는 합목적적인 선택을 정당화한다. 내재율이라는 근거에 따라 인간, 활동, 평가, 혹은 일상의 제반 사태에 대해서 '교육적(educative)'이라는 형용사의 고유한 의미를 산출하고 부여할 수 있다.

교육의 주인은 교육 자체이며 개인의 자의나 선호를 따라 아무렇게나 할 수 있는 것이 아니다. 교육 나름의 특질과 정체성을 유지하는 내재율을 따라야 한다. 교육은 그것의 내재율을 따르는 모든 사람들의 진입을 허용한다. 교육적 주체(educative subject)는 교육의 주인이 아니라 교육의 하인이다. 하인으로서 주인을 지배하는 것이다. 순리에 순응할 때 "교육을 잘한다."라는 표현 대신 "교육을 제대로 한다."라고 표현하는 것이 더 적절하다.

이렇게 보면 자연인으로서 교육적 주체가 따로 있는 것이 아니라는 결론에 도달한다. 그 누구라도 교육의 내재율을 따르면 그만큼 교육적 주체로서 인정된다. 이 자격조건은 상구교육과 하화교육의 모두에 적용된다. 자연인으로서 개인이 상구교육의 내재율을 따르면 상구적 주체(ascender)가 되며, 하화의 내재율을 따를 때 하화적 주체(descender)가 된다. 상구교육와 하화교육의 내재율을 두루 따르는 사람은 두 개의 다른 열쇠를 지니고 있다고 말할 수 있다. 여기에는 물론 개인마다 정도의 차이가 있다.

이런 관점은 관습적 교육관의 입장과 극명하게 대조된다. 흔히 이렇게 생각한다. 국가가 교육의 주체다. 국가가 임의로 교육의 내용을 결정하고 관장한다. "교육개혁" 혹은 "교육혁신"의 명분으로 그 내용을 조작이나 통제의 대상으로 삼는다. 교육은 국가에서 그 자격을 인정하는 특수한 개인이나 집단 혹은 기관이 독점한다. 이른바 소수의 특권과 마법을 갖춘 "교육자"라는 전문적인 직업이 등장하며, 그 영향 아래 있는 사람들을 "피교육자"라는 신분으로 격하시킨다. 이들은 서로 다른 개인으로 분류된다. 이런 구시대의 황당한 신화가 교육의 내용을 왜곡하고, 은폐하고, 외면하게 하는 원인이 되었다.

교육학의 재건은 실제의 교육적인 삶과 유리된 거칠고 황당한 신화의 장막을 걷어내어야 한다. 교육은 누군가가 대행할 수 있는 것이 아니다. 개인은 가장 구체적이고 그 구분이 확실한 교육적 주체이다. 교육은 국가나 혹은 어느 타인의 선의에 맡길 일이 아니라 개인이 누구나 주체적으로 관여하고 실행해야 할 과제이다. 그 내재율에 복종하는 자가 교육을 소유한다. 교육의 내재율을 따를 수 있는 사람은 언제 어디서나 교육을 몸에 지니고 다니는 셈이다.

9.2 협동교육의 구조

우리의 삶은 여러 가지 서로 다른 하위 세계로 구성되어 있다. 정치, 경제, 사회, 문화, 종교, 교육의 분류가 그런 것이다. 교육은 그렇듯 삶의 한 부분이지만 그 부분으로서 교육은 다시 그 나름의 전체를 구성하고 있다. 하나의 체제 혹은 구조란 하나의 전체가 있고, 구성요소가 있으며, 그 의미가 내부의 요소 혹은 요소와 전체의 관계에 의해서 자기 충족적으로 규정되는 어떤 것을 의미한다. 하나의 요소 안에 연대적으로 다른 요소, 그리고 전체가 포함되는 셈이다. 이는 요소의 편입과 선택이 얼마나 까다로운 것인가를 말해준다.

이제 교육의 전체가 무엇이냐 하는 문제를 해결해야 한다. 그 전체의 한 가지 양상이 협동교육(educooperation)이다. 이는 품위의 향상을 매개하는 두 가지 과정의 관계로 이루어진 전체다. 하나는 교육적 주체가 자신의 품위를 향상시키는 상구의 과정[2)]이고, 다른 하나는 교육적 주체가 후진의 상구를 지원하는 하화의 과정이다. 이들은 서로 다른 구조와 목적을 지니고 있기 때문에 그 하나를 다른 것으로 환원시킬 수 없는 고유한 내재성을 지닌다.

이 두 가지 유형의 교육은 마치 새의 두 날개처럼 서로를 보완하기 때문에 그 각각이 자체의 내재성을 충실하게 지키는 것만으로 서로에게 가장 양호한 여건이 된다. 이들을 협동교육의 양대 요소로 본다면 그 내재율은 서로가 하나의 맥락에서 서로 연관관계를 맺고 통일성을 이룰 수 있어야 한다. 그 통일된 전체는 단순히 그 부분들의 산술적 총합 이상이기 때문에 개별적인 것의 합이 아닌 잉여적 속성을 갖는다.

〈그림 9-1〉은 그 전체적인 유형의 내재적 요소들과 그 관계의 조합을 보여준다.

---

2) 상구교육은 하화교육을 전제하느냐 하지 않느냐 하는 것과 관련하여 독행(獨行)과 매개(媒介)의 두 가지 형태로 구분할 수 있다. 협동교육은 그 가운데 후자를 전제한다. 독행상구의 경우는 별도의 연구와 해명을 요구한다. 독행상구는 교육적 주체 자신이 가진 현품의 수렁에 빠지는 위험성이 있으나, 그 위험성을 피한다면 스승의 품위를 넘어설 수 있는 특징을 지닌 좋은 통로이다.

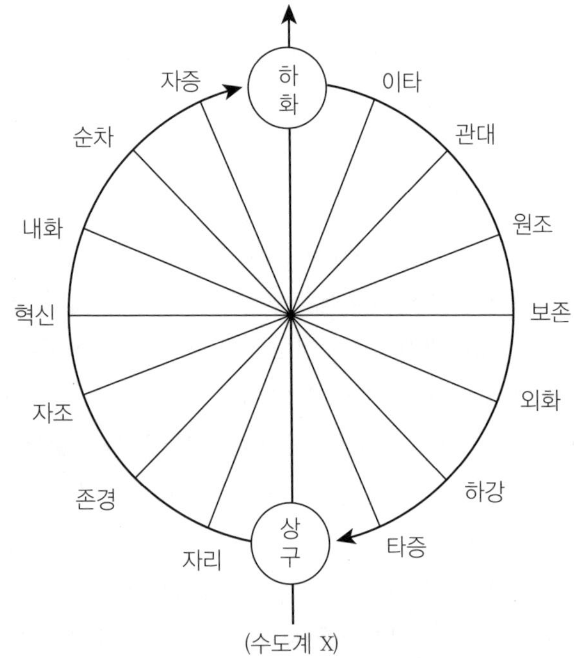

〈그림 9-1〉 협동교육의 수레바퀴

상구교육과 하화교육은 구제의 대상, 품차의 양해, 협동의 책무, 변형의 방향, 환경과의 교섭, 단계별 접속, 품차의 입증이라는 7가지 차원에서 각각 그 내재율의 요소를 갖는다. 그 요소들은 상의관계와 대위관계로 결합되어 있다. 〈그림 9-1〉에서 상의관계는 곡선으로 연결되어 있고, 대위관계는 대각선으로 연결되어 있다.

상의관계란 각각의 요소들이 서로 다른 것의 의미규정에 참여하는 관계를 말한다. 〈그림 9-1〉에서 상구교육의 경우 자리(自利)-존경(尊敬)-자조(自助)-혁신(革新)-내화(內化)-순차(順次)-자증(自證)이 그런 관계이다. 여기서 하나의 요소는 다른 요소를 전제하거나 함축하는 것으로 해석되어야 한다. 하화교육의 경우는 이타(利他)-관대(寬大)-원조(援助)-보존(保存)-외화(外化)-하강(下降)-타증(他證)이 그런 관계이며, 그 각각의 요소는 여타의 요소를 전제하거나 함축하는 것으로 해석되어야 한다.

대위관계란 상구요소와 하화요소가 자립하면서도 서로 대조된 특성으로 인해서 끌어당기는 관계이다. 〈그림 9-1〉에서 자리-이타, 존경-관대, 자조-원조, 혁신-보존, 내화-외화, 순차-하강, 자증-타증이라는 서로 대조되는 특성들끼리 서로 호응하면서 공조체제를 이룬다. 그 각각의 대위관계는 마치 자석의 양극처럼 각기 자체의 내재성을 충실하게 지키는 것으로서 서로에게 가장 양호한 교육의 여건이 된다는 점에서 최적의 짝이라고 말할 수 있다.

수레바퀴가 그러하듯이 교육은 그 시작과 끝이 맞물려 윤회한다. 상구와 하화는 원형고리와 같이 서로를 완성시킨다. 한 바퀴를 돌아 그 끝에 이르면 다시 시작했던 그 자리로 되돌아간다. 그리하여 다시 교육이 출발하는 지점에 서는 것이다. 상구교육은 하화교육을 초래하고, 하화교육은 상구교육을 초래한다. 다만 그 출발지점을 어디로 잡느냐의 차이가 있을 뿐이다. 품위는 어떤 절대적인 기준점이 없다. 그것은 높은 것에 비하면 낮고, 낮은 것에 비하면 높다. 그 중간자로서 그 방향의 선택에 따라 상구교육과 하화교육에 참여한다.

개인 내부 혹은 개인 사이에서 상구교육과 하화교육의 원환운동은 꼬리를 물고 자연스럽게 이어진다. 상구하다 보면 그만큼 하화하고 싶고, 상구 이전의 상태에 있는 후진의 상구를 촉구하고 싶어진다. 이처럼 교육의 수레바퀴는 개인 내부에서 서로 이어서 돌아간다.[3] 개인 간에도 상구교육과 하화교육은 결코 두 가지 별개의 과정이 아니다. 상구하는 것만큼 하화할 수 있다. 하화하려고 할 때 자신의 품위의 부족을 느끼고 상구의 계기로 삼는다. 만약 개인이 자신의 상구의 완성을 하화에 두고 하화의 완성을 상구에 둔다면, 개인 사이의 교육을 통한 얻음과 갚음의 선

3) 〈예기(禮記)〉에 나오는 교학상장(敎學相長)은 그런 취지를 잘 반영하고 있다. “남을 가르치는 것은 자기에게 절반의 공부가 된다(斅學半).”라는 고사성어도 있다.

순환관계가 성립한다.[4)]

교육의 수레바퀴의 요소를 이렇게 설명함에 있어서 어떤 개념과 용어를 써야 하느냐 하는 문제가 있다. 여기서 일상의 용어를 선택했다. 그러나 분명하게 지적할 것은 선택된 개념과 용어의 의미는 그 고유한 구조의 맥락에서 성립하기 때문에 그 맥락을 떠나 독립적으로 해석해서는 안 된다는 점이다. 그 요소들은 전체에 속해 있다. 각 요소로서 일차적인 의미는 전체의 이차적인 의미에 의해서 제압된다. 요소들은 그 개별적인 명칭보다는 그들이 전체 요소들의 맥락에서 차지하는 의미에 주목해야 한다. 그 해석은 해석학적 순환의 과정 속에서 진행되어야 한다. 단지 그 명칭에 따라 독립적인 의미로 환원시키면 해석이 엉뚱하게 된다.

9.3 제반 요소의 설명

이제 앞에서 제시한 협동교육의 요소를 간결하게 살펴볼 차례다. 그 순서는 상구교육의 내재율과 하화교육의 내재율을 우선 상의관계의 측면에서 7 가지 차원으로 나누고, 그 각각에서 대위관계를 대비하는 방식으로 진행하려고 한다. 내재율은 자체의 정체성을 발현하는 필연성에 기초를 둔 것으로 볼 때는 기술적인 것이지만, 그것을 교육적 주체가 따라야 한다고 볼 때는 규범적이다. 이처럼 내재율에는 기술적인 것과 규범적인 것이 섞여 있기 때문에 그것들을 이하에서 기술할 때 경우에 따라 "한다." 혹은 "하여야 한다."라는 용어를 병용할 것이다.

---

4) 〈아함경(阿含經)〉에 줄탁동시(啐啄同時)라는 말이 나온다. 이는 닭이 알을 깔 때에 알 속의 병아리가 껍질을 깨뜨리고 나오기 위하여 껍질 안에서 쪼고 어미 닭이 밖에서 쪼아 깨뜨리는 두 가지가 동시에 행하여진다는 뜻으로 상구자와 하화자 사이의 관계를 비유한 것이다. "앞사람의 실패를 보고 뒷사람이 경계한다(前車覆後車戒)."라거나 "다른 산에서 나는 돌이라도 나의 옥을 갈고닦는 데에 소용된다(他山之石)."도 이를 예증한다.

9.3.1 구제의 대상

개인은 서로에게 주체이자 객체이다. 너는 나의 객체이고, 나는 너의 객체이다. 개인들은 자신의 피부를 경계로 구분된다. 갑은 자신에게는 자아이며, 을에게는 타아이다. 다른 한편으로 을은 자신에게는 자아이며, 갑에게는 타아이다. 품위는 널리 공유되어야 할 위탁물이다. 살아있는 동안 누구나 늘 새로운 것에 접하고 싶어 하며, 그 새로운 경험을 타인과 공유하고 싶어 한다. 주어진 소재와 관련하여 선진은 하화할 여지가 많고, 후진은 상구할 여지가 많다. 자아와 타아는 서로가 환경을 구성하면서 생활하기 때문에 그 한쪽의 품위의 결핍이 다른 한쪽의 고통과 벌이 된다. 인간은 오류에서 자유롭지 않다. 그 오류 자체보다는 그것을 고치지 않은 것을 탓해야 옳다. 교육적 주체는 인간 전체의 품위향상의 과제에 관심을 갖는다. 상구자와 하화자는 자아와 타아 가운데 누구의 것을 보살핌의 대상으로 삼느냐 하는 데 차이를 보일 뿐이다.

상구에서의 자리

가장 가까운 인간은 개인 자신이다. 자신을 구제하지 않고 타인을 구제할 수 없다. 자리는 자기 자신을 사랑하고 중히 여기는 내재율이다. 상구자는 타인에 앞서 자신의 품위향상을 과업으로 삼는다. 먼저 자신을 존립시키고 차후에 후진의 존립을 도울 수 있는 자격을 갖추는 것이다. 타인을 비난하기 전에 자신의 결핍을 먼저 반성한다. 모든 사람이 모두 몽매로 취해 있는 경우라고 하더라도 나 홀로 깨어 있어야 한다. 상구자는 자신이 후진의 위치에 있다는 자각을 하고 그 스스로를 구제하려고 하며, 선진을 보면 그렇게 되고 싶은 마음이 간절하다. 그 마음은 오직 자기만을 위한 이기심과는 다르다. 나의 개선은 타인의 좋은 환경과 연결된다. 상구를 통해서 먼저 자신을 존립시키고 차후에 후진의 존립을 도울 수 있는 자격을 갖춘다.

하화에서의 이타

후진은 과거의 나였으며 지금의 나와 함께 살아야 할 이웃이다. 이타는 후진에 대한 지극한 측은함과 사랑과 책임과 자발적인 봉사이다. 품위는 혼자 차지하기가 너무 아깝다. 하화자는 후진과 품위의 공유를 희망한다. 남과 공유한다고 해서 줄어들지 않기 때문에 은혜를 베풀면서도 품위를 보존한다. 하화자는 자신의 과품의 감옥에 갇혀 있는 후진이 경험하고 있는 장애, 고통, 공포, 실패의 질곡으로부터 해방될 수 있기를 기원한다. 그 보람은 이루어지면서 생겨나고, 이루어지도록 활력을 불어넣어준다. 하화에 대한 감사는 늦게 이루어진다. 이타는 이처럼 그것이 가져오는 이해타산을 초월한 것이어야 하지만 기실 좀 더 개선되고 공감할 수 있는 공생의 환경을 확보라는 호혜로 보답받는다. 이런 내리사랑은 또한 지도를 받아 온 스승의 은혜에 대한 실질적인 보답이 된다.

9.3.2 품차의 양해

선진과 후진은 체험의 시간대에서 미래와 과거에 위치하고 있다. 그들은 보편적 질서 안에서 서로의 품위를 당장 이해하기 이전의 상태에 있으며, 그만큼 관점, 판단기준, 용어의 사용 등에서 공감대와 상호주관성의 간극이 존재한다. 품위는 각자에게 자존의 핵이며, 그 자존은 품위 수준과 반드시 비례하지 않는다. 그 수준의 다름을 인정하지 않는 한 서로의 오해와 입장의 충돌이 불가피하다.[5] 교육의 내재율은 그 위험을 염두에 두고 선진과 후진이 상대의 품위에 대한 속단을 접어놓고 당분간 있는 그대로 존중해줄 것을 요구한다. 후진은 신비의 가장자리에 있는 선진에 대해서 존경의 내재율을, 그리고 선진은 과품에 머물고 있는 후진에 대해 관대의 내재율을 따라야 한다. 친밀성은 동질성이 아니라 차이의 인정에서 비롯한다. 상구자와 하화자로서 상대의 품차를 인정하고

5) 이와 관련하여 고압제와 저압제의 가능성을 논의한 바 있다. 선진과 후진이 상대를 각각의 수준에 맞게 해석하고 평가하는 데서 비롯하는 균열, 충동, 혼란, 파국이다.

받아들이는 것만큼 선진과 후진 사이의 친밀함이 깊어진다.

상구에서의 존경

상구는 현품이 후진에 속함을 인정하는 데에서 출발한다. 상구자에게 교만과 자만심은 금물이다.[6] 상구자의 앞에는 수많은 선진이 있다. 후진은 선진의 넓고 깊은 품위를 헤아리기 어렵다. 선진은 새롭고, 모호하고, 신비롭고, 지금으로서 동화시킬 수 없는 외경의 대상이다. 당장 공감할 수 없지만 자신이 성취하고자 하는 미품을 현품으로 지니고 있다. 몇 겹의 거듭남에 의해서 도달할 미품의 소유자인 선진적 이질성에 대해서 손쉬운 해석과 속단을 유보해야 한다. 상구자는 현재로서 선진을 알아보지 못하고 지나치지 않을까를 늘 걱정해야 한다. 선진을 알게 되었을 때 그의 권위를 일단 가정하고, 가까이 모시고, 자기를 겸손하게 낮추고, 상대를 우러러 존경해야 한다. 후진을 비판하는 것은 선진의 특권이다. 개구리 올챙이 적 모른다. 미품의 소유자인 선진의 고압제에 대해서조차 후진은 다소간 적응하고 감내할 줄 알아야 한다.

하화에서의 관대

하화의 상대는 어리숙한 후진이다. 후진은 선진의 과거에 머무는 존재로서 환영할 만한 존재는 아니다. 자주 서투르고, 철부지이며, 어리석고, 실수와 과오를 저지른다. 그들은 부끄러워할 것을 부끄러워하지 않는다. 선진인 자신을 알아보지 못할 뿐만 아니라 끊임없이 오해한다. 그 자체는 당연히 비난과 경멸의 대상이지만, 반대로 후진은 자신을 경멸하는 자를 존경하지 않는다. 역지사지(易地思之). 하화자는 자신의 과품을 상기함으로써 그럴 수밖에 없는 속사정을 인내하고 용납하고 수용한다.

---

6) 이와 관련하여 "윗사람을 의심하지 않고, 아랫사람에게 교만하지 않아야 한다(上交不諂下交不驕)."라는 고사성어가 있다. 이 이외에도 "현인을 높이 받듦(尙賢)", "교만한 마음을 누르고 겸손한 태도를 가짐(抑損)," "스승을 존경하는 것(隆師)" 등의 훌륭한 용어들이 있다.

선진의 품위를 갖추지 못한 것이 그 원인임을 이해하고 후진이 그의 미품을 실현할 가능성에 대해서 신뢰하고 예견하고 존중한다. 현품의 오만에 빠진 후진은 늘 옳다고 우긴다. 선진을 비웃는 것은 후진들의 한계이자 특권이다. 하화자는 이런 저압제의 가능성에 다소간 적응하고 감내해야 한다.

9.3.3 협동의 책무

품위는 유전이나 상속되는 것이 아니다. 타인에게 직접 공여할 수도 없다. 오로지 마음과 몸이 고된 것을 참고 나가는 수행을 통해서 얻고 공유된다는 점에서 품위의 배분은 공평하다. 교육을 타인이 대행할 수 없고, 설사 가능하다고 하더라도 그 자체로서 고유한 보람을 함축하고 있기 때문에 봉사가 아니라 상대가 누려야 할 기회를 박탈하는 것이다. 품위의 권위와 통제력은 외부로부터 부과되는 것이 아니라 내부로부터 발전한다. 어떤 명령과 강요, 미끼에 의한 회유가 근본적인 대책이 될 수 없다. 교육은 선택사항이다. 그 선택과 책무에는 개개인이 스스로 품위를 생산하는 상구와 그것을 돕는 하화 사이의 자발적인 결합이 있을 뿐이다. 서로 대행할 수 없는 상보적인 쌍방의 협력은 서로가 대응하는 환경으로서 한쪽이 변모하면 다른 쪽도 그 변모에 호응하면서 잉여적 효과를 창출한다.

상구에서의 자조

개인은 스스로의 체험의 주체이자 통제의 원천이다. 그 내면적 활력과 힘의 원천이 작동해야 하기 때문에 외부로부터의 도움에는 언제나 한계가 있다. 상구자는 자기 현품을 제압하여 미품에 승리를 부여하는 자신과의 싸움을 걸어야 한다. 미품은 비록 실현된 것이 아니지만 선진이 이미 획득한 품위다. 상구자는 자신도 그것을 획득할 수 있다는 자신감과 효능감을 토대로 미품을 지어가도록 전심전력의 노력을 해야 한다. 지어간다는 말은 당장 미품의 결실을 바라기보다는 그 결실을 얻기 위해 무엇을 해야 하는지를 주도해 나간다는 것을 의미한다. 현품의 문제발견, 차상품의 예단, 수준에 맞는 과제의 선택, 시행착오, 실습, 환경의 관리, 시간의 활용, 발전에 대한 자신의 판단이 여기에 포함된다. 불확실한 상황에서 헤맬 때 선진을 찾고 자신의 길을 향도하는 협력자로 포섭하여 조언을 구하는 것도 불필요한 시행착오를 줄이는 자조의 좋은 책략이다. 선진의 도움을 받을지라도 최종적인 결정은 자신이 하여야 한다.

하화에서의 원조

하화는 타인에 대한 참여이다. 원조란 품위를 공여하거나 상구를 대신할 수 없는 상태에서 상대가 자조하도록 돕는 특수한 형태의 봉사이다. 새가 새끼를 부화할 때 땅에 엎드리어 알을 품고 따뜻하게 한다. 산파는 출산을 대신하지는 않지만 그 출산을 북돋아준다. 하화자는 후진이 자신의 품위를 재생하게 하는 것이 아니라 그가 겪었던 상구과정을 재생하도록 촉구하고 권장한다. 결과의 제시보다는 선진의 품위가 실현 가능하다는 확신의 제공, 후진이 그 자신의 상구를 설계하는 기회의 제공, 후진이 스스로 창의력을 발휘해야 할 것에 대한 예언적 교시, 예상, 예보, 예령, 대비, 진전에 대한 피드백, 시행착오, 정서적 지지의 시도에서 미지의 안내자가 된다. 본질적인 것과 비본질적인 것을 변별하게 하는 충고, 조언, 암시, 힌트, 제안, 설명 등이 여기에 포함된다. 이 모든 것은 어디까지나 상대의 필요와 요청에 대한 호응이다. 원조의 궁극적인 목적은 자기개입의 부정이다. 되도록 후진의 상구에 대한 자신의 개입을 점차 줄여나가야 한다.

9.3.4 변형의 방향

품위는 늘 형성과정에 있다. 과거의 것이 현재의 것이 아니듯이 현재의 것이 미래의 것이라고 단정할 수 없다. 그 변형이란 단순히 요소를 제거하고 양적으로 추가하는 직선적인 것이 아닌 체험구조의 질적인 변화를 의미한다. 그 변화는 쌓아지는 것이 아니라 다른 것으로 대체되는 것이다. 양적으로 하나하나씩 구성되는 것이 아니라 시간을 따라 질적으로 변형된다. 교육적 주체가 가진 현품을 기준으로 혁신과 보존의 요소가 작용한다. 현품은 언제나 우열의 위계에서 중간에 위치하고 있다. 상구는 그 상대적인 열등함을 전제하며, 하화는 그 상대적인 우월함을 전제한다. 선진과 후진 사이의 품위의 전이는 결국 시간적으로나 공간적으로 그들의 현품 사이의 구조접속의 과제다. 체험의 시간에서 상구자는 자신의 미래로 변형해 나가고 하화자는 자신의 과거로 변형해 들어간다. 체험의 공간적 이동에서 상구자는 위쪽으로 옮기고 하화자는 아래쪽으로 옮긴다.

상구에서의 혁신

아무리 높은 품위라고 하더라도 고정된 품위는 고인 물과 같다.[7] 상구자에게 있어서 현품은 더 높은 품위로 향상하는 도중에 잠시 머무는 간이역이다. 현품의 유사완전성에 도취되어 상구를 하지 않으면 무모해진다. 현품의 잘못은 오류, 편견, 사견, 독선, 위선 등 그물처럼 여러 가닥의 실들로 엉켜 있다. 상구자는 똑같은 잘못을 반복하지 않으려고 노력한다. 현품의 결함과 한계를 자각하고 그 구속에서 해방되고자 한다. 미품의 획득이 그 해법이다. 진정한 의미의 미품의 성취는 현품이 알지 못하는 것을 알아가는 역설의 과정이다. 여기서 상구자는 현품으로 환원된 현미품의 작용을 경계해야 한다. 상구자는 미래에 대한 예견이 아니라 예견할 수 없는 상황에 직면하여야 한다. 그로부터 한편으로 불확실, 혼돈, 혼란, 당혹함으로 현품이 교란되고, 다른 한편으로 시행착오, 자유로운 실험의 과정을 거쳐 새로운 품위의 요소들이 추가되고 보충되면서 그

7) “알에 든 새는 껍질을 깨지 않으면 날아갈 수 없다.”라는 속담이 있다.

들 사이의 최적의 새로운 균형을 이룬다. 그것이 바로 미품의 실현이다.

하화에서의 보존

하화자는 과품을 보존하여 후진이 자신의 경로를 거치도록 도와야 하는 책무를 수행한다. 아무리 낮은 품위라고 하더라도 그 단계에 이르지 못한 후진에게는 언제나 상구의 소재로서 활용할 가치가 있다. 비록 과품일지언정 후진에게는 혁신의 요소가 있다. 하화는 현품의 풍요에서 과품의 결핍에 적응하는 아래로 향하는 길이며, 후진이 모르는 것을 알게 하는 역설의 과정이다. 하화자는 자신의 과품에 속하는 오류와의 타협에서 현품으로 환원된 현과품의 작용을 경계해야 한다. 하화자는 후진과 자신의 간격만큼의 과거로 되돌아가 자신의 과품과 후진의 현품을 일치시킨 후에 후진의 현품을 자신의 현품으로 유도하는 작업을 수행해야 한다. 후진에게 현품의 안온함이 일시적이며, 안전하지 않음을 깨우치면서 자신이 거친 상구의 혁신적 과정을 재생하기를 촉구한다.[8] 그 재생은 하화자가 선진으로서 이미 겪어 알고 있는 경로이기 때문에 후진이 저지를 수 있는 착오를 최소화할 수 있는 유익한 길잡이로 작용한다.

9.3.5 환경과의 교섭

일반적 의미의 환경과 공통된 수수께끼, 공통된 과제란 존재하지 않는다. 선진과 후진의 환경은 서로 다르다. 개인은 각자의 품위로 환경을 동화하고 해석한다. 선진에게 명백하고, 평범하고, 익숙하고, 절실하고, 당연하고, 정상적이고, 납득할 만한 환경이 후진에게는 불확실하고, 예외적이며, 낯설고, 소원하고, 무관하며, 부당하며, 비정상적이며, 납득하기 어려운 환경이 된다. 선진에게 해결된 것이 후진에게는 문제이며, 선진에게는 쉬운 것이 후진에게는 어렵다. 개체와 환경은 언제나 상호작

8) 이는 단지 상고주의(尙古主義)에 머무는 정치적인 보수와 다른 점이다.

용한다. 외부의 환경은 언제나 문제를 야기하는 구조이며, 개인은 품위를 변화시켜 그 불균형의 문제에 대처한다. 영구적인 문제해결은 존재하지 않고 단지 임시적이고 잠정적인 단계별 문제해결이 있다. 점점 복잡해지는 문제와 좀 더 정교하게 되는 끊임없는 작용(action)과 반작용(reaction)이 이루어지고, 교육적 주체는 그 차이를 절충한다.

상구에서의 내화

누구나 현품의 한계를 세상의 한계로 여기지만 더 큰 세상과의 조우는 불가피하다. 현품은 안주할 곳이 아니다. 조만간 현품으로 수용할 수 없는 환경에 봉착한다. 여기에 단순히 순응하여 굴복하는 길과 그것을 극복하는 두 가지 길이 열리는데, 내화는 후자의 적응방식에 속한다. 주위 여건은 마음대로 통제하거나 지배할 수 없어도 품위는 지배할 수 있다. 상구자는 문제의 근원을 외부에 돌리지 않고 자신에게 부여한다. 자신 안의 품위의 부재나 부적절함에서 문제가 비롯한다는 것을 간파하고 환경적 도전을 극복하는 자신의 변형을 모색해야 한다. 온 세상이 실험실이다. 상구자는 지금의 좁은 틀 안에서 벗어날 수 있는 좀 더 넓은 환경에 자신을 개방하고 그에 따른 위기와 문제를 해결할 수 있는 내부적 재조정의 과정을 거친다.[9)]

하화에서의 외화

하화자는 후진이 현품에 안주할 수 없도록 하는 이질적인 환경을 제시할 수 있어야 한다. 후진에게 문제가 없음을 문제가 있는 상황으로 유도하여야 한다.[10)] 선진이 해결한 사태가 후진에게 문제가 된다. 선진으로서 후진이 해결할 문제 사태를 찾아 제시해야 한다. 후진이 너무 어렵지 않고 흥미를 느낄 정도의 알맞은 수준의 조절이 필요하다. 요청하면, 그 문제해결에 필요한 자료도 제공할 수 있다. 필요에 따라 상구의 과정

9) "폭풍은 참나무가 뿌리를 더욱 깊게 내리도록 만든다."라는 속담이 있다.

10) 이는 짓궂게도 상대의 잘못을 유발시켜 깨닫게 하는 외화이다.

을 시범하거나 후진의 품위에 부응하는 표현을 할 수 있다.[11] 일치에 의도가 있기보다는 후진의 품위수준을 진단하고 흔들기 위한 방편의 하나이다. 방편적 표현에 대한 해석의 오해는 그 자체가 하화의 소재가 된다. 그로부터 내화의 효과를 얻는다면 외화의 내재율에 부응한다.

9.3.6 단계별 접속

체험적 시간의 추이는 교육의 기본요소다. 선진과 후진은 체험상의 과거와 현재에 공존한다. 그 차이에는 원근이 있으며, 따라서 그들 사이의 연결은 입체적이고 발생적 연속성[12]을 고려하여 이루어져야 한다. 품위의 변화는 갑작스러운 비약이 아니라 작은 문제의 출현과 그 해결의 연장선상에서 이루어진다. 품위의 차이를 공간과 체험의 시간으로 개별적으로 환산하여 조급함이 없이 천천히 그 자체에 충실하게 임하여야 한다. 상구자는 선진의 품위와 자신의 품위 사이에 있는 상구교육의 과정을 차례대로 밟아야 하며, 하화자는 후진을 맞이하여 그로 하여금 자신이 거쳤던 상구의 과정을 차례대로 거치도록 후원한다. 가까운 것을 버리고 먼 것을 도모하면 힘만 들고 보람이 없다. 상구자와 하화자의 접속지점은 너무 급격하지 않은 완충지대여야 한다. 이 때문에 페이스와 속도의 조절, 그리고 장기적 시숙이 불가피하다.

---

11) 언어의 경우라면 하화자 자신에게는 거짓말이 될 수도 있겠다. 이것은 교육의 과정을 통해서 하나의 방편임이 증명되어야 한다.

12) 여기서 발생적 연속성이란 발달의 순서를 따르는 것을 의미한다. 이는 인간뿐만 아니라 모든 생물체에 적용되는 원리다. 예컨대, 좋은 열매를 얻는 방법은 싹이 날 때 싹을 튼튼히 하고, 줄기가 날 때 또 줄기를 튼튼히 하고, 잎이 날 때 잎을 튼튼히 하고, 꽃이 필 때 꽃을 튼튼히 하는 것이 중요하다. 올챙이로 하여금 훌륭한 개구리가 되게 하려면 올챙이가 개구리의 다리를 갖게 하는 것이 아니라 가장 건강한 올챙이가 되도록 돕는 것이다. 튼튼한 알, 서서 걷는 새끼 새, 그리고 창공을 나는 새가 하나의 정상적인 발달 단계다.

상구에서의 순차

높은 곳에 올라가려면 자신의 능력을 살펴가면서 점진적으로 접근해야 한다.[13] 상구는 선진의 품위를 따르는 것이 아니라 후진인 자신의 현품을 고치는 것이다. 높은 계단을 하나씩 오르듯이 상구의 소재는 현품에서 가장 가까운 차상품에 설정해야 한다. 상구자는 특정한 결과에 대한 강박관념을 벗어나 감당할 수 있는 작은 것을 차례대로 실현해 나가는 과정에 충실해야 한다. 현품과 차상품의 간격은 창조적 불협화의 지점이다. 진일보(進一步). 먼 산보다는 앞산, 가까운 것이 먼 것보다 감응이 쉽다. 너무 멀거나 너무 가깝지 않은 중간의 표적 설정, 너무 어렵거나 너무 쉽지 않은 어중간한 난이도, 자신이 소화할 수 있는 수준의 소재 선택은 몰입, 흥미와 관심과 유혹을 보장한다. 미품은 그것이 실현되는 순간 현품으로 변한다. 강을 건너면 뗏목을 버릴 생각을 해야 하듯이 상구가 끝난 곳에서 상구를 다시 시작하면서 소재의 수준을 단계별로 차근차근 높인다.

하화에서의 하강

하화의 목표는 후진의 품위를 하화자의 품위에 일치시키는 것에 있지 않고 그 일치하여 가는 과정 자체의 재생에 있다.[14] 하화자의 권위는 그 품위의 높음에 있지 않다. 품차가 클수록 선진과 후진의 접촉은 어렵다. 접촉을 위해서 자신의 품위를 감추고 제자의 수준에 맞게 나타나는 아

---

13) 이와 관련된 고사성어가 무수히 많다. 비록 천 리를 달리는 말이라 할지라도 단번에 열 걸음을 비약할 수 없는 것처럼 아무리 현인이라 할지라도 학문만은 순서를 밟아서 해 나가야 한다는 옛말(騏驥一躍不能十步)이 있다. 낮고 쉬운 것부터 배워 깊고 어려운 것을 깨달음(下學上達), 높은 곳에 오르려면 얕은 곳에서부터 올라가야만 함(登高自卑), 먼 것을 알려면 가까운 것부터 알아야 함(欲觀千歲則審今日), 먼 길도 반드시 가까운 곳에서부터 시작됨(行遠必自邇)도 같은 취지다.

14) 자연스러운 성장의 과정을 생략하고 결과에 일치하려는 어리석음을 나타내는 말로 발묘조장(拔苗助長)의 비유가 있다. 그 이야기의 내용은 농부가 논에 심은 모가 빨리 자라나지 않자 논에 나가 모를 하나씩 잡아서 살짝 들어 올려 키를 높여주었다는 것이다. 교육의 이름으로 그런 어리석은 짓을 하는 사례가 우리 주변에 얼마나 많은가!

이러니를 감수해야 한다. 마치 높은 층에 사는 사람이 계단을 밟고 내려와 손님을 맞이하듯이 자신의 현품의 작용을 일단 억제하거나 보류하고 되돌아서서 그가 지금의 품위에 이르기까지 택했던 상구경로의 반대방향으로 귀향한다. 후진의 차상품에 합당한 원과품의 상태로 귀환한 지점이 하화의 출발점이다.[15] 하화자는 후진에게 새롭지만 너무 새롭지 않게, 시련을 주지만 실패하지 않는 범위, 마음을 흔들어 놓되 견딜 만한 고통이 있는 어중간한 지점을 택한다. 상구의 소재처럼 하화의 소재도 후진의 진전에 따라 소멸하고 생성된다.

9.3.7 품차의 입증

품위의 가치는 그 자체의 탐닉과 환희를 기초로 하는 자발적인 헌신과 순종[16]이 전제된다. 최종적인 품위가 없듯이 품위의 존재와 위계에 대한 마지막의 입증이란 존재할 수 없다. 최종적인 결정권자나 대리인도 있을 수 없다. 보편적 합의도 위험한 가정이다. 품위가 발전하고 있음을 아는 최종적인 근거는 각자의 내부에 있다.[17] 품위의 존재와 가치는 그것을 체득함에 의해서 입증된다. 그 평가는 각자의 현품을 기준으로 이루어지기 때문에 후진은 선진의 품위를 평가할 자격이 없다. 교육은 바로 그 증인의 자격을 부여한다.[18] 빛은 어둠과의 대비에 의해서 선명하게 드러나듯이 품위의 높고 낮음도 교육 이전의 것과 이후의 것의 대비를 통해서 상대적으로 판별된다. 품위가 상승하면 세상도 바뀐다.

---

15) 이와 관련하여 대기설법(對機說法), 차제설법(次第說法), 수인이교(隨人異敎), 혹은 인재시교(因材施敎)라는 멋진 사자성어들이 있다.

16) 이를 잘 압축한 것으로서 심열성복(心悅誠服)이라는 용어가 있다.

17) 수도계에서 주관과 객관은 같은 것의 상이한 모습일 뿐이다. 수도계를 자기 내부에서 찾을 때 주관에 해당하고, 자기 밖에서 찾을 때 객관에 해당한다. 그런데 객관의 문제는 우리 각자가 우리 밖에 나갈 수 없기 때문에 그에 대한 인식은 주관과 상호주관에 의지할 수밖에 없다.

18) 높은 산에 올라가 보지 않으면 하늘이 높은 것을 알지 못한다. 맹인에게는 색깔의 실재성을 입증하기 어렵고, 농인에게는 소리의 실재성을 입증하기 어렵다.

갑자기 귀가 열리고 눈이 떠져 비로소 목소리와 색깔을 듣고 볼 수 있게 된다. 장애로 규정되었던 문제사태가 해결되고, 낯선 것이 익숙해지고, 어렵던 것이 쉬워지고, 은폐되었던 것이 선명하게 드러난다. 이전에 묶여 있던 의문이 자취도 없이 풀린다.[19] 상구주체는 오직 각 단계의 품위의 개선과 교차에 따른 몰입과 작은 깨달음의 감동, 희열, 환희, 흥취, 탐닉의 소중함을 안다.[20] 하화는 바로 후진을 통한 그 소중함의 재생이다. 이로써 교육의 놀이에서 자율적 판단력에 기초한 상호주관의 공증과 그에 따른 공환의 축제가 지속된다.

상구에서의 자증

음식의 맛을 타인에게 맡길 수 없듯이 품위의 존재와 가치를 남의 권위에 위임할 수 없다. 품위의 발전에 대한 근거를 자신의 내부의 경험에서 찾는다. 선진의 품위는 현품으로 평가할 수 없다. 상구자는 선진의 품위를 생산하는 자로서 자신을 확보하고, 자신의 품위의 차등, 변이, 차감에 의존하면서 품위향상의 방향을 자신의 책임 아래 스스로 확인해 나가야 한다. 상구를 통해서 차상품이 실현되면 그것은 "있어야 할 것(It ought to be)"에서 "있는 그대로(As it is)"의 지위로 변한다. 이전 것의 효력이 정지되고 이후 것이 그 효력을 대체한다. 상구자는 상구 이전과 이후의 변화를 대비하면서 자신이 성취한 품위의 향상을 스스로 감득한다. 미품의 구성요소가 하나로 완성되는 순간, "아하, 그렇구나!" 하는 감탄사를 유발한다. "알고 보니 그게 아니다."라거나 혹은 "아, 나는 얼마나 어리석었던가!" 하는 표현에 내면적 증거가 잘 담겨 있다. 상구의 단계마다 보장되는 이런 작은 깨달음은 과거의 자신보다는 지금이 더 우월하다는 확증과 자존심을 보장한다.

---

19) "뜨거운 불길 위에서 한 점의 눈이 녹듯이 도를 깨달아 마음속이 탁 트여 맑게 된다(紅爐上一點雪)."라는 말도 있다.

20) 몇 년에 걸친 큰 깨달음만큼 하루하루의 작은 깨달음도 소중하다.

하화에서의 타증

자증은 보편적 증거로서 부족하다. 타인도 경험할 수 있을 때 그 보편성을 인정받을 수 있다. 자증의 보편성을 타인을 통해서 증명하려고 할 때 후진들은 선진의 품위를 판단할 수 없는 자격미달의 상태에 있다.[21] 자신의 선진의 위치를 후진으로부터 인정받기 위해서는 후진이 자신의 품위에 이르는 과정을 거치도록 해야 한다. 후진의 상구를 돕고, 바로 그런 자격에 의해서 자신이 가진 품위의 우월성을 후진이 자발적으로 인정하도록 유도한다. 후진에게 단번에 자신의 현품의 우위를 입증할 방도는 없다. 그 입증은 불가피하게 점진적으로 이루어질 수밖에 없다. 후진의 자증에 따른 긍정적인 반응을 유발하는 하화가 진행되고 품차만큼의 하화의 소재를 확보하고 있는 경우에 한하여 자신의 품위가 후진보다 우월한 위치에 있음이 증명된다. 이런 검증은 유아독존적 자증의 독단과 환상을 피하고, 고독에서 해방되는 안도감을 갖게 할 뿐만 아니라 자신의 품위에 동조할 수 있는 여건의 확보로 연결된다.

9.4 내재율의 보충과 수정

세상에 불변의 것은 없다는 사실이 바로 교육이 성립하는 기본적인 조건이다. 교육의 내재율의 완성은 있을 수 있지만 완전은 불가능하다. 그 불충분함과 자체가 발전할 가능성을 지닌다. 발전의 경우라면 그 전체의 구조가 변할 것이다. 새로운 요소들의 확장이 아니라 기존의 구조들 사이의 평형이 해체되고, 그 상태에서 새로운 요소를 보충하여 갈등을 해소하는 새로운 균형에 이르는 방식으로 이루어질 것이다. 그 발전 과정의 위계를 밝히는 것은 중요한 연구주제이지만 본서의 범위를 넘어선다.

21) 그렇다고 해서 하화자 자신의 품위를 후진들에게 강제할 수 없다. 자신이 만든 괴뢰의 승인을 받는 셈이기 때문에 품위의 검증이라는 취지와 어긋난다.

본서의 일차적인 관심은 오로지 교육현상이 다른 것이 아닌 바로 그것임을 밝히는 데 있다. 어떻든 그 발전의 한 단계를 일관성 있게 드러낼 수 있다면 그것만으로 소임을 완수한 셈이다. 교육현상은 요소들의 전체적인 유형이다. 그 요소를 논의함에 있어서 빠진 부분이 없도록 늘 그 전체를 조감해야 한다. 항상 첨가와 보완의 여지를 남겨야 한다. 예컨대, 앞의 내재율에 대한 논의도 환경과의 상호작용이라는 차원[22]은 최근에 편입시킨 것이다. 내재율에 대한 용어의 수정도 있었다.[23] 그러나 그 보완과 수정의 작업은 신중하게 이루어져야 한다. 그 가운데 적어도 다음의 두 가지 원칙이 존중되어야 할 것이다.

그 하나는 절약의 원칙(principle of parsimony)이다. 이것은 현상을 설명함에 있어서 가능하면 더 적은 것으로 단순하게 더 많은 것을 포괄한다는 원칙이다. 단순화할 수 있는 것을 이런저런 미사여구를 써서 공연히 복잡하고 어렵게 만들 필요는 없다. 중복되고 불필요한 것을 추가할 필요도 없다. 단순한 것에 변형과 장식을 붙이다 복잡한 미로에 빠져 한참 헤매다 보면 단순함의 가치를 새삼 느끼게 된다. 미지의 무수한 제 요소들 가운데 가장 적합한 것만 선택해서 편입시키고 결합시켜 나가야 할 것이다.

다른 하나는 통일의 원칙(principle of unity)이다. 요소란 전체 혹은 여타의 요소와의 관계에서 성립한다. 그 내적 통일성 속에서 어떤 것을 수정하고 버리고 더 추가하는 끊임없는 과정을 밟아야 할 과제가 남아 있다. 새로운 품위는 이전의 품위 속에 모순 없이 포섭할 수 있는 것이 아니다. 이전의 요소의 분화, 새로운 요소의 추가, 그리고 재통합의 과정을 거쳐 이후의 품위는 이전의 품위가 남긴 미결정적 부분을 결정해 나간다. 그 성공은 새로운 전체의 탈바꿈과 최적화에 달려있다.

---

22) 이것은 이전에 이루어진 내재율에 관한 설명에 산재하였던 차원을 하나로 분리해 낸 것이다.

23) 품차의 양해라는 차원에서 "존경"과 "관대"는 이전의 "존현"과 "존우"라는 용어를 대체한 것이다.

이제까지 본 장은 주로 교육의 경내에서 작동하는 내재율을 중심으로 교육과 교육 아닌 것의 울타리를 분명하게 하려고 하였다. 교육의 주인은 교육 자체이며, 교육적 주체는 그 내재율에 복종하는 우리 자신의 측면이다. 내재율을 떠난 놀이가 제대로 성립할 수 없듯이 교육의 내재율을 무시하면서 교육적 주체가 될 수 없다. 교육의 내용은 바로 그 안쪽의 모든 것이다. 안쪽은 내재율에 국한되지 않는다. 계속해서 교육본위의 인간(제10장), 교육본위의 활동(제11장), 교육본위의 가치(제12장)라는 세부적인 주제로 교육의 내용이 얼마나 고유한 것인지를 풍성하게 논의할 것이다.

제10장

교육본위의 인간

인간성에 대한 논의는 끝이 없지만 개인마다 고유한 특성을 가지고 있다. 개성은 각각 다양한 특성들의 고유한 조합으로 구성되어 있기 때문에 동일할 수 없다. 다만 어떤 측면에서 그들 사이의 유사성을 지니며, 그 유사성은 일상에서 참여하는 세계에 따라 달라진다. 그럼에도 불구하고 그들은 같은 개체 안에 다르게 존재하기 때문에 서로 혼동한다. 그 무차별의 경향으로부터 일상에서 특정한 본위선택이 은밀하고 강력하게 작용하기 때문에 개인에 대한 일면적인 관점의 왜곡과 편파성이라는 심각한 사태가 벌어진다. 교육에 대한 관점의 부재는 인간의 다양한 측면 가운데 교육에 참여하는 개인의 고유한 측면들을 왜곡하거나 은폐시키는 결과를 가져왔다. 본 장은 이제까지 외면되어 온 그 제반 측면들을 교육본위의 입장에서 새롭게 부각시킬 것이다.

10.1 다차원의 인간

인간성에 관해서 우리가 확실하게 알고 있는 유일한 해답은 그것이 끊임없이 다양화되고 확장한다는 사실이다. 명심해야 할 것은 인간성은 바라보는 관점과 시각에 따라 서로 다르게 나타나기 때문에 하나의 차원에서 논의할 때는 그에 대한 편견이라는 가정을 받아들여야 한다. 인간의 범주 안에는 고유명사를 가진 구체적인 자연인이 존재한다. 그 각각은 서로 환원할 수 없는 개성을 지닌다.[1] 어떻게 그 특수성을 일률적으로 일반화할 수 있겠는가! 그럼에도 불구하고 인간에 관한 논의는 진행되며, 그 논의에서 그 다양성을 어떤 제한된 측면으로 축소시키는 것이 불가피하다.

각종 분과학문이 그 고유한 관점의 선택에 참여하여 왔다. 철학자는 인간이 이성적 동물이라는 점을 들어 여타의 동물과 구분한다. 물리학자에게 인간은 물리적 사실의 일부이고[2], 생물학자에게는 생물적 사실의 일부에 불과하다.[3] 심리학자들은 특별히 과학적 검증이 가능한 인간성의 측면을 부각시킨다. 인간성의 전모는 여기에 그치지 않는다. 정치학[4], 경제학, 사회학, 문화인류학, 종교학이 유관한 부분만을 취사선택하여 인간의 측면들을 드러내어 왔다.

세계가 다른 만큼 인간에 대한 분류도 다양하다. 정치인, 경제인, 사회인, 문화인, 종교인, 교육인 등이 그것이다. 본 장에서 드러내려는 인간은 바로 그중 마지막의 것이다. 그 논의를 시작하기 전에 그 분류가 무엇을 의미하는지를 따져볼 필요가 있어 보인다. 상식은 자연인의 일면

1) "각 사람마다 각기 마음이 다르다(萬人異心)."라는 사자성어가 있다.

2) 이를 부인하고자 한다면 피사탑에서 자신을 시험할 수 있다.

3) 병원에 입원해 본 사람이라면 누구나 인정할 수밖에 없는 사실이다.

4) "인간은 정치적 동물이다."라는 단순한 발언으로 정치학의 원조로 인정받는 고대 철학자도 있다.

을 지칭하고 있음에도 불구하고 흔히 그 일면을 전체와 동일시하는 경향을 보인다. "갑은 정치인이고, 을은 경제인이다"라는 식의 발언이 그 좋은 예이다. 마치 정치인과 경제인이 서로 떨어진 자연인인 것처럼 여기는 것이다. 그러나 "갑은 정치인이다"라는 발언을 "정치인은 갑이다"라고 해석할 수는 없다. 그 혼동은 개인을 이해함에 있어서 오해와 장애를 일으킨다.

또 다른 곡해는 정치인이 마치 어느 선택된 자연인의 독점물인 것처럼 대하는 것이다. 그러나 정치인은 개인과 개인 사이의 차이를 말하는 것이 아니라 개인 안에서 세계의 참여의 방식과 관련되어 있다. 정치적으로 한 자연인은 후보자이면서도 투표자가 될 수 있다. 경제적으로 한 개인은 생산자이며 소비자다. 사회적으로 상급자임과 동시에 하급자이다. 문화에서 연출자와 감상자, 종교에서의 설교자와 신자의 구분도 마찬가지다. 앞서 교육에서 상구자와 하화자가 한 개인의 양면임을 지적한 바 있다. 이처럼 한 개인 안에는 다양한 측면들이 공존한다.

다양성을 병행하는 것은 생활의 지혜다. 생활인에게는 한 가지를 모조리 알기보다는 모든 것에 관해서 약간씩 아는 것이 더 낫다는 말도 일리가 있다. 삶의 다양성과 차이 사이에 견제와 균형을 유지하는 태도가 필요하다. 그 하나를 다른 것과 결부하여 해석하는 것은 그 개인의 이해에는 도움이 될지 모르지만 삶의 복합성을 이해하는 데 장애가 된다.[5] 인간의 일차원적 이해는 개인의 다면성을 억압하기 때문에 가급적 삼가야 할 것이다.

개인은 경우에 따라 일시적으로나 장기적으로 혹은 해당하는 공간을

5) 한 개인의 삶을 두고 특정한 하나의 관점에서 다른 것을 비난할 때 혼동이 일어난다. "학자가 자신의 경제적 이익을 따진다."라는 비난이 그런 것이다. 사실 학자의 신분을 가진 자연인이 이익을 따진다면, 그것은 그가 학자이기 때문이 아니라 경제인이기 때문으로 해석되어야 한다. 예컨대, 천문학의 공로를 세운 케플러는 점성술로 돈을 벌어서 천문학을 연구하였다. 목적과 적응의 양태에서 서로 모순된 삶이 교묘하게 조화를 이룬 경우이다. 따라서 개인의 행적을 따질 때 그 각각의 것을 학문과 경제의 어느 한쪽의 측면에서 평하는 것은 옳지 않다.

이동하면서 여러 이질적인 세계의 경계를 넘나든다. 다만 그 다양한 세계와 관련을 맺고 관여함에 있어서 그 각각의 세계가 요구하는 태도와 적응양태를 주목해야 한다. 선택된 세계를 중심에 놓고 여타의 세계를 배경으로 삼는 본위의 선택이 필요하다. 이를 제대로 갖춘 사람은 해당 세계에 진입할 자격을 가지며, 그 세계에 진입하는 순간 그 세계의 구성원이 된다.

본서는 논의의 편의상 세계를 크게 세속계, 수도계, 그리고 교육계의 세 가지 종류로 구분하는 방식을 택했다. 일상의 삶이 오로지 이 세 가지로 망라된다는 의미가 결코 아니다. 본서의 세계구분은 다만 교육계가 무엇인지 알기 위해서는 그 밖의 것과 구분되어야 한다는 조건을 성립시키기 위함이었다. 그런데 사이비교육학은 이제까지 인간의 이해라는 측면에서조차 잡다한 개념들을 무분별하게 수용하였다. 모든 것을 수용하는 것은 아무것도 아닌 것을 의미한다는 단순한 논리적 사실을 외면한 것이다.

한 자연인 안에는 세속적인 삶, 수도적인 삶, 교육적인 삶의 모든 것들이 공존하며, 그 어느 것도 삶에서 배제할 수 없다. 정도의 차이는 있을지언정 자연인은 삶을 영위하면서 얼마만큼 세속적이며, 얼마만큼 수도적이며, 얼마만큼 교육적이다. 타인과의 관계를 떠난 삶이란 상정하기 어렵다. 삶은 관계의 망 속에 존재한다. 봉착하는 세계의 차이에 따라 형제가 정치적인 적이 되고, 정치적인 적이 영업의 고객이 되며, 고객이 상관이 되며, 상관이 제자가 될 수 있다.

자연인을 이렇게 분류함에 있어 그가 선택하는 세계의 차이를 주시할 필요가 있다. 그런 관점에서 자연인의 교육적인 측면은 여타의 것과 개념상 구분되어야 하는데 고유한 개념의 부재로 아직까지 이 부분에서 왜곡과 은폐를 초래한다. 이를 해소하기 위해서 논자는 먼저 세속계와 수도계의 인간상을 대략 밝히고, 다음에 이들과 대조되는 교육적 인간의 제반 차원을 더욱 세부적으로 살피는 순서를 택할 것이다.

10.2 세속적 인간

세속계는 타자와의 생활이다. 사회적 동물로서 인간은 서로가 서로에 의존한다. 그 부분에서 개인의 주관보다는 집단의 논리가 우선시된다. 지상의 생활은 물질적이며 의식주를 생략하고는 일시도 생존할 수 없다. 그것은 누구나 당면하여 살아가야 할 거부하기 어려운 심각한 삶의 실상이다. 그 실패를 세속과의 격리에 의해서 위안받으려고 하는 것은 경계해야 할 태도다. 그 삶의 실상을 어기지 않고 살아야 하는 개개인의 측면을 세속적 인간이라고 한다.

세속적 가치를 구분하는 척도는 권력, 재산, 사회적 지위 등이다. 정치인은 권력을 추구하고, 경제인은 재화를 추구하며, 사회인은 지위와 명예를 추구한다. 세속의 적응에 따른 보상이다. 보상은 제한되어 있기 때문에 그 배분에서 경쟁의 원리가 적용된다. 한편에서의 성공과 승리는 다른 편의 실패와 패배로 산정된다. 성공에 따른 삶의 차이는 매우 크다. 부귀영화가 세속에서 행복한 생활을 보장한다. 그것은 또한 개인으로서나 집단 안에서 사회적 안전, 소속, 인정, 우월감을 갖게 하는 원천이다.

그 원천은 소유자의 자질과는 달리 자신의 통제 밖 사태의 존망에 따른다. 세속이 요구하는 충실한 수단이 확보될 때에만 인정된다. 그 행복이 오래 지속된다는 보장은 없고 한때 얻었다가 다른 때는 잃는다. 외부적인 상황의 변화에 따라 언제든지 박탈당할 가능성도 있다. 권력과 이익 때문에 친해진 사람은 권력과 이익이 없어지면 멀어진다. 대중의 여론을 업고 얻은 명예는 재빨리 사라진다. 이처럼 세속적 행복은 항상 안락한 것은 아니기 때문에 얻은 후에는 잃지 않으려고 노심초사해야 한다.

강권과 위협을 배제하고 권력을 잡기 힘들다. 정치적 관계는 갈등의 조정과 해결을 위해 강제성과 조직적 통제를 발동하여 유지된다. 다수결은 눈에 보이며 사람들을 복종하게 하는 힘이 있다. "만민이 평등하다."라고 약속하는 민주적 정치체제의 운영은 다수결에 의존한다. 권리와 의무의 면에서 사회적 형평성을 보장한다. 세력을 잃으면 그 교제도 끝나기 때문에 세상의 평판을 따라 행동하고 친한 자를 모아 붕당을 만든다. 결탁, 연대, 배타, 충성, 복종, 저항, 타인을 자신의 조작과 통제 아래 두려는 작용이 이루어진다.

이해타산을 떠나서 경제적 이득을 얻을 수 없다. 경제적 관계는 결국 재물을 중심으로 교제하기 때문에 상호 간에 경제적 이득이 조화되는 범위 안에서 성립한다.[6] 그 이익이 보장되지 않으면 그 교제도 끝난다. 돈을 벌기 위해서 경제인이 정치인에게 복종하고 정치적인 승리를 위해서 정치인이 돈을 쓰는 것은 경제와 정치가 서로 다른 목적을 추구한다는 것을 잘 보여준다. 경제인에게 정치보다는 경제가 우선이다.

사회적 관계는 대중의 인정에 의존하며, 이를 위해서 자신을 버리고 대중의 기대에 따라 행동하고, 호응해야 한다. 생활양식과 관습은 특수한 시대와 장소의 산물이다. 그 궁극적 지배자는 군중이다. 상궤, 인습, 전통, 통념은 다수의 평균적인 동의다. 세상 사람들은 자기와 같은 사람은 좋아하고, 다른 사람은 싫어한다. 세속은 개별적인 차이보다는 집단 구성원의 평균에 기준을 두고, 정상과 비정상을 구분한다. 그 평균에서 이탈하면 비정상이라는 표찰을 붙여 이단시한다.

사회적 질서유지의 특징은 구분과 배제다. 군주와 백성, 적과 아군, 상전과 종, 귀족과 평민, 부자와 빈자, 노인과 젊은이, 남자와 여자, 부모와 자식, 서양인과 동양인 등과 같은 세분된 관계의 범주가 적용되기도 한다. 이런 범주는 상호주관성을 먼저 규정하고 요구한다. 사회는 그 원만한 유지를 위해 구성원이 수행해야 할 역할을 시나리오로 만들어 놓고 해당하는 역할을 충실하게 이행하기를 요구한다.

그 약정에 따라 개인은 타인의 삶을 따라간다. 사회는 극작가이고 그

6) 경제계에서는 상대의 불리함이 자기에게 이익으로 돌아오는 경우가 많다. 관을 파는 사람은 사람들이 병들기를 바라고 곡식을 쌓아둔 상인은 흉년 들기를 바란다.

구성원은 배우가 된다. 여기서 "익명의 공연적 책임"이 수반된다. "익명"이란 자연인의 고유명사가 사라지는 것을, "공연"이란 밖으로 나타난 것을, 그리고 "책임"이란 사회적 감시와 검열을 의미한다. 사적인 생각은 용납하지만 그 표현의 사회적 여파에 대한 책임을 요구하기 때문에 사회생활에서 표리부동이 불가피하다. 이를 단지 위선적 행동이나 나쁜 것으로만 볼 것이 아니라 세속에 적응하는 하나라는 사실 자체를 인정하는 것이 옳다.

세속적 삶에서 특정한 규범에서의 이탈과 오류는 징벌의 대상이며, 그것을 드러내는 것은 사회적 적응과 경쟁에서 불리하게 작용한다. 그런 이유에서 자신의 정체를 감추는 가면무도회를 벌인다. 모방, 표절, 인상관리, 자기은폐, 자기위장, 기만, 서로가 상대를 유리하게 이용하는 온갖 술책, 그리고 그때그때의 상황전개에 따라 임기응변적으로 대응하는 연극적 처세술이 좋은 적응수단이 될 수 있다. 곧은 나무는 먼저 베이고, 단 샘물은 먼저 없어지기 때문에 난세에 현자들이 그들의 총명을 드러내지 않는 처신방식을 취한다.[7] 서툰 솜씨를 보여 교묘한 재주를 감추고, 어리석은 척하면서 훤히 살피고, 청렴하면서도 혼탁한 세상에 살고, 움츠리면서 장차 꿈을 펼 준비를 하면, 이것은 세상을 살아가는 데 참으로 훌륭한 처세술이고, 몸을 안전하게 숨기는 피난처가 된다.

10.3 수도적 인간

세속적 욕망과 수양은 서로 어울릴 수 없다. 사람됨을 직접 드러내는 것은 부귀영화가 아니고 품위다. 모두 인간답게 사는 것이지만 그 목표와 양식이 다르다. 동일한 자연인이 그 양쪽의 측면을 공유할 수 있지만, 그 가운데 수도인은 세속적 삶의 울안에 함몰되지 않고 주인이 되려는

7) "등용되면 나와서 도를 행하고 버림받으면 몸을 숨겨 도를 닦는다(用舍行藏)."라는 고사성어가 있다.

문제의식을 갖는다.

수도인이 세속적 이해관계에 대한 집착과 거리를 유지하려는 것은 패배의식이 아니라 수도계는 그 제약을 벗어나야만 진입할 수 있기 때문에 그 목적의식의 분산을 막기 위한 것이다.[8] 권력, 이익, 사치, 화려함을 멀리하면 청렴하다고 하지만, 가까이하면서 물들지 않으면 더욱 깨끗한 것이다. 수도인은 세속의 포기자라거나 혹은 도피자라는 규정은 잘못이다. 처세하면서도 그 본위를 수도에 두고 있는 것이다. 수양을 위해서 속사에 참여하지 않은 무수한 선인들의 사례가 이를 방증한다.

세속과 수도계의 지위는 별개다. 외모는 보잘것없지만 높은 품위를 지닐 수 있다. 낮은 세속적 지위에서도 높은 품위를 지닐 수 있다. 품위는 인간의 본성에 토대를 두고 있기 때문에 세속과는 달리 시대와 장소의 특수성을 초월하여 사해동포의 대의와 보편성을 추구한다. 국가 혹은 국민이라는 제약을 받지 않는다. 품위는 지리적 경계선이나 인종의 차이를 전혀 모른다. 예컨대, 학자, 예술가, 도덕가, 장인 등 인간에 대한 전혀 다른 분류가 이루어진다. 이런 구분은 단지 수도계의 종류의 차이뿐만 아니라 그 각각에서의 수준의 차이를 대표한다.

내면적인 품위를 쌓으면 세속적인 지위의 정도는 문제가 되지 않는다.[9] 품위의 고귀함은 그것을 가진 사람의 숫자로 따질 수 없다. 품위의 위계는 소수의 탁월한 선진이 꼭짓점을 차지하고 나머지 후진은 그 저변을 차지하는 피라미드의 형태를 갖는다. 그 품위의 타당성과 통제의 측면에서 보면 그 형태가 역전된다. 그 소수가 다수를 지배한다. 백 명의 후진이 한 명의 선진을 당하지 못한다. 한 명의 선진이 그 이하의 후진을 지배하는 권위를 행사한다. 세속의 위계에서 가끔 무시되는 예외적인 천재나 탁월하고 뛰어난 학자, 예술가, 도덕가, 혹은 명장들이 존경과 두려움과 찬미의 대상이 되는 것은 이 때문이다.

---

8) 생각은 여전히 부귀공명을 어지럽게 찾아다니면서 마음의 청정을 바라는 것은 마치 깨끗한 거울을 보려고 하면서 먼지를 일으키는 것과 같다.

9) "어진 자는 지위의 고하를 가리지 않는다(可高可下)."라는 말이 있다.

일반사회는 평균에서 이탈하면 비정상이라는 표찰을 붙여 이단시한다. 집단에 대한 충성은 가장 위대한 인물을 하찮은 대중의 수준으로 끌어내린다. 수도계에서는 이런 다수가 힘을 발휘하지 못한다. 그 안에서 모든 사람이 평등하다는 구호는 거짓이다. 품위의 차이는 수도계의 존재이유이다. 그 공평함을 요구하는 것은 불공평하다. 다수결의 원칙이 적용되지 않고, 집단주의적인 편향과 광기가 사라진다. 세속의 평균의 무게도 사라진다.

세속과 수도는 참여의 요건에서 큰 차이가 있다. 수도계는 세속과는 달리 강제나 의무의 길이 아니라 개인이 자발적으로 선택해서 찾아가는 길이다. 수도인은 세속의 경우처럼 공익이나 생존을 위한 수단이 아니라 품위를 개발하여 입증하려는 내면적 진실성의 요청에 호응하려 한다. 이로써 세속에서 만족할 수 없는 인간의 또 다른 욕망에 보답한다. 난세 중에서도 품위를 기둥 삼아 행복을 지닐 수 있고, 질식할 것 같은 이익추구의 사회에서 한줄기의 소나기 같은 상쾌함을 유지할 수 있다.

수도인은 권력, 부귀, 사회적 지위를 쫓는 세속인과는 달리 만족의 원천을 내부에서 찾기 때문에 겉보다는 안쪽의 상태를 중시한다. 모든 구원은 몸 안에 있다. 품위는 그것을 몸에 지니는 것만으로 만족할 수 있다.[10] 때로는 적게 탐내는 것을 자산으로 삼아 도를 닦고 향유하는 청빈낙도(淸貧樂道)를 선택한다.[11] 그런 내면적 삶의 자산과 행복이 지닌 뛰어난 장점은 세속적 지위처럼 외부의 일시적 요인에 의해서 박탈당하지 않는다는 점이다.

---

10) "사람으로서 마땅히 걸어야 할 길, 곧 도가 어떠함을 아침에 듣고 깨달았다면 저녁에 죽어도 좋다(논어, 이인2)."라는 식의 극단의 표현이 있다.

11) "나물밥 먹고, 맹물을 마시며, 팔 굽혀 베개 삼아 누울지라도 도에 뜻을 두는 즐거움이 이 가운데 있으니 부정과 불의로 얻은 부귀영화 따위는 내게 저 하늘의 뜬구름과 같다(논어, 술이15)."라는 말도 있다. "선비라는 사람이 선인의 대도를 지향하면서 조악한 의식을 부끄러워한다면 논의의 상대가 못 된다(士志道恥惡衣惡食者未足與議)."라는 말도 같은 맥락이다.

수도인은 품위가 지향하는 바를 따른다. 자신의 변화에 의해서 더 높은 실재와 접할 수 있다. 옛것이 새것을 새것처럼 보지 못하게 가리고 왜곡시키기 때문에 과품을 파기하고 미품의 것을 승인하는 방식으로 정리해 나간다. 한 품위의 향상은 그것을 지닌 사람에게 전혀 다른 환경과 세계를 열어준다. 외부세계의 제약으로부터 해방되고, 자긍심과 희열을 맛보는 것이다.[12] 선진은 선진만큼 상을 받고 후진은 후진만큼 벌을 받는다고 말할 수 있다.

수도는 끝이 없으며, 수도인은 누구든 그 길의 어느 중간에 위치하고 있다. 그 중간에서도 선진과 후진 사이의 거리가 생긴다. 그 품위의 차이는 상호주관성이 불가능한 영역임에도 불구하고 세속의 범인들은 별개의 차이를 깨닫지 못한다.[13] 상호주관성이 전제되는 세속의 교섭에는 항상 몰이해, 오해, 갈등의 여지가 있다. 그에 따른 인간사의 불행은 너무도 빈번하고 심각하다.[14] 따라서 수도인들은 군중 속에 있어도 자신의 고독을 태연히 지켜야 한다.[15] 대중의 인기에 영합하는 것은 수도의 도리를 해치는 것이다.

수도계는 정상(頂上)의 품위가 왕위를 차지하는 귀족사회다. 그 정상이란 집단에 있어서 최고의 품위를 갖춘 구성원이라고만 규정할 수는 없다. 각자에게 있어 지금 차지하고 있는 품위는 그 개인에게 있어서 정상이다. 이런 정예주의와 불평등의 원리가 적용되는 세계에서는 당연히 가치실현의 서열을 결정하는 경쟁이 불가피해진다. 품위의 우열경쟁은 수도계의 생존과 발전법칙이다. 이 경쟁의 목적은 제한된 자원을 쟁취하려는 것이 아니라 그 제한으로부터 해방되기 위한 더 나은 품위를 탐

---

12) 이는 일종의 유익한 마약이라고 할 수 있다. 사람들은 떳떳하게 학문과 예술에 중독될 수 있고, 또한 중독되는 과정에서 자아를 실현한다.

13) "아름다운 옥이 옥돌 속에 들어 있을 때 범인은 보아도 알아보지 못한다(美玉蘊于碔砆凡人見之怢焉)."라는 말이 있다.

14) 역사를 초월하는 위대한 인물들은 당대의 사람들에게 인정을 제대로 받지 못하고 학대를 받거나 혹은 겨우 사후에 인정을 받는 경우도 비일비재하였다.

15) "세상 사람은 나를 몰라도 하늘은 나를 알아준다(知我者其天乎)."라는 말이 있다.

색하고 입증하려는 영토의 확장에 있다.

이와 같은 더 나은 품위를 위한 경쟁은 개인 안에서도 일어나고 개인 사이에도 일어난다. 개인 안에서 품위를 높이려는 자기 자신과의 싸움과 선의의 경쟁이 치열하다. 현품이 과품을 이겨야 하고, 미품이 현품을 이길 수 있도록 해야 한다. 개인 사이의 선진과 후진 역시 서로 장점과 단점을 따지면서 품위의 우열을 놓고 경합하는 관계다. 경쟁에 따른 승자와 패자의 구분이 있다. 양자를 결정하는 것은 오류의 유무이다. 수도인은 오류를 적으로 대한다.

수도인은 자기통제와 검열을 중시한다. 자기를 극복하면서 그 기준을 내부에 두고 거기에 따라 생활해야 한다.[16] 품위를 얻는 것과 남의 인정을 받는 것은 별개이다. 세속의 인정은 대부분 허무한 허깨비다. 이에 비해 품위는 마음의 중심을 차지하고 있기 때문에 오래 지속되며 세속의 요구나 변동에도 크게 동요하지 않는다. 노력하여 높은 품위에 이르면 사회적 지위에 오르지 않아도 스스로를 귀중히 여기게 된다. 권력, 재산, 사회적 지위와 멀리하면 깨끗하다고 하지만, 가까이하면서도 물들지 않으면 더욱 깨끗하다고 할 수 있다.

세속은 외적 통제를 받으며, 변덕스러운 일반 대중은 주인을 섬기기 위해서 허식과 타협해야 한다. 외관으로 거짓말을 하여 좋은 평판을 얻을 수 있다. 그런 속임수는 결국 자기 자신을 속이는 것이기 때문에 수도인에게 무용하다.[17] 눈치나 칭찬 때문에 허위에 사로잡히거나 거짓말을 하지 않는다. 품위의 가치는 내재하기 때문에 외부의 평가에 좌우되지 않는다. 수도인은 필요에 따라 자기의 품위를 정직하게 밖으로 나타내기를 주저하지 않으며, 어떤 때는 품위를 표현했다는 이유로 박해를 가해도 감내한다. 설사 그것을 남이 몰라준다고 하더라도 섭섭하게 생각하거나 화내지 않는다.

---

16) "자기를 극복하여 예로 돌아간다(克己復禮)."라는 말이 이에 합당하다.

17) "군자는 사람이 보이지 않는 곳에서도 부끄러운 일을 하지 않는다(君子不愧于屋漏)." 라는 고사성어가 있다.

10.4 교육적 인간

세속계나 수도계가 서로 다른 삶의 양상이듯이 교육계는 그들과 구분되는 또 다른 삶의 양상이다. 세속에서의 생활양식과 관습은 특수한 시대와 장소의 산물이지만 수도계는 인간의 본성에 토대를 두고 있기 때문에 보편성을 갖는다. 교육계도 수도계의 경우처럼 시대와 장소의 특수성을 초월하여 인간의 보편성에 기초를 두고 있지만 수도계와 다른 그 나름의 안과 밖의 구분이 있다. 물고기가 물속에서 살듯이 교육적 인간은 교육의 경계 안에서 생활한다.

진화론적으로 인간은 교육적 존재일 수밖에 없는 결정적인 이유가 있다. 최고의 고등동물로서 인간은 다른 동물보다 그 성숙기간이 가장 길고, 미숙한 동안에는 가장 무력하다. 털도 없는 벌거숭이 상태로 태어나며, 어느 동물보다 부모에 대한 의존기간이 길다. 대신 인간은 스스로 자신들만이 가진 폭넓은 가능성을 탐색하고 올바른 방향으로 실현해 나가는 본능을 부여받았다. 그 본능의 구비가 인간을 지구상의 어느 동물보다 더 적응력이 뛰어난 존재로 등장시키는 비결로 작용한다.

인간에게 부여하는 많은 수식어 가운데 "교육을 필요로 하는 동물(animal educandum)" 혹은 "교육이 가능한 동물(animal educable)"이 있다. 인간은 다른 짐승들보다 훨씬 넓은 가능성과 생존력을 지니고 태어나지만 그 가능성을 실현하는 데 오랜 성장기간을 요구하며, 그 대부분을 교육이 차지한다. 무력함, 어리석음, 오류는 인간생활의 일부이며, 교육은 그것들을 소재로 역이용하면서 극복해나가는 효과적인 통로가 되어 왔다.

인류의 역사는 교육의 역사이기도 하다. 역사가 시작된 이래 인간은 교육적인 삶에 의존하면서 일상의 생활을 영위해 왔다. 교육적인 삶이 배제된다면 인류는 지구상에서 지금의 위치를 결코 유지할 수 없었을 것이다. 그럼에도 불구하고 그 장구하고 생생한 역사에 대한 기록과 이해는 여타 분야에 비해 빈약한 편이다. 그 고유성을 포착하고 주목하는 개념과 용어의 부재가 그 주된 원인이다.

이 고유한 인간의 측면이 생략된다면 인간에 대한 이해는 그만큼 불충분하다고 말할 수 있다. 그 부분을 보충하는 막중한 과제의 수행은 분명 교육학자들의 책무임에도 불구하고 사이비교육학은 이제까지 그 부분을 오히려 왜곡하거나 혹은 은폐하여 왔다. 용병학문은 저마다 그들의 관점에서 부각시킨 다양한 인간들의 측면들을 무분별하게 수용하면서도 유독 교육적 인간만을 배제시켰다. 이제야 본위의 선택이라는 주제로 이 부분을 비로소 밝힐 수 있게 되었다.

교육적인 생활방식은 그 내재적 동기나 목적, 참여방식, 인간관계, 활동의 측면에서 여타의 삶과 총체적으로 구분된다. 세속계와 수도계의 차이를 구분하지 못하는 것이 어리석듯이, 그들과 교육의 차이를 구분하지 못하는 것은 더욱 어리석다. 대부분의 교육의 문제는 바로 그런 범주착오로부터 발생한다. 적어도 개념상 그 구분이 존중될 때 교육적인 삶은 제자리를 차지할 수 있게 될 것이다.

자연인으로서 수도적인 삶을 위해서 세속의 삶을 포기할 필요가 없듯이 교육적인 삶을 위해 다른 삶을 포기할 필요가 없으며, 그래서도 안 된다. 교육인이 그 여타의 세계와 거리를 유지하려는 것은 그 자체의 정체성을 유지하면서 그 목적의식의 분산을 막기 위한 것이다. 그것들에 몸을 두면서도 교육을 그 본위로 선택한 것이다. 교육외재는 그 여건으로 외면할 수 없는 것이지만, 그것을 교육내재로 받아들인다면 개념적인 혼동과 그에 따른 왜곡과 은폐가 이루어진다.

"유교무류(有教無類)"라는 멋진 말이 역사상 손꼽힐 정도의 촌철살인이다. 이 문구는 천차만별의 사람들이 있지만 교육의 면에서는 서로 평등하며 누구나 같은 과제에 직면한다는 것을 함축하고 있다. 교육인은 범주의 측면에서 속세와 수도의 세계를 초월할 수 있어야 한다.

먼저 교육인은 세속의 범주를 벗어난다. 세속에는 혈통, 성별, 나이, 인종, 출신지역, 종교, 사회계층, 빈부의 구분이 있지만 교육인은 그런 차이를 초월한다. 교육인은 국가의 국민이라는 국적의 제한을 받지 않는 세계 시민이다. 교육에는 적과 아군이 없다. 무지한 친구보다는 현명한 적을 스승으로 모시고, 침략하고 정복한 나라로부터 높은 문화를 본받은 사례가 많다. 정치적이거나 사회적인 지위의 구분도 적용되지 않는다. 옛날에도 신하가 임금을 상대로 하화한 사례[18]도 많다. 교육에 입문하려고 하면서 세속적 지위를 개입하거나 바라는 것은 별로 도움이 되지 않는다.

교육인은 수도의 범주도 벗어난다. 교육은 수도계의 품위를 소재로 삼아 진행하지만 그 종류나 수준의 차별을 두지 않는다. 학문의 품위를 소재로 삼든 예술의 품위를 소재로 삼든 교육은 평등하다. 교육은 허물의 크기보다는 개선에 큰 의미를 두기 때문에 품위의 높낮이가 크게 두드러지지 않는다. 인간은 누구나 오직 무능과 유능, 비천과 존귀, 왜소함과 위대함의 사다리의 중간에 위치하고 있다. 교육 안에서는 학자라거나 예술가처럼 최상급의 품위에 도달한 사람에서부터 이제 그 초입에 들어선 모든 사람에 이르기까지 하등의 차별이 없다.

이처럼 무차별한 교육의 세계에 진입하는 자격은 어떻게 얻을 수 있는가? 얼른 "교육자"라는 특정한 전문가를 연상할지 모르겠다. 그러나 교육본위론의 해답은 이와 다르다. 이미 앞 장에서 그 자격에 관해서는 교육적 주체와 관련하여 상론한 바 있다. 재론한다면, 교육의 내재율에 복종하는 한 누구나 교육인의 자격을 얻는다. 설령 세속으로 낮은 계급에 속하고 있고, 수도계에서 낮은 수준에 처해 있다고 하더라도 교육인은 그 내재율의 이행 여부라는 자격심사를 통과하기만 하면 누구라도 교육의 경내에서 적극적인 삶의 보람을 향유할 수 있다,

그러나 "유교무류"에서 "무류"라는 말은 오로지 소극적인 의미를 지닌 것으로 교육인의 내실에 대한 논의는 빠져 있다. 교육 안에서조차 인간의 분류와 차별이 없는 것은 아니다. 교육의 수레바퀴를 굴리는 측면을 상구자와 하화자로 나누어 이미 논의한 바 있는데, 그것은 교육계 안에

18) 이를 시강(侍講) 혹은 진강(進講)이라고 불렀다. 더러는 군주의 비행이 있으면 간하여 선도하는 신하(爭臣)도 있었다.

서 파악한 새로운 인간의 범주이다. 세부적으로 상구자는 상구의 내재율을 따르고, 하화자는 하화의 내재율을 따른다. 이 양자의 교육인은 한 자연인의 내부에 공존한다. 누구나 자신의 현품을 중심으로 위로는 상구하고, 아래로는 하화할 여지가 항상 남아 있다.[19] 그 세부적인 부분에 대한 논의는 교육학의 범주에서 새롭게 채워 넣어야 한다.

본 절의 논점은 이렇다. 교육에서의 인간의 차원과 범주는 여타의 것과 구분되며, 그 다름이 교육적인 삶에서 존중되어야 한다. 그럼에도 불구하고 그 부분에 대한 본격적인 논의는 아직 이루어진 바 없다. 그 부분을 밝히기 위해서는 그것이 아닌 것과의 대비가 필요하다. 앞 절에서 세속인과 수도인을 간단하게나마 살핀 것은 순전히 그러한 대비의 거점을 확보하기 위한 방편이었다. 이런 일반적인 대비만으로 교육인의 특성을 이해하기는 어려울 것이다. 나머지 절에서 서로 다른 제명으로 그동안 은폐되어 온 교육인의 독특한 제반 측면들을 차례로 논의하기로 한다.

10.5 교육열정

삶의 원천은 우리의 바깥이 아니라 내면에 있다. 자신을 불사르는 열정은 그 한 부분이다. 열정이란 어떤 사태나 과업에 열렬한 애착을 가지고 몰두, 몰아, 전념, 심취하는 마음의 상태다. 별도의 보상이 없는 선택의 상태로서 제반 세계에 참여하고 종사하는 데에도 작용한다. 특정한 세계에 대한 열정은 그 참여 자체로서만 발산된다. 순수한 동기와 이유가 되는 것이다.

인간은 왜 교육하려고 하는가? 본 절의 취지를 알고 있다면, 그 질문의 반은 무의미하다. 교육은 즐겨 자발적으로 참여하는 놀이다. 그 즐

19) 극단의 예를 들자면, 하나 더하기 둘이 셋인 줄 알면 상구와 하화의 세계에 진입할 소재를 확보하고 있다. 그 정도면 하나 더하기 셋을 상구할 수 있고, 하나 더하기 둘이 다섯인 줄 알고 있는 사람을 상대로 하화할 수도 있다.

거움과 만족이 내재되어 있기 때문에 놀이의 이유를 따로 물을 필요가 없다. 나머지 질문은 그 다음에 어떤 다른 일들이 일어나는지에 대한 궁금증이 될 것이며, 이에 대한 해답은 따로 입증을 필요로 하는 부분이다.

교육열정은 선진과 후진 사이의 품위의 불균형에서 균형에 도달하려는 에너지이다. 상구열정은 더 높은 선진의 품위에 도달하려는 열정이고, 하화열정은 더 낮은 품위에 있는 후진을 끌어올리려는 선진의 열정이다. 그 기준점은 현품이며, 그 방향이 위쪽과 아래쪽의 차이가 있을 뿐이다. 어느 단계에서나 그 열정이 대동소이하게 잠재되어 있다.

인간은 그 유용성을 떠나 원래부터 자신의 가능성을 능동적으로 실험하고 향상시키려는 기본적인 성향을 지니고 있다. 현품과 다음 단계의 불균형과 간극을 메우려는 과정에 상구열정이 작용한다. 이는 상구의 순차의 내재율에 상응한다. 현품의 것으로 동화할 수 없는 알맞은 수준의 신기하고 복잡한 것을 보면 호기심을 가지며, 문제에 봉착하면 관심과 흥미를 가지고 그것을 해결하려고 한다. 그것이 발전의 방향을 향도하며 추진하는 에너지가 된다.

하화열정은 이에 대응한다. 선진의 몸 안에 후진의 품위가 스며든 모순된 상황에서 나온다. 선진은 스스로 획득한 품위에 아직 이르지 못한 타인과 격리되어 있다. 그 불균형과 간극을 줄이기 위해서 선진은 자신의 과품의 한계에 묶여 있는 후진을 자기의 현품의 방향으로 전향시키려고 한다. 품위는 공여할 수 있는 성질의 것이 아니다. 선진이 어렵게 확보한 현품을 보존하는 방도는 스스로 후진의 상구활동을 지원하는 환경이 되어주는 것이다.

상구와 하화 양쪽의 정열은 마치 자신과 타인을 상대로 심취하게 하는 유익한 마약처럼 각각의 삶에 특이한 행복과 만족을 선사하면서 선진과 후진 사이의 교육적인 결합과 연대를 더욱 공고하게 다진다. 대위관계가 이를 보장한다. 자석의 양극처럼 그 이질성에 의해서 선진의 하화열정이 후진의 상구열정을, 그리고 후진의 상구열정이 선진의 하화열정을 촉발하고 고무한다. 교육의 수레바퀴가 저절로 돌아가는 것은 이런 내부의 추진력이 존재하기 때문이다.

그 열정은 한 단계의 교육이 끝난 지점에서 다시 한 번의 교육을 더 꾀하려는 추진력으로 작용한다. 교육의 내재율에 복속하는 훌륭한 교육적 주체는 상대의 필요와 요구에 응하며, 상대의 에너지를 이용할 줄 안다. 이 주장은 물론 지금으로서 그것을 확인하는 연구와 더 많은 실증적 증거를 필요로 하는 추정임에도 불구하고 이를 뒷받침하는 역사적 문헌은 도처에 널려 있다.

플라톤의 대화편인 〈향연〉에는 풍요의 신 포로스와 궁핍의 신 페니아 사이에 태어난 일종의 정령으로서 에로스의 특징이 무엇인지에 관한 논의가 나온다. 에로스를 품위의 중간에 있는 것으로서 더 나은 품위를 지향하는 순수한 감정이 작용하는 것으로 보았다. 소크라테스는 실제로 그 에로스의 구체적인 실현자로 처신했다. 그는 철학교사였지만 다른 소피스트들과는 달리 교습에 대한 대가를 받지 않았다. 소크라테스는 〈변명〉에서 "대화를 통해서 자신이 상대보다 무지한 자임이 드러나면 그에게 열심히 배우려고 하였고, 반대로 자신이 상대보다 뛰어남이 드러나면 그에게 열심히 가르치려고 하였다."라고 말한다.

몰입상태의 확실한 증거의 하나가 바로 시간의 흐름을 잊는 것이다. 퇴계의 〈도산십이곡〉에서도 교육열정의 단편을 짐작할 수 있다. "쉽거나 어렵거나 중에 늙은 줄을 모른다."라는 마지막 대목이 그것이다. 이 노래의 한 구절만으로도 퇴계가 어려우면 상구하고 쉬우면 하화하는 열정의 소유자였음을 짐작하게 한다. 교육열정의 발로는 세속이나 수도와는 별도의 자부심과 자랑, 가슴 벅찬 감격, 쾌감을 수반한다. 품위 차이의 처음도 좋고, 중간도 좋으며, 마지막도 좋은 것이다.

교육열정의 소재를 밝히기 위해서 성인의 삶만을 인용할 필요가 없다. 교육의 열정은 성별, 나이, 인종, 출신지역, 종교, 사회계층, 빈부를 가리지 않는다. 앞에서 성인에 관한 사례를 든 것은 그 편재성을 단지 문헌으로 대표한 것을 쉽게 예거한 것에 불과하다. 품위가 높다고 해서 그 열정이 유별나게 많은 것도 아니고, 그 수준이 낮다고 해서 그 열정이

유별나게 적은 것도 아니다. 각 품위에서 동일한 정도의 교육열정이 작동한다. 그것은 어린이에서부터 성인, 일반인으로부터 첨단의 달인까지 품위의 어느 수준에서나 작동하는 공통점을 갖는다. 새로운 것이 있으면 호기심을 가지고 보아야 하며, 본 것이 있으면 그 내용을 타인과 공유하려고 한다. 이는 자발적인 것으로서 어떤 다른 보상 때문이 아니다.

앞 절에서 인간은 여타의 생물과는 달리 장시간 동안 부모에게 의존해야만 생존할 수 있는 존재라는 점을 지적했다. 그 과정에서 언제나 교육적 교섭이 일어나며, 그것을 추동하는 것은 아기와 부모가 가진 교육열정이다. 호기심은 건강한 아기가 항상 지니는 분명한 특징 가운데 하나이다. 선천적으로 아기는 부모에게 알맞은 수준의 환경과의 접촉을 눈 접촉, 몸동작, 울음, 혹은 미소로 조절하고 부모에게 요구한다. "상구하고 싶어요."로 해석될 부분이다. 부모들은 여러 실패의 경험을 통해서 어떻게든 그 왕성한 호기심을 만족시키는 조력자가 되려고 한다. 하화의 열정으로 해석될 부분이다. 아기를 가진 부모라면 누구나 이 증거에 공감할 수 있을 것이다.

이와 같이 상구열정과 하화열정은 생명의 출발부터 작용하는 일상의 사태다. 흔히 어린이는 어리석고 성인은 현명하다는 도식 때문에 어린이는 상구자이고 성인은 하화자라는 통념이 작용할지도 모르겠다. 그것 역시 버려야 할 편견이다. 어린이들도 누구나 성인만큼 하화열정이 왕성하다. 그들의 생활을 주의 깊게 관찰한 사람이라면 어린이들 사이에도 교육열정이 활발하게 작용하고 있음을 발견할 수 있을 것이다. 놀이터에는 항상 교육의 수레바퀴가 작동한다. 참여는 자발적이다. 그 주장을 내세울 만한 어린이들의 가상적 놀이를 예시해 보겠다.

〈그림 10-1〉은 교돌이와 학순이 사이에 일어날 수 있는 특별한 놀이를 보여준다. 학순이에게 눈이 가려진 상태에서 앞에 놓인 각종 소도구를 식별해야 할 과제가 주어지고, 교돌이에게는 학순이가 실수를 하더라도 그것을 단지 구경할 뿐 학순이에게 옳은 정보를 알려 주어서는 안 된다는 지시를 받았다고 가정하자. 어떤 일이 벌어질 것인가? 학순이는

답을 맞히려고 애를 쓸 것이며, 교돌이는 기회가 있을 때마다 지시를 위반하면서까지 정보를 주려고 애를 쓸 것이다. 이는 각각 상구열정과 하화열정에 해당하며, 그 열정이 바로 그 놀이를 지속하는 에너지다. 아동들이 상구와 하화를 함에 있어서 식사도 잊을 정도로 몰두하는 경우를 흔히 볼 수 있다.

〈그림 10-1〉 교돌이와 학순이의 교육놀이

어린이들의 하화열정을 아직도 의심하는 독자가 있다면 주변의 어린이가 이미 알고 있는 사항에 대해서 모르는 척하면서 어린이에게 답을 청해보라. 어린이의 눈빛에 생기가 돌면서 그가 아는 내용을 전하려고 무진 애를 쓰는 것을 볼 수 있을 것이다. 그의 하화활동에 적극 호응한다면 당신은 분명 어린이가 얼마나 하화열정을 향유하는 존재인지를 확인할 수 있을 것이다. 주의 깊게 어린이들 사이에 교환되는 대화와 활동을 관찰한 독자라면 그 안에 하화의 의도가 작용하고 있음을 쉽게 발견할 것이다.

이제 독자 자신이 교육열정을 가진 사람인지를 확인해 보기로 하자. 스스로 이렇게 자문자답해 보자. 자신이 여행을 즐기는 편인가? 여행지에서 알 수 없는 길을 걸을 때 아는 사람을 찾아 그 길을 묻는가? 이에 호응하는 대답은 자신의 상구열정을 입증한다. 이제 자신을 그 여행지의 길을 꽤 잘 알고 있는 본토인의 입장으로 바꾸어 보자. 행인이 길을 물을 때 그것을 외면할 자신이 있는가? 만약 상대가 당신의 안내를 오해하여 이행하지 않을 때 당신은 그것을 좌시하겠는가? 이에 대한 해답에서 자신에게 잠재된 하화열정을 확인할 수 있을 것이다.

이처럼 교육열정의 보편성을 주장함에 있어서 열정에다 특별히 "교육"이라는 조건부가 붙은 것은 그 열정이 순차와 하강의 내재율에 부합한 것이어야 한다는 조건을 충족해야 함을 의미한다. 그로부터 이탈한 고압제와 저압제의 상황에서는 대부분 품위의 간격을 고려하지 않고 자신의 품위를 무조건 서로 일치시키려고 한다.[20] 선진은 당장 자신의 품위에 비추어 상대의 행동을 관여하고 간섭하고, 후진은 이에 저항한다. 그 결과는 교육열정의 반대이다. 선진과 후진은 이로 인해서 서로 비방, 적대, 충돌 등의 갈등에 직면하며, 보람 대신 파괴, 증오, 불행을 초래한다.

앞서 지적했듯이 교육열정의 실현은 교육의 내재율 안에서 이루어진다. 안타까운 현실은 교육열정을 실현시키는 조건의 결여를 열정의 부재로 잘못 원인을 규정하는 일이 비일비재하다는 점이다. 원인에 대한 그런 틀린 판단으로부터 교육에 대한 외재적 보상이나 벌을 첨가하는 어긋난 실천이 진행된다. 그런 조처는 교육열정을 왜곡시킬 뿐만 아니라 결과적으로 그 열정을 저해하는 결과를 초래한다.[21] 그런 불행을 피하는 방법은 잘못된 귀인(歸因)을 바로잡는 것이다. 교육열정이 어느 경우에 촉발되며, 어느 경우에 억제되는가? 보상에 의존하여 교육이 출발했지만 진행과정에서 교육열정을 회복하는 기능적 자율화의 경로는 추후의 연구과제다.

마지막으로, 용어의 혼동을 지적해야겠다. 본 절에서 이론적으로 부여한 교육열정의 의미는 통념과 상식에 근거한 "교육열"과 판이하다.

---

20) 아는 체하고 매사에 남의 스승이 되기를 좋아하는 사람을 호위인사(好爲人師)라는 말로 지칭한다.

21) 이에 관한 것은 심리학의 동기연구에서 어느 정도 간접적으로 입증된 사실이다. 내재적 동기와 외재적 동기가 모두 병립한다면 그 동기는 배가되는 것인가? 이에 대한 해답은 예상과 다르다. 내재적 동기가 유발되고 있는 상황에서 외재적 동기가 추가되면 그 내재적 동기가 오히려 감소된다는 증거도 나오고 있다.

후자의 용어가 의미하는 것은 무엇인가? 용어의 해체를 논의하는 자리에서 논자는 후자를 "학교를 통한 사회적 상승의 열망"으로 그 의미를 바꾸어 해석했다. 후자는 전자를 얼마나 왜곡하고 은폐하는가를 입증하는 좋은 사례이다. 교육열정 자체의 올바른 실현을 꾀해 나가야 한다. 신화에 따르면, 우리 민족은 오랜 옛날 상구하는 웅녀와 하화하는 환웅 사이의 절묘한 결합에서 탄생한 자손들이다. 그런 역사적 토대 위에서 "교육열"을 교육열정으로 재정립시킬 필요성이 절실하다. 흔하게 체험하는 이런 기쁜 감정을 교육락(教育樂)이라는 새로운 용어로 지칭해도 좋을 듯하다. 상구락(上求樂)과 하화락(下化樂)의 구분도 역시 필요해 보인다.

10.6 교육과정의 향유

인생은 한편으로 과정이라고 하지만 그 과정을 잘게 나누면 수많은 결과들의 연속이기도 하다. 결과란 시차에 따른 다양한 변이들로서 고정된 것이 없다. 출생에서 사망에 이르는 중간의 삶에서 개인의 과거와 현재, 그리고 현재와 미래 사이의 동일성을 가정할 수 없다. 개인들 사이의 고정된 관계도 가정하기 어렵다. 그런데 교육의 과정은 그 결과와 상관없이 일관성을 유지한다. 결과는 다르지만 과정은 동일하다. 결과와 과정 가운데 어느 것이 더 중요한가? 본위의 선택에 따라 그 해답이 다를 것이다. 과정을 목표로 삼는다면 결과는 수단이 될 것이며, 결과를 목표로 삼는다면 과정이 수단이 될 것이다.

삶에서 결과를 중시하는 것으로 준비(準備)라는 개념을 흔히 쓴다. 세속적 인간은 사회적으로 명백하게 규정된 규칙과 표준에 상호주관적으로 일치할 줄 알아야 한다. 당대의 특정한 정파, 이해관계, 계급적 이해관계를 위해 봉사하고 부응하기 위한 결과에 의미를 둔다면 그 수단으로서 준비과정은 여러 가지가 있을 수 있다. 조건화, 사회화, 교조화, 세뇌와 선전 등 온갖 형태의 인간통제방식들이 그런 취지를 정당화한다.

이런 통제방식에 의한 부화뇌동이 세속의 성공이나 명예를 보장하는 수단이 될 수 있다. 여기에만 마음이 쏠린다면, 수도계의 존재나 그것을 소재로 삼는 교육의 여지가 줄어든다. 인간은 천사도 아니고 그렇다고 해서 동물도 아닌 그 중간자로서 끊임없이 고정화와 퇴화로부터 자신을 구제하고, 아직 확인되지 않은 존재의 생성, 변신과 면모를 거듭해야 한다. 인간은 자신이 소재이며, 자신이 창작자이며, 자신이 예술품이다. 자기 자신을 믿고 자신의 명령에 따르는 사람은 이 길을 택한다.

교육적 인간은 그 부분에서 수도적인 인간과 공통점이 있지만, 그 과정과 결과 가운데 어느 것에 더 큰 가치를 부여하느냐 하는 선택에서 서로 그 입장이 다르다. 이 두 가지의 선택에서 교육본위는 목적을 과정으로 전환한다. 교육적 인간이 된다는 것은 결과보다는 과정에 가치를 둔다는 의미이다. 교육은 그 자체의 내재율을 지닌 진지한 놀이다. 여기서 품위는 그 놀이를 실현시키는 도구다. 교육적 인간에게는 그 내재율에 따른 자발적 동조가 전제된다.

교육활동의 고유한 목적은 슬기롭고, 아름답고, 착한 인간이 되는 것이 아니라 그런 전환이 이루어지는 과정을 주도하는 것에 있다. 아무리 높은 품위를 얻는다고 하더라도 그 과정에서 교육의 내재율을 따르지 않은 것이라면 교육적 가치가 실현된 것이 아니며, 그 결과는 초라한 것이라고 하더라도 그것을 얻기까지의 과정이 그 내재율에 충실한 것이라면 그만큼 교육적 가치가 실현된 것이다.

품위의 위계에서 최종의 것은 상정할 수 없고 설사 존재한다고 하더라도 그것을 실현하고 감식할 수 있는 인간은 존재하지 않는다. 그 중간의 품위는 교육의 결과 가운데 일면이며, 교육의 과정에는 품위의 계열을 발생의 계열로 재배열하는 과정이 포함된다. 어떻든 품위는 하루아침에 이루어지지 않는다. 교육열정이란 그 과정 자체에 몰입하는 것이다. 그 부분이 고통스럽다면 귀중한 시간을 헛되이 보낸 셈이다.

모든 사람의 흥미에 맞는 보편적인 상구나 하화의 소재는 존재하지 않는다. 상구는 먼 장래에 대한 실감나지 않는 기대와 그에 따른 준비보다는 달성 가능한 잠정 표적을 설정하고 그 과정에 심취하며 누릴 수 있는 삶이다. 그렇게 의미를 찾는다면, 설령 많은 연습을 하고도 공연에 실패했다고 하더라도 그 안에 교육적 가치의 실현이 포함되어 있을 가능성이 많기 때문에 모든 것의 실패라고 볼 필요는 없다. 사실이 그러함에도 불구하고, 고질적인 결과중심의 생각은 흔히 그 부분을 간과한다.

품위는 단지 그것을 소유하고 있는 것만으로는 결격이다. 과정이 그것을 정당화할 수 있을 때 그 본래의 가치가 살아난다. 품위는 그 형성에 참여함으로써만 자신의 것이 되며, 그 형성과정에 의해서 그 가치가 확인된다. 교육은 바로 품위를 실현시킴과 더불어 그 가치를 확인하는 과정에 해당한다. 과품을 청산하고, 현품을 정당화하고, 미품을 지향함에 있어서 분명한 이유와 내적인 근거가 있어야 하며, 교육적 인간은 바로 교육에 의존하여 그 발전의 경로를 추구한다.

개인은 무력하게 태어나서 일생 동안 미숙과 성숙의 엄청난 차이를 교육을 통해서 좁힌다. 품위의 형성과정에서 그 실패와 성공의 대비가 이루어진다. 참됨과 거짓됨의 교차를 경험한 상구자의 마음은 거짓됨에서도 희망을 품고 참됨에서도 두려움을 느낀다. 그 부분만큼 결과에 따른 만족은 언제나 단속적이다. 이에 비해서, 그것이 교차되며 연결되는 과정으로서 교육에서 기인하는 만족과 행복은 영속적이다. 행복의 산법에서 그 부분이 제외된 평가는 실제의 삶을 훨씬 삭막하게 보이게 한다.

지혜로운 농민은 훌륭한 작물을 갖고자 하기보다는 그런 작물을 어떻게 생산할 수 있는지에 대해서 관심을 갖는다. 씨를 뿌리고, 입과 줄기가 자라고, 꽃이 피고, 다음에 열매가 맺는다. 마찬가지로 하화자는 특정한 품위를 얻으려고 하기보다는 그것을 얻기까지의 과정에 충실히 임한다. 하화의 과정에 더 많은 복잡성과 도전적 의미를 부여하며, 품위상승은 그에 부수한다. 이런 교육적 인간의 면모는 우리의 삶에서 언제 어디에서나 볼 수 있다.

그럼에도 불구하고, 그 부분들이 인식에서 왜곡되고 은폐되어 있다. 그 저변에는 특정한 결과를 목표로 정해놓고 그 결과를 가져오는 모든 수단들을 교육으로 규정하는 결과위주의 교육관이 강력하게 작용한다. 무책임하게도 교육의 외연이 그 수단의 모든 것으로 열려 있고, 그 평가를 결과로 정당화한다. 그 결과를 가져오는 과정이 미지의 블랙박스로 남아 있는 한 교육의 정체성과 그 삶의 내재적 가치를 드러낼 방도가 없다. 사실상 교육적인 삶을 향유하고 있음에도 불구하고 그 가치의 인정을 얄궂게 봉쇄하는 인식이다.

그릇된 관점이 삶의 의미를 축소시킨다. 결과위주의 교육관에서 교육은 오로지 세속이나 수도 등의 외재적 가치의 실현수단으로서만 가치를 부여받는다. 세속의 삶은 다수결의 힘이 지배하기 때문에 각자는 자신의 본래성을 외면하고 평균적인 삶에 동조하며 살아갈 수밖에 없다. 그 일치행동은 무능하거나, 비인간적이거나, 피상적이거나, 속임수일 가능성이 있다. 다른 한편으로, 당대 최고 품위에만 의미를 부여하는 수도계는 드높은 품위에 도달하는 준비나 수단에만 가치를 부여하기 때문에 품위의 발생적 과정인 교육을 무시하거나 생략한다. 이처럼 삶의 결과들에 의미와 가치를 부여할 때 고유한 과정으로서 교육에 참여하는 인간의 모습은 눈에 보이지 않는다.

10.7 과실의 교육적 활용

절대로 오류가 없는 인간의 가정은 비현실적이다. 자체로 인간과는 너무 멀리 떨어진 꿈이다. 궁극적인 인간은 존재하지 않는다. 오류, 잘못, 모자람, 무능, 실수, 착각, 과실, 좌절에서 해방된 사람은 인류의 역사에 존재하지 않았다.[22] 누구나 평생에 걸쳐 어느 삶의 현장에서나 좋

22) "너 자신을 알라."라는 말은 이를 함의한다.

든 싫든 그 무거운 짐은 자기 등에 지고 다닐 동반자다. 내려놓고 싶은 짐이지만 피할 방도가 없다.

세속계에서 규정하는 과실은 제도와 규범에 어긋나게 행동하는 것이다. 그 과실을 관용할 여유가 없고 그 대가는 죄와 추방과 연결되어 있다. 사법제도는 그 과실을 징계하고 벌한다. 각종 경기에서와 마찬가지로 허점의 노출은 상대의 공격을 불러들여 사회적 적응과 경쟁에서 불리하게 작용한다. 과실을 저지른 일이 전혀 없다고 주장하는 세속의 경력에는 위장수법, 인상관리, 임기응변적 대응, 기만 등의 처세술이 숨어 있을 뿐이다.

수도계의 역사는 과실의 역사다. 다만, 그것을 극복해 나가고 있는 것이다. 그 과실의 정도는 상대적이다. 더 높은 품위가 낮은 것에 비해서 더 적은 과실을 범하는 것으로 간주된다. 그에 대한 상벌은 그 소유 자체다. 낮은 품위는 높은 품위에 비해 그 오류에 따른 불이익과 불행한 사태를 더 감내하여야 한다. 조그만 실수가 품위의 우월성의 서열에서 낙오하는 원인이 된다. 이 때문에 수도인은 실수를 가급적 억제하거나 최대한 회피하고자 한다.

이와 같이 그 이유 여하를 막론하고 과실을 관용하는 분야는 드물지만 교육계에서는 예외다. 교육은 인간의 과실에 대한 생산적 사랑이며, 과실로 속박된 타인에 대한 동정적 책임감으로 충만하다. 과실은 교육적 삶의 전제이다. 과실을 이용한다는 점에서 교육은 세속과 공통점을 갖는다. 서로 다른 점은 그 과실의 사용방식에 있다. 교육적 인간은 과실을 용인하고 그것을 소재로 자신은 물론 타인의 품위까지 개선한다. 교육에서 용인되지 않는 한 가지 과실은 과실을 고치려고 하지 않는 것이다.

교육적 인간은 자연인과 그가 범하는 과실을 구분한다. 자연인은 과실가능성과 개선가능성의 양면을 모두 지니고 있기 때문에, 그중 전자만을 들어서 자연인 전체를 평가하는 것은 불공평하다. 세속인은 과실의 부정적인 측면을 들어 자연인의 전체를 단죄하지만, 교육인은 과실이 지닌 교정가능성의 측면을 들어 자연인 전체를 똑같이 사랑한다.[23] 심각한 사태는 과실을 교정할 기회의 불평등이다.

교육계와 수도계와의 관계에서도 이 원칙상의 차이가 적용된다. 수도계는 과실의 정도를 크게 문제시한다. 이와 달리 교육에서 중요한 것은 과실을 일단 용서하고, 그 과실을 줄이는 방향으로 인도하는 것이다. 과실의 원인을 품위의 저급한 수준에서 찾고, 그 수준을 조절하면서 점차 극복해 나간다. 이처럼 교육은 과실의 크기보다는 그 교정에 큰 의미를 두기 때문에 대가(大家)의 과실과 보통 사람의 것 사이의 차이가 그렇게 두드러지지 않는다.

교육은 과실의 주체가 어떤 수준에 있느냐를 따져서 한 단계의 상승을 끊임없이 모색하는 데 큰 의미를 둔다. 상구할 필요가 없을 정도로 완전한 사람은 없다. 완전을 주장하는 사람은 불완전하며, 무오류를 주장하는 사람은 오류를 범하고 있으며, 정답을 주장하는 사람은 오답을 하고 있으며, 무과실을 주장하는 사람은 과실을 범하고 있다. 상구자의 입장에서 볼 때 가장 큰 허물은 현품이 갖는 허물에 대한 무지다.

실수가 노출되지 않으면 품위의 개선은 불가능하다.[24] 그러나 현품은 그 과실을 깨닫지 못한다. 상구자는 그것을 깨닫는 계기를 찾아야 하는데, 현품의 노출이 그 방법의 하나다. 노출은 세속의 경쟁에서 불리한 요인이지만 교육은 병원의 논리를 따른다. 비유하자면, 개인이 범하는 오류는 상처 받은 몸이며, 상처는 찾아내지 않으면 치유할 수 없다. 실수는 발견의 기초다. 경험이란 누구나 자기 실수에 붙이는 명칭이다. 실수하는 삶이 아무것도 하지 않는 삶보다는 더 교육적이다.

후진의 과실은 하화의 세계에 진입하는 관문이다. 후진을 위해서 하화자가 할 수 있는 우선적인 과제는 후진으로 하여금 자신의 과실을 과실로서 깨닫게 하는 것이다. 과실에서 벗어나기 위해서 노력하는 당사자는 물론 후진이겠지만, 하화자는 그 후진을 과실이 적은 방향으로 잘

23) 편견을 버리고 천하의 모든 사람을 다 사랑한다는 뜻의 겸애(兼愛)라는 용어가 있다.
24) 너무도 흔한 과오를 무행과오(無行過誤)라고 한다.

인도하는 몫으로 개입한다. 상대의 과실을 위급하고 어려운 처지에 있는 후진을 위해서 개선과 향상의 기회로 이용하는 것은 그 처지와 약점을 이용하여 자신의 이익을 챙기는 세속인과 대조된다.

이처럼 과실을 점차적으로 확인하고 해소해 나갈 때 어느 편의 품위를 기준으로 삼느냐 하는 문제가 있다. 너무 높은 품위를 기준으로 적용하는 것은 교육의 입장에서는 부당한 처사다. 후진은 하화자의 눈앞에서 착각, 오류, 과실을 아무렇지 않게 당당하게 저지른다. 이것은 바로 무지의 소산이며, 후진의 권리이기도 하다. 하화자도 한때 그런 상태가 있었다는 것을 쉽게 기억할 수 있다면 그것이 고의적인 것이 아닌 이상 너그럽게 받아들여야 한다.

관대의 내재율은 과실을 용인한다는 의미와는 다르다. 하화가 수반되지 않은 용서는 과실을 장려하는 셈이다. 상구자는 자신이 현품을 선진에게나 혹은 삶의 역경 속에 드러내면서 그 저급함을 용인받아야 한다. 이처럼 당분간 과실을 범할 수 있는 자유는 하화자의 도움을 바라는 초청장이기도 하다. 과실을 고치는 데에는 너무 늦었다는 것이 없다. 그것을 점차 극복해 나가는 가운데 품위가 단련되고, 역경이 순경으로 변한다. 인생역전의 드라마는 대부분 이런 상구의 성공과 관련되어 있다. 이처럼 그 끝이 좋은 것이라면 굳이 시작할 때의 과실을 탓할 필요가 없다.

10.8 교육적 공생

인간 사이의 관계와 생존방식을 크게 경쟁과 협력 두 가지로 분류한다. 경쟁은 서로 공유할 수 없는 목적과 자원을 얻기 위해서 대립하는 방식이다. 이는 한편의 승리와 다른 편의 패배로 이어진다. 이와는 대조적으로, 협동은 서로가 이득을 취하기 때문에 서로의 능력을 합하는 방식을 말한다. 참여자 모두의 성공을 보장하는 것이 협력의 특징이다. 개인이나 집단이 최대의 역량을 투입하는 이런 두 가지 생존방식 가운데 그 효율성의 면에서 어느 하나가 정답이라고 주장할 수는 없다.

선택의 기준은 관여하는 세계의 분야마다 다르다. 경쟁의 논리가 지배적인 분야가 있는가 하면, 협동의 논리가 더 우세한 분야가 있다. 교육은 이 가운데 후자에 속한다. 교육이 이루어지는 공간에서는 오로지 협동의 논리만이 작용한다. 교육적 교섭은 선진과 후진이 교육을 매개로 서로 결합하고 협력하는 방식이다. 교육의 내재율에는 경쟁의 요소가 자리할 곳이 없다. 그 교육의 특이성이 여타의 세계와 다른 점이다. 제9장에서 협동교육을 논의하는 과정에서 상구와 하화는 그 대위적 특성으로 인하여 서로에게 이끌린다는 점을 살핀 바 있다. 앞 절에서 논의한 교육열정과 교육과정의 지속이라는 주제도 이 부분과 결부된다.

상구와 하화는 서로 다른 종류의 교육이기 때문에 그들 사이에 위계가 있을 수 없다. 교육을 본위로 할 때 상구자와 하화자는 서로 다른 영역에 종사하며, 그 점에서 평등하다. 상구의 내재적 목적은 상구를 제대로 하는 것이고, 하화의 내재적 목적은 하화를 제대로 하는 것이다. 이 두 가지 목적과 활동을 두고 서로 경쟁할 이유가 전혀 없다. 정상적인 교육은 오히려 그 두 가지 다른 종류의 활동이 서로 연대하고, 조화하고, 화해하고, 협력함으로써 성립한다.

교육에서 상구와 하화는 각각 고유한 내재적 가치를 지니고 있으면서 서로가 다른 것의 효과적인 수단이 된다. 각각이 목적이자 수단인 셈이다. 선진에 대한 상구자의 보답은 열심히 상구하는 것이며, 후진에 대한 하화자의 보답은 열심히 하화하는 것이다. 물질적인 것을 남에게 나누어줄 때는 그만큼 내 쪽의 손실이 있다. 그러나 품위는 나누어줄수록 불어난다. 공유한다고 해서 줄어들지 않는 품위를 두고 서로 경쟁할 하등의 이유가 없다.

이렇게 볼 때, 교육적 인간은 선진과 후진을 연결하는 가장 바람직한 끈이며 교량이다. 수도계의 선진과 후진은 그 비대칭성으로 인해 삶의 양태와 기준을 놓고 서로 대립하고, 긴장하며, 갈등한다. 하화자와 상구자는 그런 선진과 후진 사이의 갈등과 경쟁의 관계를 협력적 관계로 전환하여 그것들을 창조적으로 해소한다. 서로가 상대를 보강하고 상승시킨다. 교육적 관계에서는 승자와 패자가 성립하지 않고 모두의 성공이 있을 뿐이다. 교육적 공생은 바로 그 모두가 즐기는 축제를 의미한다.

교육이 마치 경쟁과 불가분의 관계를 가진 것처럼 인식하는 경향이 있다. 상대에게 나름의 교육열정을 불태울 수 있는 이런 유별난 유대와 연대를 세상 사람들이 경쟁관계로 보는 것은 교육적 인간에 대한 너무도 무지막지한 왜곡이고 은폐다. 그 왜곡과 은폐의 근원은 바로 잘못된 교육관에 그 힌트가 있다. 우선 교육적인 삶과 학교범주의 혼동이 그 하나다. 학교생활은 바로 젊은이들이 그 세속으로의 진입을 준비하는 중간단계의 삶이다. 세속계 안에서는 제한된 권력, 재물, 지위를 두고 경쟁한다. 그 중간단계의 학교생활에서 학생 자신이나 학부모가 남보다 뒤떨어질까 두려워하고, 서로 시기하고, 서로 질투하는 마음이 생기는데 세속을 본위로 사는 세상 사람들은 바로 그 측면을 엉뚱하게 교육과 결부시킨 것이다.

교육을 경쟁의 장소로 보는 다른 하나의 그릇된 교육관은 수도계와 교육의 논리를 혼동하는 것이다. 앞서 살폈듯이, 수도계 안에서 경쟁이 이루어지는 것은 자연스럽다. 이는 물론 개인 안에서 혹은 개인 간에 품위의 확장을 위한 경쟁이기 때문에 세속의 것과는 구분될 수 있는 부분이다. 그 부분을 교육과 관련지을 때 곁길로 나아가는 왜곡이 이루어진다. 가끔은 수도계의 경쟁이 세속적 경쟁을 위한 수단의 일환으로 변질되기도 한다. 이른바 "학교성적"을 두고 학생들 사이에 이루어지는 치열한 경쟁이 바로 이런 이중의 그릇된 교육관의 소산이다.

10.9 교육적 관계

일상의 삶은 관계의 망 속에 존재한다. 자연인 "갑"과 "을"은 일상의 삶에서 그들이 종사하고 관여하는 세계의 종류만큼 다양한 인간관계를 맺을 수 있다. 정치적 관계(후보자와 투표자), 경제적 관계(생산자와 소비자), 사회적 관계(상급자와 하급자), 문화적 관계(공연자와 관람자), 종교적 관계(교주와 신도)가 있다. 그 범위를 좁혀 세속의 인간관계와 수도계의 인간관계는 앞에서 지적한 바 있다. 그렇다면 교육적 관계란 어떤 것이며, 여타의 관계와 어떻게 그들과 다른 것인지를 추궁해야 한다.

이를 구분하는 한 가지 차원이 강제와 선택이다. 혈연적 관계는 선택의 여지가 없다. 정치적 관계는 갈등의 조정과 해결을 위해 강제성과 조직적 통제가 발동하여 지배와 복종의 관계가 지속된다. 사회적 관계는 이미 주어진 대본을 따른다. 나머지 관계는 강제가 아니라 쌍무적인 선택사항이다. 상호 간에 자발적 혹은 순리로서 서로가 상대의 요구에 응하는 방식으로 진행된다. 아무리 한편의 요구가 강하더라도 다른 편의 호응이 없다면 그 관계는 성립하기 어렵다. 그렇다면 그중에서도 교육적 관계를 그 여타의 것과 구분하는 특징은 무엇인가?

교육적 관계에서는 유교무류의 원칙에 따라 세속의 관계를 보류한다. 교육에서는 권력자든, 부자이든, 사회적으로 상사이든, 남녀노소이든 구분되지 않고 평등한 지위를 갖는다. 그 관계의 고유한 측면은 선진이 하화하고 후진이 상구하는 조합에서 찾아볼 수 있다. 〈그림 10-2〉는 스승(seuseung)과 제자(jeja)라는 교육적 관계를 간단하게 도식화한 것이다.

$$\frac{\text{갑}}{\text{을}} \Rightarrow \frac{\text{선 진}}{\text{후 진}}\,(\mathrm{X}) + \frac{\text{하 화 자}}{\text{상 구 자}}\,(\mathrm{E}) \Rightarrow \frac{\text{스 승}}{\text{제 자}}$$

〈그림 10-2〉 자연인 갑과 을의 교육적 관계의 조합형태(1)

특정한 수도계(X)에서 선진과 후진이라는 위계상의 차이가 있는 갑과 을이라는 자연인을 상정하자. 이는 소재에서 동행하는 관계의 항이다. 교육적 관계는 여기에 상구자와 하화자라는 교육의 항이 추가됨으로써 성립한다. 선진과 후진은 비대칭적이고 경쟁적이지만, 교육의 항에서는 대칭적이며 협조적이다. 스승과 제자는 수도계의 입장에서 볼 때 우열이 있지만, 교육의 측면에서 볼 때 서로 다른 활동을 한다는 점에서 평등하다. 이 두 가지 항에서 교육본위의 관계가 정상적으로 유지되려면 교육의 항이 소재인 품위의 항을 압도할 수 있어야 한다.

그 결합의 원칙에 따라 스승과 제자는 서로가 하화와 상구에 적극적으로 몰입할 수 있는 방식으로 서로 적응한다.[25] 교육적 공생을 염두에 둔다면, 교육적 관계에서 상대방이 성공해야만 나도 성공할 수 있다. 〈그림 10-2〉에서 제자인 '을'은 스승인 '갑'을 상대로 자신의 상구가능성을 실현하고, 반대로 스승인 '갑'은 제자인 '을'을 상대로 자신의 하화가능성을 실현한다. 서로 합리적으로 해소될 수 없는 모순된 체제의 만남이 이런 방식으로 교육열정의 큰 동력으로 작용한다.

교육적 관계의 성립에 선진과 후진이 고려의 요소가 되지만 특정한 품위수준을 갖추어야만 교육적 삶이 비로소 보장되는 것은 결코 아니다. 상구할 필요가 없을 만큼 높은 품위를 갖춘 사람도 없고, 하화할 수 없을 만큼 낮은 품위의 사람도 없다. 누구나 현품을 중심으로 위로는 상구하고 아래로는 하화할 수 있다.[26] 후진이면서 상구의 내재율을 따르며, 선진이면서 하화의 내재율을 따르면 그만이다. 그런 교육적 관계는 우리의 주변에서 너무도 자연스럽게 일어나고 있는 보편적 현상이지만, 개념의 부재가 그 현상을 은폐시키고 있을 뿐이다.

비근한 예를 일상의 삶에서 가정해 보자. "저, 서울 양반, 이 주소로 가려면 어떤 전철을 타야 하는지 모르겠네유?" "네, 저쪽에 보이는 지하도

25) "선인은 불선인의 스승이며, 불선인은 선인의 자료가 된다(善人師不善人之師不善人者善人之資)."

26) "세 사람이 가면 그중에 반드시 스승이 있다(三人行必有我師)."라는 고사성어가 있다. 그중 한 사람은 자기이고, 다른 두 사람은 착한 자와 착하지 않은 자이므로 나는 착한 것은 본받고, 악한 것은 고치게 되니 두 사람이 모두 스승이라는 뜻이다. 이 글에서 다른 한 사람을 후진으로 바꾸어 해석한다면 교육적 관계의 조화가 더욱 두드러질 수 있겠다.

입구로 내려가서 3호선 전철을 타고 가시다가 매봉역에서 내리세요." 이 순간, 이 공간에, 채움의 고마움과 나눔의 뿌듯함이 교차한다. 이 사례는 설명의 편의상 언제 어디서나 가볍게 향유할 수 있는 일시적인 것을 상정했지만 더 심각하고 지속적인 교육적 관계도 그 기본은 마찬가지다.

교육적 관계는 유동적이다. 오직 스승인 자연인과 오직 제자인 자연인은 존재할 수 없다.[27] 소재에 따라 선진과 후진의 구분이 이루어지며, 그 소재의 종류에 따라 자연인 갑과 을의 스승과 제자의 위치는 달라진다. 앞의 도식에서 특정한 수도계(X)를 사례로 들었지만 〈그림 10-3〉은 소재를 X에서 Y로 바꾸었을 때 갑과 을의 스승과 제자의 관계가 역전될 수 있음을 보여준다. 이 경우, 양자는 교류교육(交流教育)을 한다고 말하며, 그들 사이를 교류우(交流友)라고 칭한다. 이처럼 갑과 을은 소재를 바꾸면서 스승임과 동시에 제자의 관계를 유지할 수 있다.

$$\frac{\text{을}}{\text{갑}} \Rightarrow \frac{\text{선 진}}{\text{후 진}}(\mathrm{Y}) + \frac{\text{하 화 자}}{\text{상 구 자}}(\mathrm{E}) \Rightarrow \frac{\text{스 승}}{\text{제 자}}$$

〈그림 10-3〉 자연인 갑과 을의 교육적 관계의 조합형태(2)

교류우의 조합 가능성은 무궁무진하다. 〈그림 10-4〉는 갑, 을, 병, 정이 여섯 가지의 다양한 수도계(X, Y, A, B, C, D)에서 서로 다른 품위상의 위계가 있음을 보여준다.

교육적 관계의 성립초기에 품위의 차이를 가정하지만 그 가정은 후속하는 교육적 교섭에 의해서 입증된다. 교육적 관계를 맺을 때, 외부의 평가, 공인된 서열, 문제해결 등의 객관적 지표를 참조로 어느 편이 선진이고 어느 편이 후진인지에 대한 일차적 가정을 한다. 그 가정하에서 선진으로 가정된 사람이 스승의 위치에서 하화교육을 진행하고, 다른 편에서 후진으로 가정된 사람이 제자의 위치에서 상구교육에 임한다. 주어

---

27) "덕을 닦는 데는 일정한 스승이 없다(德無常師)."라는 사자성어가 있다.

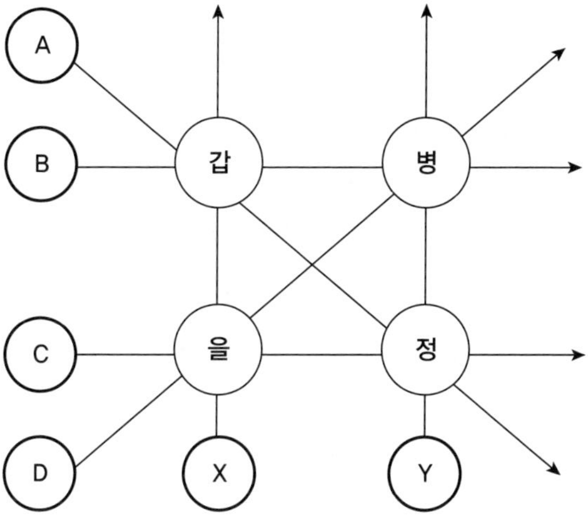

〈그림 10-4〉 자연인 갑, 을, 병, 정의 교육적 관계의 조합형태(3)

진 소재와 관련하여 선진은 하화할 여지가 많고, 후진은 상구할 여지가 많다. 그 교육적 교섭이 아무런 문제가 없이 진행된다면, 그 일차적 가정이 확인되는 셈이다. 다시 말하면 이는 교섭 이전에 가정을 하고, 이후 가정을 확인하는 절차다.[28)]

두 사람의 관계에서 스승과 제자의 위치는 늘 고정된 것이 아니다. 야심차고 유능한 제자에게 스승은 잠시 만나는 이정표에 불과하다. 어느 시점에서는 선진과 후진의 위치가 역전될 수 있다.[29)] 이를 두고 교육적 반전이라는 용어를 도입할 수 있겠다. 반전의 이유는 단일한 것이 아니다. 그 하나로 상구와 하화의 차이에서 찾을 수 있다. 제자는 스승에게 미결된 품위였던 것이 기결된 상태에서 교육적 교섭을 한다. 그만큼 교육적 시숙의 기간을 단축시킬 수 있는 요인이 된다. 또한 하화는 기본적으로 보존의 과정이지만 상구는 혁신적이다. 그 이외에 독행상구, 스

28) 이 부분은 제18장에서 다룰 교육적 인식론의 주제가 될 것이다.

29) 이를 통상 "쪽에서 나온 물감이 쪽빛보다 더 푸르다(靑出於藍)."라는 용어로 지칭한다.

승 바꾸기, 혹은 교육여건의 차이 등 다양한 요인들이 여기에 포함할 수 있을 것이다.

이런 교육적 반전에 대한 평가는 본위의 선택에 따라 다르다는 점도 주목할 필요가 있다. 먼저 수도계를 본위로 할 때, 이는 제자 편의 승리와 스승 편의 패배로 평가할 수 있다. 그러나 그 본위를 교육으로 전환한다면 그 평가는 달라진다. 교육은 경쟁이 아니라 공생의 논리를 따른다. 제자가 언제까지나 제자로 남아 있는 것은 제자의 상구와 스승의 하화가 부실하거나 불성실하다는 것을 의미한다. 교육적 반전은 양자의 교육활동이 모두가 충실하게 이루어졌음을 의미하며, 따라서 교육적 반전은 승자와 패자가 아닌 모두의 보람이자, 승리의 사례로 기록될 수 있다.

수많은 인간관계 가운데 교육적 관계를 특별히 찬미할 만한 요소의 하나는 서로 품위를 공유하고 소통할 수 있는 통로라는 점이다. 인간적으로 가장 가까워지는 관계이다. 물리적으로는 아무리 가까워도 마음으로 멀게 지내는 것이 흔한 일상이다. 사회적 관계는 때에 따라 서로 자신을 숨겨야 하기 때문에 십 년을 사귀어도 서로를 경계하여야 한다. 이에 비해서 자신을 내놓고 마음을 가깝게 접근하여 가는 교육적 관계는 한 달만 지나도 십 년을 사귄 지인처럼 친밀하다.

마지막으로, 교육적 관계와 그 양태를 구분해야 함을 구차하게 첨언해야겠다. 위의 논의는 어디까지나 이론적인 것으로서 구체적인 사례는 사태에 따라 다르게 나타날 것이다. 누차 지적했듯이, 교육의 양태는 교육내재적인 요소와 교육외재적인 것 모두의 소산이다. 삶에서 접하는 것은 교육적 관계의 양태이기 때문에 특정한 자연인 사이의 관계를 오로지 교육적 관계로 환원시키는 것은 피해야 할 오류다. 그 양태에 대한 설명은 그 여타의 인간관계와 그 이외의 더 많은 요인들의 첨가를 요구한다.

10.10 교육공동체

교육은 대부분 집단 안에서 진행되기 때문에 집단이 교육의 주체가 아닌가 하는 강한 선입견이 작용한다. 그러나 집단은 교육의 주체가 될 수 없고 단지 교육의 여건으로 작용할 뿐이다. 그렇다면, 어떤 종류의 집단이 교육적으로 유리하다고 말할 수 있는가? 해답은 선험적으로 쉽게 내려질 성질의 것이 아니다. 집단의 성질, 크기, 조직, 응결력, 소통의 유형, 지도자의 기능, 집단표준, 집단역동성, 집단과정, 상호작용의 유형, 역할체제, 자아의 제시, 대인적 지각, 그리고 만남의 계기 등과 관련하여 경험적으로 구명되어야 할 과제이다.

본 절은 단지 그 집단의 하나로서 교육공동체가 어떤 것이며, 그것이 고려해야 할 내재적 속성이 무엇인가를 약술하고자 한다. 공동체는 개념상 남을 이롭게 하는 것이 자신의 이로움이 되는 공생사회다. 교육공동체는 그런 공생사회의 한 종류라고 보면 된다. 이는 구성원이 서로 교육적인 삶을 실현하도록 돕는 자발적인 과정을 증대시킨다는 점에 그 특징이 있다. 서로를 의지하여 공통적인 사태에 그 각각의 고유한 방식으로 반응하면서 교육적 교류를 꾀한다. 그 단위의 크기는 작게는 몇십 명의 작은 범위에서부터 한 지역사회, 혹은 국가에 이를 수 있다.

교육공동체는 오로지 다수의 개별구성원의 교육적 요구를 충족시키는 특수한 조건이 그 중심을 차지한다. 가입과 탈퇴가 자유롭다. 여기서 정치, 경제, 사회, 문화, 종교 등의 인간의 분류는 보류된다. 일반 사회집단은 통념과 관습에 일치하기를 요구하지만, 그와 달리 교육공동체는 그런 통념에 무조건 일치하는 것을 금기시하는 표준을 따른다. 교육적 내재율이 일반적인 사회적 표준에 앞서며, 그 내재율에서 이탈할 때 구성원의 자격이 소실된다.

교육공동체는 특정한 사회나 문화의 구속에서 벗어나 자유롭게 실험하고, 확장하고, 검증해 나가기에 효과적인 요소를 갖추었다. 그런 조건에서 시대마다 당대의 사람들이 수용하기 어려운 선각자들이 출현했다. 그 선진성은 당대의 일반인과 갈등의 원인이 될 수 있었다. 교육적 방법은 그 갈등을 생산적으로 전환시키기 위해 선각자들이 택했던 삶의 방식이다. 그들은 교육공동체를 형성하고 점진적으로 자신의 발전과정을 재생하여 심열성복의 방식으로 그들이 추구한 품위의 타당성을 증명할 수 있었다.

역사적 사실에서 수도공동체와 교육공동체는 서로 겹치는 경우가 많지만 개념상 그 구분은 분명하다. 그 지향하는 목표가 다르다. 수도공동체에서의 구성원은 품위의 위계를 강조하면서 그 최고점에 도달하는 것을 목표로 삼지만, 교육공동체의 목적은 다양한 종류와 수준의 품위를 소재로 교육적인 삶을 향유하는 데 있다. 발생적 연속성은 교육에서 지켜져야 할 내재율의 하나다. 그것은 낮은 것에서부터 최고의 것까지를 차별화하지 않고 평등하게 포괄한다는 것을 의미한다.

교육공동체가 갖추어야 할 조건은 교육적 관계에서 다층의 품위를 인정하는 것이다. 교육은 품위의 결과가 아니라 그것을 얻는 과정에 큰 가치를 두기 때문에 품위의 차이를 절대화하지 않고, 품위의 상대성을 존중하고 인정한다. 그 상대적 다원성에 비추어 복수의 스승과 복수의 제자가 성립하는 것은 자연스럽다. 그런 조건에서 품위의 각 단계에서 그 시작부터 당대에까지 진화된 교육의 과정을 재생할 수 있게 된다.

어떤 경우든 급진적인 구조접속을 완충하는 장치를 구비하는 것이 중요하다. 교육적 주체가 차지한 현품을 기준으로 위로는 먼 거리와 근거리의 스승을 두거나, 반대로 먼 거리와 가까운 제자를 둘 수 있다. 이들은 각각 현품의 양쪽에 존재하는 체험상의 미래와 과거와의 거리로 환산할 수 있다. 스승과 제자는 어떻든 상구의 혁신과 하화의 보존을 통해서 점차 만나가야 할 징검다리다. 여러 층의 제자가 있듯이 여러 층의 스승이 있다.

오직 최고의 스승에 대한 일치에 집착하는 것은 수 세기 동안의 잘못된 관행이다. 그 사이의 만남이 성립하기도 어려우려니와 교육적 관계를 맺는 일이 쉽지 않다. 재목의 크기에 따라 그 용도가 다르듯이, 그 다층의 스승과 제자를 각 단계를 연결하는 방식으로 효과적으로 이용하는 것이 중요하다. 작은 사람에게는 작은 것이 알맞다.[30] 자신에게 벅찬 스승만을 대하는 것은 너무 큰 신발을 신고 있는 셈이다. 알맞은 범위의 품위상의 선후진이 교육의 파트너로서 매력을 끈다.

한 걸음씩 걸어가면 멀리 간다. 매 단계의 상구교육에 성공하지 않고 정상에 오르는 경우는 드물다. 그 진전은 주관에 의해서만 확실하게 입증된다. 증득에 의한 이런 가치체험은 안쪽으로 감명을 주고 미소를 머금게 한다. 교육공동체는 그런 점에서 우리의 삶에 오아시스의 역할을 하고 있다고 말할 수 있다. 교육의 수레바퀴가 정상으로 돌아갈 때마다 교육공동체의 구성원의 품위가 한 단계씩 상승한다.

교육적인 삶에서 상구와 하화의 조화를 유지하는 것이 바람직하다. 교육공동체에 분포하는 다양한 종류의 소재의 수용은 구성원 개인으로서 할 수 없는 기능을 보충한다. 구성원마다 각자의 다양한 적성을 지니고 있으며, 이는 그들끼리의 교류교육의 가능성을 열어놓는다. 구성원은 자신의 적성에 따라 서로 다른 종류의 소재를 가진 선진의 후진을 만난다. 유사한 품위수준의 또래집단은 적당한 정도의 품차를 유지하면서 서로가 교류우로서 역할을 함으로써 현품의 부족한 부분을 채워 넣을 수 있다.

제자 무리는 일대에서 종결하는 홑제자와 스승의 것을 계승하는 겹제자의 두 종류로 나뉜다. 큰 스승은 자신의 품위가 겹제자를 통해서 가까운 거리의 작은 제자에게 흘러 들어가는 경로를 찾는다. 이로써 겹제자의 하화가 보장되며, 고압제의 문제를 회피할 수 있다. 더 나아가 겹제자는 다단계교육을 통해서 수도계의 엄청난 저변확대의 역할을 한다. 한 명의 겹제자가 열 명의 겹제자를 확보하고, 그 열 명의 겹제자가 다시 열 명의 겹제자를 확보한다면 그 겹제자의 수는 백 명으로 증가된다. 사멸

30) "긴 것과 짧은 것을 병용한다(用長用短)."

한 성인들이 현대인과 접속할 수 있는 것은 바로 이런 겹제자의 역할이 개재했기 때문이다.

그러나 교육공동체의 타락과 퇴화의 경로가 있음도 주목해야 한다. 그 문제는 대부분 소재의 수준을 고려하지 않고 특정한 수준을 전형으로 고정시키려고 하는 데서 발생한다. 앞서 사멸한 성인과의 접속에서 겹제자의 역할을 지적했지만, 그가 스승의 품위를 절대화하는 경우가 생긴다. 그로부터 만능의 초월적 능력을 가진 존재에 대한 신비와 경외와 성스러움의 감정, 저항할 수 없는 절대적 신념을 공유하고 복종하는 집단의 형성과 전파가 이루어진다. 겹제자마다 스승의 품위에 대한 굴곡이 첨가된다. 현품의 유사완전성이 작동하여 그 결과만 논하고 제자가 거쳐야 할 과정을 생략하는 경우도 있다. 더러는 너무 높은 수준의 품위를 강요함으로써 제자들은 품위의 단계적인 상승에 따른 가치체험 대신 그 품위의 표현형식만을 모방한다.[31)]

10.11 교육적 진화

역사란 인간의 자기발현이며, 그 역사가 오래 지속될수록 인간은 더욱더 위대하고 존귀하고 탁월한 모습들을 보인다. 인간은 동굴로부터 나와서 달나라에까지 도달하는 쾌거를 이루는 경이로움을 보여주었다. 그 엄청난 진화를 어떻게 설명할 것인가? 지금까지 대략 생물적 진화와 사회문화적 진화, 두 가지를 주로 상정해 왔다. 후자는 분명 전자로 설명되지 않은 부분을 보충한다. 그것으로 족한가? 그 여분을 교육의 관점에서 서술하고 해석하면 어떤 모습일까? 본 절은 교육본위의 입장에서 이에 대한 해답을 최초로 시도할 것이다.

생물학적 진화(biological evolution)는 지구의 역사적 사건에서 인류

31) 그처럼 품위의 가치를 저해하는 현상은 오늘날의 학교체제 안에서 흔하게 목도할 수 있다. 제16장에서 이에 관한 논의가 있을 것이다.

가 다른 생명체들과 더불어 어떻게 적응하면서 생존해 왔는지를 설명한다. 지구상의 최초의 생명체는 약 35억 년 전 단세포이었을 것으로 보고 있다. 인류의 선조들은 이를 먼 조상으로 삼아 대략 수백만 년 전에서 수십만 년 전이라고 생각되는 시기에 생물학적으로 보아 현대인과 거의 구별할 수 없는 신체적 구조를 가지게 되었다.[32] 생물학적 진화는 인류가 자연선택과 적자생존의 길을 걸어왔음을 보여준다. 아무리 작은 변형이라도 유용한 경우에는 보존된다. 지구상의 모든 생물들은 생존을 위한 진화적 능력을 지니고 있다.[33]

그 장기간의 변화를 두고 인간만의 진화적 성취라고 할 수는 없다. 생물학에서 말하는 그 성취란 단지 종의 지속을 의미하며, 그 기준에 따르면 인간은 여타의 생명체와 동열에 선다. 겨우 몇십 년 동안의 생존만 보장된 생명체는 모두 유전자의 자기복제를 통해 종족을 유지한다. 개체는 단지 유전자가 잠시 머무는 숙주에 불과하다. 유전자는 몇십 년이 아니라 몇천 년 또는 몇백만 년 동안 생존을 기대할 수 있다. 물론 그 안에는 그 유전자를 발현시키는 특수한 유전자가 포함되어 있을 것으로 가정된다. 그 원형은 동물의 세계에서도 발견된다. 큰 동물의 새끼는 반드시 어미로부터 학습의 기회를 갖는다.[34]

생물적 진화로 말한다면, 인간은 결핍동물에 속한다. 인간은 큰 두뇌

32) 인간과 침팬지는 98.5%의 유전자를 공유한다.

33) 더러는 인간보다 더 뛰어난 적응력을 지니고 있다. 새들은 최소한의 공기저항을 받으며 창공을 난다.

34) 예컨대, 치타는 새끼들이 독립하기 전에 먹이동물인 톰슨가젤을 살아 있는 상태로 잡아서 시범을 보이면서 사냥하는 방법을 실습하도록 가르친다. 원숭이, 곰, 표범, 사자, 시라소니, 말, 고양이, 수달, 솔부엉이, 노랑할미새, 괭이갈매기, 물개, 펭귄, 악어 등도 마찬가지다. 특히 미숙한 기간이 길고, 성장의 속도가 느린 영장류나 인간도 그런 유전적 기초를 가지고 태어날 것은 의심의 여지가 없다. 흔히 우리는 새들이 선천적으로 날 수 있는 것으로 생각하지만 새들도 후천적인 연습의 과정을 거쳐야만 날 수 있게 된다. 앞서 언급했던 학습의 "습(習)" 자에 날개 모양(羽, 깃 우)이 들어가 있는 것도 바로 그런 연유에서다. 이런 과정이 개입되지 않는다면 그들은 진화적 경쟁에서 도태되었을 것이다.

를 가지고 직립한다는 것을 제외하고 여타의 생명체에 비해서 불리한 생존의 조건을 지니고 있다. 새들처럼 창공을 날지 못한다. 물고기처럼 물속을 헤엄치고 다닐 수 없다. 몸에 털이 부족하기 때문에 곰처럼 지상의 기후변화에 적응하기 어렵다. 태어나서 자립하는 기간이 길다. 그런 불리한 조건에도 불구하고 인간은 그것을 극복하고 생존한다. 그 비결의 하나는 인간이 그 자신의 인간성을 자연의 과정으로 보지 않고 그 자신들의 상상, 선택, 노력에 따라 창조하고 변형시키기 시작했기 때문이다.

지금의 우리와 닮은 인류(Homo sapiens)는 약 35만 년 전에 등장한 것으로 알려지고 있다. 장시간 그들이 사용하던 도구들은 그 이전의 것과 거의 같았다. 석기는 150만 년 전에 나타나 거의 기술의 진화가 없이 백만 년 동안이나 사용되었던 도구다. 그러다 5만 년 전 머릿속의 어떤 미세한 구조의 변화와 더불어 새로운 조상(Homo sapiens sapiens)이 태어났고, 그로부터 큰 변화가 일어났다. 벌거숭이 인간은 추우면 불을 피우거나, 옷으로 추위를 막고, 추위를 이겨내는 데에 유리한 방식의 주거양식을 개발하여 환경의 제약성을 극복하여 왔다.

분명한 것은 그 새로운 조상이 현재의 우리와 유전적으로 거의 똑같다는 점이다. 그렇다면 그 이후의 급격한 변화를 이끈 요인은 무엇인가? 그것이 바로 문화다. 문화가 인류의 생물학적인 결여를 보완하는 수단으로 새롭게 등장했다. 사회나 문화란 인간이 여러 세대에 걸쳐서 만들고 축적한 창조물이다. 인간은 서로 다른 집단을 만들고 문화를 발전시키고 각각의 공동체는 고립상태 속에서 자신들의 문화를 다른 문화보다 중심적인 것이라고 생각한다. 그 여러 문화가 서로 소통함으로써 비로소 개방적 집단으로서의 '인류'라는 개념이 성립하게 되었다.

생물학적 진화에 대한 설명이 끝난 지점에서 문화적 진화(cultural evolution)라는 개념이 그동안 인간이 만들어 놓은 사회문화에 어떻게 적응하면서 생존하고 있는지를 설명한다. 인류는 장기간에 걸쳐서 문화를 창조해 왔고 후대는 선대가 오랜 시련과 시행착오를 통해서 실현한 사회나 문화 안에서 생활한다. 획득형질로서 개체의 체험은 유전적으로 전달되지 않는다. 문화 자체는 축적되는 경향이 있지만, 그것을 계승하고 건네주는 과정에서 각 세대는 출발점에서 시작한다. 신생아에게 문화는 마치 자연의 경우처럼 적응해야 할 대상이며, 그 내용은 사회화나 문화화라는 과정을 거쳐서 전달된다.[35)]

사회나 문화는 저마다 특수한 특정한 관습, 법률, 언어, 종교, 도덕적 기준을 지닌다. 오랫동안 지방에 분산하여 특수화된 인종과 여러 부족은 지금도 집단을 구분하는 응집성과 배타성에서 벗어나지 못하고 있다. 비전통적인 것, 익숙하지 않은 것, 알지 못하는 것, 이국적인 것에 대한 두려움이 생기고, 또 한편으로는 일반적으로 인정된 것, 전통적인 것, 흔히 반복되는 것, 증명된 것에 대한 애착과 애정이 생긴다. '이것은 관습에 맞다', '저것은 관습에 맞지 않다'는 구별을 하고 모든 생활은 이러한 관습적인 판단기준에 따른다.[36)] 자신의 소신을 굽히고 대중의 표준에 일치하는 만큼 개인은 당대의 사회나 문화의 노예가 된다고 말할 수 있다.[37)] 인간의 역사에는 그릇된 사회적 세력에 대항하여 옳은 말을 하다가 옥고를 치르거나 살해를 당한 예외적인 사람들도 허다하다.[38)]

선대에 비해 후대가 유리한 점은 선대의 미결사항이 기결된 시대에 살고 있다는 사실이다. 오늘날의 일상적 삶은 몇 명의 소수자들에 의해서 문명이 창조되고 나머지의 다수가 그 문명에 적응하는 방식으로 진

35) 문화적 진화는 인간에게만 고유한 부분으로서, 예컨대 공기역학을 적용하여 비행기를 만들어 새보다 빠르게 날고 그 비행기에 적응하는 방식을 전수한다.

36) 물론 이주나 지방사회의 외부와의 통혼, 특산물의 교역, 여행이나 군사적 정복 등이 어느 정도 문화적 교류와 동화를 가져오지만 거기에는 항상 한계가 있다.

37) 다윈은 자연도태의 사실을 발견해 놓고도 그것을 세상에 발표하는 데 10여 년을 기다려야만 했다. 왜냐하면 당시의 사람들은 인간과 동물의 세계가 별개라는 문화적 전통 안에 있었기 때문이다.

38) 대중이 흔히 범하는 오류의 하나는 훨씬 탁월한 인물들의 하화를 멋대로 저울질하여 비난하는 것이다. 조그만 개가 낯선 사람을 보고 짖듯이 대중은 습관적으로 그들을 보고 짖어댄다. 크나큰 선물을 헛되이 대중들에게 내민 그 탁월한 인물들의 슬픔이 여기에 있다.

행된다. 한 세대를 약 25년 것으로 계산하면 2,500세대에 걸쳐 축적된 문화를 한 세대가 계승하여야 하며, 그 문화의 저장고는 날로 거대해지고 있다. 그로 인해서 신생아가 당대까지 이루어진 문화적 산물과 그 표준에 대한 적응과 일치 부분에서 그 형성과정보다는 그 결과에 대한 적응이 불가피하다. 선대의 특수한 품위를 그 효과만을 의식해서 모방하거나 혹은 특수한 결과에 수동적으로 적응한다.

그런 문화화의 특징은 고압제다. 수도계인 학문, 예술, 도덕의 경우에서조차도 그 발전과정을 생략하고 그 소수의 품위에 맹목적으로 일치시키고자 하는 시도가 이루어진다. 이는 세속적 자아에게 안전을 보장하기 때문에 교육적인 삶이 요구하는 불안을 회피하는 통로가 되기도 한다. 별다른 노력을 하지 않고 그 결과를 향유할 수 있는 현대인을 "거인의 어깨 위의 난쟁이"라는 말로 표현한다.[39] 그 의미를 자칫 남의 품위 위에 자신의 것을 곧바로 더하여 세상을 바라볼 수 있다는 식으로 해석하기 쉽지만, 난쟁이는 산꼭대기에 서 있어도 키가 작고 거인은 우물 속에 있어도 크다.

거인의 등에 업힌 현대인은 자연과의 의의 깊은 교류를 행하지 않고, 기계가 부여하는 제품이나 대용품만으로 만족하면서 안락한 생활에 몸을 맡기고 있다. 기계화와 자동주의에의 과다한 의존은 각 세대가 자율적으로 자신의 내면성을 확장하고 그것에 대해서 책임을 지는 인간적인 과정, 즉 교육의 비전(秘傳)을 잊게 하고 있다. 이에 창의성의 위축이라는 부작용이 따른다. 계산기의 자판을 신나게 두드릴 줄은 알지만 정작 계산은 하지 못한다. 그런 시대적 산물로서의 인간을 두고 진화라는 말을 쓰는 것은 인간의 역사적 진화를 설명하는 데 부족해 보인다. 문명은 인류를 행복하게 만들어주기도 하지만 동시에 인류를 타락시키기도 한다.

---

39) 아르키메데스가 평생을 바쳐서 겨우 알아냈을 그런 진리들을 지금은 가장 단순한 아이들마저도 잘 알고 있다. 에디슨의 1%의 영감과 99%의 노력으로 만들어진 발명품을 대중은 오늘날 아무 노력도 없이 향유하고 있다.

이런 문화내용에 대한 일치는 특정한 결과와 형태에 국한된다. 앞서 지적했듯이, 비창조적이고 정태적이라는 것이 문제다. 이런 사회문화적 취약성을 보완할 수 있는 것이 이제부터 첨가하여 설명하고자 하는 교육적 진화(educative evolution)다. 이 새로운 개념은 사회문화적 적응의 기능성을 떠나서 인간이 어떻게 자신의 정체성을 개발하고 다듬어 왔는지를 조명한다. 그 결과만을 놓고 볼 때, 전자가 후자보다 속결이라는 장점을 가질지 모르지만, 그 발전의 잠재력을 두고 볼 때 큰 차이가 난다. 전자는 특정한 발전단계의 결과에 고착되지만 후자는 그것을 극복하는 발전의 동력을 내장하고 있다. 이런 진화는 인류사에서 최근의 사건들이다.

인간의 진화과정에서 수도계가 발전된 것은 불과 몇천 년 전부터인 것으로 추정된다. 수도계는 특수한 사회나 문화의 경계를 넘어서서 품위를 자유롭게 실험하고, 확장하고, 검증해 나간다. 그 급격한 진화는 아마도 문명사적으로 5천 년을 넘지 않을 것이다. 특히 기원전 약 5~6세기의 "축의 시대"[40]에서 학술, 사상, 예술, 문화 등 문명의 비약적인 발전이 이루어졌다. 이 시대에 인류의 위대한 선각자들이 한결같이 택한 방법이 교육이라는 사실을 주목해야 한다. 그 선각자들의 품위는 당대의 사회나 문화에서 인정하거나 납득하기 어려운 높은 수준의 품위에 도달했고, 그 높음이 당대의 저압제의 대상이 될 수 있었으나, 그들은 교육이 이를 극복하는 내재율을 지녔음을 깨달았다. 그들은 대중과의 교육적인 교섭을 통해서 점진적으로 자신의 상구과정을 재생하여 심열성복의 방식으로 그들이 성취한 품위의 타당성을 증명했다.

앞서 누차에 걸쳐 설명했듯이, 교육은 인간진보의 수단이나 부속물이 아니라 인간진보의 작용 그 자체다. 인간의 진화에서 주목할 핵심은 그 적응의 기능성을 떠나서 자신의 정체성을 개발하고 다듬어온 부분이다. 교육은 단지 당대의 정상적인 삶에 적응하거나 혹은 선대가 만들어 놓

40) 독일 철학자 야스퍼스(Karl Jaspers)가 처음 언급한 시대다. 이 시기에 소크라테스, 석가모니, 공자, 노자 등이 나타나 각자만의 정신적인 세계를 구축하였다.

은 문화에 맹목적으로 일치하거나 적응하는 것이 아니라 높은 품위에 도달하는 과정을 주체적으로 재생한다. 교육적 시숙을 거쳐서 난쟁이가 거인이 되는 경과를 거친다. 그 유지에 불가피한 조건은 소요되는 단계와 시간이다. 가장 높은 곳에 올라가려면 가장 낮은 곳에서 시작해야 한다. 교육의 소재로서의 품위의 가치는 차례차례 그 발생적 단계와 순서를 밟아가는 데 있다.

교육은 높은 품위와 낮은 품위를 연결하는 과정을 주체적으로 재생한다. 수도계의 역사는 각 세대가 그의 품위수준에서 교육의 소재로 삼아 이용할 수 있는 원천이다. 가장 높은 품위가 정확히 얼마나 높은 것인지는 알 수 없지만 거기에 오르고 있고, 그 논리에 따라 언젠가는 그 정상에 오를 수도 있다는 자신감을 갖는다. 교육적 주체는 자기 자신 혹은 타인의 자발적 선택과 결단을 통해서 좀 더 존귀한 존재로 거듭나는 데 스스로 책임을 짐으로써 주어진 사회문화적 제약에서 벗어난다. 이로써 수많은 수도계의 폭과 깊이가 끊임없이 확장한다. 역사 속에서 수도계의 존속은 그 발전단계의 한 고리라도 단절되면, 그 전체의 소멸과 민멸의 원인이 될 수 있기 때문에 언제나 불안하다.

수도계의 발전과 역사의 진행은 반드시 병행하지는 않는다. 전자는 필연에 의존하며, 후자는 우연에 의존한다. 최근에 유행하는 것이 최첨단이라는 생각은 착각이다. 역사에 작용한 교육의 수레바퀴가 작동하지 않는 한 수도계의 융성은 기약하기 어렵다. 사실상 그 융성의 시기에 수레바퀴의 자국이 두드러지게 남아있다. 어느 시대에서나 첨단의 선각자와 어린이들이 한 시대에 공존한다. 그들 사이의 품위의 차이를 일시에 매울 수 있는 비법은 없다. 사회화나 문화화는 그 나름의 한계가 있다. 강요된 품위는 결격이다. 진정 거인을 극복하려면 이처럼 거인이 그 단계에 이르렀던 길을 거쳐야 한다.[41] 그 발견과 흥분의 과정적 체험을 통해서 그 품위의 발전을 감별할 수 있다.

41) 이런 발언을 한 뉴턴 역시 유년기에서부터 사실상 그런 과정을 거쳤다.

품위는 교육을 통해서 싹이 트며, 전파된다. 개개인이 선진으로부터 상구한 품위를 후진에게 하화할 수 있다. 우리 모두는 교육의 내재율을 따름으로써 그 과정에 참여할 수 있다. 교육의 수레바퀴가 한 바퀴 돌아갈 때마다 전 지구적으로 인류의 교육적 진화가 일어난다. 그처럼 결과의 재생이 아니라 과정의 재생이 교육적 반전을 가능하게 하며, 그 반전이 수도계의 급진적인 발전을 추동한다. 설령 지구상의 온갖 수도계가 일시에 파괴되는 재앙이 온다고 하더라도 교육계만 살아난다면 언제나 파괴된 수도계는 활기차게 소생할 수 있다. 이 부분은 인류의 역사나 지금의 일상적 삶에서 새삼스러운 것이 아니다. 다만 그 사실이 해석할 개념의 부재로 지금까지 은폐되어 왔다.

10.12 교육적 생애

누구나 출생에서 사망에 이르는 한정된 시간을 보낸다. 두 번 다시 되풀이되지 않는 것이 일생이다. 인생은 죽음을 향한 여행이다. 그 마지막 지점인 죽음을 위해서 산다는 것은 역설이다. 오래 사는 것이 아니라 어떻게 사는가 하는 것이 문제다. 그 시작과 끝의 중간 사이의 매 순간이 얼마나 충실한 것이었느냐에 따라 인생의 의미와 보람이 결정된다. 같은 물리적 시간 안에 체험의 밀도가 다르다. 뜻있게 보낸 한 시간은 하릴없이 보낸 하루보다 낫다. 체험의 농도가 짙은 사람일수록 긴 생애를 산다고 말할 수 있다.

무엇이 훌륭한 삶인가? 쉽게 대답하기 어려운 질문이다. 한 가지 분명한 사실은 그 삶을 규정하는 세계나 분야의 종류도 다양하다는 점이다. 그 가운데 교육이 포함된다는 것에 대해서 이의를 제기하는 사람은 드물 것이다. 교육은 아직 결정되지 않았거나 해명되지 않은 훌륭한 품위를 증득해 나가는 과정에 참여하는 것이다. 그 가능성이 있으면서도 그것을 실현하지 못하면 최선의 삶이라고 할 수 없다. 보장된 것이란 없고 오로지 기회만 있는 것이 인생이다. 그 시간이 짧다고 한탄하지만 교육할 시간과 기회는 언제나 우리 주변에서 찾을 수 있다.

개인은 교육적 주체로서 역사를 통해서 진행되고 있는 장구한 교육적 진화의 한 고리를 차지하고 있다. 선진과 후진은 같은 연속선상에 있으며, 그 선상의 어느 위치에서나 교육의 길이 열려있다. 자신을 후진으로 치부할 때 상구교육의 길이 열리며, 자신을 선진으로 자부할 때 하화교육의 길이 열린다. 높은 품위에 오르고자 하면 지금의 품위에서 상구를 시작해야 한다. 아무리 낮은 품위의 사람이라도 후진을 만나며, 그 만남으로부터 하화가 시작된다.

누구나 인생이라는 선실에 앉아 바다를 건너가고 있다. 바람과 파도는 무능한 항해사에게는 역경이지만, 유능한 항해사에게는 순경이다. 일생에는 수많은 역경이 도사리고 있으며, 그것이 활용할 가치가 있다는 것을 잊기 쉽다. 교육은 역경을 그 소재로 이용하여 순경에 이르는 통로이기 때문에 일생에서 그 소재의 부재를 탓할 수 없다. 각자가 당면하는 역경에는 상구의 소재로서의 가능성이 있고, 타인이 당면하는 역경에는 하화의 소재로서의 가능성이 있다.

교육은 출생에서 시작하여 죽음으로 끝난다. 100년 이내의 일생에서 향유해야 할 짧은 여행의 놀이다. 수명이 짧기 때문에 아침나절에 사는 버섯은 그믐과 초승을 알지 못하고, 하루살이는 일주일을 알지 못한다. 짧은 일생 동안 얼마나 우리가 존귀한 존재로 살아갈 것이냐는 숙명이 아니다. 그것을 결정하는 데 교육이 작용한다. 앞 절에서 교육적 인간의 면모로서 고유한 열정, 고유한 과정의 향유, 고유한 오류의 활용, 고유한 공생, 고유한 관계, 고유한 공동체, 고유한 진화 등을 살폈다.

개인마다 삶의 참여와 체험의 정도에 차이가 있다. 너무 바빠서 교육적인 삶을 돌보지 않는 사람은 너무 바빠서 건강을 돌보지 않는 사람과 같다. 일생 동안 자신의 오류 속에 갇혀 혹은 그 오류를 짊어진 채 스스로 만든 감옥에서 무거운 삶을 살아간다. 교육적으로 긴 생애를 보낸 사람과 짧은 생애를 보낸 사람의 삶의 차이를 무시할 수 없는 분명한 이유이다.

"지금-여기"라는 말이 유행이다. 미래는 경험이 미루어진 상태이다. 할 일을 내일로 미루는 것은 내일을 허비하는 행위이다. 지금 어떤 상태에서 무엇을 하느냐에 따라 과거의 의미가 달라지고, 미래의 진로도 달라진다. 교육적 시간은 그 미래와 과거를 결정한다. 상구는 자신의 미래에 참여하며, 하화는 자신의 과거에 참여한다. 그처럼 미래와 과거를 넘나드는 시간의 경과와 함께 교육적 체험의 충만한 삶이 보장된다. 현재의 시간을 잃으면 모든 시간을 잃는다. 교육이 배제된 하루는 허송한 날이고, 그만큼 살 만한 가치가 없는 날이다. 교육적 주체는 오늘이 마지막 날인 듯 충만한 하루를 보내야만 한다.

개인의 삶에서 그림자처럼 동행하는 세계에 "평생교육"이라는 용어를 사용하는 것은 자체 역설적이다. 어딘가 잘못된 교육관[42]의 부산물로 보인다. 하루 중, 일주일 중, 한 달 중, 혹은 일생 중 교육하는 시간이 따로 있는 것이 아니다. 교육적인 삶의 진행은 별다른 것이 아니다. 하루일과를 시작하기 전에 교육과 관련하여 자신과 만나 하루를 먼저 눈앞에 상상하고 계획한 바대로 실행한다. 오전 한때 선진을 모시고 상구하고, 오후 한때 후진을 모시고 하화한 사람은 품위의 주고받음이 잘 어울린 보람 있는 하루를 보낸 셈이다.[43] 일과를 마치고 실제로 일어났던 것을 반성한다. 그런 방식으로 하루가 지나가고, 한 달이 지나가고, 한 계절이 지나가고, 일 년이 지나가고, 일생을 마친다.

공수래공수거(空手來空手去). 오랜 세월에 걸쳐 성취한 품위는 사망과 함께 묻힌다. 자연인의 생명은 이처럼 100년을 넘기지 못하지만 품위는 교육을 통해 그 이상을 지속할 수 있다. 품위는 타인의 몸에 이식되어 자랄 수 있다. 대체로 수도계의 역사는 선대가 씨앗을 뿌리고 후대가 기르고 다음에 열매를 맺는 경과를 거쳐 왔다. 역사가들은 이와 관련하여 거

42) 교육을 학교생활과 혼동하는 편견은 그중의 하나다. 이 분야는 학교의 범위를 벗어난다는 취지를 내세우지만, 그 내실은 사실상 그 울타리의 확장에 그치고 있다.

43) 매일 구습의 나쁜 점을 버리고 스스로 새롭게 되어가는 것을 일신(日新)이라고 한다.

인들만을 기억에 떠올리지만 그들의 공적만을 생각하는 것은 잘못이다. 보통 사람들의 공적을 잊어서는 안 된다. 수도계의 한 고리의 망실은 전체의 단절로 이어진다. 후대가 그 거인의 수준에 도달하는 데에는 수많은 단계를 거쳐야 하며, 일상인들이 누구라도 그 각 중간 단계의 디딤돌이 되어왔다.

시대마다 "세대차"가 갈등의 문제로 등장하는 배경에는 사회의 급격한 변화와 권위의 역류현상과 같은 사회적 조류가 작용한다. 세대 간의 소통의 단절은 교육적 이해와 유대의 결여로 진단할 부분이 많다. 연령과 품위의 수준이 반드시 비례하는 것은 아니다. 너무 젊어서 하화할 수 없는 사람도 없고, 너무 늙어서 상구할 수 없는 경우도 없다. 노화와 더불어 품위가 퇴행하는 경우 앞선 세대가 후속세대로부터 상구하는 것은 당연하다. 늙은이와 젊은이들이 이처럼 나이에 구애되지 않고 서로의 교육적 교류를 증진시키는 것이 세대 간의 단절과 갈등을 건설적으로 해결하는 통로이다.

하화교육에 성공한다면 인생은 앗아갔으나 품위는 살아 있다고 말할 수 있다. 한 사람의 일생을 넘어서 사후에까지 미래에 참여한다고 말할 수 있다. 해낼 가치가 있는 것 가운데 일생 동안 완결할 수 있는 것은 아무것도 없다. 노년기의 과제는 일생 거두어들인 것을 정리해서 다음 세대에 넘겨주는 것이다. 나이는 늙어가는 것이 아니라 익어간다는 멋있는 말이 있다. 끊임없이 상구하면서 나이를 먹은 사람은 그만큼 하화할 소재를 많이 가지고 있다고 말할 수 있다. 젊은이들이 따라올 수 없는 품위를 가지고 사표가 되는 아름다운 늙음이 있는가 하면, 그렇지 못한 누추한 늙음도 있다. 상구적인 삶을 살아간 노인은 다음 세대와 원만한 교육적 교류를 함으로써 짧은 육체적 일생을 정신적으로 연장시킬 수 있을 것이다.

개인마다 이승을 떠나기 전에 보람찬 삶으로 회고할 수 있는 항목들이 많을 것이다. 세속의 성공은 부귀영화로 평가될 것이다. 별개로 평생 동안 얼마의 종류와 수준의 품위를 성취했느냐 하는 평가를 할 수도 있겠다. 이에 교육적인 삶의 평가가 가산된다. 교육의 목표는 그 자체의 실현이며, 교육적 생애의 시간은 이것저것이 섞인 시간은 제외하고 교육에 몰입한 시간으로 산정된다. 세속이나 수도의 경쟁에서 낮은 수준이지만 교육의 측면에서 높이 평가할 만한 생애도 있다. 자신의 교육적인 역량을 최대한으로 실현시키려는 열망에 부응하는 삶은 그만큼의 성공을 거둔 셈이다.

10.13 교육전문가

본서는 교육이 특별한 사람이 운용하는 전문영역이라는 일반인의 편견을 문제시하였다. 교육적인 삶은 마치 생물적인 삶만큼 보편적인 삶의 양상이고, 모든 개인들이 향유할 수 있다는 사실을 부각시켰다. 교육의 내재율을 따르면 누구나 교육적 주체의 자격을 갖는다. 이런 논자의 입장을 교육의 전문성을 배제하거나 부인하는 것으로 보는 것은 큰 오해다. 현대사회는 전문가의 시대다. 특별한 지식과 능력을 가진 사람들의 도움을 받아 각종의 문제가 해결될 만큼 사회는 다원화되고 있다. 교육도 그 다원화의 한 축을 이루고 있다.

전문가란 지식이나 가치 지향에 있어서 오로지 특정한 목표와 문제에 집중되어 있고, 특정 활동에 대한 기술적인 전문성과 기법이 고도로 발달되고 세련된 실천가를 말한다. 모든 분야가 그러하듯이 교육의 문제를 전문적으로 다루는 인적 자원이 따로 필요한 것도 부인하기 어렵다. 교육전문가라면 교육에 대한 이론적 지식에 기초한 탁월한 기술을 습득해야 하며, 직무수행 과정에서 자율성을 발휘할 수 있어야 하며, 계속적인 연구를 통해서 자기성장을 꾀할 수 있어야 하며, 무엇보다도 마음과 힘을 집중하여 헌신적으로 교육의 발전을 위해 봉사하는 정신이 투철해야 한다.

그러나 불행히도 아직까지 이 분야의 활동은 존재하지 않는다. 오늘날 "교육전문가"로 자처하는 사람은 많지만 이들은 교육의 문제를 해결하기보다는 오히려 교육을 왜곡하고 은폐하는 역할을 해 온 것도 사실이다. 통념의 수준을 벗어나지 못하기 때문에 다른 분야의 전문가들은 물론 일반인들의 냉소주의와 의혹의 대상이 되어 왔다. 여기에서도 해체와 재건의 작업이 필요하다. 오늘날의 직업의 종류는 필요에 따라 생성을 거듭한다. 그런 취지에서 본 절은 아직은 생소할지도 모르지만 이론적으로 요청되는 신생 교육전문가들을 몇 종류로 나누어 간단하게 기술하겠다.

교육학자. 지금의 "교육학자"는 이와 무관하다. 그들은 오히려 교육현상을 외래적 사실로 왜곡시키거나 혹은 은폐시켜 왔다고 볼 수 있다. 그들은 교사양성을 위한 교직과목의 담당자나 혹은 학교연구자로 개칭되어야 한다. 여기서 말하는 교육학자는 이와는 별도로 교육현상과 그것이 개입된 생활의 사태를 기술하고, 설명하고, 관리할 수 있는 개념과 용어를 창출하는 전문직이다.

메타교육전문가. 메타교육은 이름만으로도 생소한 영역으로 본서의 제13장에서 다루어질 것이다. 교육은 결국 그것을 할 수 있는 사람의 것이다. 그 주체의 역량을 확보하는 일은 매우 중요하다. 메타교육은 교육을 소재로 하는 특수한 교육의 양태로서 교육이 그 자체의 역량으로 발전되는 통로라고 말할 수 있다. 그 통로를 활성화하는 데에는 교육적 주체의 형성을 돕는 전문가의 역할이 긴요하다.

교육공간설계자. 교육은 삶의 다양한 일상의 공간 안에서 이루어진다. 그 주제는 제15장과 제16장에서 다루어질 것이다. 공간마다 그 특수성이 있다. 그 곳곳에 교육을 심어놓고 전파함에 있어서 전문가의 안목이 필요하다. 교육공간설계사는 우리의 생활공간을 교육본위로 설계하고 기획하는 특별한 공식을 가지고 있는 전문가이다. 학교교육의 내실화에 이 분야의 전공자가 크게 공헌할 것으로 기대된다.

교육상담전문가. 이는 주로 심리학의 개념을 빌어서 학교생활의 부적응의 문제를 다루는 이른바 "교육상담가"와는 구분된다. 교육적인 삶에는 해결되어야 할 문제가 많다. 교육열정의 억압, 낮은 교육품위, 불리한 여건, 잘못된 진로, 교육적인 사태나 기회에 대한 부적절한 대응, 교육가능성의 억압과 포기 등 그 장애의 유형이 다양하다. 그 유형에 따른 적절한 해결방식에서 전문가의 조언이 필요하다.

교육평가전문가. 교육을 가장 왜곡하고 있는 역설적인 분야의 하나가 바로 "교육평가"라는 분야이다. 그 출발에서 현재에 이르기까지 관심은 주로 학교에서 학생들의 성적을 어떻게 판별하는 것과 관련되어 있다. 옳은 의미의 교육평가란 제17장에서 소개될 주제로서 그와는 전혀 다른 영역이다. 교육평가자는 학교를 포함하는 모든 삶의 현장에서 진행하는 교육과 그 제반 환경을 평가함에 있어서 전문성을 갖추고 있어야 한다.

교육평론전문가. 교육을 두고 우리 주변에 옳다거나 그르다는 갑론을박이 끊임없이 일어나고 있지만 그 모두를 수용할 수는 없다. 올바른 교육평론가는 새로운 교육관에 터한 언어를 구사하면서 교육의 고유한 가치를 일상의 생활 속에서 발견하고 그 가치를 고취하고 공감을 유도하는 전문가를 의미한다. 교육에 대해 좀 더 투철하게 이해하고, 좀 더 잘 판단하고, 좀 더 잘 표현할 수 있는 자질을 갖추어야 한다.

교육행정전문가. 여기서 말하는 교육행정전문가는 학교제도의 도입에 따라 법률과 공권력을 배경으로 행정에 가담하는 "교육행정가"와 구분된다. 학교와 교육은 다른 범주다. 학교의 자율적인 운영과 교육의 내재율을 따르는 삶은 구분되며, 올바른 의미의 교육행정이란 후자를 위한 행정이다. 교육행정전문가는 학교를 포함하는 각종 조직 안의 교육적인 삶을 보장하기 위해 정치적, 법률적, 인적, 물적 요소를 관리하는 제반 지원활동을 하는 사람을 지칭한다.

앞서 교육과 관련하여 예상되고 필요한 몇 가지 전문가의 영역을 제안했지만 아직 해결되어야 할 과제가 많다. 전문가는 직무에 포함된 복잡성, 불확실성, 불안정성에 접하여 그것을 극복하는 서로의 방식을 교육적 교섭을 통해서 공유하면서 해결해 나간다. 기술은 암묵적이며 직관적인 요소를 지니고 있다. 단지 이론적인 이해뿐만 아니라 오직 실습과 실천의 반성에 의해서만 습득될 수 있다. 그런 전문가를 어디에서 어떻게 양성하고 충원할까 하는 문제가 남아 있다.

오늘날 대학은 직업인의 양성에 한몫을 하고 있다. 교육은 어느 시대, 어느 지역에서나 진행되어 왔지만 그에 대한 전문가의 개념은 엉뚱하게도 근대학교라는 제도에 국한되었다. 사범대학에서 이루어지고 있는 교사양성은 그 전형적인 사례다. 그러나 교사의 양성과 앞에서 유형화한 교육전문가의 양성은 구분되어야 한다. 논자는 교육학의 연구와 관하여 대학 안에서 새로운 교육학과의 설립을 제안했다. 그 신설 교육학과가 교육전문가의 양성에 한몫을 담당할 수 있지 않을까 하는 생각을 해 본다.

현대인은 고정된 직업이라는 관념을 무력하게 만드는 시대에서 살고 있다. 직업은 부단한 자기쇄신이 없이는 유지될 수 없다. 시대의 변천에 따라 옛날의 직업이 사라지고 새로운 직업이 탄생된다. 이제까지 교육은 전문가나 직업과 무관하게 진행되어 왔지만 미래에 그 필요성이 절실하게 다가올 것이다. 제4차 산업시대에는 인공지능과 로봇에 의한 직무의 대체가능성에 대한 관심이 높아지고 있다. 교육전문가는 그 대체가능성이 낮은 직업이 될 것이다. 미래의 젊은이들이 유망하게 도전해 볼 만한 전문영역이 아닐까 하는 예측을 해 본다.

제11장

교육본위의 활동

우리는 취침시간을 제외하고 하루 종일 다양한 활동을 하면서 생활한다. 그 가운데 교육활동이라고 할 만한 것은 무엇인가? 이제까지 살펴왔듯이 교육의 세계는 그 안과 밖의 경계를 갖는다. 그 경계 안의 활동은 그 경계 밖의 것들과는 다른 것이기 때문에 이를 기술하고 설명함에 있어서 고유한 관점을 요구한다. 교육활동은 개념상 교육과 활동의 교집합이다. 이 두 가지 개념의 항에서 활동이 교육을 규정하는 것이 아니라 교육이 활동을 규정할 수 있어야 한다. 그럼에도 불구하고 그 규정항목인 교육현상이 이론적으로 제대로 밝혀지지 않았기 때문에 생활의 곳곳에서 진행되고 있는 교육활동이 아직까지 그늘에 가려져 왔다. 고작 "배우고 가르친다."라는 막연한 상식이나 혹은 학교라는 공간 안에서 진행되는 제반 활동이 연상되는 정도다. 본 장은 그 은폐되어 왔던 제반 교육활동들을 밝히는 새로운 개념과 그것을 기술하는 용어를 논의할 것이다.

11.1 활동의 다양성

활동은 인간이 자신의 존재를 드러내는 방식이다. 활동은 능동적이다. 그 주체가 있다. 갑의 활동을 을이 대행할 수 없다. 개인은 몸이나 정신을 활발하게 작용하여 자신이 단순한 수동체가 아님을 증명하고자 한다. 교육이란 정치, 경제, 사회, 문화, 종교와의 차이에 의해서 그 정체성이 드러나며 결국 교육활동의 고유성도 그 여타의 세계와의 맥락의 차이에서 밝혀질 성질의 것이다. 그 다양한 세계 내의 활동을 여기서 상론할 자리도 아니고 그럴 여유도 없지만 그 맥락상의 차이에 대한 간단한 언급은 필요해 보인다.

먼저, 정치활동이란 정치계 안에서 이루어지는 고유한 활동이다. 이를 사회적 · 경제적 · 이데올로기적 대립의 항쟁관계 속에서 상대방을 복종시키고 스스로의 주장을 관철시키는 활동으로 보는 견해가 있다. 그에 따르면, 자기편에게는 가장 우호적인 단결과 협력을 제공하고 상대편에게는 적대적인 태도를 취하는 것이 곧 정치의 형태이며, 정치는 스스로의 의지에 상대방을 복종시키고 상대방을 통제하며 자신이 필요로 하는 질서를 유지 · 강화하는 작용이다. 강자와 약자의 주종관계, 강자에 의한 약자의 검열과 위협, 이에 적응하기 위한 의존, 복종, 아첨, 결탁, 연대, 배타, 충성, 복종, 저항 등의 세부적인 활동 등이 여기에 포함된다.

경제활동은 재화와 서비스를 생산하여 소비하는 과정에서 일어나는 모든 활동이다. 많은 물자와 재화가 삶의 필수조건이며, 이를 유지하기 위해 그 기초가 되는 재화와 용역을 생산하고, 분배하고, 소비하는 활동이 진행된다. 그 개별적이고 연쇄적인 활동의 한 고리에서 벗어나는 개인이란 상상할 수 없다. 경제학에서는 직업노동이 사회적 유용 노동이 된다는 것을 기저로 경제적 가치에 머물지 않고 사회적, 문화적, 제도적인 영향력을 넓게 보아 사회 참가활동의 사회적 유용성을 지적하지만,

각 영역의 가치 평가나 사회적 영역의 내부 분화 등에 대한 논의에는 애매한 점이 많다.

사회 활동에는 넓은 의미와 좁은 의미가 있다. 넓은 의미란 앞서 살핀 정치 활동과 경제 활동을 포함하지만, 여기서 말하는 사회 활동은 이를 제외한 좁은 의미로서 집단구성원 사이의 상호작용의 정형화된 제도에 적응하는 특수한 활동이다. 모든 사람들이 모든 상황에서 무질서하게 상호작용할 수는 없다. 공동체의 일원이 되기 위해서는 주위 사람과 동조하며 살아야 한다. 사회는 그 구성원이 수행해야 할 역할을 마치 연극의 대본과 같이 미리 규정해 놓고 그 담당자에게 그 수행을 요구한다. 직장, 지역사회, 기타의 사회 제 영역에 주어진 역할에 맞는 사회활동이 이루어진다. 사회적 유용성이 그 평가의 기준이다.

문화활동 역시 넓거나 좁은 의미를 지닌다. 자연으로서 자신에게 결핍된 것을 인간은 문화로부터 성취해야 한다. 그 문화생활 자체가 넓은 의미다. 창작과 감상은 그 좁은 의미이다. 예컨대, 학자는 자신의 고유한 관점을 논문으로 써서 발표하고, 독자의 해석을 기다린다. 예술가는 보거나 듣지 않으려 하면 전혀 보거나 들을 수 없는 것을 새롭게 보거나 듣게 한다. 진실한 작품은 고양되고 확장된 예술의 세계로 이끌려고 하고, 그 해석은 마주하는 감상자에게 달려 있다. 그 창작과 감상의 고리가 늘 일치하는 것은 아니다.

종교활동은 종교계 안에서 이루어지는 고유한 활동이다. 불확실한 삶의 현장에서 절대자의 구원을 통해 확실성을 구하는 활동이 이에 포함된다. 그 전형적인 것이 설교와 예배다. 설교는 종교의 교리나 종지를 사람들에게 전하거나 신도들에게 가르치기 위하여 경전 등을 풀이한다. 예배는 그 종지를 경배하고 찬양하는 의식 중 하나이다. 내적인 평안을 얻기 위해서 교회나 사찰을 방문하거나 혹은 동내의 성황당에서 소원을 빈다.

어느 행위가 되건 그것은 개별적으로 존재할 수 없다. 그 행위가 어느 맥락에서 진행되느냐에 따라 전혀 다른 종류의 것이 된다. 가령, 어떤 사람이 오른손을 치켜들고 있다고 가정하자. 이를 그 맥락을 떠나 독립적으로 해석할 방도는 없다. 그 특수한 행위는 그 의도, 맥락, 진행방향에 따라 서로 다른 종류로 나뉜다. 만약 국회의사당에서 국회의원이 한 것이라면 이는 정치 활동의 일환일 것이고, 어물시장에서 경매에 응한다면 경제활동의 일환이 된다.

위에서 각종 세계에서 이루어지는 독특한 활동을 간단하게나마 구분한 의도는 그들과 다른 교육 활동을 부각시키려는 데 있다. 주시할 것은 개별적인 특수한 행위를 교육활동의 일환으로 포섭할 수 있는 대체, 대국, 전체의 맥락이다. 교육에 참여한다는 것은 여타의 통상적인 생활을 중지하고 그 세계가 요구하는 특별한 실재 속으로 들어간다는 것을 의미한다. 교육적 주체는 그 독특한 특성을 볼 수 있어야 하고, 그 특성을 존중할 수 있어야 하고, 그 특성에 복종할 수 있어야 한다. 그 내재율이 확실한 기준점이다. 교육활동은 교육적 주체가 그 내재율에 따라 즐겁게 참여할 수 있는 자발적인 활동이다.

교육활동은 교육 이외의 삶과의 절충과 타협의 양태로 실현된다. 그 양태 안에서 여건을 배제한 순수한 측면들, 즉 그 양상을 유추해 내는 과정의 첫 단계는 그 전체적인 맥락을 밝히는 것이다. 교육활동의 세부적인 것들은 서로의 관계를 통해서 하나의 통일체로서 그 의미를 확보한다. 교육활동의 요소들은 서로 연대하여 그 의미가 규정되기 때문에 개별적인 문제에 집착하지 않고 부분과 부분, 부분과 전체 간의 관계가 조화될 수 있도록 새로운 중용과 균형을 찾아야 한다. 따라서 순서상 먼저 그 활동의 조직, 체제, 유형을 찾아보기로 한다.

11.2 교육활동의 맥락

교육활동에 대한 해석은 교육의 구성요소와 그들의 상호관계에 대한 이해를 요구한다. 본 절은 교육활동을 기술하고 드러내는 데 필요한 세부적인 조건들을 살피게 될 것이다. 그 조건들의 의미 규정은 독립된 것이 아니라 다른 것들과의 관계에 의해서 이루어진다. 여기서 살필 맥락은 교육활동을 일반적으로 기술하고 드러내는 데 필요한 특이성의 조합이라고 할 수 있겠다. 그 일부 요소들 혹은 전체의 조합을 기준으로 이른바 결과위주의 교육관에서 무분별하게 "교육활동"으로 규정해 왔던 제반 인간변화, 예컨대, 생물학적 신진대사, 사회화, 문화화, 조건화, 설득, 소통, 선전, 세뇌, 고문, 약물투여, 뇌엽 절개, 동일화, 모방, 적응, 교조화 등과의 차별화를 기할 수 있다.

11.2.1 개체구분

인간은 광활한 우주 속의 극히 미미한 존재이지만 그 우주적 진화의 첨단에 위치하고 있다. 그 인류를 대표하는 어떤 개인이나 집단이 있는 것도 아니다. 그들은 인류의 가능성을 서로 다르게 구현한 작은 단위에 불과하다. 인류의 구성원 각자는 갑, 을, 병, 정이라는 고유한 명사를 가진 존재이다. 모든 면에서 똑같은 자연인 두 사람은 이 세상에 존재하지 않는다. 인생의 주인공은 개개인이다. 아무도 대신 살아주지 않는다. 이런 개체의 전제 위에 교육활동이 성립한다.

인간의 의지와는 별개로 운행되는 실재를 가정한다는 점에서 주관과 객관의 구분이 가능하지만 그 실재에 대한 개개인의 체험은 모두 주관적이다. 갑과 을의 체험은 다르다. 갑의 경험이 을의 체험을 대신할 수도 없고 반대로 을의 경험이 갑의 체험을 대신해 줄 수도 없다. 품위의 면에서 보면, 그 종류와 수준에 있어서 차이가 있다. 이것이 사실규정, 가치기준, 사고, 의미, 문제, 존재적 가정, 삶의 양식에서 다양성을 구성한다.

갑과 을의 만남은 객체와 객체의 만남이다. 갑의 품위는 을의 객체이고, 을의 품위는 갑의 객체이다. 갑이 아무리 높은 수준의 품위를 지녔다고 하더라도 그것을 갖추지 못한 을에게는 객체에 불과하다. 주관이 배제된 객관의 존재는 무의미하며 아직 증명된 것이 아니다. 갑이 을의 품위를 관찰한다고 하지만 그것을 비추는 거울은 갑의 내면에 있기 때문에 자신을 관찰한다고 해도 과언이 아니다. 갑의 품위는 을의 품위에 의해서 여과된다. 을에 의해서 병에게 소개되는 갑의 품위는 을의 품위를 반영한다.

품위의 차이에는 이처럼 언제나 굴절과 균열의 여지가 있다. 그 차이를 인정하는 것으로부터 교육이 출발한다. 그 특이성은 대행할 수 없다. 훌륭한 스승의 품위를 믿고 상구를 소홀히 하는 사람은 남의 건강을 자신의 것으로 착각하는 것과 같다. 교육은 그 개별적인 주관의 자발적인 승인을 거쳐 상호주관의 보편성에 도달하는 경로다. 갑과 을은 서로의 환경으로서 교육적 교류를 통해서 겹치고 교류하면서 상호주관의 세계를 형성한다.

11.2.2 자주운동

주어진 본래적 자기는 존재하지 않는다. 단지 무한한 가능성을 지니고 있을 뿐이다. 교육활동은 고유명사를 가진 자발적인 개인이 자신의 가능성을 고귀한 품위로 실현시켜 나가는 자발적인 활동이다. 인간과 환경은 서로의 산물이다. 인간은 환경을 선택해서 자신의 유한성을 초월하는 과정에 참여하는 성향과 능력을 지니고 있다. 교육적 주체는 숙명적으로 그에게 양도해 준 자유의 범위 안에서 스스로 자신의 품위를 시험하고, 창조하고, 확장해 나가야 한다. 이 주체성을 삭제하면 서로가 서로의 허수아비가 된다.

상구활동은 각자의 자주성과 진정성에 토대한 자발적인 판단과 선택으로 이루어진다. 상구자는 스스로를 등불로 삼고 스스로를 의거처로 한다. 세상을 향한 올바른 출구는 주인이 되고자 하는 의지, 자유로울 수 있는 힘, 지금의 상태를 넘어서려는 힘을 지닌 개개인을 통해서이다. 가치는 개인이 처한 구체적 상황에서 스스로의 체험 안에서 확인되어야 한다. 품위에 대한 자발적 공감과 승인은 그 객체를 창조하는 과정을 거치지 않고 이루어질 수 없다. 상구자는 품위의 존재를 입증함에 있어서 단순한 방관자가 아니라 그 책임을 수락하는 데 참여한다.

하화교육은 그런 상구자의 주체성을 존중하는 또 다른 주체를 상정한다. 하화자는 품위의 향상에 대한 공증의 관심과 책임을 수락한다. 후진의 길잡이로서 자신의 선진됨을 후진의 자발적인 승인을 통해서 입증하려고 한다. 후진에게 선진의 품위를 강제하는 것은 품위를 입증한 것이 아니라 품위를 따르는 노예를 확보한 것이다. 이 때문에 하화자는 그 형성과정을 거치지 않고 자신의 품위를 맹신하고 맹종하는 후진을 경계한다. 스승의 하화활동은 자신이 형성한 선진의 품위를 후진에게 강요하지 않는다는 조건으로 입증해야 한다. 원조의 목표는 원조가 필요 없는 상태에 이르게 하는 것이다.

교육적 주체는 자신의 위치에서 품위의 가치와 위계를 검증할 책임을 갖는다. 각자에게는 자신이 경험한 선진의 품위를 의미 있는 것으로 정당화하려는 인간의 보편적 충동이 있다. 상구자와 하화자가 서로 겹치고 교류하면서 상호주관의 세계가 형성된다. 이 과정을 통해서 단지 권위, 권력, 보상, 믿음에 터한 사회적 합의나 각 분야의 전문가들 사이의 합의에 의해서 미리 규정된 공공성의 가정과 동질화의 메커니즘에 저항한다.

11.2.3 품위이동

초시간적이며 불변하는 품위란 존재하지 않는다. 교육활동은 하나의 품위에 집착하지 않는다. 품위는 과거, 현재, 미래라는 시간에 따라 끊임없이 변화한다. 품위의 과거, 현재, 미래의 시간은 직선적인 것이 아니라 각 단계마다 일련의 독특한 교육적인 체험이 반복되는 나선형적인 흐름의 시간이다. 교육활동은 그 체험내용이 판이한 과거, 현재, 미래 사이를 단계마다 왕복한다.

품위는 평면적 기술을 거부하며, 언제나 새로운 정의를 요구한다. 개인의 현재를 기준으로 과거의 그도 그러했다고 단정하거나 혹은 미래의 그도 그러하리라고 단정하는 것은 큰 착각이다. 현재는 조만간에 미래의 과거다. 현품은 과품을 토대로 형성되었으며, 미품은 현품을 토대로 형성되어야 할 어떤 것이다. 다른 한편, 후진은 선진의 과품에 위치한다. 상구활동과 하화활동은 그 체험적 시점의 이동과 순환을 반복한다.

상구활동은 현품에서 미품에 이르는 품위전환의 과정이다. 극복되어야 할 현품으로 미품을 규정하는 문제가 상구자의 부담으로 남는다. 현품을 토대로 미품을 예측하는 한 미품에의 진입은 불가능하다. 그 타성적인 예측이 어긋난 새로운 사태에 적응하는 과정에서 미품의 현품화가 발생한다. 그 이후 현품은 과품으로 전환되며, 더 향상된 현품으로 되돌아온다. 과품의 굴레에서 벗어난 개인은 그 기준에 따른 현재의 규정을 거부한다.

과거와 미래가 동시대에 존재하는 것이 선진과 후진이다. 선진이 자신의 과품이 이루어진 경로를 후진에게 재생하는 것이 하화의 과정이다. 과품은 언제나 하화의 소재로서 가치를 지닌다. 그 가치는 하화자가 자신의 현품에 이르는 과품의 경로를 되돌아보고, 그 어느 단계에 처한 후진의 현품의 위치를 파악하고, 제자의 상구활동을 돕는 과정에서 살아난다. 선진의 이런 과거에의 참여는 후진의 미래에의 참여를 촉발한다.

11.2.4 협동

개체의 구분과 자주성으로 인하여 품위의 갈등과 경쟁이 예상된다. 갈등은 서로의 접촉을 방해하며, 경쟁은 한편의 승리와 다른 편의 패배를 가져온다. 그런데 교육의 과정은 그 장애를 해소하는 내재율을 지닌다. 협동교육은 상구교육과 하화교육의 두 날개를 갖는다. 각각은 대행할 수 없는 독자성을 갖지만 그 이질성으로 인해서 서로 결합하고 적응한다.

상구교육과 하화교육이 협력하는 방식의 비결은 서로가 따라야 할 내재율에 충실하게 임하는 데 있다는 점에서 독특하다. 자신의 내재율을 상대에게 요구하거나 그에 따라 간섭하지 않고 각각의 내재율에 따라 자신의 몫을 수행하는 것이 상대의 도움에 보답하는 방식이다. 그 하나의 논리를 다른 것에 적용하거나 강요하는 것은 협력을 오히려 방해한다. 상구자와 하화자가 제자와 스승의 위치에서 서로가 계획하고, 조직하고, 도움을 주고받는다.

그 영향의 면에서 상구활동과 하화활동은 마치 이인삼각(二人三脚)의 경주처럼 쌍방적이다. 서로 협력하지 않으면 유지되기 어렵다. 한쪽이 변하면 다른 쪽도 호응한다. 서로의 진전을 조율한다. 유능한 씨름꾼이 상대의 힘을 이용하듯이 혹은 다정한 연인들이 상대의 연정에 호응하듯이 서로의 에너지를 교류한다. 그 결과는 각각이 얻을 수 있는 것을 제외하고도 남는 잉여적 효과의 창출이다.

11.2.5 상향접근

시간적이며 역사적인 것이 체험의 본질이다. 품위의 변화는 단순한 요소의 누적이 아니라 환골탈태다. 현재의 체험을 부정하고 더 나은 체험을 지향하는 교체작업은 쉽지 않다. 품위는 위계상 선진의 것과 후진의 것이 구분된다. 교육은 후자에서 전자로 전환시키는 장치다. 더욱 중요한 사실은 교육은 선진의 품위와 후진의 품위를 시험하고 선별하는 기준이 된다는 점이다.

품위는 언제나 흐름의 과정에 있다. 해당하는 세계에 대한 느슨한 체험으로부터 점차 강렬한 체험으로 변모하면서 구축된다. 수많은 해체와 재건이라는 단속적인 단계 이전의 체험과 이후의 체험 간에 논리적인 균열이 불가피하지만 그들은 동시에 발생적으로 연결되어 있다. 발생적 과정이 논리적인 갈등의 문제를 극복할 수 있을 때 좀 더 높은 수준의 체험이 보장된다.

진과 위, 선과 악, 미와 추에 대한 판단은 상대적이다. 선진과 후진은 이 때문에 각자의 현품을 판단기준으로 삼지만 서로 비교되지 않는 한 좋은 것도 나쁜 것도 없다. 교육활동은 그들 사이를 흐름의 형태로 연결시키는 작용을 한다. 품위의 불일치, 모호성, 애매성, 갈등, 혼동, 무정부 상태라는 초기 단계를 지나 점차 흐름의 단계를 거쳐 이전과 그 이후의 것을 상대적으로 비교할 수 있는 선택지를 제공한다.

그런 품위의 상향적 접근은 후진에 대한 선진의 우월성을 정당화시키는 장치이다. 제자의 품위는 절대적으로 나쁜 것이라기보다 선진의 것보다 덜 좋은 것이라고 변호할 수 있고, 스승의 품위는 절대적으로 좋은 것이라기보다 후진의 것보다 덜 나쁜 것이라고 옹호할 수 있다. 각 단계에서 동일하게 회전하는 교육의 수레바퀴는 그 상향적 단계의 점진적인 연결과정을 통해서 선진과 후진의 갈등의 소지를 화해로 전환시킨다.

11.2.6 과정재생

교육활동의 목적은 그것을 그것답게 제대로 하는 것이며, 어떤 특정한 결과에 목적을 두는 것은 잘못이다. 과정이 결과를 결정하며, 그 역은 성립하지 않는다. 특정한 결과를 과정으로 변환하거나 환원시켜 설명하는 것은 논리적인 오류다. 결과상 어느 수준에 도달해야 하느냐 하는 고정관념은 경계의 대상이다. 교육활동은 계속되는 과정이며, 그 부산물인 결과는 다양하다. 어느 하나의 것으로 교육을 환원시킬 수 없다.

품위의 결과를 재생하는 것은 단지 며칠 안에도 이루어질 수 있지만 그 형성과정을 재생하는 것은 오랜 기간이 걸리기 때문에 그 결과와 기능만을 의도한 것이라면 전자가 더 효과적인 것으로 평가될 수 있다. 그러나 과정을 생략하고 외부로부터 주어진 어떤 결과만을 재생하는 것은 마치 소화되지 않은 이물질이 위장 안에 쌓이는 것처럼 불편하다. 소화할 수 있는 올바른 과정을 거쳐야 그 위험에서 벗어날 수 있다.

교육적 교섭의 핵심은 그 끝이 아니라 과정 자체에 있다. 선진의 품위를 로봇처럼 단지 믿거나 따르는 것이 아니다.[1] 교육에서 선진과 후진을 접속하게 하는 방식은 그들 사이의 품위의 차이 안에 개재하는 단계를 재생하는 것이다. 각 단계의 결과는 달라지지만 그것을 가져오는 과정은 동일하게 반복된다. 한 단계의 종결이 다른 단계의 시작으로 연속된다.

과정을 재생시키는 데에는 적어도 두 가지 장점이 있다. 하나는 그 활동 자체에 내재적 가치가 있다는 것이고, 다른 하나는 어떤 결과의 필연성은 그것이 이루어진 과정을 거쳐야만 이해하고 공감할 수 있다는 점이다. 결과가 과정을 정당화하는 것이 아니라 과정이 결과를 정당화하는 것이 세상의 이치다. 품위를 자중하지 않고 단지 선진의 품위를 곁에서 모방하여 부화뇌동하는 것은 마치 남의 다리를 긁는 것과 같다.

11.2.7 명암적응

음과 양, 유와 무, 낮과 밤, 높음과 낮음, 어려움과 쉬움, 행복과 불행, 앎과 무지 등의 구분은 사실 같은 차원의 양면에 불과하다. 그중에 하나만 알고 다른 것을 모르는 사람은 그 차원을 진정으로 이해했다고 볼 수 없다. 그 차원을 제대로 이해하기 위해서는 양면의 체험과 관찰이 필수적이다. 교육은 바로 그 양면체험의 시련과 위험을 극복하고 그 극복 자체에 보람을 느끼는 삶이다.[2]

참다운 존재로의 오름길에서 그 위치의 차이 때문에 두 가지 눈에서 혼란이 일어난다. 어둠 속에 있다가 갑자기 밝은 것을 접하거나 혹은

1) 로봇과 사람 사이에 결과상의 동일성은 어느 정도 유지할 수 있지만 그 과정에서 차이가 난다. 기계는 어른을 흉내 낼 수 있지만 어린이를 흉내 내기는 어렵다. 왜냐하면 어린이의 뇌는 빠르게 변화하기 때문이다.

2) 교육의 신화로서 흔히 플라톤의 "동굴의 신화"를 든다.

반대로 밝은 곳에 있다가 어둠 속을 들여다보면 사물을 인식하기가 어렵다. 품위가 전환되는 과정에서도 이것도 아니고 저것도 아닌 품위교란과 엉킴의 현상이 일어난다. 그 혼동에서 혁신과 보존의 방향을 올바르게 찾아나가야 한다. 그 적응하는 방식은 점차적인 접근이다.[3] 이와 같은 물리적인 명적응과 암적응의 비유에서 상구자와 하화자의 적응방식의 대조적인 점을 유추할 수 있다.

상구교육은 마치 어두운 세상에서 그 어둠을 헤치고 밝은 쪽으로 나아가는 것과 같다. 상구자는 현품과 눈부신 미품의 차이에서 혼동이 일어난다. 이전과 이후의 구조가 공존하여 갈등하는 경우에는 성장하려는 동기와 보존하려는 동기가 공존하며 그 전환의 어느 단계를 기준으로 삼든 간에 어리석은 판단과 행동을 보인다. 상구자는 이 혼동의 와중에서 보존보다는 성장의 방향을 선택해 나갈 수 있어야 한다.

하화교육은 이미 오류로 판명되어 극복된 어두운 과품으로 되돌아가 세상의 어둠을 밝히는 것과 같다. 눈이 좋아지면 하화를 통해서 사람들을 더욱 밝은 세상으로 인도하는 것이 하화자의 몫이다. 현품의 경계 밖에는 어둠, 미지, 위험의 세계가 포진하고 있다. 그에 대한 대처는 그 안에 안주하는 것과 그 경계를 넓히는 것 두 가지 방식이 있다. 존재의 위험은 전자에 있다. 그럼에도 불구하고 어둠에 익숙해진 후진은 선진의 밝음에 저항한다.[4] 이에 맞대응하기 위해서 하화자는 그 어둠에 점차 적응해 나갈 수 있어야 한다.

11.2.8 불신보류

교육적 관계를 맺는 순서는 사업가들이 관계를 맺는 순서와 반대다.

---

3) 어둠과 밝음을 가장 잘 식별할 수 있는 시점은 밤과 낮이 아니라 그것이 점차적으로 교차하는 새벽과 해 질 녘이다.

4) 동굴의 신화에서 그 저항은 "위로 올라갔다가 눈을 망치고 돌아왔다."라는 언급에서 유추될 수 있다.

사업가는 상대의 제안이 무엇인지를 파악한 후에 계약하고 타협한다. 이와 대조적으로 교육적 관계에서 제자는 스승이 무엇을 하화하려고 제안하고 있는지, 그 하화의 결과가 어떤 것인지를 파악하기 전에 계약하거나 타협한다. 제자는 스승이 이끌려고 하는 품위를 아직 체득하고 있지 못한 상태이기 때문에 그 품위를 미리 예상할 수 없다. 따라서 제자는 스승과의 교섭에서 적당한 시기에 신뢰하고, 적당한 시기에 의심하고, 적당한 시기에 확인하고, 적당한 시기에 복종할 줄 알아야 한다.

스승과 제자라는 교육적 관계는 품위의 우열을 전제하지만 교육적 관계는 그에 대한 확실한 증거를 반드시 필요로 하는 것이 아니다. 그 초기에는 어느 편이 선진이고 어느 편이 후진인지에 대한 일차적 가정을 하고, 선진으로 가정된 사람이 스승의 위치에서 하화교육을 진행하고, 후진으로 가정된 사람이 제자의 위치에서 상구교육에 임한다. 이때 서로의 품계에 대한 의혹을 무시할 수 없지만, 그들 사이의 신뢰가 없으면 교육적 교섭 자체가 불가능하다는 역설이 성립한다. 스승의 권위를 의심하는 제자는 스승으로부터 얻을 것이 없다. 다른 한편으로, 제자의 가능성을 믿고 그 믿음을 제자에게 전달할 수 없는 사람은 스승의 자격이 없다.

이런 조건부의 신뢰는 믿음으로 그쳐서는 안 된다. 그것은 어디까지나 검증되어야 할 일차적 가정으로서 차후에 증명되어야 할 성질의 것이다. 그런데 증명의 방식은 교육 내부에 따로 있다는 점이 오묘하다. 그 입증은 스승과 제자가 각자 자신의 몫을 충실하게 수행하는 가운데 자연스럽게 이루어진다. 교육이 진행되는 동안 스승과 제자는 품위를 탐색하고 실현하는 데 협조한다. 그 교육적 교섭이 아무런 문제가 없이 원만하게 진행된다면, 그 일차적 가정이 옳다는 것을 이차적으로 확인하는 셈이다. 그러나 교육적 관계가 파기되는 원인이 교육 내부에만 있는 것이 아니기 때문에 그 가설을 부인하는 증거가 되지는 못한다.

11.2.9 과실노출

교육활동은 병원의 논리를 따른다. 질병이 없으면 의료가 불필요하듯이 품위의 결함이 없다면 교육이 존재할 이유가 없다. 과실이나 과오는 세속이나 수도에서 비극의 씨앗이지만 교육에서는 그 소재가 된다. 과실과 과오가 가진 최선의 용도다. 교육에서는 오류, 실수, 미성숙 자체가 아니라 그것들을 받아들이는 방식을 문제시한다. 그것들을 비난하거나 회피하는 것은 교육의 필요성을 부인하는 것이나 마찬가지다.

자신의 과실을 인정하는 것으로부터 상구활동이 시작되고, 타인의 과실을 인정하는 것으로부터 하화활동이 시작된다. 얼굴의 더러움은 거울을 보면 쉽게 알 수 있지만 품위의 불결은 알 수 없다. 오류의 편재 속에서 오류와 함께 살아가면서 오류를 찾아내는 것은 쉽지 않다. 개인은 현품 안에서 생활하며, 현품에 비추어 그 생활을 평가하기 때문에 현품의 결함이나 부족을 간과하고 생활하기 쉽다.[5] 다른 한편, 타인의 결함은 자신의 현품에 비추어 비교적 쉽게 찾아낼 수 있다.

교육에서는 잘못의 고백은 무죄이다. 그 고백은 적어도 어제보다는 오늘 더 현명하다는 것을 말해준다. 무슨 병인지 알면 절반은 고친 것이다. 과오나 실수는 바로 그 발견의 받침대다. 후진은 현품 안에 있기 때문에 자신의 과실을 알지 못한다. 문제는 친숙하지 않은 사태를 친숙하게 보려는 데에서 발생한다. 상구자는 자기의 품위가 미치지 못하는 경계를 발견한다. 스승은 그런 순진한 과실을 제자에게 유발시키고 그것을 납득시킬 수 있어야 한다.

오류의 노출은 세속적 적응에서 불리하다. 그것을 소재로 삼는 교육의 현장에서는 과실의 노출을 오직 용기에만 의존할 수는 없다. 교육적 교섭을 조성하기 위해서 과실을 노출할 수 있는 사회심리적 분위기의 여건이 요구된다. 교육의 과정에서 노출된 약점은 밖으로 누설하거

---

5) "자기 자신의 결점은 명백히 볼 수 없다(自見者不明)."라는 고사성어가 있다.

나 악용하지 말아야 한다. 과실을 극복하는 것이 교육활동의 중요한 과제다. 과실은 수치이지만 극복된 과실은 자랑이 된다.

11.2.10 장기시숙(長期時熟)

시간은 여러 종류로 구분된다. 생활세계 안에는 물리적 시간, 품위상의 시간, 그리고 교육적 시간이라는 세 가지 서로 다른 시간이 겹쳐 지나간다. 물리적 시간은 시계나 달력으로 나타난다. 또한 그 물리적 시간에 체험이 첨가되는 시간이 존재한다.[6] 품위의 측면에서 보면, 동시대에 원시인과 현대인의 엄청난 차이가 존재한다. 교육은 이런 체험의 비동시성 사이에 존재하면서 그 품위의 간극을 좁힌다.

교육적 시간은 나선형적이다. 각 단계마다 일련의 독특한 교육적인 활동과 교육적 체험이 반복된다. 품위는 개별적인 완성의 시간주기를 갖는다. 체험구조로서 품위의 변화와 완성은 단기간에 이루어질 수 없다. 개별적인 품소들이 하나의 전체적 유형으로 응집되지 않는 한 아직 품위가 형성된 것이 아니다. 품위의 형성은 갑작스러운 비약이 아니라 작은 문제의 출현과 그 해결의 연장선상에서 이루어진다.[7] 품위는 해체와 재건이 반복되는 모종의 장기간의 단계를 거쳐서 발전한다.

물리적 시간의 공시성 안에서 체험의 통시성을 회복시키려는 교육적 교섭에서 후진에게 필요한 시간은 선진이 거친 시간만큼을 요구하기 때문에 그 기간을 회고하고 산입하여야 한다. 품위의 형성은 알을 부화하는 것 같은 인내를 요구한다. 그 교육적 시숙의 기간은 농부가 씨앗을 뿌려 곡물을 얻는 원리에 비유된다. 그 계산은 아무리 길게 잡아도 실제보다 짧다. 그 품위의 차이에 따라 그 기간에 차이가 있겠지만 한 품위를

---

6) 체험에는 언제나 과거와 현재가 공존한다. 지금 보고 있는 별빛은 지금부터 몇 년 전에 그 발원지를 떠난 것이기 때문에 그것은 엄격히 봐서 현재의 별의 모습이 아니라 몇 년 전의 별의 모습이다.

7) 이런 말들이 있다. "큰 그릇은 늦게 이루어진다(大器晩成)." 혹은 "진정 큰 그릇에는 완성이란 없다(大器免成)."

높이는 데 몇 달, 몇 년이 걸릴 수도 있다.[8)]

각 단계마다 가장 알맞고 적절한 시기가 있다.[9)] 그 소재상의 진도를 조급하게 생각하지 않고 때를 맞추거나 기다리는 여유 있는 마음가짐을 갖추어야 한다. 빨리 성사시키려고 하면 오히려 지체와 그 결과를 축소시키는 해를 가져온다.[10)] 그 충실한 이행과정에서 시간의 낭비란 성립할 수 없다. 교육의 맛은 등산처럼 과정 자체에 의미가 있기 때문에 지름길이 필요하지 않다. 천천히 꾸준하게 가는 자가 이긴다. 교육활동도 필요한 시간을 끌면서 차근차근 그 내부의 논리에 맞추어 느리게 진행되어야 한다. 교육활동을 하면서 속도를 칭송하는 것은 그 본연을 소홀히 하는 것이다.

11.2.11 환경차별

모든 유기체에게 불변의 보편적이고 일반적인 환경이란 존재하지 않는다. 유기체에게 감식된 환경의 차이가 존재할 뿐이다.[11)] 유기체의 조건과 환경의 조건은 서로 불가분의 관계가 있다. 유기체의 내부는 백지상태가 아니다. 태어날 때부터 세계에 대처해 나가는 방식을 지니고 있으며, 그가 속한 환경과의 교섭을 통해서 그 방식을 변형시켜 나간다. 이 점에서 유기체와 환경은 상대적이다. 인간은 생명체다. 인간과 무관하게 규정할 수 있는 환경은 존재할 수 없다.

품위는 환경과의 상호작용에서 끊임없이 변화하고 창조된다. 그것을

8) 달마대사가 구 년 면벽하다가 깨달았다는 고사(九年面壁)를 상기하라.

9) 불가에 무기(無記)라는 방편이 있다. 품위의 수준에 비추어 상대가 아직 그 답을 이해할 수 없는 단계에 있을 때 답을 연기하고 시기를 기다린 다음 일촉즉발(一觸卽發)의 성숙된 단계에 이르렀을 때 그 문제를 다시 제기하고 해결을 꾀한다.

10) 이와 관련하여 앞서 조장(助長)의 고사를 지적한 바 있다. 한 알의 곡식을 수확하려면 꽃피우고, 열매를 맺고, 익기를 기다려야 한다. 마찬가지로 품위의 향상은 언제나 긴 시간을 필요로 하기 때문에 빠른 속도보다는 여유로운 시간의 확보가 필요하다.

11) "여뀌는 쓰지마는 그것을 먹고 사는 벌레는 쓴맛을 모른다(蓼蟲不知苦)."라는 말이 있다.

접하는 주체의 품위의 변화에 따라 그 환경의 의미도 달라진다. 서로 다른 체험의 역사를 가진 선진과 후진은 서로 다른 환경을 지니고 있으며, 그들 사이에도 서로 다른 환경으로 조응한다. 그 교섭양상으로서 품위의 지명이 없이는 개인이 봉착하는 환경을 의미 있게 설명할 수 없다.[12] 그럼에도 이런 품위의 차이에 따른 환경의 차이를 세계 속에 내재한 것으로 착각하기 쉽다.

품위는 주관의 여과장치의 하나다. 복잡한 것과 단순한 것, 정상적인 것과 비정상적인 것, 합리적인 것과 비합리적인 것, 생각도 할 수 없는 것과 생각할 수 있는 것, 어려운 것과 쉬운 것, 자연스럽지 못한 것과 자연스러운 것, 낯선 것과 낯익은 것, 예상하지 못한 것과 예상한 것 등은 각자의 품위와 관련되어 있다. 선진과 후진은 이처럼 다른 환경에 대처하면서 생활하기 때문에 교육활동을 함에 있어서 품위의 수준에 따라 알맞은 환경의 규정과 선택이 이루어져야 한다.

교육적 주체는 자신과 환경 사이의 원만한 교섭을 끊임없이 도모하며, 품위의 변화는 상관자인 환경의 변화를 수반한다. 들리지 않던 것이 들리며, 보이지 않던 것이 보이며, 어렵던 것이 쉬워지며, 신비롭던 것이 당연해 보인다. 의문이었던 것이 풀리고 진리였던 것이 허위가 된다. 어려운 환경도 그것을 극복할 수 있는 역량을 갖춘 개인에게는 어려운 환경이 아니다. 바람과 파도는 무능한 사람에게는 장애지만, 유능한 항해사에게는 유리한 조건이다.

11.2.12 접경대면(接境對面)

상구활동은 현품에서 미품으로 향하는 과정에서 일어난다. 현품은 친숙하고 미품은 낯설다. 그에 따라 환경도 다르다. 상구활동은 그 친숙함과 낯섦의 경계선에서 일어난다. 상구자는 진과 위, 선과 악, 미와 추의

---

12) 맹인에게는 아름다운 무늬가 보이지 않고, 농인에게는 음악 소리가 쓸데없다.

경계의 칼날 위에 선다. 그 경계가 바로 혼돈의 가장자리다. 다소의 위험을 무릅쓴 모험이 없이는 미품의 세계에 진입할 수 없다.[13] 현품의 한계, 문제, 변칙, 부조리, 딜레마, 모순, 패러독스, 불균형을 일깨우고 교란시키는 상황과의 접촉과 관용을 요구한다.

그 경계의 원근의 차이에 따라 문제발생의 근원과 그것을 해결하는 능력에 있어서도 차이가 있다. 그 거리와 단계를 고려하는 창조적 불협화의 모범적인 사례가 높이뛰기와 활쏘기이다. 겨우 1m의 높이를 뛰어넘는 사람에게 2m의 높이를 뛰어넘도록 요구하는 것은 무리다. 일반인에게는 50m의 표적이 먼 거리지만 궁수에게는 너무 가까운 거리다. 너무 어려운 것은 좌절하기 쉽고, 쉬운 것은 권태롭다. 도전하면 성공할 수 있는 적당한 수준의 과제가 가장 적당하다. 반신반의, 쉬움과 어려움, 알쏭달쏭한 접경대면은 상구에의 몰입과 올바른 단계의 전입을 보장한다.

상구활동은 분수에 맞게 너무 멀지도 않고 가깝지도 않은 품위를 소재로 설정하는 것이 중요하다. 목표는 반드시 원대하게 잡아야 하지만 자신의 품위를 살펴가면서 점진적으로 접근해야 한다.[14] 미품은 다층적이며, 그 성장점은 차상품이다. 이는 먼 길도 반드시 가까운 곳에서부터 시작된다는 평범한 사실을 반영한 것이다. 그것을 넘어서려는 것은 부자연스러울 뿐만 아니라 위험과 좌절을 동반하기 때문에 그 시도 자체가 무모하다.

11.2.13 미복변신(微服變身)

하화활동은 제자의 상구활동을 돕는 일이다. 하화활동은 현품에서 과품으로 되돌아가는 과정에서 일어난다. 다층의 과품은 하화자와 후진 사이에 있는 거리의 문제를 야기한다. 스승이 위엄을 너무 세우면 제자

13) "몸은 백 척의 장대 위에 있으나 또 한 발을 내어디딘다(百尺竿頭進一步)."라는 말이 있다.

14) 이를 통류경험(flow experience)으로 지칭하기도 한다.

가 위축되고 위엄이 없으면 제자를 압도할 수 없기 때문에 그 중간의 적절한 거리 유지가 필요하다. 스승은 제자와 가까워지기 위해서 자신의 품위를 드러내는 것을 감추고 제자의 품위수준에 맞는 외모를 갖춘다.[15)]

제자는 선진의 품위를 앞에 놓고서도 선진을 찾아 여기저기 헤맨다. 이 애로를 줄이기 위해서 스승이 자신의 현품에 이를 때의 제반 과정과 단계를 추론하고 제자가 지닌 현품의 다음 단계의 품위를 순차적으로 새롭게 드러내는 것이다. 이처럼 제자와 밀착된 환경의 하나로 처신함으로써만 스승의 매력을 제자에게 끊임없이 유지할 수 있다. 제자는 그 매력에 이끌려 스승의 품위를 더욱 이해하려고 노력한다.

제자의 품위에 맞추는 스승의 방편은 스승의 현품으로서는 거짓이다.[16)] 그러나 이는 결코 자신의 이익을 도모하는 기만을 의미하지 않는다. 전자는 후진을 이해시키는 과정이며, 후자는 상대를 헛되게 이해시키려는 것이다. 방편의 경우는 그 부정직성이 사후에 용인되어야 한다는 조건이 첨부된다. 미복변신의 진의는 제자가 스승의 품위를 따라가면서 점차 해명되기 마련이다. 그 방편이 단지 거짓된 보임에 그친다면 종교적인 신앙의 대상이 될 위험성에 처한다.

11.2.14 표적조절

교육적 교섭은 동적이다. 접경대면의 지점은 고정되지 않은 유동적인 흐름이다. 한 단계의 교육이 이루어졌으면, 교육의 소재를 다음 단계의 품위로 전환시켜 교육을 다시 진행하는 과정이 반복되어야 한다. 장대높이뛰기의 재미가 그 높이를 차근차근 한 단계씩 높여가는 데 있듯이

---

15) 부처가 중생을 구제하기 위하여 응신으로 나타난 것, 관음보살이 세상을 교화함에 있어서 중생의 근기에 맞추어 33가지 몸으로 나타난 것, 예수가 인간으로 강림한 것 등이 잘 알려진 비유다.

16) 수행에서 고(苦)로부터 해탈되면 이미 고가 아니다. 그럼에도 불구하고 해탈한 선진이 고의 존재를 후진에게 말하는 것이 그 좋은 예다. 그 외에도 인류 스승들은 주변의 모든 일을 예사로 넘기지 않고 그것과 연관시켜 자신의 가르침을 쉽게 풀어서 설명했다.

교육이 진행됨에 따라 소재로서의 품위도 유동적으로 변해야 한다.[17] 그 교체에 따른 진전이 힘들수록 승리는 더욱 영광스럽다는 것이 상구자의 가슴에 간직하는 위안이다.

교육의 전진법칙은 작은 성공과 그 자신감의 보장이다. 집단 안에서 이루어지는 교육의 경우, 개별적인 주체와 진행 과정에 맞는 품위를 선택해야 한다. 과제의 난이도는 미리 정해진 것이 아니라 그때그때 발견된다. 시도하면서 개개인에 알맞게 그 난이도를 조절해야 한다. 품위가 낮은 제자에게 지나치게 높은 수준에 맞추려고 하면 좌절하기 쉽고, 품위가 높은 제자에게 지나치게 낮은 수준에 맞추려고 하면 흥미를 잃는다.

매 단계의 품위는 완성의 시간을 요구한다. 그 진행의 리듬, 속도, 페이스가 너무 빠르면 늦추고, 반대로 너무 느리면 빠르게 하는 것이 필요하다. 필요에 따라 단계를 늘이거나 줄이는 것은 발견의 문제다. 시행착오 삼아 시도해보고 통하지 않으면 그때그때 진도를 알맞게 재조정해야 한다. 개인마다 그릇이 달라서 품위향상의 속도가 같을 수 없다. 속도를 맞추기 위해서 단계를 건너뛰면 다음 단계의 진전이 오히려 더디어지는 누적적 결손이라는 심각한 부작용이 생긴다.

11.2.15 체험구성

하나의 체험이 갖는 고유한 의미는 그 체험이 포함된 상황적 맥락과 관련되어 있나. 직접적으로 해 보아야 내 것이 된다. 학문이라면 연구를 해서 논문을 쓰는 것이며, 예술이라면 작품을 만드는 것이며, 수영이라면 물속에 뛰어드는 것이다. 불확실한 상태에서 스승의 시범이나 조언이 필요하지만 그것이 곧바로 제자의 체험을 대신하지는 못한다. 스승은 백 번의 설교보다 제자에게 시범을 보이고, 질문하고, 지시하며, 과제

17) 이 작업은 건축이 진전됨에 따라 이전의 것을 해체하고 다음 단계의 다리를 놓는 비계 설치에 비유될 수 있다.

를 부과하고, 질문을 초청한다. 제자는 스승에게 질문하고, 읽고, 시범을 관찰하고, 주어진 과제를 수행한다.

품위의 향상은 쌓이는 것이 아니라 덜어내기이다. 품위의 과실은 밧줄처럼 여러 가닥의 실로 만들어졌기 때문에 시도해보기 전에는 알 도리가 없다. 썩은 나무에는 조각할 수 없듯이, 후진적인 품소로서는 선진적인 품위를 형성할 수 없다. 시도하면서 그 결점이 드러나도록 해야 한다. 실패와 실수를 두려워할 필요가 없다. 경험은 자기 실수에 붙이는 명칭이다. 그 어긋남을 통해 비본질적인 요소를 점차 제거해 나가야 한다.

해체 뒤에는 재건이 따라야 한다. 비본질적인 것은 본질적인 요소로 대체되어야 한다. 새로운 품위의 요소들이 추가되고 보충되면서 새로운 전체로 탈바꿈할 수 있어야 한다. 선진의 품위를 획득한다는 말은 이전에 없었던 새로운 체험구조를 창조한다는 것을 의미한다.[18] 비교적 위험이 낮은 환경에서 이렇게도 해보고 저렇게도 해보는 암중모색의 시행착오가 불가피하다. 실패와 성공은 반반이다. 새로운 것은 우연 안에 있다. 성공하지 못하면 몇 번이고 다시 시도한다. 그 과정에서 품소의 면에서 실패를 일으키는 후진적인 것과 성공을 보장하는 선진적인 것의 분리와 그 실질적인 선택의 가능성이 열린다.

실습과 통찰이 없는 숙달이란 사실상 불가능하다고 하지만 숙달이 없는 통찰은 흔하게 일어난다. 통찰을 숙달로 오인해서는 안 된다. 체험이 그 구성요소로 단편화될 때 그 요소는 생명력이나 고유한 의미가 상실된다. 아무리 정교로운 부분체험이라고 하더라도 그 구조가 성립되지 않는 한 그 체험은 완성된 것이 아니다. 새로운 체험을 안정적으로 유지하는 것은 그것을 구성하는 요소들 하나하나가 아니라 그들 사이의 관

---

18) 자동차 운전의 경우 핸들 잡는 법, 기어를 변속하는 법, 브레이크 밟는 법이 합해지면 운전을 할 수 있는 것이 아니다. 점차 이 단위행위에 익숙해져서 실제 운전과정의 단계에 들어서면 다음에는 그런 구분이 없이 그것들을 동시에 행할 수 있는 종합적인 훈련이 필요하다. 테니스의 경우, 서브 넣는 법, 되돌아오는 볼을 받아치는 법, 네트 또는 네트와 코트의 중간 부분 혹은 베이스라인에서 볼을 치는 법을 습득해야 한다.

계를 동시에 조정하고 조율한다.[19] 성공을 보장하는 품소의 유형을 먼저 자각하게 하고, 그 세부적인 것의 완성을 위해서 필요한 품소를 보충해 빈 곳을 채워 나간다.

한번 획득한 것은 반복적으로 익혀 무의식중에도 서로 맞아 들어가야 한다.[20] 환골탈태가 순조롭게 되었을 때 "감(感) 잡았다."라는 단서를 느낀다.[21] 그 완성은 완전을 의미하지 않는다. 품위의 각 단계마다 체험은 잠정적으로 통합성을 지니지만, 그 완성은 체험의 전체성을 지칭하는 것일 뿐 완전한 것과 거리가 멀다. 어떤 품위의 수준이든 간에 조만간 해결할 수 없는 문제에 봉착할 것이며, 그 완결은 그때부터 와해의 운명에 처한다. 그렇게 와해된 품위는 또 다시 다른 수준의 완결된 체험의 지향으로 이어진다.

11.2.16 증득체험(證得體驗)

체험은 품위의 가장 확실한 증인이자 고발자다. 품위의 검증은 이처럼 각자의 체험에 근거를 두어야 한다. 체험은 그 자체를 이탈할 준거가 없이는 평가하기 어렵다. 좋은 실천은 좌절과 창조의 과정을 거치면서 실천을 계속해서 개선해 나가는 데 달려있다. 발생적 계열에서 보면 실패와 시행착오를 거치기 이전과 이후 사이의 품위의 비교가 가능하다. 증득이란 이처럼 품위의 향상에 참여하면서 그 이전의 품위와 그 이후의 품위를 양면으로 체험하고, 그 하나를 자신의 판단에 의해서 독립적으로 선택하는 것이다.

품위의 최종적 평가는 각자의 내면적 증거에 의존한다. 품위의 우열에 대한 판단은 상대적이다. 품위의 높낮음에 대한 판단은 평가를 받아

19) 그 대상에 대한 총체적인 체험에 합당한 용어는 회득(會得)이다.

20) 이를 암합(暗合)이라고 한다.

21) 품소들이 최적의 역량을 갖도록 중화(中和)되었을 때 상구자는 일시적으로나마 정상의 충족감을 갖는다. 여기서 "중(中)"이란 치우치거나, 지나치거나, 모자람이 없는 가장 알맞은 곳을 뜻하고, "화(和)"란 서로 다른 것을 추가시켜 보다 향상됨을 의미한다.

야 할 품위 안에서는 파악하기 어렵다. 빛은 어둠과의 대비에 의해서 선명하게 드러나기 때문에 명료한 빛 안에서는 빛을 이해하기 어렵다. 진과 위, 선과 악, 미와 추 등 품위상의 가치와 차이의 감별도 개인 안에서 혹은 개인 사이에서 그 품위발전의 흐름을 통해 양 축을 대비함으로써만 가능하다. 건강을 아는 것은 건강한 사람이 아니라 오직 병든 사람뿐이다. 쓴맛을 전혀 맛본 적이 없는 사람은 단맛을 모른다. 겨울이 되어야 솔이 푸른 줄 안다.

교육활동은 그런 자주적 검열을 포함한다. 상구활동을 통해서 미품이 현품으로 전환되고, 현품이 과품으로 전환되는 과정에서 품위를 평가하는 상대적인 준거점이 출현한다. 지난날 실재로 보였던 것들이 갑자기 착각, 망상, 미혹, 오해라는 사실로 드러난다. 체험요소의 추가는 점진적이며, 그들의 재구성은 급진적이다. 미품의 세부항목들이 통합되면서 갑자기 새롭고 더 높은 수준의 실재와 접하는 의미로 다가온다. "아하, 과연 그렇구나!"라는 감탄사가 입에서 저절로 나온다. 상구자는 이처럼 자신의 체험을 근거로 대상세계에 대한 더욱 직접적인 확신에 이른다.

품위의 향상은 환경과 우리 자신의 관계양상을 돌변시킨다. 마음의 바탕이 밝으면 캄캄한 방에도 푸른 하늘이 있고 마음이 어두우면 밝은 대낮에도 도깨비가 나온다. 세상은 티끌도 아니고 고통의 바다도 아닌데, 사람들이 자기 마음을 티끌과 고통의 바다로 만들 따름이다. 이제 도깨비와 고통에서 해방되어 자유롭고 평안한 세상과 만난다. 들리지 않던 것이 들리며, 보이지 않던 것이 보이며, 어렵던 것이 쉬워지며, 대단했던 것이 별것이 아니고, 복잡하던 것이 단순해지며, 경이롭던 것이 당연해 보인다. 그토록 높던 장애물들이 더 이상 장애물이 아니다. 역경이 순경으로 바뀐다.

앞선 묘사는 증득의 특징을 살리기 위해서 큰 덩치의 극적인 변화를 상정한 것이다. 너무 큰 것만을 기대하면 망상에 빠질 위험에 처한다. 흔히 깨달음이라고 하면 일상적 생활과는 동떨어진 것처럼 생각하기 쉽지만, 반드시 그렇지만은 않다. 삶에서 최종적인 대문자의 깨달음이란 존재하지 않는다. 일상에서 이루어지는 증득은 이처럼 극적인 것은 아니다. 사실 교육활동은 단계마다 그 소문자 깨달음의 반복된 교차와 순환을 보장한다.[22] 작은 규모의 품소들의 변화로서 사람들은 일상생활 속에서 실제로 작은 깨달음을 계속 경험하고 있다. 그 소문자의 깨달음을 소중하게 여겨야 한다.

11.3 교육활동의 종류

오로지 교육의 경계 안에서 일어나는 활동에도 서로 구분될 수 있는 다양한 세부의 활동들이 있다. 이들은 그 나름의 특징과 경계가 있으며, 그 여건이나 기능에서 따로 논의할 여지가 많다. 가장 큰 범위로 상구활동과 하화활동을 들 수 있겠다. 상구활동은 주체가 현품의 가장자리에서 광대하고 신비로운 세계와 접하고 상구의 내재율에 따라 그 차상품을 실현해 나가는 일련의 통합적이고 재귀적인 활동의 총체다. 하화활동은 그 주체가 하화의 내재율에 따라 후진의 상구활동을 돕는 일련의 통합적이고 재귀적인 활동이다. 이에 관해서는 이미 여러 부분, 특히 앞절의 맥락에 관한 논의를 통해서 이미 논급된 바 있다. 그 이외에 서로 구분될 수 있는 중요한 하위의 활동들이 존재하며, 그 추가적인 부분은 앞으로의 연구과제로 남아 있다. 본 절은 그 몇 가지를 다음에 예시해 보려고 한다.

---

22) 불가의 옛 문헌은 대문자의 깨달음만을 가정하고 돈오(頓悟)와 점수(漸修)가 마치 서로 다른 길인 것처럼 대립시키거나 혹은 그 가운데 어느 것이 먼저냐 하는 논쟁이 벌어지지만, 상구의 단계마다 소문자의 돈오와 점수가 끊임없이 교차한다. 돈오 → 점수 → 돈오 → 점수라는 일련의 과정에서 첫째와 둘째만을 고려하면 "돈오점수"가 되며, 둘째와 셋째만을 고려하면 "점수돈오"가 될 것이다. 그 돈오는 넷째의 점수와 연결된다.

11.3.1 교육소재선택

교육의 소재와 교육 사이의 관계를 설명하는 좋은 비유가 있다. 농구 게임에서 바스켓에 공을 넣는 것은 그것 자체가 목표라기보다는 농구 게임을 게임답게 하려는 하나의 수단에 불과하다. 공을 넣는 것이 목표라면 농구 게임은 가장 비효과적인 수단의 하나다. 교육소재의 몫은 교육적 주체가 다른 부면에 마음을 묶이는 일이 없이 한결같은 마음으로 교육에 전념하도록 하는 것이다. 소재는 선택항목이다. 선택된 소재는 그 질서와 복잡성에 주의를 기울여야 할 형태로 교육을 안내한다. 교육의 소재에 대한 일관된 인식이 불분명한 것 혹은 그 이탈은 주의산만이나 시간의 낭비, 스승과 제자의 위치 혼란 등을 야기한다.

분야마다 기회균등의 의미는 다르다. 모든 인간을 동일하게 취급하는 것은 교육에서 정의롭지 못하다. 모든 사람에게 맞는 교육의 일률적인 소재는 없다. 갑에게 알맞은 소재가 을에게도 알맞은 것은 아니다. 갑에게는 교육의 소재가 되는 것이 을에게는 오히려 해로울 수도 있다. 소재 선택은 교육적 주체가 가장 보람을 느낄 수 있는 종류와 수준이 무엇인지를 고려해서 이루어질 수 있어야 한다. 목수는 쓸모 있는 목재를 찾으며, 석공은 쓸모 있는 돌을 찾는다. 교육적 주체는 많은 것들 가운데 자신을 위해서 무엇이 옳은 것인지를 발견하여 결정해야 한다.

소재의 종류는 역사적으로 방대하게 확보되어 있고 다만 그 활용의 범위에서 아직도 많은 지체가 있을 뿐이다. 사실상 품위의 종류는 개인을 중심으로 방사형으로 전개되어 있다. 그 종류가 다양하며 서로가 겹치지 않음을 의미한다. 소재의 종류는 그 범위에 따라 다르다.[23] 학문의 경우라면 분과학문이 있고, 물리학이라면 그 하위전공영역이 있다. 그 모든 종류의 것들을 짧은 개인 생애에서 접한다는 것은 불가능하기 때문에 종류의 선택은 불가피하다. 가장 확실한 선택기준은 아마도 천부

23) 오늘날 "융합교육"이라는 용어로 상이한 수도계, 예컨대, 춤과 노래를 서로 섞는 경우, 그 융합된 전체에 대한 규정이 이루어져야 한다.

적인 소질과 적성이 될 것이다.

품위의 종류 못지않게 중요한 것이 그 수준의 선택이다. 개인의 현품이 아무리 낮다고 하더라도 과품에 비하면 높고, 그것이 아무리 높다고 하더라도 미품에 비하면 낮다. 상구의 소재는 주체가 가진 현품 수준의 위쪽에서 찾아야 하고, 하화의 소재는 주체가 이미 달성한 품위수준의 아래쪽에서 찾아야 한다. 그 말은 후진일수록 상구의 소재가 많고, 선진일수록 하화의 소재가 많다는 것을 의미한다. 상구의 소재는 상구자의 품위 밖에 있지만 하화의 소재는 하화자의 품위 안에 있다. 하화적인 삶에서 과품의 용도가 살아난다. 하화의 소재는 스승에게 이미 낡고 틀리고 지루한 것이지만 제자에게는 새롭고 흥미로운 품위에 해당한다.

작은 몸에는 작은 옷이 알맞고, 큰 몸에는 큰 옷이 알맞다. 소재의 수준을 선택할 때 교육적 주체의 분수를 알아야 한다. 품위의 성장점인 차상품은 상구의 열정이 가장 강렬하게 활성화되는 영역이다. 상구자는 그 차상품의 것이 무엇인지를 찾아야 한다. 높은 곳에 오를 때 이미 사용한 사다리는 그 이용가치가 없다. 그러나 하화자는 제자의 현품을 개선하는 것과 자신의 품위를 전하는 것의 차이를 안다. 자신의 품위를 내세우기보다는 제자의 차상품을 하화의 소재로 삼는다. 선진이 극복한 품위는 그 선진에게는 무용할지라도 상구를 돕는 하화의 경우 이를 보존하고 있어야 한다.

소재의 발생적 연속성을 무시하는 경우를 불차(不次)라고 한다. 불차는 하화자가 자신의 품위를 소재로 삼는 경우이며, 극단으로 자신의 품위를 넘어서는 선진의 품위를 소재로 하화하는 경우다. 이런 선택은 소재적 가치와 교육열정을 소실시키는 요인이 된다. 불차의 품위는 후진의 품위에 의해 여과되며, 후진의 품위로 재해석되거나 혹은 제자의 차상품의 것으로 낮춰진다. 그처럼 품위의 굴절, 변질, 인하, 퇴락, 손상이 일어나는 사실 자체를 인정해야 할 것이다.[24)]

24) 오늘날 "학교교육"이라고 지칭하는 것이 거의 이 부분에 해당한다.

소재의 선택에서 앞의 논의는 주로 교육내재적인 것만을 유념한 것이며, 그 이외에도 고려할 기준은 개인적이고 심리적인 특성, 온갖 종류의 세속적 이득, 수도계의 종류에 따른 갈등, 장래성 등등 많을 것이다. 이처럼 교육외적 조건들도 고려한다고 하더라도 그 내재적 가치를 인정하지 않으면 소재로서의 조건을 갖추었다고 볼 수 없기 때문에 그 내적 조건의 만족이 어느 경우나 선행되어야 한다. 경제발전이나 돈이 생긴다면 거절할 필요는 없다. 그러나 그 선택이 오로지 경제발전이나 이윤을 위한 것이라면 제대로의 교육이라고 할 수는 없다.

11.3.2 교육요청

자기 자신에게 이익이 있으되 상대방에게 피해가 있거나, 자신에게 피해가 있으나 상대에게 이익이 있거나, 양편 모두에게 이익이 없고 화합이 없으면 그것은 옳은 인간관계가 아니다. 교육적 관계는 양편의 이익을 보장할 수 있어야 한다. 교육적 관계는 자유로운 선택에 의해서 맺어지는 것으로서 서로가 상대를 찾는 그리움에서 출발한다. 스승과 제자가 나타나기를 소극적으로 기다리는 것이 아니라 적극적으로 널리 찾아야 한다. 여기에는 후진에게 제자가 되기를 청원하는 청상구(請上求)와 선진에게 스승이 되기를 청원하는 청하화(請下化)가 있다.

선진과 후진은 세상에 널려 있다. 뛰어나지도 않고 무능하지도 않은 보통사람(中人)을 기준으로 할 때 인구의 반은 선진이고 나머지 반은 후진이다. 말하자면 교육의 파트너가 될 만한 예비후보는 얼마든지 가까운 데 무수히 많다.[25] 선진은 스승의 요건을, 후진은 제자의 요건을 일차적으로 갖추고 있다. 상대가 선진이면 스승으로 삼고, 상대가 후진이면

25) "삼인행필유아사(三人行必有我師)."라는 널리 알려진 공자의 말씀이 있다. 이 말의 끝에 "아제(我弟)"를 추가하면 교육본위론의 논법이 성립한다. 이 경우 세 사람이란 나, 후진, 그리고 선진이면 족하다. 나는 후진을 제자로 삼아 하화할 수 있으며, 선진을 스승으로 삼아 상구할 수 있다.

제자로 삼을 수 있다. 그럼에도 불구하고 이를 가려서 일부러 스승과 제자를 구하는 사람은 드물다.

소재에서 그 선후진의 식별이 쉽지 않다. 선진이 후진을 식별하기는 비교적 쉽지만, 후자는 그 사실을 쉽게 수긍하려고 하지 않는다. 이 때문에 별도의 과정을 필요로 한다.[26] 선진을 찾는 간접적인 단서는 기적을 보여주는 사람, 널리 명성이 있는 사람, 공적인 심사에서 품평을 받은 사람, 걸출한 제자를 길러낸 사람, 자신이 풀지 못하는 문제를 쉽게 풀고 대처해 나가는 사람, 현재의 스승의 스승인 사람 등이 될 것이며, 이와 관련하여 사귀기, 초청, 소개, 추천 등이 이루어진다.

선진과 후진의 교육적 용도가 품위수준에 따라 다르다. 품위의 멀고 가까움을 고려하여 수준별로 개별적인 스승과 제자를 찾아나서야 한다. 무조건 높은 수준의 선진이 좋은 스승이라거나 아주 낮은 수준의 후진이 좋은 제자라는 생각을 갖는 것은 천진한 판단이다. 너무 높은 수준의 선진을 스승으로 모시는 경우는 마음이 홀려 스스로 편안하지 못하다. 그 간격이 너무 큰 경우 갈등과 좌절의 원인이 될 수 있다. 여러 층의 제자와 여러 층의 스승을 확보하는 것이 좋은 방법이다.

선진과 후진은 교육적 관계의 한 가지 요건에 불과할 뿐 그 각각이 하화와 상구할 용의가 있어야 한다. 청상구와 청하화는 양쪽에서 이익을 보는 홍정이다. 호혜의 원칙은 상대를 자기가 친 덫의 사냥감으로 유인하는 것이다. 그 요체는 상대가 교육파트너로서 그 내재율과 열정을 따를 수 있는지에 대한 신뢰다. 하화의 내재율을 따르면서 많은 후진을 대하면 그 가운데서 제자가 나타나고, 상구의 내재율을 따르면서 많은 선진을 대하면 그 가운데서 스승이 나타난다.

교육적 관계의 출발은 단지 의도의 타진일 뿐 지속될 약속은 아니다. 스승과 제자 간에 형식적인 것은 아니지만 이를 위해서 서로가 상대에

26) 바둑에서 급수를 정하는 방법은 크게 세 가지다. 첫째, 공인된 기원에서 판정하는 것이고, 둘째는 묘수를 해결하는 것이고, 셋째는 서로 접바둑으로 대련을 하면서 정하는 것이다.

게 요구하는 책임과 조건이 있다는 점에서 암묵적인 계약이 이루어져야 한다. 예우의 핵심은 서로가 상구와 하화의 내재율을 따르는 약속을 지키는 것이며, 그 부분은 수시로 서로의 다짐과 점검이 요청된다. 교육적 관계의 원만한 지속은 그 양해사항을 지키고 서로를 예우하는 범위 안에서 보장된다.

11.3.3 교육적 교섭

상구교육과 하화교육은 서로의 여건이다. 이들이 결합하는 것은 서로가 필요로 하는 환경의 속성을 갖기 때문이다. 스승과 제자가 상대의 요망에 부응하는 것이 자신과 타인을 위한 것이 된다. 쌍방의 호응이 있어야 한다. 그 일방에 책임을 귀속시키기 어렵다. 이에 서로가 고심하면서 상대에 우호적인 여건으로 최적화하도록 노력하는 것이다. 상대의 활동을 자신의 영역으로 흡수하려고 하는 것은 그 규범에서 벗어나는 길이다.

소재의 측면에서 스승과 제자는 선진과 후진의 위치에서 마주한다. 제자는 스승의 품위를 갖추지 않은 상태에 있기 때문에 스승을 인식하기가 어렵다. 스승과 제자는 미궁, 의혹, 모순, 갈등, 분열의 요소를 지니고 있다. 이 한계와 딜레마를 해결하는 방법은 첫째, 제자가 스승의 증명에 앞서 스승을 믿어버리는 것이며, 둘째, 제자가 조금이라도 스승 쪽에 다가가는 것이다.

교육적 교섭이란 스승과 제자가 교육을 위해 서로를 보조하고 보답하는 작용을 말한다. 서로가 화합하는 방식은 서로 대칭적으로 요청하고, 자극하고, 유도하며, 호응하는 것이다. 대위관계(자리-이타, 존경-관대, 혁신-보존, 자조-원조, 순차-하강, 내화-외화, 자증-타증)가 이를 보장한다. 스승과 제자는 서로가 교육의 반려자라는 사실에 대해서 감사하며, 그 호혜에 보답하는 방식으로서 훌륭한 스승과 훌륭한 제자의 면모를 보이는 것이다.

“지피지기(知彼知己)”의 병법은 교육적 관계의 유지에서도 적용된다. 스승과 제자는 각각 적어도 교육과 관련하여 자신과 상대의 사정을 알아서 대응해야 한다. 입장을 서로 바꾸면 결국 같아지는 것이다. 이체이품을 동체이품의 상황으로 유도한다. 제자는 스승의 과거이며, 그 과거와 현재 사이의 교육적 경험을 재생하는 것이 바로 교육적 교섭에 해당한다. 스승의 활동에 대한 제자의 지원적 활동, 그리고 제자의 활동에 대한 스승의 지원적 활동에는 어떤 애로가 있는가? 그 애로가 자신으로부터 기인하지는 않는가? 이런 점을 배려하여 서로가 상대에게 유리한 여건이 되도록 활동하는 것이다.

초기 단계에서 스승은 제자에게 자신이 선진임을 알리기 위해서 품위의 위력을 보일 수 있다. 이는 후진에게는 가끔 기적처럼 보이지만 일단 범상하게 대해서는 안 될 인물이라는 인식을 심어준다. 교육적 교섭은 그들을 연결시키는 데 필요한 중간의 단계를 위계로 정렬시켜 점차적으로 한 단계씩 경험을 재구성해 나간다. 여기에 소재의 홍정과 선택, 속도조절과 보조맞춤, 그 진전에 대한 기대와 합의, 상호 간의 리듬조정, 상호협의를 통한 계획과 공조 등 일련의 활동을 통해 상호침투력을 시험하고 모색함으로써 애초의 선진과 후진이라는 구분과 장벽이 점차 무너진다.

11.3.4 교육열정 유발

즐거운 교육이 가장 안전한 길잡이다. 원하지 않는 교육이 제대로 이루어질 수 없다. 한 사람만으로 말을 물가에 끌고 갈 수는 있지만 스무 사람도 강제로 말에 물을 먹일 수는 없다는 격언이 있다. 교육을 추동하는 것은 그 열정이다. 상구자와 하화자는 자신의 열정뿐만 아니라 상대의 열정을 이용하는 것이 중요하다. 그 자체를 추구하는 내재적 성향을 지닌 교육활동을 단순히 외적 보상을 바라는 기술적 전략으로만 취급하거나 보아서는 안 된다.

교육의 수레바퀴를 활발하게 작동하게 하는 동력은 그 내부에 있기 때문에 올바른 사용이 요구된다. 교육열정은 품위의 차이 안에 이미 잠재되어 있지만 늘 활성화된다는 보장은 없다. 교육열정을 부각시키고 활성화시키는 조건과 관련하여 여러 가지 요인들을 생각해 볼 수 있겠으나 가장 확실한 조건은 바로 제대로 된 교육활동 자체이다. 그 자체에 쾌락이 있기 때문에 교육열정을 활성화하는 문제는 교육의 내재율을 얼마나 잘 유지하느냐 하는 것과 결부되어 있다.

교육적 교섭의 동력은 그 표적의 조정에서 나온다. 교육열정을 유발하는 최적점은 제자의 현품에 인접하는 품위다. 현품은 익히 알려진 것이기에 진부하고, 너무 먼 미품의 단계는 실현 불가능하기 때문에 좌절에 봉착한다. 그 중간의 것이 관심, 도전, 호기심의 매력을 갖는다. 제자의 반응에서 자연스럽게 드러난다. 제자는 모르면 모른다고 투덜거리고, 알면 진부하다고 뻐긴다. 이를 무시하고 품위의 전환이 이루어지지 않은 정지된 시간을 권태가 점령한다.

품차의 범위를 조정하고 조절하는 것이 필요하다. 상구교육에서의 접경대면과 하화교육에서의 미복변신은 소재의 높이를 조절하는 유인책이다. 상구교육에서 순차의 내재율은 모든 과제의 제시가 그 어중간한 불균형의 지점, 즉 알쏭달쏭, 반신반의, 아이러니, 패러독스, 실패와 성공의 가능성이 반반으로 서로 교차하는 상태를 유지할 것을 요구한다. 하화교육에서 하강의 내재율은 스승이 그 단서에 호응해야 함을 요구한다.

상구교육과 하화교육은 각각 그 자체로서의 내재적 가치뿐만 아니라 서로가 상대에 대해서 도구적인 가치를 실현하면서 상보적인 시너지 효과를 일으킨다. 상구열정과 하화열정도 그 원리에 따른다. 하화자가 자신이 상구했을 때의 흥분과 그것을 제자에게 재생했을 때의 흥분은 전혀 다르다. 이들은 자체의 열정뿐만 아니라 상대를 강화하면서 서로의 교육열정을 상승시키는 요인으로 작용한다. 상구자의 자신감, 기쁨, 자랑 자체가 하화자의 것으로 전환되거나 그 반대의 방향으로 작용하면서

양편의 열정이 배가된다.

교육활동은 기꺼이 걷는 산책처럼 그 성과를 떠나 자체로서 즐거운 일이다. 그 내재율에 따라 자연스럽게 진행되는 교육적 교섭은 시간의 경과를 잊을 정도로 상구에의 몰입과 그것을 돕는 하화의 고유한 매력을 발생시킨다. 교육활동에 대한 내재적 보상은 그것을 수행할 수 있었다는 것이다. 여타의 활동으로 그 만족을 대체할 수 없기 때문에 그에 따른 보상보다는 그 자체의 격려를 요구한다.[27] 외부로부터 혜택이 주어질 수 있다면 단지 교육을 교육답게 할 수 있는 여건을 제공하고 개선해 주는 것뿐이다.

역설적으로 말하면, 교육열정의 강도는 교육활동을 금지시킨 경우에도 그 활동을 계속하는 것이다. 누군가가 교육적 주체에게 가장 혹독한 벌을 가하고 싶은 사람이 있다면, 그 삶에서 교육활동을 일체 박탈하거나 중단시키면 된다. 교육에 염증을 느끼는 환자에게 가장 효과적인 약은 일정 기간 교육의 기회를 박탈하는 것이다. 굶주렸다가 먹는 음식이 더할 나위 없이 맛있듯이 교육도 박탈당해 보아야 그 소중함을 더욱 절실하게 느낀다.

상구열정과 하화열정의 상보성을 역행할 수도 있다. 상구의 노력이 없는 후진에게 하화하는 것은 밑 빠진 독에 물을 붓는 격이다. 제자가 상구하려 하지 않는다면 하화는 제대로 이루어질 수 없다. 짝사랑처럼 한 편의 열정이 식을 때 다른 편의 열정도 식을 경우 실패의 가능성이 높아진다. 하화가 소재본위로 진행될 때 현품 이하의 품위를 반복하는 일은 지루한 고역이다. 하화 자체의 내재적 특성에 도전하여 그 지루함을 극복할 수 있어야 함에도 불구하고 그렇지 못한 경우 하화의 열정이 식을 가능성이 높아진다. 상구의 열정 역시 이에 따라 억압될 것이며, 이때 서로의 비방, 적대, 책임전가가 따른다.

가장 안타까운 비극은 그 실패한 사태에 외재적 동기나 가치를 개입

---

27) 판소리에서 소리꾼의 흥은 "얼씨구!"라는 추임새와 더불어 올라간다.

시키는 것이다. 그 보상과 벌은 결국 그 실패한 교육을 강화시킨다. 그 작용조차도 오직 그 보상과 벌이 제공되는 동안만 보장된다. 외재적 결과(예컨대, 칭찬, 높은 점수, 진학 등)를 위한 도구로서의 교육은 그 결과를 얻게 되면 중단된다. 그렇다면 성공한 교육에 대해서 외재적 보상이 주어지면 어떻게 될까? 산술적으로 보면 교육열정이 배가될 것으로 가정되는데 사실은 그 반대다. 기꺼이 달리려는 말에 박차를 가하지 말라는 말이 있듯이 외재적 보상은 교육열정을 잠식하고 감소시킨다.

11.3.5 교류교육활동

모든 종류의 수도계에서 높은 품위나 낮은 품위를 가진 사람은 없다. 사람의 얼굴이 각각 다르듯이 개인이 가진 실제의 품위는 제각각이다. 사람들마다 약한 곳과 강한 곳이 있다. 누구나 하나쯤 잘하는 것이 있다. 교류교육이란 품위의 종류와 수준의 다양성과 상대성을 최대한 활용하여 자연인 사이에 서로의 장점을 증대시키고 약점을 줄이고 보충하는 방식으로 스승과 제자의 관계를 쌍방 간에 공유하는 형식을 말한다.

서로의 부족을 채워주는 교류교육의 가장 알맞은 조합은 농자와 맹인이다. 농자의 눈은 밝지만 귀가 멀었고, 반대로 맹인의 귀는 밝지만 눈이 멀었다. 서로가 시력과 청력이라는 서로 다른 소재를 교차하면서 스승과 제자가 되어 그 각각이 가진 우수한 품위를 효율적으로 상대와 공유하고 교환할 수 있다. 이런 교류교육은 일방교육에 비해 두 배의 품위증대를 꾀할 수 있다.

교류교육의 장점은 품위의 증대뿐만 아니라 그 해당 교육적 주체로서 쌍방이 상구와 하화의 양면을 조화시켜 경험할 수 있다는 것이다. 또 다른 장점도 있다. 스승과 제자가 수도계에서 독립하여 교육의 세계에 진입할 때, 스승은 그 우월감에서 그리고 제자는 그 열등감에서 해방될 수 있다. 교류교육은 그 우열의식을 경감하거나 해소시키는 효과를 갖는다.

교류우(交流友)는 소재의 교차에 따른 교육적 관계의 전환에 알맞은 절제의 태도를 갖추어야 한다. 소재의 선택에 따라 선진과 후진의 위치가 결정된다. 상구자와 하화자의 위치도 달라진다. 한꺼번에 두 마리 토끼를 잡으려면 한 마리도 잡지 못한다. 교류교육을 위해서 소재의 종류를 변경하는 것은 당연한 일이다. 소재를 변경한 만큼 교육적 관계의 전환이라는 과정이 그에 합당하게 이루어져야 한다. 그렇지 않으면 교류교육의 관계는 더 이상 지속될 수 없다.

개인이 교류교육을 원한다면 형식상 그 소재의 프로파일을 작성하는 것이 바람직하다. 각 개인마다 왼편 행에 관심이 될 만한 제반 수도계의 종류를 적고, 그 열에 각 수도계에서의 품위수준을 대략 상, 중, 하로 나눈다. 그와 같이 각 수도계의 선후진에 대한 가정을 토대로 알맞은 제자와 스승의 조합을 정한다. 물론 그 가정은 교육적 관계의 지속여부에 의해서 검증될 수 있다.

11.3.6 다단계교육활동

다단계교육은 물리적 시간의 공시성을 체험의 통시성으로 분할하여 이용하는 교육의 형식이다. 품위의 차이 사이에서 교육이 성립한다. 선진과 후진은 같은 시간과 공간에 있지만 체험적 시간에서 격리되어 있다. 서로 멀리 떨어져 있을수록 소원하다. 원선진과 원후진이 직면하는 것을 가급적 피하고 근선진과 근후진의 접촉을 기하는 것이 순리에 맞다. 다단계교육은 멀고 가까운 스승과 제자가 구분하여 품위의 각 단계에서 교육을 중개함으로써 품위의 발생적 연속성을 유지한다. 선진과 후진의 여러 층이 있듯이 스승과 제자의 층도 여럿으로 나누어질 것이다.

체험의 변화는 갑작스러운 비약이 아니라 작은 문제의 출현과 그 해결의 연장선상에서 이루어진다. 각 단계의 스승은 일정 수준의 제자에게 그의 후진을 확보하여 자신과 마찬가지로 하화하도록 권장한다. 그 중간의 겹제자는 제자임과 동시에 스승의 몫을 한다. 내리사랑이라는 말이 있듯이 제자는 스승으로부터 얻은 은덕을 그의 제자에게 되돌려주게 된다. 그렇게 함으로써 큰 스승의 높은 품위가 겹제자를 통해서 작은 제자에게 흘러들어가는 자연스러운 경로가 열린다.[28] 그 흐름은 품위의 격차에 따른 고압제와 저압제의 위험성을 완충한다.

높은 품위에 도달하기 위해서 기초를 넓게 잡는 것이 교육의 공법이다. 수도계가 발전하려면 그 저변을 확대해야 한다. 높은 산은 낮은 산 위에 있다. 교육적 관계는 겹제자를 통해서 확대 재생산된다. 소재의 매 단계마다 한 명의 스승이 열 명의 제자를 확보하고, 그 제자가 다시 열 명의 제자를 확보하는 방식으로 교육의 수레바퀴가 윤전하게 함으로써 스승과 제자의 수가 기하급수적으로 늘어간다.[29]

서로 동떨어져 있던 교육공동체끼리 합류할 가능성도 있다. 품위가 높고 하화의 열정이 풍부한 큰 스승에게는 특별히 변설을 쓰지 않아도 흠모하는 사람이 따르기 마련이다. 일정한 제자를 확보한 교육공동체의 수장이 큰 스승을 흠모하여 그 큰 스승의 집단에 합류한다면 그 제자들이 모두 큰 스승의 제자로 포섭된다.[30] 그런 양도와 편입을 통해서 애초의 다단계교육의 집단은 더욱 큰 규모로 확장된다.

11.3.7 교육여건조성

교육은 교육 이외의 것이 제거된 공백상태에서 고립적으로 존재할 수 없다. 한 개인이 교육을 할 수 있다거나 혹은 교육을 할 의향이 있다는 것만으로 교육을 실현할 수 없다. 교육적 주체는 특수한 환경의 맥락 속

---

28) 운동선수들은 그보다 한 수 위인 선수의 지도를 받으면서 그의 경기기술을 개선한다.
29) 예수는 사회적으로 최하층에 속한 12명을 뽑아 전 세계를 정복한 조직을 만들었다.
30) "복숭아와 오얏 맛이 좋아서 찾아오는 사람이 많아 길이 저절로 난다(桃李不言下自成蹊)."라는 말이 있다.

에 처한다. 그는 교육을 제외한 여건에 대해서도 나름의 판단을 토대로 적절히 대처할 수 있어야 한다.

다양한 세계들의 교차점인 일상의 생활에서 교육에 참여한다는 것은 전혀 다른 현실의 공간과 시간에 들어감을 의미한다. 교육을 본위화하면 교육이 목적이 되고 여타의 것은 수단이 된다. 그 전체에 정합성을 부여하는 도식 안에서 일단의 활동항목에 변화를 도입하고, 조합하고, 재구성하는 태도상의 전환을 유도하고, 그 여타의 잡사에서 해방되어 그 고유한 삶에 전념할 수 있어야 한다.

여타의 것들을 당분간 접어줄 때 교육본위의 인간적인 측면[31]과 활동[32]과 가치[33]가 제자리를 차지한다. 그 여타 세계의 다양한 조건들의 결합과 생태적인 유형이 어떤 방식으로든 그 교육적인 삶에 영향을 주기 마련이다. 그것들이 어떤 영향을 주느냐를 면밀하게 판단해야 한다. 긍정적인 여건을 최대화하고 부정적인 여건을 최소화하는 활동이 필요하다. 그 긍정과 부정에 대한 의문은 단지 주어진 사태의 관찰과 예단에 그치지 않고 그에 토대를 둔 반성적 실천의 수행과 시행착오에 의해서 직접적으로 판명될 수 있다.

모든 것이 밝혀지고 난 다음에 실천한다는 것은 불가능한 일이다. 시작해보고 점차 고쳐나가는 단계적이고 임상적인 절차가 필요하다.[34] 교

31) 특정한 인간관계는 여타의 관계로의 전환과 회복이라는 조건을 갖는다. 예컨대, 갑과 을이라는 자연인의 관계가 잠시 상관과 부하라는 사회적 관계로 전환되었다가 다시 스승과 제자라는 교육적 관계로 돌아오는 것이다.

32) 개인 사이에 개입할 수 있는 지배와 종속이라는 정치적인 게임, 손익을 따지는 경제적인 흥정, 혹은 품위상의 우열을 두고 경쟁하는 활동을 금한다. 교육의 현장에서는 오직 교육활동이 우선한다.

33) 교육의 세계에 환전상의 심보를 가지고 들어가서는 안 된다. 사회의 일반적 통념과 관습에 일치하기를 요구하는 것은 금물이다. 도리어 교육공동체는 교육의 내재율에 호응하면서 그 자체를 향유하는 데 목적을 두며, 그런 통념에 무조건 일치하는 것을 금기시하는 표준을 따른다.

34) 교육여건의 미시적인 개선의 좋은 예를 불가의 계율에서 찾아볼 수 있다. 계율은 부처가 비구들을 위해 제정한 것으로서 그 당시 발생했던 여러 가지 사건에 대해 그 사건이 재발하지 않도록 만든 율법이다. 그 가운데에는 교육에 장애가 되는 환경을 개선하는

육적 주체는 자율적으로 그때그때의 상황전개에 따라 즉흥적으로 대응하고 조정해 나가야 한다. 여건조성은 타협이다. 그가 용이하게 통제할 수 있는 것과 그의 통제를 벗어나는 것이 있을 것이다. 후자의 경우 당장 해결할 수는 없고 적응하는 도리밖에 없다. 설사 해결이 가능한 경우라도 시행착오는 있기 마련이다.

11.3.8 교육평가활동

한 분야의 발전은 그 내부의 평가와 직접적으로 관련되어 있다. 불행히도 교육의 경우, 그 기대를 저버린다. 세간의 "교육평가"는 그 대상과 적용되는 가치판단의 기준에서 보면 엉뚱하다. 교육의 파행은 대부분 그로부터 비롯한다고 말해도 과언이 아니다. 교육평가의 문제는 "교육평가"에 대한 평가에서부터 시작해야 한다. 그 자세한 논의는 제17장에서 다루게 될 것이다. 여기서는 단지 교육활동의 일부에 해당되는 부분만을 약술하겠다.

먼저 지적되어야 할 것은 교육평가가 특정한 공간 안에서 수행하는 전문가의 활동이라는 잘못된 생각이다. 교육적 주체는 교육평가와 무관할 수 없다. 일상의 교육적인 삶은 이렇게 진행된다. 하루일과를 시작하기 전에 교육과 관련하여 자신과 만난다. 그리고 그런 관점으로부터 하루를 생각한다. 자신의 하루를 먼저 눈앞에 상상한다. 계획한 바대로 실행한다. 일과를 마치고 실제로 일어났던 것을 반성한다. 오직 전문가의 소관이라는 편견에서 벗어나야 한다.

흔히 과정은 이미 지나가 버렸고 결국 결과만 남게 된다. 결과를 곰곰 생각해서 과정을 따지는 사람은 이미 교육평가자의 위치에 서 있다. 그 하루만큼 일주일, 한 달, 한 계절, 한 해의 주기적인 평가를 한다. 그런데 이를 위해서는 그가 교육에 대해 얼마나 새롭고 타당한 인식을 가지고

것들이 다수 포함되어 있다.

있느냐 하는 문제가 우선 해결되어야 한다. 곡해가 있다면, 그것을 벗어나려는 노력이 필요하다. 이와 더불어 다음의 제반 질문에 대한 해답을 얻어야 한다.

먼저 교육의 내재적인 목적에 대한 평가가 선행되어야 한다. 교육적 주체로서 교육의 내재율을 지키며 그 자체의 삶에 몰입할 수 있었는지를 반성한다. 하루에 만난 사람 가운데 교육적 관계를 유지할 수 있었던 사람은 누구인가? 교육적 활동에 속하는 것은 무엇이었으며, 얼마나 지속될 수 있었는가? 결과를 떠나 정서적으로 그 삶 자체에 얼마나 몰입하고 만족할 수 있는가? 이 질문에 대한 해답이 교육적 삶의 성패를 가름한다.

다음의 교육과 그 환경과의 관계에 대한 평가는 여건의 평가와 기능의 평가 두 가지가 포함된다. 여건의 평가는 교육의 환경 가운데 교육에 도움이 되는 것과 장애가 되는 것을 판별하는 활동이다. 이런 것들을 꼼꼼히 따지는 사람은 교육적 삶에 성공할 확률이 높다. 교육의 기능에 대한 평가는 역으로 교육이 그 환경에 주는 영향에 대해서 평가하는 활동이다.[35] 이 부분은 교육적인 삶이 부여하는 또 다른 가치의 실현에 해당한다.

품위의 평가도 교육평가의 한 부분을 차지한다. 품위는 교육의 소재임과 동시에 교육의 결과이기도 하다. 소재로서의 품위의 가치는 상구자의 차상품에 맞추어져 있다. 차상품은 상구주체에게 참신함, 호기심, 관심, 흥미, 도전의식을 유발시키며, 그 출구를 예고하며 유혹한다. 교육적 관계를 성립시키기 위해서 선진과 후진을 구분하는 방법은 여러 가지가 있겠지만, 그 유지 자체가 그중 하나라는 사실을 앞에서 지적하였다. 품위향상의 결과는 교육적 주체의 자중과 타중의 내재율에 의해서 검증된다.

---

35) 세상 사람들은 이익이 되는 일이 있으면 즐겨 참여한다. 교육의 기능을 밝히는 것은 교육의 가치를 증명하는 데 매우 중요하다. 일상의 삶에서 교육의 혜택을 받으면서도 그 혜택이 어떤 것인지를 의식적으로 알지 못하기 때문에 외면하는 경향이 있기 때문이다.

11.3.9 교육어의 활용

어떤 것이 있다고 할지라도 그것을 기술하는 언어가 없다면 소통이 불가능하다. 그러나 언어라는 수단만으로 품위가 전달된다는 생각은 미신에 가깝다. 문제는 스승과 제자는 서로 동일한 의미로 그 메시지를 전달하고 전달받을 수 있는 위치에 있지 않다는 데 있다. 누군가 품위의 내용에 대해 입으로 말하고 그것을 귀로 들으면 품위가 전달될 수 있다면 우리가 애써 살핀 교육이라는 별도의 과정이 필요하지 않을 것이다.

그럼에도 불구하고 언어활동이 배제된 교육은 상상하기 힘들다. 그것은 언어가 교육을 대행하는 것이 아니라 교육을 하는 효과적인 보조수단이 되기 때문이다. 두 가지 종류의 교육을 위한 언어(약자로 교육어)가 존재한다. 그 하나는 교육을 지칭하고 설명하는 데 사용하는 기술적 언어이고, 다른 하나는 교육적 주체 사이에서 상대방에게 영향을 미치는 데 이용되는 수행적 언어다. 이 각각은 그 자체로서 고유한 의미맥락을 이룬다. 이 두 가지는 교육의 과정에서 그 고유하고 다양한 가능성을 모색하고 실현하는 데 매우 효과적이다.

논자는 교육 혹은 교육의 세계 안에서 일어나는 모든 특수한 것들을 부족함이 없이 손쉽게 기술하고 설명하기 위해서 앞서 교육을 기술하고 설명하기 위한 새로운 개념과 용어를 도입하였다. 이처럼 구차한 절차가 필요했던 것은 교육현상을 일상적 상식이나 외래적 학문의 개념으로 포착할 수 없기 때문이다. 그 각각은 고유한 이론의 맥락 안에서 의미를 확보하고 있다. 여타 학문의 개념이나 용어처럼 교육현상을 기술하고 설명하기 위해서 이와 같은 언어를 습득하여야 한다.

언어를 어떤 것을 위한 이해의 수단으로 삼는다고 할 때 흔히 위의 기술적인 측면만을 고려하는 경향이 있다. 그러나 교육의 현장에서 교육활동을 요구하고, 조정하고, 유도하는 데 쓰이는 언어도 있다. 교육을 위한 간청, 요구, 허가, 지시, 물음, 대답, 제안, 설득, 추천, 권유, 주장, 격려, 비평, 질책, 교정, 감정표현 등은 그들 자체가 교육활동의 일부를 구성한다. 이런 용어는 특별한 경우를 제외하고 일상적 언어의 맥락 안에서 습득되며 이해된다.

다음에 교육에 대한 기술어와 그에 해당하는 수행어의 사례를 들어보겠다. 독자는 그 기술어에는 낯설지만 수행어의 사용에는 의외로 스스로 익숙함을 느낄 수 있을 것이다. 우리의 일상에서 교육의 이론보다는 그만큼 교육의 실행이 앞서 있음을 방증하는 좋은 증거의 하나이다. 이 사례에서 교육의 문제보다는 교육학의 문제가 더욱 심각한 것을 느꼈으면 좋겠다.

개체구분

"선배의 견해와 제 견해는 좀 다릅니다."

자주운동

"무조건 내 의견을 따르지 말고 자네 생각을 말해 주게."

품위이동

"이젠 과거와 달라."

상향일치

"더 좋은 대안이 없을까?"

과정재생

"어떻게 그런 생각을 했지?"

명암적응

"자네 생각을 이해하기 어렵군!"

불신보류

"내 보기에 자네가 알아야 할 어떤 것이 있어 보이네. 그것을 내가 도울 수 있을 것 같아. 그러나 그것이 무엇인지 자네가 지금 이해할 수 있는 방식으로 말해 줄 수는 없네. 나는 단지 자네 스스로 올바른 종류의 경험을 갖도록 주선해줄 수 있을 뿐이라네. 그러니까 그 경험을 할 용의를 보여야 하고, 그 후에 자네가 그 경험을 계속할 것인지에 대해서 현명한 선택을 할 수 있게 될 걸세. 만약 자네가 그 경험이 무엇인지를 알기도 전에 그 경험 속에 뛰어들기를 거절한다면 나는 자네를 도울 수 없지. 그동안 자네는 나를 믿어야만 하네."

과실노출

"실수는 병가의 상사야! 고치면 그만이야. 모자람이나 잘못 때문에 내가 자네를 포기하는 일은 없을 걸세."

장기시숙

"서두르지 마, 차츰 알게 될 거야!"

환경차별

"지금의 사태는 자네에게는 천국일지 몰라도 나에게는 지옥이야."

접경대면

"글쎄, 안다고도 모른다고도 할 수 없어요. 더욱 알아봐야 될 것 같아요."

미복변신

"나도 그랬던 적이 있었네."

표적조절

"너무 어려워요." "그렇다면 좀 쉬운 걸 해보지."

체험구성

"보여줄게, 잘 봐. 이제 네가 해 봐. 다시 해 보자. 잘 했어. 그것이 중요해."

증득체험

"좀 달라진 것 같습니까?" "네, 이제야 알겠습니다." "그게 바로 그것이야."

교육소재선택

"뭘 배울까?" "뭘 가르쳐주고 싶은데요?"

교육요청

"그대는 무엇을 하고 있는가? 무엇 때문에 그대는 어부로 일생을 허비하고 있는가? 나와 함께 가자! 나는 그대에게 인간 잡는 법을 가르치리라. 어찌하여 어부 따위로 그대의 인생을 허송하고 있는가? 나와 함께 가자."

교육적 교섭

"이제 알겠네요. 다음에 뭘 할까요?"

교육열유발

"와, 이제 됐다!" "정말요? 참 재미있어요!" "나도 큰 보람을 느끼는걸!" "우리 한 번 더 해 봐요!" "그럴까?"

교류교육

"내가 산수를 가르쳐 줄게, 자네는 대신 나에게 영어를 가르쳐주게!"

다단계교육

"지금 나에게 배운 것을 다른 사람에게도 가르쳐주게!"

교육여건조성

"너무 시끄러워 집중이 안 된다. 창문을 닫자."

교육평가

"이번에 배운 덕을 톡톡히 보았어!"

교육어 활용

"공부하다가 어려운 일 있으면 말하세요!"

11.3.10 메타교육활동

무심코 내뱉은 "교육을 시킨다."라거나 혹은 "교육을 받는다."라는 말은 교육과는 어울리지 않는다. 교육은 시키는 것이 아니라 스스로의 노력과 판단에 근거하여 인간이 자신의 인간성을 탐색하고 실현해 나가는 자주운동이다. 그러나 교육은 누구나가 할 수 있는 것은 아니다. 교육은 오로지 그것을 자주적으로 할 수 있는 사람의 소유물이라는 것도 사실이다. 교육의 성패는 그 내재율에 얼마나 충실히 따르느냐에 달려 있다. 자신의 현 위치보다 더 높은 품위를 증득하기 위해서는 훌륭한 상구자가 되지 않으면 안 된다. 아울러 아무리 높은 선진의 위치에 있다고 하더라도 하화의 능력이 없다면 그 품위의 우위를 공유하거나 증명할 수 없다.

올바른 의미의 교육은 실천에 연결될 경우에 한해서만 그 의미를 갖는다. 교육의 발전은 가급적 많은 사람이 교육적인 삶을 향유하는 데 있다. 그런 교육적 주체를 어떻게 확보할 수 있는가? 이 질문에 대한 해답은 크게 그 내부의 메커니즘과 외부여건의 지원에서 찾아야 한다. 그런데 전자가 성립하지 않은 후자는 항상 그 종속이라는 위협에 직면한다. 이 두 가지 과제를 한꺼번에 해결할 수 있는 것이 교육을 통해서 교육적 주체를 확보하는 메타교육이다.

처음부터 교육할 수 있는 능력을 가질 수 있는 것은 아니다. 본능적으로 인간에게 그 가능성을 부여했다고 하더라도 그 능력은 개발되어야 한다. 그렇다고 해서 교육을 무결점으로 완벽하게 실현시킬 예외적인 사람이 있는 것도 아니다. 각자는 그 중간의 어느 위치에 있다. 앞서 교육의 내재율을 살폈는데, 그에 충실한 정도에서 개인의 차이가 있을 수 있다. 혹은 교육본위의 인간과 활동을 기준으로 교육의 품위를 상정할 수도 있다. 그 개인차가 바로 메타교육의 소재로 활용된다.

매번의 교육은 그 실습의 기회다. 교육의 현장에는 언제나 교육의 품위가 어김없이 작용하며, 그 점에서 예외 없이 메타교육의 소재가 있다. 이를 1차소재에 대한 2차소재라고 할 때, 이들은 서로 독립적인 것이기 때문에 그것들을 매개로 교류교육을 진행할 수도 있다. 교육적 교섭이 진행되는 과정에서 스승과 제자는 그들 스스로의 교육의 품위를 노출하고, 상대의 피드백을 요구하고 응하며, 그 품위의 차이를 줄이고, 그 차이를 증명해 나갈 수 있다.

교육은 오류가능성을 기꺼이 수용한다. 앞에서 예시한 다양한 종류의 교육활동을 하기에 부족하다면 교육의 과정을 통해서 그것을 극복할 수 있다. 교육의 품위에서 얼마만큼 후진이면 단계별로 차근차근 상구하고, 얼마만큼 선진이면 역시 단계별로 차근차근 하화하는 것이다. 메타교육의 상구자는 자신의 교육활동을 회고하고, 반성하고, 평가하고, 어떻게 개선할 수 있는지를 궁리하면서 한 단계의 진전을 이룩하며 교육의 품위상승을 자증한다. 다른 한편으로 메타교육의 하화자는 그 과정을 돕고 격려하면서 우월한 교육품위를 타증한다.

11.4 교육적 활동

"교육적(educational)"이라는 수식어의 통상적인 의미는 모종의 바람직한 결과를 상정하고 그 결과를 가져오는 활동에 적용하여 왔다. 본서는 그런 결과위주의 교육관이 교육의 정체성을 규정하기 어렵다는 것을 지적해 왔다. 정체성을 알 수 없는 것의 속성을 대표하는 수식사는 무의미하다. 본 절의 주제에서 그 수식어의 의미는 지금까지 사용되어 온 것과 전혀 다르다. 우리의 논의는 교육의 내재와 외재를 확실하게 구분하려고 노력하여 왔다. 여기서 사용한 '교육적(educative)'이라는 용어는 그 내재의 특성을 함축하는 수식어다.

일상의 일반적인 활동은 다양한 세계와 연관되어 있기 때문에 그 맥락의 선택 여부에 따라 활동은 다르게 해석될 여지가 있다. 앞 절에서 교육활동의 맥락을 구성하는 제반 특성들과 교육 안에서만 진행될 수 있는 고유한 활동의 개념적 요소들을 살펴보았다. 이들은 이전에 무심코 지나쳤던 일상의 활동을 교육본위로 전환시킬 수 있는 개념적 토대가 된다. 그것들이 교육활동의 영역으로 편입되려면 별도의 조건들을 충족시켜야 한다. 교육학 고유의 관점이 부재한 관계로 그 가능성이 거의 무시되어 왔다. 이와 관련해서 앞으로 새롭게 이루어질 수 있는 연구는 간단하게 논급할 수 없을 정도로 매우 광범위할 것이다.

본 절은 대표적인 사례 몇 가지를 선별하고, 그 각각을 교육활동의 영역으로 포함시킴에 필요한 사항들을 보충하려고 한다. 그 예시로 대부분 품위의 표현과 해석에 관한 것들을 선택했는데, 여기에는 특별한 이유가 있다. 이런 인문학적 영역의 활동 자체를 교육활동과 혼동하는 경우가 많기 때문이다. 사실상 선진의 품위를 표현할 때 후진이 당장 그것을 이해할 수 있는 방법은 없고 거기에 교육의 과정이 별도로 첨가되어야 한다. 굳이 그 활동에 명칭을 부여한다면 교육적 표현이나 교육적 이해라고 할 수 있겠다. 교육적 표현이란 품위를 표현하되 해석자의 상구교육을 도모하는 의도를 내포한 것을 의미한다. 그 표현은 상대의 품위수준에 적응하는 방편을 포함한다. 교육적 이해는 상구자가 교육적 교섭의 다리를 건너 오해에서 이해로 이르는 것을 의미한다. 이런 논의가 인문학 분야에서 교육적 해석학이라는 새로운 영역을 태동시키는 계기가 되기를 기대한다.

품위 사이의 갈등과 불화를 극복하고 서로 공감대를 형성하는 것이 바로 교육적 교섭이다. 이는 일차적 가정에 의한 이차적 확인이라는 절차를 밟는다. 선진의 표현을 이해하려면 그 품위를 미지항으로 놓고, 그것을 소재로 상구함으로써 그 미지항의 실재를 확인해 나가야 한다. 이것이 상구적 이해다. 다른 한편, 후진에 대한 선진의 이해에도 한계가 있다. 그 올바른 이해는 그들 사이의 품위의 차이를 괄호 속에 넣어 무효화시키고, 선진이 후진의 품위로 전위되는 방식으로 이루어져야 한다. 그런 이해를 기점으로 후진이 점차 선진인 자신의 품위를 습득하도록 조력하는 것이 하화적 이해다. 이 조건부의 통로에 아직 익숙하지 못하기 때문에 그 아름다운 이해와 건설적인 화해의 길에 진입하지 못하고 있는 현실이 안타깝다.

11.4.1 교육적 문화유적답사

문화유산이란 다음 세대 또는 젊은 세대에게 계승 · 상속할 만한 가치를 지닌 과학, 기술, 관습, 규범 따위의 민족 사회 또는 인류 사회의 문화적 소산을 통칭한 것이다. 수많은 사람들이 일상을 벗어나기 위해서 여행을 하며, 그 여행에는 문화유산의 탐방이 포함된다. 그것들의 답사와 방문 자체를 곧바로 교육활동에 포함시킬 수 있는가? 그렇지 않다. 그 자체가 모종의 조건을 갖추고 있을 때에 한해서 교육과 유관한 자격을 부여할 수 있다.

역사적 흔적과 자취 자체가 역사인 것은 아니다. 선인들의 체험의 과정은 이미 지나가 버렸고 결국 결과만 남아 있다. 파편, 기념비, 기록은 그 각각의 고유한 방식으로 그 나름의 지평을 역사가에게 제시한다. 역사는 대부분 현재적인 재해석이다. 과거의 어느 시점에서 예측할 수 없었던 사실들이 그 후에 일어난 시점에서 재구성된다. 역사는 역사가의 현품 안에서 엮어나간다.

"낫 놓고 기억자도 모른다."라는 속담이 있다. 온갖 위대한 학설과 예술작품을 접하면서도 그것을 감식할 품위가 없다면 올바로 감응할 수 없다. 수도계는 항상 합당한 품위를 점유하지 않은 개인에게 소외된 상태로 남는다. 주마간산. 하루에도 백만 가지 기적이 일어나도 우리의 낡고 지친 눈은 그것을 지나친다. 문화유산을 감식할 능력이 없는 사람은 마치 물리적 사실을 대하듯이 단지 그것에 적응하는 방식을 취할 때가 많다. 계산하기를 포기하고 계산기의 키만을 두들기는 거인의 어깨 위의 난쟁이를 문명화라는 말로 치장하기도 한다.

수도계의 역사를 누가 기술하는가? 그 기술의 근거는 무엇인가? 이 질문에 대한 해답의 제한조건은, 그것을 받아들이는 사람의 상태에 따라 다르게 규정된다는 사실이다. 선인의 발자취가 후대에게 연속되어야 한다. 그렇다면 오늘날의 시점에서 그 타당성을 증언하는 우리 자신이 갖추어야 할 품위는 바로 그 역사를 만들어 낸 선인들과 접속할 수 있는 품위이다.

품위의 표현은 해석이라는 과정을 거쳐서 추체험되는 경로를 거친다. 거기에 해설자의 품위가 개입한다. 후대보다 높은 품위를 지닌 역사적 인물들의 문화적 소산들을 의미상의 손실이 없이 복원해 낼 것인가 하는 것은 오늘을 사는 사람들의 중요한 과제이다. 그런데 그 부분에서 일반 해석학은 공통된 문화적 체험을 가정하고 당대의 엄청난 품위의 차이를 무시한다. 그러나 그런 의미의 해석은 교육을 대신하는 것이 아니라 교육의 보충을 요한다. 그 해석상의 품위의 차이를 보충하는 교육적 교섭이 첨가되어야 한다.

마지막으로, 선대의 품위와 그것에 대한 인문학적 해석이 구분되어야 한다. 후자는 품위의 징후에 대한 해석에 불과하며, 더 중요한 것은 선대의 품위를 재창조하는 것이다. 이는 앞서의 인문학적 품위를 벗어난다.[36] 선인들이 경험을 통해서 품위의 정체성을 검증하고 선택해 나갔듯이, 후대로 그 품위의 존재를 증득하도록 하는 절차가 필요하다. 증득은 품위를 마음대로 처리할 수 있고, 끄집어낼 수 있으며, 다른 사람에게 알려줄 수 있는 상태를 의미한다. 높은 수준의 품위에 대한 가치 공감은 그 단계에 이르는 체험의 개선이라는 시간성이 주어지지 않은 상태에서는 이루어질 수 없다. 선인들의 품위를 소재로 삼는 교육적인 교섭의 과정을 통과해야 한다.

11.4.2 교육적 저술과 독서

서점이나 도서관에 수많은 저서들이 진열되어 있다. 산에 대한 기술은 산에 오른 정도에서만 가능하듯이, 통상 저술은 저자의 품위를 반영한다.[37] 생존자뿐만 아니라 역사적인 인물을 포함하는 저자는 그의 저서

36) "경서의 뜻을 푸는 스승은 만나기 쉽지만 인도할 스승이 될 만한 이를 만나기는 어렵다(人師難遇經師易遇)."라는 말이 있다.

37) 성인에 대한 전기는 성인의 품위보다는 기록자의 품위를 반영한다.

에서 자신의 어떤 경험내용을 전달하려고 했을 것이다. 독자는 그 기록물을 구입해서 읽는 것 자체만으로 저자가 의도하는 바의 의미가 전달되었다고 할 수 있는가? 그렇지는 않다. 교육적 교섭이라는 특정한 조건을 만족시킬 수 있어야 한다.

저자와 독자 사이에는 품위의 차이가 존재한다. 저자가 자기 수준 그대로를 쓴 것이 저서라면, 저술은 모종의 문장, 암호, 난해한 단어 등으로 덮여 있다. 독자의 입장에서 이해될 수 없는 저서를 읽을 필요는 없다. 그로 인해서 저자의 체험은 적어도 그 독자에게는 무의미한 것으로 여겨질 것이다. 독자는 자신의 수준을 감안하여 저술, 전문, 일반, 초급 수준의 저서들을 선택해야 할 것이다.

저자가 자신의 품위를 그대로 드러내는 것이 교육을 위해서 반드시 좋은 것만은 아니다. 저자와 독자와의 교육적 교섭은 저서의 이해가 알쏭달쏭한 중간에서 일어난다. 하화자로서의 저자는 독자의 수준을 고려하는 방편적 표현이 필요하다. 교육의 소재가 되는 것은 저서 자체가 아니라 그것에 대한 독자의 이해수준이다. 추리소설은 독자의 기대와 어긋나게 그 내용을 전개함으로써 흥미를 유발한다. 하화적 저서는 재미를 토대로 독자에게 자신의 현품을 한 단계 격상시키는 노력을 요구해야 한다. 상구를 목적으로 하는 독자라면 그런 조건에 맞는 저서를 선택해야 할 것이다. 상구자로서 일단 호기심이 만족되면 그 저서는 교육의 소재가치를 상실한다.

저서의 내용을 재생하는 것과 그 저자의 품위가 전달된다는 것은 서로 다른 문세나. 학문적인 저서의 경우, 그 내용은 어떤 질문에 대한 저자의 대답이다. 독자가 그 해답을 반복해서 재생할 수 있으면 저자의 품위에 이르렀다고 할 수 있는가? 그렇지 않다. 상구의 목적은 읽고 이해하는 것이 아니라 자기의 학문을 성숙시키는 자양분으로서 그것을 씹어서 소화하는 것이다. 저자의 질문과 해답을 찾고, 그것이 자신의 것과 어떤 차이가 있는지를 대조하고, 그 차이를 줄이는 과정을 재생하는 것이 상구의 요령이다.

산의 정상에 오르지 않은 상태에서 그 정상쪽으로 오르고 있다는 증거는 이전과 이후의 위치 사이의 상대적인 비교에서 얻어진다. 단번의 이해는 쉽지 않다. 뿐만 아니라 그로부터 얻는 것이 별로 없다. 상구자의 책 읽기는 암묵적인 자신과 접하면서 자신의 학문적 품위를 향상시키는 자료로 삼아야 한다. 자신의 이해내용에 대한 기록물을 그때그때 남겨두고 이전에 충분히 이해할 수 없었던 문헌을 재독하는 것이 필요하다. 그 시차를 대비함으로써 주어진 주제에 대한 자신의 발전된 면모를 확인할 수 있다.

11.4.3 교육적 의사소통

의사소통은 제스처나 자세, 얼굴 표정, 눈 맞춤, 목소리, 억양 등과 같은 비언어적 요소를 통해서도 시도할 수 있다.[38] 그럼에도 불구하고 그 가운데 언어가 중요한 위치를 차지하고 있음은 말할 필요가 없다. 그렇다면 한편에서 입으로 말을 하고 다른 편에서 귀로 듣는 활동을 통해서 품위를 전달받을 수 있을까? 앞서 살핀 저술과 독서의 경우처럼 이 역시 많은 조건을 충족할 수 있어야 한다. 차이가 있다면, 구술적 소통은 저술과 독서와는 달리 즉각적인 반응의 교환이 가능하다는 점일 것이다.

각자의 현품을 파악하기 위해서는 품위를 서로 인식할 수 있는 방식으로 처신해야 한다. 자신의 주장과 느낌을 스승에게 솔직하고 투명하게 드러내야 한다. 진실성, 진지함, 솔직함, 용기 있는 표현, 지적 정직성, 내외의 일치가 요망된다. 그런데도 언어는 소통을 위한 것이 아니라 소통을 가로막는 기능도 한다. 인상관리, 은폐, 위장, 기만, 연극 등의 전략 등이 이 역설에 해당한다.

선진이 품위를 표명하는 발언의 내용을 후진이 당장 공유할 것이라는

38) 최근 특수교육에서는 의사소통에 문제가 있는 사람을 위하여 대체 의사소통과 보완 의사소통에 대한 연구와 기기의 보급이 확대되고 있는 추세로 보면 된다.

사고방식은 교육에서는 금물이다. 선진의 삼차원적 기술을 후진은 이차원으로 받아들인다. 같은 환경을 "어렵다"라거나 "쉽다" 혹은 "역경"이라거나 "순경"이라는 다른 수식어를 써서 표현한다. 선진에게 자연스럽고, 당연하고, 합리적이고, 익숙한 것이 제자에게는 부자연스럽고, 비합리적이고, 신비롭고, 모호하다. 후진에게 "정답"인 것이 선진에게는 "오답"이다. 공감하기 위해서는 상대의 기준점이 무엇인지를 파악해야 한다.

품위의 언어들을 아무리 암기하고 암송한다고 하더라도 품위를 대신할 수는 없다. 품위는 오직 해당하는 실천을 통해서 습득될 수 있으며, 교육적 교섭이 그 유력한 방법의 하나다. 교육적 교섭은 선진과 후진 사이에 일어나며, 그들 사이의 의사소통은 오해에서 출발할 수밖에 없다. 교육의 초기에 이루어지는 스승과 제자 사이의 언어적 소통은 오로지 서로의 품위의 수준과 그 오해를 짐작할 수 있는 지표의 하나다. 교육의 과정은 그 오해를 확인하고 그 틈을 채우는 데 필요한 시간을 거쳐야 할 내부에서 찾는다.

품위의 공유는 기본적으로 전달하는 것이 아니라 재창조의 과정을 거쳐야만 이루어진다. 제자는 스승의 품위를 곧바로 이어받는 것이 아니라 그 계열을 이어받는다고 말해야 할 것이다. 제자는 스승의 품위를 당장 이해할 수 없는 위치에 있기 때문에 스승은 자신의 품위를 있는 그대로 표명할 필요는 없다. 그들 사이에 소통이 이루어지려면 선진의 의미를 후진의 것으로 낮추거나 혹은 후진이 선진의 의미를 습득해야 한다. 스승의 미복변신은 스승의 품위가 제자에게 침투하는 효과적인 수단의 하나다. 스승은 제자의 수준을 염탐하여 알쏭달쏭한 위치에서 매력을 유지하기 위해서 너무 멀면 앞당기고, 너무 가까우면 떼어놓는 방식의 변신을 꾀한다. 이는 창조적 불협화를 유지함일 뿐 결코 상대를 기만하려는 것이 아니다. 술수가 아니라 방편임을 제자에게 차차 증명해 나가야 한다.

그 중 유의해야 할 요소는 장기간에 걸친 체험의 보충이다. 품위는 체험구조이며, 그 체험구조를 체득하려면 좋은 말이 아니라 그 체험구조를 얻어낸 사람의 절실한 체험을 반복할 수 있어야 한다. 체험의 구성은 말로나 보는 것 혹은 머릿속에서 생각하는 것보다 직접 해보면 의외로 쉬워진다. 품위의 존재에 대한 증거를 제공하는 것은 결국 체험이다. 장미를 체험한다는 것은 그 단어로서가 아니라 그 향기와 모양을 몸으로 경험하는 것을 뜻한다. 직접 경험하지 않고 얻을 수 있는 품위는 없다.

교육의 수행어는 말과 체험을 연결하는 중요한 역할을 한다. 불립문자(不立文字)와 언어도단(言語道斷)을 표방하는 불가에서 그 좋은 사례를 찾아볼 수 있다. 어떤 재가신도가 스님에게 물었다. "깨달음이란 무엇입니까?" 그 질문에 대한 스님의 대꾸는 해답 대신 깨달음이 무엇인지 아는 데 필요한 경험의 권고였다. "참선을 해 보시지요." "불경을 읽어보시지요." "염불을 해 보시지요." "저와 더불어 생활해 보시지요." 그래야만 깨달음의 진의를 알 수 있기 때문이다. 그 뜻을 제대로 알고 있는 재가신도라면 스님으로부터 해답을 기대하기 전에 "깨달음의 진의를 알기 위해서 어떤 활동을 해야 합니까?"라고 물었을 것이다. 이런 의사소통은 언어를 통한 메시지의 전달이라는 한계를 뛰어넘는 별개의 언어적 기능을 예상한 것이다.

11.4.4 교육적 토론

토론의 의미는 문제의 성격과 맥락에 따라 크게 달라지므로 그 전후의 맥락을 살펴야 한다. 토론은 세속적 이해관계를 조정하는 수단이 되며, 이 경우는 발언자의 동등성이 전제된다. 정치적인 토론은 그 승패에 초점을 둔다. 수단과 방법을 가리지 않고 한편의 견해가 다른 편에 복종하는 방식으로 귀결된다.

품위수준을 따지고 가르려는 토론에는 세속의 이해관계가 개입하거나 그 논리가 적용되어서는 안 된다. 선진과 후진의 차별에 대한 판단은 강요가 아니라 참여자들의 자율적인 의지의 결단과 주체적 공감이 중요해진다. 기원전 2세기경 희랍의 왕 미난타와 인도의 불교승려 나선비구의 대화형식으로 엮어진 불교경전의 하나[39]는 그 맥락전환의 전형적인 사례를 잘 보여준다. 헬레니즘사상과 불교사상이 맞부딪쳐서 토론하는 장면에서 승려가 왕에게 토론방식을 문제시하는 대목이 흥미롭다.

> "대왕이시여 만약 폐하께서 학자의 태도로 토론하시겠다면 저는 생각한 바를 여쭙겠습니다. 그러나 폐하께서 제왕의 방식으로 토론하시기를 원하신다면 저는 유감이지만, 사양할 수밖에 없습니다." 왕은 비구에게 "학자와 제왕의 토론이 어떻게 다른가?" 하고 물었다. 비구는 이렇게 대답했다. "대왕이시여 학자의 토론은 설명이 있고, 해석이 베풀어지고, 논박이 있고, 시정이 있고, 다시 그것에 관한 시비의 구별이 이루어지고 자세히 추궁되는 일이 있어도 학자는 그 일로 성내는 일이 없습니다." 그는 말을 계속했다. "대왕이시여, 그러나 제왕이 토론하실 적에는 어느 한쪽의 의견을 채택하신 다음, 그것과 의견을 달리하는 자가 있으면 화를 내면서 그가 누구건 '저 자에게 벌을 주라'고 명령하십니다. 이것이 제왕의 토론방식입니다."

철학을 위시한 인문과학에서 이런 방식의 토론을 교육의 활동으로 여겨왔다. 그러나 이들은 유사한 면은 있으나 서로를 대신할 수 있는 것은 결코 아니다. 위의 사례에서 볼 수 있는 자주운동의 보장은 서로 유사한 조건의 하나다. 품위를 가르는 토론에서는 남의 판단에 위임하거나 일치하는 허수아비를 거부한다. 한 사람의 견해를 다른 사람이 무조건 따르는 것도 바람직한 것은 아니다. 설사 가치 있는 것이라고 할지라도 타인의 권위에 의존해서 무조건 받아들이지 않고 자신의 검증과 주체적 판단을 거쳐야 한다. 주어진 주제의 범위 안에서 토론자는 상대자에게 자신의 사고유형, 행위, 소망, 흥미, 계획, 표준, 이상, 생활과 수행방식 등에 대한 견해를 자유롭고 분명하게 발표하고 그 부분에서 도전과 시

39) 미난타왕문경(彌蘭陀王問經)

정을 초대할 수 있어야 한다.

교육적 토론은 철학적 토론과 유사한 면이 있지만 전자의 가치는 기존의 생각에 어떤 변화를 요구하는지를 검토할 때 비로소 구현될 수 있다. 견해의 비동등성에 대한 가정이 교육적 토론의 특징이다. 교육적 토론은 아직 선진과 후진이 가려지지 않은 상황이고, 그 판결을 교육적 과정을 통해서 내려야 하는 상황이다. 공통된 이해의 기반이 있다거나 혹은 이해의 동등성이 있다는 이상적 가정을 보류해야 한다. 그 비동등성의 가정이 토론을 통해서 해명되어야 하며, 그에 따른 제약을 미리 예상해야 한다. 선진과 후진의 견해는 논리적으로 모순된다.

교육적 토론에서는 논증에 의한 합리적인 해결을 기대해서는 안 된다. 각자의 생각이나 주장은 각각의 입장에서 보면 모두 옳다. 그 언어는 통약이 불가능하다. 옳고 그름의 기준이 다를 때는 충돌하는 것이 일반적이다. 아무리 긴 대화를 나누더라도 현품을 서로 견지하고 있는 한 교육적 토론이 이루어진 것은 아니다. 대신에 애초부터 선진과 후진에 대한 차별을 전제하고 가정된 선진과 후진 사이의 견해의 이동을 꾀해야 한다. 담론의 참여자가 서로 자신의 합리성의 기준을 버리고 그 논리적 간극을 넘어서는 반신반의, 알쏭달쏭, 아이러니, 패러독스, 갈등을 거치면서 한 단계 전진하면, 그만큼 한 단계 더 위로 올라선다.

견해의 이동을 위해서는 시종 불신의 보류와 이차적 확인이라는 단계를 거듭해야 한다. 자신을 선진의 위치에 넣어 후진을 설득하려면 상대에게 믿음을 주되 그 믿음을 상대가 체험을 거쳐서 점차 검증하도록 도와야 한다. 가정된 후진은 가정된 선진에게 그 선진됨을 이해할 수 있게 도와달라고 요구할 수 있고, 가정된 선진에게는 그 선진됨을 납득시킬 기회가 주어져야 한다. 찬성과 반대의 이유에 답하거나 상대의 허점을 발견하고 납득할 이유를 제시하고 설명하여야 한다. 거짓말은 낮고 추한 술책이지만 상대에게 주는 영향을 고려한 미복변신은 유용한 전략일 수 있다. 이로써 선진과 후진의 변증법적 긴장과 갈등이 지양되고 후자의 견해가 전자의 것으로 수렴되는 화해의 과정을 토론을 통해서 지켜봐야 한다.

합의에는 참된 것과 그릇된 것이 있다. 자신의 생각과 타인으로부터 주입된 생각을 구분하여야 한다. 아무런 반성도 없이 강제로 합의가 이루어진다면 그것은 참된 합의가 아니다. 교육적 토론의 참여자는 자신을 타인화하려는 세력과 외부의 일반적 기준에 자신을 억지로 일치시키려는 세력을 경계한다. 품위에 대한 판단은 자증과 타증의 내재율에 따라야 한다. 어떤 견해나 주장의 옳고 그름 중의 어느 하나만 알고 다른 것을 모르는 사람은 그 차원을 진정으로 이해했다고 볼 수 없다. 그 차원의 이해는 양면의 체험과 관찰을 요구한다. 좋은 경험이란 모종의 품위 상승을 동반하는 경우다. 증득하기 전의 시비(是非)는 증득한 후에는 모두 비가 된다. 이처럼 새로운 기준이 생기면서 제자는 스승의 뜻을 나중에야 확인한다. 이처럼 교육적 토론은 철학적 토론의 형식논리에 교육적 경험의 요소를 가미하여 그 선험적 가정과 체험적 타당화의 간격을 좁힌다.

11.4.5 교육적 질의응답

세상은 넓고 인식은 한정되어 있다. 세상에 대해서 모른다는 것을 모르면 질문을 하지 않을 것이고, 질문을 하지 않으면 끝내 모를 것이다. 질문에 대한 응답이 흔히 그 문제를 해결하는 것으로 알고 있지만 그 전후의 맥락에 따라 전혀 다른 종류의 활동에 속한다. 세속의 일상에서도 타인이 용납할 수 없거나 부족한 부분에 대해서 스스로 응답을 하는 것은 때로 불리하다. 수사기관이나 법정에서 심문하는 경우를 생각해보자. 피고인이 자신에게 불리한 증언을 요구하면 응할 리 없다. 그런 문책성 응답을 요구하는 질문 자체가 사회적 결례다.

교육은 병원의 논리를 따른다. 병원에서 질병을 진단함에 있어서 질의응답이 불가피한 요소인 것과 마찬가지로 교육에서도 질의응답은 불가결하다. 품위의 공개는 소재의 선택에서 불가피한 조건이다. 너무 허영심이 강해서 실수를 용납할 수 없고 너무 비겁해서 잘못을 인정하지 못한다면 결코 품위를 향상할 수 없다. 실수는 발견하면 그만큼 빨리 폐기할 수 있기 때문에 빨리 할수록 좋다.

솔직한 질의응답을 위해서는 자유롭고, 친근하고, 허용적인 분위기가 조성되어야 한다. 정직한 질문은 조롱이 아니라 교육적 교섭의 출발이다. 질문은 상구자의 입장에서 자신의 현품의 부족함이나 오류에 대한 표명이다. 다음의 교육수행어가 그 조건을 요청한다. "질문이 없이 진실을 찾는다는 것은 모순입니다. 또한 여러분이 질문을 하지 않는데 제가 대답을 한다는 것도 이상한 일입니다. 의문이 생기면 기탄없이 질문을 하십시오. 질문이 전혀 없다면 도울 방도가 없습니다."

교육적 교섭에서는 질의응답의 수준에 주목해야 한다. 제자의 질문을 단지 무지상태를 의미하는 것으로 받아들이는 것은 오해다. 질문 이전에 모종의 전제가 포함되어 있으며, 그 전제가 현품을 반영한다. 그 전제 자체가 부적절할 수 있다. 따라서 스승은 그 질문에 대한 자신의 해답을 제시하기보다는 제자의 질문에 포함된 전제가 갖는 문제가 무엇인지를 검토하고 그로부터 제자가 한 단계 더 진전할 수 있는 해결점을 찾도록 도와야 한다.

스승이 제자의 공감과 이해가 없이 무턱대고 자기 수준의 해답을 준다면 동문서답(東問西答)이 되고 만다. 가까운 품위를 무시하고 먼 품위를 소재로 삼으면 힘만 들고 보람이 없으며, 그와 반대로 하면 편안하고 좋은 보람을 준다. 교육적 교섭은 질의응답의 깊고 얕음을 고려하여 점진적으로 진행되어야 한다. 접경대면과 표적조절이 필요하다. 품위의 발전이란 점차 그 질의응답의 수준을 높이는 것 이상도 이하도 아니다.

교육을 정당화하는 것은 그 결과가 아니라 과정이다. 교육적 질의응답의 핵심은 그 과정을 재생하는 데 있다. 하화의 올바른 대답은 상대에게 무엇을 채워주는 것이 아니라 이미 그에게 채워져 있는 것을 탈취하는 데 있다. 현명한 스승은 그 주제와 관련하여 제자의 호기심을 유발하거나 혹은 그가 문제를 해결하면서 거쳤던 상구의 과정을 언급하는 것으로서 응답할 것이다. 현명한 제자라면, 자신이 가진 문제에 대한 스승의 답을 요구하는 것이 아니라 그 답을 얻는 과정이 어떤 것인지를 묻고 경청할 것이다.

11.4.6 교육적 충고

남의 결함이나 잘못을 진심으로 타이르는 것을 충고라고 한다. 남의 잘못을 보면, 곧바로 자기 나름의 충고를 하고 싶어 한다. 시사, 촉구, 달램, 지시, 비평, 교정 등이 이 항목에 포함된다. 그 모두를 교육이라는 말로 정당화하기 쉽다. 그것이 옳은 판단일까? 그렇지는 않다. 그 선의에도 불구하고 많은 경우 충고는 그들 사이의 관계를 악화시키는 주된 화근이 되기도 한다. 그들을 교육의 영역으로 편입시키기 위해서는 몇 가지 조건을 만족시켜야 한다.

그 한 가지 조건은 충고하는 사람이 먼저 자신이 허물을 말할 위치에 있는지를 확인해야 한다. 남을 꾸짖기는 쉽지만 자기를 꾸짖기는 어렵다. 그것은 바로 그 결점을 자신의 현품을 기준으로 규정하기 때문이다. 선배, 연장자, 직장의 상사가 항상 선진의 위치에 있다는 가정은 잘못이다. "나는 바담 풍 해도 너는 바람 풍 해라."라는 사람은 충고할 자격이 없다. 이 경우 후진의 평가를 염려하지 말고 오히려 자신의 평가를 구해야 한다.

선진의 발언은 후진에게 미래에 속하며, 후진의 발언은 선진에게 과거에 속한다. 품위의 면에서 충고할 위치에 있다고 하더라도 충고가 바로 통할 수 있는 것은 아니다. 다음 조건은 상대가 그것을 깨닫고 충고를 받아들일 준비가 되었는지를 확인하는 것이다. 각자는 자신의 현품에 갇혀 있기 때문에 그 결함을 발견하고 자각하는 일은 쉬운 일이 아니다. 현품은 언제나 정당하다. 눈은 자기 스스로를 보지 못하듯이, 대부분 잘못을 저지르면서도 잘못인지 모른다. 남이 자신의 품위를 평가하는 것을 자기 기준에 대한 도전으로 받아들인다.

남의 잘못을 들추어내는 것은 항상 위험이 따른다. 고압제에 대한 저압제의 충돌을 예상할 수 있다. 저압제의 억제는 자칫 심리적인 문제로 이어진다. 한편이 자신의 기준을 강요하고, 다른 편이 잘못을 인정하지 않는 한, 교육적 교섭이 제대로 진행될 수 없다. 서로를 반박하기 이전에 일단 교육적 교섭에 동의를 구하고 상대를 이해시키는 과정을 거친다. 성급한 기대는 금물이다. 교섭이 일어날 최소한의 조건은 후진이 자신의 잘못을 깨달았을 때이다. 잘못을 고백하거나 시인하면 상구가 시작되고 있는 셈이다. 상대가 자발적으로 청하화한다면 최대의 호기다. 잘못을 유도하거나 실수가 일어나기를 기다린 후에 충고로 응하는 방법도 있다.

교육적 충고는 또한 그 전후의 맥락을 고려해야 한다. 신임을 얻은 뒤에 충고하면 상대가 받아들일 가능성이 많지만, 신임을 얻지 못한 상태에서 충고하면 상대는 십중팔구 자신을 비방한다고 여길 것이다. 일시적이거나 단기적인 안목을 절제하고 장기적인 효과를 겨냥해야 한다. 평소의 신임이 부족하다면 그것이 이루어질 때까지의 적기를 기다리거나 혹은 적당한 시간을 선택해야 할 것이다.

장소의 선택도 매우 중요하다. 충고를 받기 위해서 실수를 드러내야 하지만 그것은 사회적인 견지에서 보면 약점을 노출하는 것이다. 과오를 사회적으로 누설하는 것은 비교육적이다. 충고를 받는 사태 자체를 악용하거나 혹은 여러 사람들에게 누설할 가능성이 있는 타인이 있는 곳을 피하는 것이 바람직하다. 그 허물에 대한 비밀은 지켜져야 한다.

품위가 자체의 부적절성의 무게로 인해 무너지는 경우는 드물다. 품위는 그것을 대신할 더 나은 품위가 나올 때에만 비로소 무효화된다. 덜 좋은 품위를 해소시키는 가장 확실한 수단은 더 나은 품위의 획득이다. 이는 충고가 단지 보조적인 것으로서 그것에 교육의 과정이 첨가되어야 한다는 것을 의미한다. 상대의 상구를 촉구하여 문제 자체를 근본적으로 해결해 나가야 한다.

대부분의 경전에서 충고 대신에 상대의 상구를 촉구하는 교육수행어의 사용을 찾아볼 수 있다. 예컨대, 불경에 독자의 자식을 잃고 슬퍼하는 부인에게 석가가 충언하는 이런 기록이 있다. "약을 줄 터이니 우선 도시에 나가서 집집마다 방문해 아직 한 번도 죽은 사람이 없는 집에서 겨자씨를 받아오도록 하라." 부인은 그런 집을 찾아 헤매었으나 찾을 수가 없었지만 그 대신 사람은 누구나 죽는다고 하는 범사에 대한 새로운 깨달음을 얻을 수 있었다.

위에서 일반적인 활동에 "교육적"이라는 수식사를 허용할 수 있는 조건을 몇 가지 항목으로 나누어 검토하였다. 그 예로서 주로 품위를 표현하고 해석하는 인문학적 활동을 선택했는데, 그 이유는 통상 그 활동들을 무조건 교육활동으로 치부하는 경향이 있기 때문이다. 그 외에도 그 맥락을 살피면서 교육의 영역으로 포섭할 수 있는 일상의 일반적인 활동은 무궁무진하다. 그 과제는 독자들의 몫이 되겠다. 다만 그냥 넘어가기에는 아쉬운 세 가지 활동의 사례를 이하에서 덧붙이고자 한다.

11.4.7 교육적 보상과 벌

"칭찬은 고래도 춤추게 한다."라는 말이 있듯이 일상의 삶에서 보상과 벌은 행동을 수정하고 통제하는 효과적인 도구다. 흔히 "교육계"에서도 그 원칙을 분별없이 전가의 보도처럼 써야 할 것으로 치부한다. 고래의 경우처럼 어떤 바람직한 행동을 미리 규정해 놓고 그 행동에 수렴할 때 상을 주고 이탈할 때 벌을 준다는 것이다. 그것을 두고 진정 교육활동이라고 할 수 있는가? 그 효과는 무시할 수 없다고 하더라도 교육의 입장에서는 위험한 방식이다.

몇 가지 질문에서 시작하자. 행동이란 무엇인가? 그것은 특별히 과학적으로 규명될 수 있는 제한된 인간의 측면을 지칭한 것이다. 이에 비해 품위는 그런 한계를 훨씬 벗어난다. 그 존재는 과학에 의해서 미리 규정되는 것이 아니라 실천적인 수련을 거쳐서 확인되어 가야 할 성질의 것이다. 다음에 바람직한 행동은 무엇인가? 그 해답은 외부의 기준에 의해서 규정된다. 품위는 이와는 대조적으로 그 자체에 바람직성이 내재되어 있다. 마지막으로 상과 벌에 의존하는 행동은 어떻게 유지되는가? 그것은 외부의 상과 벌이 주어지는 범위 안에서 상대적으로 유지된다.[40)]품위는 그것을 소유하는 것 자체가 보상이 되며, 그렇지 못한 상황이 벌이 된다.

고래가 춤을 춘다는 것은 어디까지나 그 주인의 해석이고, 단지 생존을 위한 몸동작에 불과하다. 어떻게 정당화하든 간에 한번 길들여지면 자연환경에서 자립하기 어렵다. 인간관계에서도 근거 없는 칭찬과 비난은 위험하다. 보상과 벌을 주는 주인의 입장에서도 적어도 두 가지 점을 예상해야 한다. 그 하나는 상대가 그의 통제 아래에 있는 허수아비에 불과하다는 사실이고, 다른 하나는 그의 행동은 보상과 벌이 제공되는 경우에만 유지된다는 문제이다.

미끼에 의한 회유가 품위 형성의 근본적인 대책이 될 수 없다. 타인에 의한 징벌과 자기규율은 천지차가 있다. 자기 규율을 꾀하는 칭찬은 그것이 제공하는 보상에 있는 것이 아니라 옳은 것에 대한 정보와 격려로 해석된다. 그 정보에 대한 상대의 독자적 판단을 인정하며, 그 판단에 대한 애정을 포함한다. 질책의 경우도 마찬가지다. 그 독자적 판단에 대한 인정과 애정이 결핍된 질책은 아무 효과가 없을 뿐만 아니라 오히려 반감과 역효과를 가져온다.

이런 정보적 의미의 보상과 벌은 선별되어야 한다. 자기규율을 지향하는 정보의 제공으로서의 상벌은 특수한 상황과 그 기준에 대한 지적이 첨가되어야 한다. 선진의 칭찬은 받아들이되 후진의 칭찬은 우려해야 한다. 칭찬은 "지금 잘하고 있으니 계속하도록 해!"라는 의미를 축약

40) 어떤 사람이 1500원을 가지고 어린이에게 두 차례에 걸쳐 보상을 준다고 가정하자. 이때 처음에 1000원을 주고 나중에 500원을 주는 경우와 반대로 처음에 500원을 주고 나중에 1000원을 주는 경우로 나누어 그 액수의 순서를 서로 달리해 본다. 그렇다면 그 효과가 같을까?

한 것으로 보면 된다. "옳지 않아! 다른 방법을 찾으라고!"라고 한다면 그것은 상대로부터 벌이 아니라 그 방향의 그릇됨을 지적한 것으로 해석되어야 한다. 그렇지 않은 경우, 그것을 받는 사람에게 주는 사람의 본의와는 다른 해석이 이루어진다.

품위의 가치는 오로지 내적인 증득의 체험에 의존한다. 외부에 의존한다면 그 자체의 내재적 가치를 잃는다. 그 차이는 참으로 크다. 어떤 외부적 조건 때문에 남들이 알아주기를 재촉하는 선행이라면 그 속에 악행의 뿌리가 들어 있을 가능성도 배제하기 어렵다. 반면에 불가피하게 악행을 하면서 안으로 남들이 알까 두려워하면 그 속에 오히려 선행의 길이 남아 있다.

보상을 기대하는 교육은 이미 순수한 것이 아니고 오직 상대의 이익에 봉사하는 것만이 순수하다. 교육열정은 그 활동 자체에 근거하고 있다는 사실을 이미 앞에서 살펴본 바 있다. 교육활동의 보상은 그것을 제대로 수행했다는 것이고, 그에 대한 벌은 그 활동을 왜곡시키거나, 억제하거나, 중단하는 것이다. 그처럼 자체 안에 보상과 벌이 내재된 교육활동에 외재적 보상과 벌을 부가하는 것은 그 열정을 후자의 것으로 환원시키거나 잠식시킨다. 다음 장(제12장)에서 살필 교육의 내재적 가치도 교육활동에 동력을 제공하지만 외래적 가치의 개입이 그 방향을 오도할 위험성을 높인다.

때론 상벌은 아직 품위나 혹은 교육활동의 내재적 가치를 아직 모르는 사람에게 잠정적인 유도의 편법으로 이용할 수도 있겠지만, 그것이 편법인 이상 반드시 기능적 자율화(functional autonomy)의 단계를 거쳐야 한다. 기능적 자율화는 처음에는 도구적인 의미가 있던 외재적 동기가 그 자체의 내재적 동기로 전환되는 기제를 의미한다. 중요한 것은 보상과 벌의 의미가 상대에게 주체적으로 승인되어야 하며, 종국적으로는 그 가치가 내면화될 수 있어야 한다는 것이다. 이 과정과 단계를 거치면 타인의 칭찬과 비난에 흔들리지 않고, 비난을 받더라도 두려워하지 않고, 칭찬을 받더라도 우쭐거리지 않는다. 이에 실패하면 자체를 위한 동기와 가치의 존재를 입증한 것이 아니다.

11.4.8 교육적 문제해결

문제에서 해방된 삶이란 존재하지 않는다. 개인과 그가 살고 있는 환경은 언제나 얼마만큼 조화롭지 못하다. 의도한 것이 제대로 실현되지 않는다. 익숙해진 반응 양식으로 단순하게 해결하기 어려운 장면이 여기저기 기다리고 있다. 그 문제 사태 혹은 문제 장면을 해결하는 과정은 다양하다. 그 과정 모두를 곧바로 "교육활동"으로 총칭하기에는 그 범위가 너무 넓다.

이에 "교육적"이라는 수식사를 첨가하여 그 한계조건을 부가할 필요가 있다. 먼저 문제 사태를 발생시키는 원인이 어디에 있느냐를 추궁해야 한다. 원인은 개인을 중심으로 크게 내적인 것과 외적인 것을 구분할 수 있으며, 그에 따라 그 해결방법도 달라진다. 후자의 경우라면 개인에 적합하게 외적 여건을 바꾸는 것이 될 것이고, 전자의 경우라면 환경에 맞게 내적 조건을 개선하면 될 것이다.

그러나 일견 그럴듯한 이런 논법도 사태를 너무 단순하게 본 것이다. 개인과 그의 환경은 별개의 것으로 규정될 수 없다. 문제는 결국 개인과 그 환경의 상호작용의 불협화에서 기인하기 때문에 구체적인 개인을 떠난 일반적인 문제란 존재하지 않는다. 문제와 해결은 품위의 수준에 따라 다르다. '갑'에게는 문제이지만 '을'에게는 문제가 되지 않는 경우가 많다. 문제는 선후진의 위치에 따라 다르기 때문에 누구의 것이냐 하는 소유격을 따져서 해명되어야 한다.

세상의 모든 문제는 예외 없이 그것을 풀기 이전에만 성립되며, 풀 수 있는 능력을 갖는 한 문제가 되지 않는다. 교육적 문제해결은 바로 그 해결능력을 교육에 의존하는 것을 의미한다. 선진의 문제와 후진의 문제는 다르며, 그 해결된 상태도 다르다. 많은 경우 후진의 문제를 선진은 이미 해결한 상태에 있다. 그 양자 사이에 교육적 교섭이 이루어진다면 후진의 문제가 해결로 이어질 것이다.

스승이 이미 해결한 문제를 제자가 당장 해결할 수 있는 것은 아니고, 그 기대 자체가 불필요한 모험과 좌절을 동반한다. 교육에서 과제와 문제는 제자가 어느 정도의 노력을 하면 성공적으로 해결할 수 있는 정도의 난이도에서 설정되어야 한다. 그 과정을 조급하게 생략하고 단지 해결 자체만을 요구하거나 스승의 해결에 일치시키려고 하는 것은 오히려 더 많은 지체와 시간의 낭비로 이어진다.

점진적 접근이 필수적이다. 이를 위해서 스승에게 필요한 것은 상향접근, 연속성의 고려, 접경대면, 표적조절, 교육열유발 등이다. 제자는 스승이 남겨놓은 증언으로부터 미품의 감춰지고, 불확실하고, 의문스러운 것에 대한 다소의 확신을 부여받지만, 스승으로부터 그 미궁을 제거해 줄 해답을 기대해서는 안 된다. 제자는 단지 해결이 아닌 해결의 실마리, 즉 자신의 시행착오를 고무하고, 격려하고, 시험하고, 해결될 과제를 예고하거나 예시하는 정도의 도움을 고맙게 받아들여야 한다.

교육적 교섭의 각 단계마다 여러 가지 시도를 해보는 동안에 문득 과제를 이해하는 범위에서 새로운 전망과 통찰이 세워지고, 과제가 갑자기 해결되어 간다. 궁극적인 문제해결이란 존재하지 않는다. 해결은 다시 문제로 이어진다. 외계와 접촉하면서 보다 성실하게 살아가려고 할 때 개인은 조만간에 완전의 불완전, 무오류의 오류, 무과실의 과실, 정답의 오답이라는 수도계의 실상에 직면한다. 그 순간부터 현품은 생기와 매력을 잃고 미품에 대해서 동경하고 선망하기 시작한다. 또 한 차례의 교육적 교섭이 기다리고 있다.

11.4.9 교육적 수업

교육활동을 흔히 학교 안에서 일어나는 제반활동으로 인식한다. 학교 안에서 교사와 학생들이 수많은 활동을 한다. 출석점검과 복장검열, 수업, 교습, 집단토론, 소집단활동, 세미나, 역할수행, 실험과 실습, 시험 준비, 설명, 토의, 충고, 설득, 시범, 폭력, 운동장활동, 질의응답, 자료제작, 과제물제출, 성적평가, 특별활동, 교실청소, 각종 행사, 각종 경연, 교육부의 각종 지시사항에 대한 호응 등 다양하다. 이들을 모두 교육활동으로 치부할 수 있는가? 이 질문은 통념의 근거를 흔들어 놓는다. 이미 앞에서 이 중 많은 것들이 교육적인 활동으로 인정되려면 합당한 조건을 갖추어야 함을 논의한 바 있다. 여타의 활동도 마찬가지의 논의를 필요로 한다.

그 가운데 수업은 학교활동의 중심을 차지한다고 해도 과언이 아닐 것이다. 이는 "학교교육"의 문제와 관련하여 면밀한 검토를 필요로 한다. 그 수업의 의미는 다양하기 때문에 먼저 사전적인 의미로부터 시작해보자. 사전에는 "교사가 학습자에게 지식이나 기능을 가르쳐 주는 행위이며, 능력을 향상시키거나 가치관을 형성시키는 교육적인 활동이다."라고 되어 있다. 이 사전적 의미를 따른다면 수업은 마치 무조건 교육활동 혹은 교육적 활동이라는 인상을 준다.

"수업"이라는 말에서 가깝게 직접적으로 연상되는 것으로 "교육과정"이라는 것이 있다. 이것은 교사가 학생들에게 가르칠 교과의 내용과 그 진행일정으로 짜여 있다. 교과는 "교육의 내용"이며, 교사는 "교육자"이며, 학생들은 "피교육자"다. 그들을 매개하는 것이 교과서다. 교과서는 오류가 없는 최고의 지식을 담고 있다. 교사는 수업을 통해서 학생들에게 그 내용을 전달해야 하며, 그 수업은 교과서의 내용과 학생들의 답안지가 일치하는 정도를 기준으로 평가된다. 이런 상식적 의미를 그대로 수긍할 것인가?

어떤 이유에서든 학교에서 수업의 존재나 그 필요성을 부인하기는 어렵다. 그렇다고 하더라도 앞의 맥락 안에서 수업의 위치는 그 자체만으로 교육적 활동으로 받아들이기에는 거리가 있다. 이론상, 수업은 학교활동의 하나이며, 그 안에 교육외재와 교육내재가 동시에 포함되어 있다고 보아야 한다. 그것을 구분하려면 전 절에서 논의한 교육활동의 맥락적 요소, 교육활동의 종류, 그리고 여타의 교육적 활동과 관련지어 재검토해야 한다. 그 작업은 아마도 수십 편의 논문과 저서가 필요할 것이지만 앞으로의 과제로 남겨놓고, 적어도 앞서의 사전적 의미를 넘어서야 할 몇 가지 점을 다음에 지적하겠다.

첫째, 앞의 사전적 의미규정에서 교과가 "교육의 내용"이라는 말이 우선 심각한 오류다. 교과의 내용은 말 그대로 교과의 내용이다. 교과마다 그 내용은 천차만별이다. 각각의 것을 개별적인 것으로 인정하는 태도가 필요하다. 교육의 내용이 그들과 다른 것임을 본서는 지금까지 살펴왔다. 그것을 축약한 형태가 제9장에서 논의한 교육의 내재율이며, 그에 이어 제10장에서는 교육본위의 인간을 살폈고, 본 장에서는 교육본위의 활동을 논의하고 있다. 그런 교육의 내용들을 교과의 내용과 동일시하는 것은 마치 화물차의 구조와 온갖 화물의 내용을 혼동하는 것과 마찬가지다.

둘째, 학교에서 사용하는 교과서가 본서에서 말하는 교육의 소재인 것은 결코 아니다. 교과서를 이용해서 교육의 소재가 무엇인지는 추정할 수 있다. 굳이 따진다면, 그 교과서를 대하면서 드러내는 교사와 학생들의 품위일 것이다. 학교에서는 교과서를 마치 오류의 여지가 없는 경전의 수준으로 취급하지만 그 가정 자체가 오류다. 뿐만 아니라, 그 교과서를 이해하는 교사와 학생의 품위수준은 제각각이다. 교육의 소재는 학생들의 현품보다는 한 단계 위의 것으로 보아야 한다.[41]

셋째, 앞의 사전적 규정에서 교사가 "교육자"이며, 학생은 "피교육자"라고 본 것도 검토되어야 할 심각한 오류다. 교사와 학생에게는 상구자와 하화자의 양면이 있다. 그 양쪽의 어느 면을 두고 수동과 능동을 말할 수 없고 그 모두가 능동적인 측면을 반영한다. 하화자로서 교사나 혹은 상구자로서 학생뿐만 아니라 상구자로서 교사, 하화자로서 학생의 측면이 살아나야 학교수업이 교육적인 면모를 갖추었다고 말할 수 있다. 교사 사이의 교육적 교섭, 학생들 사이의 교육적 교섭, 교사와 학생 사이의

41) 교육의 입장에서 "정답"이란 실현 불가능한 공허한 목표이다.

자발적인 교섭을 두루 주목해야 할 것이다.

넷째, 누차 지적했듯이 품위는 언어에 의해서 전달될 수 없고 그 공유는 형성과정의 재생을 요구한다. 품위의 발전은 각 단계를 거치며, 그 단계마다 체험상의 구조가 원만하게 형성되어야 한다. 강의식 수업을 진행한다면 교육적 의사소통, 교육적 토론, 교육적 질의응답과 연계되어야 하며, 이는 결코 시간낭비가 아니다. 지적 체험은 체험의 일부에 불과하며, 여타의 체험이 배제된 것은 온전한 체험으로 간주되기 어렵다. 미술, 목공, 음악, 조각, 체육, 요리 등 비학문적 교과의 경우는 실습이 주된 활동이 되어야 한다.[42] 이 부면에서 교사의 역할은 단지 그 상구여건의 조성에 국한될 것이다.

다섯째, 평가의 방식도 문제이다. 성적평가를 함에 있어서 흔히들 객관적인 검사를 동원하고 그 점수를 상대적으로 평가하는 방식을 취한다.[43] 교육에서는 그럴 필요조차 없다. 품위의 차이는 학생들이 수업의 전후에 가졌던 품위의 차이를 자증하고 타증하는 것으로 족하다. 교육의 요체는 그 결과가 아니라 그것에 이른 고유한 과정을 회복하는 것이며, 이에 대한 평가는 품위의 평가와는 별개의 과정이다. 교육적인 수업에 대한 평가의 국면은 단지 그 결과로서 품위의 획득을 따지는 것만으로 불충분하다. 품위는 수많은 교육의 결과 가운데 일부를 차지하고 있을 뿐이라는 점도 유의해야 할 것이다.

---

42) 수레바퀴를 제작하는 기술은 망치와 끌로 그것을 깎는 수많은 시행착오를 거쳐서 얻어진다. 그것을 제작할 때 깎는 속도가 느리면 헐렁해서 꼭 끼이지 못하고 빨리 깎으면 빡빡해서 들어가지도 않기 때문이다. 그 기법은 손에 익숙해져야 하기 때문에 입으로 표현하거나 귀로 이해하기가 어렵다.

43) 학교에서 이루어지는 그런 평가의 필요성을 여기서 전적으로 부인하는 것은 아니다. 다만 그것을 두고 "교육평가"로 지칭하는 것을 문제시하는 것이다.

제12장
교육본위의 가치

가치공백의 삶이란 존재하지 않는다. 삶의 큰 보람은 가치를 실현하는 데 있다는 데 이의를 제기할 사람은 없을 것이다. 짧은 인생을 살아가면서 진정 남는 것이 있다면 삶 자체를 위해서 몰두하고 몰입하는 순간일 것이다. 삶은 다원적이며, 다원적인 만큼 가치의 종류도 다양하다. 교육학자라면 응당 자신들의 인식대상인 교육이 추구하는 가치가 여타의 가치와 어떻게 다른 것인지를 밝히는 작업을 수행했어야만 하였지만, 그 올바른 개념의 부재상태로 인하여 그 부분에 대한 인식의 공백상태로 남아 있다. 사이비교육학은 그 부분의 논의를 단지 배제시키는 데 그치지 않고 오히려 왜곡시키는 경로를 취해왔다. 그 파장은 일반인이 실제로 향유하고 있거나 혹은 향유해야 할 교육적인 삶을 외면하거나 황폐하게 하는 데까지 이른다. 본 장은 그런 심각한 실정을 드러내고, 교육의 가치를 삶의 중심에 놓는 입장을 택할 것이다.

12.1 가치론과 가치

본 절의 주제는 가치에 대한 논의와 가치 자체를 구분하고 있다. 그 차이를 굳이 지적하는 것은 가치에 대한 논증의 한계를 벗어나는 일이 흔하게 일어나기 때문이다. 가치에 대한 학문적 논의가 논의되는 가치를 결코 대신할 수는 없다. 가치는 학자들의 머리 안에 있지 않고 그것을 대하는 각자가 직접적인 체험과 정열과 감동에 의해서 파악할 성질의 것이다. 그 정당화의 근거 역시 이성에 의해서 사유되는 합리성이나 이론적 논의가 아니라 그것에 대한 집중적인 자기헌신과 개입이다.

학자의 몫은 제반 가치들을 학문의 가치에 비추어 감식하고, 언어 혹은 기타의 매개수단으로 표현하는 데 있다. 그 입장을 대상세계의 가치에까지 확장하려는 것은 잘못이다. 가치론자가 가령, 선과 악에 대한 지식을 합리적으로 논증함으로써 가치의 근거를 추적해 보려고 할지 모르나 가치론을 갖는 것만으로 그 가치가 실현되는 것은 아니다. 가치체험이 없는 사람들이 가치에 관한 언급을 과도하게 생산해낼 때 표리부동의 위선자로 취급을 받지만, 이는 가치론과 가치의 차이를 인식하지 못하는 데서 나온 실망으로 보아야 할 것이다.[1)]

그럼에도 가치론이 가치의 실현에 한몫을 차지한다는 것을 부인하기 어렵다. 가치에 대한 학문적 지식은 반드시 그 가치의 실행으로 연결된다는 보장은 없지만 그 존재를 개념으로 지칭함에 의해서 무심코 지나치거나 혹은 간과하는 가치를 인식의 수준에서 의식하게 한다. 사실상 가치체험을 하고 있음에도 불구하고 많은 경우 그 존재를 인식의 측면에서 오식하거나 혹은 간과한다. 이 경우 가치론은 지행합일(知行合一)의 효과를 얻을 수 있을 것이다. 그 반대의 경우도 상정해 볼 수 있다. 설사 가치체험이 없는 사람이라고 할지라도 특정한 가치에 관해서 말한다

1) 여기서 학교에 도입된 도덕교과, 예술교과, 실과과목 등의 실상을 연상할 수 있었으면 좋겠다.

면 그가 말하고 있는 것이 존재한다는 사실을 인정하는 계기가 될 것이다.

가치론은 이제까지 철학의 중요한 전문영역의 하나로 여겨졌다. 몇 천 년 동안 철학자들이 가치란 무엇인지, 옳은 것, 바람직한 것, 해야 할 것 또는 하지 말아야 할 것은 무엇인지 등에 관한 수많은 사유를 해왔다. 철학자들의 이런 가치논의를 보편적인 것으로 치부해야 할 것인가? 반드시 그렇게 볼 필요나 근거는 없어 보인다. 삶은 철학자들의 이해범위를 훨씬 넘을 정도로 다원적으로 전개되어 왔으며, 어떤 분야든 그 분야에 합당한 모종의 가치를 지향해 왔다. 단지 그 해당 분과학문들이 본격적인 주제로 삼는 데 소홀하였을 뿐이다.

개별 분과학문들은 어느 면에서 그 대상세계의 가치의 존재를 입증할 책임이 있다. 그런데 흔히 대중은 특히 철학자들에 대한 헛된 기대를 갖는다. 교육에 불만이 많을 때 그 철학의 궁핍을 지적하는 것을 보면, 교육의 가치에 관한 한 철학에 대한 대중적 기대는 아직도 깊이 남아 있는 듯하다. 애초부터 그 오류의 경로를 거쳐 탄생한 사이비교육학은 그런 그릇된 기대에 부응한다. 특히 이른바 "교육철학자들"이 그 시류에 영합하여 자신의 몫을 챙기려고 했지만 그럴수록 대중의 실망은 더 커지는 실정이다.

논자는 이제부터 그로부터 야기된 사태의 실상을 살피고, 교육학의 자율적인 개념적 틀을 모색하는 교육본위론의 입장에서 그 대안적 해결은 무엇인가 하는 문제를 다루려고 한다. 그런데 먼저 논의의 장애를 극복해야 한다. 가치에 대한 정설이 있는 것은 아니기 때문에 어떤 방식으로든 그 가치의 속성에 관한 모종의 입장을 취하는 것을 회피할 수는 없다. 긴 논의가 필요하겠지만, 이하에서 교육의 가치에 대한 논의를 전개함에 있어서 논자가 전제하는 가치가 무엇을 의미하는지를 몇 가지 언명으로 대신하고자 한다.

첫째, 가치는 오로지 이성적으로나 선험적으로 규정될 성질의 것이 아니다. 경험의 맥락과 관계없이 일반적으로 규정할 수 있는 초경험적이고 항구적인 가치란 존재할 수 없다. 무엇이 가치 있는 것이냐 하는 문제는 논리적인 분석으로 해결될 수 없을 뿐만 아니라 철학적 논쟁이나 논리로 터득하거나 혹은 이해할 수도 없다. 가치는 선험적 주장의 범위를 벗어나서 경험을 통해서 체득됨으로써 인정될 수 있다. 경험할 수 없는 가치에 쉽게 호응하는 것은 맹목이다.

둘째, 가치는 자연적인 욕망이나 쾌락을 넘어서는 방향감각이다. 이 두 가지는 삶의 방향과 에너지를 제공하는 원천이라는 점에서 공통성을 지니고 있지만 서로 다른 특성을 지닌다. 자연적인 욕망은 누구에게나 주어진 것이며, 그 충족과 만족은 단기적이며, 사태에 따라 변동한다.[2) 가치는 문제사태의 발생과 탐구를 통한 오랜 경험의 타당성을 기초로 검증된 바람직한 방향이며, 쾌락과 불쾌의 차원을 넘어서는 보람과 자긍심을 품고 있다. 본능보다는 경험에 기초한 가치는 장기적인 행복을 보장한다.

셋째, 가치는 그 소망과 실현의 과정을 거쳐서 그 기준 자체를 발전시킨다. 자연은 순환하지만 인간은 전진한다. 가치는 사실에 근거하지만 그 사실을 아직 알지 못하기 때문에 아직 당위의 범주로 남아 있다. 과거에 바라던 것이 지금은 더 이상 만족스러운 것이 되지 못하고, 지금 바라던 것이 일단 성취된 후에도 그대로 유지된다는 보장은 없다.[3) 주어진 것은 넘어설 가능성을 항상 내포하고 있다. 당장 실현된 현실은 아니지만 간절히 소망한 것을 상상하고 그것을 실현하고자 하기 때문이다.

넷째, 진화론적으로 욕망과 가치 사이에는 갈등의 소지가 있다. 자연적 성향에서 즉흥적으로 좋아하는 것이 반드시 옳은 것은 아니다. 짧은 고통과 긴 기쁨이 가치의 속성이다. 가치의 지속적인 만족은 생활의 고통스러운 딜레마에서 응분의 대가를 지불하면서 시행착오의 경험을 통

2) 단순히 "기분 좋은 상태"가 가치를 결정한다면 만취는 최고의 가치를 지닌 경험이 될 것이다.

3) 가치가 실현되면 많은 경우 그것은 "있어야 할 것(It ought to be)"에서 "있는 그대로(As it is)"의 지위로 변한다.

해서 확인되고 정당화된다. 욕망의 억제와 좌절을 감수하기도 한다. 가치의 크기는 욕망이 지불하는 대가의 크기와 비례한다.[4] 귀한 것을 막연하게 소망만 하는 것은 몽상이다. 그것을 위해서 바치는 노고와 고통이 없이 그 귀함을 입증하기 어렵다.

다섯째, 가치가 발생하기 위해서는 반드시 주체, 그리고 그 주체와 관계된 대상이 있어야 하고, 대상에 대한 주체의 평가가 작용해야 한다. 가치가 그 대상으로부터 유래된 것인가, 혹은 개인의 감정이 사물에 가치를 부여하는 것인가 하는 문제를 두고 객관적 가치인가 주관적 가치인가를 논하는 것은 부질없는 이분법이다. 가치는 결국 그 대상이 인간과 관계함에 있어서 지니게 되는 중요성이다. 그 객관만을 주장하는 사람은 그 대상에 대한 자신의 체험을 마치 외부의 것인 양 투사하고 있거나 위장하고 있는 셈이다.

12.2 가치의 종류

인생에 맛을 주는 양념은 다양성이다. 삶에는 그 다양성의 독특한 맛과 그 옳고 그름을 판별하는 다양한 가치가 내재되어 있다. 그 종류가 얼마나 될까? 이 질문에 대한 총체적인 해답을 내릴 수 있다고 주장하는 학문이 있거나 혹은 그런 시도를 하는 학자가 있다면 우물 안 개구리의 오류를 피하기 어려울 것이다. 가치의 종류는 논자의 체험을 넘어서서 거의 헤아릴 수 없을 정도로 많다. 누구도 그 다양한 가치들을 죄다 체험할 수는 없기 때문에 그에 대한 논의는 한정된 것에 그칠 수밖에 없다.

새로운 가치의 출현은 그 대상이나 세계가 구조적인 자율성을 확보하면서 그 자체의 가치를 확보하는 과정을 거친다. 처음에는 도구적인 성격을 띠다가 그 자체가 목적이 되는 경우가 많다. 분청사기는 원래 어떤

4) 남이 보지 않는 뒷골목에서 수억 원의 현금을 주운 사람이 그것을 주인에게 되돌려준다면, 그는 적어도 그 값 이상의 양심을 지니고 있다고 말할 수 있다.

실용을 목적으로 제작되었으나 거기에 표현되는 단순하고 소박한 미적 감정의 세계가 이제는 오히려 높게 평가받게 되었다. 고대 그리스 사회에서는 춤의 가치가 격하되어 마침내 연희의 여흥 정도로 국한되고 노예들이나 추도록 하였다. 그랬던 춤이 오늘날 하나의 예술장르로 인정되고 있다. 낚시,[5] 마라톤,[6] 예술[7] 등도 거의 같은 과정을 거쳐서 독자적인 가치를 인정받을 수 있게 되었다. 이 말은 애초부터 그 고유한 가치가 그 대상 안에 내재되어 있었으나 그 도구성이라는 계기를 통해서 그것이 발현되었다고 해석할 여지도 있다.

이처럼 가치의 종류가 날로 증가하기 때문에 그 적용대상과 가치의 종류를 따지지 않고 단순히 "바람직하다거나 혹은 바람직하지 않다."라고 쓰는 일상의 일반적인 말은 모호하기 짝이 없다. 그 분별의 근거를 제공하는 것이 대상 특유의 개별적인 가치론이다. 그 부재상태에 놓인 분야는 자연히 일반의 관심이나 논의의 대상에서 밀려나기 마련이다. 교육은 그런 특수한 가치론의 부재 때문에 일상의 삶에서 그 나름의 정당성을 확보하지 못한 전형적인 사례이다. 그 정당성이 무지막지스레 침해되는 상황에서조차도 이론적으로 항변할 근거가 없다.

논자는 이제까지 그 개념적인 무차별성의 오류를 극복하려는 시도를 하여 왔다. 이는 교육 자체의 내적 구조를 드러냄만으로 부족하다. 그 정체성은 여타의 세계와의 차이에 의해서 더욱 뚜렷하게 드러난다. 그런 이유로 논자는 수많은 세계들 가운데 편의상 그 여타의 세계를 세속계와 수도계로 상정하고 그들과 교육의 세계를 애써 차별화하는 방식을 택해왔다. 그 예에 따라 교육의 고유한 가치도 이 두 가지 세계 안에서 적용되는 제반 고유한 가치들과의 대비를 통해서 드러난다. 어떻게 다른가? 무엇이 교육의 고유한 가치일까? 이제부터 그 문제를 숙고해 보기

5) 대량어획이 가능한 오늘날에도 여가선용을 위한 낚시가 성행하고 있다.

6) 마라톤은 원래 전승을 알리는 데서 비롯했지만, 오늘날은 그 자체의 구조와 가치를 갖는 것으로까지 발전하였다.

7) 예술의 경우 처음에는 후원자에 대한 보답에서 출발했지만, 서양의 19세기 말엽에 와서야 비로소 그 자체의 가치를 인정받게 되었다.

로 한다.

먼저 세속적 가치에 대한 논의로부터 시작해 보자. 세속적 삶은 정치, 경제, 사회라는 더 세부적인 영역을 대표한다. 그 각각은 그 나름의 고유한 가치를 갖는다. 세속적 가치기준은 지금도 끊임없이 모색되고 진화하고 있기 때문에 어느 한 시점의 것을 일반화시킬 수 없다는 애로가 있다. 여기서는 그 차이만을 단순히 드러내는 데 의미가 있기 때문에 정치에서의 자유, 경제에서의 생산력과 이익의 증대, 사회에서의 평등 등의 이념이 서로 환원될 수 없는 것임을 지적하는 정도로 족할 것이다. 이는 대략 공적 가치에 해당하며, 그 각각에 대응하는 사적 가치가 존재한다. 이 두 가지 항목으로 나누어 보는 것이 세속의 가치를 이해하는 데 더 도움이 될 듯하다.

공적 가치는 다수가 생활하는 집단적 경험과 그 합의의 산물이라는 공통성을 갖는다. 단순히 주어진 것이 아니라 역사적 투쟁과 시련과 희생을 거쳐 점차적으로 쟁취된 것이다. 국가의 통치는 적대적인 여러 계급의 저항을 통제하고 스스로의 권익에 필요한 질서를 유지 · 강화하는 것이다. 피지배계급에 속하는 모든 대중은 이에 대하여 자신의 권리와 이익을 수호하기 위하여 부단히 저항하고 적극적으로 요구하며 그것을 쟁취하기 위하여 조직적인 노력을 경주한다. 자유, 평등, 박애는 구체제를 거부하고 저항하면서 획득한 혁명의 산물이다. 그 이외에도 평화, 정의, 봉사, 우정, 동정, 협력, 연대, 배려, 복지, 존엄 등이 공동생활에서 서로의 공생과 공존을 보장해 준다. 공동체의 구성원에게는 이런 공적 가치에 복종할 책무가 부가된다.

개인의 일상은 그 생명과 생존을 위해서 이미 주어진 공적 가치체제 안에서 적응하면서 이루어진다. 그 공적 영역 안에서 이른바 "출세"와 "입신양명"이라는 사적 가치가 등장한다.[8] 개인이 가진 권력욕, 물질적 풍요, 사회적 인정 등이 공적 가치의 수락에 작용한다. 부귀영화는 세속

8) 이와 동시에 세속의 사람들은 건강과 장수, 자손의 영달, 안락한 죽음 등을 개인의 행복으로 여긴다.

에서 행복한 생활을 보장한다. 그 자원은 대체로 제한되어 있기 때문에 경쟁이 이루어지며, 한편에서의 성공과 승리는 다른 편의 실패로 산정된다. 정당하게 배분된 사적 이익은 공익에 대한 대가라고도 생각할 수 있기 때문에 세속계는 공선후사(公先後私)의 원칙을 강조하지만 현실은 그렇지 못한 경우로 귀결되는 사례가 많다. 사익에 대한 집착과 다양한 편법의 작용이 공익을 해치기도 한다.[9]

이와 대조적으로, 수도적 가치는 특정한 품위가 분출해서 뻗어나가는 방향이다. 수도계의 가치도 세속의 경우처럼 다원적이다. 수도계의 종류는 많지만 서양에서는 그 대표적인 예로 주로 학문, 예술, 도덕의 영역을 든다.[10] 학문의 목적은 세상에 대한 호기심을 충족시키는 데 있고, 예술의 목적은 아름다움을 추구하는 데 있으며, 도덕의 목적은 내부의 양심을 키우는 데 있다. 이 가치들은 단지 고유한 것일 뿐만 아니라 그 만족의 원천이 그 내부에 있다는 점에서 내재적 가치(intrinsic value)라고 칭한다. 학문을 위한 학문, 도덕을 위한 도덕, 예술을 위한 예술이 그 취지를 살리려는 표어들이다.

수도계의 길은 누구로부터 규정된 것이 아니다. 개인은 그것을 홀로 추구하고 그 내재적 가치를 향유하면서 그 존재를 검증해 나가야 한다. 그 내재적 가치를 동양의 유학에서는 안빈낙도(安貧樂道)라는 말로 응축시킨다.[11] 이렇게 내재적 가치를 옹호하는 논법을 그 외재적 가치

---

9) 조선시대 사람들은 높은 관직에 올라 영화를 누리는 것을 가장 귀한 것으로 여겼기 때문에, 어떤 방법을 동원해서라도 고위 관직에 오르기 위한 경쟁, 당쟁에 쉽게 빠지게 되었고, 그 결과 세도정치, 당파정치를 통해 자기 사람을 편파적으로 우대하는 파벌정치를 낳게 되었다. 지금도 그런 역사적인 잔재는 우리 사회에 여전히 남아 있다.

10) 수도계를 말할 때 학문, 예술, 도덕과 그 각각의 가치를 진, 선, 미를 예로 드는 것은 그것이 수도계의 전부라거나 혹은 가장 대표적이라는 뜻이 아니다. 그 이외에도 수많은 수도계가 존재하며, 이 세 가지가 주로 주목을 받는 것은 이들이 철학을 통해서 학문적으로 논의되었다는 점에 있다. 다른 수도계의 경우 따로 그 가치를 분류할 개념이나 용어가 마땅하게 없기 때문에 논증하기가 어려울 따름이다.

11) 인간은 누구나 죽을 수밖에 없는 유한존재라는 사실을 우리는 종종 잊고 산다. 자신이 소중한 존재라는 것을 인정하기 시작할 때 사람들은 외면적 가치에 대한 지나친 집착

(extrinsic value)를 부인하는 것으로 이해하면 오해다. 따지자면, 수도계의 효용가치는 너무도 많을 것이다.[12] 그럼에도 그 외재적 가치의 작용은 그 내재성에서 비롯한다는 것을 주목해야 한다. 수도계의 추구가 다른 보상 때문이라면 그 내재적 가치가 보상보다 못하다는 뜻이다. 이 경우 수도계의 가치가 손상되어 그 본래성을 잃기 쉽다.

수도계는 일종의 유익한 마약에 비유할 만하다. 매 단계의 품위의 향상에 따른 가치체험은 몰입, 감동, 희열, 환희, 흥취, 탐닉의 감정을 동반한다. 이처럼 한층 더 고상한 것에 중독되어가는 과정을 거쳐서 품위수준의 차이가 발생한다. 품위의 면에서 인간은 기본적으로 불평등하다. 여기에서는 정치적 권리행사, 경제적 부, 사회적 신분 등의 특권을 견제하려는 세속적 평등주의는 정지되고 불평등의 원칙이 적용된다. 수도계의 생명은 그 품위상의 선진과 후진의 위계를 존중하는 것이다. 한 명의 선진의 위치가 그 이하의 후진의 위치를 제압한다.[13] 이를 무시하고 더러 사람들의 품위가 평등한 것처럼 다루는 것은 부당한 처사이다.

수도계에서 품위수준의 차이를 개념적으로 구분하기 위해서 서양철학은 예컨대, 학문에서 진(眞)과 위(僞), 도덕에서 선(善)과 악(惡), 예술에서 미(美)와 추(醜) 등의 이분법을 적용해 왔다. 그런데 수도계적 목표는 고정되어 있지 않고 계속 진행하기 때문에 이 같은 이항대립주의의 적용은 매우 부적절해 보인다. 선의 끝은 악이고 악의 끝은 선이다. 그 절대성을 궁극적으로 경험한 사람은 이 세상에 존재하지 않는다. 누구나 그 양단의 중간에서 길을 걸으면서 악과 선이 적절한 비율로 교차된 것

의 부당성을 깨닫게 된다. 고전에는 "몸을 바쳐 옳은 도리를 행한다(殺身成仁)."라거나 혹은 "아침에 도를 깨달으면 저녁에 죽어도 유감이 없다(朝聞道夕死可矣)."라는 극단의 언급도 찾아볼 수 있다.

12) 본서에서 개진하는 교육본위론은 수도계의 품위를 교육을 위한 소재로 취급한다. 이 경우 그것은 수도계의 외재적 가치에 해당한다.

13) 수도계의 평가는 마치 올림픽의 메달을 평가하는 방식과 마찬가지의 기준을 적용한다. 은메달 수십 개보다 금메달 하나의 가치를 더 높게 치고, 동메달 수십 개보다 은메달 하나의 가치를 높게 친다.

을 경험하면서 그 방향을 감별해 나갈 뿐이다. 사람들은 진, 선, 미에 관해서 제각기 떠들어대지만 그 판단은 거기에 참여하는 사람들의 현품을 기준으로 이루어진다는 사실은 수도계적 가치에서 특별히 주목해야 할 점이다.

각 품위는 어느 정도 진임과 동시에 위, 선임과 동시에 악이며, 미임과 동시에 추를 내포하고 있기 때문에 그 비교의 준거를 어디에 두느냐에 따라 그 평가가 현저하게 달라진다. 이 때문에 특정한 품위가 옳은 것인가, 그른 것인가라는 질문은 적절하지 않다. 대신 얼마나 더 옳은 것인가라는 질문이 옳다. 수도계적 가치기준은 한곳에 머무르지 않는다. 개인의 입장에서 품위의 개선과 더불어 그 가치기준도 매 단계마다 갱신된다. 이런 기준의 대비와 교체과정에서 바로 해당 수도계 고유의 가치체험이 이루어진다. 이에 따라 흥미, 소망, 관심, 호기심이 더욱 세련화된다.

그 기준이 고급화되면서 과거의 기준이 더 이상 유효하지 않게 된다. 한때 높게 평가받았던 대상이 이제 별것이 아닌 것으로 추락하는 것이다. 개인 사이에도 그 기준의 충돌이 일어난다. 한 사람에게 진리인 것이 다른 사람에게 허위이며, 한 사람에게 착한 것이 다른 사람에게 악이며, 한 사람에게 아름다운 것이 다른 사람에게 추한 것이다. 그렇다면 제각기 떠들어대는 수도계의 가치판단과 그 위계를 올바로 판명하는 방법과 절차가 필요한데, 그 가치의 입증에는 강제가 허용될 수 없다. 이와 관련하여 논자는 앞서 교육적 교섭의 해법을 살핀 바 있다.

이제까지 비록 간단하나마 논자가 가치의 종류를 세속적 가치와 수도계적인 가치로 구분하여 개략적으로 논의한 것은 그들과 교육의 고유한 가치를 대조하기 위한 것이었다. 그렇다면 오로지 교육을 통해서만 실현될 수 있는 가치에 대한 해답을 찾아내야 한다. 이 말은 이전에 그 해답이 없었거나 혹은 설사 있다고 하더라도 부적절한 것이었음을 함축한다. 교육과 관련된 가치판단이나 학문적 논의는 무성하다. 교육의 목적이 무엇인지 논하며, 교육의 옳고 그름을 평가하는 문헌은 넘쳐난다. 그럼에도 불구하고 그로부터 교육을 통해서만 실현될 수 있는 가치에 대한 올바른 해답을 찾을 수 없다.

이렇게 단정하는 데에는 여러 가지 근거를 들 수 있지만, 그중 가장 결정적인 것은 교육관 자체에서 찾을 수 있다. 교육의 가치를 논의하려면 그 대상인 교육의 정체가 무엇인지가 먼저 이론적으로 분명하게 밝혀져야 한다. 그런데 그 교육 자체의 안과 밖의 경계를 획정하고 그 안쪽의 현상을 기술하고 설명하는 개념이나 용어가 아직도 미비하다. 그런 상태에서 그 내재적 가치를 논의한다면 그 어떤 것이든 단지 헛소리에 불과하다고 단언할 수 있다.

기술되지 않은 부분은 그 존재의 빛을 발휘하지 못한다. 교육의 내재적 가치는 삶의 현장에서 작용하고 있음이 틀림없다. 일상의 삶에서 그 가치를 실현하고 향유하고 있지 않은 사람은 거의 없어 보인다. 그럼에도 그것을 개념적으로 이해하는 가치론이 부재하기 때문에 그 부분을 개념으로 포착하여 우리의 인식의 영역 안에 포섭하려는 시도나 방도가 이제까지 없었다. 그 답답한 벙어리 냉가슴의 현실로부터 고통을 받고 있는 사람들은 많지만 그 역설적인 실상을 자각한 사람 역시 드물다.

사이비교육학자들이나 그들을 맹종하는 대중은 잘못된 교육관과 가치관에 갇혀 갈팡질팡 어디로 향하고 있는지를 모른다. 사이비교육학자들은 오히려 일반 사람들로 하여금 교육을 다른 어떤 것으로 착각하거나 무시하게 하거나 억압하는 데 일조했다. 이어지는 절에서 먼저 그 몰지각하고 혼란스러운 실태가 어떤 것인지를 살피고 난 다음, 이제까지 은폐되고 망각된 교육의 내재적 가치를 개념적으로 그 제 위치에 올려놓는 작업을 진행할 것이다.

12.3 오래된 가치도착

앞 절에서 서로 구분되어야 할 가치의 문제를 어느 정도 다루었다. 이제 후자의 문제, 즉 가치도착의 문제를 살펴보기로 한다. 가치도착은 어떤 사태에 마땅히 적용되어야 할 가치를 무시하고 거기에 다른 가치들을 적용하는 어리석음이다. 가령, 전구는 그 밝음에 의해서 평가받아야 하고, 금은 그 무게로 평가받아야 마땅하다. 그런데 누군가 전구를 무게로 평가한다거나 혹은 금을 그 밝음에 의해서 평가한다면 그는 가치도착의 오류에 빠지게 되는 것이다.

그 평가가 부당함은 말할 것도 없다. 세속의 가치기준을 적용하여야 할 대상에 대해서 수도의 기준을 부여한다거나 혹은 그 반대로 수도의 기준을 적용해야 할 대상에 대해서 세속의 가치를 부여하는 것, 세속에서도 정치적 가치를 적용해야 할 사태에 대해서 경제적 가치를 부여한다거나 혹은 경제적 가치를 부여해야 할 사태에 정치적 가치를 부여하는 것, 다시 수도계에서도 예술에 적용되어야 할 가치에 도덕의 가치를 부여하는 것 혹은 도덕의 가치기준을 부여해야 할 사태에 예술의 가치를 부여하는 것 등등이 일상의 삶을 혼란스럽게 만든다.[14] 이로써 인간으로서 추구해야할 가치나 방향에 대한 상실, 아노미, 혹은 가치혼란의 위기에 직면하고 있다.

교육의 경우에 그 가치도착은 더욱 극단적이다. 교육의 정체성이 올바로 밝혀지지 않은 상황에서 "교육"이라는 명분을 세워 온갖 이질적인 가치를 무차별적으로 앞세우고 있다. 그런 실상에 본 절이 "오래된"이라는 수식사를 따로 첨가한 것은 그 역사가 너무 깊기 때문이다. 거짓말도 오래 하면 참말처럼 느껴진다. 대부분의 사람들은 긴 세월 동안 그 거짓에 너무 익숙해져 있기 때문에 그 오류 자체를 인식하지 못하고 있다.

그런 제멋대로의 가치적용은 기본적으로 제멋대로의 교육관에서 비롯한다. 논자는 제4장에서 사이비교육학이 근거하고 있는 교육관을 관습적 교육관, 용병학문적 교육관, 결과위주의 교육관 등 유형별로 구분하고 그 문제점을 지적했다. 이들은 교육의 정체성을 왜곡하거나 혹은

14) 특정한 작품의 문학적 가치를 도덕적 기준으로 평가함으로써 그 가치를 손상시키고 검열의 쇠사슬에 얽히게 하는 경우가 많다. 그런 불상사를 막는 방법은 그 작품의 문학적 가치는 매우 높지만 도덕적으로 옳지 않다는 식으로 그 가치를 차별화시키는 것이다.

은폐하고 있으며, 그 와중에 온갖 외재적 가치들을 무분별하게 그들이 말하는 "교육"의 가치로 앞세운다. 인식과 가치적용의 범주착오이다. 각각의 교육관이 그런 가치의 침투와 가치도착을 어떻게 조장하거나 방치하고 있는지를 이제부터 꼼꼼히 살펴보기로 한다.

관습적 교육관의 전형은 교육과 학교생활을 동일시하는 것이다. 이 관점에 따르면, "학교교육"이란 "학교"와 "교육"의 동어반복에 불과하다. 학교는 젊은이들이 주로 생활하는 공간으로서 그 안에 온갖 이질적인 사실들이 혼재한다. 그런데 학교가 제도로서 삶에 도입될 당시 그것이 "교육"이라는 명분을 세웠기 때문에 사람들은 그 안에서 일어나는 그 혼재된 사실들을 모두 "교육"으로 오인하며, 이로 인해서 학교에 적용할 수 있는 온갖 이질적인 가치를 교육의 가치로 둔갑시킨다.

학교에 대한 기대는 다원적이다. 세속의 측면에서 국가는 명분상 학교에 공적 가치를 실현하기를 요구한다. 정치발전, 경제발전, 사회발전, 물질적 풍요, 민주화, 경제민주화는 학교가 내세우는 목표의 근간이다. 학교 정문에 대문짝만하게 "통일과 평화"라거나 "복지사회의 건설"이라는 표어로 등장하는 것을 쉽게 볼 수 있다. 그 모든 것들을 교육의 가치나 목표로 삼을 수 있는가? 논리적으로 무리이다. 모든 것이 교육의 가치라면 단지 혼동만 자초할 뿐, 교육의 가치를 별도로 논의할 여지가 없어진다.

학교가 역사적으로 사회적 선발의 기능을 한다는 것은 널리 알려진 사실이다. 여기에 사적 가치가 크게 개입한다. 문제는 국가가 일반인들에게 학교의 공적 가치를 계몽하려고 꾀하고 있지만 현실에서는 사회지도층, 심지어 지식인들마저도 이중 잣대를 갖고 위선적인 언행불일치를 일삼고 있다는 것이다. 사회적 강자나 부자들이 공적 가치의 실현보다는 개인적 가치를 계속적으로 유지하려는 유혹에서 벗어나지 못하고 이를 독점하기 위해 공평하지 않은 방법을 동원한다. 이러한 위선과 허위의식은 결국 일반인들에게까지 확산되어 사회 전체가 사적 가치만을 추구한다. 그 결과, 경쟁, 시기, 질투, 쏠림, 모방 현상이 적나라하게 드러나고 있다.

말썽 많은 "입시위주교육"의 실상이 바로 그것이다. 많은 사람들은 그 "교육"을 졸업장, 직장, 돈 등을 얻는 수단으로 생각한다. 공적 가치를 우선시하기보다는 개인의 이익에 초점을 맞추는 사적 가치는 그 안에 강한 경쟁심이 작용하기 때문에 그 가치를 최우선의 가치로 추구하게 될 경우 문제는 심각해진다. 공익에 도움이 되지 않고 소모적인 경쟁만 부추긴다는 사실에는 누구나 공감하는 바다. 그로부터 오로지 이익을 얻는 집단은 학교와 학원이다. 학교는 이로써 자체의 체제를 강화하고, 이와 경합하는 "사교육"의 원산지인 학원은 그로부터 경제적인 이득을 노린다.

학교당국은 수도계의 가치도 추구한다. 여러 종류의 수도계 가운데 유독 서양의 학문이 학교의 주된 관심사가 되고 있다는 점에서 그 반영 방식이 다소 편협하거나 모순된다. 예술이나 도덕조차도 많은 경우 해당 학문에 예속하는 방식으로 취급되고 있다. 학문이 예술에 비해 높은 차원의 것이라고 주장하는 경우가 바로 그 잘못에 해당한다. 뿐만 아니라 그 각각의 수준의 차이가 올바르게 반영되지 않고 있어 보인다. 학문이나 예술에 적용되어야 할 불평등의 원칙을 세속의 가치관이 압도하는 미묘한 가치도착도 흔히 볼 수 있다. "학교교육의 평준화"라는 학교 간의 성적의 차이를 균등하게 한다는 취지를 반영한다. 학급 안에서도 그 우선권을 학생들의 평균의 품위에 두는 일제수업은 그 상위와 하위의 학생을 관심에서 제외한다.

학교에서의 삶과 교육적인 삶을 구부하는 것이 이 문제를 타개할 첫 단초다. 학교 안에는 오로지 교육만 존재하여야 한다거나 혹은 존재한다는 생각은 비현실적일 뿐만 아니라 위험하다. 학교는 다양한 삶의 양상이 공존하는 현장이며, 따라서 학교 안에서 교육 밖의 가치를 적용하는 것을 문제시할 이유가 전혀 없다. 다만 그런 제반 이질적인 가치들을 교육의 가치와 결부시키는 범주착오가 문제다. 학교와 교육은 별개의 범주이며, 그 범주에 맞는 고유한 가치가 첨가되거나 보완될 수 있을 때 비로소 학교에서 이루어질 교육의 명분이 살아날 것이다.

교사양성의 명분을 내세운 사범대학의 사정과 관련하여 파생된 용병학문적 교육관은 그 모학문이 밝힌 사실들을 교육현상으로 규정하는 방식을 취한다. 모학문들이 서로 다른 사실을 밝히는 것처럼 그 교육관이 포괄하는 현상은 서로 상응하기 어려울 정도로 이질적이다. 그 각각의 사실들을 교육현상이라고 할 수 없는 것은 개념상 명백함에도 불구하고 교직과목의 담당자들은 그 구분을 하지 않는다. 이는 그 개별학문의 사실을 교육현상으로 왜곡시킨 것이라고 말할 수도 있고, 그 개별학문을 교육으로 왜곡시킨 것이라고 말할 수도 있다. 그 혼동의 주역은 어떻든 "교육"이라는 용어이다.

용병학자들은 그 왜곡된 "교육"에 모학문의 대상이 추구하는 다양한 가치를 부여한다. 당연한 귀결이지만 교육의 입장에서는 부당하기 짝이 없다. 더욱 혼란스러운 것은 용병학문의 모학문 내에서조차 대립된 것으로 알려진 가치편향을 그대로 반복하여 등장시킨다는 사실이다. 가령, "교육철학"에서는 변하지 않는 실재를 중시하는 입장과 변화의 과정을 수용하는 가치대립이 존재하고, "교육심리학"에서는 인간주의적인 자아실현과 과학주의적인 행동수정이라는 가치대립이 존재한다. "교육사회학"에서는 사회적 저항과 사회의 재생을 주장하는 이데올로기적 대립이 있다.

그런 가치도착의 혼란에서 벗어나는 방도는 그들이 사용하는 "교육"이라는 용어의 허울을 벗겨내는 것이다. 용병학문의 모학문의 가치, 더 나아가 그 내부의 가치편향도 있는 그대로 드러내면 그만이다. 그 해체의 작업이 능사일 수는 없고, 다음에는 교육현상이 무엇인지에 대한 해명이 따라야 한다. 그 고유한 현상에 고유한 가치를 부여하는 것이다. 전자에 대한 해답은 이미 앞선 논의에서 일정 부분 살폈으며, 후자에 대한 해명은 다음 절에서 취급하게 될 것이다.

마지막으로, 결과위주의 교육관이 내세우는 교육의 가치나 목표가 무엇인지를 살펴보자. 누차 지적했듯이 이 교육관의 특징은 미리 정해진 어떤 가치 있는 결과를 가져오게 하는 것을 "교육"이라고 주장하는 데 있다. 그 각각의 가치의 범위는 확정된 것이 아니다. 어떤 공통성에 대한 합의도 없다. 결과를 다르게 요구한다면, 그것을 달성하는 "교육"도 그때마다 달라질 수밖에 없다. 놀라운 것은 대부분 그 우연적 사실의 정체마저 검증되지 않은 채 남겨둔다는 사실이다. 그 오리무중의 잡다한 것들을 총칭하여 "교육"이라고 하는 과장은 학문을 내세운 일종의 기만이다.

그 과장과 기만은 가치의 측면에서도 그대로 작용한다. 무엇을 주문하든 교육이 효과적으로 달성할 수 있다고 주장한다. 그 만병통치의 용도는 국가발전, 자아실현, 학문의 진흥 등 거창한 거시적 구호에서부터 시작해서 교통안전, 출세, 운전면허취득 등에 이르기까지 참으로 다양하다. 이처럼 외재적인 가치들을 무분별하게 전면에 내세우는 입장을 가치중립이라는 말로 강변하기도 한다. 그러나 삶에서 가치중립이란 존재할 수 없기 때문에 이 입장은 기존의 제반 가치들을 지지하는 것으로 귀착한다. 논자의 눈에는 대부분의 사람들이 그 가치도착의 과장과 기만을 의식하지 못하고 있다는 것이 신비로울 따름이다.

결과는 과정에 후속한다. 교육현상을 밝히고 그 고유한 가치를 적용함과 더불어 이에 부속하는 기능을 찾아내는 것이 순서이다. 만약 교육현상이 존재한다면 그것이 존재함으로써 이루어지는 결과는 무수히 많을 것이다. 그런데 결과위주의 교육관의 문제는 그 원인과 결과를 전도시키는 데 있다. 그렇게 되면, 교육의 내재적 가치는 애초부터 성립하지 않기 때문에 되레 철저하게 무시되며, 여타 세계의 가치를 대변하는 종속물이 되는 것이다. 모든 것을 해결하는 수단이란 현실에 존재하지 않는다. 만병통치의 기대에 오른 "교육"이 어긋날 때 그 좌절과 욕구불만은 더욱 심화된다.

"교육"을 온갖 외재적 가치의 수단으로 규정한 뒤에 결과적으로 그 가치실현에 부응하지 못하면 저평가되거나 교육이 엉뚱하게도 쓸모가 없는 것으로 버림받는다. 교육과 그 여건의 분리가 되지 않은 상황에서 후자의 문제를 흔히 전자의 것으로 오판하기 때문이다. 말하자면, 그 모든 것의 원인을 교육에 덮어씌우는 결과를 가져온다. 그런 잘못된 귀인의 피해자는 바로 그런 잘못을 범하는 사람들이다. 누구나 교육을 비난하면서 자신의 잘못된 인식과 가치관 안에 포획되어 헤어나지 못하는 생활을 하고 있다.[15] 그로 인해서 일상에서 교육의 자화상은 날로 문젯거리로 추락한다. 뿐만 아니다. "교육"의 기능만을 노리는 사람은 소기의 목적을 달성했을 때 그 "교육"을 버린다.

앞 절에서 가치론과 가치를 구분하였는데, 같은 논리가 본 절의 주제에도 적용된다. 교육의 가치가 삶에 존재한다고 하더라도 그것은 그에 대한 특수한 가치론의 여과를 거쳐야 비로소 의식에 떠오른다. 그런데 그 문제를 해결해야 할 교육학이 막상 그 문제를 유발시키는 복판에 자리하고 있다. 사이비교육학의 교육에 관한 가치논의는 거의 뒤죽박죽이다. 그들의 영향 아래에 있는 기관이나 일반 사람들은 가치혼란에 빠져 갈팡질팡한다. 교육에 대한 그들의 평가 역시 오락가락한다. 저마다 "바람직한 교육"에 대한 온갖 종류의 기대를 나열하며. 그 기대에 따라 "그릇된 교육", "잘못된 교육" 혹은 "좋은 교육"과 "나쁜 교육"이라는 평가를 내린다. 온갖 가치들을 분별없이 교육의 가치와 결부시키는 것이 얼마나 헛된 것인가! 참으로 부끄럽고 개탄할 일이다. 그 헛된 관점이 사회 전반에 미치는 악영향을 고려할 때, 이런 사태는 단순히 교육학이라는 학문 자체의 문제에 그치지 않는다.

이 사태에 어떻게 대처할 것인가? 적어도 두 가지 방법이 있어 보인다. 그 한 가지는 같을 수 없는 것을 모두 교육이라는 용어로 동일시한 혼란을 직시하는 것이다. 그 어느 것이든 동일시는 오류이며, 그에 따른 교육적 가치에 대한 해법은 명백한 기만이다. 교육의 입장에서는 이 모

15) 누군가 교육을 비난하는 사람을 만나면 그가 가진 교육관과 적용하는 가치기준이 무엇인지를 살펴보라. 아마도 비난받아야 할 것은 교육이 아니라 그의 그릇된 교육관이라는 흥미로운 사실을 발견할 것이다. 더구나 그 발언의 주인공이 자신이라면 큰 자성의 계기로 삼아야 할 것이다.

든 논의나 시도를 세상을 시끄럽게 하는 잡소리로 여기는 것이 옳다. 그 잡소리를 그것들이 소속한 맥락에 비추어 해체하여 분별하거나 혹은 무시하는 것이 소극적 의미의 해법이라 할 수 있겠다. 다른 하나의 해법은 이보다 건설적인 것으로서 교육의 정체성을 밝히고, 그 다음에 그것의 가치를 정식으로 새롭게 드러내는 것이다. 이제부터 그 절차를 밟아보자.

12.4 교육의 내재적 가치

교육의 내재적 가치와 관련하여 그 존재여부보다는 그것을 규정하는 관점의 부재를 탓해야 한다. 그처럼 개념상 그 잊어버리고 격하된 부분을 추가시켜 이제 옳은 궤도 위에 복권시켜야만 한다. 교육의 내재적 가치는 교육이 자체를 강화하기 때문에 교육이 성공할 때 도구와 기능의 경우처럼 그 가치가 소멸하는 것이 아니라 오히려 더욱 추구하는 방식으로 진전된다. 교육의 외재적 가치 역시 그 정체성의 유지라는 조건을 요구한다. 이 부분이 교육학의 재건이라는 과제가 절실해지는 이유의 하나이다.

역사적으로, 특정한 세계의 내재적 가치가 인식의 수준에서 주목을 받는 데에는 상당한 시간이 걸렸다. 이미 규정된 가치의 수단의 의미에서 우연히 발견되는 경우가 있고, 그 세계를 다루는 분과학문의 성립이 이루어지고 난 다음에 인식되는 경우가 있다. 본서는 이제까지 사이비 교육학에 의해서 왜곡되고 은폐되었던 사실을 상기하면서 교육이 그 내재율, 인간, 그리고 활동에 의해서 진행되는 독특한 세계라는 점을 밝혔다. 이제야 비로소 그 고유한 가치를 논의할 최소한의 개념적 토대를 마련한 셈이다.

우선 교육현상이 세속계와 수도계와 별개로 존재하는 것인 만큼 교육은 지향하는 가치가 그들과 별개라는 발언에서부터 시작하기로 하자. 앞 절에서 논자는 세속적 가치와 수도적 가치를 애써 구분하는 시도를 한 바 있다. 그 각각은 삶에서 배제할 수 없는 부분이라는 사실을 인정하자. 이제 남은 과제는 그것들과 다른 것임에도 불구하고 동일한 것으로 무분별하게 왜곡되거나 그로 인해서 은폐될 수밖에 없었던 교육의 내재적 가치를 거기에 첨가하는 것이다.

먼저 교육적인 삶의 가치는 본질상 세속의 것과 별개라는 점이 분명하다. 세속은 교육의 여건이 될 수 있을지언정 그 본질을 구성할 수 없다. 그 속성에 있어서 부귀영화의 지위에 관계없이 언제 어디서나 그 내재율에 성실하게 따르는 사람에게는 교육이 열려 있다. 흔히 교육을 국가발전이라든가 혹은 부귀영화와 관련된 것으로 기술하지만, 이는 결과위주의 교육관의 오류에 토대를 두고 있다. 그 인과관계에 대한 주장은 그 각각의 본질에 충실함으로써만 가능하다.

교육과 수도계는 호혜적으로 공존하지만, 그 공존은 서로가 다른 것이라는 사실을 근거로 성립한다. 품위의 소재적 가치는 상구자의 것을 기준으로 했을 때 실현된다. 아무리 높은 품위라고 하더라도 이 원칙을 벗어나면 소재의 가치를 상실한다. 이처럼 수도계의 가치와 교육의 가치는 서로 분리된다. 여러 종류의 수도계들은 모두 그 수준의 경합을 지향하지만, 교육은 그 수도계의 종류와 수준에 상관없이 재귀적으로 평등하게 진행한다. 이는 그 어느 것을 소재로 삼든 간에 교육의 보람에 있어서는 평등하다는 것을 의미한다.

행복이란 유쾌한 감정의 복합체다. 행복이란 개념은 단일한 분야로 평가될 수 없다. 우리의 삶은 다원적이며, 각각의 세계에서 행복이 따로 규정될 수 있다. 그 다원적인 행복을 보장하는 것이 바로 내재적 가치라는 개념이다. 이는 최소한 두 가지 조건을 만족시켜야 성립한다. 하나는 그 대상의 경계규정이다. 내재란 외재를 제외한 부분을 의미한다. 다른 하나는 가치가 그 고유한 대상 안에서 비롯해야 한다는 것이다. 그 대상이 특정한 세계일 경우, 그 해당 세계 안의 고유한 활동에 빠져들어 몰입하면서 그 고유의 홍취, 보람, 희열을 느낄 수 있는 부분을 보장해야 한다.

내재적 가치가 소중한 것은 오로지 그 고유한 세계의 활동에 참여함으로써만 그 가치가 실현된다는 점에 있다. 이 때문에 그것이 전체의 가치체제에서 아무리 미미하고 작은 부분을 차지한다고 하더라도 그것을 배제하기 어렵다. 이 말은 내재적 가치가 그 해당 세계의 존재가치를 여타 세계에 대하여 공표하고 방어하는 근거로 작용함을 뜻한다. 극단의 경우, 그 세계는 내재적 가치 외에는 쓸모가 없는 것일 수도 있다. 그 하나의 소멸은 전체 가치체제의 감쇄로 연결된다.

등산은 그 전형적인 예의 하나이다. 등산의 내재적 가치는 다른 것이 아닌 오로지 등산을 통해서만 맛볼 수 있는 가치이다. 등산 자체를 즐기는 사람에게는 얼마나 높은 산을 오르느냐 혹은 얼마나 빨리 오르느냐 하는 것은 별개의 문제이다. 등산하는 이유는 산이 거기에 있기 때문이다.[16] 그렇게 보아야만 비로소 등산의 고유한 속성도 드러난다.

교육은 그 나름의 내재율을 지닌 자기충족적인 세계의 하나이다. 이에 따라 인간의 고유한 면모가 드러나며, 고유한 활동이 전개된다. 그 가치실현을 다른 활동으로 대치할 수는 없다. 등산의 경우처럼 다른 이유나 그 수단을 떠나서 그 자체로서 향유될 수 있는 고유한 가치를 지닌다. 그 세계 안에 몸담고 생활하고 있다는 것 자체만으로 향유할 수 있는 인간의 특권이다. 그 내재율에 충실히 임하는 활동을 다른 이유를 들어 정당화할 필요가 없다.

일상생활에서 교육적인 삶을 향유하고 있지 않은 사람은 거의 없음에도 불구하고 개념적으로 교육 자체의 고유한 정체성에 대한 논의가 부진한 상황에서는 그 내재적 가치를 논의할 여지가 전적으로 봉쇄된다. 그릇된 관점 때문에 그것이 학문적으로 왜곡되고 은폐된다. 교육일 수

16) 등산을 즐기는 사람에게 그 이유를 묻는 사람이 있다면 그는 등산의 가치를 여타의 가치로 설명하기를 요구하기 때문에 큰 실례를 범한 셈이 된다. 이 질문에 대해서 여러 가지 이유를 얼마든지 들 수 있겠지만 적어도 등산하는 동안에는 그 내재적 가치가 앞서야 그 본전을 찾는다. 1953년 영국의 에드먼드 힐러리 경이 최초로 에베레스트 산의 등반에 성공한 후에 "산이 거기에 있기 때문에 올랐다"라는 유명한 말을 남겼다. 헬리콥터를 타는 것이나 등산하는 것이나 결과는 마찬가지다. 그 효율로 따지면 전자가 후자보다 우수하다. 그에게 등산 대신 헬리콥터의 수단을 권했을 때 어떤 반응을 보일까?

없는 엉뚱한 대상에 그 의미를 부여하고, 그것들이 바람직한 것인가 아닌가를 따지는 실상은 마치 허수아비를 세워놓고 총질하는 격이다.

흔히 속인들이 교육은 싫은 것이지만 할 수 없이 하는 것이라는 인식이 있는 것은 그 대상을 세속이나 수도계의 삶의 수단이라는 차원으로 격하시켜 그 대상을 잘못 인식한 데에서 기인한다. 사실을 말한다면, 교육은 세속의 이익과 품위의 향상이라는 보상과 같은 결과만을 의식할 때 실망할 수는 있다. 그처럼 결과에만 집착하는 사람은 그 과정의 내재율을 무시하거나 그 고유한 체험을 놓친다.

교육의 내재적 가치는 삶에 작용하는 제반 가치들의 총량에 비추어 그 비중이 미미함에도 불구하고 이처럼 교육의 내재적 가치를 중시해야 하는 이유는 그것이 교육의 수레바퀴를 제대로 돌리는 정서적 원천이자 보루이기 때문이다. 논자는 그 동력의 하나로서 교육열정을 소개한 바 있다. 여기서 말하는 교육의 내재적 가치도 그 동력과 촉진제에 속한다. 그러나 열정과 가치는 그 지속성과 헌신의 정도에서 차이가 있다. 열정은 혼신의 힘으로 그 안에 빠져들어 매 순간 시간의 흐름을 의식하지 않지만, 상황에 구속되며 쾌락의 원칙을 따른다.

이에 비해서 교육의 내재적 가치는 교육의 시련을 거친 지속적인 방향성이다. 열정의 한계를 극복하여 지속적인 교육적 헌신을 보장한다. 교육의 수레바퀴를 돌려야 하는 내부의 정당화가 여기에서 나온다. 어떤 외부적 요인에 의해서 그 정당화가 위기에 처할 때, 그것을 방어하는 기점이 된다. 그 헌신적 가치지향은 교육에 외재적 가치가 개입된 상황에서 드러난다. 양쪽 가치 가운데 어느 것에 비중을 두느냐에 따라 교육이 성공적으로 이루어진 다음의 상황이 달라진다. 내재적 가치에 의존하는 교육은 성공할수록 더욱 활발한 교육과 연결되지만, 외재적 가치에 비중을 두는 교육은 그것으로 종료된다.[17]

역사는 교육을 위해 무조건적으로 헌신하고 희생한 인물이 있음을

17) "토끼가 죽으면 사냥개는 삶아 먹힌다(兎死狗烹)." 쓸모가 없어지면 버림받는다. 마찬가지로 특정한 사물의 기능에 가치를 두는 것은 그 가치의 실현과 더불어 소멸한다.

기록으로 남기고 있다. 성인(聖人)의 반열에 오른 인물들이 그 좋은 사례다. 석가는 젊은 시절 치열한 상구의 삶을 살았으며, 여생을 오로지 자신의 깨달음을 전파하는 데 보냈다. 공자 역시 마찬가지다. 그가 자신의 삶 가운데 가장 특징적인 것으로 제자들이 알아주기를 바라는 대목이 〈논어〉에 나온다. "아무리 배워도 싫증이 나지 않으며(學而不厭), 아무리 가르쳐도 지칠 수가 없다(誨人不倦)." 공자와 그 제자들은 품위를 공유함에 있어서도 우호적이거나 적대적인 국가를 따로 가리지 않았고 그로 인해서 때로는 세속적 불이익을 감수해야 했다. 공자의 뜻을 따랐던 맹자는 세상을 살아가는 세 가지 즐거움(三樂)의 하나로 하화교육을 들었다. 소크라테스는 철학교육자였지만 당연한 일의 가치를 금전으로 상쇄하는 일을 꺼렸기 때문에 다른 소피스트들과는 달리 교습에 대한 대가를 받지 않았다. 퇴계의 〈도산십이곡〉에서도 그 단편을 짐작할 수 있다. 그것은 "쉽거나 어렵거나 중에 늙은 줄을 모른다."라는 마지막 대목에서 나타난다. 일생 동안 어려우면 상구하고 쉬우면 하화한다는 뜻이 거기에 내포되어 있다.

교육의 내재적 가치는 교육을 위해서 개인이 지불하는 대가나 희생을 통해서 입증된다. 역사적으로 여러 가지 불리한 조건, 극단의 경우에는 죽음을 각오하면서 수많은 사람들이 하화활동을 했다는 것은 하화교육의 내재적 가치에 대한 증거이다. 소크라테스와 예수가 그것을 입증했다. 그들이 스승의 위치에 있었기 때문에 문헌으로 하화의 내재적 가치만을 두드러지게 실현한 것으로 부각되지만 그들 모두 열렬한 상구자였음은 말할 필요조차 없다. 교육의 내재적 가치를 입증한 그들은 오늘날까지도 존경과 칭송의 대상으로 살아남아 있다.

그 외에도 교육의 내재적 가치를 입증한 역사적 사례는 풍부하다. 권력을 쥔 군주에게 자주 그의 뜻에 맞지 않은 정사를 건의하면 피해를 입기 쉽다.[18] 역사상 폭군에게 목숨을 바쳐 용감하게 충언하는 신하는 목

18) 임금이 싫어하는 눈치인데도 간하는 것을 범안(犯顔)이라고 한다.

숨보다는 충언 자체를 더 소중하게 보았기 때문이다. 높은 덕을 가진 사람은 덕을 베풀더라도 너무도 당연한 것으로 보았기 때문에 그것을 덕이라고 자랑하지 않았다(上德不德). 혜원법사가 도를 설명하는 데 열중하여 길이 먼 것을 잊었던 고사를 그린 그림(虎溪三笑圖)도 교육의 내재적 가치를 증언한다.

이런 역사적 사례를 들 때, 교육의 내재적 가치는 역사에서 예외적인 사람들만 향유한 것으로 오해하기 쉽다. 천만의 말씀이다. 개인의 일생을 평가함에 있어서 빠질 수 없는 항목이 바로 교육이다. 그 많고 적음의 문제를 따질 수는 있겠지만, 교육의 내재적 가치는 누구나 교육을 생활화하는 가운데 실현된다. 이에 대한 입증은 앞으로의 과제로 남아 있다. 그 연구가 어떻게 진전되든 간에 여기서 제시된 개념은 그 가치의 순수성을 이론적으로 논의하는 부분이기 때문에 그 순수한 사례를 접하기는 어려울지 모른다. 그렇지만 오늘날의 삶에서 그 단서를 찾아보는 것은 어렵지 않다. 이 주제의 연구가 진전되기를 기대한다.

그 자체의 향유만큼 행복하고 풍족한 삶을 구성하는 교육은 그만큼 행복의 중요한 요소라고 말할 수 있다. 그 자체가 큰 보람을 주기 때문에 다른 이유를 들어 교육적인 삶을 설명할 필요가 없다. 누군가 다른 사람을 위해서 교육을 대행해 주겠다고 주장하는 사람이 있다면, 그는 그 다른 사람을 위해서 봉사하는 것이 아니라 다른 사람이 향유할 특권과 보람을 박탈하는 것이다. 잘못된 친구에게 자주 충고하면 거리가 멀어지기 쉽다. 그럼에도 불구하고 어리석은 사람을 볼 때 충고하고 건의하는 일을 자주 한다. 뺨 맞으면서 훈수하는 활동을 왜 하는가? 그것을 외적 보상으로 설명하기는 어렵다. 그러나 그 사례를 하화의 내재적 가치의 작용으로 해석하면 곧 수긍이 된다.

일상의 삶에서 어떤 대상이 주는 가치를 한껏 향유하면서도 그 가치를 너무도 당연시하기 때문에 그것에 제대로 감사하지 못한다. 공기의 가치는 공기가 없을 때 절실해진다. 우물이 마르면 물의 가치를 안다. 해가 비칠 때는 아무도 관심이 없지만, 해가 지고 나면 누구나 해를 아쉬워한다. 아직도 교육의 내재적 가치의 소중함에 의문이 드는 독자는 교육적인 삶이 배제된 자신의 삶을 상상해 보기 바란다.

이제 잠시 본서에서 살핀 제반 교육의 세부적인 측면을 되돌아보면서 그 내재적 가치를 음미하기로 하자. 교육적인 인간상을 살피는 가운데 교육적 관계가 어떤 것인지를 논의하였다. 제자는 스승의 무릎 앞에 새롭게 태어난다. 그 스승의 머리 뒤에는 항상 영광의 후광이 비친다. 그 후광을 바라보며, 제자는 감사하는 마음을 갖는다. 이보다 더 가치 있는 삶이라고 주장할 분야가 어디 있겠는가? 그 부분이 배제된 사람이 존재한다면 그를 인간이라고 할 수 있는가? 제반 세부적인 교육활동도 살폈다. 그런 활동들이 전적으로 배제된 자신의 하루, 일주일, 한 달, 한 해를 상상해 보라. 하루가 가능할까? 그것을 배제하거나 다른 어떤 것으로 그것을 대체한다면 인간은 행복할까? 아마도 그런 교육활동이 없는 삶은 흐름이 없는 웅덩이며, 죽음의 그림자에 불과하다는 것을 인정하지 않을 수 없을 것이다.

인생은 그것을 지속하는 시간이 아니라 그 질이다. 우리가 지루함을 느끼기에 인생은 너무나 짧다. 교육의 몰입에서 나오는 보람은 자족적이기 때문에 세속적 욕망이나 수도계적인 우열로부터 자유롭다. 그런데 그것만이 교육이 실현할 수 있는 가치의 총체가 아니다. 교육은 그 자체가 독특한 행복에 더하여 다른 행복을 얻을 자격이 있게 만드는 원리다. 교육은 항상 덧셈의 부호로 여타의 가치가 결핍된 부분을 보충하고 보강한다.

물질적 결핍 속에서 성공에 이르게 되었을 때 이상하게도 자신의 결핍을 진정으로 느끼게 하는 세계가 있다. 세속의 삶이 그렇다. 만족을 모르면 부귀영화를 누려도 근심이 가득하다. 물질적 풍요가 지속됨에도 불구하고 그 행복의 지수가 감퇴되기 때문에 물질을 얻기 위한 끝없는 갈망과 투쟁이 불가피하다. 행복이 감퇴하고 무언가 허전하다. 그 감퇴된 삶을 보충하고 활성화시키는 것이 바로 교육이다. 그릇된 길을 가고 있는 사람에게 옳은 길을 안내해주는 사람에게 감사한다는 말 대신 그 금전적 대가를 지불하겠다고 한다면 큰 실례가 될 것이다. 그것은 물질적 대가로 상쇄할 정도의 값싼 봉사가 아니기 때문이다.

교육은 수도계의 가치를 보강하고 보충한다. 아무리 높은 품위를 점유하고 있다고 하더라도 어제도 오늘과 같고 내일도 오늘과 같다면 권태로운 삶이 될 것이다. 교육은 자신과 남을 상대로 품위를 실현하고, 입증하며, 심취할 수 있는 유익한 여행과 같다. 체험의 흐름을 보장하는 품위는 그 수준이 어떤 것이든 수없이 반복해서 사용할 만한 소재가치를 갖는다. 아무리 낮은 품위를 지니고 있다고 하더라도 더 낮은 위치의 후진을 상대로 하화할 여지가 남아 있다. 이렇게 상구와 하화가 진행되는 동안 품위의 이동이 이루어지며, 그 흐름은 가장 무의미한 시간을 유의미한 시간으로 바꾼다.

12.5 본위의 선택

잘 사는 것은 가치 있는 삶을 지칭하며, 잘 사는 방식은 하나가 아니다. 이미 살폈듯이 다양한 종류의 고유가치가 존재하며, 고유한 가치는 그 세계 내부에서 나오는 열망과 애착이다. 그 열망과 애착에 의미를 부여하는 "지금-여기"의 생활이 바로 인생의 본전이다. 그 부분을 망각하고 자신과 모든 활동이 죄다 여타의 것을 위한 수단인 것처럼 생활하는 사람에게는 허무한 죽음만 기다릴 것이다.

가치는 좋은 것을 취하고 나쁜 것을 버리는 선별기준이다. 모든 것이 좋다는 것은 가치기준이 되지 못한다. 삶의 분야마다 그것에 적용하는 가치기준이 다르다. 그 가치기준이 다른 만큼 우리의 가치진술도 그런 구분이 이루어져야 한다. 우리말에서 "바람직하다", "좋다", 혹은 "잘 산다"라는 가치진술은 그 특수한 방식을 더 구체적으로 첨가하지 않은 한 애매하고 모호하다. "어떤 점에서 그러합니까?"라는 추가적인 질문이 그 문제를 해결한다.

그 개별적인 가치가 마땅히 존중되어야 함에도 불구하고 이와 역행하는 사조가 있다. 가치서열화가 그 하나다. 특정한 가치를 내세우기 위해서 다른 가치들을 무시하거나 낮게 평가한다. 생명가치보다는 정신가치가 높으며, 그중에서 종교적 가치를 최고로 삼아야 한다고 주장하는 사람들이 있다. 어떻게 보면 이것은 주로 정신을 추구하는 사람의 발언일 수 있다. 주로 물질을 추구하며 사는 사람에게 같은 질문을 한다면 그 해답이 다를 것이다. 이런 가치서열화는 서로 다른 삶의 기준을 가진 다양한 영역 사이의 정치적인 식민화와 다름이 없기 때문에 찬동하기 어렵다.

가치의 일원화도 전체적인 삶의 균형을 위협하기 때문에 경계해야 한다. "황금만능"의 사조가 그 병폐의 하나다. 오늘날 "잘 산다."라는 말은 재화를 얼마나 지니고 사느냐를 의미하는 것으로 해석한다. 자본주의사회는 금전이 삶의 중심을 차지한다. 최근 들어 명품 구매가 계층, 세대, 지역에 상관없이 확산되고 있다. 그 복판에서 가난한 사람은 어느 곳에서나 기를 못 편다. 금전으로 권력, 명예, 친구를 매수할 수 있을 정도이며, 그 위력은 대단하다. 돈과 개발이 주류가 되는 '욕망의 정치'가 사회 공동체의 유대관계를 무너뜨리고 있으며, 그로 인한 자살, 범죄, 몰염치가 횡행한다. 이런 폄하의 발언은 물질적 가치를 부정하는 것이 아니다. 단지 그 가치만을 중시하는 것을 문제시하는 것이다.

삶의 가치가 다양하다는 것은 즐겁고 행복한 일이다. 세계의 종류 여하를 막론하고 가치의 증대는 바람직하다. 세속 안에서는 정치적 가치, 경제적 가치, 사회적 가치가 있다. 수도계 가운데 학문, 예술, 도덕은 각자의 논리와 가치를 지니고 있기 때문에 각각의 맥락에서 존중되어야 한다. 그들의 균형, 공존, 공영이 삶의 전체적인 가치를 증대시키는 병립의 방향이 모색되어야 한다. 그들 사이의 균형과 조화가 바로 우리 삶에 작용하는 행복의 총량을 결정하는 중요한 지표가 된다. 그들 사이의 위계를 따지거나 혹은 그중 하나의 것만을 중시하는 것은 그 총량을 왜곡시키거나 무시하는 처사다. 앞 절은 그 행복의 가운데 교육의 내재적 가치를 포함시켰다. 이는 가치서열화에서 교육을 최고의 위치에 놓거나 혹은 삶에서 오로지 교육의 가치만을 존중해야 한다는 취지와는 다르다. 모든 가치에 더해 교육이 가진 고유한 가치를 추가하려는 시도일 뿐이다.

학문과 교육의 경우를 들어 설명하는 것이 좋을 듯하다. 학문은 천재에게만 만족과 영광을 준다. 이에 비해서 교육은 천재나 범인 누구에게나 같은 정도의 보람과 만족을 준다. 수학자가 새로운 공리를 얻으려고 번뇌하고, 어린이가 덧셈문제를 풀려고 애를 쓴다. 수학자가 그 공리체제를 얻고, 어린이가 그 덧셈문제를 풀게 되었다면, 그 열매의 크기는 천지 차이가 있지만, 그 상구의 보람과 즐거움에 있어서는 다를 바 없다. 이렇게 본다면, 그 각각은 서로 다른 계절에 수확한 두 가지 다른 종류의 열매다. 그런데 만약 모든 영광이 학문의 최정상을 차지하고 있는 사람에게만 주어진다면 거기에 미달한 어린이의 교육은 헛수고가 될 것이다. 얼마나 부당하고 편파적인 평가인가? 이를 피하고 양자 사이의 병존과 화합하는 방식으로 가치판단이 이루어져야 한다는 것이 본 절의 논지다.

그럼에도 불구하고 삶의 현장에서 모든 가치를 똑같이 충족시키기 어려운 경우가 많다. 그런 삶의 불가피한 조건에서 서로 다른 가치끼리의 긴장, 갈등의 문제를 해결하는 방법이 곧 본위의 선택이다. 본위의 선택은 그 내재와 외재의 규정을 달리하는 방식이다. 이는 제반 삶의 가치들의 개별성을 인정하되, 그 병립이 어려운 상황에서 일시적으로나 혹은 장기적으로 그중 어떤 것을 전면에 내세우고 다른 것을 후면에 두는 것이다. 가령 A와 B라는 가치기준이 있다고 할 때, A를 본위로 선택하는 사람의 입장에서 A는 내재적 가치이지만 B는 외재적 가치로 전환된다. 이제 입장을 바꾸어 B를 본위로 한다면, A가 외재적 가치가 된다. 앞에서 고유가치 혹은 내재적 가치를 논의했지만 이처럼 본위로 선택한 활동의 종류에 따라 그 가치규정이 달라진다. 일차적인 것과 부차적인 것, 목적과 수단, 능률과 비능률의 급격한 가치변화가 일어난다. 이런 방식의 자유로운 선택과 보장의 조건은 가치의 위계설정이나 가치의 일원화와는 다른 차원이다.

본위의 선택은 삶에서 무수하게 진행된다. 누구나 음식을 취하면서 살아가지만 살기 위해서 먹느냐 혹은 먹기 위해서 사느냐 하는 선택의 문제가 개재되어 있다. "알기 위해서 믿는다."라는 말도 있고, "믿기 위해서 안다."라는 말도 있다. "위하여"가 목적을 표현한 것이라면, 첫 번째 도식에서는 지식이 목적이 되고 신앙은 수단이 되며, 두 번째 도식에서는 신앙이 목적이고 지식은 수단이 된다. 돈벌이를 위해서 예술적 창작을 하는 사람과 창작하기 위해서 돈벌이를 하는 사람은 큰 차이가 있다. 어떤 외부의 이익을 위해 남의 눈에 보일 때만 정직한 것과 남이 보건 말건 혹은 손실을 감당하면서 정직한 경우가 다르다. 한 사람은 책을 팔고 다른 사람은 책을 읽는다. 파는 사람은 경제적 이득을 취함이고, 다른 읽는 사람은 마음을 풍부하게 하기 위함이다. 한 가지 물건이 한 사람에게는 목적이고 또 다른 사람에게는 수단이 된다. 살면서 교육활동도 한다. 이때 교육을 위해서 살지, 살기 위해 교육을 하고 싶지 않다는 입장도 있다. 정확한 소통을 위해서는 이처럼 본위의 선택이 무엇인지를 명확하게 밝힐 수 있어야 한다.

본위의 선택은 일반적으로 규정될 성질의 것이 아니다. 그 취사선택에 따라 개인은 서로 다른 인생의 길을 갈 수 있다. 개인에 따라 인생의 좌표, 잣대, 무게중심이 다르며, 그에 따라 자신의 정체성을 결정해 나간다. 개인마다 나름의 세계관과 인생관이 다를 것이며, 어떤 방향으로 어떻게 살아갈지를 두고 본위의 선택이 이루어질 수 있다. 시류의 흐름에 적당히 타협하며 살 것인가, 아니면 어떤 가치를 절대적인 기준으로 삼아 세상과 맞서면서 살아갈 것인가? 그런 장기적인 방향키와는 다르게 하루의 생활 가운데에서도 시간과 장소에 따라 본위의 선택은 달라질 수 있다.

그 가운데 논자는 이제까지 교육본위의 선택을 하면서 인식의 문제를 진행해 왔다. 사실의 규정에서뿐만 아니라 가치의 규정에 있어서도 그 본위선택은 자명해진다. 이 경우 교육이 삶의 목적이고 여타의 것은 수단의 위치로 전환된다. 적어도 교육적 주체에게는 그런 본위의 선택이 필수적인 조건이다. 교육적 주체에게 "왜 사는가?"라는 질문을 던졌다면 그는 교육을 위해서라고 대답할 것이며, 교육을 위해 헌신을 다짐할 것이다.

교육을 본위로 선택할 경우, 교육 이외의 여타의 세계는 그 여건의 위치에 선다. 그 여타의 삶이 어떤 방식으로든 간에 교육적인 삶에 영향을 줄 것이다. 그 전체는 알 도리가 없고 점차 입증되어야 할 과제이다. 많은 사람들이 교육적인 삶이 보람 있는 것임을 알고 있음에도 불구하고 여러 가지 불리한 여건 때문에 그것을 제대로 하지 못하거나 혹은 중단하는 경우가 많다.[19] 따라서 그 여타의 세계들이 어떤 방식으로 교육적인 삶을 증진시키고 억제하느냐 하는 점도 응분의 관심을 기울여야 한다.

12.6 교육의 목적

삶에 가치와 의미를 부여하는 것은 그 목적이다. 목적이 없는 희망은 지속되기 어렵다. 그렇다면 교육의 목적은 무엇인가? 이 질문에 대한 백인백색의 불일치는 본위선택의 조건에서 벗어난다. 그런데 이제까지 사이비교육학은 그 문제를 해결하기는커녕 오리려 그 혼란을 더욱 가중시켜 왔다. 그 이유는 교육의 목적을 말하기 전에 교육 자체가 무엇인지에 대한 엄중한 해답이 필요함에도 그 부분에서 무언가 착각하거나 혼동하거나 딴생각을 하고 있기 때문이다.

교육의 고유한 목적은 어느 특정한 개인이나 집단이 멋대로 잡다하게 규정하는 것을 거부한다. 그 목적은 그것의 내재적 가치의 실현에 있다.

---

19) 흔히 사람들은 그 양자를 혼동하기 때문에 후자를 전자의 문제로 규정하는 오류를 범한다.

갑이 묻는다. "왜 교육을 합니까?" 을이 대답한다. "글쎄요? 꼭 이유가 있어야만 합니까? 그 자체가 의미 있는 것 아닙니까?" 이때 을은 교육의 내재적 가치를 이미 실현하고 있고, 갑은 그 고유한 가치에 무지할 뿐만 아니라 그 가치를 훼손하고 있다. 인간된 도리로 당연하고 그 자체 안에서 향유할 보람이 있는 것을 두고 다른 이유를 들어 정당화하기를 요구하는 것은 상대에 대한 큰 결례이다.

우리는 호흡하듯이 교육한다. 그 목적은 더욱더 열심히 교육하는 것뿐이다. 혹은 교육을 한 번 더 하는 것이다. 교육이 그 자체로서 추구할 가치가 있다는 말은 그로 인해서 얻어지는 소득을 부인하는 것이 아니다. 전자를 부각시키기 위해서 후자를 고려에서 제외했을 뿐이다. 그렇게 함으로써 비로소 그 내재적 가치와 외재적 가치가 동시에 실현될 수 있다. 교육을 오로지 외재적 가치를 추구하는 도구로만 생각하는 것은 그 내재적 가치의 소중함을 훼손하는 편협한 사유방식이다.

교육은 다른 특별한 일이 없는 날에 마른풀을 마련하는 농부의 작업과 같다. 교육을 교육답게 한다면 그것이 여타의 것들에 주는 영향이 있을 것이며, 그 영향이 좋은 것이라면 그것은 내재적 가치에 부수하는 부가적 가치라고 할 수 있다. 이는 미리 규정되는 것이 아니라 꾸준하게 발견하고 입증되어야 할 성질의 것이다. 교육 이외의 세계가 다양한 만큼 그 발견의 과제와 그 발견된 사실에 부과하는 가치기준 역시 다양할 것이다. 그 외재적 가치들은 그 총량에서 그 내재적 가치를 훨씬 능가한다.

교육의 고유한 목적은 그 자체를 제대로 하는 것과 그로 인한 각종 외재가치의 총체다. 다다익선(多多益善). 그 내재와 외재의 가치총량이 바로 교육의 가치에 해당한다. 부산물이 때로는 제품 자체보다 더 가치 있는 경우처럼 교육의 외재적 가치의 비중이 더 크다. 교육의 외재적 가치가 얼마나 광범위한 것인가 하는 주제는 제14장에서 별도로 다루어질 것이다. 그렇다고 해서 그 파생되는 제반 외재적 가치들의 특정한 일부를 위주로 교육을 진행한다면 교육의 내재적 가치가 손상될 위험성이 따른다. 효용과 기능만을 목표로 삼아서는 참된 교육이라고 할 수 없을 뿐만 아니라 그 수단의 가치를 실현하고 나면 교육에서 등을 돌리기 때문이다.[20]

앞서 교육의 목적을 교육의 내재적 가치와 그 외재적 가치의 실현으로 규정했는데, 겉으로 보기에 그 후자, 즉 그 외재적 가치에 대한 논의는 결과위주의 교육관의 것과 얼핏 같아 보인다. 교육의 기능을 말한다는 점에서 양자의 논의가 일치하지만 그 차이는 참으로 크다. 결과위주의 교육관은 특정한 결과를 바람직한 것으로 규정하고, 그것을 달성하려고 하는 모든 것들이 바로 교육이라는 일종의 논리적 순환론의 기만에 빠진다. 이와 대조적으로, 교육본위론은 교육의 한계를 먼저 규정하고, 그것이 여타의 가치실현에 얼마나 공헌할 수 있느냐를 따진다. 그 기능은 개념적으로 규정하는 것이 아니라 사실에 의해서 입증되어야 하는 부담을 지닌다.

교육의 기능을 논의할 때, 교육은 여타 세계를 위한 수단의 위치에 서며, 수단인 이상 다른 수단과 비교하여 그 가치를 평가받아야 한다. 이와 관련하여 교육이 어떤 비중의 기능을 할 것인가를 저울질해 볼 수 있을 것이다. 그 비교의 대상은 많겠지만 인간성을 변화시키는 여타의 메커니즘, 예컨대, 학문화, 조건화, 사회화, 문화화, 교조화, 주입, 훈련, 선전, 세뇌, 고문, 상담, 심리치료, 약물투여, 뇌엽 절개 등이 될 수 있겠다. 교육의 외재적 가치는 그 여타의 인간성 변화의 방식들과 경쟁하는 방식으로 입증되어야 한다.

앞서 세속적 가치를 논의하는 가운데 공적인 부분과 사적인 부분을 구분하였는데 그런 가치의 공유에 있어서 교육과 여타 과정의 효율성을 비교하는 것도 고려되어야 할 중요한 사항이다. 이 부분에서 교육이 다른 메커니즘에 비해서 모든 부분에서 유리할 것이라는 단정은 어렵다. 공생적 합의가 요청되는 공적 가치의 실현과 유지에는 조건화, 사회화,

20) 물을 마시고 나자마자 우물에서 등을 돌린다. 물고기를 잡고 나면 통발을 잊어버린다. 이처럼 목적을 이루고 나면 그 수단에 더 이상 구애되지 않는 것이 인지상정이다.

문화화 등이 교육보다 더 유리한 수단이 될 수도 있다. 세속계의 사적 가치를 추구함에 있어서는 이른바 "입시위주의 교육"이나 "사교육"과의 경쟁을 생각해 볼 수 있는데, 그 경합에서 교육에 유리하다고 단정하기는 어렵다. 사실이 그렇다면, 교육이 만능의 수단이 될 수 없음이 입증되는 셈이다.

다음에는, 수도계본위의 가치작용과 교육계본위의 가치작용을 비교해야 한다. 수도계의 경우, 최첨단의 품위가 그 이하를 지배한다. 그 계산에 따른다면, 그 첨단의 품위에 일치하는 제반 수단이 동원될 수도 있지만, 가치의 강제라는 딜레마에 빠진다. 강제되는 품위는 그 가치 자체를 유지하지 못한다. 다른 한편으로, 교육은 수도계적인 귀족주의가 정지되는 곳이다. 교육은 그 귀족적 특성을 인정하면서도 각 품위를 교육의 소재로 동등하게 활용하기 때문에 강제라는 위험성을 완충하며, 그 과정을 통해서 교육적 주체는 자신의 현품의 위치에서 소재로 택한 품위의 가치를 검증하고 체험할 수 있다. 자신의 체험이 타인에 의해서 수락됨으로써 그만큼의 보편적 가치로 인정받을 수 있다. 그 점에서 수도계의 가치공유의 수단으로서 교육은 어느 다른 수단보다도 우월적 위치를 차지할 수 있을 것으로 짐작된다.

12.7 교육발전

발전은 막힘없이 뻗어가는 창달을 의미한다. 역사는 인간에 의해서 구성되며, 그 책임은 맹목적 낙관주의를 넘어서야 한다. 예나 지금이나 그 발전에 대한 인간의 소망은 진행되고 있다. 국가단위의 설계는 정치, 경제, 사회, 문화, 종교, 교육 등 각 분야의 종합적인 면모를 포괄한다. 한때 우리나라에서 사회의 전반적인 후진성을 탈피하고 하루 속히 선진국 수준에 도달한다는 취지에서 발전론이 대두되었으며, 그 발전계획을 보고하라는 과제가 각 분야의 연구소에 주어진 적도 있었다.

한국교육개발원은 몇 년의 시간 간격을 두고 주기적으로 "정치, 경제, 사회, 문화 발전을 위한 교육"이라는 보고서를 발표한 바 있다. 이런 주제는 교육이 오로지 여타 분야의 발전을 위한 수단이라는 취지를 대변한 것이다. 이와 관련하여 먼저 논자의 부끄러운 과거사를 공개하여야겠다. 논자는 그 가치 도착을 문제시하고 "교육발전을 위한 정치, 경제, 문화"라는 취지를 살리려는 뜻에서 그 계획에 참여하게 되었다. 그 취지까지는 예나 지금이나 마찬가지다. 수치스러운 것은 그 다음이다.

표방하는 취지를 살리려면 우선 교육발전에 대한 모종의 관점이 있어야 하는데, 그 명분은 그럴듯하게 새로운 것으로 대체하였으나 막상 그에 대한 실질적인 제안을 제시할 수 없었다.[21] 당시까지 "교육심리학자"라는 용병학자의 일원에 불과했던 논자는 그 부분을 자아실현 정도의 개념으로 얼버무렸던 것으로 기억한다. 그 부분에 대한 뼈저린 자각과 반성이 지금의 교육학의 재건작업으로 이어졌다. 비록 늦었지만, 이제야 여기서 교육발전에 대한 분명한 입장을 밝힐 수 있어 다행스럽게 생각한다.

교육목적의 경우가 그러했듯이, 교육발전의 개념도 지금의 상황에서는 단순명쾌하게 규정될 수 있다. 한마디로, 교육발전은 어느 곳 어느 때나 교육의 수레바퀴가 힘차게 돌아가는 상태로 볼 수 있다. 양적인 측면과 질적인 측면이 고려되어야겠다. 양적으로 볼 때, 얼마나 많은 인구가 교육적인 삶을 활성화하여 향유할 수 있느냐 하는 대중성을 의미한다. "교육의 생활화"라는 쉬운 표어가 이를 잘 대변할 수도 있겠다. 교육은 그 자체의 내재적 속성에 충실한 방향으로 진행되어야 한다. 질의 측면에서는 여타의 세계와 구분되는 교육의 고유성과 내재성이 좀 더 증진되는 것을 의미한다.

먼저, 그 양적인 측면을 생각해보자. 이는 공간적으로 가정, 학교, 직장, 가상공간, 기타 모든 삶의 구석구석에서, 남녀노소를 막론하고 되도

21) 한국교육개발원 편(1986). 2000년을 향한 국가장기발전구상: 교육부문. 민족문화문고.

록 많은 사람들이, 좀 더 많은 교육의 기회를 접하면서, 되도록 많은 교육적인 경험을, 자주 그리고 풍부하게 하는 상태를 상정할 수 있다. 품위의 수준에서 평균에 속하는 사람에게 전 인구의 반은 선진이고, 전 인구의 반은 후진이다. 사람들이 상구하고 싶을 때 마음껏 상구하고, 하화하고 싶을 때 마음껏 하화할 수 있는가? 일상에서 교육의 논리와 원리가 적용되는 범위는 얼마인가? 얼마나 많은 사람들이 교육적인 삶의 보람과 긍지를 지니고 사는가? 이처럼 그 양적 지표가 분명하다. 하루에 최소한 한 명의 스승과 한 명의 제자를 확보할 수 있다면 조화로운 교육적 삶을 영위할 수 있을 것이다.

다음에, 그 질의 문제를 생각해보자. 교육은 그 자체이며, 그 고유한 가치는 자체에서 나오기 때문에 그 자체만을 고려할 때 "나쁜 교육"과 "좋은 교육"이 따로 존재할 수 없다. 그 자체의 내재율에 비추어 미숙한 교육과 잘된 교육의 구분이 가능할 뿐이다. 그 내재율을 충족시킬 수 있어야 한다. 앞 절에서 교육의 목적을 "교육을 제대로 하는 것"이라고 규정했다. 그 단순함 안에는 "제대로"라는 엄중함이 포함되어 있다. 적당히 해서 교육의 가치가 실현되기는 어렵다. 그 실현에는 노력이 필요하다. 일상 사태는 그 정도에 있어서 저급과 고급의 교육이 구분될 수 있다.[22] 대중의 그 수준을 낮은 곳에서 점차 높여 양질의 교육을 실현하는 것이 교육발전에서 고려해야 할 또 하나의 측면이다.

교육발전의 지향점은 최대다수의 최고급의 교육이다. 교육은 단지 다른 것을 위한 수단이기 이전에 그 자체인 교육을 사랑하고 그 삶을 향유할 여지가 있다. 교육을 본위로 하여 생활하는 사람들에게 있어서 "잘 산다."라는 것은 교육을 제대로 하면서 산다는 것을 의미한다. 그 여지를 생략하고 그 다른 것의 목표를 달성하는 효과적인 수단으로만 치부한다면 삶은 그만큼 공허할 것이다. 교육을 사랑하는 사람에게 그것을 포기하라는 삶의 조건은 삶의 포기와 다름 아니다. 따라서 정치에서의

22) 여기서 "저급"과 "고급"이라는 용어의 사용은 학교체제에서 말하는 "초등", "중등", "고등"과 구분하기 위함이다.

정의의 부재, 경제적인 빈부의 격차, 사회적인 불평등, 문화의 빈궁 등의 문제를 다루듯이 교육의 빈부도 중요한 삶의 지표로 등재되어 관리되어야 한다. 교육의 향유는 계층, 인종, 국가, 종교, 사회계층, 빈부, 지역, 생활공간에 따라 차이가 날 것이다. 품위의 종류와 수준에서 차이가 있을 수 있다. 그 각 부문에서 부당한 차별을 두지 않고 교육적인 삶을 구현하도록 하는 보장이 국가의 발전계획과 정책에 반드시 포함되어야 할 것이다.

교육발전의 반대는 그 부진이다. 이와 관련하여 다시 한번 심각하게 반성해 보아야 할 것은 교육의 부재보다는 그 인식의 부재이다. 교육은 삶에서 사실상 불가피하며 사람들은 그 필요에 부응하기 때문에 교육적인 삶은 지금도 일상에서 진행되고 있다. 모든 사람들이 각각의 품위의 역량에 부응하여 사실상 교육적인 삶을 향유하고 있음에도 불구하고, 다만 우리의 개념의 오류나 부재로 인해서 제대로 관리되고 있지 않거나 외면하고 있는 실상이다. 그 삶의 정당성을 주장하거나 혹은 그 삶이 부당하게 침해받아도 항의할 개념체제나 용어가 부족하다. 그 무시되고 외면된 부분을 깨우치고, 이제 새로운 관점으로 다시 교육의 발전에 시선을 돌려 살펴야 한다.

사람들이 교육적인 삶을 구가하게 하는 이상적인 상황을 교육의 유토피아(edutopia)라는 용어로 표현할 수도 있겠다. 유토피아는 현실 속에서 완전하게 실현될 수 없다는 것을 지칭하지만 지향점을 이념적으로 유도한다. 삶에는 꿈이 필요하고, 그것이 굳건한 실천의지와 결합할 때 놀라운 현실로서 우리 앞에 다가올 수 있다. 교육발전을 실현시키는 실질적인 방법은 무엇인가? 여기에는 크게 두 가지 축이 있다. 그 하나는 교육을 통해서 교육의 주체적 능력을 향상시키는 메타교육이고, 다른 하나는 교육을 둘러싼 제반 외부적 여건들의 지원을 받는 경로이다. 그런데 흔히 교육여건의 문제를 교육의 문제로 오인하거나 혹은 교육의 문제를 여건의 탓으로 돌리는 혼동이 비일비재하기 때문에 그 각각을 구분해서 따로 논의할 필요가 있다.

메타교육은 교육발전의 토대를 교육 자체에 의존한다는 점에서 내재적 방법이라고도 말할 수 있다. 교육은 그것을 수행할 능력과 의사가 있는 사람의 것이다. 놀이로서 교육은 유능한 주체를 요구한다. 그들의 지지에 의해서 교육의 내재적 가치가 유지될 수 있다. 그런 주체적 과제를 소홀히 하면서 교육결손의 책임을 외부에 전가하는 무력감은 극복되어야 한다. 모든 사람을 위한 교육을 목표로 삼는다고 할 때, 문제가 되는 것은 교육할 수 있는 역량이다. 그 역량은 자연에 의해서 단순히 주어진 것이 아니라 가능성으로 잠재되어 있다. 그 가능성을 교육을 소재로 하는 교육을 토대로 발현할 수 있다. 그 세부적인 부분은 제13장에서 다루어질 것이다.

다른 한편으로, 삶의 한 부분으로서 교육은 여타의 삶과 복합된 상황에서 진행된다. 논자는 학문적으로 교육의 정체성을 밝힘에 있어서 이제까지 교육외재의 것에 배타의 원칙을 취했다. 그런데 실제 삶의 현장에서 교육은 진공상태로 홀로 존립할 수 없다. 미시적으로 교육놀이는 멍석깔이가 필요하다. 거시적으로 교육은 정치, 경제, 사회, 문화, 종교 등 다른 여타의 세계와 상호작용하면서 그 각각의 생태적 환경에서 자생력을 가질 수 있어야 하며, 이를 위한 여건의 선택과 조성이 불가피하다. 그 우호적인 지원의 부분에서 포용과 선택의 원칙이 적용되어야 한다. 그 세부적인 부분은 제14장에서 다루어질 것이다.

위의 방법적 경로를 통해서 교육의 공간을 확장해 나가는 것이 교육발전의 과제다. 교육은 모든 삶의 영역에 침투하여 그 각각의 생태적 환경에서 자생력을 가질 수 있어야 한다. 그 부분에서 오로지 대규모의 국가적 관여와 개입만을 기대해서는 안 될 것이다. 교육할 수 있는 능력이 없는 사람이 그 여건의 불비만을 탓하는 것이나 혹은 교육여건의 불비를 교육능력의 탓으로만 전가시키는 것, 모두가 책임회피다. 교육적 주체의 자격과 그 주체의 역량을 뒷받침하는 양호한 여건을 갖추는 것이 교육발전의 요체라면 개인이 맡아야 할 책임도 분명히 있다. 각자는 자신이 처해 있는 구체적인 처지가 어떤 것인지를 분석하고 그에 적합한 전략을 취해 나가야 할 것이다. 제15장에서 가정, 직장, 가상공간의 사례를 분석할 것이다.

교육공간의 확장이라는 과제와 관련하여 가장 문제시해야 할 것은 학교의 허장성세다. 오늘날 대부분의 젊은이들이 학교 안에서 생활한다. 그 양적인 측면에서 학교가 교육발전에 가장 큰 공헌을 할 여지가 많지만 그 내실은 놀랍게도 부진하기 짝이 없다. 학교가 교육하는 곳이라는 인식은 아직도 현대생활을 지배하는 살아 있는 신화다. 우선 이 신화는 학교 밖의 교육을 외면하게 한다는 점에서 잘못을 저지르고 있다. 더욱 직접적인 오류는 학교 안에서 진행되는 교육외재와 교육내재를 분별하지 않는다는 점이다. 이제 새로운 질문을 제기해야 한다. 교사나 학생이 학교에서 얼마의 교육적인 삶을 보장받고 있는가? 이 주제는 제16장에서 다루어진다.

제13장
메타교육의 양태

앞서 교육의 발전이라는 과제를 해결하는 두 가지 통로로서 메타교육과 여건의 개선을 들었다. 그 가운데 전자는 후자에 선행해야 할 조건이다. 아무리 여건을 개선한다고 하더라도 교육할 수 없는 사람에게는 무용하다. 본 장은 그 첫 번째의 과제를 논의할 것이다. 하나의 세계의 정체성은 외부의 지원을 받지 않고 그것을 그 자체의 역량에 의해서 그 정체성을 유지할 수 있는 자율적인 장치를 가질 때 보장된다. 교육을 소재로 하는 교육, 즉 메타교육은 그 자구책이자 핵심 동력이다. 교육은 그것을 체험하는 사람에게만 실재하며, 그 자체를 진정으로 이해하고, 사랑하고, 실현하는 주체에 의해 유지된다. 메타교육이 그런 주체를 양산하는 통로다.

13.1 교육발전의 자율조정장치

우리는 알게 모르게 서로 영향을 주고받으면서 변화한다. 부모, 친구, 교사, 직장동료, 네티즌, 목사, 정치가, 대중선동자, 선전과 광고업자, 매체제작자, 기업가, 사회적 이상주의자, 모리배꾼들은 온갖 수단을 동원하여 타인을 자신의 목적에 맞게 조작하려고도 한다. 자체의 이익을 도모하기 위해서 회유, 위협, 강요, 여론조작, 교조화, 조건화, 선전, 선동, 세뇌, 고문 등 비교적 그 의도가 분명한 것에서부터 우리 자신이 조작되고 있다는 사실조차 알지 못하는 교묘한 과정에 이르기까지 조작의 경연에 참여하고 있다. 인간에 관한 과학적 탐구의 결과에 기초한 기술공학적인 통제와 조작이 그것을 더욱 효율적인 방식으로 조장하고 있다. 대중은 그런 올가미에 빠져 자신도 모르게 그들의 꼭두각시나 앞잡이가 된다.

자기 자신의 주인이 아니면 아무도 자유롭지 못하다. 일생 동안 주어진 가능성의 일부만을 반복하도록 강요하는 오늘날의 대중사회와 그 안의 온갖 조작의 소용돌이와 거미줄에서 누구나 자신의 정체성을 자신이 결정하는 통로를 갈구한다. 교육이 그 통로에서 대기하고 있다. 본서는 이제까지 교육이 온갖 조작의 대척점에 위치한다는 사실을 드러내려고 하였다. 교육은 이렇게 위협받고 있는 인간성을 본래의 면목으로 되돌리거나 혹은 대중이 적어도 다른 출구를 찾게 하는 오아시스나 청량제의 역할을 한다. 교육은 인간성 가운데 슬기롭고, 아름답고, 착하고, 인간으로서 자랑할 만한 부분, 즉 품위를 서로 협조하여 탐색하고, 실험하고, 실현하고, 공중하고, 공유하는 세계라는 점이 이제 독자에게 어느 정도 부각되었을 것으로 기대한다.

삶의 오아시스로서 교육은 시공을 떠나 우리의 삶의 일부로서 항상 열려 있지만 그 진입은 누구에게나 허용되는 것은 아니다. 교육은 교육적 주체에 의해서 실현된다. 교육을 관리하고 통제할 수 없는 사람에게는 그 열린 문은 닫혀있는 것이나 다름없다. 많은 사람들이 능력의 결여 때문에 수많은 교육의 기회를 놓친다. 그렇다면 먼저 그들의 주체적 역량이 문제가 된다. 그 역량은 앞서 지적한 다양한 조작의 기술과 대비된다. 그 특징을 살리기 위해서 이하의 논의에서 이를 교육의 품위라고 지칭하기로 하자.

교육의 품위는 여타의 품위를 향상시키는 품위라는 점에서 이제까지 논의한 품위 가운데 특별한 의미를 갖는다. 이 품위를 갖춤으로써 어느 곳, 어느 때나 제반 품위의 가능성을 개발하고 향유할 수 있다. 지구상의 모든 생물에 비해서 유래 없이 긴 기간의 미숙성과 가능성을 동시에 갖춘 인간에게는 최소한의 교육의 성향과 역량이 유전적으로 주어진 것으로 보아야 한다. 그렇지 않았다면 짐승과 구분되는 인류 고유의 삶은 불가능했을 것이기 때문이다.

그러나 최소한의 원초적 성향이 단지 본능적으로 주어졌다는 말로는 부족하다. 그 일차적인 소여도 개발되지 않으면 안 된다. 교육의 품위는 사람들마다 차이가 크다. 어떤 사람은 교육적인 삶을 영위하는 데 서툴고 다른 사람은 능숙하다. 그 개발의 출발점이 어디에 있든 간에 그 단계로부터 얼마만큼 교육의 역량이 향상될 수 있는지 현재로서 단정할 사람은 아무도 없다. 그 역량을 꾸준히 향상하도록 돕는 일은 인간이 자신의 역량으로 인간답게 살아가게 하는 사활의 과제다.

그 과제를 수행함에 있어서 가장 큰 장애의 하나가 교육적 주체로서의 자신에 대한 몰지각이다. 자기포기의 기이한 사태는 놀랍게도 교육의 전문기관으로 자처한 학교체제의 출현과 관련되어 있다. 대부분의 사람들은 교육의 과제를 국가나 전문가에 맡기고 무력한 방관자로 처신한다. 인간의 존귀한 특성인 품위를 실현하고 입증하는 책임을 이 세력에 맡긴다. 다른 한편으로, 학교체제는 그 구성원의 교육적 주체성을 억압하거나 무시한다. 학교체제가 학생들에게 부여하는 "피교육자"라는 용어가 이를 잘 대변한다.

누차 강조해 왔듯이, 교육적인 삶은 일상생활의 일부를 차지하고 있다. 이를 떠난 하루나 이틀을 상상하기조차 어렵다. 누구나 이처럼 스스로 교육적인 삶을 영위하고 있다. 그럼에도 불구하고 학교체제의 등장과 더불어 학교 밖에서 생활하는 일반 사람들조차도 교육적 주체로서의 자신의 존재를 의식에서 제외시키는 분열현상이 일어나고 있다. 사이비교육학이 그 분열을 조장하는 역할을 한 것도 사실이다. 교육학의 재건과 함께 그 분열현상을 점차 극복해 나가야 한다.

오늘날의 국민국가란 획정된 영토 안의 주권을 인정한 국민으로 구성된 정치적 단위다. 이들은 그 독립성을 내세워 다른 나라의 간섭을 배제한다. 많은 경우, 국가는 그 목적에 맞게 국민들을 교도하기 위해서 여러 가지 메커니즘을 발동한다. 이는 개념상 교육과는 별개의 것으로 취급될 부분이다. 교육은 국가의 경계를 넘나든다. 국민이 국가체제가 요구하는 허수아비나 노예적인 삶에서 벗어나 그 자주성을 확보하려는 치열한 운동이 활발했던 시절도 있었다.

우리의 논의에서 국가가 국민의 교육을 대행해주리라는 사고방식은 처음부터 제거하기로 하자. 교육적 주체는 개인이기 때문에 그 삶을 대행하는 국가나 혹은 전문가를 상정하는 것 자체가 잘못이다. 급속하게 변화하는 수도계일수록 어떤 추세에 따라가는 결과보다는 그 과정의 습득이 더욱 중요하다. 그 과정 자체의 내재적 가치가 여기에 추가된다. 이 이중의 가치를 지키고 향유할 주체는 국민이라는 정치적 개념의 범주를 넘어선다.

국가가 교육의 주체가 될 수 없다면, 국가가 교육에서 차지하는 역할은 무엇인가? 그것은 바로 교육의 환경으로서의 강력한 기능이다. 그 여건이 반드시 교육에 유리한 것이라고 볼 수는 없다. 그 때문에 국가가 교육의 여건으로서 역행하는 세력이 아니라 지원하는 세력이 되도록 하는 경계를 소홀히 할 수 없다. 교육에 대한 고급의 국가적 지원은 교육을 상승하게 할 것이고, 교육에 대한 저급의 국가적 지원은 교육을 하향화시킬 것이다.

여건으로서 교육에 대한 지원은 그 내용이 어떤 것이든 간에 지원을 받는 사람들의 교육의 품위에 따라 그 활용도에 차이가 날 것이다. 설령 국가가 아무리 교육에 좋은 여건을 마련한다고 하더라도 교육을 할 수 있고 그 개선된 환경을 활용할 수 있는 교육의 품위가 부족하다면 그 여건의 구실을 할 수 없을 것이다. 그런데 그런 내부의 무능을 제쳐놓고 국가나 외부의 것으로 전가하는 방식이 오늘날의 세태다. 더군다나 그 국가적 지원의 범위는 거의 학교체제에 국한되어 있다.

여건의 개선이라는 것 자체가 중요한 것이지만 서투른 일꾼이 연장만 나무란다는 말이 있다. 오늘날 국가가 관장하는 교육이 고급이냐 저급이냐 하는 것을 문제시할 부분이지만, 학교구성원이 교육적 주체로서의 자각을 접어두고 국가적 여건만을 탓하는 것도 심각한 문제다. 그보다 우선하는 것이 교육의 품위다. 학교교육에 대한 국가적 지원도 학교구성원이 교육의 품위를 어느 정도나마 갖추었을 때 비로소 그 본질에 부합한 실효를 거둘 수 있다.

더욱 중요한 것은 학교의 울타리를 넘어서려는 교육적 주체로서 일반인들의 자각이다. 교육적 주체는 개인이기 때문에 그것을 대행하는 전문기관이나 전문가를 상정하는 것은 자체가 잘못이다. 일반인들은 교육의 문제를 무조건 학교의 문제로 치부하고 방관한다. 교육이 잘못되면 관습적 교육관은 국가를 탓하는 논리를 정당화한다. 이 때문에 개인이 각자 담당할 교육적인 삶을 회피할 뿐만 아니라 학교교육에 대한 견제와 지원세력으로서 기능을 제대로 수행할 수 없게 한다. 교육의 품위를 향상시키는 것이 교육의 발전에 절실히 요구되는 것은 이 때문이다.

그에 따른 실제적인 문제를 따져야 하겠지만, 그 이전에 메타교육 자체에 대한 이론의 이해가 요구된다. 알고 살펴야 하기 때문에 그 내용이 어떤 것인가 하는 다소 복잡한 이론적인 문제에 접근해 보기로 한다. 하나의 세계가 정체성과 자율성을 갖추는 가장 중요한 요인은 그것을 유지하는 내부의 장치를 확보하는 것이다. 그런 자구책이 바로 교육이 교육을 재생산하는 메타교육이다. 교육을 소재로 하는 교육은 일견 개념상의 모순을 포함하는 것처럼 보인다. 왜냐하면 본서는 이제까지 교육계와 수도계는 별개의 세계이며, 전자는 후자의 품위를 소재로 진행된다는 논리를 펴 왔기 때문이다. 품위는 수도계의 속성인데 어떻게 교육이 수도계의 위치에 설 수 있는가?

그 의아심은 극히 평면적인 판단으로부터 기인한 것으로서 그 차원을 달리하면 해소될 수 있다. 교육의 품위가 교육의 소재로 사용되면 그 소속이 수도계적인 맥락으로 전환된다. 마치 자동차가 자동차를 싣고 가는 경우, 후자는 자동차의 위치에서 화물의 성격으로 전환되는 경우와 마찬가지다. 다른 예를 들 수도 있다. 포식동물은 언제나 그 위치에 있는 것은 아니다. 같은 동물이 다른 포식동물의 피식동물이 될 수도 있다. 마찬가지로 교육이 메타교육의 소재의 위치에 설 때, 이는 수도계의 특수한 사례의 하나로 편입되며, 교육의 품위가 교육을 위한 소재가 된다고 보면 된다.

교육과 소재로서의 교육의 관계가 어떤 양태일지를 살펴보기로 하자. 〈그림 13-1〉은 특정한 소재(X)를 중심으로 진행되는 상구교육(AE)과 하화교육(DE)을 하나의 큰 범주로 상정한다. 그리고 그 범주를 소재로 하는 다른 한 축의 교육을 확장하여 보여준다. 후자에서는 그 소재가 X가 아니라 상구교육(AE)과 하화교육(DE)이 된다. 이를 1차소재와 2차소재로 구분한다.

오른편 그림에서 2차소재의 국면이 적어도 다섯 가지로 성립한다. 상구의 품위를 소재로 하는 상구교육, 상구의 품위를 소재로 하는 하화교

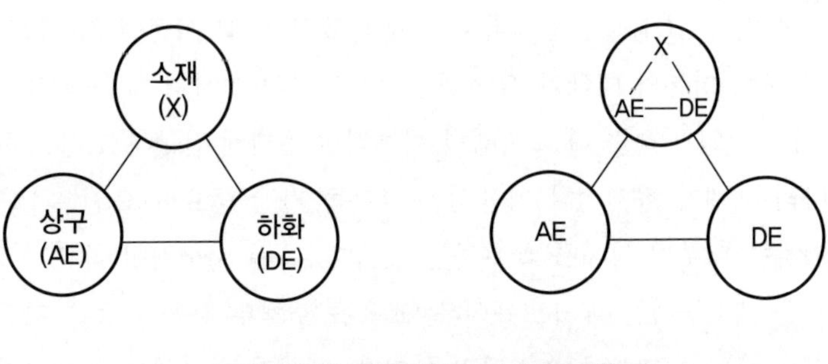

〈그림 13-1〉 메타교육과 그 2차 소재

육, 하화의 품위를 소재로 하는 상구교육, 그리고 하화의 품위를 소재로 하는 하화교육이 그것들이다. 여기에 물론 교육적 교섭을 소재로 하는 교육적 교섭이 첨가된다. 각자가 먼저 상구하는 방법을 상구하고, 다음에 하화하는 방법을 상구한다면, 그 교육적인 교섭이 더욱 원만할 것이다. 상구의 하화와 하화의 하화는 이에 대응한다. 교육을 상구와 하화보다 더 작은 단위로 세분하는 경우, 그 양상은 더욱 복잡해질 것이다.

〈그림 13-1〉에서 보듯이, 메타교육은 그 내재적 가치를 향유하면서 동시에 그 가치를 입증하는 특별한 경로이다. 이처럼 교육발전의 원동력을 그 내부에서 조성하는 과정이 활성화한다면 교육의 창달을 가능하게 할 뿐만 아니라 그것을 통해서 교육의 질적인 수준이 향상되는 것을 체험할 수 있을 것이다. 이제부터 그 세부적인 사항들을 추궁해보기로 한다.

13.2 교육의 품위

제8장의 〈교육의 소재〉에서 이미 품위의 범위나 다양성에 대한 것을 살핀 바 있다. 교육의 품위는 품위 일반의 속성을 지니지만 그 종류에 있어서 교육적 체험이라는 특수성이 가미된 것이다. 교육이라는 제한된 경계 안에서 적용되는 일관성 있고 모순 없는 특정한 체험구조이다. 교육의 질을 결정하는 품위를 처음부터 갖추고 태어난 사람은 없다. 이 역시 후천적으로 분화하여 형성되기 때문에 교육을 할 수 있느냐 혹은 교육을 할 수 없느냐 하는 이분법의 적용은 부적절하다. 그 높고 낮음의 상대적인 비교만 가능하다.

교육의 원초적인 성향은 일단 누구에게나 평등하게 주어져 있다고 볼 수 있다. 부귀공명의 높은 지위를 차지한 사람이 교육의 품위도 높다는 보장은 없다. 경제적인 여유가 있다고 해서 그 재력으로 교육의 품위를 구매할 수도 없다. 소수의 특수계급이 그것을 독점할 수 있는 것도 아니다. 사회적 지위와는 별개의 노력을 통해서 후천적으로 습득되어야 할 것으로 한 개인의 삶의 질을 결정하는 또 하나의 중요한 요인이 된다. 사회적 지위와 교육 양자 사이의 상관관계는 경험적으로 입증되어야 한다.

교육의 품위는 여타 수도계의 품위(X)와도 구분된다. 그 구분을 더욱 분명하게 하기 위해서 전자를 E품위로 표기하기로 하자. 수도계로서 그 각각의 내재적 가치는 독립적이며, 따라서 그 각각의 개인이 차지하는 품위 역시 상이하다. 실제로 낮은 X품위에서 높은 E수준의 교육이 진행될 수 있고, 높은 X품위에서 낮은 E 품위 수준의 교육이 진행될 수도 있다. 그 고하의 범주차이를 드러내기 위해서 X의 축에서 "초등", "중등", "고등"이라는 용어를 쓰고, E축에서는 초급, 중급, 고급이라는 용어를 별도로 사용할 필요가 있을지도 모르겠다.[1)]

E품위가 X품위보다 더 특수하고 중요한 특성을 지니고 있는데 그것은 바로 전자가 모든 후자의 품위를 공유하고 공환할 수 있게 하는 토대이고 씨앗이라는 점이다. 인간에게 혹은 개인에게 아무리 광범위한 가능성이 잠재해 있다고 하더라도 실현되지 않으면 아무런 쓸모가 없다. 교육은 품위의 가능성을 실현시킬 수 있는 가능성이며, 그 점에서 가능성 가운데 가장 우선해서 실현시켜야 할 가능성이다. E품위가 그 핵심을 차지한다.

그 중요성은 일상의 비유를 들면 잘 드러난다. 이렇게 자문해보자. 그대는 곡식을 원하는가, 혹은 농사짓기를 원하는가? 창고 속의 곡식을 원하는가, 혹은 창고를 여는 열쇠를 원하는가? 열 마리의 물고기와 물고기를 잡는 방법을 아는 것 가운데 어느 것을 취하겠는가? 불을 빌리는 것과 부싯돌을 얻는 것 가운데 어느 것이 더 중요한가? 물을 얻는 것과 우물을 파는 것 가운데 어느 것이 더 근본적인 해결인가? 바보가 아니라면

1) 대학교수가 초등학교교사보다 더 잘 가르친다고 할 수 있는가? 그 질문은 매우 거칠고 엉성하지만 그 안에는 하화의 고유가치가 무엇인지에 대한 해답을 얻을 수 있는 단서가 포함되어 있다. 하화의 품위는 그 X소재의 품위와는 별개의 것이다.

후자를 탐낼 것이다. 마찬가지로, 삶에서 X품위를 지니는 것보다는 E품위를 얻는 것이 더욱 중요하다. 그럼에도 불구하고 흔히 일상의 삶에서 E품위의 왕자가 개구리로 취급받는 것은 그 경중에 대한 판단착오 때문일 것이다.

E품위는 여타의 품위를 공유하고 공환할 수 있게 하는 토대이고 씨앗으로서 독자적인 위계를 이룬다. 각 개인은 그것에 근거하여 교육을 규정하고, 계획하고, 대처하고, 실천하고, 평가한다. 모든 것이 끊임없이 더 본질적인 정체성을 탐색하고 있다는 사실은 교육 자체에도 적용된다. 그 불평등성을 판별하는 기준에 대한 해답은 모든 소재영역이 그러하듯 그 내재성, 순수성, 유형의 세련성, 일관성 등과 관련하여 다양한 방식으로 규정될 수 있을 것으로 본다.

논자는 그 발전과정의 어떤 수준을 드러낼 수 있는 제반 그 내재적 변인들(intrinsic variables)을 제시한 바 있다. 이미 언급된 교육의 내재율에 충복하는 정도(제9장), 교육본위의 인간적인 측면에서의 차이(제10장), 교육본위의 활동의 습득 정도(제11장), 교육본위의 가치에 부합하는 생활태도(제12장) 등이 그것이다. 이론적으로 말한다면, E품위의 총체는 그 모두를 아우르는 조화라고 말할 수도 있겠다. 교육품위의 범위는 크거나 작을 수 있다. 교육의 하위영역인 상구와 하화의 품위는 상이하기 때문에 그 세부적인 개별성을 분리하여 고려할 수도 있을 것이다.

교육은 본질상 완벽과는 거리를 두는 세계이다. 완벽한 교육은 허구다. 앞의 기준을 모두 갖춘 사람은 현실적으로 존재하기 어렵다. 모든 사람들은 일상의 삶의 실제에서 그 완전과 불완전의 어느 중간의 E품위로 그럭저럭 교육에 참여한다고 보아야 한다. 앞서의 용어를 빌리면, 아주 저급에서 고급의 것까지 수준의 크고 작은 차이가 있을 것이다. 선진과 후진이 일반적으로 불평등하듯이, E품위는 교육의 불평등을 야기하는 요인의 하나다. 그 현품을 넘어설 수 없다.

E품위의 차이는 "훌륭한 교육", 혹은 "바람직한 교육"을 규정하는 기준의 차이로 작용하기 때문에 선진과 후진 사이에 그 수행은 물론 평가

의 사태에서 불일치가 일어날 수 있다. 그 차이에 따라 "교육을 잘 하라."라는 지시의 의미가 달리 해석된다. 선진의 지시를 후진은 그 현품의 수준에서 받아들이며, 선진은 그것을 도저히 받아들일 수 없다. 그 갈등의 가능성에 대처하는 방법은 그 품위의 차이를 인정하고, 그 차이를 해소해나가는 순차적인 단계를 밟는 것이다.

환경차별의 내재율은 E품위에 따라 교육의 여건도 달라진다는 논리를 성립시킨다. E품위를 제대로 갖추지 못한 사람들은 아무리 교육의 길이 열려 있고 그 여건이 좋다고 하더라도 그것을 활용하지 못한다. E품위를 제대로 갖추지 못한 사람은 여건을 판별하는 일이 불가능하기 때문에 그 여건 자체를 이용하지 못할 뿐만 아니라 위험을 느끼거나 너무도 부담스럽게 받아들일 것이다. 그에 비해 E품위를 제대로 갖춘 사람이라면, 어떤 외부적 장애와 역경에 봉착하더라도 그 불씨를 잃지 않고 다음 기회를 엿볼 것이다.

메타교육은 바로 그 E품위의 차이에 존재하며 작동한다. 선진과 후진은 그 갈등가능성을 협동교육의 논리로 극복하고 하위의 품위를 상위의 품위로 일치시켜 나가는 과정을 재생시켜야 한다. 교육적인 삶은 강제가 아닌 개인의 선택이다. 개인이 가진 E품위에 따라 메타교육의 소재 선택도 달라져야 할 것이다. 교육의 특질은 미리 설정한 특정한 결과의 재생이 아니라 그 점진적인 과정의 재생에서 드러나며, 그 특질의 점진적인 향상의 체험이 바로 교육의 내재적 가치의 체험과 결부된다.

13.3 교육의 반성적 실천

모두의 매일의 생활 속에 교육의 기회가 열려 있다. "반성적 실천(reflective practice)"이라는 말이 있다. 모든 분야의 실습이 그러하듯이, 단지 교육의 반복이 아니라 거기에 반성과 발전이 추가된다면, 그것은 더 나은 교육을 위한 실습이 된다. 성공적인 교육은 자체를 강화하기 때문에 교육에 대해서 반성하는 시간이 교육했던 시간보다 적어서는 안 된다. 시작과 끝이 반복되는 매번의 교육을 하면서도 사면에 거울을 달아두고 지금 하고 있는 교육의 취약점이 무엇인지, 더 개선될 여지는 없는지, 다음에는 어떻게 할 것인지를 반성해서 실천하는 노력이 필요하다.

교육의 양태는 그 소재의 선택에 따라 달라진다. E품위를 주목하고 그것을 소재로 이루어지는 교육적 교섭의 특성은 그 결과가 아니라 과정에 있다. 그 과정에 작용하는 E품위가 메타교육의 소재이다. E품위는 그 경계 안에 제한된 특수한 체험의 총체적인 구조라는 점에서 그 체험 내부의 창을 통해서 보아야만 그것이 지닌 고유한 의미와 질서를 파악할 수 있다. 그 체험을 그 질서의 내부에서부터 성숙시키는 특수한 과정이 메타교육의 양태라고 할 수 있다.

각자는 자신의 E품위에 따라 그에 적당한 정도의 교육적인 삶을 영위한다. 그 현품에 구속된 경우, 교육은 그 적당한 상태에 머물 것이다. 그런데 더 나아가 교육적 주체가 자신들의 E품위의 차이를 주시하고, 그것을 소재로 서로 교육적 교섭을 진행할 수 있다. 논자가 메타교육을 교육활동의 일부로 포함시켜 논의한 것은 그런 이유다. 그 활동은 교육을 계획하고, 그 계획을 실행하고, 그 과정과 결과를 관찰하고, 얻어진 증거에 의해서 평가하고, 그 모두를 다음의 계획, 실행, 관찰, 평가의 기초로 삼는 나선형적 과정을 거친다.

교육의 현장에는 X와 E의 두 가지 품위가 언제나 동시에 작용한다. 소재의 결핍을 걱정할 필요가 없다. 그중 X소재는 마음대로 선택이 가능한 것이고, E소재는 처음부터 언제나 주어진 것이다. 이 두 가지 소재의 품위는 반드시 일치하는 것은 아니다. X품위가 높다고 해서 E품위가 높은 것은 아니다. 한쪽이 높지만 다른 쪽이 낮을 수도 있다. 그 소재에 따라 선진과 후진의 위치가 달라진다는 것은 교류교육의 가능성을 열어둔다. 이 부분은 이후(13.7)에 논의할 특수메타교육과 관련된다.

E품위의 진전을 점차 이루기 위해 처음부터 욕심을 부리는 고압제와

저압제는 서로가 서로에게 통제하고 통제받는 각종 타율적인 행동통제와 결부될 수 있기 때문에 금기사항이다. 교육열정을 올바르게 방향 짓는 통로가 필요하다. 자신의 교육활동을 회고하고, 반성하고, 평가하면서 한 단계씩 진전을 꾀해야 한다. 얼마만큼 후진이면 단계별로 차근차근 상구하고, 얼마만큼 선진이면 하강의 내재율에 따라 역시 단계별로 차근차근 하화한다. 그 과정에서 선진과 후진 사이에 심열성복의 동조가 이루어진다. 이 부분에 대한 해명은 후에 논의(13.5)할 교육의 내재적 가치의 습득과 관련된다.

품위는 언어로 전달될 성질의 것이 아니다. 시범과 실습만이 공유의 확실한 수단이다. 스승의 시범과 제자의 실습이 교육적 교섭에서 적절하게 만나야 한다. 스승은 시범을 보일 수 있어야 한다. 스승의 실천이 따르지 못하는 하화의 소재는 말장난에 불과하다. 열 번 보는 것보다 한 번 하는 것이 낫다. 제자는 스승이 시범한 내용을 재생할 수 있어야 한다. 이처럼 스승은 제자에게 하화활동을 하면서 그 하화에 대한 상구의 기회를 가지며, 제자는 스승을 상대로 상구하면서 상구에 대한 상구의 기회를 가질 수 있다. 이때 스승과 제자는 자신의 활동뿐만 아니라 상대의 활동을 소재로 삼을 수 있을 것이다. 타산지석(他山之石)이라는 말처럼 서로를 반사하고 반성할 수 있다.

교육체험의 요소들은 실제로는 서로 연관하여 존재한다. 이 때문에 한 군데의 단위기술로 진전되어야만 한다. 그 부분과 전체의 구조적 연관성, 그 전반적인 맥락과 총체성에 주목하여야 한다. 실습은 시행착오의 과정이다. 한 단계의 체험은 부분과 전체의 관계에서 최선의 균형을 유지하고 있지만 환경과의 상호작용에 의해서 불가피하게 불균형이 유발되며, 새로운 요소가 추가되거나 제거되거나 혹은 관계 전체의 변화가 일어난다. 이것저것을 시도하는 가운데 좋은 것과 나쁜 것이 구분되며, 전자의 것이 선택됨으로써 진전이 이루어진다.

이처럼 체험을 중시한다고 해서 메타교육에서 언어적 매개를 무시해서는 안 될 것이다. 언어는 그 자체로 체험을 대신할 수 있는 것은 아니지만 그 체험의 근거가 있을 때 중요한 전달의 수단이 된다. 교육적 체험이 개념적 의미와 연결되면 그것을 언어로 표현할 수 있으며, 그 언어는 교육적 체험을 전달하는 데 유용하다. 메타교육은 이처럼 교육에 대한 언어의 체득과 더불어 더 큰 결실을 거둘 수 있다. 이 부분은 후에 논의(13.6)할 교육어의 습득과 관련된다.

역사적으로 오랜 전통을 전승하고 발전하는 수도계가 있는가 하면, 당대에 역사의 뒤안길로 사라져간 수도계도 있다. 그 차이는 어디에서 연유하는 것인가? 논자는 교육본위의 인간을 논의하는 자리에서 교육적 진화를 지목했다. 여러 이유를 들 수 있겠지만 메타교육이 그 중심부를 차지하고 있음을 발견할 수 있다. 그중에서도 주목할 부분은 바로 상구를 소재로 하는 성현들의 하화이다. 이들은 거의 예외 없이 제자들에게 상구할 자세를 갖추게 하고 하화를 시도했다. 성현들의 상구의 삶 자체가 제자들에게 모범이 되었다. 이로써 제자들은 스승이 사망한 후에도 상구자의 자세를 견지할 수 있었던 것이다.

이에 더하여 성현들은 거의 대부분 하화에 대한 하화를 잊지 않았다. 그 업적이 오늘날에도 인정되는 성현들의 제자들에게 하화의 모범이 되었다. 뿐만 아니라 이런저런 핑계를 대고 그들의 수제자로 하여금 하화를 대신해 보도록 권유했다. 그 대상은 그 제자의 후진이다. 그런 기회를 이용해서 제자의 하화 품위를 평가하고 그것을 소재로 하는 하화를 수행했다. 오랜 역사를 거쳐서 오늘날의 진화에 이른 수도계의 큰 부분을 메타교육에 의해서 양성된 겹제자가 차지하고 있다. 그들의 다단계 교육이 성현들의 삶을 재현하고 확산시키는 작용을 하고 있다.

13.4 교육의 교육적인 문제해결

교육의 수레바퀴는 그 내재율에 복종하는 한 자전한다. 그것을 정상으로 돌리는 것이 그것을 돌아가게 하는 원천이 되는 것이다. 그 점에서 성공적인 교육은 그 자체가 메타교육의 효과를 발휘한다. 그러나 그렇게 늘 순조로운 것만은 아니다. 삶 자체가 문제투성이다. 교육의 문제도 수시로 일어난다. 그 해결을 회피하거나 미루는 것보다 직면하는 것이 가장 효과적으로 시간과 에너지를 절약하는 방법이다. 그 해결의 열쇠 역시 교육 안에 내재되어 있다.

교육의 장애를 일으키는 근원은 크게 두 가지다. 하나는 교육적 주체로서의 자격의 결여이고, 다른 하나는 여건의 불비이다. 이 가운데 후자를 탓하기만 하면 교육은 진행될 수 없다. 그 조건이 어떤 것인지를 상상하거나 실제로 봉착하면서 자신이 개선할 수 있는 것을 찾아 조성하는 것이 교육여건의 조성이라는 교육활동이다. 그러나 그 문제의 근원이 외재적 여건이 아니라 교육적 주체로부터 비롯될 경우, 그 해결을 스승과 제자 사이에 메타교육에서 찾아야 한다.

그에 대한 논의 이전에 교육의 현장에서 어떤 유형의 문제가 일어날 수 있는지에 대해 미리 예상을 해 보는 것이 좋을 듯하다. 본위선택에 따른 불협화의 가능성이다. 본위의 선택은 내재와 외재의 차이를 규정한다. 교육적 교섭은 선진과 후진 사이의 암묵적 계약에서 출발한다. 그 계약의 첫 단계에서 교육에 대한 본위의 공조가 필요한데, 그 선택에서 불협화가 일어날 경우 곧바로 문제가 발생한다. 그 한편이 세속본위를 취하고, 다른 쪽이 수도계본위를 취한다면, 둘 사이의 목적과 수단의 전도가 일어난다.

구멍이 뚫린 바가지에 물이 고일 수는 없다. 세속 혹은 수도 가운데 어느 것이나 교육본위가 아님은 말할 필요가 없다. 그처럼 이탈한 상태라면 정상적인 교육적 관계의 성립이라고 말하기 어렵다. 이를 정상적으로 되돌리려면 본위의 선택에서 동조를 구해야 한다. 교육 내부에서도 상구와 하화의 구분이 있다. 상구의 여건은 하화이며, 하화의 여건은 상구이다. 따라서 그 본위선택도 중요하다. 상구와 하화의 내재율에서 한쪽이 어긋나면 다른 쪽의 유지가 어렵다. 그 일방성은 오래가지 않는다.

원활한 교육적 교섭을 위해서 서로 쌍방적인 요구를 나누고 조율할 수 있어야 한다. 문제가 생길 때에는 상대의 잘못으로 비방하지 않고, 쌍방에서 인정하고, 서로 내 편에서 반성하고, 개선할 점이 없는지를 찾아야 한다. 스승 쪽에서 하화, 그리고 제자 편에서 상구의 본위선택이 이루어지면 성공이다. 약속은 양쪽에 유익할 때 지켜진다. 교육적 관계에서 스승과 제자 가운데 어느 하나가 교육의 내재율을 따르는 것이 유리하다면 교육적 관계는 정상화의 길로 들어설 것이다.

메타교육의 단계는 그 이후의 문제 사태에서 이루어진다. 앞의 여러 단계를 거쳐서 교육본위의 동조가 이루어져 교육적 관계가 성립한다고 하더라도 E품위의 공조라는 다른 문제가 기다린다. E품위는 교육을 평가하는 기준이기 때문에 그에 따른 선진과 후진은 "좋은 교육" 혹은 "나쁜 교육"에 대한 평가에서 갈등에 봉착한다. 스승이 제자보다 하화의 품위가 더 높다거나 혹은 제자가 스승보다 상구의 품위가 더 높다는 보장은 없다. 그런 불일치는 상호 간의 기대를 어긋나게 한다.

품위상의 차이와 그에 따른 갈등은 교육에서 외면할 수 없는 부분이다. 그 불가피한 문제를 겸허하게 받아들이고 점차 개선의 길을 찾아나서야 한다. 앞서 제11장에서 교육본위의 활동을 논의할 때 "교육적"이라는 수식어를 필요로 하는 항목의 하나로서 교육적 문제해결을 들었다. 삶에서 제기되는 문제는 항상 교육의 소재로서 활용할 여지를 포함한다는 점에서 환영할 바이다. E품위에 차이가 드러나는 장소와 시간에서 언제나 교육이 가능하다.

전 절에서 밝혔듯이 메타교육은 교육의 반성적 실천이며, 이상에서 제기되는 공조상의 불협화 문제를 해결하는 열쇠가 된다. 교육현장에 작용하는 E품위의 존재를 의식하고 그 차이를 있는 그대로 파악하는 것이 메타교육의 첫 번째 순서다. 교육의 내재율에 충실한 메타교육은 품위의 차이를 줄일 것이며, 그로 인한 기대의 동조는 원만한 교육적 진행을 도울 것이다. 그 절차는 여타의 품위의 차이를 찾는 방식과 동일하기 때문에 여기서 부연할 필요는 없겠다.

무엇을 소재로 삼아 하화하든 간에 그 이전에 할 일은 제자의 상구품위를 바로 세워 조율하고, 무엇을 소재로 삼아 상구하든 간에 그 이전에 스승의 하화품위를 세워 조율하는 것이 중요하다. 그 조율은 교육의 내재율에 부응하여 이루어져야 함은 말할 필요도 없다. 이처럼 교육의 문제는 어떤 방식으로든 교육에 의존해서 해결해야 하고, 그 동력 역시 그 내부에서 찾아 발굴할 수 있어야 한다.

교육의 동력으로서 교육열정은 그 내재율을 따를 때 부수하는 현상이다. 스승 쪽의 하화의 열정과 제자 쪽의 상구의 열정이 일방적이거나 화합하지 못하면, 교육적 교섭이 원만하게 이루어질 수 없을 것이다. 교육의 내재적 열정을 가진 사람에게는 교육만이 그것을 만족시키는 수단이며, 그 이외에 다른 대처법이 없다. 그 내재율 가운데 유독 교육열정과 관계되는 부분은 파트너의 E품위를 항상 염두에 두는 접경대면, 미복변신, 표적의 조절이다.

만약 메타교육이 맞는 방향으로 진행된다면, E품위의 불일치와 부조화에 따른 갈등을 다소간 해소할 뿐만 아니라 그 내재율의 일반적 이탈로 인해 손실된 교육열정을 되살려낼 수 있을 것이다. 이 가운데 그 열정 자체가 식은 상황은 정상적인 교육이 아니라는 징후의 하나라는 논자의 주장은 바로 이 사실에 근거한 것이다. 교육의 내재율을 어기면서 교육의 잘못을 탓하기만 하는 사람은 어찌할 방도가 없다.

13.5 교육의 내재적 가치의 증득

교육활동은 그 자체로서 충분한 보상이 되기 때문에 굳이 그 이상의 다른 보상을 추가할 필요가 없다. 문제는 도저히 교육과는 별개의 것들을 "교육"으로 지칭하고 거기에 가치를 부여하는 실태이다. 관습적 교육관은 교육에 치명적인 오점을 남긴다. 학생들은 의무적으로 학교에 다니며, 그 의무적인 생활을 교육의 가치로 산정한다. 이 산법에 따르면, 교육은 할 수 없이 할 수밖에 없는 것이 된다. 이 교육관으로 세뇌당한 일반 사람들은 교육의 내재적 가치에 대한 논자의 주장을 도저히 수긍하기 어려울 것이다.

다른 한편으로, 결과위주의 교육관은 특정한 행동을 목표로 삼고, 그 목표에 일치시키려는 조급한 마음에서 각종 외재적 보상을 추가한다. 그런 특혜와 보상이 장기적으로 정착되면, 그 "교육"은 특혜와 보상을 받기 위한 수단으로 전락한다. 그런 종류의 "교육"은 설사 성공한다고 하더라도 교육의 총체적인 실패를 의미한다.[2)] 교육을 오로지 여타의 목표를 달성하는 수단으로 보는 것은 혀를 음식을 먹는 숟가락 정도로 생각하는 어리석음에 비유할 수 있다. 숟가락은 온갖 음식을 무수하게 접하면서도 그 맛을 음미할 줄 모른다. 이 논리에 속아 교육 자체의 열정을 무시하는 사람은 교육을 잃는다.

이처럼 모든 것을 결과상의 실용성으로 환원하는 사람은 삶이 지닌 가치의 반쪽만을 본다. 다행히도 조물주는 인간을 만들 때 일부러 결점을 주어 교육을 통해서 스스로 그것을 보완하는 보람을 느낄 수 있도록 했다. 논자는 앞에서 메타교육이 손실된 그 열정을 원래의 것으로 되살리는 계기를 제공한다는 주장을 했는데, 메타교육은 그런 계기 이상의 기능을 한다. 그것이 바로 그 내재적 가치의 증득이다. 열정과 가치는 그 속성과 수준이 다르다. 가치는 열정처럼 당장 좋은 것이 아니라 나중의 느낌이 좋은 것이고, 단순히 좋아하는 것이 아니라 그렇게 해야만 하는 것을 좋아하는 것이다.

교육열정은 인간이 진화를 거쳐 하나의 종으로 등장하게 추동한 원초적 성향으로 주어진 것으로서 마치 현 상태에서 최대의 만족, 만취, 쾌락

---

2) 물론, 여타의 내재적 가치가 인정된 기능적 자율화의 경로를 교육과 결부하여 생각해 볼 수 있다. 처음에는 생계유지를 위한 수단으로 혹은 세속계나 특정한 수도계의 목적을 달성하기 위한 수단으로 교육이 출발할 수 있다. 이 경우, 그 목적이 달성됨과 더불어 교육은 소멸할 것이다. 그런 수단적인 활동이 점차 그 자체의 정체성을 갖추게 됨으로써 그 나름의 가치를 인정받을 수 있다. 이는 교육이 단지 외재적 목적에 근거해야 이루어지는 사태와는 전혀 다른 결과이다. 개인의 입장에서도 처음에는 출세를 위한 수단으로 교육계에 진입했다가 나중에는 교육을 위해서 출세를 포기하는 사례도 나올 수 있는 것이다.

과 고통의 원리를 따르는 차원의 것으로 볼 수 있다. 잠재적으로 주어진 교육열정은 상당 부분 상황이 허락할 때에만 촉발된다. 고압제와 저압제의 경우처럼 사태가 여의치 못하면, 교육으로부터 이탈할 가능성이 높아진다. 그 본래의 영역을 이탈하면, 서로가 서로에게 통제하고 통제받는 각종 타율적인 행동통제와 결부된다.

그 때문에 그것을 올바르게 방향 짓는 다른 통로가 필요하다. 그 열정의 방향을 교도하는 것이 바로 가치지향이다. 열정에서 출발하여 가치에 이른다면 처음의 것이 나중에도 좋다는 사실을 입증할 수 있어야 한다. 처음에는 좋았으나 나중에 느낌이 나쁜 것이라면 그 열정은 아직 내재적 가치로 전환된 것이 아니다. 교육은 궁극적으로 그런 한 단계의 전전을 이룬 사람들에 의해서 여타의 여건상의 침해로부터 보호받을 수 있다. 그런 정도의 특수한 가치로 무장한 사람들이 교육을 떠받치고 있는 초석이다.

가치추구의 길은 험하고 걸어가기가 매우 힘들다. 시간의 시련과 경험에 의해서 정제된 방향성을 찾는 경험을 통해서 좋아할 수밖에 없고 결코 싫어할 수 없는 것이 가치다. 교육의 내재적 가치는 누구에게나 인정되는 것은 아니다. 고상한 취미활동이 그러하듯이 교육의 내재적 가치는 오랫동안의 도야와 수련에 의해서만 획득될 수 있다. 그것은 오로지 교육을 내재적으로 체험한 사람에게만 성취되고 입증될 수 있는 가치다. 그것을 체험하지 못한 사람에게 그것을 단순히 말로 전달한다는 것은 불가능하다.

강요하는 가치는 그 자체가 자가당착이다. 가치를 강요에 의해 혹은 상대의 비주체적인 특성에 의존하여 설득시킨다면 그것은 허수아비의 지지와 다를 바가 없을 것이다. 외부의 보상이나 벌에 의존한다면 그것이 없이도 느낄 수 있는 고유한 보람과 만족을 배제하거나 혹은 그 하위의 것으로 추락시키는 셈이다.[3] 이를 거부하는 올바른 가치의 증득은

3) 선행을 권장하고 악행을 버리기 위해서 도덕적인 사람에게 보상을 주고 비도덕적인 사람에게는 벌을 주어야 한다고 생각하기 쉽다. 그러나 좀 더 깊이 생각해보면, 이는 도덕

까다로운 과정을 거쳐야만 한다. 그 과정이 바로 메타교육에 해당한다.

논자는 앞서 가치론과 가치는 구분된다는 점을 살폈다. 전자를 통해서 후자의 것이 인식의 수준에서 드러나는 것은 사실이지만, 가치는 말로 기술하거나 전달할 수 없다는 한계도 분명하게 인식할 필요가 있다. 교육의 내재적 가치는 교육학자에 의해서 정당화되는 것이 아니라 그 자체를 체험하는 사람에 의해서 정당화될 성질의 것이다. 이제까지 그 점을 논증과정을 밟아왔지만, 그것에 대한 이해가 그 가치를 대신할 수 없다. 음식을 직접 먹어보지 않고 남의 말만 듣는 것처럼 남의 말을 건성으로 듣는 것을 이식(耳食)이라고 한다.[4] 앞선 숟가락 이야기와 마찬가지다.

가치는 알기만 해서는 부족하다. 그것을 좋아해야 한다. 좋아하는 것만으로 아직 부족하다. 그것을 즐길 줄 알아야 한다. 즐기려면 체험이 수반되어야 한다. 우리는 선현들의 수많은 가치주장을 문헌을 통해서 접하지만 그 문헌을 읽음으로써 그들의 체험을 대신할 수 있는 것은 아니다. 그 주장들은 단지 듣는 데 그칠 것이 아니라 서로의 공감을 통해서 입증되어야 하며, 그 공감은 그 가치를 그대로 직접 체험하고 그 의미를 재음미하는 과정을 요구한다. 교육의 내재적 가치는 그 고유한 체험에서 나온다. 그 체험이 고유한 것은 교육의 안쪽에서만 가능하며, 여타의 수도계가 그러하듯이 E품위의 발전에 의해서 정당화될 수 있다.

품위의 속성상 그 위계상의 차이에 대한 입증은 합리적인 분석이나 언어가 아니라 궁극적으로 체험에 의존해야 한다. 그 가치체험을 보장

의 본질과 가치에 충실한 대처는 아니다. 도덕이 겨우 보상과 벌에 의해서 유지된다면 그 가치가 너무도 초라해지기 때문이다. 사실 선인은 선행 자체만으로 보상을 받고 있다. 이에 비해서 악인은 악행이 악행인 줄을 모르며, 그것만으로도 그 악인은 벌을 받고 있다. 우리의 삶에서 악인에 대처하는 더욱 적극적인 대책은 그 악인들로 하여금 선행의 가치를 알게 하는 것이다.

4) 앞에서 교육의 내재적 가치를 증언하는 역사적 사례를 들었지만 그것이 남의 이야기처럼 들린 독자도 있을 것이다. 이는 그 체험이 결여된 상태에서는 자연스러운 반응이다. 그런 외부 사람들의 눈에는 그들의 교육적인 삶은 마치 "사서 고생"하거나 혹은 "고통을 감내"하는 것처럼 보일 것이다. 그러나 그들이 이해타산을 모르는 것이 아니다. 그들은 교육의 내재적 가치가 그 고생과 고통을 감내하고 남은 것임을 알고 있었다.

하는 것이 해당하는 품위를 소재로 하는 교육이다. 교육이란 항상 순조롭게 이루어지지만은 않는다. 교육하기가 너무도 쉽다면 그 가치는 절감될 것이다. E품위가 그 문제의 큰 요인이 될 수 있다. 그런 경우, 고정된 체험을 단지 반복하는 것이 아니라 더 나은 체험을 제대로 추구하려는 것이다. 매회의 교육은 더 나은 교육을 위한 실습이며, 그 안에 응분의 좌절과 그 해결이라는 과정이 포함된다. 교육의 내재적 가치의 감득과 입증이 어려운 것은 바로 그 이전에 시련의 고비를 넘어가야 한다는 데 있다.

누차 강조해 왔듯이, 교육은 소재가 되는 품위의 오름과 내림의 경험을 통해서 그 높이의 가치를 체현하는 고유한 세계다. 너무 높은 품위를 강요하는 것은 무리이고 역효과를 가져온다. 메타교육의 고유한 목표는 교육을 통해서 더 나은 교육에 끊임없이 접근하는 것이다. E품위는 아래에서부터 위까지의 수준이 있으며, 교육은 그 단계를 밟아 위의 품위에 점진적으로 도달하게 함으로써 교육적 주체로 하여금 교육이 다른 것이 아닌 자체의 고유한 가치를 지닌다는 것을 점차 체험함과 동시에 교육의 발전방향과 내재적 가치를 자증하고 타증할 수 있게 한다.

E품위는 한곳에 머무르지 않으며, 교육의 내재적 가치는 점점 빠져드는 방식으로 체험된다.[5] 각자에게 있어서 교육의 내재적 가치에 대한 평가기준은 현품이며, 그 품위의 개선과 더불어 그 가치기준도 매 단계마다 갱신된다. 그 기준이 고급화되면서 과거의 기준이 그 효력을 잃는다. 그 깊이와 층은 발전방향과는 반대의 방향으로만 내려다볼 수 있다. 교육적인 삶에서 어려웠던 문제가 쉽게 풀리고, 대단했던 교육으로 평가했던 것이 별것이 아니고, 현묘했던 것으로만 느꼈던 교육이 점차 명백해진다. 이처럼 그 기준의 끊임없이 교체단계에서 매번 반복되는 고뇌와 환희의 터널을 통해서 교육에 대한 흥미, 소망, 관심, 호기심이 더욱 세련된다. 늦게 찾아오는 기쁨은 늦게 떠난다.

5) 이를 두고 이로운 마약중독이라는 비유를 든 바 있다.

13.6 교육어의 증득

교육적 교섭은 선진과 후진 사이에 이루어진다. 품위는 체험구조이며, 그에 대한 언어는 그 체험구조를 반영한 것이다. 품위의 언어적 소통은 그 전제가 성립하지 않은 상황에서 출발한다. 이 때문에 언어적 소통에 의해서 품위가 전달될 수는 없다.[6] 그러나 소통의 오해가 교육적 교섭의 한 계기가 되기 때문에 그 소통 자체의 필요성을 부인하는 이유는 되지 않는다.

품위가 외부에서 관찰하기 어렵다는 제약은 제자를 지도하는 데 장애가 된다. 그 문제를 언어로 해결하는 방법이 없는 것은 아니다. "말하면서 생각하기(thinking aloud)"는 그 좋은 예다. 제자로 하여금 자신의 사고과정, 예컨대 문제에 봉착한 상황을 기술하거나 그 문제를 해결하는 서로 다른 여러 가지 방법들 가운데 어느 것을 선택해 나가는지 그 과정을 말로 표현하게 함으로써 스승은 제자의 품위와 차상품의 경계를 짐작할 수 있다. 그러나 이처럼 후진의 언어를 경청하는 것은 어디까지나 차후의 교육을 진행시키는 방편에 불과하다. 다음 단계로 그 언어의 수준을 높여주는 체험의 구축이 진행되어야 한다. 언어적 소통의 수단 이상의 교육활동과 교섭이 이루어져야 하는 것이다.

그런데 논자는 제11장에서 교육활동의 일부로서 교육어의 활용을 포함시킨 바 있다. 교육어는 X품위가 아니라 E품위에 호응하는 언어로서 기술어와 수행어의 두 가지를 포함한다. 기술어는 교육을 기술하는 이론적 용어가 되겠다. 이와 관련된 기존의 용례에 심각한 문제가 있다는 점은 누차 지적된 바 있다. 이제까지 교육에 대한 말은 많지만 그 실체

6) 품위의 언어를 모방하면 그 품위가 형성되는 것은 아니다. 뿌리 없는 나무에서 열매가 열릴 리가 없는 이치와 같다. 격언은 오랜 경험을 바탕으로 만들어진 짧은 문장이다. 그 격언마저도 개인의 경험을 거쳐서 증명되지 않는 한 그에게는 격언이 아니다. 따라서 거의 모든 일에서 교훈보다는 경험이 더 유익하다.

의 규명과는 거리가 멀다. 관습적 교육관, 용병학문적 교육관, 결과위주의 교육관 등에서 말하는 그 별개의 "교육"도 서로 다른 것들이기 때문에 그 의미조차 고정된 것은 아니다. 사실은 감추어지고 중구난방의 가짜 말만 난무한다. 사실상 교육현상일 수 없는 것들을 교육의 문제인 양 생각하고, 불평하고, 비난하고 있는 것이다.

그처럼 무책임하게 사용해 왔던 "교육"이라는 용어를 해체하는 방법을 터득해야 한다. 그 방법은 이미 제5장에서 다룬 것이지만, 그중 몇 가지 예를 상기해보자. 흔히 학교에서 일어나는 일을 "교육현장"이라는 용어로 지칭하는데 이를 "학교현장"이라는 용어로 대치하면 그 대상이 더욱 선명해진다. "입시위주의 교육"이라는 용어를 "입시준비과정"이라는 말로 바꾼다면, 전자의 소모적인 것을 교육과 혼동하는 일은 없을 것이다. 수없이 거론되는 "교육열"을 "학교를 통한 사회적 지위상승의 열망"으로 다소 길게 기술하면, 그 실상이 더욱 분명해질 것이며, 그에 따른 문제해결도 쉬워질 것이다.

학문적 언어는 일상생활의 필수적인 요소는 아니다. 호흡기 계통의 과학적 지식을 갖추어야 호흡을 할 수 있는 것은 아니다. 교육적인 삶도 마찬가지다. 교육학적인 지식이 없는 시절에도 교육은 진행되어 왔으며, 오늘날에도 그 지식이 없이 훌륭하게 교육적인 삶을 영위하는 사람이 많다. 그런데 문제는 그 삶에 의미를 부여하고자 할 때 오류가 작용한다는 데 심각성이 있다. 그 오류를 따르면, 앞서 지적한 범주착오가 일어난다. 이 때문에 이제까지 논자는 교육의 문제보다는 교육학의 문제가 더 심각하다는 주장을 해 왔다.

우리의 삶의 곳곳에서 교육이 진행되고 있음에도 불구하고 아직까지 그것을 마땅히 지칭할 언어가 없다. 교육본위론은 교육학의 재건이라는 과제에 직면하여 상식이나 혹은 기존의 제반 학문의 개념을 일체 배제하는 방식으로 교육의 고유성을 드러내는 최소한의 토대를 마련하였다. 그 이론적 언어를 습득하는 것은 아마도 전문가의 과제인지도 모른다. 그러나 만약 일상의 사람들이 진정으로 "교육의 정상화"를 소망한다면 이런 새로운 이론적 개념과 용어의 습득이 더불어 진행되어야 한다.

학문적 언어는 일상어와는 달리 그 수직적 편차가 크다. 동일한 용어가 수준마다 다른 의미를 지니기 때문에 서로 모순되거나 통약 불가능하기도 하다. 그 연속된 계열의 언어습득이 요구된다. 마치 물리학이나 경제학 등 여타의 학문에서와 마찬가지로 일상어와는 다른 경로로 습득되어야 한다. 단지 낯설다는 이유로 이런 개념과 용어를 외면해서는 안 된다. 그에 합당한 경로로서 교육관을 소재로 하는 교육이 있다.[7] 이를 메타교육의 한 가지 요소로 첨부하는 것이 효과적인 결과를 가져올지도 모른다는 생각이 든다.

이제 그 주제를 교육의 수행어로 바꿔보자. 이 언어는 그야말로 교육활동의 일부에 해당한다. 교육활동이 다양하다는 것은 이미 설명한 바 있다. 그 활동들 가운데 수행어는 X소재의 언어적 소통을 가능하게 하는 체험적 공감대를 형성할 수 있도록 돕는다. 그 수행어는 기술어의 경우처럼 자체적으로 개발될 여지가 많지만 오로지 전문적인 용어에 의존할 수는 없을 것이다. 현실적으로 상당한 부분 일상의 용어를 병행해서 사용하는 것이 불가피하다.

수행어의 습득 경로에 하나의 조건이 첨가된다. 그것은 기술어를 토대로 삼아 그 의미맥락을 새롭게 재조정하여 사용할 수 있어야 한다는 것이다. 마치 시적 이미지처럼 습관적인 것을 새로운 견지에서 표현하거나 또는 그것을 예기치 않은 문맥 속에 넣음으로써 낯설게 만드는 것이다. 이처럼 낯익은 일상의 용어이지만 그 의미를 교육에 관한 기술어의 맥락과 구조 안에 편입시켜 사용하는 방법을 터득한다면, 그 언급하는 대상을 교육의 활동영역으로 새롭게 전환시킬 수 있게 될 것이다.

이런 교육의 수행어를 배제한 교육적 교섭은 상상할 수 없다. 수행어는 교육적 교섭에서 매우 중요한 위치를 차지한다. 교육활동은 언어에 의해서 점차 통제된다. 그 통제는 전달자와 수신자가 공통의 체험을 공

7) 이 과제는 본서의 취지와 동일하기 때문에 마지막 제18장에서 더 자세하게 다루어질 것이다.

유한다는 것을 전제한다. 전달자가 언어로 자신의 사고패턴, 행위, 소망, 흥미, 계획, 표준, 이상, 범주, 개념, 삶의 형식을 투사하면, 수신자는 이를 해석한다. 이때 양자 사이에 공통된 체험의 근거가 있다면, 원만한 소통이 이루어진다고 보아야 한다.

그 소통은 체험에 근거를 두어야 한다는 데 예외가 있을 수 없다. 언어의 의미는 체험에 토대를 두고 있으며, 그런 체험을 생략하고 쓰이는 언어는 아무 의미도 없다. 수행어 역시 교육적 체험과 더불어 습득되어야만 제 기능을 할 수 있다. 교육은 그 체험의 내부에서 체험 자체의 창을 통해서 보아야만 그것이 지닌 고유한 의미와 질서를 파악할 수 있다. 예컨대, 교육의 내재율의 각 요소가 갖는 의미는 다른 요소들과의 관계로 이루어진 전체적인 맥락에서 성립한다. 이 때문에 수행어는 교육을 진행시키는 과정에서 습득되어야만 한다. 이 부분은 유별나게 메타교육에만 해당되는 것은 아니다.

교육의 문제는 특별히 품위의 차이에서 비롯하며, 그 차이에서 교육어의 의미도 달라지기 때문에 수준마다 교육어의 의미 사이의 일관성을 기대하기 어렵다는 사실을 고려해야 한다. 선진과 후진 사이에서 교육어의 소통상의 오해는 교육적 관계에 균열을 일으킬 위험성이 있다. 이로써 E품위의 향상을 기하는 메타교육에 참여하면서 교육의 개념과 용어를 자연스럽게 습득해야 할 특별한 이유가 성립한다.

메타교육을 진전시키면서 그 특수한 문제를 해결할 수 있어야 한다. 스승은 교육적인 사례와 그렇지 못한 사례를 맥락에 따라 구분하고 시범을 보이면서 그 각각을 기술하는 적절한 용어를 제시한다. 기술어는 시범의 본질적 특성에 단서를 제공하며 시범은 처음에는 애매모호하게 들렸던 기술에 함축된 수행의 종류를 더욱 분명하게 한다. 제자는 선진의 말의 의미를 점차 분명하게 이해하면서 시범하는 수행을 따른다. 이로써 E품위의 차이에 따른 교육어의 의미상의 편차와 그에 따른 오해가 점차 해소될 수 있다.

13.7 일반과 특수의 구분

어느 교육현장이든 간에 적어도 소재에 있어서 X와 E의 두 가지가 작용한다는 점을 지적하였다. 전자는 선택된 것이고, 후자는 언제나 주어진 것이다. 소재의 면에서 이 중 어느 것을 위주로 교육이 진행되느냐에 따라 1차와 2차의 구분이 이루어진다. 1차소재는 그것을 기준으로 메타교육의 선진과 후진, 스승과 제자가 성립하는 것을 의미하며, 2차소재는 이에 부수하여 첨가하는 소재를 의미한다. 그 구분을 토대로 일반메타교육과 특수메타교육을 논의할 수 있다. 일반메타교육은 E품위가 1차소재가 되며, X품위는 2차소재의 위치에 놓인다. 반면에, 특수메타교육은 X품위가 1차소재가 되며, E품위는 2차소재가 된다. 이에 따라 교육적 교섭의 양태도 다소 달라진다.

먼저, 일반메타교육의 경우를 생각해보자. 우리는 앞에서 E품위의 다양한 측면들을 살폈다. 그들 혹은 그 어느 것의 하나에 비추어 선진과 후진이 가려지며, 그에 따라 역시 스승과 제자의 구분도 이루어지고, 그 구분을 주축 삼아 교육적 교섭을 진행하는 것이다. 그 특별한 점은 오로지 교육의 특징을 최대한 부각시키면서 체험하는 데 있기 때문에 일상생활의 재연보다는 그 체험을 최대한 압축하는 효과적인 방법이 무엇인지에 대해 고심해야 한다.

예컨대, 어린이들은 놀이를 통해서 성장한다는 점에 착안하여 그들에게 "교육놀이"의 기회를 제공할 수도 있을 것이다. 선진과 후진을 가정하고 상대편의 상구와 하화를 유도하는 과제를 부여하여 즉흥극을 진행할 수도 있을 것이다. 선진이나 스승으로부터 충고, 비평, 설명을 요청하는 요령도 주시한다. E품위에 따라 그에 대한 평가가 다를 수 있으며, 그 평가와 더불어 참여자들이 그것들을 지적하거나, 고무하거나, 필요한 것을 충고할 수도 있다. 이를 토대로 교육을 실현시킬 가능성을 내포하는 좀 더 개선된 교육의 역할극을 시도할 수 있다.

교육적인 체험을 압축시키기 위해서 각종의 현대적인 매체들을 동원할 수도 있겠다. 교육의 양태에서 서로 대조되는 비디오 내용을 제시하고, 그 가운데 어떤 상태가 바람직한지를 판단하게 할 수 있게 하며, 그 판단의 차이를 소재로 삼아 교육적인 교섭을 진행할 수도 있을 것이다. 이런 방식은 재생이 가능할 뿐만 아니라, 필요하다면 그 속도와 수준을 조절하거나 혹은 실습을 하다가 실수를 하더라도 반복할 수도 있다. 오늘날 발전하는 가상현실이나 증강현실을 도입하면, 그 대체효과는 더욱 클 것이다.

건물 하나를 짓는 기간과 건물을 짓는 방법을 배우는 기간을 비교할 때, 후자가 전자보다 훨씬 길다. 일반 메타교육의 경우도 마찬가지다. 후자는 수없이 다양한 X품위의 경험을 통해서 점차 진행되는 것이 자연스럽다. X품위에 속한 세부적인 소재들, 즉 x1, x2, x3, …xn의 어느 것이든 편의에 따라 선택해서 사용하면 된다. 예컨대, 물리학을 2차소재로 하는 교육이 성공적으로 이루어졌을 때, 그 경험을 바둑이라는 2차소재의 교육에 적용해보고, 양자에게 서로 통한다면 일반적 전이의 절차를 한 차례 통과한 셈이 된다.

이에 비해서, 특수메타교육은 X품위를 1차소재로 하고, E품위를 2차소재로 하는 것이 특색이다. x^1, x^2, x^3, ……x^n의 어느 하나를 1차소재로 하는 교육이 진행된다. 이 경우, 선진과 후진, 그리고 스승과 제자는 그 선택된 1차소재에 따라 결정된다. 이때, 그 1차소재와 2차소재에서 선진과 후진, 스승과 제자의 일치가 이루어진 상태에서 자연스럽게 교육적 교섭이 진행될 수 있겠다. 이 경우는 서로 관계상의 갈등이 없기 때문에 그런 진행 자체가 자연스럽게 메타교육의 효과를 갖는다. 그러나 그런 경우를 늘 가정할 수는 없는 일이다.

X품위는 E품위와는 독립적이다. 전자의 선진이 후자의 선진이라는 보장이 없기 때문에 X품위를 1차소재로 진행되는 교육의 과정에서 E품위의 선진과 후진의 위치가 일정하지 않고 그때그때 달라질 수 있다. X품위의 스승이 제자보다 하화의 품위가 더 높다거나 혹은 제자가 스승

보다 상구의 품위가 더 높다는 보장은 없다. 이로부터 E품위의 불협화에 따른 제반 교육의 문제가 발생할 수 있다. 이 경우는 그 1차소재의 교육을 진행하면서 거기에 작용하는 E품위 가운데 어느 종류와 수준의 것이 X를 1차소재로 하는 교육적 교섭의 장애로 작용하고 있는지를 주시하고, 그때그때 그 장애를 소재로 하는 교류교육이 이루어지는 진행을 따라야 한다.[8)]

그 직접적인 응용으로 교육관을 1차소재로 삼는 교육의 경우를 상정해 보자. 교육관은 개인이 교육에 관해서 가지고 있는 주관적인 의미규정이며, E품위는 그것을 실행하는 능력이다. 전자는 후자를 논의하는 조건이 되지만 후자의 수행을 전적으로 보장하지는 않는다. 이 때문에 그 각각을 소재로 하는 교류교육이 가능하다. 가령, 대학에서 교육학을 소재로 강의를 하는 도중에 수강생이 교수에게 이런 호소를 할 수 있다. "교수님, 진도가 너무 빨라 말씀하신 순차의 내재율을 따르기 어렵습니다. 하강의 내재율을 유의하시기 바랍니다." 이에 대해서 교수는 "좋은 지적 고마워. 내 개인의 연구실에서 자네와 나 사이에 그 문제를 해결했으면 하네. 오케이?"라고 응답하였다고 가정하자. 이때 그들 사이의 교류교육이 문제해결의 열쇠가 되었다고 말할 수 있다. 이로써 그들 사이의 교육적인 수업의 한 사례가 성립한 셈이다.

8) 언제나 그러했지만 교육학의 구상은 사소한 관찰로 확인되는 경우가 많다. 이와 관련하여 논자가 기억하고 있는 그 한 가지 인상 깊은 과거사가 있다. 한때 연속방송으로 인기를 모았던 〈전원일기〉의 프로그램 가운데, 동네 청년이 노인에게 덧셈법을 가르치려고 할 때, 그 서투름을 탓하면서 노인이 덧셈의 표를 만들어 제시해 달라는 요청을 하는 장면이 나온다. 그로써 논자의 교류교육이라는 개념의 구상이 더욱 확신으로 굳어지게 되었다.

제14장
교육의 환경

삶은 다원적이다. 각각의 세계는 그 자율성을 경계로 서로 긴장, 갈등, 타협, 혹은 협력의 관계를 갖는다. 교육은 그중의 하나다. 이제 교육의 정체가 어느 정도 분명해진 현 단계에서 교육 밖의 영역에까지 시선을 확장할 필요가 있다. 어떤 경우에도 교육의 양태는 외부적 조건에 해당하는 삶의 생태계 안에서 실현된다. 교육 안의 것이 여타의 세계들과 어떤 관계를 가지고 있는가를 검토하는 논의는 교육학을 좀 더 큰 학문공동체 안에 그 고유성으로 자리매김할 명분의 토대가 될 수 있다. 본 장은 이 분야의 공백을 사고실험을 통해서 개략적으로 추정하는 방식을 택했다. 사실에 관한 부분은 가설에 불과하며, 추후의 검증을 거쳐야 한다. 본 논의는 그런 의미에서 차후에 연구될 새로운 영역을 미리 예고한 것으로 보는 것이 옳다.

14.1 호혜의 원칙

일상적 삶에는 서로 이질적인 세계가 잠복되어 있다. 분과학문들은 그 개별적인 현상들 사이의 차이를 서로 분리해 그들 나름의 고유한 내재적 변인(intrinsic variables)을 확보하여 왔다. 내재변인들은 그 내부에서 서로 연관된 체제 안에서 그 의미가 성립하기 때문에 마치 가족의 성원이 가족을 대표하듯이 그 세계를 부분적으로 대표한다. 그 세계 밖의 것들은 외재적 변인(extrinsic variables)으로 분류되며, 이들은 다시 그 외재의 세계의 입장에서 내재적 변인이 된다. 이처럼 그 기점을 어디에 두느냐에 따라 변인의 분류가 달라진다.

본 장의 주제는 교육의 환경인데, 환경이란 그 경계를 전제한다(174쪽 〈그림 7-1〉 참조). 그런데 이제까지 교육을 획정하는 자율적인 개념이 없었던 관계로 교육의 내재와 외재라는 논의 자체가 불가능했다. 사이비 교육학에서 교육 이외의 세계에 대한 논의가 전혀 없었던 것은 아니지만, 그 논의들은 거의 교육의 정체성이 불명한 상태에서 이루어졌기 때문에 개념상 선결문제미해결의 오류를 범한다. 더욱 놀라운 사실은 긴밀한 관계를 빌미로 교육을 그 여타의 세계로 환원시키는 잘못을 범해 왔다는 점이다.

여기서 교육관의 문제를 재론하지 않을 수 없다. 사람들 사이에 가장 흔하게 통용되는 관습적 교육관에 따르면, 교육의 내재는 학교 안의 사태이며, 그 울타리 밖의 것은 교육의 외재가 된다. 학교 안에서도 행정, 법률, 경비, 제도 등을 통상 "교육행정", "교육법", "교육비", "교육제도"라는 용어로 지칭하며, 그 명칭이 그러함으로써 이들이 불비하거나 혹은 문제가 생길 경우, 그것을 곧바로 교육의 탓으로 돌린다. 실속 없는 "교육"이 속절없이 지탄의 대상이 되는 것이다.

용병학문적 교육관에 의해 그 왜곡과 은폐가 보다 체계적으로 이루어진다. 각각의 모학문들이 서로 다른 것으로 분류한 제반 이질적인 사실들을 교육내재로 간주한다. 그 주된 근거는 대개 그 이질적인 것이 교육과 긴밀한 관계를 갖는다는 것인데, 조금만 생각해 보면, 그 결정적인 맹점이 드러난다. 하나는 긴밀한 관계의 한쪽인 "교육"이 무엇인지에 대한 해명이 부재하다는 것이고, 다른 하나는 관계에 대한 논의는 서로 다름을 전제하는데 그 전제를 도리어 같은 것으로 규정하는 근거로 삼는다는 데 있다. 이 교육관은 기실 관계를 따져야 할 교육의 이질적인 환경을 교육으로 강권하는 셈이다.

더욱 황당한 것이 결과위주의 교육관이다. 이는 어떤 결과를 지정하고, 그것을 달성하는 것이 바로 교육이라고 주장하는 것이 그 특징인데, 그 결과가 다양할 뿐만 아니라 그 원인 또한 다원적이며, 미지의 것들이다. 미지의 신비로운 것을 배경으로 교육의 기능이라는 말을 멋대로 사용한 경우에 해당한다. 교육이 모든 것을 해결한다고 주장하지만 그 해결의 수단에 대한 대답은 감추어져 있다. 서로가 다를 수밖에 없는 그 신비로운 것들에 대한 환경을 교육의 환경으로 논의할 수는 없는 노릇이다.

본서는 그 경계부재의 문제를 해결하려고 교육현상의 교육학적 환원이라는 방법을 취했다. 교육이 무엇이냐 하는 문제를 해명함에 있어서는 여타의 것들로 해명된 것을 배제하는 원칙을 적용하였다. 그 배제될 대상은 바로 상식에 근거를 두는 관습적 교육과 외래학문에 근거를 두는 용병학문적 교육관을 포함한다. 교육본위론은 그것들이 배제된 나머지로부터 내재에 대한 이론적인 구성을 꾀했다. 그 밖의 것, 예컨대 용병학문이 사실로 규정하는 모든 것들은 명백히 그 외재에 속한다.

교육의 내재에 해당하는 전체는 채워져야 할 어떤 것이다. 제9장에서 제12장에 이르는 논의가 그 부분에 해당하는 것들이다. 그 교육의 내재도 서로 세부영역들이 존재하기 때문에 그들 사이끼리도 외재와 내재의 경계가 있다는 사실을 유의할 필요가 있다. 예컨대, 상구교육과 하화교육 간에 내재와 외재의 구분이 있을 수 있다. 이들은 서로 환경을 이룬다. 또한 이들은 서로 다른 환경에 처해 있다고 말할 수 있다. 그 각각의 환경을 달리 취급해야 할 것이다.

교육의 정체성을 개념으로 구획하는 과제와 교육을 삶의 현장에 정착시키는 과제는 별개다. 그 단위설정을 어떻게 개념적으로 구획하든 간에 그 단위의 교육이 일상의 삶에서 드러나는 것은 그 양태이다. 교육의 양태에는 교육에 영향을 주는 교육 외적인 제반 요인들과 교육에 대한 그들의 상호작용적 영향이 포함되어 있다. 그 양태를 취급함에 있어서는 배제가 아니라 포함과 타협의 원리가 적용되어야 한다. 환언하면, 그 양태의 실현을 위해서는 교육의 내재와 외재가 어떻게 공속하며 관계를 맺느냐 하는 확률적인 문제를 다루어야만 한다.

그 양태의 변이를 구분하기 위해서 통상 교육이라는 개념에 수식사를 첨가한다. 예컨대, 제13장에서 논의된 "메타교육"은 소재의 특성에 따른 교육의 변이형태가 되기 때문에 양태라는 말로 표기하였다. 앞으로 제15장에서 다룰 "가정교육"은 생활공간에 따른 교육의 변이형태가 된다. 그런 양태의 특수성을 교육현상으로 오인하면 그 외연이 부질없이 다양한 것으로 확장된다. 그 양태의 공통분모가 교육인 것도 아니다. 교육의 내재는 그 각각의 사례에서 소재와 공간이라는 외재적 변인을 제외한 것이다.

교육의 양태는 교육과 여타가 교차하는 지점이며, 그 지점은 본위의 선택에 따라 다른 위상에 처한다. 이미 살핀 바와 같이 본위란 일상의 삶에서 특정한 세계를 삶의 중심에 놓고 그 안에 있는 것을 내재적인 것 혹은 본질적인 것, 혹은 목적적인 것으로 보고, 여타의 세계를 외재적인 것 혹은 지엽적인 것, 혹은 수단으로 취급하는 관점과 태도를 의미한다. 본절의 논의와 관련하여 특별히 주목할 부분은 교육본위와 여타의 본위, 두 가지이다. 그 각각의 경우를 살펴보자.

교육본위의 선택이 이루어질 경우, 교육이 내재가 되며, 여타는 외재다. 교육의 순수성은 그 기능에 대한 관심에서 벗어나 교육을 제대로 하는 것이다. 여타의 세계는 고유한 목적을 달성하는 수단이 된다. 어떤 방식으로든 간에 교육에 영향을 주는 여타의 세계를 교육의 여건이라는 용어로 지칭해도 무방할 것이다.[1] 그 우호여부를 발견해서 조정하고 선택적으로 개선하는 것이 큰 과제의 하나다.

그렇다면, 여타 세계의 본위선택은 어떤가? 이제 그 선택된 외재의 세계가 내재가 되며, 그 입장에서 교육은 외재가 된다. 여타 세계의 내재적 목표는 교육의 경우가 그러했듯이 그 자체를 제대로 운영하는 것이다. 그 목적을 달성함에 있어 수많은 외재적 요인들이 작용할 것이며, 교육은 그 고유성에 의해서 그 여타의 세계에 어떤 방식으로든 영향을 주는 한 요소가 될 것이다. 이 부분을 교육의 기능이라는 용어로 지칭해도 무방할 것이다. 이 경우, 교육은 여러 가지 다른 수단들과의 경합에서 그 기능상의 우위를 차지할 수 있어야 한다.

〈표 14-1〉은 교육과 특정한 외계의 교차상태를 네 가지 경우로 나누어 그 유리함과 불리함을 상정한 것이다. 첫째는 양쪽의 본위선택이 서로 모순 없이 호응하여 교육과 특정한 외계 모두에게 이익이 돌아가는 경우(a)다. 둘째는 교육이 특정한 외계를 일방적으로 종속시켜 규정함으로써 그 외계에 불리한 경우(b)다. 셋째는 특정한 외계가 교육을 일방적

〈표 14-1〉 교육과 외계의 손익관계

		교육	
		유리(+)	불리(-)
특정외계	유리(+)	a	c
	불리(-)	b	d

1) 수목을 재배하는 데 각각 그 성질에 맞는 지질과 그렇지 못한 지질이 있을 수 있다. 그 지질이 바로 여건에 해당한다. 교육여건이란 그 고유성을 살리거나 그렇지 못한 환경을 지칭한 것이다.

으로 종속시켜 규정함으로써 교육이 불리한 경우(c)다.[2] 넷째는 교육이나 특정한 외계가 본위선택이 없이 혼동하고 갈등하여 모두에게 불리한 경우(d)다. 이 가운데 a는 선순환의 협력관계이고, d는 회피해야 할 악순환의 경우다. b와 c는 갈등하는 경우로서 그중 어느 하나를 본위로 선택할지를 요구한다.

이 네 가지 가능성의 구체적인 내용은 선험적으로 규정할 수 없고, 다만 경험적 연구를 토대로 밝혀져야 할 성질의 것이다. 예컨대, 모든 유기체에 유리한 환경은 존재하지 않는다. 농작물을 재배함에 있어서도 그 지질이 작물의 입장에서 바로 여건이 된다. 그 성질에 맞는 지질과 그렇지 못한 지질이 있을 수 있다. 경험적 연구에 따르면, 밀은 진흙땅에 뿌리를 내리고 포도나무는 모래땅에 뿌리를 내린다. 마찬가지로 교육과 서로 다른 세계들은 서로 모종의 우호적(+)이거나 적대적인(-) 관계를 가지고 있을 것이다. 이는 앞으로 지속적으로 연구해 나가야 할 과제이다.

그 모든 관계 가운데 논자가 본 장에서 주목할 부분은 교육과 특정한 외계가 서로의 이익을 취할 수 있는 a영역이다. 이 세상은 공생의 사례가 넘쳐 있다. 자연의 오묘함은 협동과 조화다. 곤충은 꿀을 먹고 꽃은 수정을 한다. 서로 다른 세계 사이에도 공생의 원칙이 존재한다. 그 구체적인 공생의 사례가 고대 인도로부터 유래한 재시(財施)와 법시(法施)의 상부상조이다. 고래로, 수행인은 한편으로 중생으로부터 의복, 음식, 거주, 의약품의 공양을 받으면서, 다른 한편으로 훌륭한 인격자가 되어 중생의 등불이 되고 자비의 의지처가 되려고 노력했다.

이처럼 공생의 원칙은 서로 다른 목적을 추구하는 세계들이 서로의 고유성을 인정하고 그 고유성을 서로의 목적을 달성하는 도구로 사용하는 것을 말한다. 같은 원리로 교육이 〈표 14-1〉의 a처럼 특정 제반 환경들과의 관계를 잘 정립하는 것이다. 그 호혜 방식 자체는 논리적으로

---

2) 흥미롭게도 대부분의 사이비교육학자들이 이 부분을 지지한다.

단순하다. 교육은 그 고유한 가치를 지닌 삶의 양상으로서 여타의 삶으로부터 지지를 받아야 일상의 삶에 뿌리를 내릴 수 있다. 우호적인 교육여건의 기본적인 조건은 교육을 여타의 세계로 환원시키지 않는다는 것이다. 그 자율성을 우선 인정하고 고무하는 것이 교육의 양호한 환경이다.

마찬가지로, 여타의 삶 역시 교육의 경우처럼 각각 그들의 고유한 발전의 목표를 지니고 있을 것이다. 그 고유성을 보장받은 교육이, 이제 거꾸로, 그 여타의 세상이 남긴 부분을 보충하거나 보완할 수 있어야 한다. 이것이 바로 교육의 외재적 가치에 해당한다. 외부세계의 입장에서 볼 때 교육은 그들 나름의 고유한 목적을 실현시키는 방법과 전략에 불과하다. 만약 교육이 그 목적에 부응하지 못할 경우, 다른 수단을 강구할 것이다. 이런 논법은 그 우호적인 조건을 무조건 교육의 개념에 포함시키는 결과위주의 교육관의 논의와는 크게 대조된다.

서로 간에 영향관계를 갖는 세계의 범주는 여러 가지로 설정할 수 있겠다. 본서는 이제까지 정치, 경제, 사회, 문화, 종교를 교육과 대비되는 것들로서 취급하여 왔기 때문에, 그 일관성을 고려하여 본 장의 나머지에서 그 각각이 교육과 공립할 수 있는 방식을 추론할 것이다. 다만 교육의 소재영역으로서 수도계와 법률이라는 항목을 여기에 추가시켰다. 그 논의방식은 그들 각각이 어떻게 교육에 우호적인 여건이 될 수 있으며, 교육이 그 고유한 내재에 의해서 그 각각에 어떤 우호적인 기능을 할 수 있는지를 추정하는 것이다. 그 취지는 추후의 담론을 선취하고 유도하는 데 있으며, 그 타당성은 경험적으로 검증되어야 한다. 그 추론을 가설의 형태로 검증하는 방법은 교육본위의 평가라는 주제로 제17장에서 따로 다루게 될 것이다.

14.2 수도계와의 공존

14.2.1 교육에 대한 수도계의 여건

교육과 공존하는 세계 가운데 가장 현저한 것의 하나가 수도계이다. 이는 그 방향의 다름에 의해서 다양한 종류로 형성되며, 그 각각은 저마다 고유한 품계를 이룬다. 종류는 각각의 가치를 존중하며, 이해가 서로 상충하는 경우 갈등가능성도 있다. 그 수준의 분포는 피라미드식이다. 저변이 넓고 상층부가 좁다. 그러나 품위가 상승되어 갈 때 이전의 품위를 폐기하거나 그 효력을 정지시킨다는 점에서 그 통제와 보편적 적용의 범위는 반대방향이다. 후진 열 명이 선진 한 명을 감당할 수 없고, 그 소수의 꼭짓점에 있는 사람이 왕위를 차지하는 귀족주의의 논리를 따르기 때문에 선의의 경쟁은 불가피하다.

그 수도계가 어떻게 교육에 우호적인 여건으로 작용할 수 있는가? 그 일차적인 조건은 서로의 다름과 그에 따른 본위의 차이를 고려하는 것이다. 수도계를 본위로 선택한다면 그 목표는 가급적 높은 품위에 도달하는 것이다. 소수 엘리트의 확보가 중요하다. 교육은 그 엘리트를 양성하는 수단의 위치에 서기 때문에 그 소재의 높고 낮음에 따라 차등을 부여한다. 높음을 중시하고 낮음을 경시한다. 높은 품위에 오르지 못한 교육은 실패다. 그러나 저 밑의 후진이 당장 정상의 품위에 도달할 가능성은 희박하다. 따라서 나머지의 다수는 교육의 과정을 생략하고 단지 그 정상품위로 표현된 결과를 추종하거나 단순히 모방하는 방식으로 변질되기 쉽다.

교육본위론에 따르면, 교육은 품위의 차이에 존재하는 독자적인 세계로서 그 나름의 고유한 내재율을 가진 구조로서 존재한다. 그에 따른 고유한 인간, 활동, 가치도 있다. 수도계가 교육의 양호한 여건으로 작용할 수 있느냐 하는 문제는 이와 같은 교육의 고유성을 인정하고, 그 본위의 선택을 허용하는 데서부터 출발한다. 모든 종류와 수준의 품위를 소재로 동형의 교육이 반복되며, 그 각각에서 자체의 내재적 가치를 실현한다. 그 목적을 달성하는 데 모든 품위가 이론상 동등한 소재가치를 지닌다. 교육은 선진과 후진 사이의 협동으로 이루어지기 때문에 수도계의 경쟁적 목표의 구조는 교육적 교섭의 장애요소다.

교육의 입장에서는 소재의 종류상의 다양성과 공존성의 부분에서 횡적 상대성을 고려해야 한다. 인간의 탁월함의 종류만큼 수도계의 길도 다양하게 열린다. 서양에서 주로 분류해 왔던 학문, 예술, 도덕, 혹은 동양에서 분류해 왔던 유가, 도가, 불가, 혹은 체육과 각종 취미 등 그 명칭조차 없는 수많은 수도계가 있다. 자아실현의 개념을 적용한다면, 그 종류는 생존하는 사람의 숫자만큼 많다고 해도 될 것이다. 그 가운데 어느 것도 교육소재로서 동등한 가치를 지니기 때문에 이들 사이에 차별을 두지 않는 것이 바로 교육의 우호적인 조건의 하나다.

그럼에도 불구하고, 시대정신(Zeitgeist)과 지역정신(Ortgeist)에 따라 교육에서 사용할 수 있는 품위의 종류에 제한을 받는 경우가 많다. 다양한 수도계 사이의 이해관계가 작용한다. 예컨대, 동양에서 다른 사상은 정치적으로 위학(僞學)이라는 지탄을 받아 탄압을 받았다. 주자학이 관학이었던 이씨조선에서는 그 관학에 조금이라도 반대하는 사람을 죽였다. 그런 정도는 아니라고 할지라도 서양의 것이 동양의 것에 우위라거나 혹은 반대로 동양의 것이 서양의 것에 우위라는 식의 논의도 있다. 이런 식의 갈등, 경합, 대립, 탄압은 수도계 내부의 본위상의 사정이겠지만 한 시대 한 장소에서 특정한 수도계가 압도하는 것은 교육을 위해서는 불행한 일이다.

교육을 위해서 고려되어야 할 항목은 수도계의 종적 상대성이다. 수도계는 품위를 추구하는 세계이기 때문에 그 낮은 수준에서부터 아득히 높은 수준까지 수많은 중간 단계들이 있다. 그 중도에 있기 때문에 어느 품위에나 다소의 오류가 있기 마련이다. 인간은 원래 과오와 실수를 범하는 불완전한 존재이다. 완전히 좋은 것 혹은 완전히 나쁜 것이 있을 수 없고 단지 더 좋거나 덜 좋은 것이 있을 뿐이고, 각자가 가진 현품을 기준으로 삼아 이를 판정할 뿐이다. 오류는 수도계의 입장에서 수용하기 어렵다. 그러나 교육은 그런 오류를 드러내고, 수용하고, 어루만지며, 교정하는 삶이다.

점차 찾아가야 하는 품위에 절대의 의미를 부여하는 것은 교육에 가하는 일종의 폭력이다. 수도계의 품위의 수준을 나타내는 데 흔히 진-위, 선-악, 미-추와 같은 용어상의 이분법이 이에 해당한다. "정답"과 "오답"이라는 용어도 흔하게 사용된다. 굳이 그 이유를 찾는다면, 두 가지이다. 그 하나는 논리적인 설명의 편리한 방편이다. 논리의 편의가 실상을 벗어나서는 안 될 것이다. 실상 진리와 허위는 같은 범주 안에 있으며, 각자는 그 사이의 어떤 수준에 해당하는 품위를 지니고 있을 뿐이다. 다른 하나의 이유는 그 판정의 기준이 각자의 현품에 토대를 두고 있다는 점이다. 그로 인하여 그것에 일치하는 것이 진 · 선 · 미이며, 일치하지 않는 것은 위 · 악 · 추라는 판정을 내린다. 현품의 유사완전성에서 비롯하는 이런 이분법은 교육을 위해서 지양되어야 할 부분이다.

교육의 기회는 품위의 높고 낮음과 상관없이 평등해야 한다. 일정 수준 이상의 품위라거나 혹은 이하의 품위라는 특정한 경계에 제한받지 않는다. 교육의 출발점은 교육적 주체가 지금 지니고 있는 현품이다. 상구하고자 할 때, 그 현품은 부정되어야 할 어떤 것으로 활용되며, 하화할 때는 그것을 긍정하는 방식으로 활용된다. 따라서 일정한 품위를 기준으로 상구의 소재와 하화의 소재를 구분하는 것은 사회적이거나 공리적인 판단이며 교육적인 판단은 결코 아니다. 이미 폐기된 품위조차도 상구와 하화의 소재로 재활용된다.

품위의 차이와 관련하여 수도계의 공인(公認)을 이용할 수도 있다. 그 공인된 수준은 교육적 관계의 결정에서 선진과 후진을 결정하는 문제를 사전에 해결해 준다는 점에서 교육에 유리한 여건에 속한다고 말할 수 있다. 그렇다고 하더라도 그 위계에 따라 교육의 가치가 구분되는 것이 아니기 때문에 소재라는 수단의 관점을 유지하는 것이 필요하다. 공인된 품위를 맹목적으로 따르는 것도 문제가 된다. 아무리 공인된 것이라고 할지라도 그것은 잠정적인 가정에 불과하며, 교육의 과정을 거쳐서 자증하고 타증하는 절차를 거쳐야 제 가치를 갖는다.

그 종류에 있어서 모든 사람의 적성에 맞는 교육의 소재는 없다. 그 모든 사람의 교육에 알맞은 품위의 수준도 없다. 각 교육적 주체는 이 때문에 소재를 선택하는 활동에서 외부의 압력에 굴하지 않고 자기 자신의 적성과 진도를 지킬 수 있는 유목민적 태도를 지녀야 하며, 다른 한편으로 여건은 그런 소재를 선택할 수 있는 개방된 환경과 기회를 제공할 수 있어야 한다. 교육의 소재에서 무제한의 원칙과 교육적 주체의 선택이라는 원칙이 살아나야 한다. 결론적으로 다다익선(多多益善), 품위의 종류와 수준에 제한을 받지 않고 스승과 제자로서 만날 수 있는 것이 가장 이상적인 교육의 여건이다.

14.2.2 수도계에 대한 교육의 기능

앞에서 수도계가 교육에 줄 수 있는 우호적인 여건을 살폈다. 그 조건은 교육의 정체성을 인정하고 그에 알맞은 소재를 풍부하게 제공한다는 점이었다. 영향은 쌍방적이며, 나머지는 그 호혜의 조건을 찾는 데 있다. 수도계가 교육의 고유한 속성을 존중한다면 마땅히 후자도 전자에 봉사할 수 있어야 한다. 이에 대한 일반적인 해답은 교육이 모든 수도계의 출현, 유지, 발전, 증명의 원천이 된다는 것이다. 이런 주장은 교육의 정체성이 불분명하거나 혹은 결과위주의 교육관처럼 교육을 단지 품위의 향상을 돕는 과정으로 환원시킨 경우와 판이하게 대비된다.

교육의 소재가 품위의 종류에 구애되지 않는다는 사실은 서로 다른 수도계들 사이의 불필요한 장벽을 제거하는 기능을 한다. 예컨대, 삶의 어떤 것은 동시에 참되고, 아름답고, 착할 수 있다. 이 세 가지 양질의 체험은 서로 일치한다기보다는 우연히 서로 다른 품위를 토대로 드러난 것으로 보아야 한다. 교류교육은 서로 다른 종류의 가치체험을 분리하고 종합하는 작용을 한다. 인간의 역사는 수도계 상호 간의 첨가, 합병, 용해라는 다원화의 과정에 언제나 교류교육이 작동한 흔적을 남기고 있는데, 이는 개별적인 수도계 사이의 고립과 대립으로는 설명할 수 없는 부분이다.

개인생활에서 수도계에 대한 교육의 우호적인 기능은 선진과 후진 사이의 관계에서 현저하게 작용한다. 선진과 후진의 현품 간의 만남은 "충격"이다. 이들은 품위의 면에서 차이가 있기 때문에 어쩔 수 없이 사실 규정과 가치의 판단에서 갈등하고 대립한다. 각자 현품의 기준을 적용하면, 상대가 옳지 않다. 서로 자신의 현품에 집착하거나 이를 상대에 강요하면, 고압제와 저압제의 현상이 일어난다. 자신의 품위로 선진의 품위를 곡해하거나 혹은 선진의 품위를 공격한다. 후진의 비웃음이나 적대감이 선진의 죽음과 결부된 경우도 흔하다.

남달리 지고한 품위는 오래된 상구교육의 결과이기 때문에 그 담지자는 대중과 격리된다. 교육은 소수의 선진과 다수의 후진을 서로 연결하는 유일한 수단이다. 한 사람의 증인은 증인이 아니기 때문에 품위를 공유해야 할 필요성이 절실하다. 교육적 관계는 수도계적인 위계의 대립과 갈등의 힘겨운 부담을 해소한다. 그 비법은 품위의 공감대를 형성하는 데 있다. 그 오해와 무관심을 각성시키고 그 발생적 과정을 교육으로 대체함으로써 실재하는 충격을 완화시킨다. 선진은 하화를 통해서 후진의 인정을 받고, 후진은 상구를 통해서 선진을 이해할 수 있게 된다.[3)]

일상의 삶에서 품계는 눈으로 쉽게 판별하기 어렵다. 그런데 교육은 그 위계를 전제하면서 동시에 그 판별을 가능하게 하는 내적 장치를 지닌다. 그 비법은 불신보류에 있다. 먼저 후신과 신진의 위치에 대한 모종의 가정을 토대로 교육적 관계맺음을 시도한다. 그 가정은 잠정적인 것으로서 교육적 교섭의 지속여부에 의해서 검증된다. 후진이 선진을 상대로 하화할 수 없으며, 선진이 후진을 상대로 상구할 수는 없다. 그들

---

3) "백락이 한 번 뒤를 돌아본다(伯樂一顧)."라는 고사성어가 있다. 명마도 백락을 만나야 세상에 알려진다. 현자가 자기를 알아주는 인물을 만난다.

의 교육적 관계가 지속된다면, 그 가정이 옳다는 증거다. 그 지속의 중단은 그 가정을 부정할 수 있는 여러 단서의 하나가 될 수 있다.

이미 지적했듯이, 수도계의 논법과 본위는 고귀하고 고상한 정상의 품위에만 치중한다. 그렇게 하면 그 토대를 잃을 위험에 처한다. 최종의 품위만을 인정하고 그 이하의 품위를 오류로 규정하는 수도계의 평가방식은 대중과 거리를 갖게 하며, 그 지지기반을 잃게 하는 원인이 된다. 저변의 확장과 그 연결고리가 단절되면 그 높은 품위의 보편적 적용조차 무력화된다. 앞서가는 선진을 외면하면 그만큼의 손실이 따르고, 뒤따르는 후진을 외면하면 선진의 토대를 잃게 된다.

교육은 최정상의 품위만을 인정하고 이전의 오류의 역사를 지워버리는 수도계의 속성을 보정하고 그 저변을 확대한다. 높은 산이 낮은 산의 연산 위에 존재하듯이, 높은 품위에 오르려면 그 기초를 넓게 잡아야 한다. 수도계의 몰락을 면하기 위해서는 수도계의 발전에서 낮은 품위와의 연결고리와 저변확대가 필수적인 요소이다. 교육은 저변으로부터 고등에 이르는 품위를 고르게 소재로 이용하는 점진적 연속성을 유지함으로써 그 차이의 공백을 메운다.

현대인은 역사상 유례가 없이 인간으로서 추구해야 할 가치나 방향에 대한 상실, 아노미, 혹은 가치혼란의 위기에 직면하고 있다. 이 현상은 경쟁사회에서 서로가 자신에게 유리하게 상대를 조작하는 기제와 무관하지 않다. 인간을 단지 수단으로 삼고 변화시키려는 무수한 세력과 수단 속에 노출되어 있다. "교육"의 명분으로 가치를 강요하는 사례도 많다. 품위의 발전을 허수아비에게 맡길 수는 없다. 그 공중에 참여할 수 있는 사람은 선택의 순간에 자발적인 판단을 하고, 그 판단에 대한 책임을 질 수 있는 자질을 요구한다.

그 자질의 면에서 철학자들에게 갖는 대중의 기대가 있다. 그들은 온갖 언어적 분석, 합리성 혹은 학문적 이해를 동원하여 온갖 덕목들을 내세우고 정당화하려고 하지만 그런 통로로는 불충분하다. 올바른 방향을 찾고 그 가치를 정당화함에 있어서 그 학문적 근거가 꼭 필요한 것은 아니다. 가치체험이 동반하지 않는 가치언어는 생명 없는 문구에 불과하다. 앞서 교육의 여건으로 품위수준의 공인(公認)을 들었지만, 단지 그것에 그친다면 개인이 수도계를 추구하는 의미가 상실된다. 그럴수록 그 외부적 조건에 일치하는 것 이상의 자기정체성을 확립해 나가는 수단이 필요하다.

역사의 흐름과 격랑 속에서 개인은 한 번의 유일한 삶을 영위한다. 가치추구는 극히 인간적인 것임과 아울러 각자에게 일정한 책임이 부여되는 영역이다. 참된 교육은 공리공론적 사유를 넘어서서 각자의 체험을 통해서 수도계의 가치를 사인(私認)하고 정당화하는 수단이 되기도 한다. 가치추구는 그 흐름에서만 체험된다. 진과 위, 선과 악, 미와 추는 그 해당하는 품위의 개선이 있을 때에만 마음으로부터 우러나와 자주적으로 구별할 수 있다. 나의 생각과 느낌이 보편적 가치의 평가기준이 될 수 있다는 것을 입증하기 위해서는 스스로 상구하고 그 탐구한 바를 타인들에게 하화를 통해서 설득할 수 있어야 한다.

수도계의 가치는 그 최종점에 있지 않다. 최종점에 도달한 사람은 아직 존재하지 않고 다만 그것을 향해가는 매번의 과정만이 존재한다. 교육은 그 과정을 반복함으로써 그 각 단계에서 수도계의 가치체험을 허용한다. 교육의 검증논리는 상구에 의한 자증과 하화에 의한 타증으로 이런 상호주관적 검증을 가능하게 한다. 그 각 단계마다 특유한 깨달음이 있다. 자증은 끝에 도달했다는 느낌보다는 할 일이 더 많아졌다는 느낌에 가깝다. 각 수준의 자증을 활성화시키는 것은 바로 각자의 가치체험을 보장할 뿐만 아니라 그 전반의 과정을 활성화한다. 타증은 그 판단이 단지 선진으로서 하화자 자신에게 국한된 것이 아니라는 확증을 보장한다.

교육은 품위의 발전을 반복하게 하는 놀이이다. 품위는 교육적인 삶을 사랑해서 계속하다 보면 저절로 얻게 되는 부산물이며, 이 곡절은 수도계의 교육적 진화를 보장한다. 그 수준의 고하를 막론하고 각 단계에서 수도계의 품위를 혁신하면서 보존한다. 높은 수준의 품위는 낮은 것을 토대로 진행되는 교육의 연결고리가 제자리를 잡아 그 저변이 확대될 뿐만 아니라 각자가 처한 품위의 상대적 위치도 상호주관적으로 확인한다. 교육의 수레바퀴가 돌 때마다 그만큼 인류 전체의 품위가 한 단계씩 향상된다. 교육적 반전은 점차 더 높은 품위를 지향한다. 수도계는 교육을 통해서 결국 우리를 신이 있는 곳으로 가깝게 인도한다. 설사 모든 수도계가 파괴되는 재앙이 온다고 하더라도 교육계만 살아 있다면 언제나 수도계가 소생할 수 있다. 어느 시대라도 교육의 맥이 끊어졌다면 그 수도계의 전통도 흔적만 남기고 역사에서 사라졌을 것이다.

14.3 정치와의 공존

14.3.1 교육에 대한 정치의 여건

일상의 삶에서 정치와 교육은 서로 불가분의 관계를 갖지만 이론상 별개이다. 정치는 어떤 방식으로든 교육에 영향을 주고, 역으로 교육도 정치에 어떤 방식으로든 영향을 준다. 본 절의 논제는 정치가 어떻게 교육에 우호적인 여건으로 작용할 수 있느냐 하는 것이다. 이에 관한 말은 많았지만 이제까지 정치가 무엇이며, 그것이 교육에 어떤 영향을 주며, 그것을 어떻게 통제하고 조정할 것인가를 이론적으로 논의한 바는 거의 없다. 그 생소한 주제를 이제 비통상적인 방식으로 새롭게 조명해야 할 차례다.

정치는 국가만으로 한정되는 인간의 활동뿐만 아니다. 모든 인간생활의 제(諸) 형태, 이를테면 회사 · 노동조합 · 교회 · 학교 · 가정 등 어디에서나 발생되는 이해관계의 대립이나 의견의 차이를 조정해 나가는 통제의 작용도 이에 모두 포함된다는 견해가 있다. 그렇게 본다면 정치의 영역은 일상적 삶의 곳곳까지 확장된다. 일상의 삶에서 자신의 경험을 타인에게 무조건 정당한 것으로 뒤집어씌우는 “경험의 정치(politics of experience)"가 편재해 있다. 수도계에서 흔히 일어나는 고압제와 저압제도 이런 범주에 속한다.

권력의 쟁취와 배분에서 이루어지는 정치는 약육강식의 논리를 따른다. 적과 아군이 구분되고, 대립의 항쟁관계에서 상대방을 복종시키고, 스스로의 주장을 관철시키기도 한다. 정치적 당파로서 국가나 정당에 대한 충성이 강조된다. 이데올로기는 우군에게 유리한 신념체제이며, 그 주입의 경로는 정치에서 필요조건이다. 정치인들은 인습적인 체제와 위계질서를 동요시켜 정치적인 위험을 불러일으키는 사태를 막으려고 검열제도를 도입하기도 한다.

정치는 정치의 기준에 따르지만 교육은 고유한 내재율을 따른다. 전자가 후자의 우호적인 여건이 되는 선결조건은 한마디로 교육의 자율성을 인정하는 것이다. 교육은 국토와 정파의 경계를 벗어난다. 교육적 주체는 자유로운 개인으로서 적과 아군의 구별이 없이 사해동포적인 유대를 추구한다. 약자인 후진과 강자인 선진이 서로 도우면서 인간의 품위향상을 도모하는 개인들의 관계는 강요가 아닌 자발적인 동의의 원칙을 따른다. 교육은 경우에 따라 심지어 그 내재율에서 벗어나는 정치를 배반할 수도 있다. 정치는 그런 특성을 지닌 교육의 정체성을 인정하고, 장려하고, 보호할 수 있어야 한다.

가장 큰 정치적 단위인 국가는 교육의 주체가 아니라 가장 유력한 교육의 여건이다. 권력의 장점은 권력을 기반으로 이해관계의 배분, 그에 따른 대립이나 의견의 차이를 조정할 수 있다는 것이다. 정치력은 국민의 폭넓은 삶을 보장하는 필요조건이다. 국가의 목적은 국민의 행복이다. 권력이 직접 행복을 제공하는 것은 아니지만, 그 행복의 실현을 위한 기회와 조건을 마련할 수 있다. 권력이 부재한 곳에서 공공의 약속된 행복이나 복지의 문제를 해결하기는 어렵다. 모든 국민이 교육적인 삶을 향유할 기회를 갖게 하는 것은 그 행복과 복지의 일환이다.

한 명의 교육보다 10명의 교육을 보장하는 것이 교육발전의 목표다. 이처럼 형평이 보장되는 교육은 교육에 뜻을 둔 권력의 지지가 없이는 실현되기 어렵다. 그런 교육은 동력이 없는 자동차와 같다. 교육은 권력을 배타하는 것이 아니라 이용할 수 있어야 한다. 문제는 어떻게 권력과 접맥하느냐 하는 공식을 찾는 것이며, 그것은 앞서 지적했듯이 정치가 교육의 자율성을 보호하고 정치의 논리에 따라 교육적인 삶을 지원하는 것이다. 교육적 주체와 훌륭한 시민정신의 차이를 인정하여 그들 사이 갈등을 최소화하는 것이 이상적이다.

그런데 그에 앞서 정치로부터 지원을 받을 교육이 무엇이냐 하는 반성적 성찰이 선행되어야 한다. 근대국가가 학교체제를 도입할 때 명분으로 내세웠던 여러 가지 개념과 용어가 있다. 이른바 "교육부", "교육행정", "교육정책", "교육개혁", "교육자치" 등이 그것들이다. 그 내실보다는 오로지 명분에 근거를 둔 이 명칭들은 지금까지도 통용되고 있으며, 그 관습적 교육관은 더러 교육과 무관한 엉뚱한 현상에 그 초점을 두거나 혹은 그 사회적 속성 때문에 심지어 교육에 부정적인 경우조차도 용인하는 불행한 사태가 지속되고 있는 형편이다.[4] 그 개념적인 문제를 먼저 해결해야 한다.

국가의 행정조직의 한 축을 차지하고 있는 "교육부"라는 명분상 혹은 법적으로 국가 차원에서 "교육행정"의 업무를 담당하는 것으로 되어 있다. 이곳에서 온갖 "교육정책"을 관장한다. 이 행정조직의 내실은 주로 학교체제와 관련되어 있다. 국가에 따라서는 초중등학교와 대학을 담당하는 부서가 나뉘어 있는 경우도 있다. 그러나 학교와 교육은 그 범주가 다른 개념이다. 따라서 "교육부"라는 각각의 실질적 내용을 반영하는 용어로 개칭하고, 행정적 여건을 교육의 내실에 부합한 방식으로 행사해야 한다.

학교에 대한 정부의 행정적 관여를 "교육행정"이라는 용어로 지칭하는 것도 문제다. 학교에 대해서 정부의 한 부서가 개입하거나 관여하는 것은 어떻게 보면 당연하기 때문에 거부할 사항이 아니다. 문제는 거기

4) 시대착오에 사로잡힌 시대는 역사의 흐름에서 예외 없이 도태되었다.

에 교육에 역행하는 행정과 교육에 순응하는 행정이 있을 수 있다는 사실이다. 그런 구분이 없이 무분별하게 그 전체를 교육을 위한 행정으로 해석한다면 적절한 용어의 사용이라고 할 수 없다. 진정한 의미의 교육을 위한 학교행정은 그것이 지원하는 대상인 교육이 무엇을 의미하는지에 대한 반성을 전제한다. 또한 지원하되 간섭을 하지 않는다는 원칙이 준수되어야 한다. 교육행정의 대상은 학교 밖의 영역까지 확장되어야 할 것은 말할 필요가 없다.

"교육정책"의 경우도 같은 방식으로 개칭되어야 할 용어이다. 교육을 육성하기 위한 국가정책의 필요성은 절실하지만, 그 정책의 입안자나 시행자가 지닌 교육관이 무엇일까를 반성할 필요가 있다. 많은 경우, 정책결정자는 관습적 교육관에 의존하고 있으며, 실정이 그렇다면 "교육정책"이라는 용어는 단지 학교에 대한 정책으로 개칭되어야 한다. 교육정책은 단지 그 명분이나 용어로 정당화될 수 있는 것이 아니라 사실에 근거하여 그 효과가 수시로 검증되어야 하며, 만약 효과가 없는 것이라면 그 의미는 상실된다. 그 교육정책의 개념 역시 국민 전체를 포괄해야 한다. 이를 학교에 국한시키는 국가는 교육의 태반을 무시하거나 포기한 것이나 다름없다.

정권이 바뀔 때마다 이른바 "교육개혁"이라는 개념과 용어가 등장하는데, 이 역시 학교와 교육을 혼동하고 있기는 마찬가지다. 권력을 배경으로 학교의 개혁을 부르짖거나 학교에 대한 이해관계를 재조정하는 것은 얼마든지 정당화될 수 있는 사안이다. 그러나 그 "개혁"이라는 용어의 의미를 교육에 적용하는 것은 천부당만부당할 뿐만 아니라 극히 위험한 발상이다. 교육은 이미 살펴왔듯이 그 자체의 내재적 특성을 지니고 있기 때문에 정권담당자들이 임의로 개혁할 대상이 아니다. 그들이 삼가 존중하고, 배려하고, 조성해야 할 대상임에도 불구하고 그 자체가 무엇인지조차 올바로 알지 못한 채 제멋대로 간여하는 그 숱한 "교육개혁"의 결과는 교육에 대한 폭력인 경우가 많았다. 학교개혁에 교육의 잠재성을 확장하고 심화시키는 별개의 항목을 추가한다면 그것은 교육을 위해서 환영해야 할 조처로 평가될 수 있을 것이다.

정치에 예속된 교육은 이미 그 정체성을 유지하기 어렵다. 통상 "교육자치"라는 개념이 교육을 정치로부터 독립시키는 원칙을 대변하고 있지만 그 명칭의 실질적인 의미는 학교의 운영을 단지 주민들의 손에 맡긴다는 취지를 반영하는 것으로서 교육의 자율성 보장과는 거리가 멀다. 전자의 것이 어떻게 후자의 것과 연결될 수 있느냐 하는 것은 오직 교육에 대한 주민의 이해에 의해서 좌우된다. 만약 주민이 학교에서 일어나는 사태가 교육이라는 관습적 교육관을 가진 경우라면, 이미 진행되고 있는 학교체제를 강화하는 것 이상의 내용을 기대하기 어렵다.

학교체제의 자치를 주장하는 어떤 분명한 이유나 그 필요성을 부정할 필요는 없다. 그러나 학교의 자치와 교육의 자율성은 서로 다른 범주에 속한다는 변별력이 요망된다. 학교체제의 자치로 말한다면 교육은 그 일부이며, 그 부분은 교육의 내재율을 따라야만 한다. 이는 자발적인 주민의 의사결정과는 별개의 것이다. 진정 학교 안에서의 교육의 자율성을 말하고자 한다면, 학교가 그 내재율을 얼마나 존중하느냐 하는 방식의 논의가 더 구체적으로 이루어져야 한다. 교육은 학교 안에서만 일어나는 것은 아니기 때문에 교육의 자율성의 개념은 거기에 그칠 일이 아니다. 그 관점은 생활 전반의 과제로까지 확장되어야 한다.

마지막으로 교육에 대한 우호적인 정치적 여건의 주제와 관련하여 검토할 사항은 바로 "교육의 정치적 중립"이라는 개념과 용어다. 정치를 교육에서 배제한다는 의미의 소극적 중립은 불가능할 뿐만 아니라 바람직한 것도 아니다. 삶에서 교육은 어떤 방식으로든 정치의 영향을 받기 마련이며, 이 때문에 정치적 입장을 배제한다는 의미의 중립은 처음부터 성립될 수 없다. 교육을 정치권력의 지배로부터 지키려고 할 때에도 정치적인 노력이 필요하다는 점에서 정치권력의 배제보다는 그 선택을 중요한 주제로 삼아야 할 것이다.

어떤 정치체제에서 교육이 이루어지느냐에 따라 교육의 양태 역시 달라진다. 지금의 양태가 바로 교육의 양상이라고 생각한다면 주어진 환경이 마치 고정된 것처럼 가정하는 오류를 범하게 된다. 교육은 기존 정치의 영향에 무력하게 노출될 수는 없다. 더욱 적극적으로 교육발전에 도움이 되는 정치에 대한 지지와 지원이 필요하다. 넓은 의미의 여건, 예컨대, 사상, 언론, 표현, 집회, 결사의 자유가 없는 상태에서 교육이 성립하기는 어렵다. 여론에 맞설 수 있는 정치집단은 없다. 정치를 좌우하는 힘은 대중의 여론이다. 교육에 유리하고 불리한 정치권력을 구분하고, 그중 유리한 정치적 입장을 지지하는 시민운동을 추진해야 한다. 때로는 우호적인 정치세력과의 결탁도 필요하다.

14.3.2 정치에 대한 교육의 기능

앞서 정치와 교육의 다름을 전제하고 전자가 후자의 우호적인 조건을 제공할 수 있는 부분을 주로 개념과 용어의 오용과 관련하여 논의하였다. 이제 그 용어사용이 올바르게 이루어지고, 그로부터 교육의 정체성이 정치에 의해서 보장되고 일상의 교육적인 삶이 한껏 확장되고 심화되었다고 가정하자. 다음의 문제는 역으로 교육이 정치에 어떤 우호적인 여건으로 작용할 것인가를 생각해 보는 것이며, 이 부분을 교육의 정치적 기능이라고 해도 무방할 것이다. 일반적으로 말한다면, 이는 기존의 정치수준에 국민을 일치시키는 정치적 사회화의 한계를 보완한다. 그 범위를 일상의 사태에까지 좀 더 넓히면 한 인간이 다른 인간에 통제를 가하는 경험의 정치를 벗어나는 것이다.

일상의 담론에서 이제까지 간과되어 온 그 부분에 대한 논의를 이제부터 시작해보자. 정치적 발전이 무엇이냐 하는 문제는 쉽게 다룰 주제는 아니다. 그것이 무엇이든 그것은 오로지 정치적 수단에 의해서 이루어질 수 없다는 것은 명백한 사실이다. 교육발전이 오로지 교육에 의해서 이루어질 수 없는 경우와 마찬가지의 이치이다. 세상은 오로지 힘이나 경찰봉만으로 개선되지 않는다. 국가권력에 억압되어 눈치만 보거나 혹은 특정한 정치체제나 이데올로기에 적응하거나 예속된 인간을 통해서 정치발전이 이루어지기는 더욱 어렵다. 정치적 통제만으로는 그 발전이 불가능한 이유이다. 정치의 개혁은 기존의 체제에서 적어도 의식의 면에서 해방된 사회구성원에 의해서 달성된다. 외부세계가 이를 보완하는 것이 불가피하며, 교육은 그 외부세계 가운데 가장 유력한 요소의 하나다.

동양의 역사에서는 왕이 정치적 권위를 행사하는 방식을 왕도(王道)와 패도(覇道)로 구분하였다. 전자는 왕이 덕을 쌓아 그 덕으로 백성을 교화하는 이른바 도덕정치를 의미하며, 후자는 왕이 단지 힘으로 백성을 굴복시키는 정치를 의미한다. 이 가운데 성인이 다스리는 덕정(德政)은 상상의 세계에서만 가능하다. 현실정치는 역시 정치의 논리에 따라 운영되고 있으며, 또 그렇게 운영되어야 한다. 그럼에도 불구하고 도덕을 전적으로 무시하고 오로지 권력에 의존하는 정치는 오래 지속되기 어렵다는 것도 역사가 입증한 사실이다. 자기가 저지를 수 있는 우행과 사악을 알지 못하는 권력은 결국 부패하고 망한다. 권력의 흐름에만 치우치지 않고 도리를 따르는 측면을 보완해야 한다.

도덕에 의한 정치는 불가능하지만, 도덕에 위배되지 않는 정치는 필요하다. 정치의 정당화는 최소한의 도덕과 논박에서 견딜 수 있는 대의명분을 갖추어야 한다. 권력의 지배를 받는 측은 왜 그래야 하는지에 대한 정당성을 상대에게 요구하며, 권력자는 그 정당성의 요구에 대해서 응답할 의무가 있다. 대중의 지지와 복종을 확보하는 데에는 크게 두 가지 방식이 있다. 하나는 법과 명령에 따라 두려워하면서 겉으로 복종하도록 하는 것이고, 다른 하나는 개인의 도덕적 자각에 의거하여 마음으로 납득하고 자진하여 복종하게 하는 것이다. 결과상으로 같은 복종이라고 하더라도 그 차이는 크다. 전자는 그 효과가 일시적이며, 기회만 있으면 저항에 부딪치며, 그 자체의 무게 때문에 쓰러진다. 이와 대조적으로, 후자의 효과는 자발적이며, 장기적이다. 한 번 성공적으로 이루어지면, 불의의 대군보다 강하게 작용한다.

교육의 논리는 권력과 도덕 둘 사이를 연결하는 가장 효과적인 다리다. 권력은 선행이나 악행의 강력한 도구이다. 권력으로 사람들을 정복할 수는 있지만 그들을 설득할 수는 없다. 도덕심과 지혜는 수도계의 품위에 속하며, 이는 강요가 아닌 자각에 의해서만 설득될 수 있다. 그 목표는 일시에 성취할 수 있는 것이 아니다. 교육은 그 낮은 것에서 높은 것으로 점진적인 이행을 돕는 효과적인 도구의 하나이다. 정치가 오로지 대중의 여론에 의해서 좌우될 때 위기에 봉착하며, 이때 필요한 정론은 외롭고 적대시되기 마련이다. 그 다수의 논리에 아부하지 않고 그 정론을 당당하게 살려내는 방법이 교육이다. 선진과 후진에 대한 마음으로부터의 자발적인 승인을 유도하는 것이 바로 상구에서의 자증과 하화에서의 타증의 내재율이다. 품위의 위계에 대한 증명은 그런 교육적 교섭을 통해서 이루어진다.

토론에는 누가 이기느냐에 관심을 두는 정치적인 토론과 후진의 품위가 선진의 품위에 얼마나 접근하느냐 하는 데에 주안점을 가진 교육적인 토론이 있다. 옛날 임금 가운데에도 조정의 정치를 비방하는 선비를 대하는 방식은 서로 달랐다. 하나는 그를 유배시키거나 처형하는 것이며, 다른 하나는 그를 높이 평가하여 경청하는 것이다. 이 중 후자의 임금은 정치적인 토론보다는 교육적인 토론을 택했다고 볼 수 있다. 군주에게 자주 건의하면 피해를 입고 친구에게 자주 충고하면 거리가 멀어지기 때문에 군주의 뜻에만 따르지 않고 정도로써 보필하는 선비[5]의 의무는 군주의 권력이 자기를 보호할 수 있는 동안만 계속된다. 그런 토론의 과정을 무시하는 군주의 통치는 오래 지속되기 어려웠다. 반대로 선비의 교화와 충고를 따르고 실수를 거듭하지 않는 군주는 장기적으로 이익을 얻을 수 있었다. 누가 더 강하고 현명한 임금인가에 대한 해답은 자명하다.

이와 같은 이치는 국가의 통치를 받는 국민에게도 그대로 적용된다. 권력에는 국민의 무지를 이용하는 것과 무지를 벗어나게 하는 것 두 가

5) 이런 선비를 "옳은 마음을 한가지로 하고 덕을 함께하는 신하(腹心之臣)"이라고 칭했다.

지가 있다. 이 가운데 전자에 해당하는 것이 중우정치(衆愚政治) 혹은 우민정치(愚民政治)다. 군중이란 많은 경우 머릿수는 많지만 두뇌가 빈약하다. 국민이 몽매한 상태에서 현명한 정치를 기대하기는 어렵다. 일부 세력이 국민이 무지하니까 그냥 정치를 맡겨둘 수 없다고 주장하며 권력을 독점한다. 부도덕하고 비인간적인 국가는 국민을 노예로 만드는 경로를 택한다. 불의의 편에서 강자에 복종하고 아부하게 하는 것이다. 이런 정치형태는 오늘날에도 후진국에서 쉽게 찾아볼 수 있다.

대부분의 선진 국가는 오늘날 다수가 소수를 지배하는 민주주의를 표방한다. 이는 한 가지 원칙에서 후진국의 것과 다르다. 그것은 모든 정치적인 결정은 자유인으로서 시민의 압력을 받아 결정된다는 점이다. 이는 정부가 국민보다 더 강하거나 더 현명하다는 이전의 인식을 역전시킨다. 민주적 사회는 신분의 차이를 떠나 모든 사람에게 일종의 평등을 분배하며, 과반수 이상의 의견을 정답으로 삼는다. 다수결은 눈에 보이며 사람들을 복종하게 하는 힘이 있기 때문에 가장 좋은 방법이지만 통치의 실험으로서 민주주의에도 결점이 없는 것은 아니다.

그 결정적인 결점은 표의 무게를 재는 대신에 득표수만 센다는 것이다. 아무리 좋은 정책이라도 여론의 수준에 맞지 않는 정책은 수용되지 않는다. 반대로 시행되면 될수록 문제가 될 정책이라도 여론이 지지하면 수용한다. 대중의 비위에 맞추는 인기영합주의와 기존의 정치수준에 국민을 일치시키는 정치적 사회화는 무비판적이며, 게으르며, 부주의하며, 신빙성이 부족한 대중을 쉽게 조종한다. 위대한 인물들을 하찮은 대중의 수준으로 끌어내린다. 이것이 오늘날에도 볼 수 있는 현대판 중우정치의 형태이다.

다수파의 의견은 무엇이 옳은가에 대한 최종적인 증거가 아니다. 국가의 흥망은 인구의 수가 아니라 그 질이다. 여론에 흔들리거나 인기가 없을 듯한 결정을 회피하는 정책은 나라의 복지를 책임질 수 없다. 그런 이유로 민주주의는 나쁜 정치체제 가운데 가장 괜찮은 것이라는 평가를 받는다. 이제 다수의 횡포를 막기 위한 장치가 필요하다. 이상적 민주주의에 대한 해답은 대중에 호응하는 것이 아니라 대중의 오류가능성을 가급적 줄이는 것이다. 민도(民度)의 향상이란 말이 이를 일컫는다.

국가의 정치적 발전의 원동력은 건전한 시민권의 행사와 비례한다. 정치적 여론을 결정하는 것도 결국 시민의 품위다. 수도계는 한 품위의 선진이 이하의 품위를 제압한다는 점에서 단지 다수결에 의한 복종을 요구하는 민주주의적 원칙과 모순된다. 그 제압은 고압제와 저압제의 위험도 포함한다. 논자는 앞서 복종을 두 가지 유형으로 나누고, 품위란 단지 권력에 의해서 억지로 올릴 수 없다는 점을 지적하였다. 보다 더 건전한 방법은 바로 시민들 사이에 품위의 상향식 합의를 얻는 교육적 교섭을 활성화하는 것이다. 교육적 주체는 자유의 논리를 따른다. 이로써 대의명분이 서지 않은 권력에 저항하는 힘이 구축된다. 이처럼 시민으로서 맹목적 권력행사에 대한 견제, 저항, 압력, 비판이 이루어질 수 있다면 그만큼 정치도 향상될 것이다.

평화는 힘으로만 유지될 수 없고 상호이해로 달성된다. 품위는 교육을 통해서 적과 아군의 구분 없이 국경을 통과한다. 고대 중국의 춘추시대에 황제의 권력이 유명무실하고 봉건군주들만의 알력과 전쟁이 그칠 사이가 없을 때, 학자들은 일종의 지적 국제주의를 향유할 수 있었다. 그들은 이런 정치적, 도덕적 혼란을 막고 평화와 질서를 가져오는 최선의 방법이 무엇이냐를 탐구하고, 이 나라에서 저 나라로 옮기면서 그들의 뜻을 받아주는 군주를 찾아다녔다. 이런 지적 활동과 자유가 중국에서 가장 찬란하고 다양한 사상을 잉태하고 분출시킨 요인이 되었다.

교육은 현재에도 국경을 넘어서는 사해동포적인 인간적 유대를 추구한다는 점에서 변함이 없다. 국제사회는 이제 다양한 정치체제의 시험장이 되어가고 있다. 그런 조건에서 폐쇄정치를 더 이상 유지하기 어렵게 되었다. 그 개방성에 국경을 넘나드는 교육이 큰 몫을 한다는 것은 부인하기 어려울 것이다. 한 정치체제에 갇힌 사람은 그 담장을 넘어서기가 어렵다. 그런데 교육은 그 체제 간의 상호 영향을 주도하며, 국민들에게 그 선택의 폭을 확장시킨다. 정치적으로 후진인 나라가 이웃하는 선진의 정치체제를 수용하는 과정에서 저항과 개선이 이루어지는 것이 오늘날의 현실이다.

마지막으로, 교육이 정치에 공헌하는 경로로 지적하고 싶은 것이 있다. 그것은 정치와 정치학의 관계다. 정치는 권력을 추구하고, 정치학은 진리를 추구한다는 점에서 이들은 서로 다른 세계에 속하지만 서로 영향을 주고받는 관계이다. 정치의 질서를 변경함에 있어서 그것을 유지하는 사람들의 사고방식의 변경이 큰 비중을 차지한다. 정치학은 그 부분에서 정치에 어느 정도 긍정적인 영향을 준다는 것은 부인하기 어렵다. 아무리 정치적 탄압이 심해도 좋은 사상은 하나의 일가를 이루기 마련이다. 정치학은 권력에 호응하는 것이 아니라 진리에 호응한다. 교육이 그 진리를 강요하지 않는 방식으로 검증하는 데 작용한다. 그 간접적인 공헌을 무시할 수 없을 것이다.

14.4 법률과의 공존

14.4.1 교육에 대한 법률의 여건

지구상에서 인류가 공존하는 데 필요한 최선의 제약사항은 윤리의 문제가 아니라 강제의 문제다. 삶의 어느 곳에서나 법률의 적용을 받는다. 국가란 법의 효력을 미치는 범위를 지칭하며, 통치는 법을 만드는 권력을 의미한다. 국가의 강제력을 수반하는 사회 규범, 국가 및 공공 기관이 제정한 법률, 명령, 규칙, 조례를 위반한 경우에 그에 대한 과료나 처벌을 부여한다. 판결은 과실을 억제하거나 물리적 강제를 통하여 사회에서 원하는 상태와 결과를 실현할 수는 있지만 과실을 교정할 수 없다.

다른 한편으로, 교육은 법률로 환원할 수 없는 영역이다. 교육을 규제하는 것은 법률이 아니라 그 활동 자체 안에 장치된 내재율이다. 내재율은 의무가 아니라 유익하기 때문에 그 이행을 요구한다. 즉, 스스로 복종하도록 한다는 점에서 타율적인 것이 아니라 자율적이다. 교육은 과실에 벌을 가하는 것이 아니라 이를 선용한다. 활동을 제한하는 것이 아니라 품위를 확장한다. 품위를 바꾸지만 그 과정에서 위협이나 물리적인 강제가 아니라 설득에 의한 자발적인 복종을 원칙으로 삼는다.

법률을 위한 법률은 존재할 수 없다. 강제력을 가진 법률은 주인이 아니라 하인이라는 전제가 성립한다. 또한 법률적 강제와 자유는 반드시 모순된 것은 아니다. 법률은 그 자체가 강제하는 것이지만 그 강제는 자유를 위한 강제도 포함한다. 사상, 언론, 표현, 집회, 결사의 자유를 보장하는 법률이 그 좋은 예이다. 교육학의 중요한 과제의 하나는 법률이 교육의 우호적인 여건이 될 수 있는 방정식을 찾는 것이다.

대부분의 국가는 공공복리를 지향하며, 그 목적에 봉사하는 방식으로 법률을 제정한다. 교육은 공공복지에서 중요한 축의 하나이며, 아울러 경험의 자유를 추구한다. 여기서 법률이 교육에 우호적인 수단이 되는 일차적인 원리와 길이 열린다. 그것은 먼저 교육의 자율성을 인정하는 것과 그 안에서 이루어지는 자유를 신장하고 보장하는 강제적 장치로 법이 작용하는 것이다. 일견 서로 모순되는 듯한 이 부분에 대해 올바른 해석이 필요하다.

먼저 교육은 법으로 규정할 수 없다. 그 내재율은 기존의 법률적 제한으로부터 자유롭다. 새로운 것은 언제나 법률위반이나 신성모독의 의미를 지닌다. 경우에 따라 법률이 교육의 제재를 받을 수 있다. 법률이 교육의 우호적인 조건이 된다는 것은 바로 그 부분까지를 보장해 준다는 의미다. 만약 교육의 공간에서 일어나는 상황을 해당 지역의 법률적 제약에서 당분간 제외시키는 규정을 법률에 포함시킨다면, 법률이 교육을 위해서 할 수 있는 최대의 특혜를 제공하는 셈이 될 것이다.

교육을 위한 법률제정은 그 제정자의 교육관을 반영한다. 이 부분이 논자가 법률을 교육의 여건으로 본 장에 특별히 첨가시킨 주된 이유다. 그 교육관이 올바르지 못하다면 그만큼 교육법은 교육을 위한 여건의 기능에서 멀어진다. 문제가 되는 것은 관습법으로서 교육법의 위치이다. 관습에 복종하는 것이 관습법이다. 관습의 지배를 받기 때문에 "교육법"은 주로 학교에서 일어나는 것과 교육을 동일시하는 사회통념에 의해서 결정된다. 따라서 지금의 "교육법"은 용어상 학교법으로 개칭하면 그 의미가 분명해진다.

본서의 논지 가운데 핵심은 교육과 학교가 서로 다른 범주에 속한다는 점이다. 학교체제를 유지하기 위한 법률제정의 필요성은 충분히 인정된다. 그러나 그것이 교육을 위한 법이라는 명분을 내세워 학교 안에서의 교육을 강제한다면, 결국 학교체제의 강화에 그친다. 그 "교육법" 때문에 그 구성원들이 제대로 교육활동을 할 수 없다면, 그것은 적어도 교육의 입장에서는 악법에 해당한다. 그런 역설적인 정황은 학교 안의 교사와 학생들이 실감하고 있는 부분이다.

현재의 "교육법"이 학교에 대한 법률이라면, 교육을 위한 법률도 필요하다. 후자를 교육진흥법이라는 별도의 용어로 지칭하기로 하자. 이는 관습법이 아니라 자연법의 범주에 속한다. 그런 법률을 새롭게 제정하기 위해서 수많은 학구적인 연구와 담론절차를 거쳐야 한다. 교육의 자율성에 대한 학문적 논의뿐만 아니라 그 법률이 내세우는 명분 이상의 효과를 발휘하는지에 대한 사실적 검증을 거쳐야 한다.

교육진흥법은 학교라는 특수한 공간뿐만 아니라 모든 삶의 공간을 포괄할 수 있어야 한다. 학교체제에 국한되지 않은 "평생교육법"이 있지만 그 "평생교육"이 무엇이냐 하는 개념적인 문제가 있다. 그것을 만약 학령기를 벗어난 성인들에게 학교에서와 같은 경험을 제공하는 것으로 본다면, 지금의 "교육법"의 한계를 벗어나기 어렵다. 교육적 주체는 나이의 한계에 구속되지 않은 모든 개인이다. 그 개인이 모여 각종 교육공동체를 이룰 수도 있다. 교육진흥법은 그 모두에게 도움이 되는 방식으로 제정될 수 있어야 한다.

교육은 선택적인 삶이기 때문에 그것을 모든 사람들이 따라야 할 의무로 규정하는 것은 위험하다. 국가의 요청에 의해서 학교에 다닐 의무를 "의무교육"으로 규정하는데 여기에는 개념적인 문제가 있다. 그 취지가 더욱 구체화되기 위해서 그 용어의 의미를 학교에 출석할 의무로 해석하는 것이 옳을 것이다. 교육은 그 자체의 내재적 가치에 의해 선택받아야 할 대상이다. 그 가치는 그것을 추구할 자유가 있을 때 발견된다. 따라서 교육진흥법은 교육을 의무로서가 아니라 원하는 사람들이라면 누구나 향유할 수 있는 보편적 권리로 규정해야 할 것이다.

인간으로서 교육할 가능성을 부인하거나 억압하는 것은 가장 고귀한 특권을 포기하는 것이다. 교육진흥법은 제한된 인구의 특권이 아니라 모든 국민이 자유롭게 교육적 주체로서의 역량을 최대한 발휘할 수 있는 교육권을 평등하게 보장해 줄 수 있어야 한다. 후진으로서 상구할 권리와 선진으로서 하화할 권리를 주는 사회가 정의로운 사회다. 두 교육의 주체는 서로가 상대편의 권리에 대한 의무를 가질 필요는 없다. 필요에 따라 양자는 그 권리를 포기할 자유도 행사할 수 있어야 한다.

"법 앞에 만민은 평등하다."라는 말은 법이 강자보다는 약자를 보호하기 위한 것으로 해석될 수 있는 부분이다. 교육은 결과의 평등이 아니라 기회의 평등을 요구한다. 기회의 면에서 교육적인 삶이 불평등했던 것은 역사적인 사실이다. 법률이 강자의 편이라는 것도 사실이고, 교육이 강자에게 유리하다는 것도 사실이다. 어느 시대, 어느 곳에서나 교육은 특권계급의 독점물이었다. 그러나 교육은 원칙상 강자가 약자를 이끌어 주고, 약자는 강자의 덕을 보는 내재율을 지니고 있다. 교육진흥법은 법 앞의 평등이라는 원칙을 살려서 사회적 약자(저능아, 노약자, 불구자, 저소득 빈민층 등)에게 교육적인 삶의 기회를 보장해 주는 법률적 근거를 보장해 주어야 한다.

앞에서는 주로 권리로서 갖추어야 할 교육진흥법의 요건을 살폈는데, 그것이 포괄해야 할 범위는 더 확장된다. 교육은 선택이지만 그 여건의 조성에서는 어느 정도의 법률적 강제가 요청된다. 뒤에 경제, 사회, 문화, 종교 등의 여건을 다루겠지만, 이 모든 부분에서 법률적 지원을 필요로 한다. 이른바 "교육비"는 대부분 학교에서 쓰이는 경비를 총칭하는 것으로 그 경계가 개념상 모호하다. 그 부분에서 법률적 의미를 새롭게 규정해야 한다. 뒤에 사회와의 공존에서 지적할 예정이지만, 교육은 예컨대, 나이, 성별, 인종, 사회적 지위를 뛰어넘는 유교무류의 이념을 보장해야 한다. 그 이외에도, 교육의 여건에서 강제성을 필요로 하는 부분은 얼마든지 첨가할 수 있을 것이다.

14.4.2 법률에 대한 교육의 기능

인간사에서 법률의 강제적 영향력은 행동양식에 국한되며 우리 내면에는 미치지 못한다. 국민들에게 강제로 법률을 따르게 할 수는 있어도 그 필요성을 깨닫게 하기는 어렵다. 법률은 위협할 뿐이지 설득하지는 않는다. 대부분 면전에서만 법률에 복종한다. 될 수 있는 한 법률적 처벌을 피하면서도 내면으로부터 부끄러운 줄을 모른다. 이렇게 처벌만 지속하면 완고함과 무감각을 초래한다. 소외감을 키우며, 반항하는 힘을 강화한다. 그런 특성의 법률이 앞의 논의에서처럼 교육을 보호하고 권장한다면 교육은 어떤 기능을 할까? 이에 대한 포괄적인 해답은 법률이 자체의 능력으로서 할 수 없는 영역을 보완한다고 말할 수 있다. 그 점을 세부적으로 살펴보자.

먼저, 법률을 위한 직접적인 기능을 들 수 있다. 법의 이념은 정의(justice)를 실현하는 것이며, 합당하지 않으면 법으로 인정받기 어렵다. 세상에는 악법도 존재한다. 부당한 법은 그 자체로서 하나의 폭력으로 그 지속은 원망, 반발, 저항을 불러일으킨다. 그 불복종과 저항의 힘은 단지 법률을 벗어날 수 있는 대중의 기반에서 일어난다. 그 대중에 기반을 둔 정당성의 확보는 단지 대중의 주관을 굴복시키는 것으로 이루어질 수 없다. 역사적으로 악법은 도태되는 과정을 거쳤다.

법적 안정성은 쉽게 변경되지 않아야 한다는 것만으로 보장되지는 않는다. 일반인의 의식에 부합하여야 하며, 그들이 그 법률을 믿고 생활할 수 있어야 한다. 정당하지 못하다면 법률도 교정의 과정을 거쳐야 한다. 이 경우, 기존의 법체제의 정당성은 그 체제 밖의 관점과 시야가 필요하다. 교정은 기존의 법률에 굴복되지 않은 품위의 지원을 받아야 한다. 그 교정의 이면에는 대중의 품위수준이 작용했다. 수도인은 악법에 동조하지 않으며 기존질서의 절대적 권위를 비판한다. 그 비판을 대중에게 설득시키는 데는 강요가 아닌 방식, 교육의 논리를 따라야 한다.

법률을 집행함에 있어서도 일정 부분 교육에 의한 정당화의 과정이 필요하다. 법정에서 모든 판결은 증거에 입각해야 한다는 원칙이 있다. 단일한 증인은 증인이 아니기 때문에 다수의 배심원을 둔다. 법정에서 검사와 변호사는 배심원이나 판사를 설득하여야 한다. 검사는 법률적 강제를 설득에 의해서 합리화할 수 있어야 한다. 변호사는 이에 대해서 잘못이 없음을 변론한다. 법정변론의 목적은 하화에 의한 설득이다. 이는 배심원의 납득으로 연결될 수 있어야 한다. 이처럼 법을 적절히 응용하여 집행하는 실제적 과정에서 교육의 논리가 작용한다.

이제 교육이 법률로 다스릴 수 없는 영역을 보완하는 부분으로 논점을 옮겨보자. 옛날에는 왕들이 백성에게 법률 같은 것을 가르치지 않고 처형하는 억울하고 안타까운 사태가 많았다. 이런 사태를 압축한 고사성어가 불교이살(不教而殺)이다. 과오에는 알지 못해서 저지르는 경우와 알고도 고의적으로 저지르는 경우로 나눌 수 있다. 전자의 경우는 알면 피할 수 있는 과오라는 점에서 후자와 같이 취급될 성질의 것이 아니다. 그 구분을 하지 않고 사회가 구성원의 사회적 동의에 따라 어떤 과오의 결과만을 판단한다면 그 자체가 하나의 과오라고 할 수 있을 것이다. 징벌을 받기보다는 개과천선할 기회를 제공하는 것이 사회적으로 더 유익하다.

법적인 처벌은 악행의 방지책이며, 선행의 자극제는 아니다. 아무리 엄격한 법이라고 해도 그것이 게으른 자가 부지런히 일하도록, 낭비하는 자가 절약하도록, 주정뱅이가 술을 끊도록 만들 수는 없다. 교육은 바로 그런 맹점을 보완하는 기능을 한다. 사람이라면 누구나 크고 작은 과오를 저지르며 산다. 법은 모른다고 해서 무죄가 되지 않는다. 그러나 교육은 과실을 관용한다. 교육에서는 모르는 것을 죄로 보지 않는다. 그런 과오는 고치면 그만이고, 과오를 알면 더 이상 과오를 저지르지 않을 가능성이 높아진다. 상구에 의한 선행의 가치를 진정 체험한 사람은 악행으로 되돌아가는 것이 퍽 어렵다. 악행을 하지 못하게 하는 방법은 그것을 징계하려고 하지 말고 그가 선을 알 수 있도록 하화하는 것이 더 적극적인 방법이 될 것이다.

상구와 하화의 기회를 갖게 하는 것은 죄를 판정하는 사람과 판정받는 사람 모두에게 필요하다. 법집행자의 무지가 법정에 작용할 위험성이 있다. 소크라테스가 젊은이들의 정신을 오염시키는 범죄자로 사형선고를 받은 것이 그 좋은 예다. 그는 국가의 신들을 믿지 않고 자기 나름으로 새로운 신들을 믿고 있었다. 이것이 그가 기소된 혐의다. 악법도 법이라는 구실로 법률이 집행되었다. 그러나 만약 피소된 소크라테스에게 교육의 기회를 주었다면 재판에 참여한 사람들이나 자신들 사이에 어떤 변화가 있었을 것이며, 그에 따라 판정이 달리 나올 수도 있었을 것이다. 이것이 바로 소크라테스가 사형선고를 받은 법정에서 자신을 변론하면서 아쉬워한 부분이다.

가치를 법률의 힘을 빌려 강제로 증명하려는 것은 자기모순이다. 품위를 강제로 입증할 수 없다. 이 때문에 품위를 강요하는 법을 만들 수는 없다. 상벌과 같은 조건화의 방법을 통해서 "도덕교육"을 증진시켜야 한다고 주장하는 것도 마찬가지다. 겉으로 악행을 저지르지 않는 사람이라고 해서 선한 사람이라고 판단하는 것은 옳지 않다. 그 행동이 보상이나 벌 때문이라면 눈치 보기에 불과하다. 진정한 의미의 개심(改心)은 외부가 아니라 내부에서 우러나와야만 한다. 내면의 양심을 키우는 일은 교육이 차지할 몫이다. 교육적인 관계나 교육활동은 바로 과오를 소재로 삼아 무력이 아니라 자발적으로 정복한다.

이런 자발적인 개심과 회심의 원칙은 법적 현상, 법적 사실 등 법에 관한 것을 학문적으로 고찰하는 법학의 경우에도 적용된다. 법학은 법술과 구분된다. 학문은 사물에 대한 이론적, 체계적인 연구 또는 지식을 말하며, 이에 대립되는 개념으로서의 기술은 이론을 실제에 응용하는 기능을 의미한다. 그러나 법학이 법률의 발전과 향상에 일정 부분 공헌하는 것은 역사적으로 입증된 사실이다. 그런데 그 법학은 법률로 해결되지 않는다. 법학의 발전에는 법학을 소재로 삼은 교육이 작용한다. 그만큼 교육은 법률 분야의 발전에 간접적으로 공헌을 한다고 볼 수 있다.

14.5 경제와의 공존

14.5.1 교육에 대한 경제의 여건

경제와 교육은 삶과 불가분의 관계에 있다. 경제는 외면적인 물질적 생활을 그리고 교육은 내면적 생활을 윤택하게 한다. 각각은 그 고유한 논리와 내재율을 따르면서 서로의 환경으로서 영향을 주고받는다. 그 중에서도 경제적 조건과 지원은 인간생활의 모든 분야에서 불가피한 요소다. 교육발전도 경제적인 삶의 자유롭고 윤택한 조건과 밀접하게 관련되어 있다.

경제계와 교육계는 모두 생산과 배분이 이루어진다는 점에서 공통성을 갖지만 한 가지 점에서 서로 대조된다. 외면적인 물질과 재화의 경우는 그 배분에서 한쪽의 증대가 다른 쪽의 감쇄로 계산된다. 이와는 달리, 무형의 보물인 품위는 배분하고 거래될수록 기하급수적으로 증가한다. 남에게 공여하면 그만큼 늘어나고, 쓰면 쓸수록 그 가치가 몇 배로 증대된다. 그런 경이로운 거래가 이루어지는 현장이 교육이다.

경제계가 가치를 화폐의 단위로 양화시키는 데 성공한 이후로, 일상의 삶은 수량적 접근과 수리적 공식화의 대상이 되었다. 모든 것을 경제적 가치로 환원시킨 나머지 화폐로 측정할 수 없는 것으로 알려진 삶의 영역에까지 계산대가 설치되고 있다. 부의 증대라는 그런 고유한 가치를 인정해야 하지만, 부를 위한 부는 인정될 수 없다. 경제는 결국 여타의 삶을 위한 수단이라는 것을 잊어서는 안 된다.

여타의 삶을 경제를 위한 수단으로 삼는 경제지상주의의 손실은 반쪽의 생활이다. 아무리 재물이 많다고 하더라도 내면생활이 풍요하지 못하면 누추하다. 현대인은 물질적 풍요에도 불구하고 내적으로 공허하고 내면의 거점을 상실한 채 이리저리 방황한다. 이 말은 내면의 풍요를 얻은 것이 재물의 한계를 보충할 수 있다는 뜻으로 해석될 수 있으며, 교육이 그 부분에서 긴요한 몫을 담당한다. 인간의 삶이 단지 경제를 위한 수단만이 아니라는 이런 정언명령이 교육에 대한 경제의 물적 지원이 이루어져야 할 분명한 이유가 되겠다.

또 다른 이유도 있다. 그것은 물질적 풍요의 근원이 품위에 뿌리박고 있다는 직접적인 사실이다. 품위는 그 자체로서 내재적 가치를 지니고 있지만 경제적으로도 귀중한 재산이 된다. 주어진 기회를 포착하는 예비적 자산으로서 품위는 교환과 공유가 이루어질수록 증대하며, 그 잉여가 경제에 긍정적인 기능을 한다. 교육에 대한 투자가 가장 많은 이자를 보장한다고 말할 수 있다. 교육으로 얻어진 품위는 인류 전체의 자산으로서 결코 특허권을 행사할 수 없다.

노동자의 품위가 향상될수록 동일한 노동으로 보다 질 좋은 생산물을 얻을 수 있다. "교육을 많이 받은 국민치고 가난한 국민은 없으며, 교육을 받지 않은 국민치고 부자인 국민은 없다."라는 주장도 있다. 그러나 경제라는 한쪽의 결과만을 의식해서 무턱대고 교육과의 직접적인 관계만을 강조하는 발상은 너무 단순하고 협소하다. 경제적 지원이라고 할 때, 그 대상인 교육이 무엇일까 하는 개념의 문제가 개재된다.

이 문제와 관련하여 "교육재정"이라는 일상어의 검토가 필요하다. 이는 관습적 교육관에서 비롯한 용어로서 개념의 문제를 충족시키지 못하고 있다는 점에서 비판의 여지가 있다. 이것은 사실상 학교체제의 유지를 위한 경비 전체를 지칭하는 것으로서 그 명분과 내실이 일치하지 않는다. 관점의 범주착오로 과다포장된 경우이다. 학교에서 교육을 위해서 사용하는 재정은 아직까지 그 항목 자체가 부재할 뿐만 아니라 설사 그 항목이 있다고 하더라도 그것에 포함시킬 경비는 극히 한정될 것이다.

오늘날 "공교육"과 "사교육"을 대비시키고 그것에 소요되는 경비의 차이를 주로 문제시하고 있지만, 문제시해야 할 것은 정작 따로 있다. 두 가지 점을 유의해야 한다. 첫째는 그것들이 진정 교육을 위한 경비냐 하는 것이다. "사교육비"의 경우 실상은 입시준비를 위해서 학원 등에 지불하는 비용에 가깝다. 그로 인해서 진정한 의미의 교육을 위해서 쓰일 경비를 은폐하거나 소홀하게 취급하고 있다. 다른 하나는 경비의 과다 지출의 문제인데, 이는 경제의 문제이지 결코 교육의 문제는 아니다. 후자의 문제를 들어 "교육정책"을 논의하는 것은 교육을 경제에 예속시키는 길이다. 양자의 문제가 판이한 만큼 그 해결의 방법도 달라야 할 것이다.

개념의 문제와 관련하여 결과위주의 교육관이 적용되는 경우도 많다. 더러는 교육을 인력양성의 수단으로 보거나 혹은 이른바 "교육사업"이라는 명분을 내세워 교육에 시장의 논리를 적용하는 것을 본다. 말하자면, 이는 교육을 단지 경제의 효과로 환원시킨다. 산업에 당장 필요한 인력을 단기적으로 양성한다는 취지는 더욱 노골적이다. 이처럼 경제적인 이득을 앞세워, "교육"을 규정하는 것은 그 정체성이 모호할 뿐만 아니라 그 성과 역시 불투명하다. 그 점에서 이 용어의 사용은 우리가 목하 논의하고자 하는 경제적 여건의 주제와는 어긋난다.

경제가 교육에 우호적인 여건이 되는 일반적인 조건은 앞의 정치나 법률에서 논의한 것과 동일하다. 우선 교육의 고유성을 인정하고, 그 고유성을 지원하는 것이다. 교육은 그 고유한 내재율, 내재적 가치, 인간, 그리고 활동을 포함한다. 이들은 경제체제 안으로 환원시킬 수 없는 대상임이 분명하다. 경제적 지원은 그 독자적인 세계의 손실을 줄이고, 대신 그 증대를 지원하는 세력이 될 수 있어야 한다. 다음에 논의할 경제에 대한 교육의 원천적인 효과도 그런 조건을 전제한다.

교육활동에 대한 경제적 지원을 보상으로 해석하여서는 곤란하다. 보상은 내재적 가치를 왜곡시킬 위험성이 있다. 시장의 경제적 평가와 교육의 평가는 독립되어 있다. 여기서 새삼 상기할 것은 교육이 경제적 이해관계를 떠나 그 자체로 내재적 가치를 지니고 있다는 사실이다. 교육을 설사 시장에 내놓는다고 하더라도 그 상품은 별개로 교육의 내재적 가치를 보존하고 있어야 한다. 만약 그 지원이 경제적으로 얻을 수 없는 것 혹은 경제생활만으로는 결핍된 부분을 겨냥한 것이라면 교육과 경제 사이의 보다 폭넓은 협력이 이루어질 수 있다.

교육적인 삶을 영위하는 데 속세에 물들어서도 안 되지만 그렇다고 속세와 동떨어져 있어도 안 된다. 교육을 위한 경제적 지원에는 소극적인 측면과 적극적인 측면이 있다. 소극적인 측면은 경제적 구속에서 벗어나는 것이다. 교육을 위한 최소한의 물질적 토대가 보장되어야 한다. 경제적 빈곤은 불명예는 아니지만 교육적인 삶을 영위함에 있어서 적지 않은 걸림돌로 작용한다. 의식주와 같은 목전의 생활문제에 급급하여 매달리는 사태에서는 교육의 여지가 그만큼 줄어든다. 이 점에서 교육적 주체에게 최소한의 경제적인 삶을 보장해야 한다. 국민이 경제적인 이유로 교육의 기회를 잃는 일이 없도록 국가가 최소한의 교육장려금과 생활비를 보조할 수 있어야 한다.

경제적인 여유가 곧바로 교육적인 삶을 보장하는 것은 아니지만 교육에 정진할 여유를 갖는 것은 필요조건이다. 매일의 빵을 얻기 위해 자신의 재능을 죽여야 하는 상황이 있다. 교육에 정진할 경비를 별개로 충당하는 사회적 장치가 필요한 이유다.[6] 교육은 자기창조의 작업이다. 교육을 위한 물질적 토대가 보장되어야 한다. 뿐만 아니라 노동에서 해방된 여가와 시간도 필요하다. 그 여유의 면에서 적어도 경제활동을 하는 그 시간만큼 아무 대가를 의식하지 않고 교육활동에 자진하여 전념할 수 있는 시간을 확보하는 조처가 이루어져야 한다.[7]

6) 동양에서 스승을 처음으로 뵈올 때 속수(束脩, 포의 열 묶음)를 폐백으로서 드리는 관례도 있었다. 자식의 학비를 위하여 어머니가 두발을 잘라 팔았다는 “전발역서(翦髮易書)”의 고사도 있다.

7) 구라파에서 한때 음악가와 미술가들은 귀족들의 보호와 지원을 받으면서 활동하였다. 그러나 그 지원자의 요구에 응해야 한다는 대가를 전제한 것이었기 때문에 그만큼 음악과 미술의 자율화가 더딜 수밖에 없었다. 그런 악사들과 음악가들이 음악과 미술 자체

목전의 생계문제에 매달리면 교육의 여지도 그만큼 줄어든다. 문제는 노동에 의한 경제적 여유를 확보하기 위해서 교육활동을 할 여가가 희생되는 경우도 많다는 사실이다. 이처럼 경제적 사정 때문에 교육에 대한 접근이 어렵다면, 이 역시 인간적인 사회라고 볼 수 없다. 어느 시대, 어느 곳에서나 교육은 특권계급의 독점물이었다. 이런 배분의 불공정이 교육의 불평등과 연결되지 않기 위해서 교육을 위한 경제적인 투입과 지원이 마땅히 복지의 차원에서 이루어져야 할 것이다. 모든 국민의 교육을 위한 최소한의 재정보조가 이루어져야 한다.

이런 경제적 지원은 학교라는 공간의 범위를 넘어선다는 것은 말할 필요도 없다. 학교 안의 교육에 대한 지원도 필요하지만 학교 밖에서 진행되고 있는 온갖 교육에 대한 지원으로 확장되어야 한다. 정부뿐만 아니라 일반 사회에서도 교육비에 한몫을 할 수 있어야 한다. 기업은 단지 부의 증식에만 치중할 것이 아니라 교육을 지원한다면 부의 사회적 환원이라는 명분에 부응할 것이다. 그 자체로서 장기적인 투자일 뿐만 아니라 기업의 이미지를 쇄신하는 좋은 방안이다. 기부금에 대해서 국가가 세금을 공제하는 혜택을 주는 것도 생각해 볼 수 있다.

목전의 이익은 없지만 긴 시간을 두고 이득을 보는 것이 교육이다. 그런 의미의 교육에 대한 투자가 이루어질 수 있어야 한다. 품위의 형성은 장기시숙을 요한다. 따라서 그것이 여타의 세계에 주는 영향이나 효과는 늦게 생기기 때문에 장기적인 안목이 요청된다. 이를 굳이 경제의 입장에서 본다면, 장기적인 투자라고 할 만하다. 이런 의미의 투자와 확충은 일견 소비처럼 보이지만, 장기적으로는 산업부문에 폭넓은 연쇄작용을 함으로써 산업발전에 기여할 것이다.

교육을 위한 재정지원에는 여건조성이 포함된다. 돈이 가는 길에는

의 정체성을 모색하고 그 속성에 충실한 삶을 영위하는 것만으로 경제적으로 자립할 수 있는 길을 찾기 시작했다. 교육과 세속의 정상적인 관계도 바로 그런 경로를 거쳐야만 한다. 외부의 지원은 흔히 그 대가를 요구하기 때문에 그 장애를 극복하기 위해서 과거의 불도들은 걸식의 생활을 택하기도 하였다.

되지 않는 것이 없다는 말처럼 그 여타의 여건조성에도 경비가 든다. 이를 교육보조금이라고 하자. 각 개인이 교육적 주체로서 혹은 그가 속한 집단이 교육공동체로서 교육을 위해서 사용할 수 있는 적정비율의 교육보조비를 보장하는 법률적 혹은 사회적 요소가 첨가되어야 한다.[8] 그 항목에는 교육을 위한 제반 기구의 유지, 인적 자원의 동원, 건물과 각종의 편의시설의 구비, 그 유지와 관리에 소요되는 경비의 부담, 디지털 장비 구축, 양질의 디지털 강의 개발, 교육 기기 보조 등이 포함된다. 그 이외의 세부적인 항목을 교육의 여건으로 얼마든지 더 포함시킬 수 있을 것이다.

앞서 적정비율이라는 용어를 썼는데, 그것은 개념적으로 해결할 문제가 아니다. 진정 경제적 투자에 의해서 교육이 진흥될 수 있는가 혹은 진흥된 교육이 경제에 어떤 영향을 주는가 하는 효율성의 문제는 경험적 관계에 대한 증거를 요구한다. 물질적으로 가난하면 교육을 도구로 삼기 쉽고 물질적인 여유가 있으면 교육의 내재적 가치를 추구할 수 있다는 말이 있지만, 반대로 배부르기보다는 적당하게 배고픈 것이 품위를 싹트게 한다는 말도 있다. 경제적 지원이 진정 교육을 돕는 것이냐 하는 문제는 경험적 연구가 해결해야 할 부분이다.

물질적인 지원이 많을수록 교육의 여건이 좋을 것이라는 통념은 재고의 여지가 있다. 교육재정은 무조건 많을수록 좋은 것은 아니다. 교육재정은 진정 그 정책이 교육을 위한 것인지에 대한 실질적인 검토를 거쳐야만 성립할 수 있는 개념이다. 다다익선의 논리는 위험하다. 너무 적어도 문제이지만, 너무 많아도 문제가 될 수 있다. 선의도 지나치게 발휘되면 매우 나쁜 결과를 초래하는 경우가 많다. 소요경비의 적정수준이 얼마가 될지는 항목별로 나누어 실증되어야 한다.

---

8) 스웨덴에는 이른바 학습서클(learning circle)이 있다. 이는 최저 5명, 연간 20시간, 10회의 회합을 가질 경우 지도자나 학습내용의 여하를 막론하고 노동자협회(ABF) 등 10개 단체를 통하여 국고에 의한 보조를 받을 수 있다. 그것은 서클 지도비나 교재비의 75%를 넉넉히 충당한다.

14.5.2 경제에 대한 교육의 기능

어느 분야보다도 경제는 그 대가를 계산하는 분야이다. 경제의 본질은 그 근원에서 물질적 재화의 생산에 있기 때문에 교육이 경제를 통제하는 방식은 결국 부의 증식에 있다. 그 부분에서 교육이 공헌할 여지는 어디에 있는가? 원칙적인 해답은 경제의 논리로 해결할 수 없는 제반 문제를 해결하는 것이다. 경제발전의 요소로서 크게 인구, 천연자원, 자본형성, 기술의 네 가지 요소를 든다. 교육은 그 마지막, 인재를 확보하는 수단의 하나이다. 이 발언에서 그 수단의 하나라는 단서는 여타의 인재양성의 수단과는 다른 측면을 가지고 있다는 것을 의미한다.

현대 산업사회에서 자본가는 기술적 생산도구를 지배하고, 수많은 노동자들은 이윤을 위한 생산에 열중한다. 기업에서 인력양성을 말할 때 통상 인간을 경제적 수단으로서 규정한다. 물질의 가치는 삶에서 불가결한 요소이기 때문에 그처럼 물질생활의 도구로서 인간성을 규정하는 것은 불가피한 측면이라고 말할 수 있다. 그러나 인간을 언제라도 대체가능한 소모품으로 취급하는 처사는 인간의 삶을 황폐화할 뿐만 아니라 그와 대척점으로서 자아실현에 의한 경제와 교육 사이의 호혜적 관계를 무시한다는 점에서 막중한 손실을 초래한다.

노동과 자아실현은 어떤 관계가 있는가? 그 양자가 대립한다고 생각하기 쉽다. 천민자본주의 사회는 도구로서의 인력의 경쟁은 생존에 필수적인 것이라고 선전한다. 그러나 인간을 화폐적 가치로 환원시키는 인력의 경쟁은 삶에서 목적과 수단의 도착이라는 문제를 발생시킨다. 경제는 그 자체가 목적이 아니라 결국 행복을 위한 수단이다. 물질적 생활조건은 예전에 비해 몰라보게 향상되었지만, 마음에는 불만과 공허감이 가득하다. 이런 상태에서는 무엇이 진정 가치 있는 삶인지가 애매하고 혼란스럽다.

교육으로 인재를 양성하는 방식은 경제적 수단으로서 내세우는 인력양성이라는 차원을 넘어선다. 이는 인력양성의 필요성을 부정하는 것은 결코 아니다. 그것의 존재와 가치를 십분 수긍하면서도, 다른 한편으로 그 한계를 다른 방식으로 보충하고 보완할 필요성을 주장하려는 것이다. 이제, 자아실현의 일환으로서 교육이 실현되는 길을 찾아야 하며, 교육의 경제적 기능 역시 그런 경로를 따라 경제의 개념을 한 차원 높게 고양시킬 수 있어야 한다.

교육의 외재적 가치와 기능은 어디까지나 품위와 교육의 내재가치의 향유에 부수하고 후속한다. 그런 방식의 교육이 어떻게 경제에 보답할 수 있느냐 하는 것이 이하에서 주목할 부분이다. 경제의 입장에서 교육은 일견 소비의 항목에 속해 보이지만, 긴 안목으로 보면 산업부문에 폭넓은 연쇄작용을 일으켜 경제발전에 기여한다. 교육은 그 자체의 가치를 지니고 있지만, 그것의 소재인 품위를 생산하고 보급하는 기능을 한다. 품위 역시 그 자체의 가치를 지니면서 기술진보와 노동생산성의 향상과 간접적으로 연결된다.

오늘날의 급속한 기술 발전은 오늘의 것이 내일에도 적용된다는 이전의 개념을 무력하게 만든다. 기술의 면에서 기하급수적으로 많은 옵션이 생겨나고 있다. 특정한 직종에 필요한 기술을 습득한 직원은 그 늘어나는 옵션에 적응하기 어려울 뿐만 아니라 그 기술이 획기적으로 달라졌을 때 경제적으로 무용하다. 단기적인 인간자원의 확대라는 경제논리의 한계다. 눈앞의 이익에만 의미를 두는 단기적인 인력양성은 오래 지속되기 어렵다. 이에 비해서, 교육에 의한 인재양성은 여타의 수단에 비해서 장기적으로 유리한 점이 있다.

현대는 역사상 한 번도 경험하지 못한 빠른 변화의 시대다. 아득한 미래라고 생각했던 것들이 너무나 빠르게 우리 곁으로 다가오고 있기에 어떤 생각이나 대책도 세우지 못하고 무방비상태로 혼란스런 미래를 맞이하고 있다. 불확실한 미래에 혁신적으로 대응하지 않은 기업은 도태된다. 많은 사람들이 미래의 불확실성을 체험하고 조금씩 공포를 느끼기 시작했다. 이처럼 예측할 수 없는 불확실한 미래에 대한 대처능력이 바로 품위다. 기술을 부단히 개발해 나가는 인간은 여건의 동요에 굴복하지 않는다. 이 점에서 품위와 그것을 소재로 삼는 교육은 곤궁한 날을 예비하는 보루이다.

오늘날 우리가 향유하는 물질적 생활의 원천은 고급의 품위 증식에 있고, 폭넓고 수준 높은 품위는 천연자원을 능가한다는 것을 경제발전의 역사가 증명해 왔다. 예컨대, 천연자원을 연구하는 것이 기초과학이며, 그의 육성이 과학적 기술이다. 교육을 통해서 얻은 지식이 많은 부분 자원으로 되돌려져 경제발전을 위한 잉여의 축적과 연결되어 왔다. 단지 과학의 사례에 국한되지 않는다. 여타의 품위도 배분하고 거래할수록 손실 없이 증대되기 때문에 수확체감의 법칙의 지배를 받지 않는 유일한 생산도구라고 말할 수 있다.

근자에 "창조경제", "창업", "벤처기업의 육성", "신기술의 개발과 인재 확보", "새로운 시장의 개척" 등의 구호가 유행하고 있다. 문제는 그 방법이다. 혁신은 시행착오와 실패를 수반한다. 실패에 엄격하고 성공에만 집착한다면 창조가 어렵다. 도전에 직면하여 실패를 거듭한 성공이 있을 뿐이다. 교육의 논리가 그 부분에 적용될 수 있다. 상구교육은 도전과 패자부활이라는 기업가 정신과 상통한다. 자신을 혁신하지 않고 불확실한 외계를 통제할 방법은 없다. 상구활동은 외부의 역경을 내부의 적응에 의해서 극복하는 문제해결의 방식으로 진행된다. 오류를 거부하는 대신 오히려 활용한다. 이런 경로의 혁신성장과 기술창업은 통상 기존 경제 질서의 저항에 직면하기도 한다. 이 경우에, 하화에 의한 타증의 논리가 이를 극복하는 수단으로서 적용될 수 있다.

경제는 한 사람의 손실이 다른 사람의 이득이라는 산술적 공식에 의해서 운용된다. 날로 세력을 넓히고 있는 자본주의 경제는 마치 경쟁이 생존의 필수적인 조건인 양 선전한다. 한쪽이 패하고 다른 쪽이 승하는 현상이 비일비재하다. 제 살 깎아먹기의 과당경쟁구조로 망하는 기업이 속출한다. 동일 직업에 종사하는 사람들 사이의 질시, 적의, 경쟁이 치열하다. 내부경제를 잘 경영하는 기업은 이론적으로 자유경쟁을 통해 동종의 산업 안에서 다른 기업을 도태시키고 시장을 완전히 독점하게 된다. 특허국은 기술의 보호, 정보의 독점체제를 만들어내고, 국가 사이의 이민법과 관세법은 흔히 인간과 상품의 자유로운 이동에 장벽을 가한다. 독점적 기술의 확보를 추구하는 경쟁체제를 허용하는 자본주의의 문제는 그 취지의 차이를 구분하지 않고 진행한다는 점이다. 품위를 개인적인 전유물로 거래하는 사회에서는 경제가 번창하기 어렵다.

교육의 공식은 이와 다르다. 무형의 보물인 품위는 물질의 경우와는 달리 배분하고 거래될수록 기하급수적으로 늘어난다. 품위의 과용이나 낭비를 걱정할 필요가 없다. 교육은 경쟁이 아닌 협력의 논리를 따른다. 협력과 경쟁은 서로 배타적인 것이 아니다. 협력을 통한 경쟁이 가능하다. 동업자끼리는 경쟁의 논리가 작용하지만, 서로 다른 업종끼리의 협력은 용이하다. 서로의 것을 융합하고 복합하는 제품의 생산시대에 서로 다른 업종이나 직무끼리의 기술, 성장경험, 서로의 장점을 공유하는 교류교육에 의한 상생의 여지가 많다. 이로써 서로의 품위향상을 통해서 오직 경쟁에만 매몰되었던 기업이 더불어 성장하는 행로가 열린다. 교육을 경제의 논리로 운영하려고 한다면 그 부분을 놓친다.

경쟁사회에서 약자들은 매우 심각한 사회적인 문제이며, 결국 엄청난 사회적 경비를 지불해야 한다. 교육과 재력 사이에 어떤 관계가 있으며, 관계가 있다면 배분의 문제는 어떻게 해결되어야 하는가? 가난의 뿌리는 많지만 가장 굵은 것은 무지다. 무지에 갇힌 채 재산을 모을 수는 없다. 부익부와 빈익빈은 경제발전 자체를 지체와 불안정성에 빠뜨리는 요인이 된다. 그런데 불평등한 경제적 소득과 교육의 불평등이 직접적인 관계가 있는 것으로 보는 항간의 주장에는 중대한 오해의 소지가 있다.

경제적 불평등의 문제는 경제주체로서의 역량이 더 큰 비중을 차지하기 때문에 단지 경제적 지원이라는 논리로만 해결될 수 없다. 경제적 부는 교육의 기회를 사는 도구가 될 수 있으나 교육을 대행해 주지는 않는다. 복지의 원칙은 경제적인 약자가 국가에 의존하게 하는 것이 아니라 자생할 능력을 갖도록 돕는 것이다. 경제적 지원이 교육의 여건으로서 긍정적인 양태로 나타날 수 있도록 함으로써 가급적 모든 사람들이 공평한 여건에서 경제적으로 자립할 수 있는 능력을 갖추도록 추진되어야 한다.

오늘날의 복지개념은 능력에 따라 차등을 두되, 능력자는 그의 우월적 차등이 무능력자의 복지에 공헌할 수 있게 하는 방식을 택한다. 경제적으로 소외된 집단에게 교육을 위한 최소한의 재정보조를 보장해서 유능한 계층으로 유도하는 교육의 기회와 여건을 마련해 준다면 그만큼 장기적으로 빈부격차의 악순환을 막을 수 있을 것이다. 경제적 약자에게 교육적인 삶을 누리도록 재정적으로 지원하면, 그들의 노동생산성을 높일 뿐만 아니라 경제적으로 자립할 수 있는 기반이 되기 때문에 안정된 경제적 조건을 형성할 것이고, 그들의 소비를 촉진시켜 경제를 활성화하는 데 도움을 줄 것이다.

마지막으로, 경제학과 교육의 관계를 논의하지 않을 수 없다. 경제학이 경제적 사실과 운영의 논리를 밝히기 때문에 이들 사이의 관계는 밀접하다. 그런데 물질로서 해결될 수 있는 것과 해결될 수 없는 것이 있다. 학문의 품위를 오직 물질적으로 혹은 경제적으로 높이는 방법은 없다. 학문의 한 영역에 속한 경제학이 물질의 생산과 교환으로 발전되지 않는다는 것은 명백하다. 그것은 경제학을 소재로 하는 교육에 의해서 가능해진다. 그렇다면, 비록 간접적인 것이라고 할지라도 교육이 경제의 발전에 공헌하는 한 가지 요소가 된다는 주장이 성립한다.

14.6 사회와의 공존

14.6.1 교육에 대한 사회의 여건

사회라고 하면 넓은 의미와 좁은 의미가 있다. 전자의 경우라면 앞에서 논의한 정치와 경제가 포함되지만 본 절은 후자, 즉 인간의 집단생활에 초점이 있다. 삶에는 기구, 연맹, 조직, 조합, 계급, 정당, 회사 등의 집단의 형태가 존재하며, 각각은 일정한 경계 안에서 규범, 관습, 질서를 지닌다. 그 조직에서 개인은 그 조직이 만들어 놓은 시나리오와 문법에 맞춰 생활해야 한다. 역할수행에서 내면보다는 외면이 중시되며, 결과가 과정을 정당화한다. 개인은 다른 개인 혹은 더 효과적인 수단으로 대체될 수도 있다.

사회는 그 구성원의 동질성을 전제한다. 사회구성원이 되려면 누구라도 규정된 내규나 사회적 조건이 부여하는 터부나 제한에 일치해야 하며, 이탈하면 비정상이다. 이탈이나 과오는 허용하지 않는다. 그렇게 통속적으로 형성된 자아는 마치 자연에 순종하듯이 사회적 제약에 대해서 복종해야 한다. 그런 구성원을 재생산하는 사회화과정에 의해서 개인은 사회적 조직의 일부분이 된다. 사회화는 사회적 과정의 한 요소이고, 그 과정이 생략되면 사회체제 자체가 와해되기 때문에 여타의 사회적 요소의 지원을 받을 것은 당연하다.

교육은 사회화와는 대조되고 그 교육을 사회가 어떻게 수용하고 지원할 수 있느냐 하는 것이다. 그 원칙은 앞서 논의된 정치, 법률, 경제의 경우와 동일하다. 교육의 정체성을 인정함과 더불어 앞서 지적한 제반 사회적 속성으로서 교육을 지원하는 것이다. 그렇다면 교육과 사회화가 개념상 차이가 있다는 인식이 이 문제를 풀어가는 핵심적인 열쇠다. 그런데 아직까지 사이비교육학은 이에 대한 해답을 주지 않는다. 그 이유는 그 탄생배경으로까지 소급된다.

지금의 "교육학"은 학교의 등장과 불가분의 관계를 가지고 있으며, 학교체제는 교육을 표방하고 도입되었지만, 그 교육이 진정 무엇인지에 대한 별도의 반성을 거친 것이 아니다. 그 상황에서 등장한 사유방식의 전형이 관습적 교육관이다. 이미 누차 지적했듯이, 교육제도라고 하면 누구나 학교제도를 연상한다. 이처럼 교육을 사회체제의 하나로 환원시켜 왔고, 그렇게 되면 교육을 위한 제도라는 개념이 애초부터 성립될 수 없다.

논자는 교육은 사회체제로 환원할 수 없는 자율적인 영역이라는 점을 지적해왔다. 사회적 과정의 하나로서 사회화는 인간을 사회의 관습이나 표준에 일치시키는 과정임에 비해서, 교육은 대체가 불가능한 각 개인이 집단구성원이라는 경계를 벗어나서 스스로 되고 싶은 사람이 되어가는 과정이다. 교육을 정당화하는 것은 사회가 부여하는 규칙이 아니라 교육 자체의 필연성에서 나오는 내재율이다. 그 복종의 면에서 전자는 선택이 불가능하지만 후자는 가능하다.

그 관점의 전환을 전제로 이제 사회가 교육에 우호적인 환경이 될 수 있는 조건을 합리적으로 논구할 때가 되었다. 그 첫 번째 대상은 교육제도이다. 교육제도란 교육과 사회적 제도가 중첩된 영역이다. 제도는 가장 전형적인 사회적 사실의 하나이다. 제도는 관행으로서 그 구성원에게 구속력을 갖는다. 다른 한편으로, 교육은 제도가 아니다. 교육을 유지하는 것은 그 내재율이다. 그렇다면 그 중첩영역을 어떻게 이해하느냐의 문제가 남는다.

본위의 선택에 따라 그 중첩영역은 교육을 위한 제도가 되거나 혹은 제도를 위한 교육이 될 것이다. 교육을 위한 사회적 여건은 전자인데 많은 경우 현실은 후자와 가까운 양상을 보인다. 그 이유는 사회적 제도가 가진 본래적인 특성에서 비롯한다. 제도는 지속이라는 특성을 가지고 있기 때문에 애초에는 교육을 위해 도입된 제도가 어느 시점에서 교육에 적응하기보다는 교육을 제도에 적응시키는 전도된 단계에 이르기 쉽다. 이 단계에 이르면, 발을 깎아서 신발에 맞추거나 머리를 줄여서 모자에 맞추는 꼴이 된다.

그 역설적인 경계와 시점에 처한 것이 바로 오늘날의 학교체제다. 지금도 대중의 머릿속을 지배하는 관습적 교육관이 교육을 독립적인 영역으로 인정하지 않고 상식이나 제도적 규정을 따른다. 교사와 학생이 각각 "교육자"와 "피교육자"의 역할을 하는 것으로 무조건 간주하는 것은 그 좋은 예다. 그 사유방식을 따른다면 학교는 교육이라는 명분을 내세워 무엇이든지 할 수 있게 된다.

학교체제의 존속이 교육의 존속을 보장하지는 않는다. 교육이라는 실재의 관점에서 오늘날 학교제도의 총체적인 재검토가 요망된다. 학교제도가 진정 교육을 위한 제도가 되기 위해서는 교육과 학교가 범주적으로 구분되어야 하며, 그 안에서 진정 교육을 위한 제도가 무엇인지를 별도로 궁구해야 한다. 제도는 그것을 지원하거나 방해하는 여건일 뿐이다. 교육의 내재율을 따르는 제도는 전자에 해당하며, 그 반대는 후자에 해당한다.

같은 맥락에서 "공교육"과 "사교육"이라는 용어도 검토되어야 할 대상이다. 이 용어는 특별한 이론적 의미를 함축한 것이 아니고 다만 학교나 학원에서 일어나는 구체적 사태를 지칭하는 것에 불과하다. 교육의 입장에서 정작 중요한 것은 진정 그 안에 얼마나 명실상부한 교육이 진행되고 있느냐 하는 점이다. 그럼에도 불구하고 항간에서는 "공교육"의 정상화를 위해서는 "사교육"이 억제되어야 한다는 주장의 전면에 "교육학자들"이 등장하는 것은 흥미로운 사실이다. 이는 두 기관 사이의 이해관계의 상충과 세력쟁탈로 해석되어야 할 부분으로 교육의 정상화와는 무관하다.

교육의 정상화는 제도가 교육에 종속되는 범위에서 성립한다는 말은 옳다. 교육의 존속과 보존을 위해서 어느 정도의 안정화와 규격화가 필요하다. 진정한 의미의 교육제도의 존재가치는 바로 여기에 있다. 교육은 학교뿐만 아니라 가정, 학교, 학원, 직장, 박물관, 미술관, 도서관 등 다양한 삶의 현장에서 이루어진다. 그 모든 영역을 포괄하는 방식으로 교육을 할 수 있는 시설, 인력, 조직 등이 폭넓게 고려되어야 할 것이다. 제도나 기구가 요구하기 때문에 좋은 교육이 되는 것이 아니라 교육에 유익하기 때문에 그것들이 요구되는 것이다. 교육이라는 공동의 목적달성을 지원하는 자발적인 역할체제, 기구, 연맹, 조직, 여타의 사회적 결합형태가 필요하다. 앞서 지적했듯이, 주로 학교를 관할하는 "교육부"와는 별개의 기구가 필요하다.[9]

9) 이와 관련하여 제16장에서 지역별 교육진흥센터(가칭)라는 기구를 제안할 것이다.

제도든 기관이든 오래되면 반복과 현상유지를 추구한다. 교육제도 역시 그 속성상 교육을 잊고 단지 그 제도 자체를 위한 경직화된 구조로 변질될 위험을 지니기 때문에 그것은 선험적으로 규정될 성질의 것이 아니다. 경험을 토대로 얼마나 교육의 목표와 이익을 조장하거나 보호하는 기능을 하느냐에 따라 언제나 재평가되고 개선되어야 한다. 그 원칙에서 벗어날 때 그 사회적 여건은 명분에 불과할 것이다. 현상유지에 그친다면 비제도적 교육으로 되돌아가거나 혹은 기존의 교육제도를 쇄신해야 한다.

앞서 주로 사회적 제도를 검토했지만 교육의 여건으로 살펴야 할 것은 이에 국한되는 것은 아니다. 사회가 교육이 소재로 삼은 품위를 어떻게 받아들일까 하는 문제로 주제를 바꾸어보자. 품위의 기초는 이질적인 사회가 요구하는 특수성이 아니라 인간의 보편성에 기초를 두고 있다. 그 외면이 아니라 내면의 진실성을 존중한다. 교육은 품위의 차이를 소재로 삼기 때문에 사회적 동질화와는 관계가 없다. 품위를 실험하고 모색하고 검증하는 과정에서 오류는 불가피하다. 그 실험실에서는 오류의 노출을 관용할 뿐만 아니라 창조적으로 활용한다. 품위나 교육의 내재적 가치판단의 주체는 집단이 아니라 개인이다.

이 부분에서 폐쇄사회와 개방사회의 범주를 고려해 볼 수 있다. 폐쇄사회는 안쪽과 바깥의 울타리를 짓고 서로 두절된 채 일원적인 관습을 유지하려고 한다. 구성원들은 내면을 억제하고 감추는 것이 안전하다고 느낀다. 이런 사회에서는 교육적 교류가 제한될 것이다. 이에 비해서, 개방사회는 다양성을 포용한다. 서로 사람과 사람, 다른 집단 사이의 문이 열려 있다. 계급이동이 활발하고, 신분의 차별이 완화되고, 집단생활에서 인종, 계급, 나이, 성별과 같은 집단 사이의 경계가 개방된 사회에서는 서로의 교류가 용이하다. 공적 영역에서 진실을 숨길 울타리와 장애가 제거된다. 그곳에서는 품위의 차이와 오류가 교육적 협력의 계기가 된다.

사회가 교육을 적극적으로 지원할 수 있는 경로로 거시에서 미시적인 문제로 눈을 돌려볼 필요도 있다. 그 경로의 하나로, 일반 사회와는 경계를 둔 특수한 사회집단으로서 교육공동체를 용인하고 권장하는 측면을 주목할 필요가 있다. 공동체는 감정을 포함하는 고유한 경험을 창조한다. 교육공동체의 특징은 사회적 사실이 교육에 종속한다는 점이다. 그 사회의 진입은 강제가 아닌 선택으로 이루어진다. 이 공동체 안에서는 일상의 인종, 계급, 나이, 성별과 같은 사회적 범주의 효력이 정지된다. 그 모든 사람들이 교육적 주체로서의 평등한 지위를 가지고 교육에 참여한다.

교육공동체는 설사 그 구성원이 일반의 사회적 규칙이나 평균적인 세속의 삶으로부터 이탈하더라도 그것을 양해와 관용으로 받아들인다. 소재선택에 있어서 사회적 제약이나 금기를 벗어날 수 있다. 사회적으로 지탄을 받아 은폐되거나 억압되었던 제반 인간적인 오류를 드러내 교육소재로 활용한다. 경쟁보다는 협력이 그 인간관계의 우위를 차지한다. 그 구성원은 각각의 능력과 품위에 맞는 위치에서 얼마만큼 상구하고 얼마만큼 하화한다. 이로써 품위의 향상을 돕는 교육적 교섭에서 서로를 의지해야 한다는 것을 깨닫게 된다.

교육여건은 단지 명칭이 아닌 검증이 필요한 개념이라는 사실을 유념해야 한다. 어떻게 교육공동체를 구성하고 운용할 것인가? 앞의 예를 들어, 교육공동체 안에서 교육을 위한 사회를 구성한다고 할 때, 혹은 그것을 다시 소집단으로 나눌 때, 그 구성원의 교육적인 체험을 극대화시킬 수 있는 방법은 무엇일까? 집단은 크기, 조직, 응결력, 소통의 유형, 지도자의 기능, 집단표준, 집단역동성 등 다양한 차원을 지니고 있다. 어떤 방식으로든 이들이 구성원의 교육활동에 모종의 영향을 줄 것이다. 이런 것들을 연구하는 과제가 남아 있다.

14.6.2 사회에 대한 교육의 기능

사회가 교육의 고유한 정체성을 보호하고 장려해 준다면 교육이 그 고유한 특성으로 사회를 위해서 해줄 수 있는 기능이 무엇인지를 찾는 것이 호혜의 원칙에 부합한다. 지구상에는 다양한 사회가 있고, 사회화는 사회구성원이 특정한 사회에 잘 적응하게 한다. 그 내용은 그 사회가 어떤 것이냐에 의해서 좌우된다. 그렇게 사회에 예속된 인간이 당대의 사회가 봉착한 문제의 해결에서 반드시 유력하다고 볼 수 없다. 교육은 그 한계를 넘어서서 품위의 향상을 통해서 사회화가 놓친 인간사의 중요한 부분에 대한 해법을 제공한다.

세인의 모습은 일상성과 평균성이다. 평균적 반응이 정상으로 인정되며, 관습과 여론이라는 다수의 횡포가 작용한다. 다수의 믿음이 설사 틀렸다는 생각이 들지라도 그것을 진실로 받아들여야 하고, 그렇지 않으면 비정상적인 존재로 분리되고 추방당하기도 한다. 타인의 인정과 눈치보기와 가식적인 일치가 불가피하며, 내면보다는 외면을 중시하기 때문에 위선이 선한 처신보다 성공을 더 보장해 주는 경우도 많다. 사회의 한 부품으로서 꼭두각시의 측면을 반복하도록 강요하고, 익명의 권위에 대한 맹목적인 추종이 빈번하다. 그런 일상의 평범한 사회적 삶이 틀에 얽매인 상황에서 각자는 주어진 제도와 관습의 속박을 벗어나 삶의 활력을 줄 수 있는 탈출구를 찾는다.

고유한 개인으로서 자신의 정체성을 지탱할 수 있는 힘의 원천은 자신에게서 찾아야 한다. 어떤 인간이 진정 되고 싶은지에 대한 질문은 인간으로서 제기할 수 있는 특권이다. 교육은 사회의 장벽, 구속, 금기로부터 탈출할 기회를 제공한다. 한 사회를 대표하는 품위는 없다. 교육적인 삶은 사회적 틀에서 벗어나 마음껏 자신의 가능성을 시험하고 실현할 수 있는 여정이다. 균일화된 평균에 의해서 억압된 품위의 차이가 인정된다. 품위의 정직한 표현이 가능하며, 사회가 금기시하는 오류를 오히려 활용한다. 습관은 제일의 천성을 알지 못하게 막는 제이의 천성이다. 교육은 이런 습관의 자명성을 거부한다. 교육적 주체는 집단에 의해서 매몰되고 망실된 개인이 그 일상성을 벗어나 남이 대신할 수 없는 본래적이고 고유한 잠재력과 개성을 추구한다.

관습은 지혜로운 사람들에게는 골칫거리이고 바보들에게는 우상이다. 대중의 여론은 그것의 질적인 수준보다는 다수의 동의에 더 큰 무게가 주어진다. 군중은 머리는 많아도 두뇌는 없다. 군중이 내리는 평가가 부정확하거나 무가치함에도 불구하고 군중은 탁월한 인물들의 품위를 그들의 수준으로 끌어내리려고 한다. 각종의 사회적 압력, 선전문구, 주위 사람들의 칭찬과 비난에 현혹되어 휘둘린 소란한 군중은 그 인물들에게 가혹한 폭군으로 군림한다.

대중이 공유하는 품위 이상의 것을 추구하려는 소수들을 이단자라고 불렀다. 비범한 사람의 행동은 범인들의 의심을 산다. 세상 사람들은 관습에 안주하기를 원하며, 그 기준에 비추어 탁월한 사람들은 재앙이 되기 때문에, 분리와 추방이라는 시련과 고통을 주었다.[10] 일반 사람들은 가끔 창의적인 사람들을 정신병원으로 끌고 간다. 창의적인 사람에게 사회가 그 가치관을 강요하는 많은 방법의 하나다. 대부분의 성인들은 살아있을 동안 박해를 받고 겨우 사망한 후에야 찬양받은 경우가 많다.

사회는 그 혼란과 붕괴를 우려한 나머지 대중과 그 소수 사이의 갈등을 억압하려 한다. 세상 사람들이 탁월한 사람들을 저압제한다면 사회의 안정은 기할 수 있을지 몰라도 그 발전을 기대할 수 없다. 완벽한 사회화는 만장일치를 보장하지만 그 안에 위험을 포함한다. 세속에서는 평범한 다수의 품위가 표준으로 작용하기 때문에 뛰어난 선진이 그 속에 묻혀 자신의 뜻을 아직 제대로 펴지 못할 위험에 처한다. 후자들이 그들의 기준에 맞지 않는다는 이유로 전자를 탄압하거나 제거한다면 소중한 인간성의 손실이다. 교육이 부재한 조건과 사태가 초래하는 인류의 불행이다.

소수의 엘리트가 없는 사회는 건전하지 않다. 사회발전은 평범한 재

10) 비범한 사람의 행동이 범인들의 의심을 받은 것과 관련된 고사성어가 많다. "속인들이 모여 현인의 언행이 자기들과 다름을 이상하게 여기어 비방함(羣犬吠所怪)," "현명한 사람이 민간에 있는 것을 모름(有賢而不知)," "촉나라는 사방에 높은 산이 있기 때문에 해가 늦게 뜨고 일찍 지기 때문에 개들이 해를 보면 이상하게 여겨 짖음(蜀犬吠日)" 등은 이 현상이 얼마나 흔한 것인가를 예증한다.

능이 아니라 뛰어난 재능에 의존한다. 재능의 평준화가 아니라 뛰어난 재능의 배양에 달려 있다. 선진이 후진을 이끄는 것은 인류의 오래된 소망이다. 교육은 탁월한 인물이 들끓는 여론의 힘에 대항할 수 있는 도구요 힘이다. 역사상의 위대한 인물들은 거의 예외 없이 대중에 의한 합의라는 임의적인 기준의 희생자가 되지 않기 위해서 교육적 방법을 이용했다. 역사에서 상구의 통로를 통해서 품위의 지평을 확장해 왔던 소수의 모험가들이 있었다. 이들은 당대의 세속과 평균의 품위와 가끔은 충돌하였지만 하화교육을 통해서 그 지평이 결코 공상이나 환상이 아님을 증명할 수 있었다.

교육은 선진의 품위가 평범한 품위에 의해서 억압되는 것을 막고 전자가 후자에게 인정받고 보존되도록 돕는다. 탁월한 사람들은 기존의 질서가 집단적 오류에 근거하고 있음을 안다. 이 때문에 그 소수가 다수보다 더 현명하다는 것을 입증하고 정당화할 기회가 보장되어야 한다. 과오와 실수를 드러내놓고 그 상처를 어루만지며, 교정하는 것이 교육적인 삶이다. 둔재와 천재의 우월성을 검증하는 교육의 고유성을 사회에서 인정하고 보장함으로써 위인들과 대중 사이의 타협 없는 충돌에 따른 혼란에서 비롯되는 낭비가 미연에 방지될 뿐만 아니라 사회의 점진적인 발전의 길이 열렸다. 이런 기능이 사회 밖에서 교육이 따로 존재하고 인정받아야 하는 이유의 하나이다.

반대의 사례도 많다. 교육이 삶에서 배제됨으로써 역사상 예외적인 소수의 위대한 인물이 출현되거나 인정받기 어려웠을 뿐만 아니라 교육을 통한 사회적 발전도 어려웠던 불행한 역사가 있었다. 이는 앞 절에서 다룬 사회적 제도의 문제와 관련되어 있다. 세상을 바꾸는 것은 제도가 아니라 그 제도를 운용하는 사람의 자질이다. 제도가 국민보다 더 현명할 수는 없다. 선진국은 그 국민의 품위에 부응한 제도를 발전시켜 그 효과를 살려 왔다. 후진국은 선진국의 발전을 선망한 나머지 때로는 외형적으로 선진의 제도를 그대로 도입하는 방식을 택하기도 하는데, 아무리 훌륭한 제도를 도입한다고 하더라도 그것을 운용하는 사람이 준비되어 있지 않으면 그 효력을 발휘할 수 없다. 결국 이에 호응하는 교육이 병행되어야 한다.

사회개혁은 변화를 전제한다. 사회변동의 속도, 범위, 방향에 따라 혁신세력과 보수세력이 등장한다. 자기변혁의 수단이 없는 사회는 자기보존의 수단도 없다. 의식화된 대중이 없이는 높은 수준의 문제해결이 이루어질 수 없다. 혁신세력은 기존의 사회질서를 붕괴시켜 새로운 것으로 대체하려고 한다. 이에 비해서 보수 세력은 체제를 어떻게 해서든지 이미 성취된 사회질서를 강화하려고 한다. 이 양대 세력은 화해할 수 없는 것처럼 투쟁한다. 그 극단의 것이 다른 것을 굴복시키고자 할 때 상호 간의 비방, 불신, 적대감, 갈등, 충돌이 일어난다. 그 양자 사이의 균형이 요망되는 상황에서 충돌과 갈등은 소모적이다. 왜냐하면 질서는 외부로부터 사회에 가해진 압력이 아니라 내부로부터 세워진 점진적인 개선과 형평에 의존하기 때문이다.

그 내력은 품위의 면에서 선진과 후진에게 적용된다. 그들 사이의 차이는 시대를 어느 시점으로 택하느냐에 달려 있다. 그 시점은 스스로 변화하기 때문이 아니라 그 비교의 기준이 달라지기 때문에 한 시대에서 혁신주의자가 다른 시대에서는 보수주의자가 된다. 한 시대 안에서 품위상으로 스승에게 보존적인 것이 제자에게는 혁신적인 것이다. 교육은 그들 사이의 화해의 연결망을 구축하는 논리를 지니고 있다. 교육은 불변하는 평형상태보다는 규제된 갈등 속에서 번창한다. 교육의 세계관은 변화와 다양성을 중시한다. 그 다양성의 차이가 교육의 소재가 된다.

협동교육의 요체는 상구로서의 혁신과 하화로서의 보존의 논리가 서로의 설득과 공감으로 상호 간에 침투하여 균형을 이루면서 그들 사이의 불필요한 충돌과 갈등을 흡수하는 데 있다. 그 변동의 흡수력이 사회현상에 적용할 때 점진적인 발전의 동력으로 작용할 수 있다. 오류를 중심으로 이루어지는 스승과 제자의 교육적 관계는 선진과 후진의 고압제와 저압제의 충돌 가능성을 협력과 자발적 합의로 전환시켜 사회적 유대와 통합에 이바지한다.

사회적 계층은 어느 사회에서나 피할 수 없는 사실로서 이와 관련하여 항상 두 가지 문제가 대두된다. 그 하나는 그 계층의 소유가 영구적이나 유동적이냐 하는 것이고, 다른 하나는 그 계층의 지위가 귀속되는 것이냐 능력에 따라 성취되느냐 하는 것이다. 사회발전의 측면에서 본다면, 이에 대한 선택은 비교적 분명하다. 사회의 활성은 계급이동이 활발할 경우에 성취된다. 계층 간의 신분의 고착화는 그렇게 바람직한 것은 아니다. 사회발전의 측면에서 이를 종합하면, 능력에 따라 그 계층은 유동적으로 변할 수 있어야 한다. 무능한 집단의 세습화에서 능력중심의 사회로 전환하는 것이 바람직하다.

그렇다면 그 이동의 방식이 무엇이냐 하는 문제가 남는다. 이와 관련하여 교육은 사회계급의 불균형과 영속성을 극복하는 가장 효율적인 수단이다. 교육적 관계는 유교무류의 원칙을 따른다. 그 교육의 권리나 기회가 사회적으로 평등하게 보장된다면 앞에서 말한 방식의 바람직한 계층이동이 촉진될 것이다. 품위는 사회로부터 귀속되는 것이 아니라 획득된다는 것은 말할 필요가 없다. 교육은 품위의 수준을 향상시킬 뿐만 아니라 그 수준을 공명정대하게 감별하는 기능도 있다. 하화의 소재를 많이 가진 사람이 선진이고, 상구의 소재를 많이 가진 사람이 후진이다. 이런 분별력에 의해서 사회적 지위나 계층과 그에 합당한 능력이 서로 비례하는 공정한 사회를 성취할 수 있다.

마지막으로, 사회학과 교육 사이의 관계에 관한 언급을 빼놓을 수 없을 것 같다. 역사적으로, 제2차 세계대전 후 경제학·정치학 등과 비견되는 사회과학의 한 부분을 자처하면서 미국에서 발달하기 시작한 사회학은 자본주의적 현대 사회의 이데올로기를 미화한다는 혐의를 받고 있는 것도 사실이다. 그러나 사회에 적응하는 능력과 사회를 학문적으로 이해하는 능력은 반드시 동일한 것이 아니다. 사회현상을 연구하는 사회학이 성립하려면, 연구자가 몸담고 사는 사회를 거리를 두고 바라볼 수 있어야 한다. 이런 요구사항에 비추어 볼 때, 사회학의 발전은 한 사회의 구성원이 되는 사회화가 아니라 그와는 별개의 교육이 개재되어야

가능하다. 만약 사회학이 사회의 발전에 공헌하는 요소의 하나라면, 사회학을 소재로 삼은 교육이 그만큼 간접적인 기능을 한다고 볼 수 있을 것이다.

14.7 문화와의 공존

14.7.1 교육에 대한 문화의 여건

스스로 형성된 것으로서 자연은 인간에게 무심하다. 자연의 일부로서 인간은 자연에 작위와 의미를 부여하면서 자연으로부터 벗어나는 인위적인 환경을 만들어 살아간다. 자연 상태를 벗어나 조성해낸 의미복합체는 다양한 인위적인 작품으로 삶의 곳곳에 존재한다. 장구한 역사적 시행착오의 과정을 거쳐서 누적되어 온 그 산물의 급진적인 증가는 후대의 삶에 편의를 제공하지만 그들에게 그 누적된 문화내용의 무게에 적응해야 하는 과제를 부여한다.

문화는 인간의 공동체의 성원이 공유하는 행동, 감정, 인식, 사고의 기본적인 패턴의 유기적인 시스템이다. 지구상에는 다양한 특수문화가 있으며, 그 특수성에 대한 적응력은 선천적인 것이 아니기 때문에 사회문화적 경험을 통해서 상속된다. 문화는 그 구성원에게 문화내용에 직접 적응하기를 요구한다. 그 적응의 과정을 문화화라고 한다. 다시 말하면, 이는 인간이 주어진 특수한 문화의 일부로 편입되는 과정에 해당한다. 그 과제의 수행은 생활의 필수영역이 되었다.

특정한 문화에 잘 적응한다는 것과 훌륭한 인간이 된다는 것은 다른 차원이다. 문화화는 그 문화의 특수성이 어떤 것이냐에 의해서 좌우된다. 그것이 곧 품위의 실현과 반드시 동조한다는 보장은 없다. 어떤 문화는 품위를 해방시키는가 하면, 다른 문화는 품위의 향상과 무관하거나 억압하는 양면성을 지니고 있다. 문화화는 이 모두를 포괄한다는 점에서 바람직한 인간성을 실현하는 과제를 수행하는 데에 한계가 있다.

표현이 부재한 문화는 결여태다. 학문, 예술, 각종 기예 등이 오랜 역사를 통해서 논문, 작품, 공연, 각종 자취 등으로 나타나거나 산물로서 남겨진다. 이제 그 문화의 요소의 축적된 내용이 너무도 광범하기 때문에 마치 우리가 자연에 적응하는 것이 불가피하듯이 그 창조의 과정을 일일이 따질 필요가 없이 문화에 적응하는 것이 삶의 필수적인 요소가 되었다. 문화화는 그 외면적 표현이나 결과를 모방하거나 습득하는 방식으로 이루어진다. 문화화는 그 점에서 다분히 문화에 대한 수동적 적응에 해당한다고 볼 수 있다.

이와 대조적으로, 교육은 문화화로 환원할 수 없는 독립된 영역이다. 고유한 내재율을 지닌 교육은 문화의 제약에서 벗어나 보편적인 품위를 인간 스스로가 선택적으로 조성하는 과정이다. 내면의 품위는 그 표현 이전의 창조와 음미의 원천이다. 교육은 이를 소재 삼아 진행하는 특수한 과정이다. 문화내용의 외면보다는 내면, 결과보다는 그것을 창조할 때의 혁신적 시행착오의 과정을 재생한다.

문화가 교육에 유리한 여건이 되는 조건은 이처럼 문화화와 구분되는 교육의 정체성을 인정하고 문화적 특성에 의해서 교육의 고유성을 장려하는 것이다. 문화는 그 구성원에게 문화내용에 직접 적응하기를 요구하지만, 교육은 문화가 교육에 적응해야 한다는 그 반대의 경로를 요구한다. 가장 큰 요구사항은 교육에 대한 문화의 구성원의 올바른 관점이다. 교육은 문화화와는 별개로 함께 향유할 고유한 삶의 양상이라는 인식이 대중에게 문화의 한 요소로서 새롭게 숙지되어야 한다.

이와 관련하여 논자는 흔한 범주착오가 있음을 앞서 검토하였다. 문화마다 그 경중의 차이가 있을 것이다. 교육에 대한 올바른 인식과 가치체제를 설사 지니고 있다고 하더라도 특히 그 소재에 대한 올바른 인식을 동반해야 한다. 문화의 외형이나 물질적인 내용이 아니라 그 외형을 창출하는 품위의 종류와 수준의 다양성을 보장하는 것이다. 교육은 문화가 요구하는 특정한 인간성의 경계를 벗어나 보편성을 전제하는 품위를 소재로 진행하는데, 그 선택범위를 광범위하게 확장해서 수용할 수 있어야 한다.

수도계의 종류에서 단일 문화보다는 다원화된 문화, 내집단의 것만 추종하는 적대적인 자민족주의보다는 문화적 상대주의가 이에 호응한다. 두 민족의 문명이 자주 마주칠 때 우열을 다투는 것은 역사에서 생존과 발전의 법칙이다. 자민족주의와 자문화중심주의는 자기의 문화를 기준으로 타 문화를 논의하고 평가한다. 이와 대조적으로 문화상대주의는 특정한 문화요소나 문화특성이든 간에 그 문화의 맥락에서는 의미 있는 것이고 그 나름의 가치를 지니고 있다고 주장한다. 교육에 유리한 조건은 전자보다는 후자이다.

이 시대에 지역에 따라 오로지 서양 혹은 동양의 관점에서 하나의 세계문화를 강조하거나 흔히 정치력과 경제력을 토대로 강제적인 동화정책을 유지하는 것은 매우 위험하다. 집단의 측면에서도 고급문화와 대중문화를 구분하고 서로 계급을 짓고 경계를 이루어 단절하는 것[11)]도 지양되어야 한다. 소재의 폭과 깊이를 넓혀 교육을 통한 상호 간의 공존과 교차적 이해를 증진하는 것이 그 대안이다. 다행히도, 지구촌이라는 용어가 실감나는 오늘날은 국가 혹은 문화 사이의 경계가 점차 흐려지고 있다. 교육을 위한 호기가 아닐 수 없다.

교육은 품위의 차이에 침투한다. 그 수준에서 그 일치가 아닌 과정에 의미를 둔다. 후진의 것이 선진의 것에 도달함이 아니라 그것에 접근하는 단계별 과정을 재생한다. 일치를 위한 억압과 모방이 아닌 창조의 과정에 주목한다. 상구교육은 차상품을 소재로 삼으며, 하화교육은 그 상구교육을 촉진하는 과정이다. 따라서 아무리 높은 문화적 산물이나 내용이라고 하더라도 그것이 상구자의 차상품의 형성, 즉 선진의 상태에 이르는 것이 아니라 한 단계 더 오르는 것에 도움을 주지 않는다면 교육의 소재로서 가치를 갖는 것이 아니다.

---

11) 이조 후기에 와서 궁중의 문화와 서민문화, 궁중무용과 탈춤(봉산, 양주, 하회), 시조와 사설시조, 가곡과 판소리, 산수화와 민화를 구분하는 경향이 그것이다.

문화적 표현물은 그 해석의 차이가 있으며, 그 차이가 교육의 소재가 된다. 여기서 표현하는 사람과 그 표현을 해석하는 사람의 품위의 일치를 기대할 수는 없다. 또한 그것의 일치를 검증할 마땅한 수단도 없다. 교육은 그 불일치를 마땅한 것으로 수용하고, 그것을 소재로 이용할 용의를 문화구성원에게 요구한다. 예컨대, 이른바 "인간문화재"로 인정받는 사람의 품위 또는 그 표현에 대한 해석은 다를 것이다. 표현된 것은 그 해석을 기다리며, 그 해석은 오로지 그것을 대하는 사람들에 의해서 이루어진다. 그 해석의 차이가 바로 교육적 교섭의 출발이다.

문화가 교육의 긍정적인 여건에서 고려해야 할 또 다른 경로는 교육문화에 대한 배려이다. 문화 안에서 일반적으로 통용되는 가치관과 행동양식을 전체 문화(total culture)라 할 때, 그 문화의 내부에 존재하면서 특수한 부분 또는 영역에서 다른 것과는 구분될 만큼 독자적 특질과 정체성을 보여주는 하위문화(subculture)가 있다. 그 고유한 생활양식은 전체문화의 장애나 구속으로부터 그 특질을 해방시키는 문화적 요소도 포함한다. 하위문화의 하나인 교육문화는 교육에 긍정적으로 기능하는 요소를 포함해야만 성립될 수 있는 개념이다. 그것은 바로 문화가 문화의 특성으로서 교육을 장려하는 통로라는 점에서 특별히 관심을 가지고 주목할 측면이다.

교육문화는 이 점에서 언어, 관념, 신앙, 관습, 규범, 기술, 의례 등의 다양한 측면에서 교육에 호응해야 한다. 설사 문화구성원이 교육에 대한 올바른 인식과 가치체제를 지니고 있다고 하더라도 교육을 존중하고 그것을 생활습성으로 받아들이는 데에는 교육의 뜻을 기리고 형식화에 따라야 한다. 의식주, 절차, 예법과 예절, 노래와 춤, 주기적인 행사, 통과의례 등의 문화 구성요소들이 교육의 우호적인 여건으로서 작용할 수 있어야 한다. 동양의 역사는 성현이 이룬 깨달음에 가치를 둔 교육문화의 흔적을 많이 남기고 있다. 그것을 부활시키는 것이 중요한 과제다.

14.7.2 문화에 대한 교육의 기능

앞에서 문화가 교육의 자율성을 인정하고 후원하는 여건을 살폈다. 그렇다면 교육이 문화에 모종의 긍정적인 기능을 수행하여 보답할 수 있는 여지를 보일 수 있는 것은 무엇인가? 문화와 문화화가 놓친 인간적 삶의 중요한 부분을 보완하는 것이 일반적인 해답이다. 그 의미의 범위를 좀 더 넓혀 그 큰 의미를 살핀다면, 교육은 인간의 생물학적 진화와 문화적 진화를 넘어서서 교육적 진화의 과정을 촉진한다는 데 있다.

문화는 자연으로부터 탈출하기 위해서 형성되었다. 어느 단계에서 문화가 요지부동의 실체가 되면, 그 구성원에게 그 실체에 적응하기를 요구한다. 즉, 이제 문화가 마치 자연으로 주어진 것처럼 그 구성원은 문화적 산물에 적응하기를 요구한다. 문화적 틀은 눈에 보이지 않는 감옥일 수도 있다. 개인은 보통 외부로부터 강제되지 않은 주체로서 생각하고, 느끼고, 행동하고 있다고 보지만, 사실은 자기가 소속하는 공동체문화규준이 명령하는 바에 따라 살아가고 있다.

기본적으로 문화화는 인간을 특정한 문화에 예속시킨다. '이것은 관습에 맞다', '저것은 관습에 맞지 않는다'는 구별을 하게 한다. 내면의 확장과 향유보다는 규정된 관습의 기준에 단순히 호응해야 한다. 비전통적인 것, 익숙하지 않은 것, 알지 못하는 것, 이국적인 것에 대한 두려움이 생기고, 또 한편으로는 일반적으로 인정된 것, 전통적인 것, 흔히 반복되는 것, 오로지 앞서 증명된 것에 대한 애정이 생긴다. 풍속은 그 자체로 변하지 않는 특성을 가지며, 그 풍속에 따르는 문화화는 그 변화에 큰 힘이 되지 않는다.

문화의 한 요소로서 문명의 발전은 그 자체로서 인간의 성취로 평가되어야 할 부분이지만 그 목표가 무엇인지를 물을 수 있어야 한다. 문명의 방향이 항상 선한 것은 아니다. 선용뿐만 아니라 악용의 여지도 동시에 존재한다. 전쟁 때마다 새로운 방법으로 사람을 죽이는 것도 문명의 일부이다. 그것들에 대한 맹목적인 일치는 위험하다. 악한 방향의 진전에 중독되어가는 문명을 경계해야 된다. 문명은 유용하면서도, 다른 한편으로 불필요한 쓰레기를 만든다. 안주할 것이 아니라 선별해 나가야 할 분명한 이유다. 도덕의 품위를 소재로 하는 교육이 병행되어야 함을 말해 준다.

문명은 그것을 건설하고 향유할 수 있는 사람에 달려 있다. 오늘날 물질문명은 극에 달하고 있으나, 대부분 문명의 외형적 유용성만을 논하고 그 유용성이 무엇을 위한 것인지에 대해서는 무관심하다. 사람들이 문명을 만들기보다는 만들어진 문명에 의존하여 적응하는 능력이 강조되는 시대가 되었다. 각종 문명의 이기(利器)가 인간의 능력을 대행한다. 자동차는 인간을 먼 거리에 빠르고 쉽게 옮겨놓는다. 계산기의 자판을 두드리는 것으로 모든 계산이 이루어진다. 스마트폰을 사용한다면 언제 어디서나 개인 간의 소통이 가능하다. 예술작품의 기계적인 대량생산도 가능하다. 인공지능이 자동으로 작동하여 인간이 하는 모든 것을 대신해 줄 것이라는 예고도 있다. 이런 기술의 발전이 인간의 삶을 윤택하게 하는 것은 사실이다.

그러나 그 결과의 유용성에 대한 지나친 의존에는 그 창조력을 퇴화시키는 무서운 함정이 도사리고 있다. 모든 것을 편리하게 대행해 주는 문화의 여건에서 사람들은 그 자신의 능력을 가질 필요가 없다. 자동차를 타는 것이 두 다리의 사용을 줄인다. 계산기의 자판기는 조작할 줄 알지만 계산할 줄을 모른다. 스마트폰이 없는 날은 할 일을 못한다. 대량으로 제작된 작품은 예술적 고민을 제거한다. 모든 기술적 과정은 완성되자마자 활동적인 노동의 참가를 제거시킨다. 기술의 완성을 지향하는 충동과 의욕마저도 완전히 배제한다. 그 결과는 바보천국이다. 식인종이 포크와 나이프를 사용한다면 그것이 발전일까?

지금의 문명에 이르기까지는 상구교육의 통로를 통해서 품위의 지평을 확장해 왔던 소수의 모험가들이 있었다. 사실상 다수는 그들의 창의력에 의존하는 것이다. 그 나머지 다수의 문명인을 거인의 어깨 위의 난쟁이로 비유하지만, 거인의 어깨는 그 거인의 것이다. 그 위에 선다고 해서 난쟁이가 거인이 될 수는 없다. 난쟁이는 산꼭대기에 있어도 난쟁이며, 거인은 우물 속에 있어도 거인이다.[12] 거인이 난쟁이의 문화적 기능을 대행하는 경로는 문명의 해체와 몰락을 초래할 위험을 초래할 것이다.

문화, 더 나아가서 문명의 특수한 내용은 날로 방대하게 확장되어가고 있다. 현대인에게 역사적 인물이 선진인 경우는 너무도 많다. 체험의 과거와 미래는 역사적 진행과 비례하지 않는다는 사실을 고려한다는 점이다. 그 품위의 차이를 일시에 메우는 비결은 없다. 그에 대한 대응책으로서 문화화는 품위의 내면보다는 표현, 그리고 그 최고의 것에 대한 일치를 강조한다. 표현은 내면의 품위를 반영한 상태이며, 이 때문에 그 창출과정을 생략한 채 선대의 지혜로운 인물들이 물려준 여러 학문, 예술, 기예 등 분야의 문화적 유물, 소산, 작품들의 외적 특징만을 당대의 젊은이들이 모방하도록 하면서 그것을 무조건 가치 있는 것으로 받아들이도록 강요한다.

소수의 천재와 다수의 모방을 대표하는 그 전형적인 현상은 제대로 이해도 못할 내용을 귀로 듣고 단지 입으로 지껄이는 구이지학(口耳之學)이다. 후(제16장)에 더 자세하게 논의할 기회가 있겠지만, 오늘날의 "학교교육"이 그런 양태다. 이는 일시적인 효과는 있겠지만 장기적으로 손해다. 이 차이는 마치 화병에 꽂힌 꽃과 화분에 뿌리를 둔 꽃의 차이만큼 크다. 이들은 모두 아름다워 보인다는 점에서 똑같지만, 전자는 생명력이 없다. 체험이 없는 의미 없는 말만 주고받을 뿐이다. 이처럼 그 표현성과 그 결과만을 모방하거나 피상적으로 이용만 하는 문명은 마치 뿌리가 없는 나무처럼 그 생존기간이 짧다.

구이지학에는 체험적 증거가 결여되어 있다. 아무리 훌륭한 예술작품이라도 그 감상자가 정련되지 않은 무분별한 감각을 가지고 있다면 감상이 신통하지 않을 수 있다. 현명한 사람들을 비웃는 것은 바보들의 특권이다. 당대의 문화에서 수용할 수 없는 높은 수준의 학문적인 품위나

12) 이를 마차에 앉은 파리에 비유해도 좋을 듯하다. 그 파리는 자기의 힘으로 이동한 것으로 착각할 수도 있다.

예술적인 품위를 가진 첨단의 문화적 창조자들의 어렵고 난해한 작품은 대중에게 혐오감을 주어 배척받거나 외면당하는 경우가 많다. 그런 이유로 작품 활동이 최정상의 전단에서만 일어나고, 또 그런 이유로 대중의 인정과 지지를 받기가 어려워지는 악순환이 반복된다.

문화화는 이미 검증이 끝난 일률적인 문화내용을 받아들이는 것이다. 획일적으로 균일화된 특정 문화의 유지와 그 적응이 인간성의 향상과 동일시될 수 없다. 앞서 우려했던 것처럼 현대인이 문명의 결과만 향유하고 그 과정을 생략한다면 그 창조력은 점차 이에 따르지 못하고 약화된다. 문화를 자연화하고 객관화시키는 요인이 된다. 문명의 외형과 결과는 취하기 쉬우나 그것을 능동적으로 창조하는 품위를 갖추기는 어렵다. 문명은 소수가 아닌 다수가 문명을 적극적으로 창조하는 과정을 점진적으로 체험하고 내부적인 자각을 통해 계속적으로 확장됨으로써만 발전할 수 있다. 다수의 사람들이 소비자에서 능동적인 문화수용자로 전환되어야 한다.

교육은 그런 강한 문화화의 영향을 벗어나게 할 수 있는 파괴력을 지니고 있다. 이와 관련하여 첨단의 창조력을 양성한다는 취지의 이른바 "창의력교육"이 제안되고 있다. 그러나 결과위주의 교육관이 그렇듯이 그 내실이 어떤 것인지는 분명하지 않다. 오로지 거인에게만 기대할 수 있는 첨단의 창조만을 강조하는 "창의력교육"은 위험하다. 아직 경험이 부족한 위치에 있는 사람들에게 첨단에서의 창조를 기대하는 것은 무리다. 처음부터 역사의 첨단에 도달하는 창의력은 존재하지 않는다. 그것을 기대하는 관점 자체가 창의력을 억압하는 요인으로 작용할 위험이 있다.

"창의력교육"의 논리적 순환론의 오류를 벗어나기 위해서는 그 원인과 결과를 분명하게 재규정하여야 한다. 창의력을 향상하는 것이 교육이 아니라, 교육이 있음으로써 창의력이 나온다는 논법을 성립시킬 수 있어야 한다. 문화의 굴레에서 탈출해서 진정한 자기를 스스로 실존의 깊이까지 구체적으로 추구하는 세계가 바로 수도계이며, 그 수도계의 존재를 확인하고 검증하는 세계가 바로 교육이다. 이로써 문화에 의해서 억압된 자아의 실현을 돕고, 우리 자신 안에 있는 창의적인 힘의 원천을 발견하도록 유인한다. 이로써 인간은 본래적인 양상으로 새롭게 태어날 수 있다.

시험해 보지 않고는 전통의 옳고 그름을 판단할 수 없다. 최고 수준의 소수가 만든 문화의 결과를 소극적으로 소비하는 데 그치지 않고 적극적인 문화를 창조할 수 있도록 체험하게 하는 과정이 바로 교육에 해당한다. 천천히, 끊임없이 가는 자가 이긴다. 중요한 것은 그 난쟁이가 거인에 일치하기보다는 거인이 되어가는 과정을 재생하는 것이다. 그 과정이 바로 교육적 교섭에 해당한다. 교육에는 혁신과 보존의 조합이 내재되어 있다. 하화자에게 이미 알려진 것이 상구자에게는 창조의 의미를 갖는다. 문화적 전통은 일단 시험해보고 보존하거나 대치되어야 한다. 그렇게 제대로 된 교육을 진행하는 것이 문화와 문명의 지속적인 발전을 보장하는 최선의 길이다.

교육은 표현하는 사람과 해석하는 사람 사이의 품위의 차이를 인정하고 각각의 수준을 소재로 삼음으로써 그들을 서로 연결한다. 그 연결은 그 결과의 일치가 아니라 그 발생적 과정을 점차적으로 빠짐없이 거쳐나가는 방식을 취한다. 그 교육 자체의 내재적 가치를 차치하고라도 여기에는 적어도 두 가지 효과가 따른다. 그 하나는 문화적 하중으로부터 해방감을 갖는 것이고, 다른 하나는 문화적 가치를 교육적 주체가 매 단계에서 체험하고 향유함으로써 각자의 입증을 거친다는 점이다. 이런 교육적 주체의 판단과 승인은 맹목적 추종이 아닌 자발적 헌신을 동반한다.

이런 의미의 교육의 기능은 문화와 문화 사이의 공존과 이해를 증진시킨다. 한 문화가 다른 문화에 군림하는 문화적 폭력을 허용해서는 안 될 것이다. 앞서 지적했듯이 특정한 문화가 다른 문화와의 접촉을 용인하는 여건을 마련한다면, 교육은 그 각각에서 인간적인 문화와 그렇지 못한 문화를 선별하고, 후자의 문화가 전자의 것으로 전환되는 방식으로 작동할 것이다. 이로써 서로 이질적인 문화적 장벽을 넘어서 쌍방 간에 인간의 보편성에 맞춰 좋은 전통과 풍속을 쇄신하는 동력을 얻는다. 이는 언제나 일방적인 것만은 아니다. 쌍방적 문화접변이 가능하다. 이는 인류 전체가 공유할 수 있는 문화의 폭을 확장하는 셈이다.

교육은 또한 고급문화와 대중문화를 연결하는 통로로 작용한다. 고급의 작품은 그 나름으로 가치가 있으며, 감상하기에 용이한 대상보다 더 중요한 미적 만족의 원천이 될 수 있다. 여기에는 감상자가 그것을 정당하게 해석하고 공감할 취미를 가꾸어야 한다는 단서가 붙는다. 학문, 예술, 기예 등은 결코 대중의 기준을 따르도록 해서는 안 된다. 고급문화는 계속 발전시켜야 한다. 문화의 품위를 계급적으로 규정해서는 안 된다. 대중의 과제는 고급문화를 부자들과 귀족들의 것이라는 이유로 제거하는 것이 아니라 모두가 그것을 즐길 수 있는 능력을 갖추는 것이다. 대중이 예술적으로 고급의 문화인이 되도록 스스로 노력해야 한다.

이 과정에서 고급문화의 저급화도 필요에 따라 허용해야 한다. 그 과정을 우연에 맡겨 저변확대를 무시한다면 아무리 그 내용이 충실한 작품이라도 역시 후대에 길이 남기 어렵다. 높은 탑을 세우려면 그 기초를 넓게 잡아야 한다. 교육의 공법은 고급문화의 저변을 확대하고 대중을 좀 더 자기 쪽으로 접근시키는 중간계단의 연속성을 살린다. 이로써 고급문화와 그것을 대하는 일반 대중의 무관심과 충돌을 완화하고, 더 나아가 그 간극을 접속하고 화해시킬 수 있다. 더 나아가, 이런 교육의 과정을 겹치게 함으로써 당대의 평균적 사고와 습관을 파괴하는 혁신적인 인물들을 구제하는 통로가 열린다. 여기에는 교육이라는 장기시숙의 기간을 거쳐야 한다.[13)]

13) 위대한 정신은 독수리와 같아서 높다란 고독 속에 둥지를 튼다. 역사적으로 탁월한 예술작품이 당대에 제대로 평가받는 경우가 없다. 지혜를 아는 데에는 지혜가 필요하다. 음악은 청중이 귀머거리면 아무것도 아니다. 오늘날 너무도 유명한 명곡들이 대부분 초연에 실패한 곡들이다. 바흐의 〈마태의 수난곡〉은 너무 난해하여 연주되고 있지 않다가, 100년 후에 멘델스존에 의해서 재인식되는 계기가 되었다. 스트라빈스키의 '봄의 제전'은 초연할 때 청중들의 비웃음과 분개를 받았으나, 이후 현대음악의 고전이 되었다. 오늘날 너무도 유명한 명화가 당시 전시회에서는 실패한 작품들이다. 당대에 한 작품도 팔지 못했던 고흐의 작품의 가치는 오늘날 천정부지다. 현대에 새로운 조형질서를 부여한 피카소가 자신의 작품이 가진 진가를 이해시키는 데에는 30여 년이 걸렸다.

마지막으로, 교육이 문화현상을 연구하는 학문의 발전에 공헌한다는 점을 지적할 수 있다. 좁은 뜻으로, 문화인류학은 사회인류학과 민족학의 두 분야를 가리킨다. 인류가 걸어온 역사와 현존의 인류에 의한 각종 소산을 대상으로 문화를 관찰하고, 분석하고, 종합하여 문화의 법칙성 또는 규칙성과 변이를 탐구하는 학문이다. 그 명칭은 여러 가지이지만[14] 그 어느 경우든 문화인류학은 특정한 문화에 동화되는 것이 아니라 다양한 문화들에 대한 학문적 이해를 추구한다. 이는 문화화와는 별도로 교육에 의존해야 하는 이유가 된다.

14.8 종교와의 공존

14.8.1 교육에 대한 종교의 여건

보편적 삶의 일부로서 교육과 종교는 서로 이웃으로 병존하고 있다. 종교를 떠난 교육, 혹은 교육을 떠난 종교는 상상하기 어렵다. 적어도 두 가지 점에서 이들은 모두 인간의 요청에 호응한다. 하나는 세속의 측면에서 인간에 대한 무차별의 평등의식이다. 종교는 절대자 앞에서 인간의 차등이 있을 수 없다는 입장을 택하고, 교육 역시 유교무류의 원칙을 따른다. 다른 공통된 특징은 우등과 열등 사이의 연대의식과 사랑이다. 종교에서 절대자는 인간의 유한함을 관용하고 사랑한다. 교육은 자리뿐만 아니라 이웃에 대한 사랑인 이타의 내재율을 갖는다.

이런 유사점에도 불구하고 교육과 종교는 전지전능한 절대자의 존재의 가정과 그에 대응하는 방식에서 서로 상응할 수 없을 만큼의 이질성

그만큼 교육적 시숙의 기간이 필요했다는 해석도 가능하다.

14) 문화인류학이라는 용어를 사용하는 것은 미국의 경우이며, 영국에서는 그와 같은 내용을 사회인류학, 독일 · 오스트리아, 그 밖의 유럽 여러 나라에서는 민족학이라고 부른다.

을 갖는다. 만약 절대자가 존재한다면 인간이 그것을 입증할 수 있어야 하는데, 자기 안에 그 절대자가 없다면 그 절대자를 알거나 느낄 수 없다는 난관에 봉착한다. 유한한 인간이 당면한 이와 같은 한계와 딜레마에서 두 가지 길이 갈라진다. 하나는 절대자의 증명에 앞서 그 존재를 믿어버리는 신앙의 삶이며, 다른 하나는 조금이라도 그 쪽에 다가가려는 수도의 삶이다. 교육적인 삶은 후자의 중간을 소재로 진행된다. 이처럼 종교는 종교의 기준에 따르고, 교육은 그 나름의 내재율을 따르는 별개의 삶이 이루어진다.

종교는 신(神)[15]을 발견하려는 인간본성의 반응이다. 신을 믿고 따르는 것은 인간 정신의 나약함 때문이다. 기적은 일어날 수 없다고 하더라도 그것을 믿을 수는 있다. 혹독한 삶의 현장에서 인간은 예측하거나 통제할 수 없는 불확실한 사태에 접하여 그것을 관장하는 신을 찾고, 믿고, 섬기고, 의존하고, 구원을 바란다. 모든 면에서 완전무결한 신들이 존재하는 것을 전제하는 종교는 유한자가 거주할 수 있는 영원한 피난처가 된다. 인간이 자신의 힘으로 감당할 수 없는 부분, 예컨대, 빈곤, 결여, 불확실, 공포, 죽음이 있다. 설령 신이 존재하지 않는다고 하더라도, 신을 발명해 낼 필요가 있는 것이다.

믿을 수 없고 오류가 있는 것을 믿을 수는 없다. 믿음이 목적이라면 믿을 수 있어야 한다. 종교는 삶에 대한 총체적이고 절대적인 해답을 마련하고 있다. 종교인으로서 그 신념체제에 의문을 갖는 것은 바로 불안정한 삶에서 안정을 찾는 종교의 안식처를 떠나는 것이기 때문에 자기모순에 빠진다. 절대자인 신과 인간의 차이는 크며, 그 간격을 쉽게 줄일 방도가 없다. 나머지는 믿음의 절대성을 강화하는 과정이며, 그 필요성에 호응하는 것이 바로 교조화(indoctrination)다. 이는 절대자와 인간 사이의 이해에 소요되는 긴 과정을 생략하고 종교가 마련하는 총체적이고 절대적인 신념체제를 믿고 따르고 일치하기만을 요구한다.

---

15) 여기서 신은 반드시 기독교적인 것이 아니라 절대무류의 존재를 일반적으로 총칭한 것이다.

이런 종교가 교육의 우호적인 여건이 되는 조건은 무엇인가? 그 최소한의 조건은 교육적인 삶을 종교로 환원할 수 없는 독립된 영역으로서 인정하는 것이다. 그 차이는 앞서 간략히 지적했지만, 이를 몇 가지 차원으로 나누어 세부적으로 대비하기로 하자. 근본적인 차이로서 종교는 신에게 인간을 맡기는 방식의 구원을 추구하지만, 교육은 인간이 자신의 품위를 향상하는 데서 자구책을 모색한다는 사실이다. 교육적 주체는 신의 피조물이 아닌 스스로 자신을 만들어가는 창조자이다. 교육적 주체는 시련에 봉착하여 자조와 원조의 내재율에 따라 자신을 주체적으로 탐색하고 실현해나간다.

대부분의 종교는 내세를 가정하며, 미래와 사후의 행복과 보상을 위한 희생을 정당화한다. 내세는 신앙이나 추측의 문제다. 사후의 천당과 지옥에 대해 말하는 사람은 많지만 경험한 사람은 없다. 종교인은 그 숨어 있는 존재에 관한 예언적 가설을 토대로 현재를 희생시키거나 지금의 고통을 감수한다. 그러나 교육적 주체는 현재를 희생해서 미래 혹은 사후를 대비하는 의미의 고진감래를 추구하지는 않는다. 교육은 결코 미래를 위한 준비만으로 규정될 수 없다. 교육은 그 삶 자체의 내재율을 따르며, 교육적 주체는 그 고유한 삶의 고유한 내재적 가치를 향유함으로써 미래에 대비한다.

삶의 총체적인 해답을 제공하는 종교는 다른 것을 수용하기 어렵기 때문에 배타성을 전제한다. 이와 대조적으로 교육은 언제나 부분적인 해답을 찾는다. 그 부분으로서 종교의 다원성을 수용한다. 대부분의 종교는 인간성의 혁명적 변화를 갈구하고 전파하려는 요구조건에 부응하기 위해서 출현하였다. 종교 안에 이처럼 수도계적인 요소가 잔존한다면, 그것이 교육의 소재이다. 오늘날 세계종교로 알려진 불교, 유교, 도교, 힌두교, 기독교, 이슬람교에 이르기까지 다양한 종류의 종교를 관용하고 수용하는 것 그 자체가 양호한 교육의 여건이다.[16] 그 어느 것이든

16) 현재 한국 사회에는 유교 · 불교 · 기독교와 같은 세계종교는 물론, 19세기 말 이후에 태어난 수많은 신흥 민족종교, 그리고 동북아시아의 선사시대부터 면면히 이어져 내려

삶의 부분으로서 하나로 환원될 수 없는 특징을 갖기 때문에 교육의 입장에서 비교와 선택의 대상으로 삼을 수 있다.

종교에서는 절대무류의 존재가 요청된다. 그 신념체제 안에 그 절대자와 직접 연결하는 수단도 가정된다. 신자들의 신앙이 철저할 때 그 절대자가 계시나 비약으로서 나타나는 것으로 되어 있다. 이와는 달리 교육은 무한한 신을 유한한 자신에게 가둬두는 위험을 극히 경계한다. 완전무결한 절대자는 유한한 인간으로서 상정할 수 있을 뿐 경험하거나 이해할 수 있는 존재가 아니다. 이 때문에 유한자가 그에 대한 판단을 내리는 것은 오류다. 개인이 자신의 현품을 기초로 절대자를 스스로 만들고 그 만든 것을 믿는다면, 터무니없는 자만의 함정에 빠진다. 무오류의 존재를 수용하면서 이런 인간적인 오류를 범하는 것을 용인할 수는 없다. 교육에서는 심지어 유한자로서의 선진과 후진 사이의 직접적인 소통조차도 자기모순으로 규정한다.

가장 높은 품위를 가진 존재에게 신이라는 상징과 용어를 적용할 수 있겠지만 인간은 누구나 완전과 불완전의 중간에 처한 오류 가능한 존재라는 것은 명백하다. 이런 절대적 존재가 존재한다고 하더라도 인간들 사이의 그 존재에 대한 이해는 예외 없이 상대적일 수밖에 없다. 신이라는 용어보다 완화된 것이 "성자(聖者)"라거나 "현인(賢人)"이다. 그들과 보통 사람의 거리 역시 멀고, 그 거리를 일시에 줄일 수 있는 어떤 기적도 존재할 수 없다. 다만 그들에 접근하는 길은 존재한다. 그 길에 수많은 단계가 있으며, 그 단계를 생략하는 지름길도 없다. 보통의 사람들은 그 차이의 범위를 한정하고 그들을 교육적 교섭의 대상으로 삼는다.

교육의 여건으로서 종교가 인정해야 할 것은 교육이 모든 것을 포괄하는 교조적인 확신과 이유도 없는 회의주의 사이에서 적절한 균형을 유지한다는 점이다. 인간은 불완전하기 때문에 완전한 신의 존재를 알 수 없으며, 그 때문에 그 존재를 부정하거나 긍정할 수 없다. 그렇다고

오는 무속과 민간신앙이 모두 함께 공존하고 있다. 이러한 한국적 다종교상황은 과거 1세기 전의 조선사회나 이웃나라 일본에서도 찾아볼 수 없다.

하더라도 만약 조물주가 있다면 그에게 감사할 것은 우리 스스로가 자신을 통제할 수 있는 능력을 부여했다는 사실이다. 자기 자신을 완전히 통제할 수 있는 사람은 없다. 타인의 도움이 필요하다. 상구자는 그중에 선진의 존재에 주목한다.

많은 경우, 교육적 교섭에서 선진과 후진에 대한 가정에서 출발한다. 검증되지 않은 믿음은 맹목이다. 교육적 주체는 그 가정을 단지 믿는 데 그치지 않고 그것을 의문시하고 자신의 노력에 의해서 그 가설을 확인한다. 스승의 권위를 의심하는 제자는 스승으로부터 얻을 것이 없다. 다른 한편으로, 제자의 가능성을 믿고 그 믿음을 제자에게 입증할 수 없는 사람은 스승의 자격이 없다. 그 입증은 스승의 품위에 당장 일치하는 것이 아니라 그 차이의 간격을 점차 줄여나가는 과정을 재생하면서 점진적으로 이루어진다. 이 부분이 바로 일차적 가정에 대한 이차적 검증의 논리이다.

신앙은 인간생활에서 불가피하다. 모든 증거를 따져서 생활할 수 없다는 것이 그 조건이 된다. 절대에 대한 확신과 믿음을 통해서 초월을 체험하는 것이 종교적인 삶의 현장이다. 숭배는 초월적인 경탄이다. 유한자로서 우리는 이해할 수 없는 신묘한 것을 경배한다. 이처럼 인간의 이성의 힘을 초월하는 매력이 있기 때문에 무신론자도 밤에는 신을 반쯤 믿는다. 신념은 증거 없는 확신이다. 신앙은 희망이기 때문에 감정이기도 하다.

종교적 신념은 교육에서도 매우 중요한 요소이다. 교육은 수많은 불확실성 속에서 진행된다. 그 모든 것이 확인되고 입증될 때까지 삶을 정지할 수는 없기 때문에 교육적인 삶 또한 어쩔 수 없이 많은 부분에서 모르는 것을 추측으로 채우는 형이상학적 신앙에 의존한다. 품위의 창조는 이해를 넘어서는 믿음을 요구한다. 품위마다 단계의 극복은 반복되는 실패를 통해서 얻어진다. 교육적 주체는 실패의 속임수에 속지 않는 시행착오의 끈기를 보여야 한다. 확신과 희망은 가끔 약보다 더 효과적이다. 이 때문에 교육적 주체는 신념을 실패에 대적하는 방식으로 사용한다.

신앙은 불가능한 것의 실현을 비논리적으로 믿는다. 교육적인 삶을 영위하기 위해서는 일정 한도의 교육의 전제에 대한 신념, 교육적 주체에 대한 믿음, 교육가능성에 대한 믿음 등이 필요하다. 유한자인 인간은 거듭나야만 절대적 존재에 가까이 접근할 수 있다는 믿음은 존경과 관대의 내재율과 어울린다. 자조와 원조의 과정을 거쳐서 인간이 자신들을 주도적으로 구제할 수 있다는 신념의 절대성이야말로 종교가 그 고유한 특성에 의해서 교육의 고유성을 인정하고 보장하는 우호적인 여건이라고 할 수 있다. 이를 교육을 위한 종교라고 해 두자. 교육의 종교는 교육을 하느님으로 섬긴다.

14.8.2 종교에 대한 교육의 기능

종교적 심성은 양날의 칼이다. 인간을 정화시켜 높은 이상으로 고양시키는가 하면, 인간을 고정된 편견과 독선에 가두어 놓고 극도의 잔인함과 파괴를 정당화하거나 행사할 수 있다. 논자는 앞서 전자와 상응하는 부분을 교육의 긍정적인 여건의 위치에 놓았다. 호혜의 원칙에 따라 이제 교육이 종교에 보답할 가능성을 첨가해야 한다. 그 기능은 교조화가 놓친 인간사의 중요한 부분을 보완하는 것이다. 차차 그 세부적인 것을 부연하겠지만, 교육을 동반하는 종교는 그 건전성을 유지할 수 있다.

다양한 종교들이 저마다 그 총체성을 내세워 각각 절대를 표방할 때 절대와 절대의 대결이라는 양상을 띤다. 다른 종교를 우상숭배나 이단으로 보고 배타적인 태도를 보인다. 심지어 같은 종교조차도 서로 이념상의 차이로 종파가 갈리고, 그 종파들 간의 내부 투쟁 속에서 동지들에게조차 박해를 가하기도 한다. 내부적으로는 사랑을 외치면서 외부적으로 불화한다. 역사적으로 종교의 차이가 정치의 차이보다 더 많은 분쟁을 일으켜 왔다. 중세 말부터 근세 초기의 종교 전쟁에서 그리스도 교도가 서로를 죽인 사람의 수를 비교해 보면, 고대의 순교자의 수 따위는 미미한 것이다.

서로 다른 종교 간의 화해는 상대방의 종교에 대한 이해를 전제로 한다. 상대를 이해하지 않고 배타하는 것은 잘못이다. 교육은 중립의 입장에서 서로 다른 길을 가는 이질적인 종교와 종파 사이에 서로 충돌하지 않고 화해하고 공존할 수 있는 길을 열어놓는다. 교육은 총체적인 인식 혹은 절대적인 인식을 수용하지 않는다. 교육의 관점에서 보면, 다양한 종교는 서로 다른 종류의 소재로서 선택의 대상이 되며, 그 각각의 것을 소재로 하는 교류교육이 진행될 소지를 갖는다. 이로써 서로의 장점을 보완하는 포용과 공생의 길을 모색할 수 있다.

종교는 어떻든 인간에 의해서 창조된 산물이다. 그 창시자들은 일상의 사람들이 도달하기 어려운 모종의 높은 품위를 실현한 사람이라는 점에 거의 예외가 없다. 그들의 말과 행적을 범인들이 곧바로 이해하기 어려웠다. 따라서 말과 행적들이 설화나 신비성이 가미된 전설의 대상이 되었으며, 이것이 종교가 탄생하는 배경이다. 종교의 경전에는 분명히 환상적인 요소들, 신화, 전설, 기적 등이 사실과 논리의 모순을 포함하지만 아는 것이 아니라 믿는 것에 목적을 두는 종교의 특성에 비추어 볼 때 이는 일정 부분 우리의 삶에서 중요한 역할을 하고 있는 것도 사실이다.

그러나 종교적 신앙은 한동안 사실과 어긋나는 것을 믿는 암흑시대를 만들었다. 그 믿음의 내용이 사실과 부합하지 않는다는 것을 증명한 과학자들이 종교적인 이유로 박해를 받는 사례도 많다. 사실에 어긋난 권위에 기초를 둔 신앙은 오래가기 어렵다. 그 때문에 종교도 학문이 발전함에 따라 오류로 판명된 교조에 대한 새로운 해석과 수정을 거치면서 더욱 건전한 길을 찾게 되었다. 천체가 신의 영역에 머물러 있던 중세기의 역학의 수정은 과학을 소재로 하는 교육이 신의 명분을 내세운 인간의 억압과 종속에 맞서 철저히 대결한 좋은 사례다.

교조화의 성공은 교리 안에 신도를 가두어두는 것이다. 완전에 이르는 길을 믿음의 강도에서 찾는 광신자는 그 믿음의 그 내용 자체가 타당한 것인지에 대한 의심을 의식적으로 과도하게 억제하고 맹신한다. 세계의 본질에 어긋나는 신념은 삶을 곤궁하게 한다. 이는 순교, 성전, 박해라는 명분으로 자신과 타인에 대한 구속과 폭력으로 작용하기도 한다. 그 극단에 선 설교자는 그 창시자의 품위를 자신의 품위로 환원시키고 그 임의적인 절대에 예속되거나 그것을 타인에게 강요한다. 그와 다른 품위를 가진 일반인을 매도한다. 설사 그 인식의 내용이 아무리 고급한 것일지라도, 그것을 수락하는 사람의 검증을 거치지 않는 맹신은 오래 지속되기 어렵다.

종교 밖의 교육이 종교에 우호적인 여건이 되는 방식은 종교 자체 안에서 유래하고 종교로서 해결하기 어려운 문제를 교육의 입장에서 재고할 여지를 준다는 점이다. 확신은 우리가 틀렸을지도 모른다는 가능성에서 도피하는 비겁함이다. 교육적인 삶은 광신, 미신, 편견, 아집, 고정관념, 확정된 해답이라는 독약에 대한 탁월한 해독제로 작용한다. 확신을 회의로 연결하고, 신념을 물음과 이어가는 것이 교육적인 삶의 경로이다. 아는 것과 믿음의 마찰을 화해시키는 일차적 가정과 이차적 확인의 원리가 부수된 증거가 없는 믿음은 교육에서 허용되지 않는다. 신념에 대한 해체와 재건이 단계별로 교차한다. 이 작용이 고착된 믿음의 내용을 탈색시킨다.

종교와 교육의 교차점에서 교육본위의 선택은 종교 안에서 해결할 수 없는 종교의 문제를 밖의 시선에서 바라보게 하는 작용을 한다. 그 안에서 이루어지는 인간 혹은 활동을 교육의 입장에서 재고할 여지를 가짐으로써 종교는 그 자체의 건강을 회복한다. 그 건강함이란 무엇인가? 그것은 바로 종교가 출현할 당시, 그러니까 절이나 교회, 불경이나 성경, 그리고 제반 제의와 예배형식이 생기기 이전의 정신, 즉 품위의 혁신을 통해서 깨달음에 도달한다는 초심으로 돌아가는 것을 의미한다.

종교인의 분류는 다양하고 복잡하지만 그중에서 설교자와 신자라는 두 부류를 상정하여 앞서 예고했던 종교의 건전성에 관해서 논의해 보기로 하자. 종교에서는 설교자가 절대자를 대변하여 그 뜻을 전달하고,

신자는 그 뜻을 전달받는 것으로 간주한다. 그러나 교육본위의 입장을 택한다면 이들은 각각 하화자와 상구자라는 위치에 선다.[17] 하화자로서의 설교자와 상구자로서의 신자에 해당하는 이중적인 부분은 사실 자체로서 역사적으로 엄연하게 존재해 왔다. 다만 고유한 의미의 교육에 대한 개념의 부재로 인해서 이제까지 그 사실들이 은폐되어 왔다고 보아야 할 것이다. 이와 관련하여 앞으로 밝혀져야 할 사실들이 많지만, 그중 몇 가지만을 대충 예시해보기로 한다.

우선 하화를 본위로 하는 설교가 어떤 경우일까를 생각해 보자. 종교에서는 흔히 절대무류 혹은 전능의 존재와 그의 뜻을 전달하는 직분을 가진 중간자를 상정하고, 그들 사이의 직접적인 접촉을 상정하는 신비한 교류와 탈아적 합일의 통로를 상정한다. 신탁, 제관, 혹은 제사장이 신과 내통한다거나 혹은 신이 은총의 빛이나 계시를 통해서 보여준다는 주장이 그 좋은 예다. 그러나 신이 완전을 현시한다고 하더라도 유한한 인간이 그 절대성을 인식할 사실상의 방도가 없다. 위험시되어야 할 부분은 절대자나 성인이 자신들의 개별적인 현품의 상상에 의해서 조작된 선진의 양태를 취하는 부정직함이다. 교육에서는 이를 저압제의 위험으로 경계한다.

설교자를 하화자의 입장으로 바꾸어 볼 경우, 설교자는 절대무류의 존재를 자신에게 알려진 대상이 아니라 자신이 끊임없이 알아가야 할 탐구의 대상으로 삼는다. 설교자인 자신과 그가 접하는 신도는 그 알아가는 과정에 있다는 점에서 모두 같은 처지이다. 이때 설교자는 자신과 신도 사이의 품위상의 차이를 가늠한다. 설교자와 신도의 거리는 가깝거나 멀 수 있다. 그 설교자는 신도가 처한 입장을 이해하고, 자신이 걸어온 길을 회고하고, 신도가 자신의 위치로 이동하는 데 도움을 주면서,

17) 이렇게 종교적 직분을 교육본위로 전환하여 표기함에 있어서 약간의 용어상의 문제가 생길 수 있다. 그것은 상구와 하화라는 용어 자체가 불교에서 원용된 것이기 때문이다. 여기서는 그 의미가 불교라는 특수한 종교의 맥락을 떠나 교육본위론의 것으로 새롭게 전환된 것임을 유의해야 한다.

서로 공감할 수 있는 영역을 좁혀 나갈 것이다. 이런 방식의 직무수행은 절대무류의 존재를 대변하는 것으로 행세하거나 혹은 신도에게 당장 자신의 관점에 일치하도록 훈계하는 것과는 차이가 있다.

설교는 통상 주로 말로 진행된다. 더러는 경전을 해석한다. 하화자로서 설교자에게 중요한 것은 문자 자체에 사로잡히지 않고 그에 대한 해석에 주목하는 것이다. 자신과 신도 사이의 해석의 차이를 교육의 소재로 삼는다. 해석은 체험의 공감대를 전제하지만 설교자와 신도 사이에는 체험상의 균열이 전제된다. 그 균열을 무시한 채 다만 말에 의한 전달만을 꾀한다면 그 소통은 오해나 무의미로 끝날 것이다. 하화활동으로서 설교는 그 차이를 줄이는 체험의 재생과정을 첨가한다. 신도로 하여금 그들의 체험을 반영하는 질문을 하도록 촉구하고, 그들의 수준에 부응하는 대답을 하는 것도 하화자로서 설교자의 몫이다. 이는 경전에 대한 문자적인 일치에 정답의 의미를 부여하는 통상적인 교리문답과는 다른 경로이다.

이제 종교의 건전성과 관련하여 상구자로서의 신도가 어떤 면모를 취할지를 생각해보자. 종교에서 일상의 신도는 신의 피조물로 간주된다. 이들은 신에 의해서 미리 설계된 계획을 따르며, 그 경로는 예정되어 있다. 오로지 신의 은총에 의해서만 그 예정을 바꾸거나 구원을 받을 수 있는 여지가 남는다. 신이 신도의 고난과 곤궁한 처지를 대신한다는 믿음도 있다. 그런 은총과 보호는 오로지 신자의 믿음의 강도에 의해서 보장된다. 그러나 상구자는 신의 뜻과 은총에 따라 사는 것이 아니라 자신의 운명을 만들어 가는 책임을 자각한 주체이다. 교리는 유한자로서 자신이 변해야 이해할 수 있다는 신념을 포함한다. 따라서 상구자로서의 신도는 설교자의 설득에 수동적으로 따라가기보다는 자신의 품위의 형성에 적극적으로 개입한다.

이해할 수 없는 일이 벌어질 때 기적이라고 하고, 설명할 수 없을 때 신비롭다는 말을 쓴다. 통상의 종교적 설교는 절대자의 초자연적 기적이나 신비를 내세워 신도에게 복종을 요구한다. 그렇지만 그 결과는 종교가 지향하는 가치를 자신이 습득하고 검증한 것이 아니라 단지 절대자에 대한 무조건적인 복종에 불과하다. 그런 방식의 의존은 신도의 악행의 뿌리를 소멸한 것이 아니다. 아직도 그 뿌리는 있는 그대로 잠재되어 있다. 교육에서 신비는 아직 이해되지 못한 대상이거나 혹은 제자가 아직 도달하지 못한 스승의 품위와 그 양태로 간주된다. 신비가 신비로 끝나거나 혹은 기적이 기적으로 끝나는 것은 상구가 아니다. 상구자로서 신도는 이해되어야 할 신비와 기적을 증명의 과정을 거쳐서 명료함으로 대치하여 나간다.

인간으로서 추구할 목표를 갖는 것은 자연스럽다. 아집의 구속에서 해방하는 해탈이나 존재의 질서에 대한 진리의 이해는 그런 목표에 속한다. 그 목표를 크게 대문자와 소문자의 것으로 구분한다면, 종교는 지고하고 완전무결한 대문자의 존재에 대한 믿음과 존경심의 발로에 해당할 것이다. 그 대문자의 존재에 대해서 두렵고 떨림으로써 경배하는 것은 자연스럽다. 그를 향한 충성심과 헌신도 필요하다. 그러나 그 대문자의 존재는 인간으로서 완전한 일치가 불가능한 지점이다. 그 불가능함을 미래의 목표로 삼거나 혹은 내세의 지옥에 대한 공포나 천당에 대한 희망이라는 약속으로 무마함으로써 현재를 희생하는 것은 불행하다. 그 목표의 실현은 현실 속에서 불가능한 것이며, 미래는 항상 아직 오지 않은 지점에 머물기 때문이다.

그 문제를 염두에 두고 교육이 종교에 줄 수 있는 긍정적인 영향을 달리 재고할 필요가 있어 보인다. 대문자의 것은 인간으로서 소유할 수 없는 것임에 비해, 소문자의 것은 그 방향으로의 탐색과 접근을 각 단계에서 허용하며, 그 접근에 대한 증명도 가능하다. 하화자로서의 설교자나 상구자로서 신도의 목표는 소문자 해탈이나 진리의 체험에 있다. 교육은 이런 방식으로써 종교적 목표를 현실적으로 완충하는 작용을 한다. 소문자의 해탈이나 진리조차도 주어지는 것이 아니라 인간 스스로 변신함에 의해 얻어진다는 것은 말할 필요도 없다. 그 체험은 그 궁극적 지점에 도달함이 아니라 하루하루 소문자의 것을 점진적으로 탐구하여 이전과 이후를 비교함에 의해서 이루어진다.

마지막으로, 종교에 대한 우호적인 여건으로서 교육과 종교학의 관계에 관한 논의를 빼놓을 수 없다. 어느 특정한 종교에 헌신하는 것과 그 종교에 대한 학문적 탐구를 수행한다는 것은 별개이다. 그 점에서 기독교를 옹호한다는 취지의 신학을 종교학의 범주에 넣을 수 있는지는 의문이다. 종교학은 수많은 개별 종교들을 객관적 입장에서 관찰하고 종교의 보편성을 이해하려는 취지에서 19세기 말쯤에 탄생하여 오늘에 이르렀다. 아직 고유한 의미의 종교현상을 포착하는 자율적인 종교학이 성립했다고 보기는 어렵다고 하더라도, 학문에서 추구하는 진리의 입증은 어느 경우나 교조화가 아닌 교육에 의해서 정당화될 수밖에 없다. 이런 종교학을 종교의 발전에 공헌하는 요소의 하나라고 본다면, 종교학을 소재로 삼은 교육이 그만큼의 간접적인 공헌을 한다고 볼 수 있을 것이다.

14.9 교육에 우호적인 여건의 조성

교육의 여건에 관해서 저간에 숱한 담론이 이루어져 왔지만, 이 많은 것들에 관해서 우리가 알고 있는 것은 현재로서 아무것도 없다. 그 분명한 이유가 있다. 교육의 여건은 개념상 교육의 정체성을 전제로 하는데, 그 전제를 충족시키지 못하고 있기 때문이다. 이는 사이비교육학이 왜곡하거나 은폐해 온 주제이다. 관습적 교육관은 교육의 여건을 학교의 여건과 혼동한다. 용병학문적 교육관은 교육의 여건에 해당하는 부분들을 교육으로 규정하는 치명적인 오류를 범한다. 아마도 "교육행정학"은 교육을 법률이 정한 것으로, "교육사회학"은 제도에 의해서 규정된 것으로 볼 것이다. 정책상 교육의 여건으로 다루어져야 할 문제를 교육의 문제인 것으로 잘못 전가시키는 데 앞장서 왔다.

학교의 여건과 교육의 여건은 다르다. 전자 안에 후자의 문제가 있고,

더 나아가 후자의 문제는 학교 밖으로까지 확장된다. 그 전반의 과제를 취급함에 있어서 용병학문의 사실은 각각 다른 교육의 여건으로 취급되어야 할 별개의 사항들이다. 그런 사고전환이 이 주제를 이해함에 있어 선행조건이다. 아마도 그 왜곡된 용어의 사용을 해체하는 것이 그 해결의 출발점이 될지도 모르겠다. 논자는 앞서 그 왜곡된 관행을 본래의 것으로 개칭하는 데 많은 지면을 할애하였다.

교육여건에 관한 본 논의로 되돌아가자. 누구나 향유해야 할 삶의 양상인 교육을 발전시키는 데에는 크게 두 가지 경로가 있다. 제13장에서 다룬 메타교육이 그 하나다. 아무리 좋은 여건이라고 할지라도 교육을 할 수 없는 사람에게는 무용하다. 메타교육은 교육을 통해서 교육할 수 있는 능력을 갖추는 교육 내부의 자동장치이다. 그러나 그 메타교육이 제대로 작동한다고 하더라도 그것은 최소한의 조건일 뿐 외부의 지원이 배제된 상태에서 그 발전을 실현하기는 어렵다. 교육의 품위가 높다고 해도 그것을 실현시킬 여건이 부실하다면 그 효과를 얻기 어렵다. 바로 그 부분이 교육의 여건에 해당한다.

교육은 그 내재율에 의해서 저절로 굴러가는 수레바퀴다. 그럼에도 그 자율성의 폭과 행사는 그것이 처한 여건에 의해서 크게 영향을 받는다. 교육만 고려하는 것은 좋은 씨앗만 가지고 그것을 심을 토양은 생각하지 않는 것과 같다. 좋은 씨앗이라고 하더라도 그 싹을 틔우고 열매를 맺는 것은 알맞은 조건에서만 가능하기 때문에 오로지 씨앗의 공으로 돌릴 수는 없을 것이다. 물이 있는 곳마다 물고기가 사는 것은 아니지만 물고기가 있는 곳마다 물이 있다는 것은 물이 그만큼 물고기의 삶에 필수적인 요건임을 방증한다.

알맞은 햇빛, 온도, 물을 제공하면 장미와 튤립의 싹과 꽃잎이 나오고 물이 모아져서 깊어지면 고기가 모여든다. 교육 역시 유리한 여건에서 번창한다. 그런 취지에 따라 논자는 앞 절에서 교육발전에 우호적일 것으로 보이는 수도계, 정치, 법률, 경제, 사회, 문화, 종교의 제반 측면들을 추정하였다. 그런 이상적인 여건이 현실로 존재하기 어렵다고 할지라도 그 정도의 차이는 분명 존재한다. 그 상한을 그려보는 사유실험을 시도하는 것이 학문적인 이론이 필요한 이유이기도 하다. 그 이외에 추가시킬 여건을 자세하게 다룰 수는 없지만, 교육을 일상의 삶에 착근시키는 데 몇 가지 더 고려해야 할 부분이 있어 보인다.

그 하나는 공간과 시간이다. 교육은 잡사나 외부의 불필요한 방해를 받지 않고 교육 자체에만 에너지를 집중할 수 있도록 장기적이고 지속적인 교육적인 교섭과 흐름을 허용하는 여유로운 장소를 요구한다. 건물과 시설, 좌석의 위치, 공간의 밀집도, 소음, 빛, 그리고 정보의 기록, 처리 및 전달을 증진시킬 수 있는 각종 장치와 소통수단의 존재 여부가 중요한 변수로 작용할 것이다. 공간만큼 중요한 것이 시간이다. 교육은 세속적 번사를 떠나 자기 자신에게 돌아와 흠뻑 빠지는 여유로운 시간을 요구한다.[18] 그렇게 자유롭게 활용할 시간은 교육 자체만을 위한 것이 아니다. 한가할 때 열중한 교육의 결과는 바쁠 때 언제나 유익하게 활용할 수 있게 된다. 그 부분이 어떤 것인지는 교육의 보완적 기능에 대한 논의에서 이미 살핀 바 그대로다.

교육의 여건으로서 논의에서 빠뜨릴 수 없는 것이 심리적 조건이다. 교육에 유리한 심리와 교육에 역행하는 심리를 구분할 수 있으며, 교육심리는 전자를 지칭하는 데 적절한 용어로 보인다. 인간의 가능성에 대한 무한한 신뢰를 보내며, 무지함과 비고의적인 과오를 평안하게 표현하고 노출할 수 있는 허용적인 분위기를 조성하고, 모험과 잘못을 허용할 정도의 안전성을 보장하는 조건들을 생각해 볼 수 있다. 나아가, 선진과 후진 사이에 교육적인 유대를 보장하는 심리적인 요소들, 즉 협동의 정신, 온정, 지원, 수용, 이해, 공감, 신뢰 등을 교육심리로 포함시키는 데 큰 무리는 없을 것이다.

교육심리에 역행하는 요소도 많을 것이다. 예를 들면, 미품의 불확실성에 대한 불안과 두려움, 차상품이나 그 도전을 정면으로 받아들이기

18) 영어에서 학교(school)의 어원인 "스콜라(schola)"란 용어는 원래 여가(leisure)를 의미했다. 그러나 오늘날의 학교가 한가로운 공간이 아닌 것은 분명하다.

보다는 과품으로 돌아가려는 경향, 너무 허영심이 강해서 실수를 용납하지 못하거나 혹은 너무 비겁해서 잘못을 인정하지 못하는 경향, 내면의 자신을 숨기고 위장하려는 경향을 들 수 있다. 품위는 도덕과 갈등이 있는 경우, 상징의 수단으로 위장하여 나타난다. 이 이외에도, 선진과 후진 사이의 불신, 경쟁의식, 무시, 질투, 현품에서 지나치게 이탈한 사람을 싫어하는 경향, 현품의 표준에 맞추도록 강요하는 심리적인 요소 등을 역행의 요소로 포함시킬 수 있겠다.

이 부분에서 주목할 만한 흥미로운 사실은 교육적 주체의 심리상태에 따라 교육여건의 의미가 달라질 수 있다는 점이다. 주위 여건은 지배할 수 없어도 자기의 심리상태는 지배할 수 있다. 불비한 여건만을 탓할 수 없다. 찌는 더위를 없앨 수는 없지만 더위에 시달리는 그 마음을 없앤다면 몸은 항상 시원한 다락 위에 있게 된다. 큰 재산을 가진 것은 아니지만 적어도 작은 것에 만족한다면 풍족하게 살 수 있다. 아무리 바쁘다고 하더라도 마음의 여유는 가질 수 있다. 고사성어의 "영설독서(映雪讀書)[19)]"는 마음먹기에 따라 교육여건의 불비함도 극복할 수 있음을 지적한 것이다.

좀 더 거시적인 여건으로 역사와 지리적 조건 등도 고려해볼 만하다. 역사의 시기 중 특정한 삶의 복합체와 맺는 관계 등에 의해서 교육이 융성하거나 반대로 제약받을 수 있다. 지리적으로 많은 사람들과의 접촉이 가능했던 지역에서 문명이 전파되었다는 것은 역사가 증명하고 있다. 이주나 외부와의 통혼, 특산물의 교역, 여행이나 군사적 정복 등이 어느 정도 문화적 교류와 동화를 낳았다. 오늘날은 도로, 항구, 철도, 항공, 그리고 각종 통신기술이 지리적인 고립의 문제를 해결하고 있다. 이처럼 이질적인 사람들의 합류점에서 교육적 교류의 가능성도 높아질 것이다.

궁금증은 이어진다. 교육현상이 어떤 조건과 상황에서 발생하거나,

19) 어두운 겨울밤에 흰 눈에 책을 비춰 독서한 사례

지속되거나, 혹은 소멸하는가? 어떤 조건과 상황에서 교육현상이 여타의 현상으로 전환되는가? 이 질문에 대한 해답은 개별적인 시행착오와 사례에 의해서 입증될 성질의 것이다. 앞에서는 교육이라는 현상을 일괄하여 논의했지만 교육 안에서도 상구교육과 하화교육이 구분된다. 따라서 그 여건도 달라질 것이다. 엄밀하게 말한다면, 교육의 내재적 변인의 수만큼 그 개별적인 여건을 고려할 수도 있다.

그 모든 것들이 앞으로 해명되어야 할 연구과제다. 그 연구는 축적되어 활용될 수 있어야 한다. 많은 사례와 연구를 통해서 교육의 입장에서 여건을 보편적인 것으로 재평가하고 재분류하는 작업이 필요하다. 연구들이 사실들을 확정할 것이며, 이에 따라 거시적인 것과 미시적인 것, 긍정적인 것과 부정적인 것, 통제 가능한 것과 적응해야 할 것, 장기적인 효과와 단기적인 효과의 구분 등 그 분류체제도 세분될 수 있을 것이다. 이 부분의 집성 작업은 번잡한 담론과 기획을 단순화시킬 것이다. 그것이 사람들에게 익숙한 상식으로 일상생활에 적용하는 단계에 이를 것을 기대할 수 있기 때문이다.

앞에서는 교육여건을 개별적인 것으로 검토했는데, 실제로는 다양한 외재적 조건들이 결합하여 작용한다. 그 총체적인 여건을 교육의 생태계로 칭할 수도 있겠다. 어떤 여건을 주장하든 간에 그것은 확률적인 것이다. 오로지 단일효과만을 침소봉대할 것이 아니라 그 다중효과에 주목해야 한다. 교육여건을 구성하는 요소들은 서로 상호작용하며, 그 전체로서 교육에 영향을 주기 때문에 그 개별적 조건 못지않게 그것들이 상호작용하는 생태적 유형에도 주목할 필요가 있다.

여건은 하늘에서 떨어진 것이 아니다. 교육의 양태는 별도의 개입을 필요로 한다. 교육여건을 대하는 방식은 그 적응이나 개선에 있다. 논자는 교육여건조성을 교육활동의 일부로 포함시켰다. 그 내재율을 따를 용의를 가진 사람이라면 누구나 그가 할 수 있는 만큼 자신의 제반 교육여건의 조성에 참여할 수 있어야 할 것이다. 통제가 불가능한 경우는 교육을 그것에 어떻게 적응시키느냐 하는 문제가 제기되며, 미시적이고 통제가 가능한 것은 그것을 어떻게 개선하느냐 하는 문제가 대두된다.

여건조성의 문제를 오로지 교육적 주체의 탓으로 전가시켜서는 안 될 것이다. 한 개인이 해결할 수 없는 정치적, 경제적, 사회적, 문화적, 종교적 변인 등의 경우 사회적 해결을 구해야 한다. 예컨대, 교육에서의 평등의 이념이 가장 잘 적용될 수 있는 부분이 그 여건이다. 신분이 낮은 사람이 교육의 기회를 갖지 못하는 것은 널리 알려진 사실이다. 이는 교육자체의 속성에서 기인하는 것이 아니다. 권투의 링 안에서는 흑인과 백인이 평등한 이치와 같이, 교육은 교육적 주체에게 언제나 평등하다. 흑인의 교육과 백인의 교육이 따로 있겠지만, 흑과 백의 인종차이는 교육의 내재적 변인이 아니라 외재적 변인이다. 이처럼 교육적 주체의 통제밖에서 작용하는 여건의 불평등은 사회적 복지정책의 차원에서 다루어질 성질의 것이다.

교육여건에 대한 연구는 그 개입이 어떤 것이며, 그 개입이 가져오는 차이를 어떤 것으로 해석해야 하는 것인지에 관한 논의로까지 이어져야 한다. 예컨대, 그 제반 여건의 차별을 배제하는 사태를 두고 교육의 평등이라는 말을 적용하는 것은 부적절하다. 정확하게 말하면, 그것은 교육의 평등이 아니라 교육여건의 평등에 관한 문제이다.[20] 또한, 이는 교육의 결과상의 균등과 구분되어야 한다. 후자는 비현실적인 목표일 뿐만 아니라 바람직한 것이 못 된다. 학의 다리를 잘라서 오리 다리에 붙이거나 산을 깎아서 골짜기를 메워야만 평등이 이루어지는 것은 아니다.

개인이 통제하기 어려운 여건의 차이에 따라 개인은 교육의 기회를 놓치거나 살릴 수 있기 때문에 그 부분에서 부당한 차별이 작용하지 않도록 하는 것은 매우 중요하지만, 교육여건의 평등을 교육의 평등으로 오인하거나 혹은 교육의 결과를 평등하게 하는 것이 정의로운 것으로 오인하면 곤란하다. 삶에서 품위의 격차는 당연하고, 그 불평등을 평등한 듯 다루는 것은 헛된 공상이다. 교육에서 말하는 평등은 품위의 종류

20) 이렇게 그 개념적 구분을 강조하는 것은 흔히 사람들이 그 반대의 사태, 즉 교육여건의 불평등을 교육의 불평등과 혼동하기 때문이다.

와 수준에 관계없이 평등하게 그의 위치에 알맞은 품위를 소재로 활용하게 하는 것을 의미한다.

14.10 교육의 우호적인 기능의 홍보

앞에서 이제까지 한 번도 생각해보지 못한 생경한 주제를 다루어 보았는데, 이제부터는 그런 여건의 개선이 여타의 삶에 어떤 영향을 주게 될지를 고려해야 한다. 앞서 호혜의 원칙을 강조했다. 교육이 수도계, 정치, 법률, 경제, 사회, 문화, 종교 등으로부터 그 고유성과 지속성을 보장받고자 한다면, 그 각각의 부분에 대해서 되돌려 줄 수 있는 모종의 우호적인 기능을 인정받을 수 있어야 한다. 이 주제 역시 독자에게 생경하게 느껴지는 이유는 무엇인가? 이제 사이비교육학 때문이라는 해답이 독자에게 어느 정도 분명해졌을 것으로 믿는다.

교육의 기능은 교육의 정체성을 전제한다는 점에서 이제까지의 담론에서 왜곡되거나 은폐되어 제대로 다루어지지 못한 주제이다. 관습적 교육관은 이를 학교의 기능과 혼동하였다. 학교의 기능은 그것이 처한 시대와 장소, 그리고 그 종류에 따라 다르다. 결과위주의 교육관은 특정한 인간상을 교육의 목표로 정하고, 그 목표를 달성하게 하는 것이면 모두 교육이라는 단순한 논리적 순환에 의해서 서로를 속이고 속여 왔다. 무수한 결과만 약속하고, 그것을 가져오게 하는 교육은 막상 미지수로 남겨놓는 그 엉뚱하고 허풍스러운 주장과 폐해를 더 이상 용납할 수 없다.

논리적으로 보더라도, 교육의 기능은 그 고유한 정체성이 밝혀진 이후에나 논의할 수 있다. 교육은 이제까지 결과위주의 교육관이 분별없이 교육의 영역으로 편입시킨 다양한 인간형성의 과정과 대비된다. 그렇게 대비될 항목에 생물학적 신진대사, 성숙, 발달의 과정은 물론, 오늘날의 삶에서 범람하는 조건화, 선전, 광고, 조작, 회유, 위협, 강요, 여론

조작, 동일화, 모방, 적응, 세뇌, 고문, 사회화, 문화화, 교조화, 신비화 등 온갖 자의적인 행동통제와 조작이 포함된다. 이런 제반 행동통제의 기법은 날로 발전되면서 우리의 삶을 지배하고 있다. 이들과의 구분을 무시하고 무조건 교육의 기능을 앞세우고 만병통치의 비결을 가진 것처럼 허풍을 떤 결과위주의 교육관의 위험성과 폐해는 크다.

현대사회의 특징은 물화, 전문화, 단편화, 거대화이며, 현대인은 그 어느 때보다 이런 기술공학적인 통제와 조작의 거미줄에 포획되어 있다. 비교적 그 의도가 분명한 것에서부터 우리 자신이 조작되고 있다는 사실조차 알지 못하는 교묘한 과정에 이르기까지 다양한 영향을 받고 산다. 그 제반 행동통제와 가축화의 올가미에 빠져 자신도 모르게 어떤 세력의 꼭두각시나 앞잡이가 되는 것이다. 이로부터 노예의 행복을 얻을 수는 있지만, 소외, 존재적 공허감, 자유로부터의 도피에 함몰된다. 인간 자체의 가치보다는 그 수단화에 비중이 주어지는 시대에 살던 과거의 비극은 사람이 노예가 되는 것이었지만, 미래의 위험은 사람이 로봇이 될지도 모른다는 것이다.

역사의 흐름과 격랑 속에서 각자는 한 번뿐인 유일한 삶을 영위한다. 자유(自由)란 문자 그대로 자신으로부터 유래함을 의미한다. 인간의 비결정성이 자유를 보장한다. 개인이 노예가 아닌 주인으로서 다수의 대중에 함몰되지 않고, 참된 자신을 찾아 자존심을 고양시키는 통로가 필요하다. 교육이 그런 통로의 하나다. 교육은 그 자체의 고유한 내재율 안에서 그 정체성을 유지하면서 그런 절박한 실존적 위기에 화답한다. 그 주된 특징은 실존의 증명에 있다. 교육은 주체적 체험의 단계적 진전에 의해서 더 높은 수준의 실재에 접하고 그것에 심열성복하는 과정으로서, 각 개인은 자의적인 외부의 세력에 의한 정형화를 거부하고 인간의 인간에 의한 인간성 자체의 자주성과 창조성을 근거로 주어진 틀에서 벗어난다. 그런 자신의 정체성의 보존은 숙명, 상황적 사태의 복종 등 실존에 역행하는 환경을 변화시킨다.

앞에서 논자는 교육이 그 외부여건으로부터 그 자체의 정체성을 보장받는다면, 그 정체성을 넘어서서 여타의 다양한 인간형성의 과정이 놓치고 있는 삶의 부분을 보완한다는 점을 밝히려고 노력했다. 교육은 인간된 삶의 바탕이라고 해도 과언이 아니다. 교육은 그 정체성을 토대로 정치적 이데올로기의 주입으로 해결하기 어려운 정치적인 기능, 법률적 강제에 그쳐서는 안 될 법률적 기능, 경제적 인력양성이 마련하기 어려운 경제적 기능, 사회화가 남긴 사회적 기능, 문화화로서만 충족될 수 없는 문화적 기능, 교조화에 그쳐서는 안 될 종교적 기능을 할 수 있음을 논의하였다. 교육과 결합하지 않은 어떤 분야든 간에 그만큼 불완전하고 불안정하다.

제12장에서 교육의 가치를 내재와 외재로 나눈 바 있다. 당시에는 주로 교육 자체가 가치를 지니는 내재적 가치의 부분만을 강조한 나머지 교육의 외재적 가치까지는 충분히 살필 수 없었다. 교육의 기능을 살핀 본 장을 통해서 비로소 독자에게 그 보류된 부분이 어느 정도 이해되었을 것으로 믿는다. 내재적 가치를 인정받은 교육은 그 이외의 각종 분야가 마련할 수 없는 가치 있는 삶을 보충할 뿐만 아니라 그것과 접한 여타 분야의 발전에 도움을 준다. 그 외재적 가치가 얼마나 심대한 것인지를 여기서 충분히 짐작할 수 있을 것이다.

교육의 외재적 가치의 총량은 아무도 모른다. 그 잠재적 영향력은 불확실하다. 특정한 한두 가지의 결과만을 토대로 교육의 성공을 논의하는 것은 편파적이라는 문제가 발생한다. 입증되는 것만큼만 헤아릴 수 있을 뿐이다. 아무리 열거한다고 하더라도 그것만으로는 충분하지 않다. 의도된 것 이외의 결과에 열린 태도를 가지고 주목할 필요가 있다. 교육의 외재적 가치가 엄청나게 실현되고 있음에도 불구하고 일반인들은 그 사실을 제대로 인식하지 못하고 있다. 이제부터는 더 세부적인 단위를 설정하고 사안에 따라 그것을 선별해서 점차적으로 탐색하고 입증해 나가야 한다.

교육의 기능은 크게는 고유한 기능과 일반적 기능 두 가지로 분류할 수 있다. 전자는 오로지 교육에서만 기대할 수 있는 것이고, 후자는 다른 것으로 대체 가능한 것이다. 앞서 예거한 교육의 기능에 대한 추론은 이 가운데 전자만을 다루었다. 교육의 용도는 그것을 이용하려는 의도에 의해서 좌우된다. 후자의 대체 가능한 기능은 여타의 인간형성의 과정과 경쟁해야 할 것이다. 교육의 고유기능이라는 제약이 제외된 이 경우는 그 정체성을 잃을 우려가 있다.

그 어느 것이든 기능은 논리의 문제가 아니라 입증의 문제이다. 입증이 중요한 것은 오로지 명분에 기초를 둔 결과위주의 교육관의 경우를 상상해 보면 알 수 있을 것이다. 입증에 앞서는 것이 개념이다. 개념의 근거가 없는 사실은 무시된다. 교육의 외재적 가치 역시 삶에서 이미 실현되어 왔고 실현되고 있지만 교육학의 연구에서 아직 사실로서 입증된 사례가 없다. 그 개념의 문제가 다소나마 해결된 지금의 단계에서 사이비교육학에 의해서 철저하게 왜곡하거나 은폐된 부분을 실증적으로 입증하는 작업이 시급히 요청된다. 이처럼 본 장의 논의는 가설과 검증을 전제로 한다는 점에서 증명이 없는 공수표에 대비된다.

교육의 긍정적인 효능이나 기능에 관한 주장은 많지만, 교육의 비효능이나 무용에 관한 주장은 별로 없다. 그 점에서 본서도 일방적이라는 비판에서 자유롭지 않다. 교육이 만능이 아니라는 것은 너무도 분명한 사실이다. 만약 특정한 결과만을 목적으로 삼는다면, 교육은 다른 여타의 인간형성의 수단에 비해서 비효과적일 수 있다. 예컨대, 훌륭한 정치지도자나 기업의 경영자는 선진의 품위를 이용하고 부릴 줄 아는 점에서 탁월한 능력을 지니면 그만이다. 그들 스스로가 반드시 교육을 통해서 높은 품위를 습득할 필요는 없다. 그 경우, 교육은 더 나은 방법과 전략으로 대체될 수도 있을 것이다.

기능은 미리 예정할 수 없기 때문에 특정해서 규정해서는 안 된다. 특정한 목적으로 도입된 것이 나중에 그 목적에 반하는 기능을 하는 경우는 비일비재하다.[21] 비유컨대, 항간에는 칼을 오로지 요리에 쓰이는 도

21) 스웨덴에서 일어난 독해운동이 그 좋은 사례의 하나이다. 전체 국민에게 "진정한 루터의 종교"를 믿게 하는 방법의 하나로서 루터의 교리문답을 담은 책을 읽는 능력을 갖도

구의 하나로 인식하는 경향이 있다. 그들은 원래 칼이 요리하기 위해서 제작되었다고 주장한다. 그러나 그 의도만을 고려하고 그 기능을 한쪽으로 국한시키는 것은 다른 쪽을 보지 않는 어리석은 생각이다. 칼의 기능은 칼로써 할 수 있는 모든 것을 뜻하듯이, 교육의 모든 기능이 무엇일지는 차츰 밝혀져야 할 과제다. 심지어 그 의도와는 상관이 없이 살인의 도구로 쓰일 수도 있다. 결과위주의 교육관이 지닌 맹점이 바로 그것이다.

교육의 기능에 대한 실증적 증거를 얻는 연구를 설계할 때 특별히 유의해야 할 점이 있다. 교육의 기능은 그 특성상 즉각적이기보다는 장기적이며, 단편적이기보다는 종합적이며, 직접적이기보다는 간접적이고, 쉽게 드러나기보다는 내밀하다. 다분히 단기적이며, 단편적이며, 직접적이며, 피상적인 효과에만 주목하는 오늘날의 실증주의적인 연구의 풍토나 방법은 이 사실을 포착하는 데 제약이 따른다. 따라서 이전의 것보다는 좀 더 종합적이고 장기적인 연구의 프로그램이 요망된다. 보편적인 기능에 관한 충분한 연구가 축적된다면, 교육적 주체가 누구나 참조할 수 있는 일반적 지침도 나옴직하다.

단순히 좋은 교육을 주장한다고 해서 그 여건이 저절로 보장되는 것은 아니다. 교육과 여타의 세계 사이의 관계는 서로 수단이 되는 관계이다. 만약 단지 그 하나가 오직 다른 것의 수단이 되는 일방적인 관계라면 그 관계는 더 이상 지속되기 어렵다. 굳이 대외적으로 그 가치를 선전할 정도로 교육이 무가치한 것이 아니지만 그것을 활성화시키는 여건을 조성하려면 여타의 제반 세계들에 교육이 일정 부분 반대급부의 기능을 한다는 사실에 대한 정보나 지식을 알리는 것이 중요하다. 사회를 좌우하는 강력한 힘은 계몽된 대중이다. 여론의 힘에 맞설 수 있는 정치, 법률, 경제, 사회, 문화, 종교집단은 없다. 이들을 다루는 방식은 통사정을

록 하는 강력한 운동이 있었다. 그러나 여기에는 예상하지 못한 위험이 따랐다. 그 뒤 문자를 터득한 사람들이 금지된 서적을 읽게 되었으며, 또 그러한 서적을 다른 사람들에게도 읽어줌으로써 다양한 이단적인 사상에 접하게 되었다.

하는 것보다는 여론을 조성하고 민심을 붙잡는 것이다. 이를 위해서 교육의 기능과 관련된 풍부한 연구결과를 확보하여 중요한 홍보자료로 활용해야 할 것이다.

끝으로, 본 장의 논의에서 논자가 은근히 숨겨둔 한 가지 의도를 밝혀야 할 차례가 되었다. 그 의도란 바로 교육학이 사범대학이 아니라 사회대학 혹은 인문대학의 일원이 되어야 한다는 논자의 주장을 정당화하려는 것이었다. 교육학은 그 일원으로서 여타의 분과학문이 놓치고 있는 현상을 밝힐 수 있어야 하며, 그 자율성을 토대로 서로를 보완하면서 한 울타리 안에서 상생할 수 있는 길을 모색해야 한다. 본 장의 논의는 그 상생을 주로 그 대상세계들 사이의 관계에 초점을 두었지만, 교육의 기능이라는 논의를 하는 끝부분에서 매번 해당하는 분과학문의 경우를 빠짐없이 첨가하였다. 이 자리를 빌려 논자는 재건된 교육학이 학문공동체에 요구되는 진정한 의미의 교육이 무엇인지를 밝힘으로써 그 융성과 발전에 일조할 수 있음을 널리 알리고 싶다. 그 이론적 근거는 본서의 마지막 장(제18장: 교육본위의 인식론)에서 더욱 명백해질 것이다.

제3부
적 용

제15장 교육본위의 생활공간

제16장 학교∩교육의 내실화

제17장 교육본위의 평가

제18장 교육본위의 인식론

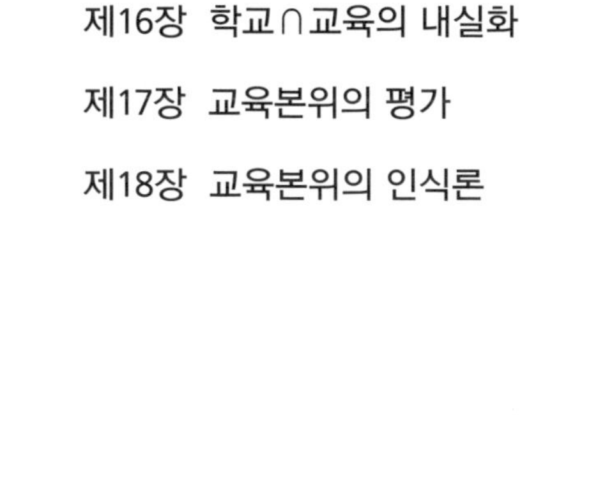

제15장
교육본위의 생활공간

누구나 단지 살아가는 데 필요한 것 이상으로 교육의 세계에 진입하려는 열정을 지니고 있을 뿐만 아니라 그 열정 너머의 내재적 가치를 지니고 있다. 교육의 요소가 가미되지 않은 생활이란 상상하기 어렵다. 어느 때, 어느 곳에서나 교육은 그 조건에 맞게 실현된다. 만인이 그 자기목적성을 향유하도록 교육적인 삶을 침투시키고 확장시키는 데에는 합당한 인식의 수반이 되어야 하는데, 이제까지 그 부분에서 개념적 왜곡과 은폐가 진행되어 왔다. 이 주장이 타당한 것이라면, 합당한 개념으로 내밀한 생활세계의 현장을 밝힐 수 있어야 한다. 본 장은 그런 의무감에서 나온 첫 시도이기 때문에 내용에서 부족한 부분이 많지만 적용되는 개념의 범주는 새롭다. 이하에서 선보일 내용이 이 분야의 연구를 촉발하는 계기가 되기를 기대한다.

15.1 재조명의 대상

생활세계(life-world)는 모든 판단 이전에 주어진 구체적이고 일상적인 삶의 교차점으로서 어떤 단일한 논리나 세계로 환원될 수 없다. 서로 다른 제반 현상들이 서로 엮어지는 융합된 상태이기 때문에 이에 대해서 한 가지 확실하게 말할 수 있는 것은 그 안에서 무슨 일이든지 일어날 수 있다는 것이다. 흔히 이중생활이라고 하면 무언가 잘못되고 있다는 인상을 주지만, 실상은 누구나 그 안에서 이중을 넘어 다중생활을 하고 있다. 생활세계는 그 판단의 선택에 따라 의미가 달라지기 때문에 평화롭고 정태적이며 획일화된 공간이 아니라 갈등과 경쟁이 계속되는 끊임없는 전쟁터와 같다.

개념이 없이는 사실이 사실대로 드러나지 않으며, 그 의미조차 파악할 수 없다. 고유한 개념이 부재하다면 결국 무시되기 마련이다. 생활세계의 일면을 드러내는 데 참여하려면 그 나름의 고유한 개념체제가 필요하다. 그 안에서 작용하는 다원성과 그 의미는 대응하는 분과학문의 이론에 의해서 점차 드러나고 있다. 다양한 시각을 허용한다. 개별적인 이론은 그 가운데 관심 있는 부분만을 선택해서 추상해 낸다. 가히 각 분과학문의 개념적인 각축장이라고 할 만하다.

교육은 삶의 곳곳에서 언제나 진행되고 있다. 누구나 늘 하는 일이다. 다만 그 정도의 차이가 있을 뿐이다. 그런데 불행히도 사람들은 그 생활세계 안에서 교육적인 삶을 영위하고 있음에도 불구하고 그 존재와 가치를 제대로 알지 못하거나 인정하지 못하거나 이를 무시함으로써 주어진 기회조차 놓치는 경우가 많다. 그 주된 이유는 교육현상에 대한 고유한 개념체제가 아직까지 부재하기 때문이다. 이는 교육학의 과제임과 동시에 교육의 위기와 연계된다.

기본적으로, 사이비교육학은 생활세계의 학제적 연구에 참여할 자격조건을 갖추지 못하고 있다. 논자는 사이비교육학이 이제까지 의존하고 있는 교육에 대한 관점을 대략 관습적 교육관, 용병학문적 교육관, 결과위주의 교육관 등으로 나누어 문제시하였다. 놀랍게도 이들은 교육현상을 왜곡하거나 은폐시키고 있다는 비판으로부터 자유롭지 못하다. 그 문제는 특히 그들을 생활세계에 적용하려고 할 때 더욱 분명해진다. 그 실정을 먼저 차례대로 다시 살펴보기로 한다.

그 첫 번째 검토의 대상이 관습적 교육관이다. 역사적으로, 학교체제는 교육을 전담하는 기관이라는 명분으로 등장하였기 때문에 교육이 학교라는 특수한 공간 안에서만 이루어지는 것이라는 편견을 일반인들에게 주입하였다. 이는 결코 성립할 수 없는 개념이다. 어느 생활공간이든 교육외재와 교육내재가 병립하는 것이 원칙인데, 교육에 대한 고유한 관점이 부재한 상태에서 그들 사이의 구분을 할 수 없게 할 뿐만 아니라 교육내재를 거의 무시해 왔다. 그 부분은 너무도 중요하고 자세한 설명을 요구하기 때문에 이어지는 제16장에서 별도로 논의할 것이다.

이 관점의 더욱 큰 문제는 학교 밖에서의 생활세계에서 이루어지는 교육에 대해서도 간과한다는 점이다. 교육은 특정한 생활공간의 울타리를 넘어 존재한다. 이와 관련하여 교육적인 삶을 그늘 속에 가려지게 하는 또 하나의 범주착오는 교육을 공(公)과 사(私)로 구분하는 방식이다. “공교육”이란 학교 안에서 이루어지는 모든 것을 지칭하고, “사교육”이란 학교 밖에서 학교의 경험과 유사하게 이루어지는 것을 지칭한다. 그 구분을 토대로 “사교육”의 번창이 악하다는 식의 편파적 담론에 가담한다. 이처럼 한쪽을 편애하고 다른 쪽을 억압하는 결탁은 사실상 교육과 무관하다. “공교육”의 공간인 학교 안에서 교육외재의 요소가 많고, “사교육”의 장소인 학원[1)]에서 교육내재의 요소가 더 많을 가능성도 있다. 교육의 문제는 학교냐 혹은 학원이냐 하는 문제가 아니라 그 안의 실질적인 내용이다.

그 점은 요즘 유행을 타고 있는 “평생교육”의 경우도 마찬가지다. 이

1) 이들은 입시, 피아노, 미술, 컴퓨터, 서예, 무용, 태권도, 탁구, 웅변, 영어 등의 명칭을 표방하기도 한다.

분야는 일견 교육공간의 확장이라는 취지를 반영하고 있는 듯하지만, 그 의미의 연원을 따지면 여전히 석연찮다. 그 어색한 말이 등장한 것 역시 교육과 학교생활을 동일시하는 범주착오를 벗어나지 못한다. 단지 이제까지 젊은이들에게 국한되어 왔던 학교생활의 시선과 관심을 학교 밖까지 연장시킨다는 취지를 담고 있을 뿐이다. 그 설계와 운영방식은 기본적으로 학교의 것과 크게 다르지 않다. "평생"이라는 수식어도 역설적이다. 교육적인 삶은 일생 동안 떠날 수 없기 때문이다. 학교의 경우가 그러하듯이, 그 "평생교육"의 경우도, 비교적 교육적인 것과 그렇지 못한 것은 별개의 차원에서 검토될 성질의 것이다.

다음은 용병학문적 교육관을 생활세계에 적용하는 경우를 생각해 보자. 교육의 입장에서 볼 때 용병학문은 말 그대로 외래학문에 속한다. 이들은 각종 모학문의 이질적인 사실들을 "교육"으로 지칭한다. 이런 억지 주장을 가능하게 하는 근거는 무엇인가? 이는 역사적으로 사이비교육학의 출현과 밀접하게 관련되어 있다. 자율적인 교육학의 부재상태에서 교사양성기관에서 채용한 각종 교직과목을 "교육학"으로 참칭한 불행한 역사가 그 배경이다. 따져보면, 앞서 살핀 관습적 교육관에 의탁한 귀결로 볼 수 있겠다. 여기서 특별히 주목할 부분은 이런 사이비교육학은 학교라는 생활세계 안에서 교육외재에 해당하는 부분을 교육내재의 것으로 왜곡한다는 사실이다. 그만큼 이는 결국 학교 안에서 일어날 수 있는 교육현상을 은폐하는 것이다.

이런 역설은 "평생교육"의 경우에도 마찬가지다. 이 분야의 "교육학자들"이 고유한 의미의 현상에 대해서 고민한 바가 없다. 내신 그들이 내세우는 최근의 용어가 "학습주의"이다. "주의"란 용어는 설명이라기보다는 방향을 지시하는 의미로서 통상 사회적 운동에나 쓰이는 개념이다. 학습에서도 특별히 성인들의 주도성을 허용한다는 주장이다. 그러나 아직도 개념의 혼동은 계속된다. 교육과 학습의 차이는 무엇인가? 만약 그들의 개념에서 학습이 교육의 한 측면이라면, 그것을 포괄하는 교육현상은 무엇인가? 그에 대한 만족스러운 이론을 내놓을 수 없다면, 그것을 교육에 대한 새로운 주장으로 내세울 것이 아니라 단지 "성인학습"이라고 하면 그 의미가 더욱 분명해질 것이다.

이런 식으로 "평생교육"을 "성인학습"의 운동으로 바꾼다면, 그 분야의 학자는 마땅히 "학습의 현상"이 무엇인지에 대한 별도의 이론적 고민을 해야 할 것이다. 성인학습이론은 그 주제를 가지고 오랫동안 연구해온 심리학자들의 이론과 어떻게 다른가? 이 부분에서도 개념의 빈궁과 책임회피는 여전하다. 그 다름을 내세울 수 없다고 하면 "학습주의"는 이미 심리학자들이 밝혀온 제반 사실들을 끌어들여 치장하는 것에 불과하다. 더 나아가, 이른바 "용병학자들"이 늘 그래 왔듯이, 그런 사실들에 교육현상의 의미를 부여하고자 한다면, 교육을 심리적 사실로 왜곡시키거나 혹은 역으로 심리적 사실을 교육으로 왜곡시킨다는 비평을 면하기 어렵다. 용병학문적 교육관이 다루는 사실들의 존재를 부인하려는 것이 아니라 그것들이 교육일 수 없다는 것을 지적하는 것이다.

이제 마지막으로, 결과위주의 교육관을 생활세계에 적용하는 경우를 검토해보자. 아무런 이론적 고민이나 노력도 없이 교육을 마치 마법의 수단으로 선전하고 악용할 수 있는 것이 이 교육관이다. 이는 모종의 바람직한 인간상을 내세운다. 그리고 이를 실현하는 이런저런 우연적인 과정을 "교육"으로 내세운다. 그러나 문제는 그 결과를 어떻게 규정하느냐에 따라 그 과정도 달라질 수밖에 없기 때문에 그 개념적 동일성이 보장되지 않는다는 데 있다. 그 각종의 과정을 교육으로 규정하는 나름의 일관된 근거는 논리적 순환이다. 그 "교육"은 그때마다 찾아내야 하는 미지의 과제가 된다. 그런데 그 논리적 순환의 기만에 빠진 사람들은 그 과제의 수행을 미루고, 개념상 과제를 대행한 것으로 확신하기에 이른다. 비유하자면, 약의 효과만을 내세우는 엉터리 약장사의 말을 그대로 믿는 바와 다름 아니다.

생활세계 안에는 온갖 인간형성의 기제들이 혼재한다. 예를 들자면, 생물학적 신진대사, 성숙, 발달, 사회화, 문화화, 조건화, 설득, 소통, 선전, 세뇌, 동일화, 모방, 적응, 교조화 등 인간성의 형성에 작용하는 온갖 과정이 작용한다. 그 각각에 대한 별도의 연구와 설명을 필요로 하는데, 그 모두를 분별없이 "교육"인 것으로 내세운다. 고유한 의미의 교육현상은 이런 제반 인간형성의 기제들과는 별개의 것으로 밝힘으로써만 성립한다. 그 정체성을 먼저 규정하고 그로부터 어떤 결과를 기대할 수 있는지를 논의하는 방식을 취하는 것이 올바른 순서다. 그 결과는 선험적으로 한정하여 규정할 성질의 것이 아니다. 계속 탐구해서 증명되어야할 과제로 남는다.

오늘날 전자기술의 발전과 더불어 "교육"과 "공학"을 합성한 "교육공학"이 부상하면서 "교육"에 공학적 기술을 애써 차용하려고 하는데 그 "교육"의 의미도 결과위주의 교육관을 벗어나지 못하고 있다. "교육공학자들"은 결과가 같다면 대체가 가능하다는 엉뚱한 논리를 내세워 교육을 공학으로 대체할 수 있다는 식의 헛된 기대를 한다. 그러나 설사 그 기대가 실현된다고 하더라도 이는 교육적인 삶이 단지 수단이 아니라 그 자체가 목적이라는 한 가지 중요한 사실을 놓치고 있다. 수단의 하나에 그쳐야 할 공학이 교육을 무화시키는 불행한 사태가 아닐 수 없다.

위에서 지금의 교육관을 생활세계에 적용할 경우 어떤 문제점이 있는지를 대략 살폈다. 그 각각에서 사용하는 "교육"이라는 용어의 의미는 모호하고, 서로 다르고, 더러는 서로 갈등하고 모순된다. 그렇게 그 용어를 무분별하게 남발하는 것은 교육 자체의 정체성의 부재라는 문제를 차치하고서라도 소통의 혼란을 가져온다. 그 해법으로 논자는 "교육"이라는 용어의 해체를 제안했다. 이들은 더 정확한 말로 지칭될 수 있는 것을 무반성적으로 "교육"이라는 용어로 참칭했기 때문에, 관습적 교육관에서는 학교의 사태, 용병학문적 교육관에서는 그 해당하는 학문의 개별적인 사실, 그리고 결과위주의 교육관에서는 그 결과로서의 인간성을 형성하는 개별적인 과제로 개칭한다면, 최소한 그 용어의 오용을 방지할 뿐만 아니라 그 사용에 따른 소통의 난맥상을 해소할 수 있을 것이다.

본서는 교육현상의 정체성을 이론적으로 밝히려는 최초의 시도이다. 교육학을 재건하려는 의도는 늦게나마 하나의 자율적인 학문으로서, 생활세계에서 이제까지 왜곡되거나 은폐되어 온 교육적인 삶을 차별화시켜 의미 있게 부각시킬 수 있는 합당한 자격을 얻으려는 데 있기도 하다. 이 생소한 영역에 진입하려는 취지와 논의를 이해함에 있어서 새로운 마음가짐이 중요하겠다. 사이비교육학과는 달리 어떻게 그 자격에 도달할 수 있었는가? 간단히 그 경위와 절차를 되돌아보자.

앞서 생활세계의 개념범주와 삶의 양상이라는 개념이 서로 다른 범주의 것임을 살펴왔다. 편의상 삶의 양상을 정치, 경제, 사회, 문화, 종교, 교육 혹은 세속계, 수도계, 교육계로 분류하였다. 이 가운데 교육은 여타의 것들과 차별화된 삶의 양상으로서 고유한 정체성을 갖는다. 그 정체성을 밝힘에 있어서 교육외재를 제외하고 교육내재만을 구성하는 교육학적 환원의 원칙을 따랐다. 이에 따라 교육의 내재율, 교육본위의 인간, 교육본위의 활동, 교육본위의 가치 등 생활세계 안에서 진행될 교육에 대해서 주목할 수 있는 최소한의 개념체제가 확보되었다. 무조건 “교육”이라는 명칭을 부여하면 곧바로 교육적인 삶을 보장하는 것으로 이해하는 단계를 넘어선 것이다.

이제 그 재건된 개념체제의 적용이 남아 있다. 각종 생활세계에서 개인은 교육적 주체로서 현품을 중심으로 위로는 상구하고, 아래로는 하화하는 양면의 생활을 향유한다. 상구와 하화의 삶을 구획하는 소재상의 기준이나 연령의 한계가 있는 것은 아니다. 교육은 품위의 종류나 수준의 구분이 없이, 그리고 어린이와 어른의 구분이 없이 개인이 살아가는 동안 그림자처럼 동행한다. 이처럼 생활세계에서 교육적인 삶을 영위하는 그 자체로서 인간의 복지와 존엄성을 보장할 뿐만 아니라 삶의 가장 중핵적인 위치를 차지하면서 여타의 삶에 긍정적인 영향을 준다.

이런 이유로 정치, 경제, 사회, 문화, 종교 등 제 분야의 발전에 추가하여 교육발전이라는 새로운 개념을 도입하였다. 그 지표는 일상인들이 교육적인 삶에 참여하는 정도가 될 것이다. 그런데 지금까지 학교의 울타리를 벗어난 전 국민의 교육대중화운동 혹은 “교육의 생활화”라는 구호가 난무하지만 그것이 무엇인지에 대한 관심이나 이해가 부족했다.

고유한 의미의 교육이 이미 삶의 복판에서 진행되고 있음에도 불구하고 그 의미를 제대로 파악하지 못하거나 혹은 그 가능성을 충분히 실현시키지 못한 실정이다. 이 무지와 무관심의 영역을 재조명하는 연구가 앞으로 진행되어야 한다.

교육발전을 어떻게 구현할 것인가? 이와 관련하여 본서는 메타교육과 여건의 개선이라는 통로를 설명한 바 있다. 이를 위해서 교육이 결여된 공간을 진단하고 개선할 수 있는 다양한 형태의 관리시스템을 구축하고 지속적인 서비스를 제공할 수 있겠다. 교육학자가 교육의 생활화와 대중화에 공헌하는 방식은 올바른 개념의 정립과 그 인식의 전환이다. 교육공간을 넓힌다는 것보다는 그 안에서 이미 진행되고 있음에도 불구하고 인식틀의 부재로 적절하게 기술하거나 설명할 수 없었던 탓에 은폐되어 왔던 부분이 더 많다. 그 부분을 재조명하여 주목하게 하는 것만으로도 교육발전에 크게 공헌할 수 있다.

생활공간(life space)의 특수성에 따라 거기에서 이루어지는 교육의 양태가 다를 것이다. 서로 다른 생활공간들 사이의 차이뿐만 아니라 그 각각의 내부에서도 차이가 있다. 그 다양성을 대비하는 비교연구를 필요로 하는 부분이지만 한 개인이 앉은 자세로 안이하게 논의할 주제가 아니다. 그럼에도 불구하고 아직 시도조차 하지 못한 무지의 연구영역이라는 점에서 논자는 그 연구의 단초로 이하에서 생활공간 가운데 가정, 직장, 가상공간의 경우를 간략하게 예시하려고 한다. 이하에서 상정하는 것은 논자의 경험범위 안에 있는 한국사회의 특수한 경우에 제한된다는 점을 미리 밝혀둔다. 시대와 장소를 달리하면 전혀 다른 이야기가 될 수도 있겠다.

선택된 생활공간에 대한 각각의 논의는 이런 순서로 진행될 것이다. 첫째로, 생활공간마다 그 나름의 특성에 해당하는 교육적 맥락을 개략적으로 한정시킨다. 둘째로, 해당 공간 안에서 이루어질 수 있는 교육의 양태를 재건된 개념과 용어를 사용하여 기술한다. 셋째로, 해당 공간의 교육을 결정하는 주요 요인으로서 메타교육의 과제가 무엇인지를 다룬다. 넷째, 해당 공간의 교육을 결정하는 여건의 문제를 다룬다. 마지막으로, 해당 공간의 교육이 제대로 이루어졌을 때 기대되는 결과를 추정한다. 이 가운데 여건과 기능에 관한 것은 제14장에서 다룬 거시적인 차원보다는 주로 장내의 미시적인 특수성을 덧붙여 살필 것이다.

본 장의 주된 의도는 선정된 공간을 교육본위의 입장에서 수행할 수 있는 가능성을 예고하고 선도하려는 데 있다. 앞서 지적했듯이 생활공간은 그들 사이의 차이뿐만 아니라 그 각각의 내부의 차이가 있기 때문에 그 특수성에 대한 개별적인 연구를 필요로 한다. 짧은 지면에 쉽게 논의할 성질의 것이 아님은 물론이다. 그 내용의 충실한 완성이 아니라 논의의 분석방식에 초점을 두려고 했기 때문에 논자로서 그 내용이 엉성하다는 점을 자인한다. 이를 충실하게 보충하고 그 타당성을 더 세밀하게 추궁하는 제대로 된 연구가 뒤따르기를 소망한다.

15.2 가정의 교육양태

15.2.1 가정교육의 맥락

가정은 누구나 몸담고 살아가는 가장 보편적이고 원초적인 생활공간이다. 그 안에서 혼인과 혈연으로 맺어진 가족이 생활하며, 가족관계는 지속적이다. 누구나 가정에서 태어나, 거기서 살며, 거기에서 죽는다. 어릴 적에는 자녀, 성인이 되었을 때는 부모나 조부모로서 일생을 경험한다. 그 양태도 다양하지만 시대와 장소에 따라 급격한 변화를 겪고 있다.

가정생활은 총체적이라는 공통점이 있다. 집에 있을 때의 행동을 내행(內行)이라고 한다. 내행은 권력의 위계, 사랑을 빙자한 폭력, 지위에 따른 갈등과 경쟁과 질투, 의식주를 위한 수입과 지출, 가부장적 권위의 행사, 심리적인 방어기제, 의존심 혹은 지나친 독립심의 작용, 그 밀도가 강한 분노와 미움 등 온갖 이질적인 것들의 복합이다. 안식과 평화로 가득한 즐거운 장소라는 흔한 인식이 얼마나 단순한 것인가를 말해준다. 본위의 선택에 따라 그 삶의 다양성 가운데 전혀 다른 측면이 드러난다.

인간은 다른 동물과는 달리 당장 생존이 불가능한 미숙아의 상태로 태어난다. 오랫동안 부모와 같은 성인에 의존하지 않으면 생존할 수 없다. 주목할 만한 것은 그 미숙한 구성원을 변화시키는 메커니즘이다. "세 살 버릇 여든 간다."라는 속담이 있듯이 가정에서의 초기경험은 평생 동안 지속한다.

가정에서 가족의 경험을 공유하는 방식은 수없이 많다. 온갖 인간형성의 과정이 복합적으로 작용할 것이다. 결과위주의 교육관을 따른다면, 그 모든 것들을 "교육"으로 규정할지도 모른다. 통상 부모는 자녀양육의 일부로서 칭찬, 보상, 벌, 꾸중, 잔소리, 지시, 명령, 감독, 훈계, 야유, 위협, 폭력, 제한, 규제, 설교 등으로 자녀들을 자신의 의도에 맞게 복종하도록 한다. 이처럼 자녀들의 행동을 변화시키는 모든 시도를 교육으로 흔히 오인한다. 그런 시도가 지나치게 성공적일 때 자녀는 부모의 허수아비가 될 위험성도 있다.

최근에 등장하는 홈스쿨링(home schooling)의 개념은 학교에서만 교육이 이루어진다는 관행과 신화를 파괴한다는 점에서 진일보한 면이 있다. 그렇지만 학교에서 하는 일을 가정으로 옮긴다고 교육이 되는 것은 아니다. 교육인 것과 그렇지 못한 것을 구분하는 것은 교육의 내재율이기 때문에 이에 따라 그 내재와 외재를 따로 구분해야 한다. 예컨대, 부모가 자녀에게 교과서의 내용에 곧바로 일치시키겠다는 욕심을 갖는다면, 그것은 외재에 해당한다. 자증과 타증의 요소가 없는 홈스쿨링을 교육적인 것이라고 할 수는 없다.

본 절에서 다룰 가정교육은 가정이라는 생활공간과 교육이라는 삶의 양상이 교차하는 부분에 해당한다. 교육은 다른 차원의 인간형성의 과정과 구분된다. 고유한 현상으로서 교육이 무엇이냐 하는 것은 여기서 재론할 필요가 없을 것이다. 다만 가정교육은 집이 교육현장이고, 가족이 교육적 주체라고 생각하면 되겠다. 그 교육은 유아기에 시작해서 사망 직전까지 계속된다. 역사적으로 오랫동안 이미 진행되어 왔음에도 교육의 전문화라는 시세에 눌려 점차적으로 황폐화되고 있거나, 제대로 대우를 못 받거나, 혹은 은폐되어 온 것이다.

그 원인은 그것을 제대로 포착할 수 있는 개념의 부재와 관련되어 있다. 재건된 교육의 개념은 결과위주의 교육관이나 관습적 교육관의 편견 때문에 거의 도외시되고 있는 가정교육의 새로운 조명을 허용한다. 이제 잘못된 편견에서 벗어나서 가정교육의 원초적인 삶을 온전하게 회복시켜야 할 과제가 남아 있다. 가족구성원이 교육적 주체로서 서로 품위를 공유하는 가정교육의 존재여부와 그 정도를 교육적인 가정 혹은 건전한 가정의 지표로 삼아야 마땅하다.

15.2.2 교육적인 가정

가정은 삶의 유지에 필요한 모든 능력이 실험되는 곳이다. 그 가운데 부지기수의 품위의 종류와 수준이 존재한다. 부부, 부모, 형제는 자연이 준 잠재적인 스승과 제자다. 이를 소재로 가족의 한편이 상구하고 다른 편이 하화한다. 그들이 어떤 교육적인 삶을 영위하고 있는지를 어느 특정한 가정의 경우를 열거할 수는 없지만 그 교육의 기회를 잘 활용하는 가정과 그렇지 못한 가정이 존재한다는 것은 분명하다. 여기서는 그 가운데 전자의 가능한 사례를 예상하기로 한다.

가정의 출발은 부부의 결합으로 시작된다. 부부 사이의 관계는 획일적이지 않다. 그들 사이의 관계도 단순히 남자와 여자라는 성별의 관계만은 아니다. 서로 이질적인 삶을 살아온 성장배경을 지니고 있기 때문에 여러 가지 부분에서 서로 충돌과 조화의 여지를 지니고 있다. 결혼초기 서로의 권력과 경제의 주도권과 관련하여 서로의 우열을 겨루거나 혹은 품위의 차이로 충돌할 여지가 많다. 그런 관계가 잦거나 오랫동안 유지될 때 고정되어버리는 폐단이 있다. 그 관계를 바꿈으로써 좀 더 경험의 폭을 넓히는 노력을 할 필요가 있다.

생활배경의 차이는 한쪽이 결여한 종류의 품위를 다른 쪽이 갖추고 있을 가능성을 지닌다. 충돌보다는 조화가 가정의 행복을 보장한다. 행복한 부부관계는 남편의 장점으로 아내의 단점을 고치고, 아내의 장점으로 남편의 단점을 고쳐나가는 교류교육의 과정을 거친다. 그 과정이 반복되면 스승에 대한 제자의 신뢰와 존경심이 점차 쌓이고 서로의 품위가 상품일치의 공감에 점차 도달하게 된다. 이는 품위의 갈등과 경합과는 다른 결과다.

대가족의 경우, 선대와 후대가 같이 생활한다. 서로 다른 곳에 사는 핵가족의 경우라고 할지라도 가족들은 서로 영향의 자장 안에서 생활한다. 이와 관련하여 고부간에 권력상의 갈등이 사회의 큰 문제가 되기도 한다. 고부갈등은 교육적으로 해결할 수 있는 것을 주도권의 문제로 비화시키는 상황에서 일어나는 경우가 많다. 시어머니는 며느리의 미숙함을 탓하며, 며느리는 이를 우세한 권력의 행사로 받아들인다. 그런 이유로 앙숙의 불행한 결과를 빚어낸다.

교육적인 고부관계는 이와 판이하다. 교육의 해법을 알고 있는 그들은 이 상황을 스승과 제자라는 아름다운 관계로 역전시킨다. 며느리와 시어머니의 삶에 대한 체험의 차이는 클 것으로 가정된다. 시어머니로부터 모종의 실수나 부족함을 지적받을 때 며느리 편에서 청하화하며, 시어머니는 이를 며느리의 "예쁜 미운 짓"으로 받아들여 청상구한다. 그 관계는 일방적인 것만은 아니다. 스승과 제자의 관계가 때에 따라 자연스럽게 역전될 수도 있다. "얘야, 어떻게 컴퓨터로 메일을 보내시?" 이를 며느리는 기꺼이 청하화의 사태로 수락한다.

품위를 소재로 삼는 교육은 그 높낮음과 무관하게 참여자에게 승리를 안겨준다. 여러 층의 제자가 있듯이 여러 층의 스승을 갖는 것이 바람직하다. 여기서 조부모와 손주, 부부와 자녀, 혹은 형제끼리의 다단계교육이 이루어질 가능성이 생긴다. 순차와 하강의 내재율은 속성과 조장과 대비되는 내재율이다. 서로 가까운 품위끼리 눈높이의 교육적 교섭과 소통이 이루어진다. 차상품은 최고의 성취감이 보장되어 있다. "윗물이 맑으면 아랫물도 맑다(源淸則流淸)"라는 옛말이 있다. 큰 스승에서 작은 스승으로 이어지는 자연스러운 다단계교육의 흐름은 그 옛말의 의미를 오늘날에 입증한다.

자녀들은 부모의 사랑과 의무가 결합한 대상이다. 결혼하면 자녀를 출산한다.[2] 미숙한 상태로 태어난 영아는 오랫동안 부모와 같은 성인에 의존하지 않으면 생존할 수 없다. 이처럼 유아들이 장기간 부모의 보호를 받는다고 오직 피동적인 것만은 아니다. 그 출발의 시점에서 영아는 선천적으로 탁월한 상구자의 면모를 보인다. 영아들은 세상에 나올 때 부모가 자신의 상구교육을 돕도록 능동적으로 부모를 통제한다. 알맞은 환경을 제공하면 미소로 대응하면서 흥미를 가지고 주위를 탐색한다. 영아들에게 순차의 내재율이 자연적 소여로 주어진 것이다. 주위가 너무 지루하거나 감당하기에 지나치면 울어버린다. 그 외에도 눈 접촉, 몸동작 등의 단서가 부모로 하여금 하화교육 가운데 하강의 내재율에 따르도록 유도한다.

영아들에게 있어서 전 생활영역이 상구의 소재다. "어린이가 앉고, 기고, 걷고, 달리는 과정"은 부모의 입장에서 보면 유치하기 짝이 없지만, 유아의 입장에 서면 자유의 확장과 관련되어 있다. 달려갈 수 있기 전에 걷기부터 시작한다. 걷기도 전에 뛰기를 강요한다면 무리이다. 걷기의 경우도 한 걸음씩 걸어가면 멀리 나간다. 넘어지고 쓰러지고 상처를 입으면서도 걸음마를 한다. 왜 그럴까? 그 이유는 기는 것의 목적이 서는 것에 있어서가 아니라 기는 것의 다음에는 걸음마 이상으로 마땅하게 상구할만한 소재가 없기 때문이다.

가정에서 유아들의 초기의 품위는 미분화된 것이기 때문에 포괄적인 인성 자체이다. 이를 두고, "전인교육"이라는 별칭을 쓸 수도 있겠다. 적

---

2) 임신 중에 임부가 동작을 단정히 하고 언행을 삼가서 태아를 감화시킨다는 태교(胎敎)라는 개념이 있다. 이 개념을 빌리면, 모자간의 교육적 교섭은 이보다 더 일찍 시작한다고 볼 수도 있다.

성에 따라 이는 점차 세분화된다. 자녀들은 더 슬기롭고, 더 착하고, 더 아름답게 성장한다. 생활을 해 나감에 있어서 글을 읽고, 쓰고, 말하는 것 혹은 그때그때 제 힘으로 음식을 먹고, 씻고, 옷을 입는 것 등의 기초적인 문제가 모두 현재 처한 미숙한 경험으로부터 출발한다. 이런 상구 활동의 진전은 성숙한 것이 미숙한 것의 목적이라고 보기보다는 그 각각이 알맞은 상구의 소재가 되기 때문인 것으로 해석해야 할 것이다.

단순히 세월을 기다리는 것은 부모의 교육적 도움을 방기하는 것이다. 자녀는 현재 처한 품위를 소재로 교육적 교섭을 시도해야 한다. 부모는 누구보다도 가까이서 자녀의 소질과 품위의 수준을 잘 알아 가려낼 수 있는 위치에 있다. 적성에 맞지 않는 과제의 수행을 강요하거나 혹은 기지도 못하는 상태에서 뛰기를 소재로 삼는다면 결과는 좌절뿐이다. 분수에 맞는 소재를 선택해서 지금의 품위에서 한 단계 더 성장할 수 있도록 끈기 있게 지도할 의무가 있다.[3)]

부모와 자녀들의 관심과 흥미의 대상은 다르다. 하화자로서 부모는 자신의 것이 아닌 자녀의 흥미와 호기심에 대응한다. 자녀들은 누구나 접경대면에 호기심을 보이고, 질문을 하고, 제 능력에 못 미치는 것에 도전하는 경향을 보인다. 그들이 무언가에 열심히 집중하고 있다면 상구 활동을 하고 있다는 증거가 되기 때문에 중단시키지 않는다. 그 호기심은 변한다. 영아의 단계에서 흥미와 호기심을 사로잡았던 것들이 걷는 단계에서는 더 이상 관심을 끌 수 없다. 부모는 자녀의 흥미와 호기심의 변화에 새롭게 대응한다.

자녀의 품위에 부모의 품위 기준을 적용한다면, 거의 예외 없이 오류와 과실로 판정을 받을 것이다. 교육적인 가정은 자녀들이 잘못을 저지를 권리가 있음을 인정한다. 자녀의 결점은 품위의 부족에서 기인하

3) 올챙이로 하여금 훌륭한 개구리가 되게 하려면 올챙이가 개구리의 다리를 갖게 하는 것이 아니라 가장 건강한 올챙이가 되도록 돕는 것이다. 마찬가지로, 자녀가 장차 훌륭한 학자가 되기를 바라는 부모의 전략은 그 자녀가 훌륭한 학자가 아니라 훌륭한 어린이가 되게 하는 것이다.

기 때문에 상구하기 이전의 상태에서 책망이 주어지면 그 순서가 뒤바뀐다. 그들이 잘못했을 때 부모가 몹시 화를 내서도 안 되지만, 그렇다고 가볍게 넘겨서도 안 된다. 교육적인 부모는 과오를 하화의 소재로 즐겁게 활용한다.[4] 과실이나 오류가 가까운 시일 안에 교정되지 않아도 낙담하지 않는다. 한 단계 앞으로 나아가면 성공한 것으로 보고 자녀의 작은 성취에 감사한다.

원조와 간섭은 구분되어야 한다. 자녀생활에 대한 부모의 지나친 개입은 자녀의 능동성을 무력화시킬 우려가 있다. 부모가 자신의 관점이나 입장을 당장 수락하도록 요구하는 것이 간섭이며, 자녀가 스스로의 판단에 의해서 문제를 해결하도록 돕는 것이 원조이다. 자녀가 질문을 할 때 부모가 확신에 찬 대답을 제시하거나 혹은 단순히 관망하는 것은 자녀의 관심과 흥미를 잃게 할 우려가 있다. 원조는 자녀에게 자신의 해답을 주는 것이 아니라 그 해답을 얻는 과정을 돕는 것이다. 자녀에게 자기조절과 규제가 이루어졌을 때, 교육적인 부모는 자신의 개입을 중지한다.

부모는 자녀에게 착하게 생각하고, 착하게 행동하고, 착하게 말하라고 정성스럽게 충고한다. 그러나 부모가 경험한 것을 말로 충고한다고 하더라도 그 경험을 결여한 자녀는 그것을 제대로 이해하지 못한다. 부모의 말을 듣는 자녀가 스스로 규정하는 "착함"의 의미가 다르며, 이해할 수 없는 부모의 말은 자녀에게 고작해야 잔소리로 들린다. 그것을 이해할 수 없기 때문에 귀담아듣지 않는다. 쇠귀에 경을 읽는 격이다. 부모는 자녀가 자신의 말을 알아듣지 못한다고 푸념하며, 자녀는 그 말을 이해할 수 없다고 투정한다. 그들 사이의 언쟁과 충돌로 이어지는 경우가 많다.

언어적 소통이 교육을 대신할 수 없다.[5] 언쟁과 충돌을 해소하고 피하

---

4) 품위의 결여와 부적합함을 들추어내는 것은 상구의 발심을 촉구하는 데 도움이 될 수 있지만 그것을 교정하는 데 있어서 필수적인 것은 아니다. 걷기를 습득하기 위해서 굳이 기어 다님의 결여와 부적합함을 들추어낼 필요가 없는 것과 마찬가지이다. 그 과정을 생략하고 어린이가 걸음을 배웠을 때 이전의 부적합은 자연스럽게 소멸한다.

5) 말의 전달능력을 아직도 믿는 사람은 4살짜리 어린이에게 "7+8=15"라는 산수조작을 가

는 방법이 바로 교육이다. 교육적 충고는 충고에 앞서 자녀로 하여금 그의 현품에 문제가 있음을 스스로 각성하도록 상황을 조성한다. 부모는 자녀의 성장정도에 따라 다른 충고를 한다. 자녀가 옳지 않은 것을 옳다고 우길 때 단지 그 주장을 제지하기보다는 그것이 옳지 않다는 것을 경험하는 기회를 제공한다. 부모와 자녀 사이의 대화는 작은 일이라도 자녀들의 체험수준을 고려하고 적절한 때를 기다려 서로 상대의 입장에서 말을 하고, 상대의 입장에서 그 말을 해석한다. 나중에야 교육적 시숙이 자녀의 귀에 거슬렸던 부모의 말이 바르다는 것을 증명한다.

가정은 말보다는 행실이 곧바로 드러나는 곳이다. 자녀는 부모가 살아가는 방식을 그대로 따른다. 교훈보다는 경험이 더 유익하다. 교훈의 길은 길지만 모범의 길은 짧고 효과적이다. 교육적 부모는 지행합일의 원칙을 따른다. 부모의 말과 행실이 일치하지 않으면 자녀에게 두 가지 비교육적인 결과를 가져온다. 하나는 말을 해도 소용이 없다는 실망이며, 다른 하나는 말과 행동은 별도라는 불성실한 태도의 습득이다. 거짓말하면 안 된다고 늘 충고하던 부모가 거짓말하는 것을 자녀가 한 번 본 순간, 애써 해 온 그 열 번의 충고는 그 효과가 단번에 정지된다. 더 나아가, 자녀는 옳은 행실보다는 내세우는 말이 더 중요하다는 요령을 습득한다.

자녀는 부모의 지시를 무조건 따르는 것이 아니라 이차적으로 확인할 수 있어야 한다. 부모와 자녀 사이의 교육적 교섭의 결과는 자녀의 자증에 이른다. 이전의 것과의 대비를 통해서 더 나은 상태에 이른 자신을 깨닫고, 스스로 보상과 자긍심을 갖는다. 아직 습득되지 않은 상태에서 보상을 주는 것은 자발적인 보상을 얻는 과정을 교란한다. 매사 부모의 칭찬에 의존하는 것은 품위의 형성에 부정적 효과를 주며, 자녀가 문제를 극복하는 자신의 능력에 대해서 자신감을 갖는 것을 저해한다. 상과 벌은 그것을 통해서 상대를 굴복시키는 도구로서가 아니라 다만 자녀가

장 단순한 말로 이해시켜 보라.

잘하거나 혹은 잘못하고 있는지에 대한 정보의 역할을 하는 것으로 족하다.

앞에서 부모와 자녀 사이의 교육적 교섭의 예를 주로 들었지만, 가정교육은 거기에 그치지 않는다. 비교적 나이 차이가 적은 형제자매끼리의 교육적 교섭도 주목할 부분이다. 형제자매끼리는 비교적 강요나 말에 의한 전달이라는 고압제가 통하지 않는다. 품위의 차이에서 비롯하는 부모의 잔소리와 닦달이 사라지고, 곧바로 교육적인 의사소통, 대화와 토론, 책망과 보상, 질의응답이 이루어질 가능성이 높다. 장난감을 가지고 노는 놀이, 읽기, 쓰기, 말하기, 노래하기, 뛰어놀기 등 비교적 가까운 소재의 교육적 관계가 유지된다. 어린 형제자매가 아동도서를 읽는데 어려움을 당하면, 큰 형제자매가 이를 돕는다.

전통사회에서 형제자매는 부모와 자녀 사이보다 더 수평적 친밀성과 수직적 친밀성을 갖는다. 큰 자녀는 부모의 겹제자, 둘째는 첫째의 겹제자, 그리고 셋째는 둘째의 겹제자가 된다. 가정에서 막내는 여러 명의 스승을 둔 셈이다. 부모는 이런 형제와 자매끼리의 교육적 교섭을 장려한다. 그들끼리의 교육적 교섭은 소재의 선택에서 무리가 따르지 않기 때문에 자연스럽게 순차와 하강의 내재율에 부응하며, 그런 접경대면은 교육의 내재적 가치를 실현하는 놀이가 된다.

이제까지 연령의 차이에 따른 다단계교육에 주목했지만, 교육적인 관계는 일방적인 것만은 아니다. 옛말에도 자식은 부모에게 잘못이 있을 때 말을 부드럽게 하여 간(諫)할 수 있다고 하였다. 간에 응하지 않을지라도 원망하지 않는다는 조건이 붙어 있었다. 부모도 자식에게 상구할 여지가 있다는 것은 자랑이고, 상구할 생각을 한다는 것도 자랑이다. 시대의 변화에 따라 앞선 세대와 다음 세대 간에 현대생활의 적응 면에서 품위의 역전현상이 일어나는 것은 자연스럽다.[6] 부모가 자녀에게 하화를 청하기를 부끄럽게 생각할 필요는 없다. 자녀와 부모 사이에 교육적

6) 컴퓨터와 스마트폰의 사용을 연상하라.

반전이 이루어지는 가정은 흥한다.

가정교육의 소재는 단지 가정 안의 것에 국한하지 않는다. 가정의 울타리를 벗어나는 외부활동, 놀이공원, 시장, 박물관, 미술관, 식물원, 동물원, 영화, 연극, 공연 등 생소하고 낯선 환경과의 탐방과 접촉을 가정교육의 교육소재로 활용할 수 있다. 가정 밖의 경험의 차이를 교육적인 대화와 토론의 주제로 삼는다. 지역사회에서 때때로 일어나는 여러 가지 이슈나 갈등이 식탁의 화제가 될 수 있다. 식사를 하면서 서로 도움을 주는 대화를 나누는 것도 훌륭한 교육현장이다.

15.2.3 가정의 메타교육

교육은 삶 전체의 불가결한 요소다. 교육적 주체는 타인의 노예가 아니라 일생의 주인공이다. 평생교육의 시작은 유아기며, 그 끝은 사망 직전이다. 가정은 그 일생을 보내는 공간이다. 가정에서 이루어지는 메타교육은 아무리 강조해도 충분하지 않다. 이는 개인이 일생 동안 교육에 진입할 수 있는 열쇠를 예비적으로 갖추는 것이다. 세 살 버릇이 여든 간다는 옛 속담은 초기에 가정에서 형성된 교육의 품위에도 적용된다. 그만큼 어릴 적 교육이나 습관이 중요하다.

인간은 어느 동물보다 부모에 대한 의존기간이 길다. 인간은 성숙기간이 가장 길고, 미숙한 동안에는 가장 무력하다. 만물의 영장이라는 인간이 생존하기에는 너무도 준비가 되지 않은 상태로 태어나기 때문에 여타의 동물에 비해 결핍동물이라는 평을 받는다. 다만 인간이 여타의 동물들과 다른 것은 엄청난 발전가능성이다. 인간이 단순한 생존을 위해서라도 교육적일 수밖에 없는 이유이다.

영아들은 선천적으로 호기심이 많으며, 성장하려는 열정을 가지고 있다. 그들이 품위를 높이는 데 적당한 정도의 불일치한 환경을 선호한다는 것은 순차의 내재율을 따르는 탁월한 상구자임을 말해준다. 부모들이 스승의 역할을 하도록 조정하는 선천적인 능력을 지니고 있다.

영아의 조종에 따라 그들은 자연스럽게 하강의 내재율을 따른다. 이와 같은 상구의 열정이 결여된 유아와 하화의 열정이 결여된 가정은 부자연스럽다.[7)]

애초부터 인간이 교육적 존재로 태어났다고 하더라도 그 소여도 개발하지 않으면 안 된다. 교육적 경험의 기초가 형성되는 곳이 가정이다. 교육은 가장 인간적인 놀이다. 각종의 놀이가 후천적인 경험과 관련되어 있는 것과 마찬가지로 가족구성원 사이의 교육놀이에 익숙하기 위해서 그 놀이 자체를 소재로 교육하지 않으면 안 된다. 이로써 상구와 하화가 외부의 보상이 없어도 그 자체로서 보람 있는 삶의 양상이라는 것을 체득하게 하고, 그 체득을 토대로 교육어를 사용할 수 있다.

부모가 자녀를 위해서 할 수 있는 최선의 봉사는 그들이 평생 교육적인 삶을 누릴 수 있도록 기초적인 능력과 태도를 길러주는 것이다. 자녀에게 교육의 품위를 높여주는 것만큼 더 많은 유산은 없다. 이는 가정 내부의 교육적 교섭을 가능하게 할 뿐만 아니라 가정 밖의 환경을 교육으로 활용할 능력을 주는 것이기 때문에 수억의 물질적 유산을 주는 것보다 더 가치가 있다. "상대에게 물고기를 주기보다는 물고기 잡는 방법을 알려주라."라는 말이 바로 그런 취지를 잘 담고 있다.

상구에 대한 자녀의 상구는 상구가 재미있는 놀이라는 것을 일찍부터 자녀들에게 인식시키는 부모로부터 시작한다. 질문하고, 새로운 것에 흥미를 갖고, 할 수 없었던 것을 숙달하는 데 열을 올리는 것은 아동들의 특징이다. 활동이 충분히 도전적이지 않으면 아동은 더욱 도전적인 활동으로 옮긴다. 그 활동이 지나치게 높은 수준의 것이라면 그들은 더 쉬운 것으로 옮긴다. 부모들은 자녀의 그런 부분을 열정적인 상구자로 수용하는 것만으로 상구를 소재로 하화하는 위치에 선다. 자녀의 상구활동을 주시하고 그중 어느 것을 권장하거나 다른 것을 교정하는 것이다.

---

7) 이런 경향성은 심지어 동물에서도 발견된다. 예컨대, 암사자는 새끼 가젤이나 임팔라를 살아 있는 채로 잡아와서 새끼들로 하여금 사냥을 연습하도록 한다. 먹이를 주기보다는 훌륭한 사냥꾼으로 만드는 것이 중요하다는 것을 본능적으로 알고 있는 것이다.

자녀들이 상구의 주체로서 독특한 체험과 보람을 느끼게 하려면 부모가 곧바로 해답을 주기보다는 그 해답을 얻는 방도를 알려주는 것이 더 좋다. 이처럼 자녀들로 하여금 자신의 능력을 높일 수 있는 기회를 주는 것이 중요하다는 사실을 알고 있는 부모는 자녀들의 상구활동에 안전과 지원을 제공할 것이다. 호기심에 따라 자녀가 낯선 환경을 탐색하도록 허용하면 자녀들은 수많은 질문을 가질 것이며, 그때마다 부모는 그 해답을 얻을 수 있는 여건으로 대응하면 된다. 그로써 자녀들은 독립적으로 상구할 수 있는 능력을 습득할 수 있다.

서투른 부모는 이처럼 임기응변적으로 자녀의 상구열정에 제대로 대응하는 능력과 태도가 부족하다. 자녀들이 경험하지 못한 사물이나 사태에 대해서 호기심을 보일 때 자신들이 경험했던 기준을 가지고 당연한 것으로 규정하고, 자녀들의 호기심을 따르는 것은 그들의 무절제를 부추긴다는 식으로 대응한다. 자신들의 현품을 정답으로 받아들이기를 강요한다. 이런 고압제의 횡포는 자녀의 상구의 상구에 역행하며, 자녀는 결국 저압제로서 이에 대응한다. 그 충돌은 통상 가정의 불화로 연결된다.

부모의 하화에 대한 상구를 조성하는 것은 선대의 하화의 전통이다. 부부가 결혼 후 첫아이를 가졌을 때 그 양육방법은 부모의 도움을 받아야 한다. 전통사회에서는 자녀양육의 경험이 있는 선대와 그 경험이 없는 후대 사이의 차이를 소재로 하는 교육이 자연스럽게 이루어졌다. 교육의 전통이 확립된 가정에서는 조부모의 교육품위가 부모의 것에 앞선다. 한 가정 안에서 조부모와 손주 사이의 교육적 관계는 그들의 자녀와 손주 사이의 교육적 교섭의 성급함을 완충하는 방식을 취한다.

나이 든 사람은 어린이들이 실수하고, 오류를 범하며, 그것들을 한동안 반복하더라도, 서두르지 않고 관대하게 조율하면 점차 그들이 그 장애를 극복하게 되는 사례를 이미 경험했다. 가정에서 조모나 조부는 그들의 자녀가 손자와 손녀의 문제를 당장 서둘러 해결하려는 조급함으로 고압제할 때, 자녀 자신들도 어린 시절 교육적 시숙의 과정을 거쳤다는 사실을 상기시킨다. 딸이 손녀의 잘못을 자신의 기준으로 호되게 꾸짖을 때 "너도 어렸을 적에 그런 짓을 했단다."라는 한마디 핀잔이 고압제와 저압제 사이의 갈등을 완충한다.

자녀양육에 대한 아무 경험도 없이 부모가 된 가정에서는 시행착오에 맡겨지는 경우가 많다. 핵가족은 그런 선대와 후대 사이의 하화경험의 공유를 차단한다는 점에서 우려해야 할 부분이다. 그것을 더욱 우려스럽게 하는 것은 부모들의 그릇된 교육관이다. 그 문제의 핵심은 학교가 교육을 전담하는 기관이라거나 혹은 교육이 전문적인 활동이라는 몰이해와 선입견이다. 현대인이 지닌 관습적 교육관은 가정이 교육적인 삶의 현장이라는 사실을 의식의 차원에서 배제시킨다.

본서가 사이비교육학자를 비난하는 이유의 하나가 그들이 위의 선입견을 조장하는 주범의 위치에 있다는 사실 때문이다. 오늘날의 부모는 교육을 전문가에 맡긴다. 널리 쓰이는 "학부모"라는 말은 부모가 교육적 주체가 아니라 단지 전문기관의 교육을 보조하는 위치에 있다는 통념을 반증한다. "학부모들"은 자신의 능력이나 기술에서 하화주체인 자신의 위치를 망각하고, 그 역할을 흔히 유아원 혹은 유치원, 학원, 학교에 맡기고 무력한 방관자로 처신한다. 이는 용서받기 어려운 엄청난 태만이다. 그 태도가 자초하는 불행은 한두 가지가 아니다.

그 시작점은 극단으로 왜곡되고 혼동된 의미의 "교육열"이다. 세계적으로 유별난 그 "교육열"의 실상은 자녀의 세속적 선발과 출세를 위한 주술적 기원과 조바심이다. 가정의 영광은 자녀의 출세다. 부모들은 자녀들이 그들의 자랑거리가 되길 바라거나 혹은 자신들이 이루지 못한 출세를 자녀가 달성할 수 있기를 소망한다. 자녀가 부모의 욕망과 야심을 충족시키는 제물로 전락한다. "학부모들"은 조기부터 "교육"이라는 명분을 내세우고 자녀들에게 학교생활에의 적응을 일방적으로 요구하고, 높은 점수의 노예가 되도록 못살게 굴고, 심지어 학대한다.

그 그릇된 교육관이 자녀를 질식시킨다. 자녀들은 그것을 교육으로 알고 저항하거나 싫증을 낼 수 있다. 이 경우, 부모는 자녀가 공부하기를 싫어한다고 불평한다. 그러나 사태의 원인은 그 자녀의 특성이 아니라 공부하기 싫어할 수밖에 없는 제반 조건에 있다. 자녀에게 공부는 안하고 축구에만 관심을 갖는다고 야단치는 부모가 교육에 관심이 많다고 말할 수 있는가? 그 "공부"란 무엇을 의미하는가? "공부"와 "교육"은 어떤 관계가 있는가? 따져보면, 부모의 무지를 자녀의 문제로 잘못 기술하고 있다. 부모와 자녀가 교육적 주체로서 자신과 그 의식 사이의 분열을 경험한다.

자녀가 잘못된 길로 가는 것을 원하는 부모는 없다. 그럼에도 정작 그 길을 올바로 잡아갈 수 있는 인식, 능력, 태도의 결여가 아쉽다. 앞서 지적했듯이, 요즘 핵가족의 부부들은 교육에 관한 초보적인 경험조차 없기 때문에 자녀들을 대상으로 시행착오적인 실험을 하거나 혹은 그들을 각종 학원이나 학교 등 전문기관에 의뢰하여 책임을 면제받고자 한다. 하화주체로서 자녀교육에 대한 자신감을 잃어버린 상황은 그 자녀들이 성인이 되어 가정을 이루었을 때에도 반복된다.

그 악순환을 선순환으로 전환시키는 방법은 무엇인가? 먼저 가정의 구성원이 교육관을 쇄신하여 교육적 주체로서의 자신의 위치를 회복하는 것이다. 부모가 되는 것은 힘들지 않지만 부모다워지는 것이 힘들다. 부모가 자식을 낳아 기르는 일은 육체의 연장이며, 아울러 품위의 연장이다. 전자에 그치는 것은 짐승이고, 인간이 되는 것은 후자다. 오늘날 절실한 과제는 부모들이 교육적 주체로서의 자신의 위치를 회복하는 것이다. 부모의 교육적인 삶은 자녀들에게도 전이된다.

가정의 메타교육은 학교와 교육의 문제를 분리시키는 작업과 병행해서 이루어져야 한다. 학교를 통한 자녀의 사회적 출세와 자녀들이 착하고 사람답게 살도록 하는 것 가운데 어느 하나가 다른 것에 비해서 더 옳다고는 말하기 어렵다. 다만 문제가 되는 것은 이 두 가지를 서로 혼동하는 것이다. 가정의 메타교육에서 지켜야 할 한 가지 분명한 원칙은 교육을 사회적 출세와 결부시키지 말아야 한다는 것이다. 메타교육의 세부적인 것은 이미 제13장에서 논의되었기 때문에 여기서 재론할 필요는 없을 것 같다.

좋은 교육실천 자체가 메타교육의 효과를 가져온다. 말이 아닌 실천적 모범이 중요하다. 자신은 상구하지 않으면서 자녀의 상구를 독촉하는 것은 모순된다. 자녀는 그 모순을 습득한다. 모든 일에서 그러하듯이 자녀와의 교육적 교섭에서 항상 성공만 보장된 것은 아니다. 오류와 실패는 반성적 실천의 계기가 되며, 그 자체가 교육적 삶이다. 이는 올바른 교육적 가풍을 바로 세우는 지름길이기도 하다. 가족의 교육적인 전통은 한 세대에서 다음 세대로 대물림된다.

부모는 자녀들의 부족한 교육적인 삶을 탓하기 전에 자신의 삶이 어떤 것인지를 반성해야 한다. 하화의 성공은 장기시숙을 도모하는 데 있다. 반성적인 부모는 자녀들이 자신들이 제시한 기준을 만족시키려면 얼마나 많은 상구의 세월과 노력이 필요한지를 계산한다. 아직 시기가 적절하지 않을 경우 교육대시(教育待時)한다. 자녀의 낮은 품위를 탓하기 전에 하화를 제대로 하지 못한 자신의 과실을 하루, 한 주, 한 달, 한 해에 걸쳐서 반성한다. 그런 부모의 반성적 실천은 자녀의 상구의 상구를 촉진할 것이다.

이외에도 가정 안에서 이루어질 수 있는 메타교육은 생각보다 많다. 그 중요성을 간과하거나 속수무책인 것이 큰 문제이다. 예컨대, 교육으로 성공한 인물의 전기를 자녀들이 읽도록 한다거나, 자신이 과거에 수행했던 상구의 사례에 관한 이야기를 들려주는 것도 자녀가 성숙한 상구의 주체가 되는 데 큰 도움이 될 것이다. 교육방법은 공유되어야 한다. 자녀의 육아에서 하화의 비법을 알게 된 지식을 나누고 소개하는 모임 등에 참여할 수 있겠다. 문제가 그래도 해결되지 않는다면, 메타교육의 전문가나 교육상담사 등 외부전문기관의 도움을 받아야 할 것이다.

15.2.4 가정교육의 장내여건

가정의 메타교육이 활성화된다면 가족은 평생 동안 풍요로운 교육적 삶을 향유할 소양을 갖추게 될 것이지만 그것만으로 교육발전이 이루어지는 것은 아니다. 교육의 품위를 갖추었다고 하더라도 교육을 할 수 있는 우호적인 여건의 뒷받침이 필요하다. 그 경로와 관련하여 사람들에게 익숙한 일상의 생활범주이거나 혹은 실제로 가장 현저하게 교육에 긍정적이거나 혹은 부정적인 영향을 주는 것으로 밝혀진 범주들을 분류할 수 있어야 할 것이다. 그 유불리를 여기서 죄다 논의할 수 없지만 그 중 몇 가지를 살펴보자.

가정은 품위의 종류의 면에서 생활 모두의 영역을 포괄한다. 일상의 의식주, 기어가기, 걷기, 달리기, 식사하기, 의복 입기 등 교육의 소재가 다양하고 풍부하기 때문에 적성에 맞는 소재를 선택할 여지가 많다. 소재가 너무 쉬우면 지루하고, 너무 어려운 것은 불안과 좌절을 수반한다. 세대 간의 품위의 차이도 크다. 다수의 스승과 제자의 가능성을 함축하기 때문에 적당한 소재의 선택과 조절을 보장한다. 동기의 면에서도 긴밀하게 연관된 공생적 집단이기 때문에 직장이나 학교의 경우처럼 굳이 특정한 수준의 품위에 일치하는 데 집착할 필요가 없다.

높은 수준의 가치에 대한 공감은 그 단계에 이르는 체험의 개선이라는 시간성이 주어져야 한다. 교육은 충분한 시간을 기다리지 않고 급하게 서둘러 진행한다면 그르치기 마련이다. 교육은 장기적인 관계의 유지와 교섭을 요구한다. 교육적 관계의 유지는 적절한 때를 기다리는 인내력, 당장 얻을 수 있는 것을 미루는 만족의 연기, 적시의 선택이 필요하다. 특정한 목표를 달성하는 데 가장 중요한 요소는 그 이전에 달성되어야 할 것을 공고하고 충분하게 다져나가는 것이다. 가정교육은 가족 간의 장기적인 접촉을 통해 서두르지 않고 지금의 오류를 교정하는 장기시숙을 꾀할 수 있다.

일반사회에서는 평균에서 이탈하면 비정상으로 취급된다. 약점이 노출되면 생존에 불리하다. 누구에게 약점과 실수를 보이는 것은 그 사람에게 공격의 무기를 주는 셈이 된다. 이 부분은 오류를 소재로 진행되는 교육적 관계의 성립을 방해한다. 가정은 최소의 사회적 단위로서 그 울타리를 경계로 하여 일반 사회와 다소 분리되어 있기 때문에 이런 제약으로부터 해방된 영역이다. 사회적 규범, 경쟁적 생존, 기타 세속적 간섭과 간여의 실상으로부터 비교적 보호된다.

정직성은 품위를 쌓아 올리는 토대다. 가정구성원 사이에는 세속적인 가장과 허식에서 벗어나 서로의 흉금을 털어놓고 숨김없이 자신들을 개방한다. 이는 가정 안에서 교육적 관계가 성립할 수 있는 우호적인 조건이다. 사회적으로 인정될 수 없는 모험, 실수, 과오조차도 순진하게 노출한다. 이처럼 억제로부터 해방시킨다는 것과 마냥 그 상태를 유지하는 것은 구분된다. 단순히 용서에 그치는 것은 반복되기 때문에 잘못이다. 교육적 주체로서 가정구성원은 사랑, 신뢰, 안전을 토대로 그 실수와 오류를 교육의 소재로 활용하여 극복할 수 있다.

그런데 이런 가정의 우호적인 조건을 충분히 살리기 어려운 오늘날의 세태가 문제이다. 이전에는 부모의 세대까지를 포함하는 대가족이 주종을 이루었다. 앞에서 살핀 다단계교육의 가능성은 바로 그런 다세대가구를 전제했는데 오늘날은 부모와 자녀를 중심으로 단출한 핵가족의 형태를 취하고 있다. 출산율저하로 가구당 인원수가 급감하는 문제가 제기되고 있다. 접촉기회와 빈도도 위협받고 있다. 가정을 떠난 경제생활은 "맞벌이 부부"와 "주말부부"라는 용어를 탄생시켰다. 이는 가족 사이의 교육적 관계가 지속적으로 유지될 수 있는 조건을 위협한다. 세상사를 두고 자녀와 질문하고 대답한 일이 얼마나 있는가? 자녀에게 책을 읽어준 적이 있는가? 그러나 이런 세태의 변화에 직면하여 지레 가정교육을 포기하는 것은 잘못이다.

산업구조상 가정교육이 불가능하다는 변명의 문제는 그 우선순위의 편파성이다. 가정교육이 직무수행보다 더 중요하다는 관점도 가능하기 때문이다. 진정 가정교육의 중요성을 인정한다면 그 여건을 개선하는 방안도 궁리해야 마땅하다. 옛날에 나의 자식과 남의 자식을 바꾸어서 교육하는 "역자교지(易子教之)"의 전통이 있었다. 이는 선인들이 얼마나 교육의 특성을 고려한 여건의 선택에 지혜로운 삶을 살았는지를 여실하게 보여준다. 왜 그랬을까? 부자간에는 워낙 혈연의 관계가 강하게 작용하기 때문에 교육적 교섭이 원만하게 이루어지기 어렵다는 것을 간파했던 것이다. 시집갈 딸과 장가갈 아들로 하여금 예비사돈집에서 일정 기간 생활하게 함으로써 서로 간에 있을 수 있는 문화적 갈등을 해소하는 슬기로운 전통도 있었다. 이런 선인들의 지혜는 오늘날에도 배울 바가 많다. 형제라는 장애요인을 극복하기 위해서 서로 다른 가정이 형제를 바꾸어서 가정교사의 역할을 하게 한다면 좋은 응용이 될 것이다.

핵가족의 증가에 대한 대안으로 가정의 울타리를 확장해보는 방식도 있다. 가족관계는 단지 가정이라는 제한된 공간 안에서만 유지되는 것은 아니다. 공간적으로 떨어져 있어서 동거하지 않지만 아동을 중심으로 조부모, 부모, 자녀 서로가 서로에게 영향을 준다. 또한 가정끼리 서로 높은 담을 쌓고 그 안에 감옥처럼 갇힐 필요는 없다. 이웃사촌이라는 용어는 가족끼리의 공동육아의 가능성을 함축한다. 두 가정에 각각 두 명의 자녀가 있다면 네 명의 성인과 네 명의 어린이가 있을 것이고, 이 가운데 한 명의 부모가 네 명의 자녀와 교육적인 교섭을 진행하는 동안 다른 세 명의 부모가 교육 이외의 여유시간을 가질 수 있다.

가정의 교육여건에서 물리적인 요인을 빼놓을 수 없다. 교육적인 관계와 분위기를 촉진하는 건물, 시설, 공간, 변형의 체제 등 고려할 점이 많을 것이다. 나이에 따라 교육에 알맞은 시설은 다를 것이다. 가정의 물리적 환경은 통상 성인의 기준에 맞추어 규정된다. 3개월이 못된 어린이에게 계단은 오를 수 있는 시설이 아니다. 교육활동을 할 수 있는 별개의 공간, 시설, 놀이기구와 소품, 독서 자료와 교재 등은 보다 직접적인 물리적 환경이다. 그 실효성은 물론 활용에 의해서 결정된다는 것은 말할 필요도 없다. 집에 아무리 많은 책이 있다고 하더라도 교육적으로 활용하지 않으면 무용한 살림에 불과하다. 독서 자료란 양보다는 질, 질보다는 수준의 선택이 중요하다. 장난감에도 수준 맞추기, 자유 시간, 놀아주기의 조건이 부대된다.

심리적 혹은 사회적인 여건도 고려의 대상이다. 개체존중, 포함, 개방, 온정, 지원, 수용, 이해, 공감, 신뢰, 가능성에 대한 신뢰, 자발성의 인정 등이 우호적인 심리적 조건으로 작용할 것이다. 부정적 심리여건으로 방어기제, 질투와 경쟁심, 의존심 혹은 지나친 독립심도 작용한다. 사회적인 공동운명체로서 사회적 적응과 선발에 대한 집착이 자녀의 인권과 부권이 충돌하는 원인이 된다. 자녀들이 부모의 자랑거리가 되기를 바라는 자녀소유의식과 공생공존의식은 지금도 잔존한다. 부모의 경험을 자녀에게 무조건 정당한 것으로 뒤집어씌우는 가부장적인 전통도 있다. 많은 사회에서 어린이가 어른과 대화를 시도하는 것을 금기시하고, 어른에 대한 어린이들의 대꾸를 도전으로 받아들인다. "내가 내 자식 키우는 데 누가 뭐라고 해!"라는 가부장적 권위주의도 있다. 이런 대리만족, 공동체적 출세주의, 가족 공리주의에 터한 자녀기대와 도구화, 권위주의적 위계 등은 가정 안의 교육적인 교섭을 저해하는 요소들이다.

교육여건의 평등은 사회적인 문제이다. 개인으로서 해결하기 어려운 여건은 사회적 지원이 필요하다. 더러는 학교의 교육에서 존재하는 사회적 계층 사이의 격차를 문제시하지만 그보다 더욱 큰 차이를 보이는 것은 가정교육의 여건이다. 이런 여건의 차이와 개선의 의무를 단지 개별적인 가정의 문제로 치부하는 경향이 있다.[8] 그러나 생계유지조차 급한 가정에 교육은 감히 엄두조차 낼 수 없는 사치에 해당할 수도 있다. 이런 열악한 가정의 문제는 전체의 사회와 직접적으로 연결되어 있기 때문에 그 불리한 조건을 이제 복지의 차원에서 공적인 관심사로 다루어나갈 때가 되었다.

---

8) 역사적 미담으로 맹자의 어머니가 맹자를 선도하기 위해서 세 번 집을 옮겼다는 맹모삼천지교(孟母三遷之敎)나 자식의 학비를 위하여 어머니가 두발을 잘라 팔았다는 전발역서(翦髮易書) 등이 전해진다.

15.2.5 가정교육의 장내기능

교육은 자체로서 가치를 지니고 있기 때문에 단지 어떤 것을 위한 수단과 기능으로만 논의될 성질의 것이 아니다. 교육적 주체로서의 능력을 실현하고 여타의 세계에서 가질 수 없는 삶의 여유를 보충한다. 의무라기보다는 보람과 즐김이라는 표현이 더욱 적절하다. 가족과 함께 더 높은 품위에 이르는 교육적인 교섭을 하는 삶은 모든 사람들의 소원이다. 교육적인 가정은 행복하고 그렇지 못한 가정은 불행하다. 후자에서 전자로 점차 이행하는 가정은 좋은 가정의 지표를 만족시킨다.

가정교육은 장내에서 고유의 기능을 발휘한다. 고유의 기능이라고 굳이 말하는 것은 교육 이외의 여타 인간통제가 갖는 기능과의 대비를 의식한 것이다. 그 성과의 하나로서 삶에 필요한 기본적인 품위의 함양을 들 수 있겠다. 그 종류가 풍부하기 때문에 "전인교육"의 취지에 부응한다. 다양한 품위의 탐색과 입증은 인성의 기초가 되며, 가족구성원의 자기긍정과 자부심의 원천이 된다. 그 가치는 비교육적인 각종 인간통제의 실천에 따른 인격적인 손실과 비교할 때 뚜렷하다.

먼저 비교육적인 가정을 떠올려보면 그 대비가 쉬워진다. 그런 가정의 현저한 특징 하나는 구성원 사이에 품위의 차이에 갈등이 심하다는 점이다. 품위의 차이를 서로 용납하지 못하기 때문에 고압제와 저압제의 현상이 일어난다. 그런 가정의 부모는 자녀와 동일한 세상에서 살고 있다는 전제하에 자신의 품위에 합당한 것을 자녀에게 지시하고, 그 기준에 맞춰 자녀의 행동을 평가한다. 높은 수준의 요구에 부응하지 못하는 자녀는 이에 저항함으로써 서로 충돌하고 불화한다. 누가 옳으냐 하는 문제를 두고 서로 공격하고 방어하는 적대적인 태도를 보인다.

이런 가정의 부모는 자신이 원하는 바를 자녀들이 따르고 그에 일치하기를 요구하는 발언을 일삼는다. 자녀가 아직 충분히 동화시킬 수 없는 품위를 갖도록 말로 강요한다. 약자로서 자녀는 이에 어쩔 수 없이 호응할 것이다. 이처럼 깨달음이 동반되지 않은 복종은 노예를 만든다.

무조건적인 호응은 오래가기도 어렵다. 자녀들이 소화할 수 없는 수준의 문화내용을 강요하면, 문화가 인간을 위해 차지해야 할 진정한 가치를 탈색시키고 문화를 자연화 혹은 객체화시키는 원인이 된다. 자녀들은 불행하게도 부모슬하를 한참 떠나 많은 체험과 성장을 거치고 나서야 뜻을 깨닫는다. 이는 당시에 부모의 하화가 제대로 되지 않았음을 반증한다.

급격하게 변하는 사회는 세대 간의 이해의 차이를 부추긴다. 마치 서로 다른 종류의 인간이 아닌가 하는 착각이 들 정도다. 부모가 자녀의 품위에 미치지 못하는 경우가 흔하다. 그 사태에서 가정에서 일어나는 불행한 사태의 하나는 자녀로부터 상구해야 할 위치에 있는 부모가 도리어 자녀를 하화하려 드는 경우다. 선진으로서 자녀들의 위치를 무시하고 부모가 매사에 하화자의 행세를 한다. 이 경우에 사이비스승이라는 비난을 면하기 어렵다.[9]

이는 불행히도 악순환의 고리가 된다. 자녀의 생각이나 행위가 유치하다고 해서 부모의 언행을 모범으로 삼아 그에 따르도록 강요하는 것은 부적절한 처사다. 앞서 가부장적 권위주의와 문화가 교육적인 삶에 역행하는 가정의 여건임을 지적하였다. 강요하는 권위는 아무리 타당하다고 하더라도 강요받는 사람에게 검증된 것이 아니다. 그 권위의 타당성을 검증하는 도구가 교육적 교섭인데, 가부장적 권위는 그런 유효한 검증가능성을 차단한다.

선진의 권위를 인정받으려면 강요가 아니라 교육에 의한 설득이 필요하다. 부모가 자녀를 통솔하는 최선의 방식은 덕치(德治)의 논리이다. 맹목적인 강제가 아닌 부모의 설득, 맹목적인 복종이 아닌 자녀의 이해의 과정이 첨가되어야 한다. 이를 정치적으로 말하면, 부모의 하화는 이길 수 있는 계략을 알고도 쓰지 않는 우행이며, 자녀의 상구의 성공은 부모에게 자진하여 항복하는 셈이다. 교육적 교섭을 통해 존경하는 마음을

9) 이를 일컬어 옛 사람은 "호위인사(好爲人師)"라고 했다.

갖추는 것과 겉으로만 존경하는 체하는 것의 차이는 매우 크다.[10)]

교육적인 가정은 가족끼리 소통의 불확실성과 답답한 소외상황을 이해의 부족과 실패로 규정한다. 가족들 사이의 품위상의 갈등과 적대적인 태도를 협력으로 전환시킬 가능성은 그 불일치를 인정하는지의 여부에 달려있다. 어린이는 어린이다운 짓을 하는 것이 순리이며 옳다. 알이 당장 나비가 되지 않고 애벌레의 과정을 거쳐야 한다. 같은 이치로 교육을 통해서 그때그때의 연령에 알맞은 훌륭한 어린이가 되면 그것이 바로 훌륭한 어른이 되는 최선의 준비가 된다.

교육적 관계는 신뢰와 희망의 만남이다. 서로 교육적인 교섭을 시도함으로써 정서적 유대와 교육적 이해에 도달한다. 제자는 스승의 선진됨을 신뢰하고 스승은 제자의 후진됨에서 희망을 본다. 부모와 자녀 사이의 세대차에 따른 갈등도 교육의 협력적 관계로 전환하면 그 해결이 쉬워진다. 사회적 위계나 품위수준이 판이한 사람들끼리 벗이 될 수 없지만 교육을 통해서는 가능하다.[11)] 누구라도 잘못이 있으면 준엄하게 책망하기보다는 순순히 타일러서 잘못을 깨닫게 한다. 그 이전과 이후를 체험함으로써 발전에 대한 자증과 타증이 이루어지는 것이다. 이런 가치교육의 결과는 앞서 언급한 반대의 사태와 비교할 때 더욱 명백해진다.

가정에서 자녀는 부모의 품위를 과대평가하는 경향이 있고, 부모는 자녀의 품위를 과소평가하는 경향이 있다. 이 때문에 부모는 자녀가 해결해 나가야 할 문제를 대신 풀어주는 경향이 있다. 가정에서 부모는 미숙하기 짝이 없는 자식들이 성인이 되어가는 모든 과성에 관여한다. 그런 과보호의 경향은 자녀들을 무력하게 만드는 나쁜 공작을 일부러 획책하는 것과 같다. 그렇게 어린이들의 의존심을 키워놓고 그들의 독립심이 부족하다고 불평하는 부모도 있다. 이런 모순적인 대조는 사실에 대한 판단착오에서 기인하는 것으로서 바람직하지 않다.

10) 존경스러운 마음을 갖춘 경우를 양존(陽尊)이라고 한다.

11) 나이의 차이를 불문하고 오직 재덕으로써 사귀는 일을 망년교(忘年交)라고 한다.

자녀들은 오로지 가능성만을 가지고 연약한 존재로 태어나지만 가정에 늘 남아 있어야 하는 존재가 아니다. 언젠가 자녀들은 가정을 떠나야 한다. 부모와 자녀 간의 관계에서 가장 중요한 부분이 독립이다. 어릴 적에는 부모의 보호가 필요하지만 그런 유아적 예속이 지속되면 더 이상의 발전을 기할 수 없다. 교육은 결과의 재생이 아니라 과정의 재생이다. 어느 시기에 부모는 자식을 떠나보낼 용의를 보이고 자식은 독립하여 한 개인으로서 자생할 수 있는 능력을 갖추어야 한다.

과잉보호를 혁파하는 방식을 논리적으로 분석하는 데에는 한계가 있다. 어린 자녀에게 너무 일찍부터 독립성을 강조하면 불안이 생겨 더욱 의존적인 성향을 보인다는 심리적인 분석도 있다. 이는 자녀의 독립성을 기르려면 그에게 독립성을 강조해야 한다는 식의 논리에 정면으로 상충된다. 사실은 충분한 애정과 사랑이 독립적인 능력을 습득하는 데 필요한 요소이다. 사랑과 엄격함을 병행하는 교육적 관계가 무력한 자녀가 점차적으로 자립할 수 있는 능력을 갖추도록 돕는 역할을 할 수 있다.

부모가 자녀에게 줄 유산으로 대개 재산을 드는데, 교육은 다른 하나의 유산이다. 현대생활에서 품위 향상이 불안정성과 비예측성에 대한 대비책이다. 그 점에서 재산보다는 교육의 유산이 더 중요하다고 말할 수도 있다.[12] 교육은 교육할 수 있는 사람의 것이다. 훌륭한 가정교육은 그 자체가 메타교육이 된다. 자녀들은 가정에서부터 스스로 상구하려는 의욕을 보이면서 자립할 능력을 준비해야 하며, 부모들은 그것을 도와야 한다. 자녀의 자율능력을 키우려는 부모의 배려는 그들의 미래에 대한 가장 확실한 평생의 투자이다.

건전하지 못한 사회는 그 구성원 안에 적대감, 의심, 불신을 조장하고 이기적인 자아가 깃들게 한다. 건전한 사회는 그 구성원이 서로를 사랑하고, 생산적이며 창조적으로 되도록 조장하며, 그들이 가진 이성의 힘

12) "자식에게 상자에 가득 찰 정도의 황금을 넘겨주느니보다는 한편의 경서를 남겨 주는 것이 더 유익하다(遺子黃金滿籯不如一經)."라는 말이 전해진다.

을 예리하게 하고 정교하게 한다. 그렇게 함으로써 좀 더 풍부한 자아가 출현하게 하는 것이다. 건전한 사회는 그 최소단위인 가정에서부터 출발한다. 사회는 점진적인 개혁을 요구한다. 무능한 사람이 사회를 개혁하겠다고 하면 문제만 일으킨다.

사회는 당대의 특수한 관습에 일치하기를 강권한다. 건전하지 못한 사회는 건전하지 못한 인간을 만든다. 이와 대조적으로, 교육은 가까운 품위를 소재로 점진적인 접근을 시도한다. 각 단계의 품위의 형성은 장기시숙을 요구한다. 가정교육이 건전한 사회의 밑바탕인 셈이다. 다시 말하면, 사회의 발전은 부모가 아침마다 성숙된 자녀들을 문밖으로 내보내는 것에 달려 있다. 〈대학〉에 나오는 수신제가치국평천하(修身齊家治國平天下)의 지표는 오늘날에도 유효하다.

15.3 직장의 교육양태

15.3.1 직장교육의 맥락

직업(job, career, calling)은 노동의 분업이라는 범주에서 나온 개념이다. 직장은 가정과 학교의 경로를 거친 성인들의 주된 생활공간이 된다. 사회가 복잡하게 발전하면서 직업은 날로 세분화되어 가고 있다. 현대의 직장은 계약으로 성립한다. 개인은 자기가 원하는 직장을 선택하며, 가입과 탈퇴의 여지도 있다. 전직하기나 창업하는 경우도 있다. 어느 경우든 성인은 그 공간에서 퇴직할 때까지 여생의 대부분을 보낸다. 근래에 원격근무나 재택근무라는 말이 등장하지만 아직 부분적인 현상이다.

옛날에는 가업이 주종을 이루었다. 그 비법이 혈연적 관계를 통해 대대로 전수되는 것이 통례다. 몇 세대에 걸쳐 활을 만드는 사람의 아들은 아버지가 굽은 뿔을 바로잡아 활 만드는 것을 보고, 버들가지를 꾸부려 키(箕)를 만드는 것을 배웠다. 대장장이 아들은 그 아버지가 쇠를 녹여 솥 때우는 것을 보고 배우며, 갓옷 만드는 장인의 아들은 짐승의 가죽을 다루는 방법을 배웠다. 그 인격적 관계는 다면적이었다. 가족의 가치를 그 유용성으로만 판단하지 않았다. 그러나 가정과 직업이 서로 교차하는 것은 오늘날 흔한 풍경은 아니다.

생활세계로서 직장 안에는 정치, 경제, 사회, 문화, 종교, 교육 등 온갖 세계들이 공존한다. 직원들 사이에 우세의 경합, 위계에 의한 통제, 재화나 사회적 지위의 획득과 배분 등의 세속적 과정이 진행된다. 직장생활은 본위의 선택에 따라 그 의미가 달라진다. 어떤 사람은 직장을 세속적 삶을 유지하기 위한 투쟁의 장소로 보고, 그 성공이나 명예에만 마음이 쏠린다. 다른 사람은 세속 중에서도 유독 경제만이 지배하는 공간이라는 고정관념을 가지고 여타의 삶을 도외시한다.

오늘날의 직장은 경제우선주의라는 단일차원의 관점이 지배적이다. 경제활동은 생산에 필요한 자본을 차입할 수 있는 능력, 상품제조의 기술, 경영 및 판매의 능력, 소비능력 등등의 인간적인 능력이 전제되어 있다. 기업체는 작업능률과 관련하여 사내대학의 설립은 물론 기타 장단기의 "직업연수", "직업교육", "현직교육", "도제교육", "현장교육" 등을 통해서 산업체에 필요한 지식이나 기술을 확보한다. 경제적 주체는 상품을 팔 뿐만 아니라 타인과 자신조차도 상품으로 느낀다. 이들은 대부분 직장에서 요구되는 특정한 인간상을 미리 규정하고 그것을 달성하는 데에 목표를 둔 결과위주의 교육관에 토대를 두고 있다. 이로써 온갖 인간형성과 통제의 기제를 허용한다.

직장을 경제의 관점으로 볼 필요성을 전적으로 부인하기 어렵다고 하더라도 그 인력양성의 모든 수단을 "교육"으로 지칭하는 것은 옳지 않다. 업무구조상 직무수행에 필요한 인력양성이 필요하다는 것은 말할 필요도 없다. 그러나 인간은 수단이 아니라 목적이라는 정언명령의 기준을 적용할 때, 경제 자체가 목적이 될 수 없다는 것은 명백하다. 인력양성이라는 용어는 따지고 보면, 높은 가치를 낮은 가치로 환원시키는 경우로서 정언명령의 반대편에 서 있다. 물질의 가치와 인간의 가치가 전도되는 물질지상주의의 맹점이 드러난다.

인간을 경제위주로 본다는 것은 여타의 삶을 간과하거나 무시한다는 것을 의미한다. 노동력을 팔아 돈을 받으며, 그 돈으로 자기가 원하는 것을 구매하는 데 쓴다. 그 가운데 직원들을 단지 생산의 도구나 단순한 객체로 규정한다. 직장은 직원을 비개성화시키고, 생산과 관리의 무인격적인 과정에 합치하도록 조건 지으며 적응시키는 데 큰 비중을 둔다. 이처럼 여타의 삶을 무시하고 오로지 돈만 버는 기업이나 직장생활은 삭막하다. 일면적 삶의 압력과 폭력으로부터 탈피해서 그 다면성이라는 온전한 삶을 회복시켜야 할 과제가 남아 있다.

직장에는 경제적 가치로 평가하고 측정하기 어려운 영역이 많다. 직장은 생업을 위한 투쟁의 장소만은 아니고 생계유지라는 수단을 떠나 그 삶 자체 안에 의미와 보람을 부여할 수 있는 것들이 허다하다. 경제적으로 가치 있는 인간이 된다는 것과 훌륭한 품위를 갖춘 인간이 된다는 것은 다르다. 전자는 직업에 맞는 인간을 양성한다는 논리와 일맥상통한다. 이와는 달리 교육은 후자에 속한다. 이 점에서 앞서 예거한 사내의 인력양성의 과정이 어느 정도 교육이냐 아니냐 하는 것은 별도의 검토를 필요로 한다.

직장교육이란 무엇인가? 이는 직장이라는 생활공간과 교육이라는 삶의 양상이 교차하는 부분이다. 직장이 교육현장이고, 직원이 교육적 주체가 된다. 작업현장에서 직원 사이에 교육적 교섭이 이루어지며, 그것을 장려하는 것만큼 직장은 교육적인 공간이라고 말할 수 있다. 직원들끼리 교육적 주체로서의 능력을 실현하고 그로부터 삶의 보람을 보충하는 것이다. 바로 직장의 삶을 교육본위로 규정하면 교육이 목적이 되고 여타의 것이 수단이 되는 것이다. 그 가능성이 있음에도 불구하고 이제까지 그것을 포착하고 설명할 개념의 부재로 고려에서 제외되어 왔다. 이는 설사 이루어지고 있다고 하더라도 직장인들에게 의식에서 소외되고 있다.

이 지점에서 직장을 오로지 경제의 원칙이 가장 우선하는 공간으로 규정하는 일원적인 사고의 위험성을 경계할 필요성을 느낀다. 교육본위의 직장은 여타의 삶을 배제하는 것이 아니다. 직장 안의 여타의 가치와 삶을 인정하면서도 경우에 따라 부분적으로 이리저리 교육적인 삶을 선택하는 삶을 의미한다. 다양한 소재가 필요하고, 그중에는 직무도 포함된다. 직무가 반드시 마지못해 하는 노동인 것은 아니다. 이를 소재로 삼아 교육을 실천할 수도 있다. 이로써 노동이 개성적인 인격형성을 위한 수단이라는 관점이 성립한다. 그것이 직장생활에서 자칫 갈등의 소지를 조화로 전환시킬 수 있다. 이를 직장건전성의 중요한 지표의 하나로 보아야 할 것이다.

경제적 삶이 온전한 삶의 지위를 얻으려면 여타의 삶과 조화를 유지해야 한다. 경제생활은 경제 자체로서만 존재할 수 없고, 교육의 경우처럼 외부적 조건에 의해서 좌우된다. 여타의 세계로부터 지원을 받지 않으면 경제적인 삶 자체가 피폐해지며 유지되기 어렵다. 경제적 삶이 전체라고 생각하는 사람들은 경제 자체만을 위할 수 있지만 그 자체로 큰 손실을 본다고도 말할 수 있다. 교육은 그 자체로서 보람이 있는 삶의 조건이지만 경제의 여건으로서도 긍정적인 기능을 한다. 이 점을 고려한다면 교육적 접근이 장기적으로 효과적인 경제적 전략이라는 것을 알아야 한다.

직장은 당장 필요로 하는 유능한 일꾼을 선발하여 채용하지만 그 능력이 늘 지속된다는 보장이 없다. 급변하는 사태에 대비하여 직장 안에서 시시각각 그 사태에 알맞은 재능을 생산하는 예비체제를 갖추고 있어야 한다. 인력양성과 관련하여 흔히 산업계가 범하는 오판은 인력을 고정된 것으로 규정하는 것이다. 이처럼 직장의 요구에 맹목적으로 적응하고 순응하는 생활습관을 부추기는 과정은 불확실한 사회에 대처하는 방법이 될 수 없다. 오늘날 산업계가 요구하는 인간은 당대에 미리 규정된 인간이 아니라 기존의 관습에 대해 문제를 제기하고 그 관례를 벗어나려는 창의적인 인간이다. 생산의 도구가 아니라 그 도구를 생산하는 인간이 절실하다. 직장교육이 어떤 기능을 하는지는 이하에서 별도의 항목으로 살필 것이다.

15.3.2 교육적인 직장

화폐가치가 압도하는 상황에서는 직장이 물질적인 가치로 환원된다. 그 관점에 따르면, 기술은 기계로 대치될 수 있는 단순한 기능에 불과하다. 직업에 대한 이런 일면적 의미부여는 직무를 다른 수단으로 대체할 수도 있다. 더러는 로봇이 인간의 일자리를 대체하는 4차 산업시대를 예상하면서 노동으로부터 인간을 배제하는 상황을 꿈꾸고 있다. 직무의 면제를 진정 인간의 해방으로 보아야 할 것인가? 그런 관점의 빈궁함은 노동을 인간의 소외로 본다는 점에 있다.

다른 한편으로 노동을 자아실현과 대립시키지 않고 기회로 보는 관점도 있다. 노동과 자아실현의 공존이 가능하다. 어느 분야에서나 대가들은 기술 따위에 신경을 써서는 안 된다고 충고한다. 그들이 공통적으로 강조하는 것은 기술 이전에 품위의 향상이다. 노동을 통해서 품위를 실현하는 길을 찾을 수 있으며, 그런 경로를 따라 경제의 개념을 한 차원 높게 고양시킬 수 있다.

업무에는 업종에 따라 그 정도의 차이가 있지만 품위를 갈고닦는 수도계적인 요소가 다소간 잠재되어 있다. 그 요소가 완전히 배제된 사태를 상상하기 어렵다. 학문, 예술, 도덕, 각종 스포츠, 기타 각종 기예 등과 관련된 지업은 직접적이다. 그 이외에 일견 세속적인 직업에도 수도의 요소가 들어 있다. 한편의 고사(古事)가 이를 이해하는 데 도움이 된다. 〈장자〉의 양생편에 나오는 포정해우(庖丁解牛)가 좋은 사례로 회자된다.

백정(白丁)은 세속에서 존경을 받을 만한 직업은 아니다. 살아 있는 짐승을 도살한다는 이유 때문이다. 그럼에도 불구하고 소를 어떻게 잡느냐 하는 부분에 주목한다면 그 직업은 단지 기술에 앞서 자신의 품위를 시험하는 과업이 될 수 있는 것이다. 소 몸뚱이 조직의 이치에 맞게 뼈와 살이 붙어 있는 틈에 칼을 넣어 아무 부딪침이 없이 분해하는 일은 누구나 할 수 있는 일이 아니다. 그 손놀림의 수련에서 상구의 삶에 따른 독특한 의미와 자족함을 얻을 수 있다.[13]

우리의 삶에서 한편에는 건축, 교통, 무역, 의료, 첨단기술, 요리, 편물, 관광, 부기, 타이프, 속기, 안마, 간호, 목공예, 연예, 출판, 조경, 미용 등 기술과 관련한 다양한 직업의 세계가 있고, 다른 한편으로 다양한 적성을 가진 개인들이 존재한다. 그들 사이의 알맞은 조합은 직무의 수도계적인 성격을 결정하는 데에 중요한 작용을 한다. 교육을 위해서는 적성에 맞는 직업의 탐색과 선택이 중요하다. 나무 가꾸기를 좋아하는 조경사, 가위 돌리기를 즐기는 미용사에게는 직무 자체를 교육의 소재로 삼을 수 있다. 이는 직장에서 직무를 경제적으로만 규정하는 것은 잘못임을 말해준다.

어떤 직장에서 어떤 직무를 수행하든 간에 그 발전방향을 모색하고 추구하는 부분이 있다면 그것은 흥미진진한 교육의 소재가 된다. 이를 통해서 자신의 내부에 잠재된 재능이나 재질을 발견하고 그것들을 개발하는 것 자체에서 보람과 기쁨을 충족할 수 있다. 그렇게 실현되는 내재적 가치는 직원들의 전반적인 삶의 격을 높인다. 심지어 경비지출을 감내하면서까지 직무에 몰입할 수 있다. 품위의 향상은 다시 경제적 효용과 연결되기도 한다. 이처럼 절반이 직무, 절반은 교육의 소재일 때 직장이 번창한다.

직무에는 불확실한 요소가 있기 때문에 완벽을 바란다면, 온갖 번뇌와 시름, 좌절과 불만의 원인이 된다. 직장에서 되풀이되는 실패, 실수, 과오에 대처하고 처리하는 흔한 방식이 질책, 징계, 무거운 책임추궁이다. 과실을 지적하는 것은 옳은 행동으로 유도하는 효과를 갖는 것은 아니고

13) 문혜군: "좋다. 참 잘하는구나. 기(技)가 여기에 이를 수가 있는가?" 포정: "왕께서는 제가 소를 잡는 것을 기라고 말씀하시지만, 그것은 기가 아닌 도로서, 도는 기에 앞서는 것입니다."

그 길을 반복해서는 안 된다는 암시를 주는 것에 불과하다. 그 부분에서 성의조차 따르지 않고 말로만 꾸짖으면 사이가 멀어진다. 한쪽에서 경멸하고, 다른 쪽에서 자책한다. 잘못을 꾸짖고 나쁜 점을 들추어내어 사정없이 몰아붙이는 것은 결점으로써 결점을 책망하는 것과 같다.

직무를 올바로 수행할 능력이 없는 상황에서 취할 수 있는 최선의 적응방식은 되도록 결점을 억제하고 숨기는 것이다. 이처럼 결함을 은폐하는 것은 그것을 교정할 기회를 봉쇄하는 다른 하나의 오류를 추가하는 것이다. 한 번은 잘못해도 두 번 되풀이해서는 안 된다는 말이 있지만 잘못인지 알지 못하는 경우가 너무도 많다. 그 잘못을 설사 알았다고 치더라도 잘못은 아직도 잠복된 상태다. 교정할 기회를 갖지 못한다면, 그 과실은 다시 반복될 것이다. 과실을 개선하는 과정이 개입하지 않으면 근본적인 해결을 기대하기 어렵다.

직원의 과실은 환영할 일은 아니지만 언제나 교육의 소재로 활용할 가치를 지닌다. 이 때문에 교육을 잘 활용하는 직장에서는 질책과 징계 그리고 무거운 책임추궁만으로 과실을 피하지 않는다. 교육적인 직장에서 직원들은 오류를 두려워하고 혐오하고 부정하기보다는 그것을 적극적으로 활용한다. 과실을 소멸시키는 가장 확실한 방법은 그것을 극복할 수 있는 품위의 획득이다.

직무수행에서 언제나 선진과 후진이 존재하며, 그 식별이 어려운 것만은 아니다. 문제 사태를 대처해 나가는 것을 보면 안다. 선진은 후진의 역경을 자신의 순경으로 규정한다. 자신을 기준으로 어려운 것을 쉽게 하는 사람은 선신이고, 쉬운 것을 어렵게 하는 사람이 후진이다. 그런데 선진과 후진은 현실의 인식과 가치의 평가에서 서로 친밀할 수 없는 관계이다. 선진 쪽에서 경멸하고, 후진 쪽에서 자책할 가능성이 상존한다. 이들은 스승과 제자의 후보들이다. 교육적 관계를 맺는다면 매사가 형통한다.[14)]

14) 이와 관련하여 누구나 즐겨 쓰면 좋을 사자성어가 있다. 남의 장점을 보고서 나의 단점을 고치는 것을 이장보단(以長補短)이라고 하고, 내 장점으로써 남의 단점을 고치는 것

어느 품위에서나 교육에 참여할 수 있다. 직무능력이 자신에게 버겁고 어려우면 상구하고, 편하고 쉬우면 하화한다. 교육적 관계를 맺으려면 교육요청이 필요하다. 후진 쪽에서 청하화하고 선진 쪽에서 청상구하면, 그들 사이에 스승과 제자로서 점차 품위를 향상하는 동반자가 되는 것이다. 품위의 평가기준은 현품이다. 이 때문에 남을 비난하면서도 자신의 오류는 발견하기가 어렵다.[15] 후진은 품위를 향상하고 난 연후에 스스로 잘못을 인정하게 한다. 이렇게 자증과 타증이 반복되면 교육요청 이전 사태와 확연히 달라진다. 후진의 선진에 대한 신뢰와 존경심이 점차 쌓인다.

크게 실수를 하고도 그로부터 이득을 얻는 것이 상구교육이다. 품위의 부적합함을 깨닫는 것이 상구교육의 시작이다. 그 내재적 가치를 알고 있는 열성적인 상구자는 금방 효과를 보는 작업보다는 사상연마(事上鍊磨)를 필요로 하는 작업을 도전으로 받아들인다. 어느 직장에나 자신의 일을 수행하면서 수많은 시행착오를 거쳐 그 개선의 방향을 찾아 나아간 입지전적 달인 혹은 장인이 존재한다. 직무 자체를 공짜로 할 수 있는 실습 정도로 여기는 달인에 의해서 노동과 자아실현의 공존이 가능하다는 사실이 대체적으로 입증되어 왔다.

이처럼 고생하면서 비법을 만들어가는 달인들은 자신이 가진 품위의 참된 가치를 동료에게 인정받기를 원한다. 서툰 달인은 조급하게 목표하는 품위와 제자의 현품 사이의 빈 공간을 메우는 경험의 계열성을 무시하기 쉽다. 동료나 신진에게 품위의 강요로 이어질 위험성을 내포한다. 그 위험성을 교육적인 달인은 그가 미숙련된 초년생에서 장인의 신분으로 탈바꿈한 과정을 상기한다. 얼마나 많은 상구의 시간과 노력이 필요했던지를 유념하면서 접경대면과 장기시숙의 내재율을 충실히 이행한다.

을 이장격단(以長擊短)이라고 한다.

15) "남의 눈에 든 티끌을 즉시 볼 수 있지만 자기의 눈 속의 들보는 보지 못한다."라는 성경의 말씀이 있다.

후진과 교제함을 하교(下交)라고 한다. 선진이 후진을 격려하며 같은 길을 가는 것이 하화교육이다. 후진은 선진의 품위를 모르기 때문에 기회가 주어져도 선진을 스승으로 모시는 데 실패하는 경우가 많다. 선진은 후진의 어리석음을 알기 때문에 그 실패를 성공으로 유도할 수 있다. 성급하게 자신의 품위로 일치시키려고 하는 것이 아니라 상대의 상구를 처방하고 촉진하려고 노력한다. 모범은 무언의 하화다. 제자의 품위에 부응하는 실습을 유도한다.

직장생활에서 원선진과 원후진의 간극을 극복하는 다른 대안은 바로 다단계교육이다. 이를 위해서 달인과 초보자의 집단책임이나 짝짓기가 필요하다. 신입사원, 초년생 혹은 신참이 달인으로 되어가는 과정에 대한 계산법이 필요하다. 품위의 수준에서 연접하는 구성원끼리의 교육적 관계맺음이 존중된다. 각 단계의 교육에서 직원들이 선진으로부터 상구한 것만큼 후진에게 하화한다는 원칙을 적용한다. 한 명의 스승이 제자 열 명에게 하화하고, 그 제자들이 각각 다시 열 명의 제자에게 하화한다면 백 명의 품위가 한 단계씩 상승한다. 다단계교육의 운영은 한 명의 직원으로 하여금 외부에 보내 새로운 기술을 습득하게 하고 그 기술을 사내에 보급하는 데에도 효과적이다.

다재다능한 것이 미덕인 시대가 한때 있었지만, 현대는 제한된 범위 안에서 탁월성을 보유하지 않으면 생존경쟁에서 자신을 방어하고 지탱해 나가기가 어렵다. 직장인은 누구나 남들보다 뛰어난 면이 있으면서 또한 모자란 면도 있다. 그 모든 것들이 교육의 소재가 된다. 교류교육을 왕성하게 활용하는 직장도 있다. 귀가 좋은 친구와 눈이 좋은 친구의 만남이 있듯이, '갑'과 '을'은 서로 다른 종류의 품위를 가지고 선진과 후진의 위치를 환치시키면서 서로 상대의 등을 긁어주는 방식으로 교육적 관계를 맺을 수 있다. 또래집단은 적당한 정도의 품차를 유지하면서 서로가 교류교육을 할 수 있는 절호의 사회적 조건이다. 그 조건을 무용하게 방치하는 것은 큰 손실이다.

교류교육의 유무에 따른 이런 손익의 문제는 비단 하나의 기업에 국한되지 않고 기업과 기업 사이에도 적용된다. 분업은 곧 전문적 기능과 지식의 발달이라는 형태로 나타난다. 그런데 동종의 기업은 서로 경쟁하는 위치에 놓이기 때문에 교육적인 관계나 교섭을 진행하기 어려운 것이 사실이다. 서로 경쟁할 필요가 없는 다른 업종끼리 교류교육을 십분 활용하여 직원들 사이에 무한정한 품위의 공유를 보장할 수도 있다. 소상인들이 모여 협동조합을 만들고 서로 아이디어를 얻어 제품을 생산하는 방식이 그 좋은 예다. 한 직장 안에서 맡아야 할 업무가 다른 부서 간의 교육적 교류도 마찬가지다.

우리는 미래를 통제할 수 없다. 한 가지 문제를 해결하면 다른 문제가 기다리고 있다. 창조적인 직장은 새로운 것을 두고 일어나는 갈등을 불쾌하게 여기지 않고 이를 교육적인 방식으로 해결한다. 교육적 문제해결이란 당면한 문제를 외부보다는 내부에서 찾는다. 유능한 일꾼은 여건을 탓하지 않는다. 교육적인 직장구성원들은 문젯거리를 그에 대처하는 자신들의 능력부족으로 번역하고, 그 문제를 스스로 극복하기 위해 실습하고, 반성하고, 평가하는 과정을 거친다. 독립적인 의사결정, 분권화, 집단의 소단위화가 구성원들의 교육의 주체성을 살아나게 한다. 이로써 교육적 의사소통, 교육적인 대화와 토론, 교육적 질의응답, 교육적 책망과 충고, 교육적 보상과 벌 등의 활동을 더욱 활성화시키는 계기를 마련한다.

지나치게 융통성 없이 계획한 대로만 업무를 진행하려고 하면 새로 생겨나는 문제에 대응하기 어렵고 예상하지 못한 기회를 놓치게 된다. 교육적인 직장은 국한된 직무 때문에 소외되어야만 하는 삶의 영역을 보충해서 경험할 수 있는 특별한 교육프로그램을 제공한다. 정기적인 교양프로그램은 해당하는 직업세계 밖의 외래강사를 초청하고, 외부 전문가의 강연과 강습을 초대하여 직장의 분위기를 새롭게 조성한다. 교육적인 직장은 또한 직장의 업무와는 관련이 없지만 다양한 품위와 수준을 가진 사람들끼리의 교육적 상호연대를 꾀하는 비공식적 취미동아리를 자유롭게 허용하고 장려한다. 예술, 요리, 노래공부, 음악 감상, 독서, 문학 감상, 꽃꽂이, 원예, 서예, 바둑, 탁구, 마술, 애니메이션 창작,

그림 그리기, 옷감 짜기, 목재구성, 금속 다루기, 다도, 검도 등 구성원의 다채로운 교육적 교류는 단조로운 직장의 삶에 활기를 부여한다.

15.3.3 직장의 메타교육

직장은 성인들이 생활하는 공간이며, 통상 세속의 요소가 가장 중심을 이루는 사회라는 점을 앞서 지적하였다. 특히 경제적인 가치가 주된 관심과 논의의 대상인데, 이런 일원화는 삶을 궁핍하게 만든다는 점에 주목하였다. 거기에는 그 정도의 차이는 있겠지만 교육적인 삶이 포함되어 있을 가능성이 높다. 그 관점의 전환이 아쉽다. 개념의 부재로 그 부분이 은폐되거나 결여된다면, 그것을 인정하는 것이 교육발전에서 중요한 고려사항이 되어야 한다. 이를 무시한 교육발전론은 대양을 모르는 우물 안 개구리와 같은 단견이다.

그 논의 이전에 물질의 공유와 품위의 공유가 갖는 차이를 다시 살피는 순서를 택하기로 하자. 품위의 수요와 공급은 물건의 경우와 사정이 다르다. 경제에서의 공급과 수요는 역관계에 있지만, 품위는 공급하면 할수록 수요가 늘어난다. 품위를 공급하면 그 공급자의 품위가 그만큼 줄어드는 것이 아니라 오히려 나눌수록 증가한다. 사물의 경제적 가치는 희귀성에 있지만, 품위의 경우 공유할수록 값이 많이 나간다. 물품과 달리 품위에는 낭비나 남용이라는 말이 적용될 수 없는 이유다.

교육을 경제의 논리로 보는 것이야말로 가장 비경제적인 태도다. 품위를 확인하고, 확산하고, 공유하는 기세가 바로 교육이다. 경제의 입장에서 볼 때, 교육은 이른바 "수확체감의 법칙(law of decreasing return)[16)]"

16) '수확체감의 법칙'이란 자본과 노동 등 생산요소가 한 단위 추가될 때 이로 인해 늘어나는 한계생산량은 점차 줄어든다는 것을 의미한다. 대량의 자원을 대규모로 가공 처리하는 전통적인 산업 부문에서는 수확체감의 법칙이 작용하는 반면, 적은 자원과 집약된 첨단 지식을 활용하는 지식기반경제에서는 일반적으로 수확체증의 법칙이 통용되는 것으로 관측된다. '수확체증의 법칙(law of increasing returns of scale)'이란 투입된 생산요소가 늘어나면 늘어날수록 산출량이 기하급수적으로 증가하는 현상을 말한다.

의 적용을 받지 않는 생산도구다. 그 이치에 따라 경제계와 교육계가 공생할 가능성을 찾아야 한다. 비록 물질적으로 빈궁해서 남을 도울 처지가 아닌 사람이라도 그가 높은 품위를 갖췄다면 후진이 사리판단을 하지 못해 괴로워할 때 한마디 말로 이를 일깨워 구제해 줄 수도 있다. 바로 그 부분에서 교육은 경제에 크게 공헌할 여지가 생긴다.

이 논리에 동의한다면, 직장 안에서 교육적인 삶을 활성화하고 신장할 방안을 찾아야 할 것이다. 그 일반적인 공식은 메타교육과 교육여건의 개선이다. 이 가운데 본 절의 주제는 전자에 해당하는 부분이다. 직장교육은 가능태이며 실현이 보장된 것은 아니다. 아무리 좋은 교육의 기회와 여건이 주어진다고 하더라도 그것을 행사할 능력이 없으면 무효화된다. 결국 직원들이 교육의 품위를 얼마나 갖추고 있느냐의 여부가 직장교육의 성패를 좌우하는 요인이 된다.

교육은 결코 희귀한 물품이 아니다. 교육의 내재율만 따를 수 있다면 언제, 어디서나 실현시킬 수 있다. 직장교육의 활성화는 직원들이 교육적 주체로서 자기인식과 그 능력을 갖추는 것에서부터 시작되어야 한다. 현대생활은 시시각각의 변화에 우리 자신이 대응해 나가야 하는 시대적 요구가 갈수록 점증하기 때문에 미리 예견된 틀을 따르는 인간형보다는 그때그때 요망되는 사태에 융통성 있게 대응하는 인간형을 요구한다. 이는 교육적 주체로서의 자질이 무엇보다도 필요한 시대임을 암시한다. 그 요구에 맞추기 위해 주목해야 할 것은 바로 품위를 벌어들이는 품위, 즉 교육의 품위이다.[17] 현명한 사업주라면 직원들의 교육의 품위를 가장 중요시 할 것이다.

이 부분에서 가장 큰 장애요인은 가정과 학교를 통해서 습득된 관습적 교육관이다. 학교의 경험은 교육의 주체를 국가로 규정하는 경향이 있기 때문에 대부분의 직장인은 그 주체의식을 망각하고 있다. 그 망

17) 천만금을 지금 지니고 있는 것과 천만금을 획득할 능력을 지니고 있는 것 중에 어느 것을 택할까? 천만금을 획득할 능력을 지금 지니고 있는 것과 그 능력뿐만 아니라 여타의 능력조차 갖출 수 있는 능력 중에 어느 것을 택할까?

각은 직장에서 서로 교육적으로 이웃이 되거나 우호관계를 유지하는데 필요한 습관이나 자제심을 얻기 위한 노력을 등한히 하는 원인이 되었다. 앞서 가정교육에서 그러했듯이, 그런 악순환의 고리를 차단하는 조처가 이루어져야 한다. 그릇된 교육관을 교정하고, 각자의 내면에 잠재한 교육의 품위를 자각하고, 그 역량을 갖추는 것이 중요한 과제로 남아 있다.

교육은 서로 경쟁할 필요가 없이 무한정한 품위의 공유를 보장한다. 직원의 기술혁신과 보급의 조건으로서 최소한 교육의 품위향상이 요구된다. 직장에서 이를 확보하는 두 가지 방법이 있다. 하나는 이미 교육의 품위를 갖춘 사람을 직원으로 선발하고 채용하는 것인데, 이 방법은 일시적이며 그 범위도 한정되어 있다. 다른 하나는 직장 자체 안에서 교육의 품위를 재생산하는 것이다. 전자보다 후자가 더 안정적인 방법이라는 것은 말할 필요가 없다. 그 세부적인 방법은 이미 기술한 바 있지만 직장이라는 특수한 공간을 감안해서 특히 유념할 몇 가지만을 살펴보기로 한다.

직원들의 근무실적을 특정한 결과보다 그 실적을 얻어낸 과정에 더 큰 의미를 부여하는 것이 메타교육에 도움이 된다. 시행착오를 거쳐 얻은 지식과 기술을 몸소 재생하는 것과 동료가 그렇게 얻은 지식과 기술을 단지 모방하는 것 사이의 차이는 크다. 결과의 모방은 그 자체에 고정되지만 그 과정의 모방은 창조를 예비하는 작업이기 때문에 더 생산적이다. 성공하면 그 원인을 과정에서 찾고, 실패하면 그동안의 경위와 이유를 분석하여 정보를 나누고 그 실패를 어떻게 성공으로 이끌 것인가를 논의한다.

직장에서 수시로 발생하는 문제의 원인은 직원들의 무능이거나 혹은 직장 여건의 불비, 두 가지 중의 어느 하나일 것이다. 교육적 문제해결은 이 가운데 후자보다는 전자를 중시하는 것으로부터 시작된다. 이 원칙은 직원들의 처신방식에도 적용된다. 그 차이를 주목해야 한다. 이런 교육적 문제해결이 메타교육의 실습에 해당한다. 내면보다는 말, 몸짓, 꾸밈, 과시, 예의 바름 등 외적인 것을 중시하고 그 효과만을 노리는 직장의 풍토는 메타교육에 역행한다.

교육활동은 말보다는 실행이다. 직장에서 교육을 위해 특별히 중시해야 할 내재율은 무엇일까? 너무 많은 것들을 요구하면 시도 자체를 거부할 위험성이 있다. 사소한 예의 하나로 선진과 후진은 직장의 사회적 지위와는 별개라는 인식을 우선 들 수 있겠다. 교육은 선진을 존경하고 후진을 후하게 대하는 태도를 갖추어야 한다. 자신의 부족함과 겸손을 모르는 자는 아무것도 배우지 못할 것이다. 설사 사회적 직위가 높다고 하더라도 하급자의 선진을 존중하고 따르는 풍토가 바람직하다. 직장의 사회적 지위만을 내세워 하급자에게 선진의 행세를 하는 상급자야말로 교육에 역행한다. 하화자로서 지켜야 할 태도는 관대다. 후진이 오만하면 겸손하도록 하고 지나치게 겸손하면 용기를 갖도록 격려한다.

직장에는 많은 종류의 직무와 그 수행에서 각기 선진과 후진이 있다. 그들이 교육적 관계를 맺도록 유도하는 것이 바로 교육요청이다. 청하화를 유도하는 수행어는 "스승으로 모시고 싶습니다."이고, 청상구를 유도하는 수행어는 "한번 배워볼 생각이 있는가?"이다. 단순하고 사소한 이런 언어적 수행의 습관이 직장구성원 사이의 교육적 교섭을 활성화할 가능성을 높인다. 언어적 수행의 모범을 보이고 그것을 실습하는 것만으로도 직장교육의 정태를 동태로 전환시킬 수 있다.

직장의 교육적 교섭이 반드시 성공한다는 보장은 없다. 그 주기적인 평가와 반성이 교육실습에 해당한다. 교육의 가치는 실행 자체에서 증명된다. 그 성공과 실패 자체가 메타교육의 계기가 되며, 실패에서 성공에 이르는 경로가 교육의 내재적 흥미와 가치를 습득하는 계기가 된다. 교육적인 관계가 중단되는 이유는 무엇인가? 그것을 지속하는 데에는 어떤 조건을 만족시켜야 하는가? 그 중단과 지속이 여타의 삶에 주는 영향은 무엇인가? 그동안의 경위와 이유를 분석하여 정보를 교환하고 그 실패를 성공으로 이끌 것인가에 대해서 숙고하고 논의한다.

직장생활에서 현상유지에 급급한 집단과 끊임없이 변모하는 집단이 존재하는데, 이는 교육적 교섭의 정도와 밀접한 관계를 갖는다. 이들 사이에 분명 선진과 후진 사이의 교육적인 교섭의 열기에서 직장 사이에 큰 차이가 있음을 발견할 수 있을 것이다. 같은 직장 부서 사이에도 이런 차이를 예상해 볼 수 있다. 이런 경우 한편에서 다른 편으로의 현장견학을 하는 것이 메타교육의 일환이 될 것이다. 견학은 다단계 교육으로 그 교육의 품위가 내부에서 공유될 수 있도록 배려한다면 한 사람으로도 충분할지도 모른다.

이 모든 노력이 여의치 않은 경우라면, 전문가의 자문이나 혹은 개입을 생각해 볼 수 있다. 사이비교육학자들이 만연하고 있는 지금의 형편으로서 그런 전문가가 당장 보장된 것은 아니지만 미구에 그 전문가의 양성이 이루어질 수 있다. 규모가 큰 직장이라면 교육전문가를 직원으로 선발하고 채용할 수도 있을 것이고, 규모가 작은 경우라면 외부 전문가의 초청이나 전문기관에 의뢰하여 도움을 받아야 할 것이다. 본 장의 후반부에서 지역별 교육진흥센터라는 전문기구의 설립과 관련하여 논의될 사안이지만 직장인을 대상으로 하는 일반메타교육도 장래의 전망으로 기대해 봄직하다.

15.3.4 직장교육의 장내여건

앞에서 직장 직원들의 교육의 품위를 다루었지만, 직원들이 그 품위를 갖추었다고 하더라도 그것만으로 직장교육의 조건을 갖춘 것이 아니다. 그 품위를 행사할 여건의 뒷받침이 없으면 교육은 실행되기 어렵다. 경영자는 단지 교육의 중요성만을 강조할 것이 아니라 직원들이 교육을 실행할 수 있는 구체적이고 긍정적인 여건이 구비되어 있는지를 반성하고 고려해야 한다.

"교육현장"이라고 하면 흔히 학교를 연상하는데, 이미 가정교육과 직장교육을 논의하면서 그 관점의 협소함을 이미 알게 되었다. 더 추궁할 문제는 학교와 직장을 비교할 때 어느 공간이 더 교육에 유리한 여건을 갖추고 있는가? 이 문제를 놓고 여러 가지 차원을 비교할 수 있겠지만, 직장은 학교생활보다는 실제적인 경험의 공간이라는 점을 그 장점의 하나로서 들 수 있겠다. 성인들이 직장을 삶의 현장이자 현장의 실습장소로 여기는 것은 널리 알려진 사실이다.

직장인은 바로 그런 젊은이들이 맞이할 미래의 교육현장 안에서 일상생활을 하고 있다. 그만큼 직장은 보편적으로 학교에 비해 유리한 교육의 여건을 갖춘 공간이라고 할 수 있다. 직장이 고려해야 할 여타의 교육여건들이 무엇인가? 직장을 늘 경제생활의 일부로만 생각해 왔던 사람들에게는 이 질문 자체가 생소하게 느껴질지도 모르지만 이 부분에서 고려할 사항들이 많다. 그중에서 직장마다 다소 차이가 날 수 있는 몇 가지 세부적인 것들을 살펴보기로 한다.

먼저, 직장의 사회적 지위의 위계와 수도계의 품위는 반드시 일치하지는 않는다는 사실을 주목해야 한다. 품위를 높여가는 단계와 사회적 지위를 높여가는 단계는 비례하거나 비례하지 않을 수 있다. 어느 경우가 바람직한 것인지는 사회학적으로 고찰해야 할 주제이겠지만, 교육의 관점에서 볼 때 비례하는 직장이 교육의 진행에 더 용이할 것이다. 낮은 품위로 높은 지위를 차지하거나 혹은 높은 품위로 낮은 지위를 차지한 경우 그 서열과 위계를 분리시켜 세속의 위계나 명리, 혹은 통념을 내려놓는 직장의 분위기가 조성되어야 한다.

인간관계는 전환과 회복이라는 조건을 갖는다. 갑과 을이라는 자연인의 관계가 상관과 부하라는 사회적 관계에서 교육적 관계로 바뀌는 것이 그 좋은 예다. 교육적 관계는 나이, 성별, 사회적 신분, 부귀와 본질적인 관계를 갖지 않는다는 유교무류(有敎無類)의 원칙이 적용된다. 불치하문(不恥下問), 즉 자기보다 밑의 사람에게 배우는 것을 부끄러워하지 않아야 교육에 우호적인 직장의 여건이다. 직원들 사이에 사회적 지위의 껍질을 벗기고 부하가 상관의 과실을 간언할 수 있고, 상관은 부하의 간언에 귀 기울일 수 있는 직장이 교육적으로 건전한 것으로 진단할 수 있다.

적재적소의 인사관리가 직장교육에 유리하다. "천 리를 달릴 수 있는 말도 쥐 잡는 일을 시키면 오히려 늙은 고양이만 못하다(使驥捕鼠)."라는 고사성어가 있다. 어긋난 인사관리는 직장이나 직원 모두에게 불행한 일임은 말할 것도 없다. 직장에서 적성에 맞는 일은 그 개인에게 있어서 바로 수도계적인 요소를 갖는다. 적성에 따라 갑에게 고단하고 무의미한 일이 을에게는 즐겁고 보람 있는 일이 될 수 있다. 전문화의 시대에 적성에 맞는 인재를 충원하고 적성에 맞는 과제를 부여하는 것은 알맞은 교육소재를 찾는 것과 같다. 자신이 갖고 싶은 능력 혹은 적성에 도전할 수 있는 직장과 업무의 선택은 본인은 물론 고용주에게도 이롭다. 일을 매진하여 더욱 향상하는 상구와 그 향상된 부분을 후진에게 하화하는 일이 더욱 자주 일어날 가능성이 많다. 이 경우, 천직교육이라는 명칭에 부합한다.

교육소재의 적정화와 최적화로서 인사정책 다음에 고려할 것은 업무의 난이도 수준이다. 직능수행의 단계를 고려하여 직원을 배치하고, 품위의 수준에 맞는 과업을 배당하는 것이 교육에 유리하다. 큰 그릇은 크게 쓰고 작은 그릇은 작은 데 쓴다는 것은 큰 것과 작은 것을 사회적으로 차별화하거나 우대한다는 취지와는 다르다. 품위가 부족한 사람에게 무거운 책임을 지우면 좌절과 갈등만 초래한다. 접경대면의 원칙, 즉 각자의 수준에 맞게 바람직한 목표를 정함으로써 각자가 흥미를 유지하면서 적극적으로 상구에 임하도록 도와야 한다. 과제의 수준이 너무 높거나 반복적이거나 지루할 때 흥미는 감소한다.[18] 직원이 능력에 맞게 너무 쉽거나 너무 어려운 것은 피하고 노력해서 풀 수 있는 과제를 배당받게 되면 그 자체가 상구교육의 소재가 되기 때문에 그 보람이 일의 고단함을 능가한다.

18) 이와 관련된 고사성어가 많다. "물이 많고 깊은 곳에는 큰 고기가 산다(水廣者魚大)." "배를 삼킬 만한 큰 고기가 물을 떠나면 개미 같은 작은 벌레에 제어당한다(呑舟魚失水制於螻蟻)." "어려운 일은 쉬운 일에서 일어난다(難事必作易)."라는 말도 있다. 이는 쉬운 일을 신중히 하면 어려운 일이 생기지 않는다는 의미이다.

앞서 제시한 교육의 여건은 결국 직장에서 직무이동의 용이성과 융통성과 결부되는데, 대부분 성인들이 출근해서 접하는 처지는 그 선택권의 부재다. 직업을 바꾼다. 한 사람이 여러 직업을 갖는다. 자기 적성에 맞는 직장을 창업한다. 교육휴가를 얻는 것도 하나의 방법이다. 그처럼 해결방법이 전혀 없는 것은 아니지만, 그리 쉬운 일이 아니다. 그 아쉬움을 대신할 수 있는 것이 직장 안의 직무순환제다. 업무의 전환은 적성을 발견하는 좋은 기회다. 아무리 적성에 맞는 일이라도 반복된 업무는 지겹다. 직원의 품위가 상승한 후 그 품위에 걸맞은 더 높은 수준의 도전적인 과업을 맡을 수 있어야 창의적인 불균형상태를 지속적으로 유지할 수 있다.

직장의 교육여건과 관련하여 빠뜨릴 수 없는 부분이 실수와 과오, 과실을 대하는 직장의 분위기이다. 오류, 비밀의 상처, 치부, 약점을 드러내는 것은 사회적으로 불리하지만, 교육적인 직장은 비고의적인 실수와 과오를 저지를 수 있는 허용적인 분위기를 유지한다. 직원이 아무 제약이 없이 자신의 약점을 투명하게 드러낼 수 있도록 허용한다. 개방적인 의사소통을 장려한다. 이는 결코 그 약점과 실수를 있는 그대로 반복하도록 용인하는 것이 아니라 과오를 징벌하기 전에 그것을 교육소재로 삼아 교정의 기회를 주려는 조처이다. 이미 지나간 과오는 탓하지 않는다. 한때 어리석었다는 사실이 아니라 그것을 버리지 못한 것이 수치이다. "실수는 할 수 있어! 고치면 돼!" 이런 분위기는 직원의 직무능력을 끌어올려준다.

조직은 준수와 창조 사이의 경합이 이루어지는 공간이다. 직장의 경영자들은 때때로 창조를 강조하면서도 조직의 규율을 따르기를 요구한다. 창조는 규율과 어긋날 수 있다. 새로운 시도에서 실수와 실패는 불가피하다. 그것이 바로 비난이나 해고의 원인이 된다면, 새로운 시도나 창조를 꺼릴 것이다. 실수를 용납하지 않는 직장에서는 그것을 두려워하거나 숨긴다. 너무 허영심이 강해서 실수를 용납하지 못하고, 너무 비겁해서 잘못을 인정하지 못한다면 상구할 수 없다. 그럼에도 불구하고 조직의 규율을 따라야만 승진할 수 있다면 누구나 그 적응방식을 택할 것이다. 이런 대응방법은 직원들 사이의 교육적 교섭을 방해할 뿐만 아니라 직장의 비능률과 개인적인 추락으로 이어진다.

직장의 경영은 크게 경쟁과 협력이라는 두 가지 서로 모순된 방식을 풀어나가야 한다. 수도계의 입장에서 볼 때 선진과 후진 사이에 품위를 두고 서로 경쟁하는 것은 자연스럽다. 경쟁의 결과로 보상을 받는다. 결과만 좋으면 어떤 방법도 용인되는 것이 현실이다. 결과를 위주로 평가하는 경쟁체제에서 한 사람의 실패가 다른 사람의 성공을 보장한다. 그 이해관계에서 자기공개와 과실의 표현이 불리하게 작용하기 때문에 오류나 실수를 되도록 억압하고 은폐하는 직장 분위기로 흐르기 쉽다. 조직 내의 지나친 경쟁은 필연적으로 협력의 분위기를 훼손한다.

이와 대조적으로, 선진과 후진의 품위를 공유하는 교육적 관계는 협력관계이다. 경쟁이 아닌 교육적 협력은 한편의 성공과 다른 편의 실패, 한편의 손실과 다른 편의 이익이라는 차원을 넘어 모두의 성공을 보장한다. 품위가 증식되기 때문에 경쟁보다는 협력의 분위기가 교육에 유리한 조건이라는 것은 의심의 여지가 없다. 그렇다면 어떻게 그 조건을 유지할 수 있느냐 하는 문제가 남는다. 그 하나의 방도는 생각하기 나름이다. 서로 경쟁할 필요가 없는 이질적인 업종끼리의 인사교류나 교류교육을 통해 그들 사이의 불필요한 경쟁관계를 협력관계로 전환시킨다.

직장에서 경쟁과 협력은 피할 수 없는 부분이다. 그 두 마리 토끼를 한꺼번에 잡는 방법이 없는 것인가? 이 문제에서도 해답이 없는 것이 아니다. 그 하나가 집단책임제다. 이 제도는 업무의 부여와 그 실적에 대한 평가를 집단단위로 이루게 한다. 그렇게 되면, 집단 사이의 경쟁은 불가피하지만 그 경쟁의 결과를 좌우하는 것은 그 집단구성원 가운데 어느 특정한 사람의 능력이 아니라 그 전체의 업무향상이다. 그런 이유로 집단 내부에서의 선진과 후진 사이의 교육적 교섭이 집단 사이의 경쟁에서 유리하게 작용한다.

직장의 평가체제는 직장교육을 좌우하는 결정적인 요인이다. 다양한 종류의 포상 가운데 오늘날 다분히 경제적 측면에서 인간을 평가하는 체제가 지배적이다. 가장 흔한 것은 어떤 기능을 성공적으로 잘 수행한 사람에게 상을 주는 것이다. 성과나 경제적인 보상에 의존하거나 혹은 지나친 보상은 수혜자를 수여자의 노예로 만든다. 이는 나머지 직원들의 소외감을 유발한다. 여기에 직무 자체에 만족을 얻게 하는 평가체제가 추가될 필요가 있다. 예컨대, 겉치레보다는 인간으로서의 됨됨이, 과실의 추궁이 아니라 그것을 교정하려는 노력, 경쟁이 아니라 교육적인 협력에 더 높은 점수를 주는 직무평가와 인사행정도 기대해 봄직하다.

직장교육에서 공간과 시간의 확보도 고려되어야 할 항목이다. 세속적 번사에 구속된 시간과 공간은 교육을 방해한다. 교육을 하려면 교육적인 삶을 즐길 만한 시간이 충분히 준비되어 있어야만 한다. 그것이 낭비라는 생각이 들면 자신은 처음부터 교육을 즐길 만한 사람이 아님을 깨달아야 한다. 이는 마치 여행을 꿈꾸는 사람이 여행이 낭비라고 생각하는 역설에 비유하면 쉽게 이해될 수 있을 것이다. 현대인은 기계적인 일은 이제 기계에 맡길 수 있는 시대에 살고 있다. 그 여가도 타락된 목적에 몰두하는 한 행복과 멀어질 것이다. 교육은 이해, 판단 및 창조의 기능 등 삶의 의미와 질을 향상시키는 방식으로 그 여가시간을 활용하는 데 가장 적절한 통로다.[19] 아울러, 서로의 교육적 교섭을 허용하는 실내공간, 교양과 전문지식의 도서를 갖춘 도서관, 첨단의 기술공학적 매체 등이 구비되어야 할 것이다.

힘겨운 노동의 연속에서도 구성원의 품위를 한층 더 끌어올리고 끌어주려는 상생의 목표가 무시되어서는 안 될 것이다. 경영자 측에서는 오직 직업적 능률을 주장하고 직원들은 오직 노동에 대한 물질적 보상만을 요구하는 데 그친다면, 교육의 목적을 달성할 수 없다. 직장에서 비인

19) 그런데 직장생활에서 드러나는 긴박한 상황들은 직원들이 현품에 입각해서 효율적으로 살아갈 것을 요구한다. 이 경우에 정책적으로 상구에 필요한 만큼의 유보된 시간을 확보해 줄 필요가 있다. 이에 적절한 용어가 교육휴가다.

간화를 막는 이런 노무관리는 물질적 조건의 개선보다 더욱 절실하다. 노동조합은 근대 사회적, 산업적 여건의 합법적인 부산물이다. 노동자의 권익을 보호하고 방어하는 데 크게 공헌을 했다. 작업장에서의 교육의 기회를 확보하는 것은 생략할 수 없는 권익이다. 직원들에 대한 복지의 일환이기 때문에 앞서 언급한 제반 여건의 확보에는 결국 노사 간의 협력이 필요하다.

15.3.5 직장교육의 장내기능

다양한 인간형성과정의 하나로서 교육은 자체의 특수한 내재율을 지닌다. 그 교육이 직장에서 그 고유성을 유지하면서 진행된다면 어떤 바람직한 일들이 일어날까? 그 해답은 교육 그 자체의 내재적 가치를 실현함으로써 단조로운 직장생활에 삶의 활기를 불러일으킬 것을 우선 지적할 수 있다. 뿐만 아니라 세속이나 수도의 목적에도 공헌한다고 말할 수 있다. 실제로 직장교육이 그런 작용을 하고 있음에도 불구하고 적절한 개념의 부재로 인해서 은폐된 부분이기도 하다. 그 근거는 교육적인 삶이 비교적 잘 유지되는 직장과 그렇지 못한 직장을 비교하거나 혹은 직장 안에서 이루어지는 교육적인 삶을 여타의 행동통제의 수단과 비교하면 드러날 것이다.

직장은 일종의 사회다. 사회와 개인 사이에는 그 정체성을 중심으로 일정 부분 갈등하기 마련이다. 개인이 사회에 적응할 것인가 혹은 사회가 개인에 적응할 것인가의 선택이 놓인다. 사회가 인간적이면 인간적일수록 그 선택의 필요성이 적어진다. 반면에, 사회의 목표와 개인의 목표 사이의 갈등이 크면 클수록 이 대립 사이에서 번민한다. 경계하고 문제시해야 할 것은 주체가 상실된 익명사회다. 익명의 하찮은 존재로 변전할 때 개인은 점차 물화된 사회적 현실 속에 진입하게 된다. 직장은 이처럼 인간성에 역행하는 현대문명의 독소를 지니고 있음을 주시할 필요가 있다.

다양한 가치를 추구하는 인간에게 그 어느 것이 배제된다면 그만큼 삶은 편중된 것이다. 그런데 직장은 비교적 물질적인 가치 혹은 경제적 가치에 쏠린 공간에 속한다. 일상의 생활은 물질적이며, 그것을 굳이 부인하거나 회피할 필요는 없다. 문제는 물질만능이다. 자본주의는 세상 사람들의 탐욕을 키워 오로지 물질적 삶의 추구와 가난을 회피하는 데 치중하지만 삶에서 가난은 물질에 국한되지 않는다. 따라서 직장은 다양한 가치를 골고루 체험하는 길을 열어놓아야 한다. 품위를 갖추지 않은 직장의 삶이라면 동물과 무슨 차이가 있겠는가.

물질적 소유물의 양과 삶의 질은 반드시 병행하는 것은 아니다. 현대의 노동자가 옛날의 왕보다 더 낫게 입고, 더 나은 집에서 살며, 더 잘 먹고 있음에도 불구하고 지금의 노동자가 느끼는 행복의 지수는 당시의 왕보다 높지 않다. 이는 행복이 물질적 가치의 한계를 벗어나 있음을 말해준다. 그렇다면 직장에서 개인에 대한 집단의 지배 그리고 경제의 노예로서의 개인이라는 맹점과 소용돌이에서 헤어나게 할 수 있는 방법은 무엇인가?

노동분화라는 경제원칙은 직장의 생활을 단편화시키는 주된 요인이 되고 있다. 오직 생산의 능률만을 고려할 때 각각의 노동자가 특수한 기능만을 수행하는 분업의 방향으로 나아갈 수밖에 없다. 이는 경제적으로 생산력 증대라는 엄청난 효과를 가져왔지만, 사회구성원 전체의 균형 잡힌 인격의 형성을 저해하고 고갈시킬 뿐만 아니라 서로 다른 전문성 사이의 단절이라는 문제를 야기한다. 많은 경우, 극단의 분업에 의해 야기되는 지루하고 반복적인 삶이 지속된다. 이는 전인으로서의 자신과 고립되는 소외의 문제를 야기한다.

성인의 기간이 일생에서 가장 길며, 성인이 되면 누구나 하루 종일 직장에서 생활한다. 이 말은 직장의 일이 즐거울 때 인생은 기쁨이고, 일을 의무적으로 할 때 인생은 노예상태라는 뜻이다. 직장에 다니면서 가장 보람 있는 부분과 관련하여 직무만족도라는 척도가 생겼다. 그 지수는 수단이 아닌 목적적인 삶, 일의 보상보다는 일 자체에 대한 사랑이라고 요약할 수도 있을 것이다. 그 한 부분으로서 내부에 간직할 수 있는 보물인 품위의 소유, 그리고 그것을 획득하고 공유하는 교육적인 삶이 포함될 것은 말할 필요가 없다.

우선 세속의 위계나 명리의 수단이라는 부분을 접어놓고 자신의 한계를 넘어서는 자유를 추구하는 수도계의 가치는 물질적 행복과 만족을 초월한다.[20] 품위의 획득은 경제적 이익을 넘어서서 그 자체로서 자족감을 준다. 도구로서가 아니라 그 직접적인 의미로서 만족감을 주는 존재로 대우하는 직장생활은 황금만능이라는 단일가치나 익명적 역할수행을 넘어선다. 품위를 조금도 바꾸지 않는 상태는 마치 고인 물과 같다. 교육적인 삶이 그 상태를 흐름의 역동성으로 변모시킨다.

교육은 전쟁터 같은 세속의 삶에서 오아시스 같은 여유를 보장한다. 직장인들은 상구하고 하화하는 삶 자체에서 보람과 기쁨을 발견할 수 있다. 교육적 주체에게 중요한 것은 품위의 상승이 아니라 그 상승에 자신이 개입하는 과정이다. 그로 인한 내면의 희열 자체가 보상이 되는 것이다. 오직 직능의 수행에만 관심을 갖는다면 교육은 여타의 인간통제의 기능에 비교하여 사치일 수 있겠으나, 그 자체가 인간을 오로지 도구로만 취급하는 관점이나 실천을 해독하는 장치이다. 직장교육은 그것만으로 하나의 축복이라고 할만하다.

교육을 통한 현품과 일상으로부터의 일탈은 지금의 자기가 고정된 것이 아니라 계속 탐색될 가능성이라는 긍정적인 느낌을 갖도록 돕는다. 직장 안에는 다양한 전문적인 과제들이 존재하는데, 그 다양성을 소재로 직원들 사이의 교류교육을 활성화시킨다면 업무 간의 호응이 원활해질 수 있을 뿐만 아니라 교육적 삶이 주는 활력을 향유할 수 있을 것이다. 나아가 정기적으로 일반교양을 주제로 외부 강사를 초청해서 강연을 한다거나 혹은 각종 취미동아리를 장려한다면 교육의 소재가 다양해짐은 물론, 이를 통해서 직원들은 반복되는 일상의 지루함을 벗어나 전인

20) 배금주의에 맞서서 탈속적이고 정신적인 삶의 가치를 옹호하는 가난한 비직업적 지식인들이 있다. 그들은 정신이 물질보다 더 가치 있다는 것을 몸으로 증명하고 있다.

적인 체험을 할 수 있을 것이다.

앞의 논의는 다른 이해관계를 떠나 직장교육 자체만이 지니는 그 내재적 가치에 국한되었다. 그런 교육적인 삶의 향유가 여타의 삶까지 긍정적 영향을 줄 수 있다면 금상첨화일 것이다. 사실인즉, 이 부분이 본절에서 다루어야 할 직장교육의 기능에 해당한다. 이를 해명하기 위해서는 많은 연구가 진행되어야 하겠지만 불행히도 아직 확보된 자료가 없는 실정이다. 논자의 입장에서 검증할 가치가 있어 보이는 몇 가지 주목할 만한 추정을 간단하게 제시하는 것으로 대신하겠다.

직장에서는 품위의 발전수준이나 속도의 불균형에 따른 갈등, 긴장, 대립이 많다. 선진과 후진은 각자의 품위를 기준으로 사태나 타인을 이해하고 평가한다. 이때 그들의 눈과 귀는 상대에게 마치 거짓으로 증언하는 양상을 띤다. 수도계에서의 선진과 후진은 서로 거부적 태도를 보일 수 있다. 선진은 후진에 대한 경멸, 탄식, 냉소, 혐오, 빈정거림, 우월감, 권위의식으로 대한다. 후진은 아직 그 선진의 품위를 체득한 상태가 아니기 때문에 선진에 대한 질투, 반발, 굴복, 열등의식, 의존심으로 대한다. 설사 이런 방식으로 후진이 선진의 품위에 굴복한다고 하더라도 갈등상황은 해소는커녕 그대로 지속된다.

교육적 관계는 이런 저압제와 고압제에 따른 손실과 충돌을 자발적 합의로 예방하는 수단이 된다. 후진이 자신의 현품을 기준으로 선진을 비판한다면, 자신의 단점으로 상대의 장점을 헐뜯는 셈이다. 아직 선진의 품위를 모르는 후진들이 선진이 가진 품위의 우위를 직접 인정하리라고 믿는 것도 어리석다. 이 경우에 후진이 제자가 되어 상구하고, 선진이 스승이 되어 교육적 교섭을 한다면 협동적인 공조와 연대로 전환될 것이다. 이를 통해서 서로를 이해하고, 그 이해를 통해서 뒤처진 후진이 앞서가는 선진에게 심열성복하게 된다. 실력으로써 하급자를 복종시키는 것이다.

직장의 사회적 위계를 결정하는 방식은 그 직장의 번영과 관련되어 있다. 무능한 자가 높은 자리를 차지하는 직장은 건강하다고 볼 수 없다. 높은 사회적 지위는 소수에 의해서 유지되어야 한다. 문제는 누가 선진이고 후진인지는 겉으로 알기가 쉽지 않다는 점이다. 이로 인해서 직장 안에서 후진이 선진 행세를 하고, 선진이 후진 행세를 하는 기현상이 자주 일어난다. 사회적 위계가 수도계적 품위의 위계와 엇나가며, 전자가 후자를 억압하는 경우가 생기는 것이다. 직장 안에서 선진이 중요한 직책에 있지 않으면 후진에게 억압당한다. 직장에서 어리석은 상관을 모신 부하의 고초가 어떤 것인지를 짐작하기는 어렵지 않다.

유능한 직원에게 사소한 일을 시킨다거나 혹은 무능한 직원에게 중책을 맡기는 경우 곧바로 비능률의 요인이 된다. 자신이 가진 현품 이상의 권위를 행사하면 무리한 결과를 가져온다. 가문, 재산, 권세에 의지하여 출세하거나 혹은 품위에 어울리지 않는 과제를 직원에게 맡기는 것은 그 사람을 괴롭혀 해를 주는 것과 같다.[21] 능력이 부족한 사람에게 무거운 책임을 지우면 필경 일을 망친다.[22] 또한 무능한 자가 높은 사회적 지위를 지니고 있으면 유능한 자의 길이 막힌다. 이렇게 능력과는 어긋나게 사회적 지위가 결정되고 유지될 때, 교육은 그 서열판정의 원리에 따라 지위의 조정과 제자리 찾기의 건전한 통로가 될 수 있다.

교육적 관계는 선진과 후진이라는 전제가 필요하지만 또한 그 전제를 확인하는 방법이기도 하다. 일차가정에 의한 이차확인이 그 절차이다. 먼저, 갑과 을이 선진과 후진을 가정하여 교육적인 관계를 맺고, 그 관계의 지속에 의해서 그 가정을 확인한다. 스승은 적어도 제자보다는 더 높은 품위와 하화의 권위를 구비해야 한다. 품위가 낮으면 제자가 배반하고, 하화의 권위가 없으면 제자를 괴롭힐 뿐이다. 후진이 명령하고 선진이 따르게 한다면 교육적 관계는 더 이상 지속되지 못한다. 반대로, 교육적 관계가 지속적으로 유지된다면, 애초의 가정이 옳은 것으로 판명되는

21) "능력이나 학문이 미숙한 사람을 관직에 등용하여 극무에 시달리게 함은 그 사람을 적해(賊害)하는 것과 같다(賊夫人之子)."라는 말도 있다.

22) 무능한 자가 높은 자리를 차지하면 그 사회가 건강하다고 볼 수 없다는 점을 적시한 고사성어가 많다. "큰 그릇을 작은 데에 씀(大器小用)"이라거나 혹은 "능력이 부족해 중책을 감당할 수 없음(使蚊負山)" 등이 그것이다.

것이다.

직장교육은 그 자체가 교육의 내재적 가치와 경제적 가치를 공립할 수 있는 양태다. 교육발전이 없는 경제발전은 행복을 반감시킬 뿐만 아니라 오래 지속되기 어렵다. 경제적 투자와 효율의 문제에서 인구와 기술이 천연자원을 능가한다는 것은 널리 알려진 사실이다. 인력에 대한 투자에서 가장 많은 이자가 나온다는 말이 있듯이, 인력에 대한 투자는 직장의 생산성을 배가시킬 것이다. 직원의 인력을 향상시키면 그만큼 노동을 통해 얻어지는 소득도 더욱 증가시킬 수 있다. 다만 인력양성은 투자에 비해 그 효과가 늦게 나오기 때문에 장기적인 안목이 요청된다.

인력양성이 곧바로 교육은 아니지만 결과적으로 품위의 향상이라는 측면에서 인력양성의 한 축을 이루고 있다. 교육에 대한 외재적 보상이 품위의 향상을 촉진하는 보상이 될 수는 없다. 교육에 대한 보상은 그 자체의 만족감에 있다. 교육의 내재적 동기가 없이 경제적 이득이 동기가 되어 교육활동을 한다면 그것은 경제적으로 설명할 수 있는 현상이라고 할 수 있겠지만 그 내재적 동기가 포함된 경우라면 교육과 경제가 동시에 관련된 사항이다. 즐겁게 교육적인 생활을 향유하면서 유능한 인력이 확보될 수 있다면 누구나 환영할 바다. 앞서 살폈듯이 어느 업무이든 거기에는 품위의 요소가 다소간 포함되어 있으며, 그 품위를 소재로 하는 교육이 진행될 때 그 업무실적이 향상된다.

급변하는 시대에 정지한 직장은 안전하지 않다. 오늘날의 직장은 변화가 없이는 지속하거나 생존할 수 없다. 평온한 과거의 원칙은 격동하는 현재에 적합하지 않다. 관행에 만족하고 그것을 반복하는 직장은 발전할 수 없다. 자신의 혁신을 거부하는 직장은 무너지는 폐가와 같다. 문제는 어느 곳에나 잠재되어 어느 때에 자연스럽게 드러난다. 그 문제의 근원을 외부에서가 아니라 바로 구성원 자신으로부터 찾는 직장은 발전한다. 그 내부의 장애를 점차적으로 극복하는 방법이 바로 교육이다. 직무수행에서 실수와 오류는 불가피하다. 직원들 사이에 교육적 교섭은 그 오류를 소재로 사용하여 그 대안으로 대치하여 오류의 재발을 방지하기 때문에 오류에 따른 손실과 비용을 최소화시키는 최선의 조처가 될 수 있다.

오늘날 기술의 혁신과 전파가 산업의 중요한 주제가 되고 있다. 직장에서 요망하는 지식과 기술은 급속하게 발전하고 있다. 이전의 것이 무용하게 되고, 새로운 것이 요망된다. 상구에 의한 기술의 혁신과 하화에 의한 증명과 설득이 이 산업생태환경에 발 빠르게 적응하는 최선의 수단이다. 그 창조성의 성장을 보장하는 무기의 하나가 품위를 혁신하는 상구교육이다. 획기적인 발견과 문제해결은 오로지 고독 속에서 일하는 개인에게만 가능하다. 그 창안물이 성장하기도 전에 폐기되는 경우는 너무도 많다. 그 창의성을 받아들일만한 대중이 없기 때문이다. 하화교육은 그 혁신적인 것을 전파하고 보존한다.

오래 전에 취득한 지식과 기술의 개선에 더딘 직원을 새로운 환경에 적응하도록 돕는 것이 올바른 의미의 재교육이다. 자체의 기술개발이든 혹은 선진국의 지식이나 기술을 도입한다고 할 때 그것을 수용할 수 있는 효율적인 인력개편이 필요하다. 그 구성원의 혁신이 전제되며, 또한 혁신된 직장에서 혁신하지 않은 구성원은 도태된다. 교육의 내재율에 익숙한 직장과 그 부분에서 부족한 직장은 그 재적응의 효율성에서 큰 차이가 난다. 전자는 그 구성원 하나만 특정한 품위를 지니고 있다면 그 전체가 자연스럽게 공유할 수 있음에 비해서 후자는 그 구성원 전체가 한꺼번에 그 품위를 습득하는 별도의 과정을 거쳐야만 한다.

마지막으로 유념할 것은 위에서 직장교육의 다양한 기능들이 어느 특정한 기능을 위주로 교육을 규정하는 결과위주의 교육관에 의해서 은폐되어 왔다는 사실이다. 특수한 직무나 직장에 적합한 인력을 양성한다는 취지의 이른바 "직업교육"도 이 은폐에 가담해 왔다. 오늘날 경제 분야에서 누구나 직업의 유동성, 노동시장의 유연화, 지속 가능한 인력 등의 해법을 "창의력교육"에서 얻고자 한다. 그러나 오로지 특정한 결과만 강조하는 것은 교육으로부터 비롯하는 여타의 기능을 무시한다. 그 각각의 것의 필요성은 인정한다고 하더라도 교육의 기능을 말할 때는 그 교육 자체의 정체성이 무엇인지를 밝혀야 한다. 변화에 대한 유연한 대처의 방식이라는 것도 그 정체성을 유지한다는 조건에서만 성립되는 수많은 소득 가운데 하나에 불과하다.

15.4 가상공간의 교육양태

15.4.1 가상공간교육의 맥락

가상공간은 영어의 "cyber space" 혹은 "virtual space"를 번역한 것이다. 전자공학을 이용한 각종 통신매체의 덕택으로 인류역사에서 최근에 출현한 공간이다. 가상이라는 용어가 현실이 아니라는 의미를 함축하는 것으로 해석한다면 착각이다. 가상공간을 떠난 현재와 미래의 생활은 오늘날 상상하기 어렵다. 누구라도 하루의 상당한 부분 동안 불가피하게 접속해서 진입해야 할 일상생활의 일부로서 엄청난 영향력을 발휘하고 있다. 역사상 유례를 찾아볼 수 없는 공간의 확장이다.

정보를 무진장하게 저장할 수 있는 마이크로칩의 발명은 인간이 가진 기억용량을 확장하였고, 이로 인해서 정보의 시대가 우리의 현실로 도래했다. 각종 전자기기가 담고 있는 정보는 거의 무한대이다. 정보는 문자, 영상, 음성, 발전된 멀티미디어와 동영상, 시뮬레이션, 게임, 토론 등 다양하다. 전자 아카이브는 영구적으로 보존되어 언제든지 재사용할 수 있다. 언제 어디서나 이를 수정하고 보완할 수도 있다.

그 저장된 정보를 신속하게 전달하는 광섬유는 시간과 공간의 거리를 뛰어넘어 지식과 정보의 지구화를 촉진함으로써 지구의 반대편의 인간끼리 서로 이웃이 될 수 있게 되었다. 놀라운 것은 이로써 시간의 범주도 극복하게 되었다는 점일 것이다. 이제 시공간의 제약을 받지 않고 누구나 필요한 정보를 조회하거나 얻을 수 있게 되어 역사와 지리에서 격리된 사람들 사이의 접촉, 교류, 합류의 속도는 어느 때보다 빨라지고 있다.

인터넷은 컴퓨터 네트워크의 네트워크다. 그 말단에는 네티즌이라는 신분으로 정보를 생산하고 교환하는 사람들이 있다. 그들이 형성하는 공동체의 가입과 탈퇴는 가정이나 직장에 비해서 자유롭다. 나이, 성별, 외모, 인종, 집단, 계층 등의 세속적 범주의 개입이 최소화된다. 품위의 종류와 수준의 제약도 받지 않고 누구나 자발적으로 참여한다. 이런 네티즌들이 촘촘한 그물망의 한 노드를 이루면서 서로 생각과 의지와 감정, 행동을 연결시키고 있다.

네티즌들은 동등한 지위를 갖는다. 익명성은 자유로운 정서적 관여와 발언을 보장하고, 그 동등성은 정보의 무차별한 병립을 허용한다. 이로써 정보의 과잉과 저질 정보가 난무한다. 그 맥락이 부재하거나 불분명한 정보와 이미지가 범람한다. 이에 더하여, 네티즌 상호 간의 첨가와 보충은 정보의 굴절과 혼란을 가중시킨다. 그 각각의 실질적 의미는 명칭이나 명분 자체에서 나오는 것이 아니라 그것을 누가 무엇을 위해서 사용하느냐 하는 것에 의해서 규정된다.

가상공간은 어느 단일한 통제를 받지 않기 때문에 다차원적 참여를 허용한다. 인터넷은 애초에 군사적 목적과 군부 등의 거대한 조직의 효율성을 찾는 데서 출발했다고 하지만, 오늘날 그 안쪽은 바깥의 공간마냥 정치, 경제, 사회, 문화, 종교, 교육 등의 범주가 서로 교차하면서 다원화를 거듭하고 있다. 정치권력의 재생산, 정보의 상품화, 전자상거래, 오락산업, 대중문화 등 다양한 지배가치와 세력들, 특정한 교리를 주입하려는 교조화 등이 교차한다. 네티즌들은 자체의 이해관계로 유도하려는 현실에 이처럼 알게 모르게 중독되거나 마비되기도 한다.

가상공간 안에서 온갖 인간변화과정이 각축을 벌인다. 특정한 정파의 노선과 이데올로기를 전파하기 위한 선전과 세뇌공작, 우민화의 수법, 특정한 상품을 구매하도록 유인하는 현란한 광고, 기만적인 선전과 설득, 과대한 포장, 모조된 영상의 부여, 감각적이며 피상적인 속견의 제공, 대중조작의 술책, 근거 없는 폭로와 비방, 특정한 종교의 교리를 주입하려는 교조화 등이 얽히고설켜 작동하고 있다. 논쟁을 벌일 때조차 문제의 올바른 해답에는 관심이 없고 자기주장의 관철을 위해서만 애쓴다.

이 거역할 수 없는 변화의 물결에 무력하게 휩쓸리지 않으려면 자기 개발에 더욱 힘써야 한다. 가상공간의 열림과 관련하여 "온라인교육", "인터넷교육", "원격교육", "교육동아리", "사이버대학", "가상대학", "개방대학" 등이 우후죽순 격으로 등장하였다. 그 수요는 지속적으로 증가하고 있다. 이들은 일반학교의 강의를 보충해 주고 있으며 다수의 일반 대학생들도 시간과 공간의 제약 없이 학업을 할 수 있어 온라인 프로그램에 참여하고 있다. 참여하는 네티즌이 그만큼 많다는 증거이다. 학생들은 가상대학 프로그램을 통해 학점을 취득할 수 있으며 자신이 재학하고 있는 대학과 상관없이 프로그램을 선택할 수 있다. 그러나 이들의 문제는 기본적으로 관습적 교육관의 틀에서 벗어나지 못한다. 그들이 곧바로 교육을 대신한다고 볼 수는 없다.

그렇다면 가상공간의 교육은 무엇인가? 그에 대한 해답은 간결하다. 가상공간은 생활공간과 교육이 겹치는 부분이다. 삶의 다양성은 본위의 선택에 따라 전혀 다른 측면이 드러난다. 교육본위를 취한다면, 가상공간의 네티즌이 교육적 주체가 된다. 교육이 여타의 인간성형성을 구분하는 기준은 그 고유한 내재율이다. 수많은 네티즌이 가상공간 안에서 실제로 상구자와 하화자로서 교육적인 삶을 가장 활발하게 진행하고 향유하고 있지만, 그동안 그것을 포착하는 적합한 이론의 부재 때문에 그 교육적인 의미가 퇴색되고 과소평가되어 왔다.

가상공간에 대한 단순한 기술찬양의 문제를 떠나서 그 파괴적이거나 혹은 생산적인 새로운 잠재력을 여러모로 고려할 때가 되었다. 개념의 장애와 부재 때문에 가상공간에서 이미 활발하게 진행되고 있는 교육조차 그 의미가 무엇인지 충분히 감식하지 못하고 있는 실정이다. 그 은폐된 부분을 이제야 비로소 주목할 수 있게 되었다. 바야흐로 시간과 공간의 제약뿐만 아니라 제도의 틀을 벗어나 교육이 그 내재율에 따라 자유롭고 자연스럽게 이루어질 수 있는 역사상 유례가 없는 여건이 마련된 마당에, 그 안에서 이루어지는 교육을 온갖 인간변화과정들과 구분하고, 재건된 교육학의 관점에서 재조명할 필요가 있다. 생활교육의 이념에 비추어 가상공간의 교육은 한층 더 주목하고 각광을 받아야 할 미래의 가능성으로 열려있다고 하겠다.

15.4.2 교육적인 가상공간

과거에는 정보를 소유하는 것만으로 사회적인 인정을 받을 수 있었지만 오늘날의 정보화시대에는 까마득한 옛이야기가 되었다. 교육발전을 결정하는 요소의 하나가 선택할 소재의 범위인데, 하나의 컴퓨터 안에 과거에서부터 현재에 이르는 각종 학문, 예술, 도덕, 취미, 스포츠 등 온갖 교육소재가 저장되어 있다. 그 보물창고는 공간의 한계를 벗어난다. 극단으로 말하면, 지구촌의 각종 이질적인 품위의 종류와 수준은 인류의 각자가 가진 적성이 허락하는 범위만큼 다양하다고 말해도 과언이 아니다. 교육을 위한 소재의 데이터베이스가 그만큼 무한대로 확장되었다.

각종 포털 사이트(portal site)[23]는 사용자들이 필요로 하는 정보 또는 그에 대한 메타데이터를 종합적으로 제공한다. 오늘날의 전자매체는 역사상 문자가 정보를 저장할 수 있었던 기능을 극단화시켰다. 정보에 대한 기억이 필요한 것이 아니라 필요할 때 검색하여 조직하고 활용하면 된다. 초기에는 검색 서비스와 전자 메일 위주였으나, 점차적으로 온라인 데이터베이스, 뉴스, 홈쇼핑, 카페, 여행, 역사, 각종 오락과 공연, 블로그[24] 등 다양한 서비스를 제공하고 있다. 개인이나 집단(그룹, 회사, 단

23) 영어로 "정문" 또는 "입구"를 뜻하는 "포털(portal)"은 웹에서 사용자들이 인터넷에 접속할 때 기본적으로 거쳐 가도록 만들어진 사이트를 말한다. 우리나라의 대표적인 포털로서는 네이버(NAVER), 다음(DAUM), 네이트(NATE)가 있다.

24) 이는 웹(web)과 로그(log, 기록)를 합친 낱말로, 스스로가 가진 느낌이나 품어오던 생각, 알리고 싶은 견해나 주장 같은 것을 웹에다 일기처럼 차곡차곡 적어 올려서, 다른

체)은 자신들의 홈페이지(home page)[25]를 구축할 수도 있다. 이들은 네티즌 쌍방 간에 직접 콘텐츠를 만들고 선별적으로 소비하는 통로이다. 이를 통해서 공간과 시간의 제약을 뛰어넘어 개인과 개인, 혹은 개인과 집단, 집단 사이, 혹은 무한한 다수와 무한한 다수의 접촉이 이루어진다.

품위는 그 종류와 수준을 떠나서 교육소재라는 점에서 평등하다. 네티즌은 현인과 보통사람의 연속선상에 있으며, 그 선상의 어느 품위에서나 상구와 하화의 길이 열려 있다. 제시된 품위를 과품으로 인식하는 네티즌은 이를 이용하여 하화를 시도하며, 미품으로 가정하는 네티즌은 이를 이용하여 상구를 시도한다. 상구하는 동안 자신의 품위의 우위를 타인에게 입증하고 싶은 충동이 생기면 하화의 과정으로 전환하고, 하화하는 동안 자신의 품위의 빈궁함을 발견하면 그것을 소재로 상구의 과정으로 되돌아간다. 이처럼 상구교육과 하화교육의 조화와 전환이 가능하다는 점은 기적과 같다.

그러나 여기서 성급한 진술이나 주장을 경계할 필요가 있다. 교육적 교섭이라고 할 때는 그 조건을 따져야 한다. 품위의 표현양태를 모방하는 것과 품위를 공유하는 것은 구분된다. 단지 정보를 올리고 내려받는 것을 교육적 활동이라고 할 수는 없다. 결과의 제시만으로 품위가 서로 공유되는 것으로 착각해서는 안 된다. 교육적 활동은 그 내재율을 따르는 범위에서 인정된다. 그 구분은 본서의 다른 부분에서 구체적으로 살펴왔기 때문에 재론할 필요는 없고, 다만 가상공간의 특수성에 비추어 첨가하여 강조할 부분은 있어 보인다.

네티즌은 공간 밖에서 얻은 자신의 진기하고 새로운 경험을 인터넷에 올리거나 혹은 특정한 수도계의 선진으로서 자신이 가진 품위를 혼자 소유하는 것이 너무 아까울 때 크게 두 가지 방식으로 하화의 길을 택

사람도 보고 읽을 수 있게끔 열어 놓은 글들의 모음이다. 이렇게 블로그를 소유해 관리하는 사람을 블로거라고 한다. 블로그는 개인적인 성격을 가지고 있지만, 때에 따라서는 인터넷을 통해 기존의 어떤 대형 미디어에 못지않은 힘을 발휘할 수 있기 때문에 '1인 미디어'라 부른다.

25) 오늘날 이들은 모두 웹사이트(Website)라는 말로 대체되었다.

한다. 우선, 하화의 상대가 분명하게 드러나는 경우는 하강 등 하화의 내재율을 적용한다. 불특정한 상대의 경우는 단지 문자와 영상을 올려 자신이 자증한 품위를 드러내고 불특정 후진으로 하여금 “네 마음대로 소화하라”라는 원칙을 적용한다. 후자의 경우, 그것을 소화할 수 있는 사람이 제자의 위치를 차지한다.

누구나 자신의 능력에 벅찬 문제영역을 가지고 있기 마련이다. 자신의 품위와 변덕스러운 환경의 작동 사이에 균열과 간격을 발견하면 상구의 길을 택한다. 관련된 웹사이트를 방문하여 접속하는 것이 그 출발이다. 선진의 외화는 상구자에게는 점진적인 내화의 과제를 안겨준다. 문제에도 위계가 있기 마련이며, 상구적인 네티즌은 지루하지 않고 너무 어렵지도 않은 중간쯤의 과제에 흥미와 관심을 가진다. 그 사이트에 접속하는 지점에서부터 그는 자연스럽게 선진이 취했던 상구의 과정을 재생해 나간다. 그 과정이 교육의 내재율에 부응하여야 하기 때문에 이하의 논의에서는 그 조건을 주로 언급하는 것으로 교육의 사례를 대신하고자 한다.

정리되지 않은 정보는 혼란과 무질서의 원인이 된다. 오늘날 정보의 시대가 가진 맹점이다. 풍요 속의 빈궁이라고 할 만하다.[26] 무수한 정보가 매일 산더미처럼 쏟아지지만 지식으로 정련되지 않아 정보의 소용돌이가 이루어지고 있으며, 그 소용돌이에 매몰되지 않고 자신의 관점을 찾아야 한다. 정보가 조합되는 형태는 무한하다. 자신이 관심을 가진 주제와 관련하여 흩어져 있는 정보의 파편들을 취사선택하여 자신의 지식으로 승격시킬 수 있어야 한다. 어떤 정보든 그 산출자의 현품을 반영한다. 이는 자신의 판단을 위한 보조물이다. 그 낱낱의 잡동사니 정보를 있는 그대로 쌓아놓는 것이 아니라 그것을 선별적으로 처리하고 재통합

26) 정보와 지식은 구슬과 보배의 차이다. “구슬이 서 말이라도 꿰어야 보배다.”라는 격언이 있다. 타자의 이론은 그것을 자신의 것으로 동화하기 이전에는 참조할 수 있는 정보의 한 가닥에 불과하다. 벽돌은 만들지만 집은 짓지 못하는 사람들이 많다. 많은 정보는 알고 있지만 지식을 갖추지 못한 사람들은 그보다 더 흔하다.

하여 창조적으로 구성하는 것이다. 새로운 정보가 기존 정보에 영향을 주고 충돌한다면, 상호 간의 조정이 불가피해진다.

암기력을 천재적인 것으로 오인했던 시절이 있었는데, 이제 수많은 정보나 이론이 가상공간 안에 기억의 형태로 이미 존재하고 있다. 이런 시대적 변화를 이용하는 것이 가상공간교육의 첫 번째 요령이다. 가상공간의 정보는 타자의 것이며, 그것은 이미 그 안에 저장되어 있기 때문에 그것을 재생하는 것은 아무 의미가 없다. 그 정보들은 그 맥락이 분명하지 않고 그 의미가 확정된 것이 아니기 때문에 그 정보에 대한 단순한 기억을 자신의 지식으로 간주할 수 없다. 정보에 대한 기억들이 여과를 거쳐서 하나의 체제로 상구자의 것으로 편입되어야만 그 고유한 의미를 갖는다.

가상공간의 상구교육은 정보를 검색하는 데에서부터 시작한다. 그 검색은 평가, 비교, 편집, 분류 등 종합적인 사색과 성찰을 포함한다. 검색된 정보는 타자의 것이라는 것이 분명하며, 그 모든 것을 입증하는 데 시간을 소비할 필요가 없다. 단지 자신의 위치에 상구에 잠시 차용하면 된다. 주어진 정보를 단순히 이용하는 것과 그 정보를 소화시켜 자신의 것으로 소유하는 것 사이에는 큰 차이가 있다. 상구자는 주어진 정보를 그대로 삼키는 것이 아니라 그것을 소화하여 육체의 일부로 만든다. 그 출처를 떠난 상구자의 체험과 그에 근거한 입증만이 얻어야 할 소득이다. 그 입증은 서로 다른 맥락에서 관련이 없이 기억했던 정보들이 한 가지 맥락에 수렴하여 동일한 의미를 가질 때 이루어진다.

가상공간의 다양한 활동 가운데 자칫 교육활동과 혼동할 수 있는 사례가 많은데, 그중의 하나가 질의응답(Q&A)이다. 어떤 주제에 대해서 해답이 없을 때 한쪽에서 질문을 올리면, 다른 쪽에서 이에 대한 대답을 올린다. 이때, 통상 전자는 상구하고 후자는 하화한다고 판단하기 쉽지만 간단한 질의응답의 교환만으로 교육적 활동이라고 할 수는 없다. 보편적인 질문과 답이란 존재하지 않는다. 질문과 답에는 개별적인 수준의 차이가 있다. 질문이 답을 따라가지 못하는 우문현답(愚問賢答), 답이 질문을 따라가지 못하는 현문우답(賢問愚答)의 사례는 교육적 교섭과는 거리가 먼 활동이다.

교육적인 질의응답은 선진과 후진이 구분되고, 그들이 교육적 교섭의 알맞음을 충족시킬 수 있어야 한다는 조건이 붙는다. 상구적 질문은 현품의 확장이 아니라 그것을 벗어나려는 혁신의 의도로 제기되어야 한다. 후진의 질문 안에 모종의 전제가 포함되어 있으며, 하화자는 그들의 관심과 지적 수준이 무엇인가를 유추한다. 하화적 대답은 질문 자체에 대한 응답이 아니라 그 질문 안에 포함된 전제를 문제시한다. 그리고 질문에 대한 해답이 아니라 그 해답에 이르는 활동을 처방한다. 이로써 특정한 사안에 대한 후진의 편협한 견해가 선진의 견해에 접근한다.

가상공간 안의 숱한 대화와 토론도 교육적 활동의 일부로 편입시키려면 같은 방식으로 그 범위를 한정할 필요가 있다. 세상에 대한 모든 주장은 언급하는 사람의 현품을 반영한다. 그 옳음의 근거가 각각의 현품에 토대를 두고 있기 때문에 두 사람이 옳음을 논쟁할 때 각각은 자신의 관점에서 옳다. 교육적인 대화는 바로 이런 관점에서 인식의 절대성과 보편성의 유혹을 벗어나는 처방전이다. 상대편의 생각을 바꾸려고 하는 만큼 자신의 생각도 바꿀 준비가 되어 있어야 한다. 그렇게 여러 사람들의 논의를 거쳐 이전에 생각하지 못한 한 단계 더 높은 수준의 인식에 도달하고 그 인식의 높음을 자증하고 타증할 수 있어야 한다.

특정한 장소와 시간에 강의를 하고 강의를 받는 것은 이제 너무 소모적이다. 가상공간의 포털에 수많은 강의와 강좌가 공개되어 있다. 가상대학의 온라인 프로그램은 일반대학교의 강의를 보충해 주고 있으며, 다수의 일반 대학생들도 시간과 공간의 제약 없이 원하는 만큼 학업을 할 수 있기 때문에 온라인 프로그램에 자진해서 참여하고 있다. 일반 네티즌도 그 강의나 다양한 공개수업을 접할 수 있다. 한쪽에서 강의를 제공하고 다른 쪽에서 그 강의를 시청한다. 이를 흔히 교육활동의 일부로 치부하기도 한다. 아마도 "전자는 교육하고 후자는 교육받는다."라는 말이 쉽게 통한다. 이 역시 개념상 문제의 소지가 많다.

가상공간 안에서 이루어지는 각종 질의응답과 토론이 곧바로 교육활동인 것은 아니듯이 그 안의 강의도 마찬가지다. 강의는 일대 다수의 접속이라는 한계가 있다. 강사의 하화의 의도가 청강생에게 곧바로 상구의 자료가 되는 것은 아니다. 강사의 강의내용이 어떤 수강생에게 깊은 인상과 감명을 불러일으킬 수 있다면 그들에게는 상구교육의 가치를 지닌 것으로 보아야 할 것이다. 그러나 그 숫자는 제한되어 있다. 나머지는 알고 있는 내용의 반복으로 지루함을 느끼거나 혹은 자기 수준을 너무 넘어서고 있기 때문에 듣고는 있으나 그 의미를 이해하지 못하는 편에 속할 것이다.

가상공간의 강의에 무언가 다른 목적을 첨가하지 않으면 교육활동의 고유한 가치를 인정받기 어렵다. 온라인강의가 단순히 수업 동영상을 보여주는 데 그친다면 온라인을 이용하는 네티즌을 지속적으로 확보하는 데 어려움이 따를 것으로 예측된다. 그 온라인강의를 통한 교육의 성공을 거두기 위해서는 교육의 내재율을 충실히 이행하는 양질의 프로그램의 설계와 개발, 네티즌의 수요 만족, 오프라인에서의 교류 등의 요소를 첨가해야 할 것이다. 다행스러운 것은 가상공간 안에서 그 강의의 시청은 선택사항이라는 것이다. 상구에 도움이 되지 않는다면 피하면 된다. 가상대학의 경우처럼 수강의 의무가 주어진다면 그것은 별개의 문제이다.

앞서 가상공간 안에서 이루어지는 일부의 활동들이 곧바로 교육활동으로 인정될 수 없다는 사실을 지적했다. 다행스러운 것은 올려놓은 질의응답이나 토론, 그리고 강의가 그 당사자의 것만으로 끝나는 것이 아니라는 점이다. 이는 가상공간 안을 통해서 만인에게 공개된 것이기 때문에 자료의 사용가치는 사용자에 의해서 규정된다. 중요한 것은 수많은 네티즌이 시간과 공간의 제한을 벗어나 그것과 자유롭게 접촉할 수 있으며, 현명한 교육적 주체는 각자의 품위의 수준에 따라 이들을 선택적으로 상구나 하화의 자료로 이용한다는 사실이다.

가상공간의 교육에서 마지막으로 상기해야 할 것은 품위는 체험구조라는 점이다. 앞에서 정보와 지식을 구분했는데, 정보는 품소에 해당하고 지식이 품위에 해당한다. 가상공간 안에서 떠도는 각종 정보의 의미는 그 맥락에 따라 전혀 다른 의미를 갖는다. 그것들이 어떻게 조직되느냐가 문제이고, 그 조직을 향상시키는 것이 바로 상구이기도 하다. 품위는 이렇게 인식에 국한되는 것은 아니다. 미술, 음악, 목공, 요리, 골프 등의 품소는 그것이 요구하는 개별적인 체험이다. 정보가 그러하듯이 이런 체험소들의 단순한 집적만으로 품위의 지위로 인정되는 것은 아니다. 그 한 단계 진전을 이루려면 상위품소들의 획득과 그에 따른 또 한 번의 창조적인 조직화가 각 영역에서 필요하다. 이를 논자는 회득(會得)이라는 말로 표현하였다.

품위의 암묵적인 세부사항은 손가락으로 컴퓨터의 키보드를 두드리거나 마우스를 클릭하고, 문자든 영상이든 동영상이든 모니터에 제시하는 그대로 보고 듣는 것으로 획득되거나 전달하기에는 부족하다.[27] 그림의 완성과정, 요리하는 과정 등 컴퓨터 안에서의 시범은 유관한 삶의 현장에서 상구의 내재율에 맞는 실습의 요건을 충족시킬 수 있어야 한다.[28] 그 부분이 어떻게 보면, 이제까지의 가상공간에서 이루어지는 교육의 가장 큰 한계로 보였는데, 장차 컴퓨터 안에서도 시범과 실습이 이루어질 가능성이 점차 현실화되고 있다. 이른 예상이지만, 컴퓨터와 디지털 기술 등을 사용해서 인공적으로 만들어낸 가상현실(virtual reality)의 시뮬레이션이 불필요한 요소를 제거하면서 단기간에 체험을 압축하는 데 더욱 용이한 환경으로 작용할 것으로 본다.

이 모든 것을 고려할 때, 교육적으로 가장 주목할 만한 사태는 어떤 특정한 목적을 두고 가까운 네티즌이 자발적으로 참여하는 자생적 가상공동체(대화방, 토론방, 동호회 등)의 부상이다. 여기서는 서로 다른 개체 사

27) 배고픈 사람이 요리책을 아무리 들여다보아도 공복이 해소되는 것은 아니다. 음식과 마찬가지로 품위도 그것을 흡수하고 소화시켜 유기체의 일부로 만들어야 한다.

28) 베이징 세계육상선수권대회(2015년 8월)를 할 때, 투창에서 일등으로 우승한 아프리카 선수는 아무 코치도 없이 단지 인터넷에서 그 기술을 습득했다고 해서 세상 사람들을 놀라게 한 바 있다.

이의 비대면의 토론, 채팅, 세미나 등이 활발하게 이루어진다. 그들에 교육적인 요소를 첨가하면 그것이 바로 교육적인 교섭이 된다. 서로가 장점을 살리고 단점을 줄여나가는 광범위한 교류교육이 이루어질 수 있는 가능성이 높다. 정기적으로 오프라인(offline)의 만남을 주선하여 직접 만나서 체험을 보충할 수도 있을 것이다. 이전에 이루어졌던 질문과 해답에 대한 더욱 상세하고 구체적인 면대면의 교섭도 가능하다. 미진했거나 오해될 수 있는 부분에 대한 정리가 이루어진다. 서로의 교섭에서 의미 있었거나 부족했던 점을 자체적으로 평가할 수도 있다. 이는 자발성에 기초를 두기 때문에 그 존속과 소멸은 그 구성원의 교육적인 삶을 얼마나 만족시키느냐의 여부에 의해 결정될 것이다.

15.4.3 가상공간의 메타교육

가상공간 안에는 교육적 삶을 영위할 기회가 무한하게 열려 있지만 이를 활용하는 데에는 개인마다 큰 차이가 있다. 그 차이는 크게 나누어 가상공간에 대한 적응능력과 교육능력의 두 가지에서 기인한다. 이전에 없던 가상공간에 진입하려면 일상의 공간과는 다른 네티즌이라는 자질을 필요로 하며, 그 자질을 갖추지 못한 사람에게 가상공간은 단지 물리적인 현상으로 머문다. 설사 그 적응능력을 갖추었다고 하더라도 그것만으로 교육적인 교섭이 보장되는 것은 아니다. 교육은 교육적 주체의 것이라는 조건은 어느 공간에서나 적용된다. 그 부분에서 교육의 품위가 개재한다.

최근에 태블릿PC 사용이 일반화되면서 그 사용방법에 대한 필요성이 대두되고, 그에 대한 연수를 희망하는 사람들은 많은데 참여할 수 있는 사람의 수는 아직 제한된 편이다. 그 숫자에서 아무래도 시대의 변화에 예민하게 적응하는 젊은이들과 이전의 시대에 적응해 온 노년층의 차이는 크다.

컴퓨터[29]는 하드웨어(hardware)와 소프트웨어(software)로 구분된다. 하드웨어는 중앙 처리 장치, 모니터, 자판, 컴퓨터 기억 장치, 그래픽 카드, 사운드 카드, 메인보드와 같은 컴퓨터의 물리적 부품을 의미한다. 소프트웨어는 특정 작업을 수행하기 위해 하드웨어에 의해 저장되고 실행되는 명령어들이다. 그 하드웨어의 작동방식에 적응하는 것과 소프트웨어를 생산하고 활용하는 능력은 별개이다. 어느 쪽이든 일반적으로 컴퓨터 프로그래머와 컴퓨터 공학자의 전공분야이며, 사용자의 입장에서 이 문제는 컴퓨터의 구입과 동시에 해결된다. 문제가 되는 것은 다만 그 정보기기와 매체의 조작능력이다.

네티즌의 지위는 정보를 생산하고 창조하는 최소한의 디지털식 정보처리기법을 알아야 얻을 수 있다. 소비자로서 정보에 대한 분별력도 필요하다. 가상공간 안에서 떠도는 각종 정보의 의미는 그 속성상 맥락에 따라 전혀 다른 의미를 갖기 때문에 단편적인 언명이 중요한 것이 아니라 그 언명이 포함되는 전제와 맥락을 이해하는 것이 중요하다. 앞서 지적했듯이, 정작 필요한 것은 수많은 정보량 가운데 유관한 것을 현명하게 분별하고 조직하는 능력이다. 그 적응방식의 전환이 이루어지지 않는다면 정보의 홍수에 익사하거나 그 바다에 표류할 것이다.[30]

가상공간의 정보는 언어, 영상, 동영상 등의 형태로 이루어지지만, 그 공감대는 주로 언어적 소통에 의존한다. 시공간의 경계가 허물어지고 있지만, 언어의 장벽은 아직도 남아 있다. 각종 언어의 구사능력이 요망된다. 그 일반적인 표현방식도 중요하다. 사고는 단일한 조작이지만, 사고의 표현은 계기적인 조작이다. 영상과는 달리 언어는 한순간에 사고 전체를 한꺼번에 표상할 수 없다. 사고 전체를 부분으로 나누어 순차적으로 배열할 능력이 필요하다. 그 표현뿐만 아니라 자료의 읽기와 해석력도 중요하다. 선진의 저서나 작품 앞에서는 그의 입 열기를 꾸준히

29) 오늘날 누구나 손에 들고 다니는 스마트폰도 컴퓨터의 일종이다.

30) 좀 생뚱맞다고 할지 모르겠으나 "군자는 능히 외물을 부릴 수 있으나, 소인은 외물에 현혹되어 사역을 당한다(君子役物小人役於物)."라는 옛말이 있다.

기다려야 한다.

오늘날을 정보의 시대 혹은 텍스트의 시대라 부른다. 말과 기호가 온갖 전자매체를 타고 교환되고 있다. 앞서 가상공간에 대한 일반적인 적응능력을 살폈지만, 그것 자체가 교육할 수 있는 능력이라는 기대를 버려야 한다. 가상공간에는 자신의 목적에 맞게 인간을 조형하려는 강력한 세력이 작용하고 있다. 대중사회의 정보는 대부분 자신들의 목적달성을 위한 올가미인 경우가 많다. 소통문화의 유행에 휩쓸리며 독창성을 잃어버릴 위험성이 있다. 자신도 모르게 어떤 세력의 꼭두각시나 앞잡이가 된다. 사회에서의 표준화와 동질화, 평균의 압제도 이에 해당한다.

진정한 자유인은 자중자애하면서 자기의 정체성을 스스로 정립해 나갈 수 있는 사람이다. 교육은 인간 스스로가 자신의 역량으로 자신의 정체성을 실험하고 개발하는 과정이다. 자신이 자신으로서 살아갈 기점을 형성하는 과정에 적응해나가는 것이다. 가상공간교육을 유지하기 위해서는 우선 그 무차별한 영향력과 교육의 차이를 비판적으로 수용하고, 그 두 가지 가운데 후자를 택하는 본위의 선택이 철저히 이루어져야 한다. 교육적인 네티즌이 되려면 교육적인 사례와 그렇지 못한 사례, 예컨대, 조건화, 선전, 기만, 세뇌, 조작, 설득, 광고, 교조화 등 맥락에 따라 구분하고, 전자의 맥락 안에서 자신의 위치를 찾을 수 있어야 한다.

그 위치선정에서 고려해야 할 요소의 하나는 수도계의 품위다. 교육은 품위를 소재로 진행된다. 수도계는 품위의 수준이 천차만별인 귀족사회이다. 보통에서 첨단에 이르는 품위의 발생적 계열화의 수준이 있는데 가상공간은 그 구분을 하지 않는다. 누구나 동등한 지위를 가지고 발언하는 대중의 여론은 그것의 질적인 수준보다는 다수의 동의에 더 큰 무게가 주어진다. 이는 평등이라는 세속적 가치에 비추어 정당성을 가질 수도 있지만, 네티즌의 평균적 견해가 진리를 담보하는 것은 결코 아니다. 수도계의 품위수준의 면에서 교육소재는 정보의 차등성을 전제한다.

가상공간에서 교육의 맥락 안에 들어서는 첫 단계는 교육적 주체의 품위상의 위치이다. 선진과 후진으로서 그 위치의 어느 단계를 차지할 것이다. 소재를 선택할 때 교육적 주체의 분수를 알아야 한다. 지나치게 높은 품위의 선택은 공연히 시간만 낭비하고, 너무 낮은 품위의 선택은 나태만 가져온다.[31] 그 분수의 적정성을 결정하는 요소는 알 듯 모를 듯한 것, 노력하면 성공할 수 있을 것 같은 것, 그리고 하면 할수록 흥미를 느끼는 것 등 접경대면에서의 알맞은 불협화이다. 다행히도 가상공간교육은 그 선택에서 네티즌에게 자유가 주어진다.

다음에 필요한 요소는 의미 있는 교육공동체의 존재를 찾고 그에 가담하는 태도와 능력이다. 앞 절에서 인터넷 공간 자체가 교육공동체의 가능성을 지니고 있음을 살폈다. 품위의 차이가 있는 사람들은 서로가 상대의 교육적인 파트너로서의 기능을 할 수 있다. 멀거나 가까운 선진이 큰 스승과 작은 스승으로 존재한다. 마찬가지로 멀거나 가까운 후진들이 큰 제자와 작은 제자로 알맞은 조합을 이루고 있다. 또래집단 사이의 교류교육도 활발하다. 그중에 알맞은 자리를 차지하는 것이 교육의 요령이다.

교육은 일종의 놀이다. 가상공간에는 교육활동을 제약하는 별다른 장애가 없다. 그 안에서 교육의 내재율을 따라야 하며, 그 따름 자체가 메타교육의 실습이 된다. 자율의 논리가 작동한다. 하화열정이 강한 네티즌은 자신이 증득한 진기하고 새로운 경험을 메시지로 올릴 것이고, 그것은 조회의 숫자나 우호적인 댓글에 의해서 보상을 받을 것이다. 다른 한편으로, 상구열정이 강한 네티즌은 그들의 관심과 흥미에 따라 차상품의 메시지를 좇을 것이다.

익숙하면 상구할 이유가 없으며, 너무 생소하면 좌절을 줄 뿐이다. 상구자는 어느 정도 알쏭달쏭한 차상품의 소재를 선택한다. 이처럼 가상공간에서는 상구의 순차와 하화의 하강이라는 내재율의 문제가 그 안에

31) 바둑을 배울 때 초보의 실력을 닦는 것을 소홀히 하고 고단자의 실전을 관전하는 것은 기력의 향상에 별로 도움이 되지 않는다.

서 저절로 해결된다. 교육적 관계의 성립 역시 자유롭다. 그 관계는 그 내재율이 준수되는 범위에서 유지될 것이며, 그렇지 않은 경우, 그 관계는 자연스럽게 종료될 것이다. 이처럼 교육을 하는 곳에서 늘 동반하는 메타교육은 별도의 초청장을 필요로 하지 않는다.

가상공간에서 오랫동안 교육하는 사람은 자연스럽게 교육에 적응하기 마련이다. 교육적인 일과의 반성이 성공적인 교육으로 진전된다. 이를 자주 시도하는 가운데 점차 교육의 내재율도 습득될 것이다. 예컨대, 실제적인 상황과 맥락에서 존현과 관대, 순차와 하강, 그리고 교육의 수행어를 자연스럽게 습득할 것이다. 교육 고유의 만족감은 교육이 제대로 이루어질 때 얻어진다. 그 만족감으로 교육활동에 중독되는 단계에 이른다. 교육의 내재적 가치의 증득에 이른 네티즌은 컴퓨터 앞에 앉으면 다른 어떤 것보다도 상구와 하화에 몰입하는 시간이 많아질 것이다.

이처럼 가상공간의 교육은 그 자체의 내재율을 따라 순조롭게 진행되기 때문에 가정이나 직장의 경우에서처럼 메타교육을 별도로 강조할 필요가 없다. 그럼에도 불구하고 논자는 가상공간에서 특히 상구주체로서의 성공을 좌우하는 세 가지 원리에 대한 적응을 주문하고 싶다.

첫째, 마음을 한 군데 집중하여 잡념을 없앤다는 의미의 주일무적(主一無適)의 원리다. 가상공간 안에는 너무도 많은 다양한 소재로 인해서 소재의 종류를 자주 바꾸기 쉽다. 소재이탈이 빈번할수록 되돌아와 집중할 수 있는 대상을 잃는다. 상구교육을 하는 동안 잡념을 떨어버리고 소재로 선택한 수도계를 붙잡고 집중적인 관심을 유지할 수 있어야 한다.[32)]

둘째, 교육적 시숙(時熟)의 원리다. 품위를 해체하고 재건하는 기간은 길다. 필요한 단계를 밟는 것이 지속적인 헌신을 보장한다. 그런데 언제나 중단의 문제가 도사리고 있다. 특정한 소재를 가지고 교육을 중단하

32) "돌을 호랑이로 오인하고 쏘았더니 화살이 돌에 깊이 꽂히었다(射石爲虎)."라는 고사성어도 있다.

면 그동안의 공력이 소멸된다. 하루를 상구하고 열흘을 쉬면 하루의 효과도 사라진다. 쉽게 문제가 해결되지 않더라도 그것이 불가피한 부분이라는 인식을 가지고 규칙적인 생활을 하면서 중단이 없이 정진할 수 있어야 한다.

셋째, 실습과 회득(會得)의 원리다. 회득은 체험의 보충과 구성을 통해서 그 특수한 것들이 전체의 한 요소가 되는 것을 의미한다. 가상공간에서 접하는 각종 특수한 사항들은 그 의미가 개방되어 있다. 그 정보도 단편적인 것들에 이리저리 휘둘리다 보면 종합이 어렵게 된다. 그 특수한 것의 의미는 모종의 전체와의 연관관계에 의해서 확정된다. 제시된 정보는 실습의 결과이다. 체험을 통해서 후자를 반복해야 전자의 의미가 살아난다.

앞서 가상교육의 자연스러움이 메타교육의 문제를 해결한다는 언명을 하였는데 그 자연스러움은 결코 방임을 의미하지는 않는다. 교육의 품위가 가상공간교육의 불평등 요인이 되고 있는 것은 사실이며, 그것을 해소하는 의도적인 노력이 개입해야 할 것은 말할 필요도 없다. 그 방안의 하나로 가상공간 나름의 특징을 이용하여 네티즌들이 때때로 조회할 수 있는 메타교육의 웹을 개발할 수도 있겠다. 필요한 교육수행어의 목록을 추가하고 상용하도록 하는 것만으로도 네티즌의 교육적 생활에 크게 기여할 것이다. 그런 종류의 웹은 비단 가상공간뿐만 아니라 여타의 공간에서도 널리 활용할 수 있다. 혹은 교육적 교섭을 방해하거나 촉진하는 특정한 주제와 관련하여 서로 정보를 주고받을 수도 있다. 필요에 따라 교육전문 사이트의 접속도 꾀할 수 있을 것이다.

15.4.4 가상공간의 장내여건

시대의 변화에 따라 교육의 여건도 바뀐다. 문자와 활자기술의 발명이 이루어지기 이전에는 모든 것이 암송에 의존하였으나, 그 이후에 기억과 암기의 중요성이 크게 경감되었다. 이제 각종 전자매체의 출현으로 거의 무한정한 정보의 기억이 가능해졌다. 소통수단의 발전은 시간과 공간을 초월한 정보교환의 정점에 도달했다. 앞서 가정과 직장의 여건을 말할 때 그 각각의 경우에 따라 그 내부의 여건의 차이가 클 것으로 지적했지만, 가상공간의 여건은 이 점에서 거의 동질적이다. 가상공간은 여타의 공간에 비해서 그만큼 교육에 유리한 여건을 이미 확보하고 있다.

정보의 고속도로, 정보의 바다 혹은 정보의 홍수라는 말이 있듯이, 오늘날 장소와 시대에 구애받지 않는 품위표현을 쉽게 접할 수 있게 되었다. 이를 데이터베이스나 아카이브로 만들면 "집합적인 지식" 혹은 "정보의 집합"으로 변환된다. 항구적으로 보존할 수 있고, 복제가 가능하고, 반복적으로 사용할 수 있고, 다량으로 생산되어 공유되고 소비될 수 있고, 언제나 이를 수정하고 보완할 수 있다. 공개된 자료들과 정보는 그 종류와 수준의 고하를 막론하고 교육의 소재로서 가치를 갖기 때문에 그만큼 개인이 자유롭게 선택할 수 있게 되었다.

"세 사람이 길을 가면 그중에 반드시 스승이 있다(三人行必有我師)."라는 말이 있다. 이를 확대하여 세 사람 가운데 자신, 자신의 선진, 자신의 후진이 있는 곳이라면 그중에 반드시 스승과 제자가 있다는 말도 성립한다. 가상공간에서 그 범위는 상상을 초월한다. 이론적으로 말한다면, 보통 정도의 품위를 갖춘 사람은 전 인류의 절반을 스승으로 모시고 그 나머지 절반을 제자로 삼을 수 있는 예비후보를 지닌 셈이다. 서로 교육요청에 응한다면 그들 사이의 교육적 교섭이 거의 항상 가능하다.

이전의 시대에는 사회적 지위와 신분의 장애로 비범한 재주를 갖고 있으면서도 범민 속에 묻혀 그 뜻을 펴지 못하는 사람들이 많았다.[33] 오늘날에도 가정과 직장에서는 외모, 남녀노소, 인종, 사회적 신분, 경력, 정치적, 경제적, 사회적, 제도적 한계 등 교육 외적인 요소가 유교무류의 정신에 역행한다. 그런데 컴퓨터 스크린 앞에서는 그런 교육 외적인 변

33) 이들을 옛적에는 용반봉일지사(龍蟠鳳逸之士)라 일컬었다.

인들의 간여가 최소화되며, 그 익명성 때문에 사회적인 약자나 청소년들이 기성세대에 도전할 기회가 주어진다. 가정이나 직장 등과는 판이하게 유리한 조건이다.[34)]

교육적 교섭이 공간과 시간의 제한을 받았던 이전의 시대에는 사숙(私淑)에 의존하였다. 자기가 흠모하는 사람이 있지만 곁에 가서 수업을 할 수 없는 경우, 남몰래 마음속으로 그 사람의 도를 듣고 은근히 수신하는 방법을 취했다. 가상공간은 시간과 공간의 제약이 없는 교육적 교류를 허용한다. 언제 어디서나 서로 의향이 있다면 컴퓨터 앞에서 스승과 제자를 만날 수 있다. 옛 현인을 벗으로 삼을 수도 있고, 같은 시대에 흠모하는 선진이 있다면 공간의 제약을 뛰어넘어 면 대 면의 쌍방적 교육적 교류도 가능하다.

아직도 이런 가상공간의 가능성은 시험의 단계에 있다. 가령, 최근에 관심을 끌고 있는 가상현실의 등장은 현실적으로 경험하기 어려운 현실경험을 대체할 수 있다. 현장에서 직접 실현하기에 극히 위험한 경험에 안전의 조건을 첨가하고, 많은 경비를 필요로 하는 경험을 비싸지 않게 할 수 있게 하고, 불필요한 요소를 줄이고 필요한 요소만을 압축하여 그 효율성을 높일 가능성이 예고되고 있다. 참고로, 이는 메타교육을 시도함에 있어서 최적의 조건으로 보인다.

가상공간교육은 그 가입, 탈퇴, 저항, 예정 등이 자유롭다. 학교제도의 경우처럼 법으로 강제하지 않는다. 경제적인 비유를 든다면, 가상공간은 교육의 자유시장이라고 할 만하다. 일종의 놀이로서 그 내재율에 복종할 의향이 있는 사람끼리 만나고 그렇지 못할 경우 헤어진다. 선진을 만나면 스승으로 삼고, 후진을 만나면 제자로 삼고 싶은 것은 인지상정이다. 그 인지상정을 거역하여 상대와 교육적 교섭을 가지거나 지속

---

34) 이와 같은 제반 여건의 차별을 배제하는 사태를 두고 교육의 평등이라는 말을 적용하는 것은 부적절하다. 정확하게 말하면, 그것은 교육여건의 평등에 관한 문제이다. 여기서 그 개념적 구분을 강조하는 것은 흔히 사람들이 그 반대의 사태, 즉 교육여건의 불평등을 교육의 불평등과 혼동하기 때문이다.

하기가 싫은 어떤 조건에서는 그 교육적 관계를 파기하거나 그 가상공간에서 탈퇴하면 그만이다.

위에 언급한 몇 가지 가상공간의 특징은 교육의 가장 이상적인 여건에 부합한다. 그럼에도 불구하고 아직 그 공간에의 진입에 제한이 따른다는 것도 사실이다. 현실적으로 우선 정보인프라의 구축여부와 컴퓨터의 소유여부가 제약조건으로 등장한다. 디지털 장비와 시설이 구축되지 않으면 컴퓨터를 쓸 수 없고, 컴퓨터가 없으면 가상공간의 진입이 불가능하기 때문에 교육 기기 보조를 위한 지원금의 확보가 해결되어야 한다. 후진국 혹은 저소득의 개인이나 집단에게 남는 컴퓨터를 수거하여 기부 형식으로 전달하고, 유관기구는 교육의 사용 목적에 맞게 컴퓨터를 적절하게 정비하여, 각급 교육공간과 공동체 등에 무상으로 보급할 필요가 있다.

앞서 이론의 수준에서 정보에 대한 접근의 무한정성을 논의하였지만, 실제로는 그 통제와 독점이 존재하는 것도 사실이다. 외래문물에 대응할 힘이 없고 또 정치적인 약점이나 불안 때문에 인터넷을 봉쇄하거나 일부만을 허용하는 국가도 있다. 서로 경쟁관계에 있는 기관끼리의 과도한 기술의 보호와 개인의 사생활보호는 정보를 차단하는 요인이 된다. 일정 정도의 금전을 지불해야 하는 상업주의도 작용한다. 창작물에 대해서는 그 창작자에게 특허를 준다. 정보공개를 사업화한 경우 일정한 경비를 지불해야만 접근이 가능하다. 여기에 통신망사용료가 첨가된다.

앞서 가상공간에서 요구되는 네티즌의 자격과 관련하여 여러 조건들과 제약을 들었는데, 그 상당한 부분은 여건의 문제와 직접적으로 연관된다. 예컨대, 언어의 문제를 지적했는데, 모든 사람들이 공유할 세계의 언어는 아직 존재하지 않는다. 그것이 가상공간의 눈에 보이지 않는 장벽으로 작용한다. 물론 웹에는 언어로 된 문서형식을 떠나 음향, 영상, 기호 등 수많은 하이퍼텍스트가 사용되기도 하지만, 그것이 언어를 대신하기에는 한계가 있다. 하드웨어적으로 시공간을 초월한 소통이 가능하다고 하지만, 소프트웨어의 분야에서 고려해야 할 부분이 아직도 많아 보인다.

15.4.5 가상공간교육의 장내기능

누구나 평생 동안 다양한 세계에 종사하면서 살아간다. 교육은 삶 전체의 불가결한 요소다. 앞서 가상공간이 그 삶을 증진하고 확대시킬 우호적인 여건으로 최근에 등장했음을 살폈다. 이는 어디까지나 이론적인 가능성이며, 실제는 그렇지 않을 수 있다. 본 절의 장내 기능이라는 주제는 가상공간을 교육적으로 활용하는 삶과 그렇지 못한 삶의 차이의 대비를 다루어야 한다. 혹은 그 안에서 교육의 삶을 추가시킨 네티즌과 그렇지 못한 네티즌과의 대비라고 해도 좋다.

소통이 원활하게 이루어진다는 것과 그것이 인간의 인간다움을 실현한다는 것은 별개이다. 인격적 가치기준이 설정되지 않은 경우, 가치의 보람을 느끼지 못하고 타인의 기준에 눈치 보면서 일치하는 행동에 치우치는 내면적 빈곤화의 우려가 있다. 개체들 사이의 상호작용은 최소한 이해관계의 갈등을 포함하고 있기 때문에 정보의 범람에 따른 대중조작이 왕성하다. 각종의 사회적 압력, 선전문구, 주위 사람들의 칭찬과 비난 등은 애초부터 속임수의 요소를 갖고 있다. 인터넷이 자체의 강화를 위해서나 혹은 산업의 목적만을 위해서 기술적으로 강제하는 부분들도 무시할 수 없다.

그런 소용돌이 속에서 타인의 변화를 자신들의 이해에 유리하게 유도하는 세력에 현혹되어 휘둘리는 병리를 자정하고 외부로부터의 행동통제를 차단하고 해독하는 데에는 판에 박힌 삶의 권태에서 해방될 수 있는 일정 정도의 여가가 필요하다. 충분하기 때문에 다수의 네티즌들이 잠자리에 드는 대신 밤늦게까지 여가시간의 확보에 몰두한다. 혹은 직장에 출근하는 지하철이나 직장에서 얻는 잠시의 여가시간도 있다. 얻은 여가는 딱딱하고 인위적이며 영적으로 공허하게 되어버린 각박한 세상에서 외부의 간섭이 없이 삶의 자발성과 깊이를 회복하는 기회가 된다.

여유를 확보한 네티즌은 이차원 혹은 삼차원의 공간에 진입하여 멋대로 향유하며 삶의 속도를 자신의 것에 맞출 수 없는 거대화, 조작, 소외, 존재적 공허감 등의 병리를 벗어난다. 그 공환의 오아시스에 오락과 교육이 포함된다. 오락은 자신의 여가시간을 상대가 웃음을 유발하는 조건에 맡긴다. 외부의 간섭으로부터 해방되는 시간이지만 그것은 타자의 유발이 계속되는 동안에만 잠시 유지된다. 그 이후에는 여전히 조작, 소외, 존재적 공허감이 찾아든다. 그 점에서 오락은 진정한 의미의 타자의 생활로부터의 해방이라고 보기 어렵다.

교육은 오락과 다르다. 교육은 외부적 강압과 설득, 사회적 타자화, 식민화, 기타 온갖 외부로부터의 행동통제의 유혹에서 자신의 정체성을 찾아가는 방식이다. 정보의 홍수는 신비한 것에 대한 무관심이나 조숙한 포만과 권태라는 폐해와 부작용을 가져왔다. 이미 살폈듯이, 교육은 요동하는 모든 혼란과 무질서를 정화하고 조직화하여 자신과 타인의 인간적 성장을 촉진하고 창조하는 산실이다. 교육적 주체는 인간으로서 자신의 위치를 찾고 자신이 원하는 방향을 모색하는 주인공이 되는 것이다.

교육은 세속을 초월하고, 수도계의 품위에 대한 집착도 벗어난다. 그 자체의 내재적 가치를 지니고 있다. 가상공간에서는 모든 품위의 수준에서 자신의 처지에 알맞게 교육적 교섭을 한다. 이 공간에서는 세속과 수도의 관여도 허용하지 않는다. 교육적 주체는 그 이해관계에 예속되지 않고 교육을 제대로 해 보는 것 자체로 보상을 받는다. 가상공간에서는 교육적인 삶을 영위하지 못하게 저지하는 것 자체가 벌이 된다. 교육의 중요성은 여기에 국한되지 않는다. 교육적인 삶을 유지함에서 비롯하는 여타의 가치실현이 이루 헤아릴 수 없도록 많다. 그 가운데 특별히 가상교육의 기능이라고 할 만한 몇 가지 부분만을 다음에 살펴보기로 하자.

지구촌은 다수의 국가, 다수의 민족이 존재한다. 각각 전혀 다른 문화전통, 세계관, 생활감정, 감수성을 지니고 있다. 그 고립과 이질성은 모순, 충돌, 갈등, 혼란, 투쟁, 마찰의 소지를 갖는다. 적대적인 경쟁을 통한 상호 대결도 빈번하다. 그런데 특정한 국가, 사회, 문화, 인종 등 임의적인 장벽을 뛰어넘는 교육이 그 속성상 역사와 지리적으로 이질적인 사람들의 접촉, 교류, 합류의 지점에서 협동을 통해서 상호보완적으로 상생하는 작용을 하여왔다는 것은 이미 밝혀진 역사적 사실이다. 지역적 단절과 공간적 거리를 축소하거나 소멸시킨 이례적인 여건에서 이루어지는 가상공간의 교육은 서로 소외되고 고립된 사회나 문화들 사이의 연대를 더욱 가속화한다.

틀에 박힌 문화적 요소를 그 구성원에게 부과하는 것이 바로 사회화이고 문화화이다. 우물 안에 적응한 개구리는 바다를 모른다. 가상공간 안에서의 교육적인 삶은 그 개구리를 바다를 마음껏 이용하는 물고기로 탈바꿈시킨다. 인간으로서 바람직한 폭넓은 교양과 건전한 인격을 육성하는 것이 이른바 "전인교육"의 이상이다. 오류의 수용, 모험의 허용, 쟁점의 심층적 탐색을 통해서 인간다운 품위를 실험하고 공유한다. 각자가 개성적 존재로서 인류 전체가 시험한 다양한 품위를 균형 있게 체득할 수 있는 기회가 주어진 셈이다. 시공을 초월한 가상공간교육의 과정이 원활하게 진행된다면 그만큼 지구적으로 인간성의 자유의 폭이 넓어질 것이다.

기술의 진보가 사회의 진보와 조정되지 않을 때, 기술과 정보의 편중은 사회적 갈등과 퇴화를 가져온다. 정보의 빈익빈과 부익부의 문제에 주목해야 하는 이유다. 선진이 후진을 이끄는 것은 인류의 오래된 소망이다. 높은 품위의 우월성을 입증의 여지를 생략하고 강요하거나 혹은 반대로 단지 사회적으로 다수라는 힘에 의해서 선진의 품위를 격하시키는 것은 사회발전을 위해서도 무익하다. 가상공간에서 누구나 자신의 사이트를 가지고 교육에 참여하는 시대가 온다면 소수집단만이 소유하던 품위가 누구에게나 일상화되고 보편화될 것이다.

가상공간의 네티즌 사이에 상구자와 하화자로 서로 화합하면 품위를 상품일치적 방식으로 공유할 수 있다. 각자 한 명의 제자에게 하화하고 한 명의 스승을 모시고 상구한다면, 네티즌 모두의 품위가 한 단계씩 높아질 것이다. 이로써 낮은 품위에 기초한 평가가 높은 품위의 것으로 수렴한다. 교육적 진화는 그 절차에 따른다. 다수의 개체들 간에 서로 교육적인 교섭을 통하여 생물적 진화나 문화적 진화에 앞서 가장 빠른 시간에 인류 전체의 품위가 집단적으로 향상한다. 그 좋은 사례가 전자 미디어에 의해 본격적으로 나타난 이른바 "집단지성(collective intelligence)"이다. 이는 다수의 네티즌 간의 상호 협동적인 교육이 만들어 내는 결과물이다.

누구라고 특정하지 않고 수많은 네티즌이 상구교육을 통해서 위키피디아(Wikipedia)[35]의 사전 항목을 만들고 수정하고 확대한다. 이는 집단이 세속에서 공유하는 일반상식과 대비된다. 상식은 집단구성원의 합의에 의해서 지지되는 평준화된 인식이다. 집단지성 역시 집단구성원에 의해서 형성된 것이지만, 단지 평균에 머무르지 않고 계속 수정의 과정을 거쳐서 그 보편성을 향해 꾸준하게 상승한다. 참여자의 수가 일정 수준에 도달하면 거짓 정보나 불완전한 정보는 다수 참여자의 협동으로 수정된다. 각 단계의 자증이 하화교육의 타증으로 연결되면서 지성의 우열이 판별된다. 그 지성은 지속적으로 확장하며 생물체처럼 살아 고급화를 거듭하고 있다. 이는 사회화나 문화화의 과정이 아니라 교육적 진화의 산물이라고 할 수 있다.

끝으로, 가상공간교육은 여타 공간에서 이루어지는 교육을 보조하고 보완하는 기능을 수행한다는 점을 지적해야겠다. 여타의 공간, 예컨대, 가정교육과 직장교육은 공간의 제약을 받지만 가상공간은 공간은 물론 시간의 제약조차 받지 않는다. 그 안에는 언제나 재생이 가능한 풍부한 정보가 저장되어 있다. 수준에 맞는 소재의 선택과 다양한 경험이 가능

---

35) 위키피디아(Wikipedia)는 대중의 집단지성으로 만들어지는 공동의 백과사전이다.

하다. 이런 장점은 아직도 기억과 암송에 주로 의존하는 시대착오에서 벗어나지 못하고 있는 "학교교육"에서 특히 활용할 가치가 있다. 국가나 문화라는 경계를 넘어서는 개방성을 갖는다는 장점도 있다. 그 부분은 다음 장에서 더 자세하게 논의될 것이다.

15.5 교육공간의 확장

논자가 반복했던 "개념이 사실을 만든다."라는 발언은 엄격하게 말하면 오류다. 사실이 개념 이전에 존재하고, 그것에 대한 개념은 그 이후에 성립한다. 그럼에도 불구하고 굳이 그 발언을 무리하게 자주 하는 이유는 교육학의 특수한 사정을 부각시키려는 것이다. 교육의 역사는 인류의 역사만큼 길며, 지금도 일상의 삶의 일부로서 진행되고 있다. 그런데 그것을 기술하고 설명할 수 있는 올바른 개념의 부재로 인해서 이제까지 우리의 인식에서 은폐되어 왔다는 것이 이 저서의 일관된 주장이었다.

교육학 재건의 성공여부는 그 은폐되어 왔던 교육적 삶을 얼마나 드러낼 수 있느냐에 의해서 판가름될 것이다. 앞서 가정의 교육양태, 직장의 교육양태, 가상공간의 교육양태를 기술한 것은 그 시험의 일단이다. 그 의도는 각각에 대한 기술을 완결하려는 데 있는 것이 결코 아니다. 다만 그런 방식으로 다양한 생활공간을 분석할 수 있다는 가능성을 예시하려는 데 초점이 있었다.

이처럼 검토할 공간은 아직도 많다. 특수한 공간으로서 미술관의 예를 하나 더 추가해 보자. 미술관은 문화의 공간뿐만 아니라 교육의 공간이다. 작품의 전시에는 작가의 하화 열정이 묻혀 있지만 관람자가 호응하지 않으면 그 선의가 아직 실현된 것이 아니다. 관람자의 수준과 그것을 고양시키는 활동이 첨부되어야 소기의 목적을 달성할 수 있다. 이 부분에서 교육적 교섭이 불가피해진다. 큐레이터는 작가의 작품에 대한 해설로써 대중과 소통을 시도한다. 교육적인 큐레이터는 무엇을 보여줄 것인가에 앞서 관람객이 무엇을 보고 있는지를 파악하고, 그 사이에 얼마의 차이가 있는지를 가늠하고, 그 차이를 교육의 프로그램으로 채운다. 이런 노력은 사실상 각각의 미술관에서 시도하고 있고 또한 활성화시키려고 애를 쓰고 있지만, 이를 교육의 공간이라는 차원에서 정식으로 취급하는 경우는 드물다.

교육공간의 확장이라는 본 절의 의도는 바로 이처럼 그 숨겨진 삶의 의미를 살려내는 것이다. 앞서 예시한 방식으로 여타의 수많은 작고 큰 생활공간을 일일이 재검토해 나갈 필요가 있다. 유치원, 놀이터, 각종 청소년집단, 각종 학원, 노인회, 요양원, 각종 클럽, 카페, 클리닉, 길드, 협회, 연구소, 학회, 보육원, 체육시설, 수도회, 수련원, 연수원, 교회, 사원, 도서관, 문화센터, 박물관, 화랑, 전시회장, 발표회장, 극장, 병원, 건강센터, 작업장, 영화관, 동아리모임, 합주단, 공회당, 서원, 지역사회센터, 방송국, 산업체, 시장, 군대, 수용소 등 그 공간의 사례를 들자면 끝이 없다. 교육본위의 입장에서 그 각각의 공간 안쪽의 생활을 유심히 관찰해 보면 그 안의 구성원 사이에 교육적 교섭이 훌륭하게 진행되고 있음을 흔하게 발견할 수 있을 것이다. 그 하나로서 학교는 다음 장(제16장)의 주제다.

개인의 일과는 이처럼 서로 구획되는 삶의 공간을 전전하면서 진행된다. 가정에서 출발해서 아이들은 학교에 등교하고, 부모들은 직장에 출근한다. 그 사이에 도서관을 거치거나 혹은 영화관에 들를 수도 있다. 혹은 카페에서 오랜만에 친구를 만날 수도 있다. 만나는 사람에는 선진과 후진이 있다. 세 사람 중에 반드시 스승이 있다. 주변의 가까운 사람들에게 상구와 하화의 자세를 갖추어 스승과 제자로 모실 수 있다. 교육적인 삶의 하루는 시작하기 전에 오늘 누구를 만나, 어떤 활동을 할지를 계획하고, 그것을 실행하고, 잠자리에 들기 전에 이를 반성한다. 이렇게 일주일, 한 달, 한 계절, 한 해를 보낸다. 그것이 바로 명실상부한 평생교육의 의미다.

어느 TV 프로그램에서 소개한 한 장애인의 삶이 이를 예증한다. 교통사고로 하반신을 사용하지 못하는 불구자가 자포자기에 빠진다. 우연한 기회에 목공예에 취미를 붙인다. 오전에는 목공예공방에 나가서 기술을 습득하고 아직 서투른 후진에게 자신의 기술을 전수한다. 오후에는 따로 잘 알고 지내는 선진을 찾아 목공예를 연마한다. 이렇게 스승과 제자의 위치를 오간다. 일찍 집에 도착한 그는 침대에 누워 두 자녀에게 읽을 거리를 가져오라고 하며, 그들과 즐거운 교육적 교섭의 시간을 보낸다. 자녀들은 그런 아버지가 한없이 자랑스럽다. 시간이 남으면, 컴퓨터를 열고 가상공간교육을 즐긴다. 부인은 그런 삶을 하늘이 남편에게 준 특혜로 알고 행복해한다. 이처럼 한 개인의 자포자기에 큰 계기와 의미를 준 것은 바로 교육이다.

개인들이 제각기 무질서하게 상호작용할 수는 없다. 집단은 나름의 역할체제, 기구, 연맹, 조직을 형성하여 질서를 유지한다. 그 가운데 기구는 그 자체의 세력을 확보하고 그 목적에 부합한 공동노력을 할 수 있는 효과적인 수단이다. 그 점에서 우리는 그에 부응하는 기관형태와 조직구조에 새로운 관심을 가질 필요가 있다. 이 기구는 일반 시민의 교육적인 삶의 목적달성을 위한 인간의 결합 형태로서 교육의 목표와 이익을 조장하거나 보호하는 기능을 할 수 있어야 한다.

이와 관련해서 일부 독자는 기존의 "교육부"의 역할을 연상할지도 모르겠으나, 그 명칭이 중요한 것이 아니라 그 수행여부가 문제다. 국가의 행정부서의 하나로서 "교육부"의 실질적인 기능은 주로 학교를 관할하는 것이다. 학교를 관리한다는 것과 교육을 관리한다는 것은 일치하지 않는다. 실제로 "교육부"가 하는 일은 전자다. 학교체제를 유지하고 강화하는 기능은 충분히 수긍할 수 있으나, 그것이 오로지 교육을 위한 기구라고 보기는 어렵다.

"교육부"의 일방적인 관리와 지시에 대한 대응개념으로 학교의 운영을 주민의 의사에 맡긴다는 취지의 "교육자치"라는 제도가 있지만, 그 취지 역시 교육을 교육답게 실현시킨다는 것과는 별개다. 교육은 지역주민의 의사에 의해서 진행될 성질의 것이 아니라 그 자체의 내재율을 따른다. 만약 지역주민이 교육의 내재율을 모른다면 지역에서 교육적인 삶이 보장되기 어렵다. 이 말은 "교육부"나 "교육자치"의 존재나 그 기능을 부인하는 것이 아니다. 다만 그 기구나 명분으로 교육적인 삶의 내실화를 기하기 어렵다는 점을 분명히 할 뿐이다.

삶의 양상의 하나로서 교육은 학교의 울타리 안과 밖에서 진행된다. 교육적 주체는 국가나 집단이 아니라 개인이다. 그렇다면 일상의 삶을 교육적인 삶으로 유도할 기구는 어떤 것일까? 이 문제를 두고 논자는 아직까지 존재하지 않았던 별도의 기구 설립을 제안하고자 한다. 그것은 국가의 통제로부터 자유로운 독자적이고 자율적인 기구이다. 교육의 기구는 학교를 관할하는 "교육부" 혹은 "교육자치"와는 별개로 교육을 위한 행정적, 재정적, 제도적 지원, 설계, 정책수립, 평가를 하는 전문성을 발휘할 수 있어야 한다. 교육의 자율성을 교란하거나 훼손하지 못하도록 하는 법률의 제정이 요구된다. 혹자는 그런 기구의 설립이 실현하기 어려운 발상이라고 생각할지 모르겠으나 그것은 적어도 현재의 "교육부"가 교육을 진흥하리라고 생각하는 것보다는 더 현실적인 발상이라고 자신 있게 말할 수 있다.

교육공간은 작게는 가정, 크고 작은 지역사회, 국가, 혹은 국제사회로까지 확장될 수 있다. 단위 지역주민들의 교육적인 삶을 극대화시키는 일종의 단위별 연합체로서 지역별 교육진흥센터(가칭)를 설립할 필요가 있어 보인다. 이는 지역 안에서 이루어지는 제반 교육적인 교류를 증대할 수 있도록 여러 분야에서 인재의 발굴, 실태조사와 정보의 제공, 협력을 위한 방침과 협약, 자료와 시설 공유 등 제반 교육공간들 사이의 협력, 조정, 통합을 꾀할 수 있을 것이다. 장차에는 지역 내에 이루어지고 있는 교육의 기회(장소, 시간, 소재, 참가자의 조건과 자격, 역사와 다양성, 제반기능, 환경, 과제 등)를 일기예보처럼 공시하는 때가 올 것이다.

이제까지 논자는 교육이 보편적인 삶의 양상임을 강조해 왔지만, 모든 분야가 그러하듯이 세부적으로 전문성을 요구하는 분야이기도 하다.

지금으로서는 좀 앞선 제안일지 모르나, 교육진흥센터는 그 전문성이 보편적인 삶으로 흘러들어가게 하는 통로가 될 수 있어야 한다. 그 주된 역할로 먼저 지적할 수 있는 것은 메타교육이다. 각종 생활공간에서 교육적인 삶을 주관하는 최종적인 주체는 개인이다. 지역별 교육진흥센터는 전문가의 조언과 도움을 받아 원하는 주민들이 교육적인 주체의 품위를 올릴 수 있는 상시의 프로그램으로 진행될 수 있도록 해야 할 것이다.

지역별 교육진흥센터에서 메타교육의 성원에 제한을 두어야 한다면, 우선시해야 할 항목은 하화품위이다. 하화자는 그의 품위를 몇 배로 늘린다는 점에서 그 잉여가치가 크다. 사회에는 젊은이들에게 영향을 주는 많은 종류의 직책이 있다. 부모, 직장상사, 인터넷운영자, 학교교사나 교장, 카운슬러, 운동코치, 학원 혹은 과외강사, 캠프강사, YMCA 또는 YWCA 프로그램담당자, 소년단원 혹은 소녀단원 지도자, 농촌지도자, 주일학교 선생, 경찰, 소년원 교도관, 도서관이나 박물관이나 미술관 직원 등이 이에 속한다. 이들에게 가장 필요한 기회는 하화주체로서의 실습이다.

지역주민이 특정한 생활공간을 교육적으로 설계함에 있어서도 전문가의 도움이 필요하다. 주민 가운데 특정한 집단이 지역별 교육진흥센터의 의뢰를 받아 교육공동체를 구성하려고 할 때, 그들이 상구하거나 하화할 수 있는 소재를 제시하고 등록한다. 그 다음에, 서로 호응할 만한 교우를 만나 서로 교육적 교섭을 할 수 있는 제반 여건을 조성하고 관련 당국에 협조를 요청하는 것이다. 당국의 승인이 이루어지면 계획이 실행되고 그 결과가 보고된다. 여기에는 정기적인 종합평가가 이루어져야 한다. 그 결과는 누구나 열람할 수 있도록 센터에 비치된다.

지역별 교육진흥센터는 주민이 교육적 주체로서 교육을 시도하는 가운데 여러 가지 문제에 봉착할 때 전문적인 교육상담을 제공할 수도 있다. 교육적인 삶은 그 주체의 역량에 의존하기 때문에 모든 사람에게 평등하다고는 말할 수 없다. 교육적인 삶은 그 나름의 보람을 보장하지만 누구나 경험할 수 있는 것은 아니다. 참된 교육을 경험해 본 적이 없는 사람일수록 교육을 회피하고 경멸한다. 그들에게 교육의 소중함을 체득시키는 가장 효과적인 방법은 교육문제에 대한 개별적인 상담이다. 주민의 요청이 있을 경우, 교육상담자가 그들의 개별적인 사정을 고려하고 문제해결을 도모할 수 있을 것이다.

제16장
학교∩교육의 내실화

학교는 오늘날 젊은이들의 중심적인 생활영역이다. 일정 기간 동안 의무적으로 학교에서 생활한다. 그 주된 명분은 교육인데, 그 생활공간이 진정 교육적인 삶을 보장하고 있다고 할 수 있는가? "학교교육의 정상화"라는 낯익은 구호는 비정상적인 교육을 정상화한다는 취지를 대변하고 있는 것처럼 보이지만, 그 구호의 결실을 실제로 맺고 있는지 반문할 때가 되었다. 아이러니컬하게도 이 숱한 논의에서 교육에 관한 신화와 관행만 무성하고, 실제로는 교육의 내실이 전적으로 왜곡되고 은폐된 생활공간으로 방치되어 왔다. 교육관의 오류가 그 큰 원인이다. 본 장은 교육본위에 비추어 학교 안에 존재하고 또 존재해야 할 교육의 사각지대를 조명하고, 그 관점이 학교의 교육적인 생활을 드러내고 배려하는 요소로 작용하기를 기대한다.

16.1 관점의 전환

학교의 역사는 그렇게 긴 편이 아니다. 근대학교는 겨우 18~19세기 서구의 근대국가의 형성과 관련하여 출현하였다. 학교의 사정도 일률적으로 규정할 수 없기 때문에 본 장의 논의는 대충 이 시대의 한국에 있는 학교를 상정하고 진행될 것이다. 서양의 것을 신학교라는 명칭으로 도입한 지금의 학교체제는 서세동점의 주된 창구가 되었다. 그 종류는 다양하기 때문에 그중 어떤 것이 대표적인 학교라는 일반적인 규정을 내리기는 어렵다.[1] 한 가지 분명한 것은 오늘날 수많은 사람들[2]이 학교라는 생활공간을 넘나들고 있다는 사실이다.

삶의 공간과 삶의 양상은 서로 구분되어야 할 별개의 범주이다. 가령, 직장을 오직 경제적 공간으로 치부하는 것이 잘못이듯이, 학교를 오로지 교육적 삶의 양태로만 파악하는 것도 잘못이다. 모든 생활공간이 그러하듯 학교에는 온갖 이질적인 사실들이 혼재한다. 이 말은 각각의 세계의 자율성을 인정하고, 그들 사이의 긴장, 갈등, 타협의 문제를 취급하여야 함을 의미한다. 이처럼 다양한 목적과 기능들이 작용하기 때문에 교육의 부재를 이유로 학교체제의 존재와 가치를 부인할 수도 없다.

학제연구는 생각할 수 있는 모든 각도에서 학교의 다양한 모습을 드러낼 것이다. 물리학적 관점에서 고찰하면 물리적 대상이 될 것이며, 경제학적인 관점에서 보면 경제적 대상이 될 것이다. 그 외에도 심리학, 사회학, 행정학, 문화인류학 등등의 관점을 적용할 수 있으며, 그 다양한 시각만큼 학교 안에서 이루어지는 사태의 개별성이 드러난다. 교육학은

1) 그 설립과 운영의 면에서만 보더라도 국립학교, 공립학교, 사립학교로 구분된다. 그 진입의 위계로 보면, 유치원, 초등, 중등, 대학의 구분이 있다. 일반학교가 있는가 하면, 특수학교도 있다. 정규학교의 문제점을 보완하고자 하는 대안학교도 있다.

2) 우리나라의 경우 2020년 현재 학생, 교원, 교직원의 총수는 전체인구대비 약 20%에 이른다.

그 제반 학문들의 관점들을 종합한 것이 아니라 그 다양한 것들을 제외한 어떤 것이어야만 제 몫을 한다고 할 것이다.

"학교교육"이라는 겹낱말은 학교의 교육적인 측면을 의미하는 것일진대, 불행히도 학교는 이제까지 여러 가지 잘못된 교육관들의 온상이 되어왔다. 본서에서 누차에 걸쳐서 지적한 부분이지만 목하 관점의 전환이라는 주제를 다루어야 하는 곳이기 때문에 그 교육관이 얼마나 부적절한 것인지를 재차 살펴볼 필요가 있다. 여태껏 그래왔듯이 관습적 교육관, 용병학문의 교육관, 결과위주의 교육관의 순서로 살펴보기로 한다.

관습적 교육관은 근대국가가 학교체제를 도입할 당시에 명분으로 택한 개념이다. 일반인들은 학교 안의 제반 사태와 관행의 축적, 그 전체를 "교육"으로 받아들인다. 이 등치개념에 따르면, 학교가 어제 하던 것을 오늘 되풀이하는 것이 바로 "교육"이라는 안이한 주장이 통한다. 그 관점의 착각은 학교 안에 존재하는 온갖 이질적인 사실들 사이의 차이를 간과할 뿐만 아니라 그들과 교육을 혼동하게 한다는 점이다.[3] 이 범주착오를 그대로 용인한다면, 교육의 관점에서 학교를 별도로 문제시할 개념적 명분이 사라진다.

용병학문의 교육관은 교사양성기관에서 이른바 교직과목을 채택할 때 이루어진 개념이다. "교육철학", "교육심리학", "교육사회학", "교육행정학", "교육인류학" 등의 용병학문은 그 모학문(mother disciplines)에 의존하여 학교사태의 이면에 존재하는 다양하고 이질적인 사실들에 주목할 여지를 제공했다. 성격상 그들 사이에 담론상의 공통점을 찾기 어려움에도 불구하고, 이들 용병학문들에 "교육"이라는 수식사를 참칭하면서 이들이 마치 동질적인 현상을 밝히는 것처럼 보인다.[4] 그런 이질적인

3) 이는 앞 장에서 학교를 교육의 모델로 삼은 가정에서의 "홈스쿨링", 직장에서의 "직업교육", 가상공간에서 "가상대학"을 곧바로 교육으로 규정하지 않은 이유이다.

4) 용병학문적 교육관은 개념의 보편성의 규정에서 어긋난다. 이처럼 학교 안에 존재하는 제반 모학문의 사실들을 교육으로 규정한다면 학교 밖의 모학문의 사실들도 교육으로 규정해야 할 것이다. 모학문들이 이 주장을 관용할까?

사실들을 "교육"의 용어를 빌려 비출수록 교육현상은 사방팔방으로 왜곡되고, 그 각각의 조명등에 의해서 막상 교육현상이 더욱 더 어둠 속에 은폐되는 아이러니가 연출된다.

결과위주의 교육관은 주로 학교를 과학적으로 운영한다는 취지를 내세운 커리큘럼(curriculum)의 도입을 정당화하는 개념이다. 학교가 양성하고자 하는 인간형을 "교육목표"로 규정하고 그것을 달성하게 하는 모든 수단을 "교육"으로 간주한다. 양성할 인간형뿐만 아니라 그 각각을 달성하는 방법도 다르다. 그 다름을 모두 교육의 범위에 포함시킨다면 교육의 경계를 알 수 없고, 경계가 없으니 교육과 교육 여건이 구분되지 않는다. 어떤 것을 "교육프로그램"으로 택하든 그 결과는 특정한 것에 국한되지 않는다. 그런데 "과학주의적 관리"[5]는 그 다중효과를 무시하고 오로지 "교육목표"로 내세운 특정한 단일효과에 치중하여 여타의 결과에 따른 손실을 외면한다.

고유한 의미와 그 일관성을 잃어버린 용어의 남발은 의미의 과잉과 무의미성을 부과한다. "학교교육의 정상화"에 대한 담론 자체가 처음부터 무분별한 횡설수설의 혼란에 빠져 그 비정상화를 방조하고 촉진할 뿐이다. 본 장의 주제를 논의함에 있어서 앞의 무근거한 교육관을 마냥 허용할 수 없다는 것은 말할 필요가 없다.

본서의 해법은 이제까지 교육현상을 왜곡하고 은폐하고 대중의 망각을 촉진하여 온 "교육"이라는 용어의 의미를 해체하는 것이었다. 그중에 독자에게 가장 충격적인 논점은 아마도 지금의 "교육학"을 가리켜 사이비교육학으로 지칭한 부분일 것이다. 그에 합당한 개칭은 이류잡학이다. 그 역설은 그것들이 오직 교육현상의 포착만을 배제하고 있다는 사실이다.

교육학의 재건작업은 사이비교육학에 의해서 철저하게 배제된 교육현상을 드러내는 데 있었다. 제6장 교육현상의 교육학적 환원의 작업에

5) 이런 과학주의는 과학의 실상과는 배치된다. 원인과 결과는 다원적이라는 것이 과학이 택하는 최근의 추세이다.

서 교육에 대해 관례 이외의 다른 이론적 근거를 가지지 않는 제도적인 개념과 용병학문들의 개념을 교육외재의 것으로 철저히 배제하였다. 여타의 제반 인간성 형성의 과정도 마찬가지다. 그처럼 배제한 나머지를 교육현상의 내재로 포착하는 전인미답의 새로운 개념과 용어를 도입하여 교육과 여타의 세계를 구분할 수 있는 이론적 기초를 확보하였다.

이런 작업의 성과는 일상적 삶에 대한 학제연구의 한 축을 차지할 자격을 얻게 되었다는 점이다. 지금까지 우리의 일상생활에서 진행되는 교육을 올바로 기술하고 설명할 개념이나 용어가 없었는데, 그 교육의 경계가 비로소 분명해졌다. 교육을 본위로 할 때, 교육이 내재가 되며, 그 이외는 외재가 된다. 가정, 직장, 가상공간의 사태를 앞 장에서 논의한 것도 그 개념구분에 기초했다. 주로 젊은이들의 생활공간인 학교도 같은 방식으로 검토할 수 있다.

이제 낡고 위장된 외투를 걷어내고 보다 정밀한 개념적 구분과 선택을 통해서 학교의 개별적이고 이질적인 사실들이 있는 그대로 드러나게 할 필요가 있다. 각각의 모학문적 사실로 되돌리면, 그 전모는 일종의 학제연구의 성격을 띨 것이다. 학교에 관한 학제연구에서 유독 교육학이 빠져 있다는 사실이 이제야 새삼 특별히 주목해야 할 점이다. 후속하는 논의는 그처럼 철저하게 외면하고 망실된 부분을 교육본위의 입장에서 추가하려는 데에 주목할 것이다.

첫 단계는 학교라는 생활공간과 교육이라는 생활양식의 서로 다른 범주를 개념적으로 분리하는 것이다. 학교교육이라는 겹낱말[6]도 그런 불일치를 전제로 성립한다. 〈그림 16-1〉의 벤다이어그램(Venn diagram)은

---

6) 용어가 사고와 행동을 지배하는 경우가 많다. 상용하는 "학교교육"이라는 복합어의 의미는 "학교"와 "교육"이라는 개념범주가 독립적이어야 한다는 전제를 만족시킬 때 성립한다. 만약 그것들에 대한 물음이나 해답이 동일한 것이라면 그런 복합어를 별도로 쓸 이유가 전혀 없을 것이다. 그런데 사람들은 분별없이 이 복합어를 자주 쓰고 있는 것을 본다. "학교학교"라거나 혹은 "교육교육"이라는 말은 어휘상의 낭비다. 좀 더 사려 깊은 행동을 하기 위해서는 각자가 "학교교육"이라는 용어를 의미 있게 올바로 쓰고 있는지를 점검해야 할 것이다.

학교 안에서 교육외재(a)와 교육내재(b), 그리고 학교 밖의 교육(c)의 세 가지 영역을 구분한다. 그 각각의 국면을 이제부터 간략히 살펴보자.

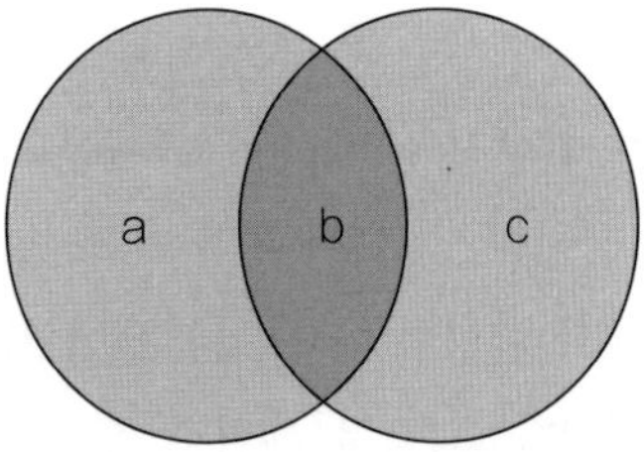

〈그림 16-1〉 학교사태와 교육의 범주구분[7]

〈그림 16-1〉에서 a영역은 주로 사이비교육학에 의해서 조명을 받고 있는 측면에 해당한다. 본서에서 시종 교육과 구분되는 현상으로서 지적되어 온 정치, 경제, 사회, 문화, 종교라는 온갖 이질적인 사실들의 집합이다. 이들이 제14장에서 교육의 여건으로 취급된 것을 독자는 기억할 것이다. 인간성의 형성메커니즘과 관련하여 학문화, 조건화, 사회화, 문화화, 교조화 등이 혼재한다.[8] 이 부분을 사이비교육학은 무분별하게 "교육"으로 왜곡하여 왔다. 본 논의에서는 독자에게 낯익음이 있는 관계로 편의상 그런 이질적인 온갖 것들을 모두 "교육"으로 표기하겠다. 여기서 따옴표(" ")를 벗겨내고 이를 다른 용어로 대치한다면 그 이질성이 쉽게 드러난다.

〈그림 16-1〉에서 b는 사이비교육학에 의해서 망각된 영역이다. 제도적으로 그 형식만 내세울 뿐 학교에서 학문적으로 거의 도외시해 온 부분이다. 설사 학교 안에서 진행되고 있다고 하더라도 적어도 이론적으

7) 이는 153쪽의 〈그림 6-1〉을 더욱 간결하게 표시한 것이다.

8) 이 영역을 "비교육(非教育)"이라는 용어로 지칭할 수도 있지만, 그 의미가 통상 바람직하지 못한 것이라는 의미가 함축되어 있기 때문에 "교육외재(教育外在)"라는 중립적인 용어로 대치하였다.

로는 아직까지 무관심의 영역으로 방치되어 있다. "붕어빵 안에 붕어가 없다."라는 이야기처럼 실로 부실하다는 표현밖에는 할 수 없다. 학교라는 생활세계와 교육이라는 생활양상이 겹친 이 영역을 이제까지 사용된 "학교교육"이라는 용어와 구분하기 위해서 학교와 교육이라는 용어 사이에 교집합의 기호를 넣어 학교∩교육이라는 특수한 용어를 쓰기로 한다. 교육학의 재건과 더불어 재조명이 가장 절실하게 필요한 부분다.

이제까지 관습적 교육관의 지배를 받아온 일반인들은 그 부분에 대한 내실화를 절실히 느끼고 있음에도 불구하고 그 표현에서 서툴고 낯설다. 다만 이 사각지대는 종종 "교육의 부재"나 "교육의 붕괴"라는 말로 지탄의 대상이 되기도 한다. 흥미로운 사실은 그 대신 "전인교육", "가치교육", "인간교육", "창의력교육"이라는 각종 결과위주의 교육관으로 그 소망하는 바가 표명된다는 사실이다. 실로 체험하지 못해서 선망하는 데 그치거나 혹은 체험했다고 하더라도 이론적으로 설명하기 어려운 학교생활의 어떤 진면목을 암시한다. 그 구호나 수식은 제각각이지만, 그 모든 것들은 결국 학교∩교육에 해당한다는 것이 이하의 논의에서 차츰 밝혀질 것이다.[9]

〈그림 16-1〉에서 c영역은 학교 밖의 다양한 삶의 공간에서 진행되고 있음에도 불구하고 역시 이론적 개념의 부재로 인해서 주시하지 못한 부분으로서, 가정 · 직장 · 가상공간의 특수성에 따른 다양한 교육양태는 앞 장의 논의를 거친 바 있다.[10] 그 이외에도 수많은 생활공간이 이런 새로운 조명을 기다리고 있다. 아직도 교육과 학교생활을 등치시키는 관습적 교육관의 올가미를 벗어나지 못한 사람은 이 공간에서 이루어지는 교육을 쉽게 인정하기 어려울 것이다.

이제 우리가 목하 본 장에서 세부적으로 검토할 학교라는 생활세계를

---

9) 그 상통함은 본 장의 마지막 절에서 다루어질 것이다.

10) 이 각각의 생활공간과 교육이 겹치는 부분을 학교∩교육처럼 가정∩교육, 직장∩교육, 가상공간∩교육으로 표기한다면 그 고유한 측면이 더욱 분명하게 드러날 수 있을 것이다.

어떻게 구분하느냐 하는 문제가 있다. 그 세부적인 국면들을 학교의 목표와 기능(가), 교과의 내용(나), 교과서(다), 학교의 구성원(라), 학교활동(마), 학교의 일정과 일과(바), 학교의 평가(사)의 7가지로 나누고, 그 각각의 국면을 중심으로 교육외재의 영역(a)과 교육내재의 영역(b)을 획정하는 논의를 전개할 것이다.

학교∩교육의 내실화는 학교를 교육본위로 조망하는 작업이다. 이는 "학교의 정상화"와 개념적으로 구분된다는 점을 명심하자. 후자는 학교의 제반 사태들을 정상화한다는 의미이며, 전자는 그 제반 사태 가운데 교육의 과정도 첨가하여 제대로 돌아가게 배려하는 것을 의미한다. 요컨대, 학교∩교육의 내실화는 학교의 정상화라는 개념의 하위과제다. 오해해서는 안 될 것은 이는 a영역의 축소나 거부를 결코 의미하지 않는다는 점이다. 이 두 영역은 피차 구분해서 서로 보충하고 보완해 나가야 하는 것이 원칙이다.

학교∩교육의 내실화를 실현하는 경로를 말하자면, 크게 메타교육과 교육여건의 개선, 두 가지이다. 학교의 정상화의 7가지 국면에 대한 논의를 거친 다음에 그 두 가지의 경로에 대한 논의를 추가할 것이다. 마지막으로, 그렇게 성취한 학교∩교육의 기능에 대한 논의를 할 터인데, 그 논의는 결과위주의 교육관의 논리적 순환론에 의존하지 않는다는 점을 주목할 필요가 있다. 오직 학교∩교육(b)에 부수하는 결과를 추론한다.

용어사용의 애로사항을 먼저 밝혀야 하겠다. 학교가 독점해 온 "교육"이라는 용어는 교육의 정체성을 철저하게 왜곡하고, 외면하고, 소외시키고 있기 때문에 그대로 사용한다면 논의 자체가 혼돈에 빠진다. 이를 피하기 위해서 이제까지 해 왔듯이 철저하게 따옴표를 유지할 것이다. 그것이 지칭하는 사태의 존재를 무시하거나 제외하려는 것이 아니라 그 사태를 교육현상으로 오인하지 않게 하려는 방편이다. 그것을 이하에서 교육외재(a)로 해체하고, 이제까지 사각지대에 은폐된 교육내재(b)를 드러내는 방식을 취할 것이다. 후자가 차지하는 정도는 많고 적을 수 있으며, 그 정도에 따라 교육적인 학교와 그렇지 못한 학교를 구분할 수 있을 것이다.

16.2 학교의 교육외재와 교육내재

가. 학교의 목표와 기능

학교의 목표와 학교의 기능은 개념상 서로 다르다. 목표는 삶에 가치와 의미를 부여한 것이다. 학교마다 표방하는 목표가 있을 것이다. 이와는 달리 학교의 기능은 그런 명분보다는 학교가 존재함으로써 비롯하는 제반 영향력으로서 그 전모는 실제로 그렇다고 증명되어야 할 사실이다. 이 두 가지가 어느 정도로 일치하는 경우도 있을 수 있지만 사실은 서로 다른 것이 정상이다. 그럼에도 불구하고 본 절은 이들을 굳이 구분을 하지 않고 통틀어 살필 것이다.

학교의 목표와 기능은 결국 학교를 장악한 주도세력과 집단의 요구와 기대에 의해서 결정된다. 학교는 시대와 장소에 따라 다양한 집단의 이해관계가 얽힌 복판을 차지하고 있다. 국가, 정부의 정책당국자, 여러 가지 자격심사 기관, 지방자치단체, 부모, 지역사회지도자, 사업가, 정치가, 매스컴종사자, 교사, 학생, 학부모 등 제반 이해집단의 학교에 대한 다양한 기대의 전모를 여기서 논의하는 것은 불가능하다.

가능한 부분은 학교 안에는 다원적인 삶이 병존한다는 사실과 그 부분에서 각종 이해관계와 상이한 가치들의 충돌, 갈등, 타협, 용해가 이루어진다는 사실이다. 단지 교육의 부재를 이유로 학교체제의 존재를 부인하거나 폐지하라고 주장할 수 없음은 이 때문이다. 그런 맥락에서 학교∩교육의 내실화에 관한 논의에서 필요한 절차 역시 교육외재(a)의 목표와 기능들을 예시하면서, 거기에 교육내재(b)의 것을 특수하게 추가시키는 것이다.

㉮의 교육외재(a)

학교의 존립이유나 목적을 교육에서만 찾는 관점은 일종의 기능적 고착증세의 하나다. 비현실적인 기대일 뿐만 아니라 교육 자체를 위해서도 바람직한 것이 아니니다. 진정 학교 안에서 교육적인 삶을 보장하고자 한다면, 오히려 교육외재의 목표와 기능을 올바로 인정하는 태도를 취해야 마땅하다. 그렇게 함으로써 비로소 그 나머지로서 교육의 목표와 기능을 첨가할 여지와 명분이 살아나기 때문이다.

학교체제가 애초 도입될 때, 그 이면의 목표는 교육만이 아니었다. 교육외재(a)에 해당하는 제반 이질적인 목표와 기능은 무엇일까? 그 해답은 너무도 다양하고 이질적인 것들을 포함하기 때문에 수많은 연구가 필요한 부분이지만, 학교가 내세우는 목표를 교육의 목표로 혼동하는 고정관념을 해체하기 위해서 명백히 교육외재의 영역에 속하는 것으로 판단되는 구체적인 사례 몇 가지를 열거해 보겠다.

먼저 학교가 수많은 청소년들을 보호하고 관리하는 기능을 한다는 사실을 부인하기 어려울 것이다. 그들의 생활은 전면적이기에 그들에게 정신적으로나 육체적으로 건강한 삶을 보장할 수 있어야 한다. 때때로 학교 안에서 방종, 행동이탈, 왕따 및 괴롭힘, 폭력, 우울증, 자살 등의 사례가 보고된다. 그 비율이 높으면 좋은 학교로 평가받기 어렵다. 학교는 이를 단지 개개인의 문제로 치부하지 않고 학교 전반의 풍토와 환경의 문제로 파악하고 그 예방에 중요한 역할을 할 수 있어야 한다.

학교는 거의 예외 없이 통치의 효율적인 수단이 되었다. 근대국가의 출현과 더불어 학교가 국가체제를 강화하고 통합하는 기능을 하여 왔다는 사실도 분명하다. 국민적 단결, 민족주체성, 공동체의식 고취 등이 이를 대변한다. 좋은 사례로 인정하기 어렵지만, 일제식민지 시절의 우리나라의 학교는 황국신민을 양성하는 것을 목표로 내세웠던 적도 있다. 오늘날의 사회가 학교에 요구하는 표준적인 인간의 양성도 같은 맥락이다. 이 부분을 사회화의 기능으로 규정해도 무방할 것이다.

학교는 산업화에 필요한 인력의 대량생산이라는 시대적 요구에 응한다. 산업혁명과 더불어 그에 필요한 인간을 대량생산한다는 시대사조가 그 배경을 이루고 있다. 우리나라처럼 부존자원이 부족한 상태에서 인재는 국가의 존폐를 결정하는 기둥이다. 분업체제에서 각 분야가 요구하는 노동력은 다양하다. 이는 소규모의 집단 각각에서 해결할 수 있는 문제가 아니다. 학교가 그 시대적 요구에 부응하여 노동력을 대량으로 확보해야 하는 과제를 수행하여 왔다. 후진국가에 속했던 우리나라가 오늘날 경제적으로 선진대열에 서게 된 것도 그런 연유이다.

학교는 또한 문화를 재생산하는 기능도 수행한다. 인류가 만들어 놓은 문화유산은 날로 높이 쌓여간다. 여기에는 학문, 예술, 도덕 등 수도계적인 것들도 포함된다. 우리나라의 경우는 서구의 시대적 배경에서 출현한 학교체제를 근대화라는 명분으로 서구문명과 생활양식의 효과적인 이식을 필요로 했다. 유럽이 만든 근대문화 가운데 특히 서양학문(신학문)의 수입이 주로 학교를 통해서 이루어졌다. 이 실상은 학문화나 문화화나 교조화의 맥락으로 쉽게 설명될 수 있다.

고래로 학교는 일종의 출세의 관문이었다. 사회에는 신분상의 위계가 존재하며, 그 위계에서 높은 지위를 획득하려는 경쟁이 불가피하다. 학교는 그 사회적 인력의 양성, 선발, 배치, 등용, 신분 상승의 수단이 되어왔다. 학생들이 학교에 다니는 가장 주된 이유는 명문대학의 학벌로 출세의 면허장을 얻는 데 있다. 많은 교사와 전문가들은 학교를 거치지 않은 학생은 입신양명이 어렵다는 것을 알고 있다. 그 인과관계는 너무도 오래 확립되어 무너뜨릴 수 없다.

흔히 공식적인 논의에 포함되지는 않지만 학교가 은밀하게 추구하는 또 다른 목표에 주목할 필요가 있다. 그것은 바로 학교체제 자체의 유지와 강화이다. 자체의 현상유지를 강화하는 것은 제도나 체제의 자연스러운 특성이다. 제도는 그 구성원의 도구로 도입되었다가 그 제도 자체의 존속을 추구하는 방식으로 기능적 자율성을 확립한다. 그 특성에 의존하여 앞서 열거한 제반 목표와 기능을 망각하고 학교 자체와 그 내부의 관행을 강화하는 주객의 전도현상이 일어나기도 한다.

말썽 많은 "입시위주의 교육"은 앞서 지적한 학교의 두 가지 기능, 즉 사회적 선발기능과 학교 자체의 존속을 꾀려는 물신화 증세의 합작이다. 더 높은 학교에 진학하는 사회풍조의 최대의 수혜자는 학교체제이다. 학위가 없이는 괜찮은 직장을 얻을 수 없다. 대개 사람들은 그것을 부정적인 것으로 평가하지만 학력이라는 입신출세의 도구를 제공받기 위해서 학교의 온갖 횡포를 어쩔 수 없이 감수한다. 학력 인플레이션은 이 목표의 성공을 의미한다.

학교의 목표와 기능은 그 종류에 따라 다르기 때문에 그 이외의 수많은 특수한 목표와 기능을 추가하여 논의할 수 있다. 앞서 지적했듯이 이런 교육외재적인 목표와 기능을 인정하는 것이 다음에 논의할 교육내재의 목표와 기능을 추가할 정당성을 부여한다. 학교∩교육의 내실화라는 과제는 이런 엄연한 사실을 직시한 토대 위에서 논의되어야 한다. 후자만의 이유를 내세워서 학교의 철폐를 주장하는 것은 한 면만 바라보고, 그 나머지를 놓치는 낭만적인 주장이다.

㉮의 교육내재(b)

교육외재의 학교목표는 다원적이며 이질적이다. 이에 비해서, 교육내재(학교∩교육)에 속하는 목표는 이미 제12장에서 논의되었듯이, 그 내재적 가치와 외재적 가치의 실현으로 이미 보편적으로 확정되어 있다. 다만 이렇게 주장할 때, 응당 해결해야 할 그 교육이 무엇이냐 하는 질문에 대한 해답이 부재했던 탓에 오랫동안 그 담론에서 온갖 가치도착을 허용하는 주된 원인이 되어 왔다.

학교∩교육의 목표설정에 대한 논의는 그런 어불성설의 역설을 넘어서야 한다. 차츰 분명해지겠지만 학교∩교육의 목표와 기능은 세상 사람들이 실상 학교에 대한 희망과 암묵적인 기대를 하고 있음에도 불구하고 실제로는 그 기대나 효과가 우리의 의식에서 전적으로 망실되고 무시된 부분이라고 해도 과언이 아니다. 그 부재에 따른 막연한 불만의 근거가 되었던 부분을 학교의 목표와 기능의 일부로서 우리의 의식과 관심의 영역 안으로 끌어들여야 한다.

이 지점에서 본서의 제12장에서 논의된 교육본위의 가치를 잠시 회고하는 것이 좋을 듯하다. 그 나름의 구조를 가진 삶의 양상으로서 교육의 목표는 일원적으로 단일하게 그 안에 이미 내장되어 있다. 그것이 바로 교육의 내재적 가치의 실현에 해당한다. 이런 고유한 가치의 실현에는 학교에 대한 다양한 이해당사자들의 올바른 교육관과 그 동의가 요청된다. 여기서 학교∩교육의 목표를 추가하라는 요구가 교육외재의 목표를 배제하는 것을 의미하지 않음에 유의해야 할 것이다.

삶의 원천은 우리 내면에 있다. 어리석음에서 벗어나는 노력을 하는 자신과 그것을 벗어나게 돕는 자신에서 자긍심과 보람을 느끼지 않는 사람은 없을 것이다. 인간은 교육적일 수밖에 없다. 상구열정과 하화열정은 누구에게나 잠재되어 있으며, 서로 호응하면서 지속적으로 향유한다. 학교∩교육의 이런 내재적 목표는 여타의 제반 목표나 가치들의 총량에 비해서 미약할지는 모르지만 학교가 교육을 표방하는 한 외면할 수 없는 가치다. 그 즐거움과 보람의 억제는 비인간적이다.

교육은 국가의 통제를 벗어난 개인의 자율성과 자유영역의 확장을 의미한다. 교사와 학생이 이처럼 교육 자체를 존중하고 서로를 격려하며 품위를 공유하는 활동을 구현하는 것만으로도 학교생활의 즐거움과 보람이 보장된다. 세상 사람들이 그 열정과 가치를 학교 안의 덜 즐거운 것들과 혼동하고 있는 실정이 안타깝다. 후자의 부정적인 생각을 전자의 것으로 되돌려야만 교육의 내재적 가치에 대한 올바른 체험으로 나아갈 수 있을 것이다. 학교∩교육이라는 삶의 터전에서 교사와 학생들이 제대로 상구하고 하화하면서 그 과정 자체의 즐거움을 체험하도록 허용해야 한다.

학교∩교육은 교육외재의 것을 위한 수단이 아니라 그 자체가 목적이어야 하며, 그 목적을 견지함으로써만 그 정체성을 유지할 수 있다. 교육적인 삶의 가치는 그 자체의 즐거움과 보람에 국한되지 않는다. 교사와 학생들이 학교∩교육의 터전에서 교육적인 삶을 유지한다면 그에 따른 여타의 가치의 실현이 저절로 파생한다. 그 부분이 교육의 외재적 가치에 해당하며, 제14장에서 이에 해당하는 다양한 기능을 살핀 바 있다.

특별히 학교∩교육에서 기대되는 특수한 기능은 본 장의 마지막 절에서 재론될 것이다.

나. 교과의 내용

여러 세대를 거쳐서 만들고 축적한 문화유산의 내용은 날로 팽창한다. 젊은이들은 어떤 방식으로든 그 모든 경험내용을 습득해야 하는 위치에 놓여있다. 교과(subject matters)란 "학생들이 학교에서 무엇을 알아야 할 것인가?"라는 질문에서 그 무엇에 해당하는 내용이라고 보면 무난할 것이다.

학교에서 다루는 국어 · 수학 · 과학(또는 더 세분하여, 물리 · 화학 · 생물 · 지구과학) 등은 각각 그 경험내용을 조직해 놓은 묶음의 예이다. 그 경우조차도 교과가 각각의 것으로 설계되면서 그 연계성이 부족하다는 문제가 불만일 수 있다. 이 경우 몇 개의 교과를 통합하여 특정 주제나 경험중심으로 같은 사태를 보는 다양한 시각을 확보하는 이른바 "융합" 혹은 "통합" 커리큘럼을 모색할 수 있다.

어떤 경우든 날로 증가하고 있는 교과의 숫자는 학생들에게 더 이상 감당할 수 없는 과제가 되고 있다. 그 부담을 줄이기 위해서 교과를 선택적으로 한정시켜야 한다는 주장도 제기되고 있다. 어쩔 수 없이 학교는 어떤 교과를 포함하고 배제하느냐 하는 우선순위를 결정해야 한다. 많은 조건들이 고려되어야 하겠지만, 교육적인 조건도 그 하나가 되어야 할 것이다.

교과교육은 교과와 교육의 중첩영역이다. 교과의 내재와 교육의 내재는 엄연히 구분되며, 그 개별적인 내재적 가치도 구분되어야 한다. 어느 것을 본위로 하느냐에 따라 그 목적과 수단의 위치가 뒤바뀐다. 교과의 내재적 가치는 교육의 외재적 가치에 해당하며, 교육의 내재적 가치는 교과의 외재적 가치에 해당한다. 어느 것을 본위로 선택하느냐 하는 갈등의 소지가 있다.

제한된 교과의 선택과 관련하여 그 우선순위의 결정은 교육의 문제라기보다는 서로 다른 교과 간의 헤게모니 분쟁으로 보아야 한다. 교육학자가 개입할 부분은 교과의 종류가 아니라 그것이 갖추어야 할 소재로서의 조건이다. 사이비교육학자들은 당연히 관여할 부분에서 제 몫을 하지 못하고 있다. 관여할 것이 못 되는 교과에 간여하고, 관여해야 할 교육에 대해서는 침묵한다.

㉯의 교육외재(a)

학교 안에서 몇 가지의 교과를 택하느냐 하는 최종적인 결정은 다분히 정치적이다. 교과논자의 견해가 있겠지만 그 결정에서 결국 국가권력이 개입한다. 교과는 검인정과정을 거치며, 대부분 국가 혹은 지방 단위는 통일되고 일률적인 교과를 결정하고, 단위학교는 법에 따라 그 통일된 교과를 채택한다. 여기에서 분명 인정과 불인정이라는 국가적 개입과 사회적 이해관계가 배타적으로 작용한다.

우리나라의 “교육부”는 교과로서 국어, 수학, 영어, 사회, 과학, 체육, 예술, 생활, 교양, 기술 · 가정, 제2 외국어, 한문 등을 선정하였다. 국가에서 지정한 교과영역 이외의 성취는 이른바 “학력”으로 인정받기 어렵다. 뿐만 아니다. 진학이나 출세에 도움이 되지 않는 교과는 제 가치를 인정받기가 어렵다. 그 각각의 개별적인 내용들이 교육외재(a)에 속한다는 데 논란의 여지가 없을 것이다. 그 세부적인 사항을 살펴보자.

교과는 두 가지 이질적인 요소를 포함한다. 하나는 사회화나 문화화와 관련된 것으로서, 주어진 사회규범이나 문화의 전통과 정형을 반영한다. 사회구성원이 규정한 시나리오에 따르지 않으면 그 체제의 유지가 어렵기 때문에 필요한 상호주관성을 결과로 규정하고 그에 대한 일치를 꾀한다. 다른 하나는 그 끝의 도달점이 없는 수도계의 영역이다. 이는 그 도상에서 더 나은 수준을 추구해 나가는 개방성을 허용해야 한다. 이는 소재로서 교육과 관련된다.

국어교과의 경우, 문법은 모종의 정해진 기준에 일치해야 할 범주이다. 이에 비해서, 시나 소설을 창작하는 문학은 예술의 기준에 따라 끝없이 추구해야 할 범주이다. 사회교과의 경우도 마찬가지다. 주어진 사회에 적응하는 것과 그 사회를 탐구하는 사회학은 전혀 다른 범주다. 전자는 사회적 규범에 일치하기를 요구함에 비해서, 전자를 대상으로 지식을 얻고자 하는 후자는 진리의 내규에 따라 검증의 과정을 거친다.

이렇게 한 교과 안에서 서로 다른 부분을 구분하는 이유는 학교의 커리큘럼에서 성격상 그들이 서로 다르게 취급되어야 할 것들이기 때문이다. 세속적 정형에의 일치와 수도계의 추구 가운데 상대적으로 후자에 비중을 두는 교과도 있다. 예컨대, 과학교과와 예술교과는 끝없는 추구라는 특징에서 그 순수성이 드러난다. 이 교과에서조차 주어진 정형에 일치하기를 요구한다면, 그 고유성을 유지하기 어렵다. 그런데 불행히도 학교의 실태는 이에 가깝다.

애초에 서구문명의 유입통로가 되어 왔던 우리나라의 신학교는 서양의 학문체제에 따라 교과를 개편하고 구성하고 해석하려는 주장이 강하다. 1970년대의 이른바 "학문위주의 교육과정"이 학문이라는 수도계적인 속성을 반영한다는 점에서 교육의 소재로서의 조건을 갖추었다고 볼 수 있으나, 실상은 그 범위를 더 좁혀, 마땅히 서로 다른 수도계로 구분해야 할 제반 영역을 단지 학문으로 일원화시키는 추동력으로 작용했다.

"학문위주"의 교과 선택은 비과학의 영역이 미신이라는 주장과 횡포로 이어질 위험도 있다. 예컨대, 예술은 예술이고, 학문이 아니다.[11] 시, 연극, 소설, 회화, 조각, 춤, 건축, 음악에 대해서 사실이냐 아니냐 하는 학문의 진리기준을 적용하는 것은 심각한 범주착오다. 서로 관련이 있

11) 예술작품이란 학문적인 것이 아니다. 예술은 빛깔, 소리, 말, 몸짓과 육체적인 성질들로 이루어진 세계이다. 우리는 예술의 유기적 성질을 비평에 의해서 분석하고 판단하고 특징을 분석해 낼 수는 있지만, 초보자가 문학작품에 폭넓게 친숙해지기 전에 그들에게 그런 담화의 양식을 조급하게 소개하는 것을 경계해야 할 것이다. 작품의 표면 위를 미끄러져 달리거나 전문어 속에 구속되어 버리는 그런 안이한 피상에 떨어뜨릴 위험이 있기 때문이다.

어 보이지만 도덕을 체험하는 것과 그것에 관해서 단지 관념을 갖는다는 것은 별개의 것이다. 도덕교과는 전자의 문제를 후자의 문제로 환원시키고 있으며, 그 오류로 인한 부작용은 실로 심각하다.[12] 체육교과까지도 학문화한 것은 타 영역에 대한 침범이라는 비난을 면하기 어렵다.

"학문위주의 교육과정"이 그 운영의 면에서 교육의 소재로서 갖추어야 할 그 수준의 개방성이라는 조건을 만족시켰는지도 의문이다. 그 수준의 일률적인 규정은 학문은 물론 교육소재로서의 조건에서 이탈한다. 그 내용은 당대의 학문공동체가 인정하는 수준을 반영하여 그 수준을 "정답"과 "오답"으로 이원화시킨다. 끝의 도달점이 없는 학문의 영역으로부터의 이탈은 결국 사회화나 문화화와 연관된다.

앞에서 주로 "학문위주의 교육과정"이 교과영역의 축소라는 위험성을 지니고 있다는 점을 살폈는데, 흥미로운 사실은 학생들이 학교생활에서 공식보다는 비공식의 영역에서 더욱 자신들의 활력을 느낀다는 점이다. 그것은 바로 "특별활동(extracurricular activity)"이라는 예외적인 영역이다. "특별"이라는 용어 자체가 별도의 기회라는 뜻으로, 독창, 사생화, 무용, 웅변, 문예, 육상, 배구, 테니스, 탁구 등을 포함한다. 학생들은 여기서 자신의 적성과 수준의 다양성을 인정받기도 하지만 끝내 비공식적인 위치에서 벗어나지 못한다. 거기서 활력을 느낀다는 것은 "정답"과 "오답"이라는 이원화의 구속에서 벗어나기 때문이라는 추측도 가능해 보인다.

㉯의 교육내재(b)

교과와 교육이 같은 것이라는 오류로부터 벗어나는 방식은 그 차이를 인정하는 것이다. 교육은 다원적인 삶 가운데 그 자체의 자율성을 가진 일종의 놀이다. 이제까지 그 고유한 내용으로서 인간적인 측면, 활동의

12) "도덕교육"을 강화하면 도덕심이 양성될 것으로 생각하는 경향이 있다. 이런 "학문중심의 교육과정"은 학생들로 하여금 도덕적인 문제와의 대결, 결단의 독립성, 의지력의 용기 있는 기쁨을 맛보는 것이 아니라 단지 지적인 추상화에서 자신의 피난처로 이용하게 만든다. 도덕교과에서 높은 성적을 얻은 젊은이들에게 사회인들이 자주 미묘한 배신감을 느끼는 것은 바로 이 부분이다.

측면, 가치의 측면을 지니고 있음을 살펴왔다. 이들이 앞서 살핀 교과의 내용과는 판이하다는 사실이 독자에게 이제 명백해졌으리라 믿는다. 그 관점의 전환을 전제하고, 이제 교과와 교육이 겹친 부분, 즉 교과교육의 문제에 접근해보기로 하자.

교과교육에서 교육을 본위로 선택한다면 교과는 교육의 목표가 아닌 수단의 위치로 전환된다. 학교에서 택하는 교과가 교육소재로서의 조건을 갖춘 것인가 하는 문제가 검토되어야 한다. 앞서 국어와 사회교과에서 세속과 수도의 요소가 혼재한다는 점을 지적했다. 교육소재는 후자에 국한된다. 그 조건을 만족시키지 못한다면, 교육소재로서의 자격을 상실한다.

교육소재로서 수도계의 종류와 그에 따른 품위는 거의 무한대이다. 이른바 "전인교육"의 이념이 표방하듯이 가능한 한 학문 이외의 경험도 포함되어야 한다. 교육소재와 관련해서 자아실현이라는 개념을 적용한다면, 품위의 종류는 학생의 숫자만큼 많아 보인다. 학교의 공식적인 교과는 학생들의 폭넓은 경험을 무시하는 단점이 있으며, 그 소수의 공식적 교과에 매달려 있는 다재다능한 천재들에게는 교육소재라는 측면에서 부당하기 짝이 없는 처사이다. 그 소재의 영역을 학교에서 비공식적으로나마 확장한다면 부당한 취급을 받고 있는 집단의 고충과 신음소리를 줄일 수 있을 것이다.

서구문명의 유입통로로서 학교가 서양의 관점에서 교과를 설정한 것은 어느 면 불가피하였다고 하더라도 어떤 경우든 하나의 세계문화를 강조하는 것은 매우 위험한 편견이다.[13] 서양은 여타의 세계를 지배하고, 종속시키고, 약탈한 제국주의적 역사를 지니고 있으며, 서구중심의 학교는 학교구성원을 서양의 합리주의 정신이라는 좁은 울안에 가두어 놓는다. 학문의 경우는 수도계의 하나이지만 서양식 분류를 따르더라도

13) 사이드(Edward W. Said)는 지식이 어떻게 권력과 결탁하여 동양에 대한 서양의 편견을 절대적 진리, 보편적 학문, 지배적인 언술행위로 만들었는지 추적하여 오리엔탈리즘(Orientalism)이라는 이론을 개발한 바 있다.

예술, 도덕과 다르다. 그 점에서 학교에서 지금처럼 지나치게 서구적인 것, 그중에서도 특히 학문적인 것, 주지주의적인 것에 교육소재를 공식적으로 한정하거나 편중하는 것은 교육의 입장에서는 바람직한 것이 아니다.

동양은 지난 몇 세기 동안 물질적으로는 궁핍한 상태에 놓여 있지만 아직도 "도(道)"의 명칭을 가진 무진장한 수도계를 보유한 역사를 지니고 있다.[14] 이를 교육소재로서 되살리기 위한 구체적인 방향을 명확히 밝히고, 교과에 반영하는 방식을 모색해 봄직하다.[15] 이를 어떻게 교과로 받아들일 것인가 하는 데에는 비단 정책결정의 문제뿐만 아니라 방법의 문제까지 함께 해결해야 한다. 지금으로서 그것은 먼 장래의 과제처럼 보인다.

논자는 통상적인 교과라는 개념을 받아들이면서 종전에 간과된 두 가지 교과를 교육소재로 현 단계에서 추가할 것을 특별히 강조하고 싶다. 하나는 최근에 등장한 가상공간의 등장과 관련되어 있다. 각종 통신매체의 놀라운 발전은 시간과 공간의 제약을 벗어나 수많은 교육소재와 접할 수 있는 가능성을 활짝 열어놓았다. 인터넷이 통제력이 부족한 학생들에게 미치는 부정적 영향도 적지 않다고 지적하지만 그럴수록 미디어에 대해 비판적 시선을 가지고 교육으로 활용할 수 있는 능력이 필요하다. 이를 위해서 정보학 교과를 구상하고 실행하고 숙고하며 지속적으로 개발해 나갈 필요가 있다.[16]

---

14) 유가, 불가, 도가, 궁도, 유도, 고전무용, 판소리, 다도, 서예, 참선, 검도, 그 외에 무수한 장인들이 닦아온 전통예술들이 이에 속한다.

15) 〈중화 우수전통문화교육 지도 요강〉에 따르면 중국은 앞으로 전통문화를 커리큘럼과 교과서 내에 포함하고, 중·고등학교 및 대학 입시에 문화전통에 대한 내용의 비중을 늘릴 계획이라고 밝힌 바 있다. 그러나 그 전통문화가 수도계적인 요건을 갖춘 것인지는 분명하지 않다.

16) 그 내용의 중점은 정보시스템 분석과 이용, 활용분야 학습, 정보처리, 디지털 특성, 디지털 의사소통의 기본원리, 계산법의 기본원리, 그래픽과 텍스트 프로그램 언어, 논리적인 자료구조, 대상에 기초하고 기능적인 모형화와 프로그램화, 정보학 체계의 한계에 관한 이론적 논의에 관한 것을 포함시킬 수 있을 것이다.

다른 하나의 교과는 바로 교육과 교육학이다. 여기서의 교육학은 물론 재건된 것을 의미한다. 이는 교과 가운데 예외적으로 교육내재에 속하는 부분이며, 교육학도가 교과의 이해관계에 개입할 수 있는 유일한 부분이기도 하다. 교육의 목적은 교육을 제대로 하는 것이고, 교육학의 목적은 교육을 앎의 수준에서 제대로 안내하는 것이다. 전자는 메타교육의 소재이며, 후자는 교육학을 소재로 하는 교육이다. 메타교육은 이미 본서의 제4장에서 살핀 바 있고, 교육학교육은 본서의 말미에서 더욱 자세하게 언급될 것이다. 이것이 두 번째로 추가해서 강조해야 할 교과로 보인다.

앞서 교육의 소재로서 품위의 종류에 대한 논의를 주로 하였지만, 그것 자체만으로 교육소재로서의 가치를 갖는 것은 아니다. 여기에는 또 한 가지 중요한 충족조건이 있다. 그것은 바로 그 각각의 수준에 동등한 소재가치를 부여하는 것이다. 교과를 본위로 할 때 하나의 선진의 품위가 이하의 품위 전체를 제압하는 방식으로 평가되지만, 교육을 본위로 하는 경우에는 아무리 낮은 품위라고 하더라도 제 위치에서 교육소재로서 제 나름의 가치를 지닌다. 예컨대, 어떤 학생들에게는 물리학의 최첨단 지식보다는 과학 공동체에서 낡은 것으로 폐기한 지식이 교육소재로서 더욱 중요한 가치를 갖는다. 이로써 학생들은 각자의 개인적 발전에 개입한 교육적인 과정을 훨씬 생생하게 체험할 수 있기 때문이다.

다. 교과서

교사와 학생이 사용하는 활자형 도서로서 교과서는 앞서 논의한 교과와 상응하는 것으로서 학생이 습득해야 할 각종의 정보와 지식들을 포함한다. 요즘에는 그 범위를 넓혀 음반 · 영상 및 전자저작물 등도 그 속에 포함하는 경향도 있다. 채택된 교과서는 학교의 일정과 커리큘럼과 연동된다. 교사와 학생은 주별 혹은 월별 시간의 배열에 맞춰 학교생활을 한다.

교과서의 제작과 채택은 고등학교 때까지 국가주도의 엄격한 심사과정을 거친다. "교육부"에서 교수요목 제정위원회를 조직하여 교수요목을 정하고 교과서 편찬 작업을 시작한다. 검정에는 크게 국정과 검인정의 두 가지가 있다. 검정교과서는 국정교과서와 같이 "교육부"의 관리를 받지만, 그 제작은 민간 출판사를 통해서 이루어진다.[17] 대학의 경우는 교수가 나름대로 정한 교재를 사용한다.

교과서는 내면상태를 일종의 기호나 상징으로 표현한 것이라는 점에서 그 나름의 근원적인 한계를 지닌다. 내면과 그 표현은 동일한 것이 아니다. 표현이 내면을 대신하지 못할 뿐만 아니라 그 전환에도 한계가 있다. 그 전환된 표현을 교사와 학생들이 접수할 때에도 그 의미는 그들의 내면상태에 준하여 결정된다. 설사 그 내용이 편집자의 입장에서 아무리 체계성을 가졌다고 주장하더라도 학생들이 그 체계성을 이해할 수 없는 한 먹물이 찍힌 흰 종이 뭉치에 불과할 것이다.

교과서의 의미는 그 종이 뭉치 안에 있는 것이 아니라 그것을 해석하는 사람의 두뇌 안에 있다. 그것이 어떤 의도로 쓰였든 간에 표현된 것은 교사와 학생에 의해서 해석되어야 한다. 그 의미는 교사와 학생이 그것을 어떻게 이해하느냐에 의해서 좌우되기 때문에 결코 고정되어 있지 않다. 자신의 의미로 전환하는 작업에 실패한 학생에게 교과서는 소외된 지식 혹은 작동을 멈춘 죽은 지식에 머문다.

본 절의 관심은 그 교과서를 누가 어떤 목적으로 어떻게 활용하느냐 하는 본위의 선택에 있다. 그 하나의 목적은 교과서의 내용에 학생들의 반응을 일치시키려는 것이고, 다른 하나의 목적은 교과서를 교사와 학생들 사이의 교육적 교섭을 위한 도구로 사용하는 것이다. 전자의 입장을 택하면 그 결과가 중요할 것이고, 후자의 입장을 택하면 그 과정이 중요할 것이다. 그 입장 차이가 교육외재와 교육내재의 어디에 속하는가를 결정한다.

---

17) 몇몇 교과서는 한국검인정교과서에서 구입할 수 있지만, 메이저 인터넷 서점에서 살 수 없는 책이기도 하다.

㉰의 교육외재(a)

국가의 인증과정을 거치는 기준에는 교과서가 "공적 지식"을 반영하여야 한다는 조건이 포함된다. "공적 지식"이란 국가의 통치이념과 사회의 유지에 부합해야 한다는 전제가 내포되어 있다. 이런 세속적 보편주의는 반드시 진리기준을 충족시키는 것은 아니다. 일본과 한국의 사회과 교과서에서 독도가 어느 국가의 영토에 속하느냐 하는 문제를 두고 상반된 입장을 취하는 것은 국가와 사회의 이해관계를 반영하는 전형적인 사례라고 할 것이다.

교과서는 반역사적 기술형식을 취한다. 지식이 발전된 단계와 과정이 대부분 생략되어 있다. 교과서 가운데 학문의 내용에 해당하는 경우에는 당대에 얻은 첨단의 지식이어야 한다는 검증기준을 적용한다. 학문공동체의 인정을 받은 그 첨단의 지식만이 옳고 여타의 것은 오류라는 기준에 따름으로써 유사 이래 수많은 지식이 발전되어 온 오류의 역사는 교과서에서 제외된다. 이전의 지식을 배제하고 그 자리에 최신의 첨단지식으로 대체하는 개편이 이루어진다.

그 긴 오류의 역사적 과정을 생략하고 교사와 학생들이 첨단의 결과에 직접 대면할 수 있는 것을 후세대의 문화적 특혜로 간주한다.[18] 수차례의 개정을 거친 교과서의 내용은 마치 흔들림이 없이 진행된 한 가닥 직선처럼 깔끔한 결과로 묘사된다. 교과서가 집필자의 견해라는 항목을 생략함으로써 그 내용이 마치 보편성을 지닌 것처럼 보이려고 한다. 그 이면에는 텍스트의 의미를 객관적이고 고정된 의미를 가진 것으로 보는 관점이 작용한다.

"교과교육"에서 교과서는 교육을 위한 수단이 아니라 도달해야 할 목표의 위치에 선다. 심지어 교과서를 올바로 이해하는 것이 "교육"이라고 주장하는 극단의 우상숭배자들도 있다. 학교에서 사용하는 교과서는 거

18) 학교에서 수학은 수학분야의 선단에서 이미 증명된 지식을 받아들이고 그 결과에 이른 수많은 오류의 역사적 과정을 생략한다. 이런 최고품위에 대한 집착을 비유하자면, 등산을 생략한 채 헬리콥터를 타고 산 정상에 도달하려는 것과 같다.

의 종교경전으로 받아들여진다. 근대학교가 출현하기 전에는 서양에서 교회가 교육기관의 한 축을 차지하고 있었다. 그 전통이 지금의 학교체제에까지 전승되고 있는 듯하다. 오늘날 "학교"가 그런 권력의 중심점에 위치한다. 학년별로 동일한 교과서를 사용하여 동일한 일정에 따라 일치된 반응을 요구하는 강력한 표준화의 힘이 작용한다. 그 표준화는 제반 인간형성의 과정들, 예컨대, 조건화, 사회화, 문화화, 교조화의 통로를 거친다.

성적평가에서 학생들의 반응이 교과서의 내용에 일치하느냐 혹은 불일치하느냐의 여부에 따라 "정답"과 "오답"이 결정된다. 이런 기준이 작용할 때 불가피하게 개별적인 학생들이 가진 지식의 위치를 무시하기 마련이다. 그 수준에서 학생의 것은 미달일 수밖에 없다. 학생들이 역사적으로 학문공동체가 수많은 곡절을 거쳐 이전의 지식을 배제하고 그 자리에 최신의 첨단지식으로 인정한 기준에 어떻게 일치할 수 있겠는가. 몇 명의 소수를 제외하고 그 내용을 따라가기가 어렵다. 그 대가는 대다수 학생들의 흥미의 감소다. 대개 무의미의 연속이다.[19]

교과서의 내용을 당장 이해하기 어려운 학생들에게 그 일치를 요구하면, 그 효과적인 기제가 암기이다. 그들은 문제의 시작과 끝의 양면을 전혀 모른 채 오로지 그 해답만을 모방하게 된다. 암기에 의한 일치가 교과서의 이해를 의미하는 것은 아니다.[20] 그 암기가 전혀 쓸모가 없는 것만은 아니다.[21] 그러나 이처럼 교과서의 공식을 단순히 빌려 쓰는 것을 학생의 지식이라고 생각하는 것은 착각이다. 이 부분을 교육외재의 영역에 포함시키는 것은 학교가 학생들에게 교과서의 고정된 내용에 일치하기를 강요하는 것을 교육의 영역에 포함시킬 수 없기 때문이다.

그 결과적 내용을 어떤 수단을 써서든 의심 없이 "정답"으로 받아들

19) 수학과목을 포기한 학생을 지칭하는 "수포자"라는 유행어가 이를 대변한다.

20) 바둑판의 마지막 기보만을 외워서는 바둑을 습득할 수 없듯이, 일치라는 객관성은 인정할 수 있을지는 모르나 학생들 스스로 그 근거를 입증하지 못한다.

21) 예컨대, 컴퓨터처럼 필요에 따라 기억한 수학공식을 그 소비자로서 계산에 적용할 수 있다.

이게 만들면 교과서가 젊은이들에게 판에 박은 똑같은 신념을 주입하는 부작용이 따른다. 그럼에도 불구하고, 사회적 선발이라는 학교의 기능에 대한 학생들의 적응이라는 입장에 서면, 그 효과에 대한 평가는 달라진다. 교과서를 단순히 암기한 지식의 활용도가 그것을 이해하려고 노력한 것보다 훨씬 높다. 교과서의 내용과 불과 한 치의 어긋남도 성적의 평가에서 "오답"으로 판정받으며, 반면에 교과서에 대한 수험생 자신의 이해는 이와 어긋날 가능성이 많다. 학교생활에 잘 적응한 학생이라면 교과서에 대한 자신의 이해를 접어두고 기억해 둔 교과서의 내용에 순응해야 한다는 것을 잘 알고 있다.

시험 준비를 위해서 학생들은 교과서의 암기에 의존해야 하며, 그것에 대한 자신의 이해를 억제하는 전략을 써야 한다. 읽고 싶은 책들에 몰입하면 시험성적을 얻는 데 지장이 있고 경쟁에서 낙오하기 쉽다. 그런 이유에서 학생들은 교과서 이외의 다른 가치 있는 서적이나 내용과 자료가 너무도 많다는 사실을 알고 있지만, 거의 다른 책을 읽지 않고 오로지 교과서의 집필위원들이 중요하다고 여기는 것에만 매달린다. 설사 교과서 이외의 독서를 한다고 해도 그와 관련된 선진과 후진 사이의 교육적 관계나 교섭은 비공식적인 것으로 감추어진다.

매일 무거운 교과서를 가방에 넣어 학교에 등교하지만 막상 교과서에 대한 호감을 가지고 있는 학생은 드물어 보인다.[22] 몇 가지 이유가 있다. 첫째, 디지털 기기가 보편화됨에 따라 이전과 같이 교과서의 내용을 기억해야 할 부담이 적어졌다. 둘째, 책상에 교과서 외에 자신의 스마트폰이나 태블릿PC를 사용하여 교과서 이외의 풍부한 자료를 접할 수 있다. 셋째, 교과서로 규정되는 확실성은 학교 안의 생활에 안정을 보장하지만 교문을 떠날 때부터 학생들은 생활의 불확실성에 노출되면서 그 확실성이 가공적인 것이라는 것을 깨닫는다.

22) 교과서는 강제로 사고 안 보는 책이라는 평도 있다.

㉰의 교육내재(b)

모든 서적들이 우리들의 내면을 향상하기 위한 수단이라고 주장할 수는 없다. 단지 독서의 즐거움만을 추구하는 서적도 많다. 혹은 어떤 특정한 목적에서 그 내용을 이용할 수도 있겠다. 서적의 용도는 그 내용을 단순히 재생하는 것이 아니라 그 안에 내재된 교육을 재생하는 데 있다는 점에서 그 특징이 있다. 다시 말하면, 서적의 진정한 교육적 가치는 그 결과가 아니라 그 결과에 이르기까지의 과정이며, 교육은 그 부분을 독자들에게 재생시키는 일이다. 그 차이를 아는 것이 교육적인 독서의 출발이다. 그 부분에서 이제 전면적인 사고의 전환이 이루어져야 한다.

교육외재의 영역인 사회화나 문화화의 과정에서 "정답"과 "오답"의 기준이 되는 교과서가 필요하다는 것을 부인할 필요는 없지만, 교육내재의 영역에서는 그 용도가 제한된다. 여기에서 필요한 교과서는 초보에서 고급에 이르는 과정과 단계를 존중해야 한다. 이를 위해서는 교사가 국정이나 검정의 제한을 받지 않고 스스로 학생들의 수준에 맞는 교과서를 그때그때 만들어 가도록 자율성을 부여하는 것이 바람직하다. 1과목 1책의 원칙에서 벗어나서 여러 기능을 가진 다양한 종류의 서적이나 팸플릿을 연구 · 개발하여 교과서 대신 사용하는 방안이 나올 수 있어야 한다. 이를 위해서 원칙상 각종 서적을 갖춘 도서관이나 혹은 인터넷의 활용이 자유로워야 한다.

초중등학교에서는 교과서라고 하지만 대학에서는 교재라고 한다. 용어상으로만 보아도 후자가 더 교육의 수단이라는 의미가 살아난다. 교재에는 "정답"이라는 개념이 없다. 각종의 이론이나 그것을 주장하는 학자들의 산물이고, 학문에서 잠정적인 위치를 점하고 있을 뿐이다. 절대적인 품위의 존재를 용인하기 어렵다. 어느 품위나 그 발전의 도상에 있다. 학문적 지식도 그 품위의 일종으로 보아야 한다. 절대성을 부여하는 지식은 학문의 본질에 역행한다. 어떤 결론도 모종의 가정을 전제한다. 그 가정 모두를 검증할 방도가 없다. 이 점에서 진리와 오류는 상대적이다. 교과서의 지식을 절대적인 것처럼 취급하는 학교의 관행 자체가 오류다.

"정답"은 과정에 마침표를 부여하는 오류이다. 모든 관념은 조만간에 틀린 것으로 판명된다는 사실을 수긍할 수 있어야 한다. 더 나은 지식은 가능하지만 절대적인 의미의 지식은 부재하다. 오늘날 자연과학이 놀라울 정도로 발전하고 있으나 그 지식이 오류가 없는 진리라고 주장하는 경우는 드물다. 그 지식이 발전의 어떤 특정한 도상을 지칭한다면 "정답" 대신 더 나은 답이라는 용어로 대체되어야 한다. 더 나은 답이라는 용어는 그 내용에 대한 일치가 아니라 향상으로 가는 길목이라는 정도의 의미를 지닌다. 일견 정확해 보이는 수학적 지식도 발전과정에 있기 때문에 잠정적인 답이 있을 뿐 정답이란 존재할 수 없다. 인문과학이나 사회과학의 경우는 말할 필요도 없다.

역사적으로 중세 유럽에서 기독교적인 신념이나 믿음이 학문발전에 큰 장애가 되었다. 그런데 그 폐습이 아직도 학교에 남아 있다. 이제 학교 안의 확실성과 그 밖의 일상에 내포된 불확실성 사이의 경계를 허물어 후자를 통해서 전자의 경로에 이르는 과정을 재생할 수 있어야 한다. 항상 부단한 탐구의 여지가 있는 불확실성을 인정하기 위해서는 확실한 결과가 아니라 불확실하고 영원히 잠정적일 수밖에 없는 지식의 속성을 이해시켜야 한다. 확실성을 구하는 것은 불확실성을 회피하려는 위험하고 나태한 종교적인 적응양태다.

교육의 수단으로서 교과서를 이해해야 할 다른 하나의 핵심은 그것이 주관의 산물이라는 사실이다. 인식론적으로 보더라도 교과서의 의미는 결코 고정된 것이 아니다. 해석에 따라 그 의미에 차이가 있기 때문에 객관적이고 일반적인 의미의 텍스트란 존재하지 않는다는 것이 오늘날 해석학의 통설이다. 그 내용은 사실을 서술한 것이 아니고 그 사실에 대한 집필위원의 해석인 것이다. 교과서 안에 역사적으로 이름난 학자들의 학설이 소개된다. 그 소개된 학설도 집필위원의 두뇌를 거쳐 여과된 것으로 보아야 한다. 그 학설의 보편적 의미를 전제하는 것은 위험스럽고 기만적인 결과를 가져온다.

교과서의 고정된 의미는 존재하지 않는다. 그렇게 집필된 교과서의 내용은 이제 독자의 해석을 통해서 비로소 의미를 갖는다. 해석자의 현품에 의해서 오염되지 않은 교과서는 사실상 존재하지 않는다. 교육현장에서 작용하는 품위는 을의 품위에 대한 갑의 해석과 을의 품위에 대한 병의 해석이다. 교과서 집필위원의 생각, 그것을 수업에서 이해하는 교사와 학생의 의견이 서로 일치한다는 것은 거의 기적에 가깝다.[23] 가령, 교사가 교과서의 내용을 학생에게 전달한다고 할 때 결국은 그 내용에다 자신의 생각을 슬그머니 옮겨 넣을 뿐이다.[24] 학교에서 교사의 해석은 집필위원들의 해석과 동일시되며, 학생들의 해석은 철저하게 억압되고 숨겨진다.

교육소재는 교과서가 아니라 그것을 접하는 교사와 학생들의 해석이다. 그 각각의 해석의 기점이 바로 개인이 소지한 지식이다. 교과서에서 이론을 소개하더라도 그것이 집필자의 것인 이상 교사와 학생들은 그것을 정보로 받아들인다. 어떤 개별적인 요소들을 나름으로 파악하는 동시에 그것과 결부된 전체를 함께 생각하려는 노력을 해야 한다. 그들이 많은 것을 읽어도 그 내용을 그들 스스로 잘 동화하는 과정을 거쳐 정리하지 않는다면 지식을 습득했다고 볼 수 없다. 서로 어울리지 못하거나 혹은 모순된 내용이 있다면 의문을 남겨야 한다.

똑같은 품위를 공유한 두 사람 사이에는 교육적 교섭이 불필요하다. 교육은 그런 공감대의 부재에서 출발한다. 여기서 교사와 학생, 학생들 사이의 교과서에 대한 해석의 차이를 가정할 수 있다. 교사는 교과서를 이해할 수 있으나 학생들은 그 내용을 당장 이해하기 어려울 수도 있다. 혹은 "정답"의 해석은 불가능하지만 이들 사이의 해석의 위계를 가정할 수 있다. 가령, 교사의 해석이 학생들의 해석보다 우월하다는 가정이 성

23) 그 기적을 가정하는 점수의 부과 역시 무리다.

24) 해석에서 품위의 굴절현상을 이렇게 비유할 수도 있을 것이다. 오물이 들어있는 항아리에 물을 부으면 그 물은 오염되어 버린다. 노란색의 물이 들어있는 항아리에 파란색의 물을 부으면 초록색의 물이 된다. 이는 바로 품위의 전이를 밝히는 데 유용한 비유가 될 수 있다. 우리의 몸과 마음은 빈 항아리가 아니다.

립할 수도 있고, 그 차이 안에서 교육적 교섭이 이루어질 수 있다.

여기서 교과서의 기능은 얼마나 저자가 의미하는 바에 해석이 일치하느냐에 있지 않다. 이렇게 본다면, 교사와 학생은 교과서의 품위가 어느 것이냐에 구애되거나 집착할 필요가 없다. 그 교과서를 통해서 교사와 학생이 교육적 교섭을 충실하게 할 수 있으면, 그 교육적 효과는 달성된 것으로 보아야 한다. 각자는 단지 자신이 가진 현품을 기준으로 "정답"을 규정한다. 그 각각에게 있어서 자신의 대답이 정답처럼 여겨지며, 다른 것은 오답처럼 여겨진다. 그 부분만을 주목한다면 학교현장에서 "정답"에 대한 선진과 후진의 충돌을 예상해야 한다. 이때 어느 것이 더 높은 해석인지를 밝혀야 하는데 그것은 단지 해석의 논리만으로 해결할 수 없다.

강요가 아닌 방식의 교육적 교섭이 필요한 것은 바로 그 지점이다. 교육에서는 "정답"과 "오답"이라는 이분법적인 구분을 피하고, 그 대신에 스승의 대답과 제자의 대답이라는 말을 대용한다. 교과서는 그것을 접하는 교사와 학생의 처지에 따라 다른 의미를 가지며, 교육소재는 바로 그 다른 해석이다. 교육적 교섭은 교사의 해석에 대한 일치가 아니라 제자의 개별적인 이해가 어떤 것인지를 알고 그 차이만큼 교육을 단계적으로 재생해야 한다.[25] 그 단계를 무시할 때 권력과 조작의 통로가 된다.[26]

학교에서는 선생의 해석이 학생의 해석보다 우월할 것이라는 가정을 받아들인다. 그 상대적인 우열에 대한 가정은 검증되어야 하며, 교육적 교섭이 검증의 수단이 된나. 선진으로 가정된 교사가 하화하고 후진으로 가정된 학생들이 상구하면서 서로 교과서 밖의 체험의 폭을 넓힌다. 그 효과는 개별적인 해석의 수준을 한 단계 올리는 데 효과가 있느냐의 여부에 의해 평가된다. 상구의 자증과 하화의 타증은 애초의 가정의 타

25) 이 부분은 다음 절의 학교의 활동에서 더 다루어질 것이다.

26) 교육의 점진적인 과정을 생략하고 무조건 품위의 수준만을 높이려고 하면 오히려 해를 가져온다. 그것을 잘 나타내는 것이 〈맹자〉에서 지적된 "조장(助長)"이라는 용어다.

당성을 검증하는 증거가 된다. 이처럼 교육적인 요소를 첨부하는 것을 교육적 해석이라고 칭할 수도 있겠다.

교육적인 교과서와 그렇지 못한 교과서를 이런 관점에서 구분할 수도 있겠다. 교육적인 교과서는 지식의 결과가 아니라 그것을 증득하는 과정을 처방한다. 학문공동체에서 이미 허위로 판명된 낡은 이론은 버림받지만 교육소재로서의 가치는 결코 소멸되지 않는다. 교육적인 교과서는 결과위주의 교과서가 생략한 부분, 즉 특정한 내용의 지식을 얻기까지의 그릇된 출발점, 무의식적인 편견과 오류, 실패로 끝나버린 실험, 발견에 따른 흥분, 희망과 실망, 실험의 각 단계에서 터득한 체험과 사고의 과정을 재생할 수 있는 자료를 포함하는 것을 그 조건으로 삼는다.

교과서에 교육적인 체험을 추가되고 보강할 수 있는 부분은 크게 두 가지다. 그 하나는 문제와 그 해답을 제시하는 부분이고, 다른 하나는 그 해답을 얻을 수 있는 체험적 과정에 대한 처방이다. 흔히 전자는 목표이고, 후자는 방법이라는 생각을 하지만, 교육의 입장에서는 그 목표와 방법이 전도되어야 한다. 교육에서 중요한 것은 주어진 처방에 따르는 실천이며, 그 결과는 그에 부수한 무수한 것들 가운데 하나다. 말하자면 교과서의 교육적 가치는 그 처방의 수행에서 나온다. 만약 수행될 처방에 관한 부분이 생략된다면 교과서와 일반서적의 차이는 소멸된다.

결론적으로 교육적인 교과서는 학생들의 품위를 얼마의 수준으로 높이느냐에 있지 않고 그들의 상구에 얼마의 보람과 기쁨을 줄 수 있느냐로 평가되어야 한다. 교육외재에 속하는 교과서는 불필요하게 된 기억을 학생들에게 강요하는데, 교육내재의 교과서는 암기를 넘어서는 창조적인 사고를 촉진한다. 학생의 품위와 무관하게 그 교육의 가치를 부여할 수 있는 일반적이고 일률적인 교과서란 존재할 수 없다. 학생들의 개별적인 현품에 부응하는 교과서의 활용은 저절로 상구열정을 유발할 것이다. 이에 상응하는 것이 교사의 하화열정이다.

라. 학교의 구성원

학교의 울타리는 교육의 경계와는 다르다. 학교를 일반 사람들에게도 개방하면 안 될까? 지역의 다른 교육적 주체들에게도 학교를 개방하자는 논의는 있지만 학교의 울타리는 아직까지 견고하고 학생과 교사에게만 그 안에서의 생활을 허용한다. 그만큼 학생과 교사라는 차원은 학교생활을 구분하는 중요한 차원이 되고 있다. 명심할 것은 그 차원이란 자연인의 총체가 아니라 그 다양한 측면들 가운데 하나에 불과하다는 사실이다.

인간은 다차원의 존재인 만큼 서로 다른 분과학문의 조명을 허락한다. 편의상 본서의 세계구분을 따른다고 하더라도, 자연인은 얼마만큼 세속적이며, 얼마만큼 수도계적이며, 얼마만큼 교육적이라고 할 수 있다. 세속의 기준은 국민, 성별, 나이, 계층, 빈부 등과 그들 사이의 권세와 재리의 인간관계를 쉽게 연상시킨다. 다른 차원인 수도적 인간은 강제와 의무에서 벗어나 품위를 지향한다. 선진과 후진이라는 위계에서 소수의 엘리트를 중시한다.

나머지의 교육적인 측면은 무엇인가? 이와 관련하여 교사와 학생을 의심 없이 받아들이지만, 이는 학교체제가 그 구성원에 부여한 사회적 역할이다. 그 역할은 학교가 처한 위치에 따라 달라진다. 교사와 학생은 학교사회에서 그 역할을 충실하게 이행할 것으로 기대된다. 그 역할 안에 교육이 포함되어야 함은 부인하기 어려울 것이다.

교사가 된다는 것과 스승다운 교사가 되는 일은 같은 것이 아니다. 학생이 되는 것과 제자다운 학생이 되는 것도 같지 않다. 한 자연인으로서 경우에 따라 혹은 수시로 교사와 상구자를 겸한다거나 혹은 학생과 하화자를 겸하는 것이 부자연스럽지 않다. 한 자연인을 두고 그 각각의 측면이 상응하거나 그렇지 못할 경우도 있을 것이다.

학교의 역설은 제도로 규정한 "교육자"와 "피교육자"라는 이원적 고정관념이 그 구성원의 교육적 주체의식을 억압한다는 데 있다. 개념의 범주착오가 교사와 학생들 사이에 이루어질 수 있는 교육적 관계를 경직된 틀에 얽매이게 하거나 그 관계를 묵살하게 만드는 위험에 빠뜨린다. 교육적 주체로서 자신의 존재를 의식에서 제외시키는 내부의 분열을 경험하기도 한다.

국가의 통제를 벗어난 학교∩교육이 학교생활의 한 부분을 차지하도록 하는 첫걸음은 제도적 억압과 억제로부터 교사와 학생들을 해방시키는 것이다. 교육적 주체는 전문기관이나 전문가의 전유물이 결코 아니고 교육의 내재율을 따르는 한 자연인의 측면이다. 교육적 관계는 하화의 내재율을 따르는 스승과 상구의 내재율을 따르는 제자와의 관계라는 점에서 여타의 관계와 구분된다. 그 관계는 서로의 필요와 합의에 의해서 자유롭게 형성하고 지속될 수 있어야 한다.

㉣의 교육외재(a)

관습적 교육관은 국가를 "교육"의 주체로 상정한다. 국가가 학교체제를 도입할 때, 능동적이거나 수동적인 위치, 통제하거나 통제받는 위치를 구분했다. 국가의 관료주의적 위계를 따라 학교는 중앙으로부터 계획과 통제를 하달받는다. 학교에서 "교육"은 소기의 자격증을 가진 교사라는 전문가의 손에 맡겨지고, 교사는 다시 학생증을 소지한 학생들에게 영향을 주는 하향식 통제의 주체가 된다. 제도에 의해서 이렇게 이원화된 범주는 너무도 강력해서 그것이 마치 자연인의 전부인 것으로 통칭할 정도다. 갑은 교사이며, 을은 학생이라고 말하는 것이 그 좋은 예다.

교사와 학생은 "교육자"와 "피교육자"라는 일면적이고 일방적인 지위로 마주한다. "교사는 가르치고 학생은 배운다."라는 통념에서 "가르침"과 "배움"의 위계가 엄존한다. 그 통제 끝에 위치한 학생들은 전적으로 피동적인 존재로 격하된다. 이에 대해서 방어할 무기가 없는 학생들은 교육이 자신의 소관이 아니라 교사로부터 주어지는 것이라는 고정관념을 끊임없이 주입받는다. "학생이 가르친다."라거나 혹은 "교사가 배운다."라는 사태는 비정상으로 치부된다.

학교 혹은 교사와 학생 사이의 관계설정에 경제의 논리를 적용하려는 "교육학자들"도 있다. "교육의 수요자와 공급자가 이렇고 저렇다."라는 주장을 펼 때 그 "교육"은 그 주고받는 경제적 재물로 취급된다. 그 관점의 적절성의 문제는 차치하고라도, 교사는 물건의 공급자로서 경제적인 보상을 얻고, 학생은 그 물건을 경제적인 비용으로 제공받는다. 이런 논리에 따라 교사들이 임금을 올려달라고 하는 세태가 흔한 일이 되었다. 교사와 학생 사이의 관계를 단지 교육적 관계로만 설명할 수 없다는 것을 반증한다.

교사와 학생은 사회체제로서 학교에서 부여한 제반 역할개념이다. 교사의 역할은 국가와 법률의 규정에 따라 다소 차이가 있겠지만 예컨대, 수업 준비와 연구 · 학생 평가 · 다른 교사와의 협업 · 교육 · 학부모와의 관계 등을 포함하고 있으며, 특정 교사에게 주어지는 추가 임무의 경우 그 책임을 정하고 이와 관련된 추가 수당을 함께 명시하고 있다. 일정한 연령까지 의무적으로 출석해야 하는 학생의 역할은 교사의 지시에 따른다.

학교의 생활공간은 연령별 동질성을 유지하는 방안의 하나로 학급과 교실로 구획된다. 단위학급에는 한 명의 교사에 다수의 학생들이 배당된다. 그 비율이 높을 때 다인수 학급이라고 한다. 각 학급은 일률적인 커리큘럼에 의해서 운영된다. 교사는 이런 상황에서 학생 개개인의 이질성을 고려하면서 "제대로 된 교육"을 할 수 없다는 불평을 하여왔다. 이때 그 "교육"이 무엇을 의미하든 간에 그 불평의 정당성은 인정된다.

학교의 질서는 구성원 사이의 임격한 위계에 의해서 유지된다. 교사와 학생 사이의 위계는 위와 아래라는 것은 의심의 여지가 없다. 학생들 사이에도 얼마나 나이에 따라 학교에서 생활했느냐에 따라 서열이 결정된다. 초등학생, 중학생, 고등학생, 대학생의 위계가 있고, 그 각 위계에서 또한 일학년, 이학년, 삼학년과 같은 학년이라는 서열이 세분된다. 이를 흔히 "학력"이라고 한다. 학력에 따라 사회적 진출의 기회가 달라진다.

각급 학생들 사이에도 위계와 분류가 크게 작용한다. 그 위계는 어떤 척도를 적용하느냐에 따라 달라지겠지만, 실제 적용되는 척도는 거의 균일하다. 그 열등과 우등의 순위 매기기는 주로 교과서의 이해수준에 따른다. 그 성적이 주로 지적인 영역으로 편성되었기 때문에 학문에 적성과 소질을 가진 학생이 대체적으로 높은 지위를 점령한다.[27] 주로 이성적이고 주지적으로 편향된 이런 기준의 적용은 여타의 재능을 억압하고 억제시키는 요인으로 작용한다.

초등학교에서 대학에 이르는 문은 좁다. 올라갈수록 진입하는 학생의 수는 점차 축소된다. 더 좋은 학교일수록 학생의 일부를 배제하는 특권을 누린다. 똑똑한 학생들만을 골라서 입학시키는 학교는 사회적인 선발이나 공리적인 이유로 설명될 수 있지만 결코 교육적인 근거가 될 수는 없다. 경쟁이 배제된 학교생활은 존재하기 어렵다. 더 높은 지위에 오르려는 유혹이 강하게 작용한다.

더 높은 위치에 올라갈수록 상장, 학위, 지위를 얻는 기회가 축소된다. 그 우위경쟁에서 오류의 노출은 치명적인 약점으로 작용한다. 될 수 있는 한 자신의 약점을 줄이고 강점을 드러내야 한다. 이런 오류의 불용은 그것을 소재로 진행하는 교육적 삶과는 거리가 멀다. 뿐만 아니라 그 경쟁의 사태는 분명히 협동의 논리를 따르는 교육과는 무관하다고 말할 수 있다.

㉣의 교육내재(b)

앞에서 재건된 교육학이 학교의 학제연구에서 여타의 용병학문이 은폐했던 부분을 조명해야 한다는 취지를 밝혔다. 그중에서도 특히 학교 구성원의 교육적 인간상의 조명이 절실해 보인다. 본서의 제10장은 새롭게 교육본위의 인간을 논의했고, 이제 그 관점을 토대로 학교∩교육 이내에서 인정받아야 할 학교구성원의 측면을 추가하고 보완해 나갈 수

---

27) 토끼와 거북이 사이의 달리기 경주에서 토끼의 우승을 예상하는 사람들이 많다. 그런데 이제 이런 질문을 던져보자. 바다에서의 경주에서는 누가 앞설까?

있게 되었다.

교육공동체란 교육의 내재율에 일치하는 규범을 따르는 집단을 지칭한다. 교육적 주체가 국가의 통제나 제반 외재적 행동통제의 올가미에서 벗어나서 자유인으로서 진정한 자기의 정체성을 스스로 실험하고 실현해 나가도록 하는 것이 이 공동체의 성공비결이다. 공동체의 규모는 크거나 작게 규정될 수 있겠지만, 가급적 소집단을 구성하는 것이 어떤 특정한 영역에서 선진과 후진 사이의 교육적 교섭에 유리한 여건으로 작용한다.

인종, 계급, 나이, 성별의 차이를 인정하지 않는다는 것이 유교무류(有教無類)의 원칙이다. 학교∩교육의 영역에서는 교사와 학생 혹은 학년 등의 제도적 범주는 더 이상 유효하지 않다. 모든 학교구성원에게 교육적 주체의 권한을 부여한다. 각자에게 상구자와 하화자로서의 그런 균형 있는 삶을 보장한다. 상구하는 교사, 하화하는 교사, 상구하는 학생, 하화하는 학생이라는 네 가지 새로운 분류가 가능하다.

교육의 소재와 관련해서 최대량의 교육의 기회를 보장하는 조건은 품위의 이질성이다. 이질적인 교사와 학생들의 모임일수록 교육적 관계를 맺을 수 있는 범위가 넓어진다. 앞서 교육외재의 논의에서 학교의 다인수학급의 문제가 교사로 하여금 교육을 제대로 하지 못하게 하는 구실이 된다는 것을 지적하였는데, 그 관점은 "교육자"로서 한 명의 교사와 "피교육자"로서 다수의 학생이라는 잘못된 개념적 분류에 뿌리를 두고 있다. 그 모두가 상구자이며 동시에 하화자의 위치에 있는 교육내재의 영역에서는 개인차의 폭이 오히려 유리한 여건으로 작용한다.

모든 종류의 수도계가 교육소재로서 동등한 가치를 갖는다. 그 종류는 교과의 영역을 훨씬 초월한다. 극단으로 말한다면, 학교구성원들이 가진 적성만큼 다양하다. 이는 교육적 관계가 다원화한다는 것을 의미한다. 교사가 모든 종류의 품위에서 학생들보다 더 선진의 위치에 있다는 전제는 성립하기 어려운 속단이다. 교과라는 편중된 소재를 벗어나면 그 순위가 역전될 가능성도 많다. 학생들 사이에 다양한 동아리집단을 만들어 자연스럽게 교육적 교섭을 할 가능성을 무시하거나 봉쇄하고 있는 것은 아이러니컬한 낭비로 보인다.

이 세상에 완전한 인간은 존재하지 않는다. 교육은 유한한 인간이 가진 제반 오류를 인정하고, 그 오류를 소재로 서로 협동하여 극복해 나가는 과정이다. 오류를 서로 용인하되 그것을 소재로 서로 도움을 주고받아 그것을 극복하는 대열에 선다. 상구자와 하화자를 가르는 일정 수준의 품위란 존재하지 않는다. 교사든 학생이든 그 누구라도 후진의 위치에서 제자, 그리고 선진의 위치에서 스승으로 품위의 향상에 공조한다. 이 부분은 오류를 금기시하고 교사와 학생, 정답과 오답을 이원적으로 구획하는 교육외재의 영역과 대조된다.

학교구성원 사이의 품위의 차이는 다층적이다. 학교∩교육에서 다수의 선진과 다수의 후진은 복수의 스승과 복수의 제자 사이의 교육적 교섭을 가능하게 한다. 큰 스승과 작은 스승, 큰 제자와 작은 제자가 서로 교육적 관계를 맺고 교섭을 하면서 다층적인 교육적 공생을 꾀할 수 있다. 교과교육에서 교사와 학생들처럼 스승과 제자의 품위의 차이가 있는 경우, 그 큰 간격을 서로 좁게 연결시킬 수 있는 겹제자를 개입시킬 수 있다. 교사는 자신과 가까운 수준의 학생을 수업조교로 활용할 수 있다. 그 가능성은 다인수학급에 대한 불평이 단지 개념의 빈궁에 불과하다는 것을 말해준다.

학생들에게 실감나는 위대한 인물은 큰 스승보다는 작은 스승이며, 그 점에서 작은 스승과 큰 제자 사이가 더 가깝다. 이들 사이의 교육적 관계는 애써 순차와 하강이라는 내재율을 따르려는 노력을 하지 않아도 된다. 다르면서 비슷한 수준의 학생끼리 서로를 좋아하는 것이 인지상정이다. 또래집단은 자연스럽게 서로의 적성에 따른 약점과 강점을 살려 교류우의 관계를 맺을 수 있다. 심열성복을 토대로 맺은 그들의 관계는 오래간다. 교류우는 그 개념의 부재 때문에 그 유쾌함이 교육에서 유래한다는 것을 잘 모른다. 그 올바른 명칭이 그들 사이의 돈독한 관계를 용이하게 해석할 수 있게 할 것이다.

위에서 논의한 학교구성원 사이의 교육적인 관계의 역동적인 형성은 이론적으로 가능하다고 하더라도 실제로는 불가능한 사태처럼 보일 수도 있다. 그 불가능성은 학교가 처한 관행의 장벽 때문이다. 적어도 학교∩교육의 내실화를 의도한다면, 그 관행의 문제가 해소되어야 한다. 그 부분에서 새로운 자격요건을 갖춘 교육전문가들의 역할이 기대된다. 이와 관련하여 앞서 제10장에서 미래의 교육전문가를 교육학자, 메타교육전문가, 교육공간설계자, 교육상담전문가, 교육행정전문가, 교육평론전문가를 논의한 바 있다.

마. 학교활동

학교는 소란스럽다. 본서는 편의상 삶의 양상을 정치, 경제, 사회, 문화, 종교, 교육으로 구분하는 방식을 택해 왔는데 학교 안에서도 그 각각의 다른 활동이 이루어진다. 이를 교육외재와 교육내재의 경계로 구획한다면 어떤 것들이 그 각각에 속할까? 그 전체에서 교육내재의 부분이 얼마나 차지할 수 있을까? 이에 대한 해답은 어떤 교육관을 적용하느냐에 따라 달라진다.

관습적 교육관을 따른다면, 교육활동이란 학교에서 관행적으로 하는 제반 활동을 의미할 것이다. 흔히 그렇게들 쉽게 생각하지만 이 관점은 쉽게 반박될 여지도 있다. 출석점검과 복장검열, 학교운영을 위한 각종 행정서류 작성, 학생들 상호 간의 경쟁, 반장선거, 수험료 징수, 질서 유지, 식사나 화장실 관리 등은 학교생활에서 빼놓을 수 없는 중요한 활동이다. 이것들을 통틀어 교육활동이라고 주장할 사람은 드물 것이다.

용병학문적 교육관을 따르면, 그 각각의 모학문들이 규정하는 활동들을 교육활동이라고 할 것이다. 이는 학교생활 전체를 포괄하기 때문에 굳이 그 사례를 구체적으로 열거할 필요조차 없다. 생물학은 호흡하고 화장실을 드나드는 중요한 생리적인 활동을 지적할 것이다. 정치학, 경제학, 심리학, 사회학의 설명이 필요한 부분도 있을 것이다. 그 다양한 활동들은 서로 다름에 의해서 그 고유성을 인정받을 수 있기 때문에 어떤 공통점도 발견하기 어렵다. 이들을 통틀어 교육활동으로 수긍하기는 어렵다.

마지막으로, 결과위주의 교육관은 학교에서 달성하고자 하는 모종의 결과를 얻기 위한 모든 활동을 교육활동으로 규정할 것이다. 그러나 그 목표를 특정하기도 어렵지만, 그것이 가능하다고 하더라도 그 결과를 어떻게 규정하느냐에 따라 그 활동의 종류가 판이할 것이다. 그 모든 이질성을 지칭해서 교육활동이라고 할 수는 없다. 그런 취지로 본서는 이미 학문화, 조건화, 사회화, 문화화, 교조화 등을 교육활동에서 배제한 바 있다.

사이비교육관에 근거한 이상의 잡다한 활동을 대략 교육외재의 활동에 포함시켜도 무방할 것이다. 여기서 "대략"이라는 단서를 붙인 것은 관습적 교육관 안에는 부분적으로 교육내재의 것도 포함되어 있기 때문이다. 그럼에도 불구하고 그 교육내재의 활동을 따로 기술하고 설명할 수 있는 개념이나 용어가 아직까지 부재한 까닭에 이제까지 그것에 고유하고 특별한 의미를 부여할 방도가 없었다.

이제야 겨우 실제로 학교 안에서 진행될 수 있고 진행되어야 할 교육활동이 진정 무엇인지를 밝힐 수 있는 최소한의 개념적 토대가 갖추어졌다. 제11장에서 교육본위의 활동의 세부적인 개념범주가 무엇인지가 제시된 바 있다. 그 새로운 관점에 비추어, 학교 안에서 이루어지는 제반 활동 가운데 어떤 부분이 교육내재의 활동에 속하는 것인지에 대한 논의가 가능하다.

그 교육내재의 활동이 제반 교육외재의 활동을 배타하거나 부정하는 것이 아님은 물론이다. 본 절의 의도는 그 각각의 이질성을 따로 이해할 필요성에 의해서, 한편으로 지금까지 "교육활동"으로 당연시되어 온 것들의 가면을 벗기고, 다른 한편으로 우리의 인식과 관심으로부터 거의 배제되고 무시되어 온 교육내재의 활동을 드러내려는 데 있다.

㉱의 교육외재(a)

정치적 활동, 경제적 활동, 사회적 활동, 문화적 활동, 종교적 활동이 이 부류에 속한다. 용병학문의 개념에 의해서 포착되는 모든 활동도 어김없이 여기에 포함된다. 결과위주의 교육관에 의해서 무분별하게 "교육"으로 포함시킨 온갖 인간형성의 기제도 이에 속한다는 것은 이미 앞서 지적하였다. 그 모든 사례를 여기서 망라해서 거론할 필요는 없어 보인다.

그 대신에 사실상 교육외재의 영역에 속하지만 학교생활의 계획에서 "교육활동"으로 치부하는 전형적인 활동 하나를 문제시하면서, 그 가운데 포함시킬 교육외재의 활동이 무엇인지를 살피는 방식을 택하기로 한다. 그것은 바로 교과서나 교재의 내용을 구두로 설명하는 강의와 수업이다.[28] 그 두 가지를 합해서 강의식 수업이라는 용어도 쓰인다.

초등학교와 중학교의 수업은 이미 제공된 교과서를 기반으로 대부분 배당된 일정에 따라 진행된다. 수업시간의 주된 활동은 언어적 소통이다. 한 명의 교사가 "교육자"로서 칠판에 판서를 하면서 무엇인가 열심히 발언하고, 학생들은 "피교육자"로서 앉아서 그 내용을 열심히 듣거나 노트에 기록한다. 그런 이미지를 교사의 교수와 학생의 학습으로 지칭하기도 한다.[29]

오랜 전통에 뿌리를 내리고 있는 이 형식은 성경내용을 절대적인 진리로 삼는 서양의 중세적 교리문답(catechism, 教理問答)[30]을 닮아 있다. 삶에는 불확실한 요소가 많고 모든 것을 증명하고 난 다음에 살아갈 수는 없기 때문에 종교는 교조화의 수단에 의지하여 특정한 믿음을 강화

28) 보통 초·중·고등학교까지의 수업은 강의라고 표현하지 않는 경향이 있다. 대학교에서는 수업보다는 보통 강의라고 부른다.

29) 차후에 다른 절에서 살피겠지만, 이른바 "교육평가"라는 교사의 설명과 학생들의 반응이 얼마나 일치하느냐의 여부를 따진다.

30) 이 같은 문답식의 교육활동은 구약시대부터 그리스도교 전통 속에 형성되어 왔으며, 그리스도교의 본질과 관련되어 있다. 교리문답 형식이 발전된 것은 초대 교회 때 세례교인을 가르친 데서 비롯된 것 같다. 이후 종교개혁을 지나면서 교리문답은 급속도로 발전되었다.

한다. 이와 유사하게 강의식 수업은 교과서에 이미 마련된 해답을 일방적으로 해설하고 설명하는 방식으로 학교구성원들의 확실하고 안정한 삶을 보장한다.

강의에서 학생들의 질문은 억제된다. 이유는 대체로 두 가지이다. 교사 편에서 학생들의 질문이 많아지면 예정된 진도를 나갈 수 없다는 우려가 그 하나이고, 경쟁적 조건에서 벗어난 솔직한 질문이 과실의 노출이라는 불리함을 가져올지도 모른다는 학생 편의 우려와 걱정이 다른 하나이다. 일상생활에서 질문을 하지 않은 사람에게 누군가 계속 자신이 가진 해답을 제시하는 상황이 연출된다면 누구라도 이상한 눈초리를 보낼 것이다. 이처럼 쉽게 용인되기 어려운 장면이다.

그럼에도 불구하고 학생들은 자신들이 알고 싶은 질문을 억제하고 그들의 호기심과는 먼 이야기를 수업시간 내내 들어야만 한다. 그 교사는 관행에 따라 학생들이 묻지 않은 질문들에 계속해서 대답을 제시하는 것을 당연한 것으로 받아들이고, 학생들은 그 해답을 일방적으로 받아들이는 관행을 따르면서 궁금한 사항에 대해서 질문하는 것을 잊어버린다.

현대생활은 모든 것에 대해서 문답할 겨를을 주지 않는다. 젊은이들에게 수 세기에 걸쳐 쌓아온 사회적 관습과 문화적 내용의 무게에 적응하는 능력도 필요하다. 축적된 창조물의 결과를 그대로 모방하기조차도 부담스럽다. 보편적 객관성의 이름으로 획일적 동질화를 강요하거나 혹은 일시에 당대의 최고수준의 지식의 결과에 일치시키는 과정을 두고 "주입식 교육"[31]으로 비난하지만, 그 "교육"이 사회화나 문화화라는 기능을 충족시킨다는 사실을 부인하기는 어려울 것이다.

일상생활에 언어가 필요불가결의 전달수단이라는 사실에도 이의를 제기할 여지가 없어 보인다. 다만, 언어적 소통 자체를 교육내재의 활동

31) "주입식 교육"이라는 용어 안에 "교육"이라는 용어가 포함되어 있다는 이유 때문에 그것이 교육외재에 속하지 않는다는 생각을 하는 사람은 스스로 용어의 노예가 아닌지를 반성해야 할 것이다.

으로 볼 수는 없다는 점은 인정되어야 한다. 언어로 한 뭉치의 학문적 완제품을 소포처럼 학생들에게 전해준다는 통념에는 문제가 많다. 학문적 지식을 갖춘 사람이 그것을 모르는 사람에게 말로 전달하면 후자가 그것을 이해한다는 공식이 공허한 것은 지식의 올바른 습득은 재창조의 과정을 거쳐야 하기 때문이다.

일제수업의 결정적인 문제는 학생들의 개인차를 고려하지 않는다는 점이다. 교사의 말을 곧바로 이해할 수 있는 학생이 있다면, 이들에게는 강의가 별도로 필요한 것이 아니다. 교사의 강의내용에서 아리송한 궁금증을 유발하는 학생들에게는 상구의 효과를 볼 수 있겠지만 그 숫자는 극히 제한될 것이다. 그 내용을 전혀 알 수 없는 대다수의 학생들에게는 "쇠귀에 경 읽기"라는 격언대로 무의미한 시간의 경과이다.

완전히 수동적인 학생을 상상하기는 어렵다. 교사의 입에서 나온 일방적인 내용은 수십의 학생의 귀에 들어갈 때 학생의 뇌가 적극적으로 반응한다. 말하는 사람의 마음은 한결같지만 듣는 사람들의 귀는 서로 다르다. 저명한 학자, 예컨대, 아인슈타인의 상대성이론은 학생들의 현품의 여과를 거친다. 교사와 학생이 동일한 용어를 사용한다고 하더라도 지식의 수준에 따라 그 의미가 다르다. 그것은 엉뚱한 오해일 가능성이 많다.[32)]

교사로부터 소화하기 어려운 벅찬 내용을 강요받는 학생들의 대처방법은 자신의 해석을 가급적 유보하거나 회피하고 교사의 강의내용을 있는 그대로 필기하여 무조건 암기하는 것이다. 이런 대응방법은 교과서의 내용과 일치하는 빈응을 "정답"으로 규정하는 현존하는 학교의 성적평가에도 유리하다. 그런 이유에서 학생들은 자신이 내면에서 가진 지식을 그대로 두거나 부정하거나 억압하고 교사의 것을 승인한다. 그런 교실사태는 앵무새의 새장과 흡사하다.

---

32) 가르침 받은 것을 잘못 알아들은 것을 비유한 것으로 "종소리를 듣고 그것을 태양이라고 여긴다는 문종위일(聞鐘爲日)."이라는 고사성어가 있다. "듣는 사람이 오해하는 진실보다 더 해로운 거짓말은 없다."라는 말도 있다.

학생 자신의 적절한 내부의 변화가 없이 단지 지식의 문자적 표현을 모방하는 것이 학교의 사회적 선발의 기능에서 큰 비중을 자치한다. 그 기능의 수행이 유리하다는 판단이 서는 학교당국이라면, 입시과목에 치중한다거나 입시에 필요한 기술을 학생들에게 습득시키려고 할 것이다. 교과서는 학자들의 내적 필연성에 의한 탐구결과를 학생들에게 그대로 달달 외우도록 강요한다. 그런 관례를 따르는 학생들은 진리탐구와는 별개의 거짓된 학문을 하거나 혹은 학문 이외의 것에서 그 의의를 찾는다. 학문의 입장에서 참으로 큰 손실이라 아니할 수 없다.

학교에서는 언어적 표현을 앵무새처럼 단지 모방하는 놀음이 비일비재하다. 이를 지칭하는 옛말이 구이지학(口耳之學)이다. 이는 원래 "소인의 학문은 귀로 들어와 입으로 나온다."라는 순자의 주장에서 유래하였다. 그 외에도 길거리에서 들은 것을 바로 그 길에서 이야기한다는 뜻으로 옳은 말을 깊이 새기지 않는다는 도청도설(道聽塗說), 학문을 닦아도 마음에 사고함이 없으면 혼매하여 밝지 못하다는 뜻의 학이불사즉망(學而不思則罔), 그리고 귀로 듣고, 곧 이것을 입으로 말할 뿐 실천을 하지 않는 뜻의 입호이출호구(入乎耳出乎口) 등의 고사성어들이 있다. 이는 그 앵무새놀음의 역사가 꽤나 보편적인 현상이라는 것을 방증한다.

소화되지 않은 정보들이 집적된 뇌는 혼란스러우며, 자신의 흥미나 감정적 승인과는 분리된다. 이물질을 집어넣으려고 하는 사람이나 그것을 당하는 사람 모두에게 괴로움을 준다. 높은 수준의 학자들에게 상구의 홍취, 희열, 탐닉의 대상이었던 것을 그보다 낮은 수준의 사람들에게 강요하면 마치 자기 체력에 맞지 않는 운동처럼 좌절과 위험을 동반하는 불행한 사태가 된다.

이런 메마르고 무기력한 저압제의 대응방식을 학교는 "교육동기"의 결여로 진단한다. 그 결여를 보충하려는 시도가 바로 상과 벌(예컨대, 칭찬, 꾸중, 잔소리, 명령, 감독, 훈계, 야유, 위협, 진급과 낙제, 경쟁에서의 승리와 패배, 우등상 따위)이다. 교실활동이 외재적 동기나 목적에 의해서 수동적으로 이루어진다.[33] 이런 조건화는 교육활동 자체의 본질을 왜곡할 뿐만 아니라 그 활동 자체의 매력을 잃게 하는 역효과를 가져온다.

보상으로 인해서 교육열정이 소멸되는 이런 악순환의 반복이 "교육자"로서 끌고 "피교육자"로서 끌려가는 관계를 고착시킨다. 주목해야 할 것은 이 관례와 용어의 사용이 교육의 내재성에서 기인하는 것이 아니라 학교의 특수한 사태에서 비롯한다는 사실이다. 교과서의 내용에 대한 충분한 이해와 내적인 공감이 없이 무조건 교과서의 내용을 따르는 허수아비들이 양산된다.[34] 그 학생들의 관심은 학문과 교육의 내재적 가치보다는 그 외재적 유인과 미끼로 점차 전환된다. 외재적 보상에 의존하는 인간성의 유지는 그 자체가 무가치하다는 증거다. 혹은 그 가치검증의 미비를 뜻한다.

이런 논지를 학교에서 상과 벌을 전적으로 배제하자는 주장으로 받아들인다면 오해이다. 학교의 기능이 교육만은 아니다. 예컨대, 학교는 대다수의 젊은이들을 관리하고 보호하는 과제를 수행해야 한다. 학교 안에서 이루어져야 할 최소한의 질서유지, 규율의 문제해결, 폭력과 같은 각종 사회적 위험의 예방, 청소년의 건강과 안전을 위해서는 임의의 기준에 맞춰 상과 보상을 주면서 행동을 통제하는 것은 불가피하다. 다만, 그런 이유에서 부여하는 체벌[35]조차도 교육적인 근거를 내세워 정당화하는 것은 옳지 않다.

---

33) 죽지 못해 학교에 다닌다는 학생도 있다. 젊은이들이 하루 가운데 가장 많은 시간을 보내는 학교생활이 불행할 것은 말할 필요도 없다. 선택이 주어진다면 자진해서 학교에 갈 사람은 얼마나 될까?

34) 상벌과 같은 조건화의 방법을 통해서 "도덕교육"을 증진시켜야 한다고 주장하는 사람들이 그 사실을 알고 있는지 궁금하다.

35) 우리나라의 학교교육법(제 11조)은 학생의 신체에 대한 침해나 육체적 고통을 주는 체벌을 금하고 있다. 이때 그 체벌은 때리거나, 발로 차거나, 밀거나, 물건을 던지거나, 꼬집거나, 밟거나, 머리카락을 자르는 등의 행위를 신체에 대한 침해로 보고, 무릎 꿇기, 장시간 서 있기, 하교 시간 지연, 식사나 화장실 통제, 더운 날 물도 못 마시게 하고 오래달리기를 시키는 등의 행위를 육체적 고통을 주는 것으로 해석한다.

㉮의 교육내재(b)

앞서 학교 안에서 전개되는 각종 활동, 그중에서도 특히 강의식 수업이 무조건 교육활동으로 간주되는 학교의 실태를 비판적으로 검토했다. 그 존재나 가치 자체를 부인하려는 것은 아니지만 그것을 학교의 주된 "교육활동"이라고 규정하는 인식과 관행이 문제다. 오늘날의 매체발전을 유념한다면, 일방적인 강의식 수업은 사실상 한 차례의 녹화로 대신할 수도 있다. 그 부분의 학교활동을 지금의 반으로 줄여도 오히려 과하다.

교육활동은 말 그대로 활동이다. 교육은 남이 대신해 줄 수 있는 것이 아니다. 앞서 교육외재에 속하는 학교구성원을 논의하면서 "교육자"와 "피교육자"의 구분을 개념상 거부했다. 교육본위에서 볼 때, 학교의 구성원은 누구나 자기주도적인 상구자임과 동시에 하화자이다. 교육활동도 교사와 학생을 교육적 주체로 인정하는 범위 안에서 성립된다.

학교∩교육의 활동은 그것을 지칭하는 개념의 부재가 이에 대한 대답을 어렵게 한다. 사실상 교사와 학생들이 교내에서 음으로 양으로 고유한 의미의 교육활동을 하고 있음에도 불구하고 그것을 공식적인 것으로 인정하지 않거나 혹은 제대로 기술하지 않고 오히려 교육외재로 엉뚱하게 그 의미를 부여하는 실정이다. 새로운 개념을 적용하는 담론이 절실한 시점이다.

본서의 제11장은 이에 대처하기 위해서 교육본위의 활동을 포착하는 개념범주를 새롭게 제시한 바 있다. 이를 상기하자면 교육활동의 맥락, 오로지 교육의 세계 안에서만 유효하게 적용될 수 있는 고유한 교육활동, 일반적인 활동에 교육적인 요소를 첨가하는 방식이라는 세 가지이다. 그 개념범주와 틀을 적용하여 학교∩교육의 활동에 포함시킬 수 있는 부분을 살피는 것이 그 출발점이 될 수 있겠다.

교육본위활동의 첫째 범주는 교육활동의 맥락이다. 그 구성요소로서 개체구분, 자주운동, 품위이동, 협동, 상향접근, 과정재생, 명암적응, 불신보류, 과실노출, 장기시숙, 환경차별, 접경대면, 미복변신, 표적조절, 체험구성, 중득체험의 특성을 살핀 바 있다. 그 각각을 재론할 필요는 없고, 여기서는 그것들을 학교∩교육에 적용하는 경우만을 유의하여 그 가운데 특별히 교육외재의 활동과 대비할 수 있는 대목만을 간추려보기로 한다.

수도계에 평등의 원리를 적용하는 것은 범주착오이다. 학교∩교육에서는 학교구성원 사이에 존재하는 품위의 차이를 인정해야 한다. 선진과 후진을 일률적으로 혹은 동등한 것으로 생각해서는 안 된다. 학교∩교육은 그들 사이의 갈등가능성을 교육적 관계라는 상호 연대와 결속의 계기로 전환시킨다. 이와 관련하여 교육활동의 맥락 가운데 불신보류와 명암적응이 특별히 고려해야 할 요소다.

학교∩교육은 후진의 품위가 선진의 품위로 전환되는 과정을 재생하는 방식으로 달성된다.[36] 교사든 학생이든 그 주안점을 일방적인 주입과 일치가 아니라 그 형성과정과 사유방식의 창조에 둔다. 완제품을 사는 것보다 장난감 만들기가 더 재미가 있듯이, 품위를 주체적으로 향상시키는 과정 자체를 즐기는 것이다. 교육활동의 맥락 가운데 과정재생과 표적조절이 이에 해당하는 요소다.

품위를 재생하는 출발점은 교사와 학생들이 가진 품위이다.[37] 억압하거나 침묵으로 감추어진 품위를 드러내는 것이 교육적 교섭의 필수요인

---

36) 뉴턴이 자신을 "거인의 어깨 위에 있는 난쟁이"로 표현한 것은 사회화나 문화화에 걸맞은 언급이다. 수도꼭지를 떼어간다고 해서 계속 물을 얻을 수 있는 것은 아니다. 남의 지식을 자신의 것인 양 도용하려고 하지 말고 자신의 것으로 소화하려고 노력해야 할 중요한 이유다. 교육은 난쟁이가 거인으로 성장하는 과정을 재생하는 작업으로 비유할 수도 있겠다. 물리학 수업은 운동의 속도에 대한 아리스토텔레스의 개념을 소개하고, 그 문제점을 검토한다. 그 다음 단계에서 갈릴레이와 뉴턴에 의해서 개념의 수정이 어떻게 이루어졌는지를 검토한다. 다시 그 수정된 것의 문제점을 살피면서 아인슈타인의 상대성 원리에 의해서 현실화된 개념을 소개한다. 상대성이론조차도 고정된 것이 아니고 발전과정의 한 단계라는 점이 지적된다. 말하자면, 여기서는 특정한 단계의 합리적 논리보다는 그 합리성이 점차 진화하고 수정되어가는 과정에 더 큰 비중이 주어진다. 이 두 가지 물리학 수업 가운데 어느 것에서 지적인 만족을 느낄까? 어느 것이 더 과학적일까? 또한 어느 것이 더 교육적일까? 그 이유는 무엇인가?

37) 요즘 자주 쓰이는 "눈높이교육"이라는 용어에서 "눈높이"라는 교육 자체의 내재적 속성이다. 그런 수식사는 불필요한 부분이다.

이다. 지나치게 높은 수준에 맞추면 좌절하기 쉽고, 지나치게 낮은 수준에 맞추면 흥미를 잃는다. 장대높이뛰기의 재미는 그 높이를 개인에 알맞게 잘 조절하는 데 있다. 노력하면 뛰어넘을 수 있는 높이가 알맞다. 교육활동의 맥락 가운데 환경차별, 접경대면, 미복변신의 요소가 여기서 고려되어야 한다.

조급한 단기주의는 그런 과정에서 경계해야 할 금물이다. 그 정상적인 단계를 거치지 않고 너무 높은 품위를 얻고자 할 때 그에 대응하는 임시방편적인 방식은 그 성숙의 시간을 지연시킬 뿐이다. 지혜로운 교사라면 자신의 현품에 도달하는 데 얼마의 시간이 걸렸는지를 생각하고 학생을 지도함에 있어서 그 기간만큼의 시간을 산입하고, 학생들의 성숙의 시간을 지루할 정도로 참을성 있게 기다릴 것이다. 이것이 교육활동에서 고려할 장기시숙의 요소이다.

단지 언어적 소통에 의해서 품위를 공유할 수 있다는 생각은 환상이다.[38] 언어가 품위의 습득과 결부하려면 들은 것이 이미 우리 내부의 상태와 충돌하여 그 상태가 재조정되어야 한다. 실천이 말에 앞서야 한다. 훌륭한 학자를 꿈꾼다면 대상세계에 관해서 깊이 있게 자신의 생각을 정리하고, 그 생각에 증거를 부여하고, 그것을 글로 발표하는 활동을 해야만 한다. 훌륭한 작가가 되려는 학생은 작품을 써야만 하고, 훌륭한 농구선수가 되려는 학생은 농구장에 나가 뛰어야 한다. 그 이전과 이후의 체험의 차이로서 자신의 발전을 체험한다. 교육활동의 맥락 가운데 체험구성과 증득체험이 이에 해당한다.

이어서 오로지 교육의 세계 안에서만 유효하게 적용될 수 있는 교육본위활동의 둘째 범주를 살펴보기로 하자. 이는 그 구성요소로서 교육맥락구성, 상구활동, 하화활동, 소재선택, 교육요청, 교육적 교섭, 교육열유발, 교류교육, 다단계교육, 교육여건조성, 교육평가, 교육어의 활

---

38) 한 시대의 최고의 지식을 언어로 전달할 수 있다고 생각하는 것은 그런 지식이 담긴 책을 삶아 먹으라는 충고만 못하다. 후자는 전자에 비해서 전달에는 전달받는 자의 노력이 수반되어야 한다는 점을 함축하고 있기 때문이다.

용, 메타교육 등을 예시한 바 있다. 이들은 그런 활동이 설사 이루어지고 있다고 하더라도 이제까지 학교에서 적용된 바 없는 새로운 개념들이다. 이를 어떻게 학교∩교육에 적용하여 구현될 수 있을까?

교육맥락의 구성은 교육을 전경으로 삼고 여타의 세계를 배경으로 전환시키는 활동을 의미한다. 상구와 하화가 교육의 고유한 활동이라는 것은 이미 충분히 논의된 주제이다. 그 각각에 몰입하기 위해서는 여타의 관심을 일단 접어두어야 한다. 쉬는 시간에 자유로운 활동이 이루어지다가도 수업이 시작되는 시점에 이르러 종소리로 치는 신호를 보내는 것은 그런 맥락전환의 사례로 해석할 수도 있겠다.

학교∩교육의 소재는 그 종류의 면에서 교과의 범위를 훨씬 벗어난다. 흔히 “인성교육”, “전인교육” 혹은 “자아실현”이라는 용어로 호소하고 있는 것이 바로 이 부분이다. 학생들마다 적성과 소질이 다르다. 갑에게 소중한 소재가 을에게도 타당하다는 보장은 없다. 더욱 중요한 것은 소재의 가치는 그 수준의 면에서 학교구성원이 처한 현품을 중심으로 개별적으로 판단된다는 사실이다. 소재의 선택이라는 특수한 활동이 이에 해당한다.

학교∩교육에서 교육적 관계의 형성과 교섭은 서로의 협약과 협력에 의해서 진행된다. 청상구와 청하화가 이루어진 다음에 스승과 제자의 위치에서 서로 밀접하게 명적응과 암적응, 그리고 이인삼각의 보조와 조율 등의 협력이 이루어진다. 그 진행은 강제가 아니라 학교구성원 사이에 서로가 품위상의 어떤 수준에 있는지를 철저하게 관찰하고 그것에 맞는 상황을 제시하는 것을 의미한다. 여기에 교육어의 소통이 그 활동을 원활하게 하는 중요한 요소로 작용할 것이다.

유능한 씨름꾼은 자신보다는 상대의 힘을 잘 이용할 줄 안다. 교육활동의 자발성을 지원하는 것이 바로 교육열정의 유발이다. 실제로 학교구성원들은 비공식적인 영역에서 교육열정을 유발하고 이용한다. 학교구성원 사이에 이루어지는 교육열정의 유발방법은 의외로 간단하다. 교육열정은 품위의 차이에 언제나 잠재되어 있다. 교육에 우호적인 여건을 조성하고 상구의 순차와 하화의 하강의 내재율에 맞추어 교육적 교섭을 진행하면 그 열정이 자연스럽게 활성화된다.

교류교육과 다단계교육은 학교∩교육의 활동을 극대화시킬 수 있는 효과적인 방식이다. 서로 그 품위의 종류와 수준이 다른 학생들의 동아리활동이나 소집단활동은 서로의 약점과 강점을 살리는 교류교육을 촉진할 것이다. 그 유쾌함의 공유는 경쟁보다는 교육적인 협력의 소중함을 깨닫게 한다. 학생들 사이에서 소단위의 교육적 교섭으로 해결되지 않는 문제에 봉착하는 경우에, 교사나 상위의 학생에게 도움을 청하는 다단계의 방식을 취할 수도 있을 것이다. 교사의 품위를 당장 이해하기는 어렵다. 그들에게 실감나는 위대한 인물은 가까운 선배이다.

마지막으로, 교육본위활동의 셋째 범주는 일상의 일반적인 활동에 교육적인 요소를 첨가하는 조건에 관한 항목이다. 학교의 활동 가운데 꼭 집어서 어느 특정 세계로 환원시킬 수 없는 일반적 활동에 "교육적"이라는 수식어를 부여할 수 있는 것들이 많고, 그중에서도 특히 주목해야 할 부분은 언어활동이다. "가르친다."라는 일상어나 〈논어〉에서 "배우기만 하고, 생각을 하지 않으면 얻음이 없다."라는 언급의 "배움" 역시 언어적 소통에 해당한다. 그런데 품위는 언어로 표현하는 데 한계가 있으며, 표현된다고 하더라도 체험의 기반이 없는 언어의 모방은 앵무새놀음에 그친다. 비유하자면, 뿌리 없는 나무나 혹은 꺾인 꽃과 같이 오래가지 않는 장식물에 불과하다.

그렇다고 해서 학교∩교육에서 언어활동을 전적으로 배제하는 것은 상상할 수 없다. 여기서 언어적 소통의 한계를 극복하는 방법을 찾아야 한다. 품위는 오랜 시간을 거쳐서 서로 불연속적인 의미로 변전해 왔기 때문에 그 체험의 불연속성을 극복해야만 소통자 간의 의미의 교류가 가능하다. 그 체험의 불연속성을 연결시키는 조건을 만족시키는 언어활동에는 "교육적"이라는 수식어의 적용이 가능하다. 그 조건을 충족시킨 항목들로 문화적 유물의 교육적 활용, 교육적 읽기와 쓰기, 교육적 의사소통, 교육적 대화와 토론, 교육적 질의응답, 교육적 책망과 충고 등의 항목을 여기서 상기할 필요가 있다. 거기에 교육적 보상과 벌, 교육적 문제해결을 첨가했는데, 이들은 그 예외의 것들을 대변한다고 보면 될 것이다.

그 각각에 관해서 많은 것을 부연할 지면이 허락하지 않는다. 다만 그 중의 하나인 교육적 질의응답은 특히 앞서 교육외재의 측면으로 논의한 일방적인 강의와 대비해서 강조할 필요가 있어 보이기 때문에 그 부분만을 재론하겠다. 학교∩교육의 교실생활에서 "쓸데없는 질문"은 존재하지 않는다. 마음으로부터 우러나오는 질문은 질문자의 현품을 잘 반영하고 있기 때문에 언제나 교육적으로 쓸모가 있다. 교사와 학생은 그 질문을 기점으로 교육적 교섭을 시작할 수 있다. 선진으로서 교사는 이에 대해서 그의 해답을 직접 주는 것이 아니라 질문의 수준을 교정하거나 학생들로 하여금 문제에 봉착하고 스스로 해결하도록 도와줄 수 있을 것이다.

교육적 교섭의 출발점을 확인하기 위해서 교사가 학생들을 상대로 질문을 할 때, 통상 "모른다."라는 대답을 받지만 그렇게 속단하는 것은 큰 잘못이다. 그런 학생들의 답 자체가 정직하지 못한 속답이다. 어떤 주제에 대해서 학생들이 그 나름의 관점이 전혀 없을 수는 없다. 그 수준이야 어떻든 학생들도 대부분 모종의 인식을 토대로 살아간다. 다만 "모른다."라는 응답은 자신의 해답을 억제하면서 학교 안에서 규정되는 대답을 아직 가지고 있지 않다는 뜻으로 해석될 여지가 많다. 학생이 가지고 있는 그 억제된 인식이 바로 교육적 교섭의 출발점이기 때문에 그런 솔직한 응답을 유도하는 것이 교사로서 할 일이다.

앞서 강의식 수업의 실상을 논의할 때, 편의상 이를 교육외재의 활동으로 치부했지만 좀 더 정확하게 말한다면, 학교에서 진행하는 일반적 활동의 범위에 넣어 고려해야 할 사항이기도 하다. 수업으로 지칭되는 활동 안에는 다양한 측면이 있다. "수업의 질 향상(teaching excellence)"이라는 말도 있다. 그 질의 의미를 학교∩교육의 내실화로 받아들이고, 앞서 언급한 교육적 요소를 추가하면, 교육적 수업이라는 별칭으로 교육이 내의 활동에 포섭될 수도 있겠다.

예컨대, 우리나라에서 근래에 시험되고 있는 "수준별 수업"은 적어도 취지의 면에서 학교∩교육에 한 발짝 다가가는 것으로 평가할 만하다. 이는 학생을 진도에 따라 몇 개의 그룹으로 나누고, 서로 다른 교재와 진도를 따르게 하는 것을 권장한다. 이는 상구교육에서의 순차와 하화교육에서의 하강의 내재율에 부응하는 측면의 하나로 보인다. 수준별 수업이 제대로 이루어질 경우, 일제수업에서 억압되었던 교육의 내재적 동기와 열정이 왕성하게 살아날 것을 예상할 수 있겠다.

학교 안에서 이루어지는 일반적 활동의 범위에 드는 것은 비단 수업만이 아니다. 세미나, 레슨, 실습, 실험, 숙제 주기와 풀이, 노트정리, 소집단활동, 자료제작, 성적평가, 특별활동, 동아리활동, 운동장 활동, 각종 학교행사, 일정관리 등 온갖 다양한 활동들이 일반적 활동에 속한다. 이들은 수업의 경우처럼 그 특성을 "교육적인 것"으로 규정하지 않는 한 교육외재나 혹은 그 일반적이고 중립적인 것에 머문다. 이들에게도 앞서의 여러 조건을 살펴서 교육적인 요소를 첨가시킨다면, 그만큼 더 교육적인 학교로 평가받을 수 있게 될 것이다.

바. 학교의 일정과 일과

공립학교는 "교육법"에 따라 설치된 "교육부"에 의해서 국가적 기준으로 학교생활을 설계하고 계획하고 실천하는 지침을 받는다. "의무교육"은 학교출석을 강제한다. 젊은이들은 사회에 진입하기 이전에 거의 종일 학교라는 공간 안에 갇혀 산다.[39] 현대생활은 전문가의 독단에 의해서 기계화되고, 표준화되고, 동질화되고, 관료화되어 있다. 학교생활도

---

39) 나의 유학 시절에 미국의 TV에 "믿거나 말거나(Believe or Not)"라는 프로그램이 방영되었는데 그 한 주제로 한국의 학생들은 별을 보고 등교하고 하교한다는 사례가 소개된 바 있다. 우리나라의 젊은이들의 수면시간이 세계적으로 가장 짧고, "공부시간"이 제일 길다는 것은 널리 인정받는 사실이다.

마찬가지다. 학생들은 날마다 등교하여 대형화된 학교건물과 교실이라는 20평 정도의 규격화된 공간에서 획일적으로 생활한다. 그 양태는 주어진 틀에 맞추어 인간을 대량생산하는 공장을 닮았다.[40)]

학교의 일정은 획일적이며, 통일된 커리큘럼(curriculum)[41)]에 따른다. 이는 주로 결과위주의 교육관을 전제로 선택된 "교육내용"과 활동을 체계적으로 편성하고 조직한 것으로서 그에 대한 기술과 설명의 관점은 다양하다. 지금까지 주로 "커리큘럼철학", "커리큘럼심리학", "커리큘럼사회학" 등 용병학문들의 주목을 받아온 것은 커리큘럼이 혼질적인 사태라는 것을 방증한다. 이런 학제연구에서 커리큘럼교육학이 빠져 있다는 것이 아이러니컬하다.[42)] 용병학문들의 집합이 "교육학"이라는 논법의 맹점을 여실하게 반영한 셈이다.

"은폐된 커리큘럼(hidden curriculum)"은 관례나 관습으로 파악하지 못한 부분을 추가하고자 할 때 쓰이는 용어다. 학교가 교과의 영역에서 공식적인 커리큘럼을 유지하고 있지만 그 조직과 관행에 사회통제와 권위구조가 개입한다는 명분을 내세우며 등장한 "커리큘럼사회학"을 첨가할 때 이 용어를 사용하였다.[43)] 그로써 그 은폐되었던 부분이 드러나는 효

---

40) 학교는 순진한 사람들에게 어떤 면에서는 감옥생활보다 더 냉혹하다. 학교생활에 익숙한 사람은 누구나 군대의 병영생활이나 교도소에서 비교적 편안함을 느낄 수도 있다고도 말한다.

41) 영어의 '커리큘럼(curriculum)'은 라틴어의 '쿠레레(currere)'에서 온 말로서 '달린다'는 뜻이었는데, 이것이 나중에 경마장의 경주로(race course)를 의미하는 말이 되었다. 경마장에서 말이 경주를 하기 위해 출발점에서 종착점까지 달려가야 하는 일정한 코스가 커리큘럼인 것이다.

42) 그 점에 비추어 우리나라에서 커리큘럼을 "교육과정(教育課程)"이라고 번역한 것은 사실에 부합하지 않을 뿐만 아니라 혼동을 자초한다.

43) 학교교육의 기본적 기능은 사회의 가치와 규범을 재생산하는 것이라고 주장하지만 "교육사회학자들"은 서로 매우 상이한 이유를 내세운다. 이른바 구조기능주의자들은 모든 사람들의 이익에 있어서 사회질서의 안정성을 유지하기 위하여 학교교육은 필수적이라고 주장한 반면, 이른바 마르크스주의자들은 교육의 기본적 기능은 자본주의적, 경제적 생산이라는 사회적 관계의 재생산이라고 보았다. 그것은 프롤레타리아를 종속시키는 계급질서를 유지시키는 것이라고 보았다. 은폐된 커리큘럼을 통하여 지배적으로 획득되는 것은 이러한 후자의 기능이다.

과를 가져왔다.

같은 방식으로 이제까지 배제되어 왔던 교육 고유의 관점이 커리큘럼의 영역에 첨가되어야 할 것은 말할 필요조차 없다. 근래 "개방커리큘럼(open curriculum)"을 표방하는 운동노선이 은폐되어 왔던 커리큘럼의 요소들을 새롭게 요구하고 있다. "개방"이라는 수식어는 기존의 사고의 틀에 얽매이지 않고 자유롭게 새로운 가능성을 탐색하고자 하는 경향을 반영한다. 유아학교에서의 놀이 위주의 생활과정, 초등학교에서의 교과목의 통합, 교실 이외의 공간(복도 · 현관 등)의 활용 등이 그것들이다. 이는 많은 부분 학교∩교육에서 요망하는 조건에 부응해 보인다.

㉥의 교육외재(a)

학교출석의 의무는 국가 혹은 학교가 젊은이들의 성장에 대한 책임을 진다는 강력한 명분의 선언이다. 학교의 출석률과 학업성적 간에 높은 상관관계를 나타내고 있다는 많은 연구결과를 근거로 각국의 정부는 학생들의 빈번한 결석률을 낮추기 위해 다양한 정책을 제시해 왔다. 학부모의 벌금형을 두 배 이상으로 상향 조정하거나 혹은 교장과 교원이 태도가 불량한 학생들을 당일 조퇴를 시키거나 수색할 수 있도록 권한을 강화한 사례조차 있다.

교실은 근대사회의 특징인 표준화와 획일성의 원칙이 잘 적용된 생활공간이다. 가급적 학생들의 동질성을 유지하기 위해서 연령에 따라 학년을 구분하고 그 집단을 기준으로 운영한다. 교실 하나, 한 명의 교사, 그리고 다수의 학생이라는 고정관념이 있다. 현존하는 커리큘럼은 그렇게 표준화와 획일성의 원칙에 따라 편제된 학급을 전제로 운영된다. "개방커리큘럼"의 운동노선이 문제로 제기하고 있는 것도 바로 이 부분이다.

커리큘럼의 중심은 교과의 운영에 있으며, 교과서가 그 진행의 기준이다. 학년별로 일률적인 교과서를 사용하는 일제수업이 동일한 진도로 진행된다. 그 관행의 적절한 표현이 "교과서의 진도에 맞추어 나간다."

라는 것이다. 그 일정은 물리적 시간으로 환산된다. 일 년, 계절, 학기의 시간을 각각 분해해서 최대한의 대량생산의 효과를 얻고자 한다. 학교마다 예정된 일정과 시간이 정해진다. 초등학교 커리큘럼의 경우, 국어가 1주일에 12시간이라고 할 때의 그런 의미다. 수업일수의 엄수는 수업의 질에 우선한다. 수업은 학교마다 다소 차이가 있는데 대개 40분부터 75분의 단위가 적용된다. 그 사이마다 약간의 휴식시간이 주어진다.

일제수업은 거기에 적합하도록 설계된 교실이나 학교의 시설에서 교사의 적극적인 활동과 학생들의 소극적인 활동으로 양분된다. 일상의 삶에서는 질문이 있고, 거기에 해답이 따르는 것이 정상이지만, 학교상황은 대체로 정상에서 벗어난다. 학생들이 제기할 수 있는 흥미 있는 질문들, 예컨대, 내가 알아야 할 것은 무엇인가? 내가 왜 그 내용을 믿어야 하는가? 증거는 무엇인가? 다른 대안은 무엇인가? 어떻게 행동으로 옮겨야 하는가? 다음에 일어날 것을 내가 알고 있는가? 등등은 찾아보기 어렵다. 이렇게 무지의 자각이 배제된 상태에서 교사의 발언을 "정답"으로 받아들이고, 이를 서둘러 복송하고 훑어나가는 일을 반복한다.

다른 수업시간마다 교사들이 제각기 제시하는 엄청난 분량의 정보들에는 두 가지 흠결이 있다. 그 정보들이 곧바로 지식이 될 수 없다는 것이 그 하나고, 그 잡다한 정보들로 인해서 지식이 구성되어갈 공간이 더 줄어든다는 것이 다른 하나다. 이를 무조건 수용해야 할 학생들의 두뇌는 비워주어야 할 쓰레기통을 연상시킨다. 단편적인 정보를 암기하는 고통을 강요하면서 이를 내일을 위한 것이란다. 그러나 이는 오로지 제도와 관습에서 기인하는 것으로서 오늘의 고통을 감수할 이유도 없고 내일의 행복이 보장되는 것도 아니다.

학교체제는 그 일과가 너무 길고, 수업일수는 너무 짧아 수업 부담이 과중하다는 점을 당국은 대략 인식하고 있다. 각 지역의 교육청에서는 학생들의 과도한 학업부담을 문제시하고, 그것을 줄이기 위한 새로운 방안을 연구하여 이를 효과적으로 실시할 것을 요구하지만 응하기 어려운 사정도 있다. 학교가 수행해야 하는 사회화와 문화화의 기능도 무시할 수 없다. 사회는 상호주관성의 확보와 동질화를 지향하며, 아울러 전수되어야 할 문화의 내용은 날로 증가한다. 그런 상황에서 진도나 학생 사이의 차이를 진지하게 고려할 여지가 없다.

그러나 지불해야 할 대가도 만만치 않다. 개인에 따라 다른 환경이 필요하기 때문에 학교의 일률적인 일과나 과제의 제공은 기회균등의 원리에 위배된다. 똑같은 환경은 어떤 유기체에게는 유리하고 다른 유기체에게는 불리하다. 그 주제를 학교생활의 범위로 좁힌다면, 그 환경에 적합한 학생들에게 유리하고 그렇지 못한 학생에게 불리하다. 학교체제에 적응을 잘하는 학생들은 그리 많지 않다. 나머지 대부분의 학생들에게 학교는 실패와 좌절, 누적적 결손과 낙오, 포기 등의 부당한 처사를 강요한다고 볼 수 있다. 앞서 학교생활이 수용소의 생활과 닮아있다고 주장한 이유의 하나가 바로 이 부분이다.

여기서 이해당사자 사이에 환경의 선택에 따른 분쟁이 일어난다고 해도 이상할 일은 아니다. 인류의 발전에 공헌한 인물들 가운데 "어릴 때는 학교에서 재미를 못 느끼는 학교 부적응 아동이었으며, 특히 같은 장소에서 얌전히 앉아있는 것이 어려웠다"라고 고백하는 사례가 많다. 그 부분만큼 학교는 그런 적응에 성공한 특수집단에게 특혜를 주고 있다고 고발할 수도 있겠다. 동일한 교과의 내용, 동일한 일정, 동일한 진도, 동일한 방법을 따르는 커리큘럼은 개인과 환경의 상대성의 원칙을 전적으로 무시한다. 일부의 학생들이 막 몰입해 들어가는 활동을 중단시킨다. 진도에 앞서 있는 학생은 이미 이해한 내용이기 때문에 흥미를 잃으며, 따라갈 수 없는 학생은 그저 무의미한 시간을 보낸다.[44] 예정된 시간계획에 맞추기 위해서 교사들은 아직 덧셈도 모르는 학생들에게 나눗셈을 가르치는 경우가 많다. 그만큼 이들 학생은 소중한 시간을 무의미하게 낭비하고 있는 셈이다.

---

44) 여기서 그 아래의 수준은 "진도를 따라가기 어렵다."라고 하고, 그 이상은 "학교생활이 지루하다."라는 불평을 한다.

그런 학교의 관행은 사회화나 문화화로서 보상받을 수 없을 정도의 치명적인 손실이다. 교육은 품위의 불평등한 배분을 전제로 성립된다. 균등한 환경은 균등한 교육을 보장하지 않는다. 품위와 환경은 상대적이다. 개인의 주체와 객체는 신체로 구분된다. 갑의 품위는 을의 품위가 아니다. 이런 차이를 무시하는 어떤 실천도 교육과는 무관하다. 앞서 지적했듯이 품위의 향상은 그에 적합한 환경과의 조우를 요구한다. 학교체제에서 그 전체는 아니라고 할지라도 학생 개개인에게 알맞은 환경도 마련할 수 있어야 한다. 교육적 커리큘럼이 그 부분을 차지해야 한다.

㉳의 교육내재(b)

학교의 출석은 의무이지만 교육은 의무사항은 아니다. 어느 경우나 교육은 강제와는 거리가 있다. 교육은 즐거워서 선택하는 삶이며, 즐겁지 않은 것은 교육이 아니다. 교육적 커리큘럼은 학생들로 하여금 자율성을 토대로 자신과 타자의 품위를 최대한 실현하는 데 가담하고 그 기쁨을 공유하는 데 목적을 두어야 한다.

학교의 주체는 그것을 담당한 집단이지만 교육적 주체는 그 구성원인 교사와 학생 개개인이다. 교육적 주체는 교육의 내재율에 따라 행하는 주도적인 존재이기 때문에 "교육받는다."라는 말은 애초부터 성립할 수 없다. 경험은 결코 대신할 수 없다. 후진으로서 상구자는 상구의 내재율에 따라 선진의 품위를 획득하고자 하며, 선진으로서 하화자는 하화의 내재율을 따라 자신의 품위를 후진과 공유하고자 한다.

교육의 소재가치를 부여할 수 있는 일반적이고 일률적인 교과란 존재할 수 없다. 교육소재는 교육적 주체의 품위수준에 따라 다르다. 그런 가운데 열성적인 상구자는 그 현품과 알맞게 어긋난 환경과 조우해야 하고, 훌륭한 하화자는 자신의 필요를 일단 접어두고 후진에게 필요한 것이 무엇인지를 고려해야만 한다.[45] 품위가 상승하면 역경이 순경으로

45) 자신에게 필요한 것을 타자에게 베풀어주라는 도덕적 격률은 하화교육의 내재율에 반한다.

변하며, 따라서 끊임없이 그 상승에 알맞은 환경이 제공되어야 한다.

교육은 미리 확정된 미래에 대한 준비가 아니라 매 순간 학생들이 향유할 수 있는 가치의 단계별 체험을 중시한다. 교육적 커리큘럼은 학생들이 가진 현재의 품위에서 한 단계 높은 수준에 상응하는 것을 소재로 선택한다. 교과를 소재로 하는 교육의 경우, 그 일치가 아니라 그것에 접근해가는 과정 자체의 체험을 중시한다. 설사 학문공동체의 기준에 비추어 오류로 판정한 지식이라고 할지라도 그 단계에 아직 이르지 못한 학생들에게는 상구할 만한 가치를 지니고 있다.

교육은 과정이다. 시간의 흐름과 불가분의 관계를 갖는다. 학교∩교육은 학교에서 얼마의 시간을 보내느냐 하는 것이 문제가 아니라 그 시간이 어떤 교육적 체험을 보장하느냐를 더 중시한다. 체험적 시간의 농도는 개인마다 다르다. 학생들이 제자리를 지키고 단순히 앉아 있는 시간과 상구의 시간은 구분되어야 한다. 똑같이 자리를 지키고 있었다고 하더라도 갑과 을이 상구에 쓴 시간은 때로는 한 달, 혹은 일 년 정도의 차이가 될지도 모른다. 사실은 질 나쁜 열 시간의 수업은 질 좋은 한 시간의 수업보다 못할 수 있다.

교과서에서 가정하는 품위와 학생이 가진 품위 사이에는 크고 작은 차이가 있다. 그 서제격차(書弟隔差)는 단번에 극복하고 해소될 수 있는 간격이 아니다. 교과의 내용과 교육의 내용은 판이하다. 후자를 본위로 하는 경우, 전자에 대한 일치가 아니라 그것에 접근해 가는 진도와 리듬의 개인차를 존중한다. 같은 방식으로 사제격차(師弟隔差)를 고려해야 한다. 집단을 다루는 스승은 각 제자의 진도에 맞게 그의 페이스를 조절해야 한다.

교육적 커리큘럼은 물리적인 시간이 아닌 체험적 시간을 따른다. 동시의 비동시성이 학교생활의 특징이다. 물리적으로 학교구성원이 동일한 시대에 생활한다고 하더라도 선진과 후진이 처한 체험적 시간은 서로 다르다. 그 간격은 몇 년이 될 수도 있다. 상구는 미래에 참여하는 시간이고, 하화는 과거에 참여하는 시간이다. 교육은 서두른다고 빨리 그

성과를 올릴 수 있는 기계적인 과정이 아니다.[46] 교육의 장기시숙의 원리는 씨를 뿌려 열매를 맺는 시간을 산입한다.

결과에 대한 집착은 임의적인 강제를 정당화하지만 교육의 정당성은 특정한 결과가 정당화하는 것이 아니라 거기에 이르는 과정의 향유가 말해준다. 학생들 개개인이 최선의 응전대상으로서 차상품과 접경대면을 할 경우 그 자체로 몰입이 일어난다. 물리적인 시간이 그 집중의 시간을 임의적으로 단절해서는 안 된다. 학생들이 개별적인 호기심을 가지고 도전하고 집중하는 기회의 제공과 속도조절이 중요하다. 진도의 늦음과 빠름에 구애되어서는 안 된다.

스승으로서 교사가 하화교육에 충실한 결과로 어려운 문제를 해결할 수 있게 달라진 제자는 왜 이렇게 쉽냐고 불평하고, 그러다가 이제 다시 어려운 문제에 봉착하면 이번에는 쉽게 풀 수 없다고 불평한다. 교사가 하화하는 과정에서 학생은 끊임없이 새로운 도전을 요구하고 질문을 던질 것이다. 이런 변덕스러운 제자의 태도는 스승에게 얼마만큼의 짜증과 어려움을 불러일으킬 소지가 많지만 그것을 극복해 나갈 때 그 자체로서 만족을 준다.

앞서 "커리큘럼사회학"이 교과중심의 커리큘럼에서 숨겨진 부분을 추가적으로 밝히는 데 성공하였음을 지적하였다. 이를 경축할 만하다. 교육적 커리큘럼도 지금으로서 숨겨져 있는 셈이다. 그 숨겨진 부분을 드러내는 작업에 앞서 그 이론적 조건을 대충 살펴보았다. 그것을 학교∩교육의 현장에서 구체적으로 어떻게 실천으로 옮기느냐 하는 실제적인 문제는 앞으로 연구해 나갈 중요한 과제이다. 기왕 그 과제를 주제로 삼은 김에 몇 가지를 다음에 제안한다.

첫째, 커리큘럼의 운영을 교사에게 위임하여 그들이 융통성과 자율성을 가지고 교육을 진행할 수 있도록 하여야 한다. 학교 안에서 이루어지는 교육소재는 교과서 자체가 아니라 그 교과서에 대한 교사와 학생들

46) 이 때문에 조장(助長)의 어리석음을 경계한다.

의 해석이다. 교육활동의 핵심은 그 해석의 차이를 발견하고 중재하는 것에 두어야 하기 때문에 교사가 스스로의 교재를 구안하는 것은 불가피하다. 교과서가 교육을 따라가야지, 교육이 교과서를 따라가서는 안 된다. 그 진도 역시 학교의 일정에 학생을 맞추는 것이 아니라 학생의 진도에 맞추어야 하기 때문에 개별적인 시간표 조정을 가능하게 해야 한다.

둘째, 학교의 집단생활은 그 불가피성에도 불구하고 그에 적합한 학생은 소수라는 사실을 인정해야 한다. 집단의 크기가 커질수록 교육적 교섭의 빈도는 줄어든다. 반대로, 소속한 집단의 규모를 줄일수록 구성원의 개별적인 교육주체성이 살아난다. 가능한 한 소규모학교[47], 소규모의 학급, 학급 안에서도 소규모집단이나 혹은 동아리활동을 장려해야 한다. 그 안의 이질성은 교육적인 관계를 다원화하고 학생들끼리의 교육적 교섭을 촉진한다. 전체 집단에게 일제히 알려야 할 내용은 녹화로 대체하고, 그 나머지 시간은 그 내용을 주제로 삼아 소집단별로 교육적 소통, 교육적 토론, 교육적 질의응답, 교육적 충고 등에 활용하는 것이 바람직하다.

셋째, 교과중심의 교실뿐만 아니라 도서관이나 독서실, 실험실, 실습실, 음악실, 체육관 등을 확장해야 한다. 도서관이란 온갖 종류의 도서, 문서, 기록, 출판물 따위의 자료를 모아 두고 학교구성원이 볼 수 있도록 한 시설이며, 독서실은 독서나 공부를 위해 마련한 방을 말한다. 독서실은 독자에게 동일한 종류와 수준의 소재, 그리고 동일한 일정과 속도를 강요하지 않는다. 이런 시설에서 남에게 구애받지 않고 혼자 조용히 지

---

47) 서울형 작은 학교는 그 좋은 예다. 서울시 교육청이 지역적, 환경적 특성에 따라 맞춤형 지원을 하는 소규모 학교를 말한다. 도심 공동화로 인해 학생 수가 줄면서 통폐합 또는 폐교의 위기에 몰린 소규모 학교를 되살리는 정책이다. 환경적 특성에 따라 복지 프로그램, 맞춤형 시설, 문화 · 예술 프로그램 등의 지원을 통해 학생과 학부모, 교원 모두가 만족하는 미래형 학교를 만드는 것을 골자로 한다. 예컨대, 서울 궁궐이나 역사 유적지 주변의 학교는 국악 오케스트라와 전통 공예 교육을 특성화하고, 북한산 근처의 학교는 생태 · 환경 교육 등을 특성화하는 방식으로 학교 운영이 이루어진다.

내는 곳이라는 통념을 버려야 한다. 이리저리 선택에 따라 공간을 이동하면서 다양한 소재를 중심으로 시끌벅적하게 선진과 후진 간에 교육적 교섭을 할 수 있도록 허용하여야 한다.

넷째, 연령에 따른 학년제는 유교무류의 교육의 내재율에 맞지 않다. 학년제에서는 학생의 능력과는 무관하게 정해진 학년별 이수기간의 제약을 받기 때문에 능력이 있는 학생의 진보를 억제하고 학업성취가 늦은 학생은 기준에 못 미치더라도 다음 학년으로 올라가야만 한다. 그 틀을 벗어나는 무학년제의 도입은 개개 학생의 흥미와 능력에 맞는 적정 수준의 교육적 교섭을 촉진할 것이다. 학년이라는 임의적인 제한을 벗어나 진도에 맞는 계속적인 성장을 꾀할 수 있다. 학생들 상호 간의 교육적 교류를 위해서도 소재의 종류와 수준의 차이가 개방된 이질집단의 구성도 필요하다.[48)]

다섯째, 학교의 규격화된 일정을 벗어나 개별적인 학생들이 사용할 수 있는 별도의 시간을 확보해 주어야 한다. 다행히도, 최근에 이 부분에서 다소나마 진전이 이루어지고 있다. 학생의 소질과 적성을 키울 수 있는 다양한 체험 활동을 촉진하는 자유학기제[49)], 정규 교과목의 기초가 부족한 학생에게 실시하는 보충수업, 교사와 학생 간의 1대1의 개인교수[50)], 정규시간 사이의 휴식시간, 정식 수업이 끝나고 난 후의 자율적인

---

48) 예컨대, 상급생과 하급생이 고루 섞여 사는 학교의 기숙사 안에서 이루어지는 교육의 양태는 어떤가? 만약 그 안에서 교육적 교섭이 엿보인다면 그것에 교육적 의미를 부여하는 일이 가능하다.

49) "교육부"는 2013년 42개 연구학교를 시작으로 2014년 600개교, 2015년 1500개교를 운영할 계획이었으나, 원래 계획보다 많은 학교의 희망에 따라 2014년 811개교, 2015년 2551개교가 자유학기제를 운영하였고, 2016년부터는 전국의 모든 중학교에서 전면 시행하였다. 2017년에는 경기도교육청, 강원도교육청 등 일부 교육청에서는 1개 학기로 운영되는 자유학기에 추가로 준비학기, 연계학기, 탐색 학기 등 교육청 여건에 맞는 자유학년제를 운영하는 등 기존의 자유학기를 확대 운영하였고, 이에 교육부에서는 2017년 11월 '중학교 자유학기제 확대 · 발전 계획'을 발표하였다. 이에 따라 2018년부터는 전국 중학교(3210개교)의 45.8%인 1470개교가 자유학년제를 시범운영할 예정이다.

50) 컴퓨터의 발달로 인간교사 대신 컴퓨터가 교사역할을 대신하여 가르치는 컴퓨터 보조수업은 개인교수의 전형적인 방법이 되고 있다.

교육적 교섭을 위한 시간[51] 등이 실제로 이 요구에 호응한다.

사. 학교의 평가

오늘날 학교는 일반 대중, 정부, 기업체 혹은 기타 자격증을 발급하는 각종 기관으로부터 이른바 "제도적 책무성(institutional accountability)"을 평가받도록 압력을 받는다. 좋은 학교, 일류학교란 무엇일까? 이에 대한 해답은 누가 어떤 기준을 적용하여 평가하느냐에 따라 달라진다. 어떤 학부모는 자녀가 좋은 성적을 얻어 좋은 대학에 진학하게 하는 것이라고 주장할 수도 있다. 그러나 학교생활이 다원적인 것이기 때문에 이처럼 그 차원을 일원화시키는 것은 옳지 않다.

본 절의 논의에 앞서 개념적으로 구분해야 할 것은 "좋은 학교"와 "좋은 교육"의 구별이다. 전자는 학교에 참여하는 사람들의 다양한 기대에 부응하는 정도이고, 후자는 교육의 내재율과 각종 요소에 호응하는 정도일 것이다. 후자가 전자의 한 부분이라는 점을 인정한다면, 학교 안에서 교육외재와 교육내재의 평가 사이에 어떤 차이가 있는지를 알아야 한다. 그들 사이에 어떤 보충과 균형이 이루어져야 할 것인지에 대한 논의도 물론 필요하다.

학교의 평가는 그 목표와 기능에 비추어 이루어져야 하는 것이 원칙이다. 학교가 지향하는 목표와 기능의 다원성은 앞서 예시되었다. 그 목표한 바를 제대로 수행하고 있는가? 그 여건과 기능은 무엇인가? 그러나 그런 의미의 질문에 답하는 체계적인 학교평가는 드문 편이다. 이른바 "은폐된 커리큘럼"이나 혹은 "잠재적 커리큘럼"의 연구가 시간엄수, 경쟁심, 관료조직의 행동과 태도, 계층구분, 사회구조의 재생산 등을 "비공식적인 배움"의 항목에 포함시킨 것이 그 예외적인 사례라고 할 것이다.

51) 이른바 "자율학습(自律學習)"은 말과는 달리 실제로는 강제적인 성격을 띠기 때문에 교육과는 역행한다. 효과 면에서도 이른 아침과 심야까지 확대된 자율학습은 학생들의 건강에 악영향을 주고 장기적으로는 학습 능률에 도움이 되지 않는다는 주장도 있다.

이 이외에도 우수학교 선발대회에 학교현장과 학문분야의 전문가 및 공립학교와 사립학교 대표자들이 심사위원으로 참가하며, 그 심사기준으로 다양성에 대한 대처, 수업의 질, 책임의식, 학교생활, 학습기관으로서의 기능을 참고하는 사례도 있다. 지역적인 기준은 다소 다르지만 대학의 국제적 명성의 순위를 평가함에 있어서도 각 대학의 교수나 졸업생 중 노벨상 수상자, 필즈상 수상자 수, 학문분과별 논문 인용 수, 유명 학술지 논문 게재 수 등을 평가 기준으로 삼는다.

그런데 이른바 "교육평가(educational evaluation)"라는 전문분야는 그 명칭에 어울리지 않는 특수성에서 유래하였다. 대체로 학교의 과학적 운영이라는 명분으로 주로 학생들의 성적을 객관적으로 측정하는 것을 관례로 삼고 있다. 그 타당성에 문제가 있을 뿐만 아니라 주로 교과의 성적에 그 범위를 국한시킴으로써 편파적이라는 비난을 면하기 어렵다. 흥미로운 점은 앞에서 지적한 "제도적 책무성"의 기준도 주로 학생들의 교과성적이라는 사실이다. 이하의 논의에서 이 부분을 위주로 교육외재의 부분을 살피게 될 것이다.

"교육평가전문가"로 자처하는 사람들이 교육에 대한 별다른 이론이나 교육에 적용할 특별한 가치기준을 갖춘 것은 아니다. 그들이 내세울 수 있는 전문성은 결과위주의 교육관과 실증주의적 이념에 터한 "학력"의 과학적 측정이다. 그렇게 왜곡된 "교육평가"가 교육의 잘잘못을 평가하는 아이러니가 당연시되어 왔고, 그 잘못된 "교육평가"가 참된 의미의 교육평가를 은폐하여 왔다. 설사 그 부분의 평가가 제대로 이루어진다고 하더라도 분명 교육내재의 것이라고는 볼 수 없다.

진정한 의미의 교육평가는 아직도 사각지대로 남아 있다. 그처럼 전적으로 무시된 부분을 보충하고 보완되어야만 온전한 학교평가가 이루어질 수 있을 것이다. 학교∩교육의 평가는 별개의 논의를 거쳐야 한다. 새로운 의미의 교육평가에 대한 일반적이고 세부적인 논의는 이어지는 제17장에서 이루어질 것이다. 여기는 그중에서 학교에서 교육내재의 영역을 평가하는 과제에 해당하는 부분만을 간단히 언급하고, 그것이 학교

평가에 추가되어야 할 필요성을 제안할 것이다.

㈔의 교육외재(a)

학교 안에서 교육외재의 영역은 매우 넓다. 그 모든 영역의 평가를 다루는 것이 옳겠지만 여기서는 그 가운데 교과영역의 평가만을 다루기로 한다. 교과와 교육의 영역은 서로 다르다는 사실은 이미 전 절에서 충분히 다룬 바 있다. 전자의 평가가 교육외재의 영역이라는 것은 논리적으로 당연한 결론이다. 관습적 교육관의 굴레에 얽매인 사람들에게는 아마도 교과의 평가가 교육과는 별개의 것이라는 발언이 청천벽력 같은 소리로 들릴지 모르지만 사실이 그러하다.

일반적으로 말한다면, 학교의 목표가 다양한 것만큼 그 평가결과의 쓰임새에서 어느 하나의 해답이 있을 수 없지만 실제로는 그 응용의 범위가 거의 하나로 축소된다. 학교에서는 교과성적을 학업성취도로 지칭하며, 그 평가를 학교의 중요한 행사로 삼는다. 일일고사, 주중고사, 월말고사, 중간고사, 학기말고사, 모의고사, 표준학력검사 등 끊임없이 주기적인 시험이 진행된다. 시험점수는 주로 학생의 순위를 매기거나 학생을 분류하는 목적과 기준으로 쓰인다. 하급학교에서 상급학교로 진학하는 통과의례로 실시하는 "입학시험"은 그중 대표적인 것이다. 성적의 기준은 학생뿐만 아니라 교사, 더 나아가서는 학교에까지 그 적용의 범위가 확장된다. 이른바 "제도적 책무성"의 평가도 이에 따른다. 그 결과에 따라 교사와 학생, 더 나아가 학교당국의 우열이 결정되기 때문에 그 행사를 두고 모두 전전긍긍한다.

검사에 대한 평가기준과 객관성의 보장은 출제문제의 조건이자 한계이기도 하다. 교과평가의 출제범위는 교과서에 국한된다는 것이 "교육정책"의 하나다. 교과서를 중심으로 시험문제가 제시되고, 교과서의 내용에 한 치도 어긋남이 없이 일치하는 것이 "정답"이다.[52] 객관식 검사는

52) 혹은 교과서에 대한 교사의 해석일 수 있다.

대부분 교과내용의 개별적인 명제의 맥락을 따지지 않고 "정답"과 "오답"의 판정을 내린다. 시험결과에 대한 말썽을 미연에 방지하기 위해서 그 누구라도 그 "정답"에 대한 판결에 동의할 수 있도록 객관성을 보장하는 형식의 시험이 출제된다.[53)]

높은 점수를 얻는 비결은 교실에서 읽고 들은 내용을 있는 그대로 재생하는 것이다. 한 치의 오차도 없이 학생들에게 있는 그대로 재생된다면 그만큼 지식의 전달이 잘 된 것이고, 그렇지 못하다면 전달이 덜 된 것이다. 이 부분을 두고 흔히 "주입식 교육"이라는 비판을 받지만, 사실은 이런 과정은 어떻든 사회화, 문화화, 혹은 교조화의 성공적인 사례로 간주될 수 있다.

"정답"과 "오답"의 기준이 교사나 학생의 내부의 각성에 있지 않고 외부에서 주어지기 때문에 학생들은 시험지를 받는 순간 그것에 대한 자신의 관점과 의문을 일단 접어두어야 한다. 기억이 그 일치반응의 전형이다. 기계는 쉽지만 인간으로서 가장 어려운 것이 기억이다. 높은 점수를 얻기 위해서는 그 정보내용을 가감 없이 저장하는 컴퓨터를 닮아야 한다. 학생들이 컴퓨터를 선망하도록 하는 이런 무지막지한 관행은 이해당사자들 사이의 경쟁과 곧바로 연결된다.

"학업성적"은 진급과 낙제, 우열의 판정, 선발과 배치, 상과 벌, 그리고 학생들의 출세와 직결되고, 그것은 소수에게 유리하다. 자신의 성공이 타인의 불행 혹은 자신의 실패가 타인의 행복이라는 식의 경쟁적 분위기가 불가피하며, 결과적으로 소수의 성공과 다수의 실패를 가져온다. 학생과 학부모는 이해당사자로서 그 결과에 일희일비한다. 학교에서 택하는 교과목(특히 이른바 "국어, 영어, 수학")의 성적을 토대로 "공부를 잘하는 사람"과 "공부를 못하는 사람"이 구분되고, 전자는 이른바 "학벌"이라는 사회적 특혜를 보상으로 받는다.

이런 외재적 보상은 학문이나 교육의 내재성과는 무관하다. 이처럼

53) 아직 논란의 여지가 있는 답이나 혹은 불확실하고 모호한 부분은 출제에서 제외된다. 그것이 용이하지 않으면, 억지로 정답을 만드는 식으로 출제가 이루어지기도 한다.

세속적 효용주의가 관심의 초점이 된다면, 가치의 측면에서 그 효용이 수도적 가치나 교육의 가치보다 우위에 있다는 증거가 된다. 그 종속관계를 가장 잘 반영하는 사태가 바로 "입시위주의 교육"의 실상이다. 이 용어가 특이한 것은 입시가 목적이고, "교육"은 그 수단이 된다는 점이다. 성적을 높이기 위해서 "교육"을 하거나 "교육"을 받는다는 전도현상이 오늘날 조금도 이상스럽지 않은 것으로 여겨지고 있는 것이다.

이런 사태를 비판만 할 수 없는 사정은 학교가 추구하는 사회적 선발의 기능과 연관된다. 학교는 그 체제를 유지할 목적을 갖는다. "입시위주의 교육"은 더 높은 학교에의 진입을 목표로 삼는 것으로서 학교라는 제도와 체제를 강화하는 교묘하고 강력한 수단이다. 그 부분에 큰 비중을 두는 학교는 "입시위주의 교육"을 겉으로는 비난하면서도 그로부터 이익을 챙긴다. 그렇다면, 그 나머지의 비난받아야 할 이유는 무엇인가를 따져야 한다. 그 이유는 넘치도록 많지만, 그 대부분의 논의는 직감에 의존하는 편이다. 논자는 그중 몇 가지의 논리만을 지적해 본다.

첫째, "입시위주의 교육"은 학문의 목적에 위배된다. 이 세상에 절대적인 정답은 존재하지 않는다. 존재한다고 하더라도 그것을 아는 데 인간적인 한계가 있다. 교과서의 답은 단지 잠정적으로 "정(定)해진 답"으로 보아야 한다. 학문을 추동하는 것은 고정된 답이 아니라 불확실성과의 대면이다. 그 과정에서 새로운 지식의 창조가 가능해진다. 교과서의 내용을 요지부동의 정답기준으로 삼는 것은 학생들을 교과서의 노예로 만드는 경로가 된다. 그런 학생이 유능한 학자가 될 가능성은 희박하다.

둘째, "입시위주의 교육"이 말하는 성공은 구이지학에 의한 지득(知得)에 근거를 두고 있다. 구이지학자는 스스로 노력해서 자신의 지식을 구성해 나가지 않고 이미 주어진 남의 말을 듣고 그대로 인용한다. 유창하게 이 이론, 저 이론을 소개하는 사람이 학자로 행세하지만 그들 자신이 옳게 생각하는 것은 아니다.[54] 이처럼 학생들은 자신의 검증과는 무관한

54) 구이지학의 교사도 많다. 이들은 학생에게 말과 행동이 다른 위선을 가르친다. 그의 지도를 받은 학생들은 문제의 양면을 전혀 모른 채 오로지 교과서적인 해답만을 알고 있

외부의 규정을 따르기 때문에 대부분 규정된 정답이 어떤 이유에서 오답이 아닌지에 대한 내면적 근거는 결여되어 있다.[55] 깨달음을 얻지 못한 채 그 외면만을 따르는 것은 진리의 증득(證得)과 거리가 멀다.

셋째, "입시위주의 교육"에서 요구하는 것은 교과서의 내용에 대한 어김없는 재생, 즉 암기다. 암기가 필요한 시대가 오랫동안 지속했던 것은 분명한 역사적 사실이지만, 그 암기조차도 불필요한 시대가 된 오늘날에 그 능력을 토대로 성적을 평가하는 "교육"은 시대착오적이다. "입시위주의 교육"은 컴퓨터 한 대를 놓고 검색하면 쉽게 해결될 문제를 학생들에게 요구하기 때문에 그들은 컴퓨터를 닮아간다. 닮아가되 유기체인 학생이 기계인 컴퓨터보다 불리한 이유는 기억내용이 망각의 경로를 따르기 때문이다. 여타의 삶을 희생하면서 이처럼 컴퓨터와 경쟁하는 젊은이들의 생활은 엄청난 시간과 노력의 낭비다.

넷째, "입시위주의 교육"은 결과위주의 교육관의 일종으로서 개념상 교육 자체의 정체성 확립과는 거리가 멀다. 첨단의 지식을 학생들의 두뇌에 무조건 주입하려고 할 때 교육다운 실천과 분리된다. 이는 학생들의 자연스러운 상구열정과 교사들의 자연스러운 하화열정을 박탈하고, 주입하려는 교사나 그것을 당하는 학생 모두에게 좌절과 고통을 준다. 그 "교육"은 학생들에게 가능하면 피하고 싶은 혐오나 공포의 대상이 된다. 외재적 보상과 벌에 의존하여 학교생활을 하도록 조성하는 심술궂은 계획을 세워 학생들의 성적을 높일 수는 있겠지만 그 과정을 교육으로 평가하는 것은 간과할 수 없는 오진이다. "교육을 위한 평가"가 아니라 "평가를 위한 교육"이라는 역설적인 올가미에 갇힌 학교는 교육적인 삶을 뒤틀리게 한다.

다. 아는 척은 할 수 있으나 실제로는 알지 못하는 상태를 지적인 능력이라고 할 수는 없다.

55) 이는 학생들이 머릿속에 지니고 있는 전체적인 인지구조상의 향상과는 무관하다.

㉳의 교육내재(b)

좋은 학교와 교육적인 학교는 반드시 일치하는 것은 아니다. 후자는 전자의 한 부분을 차지할 뿐이다. 여기서 논의할 것은 그 한 부분에 해당하는 평가이다. 앞서 학교의 목표에 교육의 목표와 기능을 추가한다는 관점을 택했다. 본 장에서 학교∩교육의 내실화를 아무리 강조한다고 하더라도 그 부분을 평가에서 제외한다면 결국 무시되기 마련이다. 지금의 실정이 그런 편이다. 이제 그 고려되지 않은 영역에 대한 합당한 평가가 응당 따라야 한다. 그 대상은 무엇이며, 각각 어떤 기준을 적용할 것인가? 평가의 주체는 누구이고, 그 방법은 무엇인가? 이에 대한 해답이 지금으로서 모두 낯설다.

그 평가대상이 학교∩교육 그 자체라는 것에 의문을 제기할 사람은 없을 것이다. 그 대상에 적용할 가치기준도 명백하다. 그 명백한 것을 낯설게 느끼는 것은 교과의 성적평가를 "교육평가"로 여겨온 관행적인 방식에 익숙하여 왔기 때문이다. 학교평가의 사각지대에 놓인 이 영역의 평가를 추가하려면, 그 익숙한 것을 낯설게 보고, 그 낯선 것을 익숙하게 보는 관점의 전환이 필요하다. 교육은 성적, 졸업장, 훌륭한 지위와 직장, 부귀영화 등으로 연결되는 특정한 결과를 얻는 비결이 아니고 그 나름의 고유한 내재율을 지닌 삶의 양상이다. 학생과 교사가 그런 교육적인 삶에 몰입할 수 있는지에 대한 응답을 받아내야 한다.

교육의 고유한 가치는 그 삶을 영위하는 사람들에게만 절실하게 감득된다. 그 증거를 교사와 학생으로부터 얻어야 한다. 이는 물론 올바른 교육관을 지니고 있어야 한다는 전제 위에 성립한다. 교육의 과정이 이미 지나가고 결과만 남게 된 상황에서는 그 과정에 의미를 부여할 만한 회상과 회고가 필요하다. 이들이 학교 안에서 다양한 인간관계 가운데 특별히 교육적 관계, 다양한 활동 가운데 특별히 교육활동 혹은 교육적인 활동에서 얼마나 그 고유한 가치를 마음으로부터 느낄 수 있느냐를 따져야 한다. 교사와 학생들이 그에 따른 흥취와 보람, 교육삼매에 빠진 시간만큼 학교∩교육의 고유한 목표는 달성되었다고 할 수 있다.

학교∩교육의 양태는 그것을 제외한 환경과의 상호관계 위에 성립한다. 그 평가에는 적어도 두 가지 항목이 포함되어야 한다. 그 하나는 학교∩교육의 여건이 어떤지를 살피는 것이다. 그 여건은 학교∩교육에 유리하거나 불리하게 작용할 것이다. 그 주된 여건들은 무엇인가? 그것들이 어떻게 학교∩교육에 영향을 주는가? 그 인과의 사실에 대한 증거를 얻어야 한다.[56] 그 사실에 부여할 판단기준은 교사와 학생들이 앞서 말한 교육의 내재적 가치를 향유하는 정도가 되겠다.

학교∩교육과 그 환경과의 관계에서 살펴야 할 다른 하나의 대상은 그 기능이다. 이는 여건의 평가와 반대의 경로를 취한다. 학교∩교육은 교사와 학생의 삶은 물론 자신, 타인, 혹은 여타의 학교생활, 더 나아가 지역사회, 혹은 국가 등에 모종의 영향을 미칠 것이다. 그 영향관계에 대한 객관적인 증거를 수집하고 그 가치를 따진다. 판단기준은 교육의 입장에서는 외재적 가치가 될 것이다. 이는 단지 그 외재적 가치를 실현하는 것이 교육이라고 치부하는 결과위주의 교육관에 터한 교육평가와 대비된다. 대학진학률이 교육의 질을 결정하는 요인이 아니다. 예컨대, 지금의 우리나라에서 학교∩교육이 진학을 목적으로 삼는 "입시위주의 교육"과 같은 성과를 얻을 수 있을지는 의문이다.

품위는 학교∩교육을 평가함에 있어서 빠뜨릴 수 없는 대상이다. 교육본위에서 품위는 수단이지만, 수도계를 본위로 할 때 품위는 목적이기도 하다. 이 가운데 후자를 염두에 둔다면, 언뜻 앞서 살핀 성적평가라는 교육외재의 범주와 대응해 보이지만 그렇지도 않다. 품위의 종류의 범위의 면에서 주로 교과서의 범주에 국한되는 학업성적의 한계를 벗어난다. 그 종류는 학생들의 재능의 숫자만큼 다양하며, 그 각각의 수준을 평가함에 있어서도 그 목적, 주체, 그리고 방식에 있어서 학업성적의 경우와 다르다.

소재로서 품위를 평가하는 목적과 의도는 학업성적의 경우처럼 등위

56) 예컨대, 교사는 자신이 수준별 수업을 진행하려고 할 때 무엇이 그것을 지지하거나 장애를 주는지 쉽게 예단할 수 있을 것이다.

를 매기는 데 있지 않고 오로지 교육적 교섭과 협력을 꾀하려는 데 있다. 학업평가의 경쟁에서는 자신의 품위를 억압하고 교과서에 일치하는 반응을 주시한다. 소재로서의 품위의 평가는 교육외재의 학업평가에서 억압할 수밖에 없었던 학생들의 자발적인 사유가 그대로 드러나게 한다. 여기서 오류, 비밀의 상처, 치부, 약점을 드러내는 것은 불리하다. 그럼에도 불구하고 마치 병원의 환자처럼 학생들이 결과에 대한 사회적 대가의 부담에서 벗어나 자신의 오류와 잘못을 아무 제약이 없이 정직하게 노출할 수 있는 조건을 갖춘다. 학생들이 실제로 경험하고, 생각하고, 믿는 바가 교육소재가 되기 때문이다.

교육의 결과로서의 품위의 평가도 교육외재에서의 성적평가와 판이하게 진행된다. 이미 지적했듯이 교육외재의 경우 "정답"과 "오답"의 명백한 기준이 적용되지만 교육내재에서 그런 이원적 기준을 학교∩교육에 적용하는 것은 애초부터 가당치 않다. 품위에 절대성을 부여하는 것은 수도계에서는 금물이다. 이 세계에서는 불확실성 속에서 최선의 답들이 존재할 뿐이고, 그 수준의 상대적인 차이가 있을 뿐이다. 이와 관련하여, 품위가 어떤 특정한 기준에 얼마나 일치하느냐 하는 것은 중요한 것이 아니다. 다만 품위가 이전의 것보다 얼마나 향상되었느냐에 주안점을 둔다.

그 상승과 우열의 판단을 누가 어떻게 할 것인가? 그 증거의 조건을 만족시킴에 있어서 교육외재의 영역에서 적용하는 객관적 평가방식에는 한계가 있다. 우선 객관식 방법은 품위 자체와 그 외양을 구별하지 않는다. 구이지학의 경우처럼 구변만 좋고 내면의 진실하지 않은 경우를 변별하기가 어렵다. 뿐만 아니라 품위는 숫자로서 쉽게 계측할 대상이 아니다. 품위의 존재와 그 가치를 평가하는 확실한 방법은 그것을 소유함에 있다. 따라서 그 소유자의 증언에 따라야 한다.

품위의 평가기준은 평가자가 가진 현품이다. 교사든 학생이든 각자의 현품을 기준으로 "정답"으로 규정하고 그에 비추어 타자의 품위를 평가한다. 교사와 학생은 그들 나름의 "정답"과 "오답"을 지니고 있다. 예컨대, 시험지에서 쓴 해답은 학생의 입장에서 "정답"이다. 누구라도 자신의 답이 오답이라는 것을 알면서 답으로 쓰지는 않을 것이다. 다만 그것은 교사의 현품에 비추어 "오답"일 가능성이 많다. 이때 그 정답에 대한 불일치와 갈등이 일어나는 것은 불가피하다. 여기서 교사와 학생 가운데 누구의 "정답"이 더 옳은 것인지에 대한 입증의 과정이 요망된다.

그 입증에서 쌍방 간에 따를 수밖에 없는 한 가지 분명한 원칙이 있는데, 그것은 후진이 선진의 품위를 판단해서는 안 된다는 것이다. 스스로 갖추지 못한 품위를 입증하는 셈이 되기 때문이다. 그렇다면 선진의 품위를 평가할 자격을 얻기 위해서는 그 선진의 품위를 획득해야 한다는 조건이 성립한다. 예컨대, 특정한 교과의 분야에서 학생들이 교사의 수준에 도달하기 전까지는 교사의 지식을 평가하는 것을 유보해야 한다. 그렇다면 어떤 수단이 필요한가? 그것이 바로 학생이 상구교육을 거쳐 자증하는 경로이다. 자증은 이전의 오답을 극복한 더 나은 답의 발견이라는 양면체험을 허용한다. 이는 성공과 승리의 경험, 자신에 대한 신뢰와 효능감을 보장한다.

이 원리는 비단 교사와 학생들 사이뿐만 아니라 서로 품위수준이 다른 교사들, 그리고 학생들 사이에서도 적용된다. 누구나 자신의 현품의 부족함은 보이지 않지만 선진의 현품이라는 거울을 활용하면 그 한계를 벗어날 수 있다. 선진이 그 평가를 도울 수는 있지만 자신의 평가를 정당화하려면 후진의 동의를 받아야 하는 어려운 과정을 거쳐야 한다. 하화교육의 타증이 이를 가능하게 한다. 후진의 품위를 자신의 수준에까지 끌어올리고 자신의 현품의 상대적 우위를 입증하는 것이다. 그 입증이 제대로 되지 않는다면 선진의 평가에 대해서 후진이 마음속으로 승복하기가 어려울 것이다.

여기서 특별히 주목할 점은 교육의 과정 자체가 품위의 발전과 우열을 판정하고 정당화하는 통로가 된다는 사실이다. 품위는 일방에서 타방으로의 강요가 아니라 교육적 교섭을 통해서 자증하고 타증하는 방식으로 입증되어야 한다. 교육을 통해서 품위를 획득하고 그 획득을 토대로 그 우열을 느끼고 자발적으로 판정한다. 그것이 바로 지득과 대비되는 증득의 기능이다. 상대적 대비에 의한 수도계적인 가치체험은 지위, 재산, 권력과 같은 세속적 보상이나 인정이 아니라 그 자체를 지님으로써 내면적 동의, 인간적인 자긍심과 자족을 느끼는 부분이다.

이 원리와 절차를 교과의 성적을 평가할 때에도 그대로 적용할 수 있다. 지식은 교과서에 있는 것이 아니라 교사와 학생들의 정신적 생명과 깨달음에 있다. 학교∩교육에서 학생들의 지식이 얼마만큼 상승할 수 있었느냐 하는 판단은 학생들의 몫이다. 학생들이 상구의 주체로서 그 각각의 수준에서 더 나은 지식에 도달하는 진리체험을 할 수 있도록 돕고, 그것을 인정받을 수 있을 때 학문의 열기가 살아난다. 학생들이 상구 이전과 그 이후의 것을 비교하여 한 단계의 발전이 있었다면 만족스러운 결과로 평가받을 수 있다. 그 주된 특징은 특정한 객관적 절차와 그 절차에 대한 적응이나 일치, 그리고 그에 따른 학위의 획득 등의 외재적 보상이 아니라 교사와 학생의 교육적 이해와 심열성복에 의해서 주관적으로 검증된다는 점이다.

16.3 학교∩교육의 향방과 과제

학교는 그것이 출현했을 당시의 인력의 대량생산이라는 특수한 상황과는 다른 사조의 흐름에서 대처해 나가야 한다. 요즘 학교의 몰락이라는 현상에는 동의하지 않을지 몰라도, 적어도 "교육의 붕괴"라는 말은 공감할 수 있는 사람은 적지 않을 것이다. 제 구실을 할 수 없게 된 낡은 학교체제 개혁의 한 가닥은 그것이 탄생한 특수한 시대적 고착증세에서 벗어나 인류의 역사에서 이어온 교육의 보편성을 첨가하여 회복시키는 것이다.

"학교교육의 정상화"라는 구호가 일견 이런 시대적 요청을 반영하는 것처럼 보인다. "비정상적인 교육"이라는 질타에 이어지는 것은 "교육개혁"이나 "교육혁신"이라는 낯익은 구호이다. 이는 교육의 주무부서인 "교육부"가 "교육"을 설계하고 조작하고 통제해야 한다는 전제가 포함되어 있다. 그러나 이를 수행함에 있어서 가장 시급하게 요구되는 것은 "교육개혁"이 아니라 그것을 주장하는 관점의 개혁이다. 그 부분에서부터 해결의 실마리를 찾아야 한다.

그 숱한 "교육"에 대한 담론이 교육 자체의 정체성에 대한 엄밀한 규정을 토대로 이루어진 경우는 거의 없다. 발언자마다 중구난방에 가담한다. "교육"이라는 용어의 사용은 풍부하지만 그 내용은 빈궁하다. 그 제멋대로의 수많은 논의를 여기서 죄다 열거할 수는 없지만 한 가지는 공통적이다. 그것은 바로 그 논의의 방향이 처음부터 빗나가고 있다는 결정적인 맹점이다. 그 연유는 학교체제에 부대된 시대적 고착증세와 긴밀하게 연관되어 있다.

그 출범에서 학교체제는 교육에 대한 고유한 이론적 개념이 없이 그 자체를 교육과 동일시하는 관습적 교육관에 의해서 유지되고 있다. 지금에 이르기까지 학교 안의 다층적인 융합 상태의 모든 것들에 "교육"의 명분이 주어진다. 그런 고질적인 제도적 개념을 극복하는 것이 해당 학문의 몫인데 학교의 출현과 궤를 같이하면서 출현한 "교육학"은 그런 관습적 교육관에 오히려 기생하는 방식으로 존속하여 왔다. 사이비교육학, 즉 "교육철학", "교육심리학", "교육사회학", "교육행정학", "교육인류학" 등이 교육을 모학문의 개념이 포착하는 개별적인 사실들로 각각 왜곡하고 있다. 제반 사이비교육학자들이 전문가를 자처하면서 "학교교육의 정상화"라는 진단과 처방의 구호를 내세우지만, 그 정상화는커녕 이이러니컬하게도 그 비정상화를 부채질하고 있는 편이다.

사이비교육학이 "교육의 정상화"를 논의하는 방식에는 흥미로운 점이 있다. 그것은 바로 "공교육"과 "사교육"의 구분이다. 전자는 학교에서 진행되는 것을 의미하며, 후자는 각종 학원(입시, 피아노, 미술, 컴퓨터, 서예, 무용, 태권도, 탁구, 웅변, 영어 등의 학원)의 것을 의미한다. "교육의 정상화"에 대한 논의의 내막을 들여다보면, 대부분 학교체제의 옹호와 강화다.

그 전형적인 논의의 프레임도 문제가 되지만 그 부진과 비정상의 원인을 대부분 학원에 전가시킨다. 그 이득은 당연히 학교체제에 종사하는 집단에게 돌아간다. 거기에는 학교체제에 기생하는 "교육학자들"이 포함된다. 학교체제에 가혹한 비판을 가하는 것은 숙주를 살해하는 것과 마찬가지이다.

여기서 "공교육"을 강화하고 "사교육"을 억제하는 것이 "교육의 정상화"라는 등식이 성립한다. 더욱 흥미로운 것은 "공교육"의 우월적인 지위를 주장함에 있어서 주로 "입시교육"과 "교육비"를 결부시킨다는 점이다. 그러나 이미 살폈듯이 학교체제가 "입시교육"으로부터 자유롭다는 증거는 없다. 그 점에서는 "공교육"이나 "사교육"의 어느 것도 예외로 볼 수 없다. "공교육"의 경우도 사회적 선발이나 학교제도의 유지라는 점에서 그 부분을 마냥 무시할 수는 없다.

그 우월적 지위의 정당화에 동원되는 "교육비"의 문제도 그렇다. 학교의 "교육비"는 용인하면서 학원비를 용인하려 하지 않는다. 세금의 징수를 통해서 정부에서 지불하는 엄청난 액수의 "공교육비"와 가계를 휘청거리게 하는 엄청난 액수의 "사교육비" 가운데 어느 한쪽이 더 생산적이라는 결정적인 증거는 없어 보인다. 산업계에서조차 문제시하는 이른바 "고학력"의 문제는 단지 학교를 존속시키는 수단으로서 사회가 지불하기에는 너무도 큰 낭비이다. 이 부분에서 어느 쪽이 더 유리한 입장인지는 더 많은 실증적 증거를 갖추어 재검토할 여지가 있다.

이제 이런 논의에 대해서 반문할 때가 되었다. 교육을 "공(公)"이나 "사(私)"로 구분하는 것은 논점이탈이다. 어느 것을 수용하고 다른 것을 배타하는 독점의식은 교육적인 삶의 범위를 좁힌다. 그 양자를 수용하되, 교육본위의 관점에서 학교와 학원 가운데 어느 공간이 더 교육적이냐를 검토할 필요성은 있어 보인다. 교육을 위한 생활공간의 확장과 심화라는 논지에서는 학교에서 교육외재와 교육내재가 존재하듯이 학원 안에도 그런 구분이 가능할 것이고, 그 틀 안에서 교육발전의 문제를 다루면 될 것이다.

이제까지 "학교교육의 정상화"에 대한 논의에서 특히 주목할 점은 앞의 프레임을 적용하여 어떤 결론을 얻든 간에 교육의 내실화라는 방향과 어긋난다는 사실이다. 고유한 의미의 개념이 부재한 현상은 무시되기 마련이다. 이 부분의 형해화가 날로 진행되고 있는 학교체제는 소망하는 교육발전과 반비례한다. 사실상 학교가 "교육기관"이라는 명분을 내세울 때 정작 그 안에 자리해야 할 교육의 알맹이는 빠져 있다. 그 아이러니와 모순의 용인은 단지 학교라는 제도의 유지와 강화라는 쪽으로 전개될 뿐이다.

학교와 교육은 서로 다른 범주라는 것이 본서의 일관된 논점이다. 전자는 생활공간의 하나이며, 후자는 삶의 양상의 하나이다. 교육의 역사가 학교의 역사보다는 길다. 그 출생에서 교육보다는 훨씬 늦게 출현한 학교는 특정한 공간과 역사적 조건에서 출현하였다. 이에 비해서 교육적인 삶은 어느 시대 어느 공간에서나 진행되고 있다. 학교체제가 교육적인 삶과 유리되게 된 연유는 학교 안에 이미 교육이 진행되거나 혹은 작동할 수 있음에도 불구하고 그것을 무시하는 인식의 결여나 오류에서 비롯한 것을 알 수 있다. 그런 개념적인 오류에서 진행하는 항간의 "학교교육의 정상화"에 대한 논의는 허수아비를 두고 전개하는 공염불에 그친다.

지금의 관점을 고수한다면 학교∩교육의 내실화는 불가능할 것이다. 더 이상 착각에 머물러서는 안 된다. 학교가 번창하는 것이 곧바로 교육의 발전을 의미하는 것은 아니다. 학교의 문제가 모두 교육의 문제라는 등식도 성립하지 않는다. 시야를 넓게 잡으면, 학교∩교육의 내실화는 교육발전이라는 보편적 과제의 일환이다. 얼마나 많은 사람들이 교육의 내재율에 충실하였으며, 그로부터 교육에서만 느낄 수 있는 보람을 얼마나 향유할 수 있었느냐 하는 것이 주된 관심이 되어야 한다. 교육이 결여된 학교생활은 온전한 것이라고 할 수 없다. 이것이 서로 다른 범주의 교집합인 학교∩교육의 정상화의 과제를 별도로 논의해야 하는 개념적 근거이다.

본 장의 첫 절에서 관점의 대전환을 요청했다. 학교의 정상화와 학교∩교육의 내실화가 개념상 구분된다. 전자는 학교가 제대로 돌아가게 하는 것이고, 후자는 그 가운데 교육이 제대로 돌아가게 하는 것이다. 다시 말하면, 학교∩교육의 내실화는 학교의 정상화라는 과제의 하위영역이다. 〈그림 16-1〉의 도식을 상기한다면, 학교의 정상화는 a와 b를 포괄하는 영역을 강화하는 것이며, 교육의 정상화는 b와 c의 영역을 강화하는 것이다. 학교∩교육의 내실화는 학교와 교육이 교차하는 b라는 영역의 과제에 국한된다. 그런 도식에 따라 학교의 7 가지 국면들, 즉 학교의 목표와 기능, 교과의 내용, 교과서, 학교의 구성원, 학교활동, 학교의 일정과 일과, 학교의 평가 각각에서 교육외재(a)와 교육내재(b)를 구분하는 방식을 취했다.

교육외재에 포함될 것들은 정치, 경제, 사회, 문화, 종교, 교육이라는 세계의 구분의 입장에서 볼 때, 마지막 교육을 제외한 것이 될 것이다. 사이비교육관이 이를 포괄한다. 용병학문의 교육관을 택한다면, 그들이 각각 "교육"으로 지칭하고 있는 모든 모학문적 사실들이 될 것이다. 결과위주의 교육관을 택한다면, 교육 이외의 모든 인간형성의 과정들(예컨대, 학문화, 조건화, 사회화, 문화화, 교조화 등)이 될 것이다. 앞서의 논의에서 그 모든 것들 가운데 특히 교육으로 혼동되고 있는 사례만을 문제시하였다. 대비의 효과를 얻기 위해서 그 가운데 비교적 부정적인 측면만을 부각시켰지만, 교사나 학생들의 온전한 생활을 위한 긍정적인 부분도 허다할 것이다.

교육내재가 무엇인가? 소극적인 표현을 쓴다면, 앞서 지적한 모든 교육외재들을 제외하고 남은 어떤 것들이라고 할 수 있다. 그동안 교육에 대한 개념의 부재와 몰이해로 인해서 학교의 공식성에 비추어 명분과 허울만 난무할 뿐 실제로는 철저하게 무시되거나 일반의 관심에서 벗어난 사각지대에 해당한다. 마땅히 그 전체에 해당하는 것이 무엇일지에 대한 논의가 이루어져야 하겠지만 허락할 수 있는 지면의 한계 때문에 주목해야 할 구체적인 내용의 일부만을 앞서 간략하게 열거하였다. 그 외에도 보충해서 넣어야 할 것은 얼마든지 있을 것이다.

학교를 기획하고 운영함에 있어서 일원적인 사고는 위험하다. 학교의 정상화 논의가 균형을 유지하려면, 그 다양한 부분들을 고려하고 실행하는 것은 환영할 일이다. 관습적 교육관의 문제는 그 특정한 공간을 교육의 의미로 총체화하려는 데 있었다. 학교가 오로지 어떤 특정한 삶의 양상에 전념해야 한다는 생각은 편협하고 낭만적인 환상이다. 학교의 정상화와 관련하여 앞서 교육외재와 교육내재의 양상을 구분하였지만 이들은 서로 배타적인 것이 아니라는 점이다. 각각은 학교에서 적대적인 방식이 아닌 서로 간의 배려의 원칙에 의해서 영위되어야 할 것이다.

이로써 학교∩교육의 내실화의 향방이 무엇을 의미하는지가 적어도 개념적으로 분명해졌으리라 믿는다. 놀라울 정도로 심각한 것은 그중에서 학교∩교육에 해당하는 부분만 이제까지 도외시되어 왔다는 사실이다. 학교체제가 "교육기관"을 자처하는 것 자체가 용인되기 어려운 역설이다. 학교∩교육의 내실화는 이제까지 사이비교육학의 논의에서 그 사각지대로 남겨져 무시되어 온 학교생활을 보완하고 강화하자는 것 이상도 이하도 아니다. 그 정도의 차이를 가려 단지 좀 더 교육적인 학교와 덜 교육적인 학교라는 평가가 가능할 것이다.

학교∩교육의 내실화에 대한 논의에 앞서 양해할 것은 학교∩교육의 내실화는 "교육개혁"이나 "교육혁신"이라는 용어와 어울릴 수 없다는 사실이다. 누차 지적했듯이 교육은 그 나름의 내재율을 따른다. 학교의 경우처럼 국가가 이렇게 저렇게 마음대로 설계하거나 통제하거나 개혁할 대상이 아니다. 그 점을 고려한다면 "교육부"가 내세우는 "교육혁신"은 이에 역행한다. 학교개혁과 교육의 내실화를 혼동한 경우라고 해야 할 것이다. 개혁이나 혁신이라는 용어를 굳이 쓴다면 바로 학교∩교육의 내실화에 필요한 관점의 전환과 그 구체적인 지원방도에 대해 말해야 할 것이다.

학교∩교육을 살려내는 철저한 방법적 책략이 요구된다. 그 경로는 크게 두 가지이다. 하나는 이제까지 억압되거나 무시되어 왔던 교육적 주체로서 학교구성원 자신에 대한 각성과 자격을 갖도록 하는 메타교육이며, 다른 하나는 이제까지 도외시한 정치적, 경제적, 사회적, 문화적인 제반 교육여건의 개선이다. 전자는 교육이 그 자체의 역량에 의해서 발전할 수 있는 자율적인 규제의 장치임에 비해서, 후자는 교육 이외의 여타의 여건으로부터의 호응에 의존한다. 그런데 이제까지 이 두 가지 경로에 관한 개념 자체가 존재하지 않았다. 전적으로 무시해 왔다고 해도 과언이 아니다. 논자는 그런 무관심과 책략의 부재가 이 분야의 열악한 상태를 방조한 것으로 판단한다. 이어지는 논의는 학교∩교육의 내실화의 알찬 결실을 위해 유념해야 할 그 두 가지 경로를 각기 나누어 자세하게 검토할 것이다.

16.4 학교의 메타교육

앞서 학교∩교육을 심화시키는 과제를 살폈지만, 그 실현을 좌우하는 것은 학교 밖에서 학교에 영향을 주는 국가, 정책당국, 대다수의 학부모, 기타 유관집단의 동의와 지원이다. 그들 사이에 학교∩교육의 부재와 실패에 대한 사회적 문제의식의 도출과 이해관계의 합의과정이 필요하다. 더 나아가, 학교의 일상 안에서 학교구성원의 교육적인 생활이 자발적으로 추진되어야 한다. 이들의 협조 없이는 어떤 변화도 불가능하다. 반대로 그들의 협조를 받을 수 있다면 어떤 도전도 가능하다. 전자를 먼저 살피고, 후자의 해법을 제시하는 순서를 택하기로 한다.

지금으로서 학교와 이해관계를 가지고 있는 집단의 학교∩교육에 대한 지지를 기대하기도 어려운 형편이다. 그 유관집단들이 가진 그릇된 교육관이 주된 장애다. 이 부분에서부터 아직도 극복되어야 할 많은 난관이 도사리고 있다. 학교는 아직도 관습적 교육관의 생산지로 엄존하며, 대중의 여론은 그 교육관의 영향 아래 있다. 우선 학교∩교육의 주체가 교사와 학생이라는 인식 자체가 부재하다. 역설이 오히려 기승을 부린다. 교육의 주체가 국가라는 상식과 고정관념이 바로 그 위험한 지점이다. 국가가 교육의 문제를 담당하고, 교사와 학생은 그 지시와 통제에 복속해야 할 피동적인 존재인 것으로 취급한다. 정부부서는 "교육정책"을 수립하고, 학교당국은 이를 실행한다. 이처럼 교육적 주체가 개인에서 국가로 전도된 상황에서 학교∩교육이 제자리를 유지하기 어렵다.

교사는 학교에서 부여한 역할의 수행자이다. 학교의 기능이 다양한 만큼 그 역할도 다양할 것이다. 그 제반 역할을 수행함에 있어서 교사양성기관에 제반 이질적인 용병학문들(예컨대, "교육철학", "교육심리학", "교육사회학", "교육행정학", "교육인류학" 등)이 교직과목으로 도입된 역사적 곡절은 이해할 만하다. 그런데 누차 지적했듯이, 이들이 교육학의 명분을 내세워 지금까지도 교육현상을 사방팔방으로 왜곡시키고 있는 사태가 문제다. 이런 사이비교육관의 재생산체제는 교육에 대한 일반인의 오해를 조장하는 근원지가 되어 왔다. 그 그릇된 교육관은 학생이나 학부모에까지 전이된다.

교사양성기관에서 교육의 의미를 곡해할 수 있는 용어사용이 또 있다. 그것은 바로 교사양성의 일환으로 학교현장에 나가서 한정된 기간 동안[57] 교사로서 예비적으로 근무하는 것을 정당화하는 "교생실습" 혹은 "교육실습"이다. 그러나 이 용어의 실질적인 의미는 교사의 전문성을 기하기 위해서 학교 안의 각종의 관례, 규범, 의식 등 학교체제에 순응하는 과정을 실습하는 것이다. 이를 통해서 얻어지는 효과는 교육체험과 학교체험의 차이, 그리고 후자를 전자의 것으로 오인하는 인식의 분열현상일 것이다. 그 극복이 학교∩교육이 해결할 절실한 과제의 하나다.

학생의 사정은 어떤가? 이 부분에서도 낙후의 정도가 지나칠 정도이다. "교육자"와 "피교육자"를 제도적으로 구분하는 19세기적 국가주의적 발상이 아직도 잔재로 남아 있다. 그 잘못된 용어의 굴레는 교육적 주체로서 학생들의 잠재력을 은폐하고 억제한다. 학생들이 자신의 위치에

57) 그 기간은 현장학습(4~6주)과 교육봉사활동(1주)이다.

서 그 내재율에 따라 상구교육을 하려는 의도와 계획이 묵살된다. 뿐만 아니라 학생들의 하화능력을 과소평가하고 개념상 교사에게만 하화를 독점시킨다. 이런 제도적 제약은 학생이 교사보다 훨씬 유능한 하화능력을 가질 수도 있다는 생각을 포기하게 만든다. 오로지 국가의 보호와 지지에 의존하면서 속수무책의 무력감과 책임전가만 남는다.

그런데 미묘하게도, 이런 실정과는 전혀 어울릴 수 없는 "교육열"이라는 용어가 매우 흔하게 세상에서 회자된다. 언뜻 교육열정으로 해석하기 쉽지만 그 실질적인 의미는 엉뚱하게도 학교의 사회적 선발기능이라는 극히 세속적인 범주에 뿌리를 두고 있다. 보다 솔직하게 말하면, 높은 학교 혹은 좋은 학교에의 입학을 위한 탐욕의 의미로 해석하는 것이 더 정확하다. 교육을 왜곡하고 은폐시키는 전형적인 언어적 폭력의 하나이다.

많은 사람들은 교육을 그 중요성에 따라 성적, 졸업장, 직장, 돈 등을 얻는 수단으로 생각한다. 학교가 더 높은 학교에의 진입을 위한 경쟁의 수단이 되고 있고, 학부모의 "교육열"이 이를 부채질한다. 그것이 "입시 위주의 교육"의 실상이다. 높은 성적을 얻는 것이 "교육"의 목표이고, 그 성적의 정답이 교과서의 내용과 일치하는 데에서 결정된다면, 교과서의 암기가 이에 대처하는 최상의 방식이다. 그렇게 오직 결과만을 중시하는 실천은 교육열정과는 아무 연관도 없다.

교육열정은 그 내재율에 호응할 때 자발적으로 일어난다. 그런데 이미 검토했듯이, 학교는 그 목표의 설정, 교과의 진행, 그리고 평가의 모든 측면에서 교육열정을 조장하는 조건을 억압하고, 그 공백을 진급과 낙제, 상과 벌 등 온갖 외재적 유인가로 채운다. 그런 역설적인 관행이 교사와 학생들로 하여금 교육적 주체로서 자신에 대한 신뢰를 잃고 학교의 실천에 수동적으로 순종하는 태도를 갖게 만든다. 그야말로 알만 취하고 거위를 죽이는 어처구니없는 관행이다.

학교가 그런 좌절과 불만의 혹독한 생활을 "교육"의 이름으로 정당화하기 때문에 학생들은 교육에 대한 혐오감을 갖거나 가급적 피해야 할 것으로 오인한다. 이런 서글픈 말이 유행한다. 학생들은 학교에서 처음에는 즐겁게 배우다가, 중간쯤에 마지못해 배우며, 나중에는 죽지 못해 배운다. 졸업한 후에는 그 고통의 대명사인 "교육"과 등을 돌리고 만다. 이런 교육의 오명 쓰기, 혐오, 혹은 싫증이 교육의 명분을 내세우는 학교 안에서 일어난다면 결코 웃어넘길 수 없는 심각한 아이러니이다.

학교체제는 "초등교육"과 "중등교육"을 구분하고, 그 연장선상에 "고등교육"이란 영광된 자리를 마련한다. 이 수식어는 언뜻 교육의 품계를 연상시키지만 사실은 별개다. 앞서 학교생활을 할수록 교육에 대한 부정적 태도를 갖는다는 사실을 지적했는데, 그 관계가 역전된다는 가설마저 성립한다. "초등학교"와 "중등학교"의 성적의 경쟁을 통해서 좋은 대학에 진학하는 전략이 압도하는 상황에서 학교∩교육이 살아날 도리가 없다. 그 손실은 입시경쟁의 대열에서 시달리는 학생과 학부모들의 고충뿐만 아니라 국가 전체의 해독이다.

학교를 다니지 못한 외부의 사람들은 그 안에서의 교육적인 삶을 기대하고 선망하는데 정작 학교 안의 학생들은 교육이 싫다고 느낀다. 그런 부정적인 오해를 갖게 만드는 장본인은 바로 오늘날의 학교다. 앞서 "교육"이라는 용어로 교육을 외면하게 하는 몇 가지 사례를 들었지만, 그 기본취지는 그것이 교육 자체의 속성에서 연유한 것이 아니라 터무니없는 교육관에 있음을 다시 한번 강조하기 위함이다. 그로 인해서 한 개인 안에 잠재된 거의 무한정한 품위의 종류와 수준이 실현되거나 검증되지 못한 채 사장되는 불행한 사태를 초래할 위기에 처해 있다.

이제 이런 교육관을 청산할 때가 되었다. 소극적인 대처와 적극적인 대처가 병행되어야 한다. 그중 소극적인 대처는 용어의 해체이다. 예컨대, "교육학", "교육실습", "피교육자", "교육열"이라는 용어가 지칭하는 대상이나 사태들이 학교 안에 존재하고 있음을 숨길 필요는 없다. 그 사태의 존재를 솔직히 인정하되 그 용어들을 다른 실질적인 용어로 개칭하는 것이다. 그 각각을 예비교사를 위한 교직과목[58], 학교에 적응하는

58) 교직과목 명칭변경을 좀 확실하게 하는 표기방식으로 학교∩철학, 학교∩심리학, 학교∩사회학, 학교∩행정학, 학교∩문화인류학, 학교∩교육학을 추천한다.

실습, 수동적인 학생, 세속적 출세를 위한 열정으로 개칭하면 그 뜻이 더욱 명료해진다. 전 절에서는 그 부분을 따옴표로 붙여 교육외재로 논의해 왔다. 이 영역에 "교육"의 용어를 무분별하게 적용하는 것이 얼마나 황당한지를 안 연후에야 비로소 학교∩교육의 문제를 본격적으로 다룰 수 있다.

학교∩교육을 위해서 교육관의 환골탈태가 필요한 시점이다. 교육은 상식적 여론의 대상이 아니라 면밀한 학문의 대상이 되어야 한다. 당국자의 교육관이 메타교육에 직·간접적으로 영향을 미치기 때문에 학교의 진로를 결정하는 주도세력의 교육현상에 대한 올바른 이해가 선행되어야 한다. 잘못된 여론이 교육을 지배해서는 안 된다. 그 문제를 해결하는 시작점이 학교와 교육이라는 두 가지 이질적인 범주의 개념적인 분리이다. 이 중 교육의 경우는 앞으로 연구해 나갈 항구적인 과제이며, 본서에서 제시된 교육본위론은 그 첫 시도의 하나다.

올바른 개념이 배제된 학교∩교육의 상태는 마치 눈 뜨고 맹인의 생활을 하는 것과 같다. 사이비교육관의 온상이 교사양성기관이라는 사실은 누차 강조된 바다. 이제 그 반대의 길을 거쳐야 한다. 논자는 교직과목의 하나로서 학교∩교육학을 추가할 것을 제안한다. 더 나아가 중고등학교의 교과로서 일반교육학을 첨가하는 것도 중요하다. 교사와 학생들이 교육학의 이론적 개념을 터득함으로써 학교∩교육의 현장에 대한 기술과 이해에 익숙하게 될 것이고, 그 안에서 교사와 학생이 자신의 교육적인 삶에 의미를 부여할 수 있게 될 것이다. 이 교과교육을 통해서 교육수행어의 습득도 자연스럽게 이루어질 수 있을 것으로 기대된다.

앞서 주로 교육관과 관련하여 해결되어야 할 문제를 다루었지만, 엄밀하게 따지면, 이는 본 절의 주제와는 다소 거리가 있다. 교사와 학생이 가진 교육학의 품위와 교육의 품위는 별개다. 전자가 후자의 필요조건은 될 수 있을지언정 충분조건은 되지 못한다. 개념의 습득은 존재하는 것을 주목하게 하는 기능을 하지만, 그 주목만으로 대상세계의 삶이 보장되는 것은 아니다. 교사와 학생이 교육학을 잘 이해한다는 것이 그들의 교육적인 삶을 충족시키는 것은 아니다. 메타교육의 본령은 교사와 학생이 가진 교육의 품위를 향상시키는 후자의 해당사항이다.

물고기를 잡아주기보다는 물고기를 잡는 방법이 필요한 시점이다. 어제의 방식으로 오늘을 살아가기 어려울 정도로 세상은 급변하고 있다. 국가든 혹은 개인이든 그 변화에 대처하는 능력이 필요하다. 그럼에도 불구하고 학교는 아직도 그것이 출범할 때의 구태의연한 전통적 관례에 갇혀 있다. 학교는 특정한 교과의 고정된 결과에 "정답"의 의미를 부여하고, 그 일치에 집착하고, 그 결과를 가져오는 과정을 무시하는 관행을 반복한다. 지금의 사태는 학교가 출범할 때의 시대와 판이하며, 따라서 전자의 관습을 학교∩교육으로 착각해서는 안 될 것이다.

교육적인 삶은 소수 전문가의 우쭐대는 특권이 아닌, 누구나 일상에서 보편적으로 즐기는 삶의 양상이다. 교육은 자신의 정체성에 대한 소명의식을 토대로 교육을 할 수 있는 사람이 소유한다. 교육할 줄 아는 고유한 체험구조를 갖추고, 그 내재적 가치를 향유하는 사람들에 의해서 교육의 정체성이 보존된다. 그 능력이 삶에서 교육의 권리를 행사할 수 있는 조건이다. 그 점에서 학교∩교육의 내실화를 추동하는 방법은 외부에서가 아니라 내부에서 먼저 나와야 한다. 메타교육[59]은 그 주체의 역량을 키우는 교육내부의 장치이다.

그럼에도 불구하고 이제까지 학교에서 메타교육이 그 내부의 교육을 발전시키는 동력으로 심각히 고려된 바는 거의 없다. 교육의 잘못됨을 단지 여건 탓으로 돌리지 않고 그 내부의 문제로 규정하고, 품위의 향상에 의해서 그 문제를 해결하려는 노력이 필요하다. 학교∩교육의 영역을 확장하고 그 질을 높이는 가장 필수적인 수단은 교사와 학생이 스스로 교육적 주체가 될 수 있는 실천능력을 갖추는 것이다. 특히, 학생들의 경우에 입학 초기의 메타교육이 그들의 장차의 교육적인 삶의 성패를

59) 이런 필요성은 기존의 논의에서 "학습의 학습" 혹은 "학습전략" 등의 주제로 다루어져 왔지만, 여기서 말하는 학습은 다분히 결과위주의 교육관의 일환이라는 점에서 우리의 논의와 구분된다.

좌우한다고 해도 과언이 아니다.

메타교육 자체에 대한 이론적인 논의는 제13장에서 이미 이루어졌기 때문에 여기서 재론할 필요는 없을 것 같다. 이제 학교 안에서 메타교육의 구체적인 실천이 무엇인가를 따져야 한다. 이에 대한 방안은 긴 논의가 필요하겠지만, 그 가운데 간단하고 실효적인 처방의 하나는 바로 학생과 교사의 교육내재에 대한 체험을 확장하고 심화시키는 것이다. 교육의 존재와 그 가치는 그것에 대한 체험을 전제한다. 한마디로, 학교∩교육에 충실하게 참여하는 것 자체가 메타교육의 출발점이다.

학교∩교육은 수락하기 어려울 정도로 생소한 것들이기 때문에 그것을 실천하는 데 어려움이 있겠지만 시작이 무엇보다 중요하다. 논자는 교육문제의 교육적 해결이라는 활동을 언급한 바 있다. 교육이 평등하다는 것은 이론적 가정에 불과하다. 교실 안에서 이루어지는 실제는 그렇지 않다. 그 영역 안에 참여하는 데 분명 교사와 학생, 학생들 상호간의 상구품위와 하화품위가 작용할 것이고, 그 수준의 차이에 따른 갈등과 문제를 야기할 것이다. 그것이 바로 메타교육의 소재이며, 그로부터 교육적 교섭이 진행되어야 한다.

교사양성기관에서 이런 메타교육의 모범을 먼저 보여야 한다. 앞서 "교생실습"과 "교육실습"을 혼동한다는 점을 지적하였다. 교생실습은 교사양성기관을 떠나 이른바 일선 학교에 나가 그 체제에 적응하는 과정을 거친다. 이에 비해서 교육실습은 말 그대로 교육을 자주 시도해 보고 반성하는 것으로, 일선 학교라는 특정한 장소와 기간이 아니라 교사양성기관 안의 매일의 생활 속에 있다. 교사양성과 교사교육은 구분된다. 만약 후자의 관점을 택한다면 이를 위해서 굳이 이른바 "학교현장"에 가서 실습할 필요는 없다. 양성기관에서의 교사교육의 실천이 바로 교육실습의 기회가 되기 때문에 교생실습의 경우처럼 따로 생각할 필요가 없다.

교사양성기관의 교수가 미래의 교사를 양성하고, 교사는 학생을 양성하고, 학생은 부모가 되면 자녀를 양성한다. 그런데 이런 인과계열의 꼭대기에 위치한 교사양성기관의 수업이 특별히 교육적이라고 할 수 있는가? 이에 대한 철저한 검토와 반성이 필요하다. 백 마디 말보다 실천이 메타교육의 효과를 갖는다. 예비교사 혹은 현장의 교사가 참된 교육을 하지 않고 학생들에게 참된 교육적 주체가 되는 일에 힘쓰라고 하면 학생들은 교사를 따르지 않는다. 학생들이 참된 상구자가 되기를 요구하는 교사는 먼저 자신이 솔선수범에 힘써야 할 것이다.

“배운 바대로 가르친다.”라는 옛말은 지금의 교사양성기관에 경종을 울린다. 앞서 교육학과 교육의 논리를 모르는 교사를 교육자라고 하기는 어려울 것이라는 언급을 하였는데, 교육의 품위는 더욱 말할 것도 없다. 교사가 교사교육을 통해서 교육의 품위를 개선한다면 그것은 바로 일선 학교의 교육에 반영될 것이다. 쉬운 예로, 교육의 내재율에 부응하려는 제도로 볼 수 있는 “수준별 수업”의 내실을 보장하는 것은 그것을 운영할 수 있는 교사의 능력이다. 그렇다면 그 새로운 수업의 형태가 교사교육에 반영되어야 하고, 그렇게 활성화된다면 수업은 자연스럽게 일선 학교현장의 메타교육으로 이어질 것이다.

모든 학교∩교육의 현장은 다음의 교육을 위한 실습의 기회다. 성공적인 교육은 그 자체가 시범과 실습을 의미하기 때문에 그 자체를 강화시킨다. 실습은 단지 반복이 아니라 거기에 반성과 발전이 추가되어야 한다. 설사 실패를 한다고 하더라도 그것을 인정하고 그 이유를 알고 반성한다면, 언제나 성공으로 향하는 디딤돌이 될 수 있다. 그 성공이나 실패를 통해서 얻게 되는 가장 큰 열매는 교육 자체의 체험을 통해서 교육으로부터 도피하는 선입견을 교정하는 것이다. 앞서 교육에 대해 부정적인 오해를 갖게 만드는 장본인이 바로 오늘날의 학교라는 점을 지적하였다. 이처럼 “교육받기 싫어하는 학생들”을 상대로 하는 교육의 성공은 그 몰이해를 교정하는 이중의 결과를 가져온다.

메타교육의 적극적인 소득은 교육이 지닌 그 내재적 가치의 입증이다. 교육은 설사 그로 인해서 다소의 손실과 희생이 따르더라도 그것을 내재적 가치로 느끼고 받아들이는 사람들에 의해서만 향유되고 보호될 수 있다. 가치는 열정과 대비되는 방향감각이다. 열정은 누구에게나 주어진 것임에 비해서, 가치는 시간의 시련과 경험에 의해서 후천적으로 확인되고 정당화된다. 메타교육은 교육을 주체적으로 향상하고, 검증하고, 향유하는 비결을 지닌다.

학교의 메타교육이 성공한다면, 스승답지 못한 교사가 차츰 스승다운 교사로 변모하고, 제자답지 못한 학생들이 차츰 제자다운 학생으로 변모하고, 그만큼 학교∩교육의 내실화가 정착될 것이다. 여기서 특별히 주목할 점은 그 효과가 학교의 한정된 공간의 범위를 넘어선다는 사실이다. 젊은 날의 경험이 그들의 여생에까지 지속된다. 이는 가정, 직장, 가상공간 등 학교 밖의 제반 생활공간에서 교육적인 주체로서 살아가는 튼튼한 기반이 된다. 지금의 실태와 비교해서 얼마나 큰 소득인가!

16.5 학교∩교육의 여건

"강남의 귤을 강북에 심으면 탱자가 된다(橘化爲枳)."라는 고사성어가 있다. 농부는 열대지방에서 풍성한 열매를 거두는 식물을 한대지방에 이식하면 그 결실을 얻을 수 없다는 것은 잘 안다. 설사 학교구성원이 교육의 품위를 갖추었다고 하더라도 그것이 곧바로 교육적인 삶으로 귀결하는 것은 아니다. 교육을 실현하는 것은 교육적 주체의 문제만은 아니다. 좋은 씨앗의 나무라도 토양이 좋지 않은 곳에서 자랄 수 없듯이 좋지 않은 여건에서는 교육적인 삶이 살아나기 어렵다. 그런데 많은 경우, "교육정책당국"이 그 농부의 지혜를 알지 못하는 것 같다.[60)]

앞서 학교의 메타교육의 경우와 마찬가지로 학교∩교육의 여건에 대한 논의 역시 철저하게 낙후된 상태다. 교육의 내재성에 따라 학교의 여건을 개선해야 하는데 그 내재성에 대한 인식이 부재하기 때문에 그에

60) 그 좋은 사례가 선진국에서 입증된 "훌륭한 교육"을 직수입하는 경우다. 그 교육이 본래의 양태로 성공한 사례가 드문 것은 그 선진국의 교육이 처한 여건을 동시에 고려하지 않기 때문이다.

따른 실천적 노력이 따를 기대조차 하기 어렵다. 구두에 발을 맞춘다는 군대식 논리에 따라 교육을 학교의 여건에 맞추려는 경향의 이면에는 사이비교육관의 장애가 작용한다.

교육의 여건은 개념상으로 적어도 두 가지의 전제가 내포되어 있다. 하나는 교육이 무엇인지에 대한 올바른 이해이다. 교육의 여건은 교육을 제외한 모든 것이다. 다른 하나는 교육이 여타의 세계로부터 영향을 받는다는 경험적 증거의 확보이다. 사실에 근거하여 그 효과가 수시로 검증되어야 하며, 효과가 없는 것이라면 교육여건의 의미는 상실된다. 그런데 사이비교육학자들은 교육의 정체성의 규정에서 오류를 범했을 뿐만 아니라 관련된 실증적 연구를 아직까지 남긴 바 없다.

교육의 정체성에 대한 인식이 망실된 상태에서 이루어지는 여건에 관한 논의는 혼란스럽기만 하다. 그 주범은 역시 교육과 학교를 등치시키는 관습적 교육관이다. 여기서 학교 안의 교육외재와 교육외재의 구분이 불가능하다. 그 실질적 의미는 교육외재의 경우로 보아도 과언이 아닐 것이다. "교육법", "교육부", "교육행정", "교육정책", "교육재정" 등이 교육여건의 위치를 차지한다.

용병학문적 교육관은 학교 안의 교육외재를 교육내재로 규정하기 때문에 그것이 규정하는 "교육"은 정확하게 교육여건에 속한다. 그런 이유로 여건을 탓할 상황을 교육의 탓으로 돌리는 심각한 오류를 범한다. 그렇다면, 결과위주의 교육관은 어떤가? 이는 오로지 특정한 결과를 전제로 교육을 규정하기 때문에 교육여건이 곧바로 교육현상으로 둔갑하며, 그런 탓에 교육과 그 여건을 구분하는 개념적 경계를 도저히 알 도리가 없다. 이런 근원적인 개념혼동을 외면하고 학교∩교육을 정상화시키겠다는 것은 나무 위에서 물고기를 구하는 것과 같다.

아무리 훌륭한 교육이라고 하더라도 그 여건을 제대로 제공하지 않는다면 그 수레바퀴는 정지한다. 반대로 교육은 좋은 여건에서만 굴러가는 수레바퀴이다. 후자를 염두에 둔다면, 절망보다는 희망이 엿보인다. 학교∩교육의 여건을 조성하려면 좀 더 세련된 개념구분과 분석이 필요하다. 그 하나는 학교의 여건과 교육의 여건의 구분이다. 본장의 첫 절에서 논의한 관점의 전환을 상기하자. 〈그림 16-1〉에서 학교의 여건은 교육외재(a)와 교육내재(b)를 제외한 모든 것들이다. 다른 한편으로, 교육(b와 c)의 여건은 교육을 제외한 여타의 세계 모두를 지칭한다. 학교∩교육의 여건은 b를 제외한 모든 조건을 지칭한다.

학교∩교육의 내실화하기 위해서는 교사와 학생이 교육적인 삶을 영위할 수 있는 최선의 생태계를 마련해야 한다. 그 거시적인 여건부터 논의를 시작해 보자. 제14장에서 교육의 여건을 수도계, 정치, 법률, 경제계, 사회, 문화, 종교로 각기 나누어 논의한 바 있다. 사실을 이해할 때 개념과 이름 짓기가 중요하다. 이와 관련해서 주로 교육외재(a)의 문제를 다루어 온 "교육법", "교육부", "교육행정", "교육정책", "교육재정", "교육비", "교육자치", "교육제도", "교육시설" 따위의 용어를 재검토할 필요가 있다. 이들에서 의미하는 "교육"은 무엇인가? 진정 학교∩교육을 위한 것인가? 그 용어들의 의미를 해체하고 재건하는 작업은 앞서 이루어진 셈인데, 학교∩교육의 여건으로 특수하게 다시 살필 필요가 있어 보인다.

먼저, "교육법"의 경우를 들어보자. 교육은 법률로서 환원할 수 없는 영역이다. 법률은 어디까지나 교육을 위한 수단에 불과하다. 그렇다면, 교육에 대한 올바른 개념을 제대로 반영하여 학교∩교육(b)을 장려하는 특수한 법률의 제정이 요구된다. 다음은 "교육부"의 역할이다. 교육이 국가의 통제 아래 정치적 목적을 달성하는 수단이라고 생각하던 신화가 통용되던 시대는 지나갔다. 교육의 특징을 결정하는 데 국가통제와 관료주의가 개입하면, 그 정체성을 상실한다. 앞서 국가주도의 하향식 "교육개혁"이라는 개념의 문제를 제기한 바 있다. 국가의 책무는 간섭이 아니라 교육의 고유한 정체성을 보존하고 돕는 일이다. 그 주와 종의 관계가 역전될 때 교육은 왜곡된다.

학교∩교육의 주체는 교육의 내재율을 따르는 교사와 학생들이다. 국가는 다만 교육의 강력한 여건이라는 사실은 부인할 수 없다. 그 여건이 반드시 교육에 유리한 것이라고 할 수는 없다. 정부의 교육정책은 일방적인 지시나 규제에 응하기를 요구할 것이 아니라 학교∩교육(b)의 동향을 분석하고 그것을 유도하고 장려하는 정책을 수립할 수 있어야 할 것이다.

"교육자치"라는 개념은 교육청과 일반 행정기관을 분리시켜 전자가 학교를 자치적으로 운영한다는 뜻으로 사용되고 있다. 그렇게 되면, 교육의 자율성이 보장되는가? 반드시 그렇다는 보장이 없다. 이 역시 학교와 교육을 동일시하는 논리적 오류의 한 유형이다. 학교의 자율성과 교육의 자율성은 개념상 별개다. 실제를 보더라도 학교가 위치한 주민의 의도에 맞추는 학교의 운영으로 반드시 교육이 자율화되는 것은 아니라는 것이 분명하다. 그 운영자의 교육관이 어처구니없는 것이라면, 교육의 자율성에 역행할 수도 있다.

"교육재정" 역시 그 산정에서 학교와 교육의 혼동에서 오는 오류를 내포한다. 이는 사실상 학령인구의 대부분이 생활하는 학교체제를 유지하기 위한 경비로서 그 용어가 함축한 범위와 다르다. 진정한 의미의 학교∩교육(b)을 위한 예산과 경비는 그 일부에 국한되기 때문에 턱없이 과장되어 있다. 그 특수한 용도에 부응하는 경비를 세분화하여 효율적으로 지원해야 할 것이다.

"교육제도"라는 용어의 의미를 따져보자. 학교는 교육의 제도일 수는 있지만 그 제도가 곧바로 교육일 수는 없다. 교육에 대한 제도적 규정은 교육의 잠재력을 억제시키는 장애물이다. 그런 관점에서 학교제도에 대한 총체적인 재검토가 요망된다. 학교가 제도화되면서 교육을 배신하고 경직화된 구조로 변질된다는 우려를 자아내고 있다. 학교당국은 학교사태를 불변의 항으로 보고 교육을 지금의 학교여건에 맞추려고 한다.[61] 그런 전도가 이루어지지 않도록 학교제도에 대한 주기적인 검열과 쇄신

61) 제도와 관행이 교육을 통제하는 사례의 하나로 "학년제"와 "다인수학급"을 들 수 있다. 이 때문에 제대로 된 교육이 이루어질 수 없다는 불평이 있다. 여기서 문제가 되는 것은 그 불리한 조건을 불변의 항으로 생각한다는 점이다.

이 이루어져야 한다.

교육을 위한 제도의 도입은 학교에 국한되지 않는다. 오로지 학교만이 교육을 담당하는 기관이라는 배타적 관습에 의해서 교육을 외면하고 억압하는 여타의 생활공간을 해방시키는 작업도 병행되어야 한다. 그 해법은 현재의 상황을 역전시키는 데 있다. 사회적 제도와 구분될 수 있는 교육의 정체성이 무엇인지를 밝혀나가야 하고, 사회적 제도가 교육의 플러스환경이 되도록 교육정책의 방향을 바꾸어야 한다.

이와 관련하여 "교육행정(educational administration)"과 "교육통치(educational governance)"라는 개념구분이 의미하는 바가 크다. 전자는 학교에 대한 임의적인 정치와 관료주의적인 개입을 의미하는 한편, 후자는 교육에 대한 전문기관의 개입을 의미한다. 전문기관과 관련해서 논자는 앞 장(15장)에서 지역별 교육진흥센터의 설립을 제안한 바 있다. 재건된 교육관에 기초를 둔 교육진흥센터를 설립하고 인가하는 법률제정이야말로 교육을 위한 법률의 명분으로 정당화될 수 있을 것이다. 그 법의 내용은 교육을 위해서 봉사할 수 있는 행정, 정책, 재정, 인사의 관할은 물론 기타 그 실천적 원칙에 대한 세부사항을 포함하여야 할 것이다.

지역별 교육진흥센터는 크고 작은 지역의 특수성을 지닌 제반 생활공간을 교육을 본위로 연계시켜 협력하여 참된 교육적인 삶의 뿌리를 새롭게 정착시켜 나가야 한다. 지역 안의 가정, 직장, 가상공간, 기타의 생활공간을 연계시키는 기능을 해야 한다. 여기에 학교가 포함될 것은 말할 필요도 없다. 지역별 교육진흥센터를 통해서 학교를 교육의 내재율에 적응하도록 혁신하는 통로를 확보하여야 한다. 학교∩교육이라는 한정된 범위를 넘어 여타의 생활공간이 확보한 유리한 여건을 공유할 수 있을 것이다. 예컨대, 운동장, 수영장, 공연장, 박물관, 미술관, 도서관은 학교가 보유한 시설과 자원의 한계를 훨씬 넘어선다.

위의 논의는 주로 학교∩교육의 거시적 여건으로서 그보다 더 직접적인 영향을 주는 것은 학교의 미시적 장내여건이다. 학교 안의 교육외재(a)가 무엇인지는 앞서 이미 논의된 바와 같다. 그 내용이 다양하겠지만 학문화, 조건화, 사회화, 문화화, 교조화 등 학교구성원의 인간성을 형성하는 것들이 여기에 포함될 것이다. 학교∩교육은 이들과 모종의 관계 속에서 실현된다. 그 모두에 대한 세부항목을 교육의 여건으로 삼는 연구가 진행되어야 한다. 그 각각의 존재와 차이를 시인하고 학교∩교육과의 공생과 조화, 호혜와 보완의 길을 모색해야 한다.

심각한 문제는 학교에서 교육외재의 것들을 아무렇지 않게 "교육"의 용어로 지칭되어 왔다는 점이다. 그들을 학교∩교육과 구분하여 장내여건으로 새롭게 재검토할 수 있어야 한다. 특히 "교과교육"과 "입시위주의 교육"에 주목할 필요가 있다. 이들은 특정한 결과에 도달하는 모든 경험적 사실들을 교육이라고 주장하는 결과위주의 교육관을 택하고 있다. 교과의 습득과 입시에 효과적인 온갖 방법에 "교육"의 의미를 부여하는 것은 학교∩교육에 대한 건설적인 담론을 방해한다. 이들을 교육외재로 차별화하여 학교∩교육의 여건으로 돌려 고려하는 지혜가 요구된다.

교과가 학교의 커리큘럼에서 중심점을 점유하고 있다는 사실은 부인하기 어렵다. 어떤 수단을 써서든 최신의 교과의 지식에 학생들을 일치시키려는 노력을 할 것이다. 예상컨대, 이는 그 교과의 수준에 훨씬 미달하는 학생들에게 고압제일 것이고, 그들은 이에 저압제로 대응할 것이다. 그 결과를 사회화나 문화화의 목적을 달성한 것으로 평가하기로 하자. 그 부분을 학교∩교육의 영역에 포함시킬 수는 없다. 포함의 조건은 교과가 교육소재가 되어야 한다는 것이다. 소재가 된다는 것은 학생들의 수준에 따른 개별적인 선택이 이루어진다는 것을 의미한다.

"입시위주의 교육"은 기본적으로 사회적 선발의 기능과 관련되어 있다. 학부모나 학생들이 사회적 출세에 유리한 학교로 진학하는 것을 목표로 삼는다는 엄연한 사실을 인정하는 것이 중요하다. 그 목표를 달성하기 위해서 특정한 교과서 내용에의 일치, 암기, 구이지학 등의 모든 수단을 쓸 것이다. 물론 사회적 선발이 지금의 방식으로만 가능하냐 하는 문제를 두고 고민할 필요가 있다. 더 효율적인 방안과 대책이 강구되

지 않는 한 그 존재 자체를 부인하기는 어렵다.[62)]

이처럼 "교과교육"과 "입시위주의 교육"의 존재를 인정한다면, 이들을 학교∩교육과 병존시키는 비결을 찾아야겠지만 그것이 불가능할 경우, 본위의 선택이 불가피할 것이다. 예컨대, 교과와 교육 가운데 본위의 선택에 따라 그 목적과 수단의 위치가 달라진다. 교과를 목적으로 할 때 교육은 그 수단이 된다. 이는 교육이 그 이외의 수단과 경쟁해야 된다는 것을 의미한다. 반대로, 교육을 목적으로 할 때 교과는 수단이 된다. 이 선택에서 교과는 여타의 소재와 경쟁해야 한다. "입시위주의 교육"의 예를 들어도 이런 목적과 수단의 전도라는 점은 마찬가지다. 한 가지 분명한 것은, 교육이 반드시 입시에 유리한 수단이라는 보장은 없다는 불편한 사실이다.

학교∩교육의 내실화라는 과제를 수행함에 있어서 학교생활을 당연히 교육을 본위로 유도하는 방식을 택해야 할 것이다. 그 내실화를 무시하거나 억압하거나 혹은 이를 조장하는 학교 안의 여건이 무엇인지를 세부적으로 연구하고 검토해야 하는 과제가 남아 있다. 기왕 "교과교육"과 "입시위주의 교육"을 위에서 살핀 김에 그들이 학교∩교육과 어떻게 대비되며, 전자가 후자의 여건으로서 어떤 위치에 있는가를 유의해 보기로 하자. 그런 발상을 전환하는 계기로 삼기 위해서 논자는 먼저 그들 사이의 차이를 몇 가지 차원을 다음에 예시해 보겠다.

첫째, 해당하는 내용의 종류에서 배제와 포함의 차이가 있다. "입시위주의 교육"의 내용은 입시에 유리한 교과에 한정된다. 이와 대조적으로 학교∩교육은 이들을 포함해서 온갖 수도계를 그 소재로 수용한다. 동서양의 구분이 없다. 서양에서 학문, 예술, 도덕, 그리고 동양에서 불가, 유가, 도가의 구분이 불필요하다. 기타 체육과 취미, 그리고 그 명칭조차 없는 수많은 수도계가 동일한 소재로서의 가치를 지닌다. 극단의 경우, 학생의 적성만큼 제한이 없다. 그 적성에 부합하지 않는 학생들에게 교과만

62) 우리나라의 "교육부"가 주로 "사교육"을 방지하는 입시제도를 만드는 것에만 매달려 있지만 아직까지 만족할 대안이 나오지 않는 실정이다.

을 강요할 때 학교활동에 반항하는 경향을 보인다. 그런 상태에서 "학생이 공부를 싫어한다."라는 말을 하는 교사는 자신의 무지를 탓해야 할 것이다.

둘째, 품위의 수준에 대한 배려에 큰 차이가 있다. "교과교육"은 결과상 고급의 수준에 가치를 부여하는 엘리트주의를 택한다. 하화의 자격으로 일정 수준을 요구한다. "입시위주의 교육"은 교과서 내용과의 일치여부에 따라 "정답"과 "오답"이라는 분류를 택한다. 그 기준에 미달하면 비정상이다. 이 때문에 표준, 평준, 동일, 천편일률의 이상이나 이하의 학생들이 희생된다. 극소수의 천재들은 대부분 "학교교육"과 불화를 겪었다. 비정상에 속한 낮은 수준의 학생들의 경우도 마찬가지다.[63] 이와는 대조적으로 학교∩교육은 아득히 낮은 수준에서부터 아득히 높은 수준에 이르는 모든 단계의 품위에 평등한 소재가치를 부여한다.

셋째, 품위의 오류에 부여하는 의미와 가치에서 큰 차이가 있다. "교과교육"과 "입시위주의 교육"에서는 "정답"과 "오답"을 구획하는 경계가 뚜렷하며, "오답"은 불리하기 때문에 그 공개와 표현을 억제한다. 이와는 대조적으로 학교∩교육에서는 진리와 허위는 물론, 선함과 악함, 아름다움과 추함, 확실함과 불확실함의 경계가 흐리다. 심연의 탐색에서 선진과 후진 간에 같은 환경에 대한 의미의 충돌이 불가피하다. 병원의 논리를 따르는 학교∩교육에서 규정하는 질병은 오류, 잘못, 모자람, 무능, 실수, 착각이다. 그 억압은 더욱 많은 질병을 조장한다. 교육적 교섭은 그 질병을 자유롭게 노출하도록 보장하는 범위와 차이에서 이루어진다.

넷째, 한편에서는 경쟁이 불가피한 반면에, 다른 편에서는 협동이 불가피하다. "교과교육"에서 학생들은 선진의 지위를 놓고 서로 경합한다. 신분상승을 위한 수단으로서 "입시위주의 교육"에서는 일부의 실패가 다른 편의 성공으로 치부되는 경쟁이 치열하게 일어난다. 서로 경쟁해

63) 학교생활이 지겨워 자살을 택한 한 학생은 "공부 잘하는 아이들만 잘 살 수 있는 세상이 원망스럽다."라는 유서를 남겼다(1992년 6월 18일자 한겨레신문). 그 후에 학교가 크게 변했다는 말은 전해지지 않는다.

야 하는 조건에서는 학생들끼리의 교육적 교섭을 기대하기 어렵다. 친한 친구에게 공책을 감춰야 하는 비리가 교실의 상황이다. 이와는 대조적으로 교육적 관계는 품위의 차이를 전제로 서로의 연대와 공생을 추구한다. 그러나 경쟁과 협력은 반드시 배타적인 것은 아니다. 이인삼각의 경주처럼 경쟁하면서 협력할 수 있다. 사정이 불가피한 경우라면 소집단끼리의 경쟁을 시킴으로써 그 집단 내에서의 교육적 협력이 왕성하게 진행되기도 한다.

앞서 주로 "교과교육"과 "입시위주의 교육"이 학교∩교육의 여건으로 상충하는 부분을 살폈다. 상충한다면 학교당국 혹은 그 구성원의 본위의 선택이 불가피하다. 학교∩교육의 본위선택이 이루어졌다면, "교육법", "교육부", "교육행정", "교육정책", "교육자치", "교육재정", "교육제도" 등 교육의 거시적인 여건에 대한 지분을 요구해야 한다. 그 외에 미시적으로, 교육적 교섭을 가능하게 하는 최적의 집단단위와 역동성을 활용하는 문제 혹은 그에 따른 수많은 물리적 조건을 고려할 수도 있다. 건물과 교실 이외에, 실습실, 도서실, 체육관, 운동장, 강당, 교실 내의 좌석배치, 장비, 기술공학적 매체 등의 논의도 추가될 수 있다.

이 모두가 학교∩교육의 내실화를 위해서 앞으로 수행해야 할 연구의 과제이다. 그 가운데서도 전통적인 학교의 여건을 개선함에 있어서 특별히 논자가 언급하고 싶은 요소는 그 마지막의 것, 즉 기술공학적 매체의 도입과 응용이다. 그 이유는 크게 두 가지이다. 하나는 이를 통해서 교육을 위한 풍부한 자원을 확보할 수 있다는 점이다. 이른바 "정보의 바다"라는 협소한 교과서의 범위를 넘어선다. 교사와 학생들은 시간과 공간의 제약을 받지 않고 인터넷의 망을 통해서 이를 개별적인 방식으로 접촉할 수 있다. 온라인자료를 곧바로 수업에 활용할 수 있다. 다른 하나의 이유는 학교생활에서 불필요한 암기에 대한 집착과 강요를 경감시킬 수 있다는 점이다.[64]

---

64) 도서관에나 헛간에 처넣을 수 있는 개별적인 지식의 단편을 두뇌 속에 암기하려는 것은 마치 전화번호부를 가지고 있으면서 그 안에 있는 내용을 전부 외우려는 일과 유사

전자기기의 출현과 발전으로 정보의 보관과 재생이 미덕이던 시대는 지나갔다. 그럼에도 불구하고, 이 디지털 시대에도 그 소모적인 암기의 전통은 아직도 학교에 잔존한다. 이 시대에 그 내용을 학생들이 있는 그대로 재생하고 기억하도록 요구하는 것은 시대착오적 관행이다. 강의의 내용은 한편의 영상을 제작하는 것으로 언제나 재생이 가능하다. 인터넷은 강의 이상의 정보를 제공한다. 거기서 필요한 정보를 검색으로 대체하고 그 시간을 자신의 견해와 다른 참신성과 이질성에 대해서 호기심을 가지고, 고민하고 질문하고, 수정하고, 재해석하는 유연하고 창조적인 사고의 향상에 활용할 수 있을 것이다.

이제까지 학교∩교육에 해당하는 부분이 어떤 것인지를 세부적으로 예거했다. 그 확장과 심화는 낯익은 전통적인 학교가 새롭게 개편되어야 할 장래의 과제일지도 모른다. 그것을 실현시키는 방법과 과제에 대한 해답을 메타교육과 여건의 개선에서 찾았다. 메타교육은 교육을 통해서 학교구성원들이 교육적 주체로서의 품위를 갖추는 것이고, 여건은 그 능력을 실현하는 데 우호적인 환경을 가능한 범위에서 조성하는 것이다. 뜻이 있다면, 이는 학교당국이 장기적으로 적용할 수 있는 전략적 도식이다.

작은 것으로부터의 시작이 중요하다. 학교∩교육의 범위 안에 넣을 수 있는 구체적인 프로그램으로서 예컨대 "수준별 수업"이 있다. 그것을 실천에 제대로 옮기려면 역시 앞의 도식을 따라야 한다. 첫째, 그것을 실행할 자격을 갖춘 교사를 양성해야 하고, 학생들이 그것을 즐거이 수용할 태도를 충분하게 갖추어야 한다. 메타교육이 이 부분에 해당한다. 그것만으로 불충분하다. 여기에 "수준별 수업"이 뿌리내릴 수 있는 제반 여건이 마련되어야 한다. 여러 가지를 고려해야 하겠지만 이동식 수업은 필수요소다. 그 외에도 그 시행 초기의 부작용과 장애를 예측하여 가

하다. 그것이 하나의 과제일 수는 있으나 정말 인간으로서 가치 있는 일인지는 극히 의심스럽다.

급적 줄이고, 학교구성원이 그것을 불평이 없이 받아들일 수 있는 제반 여건을 보강한다.

16.6 학교∩교육의 기능

교육은 삶의 불가피한 요소로 편재한다. 앞 장에서 가정, 직장, 가상공간, 학교 등에서 그 교육이 편재함을 밝혔지만 그중에서도 특히 마지막의 학교가 차지하는 비중이 크다는 것은 말할 필요가 없다. 일반 사람들은 "학교교육"에 대한 많은 기대를 하지만 늘 좌절한다. 교육의 경계를 개념적으로 획정하지 않은 것이 그 주된 원인이다. 이제 학교 안에서 전개하는 것이 모두 교육이라는 생각은 버려야 한다. 그 안에는 교육뿐만 아니라 온갖 이질적인 것들이 공존한다.

사이비교육학은 학교 안의 교육외재를 교육내재로 규정함으로써 사실상 후자를 왜곡하고 은폐하여 왔다. 이제야 비로소 교육본위론에 의해서 학교 안에 존재하거나 존재해야 할 학교∩교육의 실상이 밝혀졌다. 그 부분을 조명하고 보강하는 것이 본 장의 주된 논지였다. 이제 그 부분을 심화시킴으로써만 학교가 교육공동체로서의 면모와 지위를 회복할 수 있다는 것이 독자에게 다소 분명해졌을 것으로 믿는다.

학교∩교육을 장려할 통로로서 앞서 메타교육과 교육여건을 살폈지만, 지금 상태로는 이에 대한 대책이 별로 없어 보인다. 그럼에도 불구하고 이 과제를 굳이 어렵게 수행해야 하는 이유는 어디에 있는가? 그것은 교육의 내재적 가치와 외재적 가치의 실현에 있다.[65] 교육 안에 잠재된 내재적 가치는 오로지 교육내재를 통해서만 실현될 수 있다는 점에서 고유하다. 외재적 가치는 그 고유한 가치를 실현하는 실제가 가져올 수 있는 여타의 기능을 말한다. 이에 관한 것은 제12장에서 이미 논급된

65) 이 해답은 학교의 목표와 교육의 목표를 동일시해온 독자들을 당황하게 할 것이다. 이제쯤 그 질문이 생소한 것이 아님을 인정해 주기 바란다.

바 있다.

본 절의 주제는 그 가운데 외재적 가치의 실현에 해당한다. 그러나 그것을 논의하기 전에 먼저 그 내재적 가치를 재차 강조하지 않을 수 없다. 그 이유는 전자가 후자에 후속하는 것임에도 불구하고, 이제까지 교육내재에 대한 관점의 부재로 그 엄중한 우선순위를 간과해 왔기 때문이다. 내재적 가치를 무시하고 외재적 가치의 실현만을 내세운다면, 일이 처음부터 꼬인다.

인간은 거의 무한한 가능성을 생득적으로 타고나며, 그것을 실현하려는 본래적 열정을 지닌다. 기존의 것을 뛰어넘는 새롭고 신비스러운 경험을 좋아하는 것을 논자는 상구열정이라고 했다. 이에 대응하는 것이 후진의 상구를 돕는 하화열정이다. 서로가 품위의 공유를 두고 상구열정과 하화열정은 서로를 배가시킨다. 이 두 가지 고급스러운 열정은 생존의 다른 열정에 비해서 그 순위가 높다고는 보기 어렵다. 이 때문에 자칫하면 그것을 만족시키기가 어렵고, 이 열정이 무시되거나 그 만족이 좌절된 개인은 그만큼 인간 특유의 본능에서 이탈한 불행한 상태에 머물게 된다.

교육활동을 단지 의무적으로 행하는 수단으로만 보는 통념은 학교 안에서 경험한 교육외재활동의 곤궁함과 그것을 혼동하고 오해한 데에 서비롯한다. 그 자체로서 보람이 부재한 것은 교육이 아니다. 교육활동은 그 자체에 빠져드는 흥미, 즐거움, 기쁨, 재미, 보람, 만족, 충족감 등 자발적인 심열성복의 요소를 지닌다. 학교∩교육이 교육적인 삶을 허용하고, 그 허용이 그 구성원의 삶을 풍요롭게 하는 순환적 인과관계를 보장한다. 학교∩교육 안에서 교사와 학생들은 다른 이해관계를 떠나서 그 자체로서 진지하고 행복한 보람을 느낄 것이다.

흔히 세상 사람들이 우려하는 학교의 "교실 붕괴", 혹은 "교육 붕괴"는 이런 교육열정과 가치가 무시되거나 좌절됨으로써 일어나는 증상으로 해석해도 무리가 없을 것이다. "교육"의 명분으로 교육외재를 정당화하고 강요하는 일이 비일비재하다. 학교∩교육에 대한 이런 방식의 억압은 무관심, 무감각, 방종, 이탈, 폭력, 비행, 권위에 대한 저항을 유발한다. 그 다른 쪽의 학교∩교육에 대한 배려와 교육적 주체로서 교사와 학생의 자기효능감과 교육의 즐거움을 보장하면 이제까지 황폐하고 무미건조했던 학교생활의 행복지표가 상승할 것이다.

이 정도로 학교∩교육의 내재적 가치의 실현을 상기시키고, 그 외재적 가치가 무엇인지에 대한 본 절의 본론에 돌아가 보기로 하자. 이 논의에서 주목해야 할 점은 결과위주교육에서 말하는 교육의 기능과의 차별화다. 후자는 특정한 결과만을 강조하고, 그 결과를 가져오는 모든 것들을 교육으로 간주한다. 이와 관련하여, 학문화, 조건화, 사회화, 문화화, 교조화 등의 다양한 수단들이 동시에 작용하고 있다. 본 절의 논의가 특수한 것은 그들은 교육을 단지 개별적인 결과를 토대로 규정하지만 본 논의는 그 반대의 경로, 즉 교육을 규정하고 그 결과를 예상한다는 점이다.

학교∩교육은 자신, 타인, 혹은 여타의 학교생활, 더 나아가 지역사회, 혹은 국가의 여러 측면에 모종의 영향을 미칠 것이다. 이는 단지 논리적인 순환논법에 의존하지 않고 경험적으로 입증되어야 할 문제이다. 이에 대한 적극적인 해명이 당연히 학교의 평가에 반영되어야 할 부분임에도 불구하고 이에 관련된 자료는 아직까지 확보되지 않았다. 앞으로 이에 관한 평가연구가 해답을 제공해야 할 것이다. 그 긍정적인 해답은 학교와 이해관계를 갖는 일반 대중에 대한 홍보의 의미를 갖는다.

그 연구의 결과를 마냥 기다리기 전에 적어도 지금 단계에서 예상해 볼 수 있는 가설적 제안은 필요해 보인다. 이와 관련하여 이미 제14장에서 교육의 거시적 기능을 추론한 바 있다. 교육은 그 정체성을 토대로, 수도계적인 기능부터 시작해서 특정한 이데올로기로 해결하기 어려운 정치적인 기능, 법률적 강제에 그쳐서는 안 될 법률적 기능, 경제적 인력양성이 마련하기 어려운 경제적 기능, 사회화가 남긴 사회적 기능, 문화화로서 충족할 수 없는 문화적 기능, 교조화에 그쳐서는 안 될 종교적 기능 등을 논의하였다. 이들은 학교∩교육이 학교의 장외에까지 미칠 수 있는 거시적 기능이다. 이런 교육의 거시적 기능에 대한 홍보가 각별히 필요한 것은 학교가 대중의 기대에 부응하지 못할 때 대중은 마치 학교∩교육이 잘못된 것으로 잘못 비난하기 때문이다.[66)]

이제부터 더 논의할 부분은 학교∩교육이 수행하는 그 장내의 기능이다. 그것은 대부분 대중이 학교에 대한 불만에 이어 갈망하는 대표적인 표어, 그 가운데서도 "전인교육", "가치교육", "인간교육", "창의력교육" 등의 구호로 내세운 결과들에 부응한다. 이런 제반 결과위주의 교육관의 맹점은 그것이 달성하고자 하는 목표만 강조할 뿐 그 수단이 될 교육이 무엇인지가 불명하기 때문에 그 부분이 부실할 수밖에 없다. 그런데 학교∩교육이 그 아쉬운 정체성에 대한 개념적 해명에 정확하게 부응한다. 이 논증이 성립한다면, 그 "전인", "가치", "인간", "창의력" 등과 같은 특수한 기능주의적 수식이 더 이상 불필요하게 될 것이다.

"전인교육" 혹은 "인성교육"이 늘 불만스럽게 여기는 것이 바로 "교과교육"이다. 학교에서는 "교과서를 배우는 것이 교육이다."라는 편협한 관점이 전통으로 자리 잡았다. 수 세기에 걸쳐서 쌓인 지식들을 교과서에 담고, 그 교과서를 해석하는 인문학적 과정을 거친다. 흔히 자연과목과 인문과목을 구분하는데 그 어느 것이라도 주로 교과서에 의존하는 한 인문과목이라고 할 수 있다. 이들은 다분히 주지적이라는 특징이 있다. 더구나 이를 중심으로 입시와 성적 위주의 경쟁이 이루어진다. "인성교육"은 이와 대비해서 인간다운 성품과 역량의 함양을 역설한다.

그런데 이렇게 "전인"과 "인성"의 중요성은 강조하지만 막상 그런 결과를 가져오는 "교육"이 무엇인지에 대한 진지한 이론적 논의가 없기 때문에 논리적 순환론에 머문다. 학교∩교육은 여타의 인간성형성의 기제들과 대비되는 특징을 가지며, 그러한 특성에 의해서 여타의 것이 놓친 고유한 기능을 확보한다. 먼저, 교육의 소재인 품위는 "인성교육"에서 말하는 "인간다운 성품과 역량"에 해당한다. 품위의 작용은 어느 경우나

66) 이 부분에서 학교의 사회적 선발기능을 교육으로 착각하는 사팔뜨기의 평이 대부분이다. 그런 관점에서 보면, 학교∩교육이 이로울 점은 없어 보인다.

그 지-정-체의 여러 요소 간의 유기적 상호작용을 포함한다. 그것을 소재로 하는 교육은 그 자체로서 전인적이라는 결론이 나온다.

학교∩교육은 주지주의의 가장 좋은 해독제다. 교육의 소재는 교과의 영역을 넘어선다. 그 종류는 국가, 인종, 지역, 시간의 경계를 넘어서 사해동포의 다양성을 허용한다. 그것들의 균형과 조화를 선택지로 허용한다. 교육은 외부에서 규정된 어떤 품위를 내면화하는 것이 아니다. 그 품위의 수준이 교육소재를 결정한다. 학생과 교사가 특정한 주제와 관련하여 현재 가진 품위를 꺼내놓고 공동으로 그 후진됨을 극복해 나가는 데 협력한다. 그 모든 점을 고려할 때, 교육에서 "전인"이라거나 "인성"이라는 수식어는 필요 없는 사족이다.

"가치교육"의 경우를 들어보자. 그 "교육"은 무엇인가? "교과교육"이 그 고통의 주범인 경우가 많다. 교과의 지식은 교과서 안에서 이미 밝혀진 "정답"으로 규정되어 있다. 교사는 교과서의 해석을 도모하지만 수많은 과학자들이 평생을 바쳐서 겨우 알아냈을 최종적인 지식들을 학생들이 이해하는 것은 쉽지 않다. 그 경우, 학생들이 취하는 가장 흔한 적응 방법은 복잡한 해석의 과정을 거치지 않는 구이지학(口耳之學)이다. 눈으로 보고 감통(感通)하며 귀로 듣고 분기(奮起)하는 실천이 따르지 않는다.[67] 비록 백 권의 책을 읽는다고 하더라도 그것이 말과 행실에 부합하지 않으면 앵무새의 말과 다르지 않다. 이는 학문이 추구하고자 하는 진리체험과 무관하다. 학문에 의해서 치유되어야 할 것이 오히려 학문에 해독을 주는 것이다.

구이지학은 비단 교과영역에 국한되지 않는다. 학교에서는 공식적으로 주목하지 않고 있지만 수도계 전 영역에서 교사와 학생, 학생들 사이에 품위의 차이가 존재한다. 이로써 수도계의 평가에서 선진과 후진 사

---

67) 우리 자신의 적절한 내부의 변화가 없이 지식의 외적 표현을 모방하는 것은 소화되지 않은 이물질이 위장에 남아 있는 경우처럼 부자연스럽다. 학생들은 자신을 짓누르는 문화적 하중을 소화하지 못하고 정신적인 피로, 무력감, 좌절, 자책, 자괴, 자기비하, 불안 등의 증세를 보인다.

이에 서로의 품위를 상대에게 강요하는 고압제와 저압제의 현상이 일어난다. 강요된 품위는 가치감각의 형성에 이룹지 못하다. 이런 닦달의 현상은 그들 사이의 소모적인 갈등과 충돌의 주된 원인이 된다.

결과위주의 교육관에 토대를 둔 "가치교육"은 또한 이미 사회에서 규정한 가치기준과 권위에 대한 일치를 강요한다. 집단생활에 의존하는 학교생활은 품위의 균일화된 평균성에 의존하며, 학생들의 개인차와 개별인의 발생적 과정을 무시한다. 그 평균에서 이탈한 예외적인 학생들은 불이익을 감수할 수밖에 없다. 평균 이상의 품위를 지닌 학생은 그 평균의 중심에 압도되어 자신의 품위를 억제해야 하며, 평균 이하의 품위를 지닌 학생은 좌절하면서 갈수록 점차 뒤처지는 것을 피할 수 없다. 이는 품위의 해방이 아니라 구속이며, 향유가 아니라 고통이다. 이처럼 외부의 힘을 빌려 가치를 입증하려는 것은 모순이다.

이처럼 이제까지의 "가치교육"은 그 도달점의 중요성은 강조하지만 막상 그런 결과를 가져오는 과정으로서 "교육"이 무엇인지에 대한 진지한 이론적 논의가 없기 때문에 단지 논리적 순환론에 머문다. 이와는 대조적으로, 학교∩교육은 이런 여타의 것들과 대비되는 특징을 가지며, 그러한 특성에 의해서 가치의 존재를 확인하는 고유한 기능을 확보한다. 교육은 상향식 합의과정이라는 특별한 공법에 근거하기 때문에 각 수준의 품위를 소재로 인정하며, 그 향상하는 대열에서 작지만 긍정적인 감정의 향유와 자발적인 깨달음과 심열성복을 유도한다. 상구의 혁신과 하화의 보존을 통해 서로 품위를 공유하여 그 보편성을 확인하고 그 내재적 가치를 서로 공감하여 향유한다.

이 부분은 강요나 주입에 의존하는 통상적인 "가치교육"의 극복을 의미한다. 가치의 자증은 외부의 강요보다는 훨씬 강하다. 선행의 가치를 진정 체험한 사람은 악행으로 돌아가기가 어렵다. 어느 품위의 수준에서든 간에 선진이 하화하고 후진이 상구한다. 그들 사이의 교육적 관계는 선진과 후진이라는 경쟁에서 해방된 협력적 유대를 회복하면서 서로의 이해를 도모한다. 더욱 중요한 것은 교육적 교섭을 통해 선진과 후진이라는 위계상의 위치가 검증될 뿐만 아니라 어떤 것이 올바른 인간인가를 스스로 찾아가고 설득할 수 있는 기초가 다져진다는 점이다. 이로써 그 연대적 협동과 상호신뢰감이 경쟁적 성공에서 오는 고립과 외로움보다 더 많은 행복을 준다는 사실을 인식한다.

"인간교육" 혹은 "인본주의 교육"이라는 이념이 있다. 특정한 사회에 적응한다는 것과 훌륭한 인간이 된다는 다른 경로 가운데 지금의 학교생활은 전자의 사회화에 편향되어 있다. 사회화는 그 구성원을 재생산하고 표준화에 일치시키는 작용이다. 학교생활은 전문가의 독단에 의해서 기계화되고, 표준화되고, 동질화되고, 또 관료화된 생활에 잘 적응하는 인간을 양성하는 방식으로 진전된다. 학생들은 자신에게 맞든 안 맞든 상관없이 사회가 요구하는 기준에 맞추어 좋은 일자리를 구하고, 세속적 인정을 받고, 성공을 거두는 데 필요한 기술을 습득하는 경쟁에 몸을 맡긴다. 늘 바쁘게 경쟁하는 숨통이 막히는 생활을 하면서 막연한 불안감, 무의미, 공허감, 무의식적 권태감을 안고 살아간다.

"인간교육"은 이런 소외현상을 비판하고, 사회보다는 인간의 능동적이고 주체적인 참여를 강조한다. 사회나 국가가 요구하는 허수아비의 개념을 거부한다. 자신이 속하는 사회를 초월하여 사회가 인간성을 조장하며 방해하는 것을 꿰뚫어보고 자기가 인간으로서 실현하고자 하는 가능성에 충분히 접할 수 있기를 목표로 삼는다. 주어진 근거와 가치에 따르기보다는 자신이 주인이 되는 자아실현의 이념도 동일한 노선이다. 내면의 깊은 곳에서 울려나오는 고요한 소리에 귀를 기울여 사회화의 일면성을 해독하고 자정하기를 독려한다. 그런 결과를 가져오는 "교육"이 무엇인가? 결과위주의 교육관이 항상 그러하듯이 그런 결과를 가져오게 하는 것이 교육이라는 논리적 순환론에 머문다.

학교∩교육은 그 여타의 것들과 대비되는 특징에 의해서 인간주의를 함의하고 포용한다. 논자는 교육이 온갖 행동통제 속에서 자신의 정체성을 유지하는 데 주도권을 되찾는 방법임을 주장해 왔다. 학교에서 흔히 사용하는 교육자와 피교육자의 분리는 무의미하다. 모두가 교육자로서의 면모를 갖추고 자신의 정체성을 자신이 규정하는 주체로서 자신을 성찰한다.[68] 주체로서 교사와 학생에게 교육의 내재율은 강요되는 것이 아니라 선택된다. 교육외재는 여건에 불과하다. 이 도식에 따라 학교구성원은 자유인으로서 국가나 사회의 외재적 행동통제의 올가미에서 벗어나서 스스로 원하는 품위를 실험하고 실현해 나갈 수 있도록 서로가 협조한다. 품위의 뿌리를 깊숙이 내려 부유하지 않고 자신이 가고자 하는 경로를 찾아가는 데에서 희열과 고통을 맛보는 안식처가 된다.

예측 불가능한 시대에 신기술이 개발과 노동생산성의 향상이라는 시대적 요청에 호응하여 등장한 것이 "창의력교육"이라는 슬로건이다.[69] 자기변혁이 없는 사회나 문화는 정체한다. 이미 만들어진 문화의 결과물을 향유하거나 이용하는 것과 문화를 창조하는 것은 차이가 있다. 결과로서 전세대로부터 내려오는 축적된 지식, 규범, 전통은 다음 세대의 토대는 될 수 있으나 구속이 되어서는 안 된다. 전통에 대한 집착은 지금 요구되는 좀 더 높은 수준의 결과를 이룰 수 없게 한다. 현대생활은 수시로 변하면서 우리 자신의 변신을 요구한다. 미리 예견된 틀의 인간형보다는 그때그때 요망되는 인간형에 맞추어가는 융통성 있는 대응방법이 필요하게 되었다.

그런데 대부분의 학교는 불확실성을 간과한다. 학교는 "정답"의 보관소이자 그것을 학생들에게 강요한다. "오답"을 단죄하고 처벌한다. 실패가 두려워서 혹은 약점을 노출하지 않으려고 학생들의 스스로의 해답을 억제한다. 기존의 것에 고착되지 않은 창의성이 개입할 여지를 완벽하게 봉쇄한다. 우선 학생의 입장에서 구이지학은 입시경쟁에서 유리하다. 그런 지식은 마치 컴퓨터의 파일처럼 자체를 교정하거나 새로운 지식을 창조할 수 없다. 오늘날 우리나라에서 컴퓨터를 닮은 구이지학

68) 인간에 가해지는 사회적 세력의 영향을 강조하는 나머지 "주체는 죽었다."라고 주장하는 학자들이 더러 있다. 그 주장을 하는 학자들은 누구의 허수아비인가?

69) 우리나라의 제7차 "교육과정"은 21세기의 세계화 · 정보화 시대를 주도하며 살아갈 자율적이고 창의적인 한국인을 육성하기 위해 제정되었다.

의 학자는 많지만 지식을 발전시켜 생산하는 학자를 별로 찾아보기 어려운 것은 바로 그런 이유일 것이다. 이들을 "허수아비 지식인"이라고 칭할 수도 있겠다.

이미 이루어진 품위의 결과를 재생해서 사용한다는 것과 품위를 창조한다는 것은 동일한 것이 아니다. 아무리 품위가 표현된 창작물을 앵무새처럼 모방한다고 하더라도 그 흉내로써 품위가 형성되지는 않는다. 그럼에도 불구하고 대량생산체제인 학교생활은 후자보다는 전자에 더 큰 비중을 둔다. 단기적 효과의 면에서 모방이 품위의 체득보다는 유리한 점이 있다. 결과의 모방은 품위의 체득보다 단기적으로 이루어지지만 그 효과가 동일하다. 현존하는 진학제도에서는 그 모방이 더 효과적이다. 그렇지만 그 선택은 장기적으로 지불하는 손실이 너무 크다. 모방은 그 자체 이상의 생명력을 기대할 수 없다. 꼭두각시와 컴퓨터는 성장하지 않는다.

"창의력교육"의 목표는 불확실한 시대에 당대에 존재하지 않은 최첨단의 생산물을 만들어내는 탁월성에 도달하는 것을 목표로 삼는 듯하다. 그야말로 천재의 출현을 기대하는 것이다. 그렇다면 그런 천재성을 당장 확보하는 그 별다른 마법으로서 "교육"은 무엇인가? 이에 대한 진지한 이론적 논의가 없이 최첨단의 창조력을 갖추는 것이 교육이라는 논리적 순환론에 갇혀 호들갑을 떤다. 이와는 달리, 학교∩교육은 그 고유한 특성으로서 이런 여타의 것들과 대비되는 특성에 의해서 여타의 것이 놓친 고유한 기능을 확보한다.

교육은 절대무류, 광신, 미신, 편견, 아집, 고정관념, 확정된 답이라는 독약에 대한 해독제다. 문명이나 문화는 그것이 창조되는 과정을 알지 못한 개인에게 그를 제약하고 지배하는 권위나 감옥 이상의 의미를 갖지 못한다. 학교∩교육은 결과의 재생이 아닌 과정의 재생이다. 얼마를 성취했느냐가 아니라 어떻게 도달했느냐에 더 큰 방점을 둔다. 품위의 고정이 아닌 품위의 이동은 기존의 사회나 문화의 표준에 일치하기만을 강조하는 학교의 제약으로부터 억압된 창의성과 가능성의 개발로 이어진다.

창조는 소수의 엘리트에게만 해당되는 행위가 아니다. 오류가 없는 품위는 존재하지 않는다. 학교∩교육은 오류가능성을 소재로 진행된다. 학생 누구나 자신이 가진 최고의 현품을 해체하고 재건하는 작업이 바로 상구교육이다. 상구자는 자신의 무지, 불확실성, 한계를 인식하고 그것들과 맞서 싸운다. 그것을 향도하는 하화자는 후진의 오류를 수용한다. 불확실한 사태에 직면하여 도전과 패자부활을 허용한다. 오류를 드러낼 수 있는 분위기를 조성하고, 그 오류를 통해서 교사와 학생들이 서로 결속한다. 이처럼 학교∩교육은 그 자체로서 창의적 활동이기 때문에 "창의력"이라는 별칭은 사족이다.

지금까지 우리는 학교∩교육이 어떤 기능을 할 수 있는지에 대한 몇 가지 추론을 하였다. "전인교육", "가치교육", "인간교육", "창의력교육"이라는 다양한 구호를 내세우지만 알고 보면, 그 모두가 학교∩교육이라는 같은 뿌리를 둔 나무의 서로 다른 다양한 열매라는 것이 이제 분명해졌을 것이다. 이처럼 많은 요청이 있음에도 불구하고 이제까지 살폈듯이 결과위주의 교육관의 내실은 개념적으로 은폐되어 왔다. 본 장의 취지는 바로 그 은폐된 부분을 밝혀서 그 내실화에 다가가자는 것 이상도 이하도 아니다.

이는 사이비교육학으로 인해서 끈덕지게 돌아가는 악순환의 고리를 잘라낸다는 취지와도 연결된다. 교사교육을 내세우는 가짜 "교육학자들"이 있다. 교사들은 가짜로 "교육자"의 역할을 수행한다. 그 가짜 "교육"을 받은 학생들이 커서 부모가 된다. 그리고 그 부모들은 자녀를 학교에 보내 가짜 교육을 받게 한다. 이렇게 가짜 "교육"이 한통속으로 서로 꼬리를 물고 판을 친다. 어디에서부터 그 악순환의 고리를 자를 것인가? 그것은 바로 학교라는 생활공간과 교육이라는 삶의 양상을 구분하는 것이다. 학교에서 일어나는 일이 모두 교육이라는 생각과 마찬가지로 학교를 오로지 교육화해야 한다는 생각은 망상이다. 학교∩교육은 단지 이제까지 사이비교육학에서 배제되어 왔던 학교생활의 일부를 살려내려는 요구를 반영한다. 이런 시도가 선순환의 고리가 될 수 있기를 기대한다.

학교∩교육 안에서 학생들은 인간으로서 젊은 시절의 실수와 과오에서 점차 벗어난다. 그것을 경험하는 것만으로 교육기관의 명분과 기능을 살린다고 말할 수 있다. 그들은 졸업하여 사회로 진출할 것이다. 여기서 졸업을 하면 교육과 결별한다는 세간의 교육에 대한 오해가 얼마나 큰 손실인가를 생각해 보아야 한다. 한 걸음 더 나아가, 학교∩교육은 그들의 미래의 삶에 어떤 이로움을 줄 것인가? 학교∩교육을 경유하는 전 인구가 교육적 주체로서의 자질을 가질 것이다. 그로써 일생에 걸친 교육적 주체로서의 자격과 교육적 관계의 연대성을 향유할 것이다. 이에 따른 국가나 사회의 이익은 별개로 계산하여야 한다.

제17장
교육본위의 평가

평가는 사실에 가치를 부여하는 작업이다. 일상의 다면적인 삶 가운데 어느 사실과 가치를 선택하느냐가 문제다. 분야마다 그 선택이 다르며, 그 적절함이 바로 해당하는 분야의 발전과 긴밀히 연동된다. 그런 이유로 정치, 경제, 사회, 문화, 종교 등 제반 분야가 저마다 그들의 특수성에 부합한 평가에 부심하고 그것을 예리하게 내세우면서 한몫을 챙겨 왔다. 교육 분야도 마땅히 평가의 치열한 경합에서 교육의 고유성을 살리는 평가체제를 갖추어야 함에도 불구하고 지금의 "교육평가"는 오히려 그 역행의 경로를 치닫고 있다. 교육외재에만 눈을 돌리고 교육내재에는 눈을 감는다. 본 장은 늦게나마 교육의 고유성을 살릴 수 있는 제반 국면들에 대한 평가체제를 제안함으로써 그 낙후된 대열에서 벗어나는 계기를 마련하고자 한다.

17.1 사이비교육평가

본서에서 사이비라는 수식어가 자주 쓰였다. 사이비의 의미는 그 존재 자체를 부인하는 것이 아니고 그 명칭이 부합하지 못한 경우에 해당한다. 사이비교육학이라고 할 때 교직과목 혹은 이류잡학의 존재 자체를 거부하는 것은 아니다. 다만 그것이 교육현상을 밝히는 학문이 아님에도 불구하고 "교육학"으로 참칭한 것이 문제가 되는 것이다. 사이비교육평가의 경우도 마찬가지다. 지금까지 "교육평가"의 명분으로 이루어지는 각종 평가 자체의 존재를 결코 부인하거나 폄훼하는 것이 아니다. 그것이 교육을 평가한다는 어떤 이론적인 근거도 없이 "교육평가"로 참칭하는 것을 문제시하는 것이다. 그 필요성은 인정하지만 교육의 평가라고 하기는 어렵다.

사물과 사태의 의미는 보는 각도에 따라 달라진다. 그에 대해 적용할 평가의 기준도 다양하다. 사물과 사태는 각각 나름의 특징이 있고, 그 특징을 원만하게 발휘하는 것을 그 존재이유로 삼는다. 일상의 삶에서 모종의 대상을 평가할 때 그것이 무엇이며, 그것을 평가함에 있어서 어떤 기준을 적용할 것인가 하는 점을 유념해야 한다. 그렇지 않으면, 이것을 저것으로 오판하고, 긴 것을 짧다 하고 아주 얕은 것을 높다고 오판할 것이다.

사이비교육평가는 교육외재를 교육내재로 포장하고, 후자를 외면한다. 그런 범주착오와 역실과 아이러니가 관행의 태두리 안에서 이제까지 당연시되어 왔다. 그 뿌리는 그릇된 교육관에 있다. 본 절은 사이비교육평가가 전제하는 교육관을 중심으로 그 실상을 평가하는 방식을 택하게 될 것이다. 관습적 교육관, 결과위주의 교육관, 용병학문의 순서로 그 각각에 따른 "교육평가"가 설사 제대로 이루어진다고 하더라도 그것이 교육의 평가를 대신할 수 없다는 것을 논증할 것이다.

학교 안의 사태를 교육으로 간주하는 관습적 교육관에 따르면, 학교 안에서 일어나는 모든 평가가 "교육평가"에 해당한다. 그러나 교육은 학교 안과 밖에서 진행되는 삶의 양상이다. 학교 안에는 교육외재와 교육내재가 병존하는데 전자의 평가조차도 후자의 평가로 간주하는 것은 만부당하다. 차차 밝혀지겠지만 학교의 평가에서도 교육외재(〈그림 16-1〉에서 a)를 다룰 뿐이고, 학교 밖의 교육(c)에 대한 평가를 정식으로 다룬 사례는 거의 찾아보기 어렵다.

학교의 교육에 대한 독점과 횡포는 각종의 평가에서 두드러진다. 한 개인의 이력서에 학교졸업장의 소유여부와 관련하여 "학력"을 산정하고 학교 밖에서 얻은 능력은 학업으로 인정받지 못한다. 누구나 더 높은 학교에 진학하고자 하는 "학력사회"의 출현은 이 때문이다. 졸업장이 없는 사람은 교육받지 못한 무학자이고, 교사자격증이 없는 사람은 교육자가 될 수 없다. 이름난 인류의 스승들[1]조차도 제외된다. 그 논리가 너무 황당하고 억울하기 때문에 일반 사람들은 능력위주의 사회를 그 대안으로 제시하는 현실이 "학력"과 능력 사이의 불일치를 여실히 반증한다고 여긴다.

학교는 다양한 목표와 그 실현을 가능하게 하거나 지연시키는 여건의 지배를 받는다. 학교에 잡다한 주문을 하고, 각종의 여건[2]의 불비로 그 기대에 부응하지 못하면, 일반인들은 "잘못된 교육"으로 탓한다. 더욱 심각한 폐해는 그런 엉뚱한 평가가 학교구성원의 삶을 고단하게 하는 것들조차도 교육의 탓인 양 치명적인 오명을 씌운다는 점이다. 전자에 대한 불만을 후자의 잘못으로 전가시키는 악순환을 각성시키는 새로운 교육평가 분야의 출현과 그에 대한 왕성한 연구가 절실히 요구된다.

사이비교육평가가 의존하는 다른 하나의 교육관은 어떤 특정한 인간

---

1) 이 부분에서 석가모니, 공자, 소크라테스, 예수를 연상해도 좋을 듯하다.

2) 여기에는 물리적 조건으로서 장비와 시설, 심리적인 속성으로서 학교의 분위기, 각종 정치적인 과정으로서 "교육정책"의 지침과 의사결정의 과정, 경제적인 조건으로서 "교육비"의 책정과 경제적 불평등의 문제, 사회적 조건으로서 집단의 크기와 상호작용의 유형, 문화로서 일반문화와 학교문화의 구분, 종교적 여건으로서 교과서의 경전화, 소재의 다양성과 선택의 문제, 소재선택에서 특정한 세력의 개입 등이 포함된다.

을 "교육의 목표"로 삼고, 그것을 달성하게 하는 것이 "교육"이라는 단순한 논리적 순환에 의존하는 결과위주의 교육관이다. 그 "교육"은 그 온갖 종류의 경험적 사실들을 지칭하는 것으로서, 그것들이 무엇인지는 검증의 과정을 거쳐야 알 수 있는 우연적 사실로 개방되어 있다.[3] 결과위주의 교육관에서 특별히 주목할 것은 교육과 그 여건이 구분되지 않는다는 점이다. 그 여건의 부실에서 목표로 삼은 결과를 얻지 못한 경우조차도 그릇된 교육관을 자성하기보다는 그 책임의 소재를 교육으로 전가한다.

결과위주의 교육관에서 "교육의 목표"를 무엇으로 삼느냐를 두고 미묘한 갈등이 있을 수 있다. 학교의 기능에 대한 기대가 분야마다 사실상 다를 수밖에 없다. 이처럼 동의할 수 있는 기준이 없기 때문에 잡다한 시시비비가 일어난다.[4] 그럼에도 불구하고 결과의 전형으로서 교과를 포함시키는 데에는 이의가 없어 보인다. 교과의 지식을 철두철미하게 습득하는 것이 중요한 "학교교육"의 목표가 되며, 이른바 교과성적을 그 목표를 달성하는 지표로 삼는다.

성적평가는 어떻게 이루어지는가? 그 범위, 판단의 근거나 주체 등 어려운 논의가 전개될 수 있지만 실제로 그 문제는 간결한 방식으로 해결된다. 주기적으로 진행되는 출제의 범위는 각 교과목의 교과서 내용으로 국한된다. 그 범위와 기준을 넘어서면 "공정성"의 시비에 걸린다. 교과서에 대한 학생들의 일치된 반응이 바로 "정답"이고, 불일치하는 것이 "오답"이다. 그 기준을 학문적 지식에 적용하는 것이 합당한 것인지는 극히 의문이다.[5] 인식활동에서 정답이 있다는 생각 자체가 사실상 오답

---

3) 그 제반 사실들은 또한 목표로 삼는 인간의 규정에 따라 서로 다를 것으로 예상된다. 그처럼 서로 판이한 것들을 교육으로 규정하는 것은 동일성이라는 개념규정의 원칙에 위배된다.

4) 학교의 기능에 대한 논의는 많지만 그것을 지표화하여 평가하는 자료는 거의 찾아보기 어렵다.

5) 이에 관해서는 별도의 논의가 필요해 보인다. 이 논점은 제18장의 "교육본위의 인식론"에서 다루어질 것이다.

이다. 그것을 전제하는 시험출제와 채점과정이 이미 오류를 범하고 있는 셈이다.

그 모든 문제를 차치하고 목하의 논의에서 따져보아야 할 것은 교과 내용의 평가를 교육의 평가로 인정할 수 있느냐 하는 것이다. 그 부분은 앞 장에서 교과의 내용과 교육의 내용은 서로 다르다는 점을 밝힌 것을 상기할 필요가 있다. 그 평가의 대상이 다르다. 교육의 입장에서 교과는 소재로서 평가받아야 한다. 지금의 평가는 소재로서 교과의 평가와도 어긋난다. 그 수준에서 이원주의와 그 정점의 것만을 인정하는 우월주의는 묘목의 높이만 유념하고 뿌리를 뽑아버리는 처사이다. 여기에 소재로서 여건을 탓할 상황을 교육의 탓으로 돌리는 결과위주의 교육관의 일반적인 과오가 첨가된다.

마지막으로, 용병학문이 "교육평가"에 어떻게 작용하는지를 살펴보자. 이와 관련해서 이른바 "교육평가전문가"라는 명칭에 걸맞지 않은 집단이 있다. 놀랍게도 이 집단의 특징은 교육의 귀천을 분간하는 독자적 기준에 대한 식견이 전혀 없다는 점이다.[6] 이들은 과학주의 혹은 실증주의라는 틀로 "교육평가"를 제한한다. 교과에서 규정한 정답과 오답의 기준을 "가치중립(value neutrality)"이라는 말로 치장한다. 그들은 일반인들이 이해하기 어려운 개념, 방법, 기법, 공식 등을 다룬다. 그들의 전문적인 개입은 주로 질적인 것을 양화하는 경험주의적인 인식론에 근거를 두고 있다.

이들은 교육의 결과를 과학주의를 표방하는 심리학이나 행동과학의 연구대상인 행동으로 환원시킨다. 자연과학의 법칙을 따르는 행동은 이른바 조작적 정의(operational definition)라는 특수한 절차를 거쳐서 측정된다. 각종 심리검사는 추상적인 개념이나 용어를 실제에 적용이 가능하도록 적합하게 조작하여 측정하는 방식으로 구성된다. 내면의 심리

---

6) 그들에게 교육평가에 필수적인 두 가지 항에 대한 질문을 던져보라. 당신들이 평가하려는 교육의 정체는 무엇인가? 그것을 평가하는 가치기준은 무엇인가? 이에 대한 그들의 대답은 일반 사람들의 것과 별 차이가 없을 것이다.

상태를 알기 위해서 질문을 하고 응답하는 방식을 보는 것은 그 좋은 예이다. 이 방식을 따르면, 도덕성은 검사지의 특정한 문항에 대한 특정한 반응이다. 학교의 성적점수도 대개 이런 방식을 따라 산정된다. 그렇게 행동으로 환원되지 않은 것은 무의미하다는 과학주의적 원리가 적용되는 것이다.[7)]

학교의 과학적 운영이라는 명분으로 주로 학생들의 성적을 객관적으로 측정하는 방법상의 관행은 학교가 외면과 내면의 불일치를 조장하고 있다는 비난을 피할 수 없다. 엉터리 의사와 엉터리 교사는 공통점이 있다. 전자는 병과 증세를 혼동하고 병의 원인이 아니라 증세를 제거하는 데 힘을 쓴다. 후자는 학생들의 내면성보다는 그 징후를 훈련시키는 데 열을 올린다. 주로 행동의 평가에 의존하는 "교육평가"는 지득과 증득을 분별하지 않는다.

위의 논의를 통해서 이제까지 이루어지고 있는 "교육평가"가 실제로는 그 대상, 가치적용, 그리고 방법의 면에서 교육에 대한 평가와는 다른 방향으로 진행되어 왔음이 분명해졌으리라 믿는다. 교육의 입장에서 이에 대해서 내릴 수 있는 점수는 낙제점 이하이다. 그런 실천은 더 적합한 용어로 개칭되어야 마땅하다. 그 각각을 학교의 평가, 교과 성적의 평가, 조작적 정의에 의한 평가라고 개칭한다면 그 내용과 명칭이 서로 부합할 것이다.

더욱 놀라운 점은 그 평가의 용도이다. 원칙적으로 말한다면, 교육평가는 교육발전에 공헌할 수 있어야 하지만 실상은 그렇지 못하다. 이와 관련해서 여러 가지를 지적할 수 있겠으나, 가장 두드러진 용도는 학생이나 학교의 서열을 판별하는 것이다. 일일, 주별, 월별, 학기별 등 주기적으로 진행되는 시험성적에 따라 학생이 분류되고, 학급과 학급, 학교와 학교 사이의 우열이 결정된다. 정확한 수치에 근거해서 높은 점수를 얻은 학생은 승자가 되며, 그에 미치지 못하는 학생은 패자가 된다. 학생

7) 그 부분은 교육에서 주목하고 다루어야 할 인간성 가운데 극히 제한된 부분에 해당한다. 이는 후속하는 "품위의 평가"라는 절(17.4)에서 더욱 자세하게 논의될 것이다.

들은 치열한 점수경쟁에서 일희일비하면서 자신도 모르는 사이에 남의 불행이 자신의 행복이라는 공식을 습득한다.

이로부터 목적과 수단의 전도현상이 대세를 이룬다. 교육이 평가의 올가미에 갇힌 것이 바로 "입시위주교육"의 실상이다. 그 "교육"은 가능하면 피하고 싶은 혐오나 공포의 대상이지만 어쩔 수 없이 학교의 중심적 관심과 위치를 차지한다. 다만 사회적 선발과 입시경쟁에서 불편부당함을 극복하려는 방식으로 논술, 수행평가, 학생부종합전형, 입학사정관제, 수시전형 등이 시도되고 있지만, 이들은 모두 교육 혹은 학교∩교육의 내실화라는 본질적인 문제와 관련짓지는 못하고 있다. 단지 그 평가방식들에 적응하려는 온갖 책략과 편법을 조장하고 있을 뿐이다.

국가가 학교의 제도적 책무성을 따질 때에도 학생들의 성적을 그 지표로 사용한다. 이에 근거하여 그 수치가 높아지는 것만큼 "교육의 질"이 향상된 것으로 판정한다. 단위 학교 사이의 성적의 차이를 "교육격차"의 지수로 취급한다. 그 격차가 크다는 것은 바로 "교육의 불평등"을 의미한다. 그 결과에 따라 학교의 "책무성"을 문책하기 때문에 학교당국 역시 학생이나 부모 못지않게 성적을 두고 전전긍긍한다. 그 자체와 그에 따른 다양한 소란스러운 사태가 교육과는 다른 범주라는 것이 이제 분명해졌을 것으로 믿는다.

그 황당한 "교육평가"의 존재를 단지 부정함에 그쳐서는 안 될 것이다. 학교의 사회적 선별은 불가피하다. 그 실천이 학교 안에서 언제나 일어나고 있음을 실상 그대로 인정하지 않으면 안 된다. 다만 그것을 실상 그대로 교과에 대한 성적의 평가로 개칭하고, 고유한 의미의 교육평가를 이에 첨가한다면, 교육의 전당이라고 내세우는 학교의 명분이 살아날 것이다. 아울러 그런 제 나름의 교육평가는 유독 학교라는 제한된 공간에 치우침이 없이 모든 생활공간에 적용될 수 있어야 한다.

17.2 교육평가의 제자리

국가발전을 논의할 때 정치, 경제, 사회, 문화, 종교, 교육 등 각 분야를 두루 고려해야 한다. 그 가운데 마지막의 교육이 삶의 기본적인 조건이라는 것은 재론할 필요가 없을 것이다. "교육입국"이라는 말이 있듯이, 어느 나라든 그 기초는 국민의 교육이다. 품위는 인간됨의 기초이고, 교육은 인간됨을 이루는 토대다. 문명의 참된 시금석은 인구조사나 도시들의 크기나 생산물의 수확고가 아니라 나라가 배출하는 민도다. 인재 한 사람을 길러냄으로써 사회에 막대한 이익을 준다. 하물며, 교육적인 양민의 다량배출은 그 자체가 눈에 보이지 않는 국가의 막대한 재산이다. 경제적인 생활의 지표에 못지않은 부분이다.

인간다운 삶에 필연적으로 요청되는 교육적인 삶은 별다른 것이 아니다. 누구나 하루도 빠짐없이 교육 안에서 생활하고 있음에도 불구하고 이제까지 올바른 교육관의 부재로 인하여 무시되거나 혹은 은폐된 망각지대로 남아 있다. 교육발전은 이에 관심을 가지고 올바른 평가를 내릴 수 있을 때 비로소 이룩할 수 있다. 그 핵심은 교육의 제반 사실들에 그 의미와 가치를 부여하는 데 있다. 총체적이고 자율적인 세계로서 어떤 부분을 어떻게 보아야 하는지를 안내함으로써 일반 사람들이 놓치고 있는 부분을 드러낼 수 있어야 한다.

앞에서 살폈듯이 이제까지 세상 사람들에게 널리 알려진 "교육평가"는 그 중차대한 역할을 외면하였다. 본 절은 그처럼 외면해 온 부분을 논의할 것이다. 진정한 의미의 교육평가는 그 대상과 그것에 적용할 가치의 측면에서 여타 분야의 평가와 구분된다. 그 대상은 무엇이며, 거기에 어떤 가치기준을 적용할 것인가? 어떤 점을 특별히 유의할 것인가? 그 평가의 주체는 누구인가? 이런 질문에 대한 교육본위의 입장을 이하에서 그 각각의 영역을 세분해서 논증할 것이다.

올바른 의미의 교육평가는 모든 사람들과 생활공간을 포괄한다. 인간이라면 누구나 어디에서나 교육적 주체로서의 삶을 영위할 수 있다. 교육은 사실상 모든 삶의 현장에서 진행된다. 제15장에서 이제까지 인식의 사각지대에 놓여 있는 가정, 직장, 가상공간에서 이루어지는 교육의 양태를 개략적으로 살핀 바 있다(그림〈16-1〉에서 c). 이어서 제16장은 학교라는 특수한 생활공간에서 이루어지거나 혹은 가능한 교육의 양태(b)를 교육외재들과 대비하여 점검하였다.

교육본위의 평가가 주목할 대상은 크게 교육 자체, 교육의 여건, 그리고 교육의 기능이라는 세 가지 국면으로 나누어 볼 수 있다. 그 각각의 국면은 유관한 사실과 그것에 적용될 가치기준에서 대조된다. 그중에 먼저 정치, 경제, 사회, 문화, 종교와 다른 교육 자체에 대한 평가의 문제부터 논의를 시작하자. 그 질과 양의 정도는 여타의 삶의 분야의 발전과 대비한 비율에 의해서 평가될 수 있을 것이다.

본서는 교육 고유의 내용으로서 그 내재율(제9장), 인간(제10장), 활동(제11장)을 예시한 바 있다. 모든 놀이가 그러하듯이 교육적 주체는 그 고유한 내재율을 따라야 한다. 일상의 삶에서 얼마나 교육의 내재율에 순응하는가? 그 경계 안에서 주목해야 할 인간과 활동들은 독특하다. 이런 질을 전제한 양의 측면에서 개인과 집단, 혹은 삶의 공간마다 어떤 차이가 있는가? 이와 관련하여 올바른 의미의 교육격차의 문제가 제기될 수 있다. 그 독특한 삶이 나이, 성별, 인종, 종교, 사회계층, 빈부, 그리고 수도계의 품위, 그리고 특정한 공간에 편중된 사회는 공정하다고 볼 수 없다.

제12장에서 교육 자체의 평가에 적용할 가치를 예시한 바 있다. 내재적 가치는 오직 그 경계로부터 비롯한다. 그 실현이 교육의 성공과 실패를 평가하는 기준이다. 상구와 하화는 응분의 도전과 고통을 수반함에 불구하고 그 주체가 이에 자발적으로 참여하는 것은 역설적으로 그 가치의 크기를 증명한다. 행복은 주어지는 것이 아니라 만들어진다. 참되고, 지혜롭고, 아름답고, 착하고, 유능한 품위 등을 가꾸어나가는 삶 자체가 중요한 행복지수가 된다.

교육의 진정한 의미는 성과에 있는 것이 아니라 과정에 있다. 교육의 성공과 실패는 특정한 결과와는 무관하다. 비록 의도한 성과를 얻는 데 실패했다고 하더라도 교육에 성공할 수도 있다.[8] 교육적인 삶의 보람, 각자에게 잠재된 상구와 하화의 열정은 충분하게 발산 혹은 증폭되었는가? 교육적 체험 자체에 흥미를 가지고 열광, 몰입, 몰아, 심취, 전념하면서 교육삼매에 빠진 부분을 살펴야 한다. 기어 다니던 어린이가 이제 걸음걸이를 하게 된 것과 단거리 선수가 신기록을 낸 것은 같은 정도의 행복을 제공한다.

교육적 가치의 질은 단지 양으로 환원시키기 어렵다. 양적인 방법 이외에도 다양한 질적 방법을 병용하여야 할 것이다. 교육의 잘잘못을 판정하는 객관적인 지표도 있겠지만, 교육적 체험 자체에 흥미를 가지고 열광하고, 몰입하고, 심취하고, 전념하느냐 하는 부분은 어느 경우나 교육적 주체의 공감을 얻어야 할 것이다. 여기에 관습적 교육관이 개재되어서는 안 될 것이다. 그 부분에 대한 조사가 설문에 의존한다면 그 설문안에 포함되는 용어의 선택과 그 해석상의 문제를 특별히 고려해야 할 것이다.

앞서 교육적인 삶에서 개인 혹은 집단, 혹은 생활공간에 따라 교육발전의 차이를 보일 것이라는 가정을 하였는데, 그 차이가 크게 메타교육(제13장)과 교육의 여건(제14장)에서 비롯한 것임을 예시하였다. 메타교육은 교육을 통한 교육적 체험의 향상을 꾀하는 과정이다. 이 과정을 거쳐서 교육의 내재율에 호응하는 인간과 그에 따른 활동이 이루어질 수 있게 된다. 교육이 교육을 통해서 재생산되는 부분에 대한 반성이 교육 자체의 평가의 범주 안에서 다루어져야 할 것이다.

---

8) 교육 자체와 그 내재적 가치의 실현과 관련하여 토끼와 거북이의 경주를 예로 들 수 있다. 이 이야기에서 유독 거북이의 근면함과 끈기를 높이 평가하는 것은 억지스러운 점이 있다. 근면하고 끈기 있는 토끼도 얼마든지 있을 수 있기 때문이다. 대신 경주에서 이기는 것보다는 그 과정의 성실성에 큰 의미를 두는 또 다른 가치의 존재를 인식시키는 것이 더 호소력을 가질 것이다. 그 가치란 바로 상구의 내재적 가치다. 상구의 내재적 가치는 마치 음식의 맛에 비유할 수 있다. 음식의 맛을 감식하는 것은 빠르거나 느리게 먹는 것과는 무관하다.

교육과 그 환경에 대한 평가는 응당 이에 이어지는 주제다. 교육은 그 여타의 환경과 그 영향을 주고받는다. 적어도 두 가지 항목이 그 부분에 대한 평가에 포함되어야 한다. 하나는 교육과 그 환경 사이의 관계에 대한 사실적 증거이며, 다른 하나는 그 사실에 적용하는 가치기준이다. 이와 관련해서 교육여건의 평가와 교육의 기능에 대한 평가가 서로 대조된다. 교육의 여건에 대한 평가는 환경이 교육에 영향을 주는 사실에 주목하고 그에 교육발전의 가치를 부여한다. 이와 대조적으로 교육의 기능에 대한 평가는 교육이 환경에 영향을 주는 사실에 주목하고 이에 그 해당하는 환경에서 규정하는 가치를 부여한다.

먼저 고려할 것은 교육여건에 대한 평가다. 아무리 좋은 나무라도 토양이 좋지 않은 곳에서 자랄 수 없듯이, 좋지 않은 여건에서는 교육발전이 이루어지기 어렵다. 그럼에도 불구하고 교육이 실현될 여건을 고려하지 않고 단지 교육이 제대로 이루어지지 않은 것을 탓하는 사태가 허다하다. 여건을 제대로 제공하지 않으면서 개인의 교육하려는 성향 자체를 의문시하는 경향도 있다. 그 원인과 결과를 제대로 평가하지 못한 불행한 사태일 것이다. 그 사태에서 교육을 탓할 것이 아니라 다음의 질문을 던질 필요가 있다. 교육여건에서 불충분한 부분은 없었는가? 여건이 좋았더라면 어떻게 되었을까?

교육여건에 이어 교육의 기능도 중요한 평가의 대상이다. 교육적인 삶은 어떤 결과를 가져올까? 이 질문에 대한 대답은 여건의 평가와 정확히 반대의 경로를 거쳐서 얻을 수 있다. 메타교육이 왕성하고 좋은 여건이 주어진다면 교육발전이 이루어질 것이다. 앞서 지적했듯이 교육적인 삶 자체가 일정 부분 보람과 의미를 부여하지만, 그로 인해서 여타의 삶에 좋은 일이 일어난다면 더더욱 좋은 일이 될 것이다. 교육적인 삶을 영위하는 것이 일상의 삶을 어렵게 하거나 부정적인 영향을 줄 수도 있다. 그 이유는 무엇인가? 기대하는 결과를 얻을 수 있는 교육외재의 선택지는 없는가?

그런데 이제까지 이런 질문에 대한 해답이 제대로 이루어진 경우를 찾기 어렵다. 결과위주의 교육관은 교육의 기능에 따른 문제를 논리적 순환론으로 쉽게 해결하기 때문이다. 교육의 실체를 미궁으로 두고 그 결과만을 강조하면서 과장된 선전으로 일반인들을 현혹시킨다. 이제 그런 기만에 종지부를 찍어야 한다. 교육의 기능을 말하려면 그 기능을 하는 교육이 무엇인지에 대한 해명이 선행되어야 한다. 교육은 만능이 아니다. 교육적인 삶이 그 자체의 능력으로 외부세계로부터 그 존재가치를 인정받고 지원을 받을 수 있는 증거를 제시할 수 있어야 할 것이다.

교육과 그 환경의 관계를 평가함에 있어서 적어도 두 가지 사실을 유념할 필요가 있어 보인다. 하나는 원인과 결과는 다면성을 지닌다는 점이다. 교육의 여건으로 작용하는 요인은 하나가 아니라 여럿이다. 그들이 하나의 생태적 조건으로 교육에 작용한다. 마찬가지로 교육의 기능은 어느 한 분야에 해당되지 않는다. 그 다면적인 효과를 고려해야 할 것이다. 다른 하나의 고려사항은 그 영향의 장기성이다. 여건의 개선이 당장 효과를 발휘하는 것은 아니다. 장기간의 시행에서 그 효과를 검증해야 한다. 교육은 "백년의 대계(百年之大計)"라는 말이 있다. 그 말을 믿는다면 교육의 기능에 대한 평가는 장기적인 효과에 주목해야 한다. 교육의 기능은 느리지만 확실하게 발휘된다. 단기적인 효과에 치중하는 연구는 그 점을 놓친다.

흔히 교육평가가 전문가의 소관이라는 생각을 갖는다. 그러나 이를 오로지 전문가에게만 맡길 일이 아니다. 사실 평가는 삶의 현장 곳곳에서 늘 진행되고 있고, 그것은 인간으로서의 고유한 특성이며 특권이다. 교육과 평가는 분리될 수 없다. 교육평가는 교육이 진행되는 과정에서 부단하게 이루어지는 것이 정상이다. 그 종료시점의 반성은 교육활동의 개선과 연결되어야 할 것이다.[9] 교육적 주체가 이제까지 무시해 왔던 그 반성을 회복시켜 주는 것만으로도 교육평가의 큰 몫을 할 것이다. 관습적 교육관에 젖어있는 사람들은 교육은 학교 안에서 일어난다는 선입견

9) 바둑동호인들이 한 판의 바둑을 두고 난 다음에 복기하는 장면을 연상하면 좋을 것 같다.

때문에 여타의 생활공간에서 실제로 교육적인 삶을 훌륭하게 유지하고 있음에도 불구하고 자신을 저평가하는 경향이 있다.

논자는 제11장에서 교육평가를 교육활동의 일부로 제시한 바 있다. 사면에 거울을 달아두고 자신의 교육적인 삶이 어떻게 이루어지고 있는지를 성찰한다. 하루, 한 주, 한 달, 한 해, 정기적으로 교육적 교섭을 되돌아보고 미진했거나 오해될 수 있는 부분을 정리한다. 교육을 교육답게 실현시켰는가? 교육적 관계라는 인연을 소중하게 느꼈는가? 교육적 관계와 교육활동에서 자발적인 몰입과 정서적 만족 등을 느낄 수 있었는가? 교육에 여념이 없는 상태가 교육의 내재적 가치를 실현하고 있다는 확실한 징후의 하나다. 그 가치에 근거한 교육은 하면 할수록 더욱 하고 싶어진다. 불만스러운 점이 있는 경우, 자신이 가진 교육의 품위를 의심할 수 있다. 교육할 수 있는 역량을 갖추려고 노력했는가? 이에 대한 미진한 해답이 메타교육과 연결될 수 있다.

교육의 품위는 갖추었지만 여건에서 문제가 있을 수 있다. 교육적인 삶은 결코 쉽지 않다. 제대로 할 수 있고 하려고 하지만 여건이 불비해서 교육이 제대로 되고 있지 않은 사태를 흔히 본다. 이를 두고 사람들이 교육의 잘못으로 돌리거나 서로 노력해서 개선할 수 있는 부분마저도 그냥 여건 쪽에 전가시키는 것이 문제다. 교육적 주체는 자신의 통제의 범위 안에서 주변의 여건을 개선할 여지가 없는지를 점검해야 할 것이다. 교육여건의 조성이라는 특별한 활동이 이 부분에 해당한다.

다음에, 교육적 주체는 자신의 교육적인 삶이 여타의 삶에 주는 영향을 주시할 필요가 있다. 교육적 관계 혹은 교육활동으로 인해서 어떤 좋은 일 혹은 나쁜 일이 생겼는가? 교육의 효과는 "what if"의 방식으로 추정할 수 있을 것이다. 교육활동을 제대로 했더라면, 혹은 그 활동을 제대로 하지 못했거나 배제되었더라면, 어떤 이익과 손실이 있었을까를 따져보는 것이다. 그 가운데 이익이 앞선다는 판단에 이른 사람은 교육활동을 더욱 활기차게 지속할 것이다.

교육의 가치를 올바로 평가하고 감식해야 할 당사자는 개개의 주체이다. 그 평가가 항상 타당하고 정당한 것은 아니다. 개인의 교육에 대한 평가는 그의 교육품위에 토대를 두고 있기 때문에 수준에 따라 차이가 있을 것이다. 장님이나 색맹인 사람은 온전한 눈을 가진 사람이 구별할 수 있는 색깔을 구별할 수 없다. 교육이 무엇인지에 대해서 부적절한 개념을 지니고 있거나 혹은 교육 자체에 대한 절실한 체험이 없는 사람이 교육을 평가하는 경우도 마찬가지이다. 따라서 그 평가수준을 문제시할 수 있다.

교육은 원래부터 완벽과는 거리를 두는 세계다. 교육적 주체의 평가에서 그 엄밀성을 요구할 필요는 없다. 그 결함을 따져서 더 나은 실천으로 지향할 여지가 있다. 두 가지 경우를 예상해 볼 수 있다. 첫째, 교육을 제대로 경험해 보지 않았기 때문에 교육을 값있게 보지 않고 경멸과 두려움의 대상으로 볼 수 있다. 둘째, 교육 이외의 세계 안에 있기 때문에 교육을 그 다른 세계의 관점에서 평가할 수도 있다. 이 문제는 교육의 품위를 소재로 한 메타교육을 통해서 해결될 수 있을 것이다.

위에서 교육평가가 교육적 주체의 몫이라는 점을 애써 지적했는데, 이는 결코 전문가의 필요성을 부인하는 것은 아니다. 모든 분야가 그러하듯이 교육평가도 전문가의 역할이 중요하다. 전문가 한 명의 냉정한 판단이 백 명의 협의보다 현명할 수 있다. 이 부분에서 이전과는 전혀 다른 새로운 의미의 전문가가 출현해야 한다. 그들이 다루어야 할 평가의 대상과 적용하는 가치기준은 앞에서 교육적 주체가 다루어야 할 영역들과 다르지 않다. 교육 자체, 교육의 여건, 그리고 교육의 기능이라는 세 가지 국면을 전문적인 입장에서 재론해 보기로 한다.

정치, 경제, 사회, 문화 등 제반 영역은 그들 나름의 지표를 가지고 우리들의 삶의 질을 평가함으로써 일반 사람들의 관심을 그 독자성으로 인도하는 역할을 하여 왔다. 교육발전은 그 질을 평가하는 별개의 범주이다. 교육평가전문가는 먼저 교육발전에 대한 자료를 수집해야 한다. 그 주된 관심은 생활세계의 구석구석에서 얼마의 사람이 얼마의 수준에서 얼마나 충실하게 교육적인 삶을 향유하느냐를 점검하는 것이다. 그

질과 양의 정도는 교육 이외의 삶의 분야, 즉 정치, 경제, 사회, 문화, 종교적인 발전과 대비해서 평가될 수 있다. 교육은 제대로 되고 있는데 정치가 잘못되고 있다거나, 혹은 정치는 잘되고 있는데 교육이 잘못되고 있다는 식의 비교평가가 기대된다.

분과학문 사이의 개념적 차이와 구획이 그들 간이 교류를 증대시킨다. 교육평가의 전문가가 밝혀야 할 다음의 항목은 교육과 그 여타의 분야의 관계이다. 논자는 제14장에서 교육을 삶의 중심에 두고 여타의 삶을 그 환경으로 규정하는 방식을 취했다. 교육과 수도계, 정치, 법률, 경제, 사회, 문화, 종교의 일반적 관계를 논의하고, 이어지는 제15장과 제16장에서 가정, 직장, 가상공간, 학교라는 특정한 생활공간의 교육의 여건과 기능을 추론한 바 있다. 추론은 어디까지나 추정이다. 경험적 속성이란 미묘해서 선험적 독단에 의존해서는 안 된다. 엄격한 경험적 검증이 필요하다. 그 증거가 불충분함을 검증할 용의가 있는 차후의 연구자를 위해서 논자는 최소한 요구되는 그 검증과정을 간략히 제시해보겠다.

첫째, 연구와 관련된 변인을 구체적으로 선택한다. 변인은 크게 내재변인(intrinsic variables)과 외재변인(extrinsic variables)으로 나눈다. 교육의 입장에서는 그 환경이 외재이며, 반대로 그 환경의 입장에서는 교육이 외재에 속한다. 교육평가에서는 전자의 입장을 취하게 될 것이다.

둘째, 변인들 사이의 관계에 대한 가설을 설정한다. 그 원인에 해당하는 변인을 독립변인(independent variable)이라고 하고, 그 결과에 해당하는 변인을 종속변인(dependent variable)이라고 한다. 교육의 여건에 대한 가설에서는 교육의 내재변인이 종속에 속하고, 그 기능에 대한 가설에서는 교육의 외재변인이 종속에 속한다. 앞서 지적했듯이 하나의 원인은 여러 결과를 가져온다. 그 다차원성과 그들 사이의 상호작용의 가능성을 고려하는 것이 바람직할 것이다.

셋째, 그 가정을 검증하는 절차의 하나로 연구할 대상을 표집(sampling)한다. 표집대상은 교육적인 삶과 여타의 삶이 적당하게 섞인 양태이다. 일상적인 삶의 현장은 어떤 특정한 분야가 독점할 수 없을 만큼 다원적이다. 그 어느 분야도 고립무원의 독립된 상태로 존속할 수 없다. 그 안에서 여러 분야가 서로 상호작용을 하면서 끊임없이 변전한다.

넷째, 그 가설을 검증할 수 있는 실험설계를 한다. 독립변인을 조작하고, 종속변인을 측정한다. 연구하고자 하는 변인을 체계적으로 통제하고 여타의 변인들의 작용은 우연의 것으로 치부한다. 흔히 효과를 연구할 때 단기적인 것들을 따진다. 그러나 교육의 효과는 늦게 나타난다. 이런 경험주의적 실험설계의 근시안적인 폐습을 버려야 할 것이다.

다섯째, 실험설계에 따른 증거를 수집한다. 그 증거는 어느 경우나 확률적인 것이다. 가설의 타당성은 얻어진 자료의 변량(variance)의 비율을 따져 판단된다. 현실은 어느 경우나 그 정도의 차이가 있을 뿐이다. 조작된 독립변인에 따른 종속변인의 변량이 우연 이상으로 판단될 때 가설이 긍정된다.

여섯째, 얻어진 사실에 대한 가치판단을 내린다. 적용할 판단기준은 여건과 기능에서 달라진다. 교육의 여건에서는 교육발전이 그 기준이 되며, 교육의 기능에서는 해당하는 외재적 가치가 그 기준이 될 것이다. 이에 따라 긍정적이거나 부정적인 것으로 판명될 것이다. 평가의 결과는 공개되고, 기록으로 점차 누적되어야 하며, 단지 기록으로 남기는 것이 아니라 현재는 물론 미래의 세대에 이르기까지 교육적인 삶의 지혜로 작용하여야 한다.

이제까지 언급된 교육본위의 평가는 불행히도 이론적 개념으로 존재할 뿐 아직까지 이루어지거나 정착된 것은 아니다. 무지와 불모의 현장이 연구자가 선호하는 대상이다. 새로운 영역을 개척하려는 학도들에게 새로운 교육평가가 유망한 연구 분야로 부상할 가능성이 많다. 논자는 대학의 새로운 교육학과, 새로운 교육연구소, 그리고 논자가 제안한 지역별 교육진흥센터가 이 분야를 개척해 나갈 것을 기대한다. 실제의 면에서도 올바른 교육평가의 필요성은 어느 때보다 절실하다.

17.3 새로운 교육평론

평론이란 특정한 대상에게 올바른 가치를 부여하는 글이다. 예술가의 생각이나 느낌을 형상화한 예술작품에 별도의 말을 추가할 필요는 없다. 예술평론가는 여기에 그의 고차원적인 감상시각을 글로 표현해서 예술가의 작품이 가진 본질을 더욱 뚜렷하게 부각시킨다.[10] 평론의 생명은 그 대상에 대한 참신한 해석과 평가다. 일반 대중으로 하여금 통상적인 것을 익숙하지 않게 보게 한다든지 혹은 낯선 것을 익숙한 것으로 보게 하는 것이 평론의 묘미다.

대중은 누구나 일상에서 교육적인 삶을 영위하고 널리 체험하지만 그것을 제대로 인식하지 못하고 간과한다. 교육평론은 그 삶에 새로운 의미를 부여하여 재인식시키고 그 가치를 드높인다. 교육학의 재건에 따라 탄생한 새로운 분야이다. 교육평론가는 실속 없는 "교육"이라는 용어의 남용으로 은폐된 교육의 사태를 글의 형식으로 분석하고 평가하고 찬양한다. 얼른 보기에 교육과 무관한 것을 교육의 맥락과 의미로 끌어들이는 그의 역량을 살려 멋진 삶을 드러낸다.

그 목적이나 작업에서 교육평론은 교육학과 서로 구분된다. 일상의 낡은 교육관이 교육에 주는 타격은 심각하다. 교육학은 낡은 상식의 틀을 벗어나 일반적 지식을 얻고자 한다. 그 창조 작업은 구체에서 추상의 과정을 거친다. 이와는 대조적으로 평론은 학문적 추상을 역행한다. 그 일반적인 이론을 밝히는 작업이 아니라 이미 밝혀진 이론을 구체적인 사태에 적용한다.

교육평론은 앞 절에서 살핀 교육평가의 연장선상에 있다. 교육평가 자체가 별도의 대변인을 필요로 하는 것은 아니다. 이에 비해서 평론은 언어를 매개로 그 나름의 다른 목적을 추구한다. 평론가는 언어의 형식

10) 평론가를 달리기를 가르치는 하반신 장애인에 비유하기도 한다.

과 묘미를 살려 구체적인 일상에서 전개되는 교육과 그 가치를 좀 더 예리하게 감식할 수 있도록 돕는 이야기를 만든다. 교육적 향기와 더불어 강렬한 메시지를 전한다.

대중매체를 통해서 교육의 문제나 그 개선을 주창하는 글로 넘쳐나고 있으나 빈궁한 풍요라고 할 만하다. 평론의 대상이 되어야 할 교육이 무엇인지에 대한 진지한 반성이나 담론이 빠져 있다. "잘못된 교육"을 지탄하는 글들을 접할 때, 잠시 생각해 보자. 그 "교육"이 진정 잘못된 것이라면, 개념상 그것은 이미 교육이 아니다. 결국 사이비교육관이 사이비교육을 탓하는 셈이다. 잘못은 교육보다는 평가하는 그 평론에 있어 보인다. 막상 개선되어야 할 것은 교육평론이다. 어떤 평론이 필요한가? 논자는 그 최소한의 조건으로 세 가지를 주문하고 싶다.

첫째, 시시비비를 가릴 교육현상에 대한 이해에 철두철미해야 한다. 누차 살펴왔듯이 학교체제의 등장과 더불어 교육현상은 일상의 생활공간에서 철저하게 왜곡되고 감퇴되어 왔다. 그 감식력 역시 각자가 경험한 학교생활에 고착되어 있다. 교육평론가는 그 고착된 관점을 벗겨내고 숨겨진 교육 고유의 면모를 똑바로 들여다볼 수 있어야 한다.

둘째, 대상에 부여하는 평가의 기준이 정밀해야 한다. 기준을 어디에 두느냐에 따라 잘되고 못된 것이 달라진다. 교육 자체를 떠난 기준이나 고려사항을 개입시켜 판단해서는 안 된다. 교육 외적인 요소는 교육의 여건으로서 특정한 교육의 양태를 설명하는 자료로서 활용될 수 있을 뿐이다. 여기서 교육의 내재적 가치와 외재적 가치의 구분이 뚜렷해야 한다.

셋째, 평론은 언어의 힘을 빌려 독자로 하여금 교육의 중요한 세부사항에 대한 새로운 의미를 감상할 수 있도록 도와야 한다. 예술비평가에게 훌륭한 예술작품의 생산을 기대할 수 없듯이 교육평론가로부터 훌륭한 교육적 역량을 기대할 필요는 없지만, 교육현상에 대한 올바른 관점과 언어의 구사에 능통해야 한다.

위의 세 가지 조건 가운데 첫째와 둘째는 이미 충분히 논의된 부분으로서 재론할 필요는 없어 보인다. 교육평론의 고유한 부분인 마지막 항목을 좀 더 살펴보기로 한다.

평론은 관점전환을 설득하려는 의도가 가미되어야 한다. 우선 교육을 기술하는 언어가 일상어의 수준을 넘어서야 한다. 일상어는 자체가 견고한 의미체제를 갖추고 있기 때문에 은폐된 교육을 표명하고 드러냄에 한계가 있다. 그런 이유에서 일상적 용어의 해체와 새로운 용어의 도입이 필요하다. 해체는 참칭된 것을 개칭하는 것이며, 재건은 바로 이론에 기초한 교육기술어의 도입에 해당한다. 교육현상의 미세한 부분까지 기술할 수 있는 용어를 새롭게 만들어가는 것도 평가자들의 몫이다.

가치언어는 사람들이 무가치하다고 생각하는 것 속에서 가치를 드러내고 소생시킬 수 있어야 한다. 그 밑바탕의 정서를 파악하고 분위기에 동참하면서 그것이 삶의 가장 보람찬 일부라는 것을 마음속에서 감동적으로 느낄 수 있는 표현형식을 갖춤으로써 독자의 흥미와 예민한 감성을 고취할 수 있어야 한다. 호의적인 감정을 유발하고 공감을 유도하는 말은 다양하다. 바람직하다, 좋다, 중요하다, 의미 있다, 쓸모 있다, 즐겁다, 행복하다, 보람을 느낀다, 존경스럽다, 우아하다, 멋지다, 좋은 느낌이다, … 등등. 이야기의 구체적인 맥락을 떠난 가치언어의 남용은 금지사항이다.

가치언어들은 그것이 구사되는 사태를 기술하는 맥락과 정황의 범주를 명백하게 하는 조건을 만족시킬 수 있어야 한다. 교육과 여타의 세계 사이의 경계가 분명하지 않거나 혼동하면 논점이 흐려진다. 그들 사이의 차이가 선명하게 드러날 수 있어야 한다. 교육적인 삶에는 대부분 고뇌와 환희가 교차한다. 갈등가능성의 묘사가 필요하다. 교육의 여건과 기능의 평가는 그 대상과 가치기준이 서로 대조된다. 이를 서로 가리기 위해서 쓸 수 있는 말로서, 다르다, 구분된다, 상반된다, 모순된다, 어울린다, 대비된다, … 등등을 적절하게 활용해야 할 것이다.

평론의 대상은 구체적인 사태다. 역사, 문헌, 인물, 자료, 작품, 프로그램, 사회운동, 지역사회서비스, 국가정책, 사건, 활동, 사물, 공간 등 그 대상은 동서고금에 널려 있다. 어느 것을 택하든 간에 복합성을 내포한다. 그 가운데 아직까지 숨겨져 충분하게 주목하지 못한 교육 고유의 면모와 사례를 분별하고, 조명하고, 안내하는 글을 쓸 수 있어야 한다. 그 대상의 선택은 평론가의 몫이지만, 익숙한 현상임에도 알고 보면 낯설게 느껴질 수 있는 대상이 이상적이다. 이를 상기시키는 방편으로, 논자는 그 구체적인 대상을 다음에 생각나는 대로 예시해 보겠다.

학교체제의 등장과 더불어 교육은 일상의 생활공간에서 철저하게 왜곡되고 감퇴되어 왔다. 장구한 세월에 걸쳐서 진행되어 왔고 지금도 학교 밖에서 진행되고 있는 무수한 교육의 사례들이 평론에 오를 수 있다. 갈등이 불가피한 관계로 묘사되는 시어머니와 며느리 사이에 이루어진 교류교육의 사례, 놀이터에서 아이들끼리 이루어지는 자발적인 교육적 교섭의 양태, 바쁜 농사철임에도 마을사람들이 공회당에 모여 야학하는 지역공동체의 사례, 기업체에서 노사 간에 교육적인 대화를 통해서 갈등을 해소한 사례, 인터넷을 통해서 이루어지는 숱한 교육적 활동의 양태, 사회적 계층이 다른 두 가정에서의 서로 다른 교육적 교섭의 양태, 한 사람이 여러 생활공간을 연계시켜 교육적 삶을 영위하는 사례 등은 교육에 대한 일반인의 시선과 관심을 학교 이외의 생활공간에까지 확장시키는 데 도움을 줄 것이다.

교육적인 인간의 경우도 평론의 대상이다. 참으로 세상을 변화시키고, 이 세계를 아름답게 가꾸어 놓는 것은 권력이나 부나 인기를 누리는 사람들이 아니라 자신과 타인을 깨우쳐 주는 교육적 인간이라는 것을 일깨운다. 교육을 교육답게 하는 데 모범적인 족적을 남긴 인물의 이야기, 자신의 이익을 돌보지 않고 아무런 보상도 바라지 않은 채 교육을 위해 일하는 고결한 인물의 이야기, 가난 때문에 학교를 제대로 다니지 못했지만 자기 분야에서 끊임없이 기술을 연마해서 장인의 위치에 이른 어느 자수성가한 직능인의 이야기 등이 뭇사람들에게 칭송되어야 할 교육적인 인물들이다.

교육적인 활동의 경우도 평론의 대상이다. 누구나 선진과 후진으로 살아간다. 그럼에도 불구하고 교육적 관계맺음에 인색하다. 역사적으로 교육요청(청상구와 청하화)이 이루어진 사례에 관한 이야기, 그렇게 성립된 교육적 관계나 교섭이 별개의 이유로 중단되거나 파기된 이야기, 정상적인 교육적 교섭의 결과로 그 반전이 이루어진 이야기가 흥미의 대상이 될 것이다. 서두르거나 속도를 숭배하지 않고 꾸준하게 진행되어야 한다는 교육적 시숙의 과정을 밝힌 이야기 등은 교육활동은 나무를 심고 가꾸는 것처럼 끈질긴 경과와 노력이 필요하다는 것을 일깨워줄 것이다.

동서고금에는 고전이라고 할 만한 문헌이 많다. 교육의 역사는 인간의 역사만큼 길다. 그 가운데 아직까지 충분히 드러나지 않고 묻혀 있는 문헌들을 발굴하여 재조명하는 평론도 필요하다. 그 외에도, 자서전, 소설, 영화 등에서 교육적인 흔적과 요소를 뽑아내서 재해석하는 작업도 교육평론가가 할 일이다. 교육적인 삶으로 이제까지 칭송되어 왔지만, 기실 특정한 정파의 이데올로기를 주입하거나 고압제의 역사에 불과한 사실들도 노출시킬 수 있어야 한다.

어떤 평자는 이와 관련해서 정부의 "교육부"나 "교육정책"이라는 용어를 해체할 필요성을 느낄 것이다. "교육부"라는 진정 교육을 돕는 국가기구인가? 정책입안자들과 그것을 집행하는 사람들의 교육관은 무엇인가? "교육혁신"을 내세우는데 교육은 혁신의 대상이 될 수 있는 성질의 것인가? 그 이면의 가정, 허위의식, 과장과 선전, 의도되지 않은 부작용은 어떤 것인가? 이들은 어떤 이유로 오로지 학교체제를 옹호하거나 미화하는 편에 서는가? 이에 대한 답을 추궁하는 과정에서 많은 부분 교육을 왜곡하고 은폐하는 실상이 밝혀질 수 있을 것이다.

교육과 관련해서 학교는 과대하게 포장된 공간이다. 학교체제에 내포된 비교육적 사태의 실상이 무엇인지를 살필 필요가 있다. 그 안의 교육외재와 교육내재를 구분하고, 전자를 후자로 치장해서 교육을 왜곡시키거나, 외재의 잘못을 내재의 잘못으로 치부하거나, 그럼으로써 정작 내재를 은폐하는 부분 등을 비판할 수 있다. 학교의 일제수업에서 교육의 내재적 열정을 억압하고 외재적 보상에 의존하는 아이러니컬한 사태를 조명할 수도 있겠다. 학교∩교육을 실현하려고 할 때 교사들이 당면하는 애로사항을 자세히 분석할 수도 있다. 노력하지만 좌절할 수밖에 없는 여건 혹은 그럼에도 불구하고 시련을 딛고 열정을 쏟아 성공한 사례도 있을 것이다.

무엇이 좋은 교육평론인가? 이 질문은 본 절의 서두에 밝힌 평론의 목적과 결부되어 있다. 그 목적은 독자가 일상에서 널리 체험하지만 간과한 사태에 글로 새로운 의미를 부여하는 데 있다. 평론은 습관에 익숙한 독자에게 얼른 보기에 교육과 무관한 것을 교육의 맥락과 의미로 끌어들이는 한편, 이로부터 새로운 눈으로 놀라움과 감명을 느낄 수 있게 해야 한다. 독자가 호기심에서 시작해서 느낌표로 받아들인다면, 그 평론은 성공작이다. 그런 평론을 묶어서 단행본으로 출간한다면, 현재의 대중들과 미래를 살아갈 젊은이들의 교육적인 삶을 향도하는 좋은 지침이 될 것이다.

위에서 교육평론가의 자질이나 그들에게 기대되는 부분을 약술했지만, 평론을 오직 전문가의 독점물로만 보아서는 안 될 것이다. 넓은 의미로, 말이나 글로 교육에 대한 평을 한다면 어느 것이나 교육평론이라고 보면, 그 타당성이나 전문성에 구애될 필요 없이 누구라도 자신의 관점과 평가를 말이나 글로 표명할 수 있어야 한다. 사실과 가치는 숨길 것이 아니라 자연스럽게 드러나는 것이 좋다. 교육평론의 활성화란 바로 그런 사태를 예상한 것이다. 그러나 어느 평론이나 정당화될 수는 없기 때문에 그 우열이 판가름되어야 하는 것은 당연하다.

당연히 평론 자체의 평가도 권장되어야 할 항목이다. 절대적으로 옳다거나 공평한 평가는 허구이다. 단지 그 수준의 상대적인 차이가 있을 뿐이다. 요청을 받는다면, 누구나 자신의 경험을 토대로 교육에 관한 한편의 이야기를 꾸밀 수 있을 것이다. 그 세부적인 것을 검토하여 주시하고 서로 교육적인 대화를 나누거나, 혹은 이를 소재로 삼아 교육적 교섭을 한다면 그 평론의 수준을 올릴 뿐만 아니라 그 타당성과 우열의 검증이라는 소득을 줄 것이다. 이 과정은 메타교육의 일환으로 해석될 여지도 있다. 쓸데없는 비평은 줄어들고 점차 쓸모 있는 것으로 대치되는 교육적 교섭의 과정을 거친다면 그 자체를 교육의 승리로 평가하여야 할 것이다.

17.4 품위의 평가

품위는 교육과 가장 불가분의 관계를 가지고 있음에도 불구하고, 이제까지 이론적으로 간과해 온 가장 인간다운 속성이다. 교육학의 재건과 더불어 그 의미가 비로소 탄생하게 되었다. 품위 자체의 속성에 관해서는 제8장에서 비교적 자세하게 다루어진 바 있다. 이어서 본 절은 그 평가의 문제를 다음의 순서대로 살피게 될 것이다. 품위를 평가하는 데 봉착하는 난점은 무엇인가? 본위의 선택에 따라 그 평가의 기준은 어떻게 달라지는가? 교육본위의 평가는 어떻게 이루어지는가? 교육에서 그 평가의 난점을 어떻게 해결하는가?

품위의 특수성에서 비롯하는 여러 가지 평가의 난점이 그 중요성에도 불구하고 이론적인 주목을 받지 못한 주된 이유의 하나이다. 그 때문에 다른 대체방법이 흔히 쓰이지만 그 본질과는 다른 오해와 착각을 범하는 경우가 많아 보인다. 도대체 어떤 난점들이 도사리고 있는가?

첫째, 품위는 해당하는 수도계의 체험구조이기 때문에 그 요소들은 독립된 것이 아니라 서로 얽혀 있다. 그 요소들의 전체적인 유형의 조화와 부조화 혹은 일치와 불일치에 주목해야 하는 데 흔히 그 총체 가운데 일면 혹은 단편적인 것만을 보고 품위를 평가하는 오류를 범한다. 품위의 개선이 이루어지면 이전의 것과 달라진다. 그 요소들이 중간에서 아직 제대로 정렬되지 않은 경우, 이것도 아니고 저것도 아닌 품위의 엉킴 현상이 생긴다. 이로써 이전의 단계보다 더 낮은 수행이 나타날 수 있는데, 그것을 품위의 후퇴로 진단하면 착각이다.

둘째, 품위에는 무게와 광채가 있다. 품위는 기호와 상징, 글, 몸짓, 용모, 소리, 행적, 생활방식 등 여러 형식으로 표현될 수는 있지만, 그 표현이 품위를 대신할 수 있는 것은 아니다. 어떤 방식으로든 품위와 그 표현형식 사이의 관계는 우연적인 것으로서 일대일의 상응관계를 갖지 않는다. 자신의 품위를 직접 나타내기보다는 상대의 상태를 고려한 방편적 표현도 있다. 품위의 표현만을 위장하는 경우도 있다. 그런데 내면의 무게보다는 표현의 광채에 매료되어 그 광채로 무게를 판단하는 오류를 흔히 범한다.

셋째, 별다른 필요성이 없는 한 품위는 밖으로 나타나지 않는다. 소프라노 가수가 늘 노래를 부르는 것은 아니다. 수영선수가 늘 물속에 있는 것도 아니다. 올바른 조건과 필요와 호응할 때에만 노래를 부르고 수영을 한다. 옛 선비들은 자신에게 화를 가져오리라 예상하여 당대의 정세와 어긋날 때 침묵했다. 다만 그 품위가 자신은 물론 이웃에게 도움이 될 때 드러내고, 드러내는 것이 불리하면 은폐한다.[11] 이 경우, 그것을 품위의 부재로 잘못 판단(false negative)하기 쉽다.

넷째의 난점은 품위와 그 양태의 혼동이다. 자연인 안에서 품위 이외의 전체의 인격과 환경의 변수가 작용한다. 그들과의 연관관계에서 품위가 다양한 양태를 띤다. 도덕적인 사람은 어떠한 사악한 상황에서도 도덕성을 지킬 수 있는 사람이어야 한다.[12] 그런데 어떤 사람은 부도덕할 수 있는 상황에 봉착하지 않았기 때문에 우연히 도덕적인 행동을 보일 수 있다. 이처럼 부정부패의 유혹을 전혀 받지 않은 사람의 정직함은 정직하다는 판단을 내리기는 아직 이르다. 어떤 장사치는 거래를 성실하게 하지 않으면 후일 지장이 생기고 이윤의 길이 막힐 염려가 있기 때문에 별수 없이 부정한 짓을 하지 않는다. 품위는 그 양태에서 이런 제반

11) 단순히 어리석은 것과 현명하면서 어리석은 척하는 것은 다르다.

12) 거짓말하지 않는 사람을 결백하다고 평가하지만 거짓말을 하지 않을 수 없는 상황에서도 정직한 사람이 더욱 결백하고, 편법을 모르는 사람을 원칙에 충실하다고 평가하지만 편법을 알면서도 쓰지 않는 사람이 더욱 강직하다. 권력, 이익, 사치, 화려함을 멀리하면 깨끗하다고 하지만 가까이하면서 물들지 않으면 더욱 깨끗하다고 할 수 있다.

조건들을 제거할 때에 비로소 올바르게 추정할 수 있지만, 실제로 그것 자체만을 분리해 내기는 쉽지 않다.

다섯째로 각자는 자신의 현품을 토대로 품위를 평가한다. 그 평가도 어떤 외부의 객관적인 기준에 비추어 판별되는 것이 아니라 그것의 소유에 의해서 입증된다. 개인은 각기 다른 품위를 현품으로 지니고 있기 때문에 같은 사태에 대한 평가가 다르다. 절대적인 품위란 존재할 수 없기 때문에 품위에 대한 평가는 항상 비교의 문제다.[13] 단지 더 높거나 더 낮은 것으로 평가될 수 있을 뿐이기 때문에 사태를 좀 더 구체화하려면 갑과 을의 기술, 그리고 갑과 을의 평가를 각각 구분해야 한다. 그런데 각자는 자기의 입장에서 품위를 평가하면서 그것이 모종의 객관성을 가진 것으로 착각하기 쉽다.[14]

위에서 품위를 평가함에 있어서 그 특수성에서 비롯하는 난점을 다섯 가지로 분류해서 살폈는데, 이 대목에서 잠깐 품위의 평가가 이제까지 학교중심의 "교육평가"에서 그 대상으로 삼은 행동(behavior)의 평가와 어떻게 다른지에 대해서 살펴보는 것이 좋을 듯하다. 이들 사이에 그 대상과 그것을 평가하는 기준에서 너무도 큰 간격이 있다. 행동은 심리학이 철학으로부터 독립할 때 도입한 개념으로 자연의 일부로서 철저히 과학적으로 관찰과 측정에 의해 예측 가능한 것에 국한된다. 그런 연구는 그 자체로서 나무랄 수 없지만, 단순히 과학의 논리를 품위를 평가하는 데 적용하는 것은 큰 범주착오다. 논자가 앞서 행동을 근거로 삼는 "교육평가"를 감히 사이비교육평가라고 질타했던 심각한 비판의 근거이기도 하다.

행동은 외부적 자극에 대한 특정한 외면의 반응이다. 그 반응에 대한 객관적인 측정에 의존하는 평가는 품위의 본질적인 부분을 훼손한다.

---

13) 이 품위는 옳은가 혹은 그른가? 이런 질문은 비현실적이다. 진리와 허위, 선함과 악함, 아름다움과 추함은 각각 가치의 양극을 나타내는 개념이지만, 어느 행위나 사태든 간에 그 위계의 중간에 속한다. 따라서 품위는 절대적인 기준이 적용될 수 없다. 어떤 품위는 다른 품위에 비해서 오류가 많다거나 혹은 적다는 상대적인 평가만 가능하다.

14) 공평함을 내세우는 대부분의 "객관적 평가"는 그런 오류를 숨기고 있다.

품위는 수련된 창조적 산물이다. 인과적 모형으로 예측할 수 없는 새롭고 불확실하고 정형화할 수 없는 품위가 많다. 객관적인 관찰과 검증의 한계를 벗어난다. 아무리 훌륭한 품위가 존재한다고 하더라도 그것을 소지하지 않은 당사자에게 체험되지 않는 한 짐작할 도리가 없다. 알지 못한 대상의 평가를 아무에게나 관용하면, 혼란만 자초한다. 품위를 평가함에 있어서도 행동과는 달리 가치중립이 성립하기 어렵다. 그것의 존재와 가치기준은 내장되어 있으며, 그 취사선택에서 그 내재적 가치에 의존한다.

그런 특성 때문에 품위의 존재와 가치의 판단에서 책임을 질 수 있는 자질을 요구한다. 심리학자들이 헤아릴 수 있는 품위는 심리학적 지식에 국한된다고 보아야 한다. 그 지식으로 사회학적 지식을 평가하는 것조차도 허용될 수 없다는 것은 말할 필요조차 없다. 이런 논증은 어떤 종류의 인간성이든 심리학자가 감식하고 평가할 수 있다는 저간의 우월적 지위에 대한 주장이 과장된 것임을 드러난다. 특히 학교∩교육의 평가에 그런 논리가 더 이상 침투하지 못하도록 경계할 필요성이 있어 보인다.

본 장의 주제는 교육본위의 평가다. 이제 교육본위로 품위를 평가하는 방식을 살펴보자. 그 주제의 특징을 살리기 위해서는 먼저 여타를 본위로 할 때와 다름을 논의해야 한다. 이와 관련해서 세속본위의 품위의 평가, 그리고 수도계본위의 품위의 평가를 간단히 구분하고, 그것과 구분되는 교육본위의 평가에 대한 논의에 진입하는 순서를 택할 것이다. 그 주된 범주는 무엇인가? 각각의 범주에서 앞서 논의한 평가의 난점은 어떻게 해결될 수 있는가? 이에 대한 해답을 얻는 것으로 본 장의 논의를 마무리하기로 한다.

대개 어떤 대상에나 적용할 수 있는 일정한 가치기준이 있을 것이라고 생각하기 쉬운데, 이는 큰 착각이다. 똑같은 것도 보는 각도와 기준의 선택에 따라 평가가 크게 달라진다. 품위의 경우에도 그 옳고-그름, 바람직함-바람직하지 않음, 맞음-틀림 등을 평가하는 공인된 기준이 있는 것이 아니라 본위에 따라 그 평가기준이 뒤바뀐다. 세속계, 수도계, 그리고 교육계의 본위선택에 따라 한편에서 높은 평가를 받을 수 있는 품위가 다른 편에서 보면 보잘것없는 것이 된다. 이처럼 세계마다 품위를 평가하는 기준이 다르기 때문에 그 사이에 갈등가능성마저 존재한다.

먼저 세속계를 본위로 품위를 평가한다면 어떻게 될까? 여기에도 정치, 경제, 사회라는 서로 다른 하위영역들이 있기 때문에 일률적인 기준이 있는 것은 아니고, 그 각각의 평가에서 고유한 가치들이 적용되었다는 것은 역사적으로 분명한 사실이다. 그렇다면, 그 개별적인 가치기준에 비추어 소크라테스, 공자, 석가, 예수의 품위를 평가한다면 어떻게 될까? 그 결과는 각기 다를 것이다. 소크라테스의 품위는 당대의 젊은이들을 오염시키는 장애물로 평가되었다. 공자와 석가의 품위에 경제적 가치를 부여한다면 시장의 물건 값과 비교될 것이다. 예수는 집정자들에게 당대의 사회를 혼란시킨 주범으로 지목되었다.

세속계의 외부적 조건에 대한 적응으로부터 권력, 부, 명예라는 보상이 주어진다. 그 판단의 단서는 주로 내면보다는 외양에 둔다. 품위와 그 표현은 일치하는 것이 아니지만 그 양태의 모방이 똑같은 평가를 받기 때문에 굳이 어렵게 품위를 증득할 필요는 없다. 품위를 갖추고 있지 않지만 모방, 표절, 인상관리, 은폐, 위장, 기만, 연극 등 그 외양만 갖추어 똑같은 효과를 얻을 수 있다.[15] 품위가 부족한 사람은 자신의 품위가 낮은 것을 알면서도 남에게는 품위가 높은 것처럼 흉내를 내는 적응방식을 쓴다.[16] 단지 겉만 달라졌는데 남들은 내면도 달라졌을 것으로 착각(false positive)한다.[17] 품위와 행동의 평가 사이의 경합이 이루어진다면, 평가를 받는 편에서 내면과 외면을 구분하지 않는 행동의 평가가 유

15) 덕이 있는 사람은 말도 훌륭하지만 훌륭한 말을 한다고 해서 덕이 있는 것은 아니다.

16) 이런 자기기만을 무자기(毋自欺)라고 한다. 이를 인상관리라는 좋은 말로 합리화하기도 한다. 구이지학도 이 범주에 속한다. 이는 기만이기보다는 세속의 적응을 위한 효과적인 수단으로 보아야 할지도 모른다.

17) 실력 있는 친구와 말만 번드레한 친구, 정직한 사람과 악인이 똑같은 옷을 입고 있을 수 있다. 우리는 남이 겉으로 달라진 것을 마음속도 달라진 것으로 착각한다.

리할 것이다.

수도계를 본위로 품위를 평가하는 경우는 앞서의 세속의 경우와 판이해진다. 품위는 세속의 경우처럼 수단이 아니라 그 자체로서 추구되어야 할 목적의 위치에 서기 때문에 겉만 모방하거나 흉내를 내는 것은 자가당착이다. 여기에도 학문과 예술과 도덕, 기타 수많은 하위영역들은 서로 다른 기준을 적용한다. 학문은 진리의 기준을 적용하고 예술은 미의 기준을 적용해야만 그 각각의 세계들의 품위가 제빛을 발휘한다. 그런데 가령, 소크라테스의 품위를 예술의 가치에 의해서 평가한다면 어떻게 될까? 그가 추남의 대명사인 점을 고려한다면, 그 범주착오를 실감할 수 있을 것이다.[18)]

그 종류상의 차이에도 불구하고 그 모든 수도계영역의 평가에서 공통된 점이 있다. 그것은 수준에서 바로 한 단계의 높은 품위가 그 이하의 품위 전체를 제압한다는 사실이다. 품위의 발생적 과정에서 이후의 품위가 이전의 품위를 극복해 나가기 때문에 그 가치의 우선권을 전자에게 부여한다. 최상의 품위가 왕좌를 차지한다. 올림픽 경기의 순위를 결정함에 있어서 하나의 금메달이 열 개의 은메달보다 높게 평가받는 것은 그 전형적인 방식이다. 극단의 경우, 최상의 품위를 기준으로 그 이하의 품위를 오류로 규정하는 방식을 택하기도 한다. 그러나 이런 이분법은 그 수준에 이르기까지의 무수한 계열성을 무시하기 때문에 수도계의 입장에서도 온당하다고 말할 수는 없다.

이제부터 교육본위에서 이루어지는 품위의 평가에 눈을 돌려보자. 세속이나 수도의 경우와 그 대상이나 기준이 사뭇 달라진다. 첫째, 교육소재로서의 평가(여건평가), 둘째, 교육에 부수하는 결과의 하나로서의 평가(기능평가), 셋째, 선진과 후진의 판별이라는 세 가지의 평가를 따로 고려해야 한다. 교육을 진행할 때 이 모든 과제를 특별한 전문가에 맡길 수는 없다. 어떻든 교육적 주체가 감당해야 할 과제이다. 특별히 주목할

18) 이와 관련해서 학교 커리큘럼 운영에서 학문화의 위험성을 지적한 것을 상기할 필요가 있다.

점은 교육적 주체가 앞서 지적한 품위평가의 제반 난점을 어떻게 극복하느냐 하는 것이다.

첫째, 품위는 교육에서 중요한 수단의 하나다. 교육은 수도계의 품위 사이에 동일하게 반복해서 진행되는 자율적인 과정이다. 교육의 수레바퀴는 품위의 종류나 수준의 차별이 없이 돌아가기 때문에 모든 품위는 적어도 이론상 소재로서의 동일한 가치를 갖는다. 여기서 동일성은 모든 개인에게 일률적인 교육의 소재가 있다는 것을 의미하는 것이 결코 아니다. 소재는 고정되어 있지 않다. 소재는 개인에 따라 다르며, 한 개인의 경우도 그 진전에 따라 끊임없이 변한다. 그 가운데 교육을 진행함에 있어서 교육적 주체가 교육의 내재성을 가장 극대화시키는 것을 선택해 나가야 한다. 그 때문에 논자는 이를 교육활동의 일부로 포함시켰다.

소재로서 품위의 종류와 수준을 선택할 때 유의할 점은 무엇인가? 먼저 그 종류는 자아실현이라는 해답을 내리는 것으로 충분해 보인다. 그렇게 본다면 이를 소수로 제한할 필요가 없으며, 가급적 폭넓게 시험하면서 탐색하고 검증해 나갈 일이다. 소재선택에서 정작 일반적으로 고려해야 할 대상은 품위의 수준이다. 진리와 허위, 선함과 악함, 아름다움과 추함은 각각 가치의 양극을 나타내는 개념이지만 어느 행위나 사태든 간에 그 위계의 중간에 속하기 때문에 그 수준의 절대성을 인정할 수 없다. 교육적 교섭은 단지 선진과 후진의 상대성의 기초 위에 후자의 품위가 전자의 것으로 점차적인 단계를 거쳐서 접근해 나가는 방식으로 진행된다.

교육의 수레바퀴는 어느 품위의 수준에서나 돌아간다. 교육은 품위의 결과보다는 그 과정을 중시한다. 교육이 시작되는 지점에 부응하는 것이 순차와 하강의 내재율이다. 이처럼 교육소재는 그 주체가 위치한 품위에 알맞고 적절한 것이냐의 여부에 의해서 평가되기 때문에 낮은 수준의 품위가 높은 수준의 품위보다 더 많은 교육적인 가치를 지닐 가능성도 상존한다. 정상의 품위는 낮은 단계의 교육적 주체의 교육에서는 거의 쓸모가 없기 때문에 매우 높은 품위의 소지자가 하화교육에 실패하는 것은 흔한 일이다. 그렇다면 그 알맞은 소재의 수준을 평가하는 원칙은 무엇인가?

이를 교육활동으로 따지면, 환경차별, 접경대면, 표적조절, 교육열유발이 여기에 해당한다. 교육이 진행하는 과정에서 품위의 차이를 조율한다. 너무 높은 수준의 과제수행에서는 좌절한다. 반대로, 너무 낮은 수준의 것은 권태롭다. 시행착오를 거쳐서 그 중간의 알쏭달쏭한 수행과제, 흥미를 유발시키는 수행과제, 도전적인 수행과제, 노력하면 해결될 수 있는 수행과제가 무엇인지에 대해서 판단해야 한다. 눈살을 찌푸리거나 당혹한 표정은 도전하기에 너무 수준이 높은 미품이며, 반대로 지루한 표정을 짓거나 침묵한다면 이미 매력을 잃은 과품일 가능성이 많다. 미소, 고개를 끄덕거리는 수긍, 놀라는 눈빛, 특별한 흥미나 집중의 태도와 호응에 대한 판단에 따라 상호의 거래와 흥정이 이루어진다. 이 부분에서 반드시 전문적인 식견이 필요한 것은 아니다.

이런 과정을 거쳐서 교육은 수많은 결과에 도달할 것이다. 이제 그 결과의 하나로서 품위의 평가는 어떻게 이루어질 것인가? 여기서 흔히 객관적 절차에 대한 의존을 머리에 떠올리는데 그 방법의 한계는 앞서 이미 지적한 바 있다. 그 방법적 애로뿐이 아니다. 타인에 의한 품위의 판단은 그만큼 교육적 주체를 자신의 가치로부터 소외시킨다. 혹은 타인의 무수한 평가에 근거해서 자신을 평가한다면 세평의 노예가 될 것이다. 품위의 공증에 참여하는 교육적 주체는 진정한 의미의 가치지향에 대한 자발적인 판단과 스스로 책임을 질 수 있는 자질을 갖추어야 한다. 그 자질의 근거가 바로 증득(證得)이다. 이는 문자의 의미 그대로 품위의 존재와 그 가치를 그것을 소유함에 의해서 확인하고 검증하는 가장 자연스럽고 확실한 방법이다. 이처럼 증득에 의한 품위의 판별이 앞서 지적한 방법적 애로를 쉽게 넘어선다.

이 원리는 증득된 모든 품위의 평가를 정당화하는 것은 결코 아니다. 현품의 유사완전성이 개입하는 것을 경계해야 한다. 선진이든 후진이든 자신의 현품을 기준으로 상대를 평가한다면 고압제[19]와 저압제[20]의 현상이 일어날 소지가 있다. 선진은 이미 경험한 것을 토대로 후진을 평가하고, 후진은 선진의 품위를 헤아리기 어렵기 때문에 자신의 품위에 맞춰 받아들인다. 선진을 후진의 품위를 기준으로 판단하는 것은 옳지 않다. 인물이 인물을 안다는 말이 있다. 선진을 알려면 그 선진의 위치에 올라야 한다는 원칙에 따른다면, 그 공정성에서 저압제가 고압제보다 더 부당하다고 말할 수 있다.[21]

교육적인 삶을 영위할 때, 그 과정의 여러 단계에서 품위의 평가가 요구된다. 그렇다면 지금 가진 품위가 이전의 것보다 더 상위의 것이라는 근거를 어디에 둘 것인가? 혹은 후진의 입장에서 선진의 품위에 대한 판단을 허용하는 방법은 무엇인가? 반대로, 선진이 후진에게 자신의 품위의 선진됨을 입증하는 방법은 무엇인가? 상구의 자증과 하화의 타증이 그 해답이다. 높은 품위는 낮은 품위와의 비교에 근거하고 있다. 마찬가지로 선진은 후진과의 비교에 근거하고 있다. 교육은 바로 그런 체험대비의 근거를 제공한다. 자증은 후진이 각 단계에서 상구 이전과 상구 이후의 품위의 대비를 통해서 발전을 확인하며, 타증은 선진이 후진의 자증을 촉구하면서 자신의 품위에 심열성복하도록 유도한다. 이처럼 교육은 그 주체가 품위의 존재와 그 가치를 판단하는 부분에서도 전문가의 개입이 별도로 필요한 것은 아니다.

앞서 교육의 소재로서의 품위의 평가와 교육의 결과로서의 품위의 평가를 나누어서 설명하였는데, 그 대부분이 교육적 관계의 성립을 전제한다. 교육적 관계는 선진이 하화하고 후진이 상구하는 방식으로 진전

19) 선진은 그의 품위를 기준으로 후진에게 가혹한 판사로 행세한다.

20) 후진은 알지 못한 상태에서 선진을 비웃는 특권을 행사한다.

21) 이를 비난하는 것으로 "똥 묻은 개가 겨 묻은 개 나무란다."라는 속담이 있다. 소리를 들을 수 없는 사람에게 음악, 혹은 빛을 볼 수 없는 사람에게 미술을 감평하게 할 수는 없다. 천재가 천재를 알아본다는 점에서 자기 시대를 초월해서 사방에 발자취를 남긴 위인을 당대의 기준으로 평가하는 것은 부당하다. 다른 한편으로, 이처럼 그 수준의 증명이 없이 압제가 일어날 때 다른 수준에 상처만 남긴다.

되기 때문에 선진과 후진의 판별이 사전에 필요하다. 선진은 스승의 후보자이며, 후진은 제자의 후보자이다. 그럼에도 불구하고 일상생활에서 그 선의의 아름다운 관계를 맺는 데 성공한 경우는 드물다. 그 많은 이유 가운데 하나는 선진과 후진의 평가가 각자의 현품에 토대를 두고 있기 때문이다. 마지막으로 이 난제를 교육적 주체가 어떻게 해결할 것인지 살펴보기로 하자.

품위를 판단하는 주체의 현품이 어느 수준인지를 따지지 않고 그 판단을 일반화시킨다면 엄청난 혼란이 일어난다. 그 판단기준으로 선진은 높은 품위를 적용할 것이며, 후진은 낮은 품위를 적용할 것이다. 그런 이유로 그들의 눈과 귀는 마치 거짓으로 증언하는 양상을 띤다. 허위를 진실로, 현인을 우자로 혼동하는 사태가 비일비재하다. 선진과 후진이 기호와 상징, 글, 몸짓, 용모, 소리, 행적, 생활방식 등의 제반 표현형식으로 품위를 표현할 때 그것을 해석하고 평가하는 기준 역시 그 각각의 현품이라는 한계를 벗어나기는 어렵다.

교육적 관계를 갖고자 하는 목적의 하나는 이런 선진과 후진 사이의 갈등가능성을 화해와 협력의 관계로 전환시키려는 데 있다. 그렇다면 그 평가의 한계를 어떻게 벗어나서 교육적 선의가 살아나게 할 것인가를 궁리해야 한다. 대개 선진과 후진은 이미 밝혀진 상태를 이용해서 이 문제를 해결한다. 예컨대, 경연과 발표회를 통한 공식적인 판결에 대한 정보, 선진의 선진과 후진의 후진이라는 상대적 대비, 전문가나 기관의 공인된 사실[22] 등이 그 판단의 근거로 사용된다. 선진과 후진이 그렇게 이미 정해진 상황이라면 교육적 관계를 성립시킴에 있어 처음부터 문제될 것이 없을 것이다.

그러나 반드시 그렇다고 보기 어려운 점도 있다. 이처럼 주어진 평가를 충분히 납득이 되지 않은 상태에서 무조건 수락한다거나 혹은 외부의 권위에 위임한다면 그 공증에 참여하는 교육적 주체의 몫은 사라

22) 바둑급수의 우열을 판정하는 방법은 대련과 공인(公認)이다.

진다. 품위의 결과에 대한 평가의 경우처럼 그 평가는 적어도 교육적 주체에게는 아직 검증된 것이 아니기 때문에 자신의 체험에 의해서 검증되어야 할 가정으로 남는다. 또한 선진과 후진의 구분이 불확실한 사태에서 교육적 관계가 성립할 경우도 예상해야 한다. 이 경우, 그 문제를 어떻게 해결해야 하는지에 대해서 난감하게 생각할지도 모른다.

그러나 위의 난점은 실제로 그렇게 크게 우려할 일이 아니다. 기묘하게도 교육적 관계는 품위평가를 전제할 뿐만 아니라 그것을 판별하는 특별한 논법을 내부의 장치로 구비하고 있기 때문이다. 여기서 제11장의 〈교육활동〉에서 이미 살핀 것처럼 일차가정에 이어지는 이차확인이라는 절차를 여기서 상기할 필요가 있다. 요점은 이렇다. 두 사람 사이의 교육적 관계는 우선 어떤 예비적인 절차를 거쳐서 선진과 후진에 대한 가정에서 출발한다. 그 다음에, 선진으로 가정된 사람이 스승의 자리를 차지하고, 후진으로 가정된 사람이 제자의 몫을 담당하여 각각 교육적 교섭을 시도한다. 그 관계의 지속은 그 애초의 가정이 타당하다는 확실한 근거가 된다.

그 일차적 가정은 앞서 살핀 것처럼 이미 인정된 사실을 토대로 할 수 있지만 그것이 불확실한 경우, 보다 더 직접적인 근거는 품위의 솔직한 표현이다. 품위는 몸 안에 숨어 있으며, 그것을 요청하는 절실한 필요에 따라 드러난다.[23] 해당하는 안쪽의 품위가 밖으로 표현되게 하는 상황을 부여할 수 있다. 품위의 종류에 따라 드러나는 적절한 수행의 맥락과 상황의 구성이 다를 것이다.[24] 교육에서는 수행에 포함된 오류가 어떤 것

23) 필요에 의해서 품위가 발현된다는 사실은 다음의 사자성어에 잘 반영되어 있다. "천 리를 달리는 말의 기능은 먼 길을 간 연후에 비로소 세상에 알려진다(道遠知驥)." "난리를 당해서 비로소 충신인지 아닌지를 알 수 있다(世亂識忠臣)." "센 바람을 만나 모든 풀이 꺾이는데 그중에서 꼿꼿이 서 있는 풀을 볼 때 비로소 그 풀의 굳셈을 알 수 있다(疾風知勁草)."

24) 〈장자〉에 이런 표현이 있다. "먼 곳으로 심부름을 보내서 그 충성을 관찰하기도 하고, 가까이 있게 하여 그 공경심을 보기도 하며, 번잡한 일을 시켜 그 재능을 보기도 하고, 갑자기 물어 그 지혜를 시험하기도 하며, 갑자기 약속하여 그 신용을 보기도 하고, 위급을 고하여 그 절개를 시험하기도 하고, 술에 취하도록 하여 그 절도를 보기도 하며,

인지를 찾아내고 그것을 어떻게 교육을 통해서 개선할 수 있는가에 초점이 있다. 세속의 삶에서는 오류, 비밀의 상처, 치부, 약점을 드러내는 것은 불리하기 때문에 감추는 것이 불가피하지만, 교육을 하려고 하는 사람이 자신의 품위를 노출하지 않는 것은 마치 병을 고치려는 사람이 그 증상을 숨기려고 하는 것처럼 모순된다. 따라서 그런 사회적 대가를 지불하지 않고 교육적 주체가 그들이 경험하고, 그들이 믿는 바를 아무런 제약이 없이 투명하게 드러낼 맥락을 미리 마련해 주어야 한다.

개인은 현품에 갇혀 있기 때문에 자신의 결점을 명백히 볼 수 없다.[25] 자신의 현품을 직면하는 방법으로 서로의 눈과 평가를 빌릴 수도 있다. 앞서 지적한 품위의 솔직한 표현의 조건을 성립시킨 경우에 선진과 후진의 이질성이 자연스럽게 나타난다. 품위에 따른 환경의 차이가 있기 때문에 동일한 사태에서 선진과 후진의 판단이 다르다. 후진이 어려워하는 것을 선진은 쉽게 하고, 선진이 쉽게 하는 것을 후진은 어려워한다. 후진은 이미 선진이 해결한 것을 문제시한다. 이에 비해 선진은 후진들이 어려운 문제로 치부하여 싫어하는 과제를 오히려 추구하고 해결한다. 사태에 대한 그들의 평가도 다르다. 후진은 선진이 틀린 것으로 평가하는 것을 옳다고 주장한다. 이런 직접적인 단서를 선후진에 대한 일차적 가정의 잠정적인 근거로 삼을 수 있다.[26]

그 일차적 가정을 입증하기 위한 교육적 교섭의 단계에서 서로의 압제의 가능성을 미리 예상하고 서로의 불신을 보류할 필요가 있다. 신뢰하되 서로를 시험해 보아야 한다. 그 시험은 앞서 소재선택과 더불어 이루어질 것이다. 그 결과는 자중과 타중으로 이어진다. 그 수준의 차이

남녀를 혼거시켜 그 정조를 보기도 한다."

25) 개인은 자신의 타인에 대한 추론은 옳다고 믿는 반면 타인의 자신에게 내리는 추론은 틀리다고 생각하는 경향이 있다. "눈으로 터럭 같은 작은 것도 보지만 자기의 속눈썹은 못 본다(目見毫末不見其睫)."라는 말이 있다.

26) 갑이 그의 친구인 을과 병을 두고 이런 평가를 했다고 가정하자. "을은 쉬운 문제를 잘 못 풀지만, 병은 어려운 문제를 잘 푼다."라는 말을 했다면, 그 품위의 위계가 병, 갑, 을의 순서라는 것을 짐작할 수 있다.

가 좁아질수록 그들 사이의 공감적 이해가 쉬워진다. 이처럼 교육적 관계가 무리 없이 지속된다면 그것을 애초의 선진과 후진에 대한 가정이 옳다는 것을 시인하는 상호주관적 증거로 받아들인다. 만약 그 일차적 가정이 틀린 것이라면 교육적 교섭이 불가능했을 것이다.

그 불가능의 사태 가운데 하나가 교육적 반전이다. 교육적 교섭이 진행되는 가운데 어느 단계에서 이제까지의 제자의 품위가 스승의 품위를 능가하는 지점에서 애초의 가정이 종료되고 무효화된다. 이런 교육적 반전에 대한 평가의 기준은 본위선택에 따라 달라진다. 수도계의 입장으로 보면, 한쪽의 패배와 다른 쪽의 승리라는 의미가 있지만, 교육의 입장으로 보면 그것은 성실한 교육적 교섭의 산물이기 때문에 모두의 승리가 된다. 인간의 진화는 선진과 후진 사이의 치열한 경쟁이나 반전을 당할 수 있는 두려움에서 기인했다기보다는 스승과 제자 사이의 협력에 의존하여 이루어져 왔다. 이것이 품위상의 갈등가능성을 서로 선별하여 위로 향하는 교육적 진화의 역사적 실상이다.

지금까지 우리는 교육적 교섭이 선진과 후진의 가정을 전제로 이루어지지만 그 가정을 판결하고 검증하는 방식이 교육에 내재한다는 기특한 사실을 살폈다. 선진과 후진에 대한 일차적 가정이 이루어지고 그 가정을 토대로 교육적 관계가 유지된다면 그 가정이 타당하다는 증거가 된다. 그러나 그 판별의 논리에도 분명 한계가 있는데, 그것은 그 관계의 종료나 파기가 반드시 일차적 가정을 부정하는 증거는 되지 못한다는 점이다. 교육적 관계의 중단이나 파기가 교육적 반전의 경우처럼 오로지 품위의 위계로부터 비롯되는 것은 아니라는 사실을 염두에 둔다면 그 한계에 대한 이해가 분명해질 것이다.

제18장
교육본위의 인식론

인식론(epistemology)은 앎에 대한 학문이다. 무엇이 지식인가? 그것은 어떻게 형성되는가? 타당한 지식은 어떻게 판별되는가? 이런 기본적인 질문에 대한 제 나름의 해답을 제안하는 여러 갈래의 인식론이 있다. 그 발전과정에서 인식에 작용하는 교육의 과정을 간과해 왔다. 교육을 통해서 사실상 지식을 형성하고 그 우열을 판가름하는 데 적용해 왔다는 너무도 분명한 동서고금의 사실이 교육학 고유 개념의 부재로 인하여 은폐되어 왔다. 본 장은 기존의 인식론의 한계를 간략하게 지적하고, 그것에 교육의 과정을 첨가하는 해법과 그 적용의 사례와 과제를 예시할 것이다. 이는 이제까지 여타의 학문에 의존해 왔던 사이비교육학이 자율적인 교육학으로 탈바꿈하여 여타 분과학문들에 역수출되는 흑자학문의 당당한 면모이기도 하다.

18.1 인식론의 문제

인식론의 역사는 철학의 역사만큼 길다. 모든 학문이 그러하듯이 이전의 관점이 해체되고 새로운 것이 그 대안으로 제시되는 수많은 발전의 단계를 밟아 왔다. 오늘날까지 다양한 수준의 복잡하고 난해한 이설들이 제안되어 왔지만 아직 만족할 만한 단계에 이른 것은 아니다. 그 연장선상으로서 새로운 관점을 제안하려면 이전의 인식론에 대한 검토가 필요하다. 길고 어려운 논의가 필요하겠지만, 여기서는 그 가운데 널리 알려진 일련의 대표적인 인식론의 특징과 그것들이 지닌 문제를 점검하고, 그들이 어떤 이유에서 교육적 인식론을 새롭게 요청하는지를 간략히 살펴보기로 한다.

18.1.1 합리이론

합리이론은 주로 유럽대륙을 중심으로 발전된 이론이다. 데카르트[1]에 의해서 확립된 이 이론은 시대적으로 자연과학이 중세의 신학에서 독립되어야 하는 정당성에 대한 해답이 되었다. 종래의 스콜라철학 등 검증되지 않은 이전의 인식에 대한 의문과 감각에 의한 인식의 한계에서 벗어나는 방법을 모색하였다. 데카르트는 모든 인간에게 주어진 본유의 인식능력으로 이성을 상정하고, 이를 통해서 의심의 여지가 없는 확실성이나 명증성에 도달할 수 있다고 주장하였다.

그 방법의 핵심적인 원리는 의심과 명석을 오가는 것이다. 감각은 우리를 속이기 때문에 믿을 것이 못 된다. 우리가 늘 지니고 생활하는 신념이나 편견도 마찬가지이다. 진리를 추구하는 사람은 그런 감각의 속임과 지금까지의 편견을 경계하고 제거해야 한다. 합리이론은 이전에 아

1) Descartes, R. (1636/1997). *Discours de la Méthode*(이현복 옮김. 방법서설 · 정신지도를 위한 규칙들. 서울: 문예출판사.)

무 반성도 없이 무심코 받아들였던 견해도 다시 검토하여 그 정당성이 증명될 수 있을 때까지 믿지 말라고 권고한다. 매사 순수하게 형식적인 전제에서 출발하여 점차적으로 논리나 수학적 공리에 의한 추론에 의해 지식을 확장하고 통일해 나갈 것을 요구한다.

여기서 진리의 개념은 그 지적 작업을 수행하는 자의 주관 자체로부터 결정된다는 특징을 갖는다. 오랜 회의와 재구성을 통해서 얻어지는 주관에 그 타당성을 부여하는 것은 그 절차를 거쳐서 얻은 지식의 정합성과 명증성이다. 의식내용이 인식주체에게 직접적이며 확실한 것으로 판명된다. 그 절차와 기준에 따라 데카르트는 심지어 신의 존재를 증명하는 시도를 하였고, 그렇게 함으로써 중세적인 것으로부터 이탈하는 데 따른 비난을 가급적 피하고자 하였다.

합리이론의 역사적 의미는 크다. 유럽의 중세를 지배해 온 스콜라철학은 주로 기독교 신앙을 합리화하는 데 치중하였다. 이는 철학을 신학을 위하여 사용했다는 점에서 그 한계가 있었다. 데카르트는 의심과 명석을 오가는 합리이론의 원리에 의존해서 그 한계를 벗어나고자 하였다. 이후 근대 철학과 인식론의 발전과정에서 징검다리가 되어 온 것은 충분히 인정해야 한다. 그럼에도 불구하고 그 자체를 오늘날까지도 타당한 인식론으로 고집하는 것은 시대착오이다. 오늘날의 기준에서 납득하기 어려운 점이 많다. 그 몇 가지를 살펴보자.

우선 철학자들이 이상적인 사고능력으로서 상정한 이성이 무엇이냐 하는 문제가 있다. 학자들마다 이성의 빛을 내세우며 그들의 인식을 합리화하여 왔지만 저마다 그것에 자신의 편견을 대입시키는 방식을 택해 왔다. 그 숱한 이설들에 합의된 의미가 없음을 예증한다. 오류가 없는 이성능력은 현실과는 거리가 멀다. 확고한 중심으로서 인식의 주체도 이 세상에 존재하지 않는다. 그런 능력이 본유의 것이라는 주장은 더욱 납득하기 어렵다. 설사 철학자들에게 국한된 능력이라고 주장할지는 모르나, 철학의 역사에서 그들이 흔하게 범해 왔던 오류를 설명하기가 곤란하다.

데카르트는 선입견을 넘어서라고 주문하지만 초시간적인 합리성의 기준을 상정하는 것 자체가 넘어서야 할 선입견이다. 역사발전에 따라 합리의 기준도 달라진다. 한때의 합리성이 다른 때의 비합리성으로 판명된 경우가 흔하다는 점에서 이성도 상대적이라는 것을 부인하기 어렵다. 그 이후에 등장한 이른바 비판적 합리주의[2]는 인간이성이 가진 비판적 기능을 존중하지만 그것을 절대시하지는 않는다. 이성도 한계와 오류가능성이 있기 때문에 절대적 지식에 도달할 수 없고, 다만 비판적인 노력을 통해서 점차 진리에 접근할 수 있을 뿐이다.

진리의 기준을 의심의 여지가 없는 확실성이나 명증성에 둔 것도 문제다. 인식주체의 입장에서 더 이상 의문의 여지가 없이 명석판명해지는 것이 진리라면, 그 인식주체의 유아적 독단의 위험은 없는가? 이런 질문에 대한 해답이 곤궁하다. 아무리 논리적인 정합성을 가진 명증에 도달했다고 하더라도 이후의 경험에 의해서 의심의 여지가 없던 것이 틀리거나 불확실하게 되는 것이 학문적 지식의 본질이다. 이와 관련하여 선진과 후진은 서로 다르게 증언할 것이다. 그들 사이의 확신에 찬 차이와 갈등을 어떻게 중재할 것인가?

18.1.2 경험이론

경험이론 역시 스콜라철학의 사변으로부터 벗어나려는 시점에 영국에서 태동하였다. 로크[3]로부터 출발한 경험이론은 이성에 기반을 둔 주관적 확실성에 대한 의문에서 출발하였다. 데카르트가 상정한 이성의 본유관념을 부인했다. 모든 관념은 주어진 것이 아니라 경험의 소산이다. 외부로부터 주어지는 감각자료가 지식의 원천이며, 지식이란 자극과 반응이 누적되어 큰 연합을 이룬 일종의 행동이나 습관으로 본다.

2) Popper, K. R. (1966). *The Open Society and Its Enemies*. London: Routledge & Kegan Paul.

3) 안병웅(2016). 존 로크의 인간오성론 읽기, 서울: 도서출판울력.

지식은 대상에 대한 이런 낱낱의 감각들의 총합을 백지 위에 쓴 감각내용과 같다.

그 특징은 기본적으로 원자주의다. 지식은 마치 벽돌을 쌓아가는 방식으로 축적된다. 개별적인 자극과 반응의 다발을 그 공통성에 따라 분류하는 초보적인 작업이 개념형성에 해당한다. 개념으로 자연현상의 일반적이고 공통적인 원인과 결과를 해명하는 것이 법칙이고, 그 법칙을 발견하고 설명하는 것이 이론이다. 원인과 결과에는 어떤 논리적 필연성이 없다. 지식의 타당성은 실험이나 관찰을 통해서 예측된 관념과 관찰된 자료가 얼마나 일치하는가를 따져서 검증될 수 있다.

합리이론의 경우가 그러했듯이 경험이론 역시 그 역사적 의미가 크다. 언뜻 이 두 이론은 대립하는 듯한 인상을 주지만 기실 서로가 간과한 측면을 보완한다. 모두 당대의 학문이 철학적 사변의 유희에서 벗어나야 한다는 요청에 대한 응답이 되었다. 마침 새롭게 등장하기 시작한 자연과학의 발전과 궤를 같이하면서 중요한 몫을 차지하였다. 그렇지만 오늘날의 기준에 비추어 보면, 경험론에도 취약점이 많다. 몇 가지를 살펴보자.

합리이론이 가정하는 이성이 전생에서 망각되거나 주어진 것이 아니라는 주장은 수긍이 간다. 그럼에도 불구하고 경험이론이 가정하는 것처럼 인식이 백지상태에서 이루어지는 것은 아니다. 호모사피엔스의 뇌는 수백만 년에 걸친 생물학적 진화의 산물이다. 출생할 때부터 신생아는 모종의 인식상의 적응기제를 타고난다. 여타의 생물체보다 더 유리한 장점을 가진 그 적응기제를 토대로 인간의 인식내용이 급격하게 확장되고 발전한다.

다음의 취약점은 지식에 대한 규정이다. 지식이 그 구성요소들의 단순한 축적이라는 원자주의의 가정은 옳지 않다. 서로 동떨어져 있는 감각자료, 그 흔적, 경험의 누적과 기억 등 단순한 소여로서의 의미는 모종의 개념적 여과를 거쳐야만 성립한다. 정보내용은 아직 그 의미를 확정하기 이전의 요소에 불과하다. 어느 체제에 속하느냐에 따라 전혀 다른 의미를 갖는다. 이 점이 오늘날 범람하고 있는 정보와 지식을 구분해야만 하는 중요한 이유다.

마지막으로, 지식을 검증하는 과정에서 주로 관찰에 의존하는데 우리가 실제로 대상 자체를 있는 그대로 관찰할 수 있느냐 하는 문제가 있다. 대상세계에 대한 직접적 인식은 그 타당함의 입증이 불가능한 가설이다.[4] 어떤 관찰이든 그 내용을 판단하는 것은 주관이다. 이를 전문적으로 관찰의 이론의존성이라고 한다.[5] 관찰내용에 대한 판단능력은 그가 가진 모종의 지식에 의존해야 하며, 그 오류가능성은 상존한다. 이 부분을 인정한다면 오로지 관찰에 의해서 지식을 검증하는 것이 어렵게 된다.

18.1.3 선험적 인식론

칸트[6]가 서로 대립하는 대륙의 합리이론과 영국의 경험이론의 문제들을 극복하려는 데서 성립한 이론이다. 이전의 것보다 훨씬 정형화된 이 이론의 파격적인 특징은 인간인식의 한계와 가능성을 인정한다는 점에 있다. 칸트는 존재의 본질로서 물 자체와 그 현상을 분리시킨다. 그는 경험에 매개되지 않은 물 자체의 인식은 불가능하다고 보고 인식의 문제를 오직 우리의 경험을 통해서 검증할 수 있는 현상에 국한시켰다. 신, 인간, 우주, 이념은 현상으로 환원할 수 없는 이율배반의 영역으로 보

4) Hanson, N. R. (1961/1995). *Patterns of Discovery: An Inquiry into the Conceptual Foundations of Science* (송진웅 · 조숙경 옮김. 과학적 발견의 패턴. 서울: 민음사).

5) 중립적인 관찰의 불가능성은 지식을 검증함에 있어서 불편부당한 객관적 절차가 따로 있을 것이라는 상식적인 인식을 거부한다. 관찰과 이론은 실제로 분리할 수 없다. 본서는 이제까지 이를 두고 “개념이 사실을 결정한다.”라는 말로 표현해 왔다. 세월에 걸쳐 현상 자체는 크게 변하지 않더라도 이제까지 각 분야에서 얻어낸 “사실의 발견”은 엄격한 의미에서 없던 것을 발견한 것이 아니고, 그에 해당하는 개념의 발전과 관련되어 있다.

6) Kant, I. (1781/1995). *Kritik der reinen Vernunft*. (최재희 옮김. 순수이성비판. 서울: 박영사)

았다.

칸트에 따르면, 인식의 과정은 주관 밖의 어떤 것들이 감성을 촉발함으로써 시작되지만 그 주어진 잡다한 질료는 경험 이전의 공간과 시간이라는 직관형식과 인과성 등의 선험적 형식의 여과를 거쳐서 통합한다. 말하자면, 우리가 접하는 사태는 우리에게 투명하게 비춰지는 것이 아니라, 필연적으로 모종의 여과를 거쳐서 경험된다는 것이다. 지식을 단지 외부세계의 수동적인 수용이 아니라 이처럼 능동적인 작용의 결과로 본 그의 관점전환을 칸트는 코페르니쿠스적이라고 자찬하였다.

이전의 것에 비해 괄목할 만한 진전을 이룬 선험적 인식론도 시대의 한계를 벗어나지 못했다. 먼저 인식의 여과장치인 선험적 범주의 설정이 항구적이고 보편적인 것이냐 하는 것이 의문시된다. 칸트가 설정한 선험적 형식과 범주는 당시 첨단의 것으로 각광을 받았던 뉴턴의 자연철학을 수용하는 특수한 사례로 보인다. 오늘날의 발전된 물리학을 설명하는 범주로 보기도 어려우려니와 그 범주 자체도 끊임없이 변하고 있다.[7] 그 형식은 개체적 혹은 역사적 전개과정에서 후천적으로 구성된다고 보는 것이 옳다.

칸트는 주체가 검증할 수 있는 인식의 대상을 현상으로 국한하는 큰 진전을 보였으면서도 그 인식의 타당성을 인식대상과 인식활동 사이의 대응을 근거로 삼는 부분에서 이전의 인식론이 가진 한계를 넘지 못했다. 만약 그의 주장대로 그런 내부의 구조에 의해서 외부세계를 수용한다는 점을 받아들인다면, 경험이론이 가정하는 객관적인 관찰이 불가능하게 되며, 그 대응에 의존하는 지식의 진위의 판별도 어렵게 되기 때문이다.

방법적 일원론의 문제를 마지막으로 지적할 수 있겠다. 칸트의 선험적 인식론은 주로 당대의 자연과학의 발전을 정당화하는 데 초점을 두었는데, 이는 철학 자체를 포함하는 인문과학 혹은 정신과학에서의 인

7) 예컨대, 오늘날 불확정성이론은 칸트가 상정한 인과의 영역을 넘어선다.

식의 문제를 제외시키는 편파성을 지닌다. 칸트 스스로는 철학의 형이상학은 검증의 원리가 분명하지 않기 때문에 참된 지식으로 간주할 수 없다고 보았지만, 그런 검증원리의 문제는 앞에서 지적했듯이 자연과학의 분야에도 제기되고 있는 형편이다.

이런 제반 한계도 있지만 칸트의 선험적 인식론이 그 이후의 인식론의 발전에 끼친 영향은 지대하다. 물 자체로서의 세계가 우리와 독립해서 존재한다고 하더라도 현상세계는 외부에 있는 것이 아니라 인식자의 내면에 있다는 코페르니쿠스적인 관점전환은 그 이후의 인식론, 그중에서도 특히 오늘날의 구성주의[8]를 태동하게 하는 계기를 마련하였다. 구성주의는 모든 형태의 인식에 인식주체가 구조의 형태로 질서를 부여하는 적극적인 과정이 포함되어 있으며, 그 의미가 그 자체 안에서 성립된다고 본다.

위에서 살핀 합리이론, 경험이론, 선험적 인식론이라는 일련의 인식론적 발전에서 특히 주목할 점은 지식이 무엇이냐 하는 규정에서 큰 진전을 이룬 점이다. 합리이론은 지식의 구성적 특징을 주목했지만 그 선천성을 가정했다. 경험이론은 후천성을 인정했지만 그 원자주의를 넘어서지 못했다. 이 지점에서 칸트는 보편적이고 필연적인 선험적 형식을 가정했다. 구성주의적 인식론은 선험적 인식론이 가정한 불변의 범주가 시간의 경과와 경험에 의해서 후천적으로 구성된다는 점을 지적해서 그 모두의 한계를 벗어났다. 그럼에도 불구하고 아직도 인식의 개별성과 그 검증의 원리에 대한 설명에 미진한 부분이 남아 있다. 개인에 의해서 구성된 지식은 서로 차이가 있을 수 있으며, 어쩔 수 없이 긴장과 모순이 발생한다. 그렇다면, 그들 사이에 어떤 화해가 가능하며, 그 우열을 판정하는 원리가 무엇인가 하는 문제를 해결해야 한다.

---

8) Glasersfeld, E. (1995). *Radical Constructivism: A Way of Knowing and Learning*. London: The Falmer Press.

18.1.4 분석철학

오스트리아의 빈에서 발단하여 주로 영국과 미국을 중심으로 한때 동조세력을 형성한 논리실증주의 혹은 분석철학은 분과학문으로서 철학의 독특한 지위를 확보하려는 동기에서 출발하였다.[9] 복잡한 사실의 문제는 철학의 영역을 벗어난다는 이유를 들어 그 주제를 단지 언어적 분석의 문제로 한정하였다. 전통철학은 위장된 경험적 명제로 가득한 것으로 보고 형이상학적 명제를 세우기보다는 명제가 품고 있는 의미를 명료하게 하는 과제를 수행하려고 하였다. 증명될 수 없는 명제는 무의미한 것으로 치부하고 증명 가능한 명제의 의미만을 논리적으로 명백하게 하는 것을 철학의 주된 과제로 한정시켰다.

분석철학자들은 명제를 종합적인 것과 분석적인 것으로 대별한다.[10] 종합적 명제란 단지 경험적인 관계가 있는 것이며, 분석적 명제는 그 주어 안에 술어의 내용이 논리적으로 함축된 것이다. 전자는 경험과학적인 대상이며, 후자만을 자신들의 소관으로 본다. 이들은 지식의 발견과 정당화의 맥락을 구분하고, 후자만을 자신들의 고유한 과제로 삼았다. 인식의 문제를 주로 각종의 기호체제와 문장으로 진술된 명제의 형식에 국한시키면서 이른바 과학철학의 한 축을 차지하고자 하였다.

분석철학은 감각내용과 그에 대응하는 언어를 상정한다. 분석이란 그 세상에 대한 그림들의 논리적 일관성을 따지는 것이다. 분석철학자들은 과학자들이 사용하는 언어들은 보다 간단한 진술들과 개념들의 합성물

---

9) 철학은 흔히 학문의 대명사 혹은 학문의 어머니라고 불린다. 그러나 여러 분과학문들이 생겨나면서 모든 학문이 철학이라는 주장은 이제 성립하기 어렵게 되었다. 그렇다면 그 세태의 변화에 맞게 철학은 그 나름의 영토를 확보할 수 있어야 한다. 그 시도의 하나가 분석철학이다. 대체로 서양철학은 언어를 다듬어 나가는 과정에서 발전했기 때문에 전통상 언어중심의 사고라고 해도 과언이 아니다. 분석철학은 우리가 무엇을 인식할 수 있는가 하는 문제는 언어의 한계에 의해서 규정되므로 언어의 의미와 규칙을 분석하면 인식의 문제가 해결될 것으로 가정한다.

10) Ayer, A. (Ed.). (1959). *Logical Positivism*. New York: The Free Press.

로서 그들의 진위를 개별적으로 검증해서 지식 전체의 타당성을 판단할 수 있으리라는 논리적 원자주의를 택했다. 지식을 원자적인 명제로 환원시키고 그 개별적인 명제의 진리치를 따진다. 이런 논리적 형식과 순환논법에 따라 과학의 개념, 명제, 가설, 이론 등에 대한 진위를 가린다.

논리실증주의는 그 원칙에 비추어 형이상학의 애매모호한 개념이나 그 안에 내재된 논리적인 비일관성에서 비롯하는 사고의 혼란을 드러내는 데 철학에서 일정한 역할을 할 것으로 한동안 기대되었다. 오랫동안 전통철학이 향유해 왔던 무수한 형이상학적 주장을 그 검증의 단상 위에 올려놓았지만 이런 초기의 야심은 분석철학자들 스스로의 반성을 통해서 점차 무너지거나 혹은 수정되고 있다. 단순히 언어라는 도구로 지적인 혼란을 해결할 수 있다는 입장이 너무도 순박한 통찰에 불과하다는 것이 점차 드러난 것이다.

언어는 세상에 대한 그림이 아니라는 전회가 그 중요한 계기가 되었다. 언어가 지칭하는 대상, 혹은 그것이 의미하는 개념 사이에는 일대일의 대응관계가 없다.[11] 그 필연성이 없다면, 언어의 의미는 어디에서 오는가? 오늘날 하나의 개념 혹은 용어의 의미는 일의적인 것이 아니라 맥락에 따라 서로 달라진다는 것이 정설이다. 한 단위의 언어의 의미는 고정되거나 독립된 것이 아니라 다른 단위의 언어적 의미와의 관계나 차이에 의해서 새롭게 유동적으로 생성되기 때문에 어떤 언어적 표명이든 애초부터 불안정하다.

이로써 원자적인 명제에 독립된 의미를 부여하고, 그 진리치를 결정하는 방식을 택했던 분석철학의 기반이 흔들리게 되었다. 이 작업에서의 분석은 언어로 된 명제에 단지 형식논리를 적용하는 데 불과하다. 과학이 근거하고 있는 귀납적 추리의 전제가 참이라고 하더라도 결론이 필연적으로 참이 되는 것은 아니다. 그조차도 항상 예외적 사실과 사건이 개입되기 때문에 그 결론은 우연적인 범위를 벗어날 수 없다. 논리 밖

11) Rorty, R. (1979). *Philosophy and Mirror of Nature*. Princeton: Princeton University Press.

의 경험의 세계에서 진리와 허위의 이원적 분류는 무리하게 시도된 철학적 가정에 불과하고 진위는 언제나 그 중간에 있다.[12)]

분석철학이 언어나 기호의 매개체를 통해서 표현한 지식에만 관심을 둔 것도 그 문제이다. 문자 이전에 지식이 먼저 있었다. 실제의 지식은 우리의 내부에 뿌리박고 있는 체험구조이며, 이는 문자적으로 표현할 수 없는 특수한 세부항목들을 내포한다. 그 세목들이 삭제된 언어는 몸 안의 지식을 결코 대표할 수 없다. 그것의 토대를 이루고 있는 암묵적 지식의 지원이 없이는 명제적 지식은 무의미하다. 환언하면, 언어로 표현된 지식의 의미는 그 이전의 체험을 전제한다. 이를 언어로 명시화하거나 비판하거나 논증하는 데에는 한계가 있다.

마지막으로, 분석철학은 지식의 발견의 맥락과 정당화의 맥락을 구분하고 후자에 관점을 국한시키려는 계획을 시도하였는데, 지식의 형식 자체만으로 그 정당성을 주장할 근거가 될 수 있느냐 하는 문제가 제기된다. 명제 안에 진리가 있는 것은 아니다. 이해할 수 없는 명제는 무의미하다. 동일한 진술이라고 하더라도 상이한 사람들에게 상이한 의미로 받아들여지기 때문에 지식의 발견과 정당화는 서로 불가분의 관계를 갖는다. 그 옳고 그름에 대한 판단의 증거는 논리적인 추론이 아니라 발견의 체험이다. 그 체험의 과정을 거치지 않은 사람이 어떤 지식의 옳음을 주장한다면 그 주장을 성실한 것으로 받아들이기 어렵다.

18.1.5 역사적 인식론

역사연구는 과학을 하나의 형식이나 논리의 가공으로 보지 않고 있는 그대로의 실상을 드러낸다. 인식론은 학문의 역사와 동떨어져서는 안 된다. 역사는 결과보다는 늘 과정을 설명한다. 이 견지에서 철학 혹은

12) 하나의 명제를 두고 그것이 진리냐 허위냐 하는 이분법을 적용하는 것을 두고 "정확한 오류"라는 아이러니컬한 표현을 쓸 수도 있겠다. 그 어느 명제나 진리에 접근하는 진술에 불과하다는 것은 역사적으로 증명된 사실이다.

과학철학이 재구성한 가공과 독단에 대해서 반성할 수 있는 계기가 생겼다. 개념의 의미는 고정된 것이 아니라 시간의 흐름과 더불어 부단하게 변용, 보충, 대체된다. 역사는 당대의 지식을 시대마다 진리로 인정하였지만 이후에 오류로 판명된 사례로 점철되어 있다. 이런 역사적인 검토는 절대적인 오류나 절대적인 진리는 존재하지 않고, 단지 지식의 진위는 그 정도의 차이라는 사실을 깨우쳐준다.

과학적 지식의 역사적 발전과정에 주목한 쿤의 연구[13]는 그 발전이 연속적인 누적의 산물이 아니라 새로운 패러다임(paradigm)이 이전의 것을 대체하는 혁명을 거쳐서 이루어진다는 사실을 밝혔다. 한때 완벽한 구조로 보였던 속성들의 문제가 생기고, 그 문제를 해결할 수 있는 다른 인식구조가 등장하면서 전자가 후자로 대체되는 것이다. 각 단계의 패러다임은 그 안에서 합리성을 확보하고 있고, 그 발전은 하나의 합리성에서 다른 하나의 합리성으로 전환하는 것이다. 이는 발생적으로 연속이라고 말할 수 있겠지만 그 결과는 논리적으로 단절된다. 서로 합의하는 데 필요한 공통의 언어가 없다.[14] 합리이론의 경우처럼 연역논리로 해소할 수 없다. 또한 똑같은 지점에서 똑같은 방향을 바라본다고 하더라도 패러다임에 따라 그 관찰내용에 대한 해석이 달라진다. 경험이론의 주장대로 오로지 관찰에 호소해서도 진위의 문제를 해결하기 어렵다.

지식의 발전을 이처럼 설명함에 있어서 합리적 논의나 실증주의적 증거가 속수무책이다. 그렇다면 대안은 무엇인가? 쿤은 발전에 대한 판단을 과학자 스스로의 변화와 그 주관적인 선호에 근거하는 것으로 보았다. 이때 쓰인 강력한 말이 "개종(conversion)"과 같은 비합리적 방법이다. 그 용어의 의미는 종교적인 것이라기보다는 한두 가지의 단편

13) Kuhn, T. S. (1970). *The Structure of Scientific Revolution*. Chicago: The University of Chicago Press.

14) 동일한 용어가 다른 인식체제 속에서 전혀 다른 의미를 가지는 것을 통약불가능성(incommensurability)이라고 한다.

적인 인지적 요소의 추가가 아니라 경험 전체의 형태전환이라는 데 초점이 있다. 그 한 가지 조건적 단서는 “강제하지 않은 개종(conversion experience that cannot be forced)”이다. 더 완화된 말로 쿤은 이전과 유사한 상황에서 새로운 형태를 보는 “재교육(reeducation)”이라는 용어도 사용한다.

이런 주장은 이전의 철학적 인식론에 결정적인 타격을 주는 데에는 일정 부분 성공한 것으로 볼 수 있다. 철학 혹은 과학철학이 재구성한 도식적인 인식론은 사실성이 결여되어 있다. 과학적 지식의 타당성이 도식화된 방법에 따라 검증된다는 그들의 주장은 역사적 사실과 부합하지 않는다. 그렇다면, 그 역사적 인식론이 과학의 발전을 설명하는 마지막의 이론인가? 과학의 발전이 그러하듯 그 한계 역시 불가피하다. 그것은 마치 철학적 인식론이 철학의 관점에서 한계를 가졌던 것과 마찬가지로 바로 역사적 관점과 그에 따른 기술의 방법에서 기인한다.

역사연구에서는 흔히 한 시대의 동질성과 공유개념을 가정한다. 학문의 역사는 각 시대의 최고의 지식과 그 연결과정을 설명한다. 쿤이 기술하는 과학사는 당대의 과학의 첨단부에서 일어난 사건에 초점을 맞추어 한 시대의 패러다임에서 곧바로 다른 시대의 패러다임으로 전환되는 과정을 상정하고 기술한다. 거론되는 역사적 인물이 마치 당대의 모든 사람들을 대표하는 것처럼 보인다. 이런 계통발생적 과정의 기술은 그 당대의 개체발생의 과정을 간과한다. 개체발생의 과정은 계통발생과는 다른 설명을 요구한다.

쿤이 말하는 패러다임은 당대의 모든 사람들에 의해서 공유된 지식이 결코 아니다. 어린이부터 성인, 일반 대중부터 학자에 이르기까지 그 지적 수준이 천차만별인 사람들이 동시대에 살고 있다. 그들의 지식은 가장 낮은 단계에서부터 시작하여 점차적으로 형성되는 과정을 거친다. 그처럼 수많은 체험구조의 변혁을 거친 과정에 대한 설명을 생략하고 마치 과학적 지식이 당대의 최고에서 다음 단계로 비약하는 것으로 묘사하면 곤란하다. 사실을 말하자면, 쿤이 기술하는 패러다임의 변화는 그 끝에서 끝이 아니라 과학자의 성장과정의 마지막 단계에서 일어나는 사건이다.

당대의 첨단의 지식 사이의 인식의 우열을 입증하는 방법으로서 그 평가에 참여하는 사람들의 변화가 작용한다는 쿤의 발언은 적어도 인식론의 역사에서 획기적인 진전으로 평가될 만하다. 그 방법으로 "주관적 설득과 선전", "강제하지 않은 개종" 혹은 "재교육"이라는 개념을 도입한 것은 참신하고 놀랍다. 그 발언은 그 최정상의 패러다임 사이의 사건뿐만 아니라 당대 사람들이 가진 다양한 수준의 자연관을 매개하는 과정으로 일반화될 수 있을 것이다. 그럼에도 불구하고 쿤의 논의에서는 그 개체발생에 대한 설명이 취약하다. 주로 과학사에 관심을 둔 학자에게 그 부분까지의 세부적인 설명을 기대하는 것은 무리일 것이다. 그의 인식론이 그 보편성을 인정받고자 한다면, 동시대 안의 개개인의 인식변화와 그 우열의 판별에 대한 설명을 포함해야 한다.

18.1.6 발생적 인식론

발생적 인식론(genetic epistemology)은 아동의 발달에 관심을 두고 필생을 연구한 피아제[15)]가 제안한 인식론이다. 철학자들이 아무런 증거도 없이 인식의 문제를 다루는 것을 무모한 것으로 보았다는 부분에서 쿤의 입장과 일맥상통한다. 다른 것은 역사가로서 쿤이 주로 계통발생에 관심을 가진 것에 비해서 피아제는 개체발생의 측면에 주목한 점이다. 흥미롭게도 피아제의 논점은 철학적 인식론의 대표주자인 칸트의 입장이 가진 장단점은 무엇인가에 대한 검토와 반성으로부터 진행된다.

피아제는 세계의 인식이 우리 내부의 구조를 통해서 이해된다는 점에서 칸트에 동조하지만 그 구조가 선험적으로 주어진 것이라는 주장을 단연코 거부한다. 그의 주안점은 칸트가 가정한 선험적 범주인 시간, 공

15) Piaget, J. (1969/1970). *L'Epistemologie genetique*. (E. Duckworth, Trans. *Genetic Epistemology*. New York: Norton & Company).

간, 인과관계 등의 개념이 유년기를 거쳐서 점차 개체발생적으로 생성되고 획득된다는 사실을 부각시키는 데 있었다. 이로써 한 시대의 사람들이 마치 당대의 지식을 일률적으로 공유하는 것처럼 발전의 문제를 거칠게 다룬 과학사의 연구를 진일보시켰다.

발생적 인식론에 따르면, 지식은 고정된 것이 아니라 개인의 생애를 통해서 환경과의 상호작용을 거쳐서 끊임없이 단계별로 새롭게 구성된다. 그 과정은 생물이 환경에 적응하는 일반적 방식의 고급스러운 사례다. 그 적응은 유기체가 외부적 자극에 의해서 일어나는 내부의 불균형을 더 높은 수준의 균형으로 자율적으로 재조정하는 메커니즘이다. 지적 발달은 외부의 환경적인 자극과 인식주체가 가지고 있는 동화와 조절이라는 적응과정을 통해서 여러 단계를 거쳐서 진행된다.[16] 한 단계의 균형화는 더 나은 균형화를 향하며, 각 개체는 일생 동안 차례대로 단계를 따라 지식을 형성한다.

첨단의 학자와 어린이들이 같은 시대에 공존한다. 세계에 대한 인식상의 경험은 범주적 구조에 의해서 유형화된다. 아동과 성인, 성인과 첨단 학자가 가진 지식은 양적인 것이라기보다는 질적인 차이다. 아동은 성인의 축소판이 결코 아니다. 피아제는 그의 독특한 임상적 방법에 의한 증거에 입각하여 개인이 유아기, 소년기, 청년기를 통해서 어떻게 과학적 개념의 인식에 이르게 되는가를 밝히려고 노력했다. 이런 증거들은 쿤의 설명에서 간과된 부분, 즉 과학적 지식이 어린이에서 성인에 이르기까지 일생 동안 구성되는 과정을 설명한다는 점에서 높이 평가될 수 있다. 그렇지만 그 설명은 주로 개인의 자연적인 발달과정에 초점이 주어진다는 한계를 벗어나지 못한다.

피아제가 그의 발생적 인식론을 주장할 때 교육학자가 아니라 발달심리학자임을 자처했다.[17] 그는 그의 발달이론을 교육 분야에서 고려해줄

---

16) 그 부분에서 구조주의 혹은 이후에 등장하기 시작한 구성주의의 선구자라고 할 만하다.

17) Piaget, J. (1969/1970). *Psychologie et pédagogue*. (D. Coltman, Trans. *Science of*

것을 권유하였지만 그것이 적극적이고 실천적인 개입을 전제로 하는 교육이론을 대체할 것으로는 보지 않았다. 피아제에 따르면, 교육은 그런 자연적인 발달과정과 구분되는 별개의 인간의 실천영역이다. 고유한 의미의 교육이론이 부재한 상황에서 그의 이론이 학교의 사태에서 적절히 적용되기를 촉구했지만 그는 이 부분에서 늘 불만스러워했다. 발달현상에 근거한 피아제의 인식론은 그 자체로서 존중되어야 하지만 어떻든 외래학문의 이론에 궁색하게 의존하는 "교육학"의 시대는 청산되어야만 한다. 이제 재건된 교육학이 피아제가 아쉬워했던 부분을 보충할 수 있어야 한다.

피아제의 이론이 교육본위론의 관점에 공헌하는 바가 없지 않다. 순차와 내화의 내재율이 이를 다소 반영하지만 그 부분만으로 인식론이 요구하는 지식의 생성과 그 검증원리를 설명하기는 미흡하고 어렵다. 지식의 발전이 어떻게 인식주체의 진리체험과 연관되어 있으며, 서로 그 지식수준이 다른 어린이와 성인, 그리고 선진과 후진 사이에 개재할 수 있는 인식의 갈등이 어떻게 해소되고 그 우열의 판정이 어떻게 이루어질 수 있느냐 하는 문제는 재건된 교육학의 설명을 요구한다. 이하에서 제안할 교육적 인식론은 그 전체의 면모를 여타의 내재율로 세부적으로 논의할 것이다.

18.2 교육적 해법

인식론은 어느 특정한 분과학문의 독점물이 아니다. 앞에서 철학, 역사학, 그리고 심리학의 예를 들었지만, 여기에 사회학적 관점을 첨가할 수도 있겠다. 여기서는 모든 것들을 제외한 교육학적 관점을 첨가하려는 것이다. 교육적 인식론은 인식자의 한계와 그것을 극복하는 과정으

Education and the Psychology of the Child, New York: Orion Press.)

로서 교육을 인식론에 가미시킨다. 그 과정은 예외가 없다는 점에서 보편성을 갖는다. 교육은 여타의 제반 인간형성의 경로[18]와는 차별화된 고유한 내재율을 지닌 영역이다. 여타의 인간형성의 과정을 무차별하게 "교육"으로 규정한 이제까지의 관습적 교육관, 용병학문적 교육관, 결과위주의 교육관 등이 배제됨은 물론이다.

교육적 인식론이 이전의 제반 인식론들의 한계를 넘어서고자 할 때 후자의 어떤 부분을 인정하고 다른 부분을 단지 보완한다는 것이 아니다. 그 체제 전반을 총체적으로 바꾸어 향상시킨다는 의미이다. 그런 취지에서 인식론의 기본요소인 지식에 대한 개념, 그 발전의 기준으로서 진리개념, 그리고 진리판정의 절차 등에서 그 나름의 새로운 체제를 택한다. 이런 시도는 교육학의 재건작업이 얻어낸 부수적인 성과라고 해야 할 것이다. 긴 논의가 필요하지만 지면관계로 여기서는 그 세부적인 사항들과 그 연관관계를 간단한 일련의 항목으로 나누어 축약하겠다.

18.2.1 지식

인식론의 중심개념은 지식(knowledge)이다. 인식론마다 그 지식이 무엇인지에 대한 관점의 차이를 보인다. 이제까지 대부분의 인식론[19]은 지식을 그것의 소유자로부터 분리시켜 그 보편적이고 비역사적인 형태로 취급하거나 혹은 언어형식의 정적인 결과물에 주목하였다. 이런 공유개념과 방관자적인 입장은 인식자 내부에서 살아서 작동하고 있는 지식의 실상을 외면한다. 교육적 인식론은 그 외면된 부분을 포섭한다.

교육에서의 지식은 품위의 하위개념이다. 품위는 해당하는 수도계에 대한 암묵적 체험구조라는 입장을 취했다. 그 한 가지 형태로서 지식은

18) 예컨대, 상벌에 의한 조건화, 행동수정, 사회화, 문화화, 교조화, 선전과 선동, 개종 등의 제반 과정들을 무분별하게 동원한다. 이는 대중에게 감당하기 어려운 스트레스, 실패, 좌절, 그리고 무력감을 강화할 뿐만 아니라 설사 그런 방법으로 일치에 성공했다고 치더라도 그런 대중에게 진리의 연대적 보증을 맡길 수는 없다.

19) 여기서 발생적 인식론은 예외다.

그 대상세계와의 교섭을 통해서 우리의 내면에서 구성된 총체적인 인지구조의 얽힘과 그 알맞음이다. 그 세부적인 것들이 그것을 암묵적으로 점유한 사람의 유기체적 상관성[20]으로 존재한다. 외적 대상세계에 대한 내부의 인식체제는 만사가 불확실한 상황에서 살아있는 유기체의 한 요소로서 역동적으로 작용한다.

개인의 신체가 구분되듯이 지식 역시 그것을 점유한 너와 나의 것의 구별을 전제한다.[21] 각자는 그가 가진 개별적인 지식을 통해서 세계를 바라보고, 그것을 사실로서 체험한다. 타인의 것을 편리하게 이용할 수는 있지만, 그것은 어디까지나 단편적인 정보에 불과하다. 품위로서의 지식은 몸 안에 살아 있는 방식으로 구체적인 삶에서 늘 작동한다. 그 암묵적 추리의 작용은 명시적 지식 혹은 논리적 추리와는 다르다.

다음은 지식에 관한 교육적 인식론의 세부적인 사항들이다.

1. 지식은 그 구성요소와 연결방식을 포함한다. 지식은 조직화된 전체이기 때문에 통상 일컫는 "단편적 지식"은 개념상 성립되지 않는다. 그것들은 세부적이고 구체적인 정보로서 지식이 구성되기 이전의 제반 자료에 불과하다. 아직 제 위치와 소속을 알 수 없는 수많은 정보의 누적을 지식으로 간주하는 통념은 마치 건축자재와 건물을 혼동하는 것과 같다. 단편적인 정보를 기억했다가 그것을 재생해 내는 컴퓨터의 능력이나 혹은 백과사전적 박학은 지식의 범주에서 벗어난다.

2. 나의 지식과 너의 지식이 따로 존재한다. "구슬이 서 말이라고 해도

20) 물과 고기는 서로 다른 것이지만 전자가 없으면 후자가 생존할 수 없듯이, 지식은 신체조건이나 감정 상태와는 구분되지만 후자가 없는 전자의 생명력은 보장될 수 없다.

21) 이는 아무런 믿음이나 소신도 없이 타자의 지식을 마치 자신의 것인 양 편의에 따라 무책임하게 횡설수설 따분하게 지껄이는 우리 주변의 수많은 학자들의 지식을 배제한다는 점에서 큰 의의가 있다. 단지 이름난 학자들의 말을 인용하는 것에 그치는 것은 아직 그의 지식의 부재함을 방증하거나 혹은 그의 지식에 대한 책임의 회피책이다. "남들은 이렇게 말하지만 그 문제에 대한 나의 소견은 이렇다."라고 주장할 때 비로소 그의 지식을 인정할 수 있다.

꿰매야 보배다."라는 격언은 "정보사회"라는 오늘날의 세태에서 새겨들어야 할 요체다. 설사 산더미 같은 정보를 쌓아놓는다고 하더라도 그 자체로서 지식이 성립하는 것은 아니다. 남이 가진 지식은 주어진 정보에 불과하고, 인식주체로서 그것들을 취사선택하여 하나의 체제로 구성할 수 있을 때 비로소 자신의 것이 된다.

3. 지식의 의미는 그 대상세계와의 대응관계가 아니라 그 내부의 요소 사이의 상관관계를 근거로 발생한다. 서로 무관하게 보였던 세부사항들이 상호관계를 맺고 각각의 개별적인 것으로 환원할 수 없는 새로운 의미를 갖게 되는 과정에 주목해야 한다. 그 세부사항의 어떤 부분에 대한 이해는 그것을 포함하는 전체의 이해와 연동된다.

4. 개인의 지식은 그가 지닌 마음이나 두뇌, 또는 그 밖의 어딘가에서 진행되는 개념조직이다. 이를 이해한다는 것은 그 개념 패턴을 이해하는 과제와 같다. 각자는 스스로 의식하지는 않지만 세계를 이러한 인식의 틀에 의해서 흡수하고 동화하고 변형시킨다. 개인은 그것이 얼마나 타당한 것인가를 떠나서 자신의 개인적인 지식을 통해서 세계를 접하고 그것을 사실로서 경험한다.

5. 지식에는 종류의 구분이 있다. 삼라만상의 대상세계가 다양하고, 그것들을 접하는 인식체제 역시 다양하다. 자연현상이란 무엇인가? 인문현상은 무엇인가? 이들은 서로 다른 현상에 대한 질문이다. 자연현상 가운데에도 물리현상과 생물현상은 그 포괄범위가 다르다. 이렇게 서로 세분된 지식들을 동일시하는 것은 그 경계를 무시하는 것이며, 그중 하나의 것을 다른 것으로 환원시키는 것은 범주착오다.

6. 각 종류의 지식에는 그 수준의 차이가 있다. 한 개인의 유의미한 지적 변화와 발전은 단순히 감각적 체험의 무질서한 다양성이나 정보를 집적하는 것이 아니라 그것을 하나의 주제로 모아서 자신의 일관성 있는 체제로 동화하는 과정을 거쳐야 한다. 구조의 한 요소의 변화는 불가피하게 다른 요소의 변화를 동반한다. 개인 사이의 지식수준의 차이는 그것을 구성하는 전체적인 요소들의 차이에 해당한다. 그 총체적인 차

이가 교육적인 교섭의 소재다.

7. 지식은 우리 자신과 세계에 관한 호기심과 의문에서 비롯한 우리 내부의 인지적 대응체제다. 그것은 항상 어느 정도의 오류를 포함하며, 항상 그 중간지점에서 끊임없는 부정과 자기교정의 여지를 남겨둔다. 이 점에서 지식 이외의 다른 분야에서 말하는 제반 능력이나 혹은 다른 종류의 고정된 신념체제와 대비된다. 그 개선의 정도에 따라 더 나은 지식과 덜 나은 지식의 상대적인 구분이 있을 뿐이다.

8. 각 단계의 이전과 이후의 지식은 발생적 연속성을 갖는다. 그것이 발전하는 과정에서 매 단계의 지식은 얼마만큼 걸림돌이자 디딤돌로서 작용한다. 개인 사이에 그 수준의 차이가 있으며, 적어도 그 개인에게 있어서 자신의 지식이 최선의 것이기 때문에 당분간 그것을 기점으로 타인의 지식을 수용하고 평가한다. 이 때문에 선진과 후진은 같은 증거를 가지고도 서로 다른 증언을 하거나 서로 갈등할 소지가 있다.

9. 체화된 지식은 언어의 형식으로 표명될 수 있지만, 그 암묵적인 구조는 실재나 사건의 의미를 신체 내부에 있는 단서를 통해서 파악하기 때문에 그것을 언어로서 세부적으로 표명하는 데 한계가 있다. 지식과 언어는 서로 다른 체제이다.[22] 언어형식이 지식을 대표할 수는 없으며, 그 표현형식만을 습득하거나 모방하는 것으로 지식을 지니고 있다고 할 수 없다. 언어적 소통이 지식을 공유하는 충분조건이 될 수 없는 근거다.

10. 암묵적 지식의 정적인 소묘로서 적당한 명칭을 부여하여 서가에 진열된 책의 내용은 그것을 읽고 소화해내는 독자가 등장하기 이전에는 흰 종이 위의 먹물 자국에 불과하다. 그것들의 의미는 결국 그것을 접하는 독자의 해석에 의존한다. 그 해석은 결국 그 독자가 지닌 내면의 지식에 의존한다. 원저자의 체험이 결여된 독자에게 그 원래의 의미와 그에 따른 삶에서의 유기체적 작동을 기대하기 어렵다. 개별적인 해석자마다

22) 우리의 사유나 사고는 그것을 전달하는 언어와는 무관하게 존재하며, 언어작용에 좌우되지는 않는다는 점에서 "지식이 없는 언어"나 "언어가 없는 지식"이 가능하다.

의 의미의 변질은 불가피하다.

18.2.2 진리탐구

진리는 인식에 관한 초월적인 가치의 대명사이며, 지식이 달성하고자 하는 목적이기도 하다. 어떤 지식이 옳은 것인가? 그 판단의 근거는 무엇인가? 인식론마다 질문에 대한 각종 주장들이 있고, 그것에 합당한 진리의 규정이 있다. 그 가운데 대응이론, 정합이론, 합의이론, 유용성이론, 탈은폐이론의 입장은 각각 어떤 것이며, 그 문제점이 무엇인지를 순서대로 검토하기로 한다.

가장 흔하고 상식적인 것으로서 경험이론의 계열이 택한 것이 대응이론이다. 이는 지식을 인식대상에 대한 일종의 그림으로 간주하고 그들 사이의 대응의 정도를 관찰하여 그 옳고 그름을 판단할 수 있다고 주장한다. 그러나 그것을 가능하게 하는 것으로 가정되는 관찰의 한계가 있다. 관찰된 자료에 대한 해석은 결국 지식에 의존한다. 선진과 후진의 해석이 다르기 때문에 이는 지적 우열을 판가름하는 증거로서 불충분하다.

지식 내부의 논리적인 일관성과 판단자의 명증성을 진리의 요건으로 삼는 합리이론의 계열은 지식의 기본적인 조건을 충족시킨다는 점에서 일단 수긍할 만하다. 문제는 그 정합성의 수준이다. 역사적으로, 이성이라거나 합리성은 당대에 인정받는 사고형태의 대명사로 판명되었다. 기존의 검증된 지식과의 조화를 진리의 또 다른 대안으로 삼을 수도 있겠지만 이 경우 혁신적인 지식의 수용을 차단한다. 판단에서 애초에는 옳았다고 여겼다가 다음에 부정하는 것은 흔한 일이다.[23)]

진리의 합의이론은 집단의 동의와 합의를 진리의 증거로 내세우기도 한다. 이는 그 해당집단, 합의의 내용, 그리고 그 방법이 무엇이냐 하는

23) 이때 우리는 흔히 "알고 보니 그게 아니다."라고 말한다.

데에서 문제의 소지를 남긴다. 개방적이고, 전체 사회구성원의 오류가 존재할 수 있다는 사실을 시인하고, 만장일치를 위험시하고, 비판세력을 관용하는 사회적 조건이 필요하며, 무엇보다도 지식의 수준이 다른 사람들의 존재를 인정하는 사회적 조건이 요망된다. 선진과 후진은 어떻게 이 조건을 만족시키면서 서로 합의에 이를 수 있는가?

지식의 작용과 유용성이라는 기준이 대안의 하나로 제시되기도 한다. 쓰임새가 있다면, 그것을 진리의 기준으로 삼자는 이 약속은 먼저 인간의 인식활동 자체의 내재적 가치를 간과한다는 약점을 갖는다. 뿐만 아니라, 그 유용성의 기준을 외부의 가치에 의존해야 하는데, 그 검증에 참여할 수 있는 가치가 다양할 뿐만 아니라 그 제반 효과도 모호하다. 지식이 참되기 때문에 유용할 수는 있지만, 유용하기 때문에 참되다고 판단하는 것은 인과의 도착이다.

마지막으로 살필 것은 탈은폐이론이다. 진리는 그 자체의 모습이 드러나 있지만 우리 자신의 한계 때문에 언제나 감추어져 있다는 주장이다.[24] 아닌 게 아니라 진리는 그것이 밝혀지기 이전에 각자의 곁에 은폐된 상태로 항상 존재하고 있다는 것은 분명해 보인다. 숨겨져있지만 숨길 수 없는 것이 진리이다. 인식자의 과제는 그 은폐된 진리 자체를 드러나게 하는 것인데, 이때 남는 문제는 그 인식자의 자격이다.

교육적 인식론은 위의 제반 진리이론 가운데 마지막의 탈은폐이론에 동조하지만, 특별히 그 은폐된 진리를 드러나게 하는 주체의 자격과 방법이 무엇이냐에 주목한다. 앞서 제시한 진리규명의 어떤 절차를 취하든 간에 진리는 그것을 발견하는 주체나 과정과 무관하게 정당화될 수 없다. 진리판단의 최종적인 책임이나 승인은 결국 인식 당사자의 경험 안에서 이루어져야 한다. 교육적 인식론은 진리의 밝힘이 드러나는 현장으로 교육을 상정한다.

---

24) 그리스어의 alētheia(진리)의 의미는 본래 '은폐되지 않은 것, 드러나 있는 것'이라고 생각된다.

다음은 진리에 관한 교육적 인식론의 세부적인 사항들이다.

11. 인식대상은 항상 우리의 삶에서 항상 있는 그대로 드러나 있다. 자각하건 자각하지 않건 간에 진리는 이미 우리 앞에 존재한다고 볼 수 있다. 문제는 어둠 속에 내밀하게 은폐되어 있는 진리를 발견하고 감식하는 우리 자신의 한계이다. 그 한계만큼 각자는 맹인이라고 보아야 한다. 그 한계를 극복하는 우리 자신의 변화가 진리를 확인하는 통로다.[25)]

12. 진리는 포착되는 대상이 아니라 추구하는 가치다. 현실적인 진리는 근사치이다. 모든 지식은 얼마만큼 진리와 허위의 요소를 지니고 있으며, 그 양극의 어느 중간단계의 것으로 판정되어야 한다. 진리의 확인은 자율적인 개인의 소관이다. 궁극적 진리에 도달하는 것은 어느 누구도 불가능하다. 절대적 지식을 알 수 있는 능력도 없고 그것을 가려낼 방법도 없다. 인식주체가 그것에 한 발자국씩 접근함으로써 은폐되었던 것이 점차 드러나기를 기대할 수밖에 없다. 그와 아울러 인식자의 진리기준이 점차 성숙한다.

13. 진리에 대한 판단의 기준점은 현품이다. 각자는 불가피하게 자신이 가진 지식을 근거로 진리에 대한 판단을 내릴 수밖에 없다. "정답"은 현품을 결말로 착각하는 데서 비롯한다. 어떤 인식에도 항상 그 안에 오류가능성이 포함되어 있다. 허위도 그것이 부정되기 이전까지는 진리로 간주된다. 그러나 거짓된 것은 조만간 그 한계에 봉착하여 발전을 촉구하는 적극적인 계기로 간주된다. 더 높은 수준의 지식을 얻는 노력을 함으로써 그때마다 인식대상의 은폐된 부분이 번갈아가면서 조금씩 더 드러나는 것을 체험한다. 그것이 바로 진리체험이다.

14. 진리와 허위라는 개념은 상대적이다. 그 이전의 발전단계에 비추면 진리이고 이후의 발전단계에 비추면 허위가 된다. 지적 탐구는 끝없는 자기교정의 과정에서 기껏해야 이전의 해답이 무효화되고 그 자리

---

25) 여기서 플라톤의 〈국가편〉 제7권의 첫머리에 소개된 동굴의 신화를 연상해도 좋을 것이다.

에 더 나은 대안이 들어서는 각 단계가 있을 뿐이다. 그때마다 서로의 대비와 비교를 통해서 상대적으로 지식의 높고 낮음을 판별할 수 있을 뿐이다.[26] 매 단계는 언제나 그만큼의 진리체험과 판결에 의존한다.

15. 인식은 유기체적 활동이다. 인지적으로 구성되지 않은 감정이나 느낌은 존재할 수 없다. 감정 자체가 지식의 요소는 아니지만 감정과 동반할 때 그 생명을 보장한다. 진리를 오직 열정과 감정에 호소해서 획득할 수는 없으나 감동이 없이는 진리가 부화될 수 없다. 각 단계의 상위의 지식을 습득하자마자 이전에 은폐되었던 것이 드러나면서 승화된 유기체적 감탄과 흥분과 희열을 동반한다.[27] 도달하는 지식의 각 단계마다 보장되는 진리체험의 감정적 여운이 불귀의 확신과 더불어 다음 단계의 지식을 갈망하고 향도하는 내적 동력과 나침반으로 작용한다.

18.2.3 증득

어떤 지식은 다른 지식에 비해서 대상세계를 좀 더 잘 밝히거나 은폐시킨다. 진리의 검증은 외부의 사태나 사건이 아니라 그것에 대한 주관적 판단에 의존한다. 그 확인은 어둠에서 밝음으로 이동하는 주체의 변화를 요구한다. 그 주체는 누구이며, 그 변화를 가져오게 하는 방법은 무엇인가? 이와 관련하여 기존의 인식론은 특수한 인간의 측면이나 예외적인 특권을 가진 사람을 상정한다. 철학에서 외부의 영향으로부터 오염되지 않은 순수한 자아를 상정하는 것은 전자의 경우이고, 진리판단을 최첨단의 학자들에게 위임하는 오늘날의 통념이 후자의 경우이다.

이런 인식의 대행체제에서 나머지의 사람들은 그 외부적 권위가 인정하는 이른바 "공적 지식"을 그대로 습득하는 것으로 되어 있다. 여기에

26) 밝음과 어둠에 대한 판단은 그 어느 한편에서가 아니라 그 두 가지가 교차하는 이른 새벽이나 해질 무렵에 이루어진다.

27) 이는 "유레카(Eureka)!"와 같은 주관적인 희열을 동반한다. 과장하면, 이는 개안하는 맹인의 환희에 비유할 수도 있을 것이다. 진리가 판명되는 것은 이와 같은 특별한 사건이다.

강압, 무조건적인 모방, "나는 그렇게 들었다."라는 식의 암송, 외재적 유인가의 동원에 의한 조건화, 기타 일치된 결과만을 보장하는 온갖 방법들이 동원된다. 일견 간편해 보이는 이 방법의 치명적인 문제는 삶의 여로에서 개개인이 나름의 수준마다 반복해서 응당 향유할 수 있는 소중한 진리체험을 외면하고 억압한다는 사실이다.[28] 교육은 그런 통념과 대행체제를 거부할 뿐만 아니라 그 굴레에서 벗어난다.

교육적 인식론은 지식을 소재로 하는 교육의 과정과 그 우열의 판단이 서로 연계되어 있다는 사실에 근거한다. 모든 품위가 그러하듯이 그 특정한 종류의 하나인 지식의 존재와 그 가치는 그것을 소유함에 의해서 판명된다. 지식은 어느 것이든 진리와 허위의 중간을 차지하며, 그 가운데 더 나은 지식의 입증은 그 입증하는 사람이 허위에서 진리의 방향으로 위치를 변경할 것을 요구한다. 가치의 입증은 강요가 아닌 심열성복의 조건을 만족시킬 수 있어야 한다. 그 부분에서 교육이 그 발전을 추동하고, 그 추동함을 근거로 그 우열을 판정한다.

교육적 주체가 그 비결의 주인공이다. 증득(證得)이라는 용어가 그것이 올바른 변화라는 의미를 잘 함축한다. 어느 정도의 인지적 결함과 오류를 가진 존재로서 개인은 누구나 얼마만큼 선진이자 얼마만큼의 후진의 위치에 있다. 후진으로서 상구자는 각 단계의 지식을 소재로 삼아 어느 정도의 지식의 향상을 꾀하면서 진리체험을 할 수 있으며, 선진으로서 하화자는 후진을 통해서 그의 진리체험을 재생할 수 있다. 이런 경로와 방식에 따라 개인은 제각기 진리의 증인으로 참여한다.

다음은 증득에 관한 교육적 인식론의 세부적인 사항들이다.

16. 지식은 소유자의 몸 안에 있고, 개인마다 그 수준에서 차이가 있다.[29] 그 소유자가 선진인지 후진인지는 명백하지 않다. 후진은 아직

---

28) 남이 음식을 먹는 것을 단순히 관망하면서 배부르거나 그 맛을 알 수는 없는 이치이다.

29) 우리 모두는 "우물 안 개구리"이다. 물론 세상을 이해함에 있어서 그 이해의 정도에는 개인차가 있다. 바다는 아니라고 하더라도 큰 우물과 작은 우물에 대한 이해의 정도에

그 한계 이상의 것이 무엇인지 모르는 상태에서 선진의 지식을 감별할 수 없다. 설사 선진이 바로 곁에 있다 손치더라도 그 수준을 경험하지 않은 후진은 그 자격을 갖추기 이전에는 선진의 지식에 대한 판단을 유보하는 것이 옳다.

17. 각자의 현품은 당분간 진리의 지위를 유지하지만 그 확신은 항상 얼마만큼의 오류를 포함한다. 허위와 진리의 경계선상에 있는 자신의 지식을 고집하는 한 더 이상의 진리체험은 불가능하다. 그 지식이 미칠 수 없는 한계와 불확실성에 봉착하면서 현재의 지식에 대한 결핍과 문제의식을 갖는 것이 상구의 출발점이다. 상구활동은 지금의 지식을 뒤로하고 한 걸음씩 더 나은 지식을 획득하면서 그 실재를 확인해 나간다.

18. 대상세계에 대한 오류를 찾고 교정하는 상구의 큰 과제는 단순히 외부에서 주어지는 기존의 혹은 외부의 "정답"을 무조건 수락하는 것과 구분된다. 진리의 판단은 어디까지나 단독자의 소관이다. 많은 사람들이 옳다고 하더라도 다시 살펴야 하고, 그르다고 해도 다시 살펴야 한다. 진리의 증언대에 서고자 하는 사람은 지금의 지식과 더 나은 지식이 갖는 모호함, 두려움, 불안의 경계에서 스스로 범인이면서 동시에 탐정가의 위치에 설 수 있어야 한다.

19. 지금의 지식에 알맞은 상구소재는 다음 단계의 지식이다.[30] 상구가 진행되면서 그 문제를 해결하는 더 나은 지식이 구성되며, 그 향상된 지식의 빛에 의해서 은폐된 인식대상이 좀 더 밝게 드러난다. 그 이전과 이후를 대비하는 체험을 통해서 지식의 발전 혹은 우열을 자발적으로 감별하는 것이 바로 자증이다. 전자를 버리고 후자를 택하는 도정의 한 단계로서 자증은 그 자체 안에 머물러서는 안 되는 징검다리에 불과하다.

20. 상구는 매 단계에서 다음 단계로 이어지기 때문에 고정된 시작과 끝을 가질 수 없다. 깨달음은 더 나은 자신과의 만남이다. 상구가 나선

서 차이가 있다.

30) 산을 오르는 사람에게 소중한 지침은 "먼 산보다는 앞산"이라는 충고다.

형으로 진행될 때마다 이전의 지식과 이후의 지식 간에 대비되는 차이에 의해서 그 단계에 알맞은 정도의 진리체험의 길이 열린다. 한 차례의 자증은 다음의 자증과 연결된다. 이로써 매 단계에서 자발적이고 점진적인 지식의 발전과정의 도정을 확인한다. 그 경험은 이전에 불가능했던 선진의 지식에 대한 평가의 정당한 자격을 얻는 과정이기도 하다.

21. 진리가 특정한 자아의 자증으로 끝난다면 유아적 착각이나 환상의 함정에 빠질 우려가 있다. 아무리 지고한 진리체험을 했다고 하더라도 그것이 타인에게 수락되지 않는 한 그 보편성이 입증된 것이 아니다. 그 보편성을 담보하는 타인의 증언을 구하는 방식은 심열성복이다. 강제, 조작, 회유를 동원하거나 혹은 다수의 원칙을 따르는 세속적 동의나 합의와 달라야 한다.

22. 상구에 성공한 것만큼 후진의 수가 증가한다. 후진도 다층이다. 후진 밑에 후진이 있다. 그들에게 선진으로서 자신의 지식이 상대적으로 우위에 있다는 것을 공증하고자 할 때 봉착하는 문제는 후진이 그 선진의 지식을 올바로 평가할 자격을 갖추지 못한 상태에 놓여있다는 사실이다. 후진으로부터 선진의 지식을 인정받기 위해서는 그 평가의 자격을 갖추도록 하는 과정이 필요하다. 그 방법이 후진의 상구를 돕는 하화교육이다.

23. 하화는 자신이 가진 선진의 품위를 실현하지 못한 후진에게 자신이 거친 상구의 과정을 거치도록 지원함으로써 그 자격을 부여한다. 하화의 출발점은 후진의 지식이다. 선진이 가진 과거의 지식은 비록 선진에게는 무효이지만 언제나 하화의 소재가 될 수 있다. 후진이 가진 현재의 지식을 살피고 그로부터 자신이 확보한 지식수준에 이르는 상구의 경로를 재생하도록 원조하는 것이다. 이로써 후진과 진리체험을 공유하고 그들로부터 심열성복의 상호주관적인 동의를 얻어내는 과정이 바로 타증이다.

24. 선진이 후진으로부터 그 우월적 지위를 입증하는 데 두 가지 경로 가운데 하나는 후진이 자신이 처한 지금의 단계에서 점차 진리체험을

자증하여 나가도록 하는 것이고, 다른 하나는 선진의 지식에 무조건 동조하도록 하는 것이다. 전자는 후진의 개별적인 수준에 하강하여 그 발생적 단계에서 점진적이고 자발적인 발전을 통해서 확인과 동의를 거치는 것이고, 후자는 단번에 일치와 합의를 요구하는 것이다. 전자를 생략하고 후자의 결과에 집착한다면 타증의 명분을 잃는다.

25. 지식을 평가하는 기준은 보편적인 것이 아니라 따지는 사람의 현품에 토대를 두고 있다. 각자는 그가 가진 지식에 의거하여 세계를 바라보고 타인을 평가한다. 선진의 지식과 후진의 지식은 각각 그 나름의 합리성을 지니고 있지만, 그들 사이에는 논리적인 일관성이 결여되어 있다. 상호 불가공약이기 때문에 그들 사이의 합리적인 소통이 불가능할 뿐만 아니라 동일한 것을 관찰한 자료를 얻더라도 그것을 해석함에 있어서 서로를 위증한다. 시비를 따질수록 갈등이 일어난다.

26. 그 갈등가능성을 해소할 수 있는 비결의 하나가 교육적 교섭이다. 선진과 후진의 품위의 차이가 많은 경우, 선진은 그만큼 하화할 소재가 풍부하며, 후진은 그만큼 상구할 소재가 풍부하다고 말할 수 있다. 그만큼 그들 사이에는 생산적인 교육적 교섭의 가능성이 열려 있다. 교육적 관계는 동일한 종류의 소재를 가진 선진과 후진 사이의 판별을 전제한다. 그 요구의 조건이 충족되지 않은 상태에서 그 판별의 비법으로 교육을 내세우는 것은 일견 자가당착의 문제로 보인다.

27. 교육적 교섭은 그 문제를 해결하는 묘책을 내부에 장치하고 있다. 그 교섭은 선진과 후진에 대한 확신보다는 그 부분에 대한 가정에서 출발한다. 가정된 선진이 하화하고, 가정된 후진이 상구하는 방식으로 교육적 교섭을 시도한다. 그 가정에 따라 후진의 순차와 선진의 하강의 내재율에 따라 교육의 소재가 이동할 것이며, 선진의 말은 처음에는 틀린 것 같지만 점차 맞는 말이 되고, 후진의 생각은 처음에는 맞는 것 같지만 나중에 점차 틀린 것으로 바뀔 것이다. 이렇게 가정된 후진의 자증과 가정된 선진의 타증이 쌍방에서 동시에 지속된다면 그 일차적 가정이 옳다는 확실한 증거가 된다.

28. 교육적 교섭을 통한 지식의 우열검증은 그 일차적 가정의 긍정이라는 부분에서 성립할 수 있지만 그것의 부정을 보장할 수 없다는 점에서 한계가 있다. 그 이유는 교육적 관계의 지속과 종료는 선진과 후진이라는 조건 이외의 다양한 외적 요인들의 지배를 받기 때문이다. 그 우열의 가정이 부정되는 경우에는 그 여타의 특수한 요소들을 면밀히 검토해야 한다. 그만큼 교육적 인식론은 선진과 후진의 판별에서 보수적이라고 말할 수도 있겠다.

29. 교육적 관계에서 언제나 제자로 남아 있는 것은 스승에게 보답하는 길이 못 된다. 스승이 제자를 그의 위치에 묶어두는 것도 품위의 향상을 도모하는 교육적 공조의 내재율에 어긋난다. 상구소재로서 품위의 수준은 거의 무한대이다. 그 안에서 부단하게 현품의 혁신이 이루어진다. 이에 비해서 하화소재는 한정되어 있고, 선진에게 이미 알려진 토대 위에서 보존된다. 하화의 내재율로서 하강은 그 방편에 불과하다. 이로써 스승과 제자의 품위상의 교육적 반전의 길이 열린다.

30. 역사적 과정에서 후대는 선대에서 미결사항이었던 것이 이미 결정된 시대에 살고 있다는 유리한 점이 있다. 이 말은 결코 한 시대에 사는 사람이 기지의 지식을 서로 공유한다는 뜻이 아니다. 개체발생은 그 계통발생의 마지막 단계에서 시작하는 것이 아니라 그 나름으로 그 발생적 과정을 되풀이해야 한다. 다만 선대와 후대의 개인에게 있어서 그 출발점은 같다고 하더라도, 후대는 선대에게 가용하지 못했던 높은 수준의 지식이 교육소재로 확보되어 있기 때문에 교육적 과정의 재생에서 시행착오를 줄일 수 있고, 그렇게 함으로써 장기시숙의 기간이 이전보다는 훨씬 단축될 수 있다. 이것이 교육적 진화의 통로이다. 역사는 전단의 상구자에게 그 성공의 영광을 부여한다.

18.3 학문의 교육적 진화

"개념이 사실을 결정한다."라는 명제는 본서의 일관된 주제였다. 이 명제는 인간의 역사에도 적용된다. 역사적 사실들의 많은 부분이 그것을 포착하는 개념이 발전되기 이전에는 은폐된다. 재해석을 거쳐 역사를 다시 써야 하는 이유다. 교육은 인류역사가 시작된 시점부터 삶의 일부가 되었지만 마땅한 개념의 부재로 아직까지 그 빛을 보지 못하고 있다. 교육학의 재건이 이루어진 지금의 시점에서 그 놓친 역사적 사실에 대한 지적 공백을 보충할 필요가 있다.

역사가 시작된 이래 인식활동은 줄기차게 이루어졌으며, 그 과정에서 지식에 대한 옳고 그름과 우열의 판정이 어떤 방식으로든 진행되었으리라는 사실에는 의심의 여지가 없다. 인식의 발전에서 학문이 그 중요한 위치를 차지한다. 이는 본서 제1장의 주제였다. 학문은 인간에 의해서 만들어진 세계이며, 그 발전을 추동한 것은 교육이었고, 그 발전을 검증한 것도 교육이었다. 그 부분에 대한 설명으로 이제 본서를 마무리할 수 있는 의미가 남다르다.

특정 대상에 대한 지식을 끊임없이 발전시키는 세계가 바로 학문의 세계다. 학문에 입문한다는 것은 그 지식들이 발전된 진로를 따라가는 것이다. 수도계의 전형적인 사례인 학문을 소재로 하는 교육도 진행되었을 것이다. 시간은 진리의 편이고, 교육의 과정이 그 흐름을 안내한다. 정확하게 말하면, 지금의 학문은 교육적 진화의 산물이다. 이는 앞으로 진행되어야 할 연구과제가 되겠지만, 본 절은 교육적 인식론의 관점에서 그 단초만을 제공할 것이다.

항구불변의 진리가 밝혀졌다면 학문이 존재할 이유가 없다. 아직까지는 오류의 역사라는 것이 다행이다. 오류도 견고한 토대를 가지고 있고, 이를 믿는 사람들은 진지하다. 학문적 지식과 여타의 지식의 차이는 전자가 그 오류가능성을 인정한다는 점이다. 매 단계마다 개선의 여지가 있다. 어느 분과학문이나 인식의 오류를 발견하고 그것을 교정해 나가는 과정에 있다. 그 전체의 동요와 질적인 변혁, 좌절과 창조, 종적 발전의 매력을 잃지 않도록 매 순간 분투한다.

학문의 역사에 대한 논의는 편의상 통시적 관점을 취한다. 마치 한 시대의 학문공동체의 지식을 당대 사람들이 공유하는 것으로 취급한다. 당대의 사람들은 학문공동체가 이미 성취한 최근의 지식에서부터 인식활동을 시작하는 것으로 생각하는 경향이 있다. 그런 역사적 관점의 선택은 그 당대에 새롭게 출생하는 개별적인 사람들의 기나긴 교육적인 삶과 그 과제의 일면을 간과하거나 은폐한다.

학문공동체의 발전은 단지 그 정점의 어느 단계에서 학자들 사이의 교육적 반전이 일어나는 사건들이다. 역사를 통해서 거명되는 위대한 학자들의 업적은 해당영역에서 최종적인 지식을 생산했기 때문이 아니라 그 지식을 얻는 디딤돌을 마련했다는 데 있을 것이다. 학문공동체 안에서도 서로 갈등하는 이설들이 있고, 그 합의과정이 용이하지 않다. 이때 교육이 그 이설들 사이의 우열을 판정하는 기능을 하였을 것이다.

교육적 인식론은 당대에 살고 있는 개체의 발전에 주목한다. 오직 첨단의 지식에 진리의 의미를 부여한다면, 역사상 어느 학자도 진리를 체험하지 못한 것이라는 결론에 도달한다. 그 결론을 수긍할 수 있는가? 어느 단계에서나 지식은 그 나름의 수준에서 진리와 허위의 요소를 지닌다. 통시적으로 지난날의 지식은 오늘날의 기준에 비추어 허위로 판단할 수 있지만 어느 지식이든 간에 그 발전과정에서 교육소재가 되었다.

지식의 발전단계와 개인의 지식 사이의 차이를 일시에 메울 수 있는 비법은 없다는 것이 교육의 전제이다. 통시적으로 어느 발전단계에서나 그리고 공시적으로 어느 지식수준의 차이에서나 교육의 과정이 개입하였다. 지식의 오류가 교정되었을 뿐만 아니라 이전의 것이 오류임을 입증하는 장치로 작용했다. 지난날 학문적 발전에 공헌한 수많은 역사적 인물들은 지금의 기준에 비추어서 허위의 지식을 지니고 있었음에도 불구하고 그들 나름의 단계에서 각각 진리체험을 하면서 학문발전의 증인이 되어 왔다.

교육적 인식론은 각 시대의 세대 간에 수많은 스승과 제자들의 교육적 교섭이 학문의 발전을 촉진하고, 그 진리체험을 보장하고, 그 발전의 상대적인 위계를 판명하는 데 작용했다는 사실에 주목한다. 지식의 옳고 그름은 상구자의 주관적 깨달음으로 확인된다. 지식의 개선이 진리체험을 보장한다. 새로운 발견과 그에 부대되는 흥분이 학문발전의 추동력이 되어 왔다. 이런 체험을 통한 지식의 차별적 감별이라는 엄연한 사실이 학문사의 논의에서 이제까지 충분히 반영되지 않았다.

교육적 인식론의 이런 주장이 맞는 것이라면, 현재의 지식이 존속되고 있다는 사실 자체가 교육이 다소간 성공한 경우라고 보아야 할 것이다. 그 반대로 실패의 경우도 얼마든지 가능하다. 여기서 어떤 인식도 그 차이를 매개하고 검증하는 교육이 개입하지 않았다면 지금처럼 유지되고 발전되지 않았을 것이라는 결론을 얻게 된다. 그 성공과 실패의 사례를 밝히는 것도 교육적 인식론의 중요한 과제이다. 실패를 피하고 성공을 극대화시키는 것이 또한 그 응용의 과제가 되겠다.

세계가 복합적이며 다원적인 만큼 저마다의 분과학문이 그 대상이 되는 사실 혹은 현상의 전체를 포착하는 데 적합한 지식들을 생산하고 있다. 그 유관한 질문의 단위가 크면 그에 대한 해답의 포괄영역도 클 것이고, 그것을 구성하는 요소도 다르게 규정될 것이다. 우주처럼 방사형으로 확장하는 그 다양성은 서로 빠진 부분을 보충하는 것이기 때문에 그들 사이에 우열을 판명하는 것은 잘못이다.[31)]

각각의 분과학문 안에서 이루어지는 그 우열의 판명에 개입하는 교육적 인식의 정밀성을 입증하기 위해서는 광범한 증명의 자료가 수집되어야 하고 긴 논의를 하여야 하겠다. 제반 영역에서 교육적 인식이 작용한 사례를 찾는 과제는 남아있지만 이미 밝혀진 사례에 대한 논의조차도

31) 한 경험의 양상을 다른 경험의 양상에 비추어 설명하는 것, 혹은 상호 무관하고 독립되어 있는 것을 유관한 것으로 혼동하는 오류를 논점이탈이라고 한다.

지면상 벅차다. 아래에서 편의상 크게 인문과학, 자연과학, 인식론의 영역으로 그 분야를 구분하고, 그 각각에서 교육적 인식이 작용한 대표적인 사례만을 약술하고자 한다.

18.3.1 인문과학분야

인문과학을 그 대상세계의 구체성과 동일시하는 것은 흔한 범주착오다. 예컨대, 문예와 문학, 역사와 역사학, 종교와 종교학, 도덕과 윤리학은 질적으로 자연과 자연과학의 차이만큼 크다. 전자는 구체적인 삶의 현장에서 실천되고 있고, 후자는 그 현장을 단지 추상적 개념으로 논의할 수 있을 뿐이다. 그 차이를 가끔 망각하고 인문학적 논의가 그 대상세계의 실천을 대신할 수 있을 것이라는 혼동을 자주 볼 수 있다.[32]

제한된 의미의 인문과학 분야에서 교육이 특정한 지식의 타당성을 인정받고 그 우열을 판별하는 도구가 되었다는 사실은 오늘날까지 인류의 사표로 인정받고 있는 인물들을 묘사한 문헌에서 그 단서를 쉽게 찾아 볼 수 있다. 그들은 상구를 통해서 당대의 사람들이 알지 못했던 새로운 세계에 대한 인식을 자증하였고, 그 인식의 타당성을 하화에 의해서 타증하는 방식을 보여주었다. 〈대화편〉과 〈논어〉가 그 대표적인 문헌이다.

〈대화편〉의 탁월성은 저자인 플라톤 자신의 주장을 곧바로 표명하지 않는다는 점에 있다. 플라톤은 자신의 견해를 내세워 직접 전달하기

---

32) 이런 범주착오는 특히 학교에서 도입하는 교과과목에 대한 개념에서 자주 드러난다. 예컨대, 체육학과 체육, 예술학과 예술, 윤리학과 윤리를 혼동하고, 전자를 습득하면 후자의 문제가 해결될 것으로 보는 것은 그 실례의 하나다. 각종 경전에 기록된 성인의 발언을 검토하는 오늘날의 인문학 열풍도 이 범주에서 검토되어야 할 사조다. 인문학의 열풍에서 유의할 점 한 가지를 더 지적하겠다. 더러는 인문학자들이 자신의 문자놀이의 지혜가 인격의 한 부분이라는 사실을 잊고 인격 전체를 대표하는 듯한 과대망상에 빠지는 경우가 많다. 인문학과 그 대상세계가 추구하는 가치는 서로 다르다. 따라서 교육에서 이를 분리하여 다루어야 할 필요가 있다.

보다는 그 안에 여러 사람들을 등장시키고 그들 각자가 개별적인 견해를 가지고 대화에 참여하는 가운데 더 포괄적인 견해에 도달하는 과정을 묘사한다. 어떤 주장의 결과에 대한 타당함이 아니라 그 타당함에 이르는 교육의 과정을 상세하게 묘사한다. 플라톤이 자신의 주장을 수미일관하게 독자에게 직접 부과했다면 그 교육적 가치는 반감되었을 것이다.

〈대화편〉의 주인공은 대개 플라톤의 스승인 소크라테스와 주변 사람들이다. 많은 부분에서 소크라테스가 여타의 사람들에게 의문을 제시하고, 스스로 고정적인 답변을 피하면서, 비유, 변증법적 모순, 논증, 대화적 응답을 통해서 자신의 비상식적인 관점을 설득하려고 노력하는 장면이 묘사된다. 단순히 승리를 지향하는 금력, 폭력, 혈통의 지배원리를 떠나서 대립된 의견들의 성찰을 토대로 서로의 이해와 더 높은 수준의 지평에 도달할 수 있는 가능성을 타진한다.

소크라테스는 당시의 상식에 의문을 제기하고 실상에 맞는 진리를 찾는 남다른 상구자였다. 그는 스스로의 무지를 인정하고 끊임없이 질문하면서 해답을 구하고자 했다. 자증과 진리체험이 그의 진전을 확인하는 근거로 작용했을 것이다. 그런 가운데 델포이의 신탁은 소크라테스가 아테네에서 가장 지혜로운 사람이라고 예언한다. 그는 진정 자신이 그런 위치에 있는 것인가를 확인하고자 하였고, 그 방법이 바로 교육적 교섭이었다. 〈대화편〉에서 소크라테스가 교묘하게 교육적 교섭을 통해서 자신의 지적인 우월성을 입증하는 방식이 분명하게 드러난다.

그 과정은 이렇게 전개된다. 소크라테스의 대화에서 처음에는 그가 무지한 자임을 가장하고 당대에 현인으로 자처하는 사람들이나 명망 있는 소피스트를 상대로 후진의 입장에서 먼저 청하화한다. 그러나 대화를 차츰 진행해 나가는 가운데 오히려 상대가 자신의 무지나 오류를 깨닫도록 유도한다. 이렇게 제자의 위치에서 스승의 위치로 자연스럽게 전환함으로써 당사자들은 물론 주위 사람으로부터 그가 후진이 아닌 선진이라는 인정을 받게 된다. 이런 방식에 의해서 그가 아테네에서 가장 현명한 사람이라는 신탁의 예언이 옳다는 것을 스스로 알게 된다.

소크라테스의 하화활동은 대부분 자신의 해답을 상대에게 주기보다는 상대의 이야기를 듣고 그가 가진 답의 확신을 무너뜨리는 방법을 택했다. 그는 이를 제자들에게 당시의 아는 체하는 사람들을 논파하는 방법으로 권유하기도 한다. 그 방법은 그의 제자인 플라톤, 플라톤의 제자인 아리스토텔레스에게 적용되었으며, 플라톤이 세운 아카데미아나 아리스토텔레스가 세운 뤼케이온의 교육에서도 이루어졌을 것이다. 지금처럼 다양한 학문의 방법이 없던 시대에 인식상의 우열을 판정하는 방법으로 교육의 내재율이 적용되었다는 것은 실로 놀라운 사실이다. 오늘날까지 그 방법이 철학의 발전을 뒷받침하고 있다고 해도 과언이 아닐 것이다.

이와 같은 교육적 방법은 서양에서만 찾아볼 수 있는 것이 아니다. 비슷한 시기의 동양에서도 그 적용의 사례를 찾아볼 수 있다. 〈논어〉는 공자라는 성인과 그 제자들과의 삶을 서술한 책이다. 주로 공자의 언술을 제자들이 받아들이는 과정을 기술한다. 어느 누구보다도 공자는 공부하는 것을 좋아하였다. 그의 지혜는 자신의 상구에 의해서 얻어진 것이며, 자증이 그 증거가 되었다. 그 지혜는 하화의 절차를 밟아 다시 타증된다. 그의 지혜에 대한 제자들의 동의는 어김없이 심열성복의 원리에 따른다.

공자는 제자와의 교섭에서 똑같은 질문이라고 하더라도 묻는 제자에 따라 다른 대답을 하였다. 이런 수인이교(隨人異教)의 원칙은 상구의 순차의 내재율과 하화의 하강의 내재율에 어김없이 일치한다. 이는 곧 다른 것이 아닌 교육의 과정이 그 지혜의 정당성을 보장하며, 공자와 제자들 사이의 지혜의 우열이 그들 사이의 교육적 교섭에 의해서 판결된다는 사실을 잘 보여준다. 공자가 가장 사랑한 안회의 말에 그 단서가 여실하게 나타나 있다. "가까워진 듯하다가 멀고 높게 보여서 따라가고자 하지만, 도저히 미칠 수가 없습니다(자한10)."

인문과학이 주로 다루는 정신현상은 말이나 문자로 표현되며, 그 안에서 진리를 탐구한다는 취지를 따른다. 문자 자체가 진리를 입증할 도리는 없기 때문에 인문과학은 자연적 사실을 다루는 자연과학의 것과는 다른 방법을 찾아야 했다. 그 요청에 응답하는 것이 이른바 해석학이다. 해석학은 어떤 의미복합체(삶의 표현, 객관정신, 혹은 텍스트)를 두고 그것에 상응하는 이해에 도달하는 길을 찾는다. 텍스트의 의미는 그것을 해석하는 방식에 의해서만 존재한다. 그러나 주로 문자적 결과에 의존하는 해석학적 방법은 여러 가지 한계를 수반한다.

그 한계조건의 하나가 언어가 갖는 의미의 불확정성이다. 앞 절에서 지적했듯이 언어의 의미는 하나의 체제 안에서 규정된다. 그 의미가 고정되고 단일한 것이 아니라 맥락에 따라 달라진다. 우리의 삶에서 이루어지는 학문적 언설, 문학적 언설, 윤리적 언설, 종교적 언설 등이 그 한계를 벗어날 수 없다. 더군다나 그 의미는 시간상으로 부단히 동요하는 무한한 과정에 있기 때문에 인문과학에서 심각하게 다루어 온 언어 자체가 본질적으로 비결정적이며 비종결적이라는 사실을 부인하기 어렵게 되었다.

다른 한계는 학문적 지식을 문자로 표현할 수는 있지만 그 표현이 곧바로 학문의 지식과 동일한 것은 아니라는 사실이다. 그 표현 이전의 체험구조이다. 해석학은 텍스트의 저자와 해석자 사이의 문화공동체 안에서의 체험의 동질성을 쉽게 가정하지만, 이는 순진한 가정이다. 그 안의 선진과 후진 사이에는 공통된 체험의 기반이 없고, 이 때문에 후진이 선진의 지식을 반영하는 텍스트를 이해하는 것이 불가능하다. 해석에는 양파의 껍질처럼 여러 층이 있다. 저자가 표현한 지식에 해석자의 지식을 더한다. 그들 사이의 지식의 차이가 클수록 해석의 오해와 불일치의 간격이 더욱 커지기 때문에 그 지식수준을 분별하려는 해석적 의도를 달성하기 어렵다.

언어로 기술한 내용을 해석하는 것이 오늘날에도 이른바 "철학교육"의 주류를 이루고 있다. 인문학자들은 지식을 정확하게 언어로 표현하는 방법과 규칙만 알 수 있다면 언어를 통해서 그 지식이 공유될 수 있으리라고 가정한다. 여기에 큰 혼동이 있어 보인다. 〈대화편〉이나 〈논어〉의 경우처럼 당대의 사람들이 대화에 직접 참여하는 것과 그 대화의 내용을 해석하는 것은 전혀 다른 활동이다. 해석학적 이해의 핵심은 체험이다. 그런데 해석학이 가정하는 공통체험은 다분히 문화화에 의한 강요된 일치가 포함될 수 있다. 지배세력의 이데올로기적 편견도 무시할 수 없다.[33] 흔히 관점과 지평의 융합에 의한 변증법적 발전의 논리 혹은 무제한의 토론 등을 그 방법적 장치로 내세우기도 하지만, 그 합의방법의 까다로운 조건을 통과하지 않는 한 진리를 보증하기 어렵다.

이렇게 말하는 것은 적어도 앞서 지적한 두 가지 문제를 해결하는 별도의 과정을 보완하지 않는 한 지금의 해석학은 지식과 그 우열의 검증의 수단으로서 완성된 것이라고 할 수 없다는 점을 지적하려는 데 있다. 동서고금의 철학자들이 "바람직한 인간"에 대한 수많은 제안을 하였다. 그럴듯한 말들은 무성하지만 실제로 교육적 내재율에 따른 입증은 늘 뒤로 미루어져 왔다. 여기서 흔히 간과하는 부분이 그 주장자의 품위에 따라 그에 대한 규정이나 평가가 다르다는 사실이다. 이는 주로 문헌의 해석에 의존하는 이른바 "인문학교육"의 맹점으로 작용하고 있다.

관례적인 "철학교육"[34]은 다분히 언어적 소통의 형식으로 묘사된 내용의 해석에 의존한다. 그 의미는 그것을 사용하는 우리 자신들의 개별적

33) 이 문제는 이른바 '비판적 해석학'의 주제이기도 하다.

34) 그것이 지닌 남다른 장점도 있다. 철학사의 온갖 이론이 교육의 소재로 이용되고 있는 것은 주목할 만한 전통이다. 오늘날의 철학공동체의 수준에 비추어 플라톤이나 아리스토텔레스의 이론이 옳다고 보기 어렵다. 그럼에도 불구하고 그 당시에는 훌륭한 소재였고, 그 단계에 있는 현대인에게도 그 당시의 소재가치를 재생할 수 있는 것이다. 철학의 전통에서 비롯하는 낙관에 따라 대부분의 철학자들은 새로운 경험이 일어나는 통로로서 문답, 대화, 토론, 논증, 논박, 설득 등과 같은 언어적 활동을 상정한다. 대립된 의견들의 토론을 통해서 서로 모순된 것들이 충돌하고 비교함으로써 더 나은 인식에 도달한다는 처방이다. 이는 단순한 형식논리에 의한 의사소통보다는 진일보하는 면이 있다. 그러나 이는 해당 체험의 단절을 해소하는 데에는 불충분하다. 그 한계를 벗어나는 것이 바로 교육적 방법이다. 교육은 후진의 점진적인 체험의 축적과 변형을 포함한다.

인 체험에 토대를 두고 있다. 여기서 하나의 역설이 성립한다. 그 체험이 같은 것이라면 교육이 불필요하고, 체험이 같지 않은 것이라면 서로의 이해가 불가능하다. 그 상태에서 단지 어떤 의미도 없는 말장난에 그치거나 혹은 말 자체만 사방팔방으로 흩어지는 현상이 빚어진다. 이 한계를 벗어나 〈대화편〉의 소크라테스의 말을 정당화하려면 그가 설득하고자 했던 주장에 대한 인문학적 해석이 아니라 당시의 교육의 과정을 재생해야 할 것이다.

〈논어〉의 해석에 의존하는 "유학교육"도 이 점에서는 마찬가지다. 비록 언어에 의해서 공자와 제자 사이의 관계가 기술되었지만 공자의 체험은 말로 충분하게 기술할 수 없다. 공자 자신이 자신의 지혜를 공유함에 있어서 언어적 소통의 한계를 너무도 잘 알고 있었다. 더구나 수인이교(隨人異教)의 원리는 제자가 처한 단계에 맞게 말을 방편적으로 활용하기 때문에 그 언급 사이의 논리적인 일관성을 기대하기는 어렵다. 이를 평면적으로 해석하거나 혹은 그 자구 하나하나에 집착하는 것은 수인이교의 취지와 근본적으로 어긋난다. 오늘날 "유학교육"에서 필요한 것은 그 선현들이 얻은 해답의 재생이 아니라 그것을 얻고자 했던 당대의 상구과정의 재생이다.

교육적 인식론이 추천하는 것은 그 문헌 속에 나타나는 결론에 대한 해석이 아니라 그 결론을 얻게 되는 데 개재하는 교육의 과정이다. 예를 들면, 〈대화편〉에서 참가자들 사이의 교섭, 그리고 〈논어〉에서의 공자와 제자들 사이의 교섭은 어쩔 수 없이 문자로 압축하여 기술되어 있지만 그것은 단지 문자적으로만 해석하고 넘어갈 부분이 아니다. 그 해석을 어떻게 하든 간에 그것이 교육을 결코 대신할 수는 없다. 우리가 주목할 것은 바로 그 문자로 축약된 교육적 교섭 자체의 재생과 작용이다. 인문과학에서 "교육"이라고 할 때, 그것이 무엇을 의미하는지에 대한 철저한 반성이 필요하다.

요컨대, 주로 문장을 숭상하는 "문자공부"와 교육적 인식론이 내세우는 교육적 교섭은 질적으로 다르다. 어느 것이 진리체험을 보장하며, 심열성복의 우열판단을 가능하게 하는가? 유관한 체험의 결핍이나 차이를 언어적 소통이나 해석에 의존해서 대신하려는 것은 문제의 해결을 거꾸로 시도하는 것이다. 교육적 인식론은 그것을 원래의 순서로 되돌려 체험을 근거로 삼는 교육적 교섭을 언어적 소통에 우선하는 위치에 둔다. 체험의 간극을 좁히기 위해서는 언어적 소통과 교섭 이상의 장기적이고 단계적인 교육활동이 요구된다는 것을 앞서 누차에 걸쳐 검토한 바 있다. 이를 교육적 이해라고 하거나 혹은 그 방법적 논리를 정립한 것을 교육적 해석학이라 불러도 좋을 것이다.

18.3.2 자연과학분야

인문과학의 경우와 마찬가지로 자연과학의 영역을 다룸에 있어서도 그 인식대상과 그 인식내용의 차이를 구분하는 것이 필요하다. 자연과학은 자연을 대상으로 연구하지만 그 자체는 자연적인 성질과 거리가 멀다. 자연은 있는 그대로의 것이고, 자연과학은 자연을 소재로 하는 사유작용이다. 그 사유는 자연의 경우처럼 이미 실재하고 있는 것이 아니라 인간의 사유체험이 점차 발전하면서 만들어 나가는 세계의 하나이다. 그 점에서 관례상으로 자연과학을 문화현상으로 치부할 수도 있겠지만 본서는 이를 특수한 수도계의 하나로 취급해 왔다.

개념상 "자연"이라는 말에는 공통성이 있지만 그 대상의 차이는 실로 크다. 자연은 예컨대, 물리, 화학, 생물 등 서로 이질성을 가진 복수의 세계를 포함하고 있음이 밝혀졌다. 그 각각은 더 세분된 전공영역이나 이론으로 나뉜다. 그 어떤 연구영역이든 간에 그 영역을 이해함에 있어서 자연의 개념을 적용하거나 혹은 자연을 연구하는 방식을 적용하기 어렵다는 점은 분명하다. 그 점을 고려한다면, 자연과학을 이해함에 있어서 자연과학자가 반드시 더 유리한 입장에 있다고 볼 수는 없다.

자연과학은 자연을 설명하고 이해하려는 목적으로 다양하고 수많은 개념체제를 생산해 왔다. 자연에 오류가 있다는 말은 성립하지 않지만 자연과학의 지식은 언제나 오류가능성을 내포한다. 그 가능성을 점차 줄여나가는 과정에서 자연과학의 발전단계와 수준이 생겨난다고 보아야 할 것이다. 어떤 과정을 거쳐서 그 발전이 이루어지며, 그 우열의 검증은 실제로 어떻게 이루어지는가? 이 질문은 앞서 지적했듯이 자연에 대한 이해와는 별도의 해답을 요구한다. 그 부분에서 자연의 논리가 아닌 교육의 논리가 적용될 여지가 있다.

흔히 과학적 지식의 진위여부는 오로지 객관적인 절차와 형식에 준한다는 선입견이 있다. 그 형식으로 그 체제에 속한 개개의 가설들을 실험과 관찰에 의해서 각각 검증하는 절차를 밟아왔다는 점을 내세운다. 아직까지도 과학공동체는 과학적 지식이 자연에 대응하는 거울과 같은 것처럼 착각하고 주로 객관적 검증의 논리에 의존하고 있는 듯하다. 같은 결과를 반복할 수 있는 특정한 실험조건을 상정하고 관찰에 의해서 이론의 타당성을 입증하는 데 누구나 참여한다는 것이다.

그러나 쿤이 잘 지적했듯이, 자연과학의 역사는 그 지식들이 오로지 실증적 자료에 의해서 입증된 것은 아니라는 반증적인 사실을 보여준다. 그의 주장에 따르면, 패러다임의 전환기에는 이전의 패러다임을 전복시킬 만한 자료를 충분히 가지고 있지 못했을 뿐만 아니라 주창자 자신들도 그들의 신념을 관찰의 증거에 의해서 확인한 것은 아니었다. 관찰과 실험에는 지식의 우열을 판단할 사람의 지식이 개입하기 때문이다. 판단할 대상과 판단할 기준이 서로 겹치는 것이다.

과학적 발견은 없었던 사실을 발견하는 것이 아니다. 이미 존재하는 사실을 새로운 개념의 창조와 변화에 의해서 발견할 수 있었던 것이다. 눈을 가진 사람이라면 누구나 관찰을 하고 살지만 오로지 그로 인해서 과학의 발전이 이루어진 것은 아니다. 관찰은 주체가 없이 이루어질 수 없다. 그 내용은 관찰주체의 해석을 거쳐야 한다. 그 해석의 차이가 바로 그 지식의 수준이다. 주장하는 이론이 서로 다르다면, 그 해석도 달라진다. 선진과 후진은 같은 관찰내용에 대해 서로 불일치한 증언을 하며, 관찰의 방식만으로 선진과 후진을 구분할 수 없다.

천문학 연구에서 천동설에서 지동설로의 전환이 그 좋은 사례다. 그 전환에는 적어도 두 가지 이유에서 근 1세기가량의 기간이 걸렸다. 그 하나는 지동설을 입증할 자료가 당시에 부족했기 때문이다. 그 이론에 의한 예언이 한동안 천동설에 의한 것보다 부정확했기 때문에 당시 천동설을 믿고 있었던 사람들은 지동설이 헛된 것이라는 판정을 내렸다. 다른 하나의 이유는 설사 정확한 자료가 있다고 하더라도 그것을 올바로 해석하고 판단할 이론이 당시에 준비되지 않았다는 한계이다. 그 관찰을 전후한 일련의 이론적 변화가 일어남으로써 올바른 판단이 가능했다.

관찰된 자료가 아무리 많다고 하더라도 그것을 지동설에 부합하게 해석할 수 있는 지식이 없는 한 그 이론을 입증하는 증거가 되기 어렵다. 가령 천동설과 지동설 각각을 주장하는 두 사람(티코와 케플러)이 새벽 해돋이를 보고 있다고 하자. 이때, 그 두 사람의 망막에 맺힌 상은 단지 수평선과 태양 사이의 거리가 멀어지는 것이라는 점에서 동일하겠지만 관찰사실에 대한 해석은 서로 충돌할 것이다. 천동설을 믿는 사람은 이를 지구가 고정되어 있고 태양이 움직이는 증거라고 주장할 것이며, 반면에 지동설을 믿는 사람은 이를 태양은 고정된 위치에 있고 지구가 회전하는 증거로 해석할 것이다.

이런 과학자집단의 갈등은 옛 이야기만은 아니다. 현대의 첨단 물리학에서 실험이나 관찰로 자신의 학설을 입증하려는 노력이 있었지만 같은 자료를 가지고 서로 위증하는 것 같은 답답한 사례가 보고되기도 한다. 아인슈타인의 상대성이론이 출현했을 때 뉴턴의 역학체제에 머물러 있던 당시의 학자들은 그 이론을 의심하여 수락하기를 거부했다. 그런 완고한 오류는 하이젠베르크가 불확정성 이론을 제시했을 때 그것을 불가해한 것으로 배척한 아인슈타인 자신에 의해서도 저질러졌다.[35] 양

35) 아인슈타인은 원자 이외의 소립자 세계에서 빛이 경우에 따라 파동이나 혹은 입자의 성질을 띤다는 것을 알고 있었으나, 그 분야를 최종적으로 통합한 것은 하이젠베르크였다. 그럼에도 불구하고 아인슈타인은 물질의 결정성을 고집했지만 하이젠베르크는

자는 모두 노벨상 수상자이며, 실험과 관찰의 증거를 믿고 있음에도 불구하고, 자신들의 입장을 고집함으로써 그 결과를 증거로서 받아들이지 않았다. 그들 사이의 불필요한 충돌을 아쉽게 여기는 문헌들도 있다.[36)]

과학의 역사에서 이와 같이 관찰과 실험은 늘 개념과 융합하였다. 발전된 이론은 이전에 볼 수 없었던 사실들을 발견할 수 있게 하였으며, 과학자들은 자신의 연구결과나 이론을 보고서의 형식으로 발표한다. 글로 쓰인 것은 해석의 대상이 된다. 이렇게 보면, 인식의 방법에서 자연과학과 인문과학의 경계가 그렇게 뚜렷한 것은 아니다. 그렇다면, 인문과학의 영역에서 자연과학적 방법을 극복하기 위한 대안으로 출현한 해석의 방식이 독자에게 그 지식의 공유를 보장하는가? 이에 대한 해답은 결국 해석학의 한계와 연관된다.

우리는 앞서 그 문제를 이미 검토하였다. 논문은 독자의 해석을 거치며, 그 해석은 그 독자가 가진 주관, 즉 이론체제에 의존한다. 그 이론의 수준이 다른 선진과 후진은 그 연구결과물을 해석하는 방식에서 차이가 있기 때문에 선진과 후진 사이에 문헌의 해석만으로 이론의 교체가 순탄하게 이루어지기는 어렵다. 이른바 "철학교육"의 한계와 결부된 이 부분은 이미 앞에서 〈대화편〉과 〈논어〉의 사례를 들어 살핀 바가 있기 때문에 재론할 필요는 없겠다.

여기서 자연과학의 지식의 검증은 결국 그 연대성의 존재여부와 결부된 복잡한 과정을 거쳐야 한다는 결론에 도달한다. 그 가운데 가장 핵심적인 선결조건은 자격을 갖춘 증인의 확보이다. 후진은 선진의 지식을 검증할 자격을 갖추지 못한 상태이다. 따라서 그를 선진 쪽으로 변화하고 교체하는 교육의 과정이 개입되어야 한다. 교육적 인식론은 증인의 지식이 그 관찰된 자료나 보고서의 해석에 작용하기 때문에 그 해석의

원자의 체계적인 운동을 상세히 예측하는 것이 불가능한 일이며, 그것은 확률적으로만 알 수 있음을 밝혔다. 이 세계는 아인슈타인의 상대성이론이 가정하는 결정론으로는 침투할 수 없는 또 다른 물리의 영역으로 전개되고 있다.

36) Moor, W. J. (1994/1997). *A Life of Schrödinger* (전대호 역, 슈뢰딩거의 삶. 서울: 사이언스북스).

갈등을 조율하고 해소하는 데 교육의 과정이 선행해야 한다는 점을 주목한다.

이는 교육이 객관적 검증의 논리에 우선하여야 함을 뜻한다. 교육적 교섭이 객관적 검증에 앞서 증거해석의 자질을 갖추는 데 필수불가결하다. 이와 관련해서 학문공동체의 합의가 그 결정을 통제하는 것으로 생각하는 경향이 있지만, 그 내부를 점검하여 보면 실상은 다르다. 사실상 그 구성원들 사이에 여러 지식의 우열을 두고 충돌이 일어나고 있으며, 더욱 자세하게 살피면, 교육이 은연중에 그 갈등의 조정을 순조롭게 진행하는 요인으로 작용하고 있음을 쉽게 발견할 수 있다.

교육적 인식론은 과학에 동의하고 과학의 법칙에 따라 살아가려는 결정은 주체적인 검토와 선택의 결과여야 한다는 것과 그것을 근거짓는 것은 진리체험이라는 사실을 주목한다. 품위의 한 종류인 학문적 지식에서 한 이론이 다른 이론보다 우월한 것을 입증하려면 상구와 하화라는 과정을 거쳐서 사태를 해석하는 관점의 전환이 이루어져야 한다는 것은 당연해 보인다. 이것은 진정한 의미의 과학교육이라면 높은 수준의 지식에 일치하기보다는 그것이 이루어진 교육적 과정의 재생에 역점이 주어져야 한다는 사실을 우리에게 상기시킨다.

개념이 역사적 사실의 재해석을 요구한다. 자연과학 분야에서 교육적 교섭이 이루어지면서, 선진과 후진의 지식과 그 업적이 정당하게 인정받거나 평가되고 그 발전을 촉진한 경우가 많다. 이 부분이 자연과학이나 그 역사를 다룬 문헌에서 빠져있는데, 교육적 인식론이 이제부터 이를 해명하여 보충할 수 있어야 한다. 이는 미래의 작업이 될지 모르겠으나 다음의 인용문[37]은 사용하는 개념의 한계에도 불구하고 과학적 지식의 교육적 진화의 과정을 간접적으로 시사한다.

"과학의 관념들은 하나의 생기 있고 비판적인 전통을 대표한다. 그 관념들

---

37) Toulmin, S. (1961). *Foresight and Understanding: An Inquiry into the Aims of Science*. New York: Harper Torchbooks. p. 110.

> 은 세대에서 세대로 계속 전달되지만 그 과정에서 변형된다. 가령 1815년에 존스 교수는 그의 영민한 젊은 제자인 스미스에게 물리학을 가르친다. 그리고 1880년에는 그렇게 전달되는 관념들의 상속인으로 인정받은 스미스 교수가 그것들을 차례로 로빈슨에게 가르친다. 각 세대에서 모종의 지적인 변이가 영속화되고, 그 변이들 자체가 그 전통으로 흡수된다. 역사가의 눈으로 볼 때 이것이 바로 과학에서 이루어지는 '진보'이다."

위의 인용문에서 상구에 의한 자증, 하화에 의한 타증, 교육적 교섭에 의한 우열의 판정이라는 용어는 찾아볼 수 없지만 그 용어들을 대입함으로써 위의 사례들을 더욱 의미 있게 해석할 수 있을 것이다.

논점을 요약하면, 과학의 역사는 발전단계에 따라 서로 합리성과 객관적 기준이 다르기 때문에 그 지식을 평가할 때 그 상반된 평가를 중재할 방도가 없었다. 이전과 이후의 것은 상대에게 비합리적일 수밖에 없다. 여기에 교육의 개입이 작용하였다. 과학발전의 어느 단계에서나 혁신적인 과학자들(예컨대, 물리학에서 톨레미, 코페르니쿠스, 케플러, 뉴턴, 아인슈타인, 하이젠베르크 등)이 이전의 지식을 극복하는 상구과정의 자증을 통해서 자신들의 지식이 당분간 옳은 것이라는 확신을 지니게 되었고, 그들은 자신의 이론의 선진됨을 입증하기 위해서 열정적인 몸짓으로 당대의 과학자를 설득시키려고 노력했다. 오늘날 과학이 거둔 성과의 이면에는 이처럼 후진의 상구와 선진의 하화라는 교육적 교섭의 연결고리가 있었던 것이다.

18.3.3 인식론분야

인식론은 인식에 대한 인식이다. 앞에서 몇 가지 인식론의 예를 들었듯이 그 자체도 발전과정에 있다. 합리이론과 경험이론에 의해 서양의 중세를 벗어나는 근대과학의 출현을 설명하는 방식으로 그 본격적인 논의의 활로가 열렸다. 그 문제점이 노출되자, 좀 더 높은 수준에서 그것들을 종합한 것이 칸트의 선험적 인식론이다. 그들이 어떻게 형성되었으며, 그 타당성이 어떻게 검증되었으며, 그 우열의 판정은 어떻게 이루어졌을까? 이런 질문 자체가 인식론에서 밝혀져야 할 궁금증이기도 하다.

원칙적으로 말한다면, 그 각각의 인식론의 올바름은 그 자체가 내세운 잣대로 검증되어야 마땅하다. 합리이론은 그 논리적 일관성에 의해서, 경험이론은 관찰이나 실험에 의해서 그 정당성을 입증해야 할 것이다. 실제로 그런 방식의 입증이 그렇게 이루어졌는가? 이에 대한 해답은 별도의 세부적인 연구를 필요로 한다. 만약 그런 과정을 거치지 않았다면 그 이론 자체도 불확실한 것이기 때문에, 인식론의 기본조건을 갖추지 못한 것으로 보아야 할 것이다.

다른 설명의 방도는 무엇인가? 이와 관련하여 교육적 인식론은 그 모두에 적용되었음직한 과정을 설명해 준다. 한 가지 추론은 이들 인식론이 주창자들의 일련의 상구에 의해서 얻어진 것이라는 점이다. 그들은 이전의 인식론에 비추어 더 나은 것으로 일말의 진리체험을 했을 것이다. 그러나 자신들의 확신에 그치는 것은 독단이다. 여기서 모종의 하화교육이 개입했을 것이다. 다시 말하면, 상구에 의해서 더 향상된 인식론이 모색되고, 이를 입증하는 데 하화의 과정이 진행되었을 것이다.

칸트의 경우를 추정해 보자. 그는 자신의 인식론을 자신의 이론적 처방에 의해서 입증할 수 있었는가? 그 증거가 그가 만든 선험적 인식론의 잣대에 근거한 것인지는 분명하지 않다. 교육적 인식론의 추정은 자증이다. 그의 이론이 어느 날 갑자기 형성되었다고 보기는 어렵다. 그의 성장과정의 어느 단계에서 합리이론과 경험이론을 습득하는 과정을 거쳤을 것이다. 그는 거기에 머무르지 않았다. 지적 욕구를 만족시킬 수 없는 지점에 이르러 그는 다음 단계의 상구에 임했을 것이고, 그로부터 얻은 선험적 인식론이 상구 이전의 것에 비해서 더 발전된 것이라는 확증을 얻었을 것이다.

그렇다면 칸트는 어떻게 합리이론이나 혹은 경험이론의 입장을 고수하는 당대의 인식론자들에게 자신의 이론의 우위를 입증할 수 있었을까? 이와 관련해서도 선험적 인식론 자체에서 그 해답을 얻기는 어렵다. 교육적 인식론은 이 문제와 관련해서도 칸트 자신의 하화활동이나 혹은 당대의 인식론자들의 상구가 작용했을 것으로 추정한다. 그의 이론이 오늘날에도 높은 평가를 받는 것은 그 자체의 타당성보다는 인식론의 초보자들에게 어느 정도의 진리체험을 보장하기 때문일 것이다. 그러나 이는 어디까지나 추정에 불과하므로 더 확실한 증거가 필요하다.

인식론의 타당성을 검증하는 데 교육적 인식이 작용했다는 더욱 확실한 사례로 피아제의 발생적 인식론의 경우를 들 수 있다. 그의 이론은 개인의 생애에서 지식이 어떻게 형성되는가 하는 질문에 해답을 주면서 철학적 인식론이 갖는 문제점을 극복한 점에서 큰 진전으로 평가되고 있다. 그렇다면 피아제는 자신의 이론에 대한 확신을 자신의 이론적 잣대, 즉 자연적인 적응에 따른 성숙에서 얻은 결과라는 설명을 할 수 있어야 한다. 그러나 성숙의 시간만을 기다리며 그의 이론이 저절로 이루어졌다고 보기는 어렵다. 그 옹색한 설명보다는 자증에 근거한 설명이 보다 적절할 것이다. 그의 이론이 당대의 여타 이론보다 우월한 것임을 입증함에 있어서도 하화의 과정이 개입했다.

피아제는 그의 인식론을 주로 영미계열의 경험주의에 의존하는 사람들에게 납득시키는 데 큰 장애에 부딪쳤다. 그는 실증주의적 검사에 의해서 간과되었던 발달현상에 대한 새로운 증거를 얻는 수단으로 아동의 발언을 전체 인지구조의 측면에서 개별적으로 해석하는 이른바 "임상적 방법(clinical method)"을 적용했다. 그 방법은 미국의 심리학자들에게는 낯설었다. 그 절차가 번잡할 뿐만 아니라 객관성을 결여한 개별적인 방법이라는 인상을 주었다. 그로 인해서 그의 학설을 비판하거나 심지어 그의 이론을 열광적으로 지지하는 편에서조차도 그의 학설이 널리 논의되고 인용되는 과정에서 끊임없이 오해되거나 곡해되는 경우가 많았다.

인식론 사이의 충돌과 그 우열이 입증에 문제가 되었던 것이다. 이때 피아제가 자신의 인식론 혹은 방법론이 타당함을 어떻게 입증할 수 있었는가? 그의 주장대로 적응, 동화와 조절, 불균형의 균형화 등의 개념으로 부분적인 설명을 할 수 있겠으나, 그에 대한 불신과 오해의 장애를 해결하는 데에는 충분한 것이 못 되었다. 그런 우연에 맡기지 않고 보다 직접적으로 서로의 적극적인 개입과 교육적 교섭이 이 문제의 해결에 작용했다는 증거가 더욱 유력하다. 이 난제를 해결하기 위해서 피아제가 택한 방법은 그의 이론에 의혹을 가진 다양한 분야의 학자들을 그의 발생적 인식론 국제센터[38]에 초청해서 일 년 이상의 공동연구에 참여할 기회를 갖게 하거나 혹은 집중적인 세미나를 진행하는 것이었다.

이 사례는 관점의 전환이 발생적 인식론의 입증에 불가결한 것이었음을 방증한다. 이 모임에서 피아제는 그들에게 남들이 하는 실험 혹은 시범을 단지 관람하는 정도를 넘어서서 그 연구에 직접 참여하여 스스로 사실을 발견할 수 있는 기회를 주었다. 최소한 일 년 이상의 연구소 생활에서 그 초청자인 피아제와 초청받은 학자들 사이에 교육적 교류가 활발하게 이루어졌다는 증언이 있다.[39] 이로써 그의 이론을 반대하는 선봉에 섰던 학자들의 많은 오해가 풀리고 애초에는 피아제의 이론을 비판했던 학자들이 드디어 동조하는 세력으로 변했다.

교육적 인식론도 예외가 아니다. 교육적 인식론은 지식의 발전단계에서 연속성을 가정한다는 점에서 발생적 인식론과 동일한 계열에 속하지만 피아제가 주장하는 적응의 양상과 교육 사이에는 큰 차이가 있다. 후자는 지식 사이를 매개하는 독자적인 내재율을 상정하며, 교육적 주체가 그 내재율에 따라 그 지식의 우열을 판정하는 자체의 메커니즘을 포함한다. 이 내용은 논자의 상구에 의한 자증에 근거한 것이며, 이를 독자에게 입증하려면 교육적 교섭을 통해서 타증의 과정을 밟아야 한다. 이에 관한 것은 후속하는 절(18.5)에서 따로 논의할 것이다.

여기서 얻고자 하는 결론은 그동안 수많은 인식론이 각각 지식과 그

---

38) 피아제는 1955년에 록펠러 재단의 도움으로 제네바에 발생적 인식론 국제센터(International Center for Genetic Epistemology)를 조직하였다.

39) Elkind, D. (1976). *Child Development and Education: A Piagetian Perspective.* New York: Oxford University Press.

검증원리를 제시해 왔지만 그 기저에 작용했던 궁극적인 수단은 결국 교육적 방법이라는 사실이다. 인식론이 발전하는 각 단계에서 상구에 의한 자증과 하화에 의한 타증이 이루어지지 않았다면 오늘날 그들이 존속하기 어려웠을 것이다. 그 점을 고려할 때 교육적 인식론을 '메타인식론' 혹은 '기초적 인식론(fundamental epistemology)'이라고 달리 부를 수도 있겠다. 교육적 인식론은 모든 인식론의 기초이다. 어떤 인식론이든간에 그 부분을 생략하는 것만큼 결여된 이론이라고 단언할 수 있다.

교육적 인식론의 남다른 특징은 그 적용의 범위가 광범하다는 점이다. 지금까지 자연과학과 정신과학 혹은 인문과학이 서로 다른 방법론을 주장하고 적용해 왔다. 그 인식대상이 다른 것만큼 그 방법이 다른 것은 어쩌면 당연할 것이다. 그러나 교육적 인식론의 관점에서 볼 때, 그 주제의 상이함에도 불구하고 그 모든 학문분야는 죄다 교육의 과정을 통해서 확인되며, 발전되며, 검증되어 왔다는 점을 앞서 살폈다. 이로써 그 차이의 엄격함이 점차 완화될 여지가 많다. 더욱 놀라운 점은 학문의 영역뿐만 아니라 예술, 도덕, 체육 등 모든 수도계의 품위의 우열을 판정함에 있어서도 교육의 내재율이 작용한다는 사실이다.

마지막으로, 다음 절의 주제와 연결될 부분을 미리 논의하고 넘어가기로 하자. 이미 살폈듯이 역사적 인식론이 주목하고 기술하는 학문의 발전은 그 첨단의 학자가 이전의 것을 뛰어넘은 결과들이다. 그러나 학문이 그 첨단에서 다른 첨단으로 이어진 것은 아니다. 첨단의 학자들이라고 하더라도 처음부터 그런 수준으로 태어난 것은 아니다. 그들도 성장기에는 그 이전의 것을 소재로 하는 점진적인 상구의 과정을 거치고 그 마지막 단계에서 선대의 지식이 남긴 문제를 해결하는 교육적 반전을 자연스럽게 이루어낸 것이다. 그렇게 볼 때 학문의 발전에서 "혁명"이라는 과격한 의미는 사라진다.

흔히 학자라는 특정한 부류만이 학문의 세계에 진입하는 것처럼 한정하는데, 이는 학문발전은 물론 개인의 의미 있는 삶을 위해서 버려야 할 선입견이다. 정상의 학자들에게만 그 참여자의 자격이 있는 것이 결코 아니다. 학문은 누구나 향유할 수 있는 하나의 세계이며, 그 세계에 입문함에 있어서 갓 태어난 신생아와 성인, 그리고 일반 성인과 학자들 사이에 다소간 수준의 차이가 있을 뿐이다. 학문의 세계에 진입한 이상, 수준에 상관없이 그 참여자로 간주되어야 마땅하다. 뿐만 아니라 그들은 학문의 저변확대라는 측면에서도 무시될 수 없는 집단이다.

그렇게 본다면, 다음의 과제는 그들이 가진 다양한 수준의 지식이 어떻게 정당화될 수 있느냐 하는 것이다. 그 문제를 해결함에 있어서 크게 과정의 재생과 결과의 재생이라는 두 가지 접근방식이 가능하다. 하나는 각자가 현재의 지식에서 출발하여 점차 한 단계씩의 진전을 이루도록 돕는 과정을 거치는 교육적 인식론의 논리를 그대로 적용하는 것이고, 다른 하나는 그 과정을 생략하고 어떤 방법을 쓰든 그 최고의 지식에 일치시키는 이른바 결과위주의 교육관의 논리를 따르는 것이다. 언뜻 생각하면 후자의 것이 효율적인 것으로 생각되지만 사실은 참으로 우려할 단견이다.

첫째, 어린이나 일반인이 최고의 지식을 당장 습득하게 하는 일이 가능하냐 하는 질문을 던질 필요가 있다. 최고의 지식을 얻으려면 그 단계에 이르렀던 길을 거쳐야 한다. 그 발전단계를 무시하고 일시에 그 첨단의 지식을 습득하기를 바라는 것은 씨앗에서 곧바로 열매가 맺기를 기대하는 것처럼 어렵다. 그 불가능을 대신하는 것이 주입이다. 여기에는 응당 오해가 따른다. 더러 그 결과적 지식을 단순히 암기하거나 인용하거나 이용할 수는 있겠지만 그 지식을 증득했다고 볼 수는 없다. 진리의 증언자로서의 자격이 없다.

둘째, 그 최종의 결과에 이르는 과정을 생략함에 따른 그 본연의 가치와 동력의 상실을 계산해야 한다. 진리라는 가치는 강요될 수 없다. 일치해야 한다는 사회문화적 압력은 그 고유한 논리를 따르는 교육을 오염시킨다. 지식의 일방적인 주입은 지식의 독창성, 발견, 자유, 열정, 희열이 내포된 인식주체 자신의 진리체험을 정지시키고 파괴하는 것이며, 스스로 향상할 수 있는 추동력을 부식시킨다. 그 주입된 상태에 포획되어 궁극적으로는 앞으로의 발전까지도 차단할 위험이 있다.

결론적으로, 역사의 저변에서 학문의 발전을 가속화시킨 것은 교육이었다. 어떤 형태의 지식이든 선대가 씨앗을 뿌리고 후대가 그것을 길러 열매를 맺는 발생적 과정을 거쳐서 이루어졌다. 수도계의 하나로서 학문은 선대의 지식을 뛰어넘어 새로운 지식을 찾아가야 하는 기본적인 특성을 공유한다. 그 발전을 촉진하기 위해서는 결과보다는 과정의 재생이 살아나야 한다. 교육의 수레바퀴가 활발하게 작동할수록 학문발전의 동력도 가속화될 것이라는 예측이 가능하다. 자연적 성숙의 기간만을 기다린 지식의 발전을 불과 몇 년의 간격으로 성취할 수도 있다.

18.4 "교과교육"의 재고(再考)

인류역사를 관통해서 교육이 우리의 삶에서 여타의 세계와는 독자적으로 존재하는 근원적인 원인은 그 자체의 고유한 내재율과 그것을 따르는 인간의 본성에 있다. 그러나 근대국가의 출현에 따른 학교체제의 등장은 교육과 학교를 동일시하는 새로운 신화를 탄생시켰다. 국가가 국민으로서 갖추어야 할 자질을 육성할 의무가 있다는 시대사조에 따라 학교를 관할하고 있는 정부당국은 물론, 일반시민, 학부모, 교사, 학생들이 학교생활 자체를 교육으로 혼동한다. 학교의 문제를 교육의 문제로 비난하고, 학교의 개혁을 교육개혁과 혼동하는 역사적 변고(變故)가 정착된 것이다.

학교제도를 근거로 하는 대중적 상식은 교육을 말하면서도 인식에서 교육이 개재하는 측면을 전적으로 무시해 왔다. 교육에 대한 고유한 이론의 부재 때문에 오래되고 오류로 판명된 제반 인식론을 아직도 적용하고 있다. 모든 생활공간이 그러하듯, 학교생활은 교육외재와 교육내재를 포함한다. 그 개념상의 구분은 학교에서 하는 모든 것들에 교육의 의미를 부여하는 통상적인 범주착오의 오류를 극복하는 데 필요불가결하다. 학교에서 교육을 내실화하는 과제는 바로 학교 안에서 인정받지 못하고 있는 교육내재의 부분을 제대로 하도록 독려하는 것에 해당한다.

학교 안에서 교육외재와 교육내재의 내용을 개념적으로 구분하는 취지는 오로지 교육만이 학교생활을 정당화할 수 있다는 주장과는 의도가 다르다. 학교 안의 이질적인 부분을 드러내려고 할 뿐, 어느 것에 의한 다른 부분의 부정을 의미하는 것은 아니다. 학교∩교육 이외는 그대로 인정하고 존중되어야 마땅할 것이다. 그 부분조차도 교육적인 삶으로 환원되어야 한다는 주장을 한다면, 그 입장 역시 교육과 학교를 동일시하는 오류를 범하는 셈이다. 그 논의는 제16장의 주제가 되었다.

학교∩교육의 내실화라는 주제는 학교에서 이제까지 개념적으로 은폐해 온 교육을 심화시키는 특수한 과제로 취급되었다. 그 분석 작업에서 이른바 "교육과정"의 대부분을 차지하는 이른바 "교과교육"의 일부분을 학교∩교육의 영역에서 제외시켰는데, 그런 방식에 거부감을 가지거나 혹은 항의하는 독자가 많았을 것으로 본다. 이는 "교과교육"이 학교에서 운영되어 온 실제를 직시하기 위한 방편이었을 뿐이다. 교육적 인식론을 검토한 이 자리에서 그 부분에 대한 재론이 필요해 보인다.

우선 개념의 문제를 따져보자. "교과교육"이라고 할 때, 그 "교과"란 무엇인가? 그것이 흔히 생각하듯이 오로지 학문을 뜻하는 것은 아니라는 사실은 부인하기 어려울 것이다. 이른바 "학문위주의 교육과정"이 한때 유행사조로 등장했지만 그것을 보편적인 것으로 받아들이기는 어렵다. 다음에, 그 "교육"의 의미는 또한 무엇인가? 이 부분에서 견고한 이론적 입장이 있는 것도 아니다. 교과의 이해를 돕는 것이 교육이라는 식의 결과위주의 교육관에 의존한다. 교육이 단지 경험적으로 해결할 과제로 남는 이런 무분별한 개념이 학문을 소재로 하는 올바른 의미의 교육에 대한 담론의 형성에 큰 장애가 되어 왔다.

그럼에도 불구하고, 제16장에서 그런 통상적인 의미의 "교과교육"이라는 용어를 일단 받아들이고, 그것이 서로 다른 내용을 혼동하여 사용된다는 것을 논의하였다. 그것들이 혼재할 것으로 예상되지만 그 각각의 것을 운영하는 방식과 그 결과의 차이에 대한 이해가 그 선택의 중요한 요소가 되어야 할 것으로 보았다. 그 가운데 어느 것이 옳다거나 혹은 학교가 선택해야 한다는 말은 할 수 없을 것이다. 그러나 이제 본 장에서 논의된 교육적 인식론의 입장에서 그 가운데 어떤 것이 학교∩교육의 영역에 속할 수 있는 진정한 의미의 교과교육인가를 재차 밝혀볼 필요가 있어 보인다.

그 첫째로 단지 학문만이 아닌 혼질의 "교과"를 그 결과중심으로 운영하는 양태를 선택한 경우를 살펴보자. 역사적으로 학교체제가 도입된 목적은 적합한 시민의 양성이었다. 사회와 문화는 인간에 의해 유지된다. 그 구성원은 마치 자연적 사실과 유사하게 그것에 대한 합의에 이를 수 있어야 한다. 국가마다 그 시대에서 요청하는 인간상이 있기 마련이고, 학교는 그 인간을 양성하는 데 목적을 둘 수 있다. 여기서 교과내용은 반드시 학문의 내용일 필요는 없다. 그 내용에서 상호주관에 도달하는 수단이 반드시 교육일 필요도 없다. 그 결과를 담보하는 "교과교육"은 조건화, 사회화, 문화화, 혹은 교조화 등을 따로 구분하지 않는다. 이런 경우의 "교과교육"은 교육외재의 영역에 속한 것으로 보아야 한다.

좀 더 세련된 "교과교육"의 양태로서 교과를 학문의 내용으로 하되 학자들이 도달한 높은 지식의 결실에만 초점을 두고, 그 목적에 봉사하는 모든 수단을 동원하는 두 번째의 선택을 들 수 있다. 학문 분야에서 그 최종의 지식이 이하의 지식을 지배한다. 기왕이면 학생들은 그 최종의 지식을 "교과교육"의 출발점으로 삼아야 한다는 소망에서 교과서에 이를 반영하여 학생들이 그 내용을 재생하게 하는 모든 수단을 동원한다. 그 재생할 결과를 "정답(正答)"으로 규정하고, 그로부터 이탈하는 지식을 "오답(誤答)"으로 규정하여 이른바 "교육평가"의 명분으로 주기적으로 시험을 실시한다. 그러나 이 양태는 적어도 두 가지 문제에서 자유롭지 못하다.

먼저, 결과위주의 운영방식이 갖는 문제는 전 절의 마지막 부분에서 이미 지적되었다. 학문공동체가 인정하는 정상의 지식은 일급의 학자들이 수년간의 간격을 두고 단계별로 발전시킨 결과물이다. 장기간의 치열한 과정을 거쳐서 이룩한 결과를 그 시간상의 거리와 단계를 뛰어넘어 초보자가 일시에 이해할 수 있으리라는 허황된 가정에 터한 어떤 실천도 무리이다. 더구나 그 실천이 강의식 수업과 같은 언어적 소통이라면 그 결과는 예상과 달라진다. 이를 통해서 학생들로부터 해석의 공감을 기대하는 것은 마치 어린이가 성인의 말을 그대로 이해하기를 바라는 것과 같다.

다른 하나의 문제는 그 발전과정에 있는 어느 중간 수준의 지식을 오류가 없는 것으로 규정하는 것이다. 학문적 지식은 높고 낮은 정도가 다를 뿐이라는 엄연한 역사적 사실을 존중한다면 당대의 학문공동체에서 인정한 정상의 학문적 지식을 "정답"으로 규정하는 것 자체가 오류이다.[40] 그렇다면, 그런 의미의 "정답"의 정체는 무엇인가? 사실은 일종의 정해진 답, 즉 "정답(定答)"으로 보아야 한다.[41] 어떤 인식이든 모종의 전제조건을 한정시켜 정한 것인데, 그 전제에 대한 의문과 옳음을 따짐이 없이 무조건 정답으로 받아들이는 것이 문제이다. 그 "정답(定答)"에의 충실한 일치로 높은 성적을 받은 학생은 그 정답의 한계를 벗어나지 못한다. 학교성적이 높을수록 창의력과 비판력이 떨어질 가능성이 많다는 것은 이를 반증한다.

숫자를 계산하는 능력은 부족하지만 계산기를 사용하는 능력은 탁월할 수 있다. 그 이용능력은 그것을 생산하는 능력과 구분된다. 지식을 문화의 한 요소로서 생산자가 아닌 소비자로서 이렇게 이용할 수 있는 것을 부인할 필요는 없다. 그런데 대부분의 교사나 학생들은 학자들이 생산한 언어의 형식을 모방하면서 흔히 그 학자들의 수준에 이른 것으

40) 학문공동체가 규정한 최고의 지식을 올바른 것으로 규정할 때 역사를 통해서 이루어졌던 모든 지식이 허위의 범주에 드는 것으로 취급된다. 사실을 말하자면, 첨단의 지식을 포함하는 모든 지식에는 오류의 여지가 있다.

41) 엄밀한 학문으로 인정받는 수학에서의 공리와 정리의 관계를 생각해 보라. 정리는 공리가 옳다는 것을 전제로 성립한다.

로 착각한다. 체험의 산 내용을 희생시키고 학자들이 높은 단계에서 표현한 문자만을 반복해서 암송하고 모방하는 구이지학(口耳之學)이 평가의 상황에서 효과를 발휘하는 것도 사실이다. 그러나 교사나 학생 개인이 기억하고 유창하게 재현하는 지식들은 아직도 타인의 것이고 자신이 소화할 수 없는 이물질이다. 그런 의미의 잡다한 정보를 아무리 많이 가지고 있다고 하더라도 그것들을 자신의 것으로 새롭게 통합하지 않는다면 그의 지식이라고 할 수 없다.

그런 제반 문제점에도 불구하고 초등과 중등학교의 대부분은 "교과교육"에서 이 두 번째 경로를 따른다. 심지어 "학문의 전당"이라고 하는 대학이나 연구소의 경우조차도 그 점에서 예외가 아니다. 특히 그 문제는 학문의 역사적 전통이 빈약한 나라에 상존한다. 짧은 역사 때문에 과정보다는 결과에 치중하는 한계를 보여 왔다. 대학의 강의는 거의 당대 선진국의 학설을 소개하는 것으로 되어 있다. 학자들의 삶의 크기와 체험을 떠난 말만의 인식은 형식에 불과하며 생명을 유지하기 어렵다. 교과의 내용이 설사 학문이라고 하지만 앞의 첫 번째의 경로, 즉 사회화나 문화화의 경로로 보아도 무방할 것이다.[42)]

첨단의 학자들조차도 당대의 패러다임의 이해에 도달하기 위해서는 수많은 단계의 지적 혁명을 거쳐야 한다고 과학사가들은 주장한다. 그 단계에 훨씬 못 미친 학생들의 경우야 말할 필요조차 없다. 학교현장은 그 부분을 생략하고 간과한다. 어느 시대의 지식이나 당대의 준재들이 그의 학문적 전성기에 이룩한 소산물이다. 이에 단번에 일치하기를 요구하는 것은 과욕이다. 이는 학문의 입장에서도 학생들이 향유할 증득과 진리체험을 희생시키는 심각한 부작용을 동반한다. 선진의 지식을 단지 자신과 무관한 것으로 방관하거나 그것에 부화뇌동하는 사람은 진리검증의 증인으로 인정할 수 없다. 선진의 지식에 대한 공감적 이해수준에 도달하지 못한 상태에서 속절없는 허송세월만 보내는 폐

42) 교과서는 문화의 한 요소가 되며, 마치 우리가 이미 존재하는 자연에 적응하듯이 학생들이 교과서에 적응하는 것을 전적으로 배제할 수는 없다.

단이 비일비재하다. 논문을 쓰는 학자의 입장에서 높은 수준의 학설을 인용할 수는 있겠으나 그것을 자신의 지식인 양 사용한다면 표절(剽竊)이라는 비난을 받는다. 지식의 창조자와 소비자의 구분은 이처럼 엄격하다.

이제 마지막으로, 학문을 소재로 하는 교육이라는 세 번째의 "교과교육"의 양태를 생각해 볼 차례가 되었다. 이 부분이 바로 본 장의 주제인 교육적 인식론의 적용영역이다. 그 세부적인 것을 살펴보자. 학문을 소재로 하는 참다운 의미의 교육은 위의 "교과교육"의 양태와 대조된다. 교육의 초점은 특정한 시점에서 학문공동체에서 인정하는 지식에 대한 무조건적 일치가 아니라 그것에 이르는 과정의 재생에 맞춘다. 아무리 높은 수준의 지식이라고 하더라도 그 정점에 이른 학자란 존재하지 않으며, 그 상대적인 차이만 있을 뿐이다. 교육은 그 격차를 당장 해소하는 것이 아니라 그 격차를 이용해서 그 결과에 도달하는 데 거쳤던 단계를 그 자체의 내재율에 따라 재생한다. 말하자면, 단지 지식의 소비자가 아닌 생산자로서 재생하여 한 단계씩 점차 공감대를 형성해 나간다.

교육적 인식론이 규정하는 지식은 외부의 제반 정보들을 접하는 개별적이며 유기체적인 인지구조이다. 타인의 지식을 자기의 공유물로 생각하는 사람은 교육을 접하는 것이 아니다. 한 시대에 수도공동체의 첨단으로 인정하는 품위와 그 시대 안에서 생활하는 각 개인의 현품 간에는 수직적 간극이 있다. 교과서와 학생의 수준의 차이(書弟隔差), 그리고 교사와 학생의 수준의 차이(師弟隔差)는 불가피하게 오해를 수반한다. 대화는 말의 근거가 되는 의미상의 통일과 공감대를 전제로 하는데, 선진과 후진은 같은 용어를 서로 다른 의미로 사용하기 때문에 선진의 지식을 후진이 받아들일 때 무의미 혹은 의미의 변질과 굴절이 있다.[43] 학교구성원 전체가 이처럼 학문적 지식의 면에서 비대칭적이다.

학교∩교육은 이런 비대칭적인 지식수준의 차이를 이용하여 어느 단

43) 이는 고압제와 저압제의 충돌현상으로 설명된 바 있다.

계에서나 대칭적으로 진행된다. 그 운영의 묘법은 학문공동체의 최고의 지식에 대한 관심과 집착을 넘어서는 것이다. 그 각 단계의 지식은 언제나 교육에 있어서 배제할 수 없는 소재가치를 점유하고 있다. 교육적 교섭의 출발점은 학생들이 가진 현재의 지식이기 때문에 아무리 높은 수준의 지식이라고 하더라도 교육의 입장에서는 소재로서의 가치가 없을 수 있고 혹은 아무리 낮은 수준의 지식이라고 하더라도 교육의 입장에서 훌륭한 소재의 가치를 가질 수 있다. 교육적 주체가 처한 지식수준에 따라 심지어 오늘날의 학문공동체의 기준에 비추어 오류로 판명되어 폐기된 지식조차도 교육소재로 활용할 수 있다.

학교∩교육에서 특히 주목해야 할 부분은 서제격차이다. 교육은 교과서와의 일치여부가 아니라 학생들이 가지고 있는 전체적인 인지구조의 향상에 주안점을 둔다. 앞서 논의한 "교과교육"의 두 번째 경우처럼 교과서의 내용에 정답의 기준을 설정하는 순간 교육소재의 의미는 사라진다. 여기서 재편성의 조건은 학교에서 일률적으로 제시하는 교과서의 내용이 곧바로 교육소재가 될 수 없음을 인정하는 것이다. 교육소재는 교과서가 아니라 그 교과서에 투영하는 학생들의 해석이다. 그럼에도 불구하고, 일반해석학은 해석자의 다층적인 체험의 균열과 그것을 해소하는 데 요구되는 체험의 전환이라는 과제를 간과한다.

교육은 교과서에 표현되기 이전의 체험의 재생과 그것을 다시 체험하는 과정을 수반한다. 이 부분을 재차 지적하는 것은 앞서 구이지학의 지식이 학생들의 지식일 수 없다는 것을 상기시키기 위함이다. 선진의 지식을 암기하고 암송하는 것은 학생들의 입장에서 볼 때, 마치 컴퓨터의 파일상태로 저장된 외부의 정보에 불과하다. 그 단편적인 정보내용의 단순한 집적을 학생들의 지식으로 오인하여 평가하지 않는 것이 교육적 인식론을 적용함에 있어서 유의해야 할 점이다. 교육적 해석은 교과서나 교사의 지식은 학생들에게 하나의 정보로 받아들여지며, 그 정보는 학생들에 의해서 재편성되는 과정을 거쳐야 한다.

필요한 단계를 뛰어넘어 모종의 결과적 지식만을 제시하는 교과서는 설득력이 없다. 그에 따른 오해와 비생산성을 극복하기 위해서는 그 말의 의미를 깨닫고 오해를 이해로 이끄는 체험의 축적과 변형을 꾀하는 과정이 첨가되어야 한다. 사실은 교사와 학생들 사이의 사제격차가 교육적 교섭의 출발점이다. 사제격차의 오해를 일시에 당장 해소할 비법은 없다. 지식의 형성은 많은 단계를 밟는 시간을 요구한다. 이는 결코 시간낭비가 아니다. 시간낭비는 단순히 여러 가지 결과들을 모방하는 것이다. 교육은 그 소중한 시간을 생산적으로 활용한다.

교사와 학생이 스승과 제자로 만나는 순간에 상호 조화와 균형, 그리고 대칭성을 유지한다. 소재로서의 지식이 상구에 의해서 발견된 맥락과 그 발견에 따른 갈등과 논쟁을 해결하는 하화의 맥락, 그리고 그에 따른 흥분과 연대성을 공유하는 과정을 포함하는 교육프로그램의 설계가 이에 해당한다. 학생들의 올바른 교과서 해석 혹은 교사와의 언어적 소통은 언제쯤에 달성될 수 있는가? 이는 교육을 통한 다소 장기적이며 점진적인 체험의 보충과 상호주관성의 확보를 요구한다. 그 부분을 교육의 내재율에 맞게 더욱 정밀하게 이론적으로 보충하는 더욱 진전된 교육적 해석학의 출현을 요청한다는 점은 이미 전 절에서 논의되었다.

학문은 천재에게만 만족과 영광이 주어지지만, 교육은 천재나 범인 누구에게나 같은 정도의 진리체험을 보장하고, 더 나아가 지식의 수준을 판명할 수 있게 한다. 지식의 가치는 인식주체와 무관하게 검증될 수는 없다. 그것을 창출하고 재생하는 데 자발적으로 참여함으로써만 확인된다. 교육은 학생들이 가진 지식을 한 단계 높이는 것에 큰 비중을 둔다. 그 발견과 흥분의 과정적 체험을 통해서 그 지식의 차이를 감별한다. 교육적 시숙의 내재율에 따라 각자의 수준에서 진리체험을 한다. 수학자가 새로운 공리를 얻으려고 번뇌하고, 어린이가 덧셈문제를 풀려고 애를 쓴다. 수학자가 그 공리체제를 얻고, 어린이가 그 덧셈문제를 풀게 되었다면, 그 열매의 크기에서 천지차이가 있지만, 그 상구의 보람과 즐거움에 있어서는 다를 바 없다.

만약 최고의 지식을 획득하는 것을 학문의 목표로 삼고, 그 달성여부에 따라 승자와 패자를 가리는 식의 논쟁으로 진행된다면, 그 수준에 이르지 못한 대부분의 사람들은 패자로 분류되어야 한다. 그 치열한 승패의 논쟁이 지식의 발전보다는 화난을 일으킨 과거의 역사가 많다. 그들 사이에 교육적 교섭을 유의한다면, 설사 최고라는 학자의 반열에 들 수 있을 정도의 수준에 이르지 못했다고 하더라도, 실패자라고는 할 수 없다. 교육은 각 단계마다 작은 진리체험을 보장한다. 앎을 위한 앎을 추구하는 사람이라면, 그가 어린이든, 성인이든, 혹은 일반 사람이든, "학자"든 간에 학문의 길을 걷고 있다고 말할 수 있다. 이렇게 말하는 것은 그 지식의 수준을 단지 특수한 집단, 즉 학자에 국한하지 않는다는 점을 강조하기 위함이다.

교육적 인식론은 어린이와 성인, 혹은 일반인과 학자들을 구분하지 않고 각 단계의 진리체험과 그들의 인식내용에 대한 우열을 판정하는 증언자가 되는 실제를 중시한다. 물론 절대적 증언이 아니라 상대적 증언이다. 학문을 소재로 하는 학교∩교육은 학생들이 상구교육의 주체로서 그 각각의 수준에서 더 나은 지식에 도달하는 진리체험을 할 수 있도록 돕는다. 이 해법은 학문의 편에서는 증득의 방법으로 지식을 향유하고 향상시키면서 그 수준의 연결고리와 저변을 확대하고, 교육의 편에서는 각 종류와 수준의 지식을 소재로 활용한다는 점에서 호혜적이다. 이렇게 볼 때, 학문과 교육은 서로 다른 계절에 수확한 두 가지 다른 종류의 열매다.

앞에서 세 가지 유형의 "교과교육"의 양태를 살폈는데, 다시 말하지만 그중 어느 것만이 중요하다고 주장할 수는 없다. 실제는 그 모든 것의 복합의 양태일 것이지만 그중에서도 셋째의 양태를 인정하고 선택할 수 있을 때 학문과 교육의 열기가 살아난다는 점을 알아야 한다. 이 사실이 학교 안에서 교육이 사회화나 문화화와 별도로 존재해야 할 중요한 이유의 하나이기도 하다. 이는 최고의 지식에 대한 일치를 강요하는 문화화로서 결코 얻을 수 없는 학문의 교육적 진화를 촉진할 것이다. 남은 것은 그 과정을 어떻게 조성할 것이냐의 문제이다.

진정한 의미의 교과교육, 즉 셋째 양태의 "교과교육"은 학교∩교육의 일환으로 이루어지며, 학교∩교육의 내실화라는 과제는 제16장에서 이미 중차대한 주제로 다룬 바 있다. 학교가 진정 부분적으로나마 교육현장의 면모를 갖추려면 그 내실화가 이루어져야 하고, 그 주된 통로는 메타교육과 여건의 개선과 연계된다. 그러나 이미 살폈듯이, 학교의 실제는 그 연계와 무관하게 진행되고 있는 형편이다. 그 조건을 의도적으로 조성하려는 노력을 찾아보기 어렵다. 올바른 이론의 부재가 그 원인이라면, 이제부터라도 그 생략되거나 부실했던 교육의 과정을 좀 더 계획적으로 관리하는 노력을 서둘러야 할 것이다.

18.5 교육학교육의 과제

교육적 인식론은 교육이 학문발전을 추동하고 그 발전을 확인하는 데 작용한다고 주장한다. 이때 그 교육은 물론 올바른 것이어야 한다는 조건이 붙는다. 앞 절에서 교육적 인식론이 제반 인식론적인 한계를 타개하는 메타인식론 혹은 기초적 인식론의 지위에 있음을 인문학, 자연과학, 인식론의 사례를 들어 예시하였다. 제14장에서 정치, 법률, 경제, 사회, 문화, 종교 영역에 대한 교육의 기능을 논의할 때, 교육이 그 각각을 대상으로 삼는 분과학문, 즉 정치학, 법학, 경제학, 사회학, 문화인류학, 종교학의 발전에 공헌할 수 있는 부분을 예외 없이 첨가하였다. 이제 본서의 마지막 장, 마지막 절에서 교육이 교육학의 발전에 공헌하는 방식을 논의할 단계에 이르렀다.

교육과 교육학은 서로 다른 영역이다. 이들이 서로 긴밀한 관계를 갖는다는 것은 누구나 직관적으로 동의할 수 있겠으나 그 직관이 지나쳐서 동일한 분야라는 선입견까지 진전하는 것은 큰 잘못이다. 역사적으로 보더라도, 교육은 교육학의 탄생 이전에 존재해 왔기 때문에 이 양자의 등치는 성립할 수 없다. 목적도 다르다. 교육의 목적은 교육을 제대로 하는 것이고, 교육학의 목적은 교육을 앎의 수준에서 제대로 안내하는 것이다. 그들 사이의 관계에 대한 건설적인 논의는 이처럼 그 각각의 독립성을 인정할 때 성립한다.

이 세상에는 어느 수준의 교육과 교육학이 그럭저럭 존재할 뿐이다. 본 절에서 강조할 점은 그들 사이의 관계는 악순환과 선순환의 양극적 가능성을 지닌다는 사실이다. 교육학은 언제나 오류를 내포하기 때문에 옳지 못할 가능성을 지닌다. 옳지 못한 교육학은 교육을 왜곡하고 은폐하며, 그로써 교육발전의 장애가 된다. 반면에 옳은 교육이 교육학을 정상화시키고, 그로 인해서 더욱 활발한 교육발전을 기한다. 그 호혜적 관계는 각각이 자체의 본질에 충실함으로써 성립된다. 악순환에서 선순환으로 전환되는 경로를 찾아내는 것이 큰 과제로 남아 있다. 이제부터 그 경로가 어떤 것인지를 논의해 보기로 한다.

먼 곳에서 그 사례를 구할 필요는 없다. 본서 자체가 다분히 교육에 토대를 두고 탄생하였다. 논자는 서문 첫 구절에서 "본 저서는 각종 외래학문들에게 종속되어 온 사이비교육학으로부터 자율성의 제자리를 찾아 독립하려는 최초의 시도이자 선언이다."라고 천명했다. 사이비란 겉으로는 비슷하나 본질은 완전히 다른 가짜라는 뜻이다. 지금의 "교육학"이 학문인 것은 분명하다. 그런데 그것이 교육학이 될 수 없다는 점에서 사이비다. 겉은 "교육학"인데 본질은 철학, 심리학, 사회학, 행정학 등의 온갖 이질적인 분과학문들의 복합양상이다. 그 연원으로 따지면 교사양성기관의 교직과목에 해당하며, 그 실상에 주목하면 잡학이라고 할 수 있다. 분과학문이 즐비한 대학에서 한 학과에 그 각종의 분과학문을 병존시키는 사태는 마치 백화점에 있는 잡화상을 연상시킨다. 그 점에서 논자는 이류잡학이라는 거북스러운 별칭을 사용했다.

본서는 사이비교육학을 해체하고 고유한 의미의 교육현상을 밝히는 경로를 거쳐 왔다. 교육의 문제가 그 어느 때보다 위기로 느껴지고, 그것을 개선하기 위해서 눈코 뜰 겨를도 없는 시점에서 이처럼 교육의 이론적 문제에 매달리는 것은 한가해 보일 수 있다. 그러나 이 점을 생각해

보자. 교육의 문제라고 할 때 그 교육이 무엇인지에 대한 관점이 문제가 된다. 그렇다면 교육학의 문제가 교육의 문제에 앞서 해결해야 할 문제이다. 그런데 전자의 문제가 후자에 투영되는 것이 작금의 현실이다. 실상을 꼼꼼히 살펴보면, 교육과는 전혀 별개의 것 혹은 헛것을 교육의 문제로 삼는 경우가 비일비재하다. 이런 교육관의 혁신과 담론의 향상이 없이는 교육을 제대로 된 궤도로 올려놓기 어렵다.

교육학을 재건하는 방법으로 본서는 제5장과 제6장에서 여러 가지 방법을 논의한 바 있다. 그러나 그 모든 방법의 기초가 교육이다. 교육적 인식이 그 중심에서 작용했다. 지금의 "교육학"이 처음 사이비라는 사실을 알았을 때 논자도 마치 오르던 계단이 무너지는 것 같은 충격과 고통을 느꼈다.[44] 교육에 문제가 있는 것이 아니고 사이비교육학에 몸담고 있는 논자 자신에 문제가 있다는 것을 새삼스럽게 자각한 뒤에 해야 할 과제는 스스로의 변화였다. 그 과정에서 상구교육이 개입했다. 끊임없이 상구를 진행하면서 점차 그 이전에 왜곡되고 은폐되었던 교육현상이 선명하게 드러나는 것을 체험할 수 있었다. 말하자면, 계속되는 진리체험과 자증이 논자의 길을 안내하고 그 발전을 입증하는 근거가 되었다.

자증은 유아론의 위험을 동반한다. 자증만으로 확신할 수 없을 때 자연스럽게 하화에 의한 타증이 제한된 범위로 이루어진 것도 사실이다. 후진들에게 상구의 결과를 제시하는 것만으로 증거가 되지 않는다. 아무리 선진의 일관된 개념을 제시한다고 하더라도 그것에 공감할 수 있는 체험의 공감이 뒷받침되지 않으면 그 타당성을 입증하는 효과를 발휘할 수는 없다. 다행히 논자의 과거의 수준에 머물러 있는 소수의 교육학도들이 제자가 되었다. 그들과의 교육적 관계가 아직까지 지속되고 있다는 사실이 논자가 선진의 위치에 있다는 간접적인 증거가 되어왔다.

본서의 발언은 사이비교육학과의 거리가 너무도 큰 것이었기 때문에

44) 자신이 애지중지 오랫동안 탐구해 왔던 "교육심리학"을 포기한다는 것은 쉬운 일이 아니었다.

자연히 길어질 수밖에 없었다. 아마도 세상에서 일찍이 보기 드문 한편의 긴 논문이라고 해도 과언이 아닐 것이다. 교육학도들 가운데 30~40년 전에 논자가 가졌던 문제의식을 느끼고, 당시 논자가 택했던 교육학 재건의 결의를 다지는 독자가 있다면, 결례가 될지는 모르겠으나, 논자의 후진이라고 칭하겠다. 그들과 참된 의미에서 지식의 공유와 공감을 얻으려면 일정 기간 하화의 기회가 주어져야 하는데, 이 저서 한 권이 그 하화를 대신할 수는 없다.[45] 그런 제한에도 불구하고 후진들에게 본서가 일정 부분 상구의 자료가 될 것으로 믿는다.

본서의 내용은 대체로 논자의 상구의 과정과 일치하는 순서로 기술되었다. 논지를 요약할 겸해서 다음에 잠깐 그런 결과에 이르게 된 개인적인 경위를 밝히겠다. 수많은 진로 가운데 학문(제1장)이 일찌기 논자가 택한 길이다. 40대 중반까지 논자는 주로 "교육심리학"의 연구에 몰두하였다. 자신이 교육학과에 소속해 있고, 교육학도라는 데 의심의 여지가 없이 지내다가, 어느 날 갑자기 찾아온 반성적 자각이 그 진로에 대한 근본적인 의구심으로 이어졌다. 그 의구심은 교육에 대한 어떤 이론적 고민을 해 본 적이 없는 자신이 교육학자로서 대우를 받고 있다는 것이 진리탐구에 역행한다는 깨달음으로 이어졌고, 그 사실을 도저히 용인하기 어려웠다.

남은 진로는 두 가지였다. 하나는 전공을 심리학으로 옮기는 것이다. 이 진로는 적어도 "교육심리학"의 영역에서는 이렇다 할 만큼의 훈련과 경력을 갖추고 있었기 때문에 어려운 일은 아니었다. 그러나 자신의 학문이 잘못된 것이라면, 그것을 회피하는 것이 아니라 정면으로 맞서 해결해나가는 것이 학자로서의 도리이고 책무다. 단지 모호한 시간의 경과와 우연에 의존하여 세월을 기다리며 이런 사태를 방치할 수는 없

45) 오로지 글에 의존하는 데에는 한계가 있기 때문에 그 견해의 불일치를 일시에 조정하거나 해결한다는 것은 거의 불가능하다. 관점의 전환이 이루어지는 장기간의 경험을 투자하기 이전에는 그 우열을 논증이나 혹은 경험적 자료로 입증하기 어렵다. 그 점에서 이전과 이후의 교육학을 소재로 삼는 교육적 과정을 첨부해야 한다.

었다. 다른 진로선택은 당시까지 존재하지 않은 자율적인 교육학을 탐색하는 것이다. 자신이 엇나간 학문의 길에 들어선 경위를 밝히고 과거에는 경험하지 못한 새롭고 치열한 상구의 삶이 지속되었다.

그 전반부의 도정에서 학교의 출현과 더불어 출현한 지금의 "교육학"이 애초부터 그 방향을 잘못 잡았다는 사실을 어렵게 발견하였다(제2장). 그 학문은 자체의 개념적인 자율성을 확보하려는 노력을 생략한 채 기존의 타 학문의 지식을 선망하고 추종하는 데 몰두하였다. 그 결과는 앞서 지적했듯이 교직과목이며 이류잡학[46]이다. 그런 의미의 "교육학"을 감히 "사이비"라고 선고할 수 있었다. 아이러니컬하게도 사이비교육학자들은 교육현상을 왜곡하고 은폐하고 있다는 점을 밝혔다.[47] 그 왜곡의 문제를 해결하는 해법으로 용어의 해체를 제안하였다(제4장).

남은 것은 오로지 지적 공백이었다. 고유한 교육현상을 포착하려는 어떤 이론적 시도도 찾아보기 어려웠다. 개념의 부재로 은폐되어 온 교육현상과 암흑지대를 밝힐 수 있는 가능성을 입증하고 싶었다. 교육학의 재건이라는 말의 뜻은 바로 그 무주공처에 새로운 교육학을 건립해야 하는 과업을 의미한다. 눈뜬장님이나 다름없었던 논자에게 확실했던 것은 오로지 "교육이란 도대체 무엇인가?"라는 질문이었다. 그 질문이 열어준 여행은 멀고도 험했다. 여타의 학문적 개념을 제외한 그 자체의 고유한 개념체제를 확보하는 방법은 다양하다. 그 가운데 "교육심리학자"로서의 경험적 방법의 틀에 갇힌 방법적 한계를 벗어나는 것이 절실했다.

그 탈출의 출구가 교육현상의 교육학적 환원(제6장)이다. 이는 교육의

46) 종합대학에서 그 존립을 위협받고 있는 것은 사실이다. 학문의 발전을 추구하는 대학이라면 그 상태는 경원의 대상이 되는 것은 불가피하며, 이렇게 되면 올바른 교육학이 시작도 되기 전에 대학으로부터 퇴출의 위험에 봉착할지도 모른다.

47) 아직도 그 자체의 오도된 상태를 깨닫지 못하고 초기의 임시방편의 전통에 안주하면서 "교육학자"로서 분수에 넘치는 혜택을 누리는 사람들이 대부분이다. 그것에 엉뚱한 자부심을 느끼는 사람들도 많다. 논자는 이 자리를 빌려 그들의 반론을 기꺼이 초대한다.

외재와 내재를 구분하고, 전자를 배제하며 후자를 구성하는 전략이다. 배제하는 것만으로 상당 부분 그 작업의 범위가 축소된 느낌은 가질 수 있었으나 내재의 것은 막연하기 짝이 없었다. 그 종착지는 아직 모르지만 갈 수 있는 거리만큼은 가야 한다. 이는 비유컨대, 마치 황무지에 기찻길을 놓는 작업과 같았다. 철도를 놓아가면서 열차를 전진시키는 어려운 작업이 진행되었다. 하루, 일주일, 한 해가 너무 짧은 시간이었고, 이제 80대의 입구에 당도하였다.

무주공처 가운데서 교육의 내재와 관련하여 고찰의 여지가 많은 새로운 탐구의 영역을 규정하고 그 각각에 대한 최선의 추정을 제안하는 방식으로 그 작업이 진전되었다. 교육의 내재율(제9장), 교육본위의 인간(제10장), 교육본위의 활동(제11장), 그리고 교육본위의 가치(제12장)에 대한 논의는 그런 추정의 산물이다. 그 각각의 주제는 새로운 개념을 요구했고, 그 요구에 응하기 위해 논자는 고도의 이론적 상상과 수많은 시행착오의 과정을 거쳐야 했다. 그 추정에 대한 최선의 증거는 이전에 은폐된 교육현상이 더욱 선명하게 드러남이었다.

교육내재가 어느 정도 밝혀짐으로써 교육의 환경이라는 개념이 비로소 성립했다. 생활세계 안에서 교육은 그 자체만으로 존립할 수 없다. 우리가 일상에서 교육과 접하는 것은 여타의 세계들과 상호작용하는 양태이다. 그 양태에서 교육의 여건과 교육의 기능에 대한 양면의 논의가 가능하다. 그 여건은 환경으로부터 교육이 영향을 받는 부분이고, 교육의 기능은 그 환경에 영향을 주는 부분이다. 그 부분에서 앞으로 밝혀질 사실들이 방대하겠지만 일단 수도계, 정치, 법률, 경제, 사회, 문화, 종교와의 관계를 추정하였다(제14장).

교육과 그 환경의 상호작용에 대한 개념과 그에 따른 추정이 가능하다면, 그 추정을 그 상호작용이 실제로 이루어지고 있는 제반 생활세계에 적용할 가능성이 열린다. 이전에 한 번도 염두에 둔 바 없는 전혀 낯선 주제와 마주하였다. 먼저 흔히 교육과는 무관한 것으로 간과되어 온 가정, 직장, 가상공간에 주목하였다. 어떤 양태의 교육이 이들 공간에서 일어날 수 있는지를 추론하였다(제15장). 다른 한편으로, 너무도 흔하게 "교육현장"으로 간주되어 온 학교라는 생활세계에서 교육외재와 교육내재의 것이 어떤 것인지를 구분하려는 시도를 해 보았다(제16장).

어느 분야에서나 그것에 부응하는 올바른 평가가 올바로 이루어져야만 소기의 발전을 기약할 수 있다. 그런 의미에서 마지막으로 교육본위의 평가가 논의되었다(제17장). 그 논의의 일부로서 일상의 삶에서 교육과 품위의 평가 사이에 긴밀한 관계가 있음을 살폈다. 품위란 인간의 가장 중심적인 특징이지만 그 존재와 가치가 충분히 입증되지 않고 있는 것은 사실상 그 측정의 애로와 관련되어 있다. 그 연장선상에서 논의된 것이 바로 교육본위의 인식론(제18장)이다. 여기서는 모든 학문발전의 저변에 교육의 논리가 작용한다는 추정을 내세웠다. 수많은 사유실험의 기나긴 통로의 마지막 단계에서 교육적 인식론에 이른 것은 이처럼 결코 우연한 것이 아니다.

이로써 대충 본서의 진행내용을 회고한 셈인데, 이는 자율적인 교육학이 지향하는 먼 목표에 비추어 볼 때 가장 낮은 초보적인 단계인 것을 자인한다. 본서의 내용은 그 방향으로 진전하는 하나의 교두보로서 계기가 될 뿐이다. 새로운 연구의 지평을 열었다는 데 그 나름의 큰 의미가 있다. 다루어야 할 주제를 많은 추정으로 채웠지만 그것들은 말 그대로 가설의 수준을 벗어나지 못하기 때문에 아직도 경험적 검증의 과제가 남아 있다. 만약 연구의 지평 자체가 달라지는 교육적 반전이 성공적으로 이루어진다면, 논자는 그 후진들의 후진됨을 영광으로 받아들일 것이다.

본서에서 제시된 작업결과가 독자들에게 얼마나 설득력을 가질지에 대해서는 아직 확신할 수 없다. 학문생활의 강건한 생명력과 매력은 오류를 먹고 산다는 점일 것이다. 본서에서 제시하는 프레임 자체를 비판하고 부정하는 반론도 환영한다. 문제를 덮어놓는 것은 그 해결을 단지 연장하는 것에 불과하다. 문제가 가중되어 더 이상 견디기 어려운 시점이 언젠가 올 것이다. 자기변명 속에 안주할 생각이 없다. 누구라도 논자의 주장을 반박한다면 그에 응할 것이고, 그 문제점을 지적하면 수정과 보완에 응할 것이며, 더 나은 주장이 있다면 그것을 겸허한 태도로 수긍할 것이다.

그 과제는 논자와 미래의 교육학도가 감당해야 할 일이다. 당장 직면해서 심각하게 고려해야 할 현실의 문제는 따로 있다. 본서는 사이비교육학의 다리를 건넌 지 오래지만 대부분의 사람들은 아직도 그 다리 건너편에 포획되어 있다. 그 비정상적인 교육관이 교육의 정상화의 발목을 잡고 더디게 하는 형국이 진행되고 있다. 일반 대중은 진행되고 있는 교육을 왜곡하고 외면할 뿐만 아니라 중구난방의 혼란에 빠져 있다. 그 악순환의 현장을 이해하고 그 악순환의 고리를 끊고 선순환으로 전환하는 데 제대로 된 교육이 어떤 역할을 할 수 있는지에 대해서 논의해 보기로 한다.

이제까지 교육은 그것을 제대로 이해하지 못하는 사람들에게 맡겨지고 희롱당해왔다. "교육의 위기"라는 사회적 문제가 대두될 때마다 "교육학자들"은 스스로 그 해법의 전문가로 행세하여 왔다. 교육의 잘못을 신랄하게 질타하면서도 스스로의 교육관에 비판의 화살을 돌린 적은 거의 없다. 이런 자성의 부재상태에서 온갖 담론이 난무한다. 근거 없는 잡다한 교육관에 호응하지 않으면 매몰찬 비난을 하거나 거꾸로 장밋빛 구호를 앞세워 만병통치의 기대를 부풀게 한다. "입시위주교육", "암기식교육", "주입식교육", "지나친 교육열", "가계를 위협하는 교육비", "계급을 고착시키는 교육", "고국을 등지는 교육이민" 등등. 그 위기를 타개하겠다는 담론도 만만치 않다. 그 해결책으로 "바람직한 교육" 혹은 "참교육" 등이 일반인들의 호응을 받는다. "교육개혁" 혹은 "교육혁신"이라는 구호가 수없이 나돈다.

개념의 성찰을 거치지 않은 불만은 소모적이다. 흥미 있는 것은 여기에 "교육"이라는 용어의 의미를 공유하고 있다는 착각이 개재한다는 사실이다. 그러나 사실은 서로의 의미가 제각각 다르다. 사람들이 저마다 멋대로 "교육"라는 용어를 사용하기 때문에 그것을 사용하자마자 담론의 혼란이 야기된다. 그 결과는 소통할수록 소통에서 멀어지는 역설이다. 가히 제각기 벽면을 향해서 무언가를 떠들어대는 난장판을 연상시킨다. 뒤죽박죽 천차만별의 언급이나 소통의 소용돌이에 휩싸여 한 발자국도 담론의 진전을 이루지 못하고 혼란스러운 상황만 지속된다.

모호하고, 애매하고, 모순된 개념들이 어지럽게 흩뿌리는 상황에서 건설적인 담론이나 고담준론(高談峻論)의 결실을 도저히 기대하기 어렵다. 이런 중구난방에 한 가지 공통점이 있다. 그것은 바로 "교육이 무엇인가?"에 대한 의문이 예외 없이 생략되어 있다는 점이다. "입시위주교육"은 무엇이고, "창의력교육"은 무엇인가? 그들 사이에 무슨 공통점이 있기에 이들을 공히 "교육"이라고 지칭하는가? "교육"이 혁신된다는 것은 무엇을 의미하는가? 교육은 진정 혁신의 대상인가? 그 부분에 대한 해답을 진지하게 추궁하는 시도를 찾아보기 어렵다. 특정한 사람이나 기관의 의욕만 앞선다. 그런 의욕으로 "교육"에 관여하거나 "교육을 위한 정책"을 강행한다면 참된 의미의 교육을 그르치거나 해치는 파국적인 결과를 가져올 수 있다.

교육에 대한 격분을 교육관에 대한 격분으로 전환할 시점이다. 삶을 개혁한다는 것은 사용하는 언어가 가지고 있는 담론의 질서를 바꾼다는 뜻도 된다. 사용하는 언어의 의미가 사리에 맞지 않는다면 그 개념의 힘을 상실한다. 교육이 삶을 고양시키기보다는 황폐화시키고 있다고 불평하는 사람들이 많지만, 사태를 면밀하게 검토하면 놀랍게도 잘못된 개념이 그 원인임을 찾을 수 있다. 그것이 사실일진대, 불평의 대상이 되어야 할 것은 교육이 아니라 그 불평하는 사람들의 교육관이다. 그들에게 필요한 것은 "교육"이라는 용어의 사용에 문제가 있는 것은 아닌가 하는 반성이다.

이제 표방하는 구호보다는 그 이면의 교육관의 수준을 점검하는 것이 선행되어야 한다. 그 묘책은 무엇인가? 그것은 바로 중구난방에서 생략되거나 결여된 교육이 무엇인지에 대한 의문을 살려내는 것이다. 더 구체적으로 말하면, 그들이 교육을 비난하거나 어떤 것을 건의할 때 그 발언에서 생략된 질문, 즉 "당신이 말하는 교육은 무엇을 의미합니까?"라는 질문을 제기하는 것이다. 그 질문에 대한 해답을 정박개념(anchor concept)이라고 부르기로 하자. 그 정박개념에 대한 추궁이나 요구는 공유하는 교육관이 있을 것이라는 저간의 착각을 거부하는 강력한 도구가 된다.

교육에 대한 발언자에게 정박개념을 추궁할 때, 적어도 세 가지 유형의 해답을 예상할 수 있다. "잘 모른다."라는 대답이 첫째다. 교육은 너무도 자명한 사실이기 때문에 거기에 의문의 여지가 없는 것으로 생각하는 사람이 있을 것이다. 더러는 망설이면서 이런저런 이현령비현령의 교육관을 주절거릴지도 모른다. 그조차도 자신의 승인, 검열, 혹은 동화를 통해서 일관성 있게 사용하지 않는다면 발언자는 자신도 책임질 수 없는 발언을 하는 셈이다. 자신도 모르는 말을 상대가 이해할 수 있으리라는 가정은 용인될 수 없다. 그들이 그 사실을 자각한 것마저도 진전이라고 평가해야 할지 모르겠다.

두 번째 유형은 서로 다른 정박개념을 가지고 있는 사람들끼리 교육에 대한 담론을 나누는 경우다. 정상적인 담론과 소통은 상호 간의 합의된 의미를 전제한다. 정박개념이 다른 것이라면 설사 "교육"이라는 용어는 사용하지만 서로 그 뜻하는 바가 다르기 때문에 발언자끼리 갈등하고 충돌하는 것은 당연하다. 이것이 중구난방의 보편적인 실상이다. 스스로 혼동과 말장난에 빠지는 소통의 역설현상이 일상생활에서 비일비재하다. 교육관의 다름에 대한 인식이 새삼 필요한 상황이라 할 수 있다.

세 번째 유형은 발생적으로 교육관 사이에 우열이 있는 경우이다. 교육관에도 선진과 후진이 존재한다. 여기서 교육관을 소재로 하는 교육이라는 선순환의 가능성이 열린다. 자신의 정박개념에서 문제를 자각한다면 이를 상구소재로 삼을 수 있을 것이며, 그 정박개념을 자신의 것보다 낮은 것으로 평가하는 사람은 이를 하화소재로 삼을 수도 있다. 양자 사이의 교육적 교섭이 진행될 경우, 그 수준의 우열이 자연스럽게 가려질 것이다. 이 부분이 바로 본 절의 주제인 교육학교육의 과제에 해당한다.

이 대목에서 〈교육과 교육학〉이라는 이례적인 명저[48]를 저술한 정범모 선생의 입장을 잠시 상기하기로 하자. 이 입장이 이례적인 것은 당시 혹은 지금까지도 그 연관성만을 생각해서 교육과 교육학을 동일시하는 풍조를 벗어나려는 최초의 시도를 했다는 점이다. 그럼에도 선생의 입장은 우리의 주제에 비추어 검토할 여지가 있어 보인다. 그 하나는 선생의 정박개념도 극복과 개선의 여지를 노정하고 있다는 점이다. 이는 정박개념의 발전에는 끝이 없다는 사실에 비추어 결코 크게 문제시할 바는 아니다. 더욱 아쉬운 것은 교육과 교육학의 차이를 주장하면서도 그 사이의 악순환과 선순환의 두 가지 경로를 구분하고 교육학교육의 필요성을 역설하는 지점에까지는 도달하지 못했다는 점이다.

다음은 선생의 발언이다.[49]

> "입시위주의 교육이 몰고 오는 교육 왜곡은 이 나라의 내일을 생각할 때에는 그 경제적 낭비보다 몇 배 더 심각한 해독을 던지고 있는 것으로 보아야 한다. 이렇게 왜곡된 교육이 실제로 어떤 인간, 어떤 능력, 어떤 특성을 길러내고 있는지에는 잔인할 정도로 관심이 없는 것도 교육을 출세의 수단으로 생각하는 출세주의와 수단주의의 탓일까?"

한국사회의 병폐에 대한 이런 발언은 강한 호소력을 가지고 있다. 그런데 선생이 말하는 "왜곡된 교육"은 특정한 결과를 가져오는 모든 것이 "교육"이라는 일종의 결과위주의 교육관의 병폐로 보인다. 그 "왜곡된 교육"이 교육일 수 없다는 것은 명백한 사실임에도 불구하고 이를 개념상 교육으로 허용하는 것은 다른 차원의 막대한 개념적 낭비이다. 잘못

48) 정범모(1968). 교육과 교육학. 서울: 배영사.

49) 정범모(1998). 미래의 선택(제2판). 서울: 나남출판. p. 264

된 사실이란 존재하지 않으며, 오직 잘못된 관점이 있을 뿐이다. 잘못된 교육관으로 고통을 받는 것은 그 오명을 쓴 교육현상뿐만 아니라 그 누명을 씌우는 사람들이다. 한국의 부모들이 가진 "교육열"을 "출세열"로 규정하는 선생의 입장[50]을 고려할 때, 그것을 바탕으로 하는 "입시준비교육"을 학교의 사회적 선발의 기능으로 개칭했더라면 그것이 갖는 대중의 교육에 대한 부정적 태도를 완화시킬 수 있었을 것이다.

선생의 또 다른 발언[51]을 인용해 본다.

> "우선 교육은 경제발전, 정치발전 등 어떤 다른 수단이기 전에 그 자체가 보람이라는 각성이 필요하다. 배우는 것, 가르치는 것이 그 자체가 보람인 것을 공자는 '학불염 교불권'이라고 했고 또는 '배우고 때때로 익히면 이 또한 즐거움이 아니랴.'라고 했다."

교육의 내재적 가치를 강조한 이 발언은 역사적 사실에 대한 선생의 놀라울 직관이다. 그런데 교육의 내재적 가치는 그 안과 밖을 구분하는 경계가 있을 때 성립한다. 선생은 "인간행동의 계획적인 변화"라는 정박개념을 근거로 교육이 사회문제, 경제재건, 민주화, 지방자치, 농촌진흥, 인구분산, 공해 등 기타 거의 모든 문제를 해결할 수단이 될 수 있다고 주장한다.[52] 그러나 인간행동의 변화는 저마다 서로 다른 실험적 결과와 시행착오에 의존해야 한다. 교육의 동일성을 보장하는 그 경계가 무엇인지는 미궁으로 남는다. 교육은 결코 모든 문제를 해결하는 마술이 아니다. 공자의 발언을 인용하였는데 그가 선생의 과학주의적 교육관에 동의할지는 의문이다.

선생의 발언에서 발견할 수 있는 정박개념을 검토해 보면 주로 결과

---

50) 정범모(2000) 한국의 교육세력. 서울: 나남출판. p. 139
51) 정범모(1985). 탈발전과 교육. 인간과 사회와 교육 I, 50-62. 서울: 나남출판. p. 56
52) 정범모(1998). 미래의 선택(제2판). 서울: 나남출판. pp. 335-336

위주의 교육관에 치우친 것을 발견할 수 있다. "입시위주의 교육"이 그렇고, 교육에 대한 선생의 정의가 그렇다. 주목할 부분은 결과위주의 교육관의 대표적인 사례인 "입시위주의 교육"을 왜곡된 것으로 규정한다든가 교육의 경계를 전제한 내재적 가치를 언급하는 것으로 보아 이전의 교육관으로부터 탈피하려는 의도가 엿보인다는 점이다. 그렇지만 이전의 정박개념을 대체할 새로운 교육관을 아직까지 제시하지 않은 점이 아쉽다.

본서는 시종 결과위주의 교육관을 포함해서 관습적 교육관과 용병학문적 교육관을 문제시하였다. 어떤 이치로 따지더라도 이들은 근거 없는 개념임에도 불구하고 일상의 삶에서 끈질기게 교육을 오판하게 만드는 미신에 가깝다. 이 세 가지를 취하는 순간 잘못된 개념의 함정에 빠진다. 자신의 정박개념이 이들 중에 어느 부류에 속하거나 혹은 본서에서 이루어진 이들 교육관에 대한 비판을 논파하기 어려운 독자에게 대안적 교육관을 모색할 것을 권유한다. 아직도 어중간한 상태에 안주하는 독자에게 논자가 할 말은 더 이상 없다.

교육은 별다른 이상이나 탈 없이 온전하게 잘 있다. 이상이나 탈이 있는 것은 이를 외면하는 교육관이다. 교육은 모종의 교육관을 매개로 담론의 대상이 된다. 누군가 교육에 대해서 발언할 때, 특히 교육에 대한 불만이나 비판을 하고자 할 때, 그 발언자의 정박개념을 추궁하자. "학교교육"이 삶을 고달프게 하는 요즘, 민심은 단지 말장난이나 헛소리의 수준에 그치는 수많은 담론들에 지쳐있다.[53] 교육을 탓하기 전에 자신의 교육관에 이상이 없는지를 반성하는 풍토가 살아나야 한다. 이를 소재로 삼는 교육적 교섭의 가능성을 타진할 필요가 있다. 논자는 국민 각자의 정박개념을 소재로 하는 교육학교육을 일종의 계몽교양운동으로 제안하고 싶다.

---

53) 그 민심은 "교육의 철학이 부족하다."라는 말로 표명된다. 혹시 이 말을 지금의 "교육철학" 분야가 활성화되어야 하는 근거로 해석할지도 모르겠으나 아무리 노력해도 단지 이류철학에서 그칠 것이다.

앞서 특별히 결과위주의 교육관을 문제시했지만 일반인들에게 더욱 만연된 것은 관습적 교육관이다. 누구나 사실상 보편적 삶의 양상으로서 교육을 가정, 직장, 가상공간 등등에서 향유하고 있음에도 불구하고 이를 간과한다. 기술할 개념이나 용어를 알지 못하기 때문에 각자가 처한 다종의 공간 안에서 교육에 대한 올바른 기획을 도모할 수 없다. 이런 일반인들의 문제가 학교∩교육을 좌우하는 불리한 여건이 된다는 점도 유의할 필요가 있다. 특히 사회지도층의 학교∩교육에 대한 오명 씻기와 논의지평의 심화가 요망된다. 아무리 학교∩교육의 중요성을 강조한다고 하더라도 대중의 올바른 이해가 없이는 공염불에 그칠 것이다.

학문의 낯선 용어들에 대한 적응이 쉽지 않다. 물리현상을 일상어로 설명할 수 없듯이 교육현상도 일상어로 설명하기 어렵다. 앞서 주로 교육에 대한 단순한 정의로서 정박개념을 문제시했지만 교육현상은 단순한 개념정의의 대상이 아니라 이론적 설명을 요구한다. 대중의 교육에 대한 건전한 담론의 종착은 응당 교육학이 될 것이다. 대중적 상식에서 자율적인 교육학의 개념에 이르기까지는 많은 시간이 걸릴 것이다. 늦지만 이에 교육의 과정이 적극적으로 개입할 수 있다면 중구난방의 혼란을 넘어서는 담론의 고급화가 촉진될 것으로 기대된다.

교육학교육이 무엇보다도 절실한 공간은 학교다. 두 가지 이유가 있다. 하나는 학교가 교육에 대한 개념과 용어를 독점함으로 인해서 그 구성원인 교사와 학생들은 학교 안에서 진행되는 교육외재와 교육내재를 구분하지 못한다는 점이다. 그 혼동으로 교육외재에서의 부정적인 체험을 교육으로 오인한다. 설사 교육내재, 즉 학교∩교육의 생활을 한다고 하더라도 그것을 기술하고, 설명하고, 기획할 수 있는 개념이나 용어를 모른다. 말하자면, 이들은 교육에 관한 한 언어장애인으로 생활을 하고 있는 셈이다. 그 상태에서 사회로 진출한 학생들은 결국 학교∩교육의 불리한 여건에 가세한다. 교육학교육은 이런 악순환을 선순환으로 돌리는 결자해지(結者解之)의 의미가 있다.

학교 안에서 교육학교육이 이루어져야 할 다른 하나의 이유는 학교에서 비교적 인식의 전환이 짧은 기간 안에서 체계적으로 이루어질 수 있다는 점이다. 상식은 너무도 당연하기 때문에 그에 대한 회의가 어렵지만 학교가 학문을 교과로 도입한 역사는 꽤 오래다. 학교는 관례상 그 회의를 중단하고 곧바로 학문적 세계로의 진입을 꾀해 왔다. 관습과 이해관계가 아니라 진리탐구라는 엄정한 내규의 지배를 받는 데 유리한 여건을 가지고 있다. 이렇게 볼 때 여타 교과의 연장선상에서 교육학을 교과로 채택하는 것은 자연스럽다.

제16장에서 논자가 교육학을 학교의 정식 교과목으로 채택할 것을 제안한 것은 바로 이 때문이었다. 한 가지 여기서 더 강조할 부분은 교육학이 교직과목이라는 근시안적 선입견을 버려야 한다는 것이다. 교직과목이 교육학이 아닐 뿐만 아니라 교육학은 모든 사람들이 그들의 삶을 이해하고 기획하는 데 불가결한 요소이기 때문이다. 초등학교에서 대학에 이르기까지 교양과목의 하나로서 교육학을 첨가하는 지혜에 눈을 떠야 한다. 그럼으로써 학교∩교육이 더욱 이해 가능한 영역으로 흡수될 것이며, 그 의미는 학교 밖의 교육적인 삶에까지 확장될 것이다.

교과교육의 운영원칙은 이미 전 절에서 논의된 바 있다. 추가할 점이 있다면 교육학의 자율적인 조건을 갖춘 전혀 새로운 교과서가 제작되어야 한다. 교사와 학생들로 하여금 교육현상을 새롭게 제대로 기술하고, 해석하고, 관리하는 안목을 갖추도록 교도할 수 있는 조건을 만족시킬 수 있어야 한다. 새롭게 창안된 낯선 개념과 용어가 그 안에 등장할 것이며, 이들을 단지 낯설다는 이유로 거부해서는 안 된다.

"교육학교육"에도 결과의 재생과 과정의 재생이라는 두 가지 선택이 있다. 결과의 재생은 교과서의 내용에 일치시키는 것이다. 문화의 소비자로서 현재의 응용에 치중하면 그만이다. 이처럼 교과서의 내용에 무조건 일치시키려고 하는 것은 교육의 영역을 벗어난다. 과정의 재생은 전 절에서 논의한 바와 같이 학문을 소재로 하는 교육에 충실한 방향으로 운영되어야 한다. 교육소재는 교과서의 내용이 아니라 그 내용에 대한 학생의 무지(혹은 오해)가 될 것이다. 혹은 그들의 정박개념일 수도 있다. 요컨대, 교육의 출발점은 학생들이 가진 당시의 교육관이다. 서제격차와 사제격차에 주목하고 그 사이에 교육적 교섭을 개입시키는 것이 교육학이 교육에 의존해서 발전하는 경로이다. 이 경로는 진리체험과 교육체험을 공히 보장한다.

뿐만 아니라 교육학교육은 특수메타교육의 가능성도 지니고 있다. 교육은 그 종류를 막론하고 더 나은 교육을 위한 실습이 된다. 교육학교육도 그 한 부류이다. 교육학의 품위와 교육의 품위는 이론상으로 별개다. 실제로도 이론에는 능숙하지만 이를 실천에 옮기지 못한 경우가 많다. 교육학을 1차소재로 하는 교육을 진행시킴에 있어서 교육의 품위가 아무튼 작용하기 마련이며, 그 교육의 품위를 2차소재로 하는 메타교육도 가능하다. 양자를 특별히 유념하면서 함께 진행한다면 지행합일(知行合一)의 수확도 얻을 수 있다.

"시간은 진리 편이다."라는 금언이 있다. 살아있는 역사가 진리를 향하고 있다는 뜻이 되겠다. 이는 논자가 본서를 저술하면서 시종 의지해왔던 신념의 하나다. 그러나 시간이 지나면 언젠가 진리가 밝혀진다고 말할 때 그 언제인가가 문제다. 나태한 기다림만으로 진리가 쉽게 드러날 것 같지는 않다. 이 금언에 한 가지 단어를 첨가하면서 글을 마친다. 교육과 시간은 진리의 편이다.

| 용어 색인 |

ㄴ

ㄷ

ㅇ

ㅊ

| 저자 소개 |

장상호 shchang@snu.ac.kr

서울대학교 교육학과 졸업
동 대학원 교육학과 석사
한국행동과학연구소 연구원
미국 Stanford University 대학원 박사
서울대학교 교육학과 교수
한국교육원리학회 초대회장
현 서울대학교 명예교수
현 삶과교육연구소 소장

〈저서 및 역서〉
행동과학 연구논리
행동과학의 문제와 방법론
인간행동과 자유
발생적 인식론과 교육
학습의 인간화
교육학 탐구영역의 재개념화
인격적 지식의 확장
학문과 교육(상권): 학문이란 무엇인가
학문과 교육(중권I): 교육이란 무엇인가
학문과 교육(중권II): 교육본위의 삶
학문과 교육(중권III): 교육연구의 새 지평
학문과 교육(하권): 교육적 인식론이란 무엇인가
인간주의 교육(역)
오류가능성의 교육적 의의(역)
교수, 학습, 그리고 의사소통(역)
기타 다수의 논문과 공저

교육학의 재건

Reconstruction of Research on Education

2020년 7월 30일 1판 1쇄 발행
2023년 1월 10일 1판 3쇄 발행

저　자 • 장상호
발행자 • 한정주
발행처 • 교육과학사

경기도 파주시 광인사길 71
전화 • 031)955-6956~8 / 팩스 031)955-6037
Home-page • http://www.kyoyookbook.co.kr
E-mail • kyoyook@chol.com
등록 • 1970년 5월 18일 제2-73호

정가 32,000원

ISBN 978-89-254-1505-5
978-89-254-1509-3(세트)

낙장 · 파본은 교환해 드립니다.
Printed in Korea.